Highway Engineering
Test Engineer

Manual

公路工程试验工程师手册

孙忠义　编著
王建华
申爱琴　主审

第四版
上册

人民交通出版社股份有限公司
China Communications Press Co., Ltd.

内 容 提 要

本手册共16章,内容包括:工地试验室的设置与管理;水、土、无机结合料、砂石材料、混凝土外加剂、沥青、钢材、土工合成材料等路桥工程用原材料技术性质、试验方法和技术标准;基层混合料、沥青混合料、水泥混凝土和砂浆等混合材料的配合比设计试验方法;道路工程施工试验检测、桥涵工程施工试验检测;试验检测数据的处理;试验设备的检定。

本手册对试验操作过程中容易被忽视或混淆,而又影响试验结果准确性的条款,特辟注意事项一栏,予以提示说明。

本手册为公路工程试验工作人员用书,也可供相关专业技术人员参考。

图书在版编目(CIP)数据

公路工程试验工程师手册 / 孙忠义,王建华编著. —4版. —北京:人民交通出版社股份有限公司,2016.6
ISBN 978-7-114-12738-0

Ⅰ.①公… Ⅱ.①孙… ②王… Ⅲ.①道路工程—试验—技术手册 Ⅳ.①U41-62

中国版本图书馆 CIP 数据核字(2016)第 012779 号

书　　名	公路工程试验工程师手册(第四版)
著 作 者	孙忠义　王建华
责任编辑	高　培　王　霞
出版发行	人民交通出版社股份有限公司
地　　址	(100011)北京市朝阳区安定门外外馆斜街3号
网　　址	http://www.ccpress.com.cn
销售电话	(010)59757973
总 经 销	人民交通出版社股份有限公司发行部
经　　销	各地新华书店
印　　刷	北京盈盛恒通印刷有限公司
开　　本	787×1092　1/16
印　　张	74
字　　数	1880 千
版　　次	2004 年 1 月　第 1 版 2006 年 2 月　第 2 版 2009 年 10 月　第 3 版 2016 年 6 月　第 4 版
印　　次	2016 年 6 月　第 1 次印刷　总第 12 次印刷
书　　号	ISBN 978-7-114-12738-0
定　　价	198.00 元(含上、下两册)

(有印刷、装订质量问题的图书由本公司负责调换)

前 言

工程试验检测贯穿于工程设计、施工、养护、维修的各个环节，是控制和评定工程质量的重要手段，对保证工程质量、提高投资效率等具有不可替代的作用。工程试验检测具有极强的专业性、技术性，对操作人员操作技能的要求更高。而试验检测人员的操作技能和熟练程度，对规范、规程的正确理解和运用的水平，直接影响试验结果的准确性。

2003年应人民交通出版社之约，我们编写了《公路工程试验工程师手册》一书。该手册以公路工程施工为主线，对工程涉及的各种原材料、混合材料的试验和工程结构的检测进行了详细介绍。尤其是对相关的试验方法进行了梳理，依据相关施工技术规范的要求或规定，遴选出工程试验检测中的常用方法、标准方法，并收录于本书中，较好地解决了试验检测人员面对纷繁的规程、标准、规范感到迷茫的问题。另外，在编写过程中我们还力求做到一书在手，便可完成各项常规的试验检测工作。限于篇幅，对一些非常规试验或因内容多不便收录的方法都给出了相关标准的代号，方便读者查找。本书第一版出版发行后受到了广大读者的欢迎，对提高试验检测人员的业务水平，保证试验检测数据的公正、准确、可靠、有效，推动试验检测工作的发展，发挥了一定的作用。

随着我国公路建设事业的发展，公路建设标准、施工规范或细则、试验规程体系的不断完善与更新，试验检测技术的不断进步，我们依据新发布实施的标准、施工规范、试验规程，陆续对手册的相关内容进行了及时更新，修订再版。截至目前，已出版三版，11次印刷，印数已达29000册，深得广大读者的厚爱。

2015年，第四次应人民交通出版社之约，依据新发布的行业标准和相关国家标准，对手册第三版进行了修订，以满足广大读者的需求。

我们衷心感谢广大读者十几年来对我们的支持和鼓励，欢迎广大读者对手册中存在的问题提出宝贵的意见和建议，以便下次修订做得更好。

编 者
2015年10月

第四版修订说明

《公路工程试验工程师手册》第一版出版以来，以其内容全面、实用，结构体系合理受到读者的欢迎。由于规范及规程的更新已修订了两次，自第三版出版以来，《公路工程水质分析操作规程》废止；新的《无机结合料试验规程》、《沥青及沥青混合料试验规程》、《公路路面基层施工技术细则》、《混凝土外加剂应用技术规程》、《公路桥涵施工技术规程》相继修订实施。应人民交通出版社股份有限公司之约，我们依据新的规范、规程对第三版《公路工程试验工程师手册》(以下简称《手册》)进行了修订。

本次修订主要对水、无机结合料、混凝土外加剂、沥青、钢材、基层混合料、混凝土及砂浆、沥青混合料、道路工程和桥涵工程现场试验检测等章节的内容进行了全面更新，同时根据读者对《手册》第三版反馈的信息，对部分章节的内容进行了增减，结构上也有所调整。

为了满足各个层次读者的需要，本次修订仍坚持原版"理论联系实际，力求系统全面、内容新、实用性强的风格和特点。以路基、路面、桥涵等工程施工中的原材料试验、混合料配合比设计试验、施工抽检试验、交工验收检测为主线，以现行试验规程、设计和施工技术规范或细则以及其他相关技术标准、资料为主要内容，涵盖公路工程施工试验检测的各个方面。《手册》中所引用的试验方法、技术标准均为最新版本，对部分试验方法，还加注了注意事项。为了补缺，书中还引用了国家或其他行业的一些标准和试验方法，有很强的实用性。

本书在结构安排上仍保持原版的结构，对水、土、无机结合料、砂石材料、水泥混凝土外加剂、沥青、钢材、土工合成材料等章，按材料的分类、技术性质及试验方法、技术标准分节修订；对基层材料、沥青混合料、水泥混凝土及砂浆等章，按混合料的分类、技术性质、技术标准、试验方法、配合比设计等分节修订；对道路工程施工试验检测和桥涵工程试验检测两章，按施工前原材料和混合材料试验项目、采用试验方法、施工过程中材料及施工质量控制的检测频度、方法、质量标准、竣工验收的检测频度、方法、质量标准分节修订。施工试验检测基本上未涉及几何外形测试，主要考虑这部分工作一般由测量人员完成，与实验室工作人员关系不大。

本次修订，修订说明、第四至第七章、第十章、第十一章、第十四章、第十六章由孙忠义修订；第十二章、十三章、十五章由王建华修订；第二章、第八章、第九章由孙妮修订。

全书由申爱琴主审。

由于水平所限，内容欠妥甚至错误之处难免，恳请读者批评指正。

编　者

2015 年 10 月

目 录

上 册

第一章　工地试验室的设置与管理 ·· 1
　　第一节　试验检测工作的目的和意义 ·· 1
　　第二节　工地试验室的类型及职责范围 ·· 2
　　第三节　试验室的组成及人员编制 ·· 4
　　第四节　试验室管理 ·· 5
　　第五节　试验室建设 ·· 8
第二章　水 ·· 13
　　第一节　技术性质及质量标准 ··· 13
　　第二节　检验规则 ·· 15
　　第三节　水质检验方法 ·· 16
第三章　土 ·· 17
　　第一节　土的工程分类 ·· 17
　　第二节　土样的采集、运输、保管及试样制备 ·· 25
　　第三节　土的物理和水理性质试验 ··· 31
　　第四节　土的力学性质 ·· 50
　　第五节　土的化学性质试验 ·· 74
第四章　无机结合料及矿物掺和料 ·· 96
　　第一节　石灰 ·· 96
　　第二节　水泥 ··· 105
　　第三节　粉煤灰 ·· 130
　　第四节　硅灰 ··· 140
　　第五节　沸石粉 ·· 141
　　第六节　粒化高炉矿渣 ··· 152
　　第七节　高强高性能混凝土用矿物外加剂 ··· 158
第五章　砂石材料 ··· 166
　　第一节　岩石 ··· 166
　　第二节　集料的取样、级配 ··· 180
　　第三节　粗集料 ·· 194
　　第四节　细集料 ·· 230
　　第五节　矿粉 ··· 251

第六章　基层混合料 ... 255
第一节　原材料技术要求 ... 255
第二节　混合料组成设计 ... 259
第三节　无机结合料稳定材料强度影响因素 ... 269
第四节　无结合料基层 ... 271
第五节　排水基层 ... 274
第六节　基层材料试验方法 ... 278

第七章　水泥混凝土及砂浆 ... 293
第一节　混凝土的技术性质及试验 ... 294
第二节　普通水泥混凝土 ... 340
第三节　掺外加剂混凝土 ... 352
第四节　路面混凝土 ... 355
第五节　防水混凝土 ... 367
第六节　流动性混凝土 ... 378
第七节　高强混凝土 ... 381
第八节　高性能混凝土 ... 385
第九节　聚合物改性水泥混凝土 ... 393
第十节　水泥砂浆 ... 396
第十一节　后张孔道压浆 ... 405

第八章　混凝土外加剂 ... 409
第一节　混凝土外加剂定义、分类、命名与术语 ... 409
第二节　受检混凝土技术性质及标准 ... 411
第三节　外加剂的技术性质 ... 426
第四节　混凝土防冻剂 ... 443
第五节　混凝土膨胀剂 ... 448
第六节　砂浆、混凝土防水剂 ... 454
第七节　喷射混凝土用速凝剂 ... 461
第八节　混凝土外加剂应用技术规范 ... 465

第九章　沥青 ... 484
第一节　沥青取样与试样准备 ... 484
第二节　黏稠石油沥青 ... 488
第三节　液体石油沥青 ... 519
第四节　乳化石油沥青 ... 526
第五节　改性沥青 ... 543
第六节　SHRP沥青试验方法及标准简介 ... 556

第十章　沥青混合料 ... 562
第一节　混合料分类及路面使用性能气候分区 ... 562
第二节　混合料配合比设计的三个阶段 ... 565
第三节　普通沥青混合料 ... 576
第四节　改性沥青混合料 ... 586

第五节　SMA 混合料 …………………………………………………………… 590
第六节　OGFC 混合料 ………………………………………………………… 599
第七节　其他混合料 …………………………………………………………… 602
第八节　沥青混合料试验 ……………………………………………………… 611

第一章 工地试验室的设置与管理

第一节 试验检测工作的目的和意义

现代公路交通事业的发展,推动了公路基本建设的大发展。同时,公路工程试验检测技术得到了相应的发展和应有的重视,对保证公路工程建设质量、提高道路使用质量和投资效益发挥了重要作用,而且在未来工程建设和管理中将继续发挥其不可替代的作用。那么什么是试验检测呢?

试验既是实验也是经验。在科学研究和生产实践中,为了检验某一理论或假设而进行的操作和活动称为实验。经验则指感性经验或感觉经验,是人们在生活、生产实践中,通过自己的感官直接接触客观事物而获得的对事物表面现象的初步认识,它的来源和内容都是客观的。经验也包括理性认识或经过实践反复检验过的科学结论。通常将实验和经验都称作为试验。它表现出现象的一种状态,在这种状态中所研究的因素受人为影响而发生变化。此外还可以把试验理解为在一定的自然条件下所进行的被动观测。因此可以把试验理解为综合条件的实现。在这种情况下,可能引起或不可能引起所研究事件的发生。试验的综合条件取决于基本因素,亦即所研究的因素以及用于稳定或者考虑条件相同性的一般因素。

检测亦即检验测试。检验是对实体的一种或多种特性进行诸如测量、检查、试验、度量,并将结果与规定的要求进行比较,以确定各个特性是否合格的活动。测试是具有试验性质的测量。即试验和测量的综合。

综上所述,试验检测等于实验＋经验＋测量。试验检测技术则是按某一原理,使用一定装置,按照规定的方法,对材料和构件的性能,工艺参数等进行试验检测的活动,是人类认识客观世界的手段,是科学研究的基本方法。科学研究的基本目的在于客观地描述自然界。科学定律是定量的定律。科学探测需要试验检测技术,用准确而简明的定量关系和数学语言描述科学规律和理论也需要试验检测技术,检验科学理论和规律的正确性同样需要试验检测技术。因此试验检测是科学的根基。

在工程技术领域中,进行工程理论研究、生产过程的监督和质量控制、产品的研制开发和性能试验等,都离不开试验检测技术。在公路建设中,为了加强公路工程施工质量管理,公路工程施工实行"政府监督、社会监理、企业自检"的质量保障体系。这个体系的运作同样离不开试验检测技术,离不开试验室和试验室工作。因此,公路工程试验检测技术是公路建设和管理中不可缺少的、重要的基础技术,是施工质量控制的"感觉器官"。无论是政府监督部门,还是监理单位,或是施工企业,都必须各自建立独立的、满足工程建设要求的试验室,以确保监督、监理、自检工作的顺利实施。试验检测工作的目的和意义在于:在建设期间确保工程建设的质量,提高投资效益;在道路投入运营期间,确保道路安全畅通,保障人民生命财产的安全。

第二节　工地试验室的类型及职责范围

一、工地试验室的类型

围绕公路工程施工需要而建立的试验室有以下三类。

1. 施工企业试验室

施工企业试验室是施工企业为完成其所承担的施工任务而建立的试验室。

(1)标段试验室。按工程招标划分的标段设置的试验室,由于其流动性较强的特点,其规模决定于工程规模的大小及所承担的具体工程任务,人员和设备多是由施工企业总部或分部临时调配,资质也多利用总部或分部的资质,一般只具有常规施工试验检测的能力。

(2)中心拌和站(或厂)试验站。为方便工作,在中心拌和站或拌和厂设立的试验室,多由标段试验室派出,工作单一,任务明确,主要任务是负责检测混合材料配合比例和拌和质量。

(3)工点试验点。当标段里程较长,交通不便时,为方便工作,在工程队或工程量较集中的地方,由标段试验室派出的驻工点试验点,主要负责某一项或几项施工自检试验工作。

2. 监理中心试验室

各省、市、自治区交通部门的监理公司或咨询公司都有自己的固定试验室,主要承担本省、市、自治区的监理工作方面的试验任务,一般都具有甲级试验检测资质。社会监理公司大多无自己独立的试验室。较大的公路工程建设项目多由业主现场组建监理中心试验室,监理单位在施工期间对试验室拥有使用权,所有权归业主,工程建设完工后一般随同道路一同交道路管理部门使用。监理中心试验室一般规模较大,设备先进,功能完善,具有承担各类试验检测任务的能力。施工标段一般不设监理试验室,现场监理的试验一般利用施工企业的试验室进行。

3. 政府监督部门试验室

按行政区划设置,大体上有以下三级。

(1)各省、市、自治区交通质监站所属的试验室,大部分具有甲级检测资质,设备较先进、齐全,具有对各级公路进行监督试验检测的能力。

(2)各地、市交通质监站所属的试验室,业务上受所在省、市、自治区质监站的领导,一般具有对二级及二级以下公路进行监督试验检测的能力。

(3)各县、市质监部门所属的试验室,业务上受所在地、市质监站的领导,主要承担地方道路的监督检测任务。

二、工地试验室的职责范围

各级各类工地试验室的职能不同,其职责范围也有区别,分别简单介绍如下。

1. 标段工地试验室的职责范围

(1)选定料源:主要指地方材料(包括土、砂石材料、石灰)等,按设计文件提供的料源,通过试验,选择符合技术标准要求,开采方便,运输费用低的料场供施工使用。

(2)试样管理:包括试样的采集、运输、分类、编号及保管。

(3)验收复检:指对已进场的各种材料(包括原材料、成品或半成品材料)按技术标准或试验规程的规定,分批量进行有关技术性质试验,以决定准予使用或封存、清退。

(4)标准试验:指完成各种混合材料的配合组成设计试验,提出配合比例及相关施工控制参数。

(5)工艺试验:包括试验路铺筑、混合材料的预拌等过程中的试验工作,为施工控制采集有关的控制参数。

(6)自检试验:包括配合比例、压实度、强度(包括各类试件的成型、养护和试验)、施工控制参数、分项或分部工程中间交工验收试验等。

(7)协助试验:指为监理试验室提供其复核试验所需的一切材料(与现场监理人员一同取样,每种材料取两份,一份留自己试验用,一份送监理试验室),为现场监理人员抽检试验提供必要的仪器设备及人员协助,以及委托试验的送样任务。

(8)协助有关方面调查施工中出现的质量问题或质量事故,为调查处理提供真实、齐全的试验数据、证据或信息,参与必要的试验检测工作。

(9)对试验资料进行整理分析,提出分析报告,随时掌握施工质量动态,供有关人员参考。

(10)参与现场科研试验工作,推广及应用新材料、新技术、新工艺。

2. 监理中心试验室的职责范围

监理的职责是对工程的实施进行全过程、全方位的监督管理。监理试验室的职能介于施工企业和政府监督之间,既有监督的一面,也有被监督的一面。其职责主要是进行复核或平行试验。

(1)评估验收:标段试验室在起用前要经过监理试验室的评估验收,包括试验室用房、设备到位及安装情况、衡器及测力设备检定校验情况、人员及其资质情况、规章制度及管理情况等,以决定是否同意投入使用。

(2)验证试验:对各种原材料或商品构件,按施工企业提供的样品、产品合格证和试验报告等进行订货前预检,以决定是否同意采购。

(3)标准试验:对各种混合材料的配合比例、标准击实及所用原材料进行平行复核试验,以决定是否同意批复使用。

(4)工艺试验:参与施工企业的有关工艺性的试验,包括各类试验路、混合材料预拌等过程中的试验工作,以决定是否同意正式开工。

(5)抽检试验:在工程实施过程中,按规定的抽检频率,对工程所用原材料、成品或半成品材料的性能及压实度、强度等做全程跟踪抽检试验。

(6)验收试验:对已完工的工程项目进行试验检测,以准确地评价工程内在品质,多指中间交验的分部及分项工程,以决定是否接收。

(7)监管作用:对施工企业试验室的工作实施全面监督管理,包括试样管理、试验工作管理、仪器设备管理、文献资料管理等。

以上工作任务有些要由监理中心试验室来完成,有些由现场监理人员在标段试验室人员的协助下来完成,也可由现场监理人员利用标段试验室的设备独立来完成。

3. 质检部门试验室的职责范围

质量监督是指为满足质量要求,按有关规定对材料、工艺、方法、条件、产品、记录分析的状态进行连续监视和验证。质量监督的实施由政府监督部门或由政府监督部门认可的具有公正性、权威性的监督检验部门,用科学方法对产品抽查检验,对企业保证产品的各种条件(质量管理制度、技术规范、测试条件、工艺装备、检验记录)进行检查,并作出科学的评价结论。监督部门的职能包括:

(1)预防职能:预先排除质量问题或潜在的危害因素,防患于未然。

(2)补救、完善职能:监督企业健全质量管理制度,消除产生质量缺陷的因素,处理质量纠纷,做好善后工作,弥补损失。

(3)评价职能:验证和评价产品质量,为仲裁提供依据,也是奖惩的依据。

(4)信息职能:向政府有关部门提供有关质量信息,为政府宏观决策提供依据。

(5)教育职能:宣传国家的质量方针政策,提高全员质量意识,树立先进的质量典范,惩治假冒伪劣。

按监督部门的职能,质量监督部门试验室的职责范围包括:

(1)抽检试验:在工程实施过程中,定期或不定期地对在建工程的部分项目进行抽检试验,或进行全面的质量普查,以了解工程的质量动态,监督项目顺利实施。

(2)竣工验收检测:工程竣工后,由质检单位对工程进行全面的试验检测,提出验收报告,以决定是否接收。

三类试验室的性质不同,职能不同,职责范围也有区别。施工企业试验室的职责主要是用规定的方法和手段,对工程所用原材料、成品或半成品材料、结构构件以至结构物进行自检试验,提出自检报告,作为申请监理检查验收的依据。监理试验室的职责主要是进行复核性或平行试验,提出复核或抽检试验报告,作为批复或检查验收的依据。质量监督部门试验室的职责主要是定期或不定期地对分项或分部工程进行抽检,提出抽检报告,作为监督的依据。尽管各自的职责有所侧重,但目标是一致的,即杜绝不合格材料用于工程,对不合格的构件、结构物或工程提出返工或拒收的依据,构成了既有自检、复核,又有监督的质量保障体系,保证工程质量万无一失。因此要求各类试验室必须具有性能先进、配套齐全的试验设备,以及具有专门知识和试验技能的、能熟练操作使用这些设备的工作人员,充分发挥试验室或试验室工作在工程建设中举足轻重的作用。

第三节 试验室的组成及人员编制

一、试验室的组成

(1)土工室:主要负责土的物理、水理和力学性质试验,路面基层材料配合比设计试验,路基、路面基层施工现场抽检等。

(2)砂石室:负责水泥混凝土及沥青混合料用粗细集料的物理力学性质试验、浆砌工程用石料的技术性质试验。

(3)水泥及混凝土室:负责水泥物理力学性质试验、混凝土配合比设计、水泥混凝土技术性质试验、混凝土工程施工抽检。

(4)沥青及混合料室:负责沥青的技术性质试验、沥青混合料配合比设计、沥青混合料技术性质试验、沥青路面工程施工检测。

(5)化学室:负责土、砂石材料、石灰、粉煤灰、水泥等原材料的化学分析试验,合成材料的化学分析试验,如石灰土中石灰剂量的分析。

(6)养生室:用于强度试件的标准养生,可控制温度20℃±2℃,相对湿度大于90%。

(7)力学室:负责原材料或混合材料的力学性能试验,如金属材料的机械性能试验、砂石材料的力学性能试验、混凝土的强度试验等。

(8)检测室:负责道路及桥梁工程结构现场检测工作,如路基路面的平整度、弯沉、回弹模量,路面的摩擦系数、透水性,桥梁的桩基检测、荷载试验等。

(9)料棚:用于堆放试验材料,使各种试验材料免受风吹雨淋;棚内应保持通风、干燥。

(10)办公室。

二、试验室的人员编制

试验室设主任,负责试验室全面工作,另可根据需要设副主任 1~2 人。其他人员参考表 1-1 配备。

试验室人员配备参考　　　　　　　表 1-1

分室名称	试验工程师	试验员	试验工
土工室	1	1	1
砂石室	1	1	1
水泥及混凝土室	1	1~2	1~2
沥青及混合料室	1	1~2	1~2
化学室			
力学室	1		1
检测室		1~2	1~3
打字、办事	1 人或各 1 人		

第四节　试验室管理

试验室管理主要包括设备管理、试验工作管理、文献资料管理等。

一、设 备 管 理

试验设备是试验室的硬件,是开展试验工作的物质基础。设备管理是试验室的一项经常性、基础性的工作,其目的是为了更好地使用试验设备。设备管理的好坏直接关系到试验室能否正常开展工作,因此必须充分重视。

1. 建立账、卡、物管理制度

设备账一般按购置时间顺序登记,包括设备名称、编号、规格型号、生产厂家、制造年份、价格等。卡除包括账上登记的内容外,还包括设备性能、用途、随机附件、外形尺寸、设备购置费、运输费、安装费、维修费、报废年月等。账、卡和物应分离管理,即管物的不能管账、卡,管账、卡的不能管物,起到互相监督、制约的作用。账、卡、物相符是设备管理的起码要求。

2. 建立岗位责任制

设备应分室由专人管理和使用。岗位责任人对设备的保养、维修、使用及试验室的安全负有全部责任,并对试验室主任负责。岗位责任人必须熟悉所管仪器设备的性能、操作规程,并能熟练进行试验操作,能排除常见的小故障,定期对设备进行必要的保养,如擦洗、涂油、通电运行等,使设备处于正常的使用状态。非岗位责任人使用仪器设备须经过岗位责任人的同意,并在岗位责任人指导下或按其要求进行操作。

3. 建立设备检定制度

为了确保试验设备处于正常的使用状态,确保试验结果准确无误,新启用的设备应进行计量检定,使用中的试验设备必须进行定期或不定期地计量检定。凡是衡器、测力装置应由计量部门进行计量检定,并出具检定报告;使用频率比较高的设备一般一年检定一次。设备在使用过程中应根据需要随时进行必要的检定,如试验结果有异常时。对于新启用的容器、测温仪具等在使用前应进行标定或校正。

4. 建立日常使用维护制度

设备在使用前应检查设备是否处于工作状态,如电源是否接通,电压、油位(压力机)、水位(水浴)是否满足使用要求,并清洁仪器表面。使用完毕后要及时断电、擦洗清扫、套上外罩,防止落尘,保持仪器清洁。对于电器设备,如不经常使用,应定期通电运行;一般一个月一次,每次运行时间不少于半小时;如遇阴雨天气,因空气湿度大,应增加通电运行次数,并延长通电时间。

5. 建立使用维修登记制度

大型和较大型试验设备应建立使用登记制度,内容包括使用日期和时段、试验内容、设备状况、故障情况等。使用登记由使用人填写,非岗位责任人在使用设备后应经岗位责任人验收检查,并在登记册上签字认可后方可离去。设备维修情况也应在使用登记册上进行登记,内容包括维修时间、项目、所更换的零部件、费用、维修人等。使用维修登记反映设备在使用期间的性能状况,是设备使用、维修、报废的依据,应该认真填写。

二、试验工作管理

试验工作是试验室的基本工作,包括取样、试验、报告等几个环节。试验工作管理应从这几个环节着手进行管理。

1. 试样管理

试样管理是试验工作关键的一环。试样的采集,不同材料有不同的要求,应按相关试验规程规定进行。在取样时应按既定的编号方式对试样进行编号,书写在容器或袋子上,并书写同样标签放入容器或袋子中,以便复核对证。同时填写取样单,内容包括试样编号、品种、规格、取样地点、里程桩号、拟作用途、取样日期、取样人等。对可以保存一定时间的试样,取样时应一式两份,一份供目前试验用,一份作为样本保存,供试验结果有争议时仲裁试验用。试样从运输到试验应分类堆放,以免不同品种试样之间互相污染。试样在存放期间应免受风吹、日晒、雨淋。比较大的工程项目,试验室应建堆放试样的专用料棚。

2. 试验管理

试验工作也应实行在设备管理岗位责任制框架下的岗位责任制。将试验人员按设备管理的岗位分为几个试验小组,如土工、水泥及水泥混凝土、沥青及沥青混合料、力学等小组,每一组由一位试验工程师负责,其他人员组成根据具体工作量大小编制。小组负责人对其小组所承担的试验工作负责,负责取样、试验、提出报告,并对试验室主任负责。试验室主任负责下达工作任务,人员调配,审核并签发试验报告。为了明确责任,试验小组内部也应有明确的分工,任务到人,责任到人,谁完成的试验由谁签字负责。

3. 严格执行试验规程及技术标准

试验规程及技术标准是试验工作的大法。每一个试验项目,从取样、试验到提出报告,都必须严格执行试验规程和技术标准的规定。要求每一个岗位责任人熟悉自己所分管项目的相关试验规程,熟悉每一个试验的操作步骤、试验条件、影响因素、注意事项,并能熟练地操作试验设备,能分析试验过程中出现的各种异常情况,并做出正确的判断,采取必要的处理措施,确保试验结果准确无误。

4. 健全原始记录填写及保存制度

原始记录是试验过程的真实记载,是分析试验结果,提出试验报告的重要依据,必须认真填写。原始记录一般直接在制成的表格上填写,内容包括试验项目名称、产品的规格型号、试样的编号、产地或生产厂家、拟作用途、采用试验标准、试验条件、试验环境温度及湿度、试验日期等。原始记录书写应整齐,字迹工整,不得随意涂改;确实因笔误或其他原因需要更改数据时,应在原数据上划一水平线,将正确的数据书写在其上方。原始记录试验人、计算人、复核人签名要齐全,并按规定保存。

三、文件资料管理

文件资料管理也是试验室管理的重要内容之一。文件资料包括两部分:一是与试验室工作有关的行政文件,如会议通知、会议纪要等;二是试验技术资料,这一部分资料必须做到准确、齐全、及时、规范。

准确是指凡由试验室提供的试验结果必须真实可信,必须是通过试验得出的结果,经得起验证和推敲,能真实反映工程所用原材料、成品材料及结构物的内在质量,对控制工程质量具有指导作用,使工程所用材料和工程质量达到设计和使用要求。

齐全是指由试验室提供的试验资料,内容必须完整。一是试验项目无漏项;二是按要求的格式提供全部所需的信息。

及时是指按时提供工程建设需要的有关试验资料或数据。及时是建立在准确、齐全的基础上的,缺乏准确、齐全的及时是毫无意义的。工程施工需要各个环节、各个部门的通力合作,一个部门或环节的工作滞后,就会对整个工程进度带来影响,甚至造成浪费。

规范是指由试验室提供的资料语言精练通顺,用词恰当贴切,无错别字,字迹清楚、工整,签字印章清晰齐全,打印装订整齐,格式、份数符合要求。

文件资料管理应遵循以下制度。

1. 建立收发登记制度

应由专人负责往来文件资料的收发登记。登记内容包括文件名称、编号、发文机构、送达或发出时间、收文或送文人、批阅和阅办情况。对收到的文件加贴批阅单。

2. 建立收阅和签发制度

对收到的文件先由试验室主任批阅,交有关人员阅办,阅办后交登记人保管备案。发文应由试验室主任审阅并签发。

3. 建立分类归档保存制度

对行政管理方面的文件以收、发编号按年度归档保存。对于试验资料按构造物或路段分别管理,并按原材料、配合比、施工抽检分类保存。每一个试验项目完成后,原始记录由试验、计算、复核人分别签字,交试验室主管审核签字,交打字人员打印成正式报告,连同原始记录一并交试验、计算、复核人复核签字,再交试验室主管审核签发,留件和原始记录一并归档保存。

4. 建立文件查、借阅登记制度

在工作中往往需要查阅过去的文件资料。为了防止文件遗失,应建立查阅及借阅登记制度,内容包括借阅人、文件名称、编号、借还时间等,以便有据可查。

第五节 试验室建设

一、试验室用房

1. 基本要求

(1) 通风、采光、朝向

试验室应有良好的通风、采光条件。沥青及沥青混合料室必须配置通风橱柜,并安装通风设备,朝向应避开东西向。

(2) 供电

试验室的用电量应根据设备用电量计算,采用集中配电室控制。电路必须有安全接地,养生室的电路及灯具必须有防潮装置,大型设备、精密设备和大功率设备尽量设专用线路。

(3) 排水

砂石、水泥、混凝土等室的下水都必须设沉淀池,防止堵塞。化学室要设置废液回收池,定期处理,减少对环境的污染。

(4) 高度

房间高度要充分考虑设备高度,如压力机,当房间受高度限制时,可考虑下地坑安装。

(5) 门及走道宽度

试验室的门、楼梯和走廊的宽度要充分考虑设备的外形尺寸,以方便设备进出。

(6) 防噪声、震动

对安装噪声、震动比较大的设备的房间,要考虑采取防噪声、震动措施,以保护建筑物、环境和工作人员的身心健康。如安装混凝土振动台、加速磨光机等的房间的墙面应安装吸声板,混凝土振动台基座下应设置减震砂池等。

(7) 平面布置

各室的平面布置应合理。化学室、沥青及沥青混合料室因其污染严重,应远离办公室和居民住宅楼,如果是楼房,化学室和沥青室应设在顶层。噪声大、震动大的设备应尽量远离精密设备、办公室、居民楼。另外,试验室的平面布局还需考虑方便工作,如混凝土室和力学室与养生室的距离不宜太远,以便于推车行走。

(8) 消防设施

试验室要有完善的消防安全设施。

2. 建筑面积

建筑面积大小应根据试验室的规模确定。中心试验室与标段试验室的建筑面积可参考表1-2确定。

试验室建筑面积参考　　　　　　　　　　　　表1-2

分室名称	建筑面积(m²)	分室名称	建筑面积(m²)
土工室	20~40	力学室	20~40
砂石室	20~40	化学室	20
水泥及混凝土室	40~60	检测室	30~50
沥青及混合料室	40~60	养生室	20

二、设 备 购 置

试验室的性质、规模、所承担的任务不同,对设备的需求也不同,可参考表1-3购置。设备购置要充分考虑设备的功能和用途。首先,设备的规格、型号、技术性能必须符合试验规程的规定;其次,要根据本单位所承担的工程项目配备必要的仪器设备,切勿大而全;第三,要把好质量关,不能简单地听宣传、比价钱、看价订货、良好的使用性能怎么强调都不过分。

试验室仪器设备购置参考清单　　　　　　　　　　　　　表1-3

分室名称	设备名称	规　　格	数量(台、套)
力学室	压力试验机	2 000kN	1
	万能试验机	1 000kN	1
	万能试验机	300kN	1
	万能试验机	100kN	1
	万能试验机	50kN	1
	钢筋切割机		1
	钢筋标距刻痕机		1
	钢筋冷弯弯头		1
	水泥抗压强度夹具		1
	压碎值仪	混凝土和沥青混合料两种规格	各一套
砂石室	锯石机		1
	双端面磨平机		1
	加速磨光机		1
	洛杉矶磨耗机		1
	道瑞磨耗机		1
	冲击值仪		1
	针、片状规准仪		1
	李氏密度瓶		2~5
	容量瓶	500mL	5~10
	混凝土集料标准筛	粗集料、细集料	各一套
	路面集料标准筛	方孔	1
	容升筒	1L、5L、10L、20L、50L	各一个
	案秤	最大称量10kg	1
	磅秤	最大称量50kg	1
	烘箱	内容积50cm×50cm×50cm	1

续上表

分 室 名 称	设备名称	规　　格	数量(台、套)
水泥及混凝土室	负压筛		1
	维卡仪		1
	沸煮箱		1
	雷氏夹		1
	恒温恒湿箱	温度20℃±1℃;相对湿度大于95%	1
	水泥净浆拌和机		1
	水泥胶砂拌和机		1
	水泥胶砂振动台	附三联试模	1(3~15)
	水泥抗折试验机		1
	水泥流动度跳桌		1
	混凝土振动台	1m²	1
	混凝土拌和机	50L	1
	抗压强度试模	100mm×100mm×100mm 150mm×150mm×150mm	3~30
	抗折强度试模	150mm×150mm×550mm	3~6
	坍落度试验仪		1~5
	混凝土抗渗试验仪		1
	混凝土耐磨试验仪	路面混凝土用设备	1
	混凝土凝结时间试验仪		1
	混凝土含气量试验仪		1
	案秤	最大称量10kg	1
	磅秤	最大称量50kg	1
沥青及混合料室	针入度仪		1
	延度仪		1
	软化点仪		1
	闪点仪	克利夫兰开口杯	1
	沥青密度瓶		1
	标准黏度计		1
	运动黏度计	坎-芬毛细管	1
	脆点仪	弗拉斯	1
	万用电炉	1 000W	1
	薄膜烘箱		1
	旋转薄膜烘箱	用于改性沥青老化试验	1
	含蜡量测定仪		1
	真空干燥箱		1
	烘箱	内容积:1 000mm×1 000mm×1 000mm	1
	电冰箱		1

续上表

分室名称	设备名称	规 格	数量(台、套)
沥青及混合料室	沥青混合料拌和机		1
	马歇尔成型机		1
	脱模器		1
	马歇尔试验仪		1
	车辙试验仪		1
	抽提仪	离心式	1
	恒温水浴	带循环泵;室温~60℃	1
	超级恒温水浴	室温~60℃	1
天平室	电子天平	1/10 000;200g	1
	电子天平	1/1 000;2kg	1
	电子天平	1/100;5kg	1
	静水电子天平	1/100;3kg	1
土工室	比重瓶		1
	比重计	甲种或乙种	
	液塑限联合测定仪		1
	土壤标准筛		1
	击实仪	直径100mm、150mm	各1
	无黏性土干密度振动台	最大负荷200kg;双振幅0~2mm	1
	表面振动压实仪	激振力2.5~4.2kN	1
	无侧限抗压强度试模	直径50mm、100mm、150mm	各3
	脱模器		1
	环刀	带取土器	5~10
	灌砂筒		1~2
	CBR试验仪		1
	路面强度试验仪		1
	烘箱	内容积:500mm×500mm×500mm	
	案秤	最大称量50kg	1
检测室	3m直尺		1
	平整度仪		1
	弯沉仪	贝克曼梁	
	钻芯机		1
	摩擦系数仪		1
	承载板		
	路面构造深度仪		1
养生室	恒温恒湿装置	温度20℃±2℃;相对湿度大于90%	1

续上表

分室名称	设备名称	规　　格	数量(台、套)
化学室	滴定台		1
	滴定管	大、中、小	各1
	高温炉		1
	各种规格的量筒		1
	各种规格的锥形瓶		1
	万用电炉	1 000W	1
	恒温水浴	四孔或六孔	1
	烘箱	内容积:300mm×300mm×300mm	1
	电热板	1 000～3 000W	1
	pH计		1
	真空抽气装置	抽气机、压力计、真空罐	1

三、设备验收、安装及调试

1. 验收

设备到位后,应及时组织验收。检查包装是否完好,如因运输导致设备受损,严重时可提出拒收。如包装完好,可开箱验收。首先检查所进设备有无商标铭牌、规格、型号、性能是否与订购要求一致;其次检查设备外观有无质量缺陷,并依据装箱单清点随机附件或配件。发现问题及时向供货商提出,以便在规定的时间内使问题得到解决。

2. 安装

一般设备要么放置在案台上,要么安装在地面上,但都要按照仪器使用说明书的要求进行安装。总的要求是仪器设备必须放置或安装在坚实、稳固的案台或基座上,并保持水平(水准泡严格居中)状态,确保仪器设备使用安全和使用效果。凡带脚螺孔的设备,都要砌筑台座,在设备安装就位、调平后用脚螺栓固定。台座高低以方便操作人员操作为宜,高大设备应对地基进行必要的处理。设备安装应考虑所有设备的平面布局,既要方便使用、保养、维修,还要彼此不受干扰,启动或使用时有震动的设备应远离精密设备,还应考虑仪器的朝向、电源、水源等。

3. 调试

仪器安装好后,应及时进行调试。调试前必须熟读设备使用说明书,并对照仪器弄清每个按键的功能,以免因操作不当损坏仪器,甚至危及人身安全。接通电源前,首先检查电源电压是否符合设备使用要求,再按说明书规定的操作步骤逐步操作试运行,如发现异常应立即停机,待查明原因后方可再试运行。

调试内容包括加热效果、温度及时间控制效果、机械性能等。对调试中发现的问题要及时与供货商或生产厂家联系。

大型或精密设备的验收、安装、调试全过程应有生产厂家或设备供应商参与,并负责人员培训,设备用户只检查验收。即设备到位后,及时通知厂家或代理商派员安装调试,并进行必要的人员培训。用户单位在调试完毕后组织专家检查验收,以决定接收或拒收。

设备经验收、安装和调试,如无什么质量问题,就可以填写验收入库单,建立设备账、卡,并通知财务部门付款。

第二章 水

本章主要介绍混凝土用水的质量标准及检验方法。混凝土用水是混凝土拌和用水和养护用水的总称。混凝土用水主要包括:饮用水、地表水、地下水、再生水和海水。

第一节 技术性质及质量标准

一、混凝土拌和用水

1. 技术性质
(1) pH 值

pH 值是水中氢离子浓度的常用对数,是一种酸性程度指数。

pH 值约为 4 时,对水泥凝结时间和胶砂强度影响不大,但 pH 值约为 4 时,水呈现明显的酸性,尤其是腐殖酸或有机酸等对混凝土的耐久性可能造成影响,因此适当提高 pH 值,有利于混凝土的耐久性。在正常情况下,各类水均可达到 pH 值大于 4.5 的要求。对预应力混凝土要求应更高一些,应不小于 5。

另外,喷射混凝土用水的 pH 值小于 5 也会影响混凝土的施工性能。

(2) 不溶物含量

不溶物是指在规定条件下,水样经过滤,未通过滤膜部分经干燥后留下的物质。限制不溶物含量主要是限制水中泥土、悬浮物等物质,当这类物质含量较高时,会影响混凝土的质量,但不溶物含量控制在水泥质量的 1% 以内时,影响较小。

(3) 可溶物含量

可溶物是指在规定条件下,水样经过滤,通过滤膜部分干燥、蒸发后留下的物质。限制可溶物含量主要是限制水中各类盐的总量,从而限制水中各类离子对混凝土性能的影响。

(4) 氯离子含量

氯离子会引起钢筋混凝土中钢筋的锈蚀,在高碱性(pH > 12.5)环境中,钢筋表面会形成一层起保护作用的氧化膜,而氯离子渗入会破坏这层保护膜,使混凝土中钢筋开始产生锈蚀。

(5) 硫酸根离子含量

混凝土受到硫酸盐的侵蚀可能产生膨胀,使混凝土的体积变得不稳定,尤其处于高硫酸盐含量的土壤或水中的混凝土。硫酸盐含量用硫酸根离子含量表征,硫酸根离子会与水泥水化产物反应,进而影响混凝土的体积稳定性,对钢筋也有腐蚀作用。混凝土的其他原材料的有关标准对硫酸根离子含量都有限制。

(6) 碱含量

如果使用碱活性集料,则必须限制混凝土中的碱含量,避免发生碱集料反应。碱含量通过限制氢氧化钠和氢氧化钾含量来控制,二者含量较高时都会对混凝土的强度造成影响,甚至造成显著影响。

(7)放射性

地表水、地下水、再生水的放射性,应符合现行国家标准《生活饮用水卫生标准》(GB 5749—2006)的规定。

(8)凝结时间对比

被检验水样应与饮用水进行水泥凝结时间对比试验。对比试验的水泥初凝时间及终凝时间差均不应大于30min,同时初凝和终凝时间应符合现行国家标准《通用硅酸盐水泥》(GB 175—2007)的规定。

(9)水泥胶砂强度对比

被检验水样应与饮用水进行水泥胶砂强度对比试验,被检验水样配制的水泥胶砂3d和28d强度不应低于饮用水配制的水泥胶砂3d和28d强度的90%。

2. 技术标准

(1)基层拌和用水

现行《公路路面基层施工技术细则》(JTG/T F20—2015)对路面基层拌和用水的质量要求见表2-1。

路面基层非饮用水技术要求 表2-1

项次	项 目	技术要求	试验方法
1	pH值	≥4.5	JGJ 63
2	Cl^-含量(mg/L)	≤3 500	
3	SO_4^{2-}含量(mg/L)	≤2 700	
4	碱含量(mg/L)	≤1 500	
5	可溶物含量(mg/L)	≤10 000	
6	不溶物含量(mg/L)	≤5 000	
7	其他杂质	不应有漂浮的油脂和泡沫及明显的颜色和异味	

(2)路面混凝土拌和用水

现行《公路水泥混凝土路面施工技术细则》(JTG/T F30—2014)对路面混凝土拌和用水的质量要求见表2-2。

路面混凝土水质要求 表2-2

项 目		钢筋混凝土及钢纤维混凝土	素混凝土
pH值	≥	5.0	4.5
Cl^-含量(mg/L)	≤	1 000	3 500
SO_4^{2-}(mg/L)	≤	2 000	2 700
碱含量(mg/L)	≤	1 500	1 500
可溶物含量(mg/L)	≤	5 000	10 000
不溶物含量(mg/L)	≤	2 000	5 000
其他杂质		不应有漂浮的油脂和泡沫,不应有明显的颜色和异味	

(3)桥涵混凝土拌和用水

现行《公路桥涵施工技术规范》(JTG/T F50—2011)对桥涵混凝土拌和用水的质量要求见表2-3,并要求水中不应有漂浮明显的油脂和泡沫,以及明显的颜色和异味,严禁用未经处理的海水拌制结构混凝土。

桥涵混凝土拌和用水质量要求　　　　　表2-3

项　　目	预应力混凝土	钢筋混凝土	素混凝土
pH 值	≥5.0	≥4.5	≥4.5
不溶物(mg/L)	≤2 000	≤2 000	≤5 000
可溶物(mg/L)	≤2 000	≤5 000	≤10 000
氯化物(以 Cl^- 计)(mg/L)	≤500	≤1 000	≤3 500
硫酸盐(以 SO_4^{2-} 计)(mg/L)	≤600	≤2 000	≤2 700
碱含量(rag/L)	≤1 500	≤1 500	≤1 500

注：1. 对设计使用年限为100年的结构混凝土，氯离子含量不得超过500mg/L；对使用钢丝或经热处理钢筋的预应力混凝土，氯离子含量不得超过350mg/L。
　　2. 碱含量按 $Na_2O+0.658K_2O$ 计算值来表示。采用非碱活性骨料时，可不检验碱含量。

二、混凝土养护用水

混凝土养护用水重点控制 pH 值、氯离子含量、硫酸根离子含量和放射性等指标，可不检验不溶物和可溶物，其他检验项目应符合表2-1～表2-3的规定。养护用水可不检验水泥凝结时间和水泥胶砂强度。

第二节　检　验　规　则

一、取　　样

（1）水质检验水样不应少于5L；用于测定水泥凝结时间和胶砂强度的水样不应少于3L。
（2）采集水样的容器应无污染；容器应用待采集水样冲洗3次再灌装，并应密封待用。
（3）地表水宜在水域中心部位、距水面100mm 以下采集，并应记载季节、气候、雨量和周边环境的情况。
（4）地下水应在放水冲洗管道后接取，或直接用容器采集；不得将地下水积存于地表后再从中采集。
（5）再生水应在取水管道终端接取。
（6）混凝土企业设备洗刷水应沉淀后，在池中距水面100mm 以下采集。

二、检验期限和频率

（1）水样检验期限应符合下列要求：
①水质全部项目检验宜在取样后7d 内完成；
②放射性检验、水泥凝结时间检验和水泥胶砂强度成型宜在取样后10d 内完成。
（2）地表水、地下水和再生水的放射性应在使用前检验；当有可靠资料证明无放射性污染时，可不检验。
（3）地表水、地下水、再生水和混凝土企业设备洗刷水在使用前应进行检验；在使用期间，检验频率宜符合下列要求：
①地表水每6个月检验一次；

②地下水每年检验一次；
③再生水每3个月检验一次；在质量稳定一年后，可每6个月检验一次；
④混凝土企业设备洗刷水每3个月检验一次；在质量稳定一年后，可一年检验一次；
⑤当发现水受到污染和对混凝土性能有影响时，应立即检验。

第三节 水质检验方法

按《混凝土用水标准》（JGJ 63—2006）的规定：

pH值的检验按现行国家标准《水质 pH值的测定 玻璃电极法》（GB/T 6920）的要求进行，并宜在现场测定。

不溶物的检验按现行国家标准《水质 悬浮物的测定 重量法》（GB/T 11901）的要求进行。

可溶物的检验按现行国家标准《生活饮用水标准检验法》（GB 5750）中溶解性总固体检验法的要求进行。

氯化物的检验按现行国家标准《水质 氯化物的测定 硝酸银滴定法》（GB/T 11896）的要求进行。

硫酸盐的检验按现行国家标准《水质 硫酸盐的测定 重量法》（GB/T 11899）的要求进行。

碱含量的检验按现行国家标准《水泥化学分析方法》（GB/T 176）中，关于氧化钠和氧化钾的测定——火焰光度计法（基准法）的要求进行。

由于《公路工程水质分析操作规程》（JTJ 056—1984）已作废，没有新的替代版本。现行的《公路水泥混凝土路面施工技术细则》、《公路路面基层施工技术细则》、《公路桥涵施工技术规范》对混凝土用水的质量要求都是参考《混凝土用水标准》（JGJ 63—2006）而提出的，桥涵混凝土拌和用水质量要求与JGJ 63—2006标准的规定完全一致。

水质检验涉及的技术标准比较多，在此不一一收录。原因有两点：一是，化学分析试验方法的特点是按试剂与材料、溶液的配制、工作曲线的准备与标定、仪器设备、各指标测试步骤的顺序编写的，要把某一方法拿出来存在一定的困难。二是，如果只收录测试步骤，涉及的标准溶液、工作曲线等找不到出处，如果硬往一起拼凑不但篇幅大，而且很难形成完整的方法体系，所以只给出标准名称及代号，以方便读者查找。

第三章 土

第一节 土的工程分类

土是自然地质历史的产物,是由地壳表层的整体岩石经受物理风化、化学风化和生物风化作用后形成的。风化产物还受到重力、流水、冰川和风等的夹带和搬运,在搬运过程中产生沉积,因此决定了土的成分、结构和性质的千变万化,及其工程性质的千差万别。为了能正确判断土的基本性质、合理选择试验方法,以及在技术交流中有共同的语言,有必要对土进行科学分类。

土的分类系统包括地质分类、土壤分类、粒径分类、结构分类等,每一种分类系统,从某些方面反映了土的特征。工程实践需要的是适合于工程用途的土的工程分类,即按土的主要工程特性进行分类。分类的依据应是极简单的一些特征指标,这些指标的测定都应是很简便的。土的工程分类采用的指标是粒度成分和反映塑性的指标。

一、桥涵地基与基础土的分类

《公路桥涵地基与基础设计规范》(JTG D63—2007)把土作为建筑物场地和建筑地基进行了分类,其按颗粒级配或塑性指数划分为碎石土、砂土和黏性土。各类土的划分标准如下:

1. 碎石土

碎石土指粒径大于2mm的颗粒含量超过总质量50%的土。根据颗粒形状及粒组含量分为漂石、块石、卵石、碎石、圆砾和角砾(见表3-1)。

碎石土分类表　　表3-1

土的名称	颗粒形状	颗粒级配
漂石	圆形及亚圆形为主	粒径大于200mm的颗粒超过总质量50%
块石	棱角形为主	
卵石	圆形及亚圆形为主	粒径大于20mm的颗粒超过总质量50%
碎石	棱角形为主	
圆砾	圆形及亚圆形为主	粒径大于2mm的颗粒超过总质量50%
角砾	棱角形为主	

2. 砂土

砂土指粒径大于2mm的颗粒含量不超过总质量50%、粒径大于0.075mm的颗粒超过总质量50%的土。按粒组含量分为砾砂、粗砂、中砂、细砂和粉砂(见表3-2)。

砂土分类表　　　　　　　　　　　表3-2

土 的 名 称	颗 粒 级 配
砾砂	粒径大于2mm的颗粒含量占总质量的25%~50%
粗砂	粒径大于0.5mm的颗粒含量大于总质量的50%
中砂	粒径大于0.25mm的颗粒含量大于总质量的50%
细砂	粒径大于0.1mm的颗粒含量大于总质量的75%
粉砂	粒径大于0.1mm的颗粒含量小于总质量的75%

3. 粉土

粉土指塑性指数 $I_P \leq 10$ 且粒径大于0.075mm的颗粒含量不超过总质量50%的土。

4. 黏性土

黏性土指塑性指数 $I_P > 10$ 且粒径大于0.075mm的颗粒含量不超过总质量50%的土。黏性土根据塑性指数大小分为黏土和粉质黏土(见表3-3)。

黏性土分类表(一)　　　　　　　　表3-3

塑性指数 I_P	土 的 名 称	塑性指数 I_P	土 的 名 称
$I_P > 17$	黏土	$10 < I_P \leq 17$	粉质黏土

黏性土可根据沉积年代分为：老黏性土、一般黏性土、新近沉积黏性土(见表3-4)。

黏性土分类表(二)　　　　　　　　表3-4

沉 积 年 代	分 类 名 称
第四纪晚更新世(Q_3)及以前	老黏性土
第四纪全新世(Q_4)	一般黏性土
第四纪全新世(Q_4)以后	新近沉积黏性土

5. 特殊性土

特殊性土指具有一些特殊成分、结构和性质的区域性地基土，包括软土膨胀土、湿陷性土、红黏土、冻土、盐渍土和填土等。

(1)淤泥和淤泥质土：在静水或缓慢的流水环境中沉积，经生物化学作用形成，其天然含水率 w 大于液限 w_L、天然孔隙比 e 大于或等于1.5的黏性土。天然含水率大于液限而天然孔隙比小于1.5且大于或等于1.0的黏性土或粉土为淤泥质土。

(2)膨胀土：土中黏粒成分主要由亲水性矿物组成，同时具有显著的吸水膨胀和失水收缩特性，是自由膨胀率大于或等于40%的黏性土。

(3)湿陷性土：吸水后产生附加沉降，其湿陷系数大于或等于0.015的土。

(4)红黏土：由碳酸盐岩系的岩石经红土化形成的高塑性黏土，其液限一般大于50。红黏土经再搬运后仍保留其基本特征且其液限大于45的土为次生红黏土。

(5)盐渍土：土中易溶盐含量大于0.3%的土，并具有溶陷、盐胀、腐蚀等工程特性的土。

(6)填土：根据其组成和成因，可分为素填土、压实填土、杂填土、冲填土。素填土为由碎石土、砂土、粉土、黏性土等组成的填土，经分层压实或夯实的为压实填土。杂填土为含有建筑垃圾、工业废料、生活垃圾等杂物的填土。冲填土为由水力冲填泥沙形成的填土。

二、公路路基土的分类

现行《公路土工试验规程》(JTG E40—2007)，以《土工分类标准》为基础，是为公路岩土工程进行分类而编制,属于专门分类标准。其内容包括对土类进行鉴别,确定其名称和代号,并给以必要的描述,由此可以使公路工程用土的名称统一,并对土的工程性质有定性的了解。其依据土颗粒组成特征、土的塑性指标和土中有机质存在情况,将土分为巨粒土、粗粒土、细粒土和特殊土四类。

土的工程分类
（JTG E40—2007）

3.1 一般规定

3.1.1 土的工程分类(简称分类)适用于公路工程用土的鉴别、定名和描述,以便对土的性状作定性评价。

3.1.2 应以土的下列特征作为土分类依据:
(1)土颗粒组成特征。
(2)土的塑性指标:液限(w_L)、塑限(w_P)和塑性指数(I_P)。
(3)土中有机质存在情况。

3.1.3 本"分类"应按筛分法(T 0115—1993)确定各粒组的含量;按液限塑限联合测定法(T 0118—2007)确定液限和塑限;按本方法 3.4.8 判别有机质存在情况。

3.1.4 土的颗粒应根据图 3-1 所列粒组范围划分粒组。

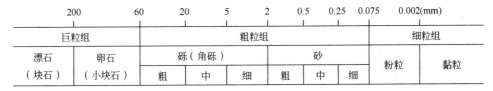

图 3-1 粒组划分图

3.1.5 本"分类"将土分为巨粒土、粗粒土、细粒土和特殊土,分类总体系见图 3-2。

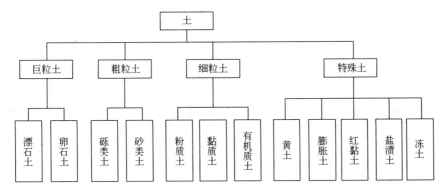

图 3-2 土分类总体系

3.1.6 土颗粒组成特征应以土的级配指标的不均匀系数(C_u)和曲率系数(C_c)表示:
不均匀系数 C_u 反映粒径分布曲线上的土粒分布范围,按下式计算:

$$C_u = \frac{d_{60}}{d_{10}} \tag{3-1}$$

曲率系数 C_c 反映粒径分布曲线上的土粒分布形状,按下式计算:

$$C_c = \frac{d_{30}^2}{d_{10} \times d_{60}} \tag{3-2}$$

以上两式中：d_{10}、d_{30} 和 d_{60}——土的特征粒径(mm)，在土的粒径分布曲线上，小于该粒径的土粒质量分别为总土质量的10%、30%、60%。

3.1.7 细粒土应根据塑性图分类。土的塑性图是以液限(w_L)为横坐标、塑性指数(I_P)为纵坐标构成的。

3.1.8 土的成分、级配、液限和特殊土等基本代号应按下列规定构成：

(1)土的成分代号

漂石	B
块石	B_a
卵石	C_b
小块石	Cb_a
砾	G
角砾	G_a
砂	S
粉土	M
黏土	C
细粒土(C 和 M 合称)	F
(混合)土(粗、细粒土合称)	Sl
有机质土	O

(2)土的级配代号

级配良好	W
级配不良	P

(3)土液限高低代号

高液限	H
低液限	L

(4)特殊土代号

黄土	Y
膨胀土	E
红黏土	R
盐渍土	St
冻土	Ft

3.1.9 土类名称可用一个基本代号表示。

当由两个基本代号构成时，第一个代号表示土的主成分，第二个代号表示副成分(土的液限或土的级配)。

当由三个基本代号构成时，第一个代号表示土的主成分，第二个代号表示液限的高低(或级配的好坏)，第三个代号表示土中所含次要成分。

土类的名称和代号见表3-1。

土类的名称和代号　　　　　　　　表3-1

名　称	代号	名　称	代号	名　称	代号
漂石	B	级配良好砂	SW	含砾低液限黏土	CLG
块石	B_a	级配不良砂	SP	含砂高液限黏土	CHS
卵石	C_b	粉土质砂	SM	含砂低液限黏土	CLS
小块石	Cb_a	黏土质砂	SC	有机质高液限黏土	CHO
漂石夹土	BSl	高液限粉土	MH	有机质低液限黏土	CLO

续上表

名　称	代号	名　称	代号	名　称	代号
卵石夹土	CbSl	低液限粉土	ML	有机质高液限粉土	MHO
漂石质土	SlB	含砾高液限粉土	MHG	有机质低液限粉土	MLO
卵石质土	SlCb	含砾低液限粉土	MLG	黄土(低液限黏土)	CLY
级配良好砾	GW	含砂高液限粉土	MHS	膨胀土(高液限黏土)	CHE
级配不良砾	GP	含砂低液限粉土	MLS	红土(高液限粉土)	MHR
细粒质砾	GF	高液限黏土	CH	红黏土	R
粉土质砾	GM	低液限黏土	CL	盐渍土	St
黏土质砾	GC	含砾高液限黏土	CHG	冻土	Ft

3.2 巨粒土分类

3.2.1 巨粒土应按图3-3定名分类。

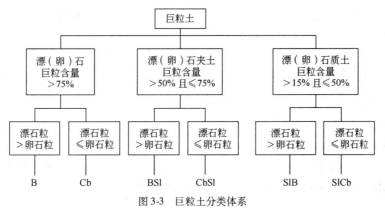

图3-3 巨粒土分类体系

注：1.巨粒土分类体系中的漂石换成块石，B换成B_a，即构成相应的块石分类体系。
　　2.巨粒土分类体系中的卵石换成小块石，C_b换成C_{ba}，即构成相应的小块石分类体系。

(1)巨粒组质量多于总质量75%的土称漂(卵)石。
(2)巨粒组质量为总质量50%～75%(含75%)的土称漂(卵)石夹土。
(3)巨粒组质量为总质量15%～50%(含50%)的土称漂(卵)石质土。
(4)巨粒组质量少于或等于总质量15%的土，可扣除巨粒，按粗粒土或细粒土的相应规定分类定名。

3.2.2 漂(卵)石按下列规定定名：
(1)漂石粒组质量多于卵石粒组质量的土称漂石，记为B。
(2)漂石粒组质量少于或等于卵石粒组质量的土称卵石，记为Cb。

3.2.3 漂(卵)石夹土按下列规定定名：
(1)漂石粒组质量多于卵石粒组质量的土称漂石夹土，记为BSl。
(2)漂石粒组质量少于或等于卵石粒组质量的土称卵石夹土，记为CbSl。

3.2.4 漂(卵)石质土应按下列规定定名：
(1)漂石粒组质量多于卵石粒组质量的土称漂石质土，记为SlB。
(2)漂石粒组质量少于或等于卵石粒组质量的土称卵石质土，记为SlCb。
(3)如有必要,可按漂(卵)石质土中的砾、砂、细粒土含量定名。

3.3 粗粒土分类

3.3.1 试样中巨粒组质量少于或等于总质量15%，且巨粒组土粒与粗粒组土粒质量之和多于总土质量50%的土称粗粒土。

3.3.2 粗粒土中砾粒组质量多于砂粒组质量的土称砾类土。砾类土应根据其中细粒含量和类别以及粗粒组的级配进行分类。分类体系见图3-4。

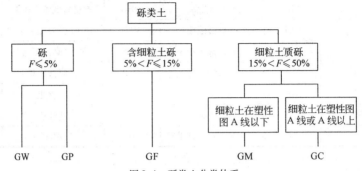

图3-4 砾类土分类体系

注：砾类土分类体系中的砾石换成角砾，G换成G_a，即构成相应的角砾土分类体系。

(1)砾类土中细粒组质量少于或等于总质量5%的土称砾，按下列级配指标定名：

①当$C_u \geq 5$，且$C_c = 1 \sim 3$时，称级配良好砾，记为GW。

②不同时满足3.3.2.(1)中的①条件时，称级配不良砾，记为GP。

(2)砾类土中细粒组质量为总质量5%~15%(含15%)的土称含细粒土砾，记为GF。

(3)砾类土中细粒组质量大于总质量的15%，并小于或等于总质量的50%的土称细粒质砾，按细粒土在塑性图中的位置定名：

①当细粒土位于塑性图A线以下时，称粉土质砾，记为GM。

②当细粒土位于塑性图A线或A线以上时，称黏土质砾，记为GC。

3.3.3 粗粒土中砾粒组质量少于或等于砂粒组质量的土称砂类土。砂类土应根据其中细粒含量和类别以及粗粒组的级配进行分类。分类体系见图3-5。

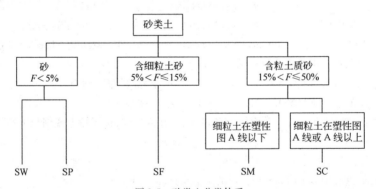

图3-5 砂类土分类体系

注：需要时，砂可进一步细分为粗砂、中砂和细砂。

粗砂——粒径大于0.5mm颗粒多于总质量50%；

中砂——粒径大于0.25mm颗粒多于总质量50%；

细砂——粒径大于0.075mm颗粒多于总质量75%。

根据粒径分组由大到小，以首先符合者命名。

(1)砂类土中细粒组质量少于或等于总质量5%的土称砂，按下列级配指标定名：

①当$C_u \geq 5$，且$C_c = 1 \sim 3$时，称级配良好砂，记为SW。

②不同时满足本方法3.3.3(1)中的①条件时，称级配不良砂，记为SP。

(2)砂类土中细粒组质量为总质量5%~15%(含15%)的土称含细粒土砂，记为SF。

(3)砂类土中细粒组质量大于总质量的15%，并小于或等于总质量的50%的土称细粒土质砂,按细粒土在塑性图中的位置定名：

①当细粒土位于塑性图 A 线以下时,称粉土质砂,记为 SM。

②当细粒土位于塑性图 A 线或 A 线以上时,称黏土质砂,记为 SC。

3.4 细粒土分类

3.4.1 试样中细粒组土粒质量多于或等于总质量50%的土称细粒土。分类体系见图3-6。

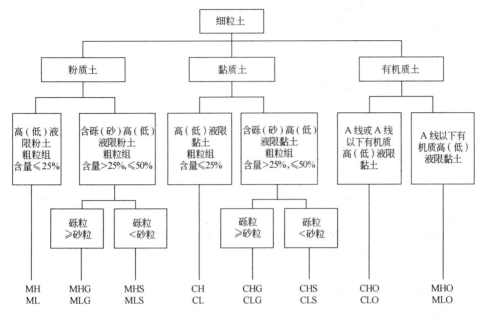

图 3-6 细粒土分类体系

3.4.2 细粒土应按下列规定划分：

(1)细粒土中粗粒组质量少于或等于总质量25%的土称粉质土或黏质土。

(2)细粒土中粗粒组质量为总质量25%～50%(含50%)的土称含粗粒的粉质土或含粗粒的黏质土。

(3)试样中有机质含量多于或等于总质量的5%,且少于总质量的10%的土称有机质土,试样中有机质含量多于或等于10%的土称为有机土。

3.4.3 细粒土应按塑性图分类。本"分类"的塑性图(见图3-7)采用下列液限分区：

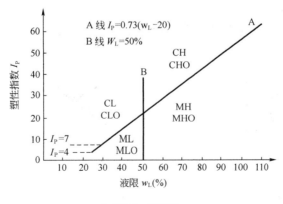

图 3-7 塑性图

低液限　　$w_L < 50\%$

高液限　　$w_L \geq 50\%$

3.4.4 细粒土应按其在图3-7中的位置确定土名称:
(1)当细粒土位于塑性图A线或A线以上时,按下列规定定名:
在B线或B线以右,称高液限黏土,记为CH;
在B线以左,$I_P=7$线以上,称低液限黏土,记为CL。
(2)当细粒土位于A线以下时,按下列规定定名:
在B线或B线以右,称高液限粉土,记为MH;
在B线以左,$I_P=4$线以下,称低液限粉土,记为ML。
(3)黏土~粉土过渡区(CL~ML)的土可以相邻土层的类别考虑细分。

3.4.5 本"分类"确定的是土的学名和代号,必要时,允许附列通俗名称或当地习惯名称。

3.4.6 含粗粒的细粒土应先按本方法3.4.4的规定确定细粒土部分的名称,再按以下规定最终定名:
(1)当粗粒组中砾粒组质量多于砂粒组质量时,称含砾细粒土,应在细粒土代号后缀以代号"G"。
(2)当粗粒组中砾粒组质量多于或等于砂粒组质量时,称砂细粒土,应在细粒土代号后缀以代号"S"。

3.4.7 土中有机质包括未完全分解的动植物残骸和完全分解的无定形物质。后者多呈黑色、青黑色或暗色;有臭味;有弹性和海绵感。借目测、手摸及嗅感判别。
当不能判定时,可采用下列方法:将试样在105~110℃的烘箱中烘烤。若烘烤24h后试样的液限小于烘烤前的四分之三,则该试样为有机质土。当需要测有机质含量时,按有机质含量试验(T 0151—1993)进行。

3.4.8 有机质土应根据图3-7按下列规定定名:
(1)位于塑性图A线或A线以上时:
在B线或B线以右,称有机质高液限黏土,记为CHO;
在B线以左,$I_P=7$线以上,称有机质低液限黏土,记为CLO。
(2)位于塑性图A线以下:
在B线或B线以右,称有机质高液限粉土,记为MHO;
在B线以左,$I_P=4$线以下,称有机质低液限粉土,记为MLO。
(3)黏土~粉土过渡区(CL~ML)的土可以按相邻土层的类别考虑细分。

3.5 特殊土分类

3.5.1 本"分类"给出黄土、膨胀土和红黏土在塑性图中的位置及其学名,以及盐渍土的含盐量标准和冻土的分类标准。

3.5.2 黄土、膨胀土和红黏土按图3-8定名。

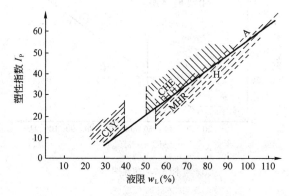

图3-8 特殊土塑性图

(1)黄土:低液限黏土(CLY),分布范围:大部分在A线以上,$w_L<40\%$。
(2)膨胀土:高液限黏土(CHE),分布范围:大部分在A线以上,$w_L>50\%$。
(3)红黏土:高液限粉土(MHR),分布范围:大部分在A线以下,$w_L>55\%$。

3.5.3 盐渍土按表3-2规定分类。

盐渍土工程分类 表3-2

土层中平均总盐量(质量%) 名称	Cl^-/SO_4^{2-} 比值	氯盐渍土 >2.0	亚氯盐渍土 1.0~2.0	亚硫酸盐渍土 0.3~1.0	硫酸盐渍土 <0.3
弱盐渍土		0.3~1.5	0.3~1.0	0.3~0.8	0.3~0.5
中盐渍土		1.5~5.0	1.0~4.0	0.8~2.0	0.5~1.5
强盐渍土		5.0~8.0	4.0~7.0	2.0~5.0	1.5~4.0
过盐渍土		>8.0	>7.0	>5.0	>4.0

3.5.4 根据冻土冻结状态持续时间的长短,我国冻土可分为多年冻土、隔年冻土和季节冻土三种类型(见表3-3)。

冻土按冻结状态持续时间分类 表3-3

类 型	持续时间t(年)	地面温度(℃)特征	冻融特征
多年冻土	$t \geq 2$	年平均地面温度≤0	季节融化
隔年冻土	$2>t\geq 1$	最低月平均地面温度≤0	季节冻结
季节冻土	$t<1$	最低月平均地面温度≤0	季节冻结

第二节 土样的采集、运输、保管及试样制备

一、土样的采集、运输和保管

土样的采集、运输和保管是土工试验中极其重要的环节。如果送到试验室的土样不符合要求或没有代表性,则任何精密的仪器和准确的操作都将毫无意义。因此,根据公路工程的特点和不同的工程性质,试验规程对土样的采集、运输和保管作了明确的规定,包括采样的土体状态、取样方法、土样数量及取样记录,并对包装、运输与管理作了具体规定。每项试验所需土样的多少与土样的工程分类、土样状态及土的最大粒径有关,其应参照相关规定采取适当量。其中,扰动土按质量计,原状土按体积计。

工程(或委托)单位,将土样送到试验室的同时,必须附送"委托试验书",以便试验室核对验收,从而保证试样的品质,以及进行有效试验。《公路土工试验规程》(JTG E40—2007)关于土样的采集、运输和保管规定如下:

土样的采集、运输和保管
(JTG E40—2007　T 0101—2007)

1 土样要求

1.1 采取原状土或扰动土视工程对象而定。凡属桥梁、涵洞、隧道、挡土墙、房屋建筑物的天然地基以及挖方边坡、渠道等,应采取原状土样;如为填土路基、堤坝、取土坑(场)或只要求土的分类试验者,可采取扰动土样。冻土采取原状土样时,应保持原状土样温度,保持土样结构和含水率不变。

1.2 土样可在试坑、平洞、竖井、天然地面及钻孔中采取。取原状土样时，必须保持土样的原状结构及天然含水率，并使土样不受扰动。用钻机取土时，土样直径不得小于10cm，并使用专门的薄壁取土器；在试坑中或天然地面下挖取原状土时，可用有上、下盖的铁壁取土筒，打开下盖，扣在欲取的土层上，边挖筒周围土，边压土筒，至筒内装满土样，然后挖断筒底土层（或左、右摆动即断），取出土筒，翻转削平筒内土样。若周围有空隙，可用原土填满，盖好下盖，密封取土筒。采取扰动土时，应先清除表层土，然后分层用四分法取样。对于盐渍土，一般应分别在 0～0.05m、0.05～0.25m、0.25～0.50m、0.50～0.75m、0.75～1.0m 垂直深度处，分层取样。同时，应测记采样季节、时间和气温。

1.3 土样数量按相应试验项目规定采取。

1.4 取土记录和编号；无论采用什么方法取样，均应用"取样记录簿"记录并撕下其一半作为标签，贴在取土筒上（原状土）或折叠后放入取土袋内。"取样记录簿"宜用韧质纸并必须用铅笔填写各项记录。取样记录簿记录内容应包括工程名称、路线里程（或地点）、记录开始日期、记录完毕日期、取样单位、采取土样的特征、试坑号、取样深度、土样号、取土袋号、土样名、用途、要求试验项目或取样说明、取样者、取样日期等。对取样方法、扰动或原状、取样方向以及取土过程中出现的现象等，应记入取土说明栏内。

2 土样包装和运输

2.1 原状土或需要保持天然含水率的扰动土，在取样之后，应立即密封取土筒，即先用胶布贴封取土筒上的所有缝隙，在两端盖上用红油漆写明"上、下"字样，以示土样层位。在筒壁贴上"取样记录簿"中扯下的标签，然后用纱布包裹，再浇注熔蜡，以防水分散失。原状土样应保持土样结构不变；对于冻土，原状土样还应保持温度不变。

2.2 密封后的原状土在装箱之前应放于阴凉处，冻土土样还应保持温度不变。不需保持天然含水率的扰动土，最好风干稍加粉碎后装入袋中。

2.3 土样装箱时，应与"取样记录簿"对照清点，无误后再装入，并在记录簿存根上注明装入箱号。对原状土应按上、下部位将筒立放，木箱中筒间空隙宜以稻（麦）草或软物填紧，以免在运输过程中受振、受冻。木箱上应编号并写明"小心轻放"、"切勿倒置"、"上"、"下"等字样。对已取好的扰动土样的土袋，在对照清点后可以装入麻袋内，扎紧袋口，麻袋上写明编号并拴上标签（如同行李签），签上注明麻袋号数、袋内共装的土袋数和土袋号。

2.4 盐渍土的扰动土样宜用塑料袋装。为防止取样记录标签在袋内湿烂，可用另一小塑料袋装标签，再放入土袋中；或将标签折叠后放在盛土的塑料袋口，并将塑料袋折叠收口，用橡皮圈绕扎袋口标签以下，再将放标签的袋口向下折叠，然后再以未绕完的橡皮圈绕扎系紧。每一盐渍土剖面所取的 5 塑料袋土，可以合装于一个稍大的布袋内。同样在装入布袋前要与记录簿存根清点对照，并将布袋号补注在原始记录簿中。

3 土样的接受与管理

3.1 土样运到试验单位，应主动附送"试验委托书"，委托书内各栏根据"取样记录簿"的存根填写清楚，若还有其他试验要求，可在委托书内注明。土样试验委托书应包括试验室名称、委托日期、土样编号、试验室编号、土样编号（野外鉴别）、取样地点或里程桩号、孔（坑）号、取样深度、试验目的、试验项目等，以及责任人（如主管、主管工程师审核、委托单位及联系人等）。

3.2 试验单位在接到土样之后，即按"试验委托书"清点土样，核对编号并检查所送土样是否满足试验项目的需要等。同时，每清点一个土样，即在委托书中的试验室编号栏内进行统一编号，并将此编号记入原标签上，以免与其他工程所送土样编号相重而发生错误。

3.3 土样清点验收后，即根据"试验委托书"登记于"土样收发登记簿"内，并将土样交试验负责人员妥善保存，按要求逐项进行试验。土样试验完毕，将余土仍装入原装内，待试验结果发出，并在委托单位收到报告书一个月后，若仍无人查询，即可将土样处理。若有疑问，尚可用余土复试。试验结果报告书发出时，即在原来"土样收发登记簿"内注明发出日期。

二、土样和试样制备

统一土样和试样的制备程序可以提高试验资料的可比性。试验规程规定了扰动土样的预备程序、扰动或原状土样的制备程序。扰动土样的制备包括风干、碾散、过筛、匀土、分样和贮存等预备程序以及制备试样程序。扰动土样的制备,视实际情况,分别按击实试验规程中标准击实方法制样,对中小型填土工程可按击样法或压样法进行。

原状土的开土、土样描述及试样制备强调了对土样质量的鉴别。为保证试验结果的可靠性,质量不符合要求的原状土样不能做力学性质试验。《公路土工试验规程》(JTG E40—2007)关于土样和试样制备的有关规定如下:

土样和试样制备
(JTG E40—2007 T 0102—2007)

1 细粒土扰动土样的制备程序

1.1 对扰动土样进行土样描述,如颜色、土类、气味及夹杂物等;如有需要,将扰动土样充分拌匀,取代表性土样进行含水率测定。

1.2 将块状扰动土放在橡皮板上用木碾或粉碎机碾散,但切勿压碎颗粒,如含水率较大不能碾散时,应风干至可碾散时为止。

1.3 根据试验所需土样数量,将碾散后的土样过筛。物理性试验如液限、塑限、缩限等试验,需过0.5mm筛;常规水理及力学试验土样,需过2mm筛;击实试验土样的最大粒径必须满足击实试验采用不同击实筒试验时的土样中最大颗粒粒径的要求。按规定过标准筛后,取出足够数量的代表性试样,然后分别装入容器内,标以标签。标签上应注明工程名称、土样编号、过筛孔径、用途、制备日期和人员等,以备各项试验之用。若系含有多量粗砂及少量细粒土(泥沙或黏土)的松散土样,应加水润湿松散后,用四分法取出代表性试样;若系净砂,则可用匀土器取代表性试样。

1.4 为配制一定含水率的试样,取过2mm筛的足够试验用的风干土1~5kg,按本方法2.2步骤计算所需的加水量;然后将所取土样平铺于不吸水的盘内,用喷雾设备喷洒预计的加水量,并充分拌和;然后装入容器内盖紧,润湿一昼夜备用(砂类土浸润时间可酌量缩短)。

1.5 测定湿润土样不同位置的含水率(至少两个以上),要求差值满足含水率测定的允许平行差值。

1.6 对不同土层的土样制备混合试样时,应根据各土层厚度,按比例计算相应质量配合,然后按本方法1.1~1.4步骤进行扰动土的制备工序。

2 扰动土样制备的计算

2.1 按下式计算干土质量:

$$m_s = \frac{m}{1 + 0.01 w_h} \tag{T 0102-1}$$

式中:m_s——干土质量(g);

m——风干土质量(或天然土质量)(g);

w_h——风干含水率(或天然含水率)(%)。

2.2 按下式计算制备土样所需的加水量:

$$m_w = \frac{m}{1 + 0.01 w_h} \times 0.01(w - w_h) \tag{T 0102-2}$$

式中:m_w——土样所需加水量(g);

m——风干含水率时的土样质量(g);

w_h——风干含水率(%);
w——土样所要求的含水率(%)。

2.3 按下式计算制备扰动土样所需总土质量：

$$m = (1 + 0.01w_h)\rho_d V \tag{T 0102-3}$$

式中：m——制备土样所需总土质量(g)；
ρ_d——制备土样所要求的干密度(g/cm³)；
V——计算出的击实土样或压模土样体积(cm³)；
w_h——风干含水率(%)。

2.4 按下式计算制备扰动土样应增加的水量：

$$\Delta m_w = 0.01(w - w_h)\rho_d V \tag{T 0102-4}$$

式中：Δm_w——制备扰动土样应增加的水量(cm³)；
其余符号含义同前。

3 粗粒土扰动土样的制备程序

3.1 无凝聚性的松散砂土、砂砾及砾石等按本方法1.3制备土样,然后取具有代表性足够试验用的土样做颗粒分析使用,其余过5mm筛,筛上筛下土样分别贮存,供做比重及最大、最小孔隙比等试验用,取一部分过2mm筛的土样备力学性质试验之用。

3.2 如砂砾土有部分黏土黏附在砾石上,可用毛刷仔细刷尽捏碎过筛,或先用水浸泡,然后用2mm筛将浸泡过的土样在筛上冲洗,取筛上及筛下具有代表性试样做颗粒分析用。

3.3 将过筛土样或冲洗下来的土浆风干至碾散为止,再按本方法1.1~1.4步骤操作。

4 扰动土样试件的制备程序

根据工程要求,将扰动土制备成所需的试件进行水理、物理力学等试验之用。

根据试件高度要求分别选用击实法和压样法,高度小的采用单层击实法,高度大的采用压样法。

4.1 击实法

4.1.1 根据工程要求,选用相应的夯击功进行击实。

4.1.2 按试件所要求的干质量、含水率,按本方法1和3制备湿土样,并称制备好的湿土样质量,准确至0.1g。

4.1.3 将试验用的切土环刀内壁涂一薄层凡士林,刀口向下,放在试件上,用切土刀将试件削成略大于环刀直径的土柱。然后将环刀垂直向下压,边压边削,至土样伸出环刀上部为止,削平环刀两端,擦净环刀外壁,称环刀合质量,准确至0.1g,并测定环刀两端所削下土样的含水率。

4.1.4 试件制备应尽量迅速,以免水分蒸发。

4.1.5 试件制备的数量视试验需要而定,一般应多制备1~2组备用,同一试件或平行试件的密度、含水率与制备标准之差值,应分别在±0.1g/cm³或2%范围之内。

4.2 压样法

4.2.1 按本方法4.1.2的规定,将湿土倒入压模内,抚平土样表面,以静压力将土压至一定高度,用推土器将土样推出。

4.2.2 按本方法4.1.3~4.1.5的规定进行操作。

5 原状土试件制备程序

按土样上下层次小心开启原状土包装皮,将土样取出放正,整平两端。在环刀内壁涂一薄层凡士林,刀口向下,放在土样上,无特殊要求时,切土方向应与天然土层层面垂直。

按本方法4.1.3的操作步骤切取试件,试件与环刀要密合,否则应重取。

切削过程中,应细心观察并记录试件的层次、气味、颜色,有无杂质,土质是否均匀,有无裂缝等。

如连续切取数个试件,应使含水率不发生变化。

视试件本身及工程要求,决定试件是否进行饱和;如不立即进行试验或饱和时,则将试件暂存于保湿器内。

切取试件后,剩余的原状土样用蜡纸包好置于保湿器内,以备补做试验之用。切削的余土做物理性质试验。平行试验或同一组试件密度差值不大于±0.1g/cm³,含水率差值不大于2%。

冻土制备原状土样时,应保持原土样温度,保持土样的结构和含水率不变。

6 试件饱和

土的孔隙逐渐被水填充的过程称为饱和。孔隙被水充满时的土,称为饱和土。

根据土的性质,决定饱和方法:

砂类土:可直接在仪器内浸水饱和。

较易透水的黏性土:即渗透系数大于10^{-4}cm/s时,采用毛细管饱和法较为方便,或采用浸水饱和法。

不易透水的黏性土:即渗透系数小于10^{-4}cm/s时,采用真空饱和法。如土的结构性较弱,抽气可能发生扰动,不宜采用。

7 毛细管饱和法

7.1 仪器设备

7.1.1 饱和器:见图T 0102-1～图T 0102-3。

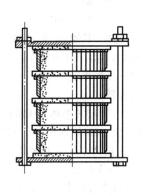

图T 0102-1 重叠式饱和器　　图T 0102-2 框架式饱和器

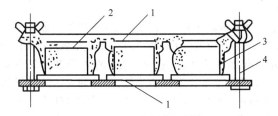

图T 0102-3 平列式饱和器
1-夹板;2-透水石;3-环刀;4-拉杆

7.1.2 水箱:带盖。

7.1.3 天平:感量0.1g。

7.2 操作步骤

7.2.1 在重叠式饱和器下正中放置稍大于环刀直径的透水石和滤纸,将装有试件的环刀放在滤纸上,试件上面再放一张滤纸和一块透水石。按这样的顺序重复,由下向上重叠至适当高度,将饱和器上板放在最上部透水石上,旋紧拉杆上端的螺丝,将各个环刀在上下板间夹紧。

7.2.2 如用平列式饱和器时,则将透水石放置于下板各圆孔上,并顺序放置滤纸、装试件的环刀、滤纸、上部透水石及上板,旋紧拉杆上端的螺丝,将各个环刀在上下板间夹紧。

7.2.3 将装好试件的饱和器,放入水箱中(重叠式和框架式饱和器放倒,平列式则平放),注清水入箱,水面不宜将试件淹没(重叠式和框架式饱和器)或超过试件顶面(平列式饱和器),以便土中气体得以排出。

7.2.4 关上箱盖,防止水分蒸发,静置数日,借助于土的毛细管作用,使试件饱和,一般约需3d。

7.2.5 取出饱和器,松开螺丝,取出环刀,擦干外壁,吸去表面积水,取下试件上下滤纸,称环土合质量,准确至0.1g,并计算饱和度。

7.2.6 如饱和度小于95%时,将环刀装入饱和器,浸入水内,重新延长饱和时间。

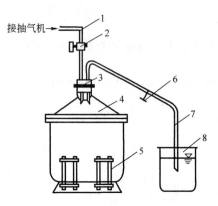

图 T 0102-4 真空饱和法装置
1-排气管;2-二通阀;3-橡皮塞;4-真空缸;5-饱和器;6-管夹;7-引水管;8-水缸

8 真空饱和法

8.1 仪器设备

8.1.1 真空饱和法整体装置,如图 T 0102-4 所示。

8.1.2 饱和器:尺寸形式见图 T 0102-1~图 T 0102-3。

8.1.3 真空缸:金属或玻璃制。

8.1.4 抽气机。

8.1.5 真空测压表。

8.1.6 其他:天平、硬橡皮管、橡皮塞、管夹、二路活塞、水缸、凡士林等。

8.2 操作步骤

8.2.1 按本方法7.2.1、7.2.2步骤将试件装入饱和器。

8.2.2 将装好试件的饱和器放入真空缸内,盖口涂一薄层凡士林,以防漏气。

8.2.3 关管夹,开阀门(见图 T 0102-4),开动抽气机,抽除缸内及土中气体;当真空压力表达到 -101.325kPa(一个负大气压力值)后,稍微开启管夹,使清水从引水管徐徐注入真空缸内。在注水过程中,应调节管夹,使真空压力表上的数值基本上保持不变。

8.2.4 待饱和器完全淹没水中后,即停止抽气,将引水管自水缸中提出,令空气进入真空缸内,静待一定时间,借助于大气压力,使试件饱和。

8.2.5 取出试件称质量,准确至0.1g,计算饱和度。

9 化学试验的土样制备

把土样平铺在搪瓷盘、木板或厚纸上,摊成薄层,放于室内阴凉通风处风干,不时翻拌,并将大块土捏散,促使均匀风干。风干场所力求干燥清洁,并要防止酸碱蒸汽的侵蚀和尘埃落入。

风干土样用木棍压碎,仔细检查砂砾,过2mm孔径的筛,筛出土块重新压碎,使全部通过为止。过筛后的土样经四分法缩减至200g左右,放在瓷研钵中研细,使其全部通过1mm的筛子,取其中3/4(用二次四分法,每次取一半)供一般化学试验之用。其余1/4重又研细,使全部通过0.5mm筛子,由四分法分出1/2,置于105℃~110℃烘箱中烘至恒温,贮于干燥器中,供碳酸盐等分析之用。

剩余1/2,压成扁平薄层,划成许多小方格,用角匙按分格规律均匀挑取样品10g左右,放入玛瑙研钵中仔细研碎,使其全部通过0.1mm筛子,最后也在105℃~110℃烘箱中烘8h,放在干燥器内,供矿质成分全量分析之用。

10 结果整理

10.1 按下式计算饱和度:

$$S_r = \frac{(\rho - \rho_d)G_s}{e\rho_d} \tag{T 0102-5}$$

或

$$S_r = \frac{wG_s}{e} \tag{T 0102-6}$$

式中：S_r——饱和度(%)，计算至0.01；
　　　ρ——饱和后的密度(g/cm^3)；
　　　ρ_d——土的干密度(g/cm^3)；
　　　e——土的空隙比；
　　　G_s——土粒比重；
　　　w——饱和后的含水率(%)。

10.2　本试验记录格式(略)

第三节　土的物理和水理性质试验

土的物理和水理性质试验项目包括含水率、密度、比重、颗粒分析、界限含水率、缩限、天然稠度、相对密度、膨胀、毛细管上升高度和渗透试验等。

一、土的三相体比例指标

土是由固相(土粒)、液相(水溶液)和气相(空气)组成的三相分散体系。从物理的角度分析，可以利用三相在体积上和质量上的比例关系来反映土的干湿程度和紧密程度。反映三相比例关系的指标称为基本物理性质指标，利用物理性质指标可间接地评定土的工程性质。土的三相图如图3-1所示。

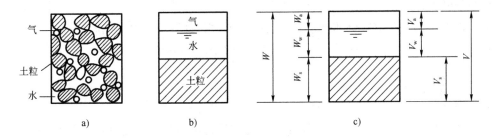

图3-1　土的三相图
a)实际土体；b)土的三相图；c)各相的体积与质量(或重力)

由图3-1，土样的体积V由式(3-1)表示：

$$V = V_s + V_w + V_a \tag{3-1}$$

式中：V_s、V_w、V_a——分别为土粒、水、空气的体积。

土样的质量W由式(3-2)表示：

$$W = W_s + W_w + W_a \tag{3-2}$$

式中：W_s、W_w、W_a——分别为土粒、水、空气的质量。

土的物理性质指标可以用各相之间的比例关系表示，主要有下述几个指标：

1. 土的密度(ρ)

土的密度是指土体单位体积的质量，由式(3-3)计算(单位：g/cm^3)：

$$\rho = \frac{W}{V} \tag{3-3}$$

密度是土的基本物理性质指标之一，用它可以换算土的干密度、孔隙比、孔隙率、饱和度等指标。无论在室内试验或野外勘察中还是在施工质量控制中，均须测定土的密度。

2. 土粒比重(G_s)

土粒比重是土粒在温度105℃~110℃下烘至恒量时的质量与同体积4℃时纯水质量的比值,由式(3-3)计算(无量纲):

$$G_s = \frac{W_s}{V_s} \times \rho_w \tag{3-4}$$

土粒比重是土的基本物理性质指标之一,是计算孔隙比和评价土类的主要指标。

3. 土的含水率(w)

含水率是土中水的质量占干土(固体颗粒)质量的百分数,由式(3-5)计算:

$$w = \frac{W_w}{W_s} \times 100\% \tag{3-5}$$

含水率是土的基本物理指标之一,其反映土的状态,土的含水率的变化能使土的一系列力学性质随之而异;含水率又是计算土的湿密度、孔隙比、饱和度等指标的依据,也是检测土工构筑物施工质量的重要指标。

4. 干密度(ρ_d)

干密度是指土的固体颗粒质量与土体的总体积之比,由式(3-6)计算(单位:g/cm³):

$$\rho_d = \frac{W_s}{V} \tag{3-6}$$

土的干密度越大,土越密实,所以干密度常用作填土的压实度控制指标。

5. 饱和密度(ρ_{sat})

饱和密度是指土孔隙中全部被水充满时的密度,由式(3-7)计算(单位:g/cm³):

$$\rho_{sat} = \frac{W_s + V_v \rho_w}{V} \tag{3-7}$$

式中:ρ_w——水的密度,取1g/cm³。

6. 浮密度(ρ')

浮密度也称浸水密度,是指土浸没在水中受到浮力作用时的密度,由式(3-8)计算(单位:g/cm³):

$$\rho' = \rho_{sat} - \rho_w \tag{3-8}$$

7. 孔隙比(e)

孔隙比是指土中孔隙的体积与固体体积颗粒的体积之比,是一个应用十分广泛的指标,可以用来评价土的紧密程度,由式(3-9)计算:

$$e = \frac{V_v}{V_s} \tag{3-9}$$

8. 孔隙率(n)

孔隙率是指土中孔隙体积与总体积之比,由式(3-10)计算:

$$n = \frac{V_v}{V} \tag{3-10}$$

孔隙率与孔隙比之间存在着下述换算关系:

$$n = \frac{e}{1+e} \tag{3-11}$$

9. 饱和度(S_r)

饱和度是指孔隙中水的体积与孔隙体积之比,由式(3-12)计算:

$$S_r = \frac{V_w}{V_v} \tag{3-12}$$

饱和度用来描述土中水充满孔隙的程度，$S_r = 0$ 为完全干燥的土，$S_r = 1$ 为完全饱和的土。

以上 9 个指标中，天然含水率 w、土的密度 ρ、土粒比重 G_s 是由试验测定的，称为试验指标，而其余指标均可以由 3 个试验指标计算得到。其换算关系如表 3-5 所示。

三相指标的换算关系 表 3-5

指 标	符 号	表 达 式	换 算 公 式
孔隙比	e	$e = \dfrac{V_v}{V_s}$	$e = \dfrac{G_s(1+w)}{\rho} - 1$
孔隙率	n	$n = \dfrac{V_v}{V}$	$n = 1 - \dfrac{\rho}{G_s(1+w)}$
干密度	ρ_d	$\rho_d = \dfrac{W_s}{V}$	$\rho_d = \dfrac{\rho}{1+w}$
饱和密度	ρ_{sat}	$\rho_{sat} = \dfrac{W_s + V_v \rho_w}{V}$	$\rho_{sat} = \dfrac{\rho(G_s - \rho_w)}{G_s(1+w)} + \rho_w$
浮密度	ρ'	$\rho' = \dfrac{W_s - V_s \rho_w}{V}$	$\rho' = \dfrac{\rho(G_s - \rho_w)}{G_s(1+w)}$
饱和度	S_r	$S_r = \dfrac{V_w}{V_v}$	$S_r = \dfrac{\rho \rho_s w}{\rho_w[G_s(1+w) - \rho]}$

（一）含水率

含水率试验方法有烘干法、酒精法、比重法 3 种，其中烘干法是室内的标准方法，其精度较高。酒精法是快速试验方法，适用于现场快速测定。比重法仅适用于砂类土。烘干法、酒精法多用于现场，为了避免重复，将在第十一章介绍。

（二）密度

密度是指烘干至恒质量时单位体积土的质量，单位为 g/cm³，是土的性质试验的常规指标，尤其是现场压实检测。密度试验方法有环刀法、电动取土器法、封蜡法、灌水法和灌砂法。环刀法、灌砂法比较常用，试验方法见第十一章。

（三）比重

土粒比重试验方法有比重瓶法、浮力法、浮称法和虹吸筒法，下面仅介绍常用的比重瓶法。

比 重 瓶 法

（JTG E40—2007　T 0112—1993）

1　目的和适用范围

本试验法适用于粒径小于 5mm 的土。

2　仪器设备

2.1　比重瓶：容量 100（或 50）mL。

2.2 天平:称量200g,感量0.001g。
2.3 恒温水槽:灵敏度±1℃。
2.4 砂浴。
2.5 真空抽气设备。
2.6 温度计:刻度为0℃~50℃,分度值为0.5℃。
2.7 其他:如烘箱、蒸馏水、中性液体(如煤油)、孔径2mm及5mm筛、漏斗、滴管等。
2.8 比重瓶校正

  2.8.1 将比重瓶洗净、烘干,称比重瓶质量,准确至0.001g。

  2.8.2 将煮沸后冷却的纯水注入比重瓶。对长颈比重瓶注水至刻度处,对短颈比重瓶应注满纯水,塞紧瓶塞,多余水分自瓶塞毛细管中溢出。调节恒温水槽至5℃或10℃,然后将比重瓶放入恒温水槽内,直至瓶内水温稳定。取出比重瓶,擦干外壁,称瓶、水总质量,准确至0.001g。

  2.8.3 以5℃级差,调节恒温水槽的水温,逐级测定不同温度下的比重瓶、水总质量,至达到本地区最高自然气温为止。每级温度均应进行两次平行测定,两次测定的差值不得大于0.002g,取两次测值的平均值。绘制温度与瓶、水总质量的关系曲线。

3 试验步骤

  3.1 将比重瓶烘干,将15g烘干土装入100mL比重瓶内(若用50mL比重瓶,装烘干土约12g),称量。

  3.2 为排除土中空气,将已装有干土的比重瓶,注蒸馏水至瓶的一半处,摇动比重瓶,土样浸泡20h以上,再将瓶在砂浴中煮沸,煮沸时间自悬液沸腾时算起,砂及低液限黏土应不少于30min,高液限黏土应不少于1h,使土粒分散。注意沸腾后调节砂浴温度,不使土液溢出瓶外。

  3.3 如系长颈比重瓶,用滴管调整液面恰至刻度处(以弯月面下缘为准),擦干瓶外及瓶内壁刻度以上部分的水,称瓶、水、土总质量。如系短颈比重瓶,将纯水注满,使多余水分自瓶塞毛细管中溢出,将瓶外水分擦干后,称瓶、水、土总质量,称量后立即测出瓶内水的温度,准确至0.5℃。

  3.4 根据测得的温度,从已绘制的温度与瓶、水总质量关系曲线中查得瓶水总质量。如比重瓶体积事先未经温度校正,则立即倾去悬液,洗净比重瓶,注入事先煮沸过且与试验时同温度的蒸馏水至同一体积刻度处,短颈比重瓶则注水至满,按本试验3.3步骤调整液面后,将瓶外水分擦干,称瓶、水总质量。

  3.5 如系砂土,煮沸时砂粒易跳出,允许用真空抽气法代替煮沸法排除土中空气,其余步骤与本试验3.3、3.4相同。

  3.6 对含有某一定量的可溶盐、不亲性胶体或有机质的土,必须用中性液体(如煤油)测定,并用真空抽气法排除土中气体。真空压力表读数宜为100kPa,抽气时间1~2h(直至悬液内无气泡为止),其余步骤同本试验3.3、3.4。

  3.7 本试验称量应准确至0.001g。

4 结果整理

  4.1 用蒸馏水测定时,按下式计算比重:

$$G_s = \frac{m_s}{m_1 + m_s - m_2} \times G_{wt} \tag{T 0112-1}$$

式中:G_s——土的比重,计算至0.001;
   m_s——干土质量(g);
   m_1——瓶、水总质量(g);
   m_2——瓶、水、土总质量(g);
   G_{wt}——t℃时蒸馏水的比重(水的比重可查物理手册),准确至0.001。

  4.2 用中性液体测定时,按下式计算比重:

$$G_s = \frac{m_s}{m_1' + m_s - m_2'} \times G_{kt} \tag{T 0112-2}$$

式中：G_s——土的比重，计算至0.001；
m'_1——瓶、中性液体总质量(g)；
m'_2——瓶、土、中性液体总质量(g)；
G_{kt}——t℃时中性液体比重(应实测)，准确至0.001。

4.3 本试验记录格式如表 T 0112-1。

比重试验记录（比重瓶法）　　　　表 T 0112-1

工程名称_____　　试验方法_____　　试验日期_____
试　验　者_____　　计　算　者_____　　校　核　者_____

试验编号	比重瓶号	温度(℃)	液体比重	比重瓶质量(g)	瓶、干土总质量(g)	干土质量(g)	瓶、液总质量(g)	瓶、液、土总质量(g)	与干土同土积的液体质量(g)	比重	平均比重值	备注
		(1)	(2)	(3)	(4)	(5)	(6)	(7)	(8)	(9)		
						(4)-(3)			(5)+(6)-(7)	$\frac{(5)}{(8)}\times(2)$		
	1	15.2	0.999	34.886	49.831	14.945	134.714	144.225	5.434	2.746	2.75	
	2	15.2	0.999	34.287	49.227	14.940	134.696	144.191	5.445	2.741		

4.4 精密度和允许差。

本试验必须进行二次平行测定，取其算术平均值，以两位小数表示，其平行差值不得大于0.02。

5 报告

5.1 土的鉴别分类和代号。

5.2 土的比重 G_s 值。

【注意事项】

(1)颗粒小于5mm的土用比重瓶法测定。根据土的分散程度、矿物成分、水溶盐和有机质的含量又分别规定用纯水和中性液体测定。排气方法也根据介质的不同分别采用煮沸法和真空抽气法。

(2)比较试验表明，瓶的大小对比重试验结果影响不大，但因100mL的比重瓶可以多取些试样，使试样的代表性和试验的精度提高，所以宜采用100mL的比重瓶，但也允许采用50mL的比重瓶。

(3)比重瓶校正一般有两种方法：称量校正法和计算校正法。前一种方法精度比较高，后一种方法引入了某些假设，但一般认为对比重影响不大。通常情况，以称量校正法为准。

(4)关于试样状态，规定用烘干土，但考虑到烘焙对土中胶粒有机质的影响尚无一致意见，所以规定一般应用烘干试样，也可以用风干或天然湿度试样。有机质含量小于5%时，可以用纯水测定。

(5)有资料证明，易溶盐含量小于0.5%时，用纯水和中性液体测得的比重几乎无差异。含盐量大于0.5%时，比重值可差1%以上，因此规定含盐量大于0.5%时，用中性液体测定。

(6)排气方法，规程中仍选用煮沸法为主。如需用中性液体时，则采用真空抽气法。

二、颗 粒 分 析

土的颗粒组成特征是对土进行分类的依据之一。在工程实践中,为了判断或评价土的工程性质,需要知道土的颗粒大小及其组成,并根据其颗粒组成对土进行分类和命名,这就需要对土进行颗粒组成分析。

土是由土粒集合体组成的,土粒大小是描述土的最直观和最简单的标准。对于立方体或圆球体的土粒,可通过直接量测立方体的边长或圆球体的直径来描述土粒大小,但由于土粒的不规则性,很难对其直接量测,因而需要通过一些分析方法来定量地描述。常用的分析土粒大小的方法有两种:对于粗粒土,即颗粒大于 0.1mm 的土常采用筛分析的方法;对于颗粒小于 0.1mm 的土则采用沉降分析法。当土中粗细粒兼有,则可联合使用筛分法和沉降分析法。粒度成分分析的目的在于确定土中各粒组颗粒的相对含量。

筛分析法是利用一套标准筛,测定留在每一筛子上的土粒质量,通过计算小于某一筛孔直径土粒的累计质量和累计百分含量,表示土粒组成成分。

沉降分析法是根据土粒在液体中沉降的速度与粒径间的关系,由司笃克斯定理确定土粒组成,即土粒越大,在静水中沉降速度越快,土粒越小,沉降速度越慢。比重计法及吸管法都属于沉降分析法。

筛 分 法
(JTG E40—2007 T 0115—1993)

1 目的和适用范围

本试验法适用于分析粒径大于 0.075mm 的土颗粒组成。对于粒径大于 60mm 的土样,本试验方法不适用。

2 仪器设备

2.1 标准筛:粗筛(圆孔)孔径为 60mm、40mm、20mm、10mm、5mm、2mm;细筛孔径为 2.0mm、1.0mm、0.5mm、0.25mm、0.075mm。

2.2 天平:称量 5 000g,感量 5g;称量 1 000g,感量 1g;称量 200g,感量 0.2g。

2.3 摇筛机。

2.4 其他:烘箱、筛刷、烧杯、木碾、研钵及杵等。

3 试样

从风干、松散的土样中,用四分法按照下列规定取出具有代表性的试样:

3.1 小于 2mm 颗粒的土 100～300g。

3.2 最大粒径小于 10mm 的土 300～900g。

3.3 最大粒径小于 20mm 的土 1 000～2 000g。

3.4 最大粒径小于 40mm 的土 2 000～4 000g。

3.5 最大粒径大于 40mm 的土 4 000g 以上。

4 试验步骤

4.1 对于无凝聚性的土

4.1.1 按规定称取试样,将试样分批过 2mm 筛。

4.1.2 将大于 2mm 的试样按从大到小的次序,通过大于 2mm 的各级粗筛。将留在筛上的土分别称量。

4.1.3 2mm 筛下的土如数量过多,可用四分法缩分至 100～800g。将试样按从大到小的次序通过小于2mm的各级细筛。可用摇筛机进行振摇。振摇时间一般为10~15min。

4.1.4 由最大孔径的筛开始,顺序将各筛取下,在白纸上用手轻叩摇晃,至每分钟筛下数量不大于该筛余质量的1%为止。漏下的土粒应全部放入下一级筛内,并将留在各筛上的土样用软毛刷刷净,分别称量。

4.1.5 筛后各级筛上和筛底土总质量与筛前试样质量之差,不应大于1%。

4.1.6 如2mm筛下的土不超过试样总质量的10%,可省略细筛分析;如2mm筛上的土不超过试样总质量的10%,可省略粗筛分析。

4.2 对于含有黏土粒的砂砾土

4.2.1 将土样放在橡皮板上,用木碾将黏结的土团充分碾散,拌匀、烘干、称量。如土样过多时,用四分法称取代表性土样。

4.2.2 将试样置于盛有清水的瓷盆中,浸泡并搅拌,使粗细颗粒分散。

4.2.3 将浸润后的混合液过2mm筛,边冲边洗过筛,直至筛上仅留大于2mm以上的土粒为止。然后,将筛上洗净的砂砾风干称量。按以上方法进行粗筛分析。

4.2.4 通过2mm筛下的混合液存放在盆中,待稍沉淀,将上部悬液过0.075mm洗筛,用带橡皮头的玻璃棒研磨盆内浆液,再加清水,搅拌、研磨、静置、过筛,反复进行,直至盆内悬液澄清。最后,将全部土粒倒在0.075mm筛上,用水冲洗,直到筛上仅留大于0.075mm净砂为止。

4.2.5 将大于0.075mm的净砂烘干称量,并进行细筛分析。

4.2.6 将大于2mm颗粒及2~0.075mm的颗粒质量从原称量的总质量中减去,即为小于0.075mm颗粒质量。

4.2.7 如果小于0.075mm颗粒质量超过总土质量的10%,有必要时,将这部分土烘干、取样,另作密度计或移液管分析。

5 结果整理

5.1 按下式计算小于某粒径颗粒质量百分数:

$$X = \frac{A}{B} \times 100 \qquad (T\ 0115\text{-}1)$$

式中:X——小于某粒径颗粒的质量百分数(%),计算至0.01;
A——小于某粒径的颗粒质量(g);
B——试样的总质量(g)。

5.2 当小于2mm的颗粒如用四分法缩分取样时,按下式计算试样中小于某粒径的颗粒质量占总土质量的百分数:

$$X = \frac{a}{b} \times p \times 100 \qquad (T\ 0115\text{-}2)$$

式中:X——小于某粒径颗粒的质量百分数(%),计算至0.01;
a——通过2mm筛的试样中小于某粒径的颗粒质量(g);
b——通过2mm筛的土样中所取试样的质量(g);
p——粒径小于2mm的颗粒质量百分数(%)。

5.3 在半对数坐标纸上,以小于某粒径的颗粒质量百分数为纵坐标,以粒径(mm)为横坐标,绘制颗粒大小级配曲线,求出各粒组的颗粒质量百分数,以整数(%)表示。

5.4 必要时按下式计算不均匀系数:

$$C_u = \frac{d_{60}}{d_{10}} \qquad (T\ 0115\text{-}3)$$

式中:C_u——不均匀系数,计算至0.1且含两位以上有效数字;
d_{60}——限制粒径,即土中小于该粒径的颗粒质量为60%的粒径(mm);
d_{10}——有效粒径,即土中小于该粒径的颗粒质量为10%的粒径(mm)。

5.5 本试验记录格式如表 T 0115-1。
5.6 精密度和允许差。
筛后各级筛上和筛底土总质量与筛前试样总质量之差,不应大于1%。
6 报告
6.1 土的鉴别分类和代号。
6.2 颗粒级配曲线。
6.3 不均匀系数 C_u。

【注意事项】
(1)当大于0.075mm的颗粒超过试样总质量的15%时,应先进行筛分试验,然后经过洗筛,再用比重计法进行试验。
(2)分析筛的孔径可根据试样颗粒的粗、细情况灵活选用。
(3)对于砾类土等颗粒较大的土样,按其最大颗粒决定试样数量,这样比较直观,易于掌握,又可得到比较有代表性的数据。用风干土样进行筛分试验,按四分法取代表性试样,数量随粒径大小而异,粒径愈大,数量愈多。
(4)对于无凝聚性的土样,可采用干筛法;对于含有部分黏土的砾类土,必须用水筛法,以保证颗粒充分分散。

密 度 计 法
(JTG E40—2007 T 0116—2007)

1 目的和适用范围
本试验方法适用于分析粒径小于0.075mm的细粒土。
2 仪器设备
2.1 密度计
2.1.1 甲种密度计:刻度单位以20℃时每1 000mL悬液内所含土质量的克数表示,刻度为 -5~50,最小分度值为0.5。
2.1.2 乙种密度计:刻度单位以20℃时悬液的比重表示,刻度为0.995~1.020,最小分度值为0.000 2。
2.2 量筒:容积为1 000mL,内径为60mm,高度为350mm±10mm,刻度为0~1 000mL。
2.3 细筛:孔径为2mm、0.5mm、0.25mm;洗筛:孔径为0.075mm。
2.4 天平:称量100g,感量0.1g;称量100g(或200g),感量0.01g。
2.5 温度计:测量范围0℃~50℃,精度0.5℃。
2.6 洗筛漏斗:上口直径略大于洗筛直径,下口直径略小于量筒直径。
2.7 煮沸设备:电热板或电砂浴。
2.8 搅拌器:底板直径50mm,孔径约3mm。
2.9 其他:离心机、烘箱、三角烧瓶(500mL)、烧杯(400mL)、蒸发皿、研钵、木碾、称量铝盒、秒表等。
3 试剂
浓度25%氨水、氢氧化钠(NaOH)、草酸钠($Na_2C_2O_4$)、六偏磷酸钠[$(NaPO_3)_6$]、焦磷酸钠($Na_4P_2O_7 \cdot 10H_2O$)等;如须进行洗盐手续,应有10%盐酸、5%氯化钡、10%硝酸、5%硝酸银及6%双氧水等。

4 试样

密度计分析土样应采用风干土。土样充分碾散,通过2mm筛(土样风干可在烘箱内以不超过50℃鼓风干燥)。

求出土样的风干含水率,并按下式计算试样干质量为30g时所需的风干土质量。准确至0.01g。

$$m = m_s(1 + 0.01w) \quad (\text{T 0116-1})$$

式中:m——风干土质量(g),计算至0.01g;

m_s——密度计分析所需干土质量(g);

w——风干土的含水率(%)。

5 密度计校正

5.1 密度计刻度及弯月面校正:按《标准玻璃浮计检定规程》(JJG 86—2001)进行。土粒沉降距离校正参见本试验条文说明。

5.2 温度校正:当密度计的刻制温度是20℃,而悬液温度不等于20℃时,应进行校正,校正值查表T 0116-1。

温度校正值 表 T 0116-1

悬液温度 t (℃)	甲种密度计温度校正值 m_t	乙种密度计温度校正值 m_t'	悬液温度 t (℃)	甲种密度计温度校正值 m_t	乙种密度计温度校正值 m_t'
10.0	-2.0	-0.0012	20.2	0.0	+0.0000
10.5	-1.9	-0.0012	20.5	+0.1	+0.0001
11.0	-1.9	-0.0012	21.0	+0.3	+0.0002
11.5	-1.8	-0.0011	21.5	+0.5	+0.0003
12.0	-1.8	-0.0011	22.0	+0.6	+0.0004
12.5	-1.7	-0.0010	22.5	+0.8	+0.0005
13.0	-1.6	-0.0010	23.0	+0.9	+0.0006
13.5	-1.5	-0.0009	23.5	+1.1	+0.0007
14.0	-1.4	-0.0009	24.0	+1.3	+0.0008
14.5	-1.3	-0.0008	24.5	+1.5	+0.0009
15.0	-1.2	-0.0008	25.0	+1.7	+0.0010
15.5	-1.1	-0.0007	25.5	+1.9	+0.0011
16.0	-1.0	-0.0006	26.0	+2.1	+0.0013
16.5	-0.9	-0.0006	26.5	+2.2	+0.0014
17.0	-0.8	-0.0005	27.0	+2.5	+0.0015
17.5	-0.7	-0.0004	27.5	+2.6	+0.0016
18.0	-0.5	-0.0003	28.0	+2.9	+0.0018
18.5	-0.4	-0.0003	28.5	+3.1	+0.0019
19.0	-0.3	-0.0002	29.0	+3.3	+0.0021
19.5	-0.1	-0.0001	29.5	+3.5	+0.0022
20.0	-0.0	-0.0000	30.0	+3.7	+0.0023

5.3 土粒比重校正:密度计刻度应以土粒比重2.65为准。当试样的土粒比重不等于2.65时,应进行土粒比重校正。校正值查表T 0116-2。

土粒比重校正值 表 T 0116-2

土粒比重	甲种密度计 C_G	乙种密度计 C'_G	土粒比重	甲种密度计 C_G	乙种密度计 C'_G
2.50	1.038	1.666	2.70	0.989	1.588
2.52	1.032	1.658	2.72	0.985	1.581
2.54	1.027	1.649	2.74	0.981	1.575
2.56	1.022	1.641	2.76	0.977	1.568
2.58	1.017	1.632	2.78	0.973	1.562
2.60	1.012	1.625	2.80	0.969	1.556
2.62	1.007	1.617	2.82	0.965	1.549
2.64	1.002	1.609	2.84	0.961	1.543
2.66	0.998	1.603	2.86	0.958	1.538
2.68	0.993	1.595	2.88	0.954	1.532

5.4 分散剂校正：密度计刻度系以纯水为准，当悬液中加入分散剂时，相对密度增大，故须加以校正。

注纯水入量筒，然后加分散剂，使量筒溶液达1 000mL。用搅拌器在量筒内沿整个深度上下搅拌均匀，恒温至20℃。然后将密度计放入溶液中，测记密度计读数。此时密度计读数与20℃时纯水中读数之差，即为分散剂校正值。

6 土样分散处理

土样的分散处理，采用分散剂。对于使用各种分散剂均不能分散的土样(如盐渍土等)，须进行洗盐。

对于一般易分散的土，用25％氨水作为分散剂，其用量为：30g土样中加氨水1mL。

对于用氨水不能分散的土样，可根据土样的pH值，分别采用下列分散剂：

6.1 酸性土(pH<6.5)，30g土样加0.5mol/L氢氧化钠20mL。溶液配制方法：称取20gNaOH(化学纯)，加蒸馏水溶解后，定容至1 000mL，摇匀。

6.2 中性土(pH=6.5~7.5)，30g土样加0.25mol/L草酸钠18mL。溶液配制方法：称取33.5g$Na_2C_2O_4$(化学纯)，加蒸馏水溶解后，定容至1 000mL，摇匀。

6.3 碱性土(pH>7.5)，30g土样加0.083mol/L六偏磷酸钠15mL。溶液配制方法：称取51g$(NaPO_3)_6$(化学纯)，加蒸馏水溶解后，定容至1 000mL，摇匀。

6.4 若土的pH大于8，用六偏磷酸钠分散效果不好或不能分散时，则30g土样加0.125mol/L焦磷酸钠14mL。溶液配制方法：称取55.8g$Na_4P_2O_7 \cdot 10H_2O$(化学纯)，加蒸馏水溶解后，定容至1 000mL，摇匀。

对于强分散剂(如焦磷酸钠)仍不能分散的土，可用阳离子交换树脂(粒径大于2mm的)100g放入土样中一起浸泡，不断摇荡约2h，再过2mm筛，将阳离子交换树脂分开，然后加入0.083mol/L六偏磷酸15mL。

对于可能含有水溶盐，采用以上方法均不能分散的土样，要进行水溶盐检验。其方法是：取均匀试样约3g，放入烧杯内，注入4~6mL蒸馏水，用带橡皮头的玻璃棒研散，再加25mL蒸馏水，煮沸5~10min，经漏斗注入30mL的试管中，塞住管口，放在试管架上静置一昼夜。若发现管中悬液有凝聚现象(在沉淀物上部呈松散絮绒状)，则说明试样中含有足以使悬液中土粒成团下降的水溶盐，更进行洗盐。

7 洗盐(过滤法)

7.1 将分散用的试样放入调土皿内，注入少量蒸馏水，拌和均匀。将滤纸微湿后紧贴于漏斗上，然后将调土皿中土浆迅速倒入漏斗中，并注入热蒸馏水冲洗过滤。附于皿上的土粒要全部洗入漏斗。若发现滤液混浊，须重新过滤。

7.2 应经常使漏斗内的液面保持高出土面约5mm。每次加水后,须用表面皿盖住。

7.3 为了检查水溶盐是否已洗干净,可用两个试管各取刚滤下的滤液3~5mL,管中加入数滴10%硝酸及5%氯化钡;另一管加入数滴10%硝酸及5%硝酸盐。若发现任一管中有白色沉淀时,说明土中的水溶盐仍未洗净,应继续清洗,直至检查时试管中不再发现白色沉淀时为止。将漏斗上的土样细心洗下,风干取样。

8 试验步骤

8.1 将称好的风干土样倒入三角烧瓶中,注入蒸馏水200mL,浸泡一液。按前述规定加入分散剂。

8.2 将三角烧瓶稍加摇荡后,放在电热器上煮沸40min(若用氨水分散时,要用冷凝管装置;若用阳离子交换树脂时,则不需煮沸)。

8.3 将煮沸后冷却的悬液倒入烧杯中,静置1min。将上部悬液通过0.075mm筛,注入1 000mL量筒中。杯中沉土用带橡皮头的玻璃棒细心研磨。加水入杯中,搅拌后静置1min。再将上部悬液通过0.075mm筛,倒入量筒。反复进行,直至静置1min后,上部悬液澄清为止。最后将全部土粒倒入筛内,用水冲洗至仅有大于0.075mm净砂为止。注意量筒内的悬液总量不要超过1 000mL。

8.4 将留在筛上的砂粒洗入皿中,风干称量,并计算各粒组颗粒质量占总土质量的百分数。

8.5 向量筒中注入蒸馏水,使悬液恰为1 000mL(如用氨水作分散剂时,这时应再加入25%氨水0.5mL,其数量包括在1 000mL内)。

8.6 用搅拌器在量筒内沿整个悬液深度上下搅拌1min,往返约30次,使悬液均匀分布。

8.7 取出搅拌器,同时开动秒表。测记0.5min、1min、5min、15min、30min、60min、120min、240min及1440min的密度计读数,直至小于某粒径的土重百分数小于10%为止。每次读数前10~20s将密度计小心放入量筒至约接近估计读数的深度。读数以后,取出密度计(0.5min及1min读数除外),小心放入盛有清水的量筒中。每次读数后均须测记悬液温度,准确至0.5℃。

8.8 如一次做一批土样(20个),可先做完每个量筒的0.5min及1min读数,再按以上步骤将每个土样悬液重新依次搅拌一次。然后分别测记各规定时间的读数。同时在每次读数后测记悬液的温度。

8.9 密度计读数均以弯月面上缘为准。甲种密度计应准确至1,估读至0.1;乙种密度计应准确至0.001,估读至0.000 1。为方便读数,采用间读法,即0.001读作1,而0.000 1读作0.1。这样既便于读数,又便于计算。

9 结果整理

9.1 小于某粒径的试样质量占试样总质量的百分比按下列公式计算:

9.1.1 甲种密度计

$$X = \frac{100}{m_s} C_G (R_m + m_t + n - C_D) \tag{T 0116-2}$$

$$C_G = \frac{\rho_s}{\rho_s - \rho_{w20}} \times \frac{2.65 - \rho_{w20}}{2.65}$$

式中:X——小于某粒径的土质量百分数(%),计算至0.1;

m_s——试样质量(干土质量)(g);

C_G——比重校正值,查表T 0116-2;

ρ_s——土粒密度(g/cm³);

ρ_{w20}——20℃时水的密度(g/cm³);

m_t——温度校正值,查表T 0116-1;

n——刻度及弯月面校正值;

C_D——分散剂校正值;

R_m——甲种密度计读数。

9.1.2 乙种密度计

$$X = \frac{100V}{m_\mathrm{s}} C'_\mathrm{G} [(R'_\mathrm{m} - 1) + m'_\mathrm{t} + n' - C'_\mathrm{D}] \rho_{u20}$$ (T 0116-3)

$$C'_\mathrm{G} = \frac{\rho_\mathrm{s}}{\rho_\mathrm{s} - \rho_\mathrm{w20}}$$

式中:X——小于某粒径的土质量百分数(%),计算至0.1;
  V——悬液体积(=1 000mL);
  m_s——试样质量(干土质量)(g);
  C'_G——比重校正值,查表 T 0116-2;
  ρ_s——土粒密度(g/cm³);
  n'——刻度及弯月面校正值;
  C'_D——分散剂校正值;
  R'_m——乙种密度计读数;
  ρ_w20——20℃时水的密度(g/cm³);
  m'_t——温度校正值,查表 T 0116-1。

9.2 土粒直径按下列公式计算,也可按图 T 0116-1 确定。

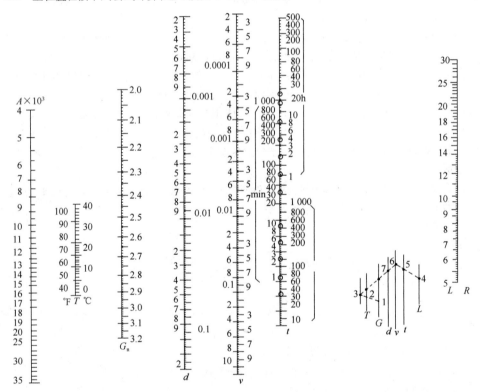

图 T 0116-1 土粒直径列线图

$$d = \sqrt{\frac{1\,800 \times 10^4 \eta}{(G_\mathrm{s} - G_\mathrm{wt}) \rho_\mathrm{w4} g}} \times \frac{L}{t}$$ (T 0116-4)

式中:d——土粒直径(mm),计算至0.000 1且含两位有效数字;
  η——水的动力黏滞系数(参见"渗透试验")(10⁻⁶kPa·s);
  ρ_w4——4℃时水的密度(g/cm³);
  G_s——土粒比重;

G_{wt}——温度 t℃ 时水的比重；

L——某一时间 t 内的土粒沉降距离（cm）；

g——重力加速度（981cm/s²）；

t——沉降时间（s）。

为了简化计算，公式（T 0116-4）可写成：

$$d = K\sqrt{\frac{L}{t}} \qquad (T\ 0116\text{-}5)$$

式中：K——粒径计算系数$\left(=\sqrt{\dfrac{1\,800\times10^4\eta}{(G_s-G_{wt})\rho_{w4}g}}\right)$，与悬液温度和土粒比重有关，其值见图 T 0116-2。

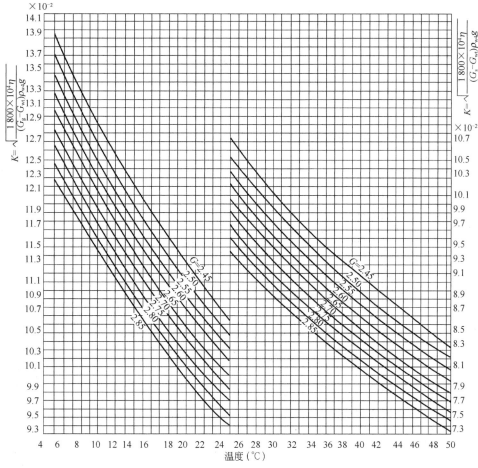

图 T 0116-2　粒径计算系数 K 值图

9.3　以小于某粒径的颗粒百分数为纵坐标，以粒径（mm）为横坐标，在半对数纸上，绘制粒径分配曲线（图 T 0116-3）。求出各粒组的颗粒质量百分数，并且不大于 d_{10} 的数据点至少有一个。

如系与筛分法联合分析，应将两段曲线绘成一平滑曲线。

10　密度计土粒沉降距离校正

（1）测定密度计浮泡体积。在 250mL 量筒内倒入约 130mL 纯水，并保持水温为 20℃，测定量筒内水面读数（以弯月面上缘为准）后面一标记。将密度计放入量筒中，使水面达密度计最低分度处（以弯月面上缘为准），同时测记水面在量筒上的读数（以弯月面上缘为准）后面再画一标记。两者这差，即为密度计浮泡的体积。读数准确至 1mL。

（2）测定密度计浮泡体积中心。在测定密度计浮泡体积后，将密度计向上缓缓垂直提起，使水面恰落至两标记的正中间,此时水面与浮泡相切(以弯月面上缘为准),即为浮泡体积中心。将密度计固定于三足架上,用直尺准确量出水面至密度计最低分度的垂直距离。

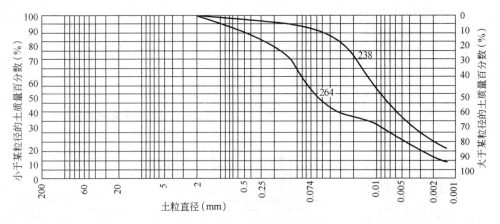

图 T 0116-3 粒径分配曲线

(3)测定 1 000mL 量筒内径(准确至 1mm),并算出量筒面积。

(4)量出自密度计最低分度至玻璃杆上各分度处的距离,每隔 5 格或 10 格量距 1 次。

(5)按式(T 0116-6)计算土粒有效沉降距离(图 T 0116-4)。

$$L = L' - \frac{V_b}{2A} = L_1 + \left(L_0 - \frac{V_b}{2A}\right) \quad (T\ 0116\text{-}6)$$

式中:L——土粒有效沉降距离(cm);
L_1——自最低刻度至玻璃杆上各分度的距离(cm);
L_0——密度计浮泡中心至最低分度的距离(cm);
V_b——密度计浮泡体积(cm³);
A——1 000mL 量筒面积(cm²)。

(6)用所量出的不同 L_1 代入本规程式(T 0116-8),计算出如图 T 0116-4 相应的 L 值。

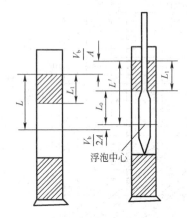

图 T 0116-4 土粒有效沉降距离校正

【注意事项】

(1)密度计分析用的土样采用风干土,试样质量为 30g,即悬液浓度为 3%。

(2)六偏磷酸钠和焦磷酸钠属强分散剂。对于用强分散剂(如焦磷酸钠)仍不能分散的土样,可用阳离子树脂(粒径大于 2mm)100g 投入浸泡的土样中,不断搅拌,使之进行交换,历时约 2h,观察其不起泡时为止,说明此时离子交换基本完成。再过 2mm 筛,将阳离子树脂与土样悬液分开,然后在土样悬液中加入 0.083mol/L 六偏磷酸钠 15mL,不煮沸即可分散。交换后的树脂,加盐酸处理,使之恢复后,仍能继续使用。

(3)试验规程规定对易溶盐含量超过总量 0.5%的土样须进行洗盐,采用过滤法。洗盐的检验方法采用目测法。此外尚可采用"电导法",其具体操作方法详见有关试验规程。电导法效率高,操作方便、准确。它的原理是根据电导率在低浓度溶液范围内,与悬液中易溶盐成正比关系。由于导电率因盐性不同其值也不一,故对不同地区不同盐性的土类,应作标准样试验。

当对含有易溶盐超过 0.5%的土进行密度计或移液管法颗粒分析时,若不洗盐,将对试验结果产生显著的影响。

三、界限含水率

土的塑性指标包括液限、塑限和塑性指数,它是土分类的依据之一,也是评价土的工程适用性、压实性能的重要指标。土的塑性指标通过测定土的界限含水率确定或计算。而界限含水率是土处于固态、塑性体、流态不同特征的分界含水率。

含水率对黏性土的工程性质(如强度、压缩性等)有极大的影响。当土从很湿逐渐变干时,会表现出几个不同的物理状态,从而也有不同的工程性质。

当黏性土含水率极高时,土呈泥浆状、黏滞流动的液体。当施加剪力时,泥浆将连续地变形,土的抗剪强度极低。当含水率逐渐降低到某一值时,土会显示出一定的抗剪强度,并且在外力作用下,可以塑成任何形状,并不发生裂缝,解除外力后,土仍保护已有的变形而不恢复原状。这些特征与液体完全不同,它表现为塑性体的特征。土从液体状态向塑性体状态过渡的界限含水率称为液限 w_L。

当含水率继续降低时,土能承受较大的剪切应力,在外力作用下不再具有塑性体特征,而呈现具有脆性的固体特征。土由塑性体状态向脆性固体状态过渡的界限含水率称为塑限 w_P。

液限和塑限,在国际上称为阿太堡界限,它们是黏性土的重要物理性质指标。

黏性土的塑性大小,可用土处于塑性状态的含水率变化范围来衡量。这个范围即液限与塑限之差值,称为塑性指数 I_P。

$$I_P = w_L - w_P$$

塑性指数一般在习惯上用不带百分数符号的数值表示。塑性指数越大,表示土越具有高塑性。

土的天然含水率 w 在一定程度上反映土中含水率的多少,但仅天然含水率并不能说明土所处于的物理状态,因此,还需要一个能够表示天然含水率与界限含水率关系的指标,即液性指数 I_L。

$$I_L = \frac{w - w_P}{w_L - w_P}$$

当土达到塑限后继续变干,土的体积随含水率的减少而收缩,但达到某一含水率后,土体积不再收缩,这个界限含水率称为缩限 w_S。

界限含水率用液限塑限联合法试验,方法如下:

液限和塑限联合测定法
(JTG E40—2007 T 0118—2007)

1 目的和适用范围

1.1 本试验的目的是联合测定土的液限和塑限,用于划分土类、计算天然稠度和塑性指数,供公路工程设计和施工使用。

1.2 本试验适用于粒径不大于0.5mm、有机质含量不大于试样总质量5%的土。

2 仪器设备

2.1 圆锥仪:锥质量为100g或76g,锥角为30°,读数显示形式宜采用光电式、数码式、游标式、百分表式。

2.2 盛土杯:直径50mm,深度40~50mm。

2.3 天平:称量200g,感量0.01g。

2.4 其他:筛(孔径0.5mm)、调土刀、调土皿、称量盒、研钵(附带橡皮头的研杵或橡皮板、木棒)、干燥器、吸管、凡士林等。

3 试验步骤

3.1 取有代表性的天然含水率或风干土样进行试验。如土中含大于0.5mm的土粒或杂物时,应将风干土样用带橡皮头的研杵研碎或用木棒在橡皮板上压碎,过0.5mm的筛。

取0.5mm筛下的代表性土样200g,分开放入三个盛土皿中,加不同数量的蒸馏水,土样的含水率分别控制在液限(a点)、略大于塑限(c点)和二者的中间状态(b点)。用调土刀调匀,盖上湿布,放置18h以上。测定a点的锥入深度,对于100g锥应为20mm±0.2mm,对于76g锥应为17mm。测定c点的锥入深度,对于100g锥应控制在5mm以下,对于76g锥应控制在2mm以下。对于砂类土,用100g锥测定c点的锥入深度可大于5mm,用76g锥测定c点的锥入深度可大于2mm。

3.2 将制备的土样充分搅拌均匀,分层装入盛土杯,用力压密,使空气逸出。对于较干的土样,应先充分搓揉,用调土刀反复压实。试杯装满后,刮成与杯边齐平。

3.3 当用游标式或百分表式液限塑限联合测定仪试验时,调平仪器,提起锥杆(此时游标或百分表读数为零),锥头上涂少许凡士林。

3.4 将装好土样的试杯放在联合测定仪的升降座上,转动升降旋钮,待锥尖与土样表面刚好接触时停止升降,扭动锥下降旋钮,同时开动秒表,经5s时,松开旋钮,锥体停止下落,此时游标读数即为锥入深度h_1。

3.5 改变锥尖与土接触位置(锥尖两次锥入位置距离不小于1cm),重复本试验3.3和3.4步骤,得锥入深度h_2。h_1、h_2允许平行误差为0.5mm,否则,应重做。取h_1、h_2平均值作为该点的锥入深度h。

3.6 去掉锥尖入土处的凡士林,取10g以上的土样两个,分别装入称量盒内,称质量(准确至0.01g),测定其含水率w_1、w_2(计算到0.1%)。计算含水率平均值w。

3.7 重复本试验3.2~3.6步骤,对其他两个含水率土样进行试验,测其锥入深度和含水率。

3.8 用光电式或数码式液限塑限联合测定仪测定时,接通电源,调平机身,打开开关,提上锥体(此时刻度或数码显示应为零)。将装好土样的试杯放在升降座上,转动升降旋钮,试杯徐徐上升,土样表面和锥尖刚好接触,指示灯亮,停止转动旋钮,锥体立刻自行下沉,5s时,自动停止下落,读数窗上或数码管上显示键入深度。试验完毕,按动复位按钮,锥体复位,读数显示零。

4 结果整理

4.1 在双对数坐标上,以含水率w为横坐标,锥入深度h为纵坐标,点绘a、b、c三点含水率的h—w图(图T 0118-1)。连此三点,应呈一条直线。如三点不在同一直线上,要通过a点与b、c两点连成两条直线,根据液限(a点含水率)在h_P—w_L图上查得h_P,以此h_P再在h—w的ab及ac两直线上求出相应的两个含水率。当两个含水率的差值小于2%时,以该两点含水率的平均值与a点连成一直线。当两个含水率的差值不小于2%时,应重做试验。

4.2 液限的确定方法

4.2.1 若采用76g锥做液限试验,则在h—w图上,查得纵坐标入土深度$h=17$mm所对应的横坐标的含水率w,即为该土样的液限w_L。

4.2.2 若采用100g锥做液限试验,则在h—w图

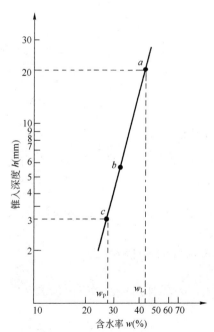

图T 0118-1 锥入深度与含水率(h—w)关系

上,查得纵坐标入土深度 $h=20\text{mm}$ 所对应的横坐标的含水率 w,即为该土样的液限 w_L。

4.3 塑限的确定方法

4.3.1 根据本试验 4.2.1 求出的液限,通过 76g 锥入土深度 h 与含水率 w 的关系曲线(图 T 0118-1),查得锥入土深度为 2mm 所对应的含水率即为该土样的塑限 w_P。

4.3.2 根据本试验 4.2.2 求出的液限,通过液限 w_L 与塑限时入土深度 h_P 的关系曲线(图 T 0118-2),查得 h_P,再由图 T 0118-1 求出入土深度为 h_P 时所对应的含水率,即为土样的塑限 w_P。查 $h_P - w_L$ 关系图时,须先通过简易鉴别法及筛分法(见土的工程分类及 T 0115—1993)把砂类土与细粒土区别开来,再按这两种土分别采用相应的 $h_P - w_L$ 关系曲线;对于细粒土,用双曲线确定 h_P 值;对于砂类土,则用多项式曲线确定 h_P 值。

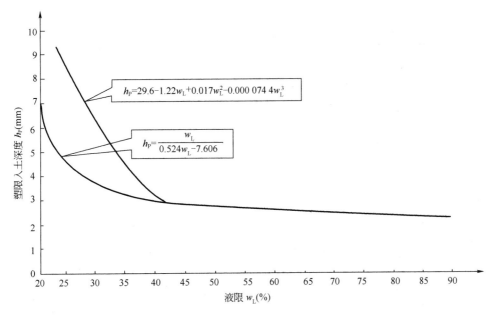

图 T 0118-2 $h_P - w_L$ 关系曲线

若根据本试验 4.2.2 求出的液限,当 a 点的锥入深度在 20mm ± 0.2mm 范围内时,应在 ad 线上查得入土深度为 20mm 处相对应的含水率,此为液限 w_L。再用此液限在"图 T 0118-2 $h_P - w_L$ 关系曲线"上找出与之相对应的塑限入土深度 h'_P,然后到 $h-w$ 图 a 直线上查得 h'_P 相对应的含水率,此为塑限 w_P。

4.4 本试验记录格式如表 T 0118-1。

液限塑限联合试验记录　　　　　　　　表 T 0118-1

工　程　名　称_____　　　　　　试　验　者_____
土　样　编　号_____　　　　　　计　算　者_____
取　土　深　度_____　　　　　　校　核　者_____
土　样　设　备_____　　　　　　试　验　日　期_____

试验项目	试验次数	1	2	3			
入土深度	h_1	4.68	9.81	19.88	双曲线法	w_P 27.2	I_P 14.0
	h_2	4.73	9.79	20.12	搓条法	26.2	15.0
	$\frac{1}{2}(h_1+h_2)$	4.71	9.80	20	液限	$w_L = 41.2$	

续上表

试验项目	试验次数	1	2	3			
含水率	盒号						
	盒质量(g)	20					
	盒+湿土质量(g)	25.86	27.49	30.62	双曲线法	w_P	I_P
	盒+干土质量(g)	24.51	25.52	27.53	搓条法	27.2	14.0
	水分质量(g)	1.35	1.97	3.09	液限	26.2	15.0
	干土质量(g)	4.51	5.52	7.53		$w_L=41.2$	
	含水率(%)	29.9	35.7	41.04			

4.5 精密度和允许差。

本试验须进行两次平行测定,取其算术平均值,以整数(%)表示。其允许差值为:高液限土小于或等于2%,低液限土小于或等于1%。

5 报告

5.1 土的鉴别分类和代号。

5.2 土的液限w_L、塑限w_P和塑性指数I_P。

【注意事项】

(1)影响圆锥入土深度的因素可归结为土质、物理状态(湿度和密度状态)和结构三个方面,对于扰动土,排除了结构状态的影响。塑限时入土深度与含水率关系不稳定的原因就在于湿密状态和土质的影响。

当最佳含水率约等于或略大于塑限,此时土的状态不再符合土力学中关于可塑性的定义。在这种状态下,圆锥和土体将产生剪切和压密的综合作用。为消除试样密度对圆锥入土深度的影响,测定塑限时,必须首先控制试样的密实程度。

土的性质对塑限时入土深度有显著影响,一般地讲,对砂类土的影响较大,而对粉质土和黏质土的影响则较小。

(2)试样制备好坏对液限塑限联合测定的精度具有头等重要意义。制备的试样应均匀、密实。一般制备三个试样。一个要求含水率接近液限(入土深度20±2mm),一个要求含水率接近塑限,一个居中。否则,就不容易控制曲线的走向。对于联合测定精度最有影响的是靠近塑限的那个试样。可以先将试样充分搓揉,再将土块紧密地压入容器,刮平,待测。当含水率等于塑限时,对控制曲线走向最有利,但此时试样很难制备,必须充分搓揉,使土的断面上无孔隙存在。为便于操作,根据实际经验含水率可略放宽,以入土深度不大于4~5mm为限。

(3)关于放锥时间。黏质土锥深随时间变化不甚明显,对低塑性土,在5~30s之间锥深随时间的增长有增长的趋势,其对应的液限塑限值随之减小。因此规范将放锥时间定为5s。对于土面变形的误差不另校正,统一计入读数内。

(4)试验规程中的图T 0118-2,在低塑性范围内($w_L<35$)采用两条曲线计算h_P值,一条是下部的双曲线,纵坐标以液限$w_L=20$为原点;另一条是上部的多项式曲线,曲线左端到$w_L=24$为止。

首先需要测定 $h_L=20\text{mm}$ 时土的液限 w_L，然后分别按砂类土和细粒土的公式计算相应的 h_P 值。于是，塑限值可直接从 $\log h$—$\log w$ 图上读出。

在 h—w 双对数坐标纸上，当 a、b、c 三点不在同一直线上时，规程9.1.4规定按变数 h_P 值确定 ab、ac 两直线交点处的两个含水率是合理的，因为 h_P 值随土质而异。

四、天 然 稠 度

土的液限与天然含水率之差和塑性指数之比，称为土的天然稠度。天然稠度是多雨潮湿地区路基填料的重要技术指标。当填料天然稠度小于1.1、液限大于40、塑性指数大于18的黏土压实时应采取必要措施。当填料天然稠度为0.9~1.0时，需翻拌晾晒到接近最佳含水率时压实。当填料天然稠度在0.5~0.9时，宜在土中掺生石灰等掺料拌和后压实。

天然稠度试验
（JTG E40—2007　T 0122—2007）

1　目的和适用范围

1.1　土的液限与天然含水率之差和塑性指数之比，称为土的天然稠度。

1.2　本试验采用直接法和间接法。直接法是按烘干法（T 0103—1993）测定原状土的天然含水率，用稠度公式计算土的天然稠度。间接法是用LP-100型液限塑限联合测定仪测定天然结构土体的锥入深度，并用联合测定结果确定土的天然稠度。

2　仪器设备

2.1　LP-100型液限塑限联合测定仪。

2.2　环刀：直径5~6cm，高3~4cm。

2.3　其他：削土刀、钢丝锯、凡士林、含水率试验设备等。

3　试验步骤

3.1　按含水率试验中烘干法（T 0103—1993）的试验步骤，测定原状土的天然含水率。

3.2　切削具有天然含水率、土质均匀的试件1块，其长度、宽度（或直径）不小于5cm，厚度不小于3cm。整平上下面。对于软黏土，若能用环刀切入土体时，将切入环刀后的土体整平上下面。

3.3　将制备好的试样按液限塑限联合测定法（T 0118—2007）测定其液限和塑限。按（T 0118—2007）中3.3~3.8条步骤测定其锥入深度，填入记录表内。

3.4　改变锥尖在试件表面的位置3~5处（锥尖之间的距离不小于1cm），测其锥入深度，并记入记录表内。

4　结果整理

4.1　由联合测定，已知土的液限 w_L 和塑性指数 I_P；由含水率试验，已知土的天然含水率 w。将这些数据代入下式，即可计算该土的天然稠度 w_c：

$$w_c = \frac{w_L - w}{I_P} \qquad (\text{T 0122-1})$$

4.2　土体的含水率 w 和锥入深度 h 为曲线关系，用下式表示：

$$\lg h = \alpha + \beta \lg w \qquad (\text{T 0122-2})$$

或

$$\lg h = \alpha + \beta \lg(w_L - I_P w_c) \qquad (\text{T 0122-3})$$

式中：

$$\beta = \frac{\lg 20 - \lg h_P}{\lg w_L - \lg w_P}$$

$$\alpha = \lg 20 - \beta \lg w_L$$

在联合测定法中,w_L、w_P、h_P 和 I_P 均为已知,测得锥入深度 h 后,由公式(T 0122-3)或查由该式绘制的诺谟图,即可求得稠度 w_c。

4.3 由测得的多个锥入深度中取占多数的值,或对允许误差范围内的数值求其平均值,作为计算锥入深度。根据联合测定时该土样的塑限入土深度 h_P,由图 T 0122-1 查得相应的稠度 w_c 值。

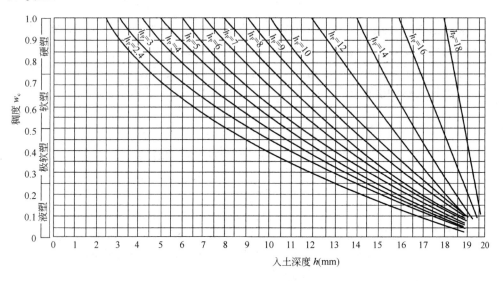

图 T 0122-1 入土深度与天然稠度的诺谟图

4.4 本试验记录格式如表 T 0122-1。

天然稠度试验记录 表 T 0122-1

工程编号_____ 土样编号_____ 取土深度_____
土样制备说明_____ 试验日期_____
试验者_____ 计算者_____ 校核者_____

试验次数	锥入深度 h(mm)					最后所取读数 h (mm)	塑限锥入深度 h_P (mm)	稠度 w_c	土的状态描述	备 注
	1	2	3	4	5					
	12.5	12.3	12.5	12.5	12.7	12.5	3	0.36	极软塑	按图 T 0122-1

5 报告

5.1 土的鉴别分类和代号。

5.2 土的天然稠度 w_c 值。

第四节 土的力学性质

一、标 准 击 实

在工程施工中,经常遇到填土和软土地基,为了改善这些土的工程性质,常采用压实的方法使土变得密实,即采用人工或机械对土施以夯压能量,使土颗粒重新排列压实变密,在短时间内得到新的结构强度,达到改善土的性质的目的。因此,压实是改善土的工程性质的方法,为了研究土的压实性能,控制压实质量,就必须在室内进行击实试验。土的击实是指对土瞬时且重复地施加一定的机械功,使土体变密的过程。由于击实功是瞬时地作用于土,土中的气体有所排出,而土中的含水率基本不变,因此,土的含水率可根据需要调制。为了适应不同道路等级、各种压实机具等的要求,试验规程规定了轻型与重型试验两个标准。重型击实试验方法的单位击实功为轻型击实法的4.5倍。采用哪种方法,应根据有关规定或工程、科学试验的特殊需要选定。

击实法适用于细粒土,不适用于无黏性自由排水粗粒土和巨粒土。从施工的角度讲,击实试验的目的是确定土在规定击实功下的最大干密度和最佳含水率,作为施工压实质量控制的依据。击实试验的方法如下:

击 实 试 验
（JTG E40—2007　T 0131—2007）

1　目的和适用范围

本试验方法适用于细粒土。

本试验分轻型击实和重型击实。轻型击实试验适用于粒径不大于20mm 的土。重型击实试验适用于粒径不大于40mm 的土。

当土中最大颗粒粒径大于或等于40mm,并且大于或等于40mm 颗粒粒径的质量含量大于5%时,则应使用大尺寸试筒进行击实试验,或按5.4条进行最大干密度校正。大尺寸试筒要求其最小尺寸大于土样中最大颗粒粒径的5倍以上,并且击实试验的分层厚度应大于土样中最大颗粒粒径的3倍以上。单位体积击实功能控制在2 677.2～2 687.0kJ/m³ 范围内。

当细粒土中的粗粒土总含量大于40%或粒径大于0.005mm 颗粒的含量大于土总质量的70%（即 $d_{30} \leq 0.005$mm）时,还应做粗粒土最大干密度试验,其结果与重型击实试验结果比较,最大干密度取两种试验结果的最大值。

2　仪器设备

2.1　标准击实仪（图 T 0131-1 和图 T 0131-2）。击实试验方法和相应设备的主要参数应符合表 T 0131-1 的规定。

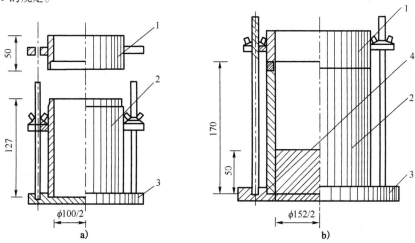

图 T 0131-1　击实筒（单位:mm）

a)小击实筒;b)大击实筒

1-套筒;2-击实筒;3-底板;4-垫板

击实试验方法种类　　　　　　　　　　　　　　　　　　　　　　　　　表 T 0131-1

试验方法	类别	锤底直径（cm）	锤质量（kg）	落高（cm）	试筒尺寸		试样尺寸		层数	每层击数	击实功（kJ/m³）	最大粒径（mm）
					内径（cm）	高（cm）	高度（cm）	体积（cm³）				
轻型	I-1	5	2.5	30	10	12.7	12.7	997	3	27	598.2	20
	I-2	5	2.5	30	15.2	17	12	2 177	3	59	598.2	40
重型	II-1	5	4.5	45	10	12.7	12.7	997	5	27	2 687.0	20
	II-2	5	4.5	45	15.2	17	12	2 177	3	98	2 677.2	40

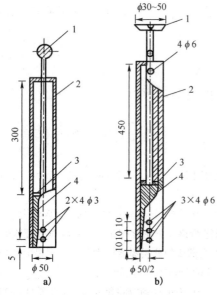

图 T 0131-2　击锤和导杆（单位：mm）
a)2.5kg 击锤（落空 30cm）；b)4.5kg 击锤（落空 45cm）
1-提手；2-导筒；3-硬橡皮垫；4-击锤

2.2　烘箱及干燥器。
2.3　天平：感量 0.01g。
2.4　台秤：称量 10kg，感量 5g。
2.5　圆孔筛：孔径 40mm、20mm 和 5mm 各 1 个。
2.6　拌和工具：400mm×600mm、深 70mm 的金属盘，土铲。
2.7　其他：喷水设备、碾土器、盛土盘、量筒、推土器、铝盒、修土刀、平直尺等。

3　试样

3.1　本试验可分别采用不同的方法准备试样。各方法可按表 T 0131-2 准备试料。

3.2　干土法（土不重复使用）。按四分法至少准备 5 个试样，分别加入不同水分（按 2%～3% 含水率递增），拌匀后闷料一夜备用。

3.3　湿土法（土不重复使用）。对于高含水率土，可省略过筛步骤，用手拣除大于 40mm 的粗石子即可。保持天然含水率的第一个土样，可立即用于击实试验。其余几个试样，将土分成小土块，分别风干，使含水率按 2%～3% 递减。

试料用量　　　　　　　　　　　　　　　　　　　　　　　　　表 T 0131-2

使用方法	类别	试筒内径（cm）	最大粒径（mm）	试料用量（kg）
干土法，试样不重复使用	b	10	20	至少 5 个试样，每个 3
		15.2	40	至少 5 个试样，每个 6
湿土法，试样不重复使用	c	10	20	至少 5 个试样，每个 3
		15.2	40	至少 5 个试样，每个 6

4　试验步骤

4.1　根据工程要求，按表 T 0131-1 规定选择轻型或重型试验方法。根据土的性质（含易击碎风化石数量多少、含水率高低），按表 T 0131-2 规定选用干土法（土不重复使用）或湿土法。

4.2　将击实筒放在坚硬的地面上，在筒壁上抹一薄层凡士林，并在筒底（小试筒）或垫块（大试筒）上放置蜡纸或塑料薄膜。取制备好的土样分 3～5 次倒入筒内。小筒按三层法时，每次约 800～900g（其量应使击实后的试样等于或略高于筒高的 1/3）；按五层法时，每次约 400～500g（其量应使击实后的土样等于或略高于筒高的 1/5）。对于大试筒，先将垫块放入筒内底板上，按三层法，每层需试样 1 700g 左右。整平表面，并稍加压紧，然后按规定的击数进行第一层土的击实，击实时击锤应自由垂直落下，锤迹必须均匀分布于土样面。第一层击实完后，将试样层面"拉毛"然后再装入套筒，重复上述方法进行其余各层土的击实。小试筒击实后，试样不应高出筒顶面 5mm；大试筒击实后，试样不应高出筒顶面 6mm。

4.3 用修土刀沿套筒内壁削刮,使试样与套筒脱离后,扭动并取下套筒,齐筒顶细心削平试样,拆除底板,擦净筒外壁,称量,准确至1g。

4.4 用推土器推出筒内试样,从试样中心处取样测其含水率,计算至0.1%。测定含水率用试样的数量按表T 0131-3规定取样(取出有代表性的土样)。两个试样含水率的精度应符合本试验第5.6条的规定。

测定含水率用试样的数量　　　　　　表 T 0131-3

最大粒径(mm)	试样质量(g)	个　　数
<5	15~20	2
约5	约50	1
约20	约250	1
约40	约500	1

4.5 对于干土法(土不重复使用)和湿土法(土不重复使用),将试样搓散,然后按本试验第3条方法进行洒水、拌和,每次约增加2%~3%的含水率,其中有两个大于和两个小于最佳含水率,所需加水量按下式计算:

$$m_w = \frac{m_i}{1 + 0.01w_i} \times 0.01(w - w_i) \quad (T\ 0131\text{-}1)$$

式中:m_w——所需的加水量(g);
　　　m_i——含水率w_i时土样的质量(g);
　　　w_i——土样原有含水率(%);
　　　w——要求达到的含水率(%)。

按上述步骤进行其他含水率试样的击实试验。

5 结果整理

5.1 按下式计算击实后各点的干密度:

$$\rho_d = \frac{\rho}{1 + 0.01w} \quad (T\ 0131\text{-}2)$$

式中:ρ_d——干密度(g/cm³),计算至0.01;
　　　ρ——湿密度(g/cm³);
　　　w——含水率(%)。

5.2 以干密度为纵坐标,含水率为横坐标,绘制干密度与含水率的关系曲线(图T 0131-3),曲线上峰值点的纵、横坐标分别为最大干密度和最佳含水率。如曲线不能绘出明显的峰值点,应进行补点或重做。

5.3 按下式计算饱和曲线的饱和含水率w_{max},并绘制饱和含水率与干密度的关系曲线图。

$$w_{max} = \left[\frac{G_s\rho_w(1+w) - \rho}{G_s\rho}\right] \times 100 \quad (T\ 0131\text{-}3)$$

或

$$w_{max} = \left(\frac{\rho_w}{\rho_d} - \frac{1}{G_s}\right) \times 100 \quad (T\ 0131\text{-}4)$$

式中:w_{max}——饱和含水率(%),计算至0.01;
　　　ρ——试样的湿密度(g/cm³);
　　　ρ_w——水在4℃时的密度(g/cm³);
　　　ρ_d——试样的干密度(g/cm³);
　　　G_s——试样土粒比重,对于粗粒土,则为土中粗细颗粒的混合比重;
　　　w——试样的含水率(%)。

5.4 当试样中有大于40mm的颗粒时,应先取出大于40mm的颗粒,并求得其百分率p,把小于40mm部分做击实试验,按下面公式分别对试验所得的最大干密度和最佳含水率进行校正(适用于

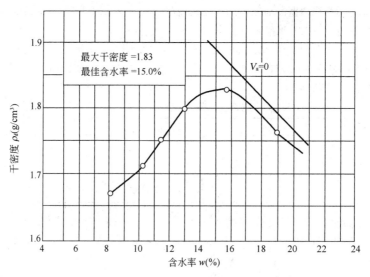

图 T 0131-3 含水率与干密度的关系曲线

大于40mm颗粒的含量小于30%时)。

最大干密度按下式校正：

$$\rho'_{dm} = \frac{1}{\frac{1-0.01p}{\rho_{dm}} + \frac{0.01p}{\rho_w G'_s}}$$ (T 0131-5)

式中：ρ'_{dm}——校正后的最大干密度(g/cm³)，计算至0.01；

ρ_{dm}——用粒径小于40mm的土样试验所得的最大干密度(g/cm³)；

p——试料中粒径大于40mm颗粒的百分率(%)；

G'_s——粒径大于40mm颗粒的毛体积比重，计算至0.01。

最佳含水率按下式校正：

$$w'_0 = w_0(1 - 0.01p) + 0.01pw_2$$ (T 0131-6)

式中：w'_0——校正后的最佳含水率(%)，计算至0.01；

w_0——用粒径小于40mm的土样试验所得的最佳含水率(%)；

p——同前；

w_2——粒径大于40mm颗粒的吸水量(%)。

5.5 本试验记录格式如表 T 0131-4。

击 实 试 验 记 录　　　　　　　　　　表 T 0131-4

校核者＿＿＿＿＿＿　　计算者＿＿＿＿＿＿　　试验者＿＿＿＿＿＿

土样编号		筒号		落距		45cm		
土样来源		筒容积	997cm³	每层击数		27		
试验日期		击锤质量	4.5kg	大于5mm颗粒含量				
干密度	试验次数	1	2	3	4	5		
	筒+土质量(g)	2 981.8	3 057.1	3 130.9	3 215.8	3 191.1		
	筒质量(g)	1 103	1 103	1 103	1 103	1 103		
	湿土质量(g)	1 878.8	1 954.1	2 027.9	2 112.8	2 088.1		
	湿密度(g/cm³)	1.88	1.96	2.03	2.12	2.09		
	干密度(g/cm³)	1.71	1.75	1.80	1.83	1.76		

续上表

土样编号		筒号			落距		45cm			
土样来源		筒容积	997cm³		每层击数		27			
试验日期		击锤质量	4.5kg		大于5mm颗粒含量					
含水率	盒号									
	盒+湿土质量(g)	35.60	35.44	33.93	33.69	32.88	33.16	33.13	34.09	36.96	38.31
	盒+干土质量(g)	34.16	34.02	32.45	32.26	31.40	31.64	31.36	32.15	24.28	35.36
	盒质量(g)	20	20	20	20	20	20	20	20	20	20
	水质量(g)	1.44	1.42	1.48	1.43	1.48	1.52	1.77	1.94	2.68	2.95
	干土质量(g)	14.16	14.02	12.45	12.26	11.40	11.64	11.36	12.15	14.28	15.36
	含水率(%)	10.3	10.1	11.9	11.7	13.0	13.0	15.6	16.0	18.8	19.2
	平均含水率(%)	10.2		11.8		13.0		15.8		190	
	最佳含水率	15.0%			最大干密度		1.83g/cm³			

5.6 精密度和允许差。

本试验含水率须进行两次平行测定,取其算术平均值,允许平行差值应符合表 T 0131-5 规定。

含水率测定的允许平行差值   表 T 0131-5

含水率(%)	允许平行差值(%)	含水率(%)	允许平行差值(%)	含水率(%)	允许平行差值(%)
5以下	0.3	40以下	≤1	40以上	≤2

6 报告

6.1 土的鉴别分类和代号。

6.2 土的最佳含水率 w_0(%)。

6.3 土的最大干密度 ρ_{dm}(g/cm³)。

【注意事项】

(1)交通部公路科学研究所对高含水率黏质土进行过比较试验,发现按干土法(用风干土依次加水作击实试验)与按湿土法求得的结果有很大差别,对于最大干密度,前者大,后者小;对于最佳含水率,前者小,后者大。对于这种高含水率的土,如仍按干土法作击实试验,则无形中增大了对土基压实的要求,施工中实际上是达不到的,因而采用湿土法比较符合实际。

(2)根据试验类型的不同,分别采用干土法和湿土法准备试样。

所谓湿土法,就是采集5个以上的高含水率土样,每个质量3kg左右,按施工时能进行碾压的最高含水率分别晾干至不同含水率,其中至少3个土样小于此最高含水率,至少2个土样大于此最高含水率,然后按常规法进行击实试验。

(3)根据工程的具体要求,按击实试验方法种类中规定选择轻型或重型试验方法;根据土的性质按表 T 0131-2 规定选用干土法或湿土法,对于高含水率土宜选用湿土法;对于非高含水率土则选用干土法。4.2 条是很重要的试验步骤,应严格掌握;对于干土法,每次宜增加 2%~3% 的含水率,这样可以提高击实曲线的质量。

(4)土中夹有较大的颗粒,如碎(砾)石等,对于求最大干密度和最佳含水率都有一定的影响。所以试验规定要过40mm筛。如40mm筛上颗粒(称超尺寸颗粒)较多(3%~30%)时,所得结果误差较大。因此,必须对超尺寸颗粒的试料直接用大型试筒(容积2 177cm³)做试验,或近似地用公式进行校正。

最佳含水率按公式(T 0131-6)校正时,一般情况下,可不考虑吸水率,但对吸水性能强的石料必须考虑吸水率。

二、粗粒土和巨粒土最大干密度

对无黏性自由排水粗粒土和巨粒土,采用振动台法测定其最大密度。测定方法有振动台法与表面振动压实仪法两种,前者是整个土样同时受到垂直方向的振动作用,而后者是振动作用自土体表面垂直向下传递的。这两种方法对无黏聚性自由排水土的最大干密度试验的测定结果基本一致,但前者试验设备及操作较复杂,后者相对较简易,且更接近于现场振动碾压的实际状况。因此,实践中可根据试验设备拥有情况择其一即可,但推荐优先考虑采用表面振动压实仪法。

国内外研究结果表明,对于像砂卵漂石及堆石料这样的无黏聚性自由排水土而言,击实法不是最合适的测定最大干密度的方法,国内外一致公认采用振动方法,而不采用击实法。

振 动 台 法
(JTG E40—2007 T 0132—1993)

1 目的和适用范围

1.1 本方法是测定粗粒土和巨粒土最大干密度的比选试验方法。

1.2 本试验规定采用振动台法测定无黏性自由排水粗粒土和巨粒土(包括堆石料)的最大干密度。

1.3 本试验方法适用于通过0.075mm标准筛的干颗粒质量百分数不大于15%的无黏性自由排水粗粒土和巨粒土。

1.4 对于最大颗粒尺寸大于60mm的巨粒土,因受试筒允许最大粒径的限制,宜按3.3规定处理。

2 仪器设备

2.1 振动台(图T 0132-1):固定于混凝土基础上;振动台面尺寸至少550mm×550mm,且具有足够刚度。振动台最大负荷应满足试筒、套筒、试样、加重底板及加重块等质量的要求,不宜小于200kg;其频率20~60Hz可调,双振幅0~2mm可调。

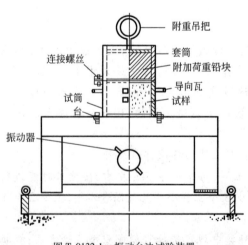

图 T 0132-1 振动台法试验装置

2.2 试筒:圆柱形金属筒,按表T 0132-1规定选用。试筒容积宜用灌水法每年标定一次。

2.3 套筒:内径宜与试筒配套一致,见表T 0132-1,且与试筒紧密固定后内壁成直线连接。

2.4 加重底板:底板为12mm厚的钢板,其直径略小于相应试筒内径,中心应用15mm未穿通的提吊螺孔。

试样质量及仪器尺寸　　表 T 0132-1

土粒最大尺寸 (mm)	试样质量 (kg)	试筒尺寸 容积 (cm³)	试筒尺寸 内径 (mm)	套筒高度 (mm)	装料工具
60	34	14 200	280	250	小铲或大勺
40	34	14 200	280	250	小铲或大勺
20	11	2 830	152	305	小铲或大勺
10	11	2 830	152	305	φ25mm漏斗
5或<5	11	2 830	152	305	φ3mm漏斗

2.5 加重块:对于相应采用的试筒,加重块及其加重底板在试样表面产生的静压力应根据碾压设备确定,一般应大于18kPa。

2.6 百分表及表架:百分表量程至少50mm以上,分度值为0.025mm。表架支杆应能插入试筒导向瓦套孔中,并使百分表表头杆中心线与试筒中心线或内壁面平行。

2.7 台秤:应具有足够测定试筒及试样总质量的量程,且达到所测定土质量0.1%的精度。所用台秤,对于φ280mm试筒,量程至少50kg,感量6g;对于φ152mm试筒,量程至少30kg,感量2g。

2.8 起吊机:起重量至少180kg。

2.9 标准筛(圆孔筛):60mm、40mm、20mm、10mm、5mm、2mm、0.075mm。

2.10 其他工具:如加重底板提手、烘箱、金属盘、小铲、大勺及漏斗、橡皮锤、秒表、直钢尺、试筒布套等。

3 试样

3.1 采集代表性试料,妥善贮存备用。

3.2 采用标准筛分法(T 0115—2007)测定各粒组的颗粒百分数。

3.3 对于粒径大于60mm的巨粒土,因受试筒允许最大粒径的限制,应按相似级配法制备缩小粒径的系列模型试料。相似级配法粒径及级配按以下公式及图 T 0132-2 计算。

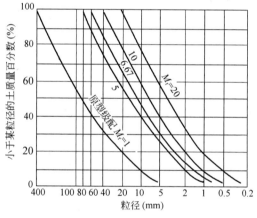

图 T 0132-2　原型料与模型料级配关系

相似级配模型试料粒径:

$$d = \frac{D}{M_r} \quad \text{(T 0132-1)}$$

式中:D——原型试料级配某粒径(mm);

d——原型试料级配某粒径缩小后的粒径,即模型试料相应粒径(mm);

M_r——粒径缩小倍数,通常称为相似级配模比:

$$M_r = \frac{D_{max}}{d_{max}} \quad \text{(T 0132-2)}$$

D_{max}——原型试料级配最大粒径(mm);

d_{max}——试样允许或设定的最大粒径,即60mm、40mm、10mm等。

相似级配模型试料级配组成与原型级配组成相同,即:

$$P_{M_r} = P_p \quad \text{(T 0132-3)}$$

式中:P_{M_r}——原型试料粒径缩小M_r倍后(即为模型试料)相应的小于某粒径d含量百分数(%);

P_p——原型试料级配小于某粒径D的含量百分数(%)。

3.4 如果采用干土法进行试验,则需将试样在烘箱内烘至恒量,并用烘干法测定现场试料含水率。烘干后,应完全剥去弱胶结物,以免增大颗粒的自然尺寸。

4 试验步骤

4.1 干土法

4.1.1 充分拌匀烘干试样,即使其颗粒分离程度尽可能小;然后大致分成三份。测定并记录空试筒质量。

4.1.2 用小铲或漏斗将任一份试样徐徐装填入试筒,并注意使颗粒分离程度最小(装填量宜使振毕密实后的试样等于或略低于筒高的1/3);抹平试样表面。然后可用橡皮锤或类似物敲击几次试筒壁,使试料下沉。

4.1.3 放置合适的加重底板于试料表面上,轻轻转动几下,使加重底板与试样表面密合一致。卸下加重底板把手。

4.1.4 将试筒固定于振动台面上,装上套筒,并与试筒紧密固定。将合适的加重块置于加重底板上,其上部尽量不与套筒内壁接触。

4.1.5 设定振动台在振动频率50Hz下的垂直振动双振幅为0.5mm;或在振动频率60Hz下的垂直振动双振幅为0.35mm。振动试筒及试样等,在50Hz下振动10min;在60Hz下振动8min。振毕卸去加重块及加重底板。

4.1.6 按本试验4.1.2~4.1.5步骤进行第二层、第三层试料振动压实。但第三层振毕加重底板不再立即卸去。

4.1.7 卸去套筒,然后检查加重底板是否与试样表面密合一致,即按压加重底板边缘,看其是否翘起,若翘起则宜在试验报告中注明。

4.1.8 将百分表架支杆插入每个试筒导向瓦套孔中;刷净试筒顶沿面上及加重底板上位于试筒导向瓦两侧测量位置所积落的细粒土,并尽量避免将这些细粒土刷进试筒内。然后分别测读并记录试筒导向瓦每侧试筒顶沿面(中心线处)各三个百分表读数,共12个读数(其平均值即为百分表初始读数 R_i);再从加重底板上测读并记录出相应读数(其平均值即为终了百分表读数 R_f)。

4.1.9 卸去加重底板,并从振动台面上卸下试筒。在此过程中,尽可能避免加重底板上及试筒沿面上积落的细粒土进入试筒里。如这些细粒土质量超过试样总质量的0.2%,应测定其质量并注明于试验报告中。

4.1.10 在合适的台秤上测定并记录试筒及试样总质量,扣除空试筒质量即为试样质量,或仔细地将试筒里试样全部倒入已知质量的盘中称量。计算最大干密度 ρ_{dmax}。

4.1.11 重复本试验4.1.1~4.1.10步骤,直至获得一致的最大干密度值(最好在2%内)。如果发现产生过分的颗粒破碎或者是有棱角的石渣、堆石料或风化软弱岩试料,则宜尽量制备足够数量代表性试样,以避免单个试样重复使用。

4.2 湿土法

4.2.1 按湿法试验时,可对烘干试料加足量水,或用现场湿土料进行。拌匀试料颗粒级配及含水率(使颗粒分离程度尽可能小),然后大致分成三份。如果向干料中加水,则需最小饱和时间约1/2h;加水量宜加到足够分量,即在拌和盘中无自由水滞积,且在振密过程中基本保持饱和状态。

注:对于估算向烘干试料中的加水量,起初可尝试每4.5kg试料约加1000mL的水量,或按下式估算:

$$M_w = M_s \left(\frac{\rho_w}{\rho_d} - \frac{1}{G_s} \right) \quad (\text{T } 0132\text{-}4)$$

式中:M_w——加水量(g);

ρ_d——由起初振密结果所估算的干密度(kg/m³);

M_s——试样质量(g);

ρ_w——水的密度(1 000kg/m³);
G_s——土粒比重。

4.2.2 装试筒于振动台上。启动振动台,用小铲或勺将任一份湿料徐徐装填入试筒(装填料宜使振毕试样等于或略低于筒高的1/3)。每次添加试料后,宜察看试样表面是否滞积有少量自由水。若无,可用海绵蘸水挤入、小器皿注入或其他工具加入足量水。在此过程中,振动台的振幅或振动频率或这两者须随时调节,以阻止试样颗粒过分沸动或松散。大致振动 2~3min 后,宜用尽可能不带走土粒的办法吸去试样表面的所有自由水。

4.2.3 按本试验 4.1.3、4.1.4 步骤装上加重底板、套筒及加重块。

4.2.4 振动试筒及试样等,按本试验 4.1.5 步骤进行振动。振毕,卸去加重块及加重底板。吸去试样表面所有自由水。

4.2.5 按本试验 4.1.3~4.1.5 步骤进行第二层、第三层材料的振动压实。但第三层振毕加重底板不再立即卸去。

4.2.6 卸下套筒。吸去加重底板上及边缘的所有自由水。按本试验 4.1.8 步骤测读并记录百分表读数。

4.2.7 按本试验 4.1.9 步骤卸下加重底板及试筒,然后测定并记录试筒与试样的总质量。为测定试样的含水率,仔细地将试筒中全部湿试样倒入已知质量的盘中,并将黏附于试筒内壁及筒底的所有颗粒冲洗于盘中;然后在烘箱中将试样烘至恒量,测定并记录其烘干质量。

5 结果整理

5.1 对于干土法,最大干密度按下式计算:

$$\rho_{dmax} = \frac{M_d}{V} \qquad (T\ 0132\text{-}5)$$

式中:ρ_{dmax}——最大干密度,计算至 $0.1(kg/m^3)$;
M_d——干试样质量(kg);
V——振毕密实试样体积(m^3);

$$V = \left[V_c - A_c\left(\frac{\Delta H}{10}\right)\right] \times 10^{-6}$$

V_c——标定的试筒体积(cm^3);
A_c——标定的试筒横断面积(cm^2);

$$\Delta H = (R_i - R_f) + T_p \quad (\text{顺时针读数百分表})$$
$$= (R_f - R_i) + T_p \quad (\text{逆时针读数百分表})$$

R_i——初始百分表读数(0.01mm);
R_f——振毕后加重底板上相对位置百分表终读数的均值(0.01mm);
T_p——加重底板厚度(mm)。

注:本标准以 kg/m³ 作为 ρ_{dmax} 的标准单位,而 g/cm³ 为认可的习用单位。

5.2 对于湿土法,最大干密度按下式计算:

$$\rho_{dmax} = \frac{M_m}{V(1 + 0.01w)} \qquad (T\ 0132\text{-}6)$$

式中:M_m——振毕密实湿试样质量(kg);
w——振毕密实试样含水率(%)。

5.3 巨粒土原型料最大干密度应按以下方法确定:

5.3.1 作图法

延长图 T 0132-3 中最大干密度 ρ_{dmax} 与相似级配模比 M_r 的关系直线至 $M_r=1$ 处,即读得原型试料的 ρ_{Dmax} 值。

5.3.2 计算法

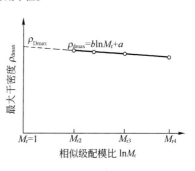

图 T 0132-3 模型料 ρ_{dmax}-M_r 关系

对几组系列试验结果用曲线拟合法可整理出下式：

$$\rho_{dmax} = a + b\ln M_r \tag{T 0132-7}$$

式中：a、b——试验常数。

由于 $M_r = 1$ 时，$\rho_{dmax} = \rho_{Dmax}$，所以 $a = \rho_{Dmax}$

即

$$\rho_{dmax} = \rho_{Dmax} + b\ln M_r \tag{T 0132-8}$$

令 $M_r = 1$ 时，即得原型试料 ρ_{Dmax} 的值。

5.4 计算干土法所测定的最大干密度试验结果的平均值作为试验报告的最大干密度值。当湿土法结果比干土法高时，采用湿土法试验结果的平均值。

5.5 压实指标计算。

如果已测定最小干密度 ρ_{dmax} [采用测定 ρ_{dmax} 的试筒及装料工具以干土样松填法试验测定，或采用（T 0123—1993）的方法]，且已知土料的沉积或填筑干密度 ρ_d，则相对密度 D_r 可按下式计算：

$$D_r = \frac{e_{max} - e_0}{e_{max} - e_{min}} \tag{T 0132-9}$$

或

$$D_r = \frac{(\rho_d - \rho_{dmin})\rho_{dmax}}{(\rho_{dmax} - \rho_{dmin})\rho_d} \tag{T 0132-10}$$

式中：D_r——相对密度，计算至 0.01；

ρ_{dmin}——最小干密度（g/cm³）；

ρ_{dmax}——最大干密度（g/cm³）；

e_0——天然孔隙比或填土的相应孔隙比；

e_{max}——最大孔隙比；

e_{min}——最小孔隙比；

ρ_d——天然干密度或填土的相应干密度（g/cm³）。

如果粒径大于 60mm 的巨粒土难以测定其最小干密度，但当已知土料的沉积或填筑干密度 ρ_D 时，则压实度 K 可按下式计算：

$$K = \frac{\rho_D}{\rho_{Dmax}} \times 100 \tag{T 0132-11}$$

5.6 本试验记录格式如表 T 0132-2。

最大干密度试验记录 表 T 0132-2

试料编号 CR21　　试料来源 XBKD　　试料最大料径 60mm
相似级配模比 1.33　　振动频率 50Hz　　全振幅 0.5mm
振动历时 3×10min　　试验日期＿＿＿＿

试验方法		干土法	
平行测定次数（kg）		1	2
试样+试筒质量（kg）		42.700	42.850
试筒质量（kg）		12.800	12.800
试样质量	干土法 M_d（kg）	29.900	30.051
	湿土法 M_m（kg）		
试筒容积 V_c（kg）		14 200	14 200
试筒横断面积 A_c（cm²）		615.75	615.75
百分表初读数 R_i（mm）		42.275	46.350

续上表

试 验 方 法		干 土 法	
百分表终读数 R_f(mm)		33.250	36.405
试样表面至试筒顶面距离 $\Delta H = \lvert R_i - R_f \rvert + T_p^*$ (mm)		21.025	21.945
试样体积 $V = [V_c - A_c(\Delta H/10)] \times 10^{-6}$ (m³)		0.012 905 4	0.012 848 8
试样干密度	干土法 M_d/V(kg/m³)	2 316.9	2 338.7
	湿土法 $M_m/[V(1+0.01w^{**})]$(kg/m³)		
最大干密度(即平均值)ρ_{dmax}(kg/m³)		2 327.8	
任意两个试验值的偏差范围(以平均值百分数表示)(%)		0.94	
标准差 S(kg/m³)		11.4	
*T_p = 加重底板厚度,12mm; **w = 振毕湿试样含水率(%)		试验异常情况:	

试验者_____   计算者_____   校核者_____

5.7 精密度及允许差。

最大干密度试验结果精度要求如表 T 0132-3 所列。最大干密度 ρ_{dmax}(kg/m³),取三位有效数字。

最大干密度试验结果精度 表 T 0132-3

试料粒径 (mm)	标准差 S (kg/cm³)	两个试验结果的允许范围 (以平均值百分数表示) (%)
<5	±13	2.7
5~60	±22	4.1

6 报告

6.1 试料来源,外观描述。

6.2 试筒尺寸及方法。

6.3 任何反常现象,如试料损失、分离,加重底板过分倾斜等。

【注意事项】

(1)为满足试筒、套筒、试样、加重底板及加重块等质量的要求,振动台最大负荷不宜小于 200kg。试筒容积随土粒最大尺寸而异,对于 60mm 允许最大粒径,试筒容积达 14 200cm³,试样允许最大粒径应与试筒尺寸相对应(见表 T 0132-1)。

(2)试验发现,无论是分层装填料,还是施加不同的附加荷重,振动干密度随振动历时的延长而增大,历时 8min 后,振动压实干密度基本上趋于稳定。即使分三层振动时,从 8min 至 10min 时干密度也增加不显著。

(3)60mm 的巨粒土,因受试筒允许最大粒径的限制,宜采用按相似级配法缩小粒径的系列模型试料。目前有多种处理办法,如剔除超粒颗粒、等量代替法、相似级配法及渐近线辅助法等,各法均有优缺点。但相似级配法外插得到的巨粒土及堆石料的最大干密度因得到现场振动碾压及原位实测资料的印证,因此使该法具有实用意义。

满足试验精度要求的最少试样个数是指测定一个最大干密度值所需制备的最少土样数,这些土样应同时制备。一般制备 2~4 个试样即可。对于巨粒土,则是预定的模型试料个数的 2~4 倍。

(4)试验方法分干法和湿土法两种,干法用烘干试样,湿土法则对烘干试样加足量的水,或用现场的土料进行试验。

试验表明,无论是分层装填试料,还是施加不同附加荷重,振动干密度均随振动历时的延长而增大;当历时达8min以后,振动压实干密度基本上趋于稳定,所以8min后再增加振动时间对提高最大干密度无意义。

试样分层装填振压可以显著提高干密度,试验时应严格分层装料。为了得到最大干密度,振动台的振动频率应为47.5~50Hz,最优振幅0.25mm,相应的最优加速度2.5g。当振动加速度超过一定值(3.63g)时,试验颗粒产生离现象,这表明加速度不可太大。

表面振动压实仪法
(JTG E40—2007 T 0133—1993)

1 目的和适用范围

1.1 本方法是测定粗粒土和巨粒土最大干密度的试验方法。

1.2 本试验规定采用表面振动压实仪法测定无黏性自由排水粗粒土和巨粒土(包括堆石料)的最大干密度。

1.3 本试验方法适用于通过0.075mm标准筛的土颗粒质量百分数不大于15%的无黏性自由排水粗粒土和巨粒土。

1.4 对于最大颗粒尺寸大于60mm的巨粒土,因受试筒允许最大粒径的限制,宜按本试验3.3规定处理。

2 仪器设备

2.1 振动器:见图 T 0133-1,功率0.75~2.2kW,振动频率30~50Hz,激振力10~80kN。钢制夯:可牢固于振动电机上,且有一厚15~40mm夯板。夯板直径应略小于试筒内径2~5mm。夯与振动电机总重在试样表面产生18kPa以上的静压力。

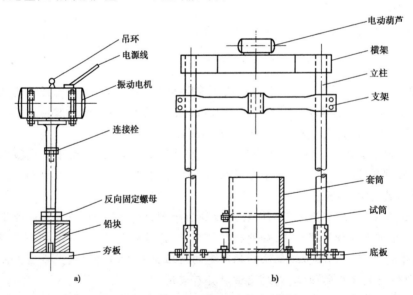

图 T 0133-1 表面振动压实仪试验装置

2.2 试筒:见表 T 0133-1 或根据土体颗粒级配选用较大试筒。但固定试筒的底板须固定于混凝土基础上或至少质量为450kg混凝土块上。试筒容积宜用灌水法每年标定一次。

试样质量及仪器尺寸　　　　　　　　　　　　　　表 T 0133-1

土粒最大尺寸(mm)	试样质量(kg)	试筒尺寸 容积(cm³)	试筒尺寸 内径(mm)	套筒高度(mm)	装料工具
60	34	14 200	280	250	小铲或大勺
40	34	14 200	280	250	小铲或大勺
20	11	2 830	152	305	小铲或大勺
10	11	2 830	152	305	φ25mm漏斗
5或<5	11	2 830	152	305	φ3mm漏斗

2.3　套筒：内径应与试筒配套，高度为170~250mm；与试筒固定后内壁须成直线连接。

2.4　台秤、电动葫芦、标准筛(圆孔筛:60mm、40mm、20mm、5mm、2mm、0.075mm)。

2.5　直钢条：宜用尺寸为350mm×25mm×3mm(长×宽×厚)。

2.6　深度仪或钢尺：量测精度要求至0.5mm。

2.7　大铁盘：其尺寸宜用600mm×500mm×80mm(长×宽×高)。

2.8　其他：烘箱、小铲、大勺及漏斗、橡皮锤、秒表、试筒布套等。

3　试验步骤

3.1　干土法

3.1.1　充分拌匀烘干试样，即使其颗粒分离程度尽可能小；然后大致分成三份。测定并记录空试筒质量。

3.1.2　用小铲或漏斗将任一份试样徐徐装填入试筒，并注意使颗粒分离程度最小(装填量宜使振毕密实后的试样等于或略低于筒高的1/3)；抹平试样表面。然后可用橡皮锤或类似物敲击几次试筒壁，使试料下沉。

3.1.3　将试筒固定于底板上，装上套筒，并与试筒紧密固定。

3.1.4　放下振动器，振动6min。吊起振动器。

3.1.5　按本试验3.1.2~3.1.4进行第二层、第三层试样振动压实。

3.1.6　卸去套筒。将直钢条放于试筒直径位置上，测定振毕试样高度。读数宜从四个均布于试样表面至少距筒壁15mm的位置上测得并精确至0.5mm，记录并计算试样高度H_0。

3.1.7　卸下试筒，测定并记录试筒与试样质量。扣除试筒质量即为试样质量。计算最大干密度ρ_{dmax}。

3.1.8　重复本试验3.1.1~3.1.7步骤，直至获得一致的最大干密度。但须制备足够的代表性试料，不得重复振动压实单个试样。

3.2　湿土法

3.2.1　按湿法试验时，可对烘干试料加足量水，或用现场湿土料进行。拌匀试料颗粒级配及含水率(使颗粒分离程度尽可能小)，然后大致分成三份。如果向干料中加水，则需最小饱和时间约1/2h；加水量宜加到足够分量，即在拌和盘中无自由水滞积，且在振密过程中基本保持饱和状态。

注：对于估算向烘干试料中的加水量，起初可尝试每4.5kg试料约加1 000mL的水量，或按下式估算：

$$M_w = M_s \left(\frac{\rho_w}{\rho_d} - \frac{1}{G_s} \right) \qquad (T\ 0133\text{-}1)$$

式中：M_w——加水量(g)；

　　　ρ_d——由起初振密结果所估算的干密度(kg/m³)；

M_s——试样质量(g);

ρ_w——水的密度($1\,000\text{kg/m}^3$);

G_s——土粒比重。

3.2.2 将试筒固定于底板上。用小铲或大勺将任一份湿料徐徐填入试筒(装填量宜使振毕试样等于或略低于筒高的1/3)。

3.2.3 放下振动器,振动6min。吊起振动器,吸去试样表面自由水。

3.2.4 按本试验3.2.2、3.2.3进行第二层、第三层试样振动压实。

3.2.5 卸下试筒。吸去加重底板上及边缘的所有自由水。将百分表架支杆插入每个试筒导向瓦套孔中;刷净试筒顶沿面上及加重底板上位于试筒导向瓦两侧测量位置所积落的细粒土,并尽量避免将这些细粒土刷进试筒内。然后分别测读并记录试筒导向瓦每侧试样顶沿面(中心线处)各三个百分表读数,共12个读数(其平均值即为百分表初始读数 R_i);再从加重底板上测读并记录出相应读数(其平均值即为终了百分表读数 R_f)。

3.2.6 测定振毕试样含水率后。计算最大干密度 ρ_{dmax}。

3.2.7 同本试验3.1.8。

3.3 对于粒径大于60mm的巨粒土,因受试筒允许最大粒径的限制,应按相似级配法制备缩小粒径的系列模型试料。相似级配法粒径及级配按以下公式及图 T 0133-2 计算。

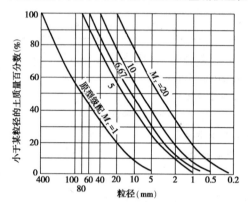

图 T 0133-2 原型料与模型料级配关系

相似级配模型试料粒径:

$$d = \frac{D}{M_r} \quad (T\,0133\text{-}2)$$

式中:D——原型试料级配某粒径(mm);

d——原型试料级配某粒径缩小后的粒径,即模型试料相应粒径(mm);

M_r——粒径缩小倍数,通常称为相似级配模比;

$$M_r = \frac{D_{max}}{d_{max}} \quad (T\,0133\text{-}3)$$

D_{max}——原型试料级配最大粒径(mm);

d_{max}——试样允许或设定的最大粒径,即60mm、40mm、20mm、10mm等。

相似级配模型试料级配组成与原型级配组成相同,即:

$$P_{M_r} = P_p \quad (T\,0133\text{-}4)$$

式中:P_{M_r}——原型试料粒径缩小 M_r 倍后(即为模型试料)相应的小于某粒径 d 含量百分数(%);

P_p——原型试料级配小于某粒径 D 的含量百分数(%)。

4 结果整理

4.1 对于干土法,最大干密度 ρ_{dmax}(g/cm³)按下式计算:

$$\rho_{dmax} = \frac{M_d}{V} \quad (T\,0133\text{-}5)$$

$$V = A_c H$$

式中:ρ_{dmax}——最大干密度(g/cm³),计算至0.001;

M_d——干试样质量(g);

V——振毕密实试样体积(cm³);

A_c——标定的试筒横断面积(cm^2);

H——振毕密实试样高度(cm)。

4.2 对于湿土法,最大干密度按下式计算:

$$\rho_{dmax} = \frac{M_m}{V(1+0.01w)}$$ (T 0133-6)

式中:ρ_{dmax}——最大干密度(g/cm^3),计算至0.001;

V——振毕密实试样体积(cm^3);

M_m——振毕密实湿试样质量(g);

w——振毕密实湿试样含水率(%)。

4.3 巨粒土原型料最大干密度应按以下方法确定:

4.3.1 作图法

延长图 T 0133-3 中最大干密度 ρ_{dmax} 与相似级配模比 M_r 的关系直线至 $M_r=1$ 处,即读得原型试料的 ρ_{Dmax} 值。

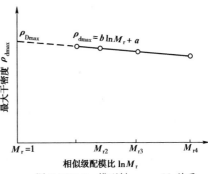

图 T 0133-3 模型料 $\rho_{dmax}-M_r$ 关系

4.3.2 计算法

对几组系列试验结果用曲线拟合法可整理出下式:

$$\rho_{dmax} = a + b\ln M_r$$ (T 0133-7)

式中:a、b——试验常数。

由于 $M_r=1$ 时,$\rho_{dmax}=\rho_{Dmax}$,所以 $a=\rho_{Dmax}$

即

$$\rho_{dmax} = \rho_{Dmax} + b\ln M_r$$ (T 0133-8)

令 $M_r=1$ 时,即得原型试料 ρ_{Dmax} 的值。

4.4 计算干土法所测定的最大干密度试验结果的平均值作为试验报告的最大干密度值,当湿土法结果比干土法高时,采用湿土法试验结果的平均值。

4.5 压实指标计算。

如果已测定最小干密度 ρ_{dmin}[采用测定 ρ_{dmin} 的试筒及装料工具以干土样松填法试验测定,或采用(T 0123—1993)的方法],且已知土料的沉积或填筑干密度 ρ_d,则相对密度 D_r 可按下式计算:

$$D_r = \frac{e_{max}-e_0}{e_{max}-e_{min}}$$ (T 0133-9)

或

$$D_r = \frac{(\rho_d-\rho_{dmin})\rho_{dmax}}{(\rho_{dmax}-\rho_{dmin})\rho_d}$$ (T 0133-10)

式中:D_r——相对密度,计算至0.01;

ρ_{dmin}——最小干密度(g/cm^3);

ρ_{dmax}——最大干密度(g/cm^3);

e_0——天然孔隙比或填土的相应孔隙比;

e_{max}——最大孔隙比;

e_{min}——最小孔隙比;

ρ_d——天然干密度或填土的相应干密度(g/cm^3)。

如果粒径大于 60mm 的巨粒土难以测定其最小干密度,但当已知土料的沉积或填筑干密度 ρ_D 时,则压实度 K 可按下式计算:

$$K = \frac{\rho_D}{\rho_{Dmax}} \times 100$$ (T 0133-11)

4.6 本试验记录格式如表 T 0133-2。

最大干密度试验记录 表 T 0133-2

试料编号 ___CR21___ 试料来源 ___XBKD___ 试料最大料径 ___60mm___
相似级配模比 ___1.33___ 振动频率 ___50Hz___ 全振幅 ___0.5mm___
振动历时 ___3×10min___ 试验日期 _____

试验方法			干土法	
平行测定次数		(kg)	1	2
试样+试筒质量		(kg)	42.700	42.850
试筒质量		(kg)	12.800	12.800
试样质量	干土法 M_d	(kg)	29.900	30.051
	湿土法 M_m	(kg)		
试筒容积 V_c		(kg)	14 200	14 200
试筒横断面积 A_c		(cm²)	615.75	615.75
百分表初读数 R_i		(mm)	42.275	46.350
百分表终读数 R_f		(mm)	33.250	36.405
试样表面至试筒顶面距离 $\Delta H = \|R_i - R_f\| + T_p^*$		(mm)	21.025	21.945
试样体积 $V = [V_c - A_c(\Delta H/10)] \times 10^{-6}$		(m³)	0.012 905 4	0.012 848 8
试样干密度	干土法 M_d/V	(kg/m³)	2 316.9	2 338.7
	湿土法 $M_m/[V(1+0.01w^{**})]$	(kg/m³)		
最大干密度(即平均值)ρ_{dmax}		(kg/m³)	2 327.8	
任意两个试验值的偏差范围(以平均值百分数表示)		(%)	0.94	
标准差 S		(kg/m³)	11.4	
* T_p = 加重底板厚度,12mm; ** w = 振毕湿试样含水率(%)			试验异常情况:	

试验者_____ 计算者_____ 校核者_____

4.7 精密度及允许差。

最大干密度试验结果精度要求如表 T 0133-3 所列。最大干密度 ρ_{dmax}(kg/m³),取三位有效数字。

最大干密度试验结果精度 表 T 0133-3

试料粒径(mm)	标准差 S(kg/cm³)	两个试验结果的允许范围 (以平均值百分数表示) (%)
<5	±13	2.7
5~60	±22	4.1

5 报告

5.1 试料来源,外观描述。

5.2 试筒尺寸及方法。

5.3 任何反常现象,如试料损失、分离,加重底板过分倾斜等。

【注意事项】

(1)采用表面振动压实仪法测定无黏聚性自由排水粗粒土和巨粒土(小于0.075mm的干颗粒质量百分数不大于15%)的最大干密度。定性地说,该法适用于颗粒土,特别是击实试验无法或难以确定最大干密度及最佳含水率的高透水性土,此时本法也可测定出最佳含水率,如果将试料按击实试验那样制备不同含水率(最好相差1%~2%,并要充分拌和均匀才行)的话。

(2)表面振动器法也是分三层压实时,干密度值较大。

(3)由于本法在测定试样体积时精度不及振动台法,且在国内才开始应用,因此暂要求其试验测定精度参照振台法的表17.1.5-2执行。其余同振动台法。

(4)表面振动压实仪法,目前多采用H型支架,以扶持振动器作垂直振动,配置两种尺寸的试筒及相应附加荷重(但在试样表面产生的静压力仍为18kPa),从而适用于不同粒径的土样(见表T 0133-1)。

试验表明,当表面静压力(即振动器总重量作用在试验样表面上的静压力)从7kPa增至13.8kPa时,压实干密度随之增大;从13.8kPa增至21kPa时,干密度反而降低。因此,最优表面静压力宜取13.8kPa。

(5)试验表明,压实干密度随振动历时的增长而增大,当振至6min左右时,干密度变化甚微,基本稳定。规程规定振动6min。

由于振动器的激振力(F)为4.2kN,当表面静压力P_s=14kPa时,振动器总质量(Q)为0.84kN,因此,相应振动器加速度(幅值)$\alpha_p = \dfrac{F}{Q} = 5g$,此时,相应最优振幅为0.55mm,为最优振幅。

三、承载比(CBR)

承载比试验是由美国加州公路局首先提出来的,简称CBR试验。所谓CBR值,是指贯入杆贯入试料贯入量达2.5mm时的单位压力对标准碎石压入相同贯入量时标准荷载强度的比值。标准荷载与贯入量之间的关系如表3-6所示。

不同贯入量时的标准荷载强度和标准荷载 表3-6

贯入量(mm)	标准荷载强度(kPa)	标准荷载(kN)
2.5	7 000	13.7
5.0	10 500	20.3
7.5	13 400	26.3
10.0	16 200	31.8
12.5	18 300	36.0

CBR是路基土和路面材料的强度指标,是柔性路面设计的主要参数之一。在我国柔性路面设计中,虽以路基土和路面材料的回弹模量值作为设计参数,但不少单位,特别是科研单位,为了便于参考国外有关CBR方面的资料,在寻求模量与CBR的关系方面做了大量工作。为了进一步累积这方面的资料,将CBR试验列入试验规程。

承载比(CBR)试验
(JTG E40—2007 T 0134—1993)

1 目的和适用范围

1.1 本试验方法只适用于在规定的试筒内制件后,对各种土和路面基层、底基层材料进行承载比试验。

1.2 试样的最大粒径宜控制在20mm以内,最大不得超过40mm且含量不超过5%。

2 仪器设备

2.1 圆孔筛:孔径40mm、20mm及5mm筛各1个。

2.2 试筒:内径152mm、高170mm的金属圆筒;套环,高50mm;筒内垫块,直径151mm、高

50mm;夯击底板,同夯击实仪。试筒的形式和主要尺寸如图 T 0134-1 所示,也可用(T 0131—2007)击实试验的大击实筒。

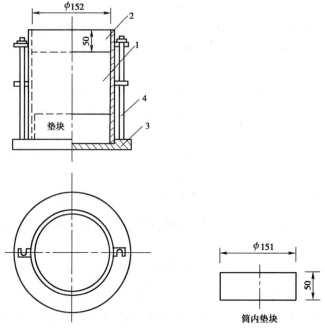

图 T 0134-1　承载比试筒(单位:mm)
1-试筒;2-套环;3-夯击底板;4-拉杆

2.3　夯锤和导管:夯锤的底面直径50mm,总质量4.5kg。夯锤在导管内的总行程为450mm,夯锤的形式和尺寸与重型击实试验法所用的相同。

2.4　贯入杆,端面直径50mm、长约100mm 的金属柱。

2.5　路面材料强度仪或其他载荷装置:能量不小于 50kN,能调节贯入速度至每分钟贯入1mm,可采用测力计式,如图 T 0134-2 所示。

2.6　百分表:3 个。

2.7　试件顶面上的多孔板(测试件吸水时的膨胀量),如图 T 0134-3 所示。

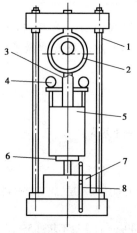

图 T 0134-2　手摇测力计式载荷装置示意图
1-框架;2-量力环;3-贯入杆;4-百分表;5-试件;6-升降台;7-蜗轮蜗杆箱;8-摇把

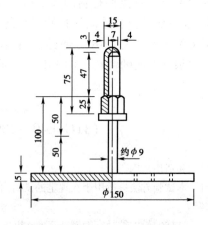

图 T 0134-3　带调节杆的多孔板(单位:mm)

2.8 多孔底板(试件放上后浸泡水中)。
2.9 测膨胀量时支承百分表的架子,如图T 0134-4所示。或采用压力传感器测试。

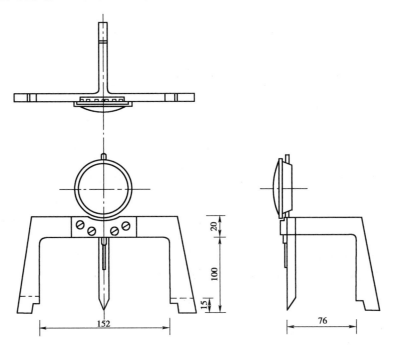

图T 0134-4 膨胀量测定装置(单位:mm)

2.10 荷载板:直径150mm,中心孔眼直径52mm,每块质量1.25kg,共4块,并沿直径分为两个半圆块,如图T 0134-5所示。
2.11 水槽:浸泡试件用,槽内水面应高出试件顶面25mm。
2.12 其他:台秤,感量为试件用量的0.1%;拌和盘、直尺、滤纸、脱模器等与击实试验相同。

3 试样

将具有代表性的风干试料(必要时可在50℃烘箱内烘干),用木碾捣碎,但应尽量注意不使土或粒料的单个颗粒破碎。土团均应捣碎到通过5mm的筛孔。

采取有代表性的试料50kg,用40mm筛筛除大于40mm的颗粒,并记录超尺寸颗粒的百分数。将已过筛的试料按四分法取出约25kg。再用四分法将取出的试料分成4份,每份质量6kg,供击实试验和制试件之用。

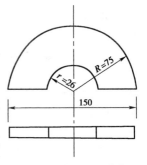

图T 0134-5 荷载板(单位:mm)

在预定做击实试验的前一天,取有代表性的试料测定其风干含水率。测定含水率用的试样数量可参照表T 0134-1采取。

测定含水率用试样的数量　　表T 0134-1

最大粒径(mm)	试样质量(g)	个　数
<5	15~20	2
约5	约50	1
约20	约250	1
约40	约500	1

69

4 试验步骤

4.1 称试筒本身质量(m_1),将试筒固定在底板上,将垫块放入筒内,并在垫块上放一张滤纸,安上套环。

4.2 将试料按表 T 0134-2 中 II-2 规定的层数和每层击数进行击实,求试料的最大干密度和最佳含水率。

击实试验方法种类　　　　　　　表 T 0134-2

试验方法	类别	锤底直径(cm)	锤质量(kg)	落高(cm)	试筒尺寸 内径(cm)	试筒尺寸 高(cm)	试样尺寸 高度(cm)	试样尺寸 体积(cm^3)	层数	每层击数	击实功(kJ/m^3)	最大粒径(mm)
轻型	I-1	5	2.5	30	10	12.7	12.7	997	3	27	598.2	20
轻型	I-2	5	2.5	30	15.2	17	12	2 177	3	59	598.2	40
重型	II-1	5	4.5	45	10	12.7	12.7	997	5	27	2 687.0	20
重型	II-2	5	4.5	45	15.2	17	12	2 177	3	98	2 677.2	40

4.3 将其余 3 份试料,按最佳含水率制备 3 个试件。将一份试料平铺于金属盘内,按事先计算得的该份试料应加的水量[按式(T 0134-1)]均匀地喷洒在试料上。

$$m_w = \frac{m_i}{1 + 0.01w_i} \times 0.01(w - w_i) \quad (T\ 0134\text{-}1)$$

式中:m_w——所需的加水量(g);

m_i——含水率 w_i 时土样的质量(g);

w_i——土样原有含水率(%);

w——要求达到的含水率(%)。

用小铲将试料充分拌和到均匀状态,然后装入密闭容器或塑料口袋内浸润备用。

浸润时间:重黏土不得少于 24h,轻黏土可缩短到 12h,砂土可缩短到 1h,天然砂砾可缩短到 2h 左右。

制每个试件时,都要取样测定试料的含水率。

注:需要时,可制备三种干密度试件。如每种干密度试件制 3 个,则共制 9 个试件。每层击数分别为 30、50 和 98 次,使试件的干密度从低于 95% 到等于 100% 的最大干密度。这样,9 个试件共需试料约 55kg。

4.4 将试筒放在坚硬的地面上,取备好的试样分 3 次倒入筒内(视最大料径而定),每层需试样 1 700g 左右(其量应使击实后的试样高出 1/3 筒高 1~2mm)。整平表面,并稍加压紧,然后按规定的击数进行第一层试样的击实,击实时锤应自由垂直落下,锤迹必须均匀分布于试样面上。第一层击实完后,将试样层面"拉毛",然后再装入套筒,重复上述方法进行其余每层试样的击实。大试筒击实后,试样不宜高出筒高 10mm。

4.5 卸下套环,用直刮刀沿试筒顶修平击实的试件,表面不平整处用细料修补。取出垫块,称试筒和试件的质量(m_2)。

4.6 泡水测膨胀量的步骤如下:

4.6.1 在试件制成后,取下试件顶面的破残滤纸,放一张好滤纸,并在其上安装附有调节杆的多孔板,在多孔板上加 4 块荷载板。

4.6.2 将试筒与多孔板一起放入槽内(先不放水),并用拉杆将模具拉紧,安装百分表,并读取初读数。

4.6.3 向水槽内放水,使水自由进到试件的顶部和底部。在泡水期间,槽内水面应保持在试件顶面以上大约 25mm。通常试件要泡水 4 昼夜。

4.6.4 泡水终了时,读取试件上百分表的终读数,并用下式计算膨胀量:

$$膨胀量 = \frac{泡水后试件高度变化}{原试件高(=120\text{mm})} \times 100 \qquad (\text{T } 0134\text{-}2)$$

4.6.5 从水槽中取出试件,倒出试件顶面的水,静置15min,让其排水,然后卸去附加荷载和多孔板、底板和滤纸,并称量(m_3),以计算试件的湿度和密度的变化。

4.7 贯入试验。

4.7.1 将泡水试验终了的试件放到路面材料强度试验仪的升降台上,调整偏球座,对准、整平并使贯入杆与试件顶面全面接触,在贯入杆周围放置4块荷载板。

4.7.2 先在贯入杆上施加45N荷载,然后将测力和测变形的百分表指针均调整至整数,并记读起始读数。

4.7.3 加荷使贯入杆以1~1.25mm/min的速度压入试件,同时测记三个百分表的读数。记录测力计内百分表某些整读数(如20、40、60)时的贯入量,并注意使贯入量为250×10^{-2} mm时,能有5个以上的读数。因此,测力计内的第一个读数应是贯入量30×10^{-2}mm左右。

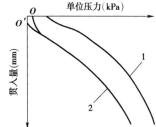

图 T 0134-6 单位压力与贯入量的关系曲线

5 结果整理

5.1 以单位压力(p)为横坐标,贯入量(l)为纵坐标,绘制 p—l 关系曲线,如图 T 0134-6 所示。图上曲线1是合适的。曲线2开始段是凹曲线,需要进行修正。修正时在变曲率点引一切线,与纵坐标交于 O' 点,O' 即为修正后的原点。

5.2 一般采用贯入量为2.5mm时的单位压力与标准压力之比作为材料的承载比(CBR)。即:

$$\text{CBR} = \frac{p}{7\,000} \times 100 \qquad (\text{T } 0134\text{-}3)$$

式中:CBR——承载比(%),计算至0.1;

p——单位压力(kPa)。

同时计算贯入量为5mm时的承载比:

$$\text{CBR} = \frac{p}{10\,500} \times 100 \qquad (\text{T } 0134\text{-}4)$$

如贯入量为5mm时的承载比大于2.5mm时的承载比,则试验应重做。如结果仍然如此,则采用5mm时的承载比。

5.3 试件的湿密度用下式计算:

$$\rho = \frac{m_2 - m_1}{2\,177} \qquad (\text{T } 0134\text{-}5)$$

式中:ρ——试件的湿密度(g/cm³),计算至0.01;

m_2——试筒和试件的合质量(g);

m_1——试筒的质量(g);

2 177——试筒的容积(cm³)。

5.4 试件的干密度用下式计算:

$$\rho_\text{d} = \frac{\rho}{1 + 0.01w} \qquad (\text{T } 0134\text{-}6)$$

式中:ρ_d——试件的干密度(g/cm³),计算至0.01;

w——试件的含水率。

5.5 泡水后试件的吸水量按下式计算:

$$w_\text{a} = m_3 - m_2 \qquad (\text{T } 0134\text{-}7)$$

71

式中：w_a——泡水后试件的吸水量（g）；

m_3——泡水后试筒和试件的合质量（g）；

m_2——试筒和试件的合质量（g）。

5.6 本试验记录格式如表 T 0134-3 和表 T 0134-4。

贯 入 试 验 记 录 表 T 0134-3

土样编号 _____ 试 验 者 _____

最大干密度 __1.69g/cm³__ 计 算 者 _____

最佳含水率 __18%__ 校 核 者 _____

每层击数 __98__ 试验日期 _____

试件编号 _____

量力环校正系数 $C = 0.2398\text{kN}/0.01\text{mm}$，贯入杆面积 $A = 1.9635 \times 10^{-3}\text{m}^2$

$$P = \frac{C \times R}{A}$$

$l = 2.5\text{mm}$ 时， $p = 611\text{kPa}$ $\text{CBR} = \dfrac{p}{7\,000} \times 100 = 8.7\%$

$l = 5.0\text{mm}$ 时， $p = 690\text{kPa}$ $\text{CBR} = \dfrac{p}{10\,500} \times 100 = 6.6\%$

荷载测力计百分表		单位压力	贯入量百分表读数					贯入量
读数	变形值		左 表		右 表		平均值	
			读数	位移值	读数	位移值		
R'_i	$R_1 = R'_{i+1} - R'_i$	p	R_{1i}	$R_1 = R_{1i+1} - R_{1i}$	R_{2i}	$R_2 = R_{2i+1} - R_{2i}$	$R_1 = \frac{1}{2}(R_1 + R_2)$	l
(0.01mm)	(0.01mm)	(kPa)	(0.01mm)	(0.01mm)	(0.01mm)	(0.01mm)	(0.01mm)	(mm)
0.0	0.9	110	0.0	60.4	0.0	60.6	60.5	0.61
0.9	1.8	220	60.4	106.5	60.6	106.5	106.5	1.07
1.8	2.9	354	106.5	151.1	106.4	150.9	151.0	1.51
2.9	4.0	489	151.1	193.9	150.9	194.1	194.0	1.94
4.0	4.8	586	193.9	240.4	194.1	240.6	240.5	2.41
4.8	5.1	623	240.4	286.1	240.6	285.9	286.0	2.86
5.1	5.4	660	286.1	335.0	285.9	335.0	335.0	3.34
5.4	5.6	684	335.0	383.0	335.0	383.0	383.0	3.83
5.6	5.6	684	383.0	488.0	383.0	488.0	488.0	4.88
5.6			488.0		488.0			

膨胀量试验记录 表 T 0134-4

	试验次数		1	2	3
膨胀量	筒号	(1)			
	泡水前试件（原试件）高度 （mm）	(2)	120	120	120
	泡水后试件高度 （mm）	(3)	128.6	136.5	133
	膨胀量 （%）	(4)	$\dfrac{(3)-(2)}{(2)} \times 100$ 7.167	13.75	10.83
	膨胀量平均值 （%）		10.58		

续上表

密度	筒质量	$m_1(g)$	(5)		6 660	4 640	5 390
	筒+试件质量	$m_2(g)$	(6)		10 900	8 937	9 790
	筒体积	(cm^3)	(7)		2 177	2 177	2 177
	湿密度	$\rho(g/cm^3)$	(8)	$\frac{(6)-(5)}{(7)}$	1.948	1.974	2.021
	含水率	$w(\%)$	(9)		16.93	18.06	26.01
	干密度	$\rho_d(g/cm^3)$	(10)	$\frac{(8)}{1+0.01w}$	1.666	1.672	1.604
	干密度平均值	(g/cm^3)			1.647		
吸水量	泡水后筒+试件合质量	$m_3(g)$	(11)		11 530	9 537	10 390
	吸水量	$w_a(g)$	(12)	(11)-(6)	630	600	600
	吸水量平均值	(g)			610		

5.7 精密度和允许差。

如根据 3 个平行试验结果计算得的承载比变异系数 C_v 大于 12%，则去掉一个偏离大的值，取其余两个结果的平均值。如 C_v 小于 12%，且 3 个平行试验结果计算的干密度偏差小于 0.03g/cm³，则取 3 个结果的平均值。如 3 个试验结果计算的干密度偏差超过 0.03g/cm³，则去掉一个偏离大的值，取其两个结果的平均值。

承载比小于 100，相对偏差不大于 5%；承载比大于 100，相对偏差不大于 10%。

6 报告

6.1 材料的颗粒组成、最佳含水率(%)和最大干密度(g/cm³)。

6.2 材料的承载比(%)。

6.3 材料的膨胀量(%)。

【注意事项】

(1) 在美国，CBR 筒采用的尺寸为直径 15.2cm，高 11.64cm(筒高 177.8mm 减去垫块厚度 61.4mm)，容积与重型击实筒相同，仍为 2 144cm³。一般要求制备 3 个试件，使击实后的干密度为最大干密度的 95% 至 100%，每个试件分别按每层 10、30 和 60 次夯实，均分三层击实。

(2) 试验采用风干试料时，按四分法备料。先按击实试验求得试料的最佳含水率后，再按此最佳含水率制备所需试件。

(3) 作 CBR 试验时，应模拟材料在使用过程中处于最不利状态，在一般情况下，可按饱水 4 昼夜作为设计状态。但是，在干燥地区，如能结合地区、地形、排水、路面排水构造和路面结构等因素，论证土基潮湿程度和土试件饱水 4 昼夜的含水率有明显差异时，则可适当改变试件饱水方法和饱水时间，使 CBR 试验更符合实际状况。

(4) 绘制单位压力与贯入量的关系曲线时，如发现曲线起始部分反弯，则应对曲线进行修正，以 O′作为修正的原点。

公式(T 0134-1)和(T 0134-2)中分母 7 000 和 105 000 系以 kgf 表示的 70 和 105 乘以换算系数 1kgf(1kgf≈100kPa)而得。

(5) 精度要求系对三个平行试验结果规定的。

(6) 当制备三种干密度试件时，对应所需压实度的 CBR 求取方法如图 T 0134-7，其膨胀量求取方法相同。

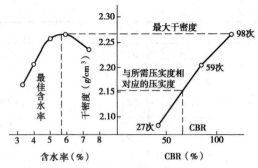

图 T 0134-7 对应于所需压实度的 CBR 求取方法

第五节 土的化学性质试验

土的化学性质直接影响其物理力学性质。因此，在了解土的物理、水理和力学性质的同时，还必须了解其化学性质，才能了解土的工程性质的全貌。就施工而言，涉及土的化学性质试验的主要是路基填土、石灰或水泥稳定材料所用土。路基填土通常要求测定有机质含量、易溶盐总量，也有要求测三盐（易溶盐、中溶盐和难溶盐）的。对盐渍土，其按土中平均总盐量分为弱盐渍土、中盐渍土、强盐渍土和过盐渍土，为了确定其分类名称，需要测定土的 Cl^- 和 SO_4^{2-}。石灰或水泥稳定材料所用土主要限制有机质含量和硫酸盐含量。所以本节主要介绍有机质含量、三盐（易溶盐主要介绍 Cl^- 和 SO_4^{2-}）试验方法。

一、有机质含量

土中有机质存在情况是土的分类依据之一，也是评价土的工程适用性的重要指标。土中有机质包括未完全分解的动植物残骸和完全分解的无定形物质，后者多呈黑色、青黑色或暗色，有臭味，有弹性和海绵感。从化学成分而言，有机质是指以碳、氮、氢、氧为主，还有少量硫、磷和金属元素组成的有机化合物。若土中有机质含量过高，将影响土的压实性能，对石灰或水泥稳定土的强度也有不良作用。

有机质含量试验
（JTG E40—2007 T 0151—1993）

1 目的和适用范围

本试验的目的在于了解土中有机质的含量。本试验方法适用于有机质含量不超过 15% 的土。测定方法采用重铬酸钾容量法——油浴加热法。

2 仪器设备

2.1 分析天平：称量 200g。

2.2 电炉：附自动控温调节器。

2.3 油浴锅：应带铁丝笼。

2.4 温度计：0℃～250℃，精度 1℃。

3 试剂

3.1 0.075 0mol/L $1/6K_2Cr_2O_7$—H_2SO_4 溶液：用分析天平称取经 105℃～110℃烘干并研细的重铬酸钾 44.1231g，溶于 800mL 蒸馏水中（必要时可加热），缓缓加入浓硫酸 1 000mL，边加入边搅拌,冷却至室温后用水定容至2L。

3.2 0.2mol/L硫酸亚铁(或硫酸亚铁铵)溶液:称取硫酸亚铁($FeSO_4 \cdot 7H_2O$ 分析纯)56g或硫酸亚铁铵$[(NH_4)_2SO_4FeSO_4 \cdot 6H_2O]$80g,溶于蒸馏水中,加15mL浓硫酸(密度1.84g/mL化学纯)。然后加蒸馏水稀释至1L,密封贮于棕色瓶中。

3.3 邻菲咯啉指示剂:称取邻菲咯啉($C_{12}N_8N_2 \cdot H_2O$)1.485g,硫酸亚铁($FeSO_4 \cdot 7H_2O$)0.695g,溶于100mL蒸馏水中,此时试剂与Fe^{2+}形成红棕色络合物,即$[Fe(C_{12}H_8N_2)_3]^{2+}$。贮于棕色滴瓶中。

3.4 石蜡(固体)或植物油2kg。

3.5 浓硫酸(H_2SO_4)(密度1.84g/mL化学纯)。

3.6 灼烧过的浮石粉或土样:取浮石或矿质土约200g,磨细并通过0.25mm筛,分散装入数个瓷蒸发皿中,在700℃~800℃的高温炉内灼烧1~2h,把有机质完全烧尽后备用。

4 硫酸亚铁(或硫酸亚铁铵)溶液的标定

准确吸取$K_2Cr_2O_7$标准溶液3份,每份20mL分别注入150mL锥形瓶中,用蒸馏水稀释至60mL左右,滴入邻菲咯啉指示剂3~5滴,用硫酸亚铁(或硫酸亚铁铵)溶液进行滴定,使锥形瓶中的溶液由橙黄经蓝绿色突变至橙红色为止。按用量计算硫酸亚铁(或硫酸亚铁铵)溶液的浓度,准确至0.0001mol/L,取3份计算结果的算术平均值即为硫酸亚铁(或硫酸亚铁铵)溶液的标准浓度。

5 试验步骤

5.1 用分析天平准确称取通过100目筛的风干土样0.1000~0.5000g,放入一干燥硬质试管中,用滴定管准确加入0.0750mol/L $1/6K_2Cr_2O_7$—H_2SO_4标准溶液10mL(在加入3mL时摇动试管使土样分散),并在试管口插入一小玻璃漏斗,以冷凝蒸出之水汽。

5.2 将8~10个已装入土样和标准溶液的试管插入铁丝笼中(每笼中均有1~2个空白试管),然后将铁丝笼放入温度为185℃~190℃的石蜡油浴锅中,试管内的液面应低于油面。要求放入后油浴锅内油温下降至170℃~180℃,以后应注意控制电炉,使油温维持在170℃~180℃,待试管内试液沸腾时开始计时,煮沸5min,取出试管稍冷,并擦净试管外部油液。

5.3 将试管内试样倾入250mL锥形瓶中,用水洗净试管内部及小玻璃漏斗,使锥形瓶中的溶液总体积达60~70mL,然后加入邻菲咯啉指示剂3~5滴,摇匀,用硫酸亚铁(或硫酸亚铁铵)标准溶液滴定,溶液由橙黄色经蓝绿色突变为橙红色时即为终点,记下硫酸亚铁(或硫酸亚铁铵)标准溶液的用量,精确至0.01mL。

5.4 空白标定:即用灼烧土代替土样,取2个试样,其他操作均与土样试验相同,记录硫酸亚铁用量。

6 结果整理

6.1 有机质含量按下式计算:

$$\text{有机质}(\%) = \frac{C_{FeSO_4}(V'_{FeSO_4} - V_{FeSO_4}) \times 0.003 \times 1.724 \times 1.1}{m_s} \quad (T\ 0151\text{-}1)$$

式中:C_{FeSO_4}——硫酸亚铁标准溶液的浓度(mol/L);

V'_{FeSO_4}——空白标定时用去的硫酸亚铁标准溶液的量(mL);

V_{FeSO_4}——测定土样时所用去的硫酸亚铁标准溶液的量(mL);

m_s——土样质量(将风干土换算为烘干土)(g);

0.003——$\frac{1}{4}$碳原子的摩尔质量(g/mmol);

1.724——有机碳换算成有机质的系数;

1.1——氧化校正系数。

6.2 本试验记录格式如表T 0151-1。

有机质含量试验记录　　　　　　　　　　　　　　表 T 0151-1

工程编号 _____　　　　试验计算者 _____
土样编号 _____　　　　校　核　者 _____
土样说明 _____　　　　试 验 日 期 _____

硫酸亚铁标准液浓度:0.143 4 0.029mol/L

试验次数				1	2
土样质量	m_s		(g)	0.399 2	0.401 6
空白标定消耗硫酸亚铁标准液的量	V'_{FeSO_4}		(mL)		
		滴定前读数		0.00	0.00
		滴定后读数		24.87	24.87
		滴定消耗		24.87	24.87
滴定土样消耗标准液的量	V'_{FeSO_4}		(mL)		
		滴定前读数		0.00	0.00
		滴定后读数		19.20	19.20
		滴定消耗		19.20	19.20
有机质(%)				1.16	1.15
平均有机质(%)				1.15	

注:①如滴定消耗硫酸亚铁铵标准液小于10mL,应适当减少土样量,重做。
②如用邻苯氨基苯甲酸为指示剂滴定时,瓶内溶液不宜超过60～70mL,滴定前溶液呈棕红色,终点为暗绿色(或灰蓝绿色)。
③本法氧化有机质程度平均约90%,故应乘以1.1才为土的有机质含量。

6.3　精密度和允许差。

有机质含量试验结果精度应符合表 T 0151-2 的规定。

有机质测定的允许偏差　　　　　　　　　　　　　　表 T 0151-2

测定值(%)	绝对偏差(%)	相对偏差(%)
10～5	<0.3	3～4
5～1	<0.2	4～5
1～0.1	<0.05	5～6
0.1～0.05	<0.004	6～7
0.05～0.01	<0.006	7～9
<0.01	<0.008	9～15

7　报告

7.1　有机质土代号。

7.2　土的有机质含量(%)。

【注意事项】

(1)测定有机质的方法很多,有容量法、质量法、比色法等,但应用普遍的为容量法。在容量分析法中最普遍的则是 $K_2Cr_2O_7$ 法。规程选用了重铬酸钾容量法。因该法的氧化能力有一定限度,当有机质含量>15%的土样不宜直接采用该法测定。若要测定时,可称磨细土样1份(准确到1mg)与经过高温灼烧并磨细的矿质土9份(准确到1mg)充分混匀;再从中称样分析,其结果以称样量的1/10计算。

若土样中含有 Cl^-、Fe^{2+}、Mn^{2+} 等还原性物质,则需去除或经校正,否则本法不适用。

(2)有机质是指土中碳、氮、氢、氧为主,还有少量硫、磷和金属元素组成的有机化合物。本试验仅测定土中的有机碳,再乘以1.724的经验系数和1.1的氧化校正系数后换算为有机质,以烘干土的质量百分比表示。

二、易 溶 盐

土的易溶盐是指按一定的水土比例和在一定时间内浸提出来的水溶性盐分。其中包括所有氯化物(如氯化钾、氯化钙、氯化钠、氯化镁等)盐类、易溶的硫酸盐(如硫酸镁、硫酸钠等)、易溶的碳酸盐(如碳酸钠、碳酸氢钠、碳酸氢钙、碳酸氢镁等),还有少量的硝酸盐、亚硝酸盐和磷酸盐等。易溶盐的特点是具有水溶性,在地下水位比较高及水文地质不良的地区和路段,由于盐分的溶解流失,会导致路基的密实度下降,进而影响其稳定性。某些盐(如硫酸盐)对石灰或水泥稳定土的强度也有不良作用。

易溶盐测试项目包括易溶盐总量、碳酸根、碳酸氢根、氯根、硫酸根以及钾、钠、钙、镁离子等,一般根据工程实际需要选做。对路基填土主要测定易溶盐总量;对盐渍土为了进行分类,通常应测氯根和硫酸根;对石灰或水泥稳定土要求测定土中的硫酸盐含量,硫酸盐含量通过测定硫酸根来测定。所以,易溶盐试验主要给出易溶盐总量、氯根和硫酸根3种试验方法。

易溶盐试验待测液的制备
(JTG E40—2007 T 0152—1993)

1 目的和适用范围
   本方法适用于各类土。
2 仪器设备
   2.1 过滤设备:包括真空泵、平底瓷漏斗、抽滤瓶。
   2.2 离心机:转速为4 000r/min。
   2.3 天平:称量200g,感量0.01g。
   2.4 广口塑料瓶:1 000mL。
   2.5 往复式电动振荡机。
3 制备步骤
   3.1 称取通过1mm筛孔的烘干土样50~100g(视土中含盐量和分析项目而定),精确至0.01g,放入干燥的1 000mL广口塑料瓶中(或1 000mL三角瓶内)。按土水比例1:5加入不含二氧化碳的蒸馏水(即把蒸馏水煮沸10min,迅速冷却),盖好瓶塞,在振荡机上振荡(或用手剧烈振荡)3min,立即进行过滤。

   3.2 采用抽气过滤时,滤前须将滤纸剪成与平底瓷漏斗底部同样大小,并平放在漏斗底上,先加少许蒸馏水抽滤,使滤纸与漏斗底密接。然后换上另一个干洁的抽滤瓶进行抽滤。抽滤时将土悬浊液摇匀后倾入漏斗,使土粒在漏斗底上铺成薄层,填塞滤纸孔隙,以阻止细土粒通过,在往漏斗内倾入土悬浊液前需先行打开抽气设备,轻微抽气,可避免滤纸浮起,以致滤液浑浊。漏斗上要盖一表皿,以防水汽蒸发。如发现滤液浑浊,须反复过滤至澄清为止。

   3.3 当发现抽滤方式不能达到滤液澄清时,应用离心机分离。所得的透明滤液,即为水溶性盐的浸出液。

   3.4 水溶性盐的浸出液,不能久放。pH、CO_3^{2-} 离子、HCO_3^- 离子等项测定,应立即进行,其他离子的测定最好都能在当天做完。

【注意事项】

(1) 用水浸提水溶性盐时采用的水土比有多种,如 1:1,2:1,5:1,10:1 和饱和土浆浸出液等。水土比不同将影响测定结果。在选择水土比和浸提时间时,应力求将易溶性盐完全溶解出来,而尽可能不使中溶盐和难溶盐溶解。同时要防止浸出液中的离子与土粒上吸附的离子发生交换性置换作用。

(2) 水土比例、振荡时间和提取方式对盐分的溶出量都有一定的影响。试验证明,像 $Ca(HCO_3)_2$、$CaSO_4$ 这样的中溶性和难溶性盐,随着水土比例的增大和浸泡时间的延长,其溶出量逐渐增大,致使水溶性盐的分析结果产生误差。为了便于资料交流,本规程采用国内普遍采用的水土比 (5:1) 和浸提时间 (3min)。

(3) 水浸提液的过滤问题是该项试验成败的关键。目前采用抽滤方法效果较好,且操作简便。如抽滤方式不能达到滤液澄清时,可采用离心机分离。

(4) 因碳酸根与碳酸氢根容易互相转化,故待测液制备后应立即进行此项分析。否则,某些土类待测液的 pH 和滴定时消耗的酸量,常因二氧化碳的逸出或吸收等原因而发生变化。

易溶盐总量的测定——质量法
(JTG E40—2007 T 0153—1993)

1 目的和适用范围

本试验法适用于各类土。

2 仪器设备

2.1 分析天平:称量 200g,感量 0.0001g;

2.2 水浴锅、瓷蒸发皿、干燥器。

3 试剂

3.1 15% 的 H_2O_2。

3.2 2% 的 Na_2CO_3 溶液:2.0g 无水 Na_2CO_3 溶于少量水中,稀释至 100mL。

4 试验步骤

4.1 用移液管吸取浸出液 50mL 或 100mL(视易溶盐含量多少而定),注入已经在 105℃~110℃ 烘至恒量(前后两次质量之差不大于 1mg)的瓷蒸发皿中,盖上表皿,架空放在沸腾水浴上蒸干(若吸取溶液太多时,可分次蒸干)。蒸干后残渣如呈现黄褐色时(有机质所致),应加入 15% H_2O_2 1~3mL,继续在水浴锅上蒸干,反复处理至黄褐色消失。

4.2 将蒸发皿放入 105℃~110℃ 的烘箱中烘干 4~8h,取出后放入干燥器中冷却 0.5h,称量。再重复烘干 2~4h,冷却 0.5h,用分析天平称量、反复进行至前后两次质量差值不大于 0.0001g。

5 结果整理

5.1 易溶盐总量按下式计算:

$$易溶盐总量(\%) = \frac{m_2 - m_1}{m_s} \times 100 \qquad (T\ 0153\text{-}1)$$

式中:m_2——蒸发皿加蒸干残渣质量(g),计算至 0.001;

m_1——蒸发皿质量(g);

m_s——相当于 50mL 或 100mL 浸出液的干土样质量(g)。

5.2 易溶盐总量试验记录格式如表 T 0153-1。

易溶盐总量试验记录表　　　　　　　　　　表 T 0153-1

工程编号_____　　　　　　试验计算者_____
土样编号_____　　　　　　校　核　者_____
土样说明_____　　　　　　试 验 日 期_____

吸取浸出液体积 V （mL）	50	
试验次数	1	2
残渣＋蒸发皿的质量 （g）	57.397 4	57.482 8
蒸发皿的质量 （g）	57.385 0	57.470 0
残渣的质量	0.012 4	0.012 8
全盐量 （%）	0.124	0.128
全盐量平均值 （%）	0.126	

注：①残渣中如果 $CaSO_4 \cdot 2H_2O$ 或 $MgSO_4 \cdot 7H_2O$ 的含量较高时，105℃～110℃不能除尽这些水合物中所含的结晶水，在称量时较难达到"恒量"，遇此情况应在180℃烘干。但潮湿盐含含 $CaCl_2 \cdot 6H_2O$ 和 $MgCl_2 \cdot 6H_2O$ 的量较高，这类化合物极易吸湿水解，即使在180℃干燥，也不能得到满意结果。遇到这样土样，可在浸出液中先加入10mL 2% Na_2CO_3 溶液，蒸干时即生成 NaCl、Na_2SO_4、$CaCO_3$、$MgCO_3$ 等沉淀，再在180℃烘干2h，即可达到"恒量"，加入的 Na_2CO_3 量应从盐分总量中减去。
②由于盐分（特别是镁盐）在空气中容易吸水，故在相同的时间和条件下冷却称量。

5.3 精密度和允许差。

易溶盐总量试验结果精度应符合表 T 0153-2 的规定。

易溶盐总量（质量法）两次测定的允许偏差　　　　表 T 0153-2

全盐量范围(%)	允许相对偏差(%)	全盐量范围(%)	允许相对偏差(%)
<0.05	15～20	0.2～0.4	5～10
0.05～0.2	10～15	>0.5	<5

6 报告

6.1 土的鉴别分类和代号。

6.2 土的全盐量(%)。

【注意事项】

(1) 测定易溶盐总量的方法有质量法、电导法等。规程采用质量法，该法不需要特殊的仪器设备，且比较精确，故在室内分析中应用广泛。电导法虽然简单、快速，但受各种因素如颗粒成分、盐分组成、温度等影响，故规程未采用。

(2) 土中易溶盐包括所有氯化物盐类、易溶的硫酸盐类和碳酸盐类，还包括水溶性有机质等。在采用质量法测定水溶性盐总量时，应用 H_2O_2 除去烘干残渣中的有机质后，即为水溶性盐总量。

易溶盐氯根的测定——硝酸银滴定法
（JTG E40—2007　T 0155—1993）

1 目的和适用范围

本方法适用于各类土。

2 仪器设备

酸式滴定管(25mL)。

3 试剂

3.1 5%铬酸钾指示剂。

称取铬酸钾(K_2CrO_4)5g溶于少量蒸馏水中,逐滴加入1mol/L硝酸银$AgNO_3$溶液至砖红色沉淀不消失为止,放置一夜后过滤,滤液稀释至100mL。贮在棕色瓶中备用。

3.2 0.02mol/L硝酸银标准溶液。

准确称取经105℃~110℃烘干30min的分析纯$AgNO_3$ 3.397g,用蒸馏水溶解,倒入1L容量瓶中,用蒸馏水定容。贮于棕色细口瓶中。

3.3 0.02mol/L碳酸氢钠($NaHCO_3$)溶液。

称取1.7g $NaHCO_3$,溶于纯水中,稀释至1L。

4 试验步骤

4.1 在滴定碳酸根和碳酸氢根以后的溶液中继续滴定Cl^-。首先在此溶液中滴入0.02mol/L $NaHCO_3$溶液几滴,使溶液恢复黄色(pH为7),然后再加入5%铬酸钾指示剂0.5mL,用硝酸银标准溶液滴定至浑浊液由黄绿色突变成砖红色,即为滴定终点(可用标定硝酸银溶液浓度时的终点颜色作为标准进行比较)。记录所用硝酸银的毫升数(V)。

4.2 如果不利用测定CO_3^{2-}、HCO_3^-的溶液时,可用移液管另取两份新的土样浸出液,每份25mL,放入三角瓶中。加入甲基橙指示剂,逐滴加入0.02mol/L碳酸氢钠($NaHCO_3$)溶液至试液变为纯黄色,控制pH为7,再加入5% K_2CrO_4指示剂5~6滴,用硝酸银标准溶液滴定,直至生成砖红色沉淀,记录$AgNO_3$标准溶液用量。若浸出液中Cl^-含量很高,可减少浸出液用量,另取1份进行测定。

5 结果整理

5.1 氯根含量按下式计算:

$$Cl^-(mmol/kg) = \frac{V \times c}{m} \times 1000 \quad (T\ 0155\text{-}1)$$

$$Cl^-(\%) = Cl^-(mmol/kg) \times 0.0355 \times 10^{-1} \quad (T\ 0155\text{-}2)$$

式中:c——硝酸银标准溶液的浓度(mol/L);

V——滴定用硝酸银溶液体积(mL);

m——相当于分析时所取浸出液体积的干土质量(g);

0.0355——氯根的摩尔质量(g/mmol)。

5.2 氯根试验记录格式如表T 0155-1。

氯 根 试 验 记 录 表T 0155-1

工程编号_____ 试验计算者_____
土样编号_____ 校 核 者_____
土样说明_____ 试验日期_____

吸取浸出液的体积V	(mL)	25	
与吸取浸出液相当的土样质量	(g)		
$AgNO_3$标准液的浓度	(mol/L)	0.01804	
试验次数		1	2
滴定试样消耗$AgNO_3$标准液的量	(mL)	0.88	0.90
Cl^-	(%)	0.011	0.012
Cl^-平均值	(%)	0.012	

注:①K_2CrO_4指示剂的浓度对滴定结果有影响,溶液中CrO_4^{2-}离子浓度过大,会使终点提前出现,使滴定结果偏低;反之,CrO_4^{2-}浓度太低,则终点推迟出现而使结果偏高。一般应每5mL溶液加K_2CrO_4指示剂1滴。

②滴定过程中生成的AgCl沉淀容易吸附Cl^-,使溶液中的Cl^-浓度降低,以致未到等当点时即过早产生砖红色Ag_2CrO_4沉淀。故滴定时须不断剧烈摇动,使被吸附的Cl^-释放出来。

5.3 精密度和允许差。

氯根测定结果的精度应符合表 T 0155-2 的规定。

易溶盐各离子的允许偏差　　　　表 T 0155-2

各离子含量的范围 m (mol/kg)								相对偏差 (%)
CO_3^{2-}	HCO_3^-	SO_4^{2-}	Cl^-	Ca^{2+}	Mg^{2+}	Na^+	K^+	
<2.5	<5.0	<2.5	<5.0	<2.5	<2.5	<5.0	<5.0	10～15
2.5～5.0	5.0～10	2.5～5.0	5.0～10	2.5～5.0	2.5～5.0	5.0～10	5.0～10	5～10
5.0～25	10～50	5.0～25	10～50	5.0～25	5.0～25	10～50	10～50	3～10
>25	>50	>25	>50	>25	>25	>50	>50	<3

6 报告

6.1 试验方法

6.2 土的鉴别分类和代号。

6.3 土的氯根含量(%)。

【注意事项】

(1) 当水提取液呈黄色时，会影响判定终点，可在滴定前加入 30% H_2O_2 1～2mL，煮沸使黄色消失，冷却后测定。

(2) K_2CrO_4 指示剂的浓度对滴定结果有影响，溶液中 CrO_4^{2-} 离子浓度过大，会使终点提前出现，使滴定结果偏低，反之，CrO_4^{2-} 浓度太低，则终点推迟出现而使结果偏高。一般应每 5mL 溶液加指示剂 K_2CrO_4 1 滴。

(3) 滴定过程中生成的 AgCl 沉淀容易吸附 Cl^-，使溶液中的 Cl^- 浓度降低，以致未到等当点时即过早产生砖红色 Ag_2CrO_4 沉淀。故滴定时须不断剧烈摇动，使被吸附的 Cl^- 释放出来。

易溶盐钙和镁离子的测定——EDTA 配位滴定法
(JTG E40—2007　T 0157—1993)

1 目的和适用范围

本方法适用于各类土。

2 仪器设备

2.1 移液管：(大肚型)25mL。

2.2 三角瓶：150mL。

2.3 滴定管：(酸式)25mL，或 50mL，准确至 0.1mL。

2.4 试剂瓶。

3 试剂

3.1 0.01mol/L EDTA 标准溶液。

3.1.1 0.01mol/L EDTA 标准溶液：先将乙二胺四乙酸二钠(Na_2EDTA，$Na_2H_2C_{10}H_{12}O_8N_2 \cdot 2H_2O$，相对分子质量 372.1，分析纯) 在 80℃干燥约 2h，保存于干燥器中。将 3.72g Na_2EDTA，溶于 1L 水中，充分摇动，贮于塑料试制瓶中。EDTA 二钠盐在水中溶解缓慢，在配制溶液时常摇动促溶，最好放置过夜后备用。

3.1.2 EDTA 溶液的标定。

(1)用分析天平称取经110℃干燥的$CaCO_3$(优级纯或一级)约0.40g,称准至0.0001g,放在400mL烧杯内,用少量蒸馏水润湿,慢慢加入1∶1的盐酸约10mL,盖上表皿,小心地加热促溶,并驱尽CO_2,冷却后定量地转移入500mL容量瓶中用蒸馏水定容。

(2)用移液管吸取本方法3.2(1)的溶液25.00mL于250mL三角瓶中,加20mL pH10的氨缓冲溶液和少许K—B指示剂(或铬黑T指示剂),用配好的EDTA溶液滴定至溶液由酒红色变为蓝绿色为终点。同时做空白试验。按下式计算EDTA溶液的浓度(mol/L)取三次标定结果的平均值。

$$C_{EDTA} = \frac{m}{0.1001 \times (V - V_0)} \quad (T\ 0157\text{-}1)$$

式中：0.1001——$CaCO_3$的摩尔质量(g/mmol);

m——每份滴定所用$CaCO_3$的质量(g);

V——标定时所用EDTA溶液的体积(mL);

V_0——空白标定所用EDTA溶液的体积(mL)。

3.2 pH10的氨缓冲液:67.5g NH_4Cl(化学纯)溶于无CO_2水中,加入新开瓶的浓氨水(化学纯,比重0.9,含NH_3 25%)570mL,用水稀释至1L,贮于塑料瓶中,并注意防止吸收空气中的CO_2。

3.3 K—B指示剂:0.5g酸性铬蓝K和0.1g萘酚绿B,与100g、105℃烘过的NaCl一同研细磨匀,越细越好,贮于棕色瓶中。

3.4 铬黑T指示剂:0.5g铬黑T与100g烘干的NaCl(三级)共研至极细,贮于棕色瓶中。

3.5 钙指示剂:0.5g钙指示剂[2—羟基(2—羟基—4 磺酸—1—萘偶氮基)—3—萘甲酸,$C_{21}H_{14}O_7N_2S$]与50g NaCl(需经烘焙)研细混匀,贮于棕色瓶中,放在干燥器中保存。

3.6 2mol/L NaOH溶液:8.0g NaOH溶于100mL无CO_2水中。

4 试验步骤

4.1 Ca^{2+} + Mg^{2+}含量的测定:用移液管吸取土样浸出液25.00mL于150mL三角瓶中,加pH10缓冲溶液2mL,摇匀后加K—B指示剂约0.1g。用EDTA标准溶液滴定至溶液由酒红色突变为纯蓝色为终点。记录EDTA溶液的用量(V_2)(mL),精确至0.01mL。

4.2 Ca^{2+}的测定:用25mL移液管另吸取土样浸出液25mL于三角瓶中,加1∶1HCl 1滴,充分摇动,煮沸1min排出CO_2,冷却后,加2mol/L NaOH 2mL,摇匀,放置1~2min,使溶液pH值达12.0以上、加入钙指示剂约0.1g,即以EDTA标准溶液滴定,接近终点时须逐滴加入,充分摇动,直至溶液由红色突变为纯蓝色。记录EDTA溶液的用量V_1(mL),精确至0.01mL。

5 结果整理

5.1 钙和镁离子含量按下列各式计算：

$$Ca^{2+}\left(mmol\ \frac{1}{2}Ca^{2+}/kg\right) = \frac{c \times V_1 \times 2}{m} \times 1000 \quad (T\ 0157\text{-}2)$$

$$Ca^{2+}(\%) = Ca^{2+}\left(mmol\ \frac{1}{2}Ca^{2+}/kg\right) \times 0.0200 \times 10^{-1} \quad (T\ 0157\text{-}3)$$

$$Mg^{2+}\left(mmol\ \frac{1}{2}Mg^{2+}/kg\right) = \frac{c \times (V_2 - V_1) \times 2}{m} \times 1000 \quad (T\ 0157\text{-}4)$$

$$Mg^{2+}(\%) = Mg^{2+}\left(mmol\ \frac{1}{2}Mg^{2+}/kg\right) \times 0.0122 \times 10^{-1} \quad (T\ 0157\text{-}5)$$

式中：c——EDTA标准溶液的浓度(mol/L);

m——相当于分析时所取浸出液体积的干土质量(g);

0.0200——$\frac{1}{2}$钙离子的摩尔质量(g/mmol);

0.0122——$\frac{1}{2}$镁离子的摩尔质量(g/mmol)。

注：①土的水提取液中，如含有 Fe^{3+}、Al^{3+}、Mn^{2+}、Ti^{4+} 及其他重金属离子时，会影响滴定终点，可在酸性溶液中加 1:2 的三乙醇胺 2mL。以消除其影响。

②测定 Ca^{2+} 或 Ca^{2+} + Mg^{2+} 时，都必须严格控制溶液的 pH，所以在加入 NaOH 或 pH10 缓冲溶液后，应再用精密 pH 试纸检验，确认 pH 合格后再加入指示剂进行滴定，否则终点会不明显。

5.2 钙、镁离子试验记录格式如表 T 0157-1。

钙、镁离子试验记录   表 T 0157-1

工程编号_____ 试 验 者_____

土样编号_____ 校 核 者_____

土样说明_____ 试 验 日 期_____

吸取提取液的体积	V	(mL)	25	
EDIA		(mol/L)	0.010 20	
试验次数			1	2
滴定 Ca^{2+} 时所用 EDTA 的量	V_1	(mL)	4.18	4.20
滴定 Ca^{2+} + Mg^{2+} 时所用 EDTA 的量	V_2	(mL)	5.40	5.42
Ca^{2+}		(mmol $\frac{1}{2}Ca^{2+}$/kg)	0.085 3	0.085 7
Ca^{2+} 平均值		(mmol $\frac{1}{2}Ca^{2+}$/kg)	0.085 5	
Ca^{2+}		(%)	0.034 2	0.034 2
Ca^{2+} 的平均值		(%)	0.034 2	
Mg^{2+}		(mmol $\frac{1}{2}Mg^{2+}$/kg)	0.249	0.249
Mg^{2+} 平均值		(mmol $\frac{1}{2}Mg^{2+}$/kg)	0.249	
Mg^{2+}		(%)	0.006 1	0.006 1
Mg^{2+} 的平均值		(%)	0.006 1	

5.3 精密度和允许差

钙离子和镁离子测定结果的精度应符合表 T 0157-2 的规定。

易溶盐各离子的允许偏差   表 T 0157-2

各离子含量的范围 m(mol/kg)								相对偏差 (%)
CO_3^{2-}	HCO_3^-	SO_4^{2-}	Cl^-	Ca^{2+}	Mg^{2+}	Na^+	K^+	
<2.5	<5.0	<2.5	<5.0	<2.5	<2.5	<5.0	<5.0	10~15
2.5~5.0	5.0~10	2.5~5.0	5.0~10	2.5~5.0	2.5~5.0	5.0~10	5.0~10	5~10
5.0~25	10~50	5.0~25	10~50	5.0~25	5.0~25	10~50	10~50	3~10
>25	>50	>25	>50	>25	>25	>50	>50	<3

6 报告

6.1 土的鉴别分类和代号。

6.2 土的钙离子含量(%)。

6.3 土的镁离子含量(%)。

【注意事项】

(1) 土的水提取液中，如含有 Fe^{3+}、Al^{3+}、Mn^{2+}、Ti^{4+} 及其他重金属离子时，会影响滴定终点，可在酸性溶液中加 1:2 的三乙醇胺 2mL，以消除其影响。

(2)测定 Ca^{2+} 和 $Ca^{2+}+Mg^{2+}$ 时,都必须严格控制溶液的 pH,所以在加入 NaOH 或 pH10 缓冲溶液后,应再用精密 pH 试纸检验,确定 pH 合格后再加入指示剂进行滴定,否则终点会不明显。

易溶盐硫酸根的测定——质量法
（JTG E40—2007　T 0158—1993）

1 目的和适用范围
　　本方法适用于各类土。
2 仪器设备
　2.1 高温电炉:温度可自控,最高炉温 1 100℃。
　2.2 瓷坩埚:30mL。
　2.3 坩埚钳:长柄的。
　2.4 水浴埚、烧杯、紧密滤纸、漏斗。
　2.5 移液管(大肚型)、量筒、试剂瓶等。
　2.6 漏斗架。
　2.7 表面皿、玻璃支架、玻璃棒。
3 试剂
　3.1 1∶3 盐酸:1 份浓盐酸加 3 份蒸馏水混合。
　3.2 10%氯化钡水溶液:称取由 $BaCl_2 \cdot 2H_2O$ 10g 溶于水后,再加水稀释至 100mL。
　3.3 1%硝酸银溶液:1g $AgNO_3$ 溶于 100mL 蒸馏水中。如有杂质应过滤,滤液要透明。
4 试验步骤
　4.1 吸取 50~100mL 水浸提液于 150mL 烧杯中,在水浴上蒸干。用 1∶3 盐酸溶液 5mL 处理残渣,再蒸干,并在 100℃~105℃烘干 1h。
　4.2 用 2mL1∶3 盐酸和 10~30mL 热蒸馏水洗涤,用致密滤纸过滤,除去二氧化硅,再用热水洗至无氯离子反应(用硝酸银检验无浑浊)为止。
　4.3 滤出液在烧杯中蒸发至 30~40mL,在不断搅动中途趁热滴加 10%氯化钡至沉淀完全。在上部清液再滴加几滴氯化钡,直至无更多沉淀生成时,再多加 2~4mL 氯化钡。在水浴上继续加热 15~30min,取下烧杯静置 2h。
　4.4 用紧密无灰滤纸过滤,烧杯中的沉淀用热水洗 2~3 次后转入滤纸,再洗至无氯离子反应为止,但沉淀也不宜过多洗涤。
　4.5 将滤纸包移入已灼烧称恒量的坩埚中,小心烤干,灰化至呈灰白色。
　4.6 在 600℃高温电炉中灼烧 15~20min,然后在干燥器中冷却 30min 后称量。再将坩埚灼烧 15~20min,称至恒量(两次称量之差小于 0.000 5g)。
　4.7 用相同试剂和滤纸同样处理,做空白试验,测得空白质量。
5 结果整理
　5.1 硫酸根含量按下式计算:

$$SO_4^{2-}(\%) = \frac{(m_1-m_2) \times 0.411\,6}{m} \times 100 \qquad (T\ 0158\text{-}1)$$

$$SO_4^{2-}\left(mmol\,\frac{1}{2}SO_4^{2-}/kg\right) = \frac{SO_4^{2-}(\%)}{0.048\,0} \times 10 \qquad (T\ 0158\text{-}2)$$

式中:m_1——硫酸钡的质量(g);

m_2——空白标定的质量(g);

m——相当于分析时所取浸出液体积的干土质量(g);

0.411 6——硫酸钡换算为硫酸根(SO_4^{2-})的系数;

0.048 0——$\frac{1}{2}$硫酸钡的摩尔质量(g/mmol)。

5.2 硫酸根试验记录格式如表 T 0158-1。

硫酸根试验记录(质量法) 表 T 0158-1

工程编号_____ 试验计算者_____

土样编号_____ 校 核 者_____

土样说明_____ 试 验 日 期_____

吸取提取液的体积(mL)		50	
试验次数		1	2
(坩埚+沉淀)质量	(g)	18.353 5	19.004 6
空坩埚质量	(g)	18.351 2	19.002 2
沉淀质量	(g)	0.002 3	0.002 4
空白试验结果	(g)	0.000 4	0.000 4
SO_4^{2-}	(%)	0.007 8	0.008 2
SO_4^{2-} 平均值	(%)	0.008 0	
SO_4^{2-}	(mmol $\frac{1}{2}SO_4^{2-}$/kg)	0.081	0.085
SO_4^{2-} 平均值	(mmol $\frac{1}{2}SO_4^{2-}$/kg)	0.083	

注:①本方法适用于含硫酸根量较高的土样,含量低者应采用其他方法。

②硫酸钡沉淀应在微酸性溶液中进行,一方面可以防止某些阴离子如碳酸根、碳酸氢根、磷酸根和氢氧根等与钡离子发生共沉淀现象,另一方面硫酸钡沉淀在微酸性溶液中能使结晶颗粒增大,更便于过滤和洗涤。沉淀溶液的酸度不能太高,因硫酸钡沉淀的溶解度随酸度的增大而增大,最好控制在0.05mol/L左右。

③硫酸钡沉淀同滤纸灰化时,应保证空气的充分供应,否则沉淀易被滤纸烧成的炭所还原 $BaSO_4 + 4C \rightarrow BaS + 4CO$。当发生这种现象时,沉淀呈灰色或黑色,这可在冷却后的沉淀中加入2~3滴浓硫酸,然后小心加热至二氧化硫白烟不再发生为止,再在600℃的温度下灼烧至恒量。炉温不能过高,否则硫酸钡开始分解。

5.3 精密度和允许差。

硫酸根测定结果的精度应符合表 T 0158-2 的规定。

易溶盐各离子的允许偏差 表 T 0158-2

各离子含量的范围 m(mol/kg)								相对偏差 (%)
CO_3^{2-}	HCO_3^-	SO_4^{2-}	Cl^-	Ca^{2+}	Mg^{2+}	Na^+	K^+	
<2.5	<5.0	<2.5	<5.0	<2.5	<2.5	<5.0	<5.0	10~15
2.5~5.0	5.0~10	2.5~5.0	5.0~10	2.5~5.0	2.5~5.0	5.0~10	5.0~10	5~10
5.0~25	10~50	5.0~25	10~50	5.0~25	5.0~25	10~50	10~50	3~10
>25	>50	>25	>50	>25	>25	>50	>50	<3

6 报告

6.1 试验方法。

6.2 土的鉴别分类和代号。

6.3 土的硫酸根含量(%)。

【注意事项】

(1)本方法适用于含硫酸根量较高的土样,含量低者应采用其他方法。

(2)硫酸钡沉淀应在微酸性溶液中进行,一方面可以防止某些阴离子如碳酸根、碳酸氢根、磷酸根和氢氧根等与钡离子发生共沉淀现象,另一方面硫酸钡沉淀在微酸性溶液中能使结晶颗粒增大,更便于过滤和洗涤。沉淀溶液的酸度不能太高,因硫酸钡沉淀的溶解度随酸度的增大而增大,最好控制在 0.05mol/L 左右。

(3)硫酸钡沉淀同滤纸灰化时,应保证空气的充分供应,否则沉淀易被滤纸烧成的炭所还原 $BaSO_4 + 4C \rightarrow BaS + 4CO$。当发生这种现象时,沉淀呈灰色或黑色,这可在冷却后的沉淀中加入 2~3 滴浓硫酸,然后小心加热至二氧化硫白烟不再发生为止,再在 600℃ 的温度下灼烧至恒量。炉温不能过高,否则硫酸钡开始分解。

易溶盐硫酸根的测定——EDTA 间接配位滴定法
（JTG E40—2007　T 0159—1993）

1　目的和适用范围

　　本方法适用于各类土。

2　仪器设备

　　2.1　分析天平:称量 200g,感量 0.000 1g。

　　2.2　酸式滴定管:50mL,准确至 0.0mL。

　　2.3　三角瓶:150mL 或 200mL。

　　2.4　移液管:(大肚型)25mL,50mL。

3　试剂

　　3.1　钡镁混合剂:2.44g $BaCl_2 \cdot 2H_2O$(化学纯)和 2.04g $MgCl_2 \cdot 6H_2O$(化学纯)溶于水,稀释至 1L,此溶液中 Ba^{2+} 和 Mg^{2+} 的浓度各为 0.01mol/L,每毫升约可沉淀 SO_4^{2-} 1mg。

　　3.2　pH10 的氨缓冲液:67.5g NH_4Cl(化学纯)溶于无 CO_2 水中,加入新开瓶的浓氨水(化学纯,比重 0.9,含 NH_3 25%)570mL,用水稀释至 1L,贮于塑料瓶中,并注意防止吸收空气中的 CO_2。

　　3.3　1:4 HCl 溶液:1 份浓 HCl(化学纯)与 4 份水混合。

　　3.4　K—B 指示剂:0.5g 酸性铬蓝 K 和 0.1g 萘酚绿 B,与 100g、105℃ 烘过的 NaCl 一同研细磨匀,越细越好,贮于棕色瓶中。

　　3.5　铬黑 T 指示剂:0.5g 铬黑 T 与 100g 烘干的 NaCl(三级)共研至极细,贮于棕色瓶中。

　　3.6　0.01mol/L EDTA 标准溶液:先将乙二胺四乙酸二钠(Na_2EDTA,$Na_2H_2C_{10}H_{12}O_8N_2 \cdot 2H_2O$,相对分子质量 372.1,分析纯)在 80℃ 干燥约 2h,保存于干燥器中。将 3.72g Na_2EDTA,溶于 1L 水中,充分摇动,贮于塑料试剂瓶中。EDTA 二钠盐在水中溶解缓慢,在配制溶液时须常摇动促溶,最好放置过夜后备用。

4　EDTA 溶液的标定按下述方法进行。

　　4.1　用分析天平称取经 110℃ 干燥的 $CaCO_3$(优级纯或一级)约 0.40g,称准至 0.000 1g,放在 400mL 烧杯内,用少量蒸馏水润湿,慢慢加入 1:1 的盐酸约 10mL,盖上表皿,小心地加热促溶,并驱尽 CO_2,冷却后定量地转移入 500mL 容量瓶中用蒸馏水定容。

4.2 用移液管吸取本试验 4.1 的溶液 25.00mL 于 250mL 三角瓶中,加 20mL pH10 的氨缓冲溶液和少许 K—B 指示剂(或铬黑 T 指示剂),用配好的 EDTA 溶液滴定至溶液由酒红色变为蓝绿色为终点。同时做空白试验。按下式计算 EDTA 溶液的浓度(mol/L)取三次标定结果的平均值。

$$C_{EDTA} = \frac{m}{0.1001 \times (V - V_0)} \qquad (T\ 0159\text{-}1)$$

式中:0.1001——$CaCO_3$ 的摩尔质量(g/mmol);
m——每份滴定所用 $CaCO_3$ 的质量(g);
V——标定时所用 EDTA 溶液的体积(mL);
V_0——空白标定所用 EDTA 溶液的体积(mL)。

5 试验步骤

5.1 用移液管吸取 25.00mL 土水比 1:5 的土样浸出液于 150mL 三角瓶中,加 1:4 HCl 5 滴,加热至沸,趁热用移液管缓缓地准确加入过量 25%～100% 的钡镁混合液(约 5～10mL)。

注:继续微沸 5min,然后放置 2h 以上。

5.2 加 pH10 缓冲液 5mL,加铬黑 T 指示剂少许或 K—B 指示剂约 0.1g,摇匀。用 EDTA 标准溶液滴定由酒红色变为纯蓝色。如终点前颜色太浅,可补加一些指示剂。记录 EDTA 标准溶液的消耗体积 V_1(mL)。

5.3 空白标定:取 25mL 水,加入 1:4 HCl 5 滴,钡镁混合液 5mL 或 10mL(注意,其用量应与上述待测液相同),pH10 缓冲液 5mL 和铬黑 T 指示剂少许或 K—B 指示剂约 0.1g,摇匀后用 EDTA 标准溶液滴定由酒红色变为纯蓝色,记录 EDTA 溶液的用量 V_2(mL)。

5.4 土样浸出液中钙镁总量的测定(如 Ca^{2+}、Mg^{2+} 已知,可免去此步):吸取与 5.1 相同体积的土样浸出液(25mL),放在 150mL 三角瓶中,加 1:1 HCl 两滴,摇匀,加热至沸 1min,除去 CO_2 冷却。加 pH10 缓冲溶液 3.5mL,加 K—B 指示剂约 0.1g,用 EDTA 标准溶液滴定,溶液由紫红色变成蓝绿色即为终点,记录消耗 EDTA 溶液的体积 V_3(mL)。

6 结果整理

6.1 硫酸根含量按下式计算:

$$SO_4^{2-}\left(mmol\ \frac{1}{2}SO_4^{2-}/kg\right) = \frac{2c(V_2 + V_3 - V_1)}{m} \times 1000 \qquad (T\ 0159\text{-}2)$$

$$SO_4^{2-}(\%) = SO_4^{2-}\left(mmol\ \frac{1}{2}SO_4^{2-}/kg\right) \times 0.0480 \times 10^{-1} \qquad (T\ 0178\text{-}3)$$

式中:c——EDTA 标准液的浓度(mol/L);
m——相当于分析时所取浸出液体积的干土质量(g);
0.0480——$\frac{1}{2}$ 硫酸根的摩尔质量(g/mmol)。

注:由于土中 SO_4^{2-} 含量变化比较大,有些土中 SO_4^{2-} 含量很高,可用下式判断所加沉淀剂 $BaCl_2$ 是否足量,$V_2 + V_3 - V_1 = 0$,表明土中无 SO_4^{2-}。$V_2 + V_3 - V_1 < 0$,则表明操作有误,如果 $V_2 + V_3 - V_1 = AmL$,$AmL + A \times 25\% \leq$ 所加 $BaCl_2$ 的体积数,表明加入的沉淀剂足量;或 $AmL + A \times 25\% >$ 所加 $BaCl_2$ 体积数,表示所加沉淀剂不够,应重新少取待测液,或多加沉淀剂重新测 SO_4^{2-}。

6.2 硫酸根试验记录格式如表 T 0159-1。

硫酸根试验记录（EDTA 间接配位滴定法） 表 T 0159-1

工程编号_____　　　试验计算者_____
土样编号_____　　　校　核　者_____
土样说明_____　　　试验日期_____

吸取浸出液的体积 V(mL)	25	
EDTA 二钠盐溶液的浓度(mol/L)	0.010 20	
试验次数	1	2
待测液经沉淀后剩余钡镁合剂所消耗 EDTA 的量 V_1(mL)	6.70	6.72
钡镁合剂(空白标定)所消耗 EDTA 液的量 V_2(mL)	5.20	5.20
同体积待测液中原有 Ca^{2+}、Mg^{2+} 所消耗 EDTA 液的量 V_3(mL)	5.50	5.50
SO_4^{2-} (mmol $\frac{1}{2}SO_4^{2-}$/kg)	0.816	0.812
SO_4^{2-} (mmol $\frac{1}{2}SO_4^{2-}$/kg)平均值	0.814	
SO_4^{2-} (%)	0.078	0.078
SO_4^{2-} (%)的平均值	0.078	

6.3　精密度和允许差。

硫酸根测定结果的精度应符合表 T 0159-2 的规定。

易溶盐各离子的允许偏差 表 T 0159-2

各离子含量的范围 m(mol/kg)								相对偏差 (%)
CO_3^{2-}	HCO_3^-	SO_4^{2-}	Cl^-	Ca^{2+}	Mg^{2+}	Na^+	K^+	
<2.5	<5.0	<2.5	<5.0	<2.5	<2.5	<5.0	<5.0	10~15
2.5~5.0	5.0~10	2.5~5.0	5.0~10	2.5~5.0	2.5~5.0	5.0~10	5.0~10	5~10
5.0~25	10~50	5.0~25	10~50	5.0~25	5.0~25	10~50	10~50	3~10
>25	>50	>25	>50	>25	>25	>50	>50	<3

7　报告

7.1　试验方法。

7.2　土的鉴别分类和代号。

7.3　土的硫酸根含量(%)。

【注意事项】

由于土中 SO_4^{2-} 含量变化较大,有些土中 SO_4^{2-} 含量很高,可用下式判断所加沉淀剂 $BaCl_2$ 是否足量: $V_2 + V_3 - V_1 = 0$,表明土中无 SO_4^{2-}, $V_2 + V_3 - V_1 < 0$,则表明操作有误,如果 $V_2 + V_3 - V_1 = A$ml, Aml + $A \times 25\% \leq$ 所加 $BaCl_2$ 的体积数,表明加入的沉淀剂足量;若 Aml + $A \times 25\% >$ 所加 $BaCl_2$ 的体积数,表明加入的沉淀剂不够,应重新少取待测液,或多加沉淀剂重新测 SO_4^{2-}。

易溶盐钠和钾离子的测定——火焰光度法
（JTG E40—2007 T 0160—1993）

1 目的和适用范围

  本方法适用于各类土。

2 仪器设备

  2.1 火焰光度计。

  2.2 分析天平：称量200g，感量0.0001g。

  2.3 容量瓶、试剂瓶、移液管。

3 试剂

  3.1 0.1mol/L硫酸铝溶液：称取34.2g $Al_2(SO_4)_3$ 溶于水中，稀释至1000mL。

  3.2 钾（K^+）标准溶液：精确称取经105℃～110℃烘干的分析纯KCl 0.1907g，在少量纯水中溶解，转入1000mL容量瓶中定容，贮于塑料瓶中，此溶液含K^+ 0.1mg/mL，以此为母液可稀释配制成所需浓度的标准系列。

  3.3 钠（Na^+）标准溶液：精确称取550℃灼烧过的NaCl 0.2542g，在少量纯水中溶解，转入1000mL容量瓶中定容，贮于塑料瓶中，此溶液含Na^+ 0.1mg/mL，以此为母液可稀释配制成所需浓度的标准系列。

4 仪器分析法标准曲线的测绘

  分别取浓度适宜的钠、钾溶液标准系列。按测定试样相同条件，在火焰光度计上测出各浓度的读数，宜测5～7点，以读数为纵坐标，钠、钾浓度为横坐标，在直角坐标上绘制关系曲线，并注明试验条件。

5 试验步骤

  用移液管吸取一定量的土浸出液，放在火焰光度计上，按仪器说明书的要求进行操作。当Na^+、K^+含量超过仪器容许范围时，宜稀释后再操作。测Na^+时用钠滤光片，测K^+时用钾滤光片。记下仪器读数，注明试验条件，分别查钠、钾标准曲线，分别计算含量。

6 结果整理

  6.1 钠、钾离子含量按下列各式计算：

$$Na^+(mmolNa^+/kg) = \frac{C_{Na} \times \frac{25}{V}}{m} \times \frac{1.0}{23} \quad\quad (T\ 0160\text{-}1)$$

$$Na^+(\%) = Na^+(mmolNa^+/kg) \times 0.023 \times 10^{-1} \quad\quad (T\ 0160\text{-}2)$$

$$K^+(mmolK^+/kg) = \frac{C_K \times \frac{25}{V}}{m} \times \frac{1.0}{39.1} \quad\quad (T\ 0160\text{-}3)$$

$$K^+(\%) = K^+(mmolK^+/kg) \times 0.0391 \times 10^{-1} \quad\quad (T\ 0160\text{-}4)$$

式中：C_{Na}——待测液中钠离子浓度（10^{-6}）；

   C_K——待测液中钾离子浓度（10^{-6}）；

   V——吸取土样浸出液的体积（mL）；

   m——相当于分析时所取浸出液体积的干土质量（g）；

   1.0——由10^{-6}换算成千克的系数；

   23——钠离子的摩尔质量（g/mol）；

   40.1——钾离子的摩尔质量（g/mol）。

  6.2 钠、钾离子试验记录格式如表T 0160-1。

钠、钾离子试验记录(火焰光度法)　　　　　表 T 0160-1

工程编号_____　　　试验计算者_____
土样编号_____　　　校　核　者_____
土样说明_____　　　试 验 日 期_____

吸取滤液体积 V	(mL)		
试验序号		1	2
由标准曲线查出 Na^+ 量	(10^{-6})		
Na^+	(%)		
Na^+ 的平均值	(%)		
Na^+	(mmol Na^+%/kg)		
平均值	(mmol Na^+%/kg)		
由标准曲线查出 K^+ 量	(10^{-6})		
K^+	(%)		
K^+ 的平均值	(%)		
K^+	(mmol K^+/kg)		
平均值	(mmol K^+/kg)		

6.3　精密度和允许差

钠和钾离子测定结果的精度应符合表 T 0160-2 的规定。

易溶盐各离子的允许偏差　　　　　表 T 0160-2

各离子含量的范围 m(mol/kg)								相对偏差(%)
CO_3^{2-}	HCO_3^-	SO_4^{2-}	Cl^-	Ca^{2+}	Mg^{2+}	Na^+	K^+	
<2.5	<5.0	<2.5	<5.0	<2.5	<2.5	<5.0	<5.0	10~15
2.5~5.0	5.0~10	2.5~5.0	5.0~10	2.5~5.0	2.5~5.0	5.0~10	5.0~10	5~10
5.0~25	10~50	5.0~25	10~50	5.0~25	5.0~25	10~50	10~50	3~10
>25	>50	>25	>50	>25	>25	>50	>50	<3

7　报告

7.1　土的鉴别分类和代号。

7.2　土的钠离子含量(%)。

7.3　土的钾离子含量(%)。

三、中　溶　盐

中溶盐系指石膏,在我国西北干旱和半干旱地区的土中常含有石膏。石膏的结构为蜂窝状,表观密度较小,有很强的吸湿性。在潮湿环境中,晶体间黏结力削弱,强度显著降低,遇水晶体溶解而引起破坏。吸水后若受冻,因孔隙中水结冰而崩解。

中溶盐石膏测定——盐酸浸提硫酸钡质量法
(JTG E40—2007　T 0161—1993)

1　目的和适用范围

本方法适用于含石膏较多(>1%)的土类。

2 仪器设备

2.1 分析天平:称量200g,感量0.0001g。

2.2 离心机(4000r/min);80mL离心管。

2.3 高温电炉、瓷坩埚。

2.4 移液管、容量瓶、烧杯。

3 试剂

3.1 70%乙醇:700mL无水乙醇用水稀释至1000mL。

3.2 1mol/L HCl:83.3mL浓HCl用水稀释至1L。

3.3 10% $BaCl_2$ 溶液(W/V):称取10g $BaCl_2 \cdot 2H_2O$ 用水溶成100mL。

3.4 1:1氨(NH_3)水:1份浓氨(NH_3)水+1份水。

3.5 1:1HCl:1份浓HCl+1份水。

3.6 1%(W/V)甲基橙指示剂:1g甲基橙指示剂溶于100mL水中。

4 试验步骤

4.1 洗去盐分:在1%感量天平上称取通过0.25mm的风干土样1~10g(约含石膏0.1~0.8g)于离心管中,加50mL 70%乙醇,在2500~3000r/min离心机中,倾去洗液,反复洗涤直到 SO_4^{2-} 反应为止。

4.2 用1mol/L HCl浸提:给脱盐后的土样中加1mol/L HCl约30mL搅动、离心、将清液倾入100mL容量瓶中,反复三次,最后用水定容。

4.3 沉淀 $BaSO_4$:吸取清液30mL,于250mL烧杯中,加甲基橙指示剂2~3滴,用1:1氯水中和至黄色,然后加1mL 1:1 HCl加热至沸,再按下述进行。

4.3.1 吸取50~100mL水浸提液于150mL烧杯中,在水浴上蒸干。用1:3盐酸溶液5mL处理残渣,再蒸干,并在100℃~105℃烘1h。

4.3.2 用2mL1:3盐酸和10~30mL热蒸馏水洗涤,用致密滤纸过滤,除去二氧化硅,再用热水洗至无氯离子反应(用硝酸银检验无浑浊)为止。

4.3.3 滤出液在烧杯中蒸发至30~40mL,在不断搅动中途趁热滴加10%氯化钡至沉淀完全。在上部清液再滴加几滴氯化钡,直至不更多沉淀生成时,再多加2~4mL氯化钡。在水浴上继续加热15~30min,取下烧杯静置2h。

4.3.4 用紧密无灰滤纸过滤,烧杯中的沉淀用热水洗2~3次后转入滤纸,再洗至无氯离子反应为止,但沉淀也不宜过多洗涤。

4.3.5 将滤纸包移入已灼烧称恒量的坩埚中,小心烤干,灰化至呈灰白色。

4.3.6 在600℃高温电炉中灼烧15~20min,然后在干燥器中冷却30min后称量。再将坩埚灼烧15~20min,称至恒量(两次称量之差小于0.0005g)。

4.3.7 用相同试剂和滤纸同样处理,做空白试验,测得空白质量。

5 结果整理

5.1 石膏含量按下式计算:

$$CaSO_4 \cdot 2H_2O(\%) = \frac{(m_1 - m_0) \times 0.738 \times 2}{m_s} \times 100(1 + H) \quad (T\ 0161\text{-}1)$$

式中:m_0——空坩埚质量(g);

m_1——坩埚+$BaSO_4$ 质量(g);

0.738——将 $BaSO_4$ 换算成 $CaSO_4 \cdot 2H_2O$ 的系数($CaSO_4 \cdot 2H_2O/BaSO_4$);

2——分取系数(100mL/50mL);

H——以烘干基的土样吸湿水分数。

5.2 本试验记录格式如表T 0161-1。

中溶盐试验记录（质量法）　　　　　　　表 T 0161-1

工程名称＿＿＿＿＿＿＿＿＿　　　　试验计算者＿＿＿＿＿＿＿＿＿
土样编号＿＿＿＿＿＿＿＿＿　　　　校　核　者＿＿＿＿＿＿＿＿＿
土样说明＿＿＿＿＿＿＿＿＿　　　　试 验 日 期＿＿＿＿＿＿＿＿＿

风干土样量	(g)		
土样吸湿水分数	(H)		
吸取待测液的体积	(mL)		
试验次数		1	2
空坩埚的质量 m_0	(g)		
（空坩埚＋$BaSO_4$）的质量 m_1	(g)		
$CaSO_4 \cdot 2H_2O$	(%)		
$CaSO_4 \cdot 2H_2O$ 平均值	(%)		

5.3　精密度和允许差。

中溶盐石膏（$CaSO_4 \cdot 2H_2O$）试验结果精度要求质量法允许绝对误差为0.2%；容量法允许绝对误差为0.05%。

6　报告

6.1　土的鉴别分类和代号。

6.2　土中石膏含量(%)。

【注意事项】

(1) 石膏在水中的溶解度仅约2g/L。土中的石膏含量＜1%时，尚易用水浸提法将其全部浸出。但含量＞1%时，水浸提法很难浸提完全，而且由于石膏与土溶液中的 Na_2CO_3 作用时，在石膏颗粒表面常形成一层难溶的 $CaCO_3$ 胶膜，因而更难用水把石膏浸提出来，在此情况下，应选用1mol/L的HCl浸提法。

(2) 为了加快土中石膏的溶解，土样的颗粒应＜0.25mm。

沉淀灰化时，不应出现明火燃烧，以免沉淀物飞出损失。同时灰化要充分，以免残留的碳素使硫酸钡还原为硫化钡。为避免发生这种反应，高温炉灼烧时的温度以不超过600℃为宜。

四、难 溶 盐

土中的难溶盐是指难溶的碳酸钙，也包括难溶的碳酸镁。

难溶盐碳酸钙测定——气量法
(JTJ 051—93　T 0162—1993)

1　目的和适用范围

本方法适用于各类土。

2　仪器设备

2.1　气量法测量装置（二氧化碳约测计示意图见图T 0162-1）。

2.2　天平：称量200g，感量0.01g。

2.3　气压计。

2.4 温度计。

3 试剂

3.1 1:3 HCl:1份HCl和3份水混合。

3.2 0.1%甲基红指示剂。

4 试验步骤

4.1 安装好二氧化碳约测计,如图T 0162-1所示,将加有微量盐酸和数滴甲基红指示剂的红色水溶液注入量管中。

4.2 称取过0.5mm筛,经105℃~110℃烘干的试样1~5g,精确至0.01g,放入广口瓶中。再将盛有1:3 HCl溶液的瓷坩埚也放入广口瓶中,塞紧瓶塞。打开阀门上下移动管(3),使管(3)和(4)三个管的水面齐平。

4.3 将管(3)继续下移,当管(4)的右边管内水面下降很快时,表示接头处漏气,应仔细检查各接头并用石蜡溶液密封至不漏气。三管水面齐平后,关闭阀门,记下管(4)右边管内的起始水位读数。

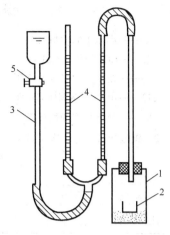

图T 0162-1 二氧化碳约测计示意图
1-广口瓶;2-坩埚;3-移动管;4-量管;5-阀门

4.4 手持长柄夹子夹住广口瓶,使坩埚中的盐酸倾出与瓶中的土样充分反应,当管(4)右边管内水面受到CO_2气体压力而下降时,打开阀门。静置10min,当管(4)右边管内水面稳定时,再移动管(3),使三管水面齐平。记下管(4)右边管内水面最终的水位读数。最终读数与起始读数之差即为产生的CO_2体积,同时记录试验时的温度和气压。

4.5 重复下述操作,进行空白试验。并从试样产生的CO_2体积中减去空白试验值。

4.5.1 洗去盐分:在1%感量天平上称取通过0.25mm的风干土样1~10g(约含石膏0.1~0.8g)于离心管中,加50mL 70%乙醇,在2 500~3 000r/min离心机中,倾去洗液,反复洗涤直到SO_4^{2-}反应为止。

4.5.2 用1mol/L HCl浸提:给脱盐后的土样中加1mol/L HCl约30mL搅动、离心、将清液倾入100mL容量瓶中,反复三次,最后用水定容。

4.5.3 沉淀$BaSO_4$:吸取清液30mL,于250mL烧杯中,加甲基橙指示剂2~3滴,用1:1氨水中和至黄色,然后加1mL 1:1 HCl加热至沸。

4.5.4 再按下述处理。

(1)吸取50~100mL水浸提液于150mL烧杯中,在水浴上蒸干。用1:3盐酸溶液5mL处理残渣,再蒸干,并在100℃~105℃烘干1h。

(2)用2mL 1:3盐酸和10~30mL热蒸馏水洗涤,用致密滤纸过滤,除去二氧化硅,再用热水洗至无氯离子反应(用硝酸银检验无浑浊)为止。

(3)滤出液在烧杯中蒸发至30~40mL,在不断搅动中途趁热滴加10%氯化钡至沉淀完全。在上部清液再滴加几滴氯化钡,直至无更多沉淀生成时,再多加2~4mL氯化钡。在水浴上继续加热15~30min,取下烧杯静置2h。

(4)用紧密无灰滤纸过滤,烧杯中的沉淀用热水洗2~3次后转入滤纸,再洗至无氯离子反应为止,但沉淀也不宜过多洗涤。

(5)将滤纸包移入已灼烧称恒量的坩埚中,小心烤干,灰化至呈灰白色。

(6)在600℃高温电炉中灼烧15~20min,然后在干燥器中冷却30min后称量。再将坩埚灼烧15~20min,称至恒量(两次称量之差小于0.000 5g)。

(7)用相同试剂和滤纸同样处理,做空白试验,测得空白质量。

5 结果整理

5.1 碳酸钙含量按下式计算:

$$CaCO_3(\%) = \frac{V \times \rho \times 2.272}{m_s \times 10^6} \times 100 \qquad (T\ 0162\text{-}1)$$

式中：m_s——烘干土的质量(g)；

V——CO_2 的体积(mL)；

ρ——在试验的温度和气压下 CO_2 的密度($\mu g/mL$)，从附表 B 查出；

2.272——由 CO_2 换算成 $CaCO_3$ 的系数；

10^6——微克与克的换算系数。

5.2 碳酸盐试验记录格式如表 T 0162-1。

碳酸盐试验记录(气量法)   表 T 0162-1

工程名称		试验计算者		
土样编号		校 核 者		
土样说明		试 验 日 期		

试验时的大气压力	(Pa)		
试验时的温度	(℃)		
试验次数		1	2
土样质量	m_s(g)		
CO_2 的体积	V(mL)		
$CaCO_3$	(%)		
$CaCO_3$ 平均值	(%)		

5.3 精密度和允许差。

碳酸钙试验结果精度应符合表 T 0162-2 的规定。

碳酸钙测定允许偏差   表 T 0162-2

碳酸钙(%)	绝对偏差(%)	相对偏差(%)
20~10	<1	5~7
10~5	<0.8	7~11
5~1	<0.6	11~17
<1	<0.2	17~25

6 报告

6.1 土的鉴别分类和代号。

6.2 土中碳酸钙含量(%)。

【注意事项】

(1)为防止 CO_2 在水中的溶解，装入量管的水应呈酸性。为了便于观察，水中可加入一些指示剂。水中含一定量的酸时还可以减小集气管中水蒸气分压。故在计算 CO_2 压力时可减小误差。

(2)气量法受温度影响，特别是广口瓶与量管右肢尤甚。因此，需用长柄夹子夹住广口瓶，即使摇动时也不要用手接触量管左肢，以免人体温度影响气体体积。

(3)试验装置不漏气是做好该试验的前提。读数时保持三管水面齐平是为了使两个量管所受压力均为一个大气压。

附录 B 二氧化碳密度表

附表 B

二氧化碳密度表（μg/mL）

气压(mmHg) 温度(℃)	742	744.5	747	749	751	753.5	736	758	760	762.5	765	767	769	711	774
28	1778	1784	1791	1797	1804	1810	1817	1820	1829	1833	1837	1842	1847	1852	1856
27	1784	1790	1797	1803	1810	1816	1823	1823	1834	1839	1843	1848	1853	1858	1863
26	1991	1797	1803	1809	1816	1822	1829	1835	1840	1845	1840	1845	1859	1864	1869
25	1797	1803	1810	1816	1823	1829	1836	1842	1847	1852	1856	1861	1866	1871	1876
24	1803	1809	1816	1822	1829	1837	1842	1848	1853	1858	1862	1867	1872	1877	1882
23	1809	1815	1822	1828	1835	1841	1848	1854	1859	1864	1868	1873	1878	1883	1888
22	1815	1821	1828	1834	1841	1847	1854	1860	1865	1870	1875	1880	1885	1890	1895
21	1822	1828	1835	1841	1848	1854	1861	1867	1872	1877	1882	1887	1892	1897	1902
20	1828	1834	1841	1847	1854	1860	1867	1873	1878	1883	1888	1893	1898	1903	1908
19	1834	1840	1847	1853	1860	1866	1873	1879	1884	1889	1894	1899	1904	1909	1914
18	1840	1846	1853	1859	1866	1872	1879	1885	1890	1895	1900	1905	1910	1915	1920
17	1846	1853	1860	1866	1873	1879	1886	1892	1897	1902	1907	1912	1917	1922	1927
16	1853	1860	1866	1873	1879	1886	1892	1898	1903	1908	1913	1918	1923	1928	1933
15	1869	1866	1872	1879	1886	1892	1899	1905	1910	1915	1920	1925	1930	1935	1940
14	1855	1872	1878	1885	1892	1899	1906	1912	1917	1922	1927	1932	1937	1942	1947
13	1872	1878	1885	1892	1899	1906	1913	1919	1924	1929	1934	1939	1944	1949	1954
12	1878	1885	1892	1899	1906	1912	1919	1925	1930	1935	1940	1945	1950	1955	1960
11	1885	1892	1899	1906	1913	1919	1926	1932	1937	1942	1947	1952	1957	1962	1967
10	1892	1899	1906	1913	1920	1926	1933	1939	1944	1949	1954	1959	1964	1969	1974

注：1mmHg = 133.322Pa。

第四章 无机结合料及矿物掺和料

土木建筑工程中把用来将散粒材料(如砂、石子、土等)或块状材料(如砖、块石等)黏结为整体的材料,统称胶结材料。胶结材料分为:有机胶结材料和无机胶结材料两大类。石油沥青、煤沥青及各种天然和人造树脂属于有机胶结材料。无机胶结材料也称矿物胶结材料,按硬化条件分为气硬性胶结材料和水硬性胶结材料。气硬性胶结材料只能在空气中硬化,形成和发展其强度,也只能在空气中保持其强度和状态。石灰、石膏、菱苦土等都是气硬性胶结材料。气硬性胶结材料只适用于地面上或干燥环境中的工程结构,在潮湿环境中不利于保持其状态和强度,更不可用于水中。水硬性胶结材料不仅在空气中,而且能在水中更好地硬化,形成和发展其强度,并能在空气中或水中保持其强度和状态。水硬性胶结材料主要是各种水泥。水硬性胶结材料可以用于地面上、潮湿环境或水中的工程结构。

随着混凝土技术的发展,各种矿物掺和料在混凝土中的应用也越来越广泛,如粉煤灰、硅灰、沸石粉、粒化高炉矿渣等,也将在本章介绍。

第一节 石 灰

一、概 述

石灰的生产原料是石灰石,石灰石的主要成分是碳酸钙。石灰石经 900～1300℃ 的高温煅烧,碳酸钙分解成生石灰,其主要成分为氧化钙。生石灰呈白色或灰色块状,烧透的新块灰表观密度为 800～1000kg/m³。由于原料中多少含有一些碳酸镁,因而生石灰中还含有次要成分氧化镁。生石灰中氧化镁的含量≤5%的称为钙质石灰,>5%的称为镁质石灰。镁质石灰消解速度较慢,但硬化后强度稍高。生石灰加水消解得到的产物称为消石灰,消石灰的主要成分是氢氧化钙,消解的过程称为石灰的"消化"或"熟化"。消石灰中的氧化镁含量≤4%的称为钙质石灰,>4%的称为镁质石灰。

石灰是使用较早的无机胶结材料之一。因其原料分布广泛,生产工艺简单,成本低廉,具有较强的地方性特点,所以在土木建筑工程中有着广泛的使用。在公路工程中,随着半刚性路面基层的推广应用,石灰稳定土、灰土碎(砾)石、石灰综合稳定土等混合材料已经广泛用于路面基层,大大增强了基层的板体性、强度和稳定性。石灰土也是桥涵工程台背回填的主要材料之一。目前公路建设使用的石灰产品主要有块状生石灰、磨细袋装生石灰粉和消石灰。块状生石灰使用前要消解成消石灰,生石灰消解理论需水量为 32.1%,由于蒸发的原因,实际加水量为生石灰质量的 60%～80%,加水量以能充分消解而又不过湿成团为宜,因此应分层、缓慢加水。生石灰粉由块状生石灰经磨细加工而成,使用生石灰粉的目的在于提高石灰的使用效果和利用率。与消石灰相比较,生石灰粉稳定土的强度较高,强度形成速度也较快。另外,在磨细时欠火石灰也磨成了细粉,提高了石灰的利用率。消石灰是由生石灰经消解而得到。另一类消石灰来源是化学工业副产品,例如制取乙炔时所产生的电石渣,其主要成分是氢氧化钙,即消石灰。

二、技术标准

《公路路面基层施工技术规范》(JTG/T F20—2015)将路面基层用石灰按氧化镁含量分为钙质生石灰、镁质生石灰、钙质消石灰、镁质消石灰四类,每一类又按(CaO + MgO)含量分别分为Ⅰ、Ⅱ、Ⅲ三个质量等级。同时对未消解残渣含量、含水率、细度分别提出了相应的指标值。

路面基层、底基层用生石灰、消石灰的技术要求,分别见表4-1、表4-2。

生石灰技术要求 表4-1

指　标	钙质生石灰			镁质生石灰			试验方法
	Ⅰ	Ⅱ	Ⅲ	Ⅰ	Ⅱ	Ⅲ	
有效氧化钙加氧化镁含量(%)	≥85	≥80	≥70	≥80	≥75	≥65	T 0813
未消化残渣含量(%)	≤7	≤11	≤17	≤10	≤14	≤20	T 0815
钙镁石灰的分类界限,氧化镁含量(%)	≤5			>5			T 0812

消石灰技术要求 表4-2

指　标		钙质生石灰			镁质生石灰			试验方法
		Ⅰ	Ⅱ	Ⅲ	Ⅰ	Ⅱ	Ⅲ	
有效氧化钙加氧化镁含量(%)		≥65	≥60	≥55	≥60	≥55	≥50	T 0813
含水量		≤4	≤4	≤4	≤4	≤4	≤4	T 0801
细度	0.60mm方孔筛的筛余(%)	0	≤1	≤1	0	≤1	≤1	T 0814
	0.15mm方孔筛的筛余(%)	≤13	≤20	—	≤13	≤20	—	T 0814
钙镁石灰的分类界限,氧化镁含量(%)		≤4			>4			T 0812

三、技术性质及试验方法

(一)有效氧化钙和氧化镁含量

石灰的胶结(凝)作用,主要靠活性氧化钙和氧化镁来实现,石灰中的氧化钙和氧化镁含量大小决定着石灰质量的优劣,因此技术标准按氧化钙和氧化镁含量大小划分石灰等级。石灰中的氧化钙分为两类:一类是结合氧化钙;另一类是游离氧化钙,结合氧化钙是在煅烧过程中生成的钙盐,在石灰中不起胶结作用。游离氧化钙又分为活性和非活性两种,非活性是由"渣化"或"过烧"造成的,通过粉碎可以变成活性氧化钙。有效氧化钙是指在普通条件下,能与水反应的那部分氧化钙,主要来源于活性的游离氧化钙。有效氧化钙和氧化镁含量试验也称石灰化学分析,有标准方法和简易方法两种。简易方法仅供地方道路或工程量不大的工程采用。

石灰有效氧化钙测定方法
(JTG E51—2009 T 0811—1994)

1 适用范围

本方法适用于测定各种石灰的有效氧化钙含量。

2 仪器设备

2.1 方孔筛:0.15mm,1个。

2.2 烘箱:50~250℃,1台。

2.3 干燥器:ϕ25cm,1个。

2.4 称量瓶:ϕ30mm×50mm,10个。

2.5 瓷研钵:ϕ12~13cm,1个。

2.6 分析天平:量程不小于50g,感量0.0001g,1台。

2.7 电子天平:量程不小于500g,感量0.01g,1台。

2.8 电炉:1 500W,1个。

2.9 石棉网:20cm×20cm,1块。

2.10 玻璃珠:ϕ3mm,1袋(0.25kg)。

2.11 具塞三角瓶:250mL,20个。

2.12 漏斗:短颈,3个。

2.13 塑料洗瓶:1个。

2.14 塑料桶:20L,1个。

2.15 下口蒸馏水瓶:5 000mL,1个。

2.16 三角瓶:300mL,10个。

2.17 容量瓶:250mL、1 000mL,各1个。

2.18 量筒:200mL、100mL、50mL、5mL,各1个。

2.19 试剂瓶:250mL、1000mL,各5个。

2.20 塑料试剂瓶:1L,1个。

2.21 烧杯:50mL,5个;250mL(或300mL),10个。

2.22 棕色广口瓶:60mL,4个;250mL,5个。

2.23 滴瓶:60mL,3个。

2.24 酸滴定管:50mL,2支。

2.25 滴定台及滴定管夹:各1套。

2.26 大肚移液管:25mL、50mL,各1支。

2.27 表面皿:7cm,10块。

2.28 玻璃棒:8mm×250mm及4mm×180mm,各10支。

2.29 试剂勺:5个。

2.30 吸水管:8mm×150mm,5支。

2.31 洗耳球:大、小各1个。

3 试剂

3.1 蔗糖(分析纯)。

3.2 酚酞指示剂:称取0.5g酚酞,溶于50mL、95%乙醇中。

3.3 0.1%甲基橙水溶液:称取0.05g甲基橙,溶于50mL蒸馏水(40~50℃)中。

3.4 盐酸标准溶液(相当于0.5mol/L):将42mL浓盐酸(相对密度1.19)稀释至1L,按下述方法标定其摩尔浓度后,备用。

称取约0.8~1.0g(准确至0.000 1g)已在180℃烘干2h的碳酸钠(优级纯或基准级)记录为m,置于250mL三角瓶中,加100mL水使其完全溶解;然后加入2~3滴0.1%甲基橙指示剂,记录滴定管中待标定盐酸标准溶液的体积V_1,用待标定的盐酸标准溶液滴定至碳酸钠溶液由黄色变为橙红色;将溶液加热至微沸,并保持微沸3min,然后放在冷水中冷却至室温,如此时橙红色变为黄色,再用盐酸标准溶液滴定,至溶液出现稳定橙红色时为止,记录滴定管中盐酸标准溶液的体积V_2。V_1、V_2的差值即为盐酸标准溶液的消耗量V。

盐酸标准溶液的摩尔浓度[①]按式(T 0811-1)计算:

$$M = m/(V \times 0.053)$$

(T 0811-1)

式中：M——盐酸标准溶液的摩尔浓度(mol/L)；
　　　m——称取碳酸钠的质量(g)；
　　　V——滴定时盐酸标准溶液的消耗量(mL)；
　0.053——与1.00m盐酸标准溶液[C(HCl) = 1.000 0mol/L]相当的以克表示的无水碳酸钠的质量。
　注①：该处盐酸标准溶液的浓度相当于1mol/L标准溶液浓度的一半左右。

4 准备试样

4.1 生石灰试样：将生石灰样品打碎，使颗粒不大于1.18mm。拌和均匀后用四分法缩减至200g左右，放入瓷研钵中研细。再经四分法缩减至20g左右。研磨所得石灰样品，通过0.15mm（方孔筛）的筛。从此细样中均匀挑取10余克，置于称量瓶中在105℃烘箱内烘至恒量，储于干燥器中，供试验用。

4.2 消石灰试样：将消石灰样品用四分法缩减至10余克。如有大颗粒存在，须在瓷研钵中磨细至无不均匀颗粒存在为止。置于称量瓶中在105℃烘箱内烘至恒量，储于干燥器中，供试验用。

5 试验步骤

5.1 称取约0.5g(用减量法称量，精确至0.000 1g)试样，记录为m_1，放入干燥的250mL具塞三角瓶中，取5g蔗糖覆盖在试样表面，投入干玻璃珠15粒，迅速加入新煮沸并已冷却的蒸馏水50mL，立即加塞振荡15min(如有试样结块或粘于瓶壁现象，则应重新取样)。

5.2 打开瓶塞，用水冲洗瓶塞及瓶壁，加入2~3滴酚酞指示剂，记录滴定管中盐酸标准溶液体积V_3，用已标定的约0.5mol/L盐酸标准溶液滴定(滴定速度以2~3滴/s为宜)，至溶液的粉红色显著消失并在30s内不再复现即为终点，记录滴定管中盐酸标准溶液体积V_4，V_3、V_4的差值即为盐酸标准溶液的消耗量V_5。

6 计算

按式(T 0811-2)计算有效氧化钙的含量。

$$X = \frac{V_5 \times M \times 0.028}{m_1} \times 100 \qquad (T\ 0811\text{-}2)$$

式中：X——有效氧化钙的含量(%)；
　　　V_5——滴定时消耗盐酸标准溶液的体积(mL)；
　0.028——氧化钙毫克当量；
　　　m_1——试样质量(g)；
　　　M——盐酸标准溶液的摩尔浓度(mol/L)。

7 结果整理

对同一石灰样品至少应做两个试样和进行两次测定，并取两次结果的平均值代表最终结果。石灰中氧化钙和有效钙含量在30%以下的允许重复性误差为0.40，30%~50%的为0.50，大于50%的为0.60。

8 报告

试验报告应包括以下内容：
(1)石灰来源；
(2)试验方法名称；
(3)单个试验结果；
(4)试验结果平均值$\overline{X}$。

石灰氧化镁测定方法
(JTG E51—2009　T 0812—1994)

1 适用范围

本方法适用于测定各种石灰的总氧化镁含量。

2 仪器设备

同石灰有效氧化钙测定方法,见 T 0811—1994。

3 试剂

3.1 1:10 盐酸:将 1 体积酸(相对密度 1.19)以 10 体积蒸馏水稀释。

3.2 氢氧化铵—氯化铵缓冲溶液:将 67.5g 氯化铵溶于 300mL 无二氧化碳蒸馏水中,加浓氢氧化铵(氨水)(相对密度为 0.90)570mL,然后用水稀释至 1 000mL。

3.3 酸性铬兰 K—萘酚绿 B(1:2.5)混合指示剂:称取 0.3g 酸性铬兰 K 和 0.75g 萘酚绿 B 与 50g 已在 105℃烘干的硝酸钾混合研细,保存于棕色广口瓶中。

3.4 EDTA 二钠标准溶液:将 10gEDTA 二钠溶于 40~50℃蒸馏水中,待全部溶解并冷却至室温后,用水稀释至 1 000mL。

3.5 氧化钙标准溶液:精确称取 1.784 8g 在 105℃烘干(2h)的碳酸钙(优级纯),置于 250mL 烧杯中,盖上表面皿,从杯嘴缓慢滴加 1:10 盐酸 100mL,加热溶解,待溶液冷却后,移入 1 000mL 的容量瓶中,用新煮沸冷却后的蒸馏水稀释至刻度摇匀。此溶液每毫升的 Ca^{2+} 含量相当于 1mg 氧化钙的 Ca^{2+} 含量。

3.6 20% 的氢氧化钠溶液:将 20g 氢氧化钠溶于 80mL 蒸馏水中。

3.7 钙指示剂:将 0.2g 钙试剂羟酸钠和 20g 已在 105℃烘干的硫酸钾混合研细,保存于棕色广口瓶中。

3.8 10% 酒石酸钾钠溶液:将 10g 酒石酸钾钠溶于 90mL 蒸馏水中。

3.9 三乙醇胺(1:2)溶液:将 1 体积三乙醇胺以 2 体积蒸馏水稀释摇匀。

4 EDTA 二钠标准溶液与氧化钙和氧化镁关系的标定

4.1 精确吸取 $V_1 = 50mL$ 氧化钙标准溶液放于 300mL 三角瓶中,用水稀释至 100mL 左右,然后加入钙指示剂约 0.2g,以 20% 氢氧化钠溶液调整溶液碱度到出现酒红色,再过量加 3~4mL,然后以 EDTA 二钠标准溶液滴定,至溶液由酒红色变成纯蓝色时为止,记录 EDTA 二钠标准溶液体积 V_2。

4.2 EDTA 二钠标准溶液对氧化钙的滴定度按式(T 0812-1)计算。

$$T_{CaO} = CV_1/V_2 \quad (T\ 0812\text{-}1)$$

式中:T_{CaO}——EDTA 二钠标准溶液对氧化钙的滴定度,即 1mL 的 EDTA 二钠标准溶液相当于氧化钙的毫克数;

C——1mL 氧化钙标准溶液含有氧化钙的毫克数,等于 1;

V_1——吸取氧化钙标准溶液体积(mL);

V_2——消耗 EDTA 二钠标准溶液的体积(mL)。

4.3 EDTA 二钠标准溶液对氧化镁的滴定度(T_{MgO}),即 1mL EDTA 二钠标准液相当于氧化镁的毫克数,按式(T 0812-2)计算。

$$T_{MgO} = T_{CaO} \times \frac{40.31}{56.08} = 0.72 T_{CaO} \quad (T\ 0812\text{-}2)$$

5 准备试样

5.1 生石灰试样:将生石灰样品打碎,使颗粒不大于 1.18mm。拌和均匀后用四分法缩减至 200g 左右,放入瓷研钵中研细。再经四分法缩减至 20g 左右。研磨所得石灰样品,通过 0.15mm(方孔筛)的筛。从此细样中均匀挑取 10 余克,置于称量瓶中在 105℃烘箱内烘至恒量,储于干燥器中,供试验用。

5.2 消石灰试样:将消石灰样品用四分法缩减至 10 余克。如有大颗粒存在,须在瓷研钵中磨细至无不均匀颗粒存在为止。置于称量瓶中在 105℃烘箱内烘至恒量,储于干燥器中,供试验用。

6 试验步骤

6.1 称取约 0.5g(准确至 0.000 1g)石灰试样,并记录试样质量 m,放入 250mL 烧杯中,用水湿润,加 1:10 盐酸 30mL,用表面皿盖住烧杯,加热至微沸,并保持微沸 8~10min。

6.2 用水把表面皿洗净,冷却后把烧杯内的沉淀及溶液移入 250mL 容量瓶中,加水至刻度摇匀。

6.3 待溶液沉淀后,用移液管吸取 25mL 溶液,放入 250mL 三角瓶中,加 50mL 水稀释后,加酒石酸钾钠溶液 1mL、三乙醇胺溶液 5mL,再加入铵—铵缓冲溶液 10mL(此时待测溶液的 pH=10)、酸性铬兰 K—萘酚绿 B 指示剂约 0.1g。记录滴定管中初始 EDTA 二钠标准溶液体积 V_5,用 EDTA 二钠标准溶液滴定,至溶液由酒红色变为纯蓝色时即为终点,记录滴定管中 EDTA 二钠标准溶液的体积 V_6。V_5、V_6 的差值即为滴定钙镁合量的 EDTA 二钠标准溶液的消耗量 V_3。

6.4 再从 6.2 的容量瓶中,用移液管吸取 25mL 溶液,置于 300mL 三角瓶中,加水 150mL 稀释后,加三乙醇胺溶液 5mL 及 20% 氢氧化钠溶液 5mL(此时待测溶液的 pH≥12),放入约 0.2g 钙指示剂。记录滴定管中初始 EDTA 二钠标准溶液体积 V_7,用 EDTA 二钠标准溶液滴定,至溶液由酒红色变为蓝色即为终点,记录滴定管中 EDTA 二钠标准溶液的体积 V_8。V_7、V_8 的差值即为滴定钙离子的 EDTA 二钠标准溶液的消耗量 V_4。

7 计算

氧化镁的含量按式(T 0812-3)计算。

$$X = \frac{T_{MgO}(V_3 - V_4) \times 10}{m \times 1\,000} \times 100 \quad (T\ 0812\text{-}3)$$

式中:X——氧化镁的含量(%);

T_{MgO}——EDTA 二钠标准溶液对氧化镁的滴定度;

V_3——滴定钙镁合量消耗 EDTA 二钠标准溶液的体积(mL);

V_4——滴定钙消耗 EDTA 二钠标准溶液的体积(mL);

10——总溶液对分取溶液的体积倍数;

m——试样质量(g)。

8 结果整理

对同一石灰样品至少应做两个试验和进行两次测定,读数精确至 0.1mL。取两次测定结果平均值代表最终结果。

9 报告

报告应包括以下内容:

(1)石灰来源;

(2)试验方法名称;

(3)单个试验结果;

(4)试验结果平均值。

石灰有效氧化钙和氧化镁简易测定方法
(JTG E51—2009 T 0813—1994)

1 适用范围

本方法适用于氧化镁含量在 5% 以下的低镁石灰。

2 同石灰有效氧化钙测定方法,见 T 0811—1994。

3 试剂

3.1 1mol/L 盐酸标准溶液:取 83mL(相对密度 1.19)浓盐酸以蒸馏水稀释至 1 000mL,按下述方法标定其摩尔浓度后备用。

称取已在 180℃烘箱内烘干 2h 的碳酸钠(优级纯或基准级纯)约 1.5~2.0g(精确至 0.000 1g)记录为 m_0,置于 250mL 三角瓶中,加 100mL 水使其完全溶解;然后加入 2~3 滴 0.1% 甲基橙指示剂,记录滴定管中待标定的盐酸标准溶液初始体积V_1,用待标定的盐酸标准溶液滴定,至碳酸钠溶液由黄色变为橙红色;将溶液加热至微沸,并保持微沸3min,然后放在冷水中冷却至室温,如此时橙红色变为黄色,再用盐酸标准溶液滴定,至溶液出现稳定橙红色时为止,记录滴定管中盐酸标准溶液体积V_2。V_1、V_2的差值即为盐酸标准溶液的消耗量V。

盐酸标准溶液的摩尔浓度按式(T 0813-1)计算:

$$N = m_0/(V \times 0.053) \tag{T 0813-1}$$

式中:N——盐酸标准溶液的摩尔浓度(mol/L);

m_0——称取碳酸钠的质量(g);

V——滴定时消耗盐酸标准溶液的体积(mL);

0.053——与1.00mL盐酸标准溶液[$C(HCl)$ =1.000mol/L]相当的以克表示的无水碳酸钠的质量。

3.2 1%酚酞指示剂。

4 准备试样

4.1 生石灰试样:将生石灰样品打碎,使颗粒不大于1.18mm。拌和均匀后用四分法缩减至200g左右,放入瓷研钵中研细。再经四分法缩减至20g左右。研磨所得石灰样品,应通过0.15mm(方孔筛)的筛。从此细样中均匀挑取10余克,置于称量瓶中,在105℃烘箱内烘至恒量,储于干燥器中,供试验用。

4.2 消石灰试样:将消石灰样品用四分法缩减至10余克。如有大颗粒存在,须在瓷研钵中磨细至无不均匀颗粒存在为止。置于称量瓶中在105℃烘箱内烘至恒量,储于干燥器中,供试验用。

5 试验步骤

5.1 迅速称取石灰试样0.8~1.0g(准确至0.000 1g),放入300mL三角瓶中,记录试样质量m。加入150mL新煮沸并已冷却的蒸馏水和10颗玻璃珠。瓶口上插一短颈漏斗,使用带电阻的电炉加热5min(调到最高档),但勿使液体沸腾,放入冷水中迅速冷却。

5.2 向三角瓶中滴入酚酞指示剂2滴,记录滴定管中盐酸标准溶液体积V_3,在不断摇动下以盐酸标准液滴定,控制速度为2~3滴/s,至粉红色完全消失,稍停,又出现红色,继续滴入盐酸,如此重复几次,直至5min内不出现红色为止,记录滴定管中盐酸标准溶液体积V_4。V_3、V_4的差值即为盐酸标准溶液的消耗量V_5。如滴定过程持续半小时以上,则结果只能作参考。

6 计算

有效氧化钙和氧化镁含量按式(T 0813-2)计算。

$$X = \frac{V_5 \times N \times 0.028}{m} \times 100 \tag{T 0813-2}$$

式中:X——有效氧化钙和氧化镁的含量(%);

V_5——滴定消耗盐酸标准溶液的体积(mL);

N——盐酸标准溶液的摩尔浓度(mol/L);

m——样品质量(g);

0.028——氧化钙的毫克当量。因氧化镁含量甚少,并且两者之毫克当量相差不大,故有效氧化钙和氧化镁的毫克当量都以CaO的毫克当量计算。

7 结果整理

7.1 读数精确至0.1mL。

7.2 对同一石灰样品至少应做两个试样和进行两次测定,并取两次测定结果的平均值代表最终结果。

8 报告

试验报告应包括以下内容:

(1)石灰来源;

(2)试验方法名称;
(3)单个试验结果;
(4)试验结果平均值。

(二)细度

细度是生石灰粉和消石灰的技术指标,表示石灰粉的粗细程度。细度与石灰的质量密切相关,现行交通部行业标准以 0.6mm 和 0.15mm 筛孔的筛余量表示。0.15mm 筛上的筛余物主要是未消化的过烧颗粒,含有大量钙盐的颗粒,欠火石粒等。筛余量过量将影响石灰的质量。

石灰细度试验方法
(JTG E51—2009 T 0814—2009)

1 适用范围

本方法适用于生石灰、生石灰粉和消石灰粉的细度试验。

2 仪器设备

2.1 试验筛:0.6mm、0.15mm,1 套。

2.2 羊毛刷:4 号。

2.3 天平:量程不小于500g,感量0.01 g。

3 试样准备

取 300g 生石灰粉或消石灰粉试样,在 105℃烘箱中烘干备用。

4 试验步骤

称取试样 50 g,记录为 m,倒入 0.6mm、0.15mm 方孔套筛内进行筛分。筛分时一只手握住试验筛,并用手轻轻敲打,在有规律的间隔中,水平旋转试验筛,并在固定的基座上轻敲试验筛,用羊毛刷轻轻地从筛上面刷,直至 2min 内通过量小于 0.1g 时为止。分别称量筛余物质量 m_1、m_2。

5 计算

筛余百分含量按式(T 0814-1)、式(T 0814-2)计算。

$$X_1 = \frac{m_1}{m} \times 100 \quad (\text{T 0814-1})$$

$$X_2 = \frac{m_1 + m_2}{m} \times 100 \quad (\text{T 0814-2})$$

式中:X_1——0.6mm 方孔筛筛余百分含量(%);

X_2——0.6mm、0.15mm 方孔筛,两筛上的总筛余百分含量(%);

m_1——0.6mm 方孔筛筛余物质量(g);

m_2——0.15mm 方孔筛筛余物质量(g);

m——样品质量(g)。

6 结果整理

6.1 计算结果保留小数点后两位。

6.2 取 3 个试样进行平行试验,然后取平均值作为 X_1、X_2 的值。3 次试验的重复性误差均不得大于 5%,否则应另取试样重新试验。

7 报告

试验报告应包括以下内容:

(1)石灰来源;

(2)试验方法名称;

(3)0.6mm 方孔筛筛余百分含量;

(4)0.15mm方孔筛筛余百分含量。

(三)未消化残渣含量

未消化残渣含量是生石灰消化后,未消解而残留在2.36mm方孔筛上的残渣占原试样质量的百分数。未消化残渣含量可反映石灰质量和可利用率。未消化残渣含量愈小,石灰质量愈好,可利用率也愈高。

石灰未消化残渣含量测定方法
(JTG E51—2009　T 0815—2009)

1 适用范围

本方法适用于生石灰、生石灰粉和消石灰粉的未消化残渣含量的测定。

2 仪器设备

2.1 方孔筛:2.36mm、16mm。

2.2 生石灰浆渣测定仪(图T 0815-1)。

2.3 量筒:500mL。

2.4 天平:量程不小于1 500g,感量0.01g;

2.5 搪瓷盘:200mm×300mm;

2.6 钢板尺:300mm;

2.7 烘箱:量程不小于200℃;

2.8 保温套。

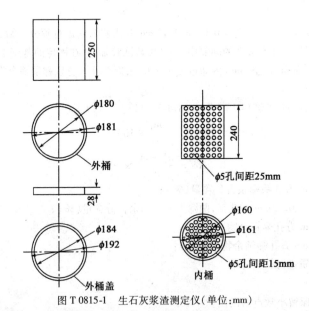

图T 0815-1　生石灰浆渣测定仪(单位:mm)

3 试验步骤

3.1 将4 000g试样破碎并全部通过16mm方孔筛,其中通过2.36mm方孔筛的试样量不大于30%,混合均匀,备用。生石灰粉试样混合均匀即可。

3.2 称取已制备好的生石灰试样1 000g,倒入装有2 500mL(20℃±5℃)清水的筛筒(筛筒置于外筒内)。盖上盖,静置消化20min,用圆木棒连续搅动2min,再静置消化40min,再搅动2min。提起筛筒用清水冲洗筛筒内残渣,至水流不浑浊(冲洗用清水仍倒入筛筒内,水总体积控制在3 000mL)。

3.3 将渣移入搪瓷盘(或蒸发皿)内,在105℃烘箱中烘干至恒量,冷却至室温后用2.36mm方孔筛筛分。称量筛余物 m_1,计算未消化残渣含量。

4 计算

未消化残渣含量按式(T 0815-1)计算。

$$X = \frac{m_1}{m} \times 100 \qquad (T\ 0815\text{-}1)$$

式中:X——未消化残渣含量(%);

　　　m_1——2.36mm 筛余物质量(g);

　　　m——试样质量(g)。

5 结果整理

5.1 试验结果保留小数点后两位。

5.2 取3次独立试样进行平行试验,然后取平均值作为试验结果,允许重复性误差应不大于5%,否则应增加样本量重新试验。

6 报告

试验报告应包括以下内容:

(1)石灰来源;

(2)试验方法名称;

(3)单个试验结果;

(4)试验结果平均值。

第二节 水 泥

一、概 述

凡磨细成粉末状,加适量水调制后,能形成可塑性浆体,既能在空气中硬化,更能在水中继续硬化,经过一系列的物理化学过程,能由可塑性浆体凝结硬化成坚硬的水泥石体,并能将散粒状的砂石材料胶结在一起,形成具有一定强度和任意几何形状的整体的水硬性胶凝材料,统称水泥。

水泥的主要生产原材料是石灰石和黏土。水泥的生产工艺可以概括为"两磨一烧"。石灰石和黏土按一定的比例配合经磨细得到水泥生料,生料在高温下烧至部分熔融得到水泥熟料,称为硅酸盐熟料,水泥熟料和其他掺和料再经磨细得到水泥成品。

水泥呈粉末状,颜色由白色到灰色,密度为 2.9~3.1g/cm³,受潮易结块而丧失胶结性能,一般在相对干燥条件下存放期不宜超过3个月。

水泥熟料的主要矿物成分是硅酸二钙($2CaO \cdot SiO_2$,简写为 C_2S),含量在15%~37%;硅酸三钙($3CaO \cdot SiO_2$,简写为 C_3S),含量在36%~37%;铝酸三钙($3CaO \cdot Al_2O_3$,简写为 C_3A),含量在7%~15%;铁铝酸四钙($4CaOAl_2O_3 \cdot Fe_2O_3$,简写为 C_4AF),含量在7%~15%。这些矿物成分含量不同,水泥的性质将发生变化。就是说改变水泥熟料中各矿物成分的比例,可以生产出不同性质的水泥。同时水泥中的掺和料不同,水泥的性质也不同。这样就派生出不同名称、不同性质的水泥品种。水泥按用途和性能分为3类:即通用水泥、专用水泥和特种水泥。通用水泥是混凝土工程使用最多的水泥。本章主要介绍通用水泥的技术标准、技术性质及其试验方法。

水泥是最重要的建筑材料之一,与钢材、木材统称为3大材料。随着我国基本建设事业的高速发展,水泥几乎被广泛应用于国民经济的各个领域,不但大量用于公路建筑,还广泛应用于铁路、水利、港口、城市建设和国防等工程。正因为如此,加强水泥质量检验对保证工程质量具有十分重要的意义。

二、定义与代号

以硅酸盐水泥熟料、适量的石膏及规定的混合材料制成的水硬性材料,称为通用硅酸盐水泥。通用硅酸盐水泥按混合材料的品种和掺量分为硅酸盐水泥、普通硅酸盐水泥、矿渣硅酸盐水泥、火山灰质硅酸盐水泥、粉煤灰硅酸盐水泥和复合硅酸盐水泥。通用水泥的品种、代号和组分见表4-3。

通用水泥的品种、代号和组分(GB 175—2007) 表4-3

品 种	代 号	组分(质量百分数)				
		熟料+石膏	粒化高炉矿渣	火山灰质混合材料	粉煤灰	石灰石
硅酸盐水泥	P.Ⅰ	100	—	—	—	—
	P.Ⅱ	≥95	≤5	—	—	—
		≥95	—	—	—	≤5
普通硅酸盐水泥	P.O	≥80且<95	>5且≤20			—
矿渣硅酸盐水泥	P.S.A	≥50且<80	>20且≤50	—	—	—
	P.S.B	≥30且<50	>50且≤70	—	—	—
火山灰质硅酸盐水泥	P.P	≥60且<80	—	>20且≤40	—	—
粉煤灰硅酸盐水泥	P.F	≥60且<80	—	—	>20且≤40	—
复合硅酸盐水泥	P.C	≥50且<80	>20且≤50			

三、技术标准

1. 通用水泥的物理性质

不同品种的通用硅酸盐水泥的物理性质指标见表4-4。

通用水泥的物理性质指标(GB 175—2007) 表4-4

品 种	代 号	细 度			凝结时间(min)		安定性
		比表面积(m^2/kg)	80μm方孔筛筛余(%)	45μm方孔筛筛余(%)	初凝	终凝	
硅酸盐水泥	P.Ⅰ	≥300	—	—	≥45	≤390	合格
	P.Ⅱ						
普通硅酸盐水泥	P.O						
矿渣硅酸盐水泥	P.S.A	—	≤10	≤30	≥45	≤600	
	P.S.B						
火山灰质硅酸盐水泥	P.P						
粉煤灰硅酸盐水泥	P.F						
复合硅酸盐水泥	P.C						

注:细度为选择性指标。

2. 通用水泥的化学性质

不同品种的通用硅酸盐水泥的化学性质指标见表4-5。

通用水泥的化学性质指标（GB 175—2007）　　　　表4-5

品　种	代　号	不溶物（质量分数）	烧失量（质量分数）	三氧化硫（质量分数）	氧化镁（质量分数）	氯离子（质量分数）	碱含量（质量分数）
硅酸盐水泥	P.Ⅰ	≤0.75	≤3.0	≤3.5	≤5.0①	≤0.06③	≤0.60④
	P.Ⅱ	≤1.50	≤3.5				
普通硅酸盐水泥	P.O	—	≤5.0				
矿渣硅酸盐水泥	P.S.A	—	—	≤4.0	≤6.0②		
	P.S.B						
火山灰质硅酸盐水泥	P.P	—	—	≤3.5	≤0.60②		
粉煤灰硅酸盐水泥	P.F	—	—				
复合硅酸盐水泥	P.C						

注：① 如果水泥压蒸试验合格，则水泥中的氧化镁含量（质量分数）允许放宽至6.0%。
②如果水泥中的氧化镁含量（质量分数）大于6.0%时，需进行水泥压蒸安定性试验并合格。
③当有更低要求时，该指标由买卖双方确定。
④碱含量为选择性指标。碱含量以$Na_2O+0.658K_2O$计算值表示。若使用碱活性集料，用户要求提供低碱水泥时，水泥中的碱含量应不大于0.60%或由买卖双方协商确定。

3. 通用水泥的强度

不同品种、不同强度等级的通用硅酸盐水泥，不同龄期的强度指标见表4-6。

通用水泥的强度指标（GB 175—2007）　　　　表4-6

品　种	强度等级	抗压强度（MPa）		抗折强度（MPa）	
硅酸盐水泥	42.5	≥17.0	≥42.5	≥3.5	≥6.5
	42.5R	≥22.0		≥4.0	
	52.5	≥23.0	≥52.5	≥4.0	≥7.0
	52.5R	≥27.0		≥5.0	
	62.5	≥28.0	≥62.5	≥5.0	≥8.0
	62.5R	≥32.0		≥5.5	
普通硅酸盐水泥	42.5	≥17.0	≥42.5	≥3.5	≥6.5
	42.5R	≥22.0		≥4.0	
	52.5	≥23.0	≥52.5	≥4.0	≥7.0
	52.5R	≥27.0		≥5.0	
矿渣硅酸盐水泥、火山灰质硅酸盐水泥、粉煤灰硅酸盐水泥、复合硅酸盐水泥	32.5	≥10.0	≥32.5	≥2.5	≥5.5
	32.5R	≥15.0		≥3.5	
	42.5	≥15.0	≥42.5	≥3.5	≥6.5
	42.5R	≥19.0		≥4.0	
	52.5	≥21.0	≥52.5	≥4.0	≥7.0
	52.5R	≥23.0		≥4.5	

四、技术性质及试验方法

1. 取样方法

水泥取样方法
（JTG E30—2005　T 0501—2005）

1　目的、适应范围和引用标准

本方法规定了水泥取样的工具、部位、数量及步骤等。

本方法适用于硅酸盐水泥、普通硅酸盐水泥、矿渣硅酸盐水泥、粉煤灰硅酸盐水泥、火山灰硅酸盐水泥、复合硅酸盐水泥、道路硅酸盐水泥及指定采用本方法的其他品种水泥。

引用标准：

GB 175—1999　　《硅酸盐水泥、普通硅酸盐水泥》

GB 1344—1999　　《矿渣硅酸盐水泥、火山灰质硅酸盐水泥及粉煤灰硅酸盐水泥》

GB 12958—1999　《复合硅酸盐水泥》

GB 13693—1992　《道路硅酸盐水泥》

2　仪器设备

（1）袋装水泥取样器（图 T 0501-1）。

（2）散装水泥取样器（图 T 0501-2）。

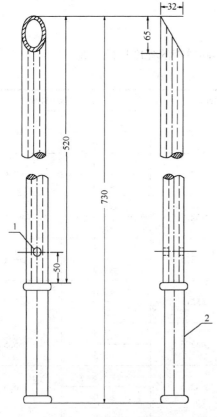

图 T 0501-1　袋装水泥取样管（单位：mm）
1-气孔；2-手柄

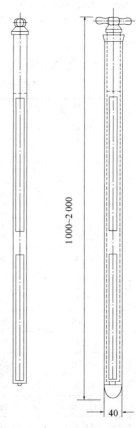

图 T 0501-2　散装水泥取样器
（单位：mm）

3 取样步骤
　　3.1 取样数量应符合各相应水泥标准的规定。
　　3.2 分割样
　　　　3.2.1 袋装水泥:每1/10编号从一袋中取至少6kg。
　　　　3.2.2 散装水泥:每1/10编号在5min内取至少6kg。
　　3.3 袋装水泥取样:采用图T 0501-1的取样管取样。随机选择20个以上不同的部位,将取样管插入水泥适当深度,用大拇指按住气孔,小心抽出取样管。将所取样品放入洁净、干燥、不易受污染的容器中。
　　3.4 散装水泥取样:采用图T 0501-2的槽形管式取样器取样,通过转动取样器内管控制开关,在适当位置插入水泥一定深度,关闭后小心抽出。将所取样品放入洁净、干燥、不易受污染的容器中。
4 样品制备
　　4.1 样品缩分
　　　　可采用二分器,一次或多次将样品缩分到标准要求的规定量。
　　4.2 试验样及封存样
　　　　将每一编号所取水泥混合样通过0.9mm方孔筛,均分为试验样和封存样。
　　4.3 分割样
　　　　每一编号所取10个分割样应分别通过0.9mm方孔筛,不得混杂。
5 样品的包装与贮存
　　5.1 样品取得后应存放在密封的金属容器中,加封条。容器应洁净、干燥、防潮、密闭、不易破损、不与水泥发生反应。
　　5.2 封存样应密封保管3个月。试验样与分割样亦应妥善保管。
　　5.3 在交货与验收时,水泥厂和用户共同取实物试样,封存样由买卖双方共同签封。以抽取实物试样的检验结果为验收依据时,水泥厂封存样保存期为40d;以同编号水泥的检验报告为验收依据时,水泥厂封存样保存期为3个月。
　　5.4 存放样品的容器应至少在一处加盖清晰、不易擦掉的标有编号、取样时间、地点、人员的密封印,如只在一处标志应在器壁上。
　　5.5 封存样应贮存于干燥、通风的环境中。
6 取样单
　　样品取得后,均应由负责取样操作人员填写如表T 0501-1所示的取样单。

×××水泥厂取样单　　　　　　　　　　　表T 0501-1

水泥编号	水泥品种及标号	取样人签字	取样日期	备注

【注意事项】

（1）"分割样"是在一个编号内按每1/10编号取得的份样,用作分割样品质检验。按照GB 12573—90附录A的规定:"分割样试验每季度进行一次。可任选一个品种、标号";"分割样试验结果有低于水泥的技术要求时,或水泥28天抗压强度变异系数大于6%时,即应每季度进行第二次;当仍有低于技术要求,或异系数大于6%时,则每月进行一次"。由此可断定该试验是要求水泥生产厂为控制产品质量进行的试验,试验频率不高,一般按季度进行。如果水泥用户也要进行分割样试验,恐怕试验工作量太大,至少10份样品,实施起来有困难,且无实际意义。以上只是个人看法。

（2）3.2款规定:袋装水泥、散装水泥均"每1/10编号从一袋中取至少6kg"。那么一个编号是多少吨不明确,也就是通常说的一个验收批是多少吨不明确,不便于实际操作。3.3款规定:袋装水泥取样随机选择20个以上不同的部位,也未规定批量。3.4款仅规定了散装水泥取样方法,对取样部位未规定。

2.密度

密度是水泥最基本的物理参数,一般水泥的密度为$2.9\sim3.1g/cm^3$,密度的大小并不反映水泥质量的好坏,但是在进行水泥比表面积测定、混凝土配合比设计计算、混凝土配合比分析时,都要实测水泥的密度。

水泥密度测定方法
(JTG E30—2005　T 0503—2005)

1　目的、适用范围和引用标准

本方法规定了水泥密度的测量方法。

本方法适用于硅酸盐水泥、普通硅酸盐水泥、矿渣硅酸盐水泥、火山灰硅酸盐水泥、粉煤灰硅酸盐水泥、复合硅酸盐水泥、道路硅酸盐水泥的密度及指定采用本方法的其他粉状物料密度的测定。

引用标准:

GB 253—1989　《煤油》

2　仪器设备

(1)李氏瓶。检定水泥密度用的李氏瓶应符合关于公差、符号、长度以及均匀刻度的要求,容积为220~250mL,带有长180~200mm、直径约10mm的细颈,细颈上刻度读数由0~24mL,且0~1mL和18~24mL之间应具有0.1mL刻度线,见图 T 0503-1。

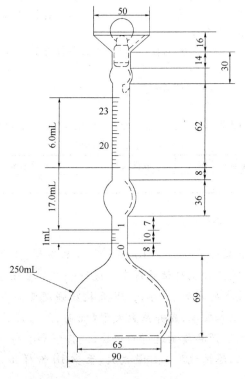

图 T 0503-1　测定密度的仪器(李氏密度瓶)(单位:mm)

(2)恒温水槽或其他保持恒温的盛水玻璃容器。

(3)天平:量程大于100g,感量不大于0.01g。

(4)温度计:分度值不大于0.1℃。
(5)滤纸。

3 试验方法

3.1 将无水煤油注入李氏瓶中,液面至0mL到1mL刻度线内(以弯月液面的下部为准)。盖上瓶塞并放入恒温水槽内,使刻度部分浸入水中(水温应控制在李氏瓶刻度上的温度),恒温30min,记下第一次读数。

3.2 从恒温水槽中取出李氏瓶,用滤纸将李氏瓶内零点以上没有煤油的部分仔细擦净。

3.3 水泥预先通过0.9mm的方孔筛,在110℃±5℃温度下干燥1h,并且在干燥器内冷却至室温。称取水泥60g,精确至0.01g,用小匙借助洗净烘干的玻璃漏斗装入李氏瓶中,反复摇动,直至没有气泡排出,再次放入恒温水槽,在相同温度下恒温30min,记下第二次读数。

3.4 两次读数时,恒温水槽温差不大于0.2℃。

4 试验结果

4.1 水泥密度按式(T 0503-1)计算:

$$\rho = 1\,000 \times \frac{P}{V} \qquad (T\ 0503\text{-}1)$$

式中:ρ——水泥的密度(kg/m^3);
P——装入密度瓶中水泥的质量(g);
V——在试验所确定温度条件下被水泥所排出的液体体积,即李氏密度瓶第二次读数减去第一次读数(cm^3)。

4.2 密度须以两次试验结果的平均值确定,计算精确至$10\ kg/m^3$。两次试验结果之差不得超过$20\ kg/m^3$。

5 试验报告

试验报告应包括以下内容:
(1)原材料的品种、规格和产地;
(2)试验日期及时间;
(3)仪器设备的名称、型号及编号;
(4)环境温度和湿度;
(5)执行标准;
(6)水泥试样的密度;
(7)要说明的其他内容。

3.细度

细度是表示水泥粗细程度的指标。水泥颗粒的粗细对水泥的性质有很大影响。颗粒愈细,与水起反应的表面积就愈大,因而水泥颗粒细,水化较快而且较完全,早期强度和后期强度都较高,但在空气中的硬化收缩性较大。如水泥颗粒过粗则不利于水泥活性的发挥。一般认为水泥颗粒小于0.04 mm时,才具有较高的活性。另一方面,水泥过细势必要增加生产成本,过细的水泥存放期也较短。

GB 175—2007规定:硅酸盐水泥、普通硅酸盐水泥的细度以比表面积表示,其比表面积不小于$300m^2/kg$;矿渣硅酸盐水泥、火山灰质硅酸盐水泥、粉煤灰硅酸盐水泥和复合硅酸盐水泥的细度以筛余表示,其$80\mu m$方孔筛筛余不大于10%或$45\mu m$方孔筛筛余不大于30%。并且规定细度为"选择性指标"。

水泥细度检验方法($80\mu m$筛筛析法)
(JTG E30—2005 T 0502—2005)

1 目的、适用范围和引用标准

本方法规定用80μm筛检验水泥细度的测试方法。

本方法适用于硅酸盐水泥、普通硅酸盐水泥、矿渣硅酸盐水泥、粉煤灰硅酸盐水泥、火山灰硅酸盐水泥、复合硅酸盐水泥、道路硅酸盐水泥及指定采用本方法的其他品种水泥。

引用标准：

GB/T 6003.1—1997　《金属丝编织网试验筛》

JC/T 728—1996　　《水泥物理检验仪器　标准筛》

2　仪器设备

（1）试验筛

①试验筛由圆形筛框和筛网组成，分负压筛和水筛两种，其结构尺寸见图T 0502-1和图T 0502-2。负压筛应附有透明筛盖，筛盖与筛上口应有良好的密封性。

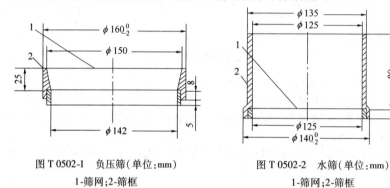

图T 0502-1　负压筛(单位:mm)　　　　图T 0502-2　水筛(单位:mm)

1-筛网；2-筛框　　　　　　　　　　　1-筛网；2-筛框

②筛网应紧绷在筛框上，筛网和筛框接触处，应用防水胶密封，防止水泥嵌入。

（2）负压筛析仪

①负压筛析仪由筛座、负压筛、负压源及收尘器组成，其中筛座由转速为30r/min±2r/min的喷气嘴、负压表、控制板、微电机及壳体等部分构成，见图T 0502-3。

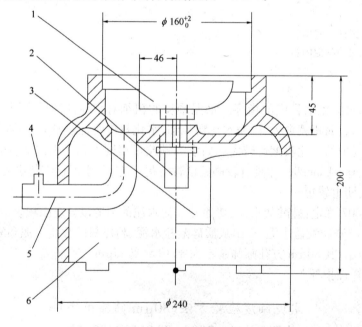

图T 0502-3　筛座(单位:mm)

1-喷气嘴；2-微电机；3 控制板开口；4-负压表接口；5-负压源及收尘器接口；6 壳体

②筛析仪负压可调范围为4 000～6 000Pa。
③喷气嘴上口平面与筛网之间距离为2～8mm。
④喷气嘴的上口尺寸见图T 0502-4。
⑤负压源和收尘器,由功率≥600W的工业吸尘器和小型旋风收尘筒等组成或用其他具有相当功能的设备。

(3)水筛架和喷头

水筛架和喷头的结构尺寸应符合JC/T 728—1996《水泥物理检验仪器 标准筛》的规定,但其中水筛架上筛座内径为140_{-3}^{0}mm。

(4)天平

量程应大于100g,感量不大于0.05g。

3 样品处理

水泥样品应充分拌匀,通过0.9mm方孔筛,记录筛余物情况,要防止过筛时混进其他水泥。

4 试验步骤

4.1 负压筛法

4.1.1 筛析试验前,应把负压筛放在筛座上,盖上筛盖,接通电源,检查控制系统,调节负压至4 000～6 000Pa范围内。

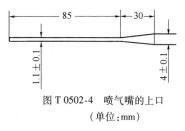

图T 0502-4 喷气嘴的上口
(单位:mm)

4.1.2 称取试样25g,置于洁净的负压筛中,放在筛座上,盖上筛盖,开动筛析仪连续筛析2min,在此期间如有试样附着在筛盖上,可轻轻地敲击筛盖使试样落下。筛毕,用天平称量筛余物。

4.1.3 当工作负压小于4 000Pa时,应清理吸尘器内水泥,使负压恢复正常。

4.2 水筛法

4.2.1 筛析试验前,使水中无泥、砂,调整好水压及水筛架的位置,使能正常运转。喷头底面和筛网之间距离为35～75mm。

4.2.2 称取试样25g,置于洁净的水筛中,立即用淡水冲洗至大部分细粉通过后,放在水筛架上,用水压为0.05MPa±0.02MPa的喷头连续冲洗3min。筛毕,用少量水把筛余物冲至蒸发皿中,等水泥颗粒全部沉淀后,小心倒出清水,烘干并用天平称量筛余物。

4.3 试验筛的清洗

试验筛必须保持洁净,筛孔通畅,使用10次后要进行清洗。金属筛框、铜丝网筛洗时应用专门的清洗剂,不可用弱酸浸泡。

5 试验结果计算

5.1 水泥试样筛余百分数按式(T 0502-1)计算：

$$F = \frac{R_s}{m} \times 100 \quad \quad (T\ 0502\text{-}1)$$

式中：F——水泥试样的筛余百分数(%)；

R_s——水泥筛余物的质量(g)；

m——水泥试样的质量(g)。

5.2 筛余结果的修正

为使试验结果可比,应采用试验筛修正系数方法来修正5.1款的计算结果。修正系数的测定,按T 0502附录进行。

合格评定时,每个样品应称取两个试样分别筛析,取筛余平均值为筛析结果。若两次筛余结果绝对误差大于0.5%时(筛余值大于5%时可放至1.0%),应再做一次试验,取两次相近结果的算术平均值作为最终结果。

5.3 负压筛法与水筛法测定的结果发生争议时,以负压筛法为准。

6 试验报告

试验报告应包括以下内容：

(1)试样编号;
(2)要求检测的项目名称;
(3)原材料的品种、规格和产地;
(4)试验日期及时间;
(5)仪器设备的名称、型号及编号;
(6)环境温度和湿度;
(7)试验采用方法;
(8)执行标准;
(9)水泥试样的筛余百分数;
(10)要说明的其他内容。

【注意事项】

筛余结果的修正:用符合 GSB 14—1511 要求的标准样品,用试验所用筛进行筛分试验,测得标准样品在试验筛上的筛余百分数 F_t,与标准样品的筛余标准值 F_n(由标准样品供应者提供)计算修正系数 $C(C = F_n/F_t)$,筛余结果的修正就是对所试验水泥的试验结果乘以修正系数 C。一般修正系数 C 在 0.80 ~ 1.20 范围内,试验筛可以继续使用;超出该范围,试验筛应废弃。

水泥比表面积测定方法(勃氏法)
(JTG E30—2005 T 0504—2005)

1 目的、适用范围

本方法规定采用勃氏法进行水泥比表面积测定。

本方法适用于硅酸盐水泥、普通硅酸盐水泥、矿渣硅酸盐水泥、粉煤灰硅酸盐水泥、火山灰硅酸盐水泥、复合硅酸盐水泥、道路硅酸盐水泥及指定采用本方法的其他粉状物料。本方法不适用于测定多孔材料及超细粉状物料。

2 仪器设备

(1)Blaine 透气仪:如图 T 0504-1、图 T 0504-2 所示,由透气圆筒、压力计、抽气装置等三部分组成。

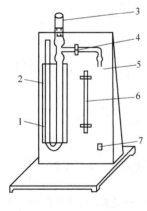

图 T 0504-1 Blaine 透气仪示意图
1-U 形压力计;2-平面镜;3-透气圆筒;4-活塞;5-背面接微驱电磁泵;6-温度计;7-开关

(2)透气圆筒:内径为 $12.700_0^{+0.05}$ mm,由不锈钢制成。圆筒内表面的粗糙度 Ra = 1.60μm,圆筒的上口边应与圆筒主轴垂直,圆筒下部锥度应与压力计上玻璃磨口锥度一致,两者应严密连接。在圆筒内壁,距离圆筒上口边 55mm ± 10mm 处有一突出的宽度为 0.5 ~ 1mm 的边缘,以放置金属穿孔板。

(3)穿孔板:由不锈钢或其他不受腐蚀的金属制成,厚度为 $1.0_{-0.1}^{0}$ mm。在其面上,等距离地打有 35 个直径 1mm 的小孔,穿孔板应与圆筒内壁密合。穿孔板两平面应平行。

(4)捣器:用不锈钢制成,插入圆筒时,其间隙不大于 0.1mm。捣器的底面应与主轴垂直,侧面有一个扁平槽,宽度 3.0mm ± 0.3mm。捣器的顶部有一个支持环,当捣器放入圆筒时,支持环与圆筒上口边接触,这时捣器底面与穿孔圆板之间的距离为15.0mm ± 0.5mm。

(5)压力计:U 形压力计尺寸如图 T 0504-2a)所示,由外径为 9mm 的具有标准厚度的玻璃管制成。压力计一个臂的顶端有一锥形磨口与透气圆筒紧密连接,在连接透气圆筒的压力计臂上刻有环形线。从压力计底部往上 280 ~ 300mm 处有一个出口管,管上装有一个阀门,连接抽气装置。

(6)抽气装置:用小型电磁泵,也可用抽气球。

(7)滤纸:采用中速定量滤纸。

(8)天平:感量为1mg。

(9)秒表:分度值到0.5s。

(10)其他:烘干箱、干燥箱和毛刷等。

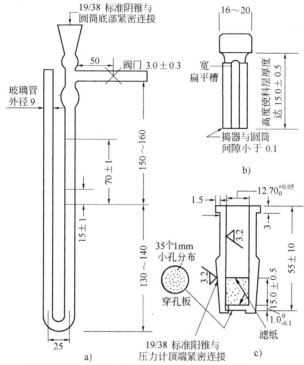

图 T 0504-2 Blaine 透气仪结构及主要尺寸(单位:mm)
a) U 形压力;b) 捣器;c) 透气圆筒

3 材料

(1)压力计液体:压力计液体采用带有颜色的蒸馏水。

(2)基本材料:基本材料采用中国水泥质量监督检验中心制备的标准试样。

4 仪器校准

4.1 漏气检查

将透气圆筒上口用橡皮塞塞紧,接到压力计上。用抽气装置从压力计一臂中抽出部分气体,然后关闭阀门,观察是否漏气。如发现漏气,用活塞油脂加以密封。

4.2 试料层体积的测定

4.2.1 水银排代法:将两片滤纸沿圆筒壁放入透气圆筒内,用一直径略比透气圆筒小的细长棒往下按,直到滤纸平整放在金属的穿孔板上。然后装满水银,用一小块薄玻璃板轻压水银表面,使水银面与圆筒口平齐,并须保证在玻璃板和水银表面之间没有气泡或空洞存在。从圆筒中倒出水银,称量,精确至0.05g。重复几次测定,到数值基本不变为止。然后从圆筒中取出一片滤纸,试用约3.3g的水泥,按照本方法5.3款的要求压实水泥层[注]。再在圆筒上部空间注入水银,同上述方法除去气泡、压平、倒出水银称量,重复几次,直到水银称量值相差小于0.05g为止。

注:应制备坚实的水泥层,如水泥太松或不能压到要求体积时,应调整水泥的试用量。

4.2.2 圆筒内试料层体积 V 按式(T 0504-1)计算,精确到 $5 \times 10^{-9} m^3$:

$$V = 10^{-6} \times (P_1 - P_2)/\rho_{水银} \quad\quad (T\ 0504-1)$$

式中：V——试料层体积（m^3）；

P_1——未装水泥时，充满圆筒的水银质量（g）；

P_2——装水泥后，充满圆筒的水银质量（g）；

$\rho_{水银}$——试验温度下水银的密度（g/cm^3），见表 T 0504-1。

在不同温度下水银的密度、空气黏度 η 和 $\eta^{1/2}$ 表 T 0504-1

室温（℃）	水银的密度（g/cm^3）	空气黏度 η（Pa·s）	$\eta^{1/2}$
8	13.58	0.000 174 9	0.013 22
10	13.57	0.000 175 9	0.013 26
12	13.57	0.000 176 8	0.013 30
14	13.56	0.000 177 8	0.013 33
16	13.56	0.000 178 8	0.013 37
18	13.55	0.000 179 8	0.013 41
20	13.55	0.000 180 8	0.013 45
22	13.54	0.000 181 8	0.013 48
24	13.54	0.000 182 8	0.013 52
26	13.53	0.000 183 7	0.013 55
28	13.53	0.000 184 7	0.013 99
30	13.52	0.000 185 7	0.013 63
32	13.52	0.000 186 7	0.013 66
34	13.51	0.000 187 6	0.013 70

4.2.3 试料层体积的测定，至少应进行两次。每次应单独压实，若两次数值相差不超过 $5 \times 10^{-9} m^3$，则取两者的平均值，精确至 $10^{-10} m^3$，并记录测定过程中圆筒附近的温度。每隔一季度至半年应重新校正试料层体积。

5 试验步骤

5.1 试样准备

5.1.1 将 110℃ ±5℃下烘干并在干燥器中冷却到室温的标准试样，倒入 100mL 的密闭瓶内，用力摇动 2min，将结块成团的试样振碎，使试样松散。静置 2min 后，打开瓶盖，轻轻搅拌，使在松散过程中落到表面的细粉，分布到整个试样中。

5.1.2 水泥试样，应先通过 0.9mm 方孔筛，再在 110℃ ±5℃下烘干，并在干燥器中冷却至室温。

5.2 确定试样量

校正试验用的标准试样量和被测定水泥的质量，应达到在制备的试料层中的空隙率为 0.500 ± 0.005（50% ±0.5%），计算式为：

$$W = \rho V (1 - \varepsilon) \quad (T\ 0504\text{-}2)$$

式中：W——需要的试样量（kg），精确至 1mg；

ρ——试样密度（kg/m^3）；

V——按本方法 4.2 测定的试料层体积（m^3）；

ε——试料层空隙率[注]。

注：空隙率是指试料层中孔的容积与试料层总的容积之比，一般水泥采用 0.500 ± 0.005。如有些粉料按式（T 0504-2）算出的试样量在圆筒的有效体积中容纳不下或经捣实后未能充满圆筒的有效体积，则允许适当地改变空隙率。

5.3 试料层制备

将穿孔板放入透气圆筒的突缘上，用一根直径比圆筒略小的细棒把一片滤纸[注]送到穿孔板上，边缘压紧。称取按本方法 5.2 款确定的水泥量，精确至 0.001g，倒入圆筒。轻敲圆筒的边，使水泥层表面平坦。再放入一片滤纸,用捣器均匀捣实试料直至捣器的支持环紧紧接触圆筒顶边并旋转两周,慢慢取出捣器。

注:穿孔板上的滤纸,应是与圆筒内径相同、边缘光滑的圆片。穿孔板上滤纸片如比圆筒内径小时,会有部分试样粘于圆筒内壁高出圆板上部,当滤纸直径大于圆筒内径会引起滤纸片皱起使结果不准。每次测定需用新的滤纸片。

5.4 透气试验

5.4.1 把装有试料层的透气圆筒连接到压力计上,要保证紧密连接不致漏气注,并不振动所制备的试料层。

注:为避免漏气,可先在圆筒下锥面涂一薄层活塞油脂,然后把它插入压力计顶端锥形磨口处,旋转两周。

5.4.2 打开微型电磁泵慢慢从压力计一臂中抽出空气,直到压力计内液面上升到扩大部下端时关闭阀门。当压力计内液体的弯月液面下降到第一个刻度线时开始计时,当液体的弯月面下降到第二条刻度线时停止计时,记录液面从第一条刻度线下降到第二刻度线所需的时间,以秒表(s)记录,并记下试验时的温度(℃)。

6 试验结果计算

6.1 当被测物料的密度、试料层中空隙率与标准试样相同,试验时温差不大于±3℃时,可按式(T 0504-3)计算:

$$S_c = \frac{S_s \sqrt{T}}{\sqrt{T_s}} \qquad (T\ 0504\text{-}3)$$

如试验时温差大于±3℃时,则按式(T 0504-4)计算:

$$S_c = \frac{S_s \sqrt{T} \sqrt{\eta_s}}{\sqrt{T_s} \sqrt{\eta}} \qquad (T\ 0504\text{-}4)$$

式中 S_c——被测试样的比表面积(m^2/g);

S_s——标准试样的比表面积(m^2/g);

T——被测试样试验时,压力计中液面降落测得的时间(s);

T_s——标准试样试验时,压力计中液面降落测得的时间(s);

η——被测试样试验温度下的空气黏度(Pa·s);

η_s——标准试样试验温度下的空气黏度(Pa·s)。

6.2 当被测试样的试料层中空隙率与标准试样试料层中空隙率不同,试验时温差不大于±3℃时,可按式(T 0504-5)计算:

$$S_c = \frac{S_s \sqrt{T}(1-\varepsilon_s)\sqrt{\varepsilon^3}}{\sqrt{T_s}(1-\varepsilon)\sqrt{\varepsilon_s^3}} \qquad (T\ 0504\text{-}5)$$

如试验时温差大于±3℃时,则按式(T 0504-6)计算:

$$S_c = \frac{S_s \sqrt{T}(1-\varepsilon_s)\sqrt{\varepsilon^3}\sqrt{\eta_s}}{\sqrt{T_s}(1-\varepsilon)\sqrt{\varepsilon_s^3}\sqrt{\eta}} \qquad (T\ 0504\text{-}6)$$

式中:ε——被测试样试料层中的空隙率;

ε_s——标准试样试料层中的空隙率。

6.3 当被测试样的密度和空隙率均与标准试样不同,试验时温差不大于±3℃时,可按式(T 0504-7)计算:

$$S_c = \frac{S_s \sqrt{T}(1-\varepsilon_s)\sqrt{\varepsilon^3}\rho_s}{\sqrt{T_s}(1-\varepsilon)\sqrt{\varepsilon_s^3}\rho} \qquad (T\ 0504\text{-}7)$$

如试验时温度相差大于±3℃时,则按式(T 0504-8)计算:

$$S_c = \frac{S_s \sqrt{T}(1-\varepsilon_s)\sqrt{\varepsilon^3}\rho_s\sqrt{\eta_s}}{\sqrt{T_s}(1-\varepsilon)\sqrt{\varepsilon_s^3}\rho\sqrt{\eta}} \qquad (T\ 0504\text{-}8)$$

式中：ρ——被测试样的密度（kg/m^3）；

ρ_s——标准试样的密度（kg/m^3）。

6.4 水泥比表面积的单位为 m^2/kg，精确至 $1m^2/kg$。

6.5 水泥比表面积应由两次透气试验结果的平均值确定，精确至 $1m^2/kg$；如两次试验结果相差2%以上时，应重新试验。

7 试验报告

试验报告应包括以下内容：

(1)原材料的品种、规格和产地；

(2)试验日期及时间；

(3)仪器设备的名称、型号及编号；

(4)环境温度和湿度；

(5)水泥试样的比表面积；

(6)执行标准；

(7)要说明的其他内容。

【注意事项】

(1)比表面积法主要用于硅酸盐水泥细度试验，普通硅酸盐水泥及其他矿物掺和料含量较大的水泥用负压筛法即可。

(2)该方法试验结果的精密度取决于试样数量，而试样数量又取决于料层的体积和试样密度试验结果的精密度。料层的体积用水银排代法测定，一般新仪器出厂时有标定结果，可查仪器使用说明书，注意不同的仪器料层的体积不一样，且使用一定时间后应重新标定。试样的密度用李氏密度瓶测定，置换液用煤油。

(3)试料层制备，也就是装料非常重要：一是装料时要防止试样飞洒；二是用捣器捣实时切记下压速度要慢，而且先要轻按一下，拿起再轻按，逐次压密，过快会因空气急剧压缩而外逸，导致试样喷出，尤其是第一下。

(4)透气时，先打开抽气机，然后逐渐打开控制阀门，扭动一下旋钮，观察液面是否升降，只要液面有轻微的变化就立即停止扭动。切记不要一下将控制阀门开得过大，否则液体会一下被吸入抽气机中，导致试验失败。

4. 标准稠度用水量、凝结时间及安定性

(1)标准稠度用水量

水泥加水制成水泥净浆，在维卡仪上，在规定的时间、荷重下，当试杆沉入水泥净浆并距玻璃板 $6mm \pm 1mm$ 时的拌和用水量，称为水泥的标准稠度用水量。水泥凝结时间和安定性试验都是用水泥净浆来试验的。为了使不同水泥、不同人、不同时间测得的凝结时间或安定性结果具有可比性，必须采用标准稠度的水泥净浆进行试验。也就是说水泥标准稠度用水量试验的目的是给凝结时间和安定性试验制浆确定加水量。

(2)凝结时间

水泥加水后，水泥颗粒与水接触，其表面的熟料矿物与水发生水解作用，形成水化产物并释放出一定的热量，这一过程称为"水化"。随着水化的进行，水泥浆逐渐变稠而失去塑性，但尚不具有强度的过程称为水泥的"凝结"。随后强度开始逐渐形成，并发展成为坚硬的水泥石，这一过程称为水泥的"硬化"。凝结和硬化实际上是一个连续的、复杂的物理化学变化过程。这样人为划分是为了方便讨论问题。

水泥凝结的快慢用凝结时间表示。凝结时间分初凝和终凝。初凝是从水泥加入水中起至标准稠度净浆开始失去可塑性所需的时间;终凝是从水泥加入水中起至标准稠度净浆完全失去可塑性并开始产生强度所需的时间。混凝土或砂浆施工要经过搅拌、运输、浇捣或砌筑等一系列工艺过程,在此过程中混凝土或砂浆不能开始凝结,因此水泥初凝时间不能过短。当施工完毕后,则要求尽快硬化,形成强度,故终凝时间不能太长。

国家标准规定,水泥的凝结时间是以标准稠度下的水泥净浆,在规定温度及湿度环境下用维卡仪测定。

(3)体积安定性

水泥浆硬化后体积变化的稳定性称为水泥体积的安定性,即硬化的水泥石能保持一定的形状,不开裂、不变形、不溃散的性质。如果体积安定性不良,就会使构件产生膨胀性裂缝,降低建筑物质量,甚至引起严重事故。

体积安定性不良,一般是由于熟料中所含的游离氧化钙、游离氧化镁过多或掺入的石膏过多。熟料中所含的游离氧化钙或氧化镁都是过烧的,熟化很慢,在水泥已经硬化后才进行熟化,且体积膨胀,引起不均匀的体积变化,使水泥石开裂。

国家标准规定,用沸煮法检验水泥的体积安定性。但此方法只能检验由于游离氧化钙含量过多引起的体积不安定性。对由于游离氧化镁含量过多引起的体积不安定性由水泥生产厂控制,水泥用户一般不测。

水泥标准稠度用水量、凝结时间、安定性检验方法
（JTG E30—2005　T 0505—2005）

1 目的、适用范围和引用标准

本方法规定了水泥标准稠度用水量、凝结时间和体积安定性的测试方法。

本方法适用于硅酸盐水泥、普通硅酸盐水泥、矿渣硅酸盐水泥、粉煤灰硅酸盐水泥、火山灰硅酸盐水泥、复合硅酸盐水泥、道路硅酸盐水泥及指定采用本方法的其他品种水泥。

引用标准:

JC/T 727—1996　《水泥物理检验仪器　净浆标准稠度与凝结时间测定仪》

JC/T 729—1996　《水泥物理检验仪器　水泥净浆搅拌机》

GB/T 1346—2001　《水泥标准稠度用水量、凝结时间、安定性检验方法》

2 仪器设备

(1)水泥净浆搅拌机:符合JC/T 729的要求。

(2)标准法维卡仪:如图 T 0505-1 所示,标准稠度测定用试杆(见图 T 0505-1c)有效长度为50mm±1mm,由直径为 ϕ10mm±0.05mm 的圆柱形耐腐蚀金属制成。测定凝结时间时取下试杆,用试针(见图 T 0505-1d、T 0501-1e)代替试杆。试针由钢制成,其有效长度初凝针为50mm±1mm、终凝针为30mm±1mm,是直径为 ϕ1.13mm±0.05mm 的圆柱体。滑动部分的总质量为300g±1g。与试杆、试针联结的滑动杆表面应光滑,能靠重力自由下落,不得有紧涩和旷动现象。

盛装水泥净浆的试模(见图 T 0505-1a)应由耐腐蚀的、有足够硬度的金属制成。试模为深40mm±0.2mm、顶内径 ϕ65mm±0.5mm、底内径 ϕ75mm±0.5mm 的截顶圆锥体,每只试模应配备一个大于试模、厚度大于等于2.5mm的平板玻璃底板。

(3)代用法维卡仪:符合JC/T 727的要求。

(4)沸煮箱:有效容积约为410mm×240mm×310mm,算板结构应不影响试验结果,算板与加热器之间的距离大于50mm。箱的内层由不易锈蚀的金属材料制成,能在30min±5min内将箱内

的试验用水由室温升至沸腾并可保持沸腾状态 3h 以上,整个试验过程中不需补充水量。

(5)雷氏夹膨胀仪:由铜质材料制成,其结构如图 T 0505-2。当一根指针的根部先悬挂在一根金属丝或尼龙丝上,另一根指针的根部再挂上 300g 质量的砝码时,两根指针的针尖距离增加应在 17.5mm±2.5mm 范围以内,即 $2x = 17.5\text{mm} \pm 2.5\text{mm}$,当去掉砝码后针尖的距离能恢复至挂砝码前的状态。雷氏夹受力示意图如图 T 0505-3。

(6)量水器:分度值为 0.1mL,精度 1%。

(7)天平:量程 1 000g,感量 1g。

(8)湿气养护箱:应能使温度控制在 20℃±1℃,相对湿度大于 90%。

(9)雷氏夹膨胀值测定仪:如图 T 0505-4 所示,标尺最小刻度 0.5mm。

(10)秒表:分度值 1s。

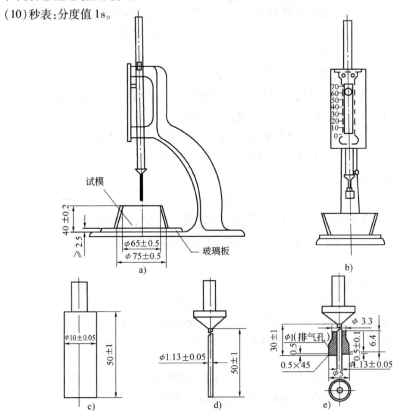

图 T 0505-1 测定水泥标准稠度和凝结时间用的维卡仪(单位:mm)

a)初凝时间测定用立式试模侧视图;b)终凝时间测定用反转试模前视图;c)标准稠度试杆;d)初凝用试针;e)终凝用试针

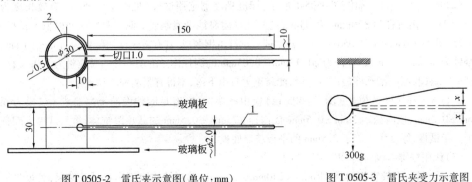

图 T 0505-2 雷氏夹示意图(单位:mm)
1-指针;2-环模

图 T 0505-3 雷氏夹受力示意图

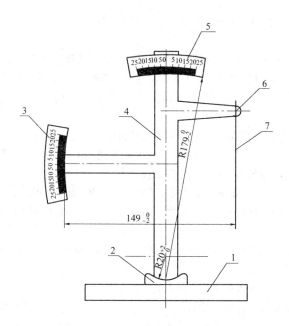

图 T 0505-4 雷氏夹膨胀值测定仪
1-底座;2-模子座;3-测弹性标尺;4-立柱;5-测膨胀值标尺;6-悬臂;7-悬丝

3 试样及用水

3.1 水泥试样应充分拌匀,通过0.9mm方孔筛并记录筛余物情况,但要防止过筛时混进其他水泥。

3.2 实验用水必须是洁净的淡水,如有争议时可用蒸馏水。

4 实验室温度、相对湿度

4.1 实验室的温度为20℃±2℃,相对湿度大于50%。

4.2 水泥试样、拌和水、仪器和用具的温度应与实验室内室温一致。

5 标准稠度用水量测定(标准法)

5.1 试验前必须做到

(1)维卡仪的金属棒能够自由滑动。

(2)调整至试杆接触玻璃板时指针对准零点。

(3)水泥净浆搅拌机运行正常。

5.2 水泥净浆拌制

用水泥净浆搅拌机搅拌,搅拌锅和搅拌叶片先用湿布擦过,将拌和水倒入搅拌锅中,然后在5~10s内小心将称好的500g水泥加入水中,防止水和水泥溅出;拌和时,先将锅放在搅拌机的锅座上,升至搅拌位置,启动搅拌机,低速搅拌120s,停15s,同时将叶片和锅壁上的水泥浆刮入锅中间,接着高速搅拌120s停机。

5.3 标准稠度用水量测定步骤

5.3.1 拌和结束后,立即将拌制好的水泥净浆装入已放在玻璃板上的试模中,用小刀插捣,轻轻振动数次,刮去多余的净浆。

5.3.2 抹平后迅速将试模和底板移到维卡仪上,并将其中心定在试杆下,降低试杆直到与水泥净浆表面接触,拧紧螺丝1~2s后,突然放松,使试杆垂直自由地沉入水泥净浆中。在试杆停止沉入或释放试杆30s时记录试杆到底板的距离,升起试杆后,立即擦净。

5.3.3 整个操作应在搅拌后1.5min内完成。以试杆沉入净浆并距底板6mm±1mm的水泥净浆为标准稠度净浆。其拌和水量为该水泥的标准稠度用水量(P),按水泥质量的百分比计。

5.3.4 当试杆距玻璃板小于5mm时,应适当减水,重复水泥浆的拌制和上述过程;若距离大于 7mm 时,则应适当加水,并重复水泥净浆的拌制和上述过程。

6 凝结时间测定

6.1 测定前准备工作:调整凝结时间测定仪的试针接触玻璃板,使指针对准零点。

6.2 试件的制备:以标准稠度用水量按 5.2 制成标准稠度净浆(记录水泥全部加入水中的时间作为凝结时间的起始时间)一次装满试模,振动数次刮平,立即放入湿气养护箱。

6.3 初凝时间测定

6.3.1 记录水泥全部加入水中至初凝状态的时间作为初凝时间,用"min"计。

6.3.2 试件在湿气养护箱中养护至加水后 30min 时进行第一次测定。测定时,从湿气养护箱中取出试模放到试针下,降低试针与水泥净浆表面接触。拧紧螺丝 1~2s 后,突然放松,使试杆垂直自由地沉入水泥净浆中。观察试针停止沉入或释放试针 30s 时指针的读数。

6.3.3 临近初凝时,每隔 5min 测定一次。当试针沉至距底板 4mm ± 1mm 时,为水泥达到初凝状态。

6.3.4 达到初凝时应立即重复测一次,当两次结论相同时才能定为达到初凝状态。

6.4 终凝时间测定

6.4.1 由水泥全部加入水中至终凝状态的时间为水泥的终凝时间,用"min"计。

6.4.2 为了准确观察试件沉入的状况,在终凝针上安装了一个环形附件(见图 T 0505-1e)。在完成初凝时间测定后,立即将试模连同浆体以平移的方式从玻璃板下翻转 180°,直径大端向上、小端向下放在玻璃板上,再放入湿气养护箱中继续养护。

6.4.3 临近终凝时间时每隔 15min 测定一次,当试针沉入试件 0.5mm 时,即环形附件开始不能在试件上留下痕迹时,为水泥达到终凝状态。

6.4.4 达到终凝时应立即重复测一次,当两次结论相同时才能定为达到终凝状态。

6.5 测定时应注意,在最初测定的操作时应轻轻扶持金属柱,使其徐徐下降,以防止试针撞弯,但结果以自由下落为准;在整个测试过程中试针沉入的位置至少要距试模内壁 10mm。每次测定不能让试针落入原针孔,每次测试完毕须将试针擦净并将试模放回湿气养护箱内,整个测试过程要防止试模振动。

注:使用能得出与标准中规定方法结果的自动测试仪器时,不必翻转试件。

7 标准稠度用水量测定(代用法)(略)

8 安定性测定(标准法)

8.1 测定前的准备工作

每个试样需要两个试件,每个雷氏夹需配备质量约 75~80g 的玻璃板两块。凡与水泥净浆接触的玻璃板和雷氏夹表面都要稍稍涂上一层油。

8.2 雷氏夹试件的制备方法

将预先准备好的雷氏夹放在已稍擦油的玻璃板上,并立刻将已制好的标准稠度净浆装满雷氏夹。装浆时一手轻轻扶持雷氏夹,另一只手用宽约 10mm 的小刀插捣数次后抹平,盖上稍涂油的玻璃板,接着立刻将雷氏夹移至湿气养护箱内养护 24h ± 2h。

8.3 沸煮

8.3.1 调整好沸煮箱内的水位,使之在整个沸煮过程中都能没过试件,不需中途添补试验用水,同时保证在 30min ± 5min 内水能沸腾。

8.3.2 脱去玻璃板取下试件,先测量雷氏夹指针尖端间的距离 A,精确到 0.5mm,接着将试件放入水中算板上,指针朝上,试件之间互不交叉,然后在 30min ± 5min 内加热至沸腾,并恒沸 3h ± 5min。

8.4 结果判别

沸煮结束后,即放掉箱中的热水,打开箱盖,待箱体冷却至室温,取出试件进行判别。

测量雷氏夹指针尖端间的距离 C,精确至 0.5mm。当两个试件煮后增加距离 $(C-A)$ 的平均值不大于 5.0mm 时,即认为该水泥安定性合格;当两个试件的 $(C-A)$ 值相差超过 4.0mm 时,应用同一样品立即重做一次试验。再如此,则认为该水泥为安定性不合格。
9 安定性测定(代用法)
   9.1 测定前的准备工作
   每个样品需准备两块约100mm×100mm的玻璃板。凡与水泥净浆接触的玻璃板都要稍稍涂上一层隔离剂。
   9.2 试饼的成型方法
   将制好的净浆取出一部分分成两等份,使之呈球形,放在预先准备好的玻璃板上,轻轻振动玻璃板并用湿布擦净的小刀由边缘向中央抹动,做成直径70~80mm、中心厚约10mm、边缘渐薄、表面光滑的试饼,接着将试饼放入湿气养护箱内养护24h±2h。
   9.3 沸煮
   9.3.1 调整好沸煮箱内的水位,使之在整个沸煮过程中都能没过试件,不需中途添补试验用水,同时保证水在30min±5min内能沸腾。
   9.3.2 脱去玻璃板取下试件,先检查试饼是否完整(如已开裂、翘曲,要检查原因,确定无外因时,该试饼已属不合格品,不必沸煮),在试饼无缺陷的情况下将试饼放在沸煮箱的水中箅板上,然后在30min±5min内加热至水沸腾,并恒沸3h±5min。
   9.4 结果判别
   沸煮结束后,即放掉箱中的热水,打开箱盖,待箱体冷却至室温,取出试件进行判别。目测试饼未发现裂缝,用钢直尺检查也没有弯曲(使钢直尺和试饼底部紧靠,以两者间不透光为不弯曲)的试饼为安定性合格;反之为不合格。当两个试饼判别结果有矛盾时,该水泥的安定性为不合格。
10 试验报告
   试验报告应包括以下内容:
   (1)要求检测的项目名称;
   (2)试样编号;
   (3)试验日期及时间;
   (4)仪器设备的名称、型号及编号;
   (5)环境温度和湿度;
   (6)执行标准;
   (7)使用检测方法;
   (8)水泥试样的标准稠度用水量、凝结时间、安定性;
   (9)要说明的其他内容。

【注意事项】

(1)考虑到应用实际,删除了"标准稠度用水量(代用法)"相关内容,保留了"安定性测定(代用法)"内容。
(2)净浆搅拌前,应用拧干的湿抹布将搅拌锅内壁、搅拌机叶片抹湿,但不能带入明水。投料顺序为先加水,后加水泥,这是与老规程的不同之处。
(3)标准稠度用水量测试时动作要快,必须在规定时间内完成。对于凝结时间和安定性试验,一是标准稠度用水量要准确,二是严格控制养护温度与湿度。

5.胶砂强度
胶砂强度是在进行水泥的强度试验时,不只是用水泥制浆成型试件,还要加一定比例的标准砂,制成水泥砂浆成型试件,其中水泥起胶结的作用,故称水泥胶砂强度。水泥胶砂强度包括抗压强度和抗折强度。胶砂强度按GB17671规定的方法进行,试件尺寸为40mm×40mm×

160mm 的棱柱体,采用三联模制作,试件是由按质量计的 1 份水泥、3 份中国 ISO 标准砂、0.50 的水灰比拌制的砂浆制成。但火山灰质硅酸盐水泥、粉煤灰硅酸盐水泥、复合硅酸盐水泥和掺火山灰质混合材料的普通硅酸盐水泥在进行胶砂强度试验时,其用水量按 0.50 的水灰比和胶砂流动度不小于 180mm 来确定。当流动度小于 180mm 时,应以 0.01 的整倍数递增的方法将水灰比调整至胶砂流动度不小于 180mm。

胶砂试件脱模前的养生条件为温度 20℃±1℃,相对湿度大于 95%;脱模后在 20℃±1℃ 的水中养生。强度试验龄期为 3d、28d。

按胶砂强度,硅酸盐水泥分为 6 个强度等级;普通硅酸盐水泥分为 4 个强度等级;矿渣硅酸盐水泥、火山灰质硅酸盐水泥、粉煤灰硅酸盐水泥和复合硅酸盐水泥各分为 6 个强度等级。

水泥胶砂强度检验方法(ISO 法)
(JTG E30—2005　T 0506—2005)

1　目的、适用范围和引用标准

本方法规定水泥胶砂强度检验基准方法的仪器、材料、胶砂组成、试验条件、操作步骤和结果计算。其抗压强度结果与 ISO 679:1989 结果等同。

本方法适用于硅酸盐水泥、普通硅酸盐水泥、矿渣硅酸盐水泥、粉煤灰硅酸盐水泥、复合硅酸盐水泥、道路硅酸盐水泥以及石灰石硅酸盐水泥的抗折与抗压强度检验。采用其他水泥时必须研究本方法的适用性。

引用标准:

ISO 679: 1989	《水泥的试验方法　水泥强度的测定》
GB/T 6003.3—1997	《金属丝编织网试验筛》
GB/T 17671—1999	《水泥胶砂强度检验方法(ISO 法)》
JC/T 681—1997	《行星式水泥胶砂搅拌机》
JC/T 682—1997	《水泥胶砂试件成型振实台》
JC/T 683—1997	《40mm×40mm 水泥抗压夹具》
JC/T 723 —1996	《水泥物理检验仪器　胶砂振动台》
JC/T 724—1996	《水泥物理检验仪器　电动抗折试验机》
JC/T 726—1997	《水泥胶砂试模》

2　仪器设备

(1)胶砂搅拌机

胶砂搅拌机属行星式,其搅拌叶片和搅拌锅作相反方向的转动。叶片和锅由耐磨金属材料制成,叶片与锅底、锅壁之间的间隙为叶片与锅壁最近的距离。制造质量应符合 JC/T 681—1997 的规定。

(2)振实台

振实台(图 T 0506-1)应符合 JC/T 682—1997 的规定。由装有两个对称偏心轮的电动机产生振动,使用时固定在混凝土基座上。基座高约 400mm,混凝土的体积约 0.25m³,重约 600kg。为防止外部振动影响振实效果,可在整个混凝土基座下放一层厚约 5mm 天然橡胶弹性衬垫。

将仪器用地脚螺丝固定在基座上,安装后设备成水平状态,仪器底座与基座之间要铺一层砂浆以确保它们完全接触。

(3)代用振动台(略)

(4)试模及下料漏斗(下料漏斗略)

试模为可装卸的三联模,由隔板、端板、底座等部分组成,制造质量应符合 JC/T 726—1997《水泥胶砂试模》的规定。可同时成型三条截面为 40mm×40mm×160mm 的棱形试件。

(5)抗折试验机和抗折夹具

抗折试验机应符合 JC/T 724—1982(1996)中的要求,一般采用双杠杆式,也可采用性能符合要求的其他试验机。加荷与支撑圆柱必须用硬质钢材制造。通过三根圆柱轴的三个竖向平面应该平行,并在试验时继续保持平行和等距离垂直试件的方向,其中一根支撑圆柱能轻微地倾斜使圆柱与试件完全接触,以便荷载沿试件宽度方向均匀分布,同时不产生任何扭转应力,如图 T 0506-4。抗折夹具应符合 JC/T 724—1996 中的要求。

抗折强度也可用抗压强度试验机(见本方法 2.6)来测定,此时应使用符合上述规定的夹具。

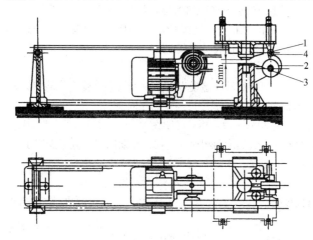

图 T 0506-1　典型振实台
1-突头;2-凸轮;3-止动器;4-随动器

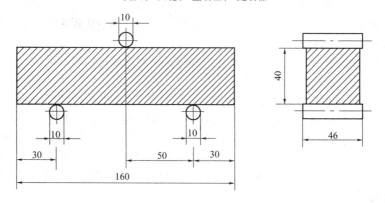

图 T 0506-4　抗折强度测定加荷图(单位:mm)

(6)抗压试验机和抗压夹具

①抗压试验机的吨位以 200~300kN 为宜。抗压试验机,在较大的 4/5 量程范围内使用时,记录的荷载应有 ±1.0% 的精度,并具有按 2 400N/s ±200N/s 速率的加荷能力,应具有一个能指示试件破坏时荷载的指示器。

压力机的活塞竖向轴应与压力机的竖向轴重合,而且活塞作用的合力要通过试件中心。压力机的下压板表面应与该机的轴线垂直并在加荷过程中一直保持不变。

②当试验机没有球座,或球座已不灵活或直径大于 120mm 时,应采用抗压夹具,由硬质钢材制成,受压面积为 40mm×40mm,并应符合 JC/T 683—1997 的规定。

注:1.试验机的最大荷载以 200~300kN 为佳,可以有两个以上的荷载范围,其中最低荷载范围的最大值大致为最高范围里的最大值的 1/5。

2.采用具有加荷速度自动调节方法和具有结果记录装置的压力机是合适的。

3. 可以润滑球座以便与试件接触更好,但应确保在加荷期间不致因此而发生压板的位移。在高压下有效的润滑剂不宜使用,以避免压板的移动。

4. "竖向"、"上"、"下"等术语是对传统的试验机而言。

(7)天平:感量为1g。

3 材料

3.1 水泥试样从取样到试验要保持24h以上时,应将其储存在基本装满和气密的容器中,这个容器不能和水泥反应。

3.2 ISO标准砂。各国生产的ISO标准砂都可以用来按本方法测定水泥强度。中国ISO标准砂符合ISO 679中5.1.3要求,其质量控制按GB/T 17671—1999的11章进行。

3.3 试验用水为饮用水。仲裁试验时用蒸馏水。

4 温度与相对湿度

4.1 试件成型试验室应保持试验室温度为20℃±2℃(包括强度试验室),相对湿度大于50%。水泥试样、ISO砂、拌和水及试模等的温度应与室温相同。

4.2 养护箱或雾室温度20℃±1℃,相对湿度大于90%,养护水的温度20℃±1℃。

4.3 试件成型试验室的空气温度和相对湿度在工作期间每天应至少记录一次。养护箱或雾室温度和相对湿度至少每4h记录一次。

5 试件成型

5.1 成型前将试模擦净,四周的模板与底座的接触面上应涂黄油,紧密装配,防止漏浆,内壁均匀地刷一薄层机油。

5.2 水泥与ISO砂的质量比为1:3,水灰比0.5。

5.3 每成型三条试件需称量的材料及用量为:水泥450g±2g;ISO砂1350g±5g;水225mL±1mL。

5.4 将水加入锅中,再加入水泥,把锅放在固定架上并上升至固定位置。然后立即开动机器,低速搅拌30s后,在第二个30s开始的同时均匀将砂子加入。当砂是分级装时,应从最粗粒级开始,依次加入,再高速搅拌30s。

停拌90s。在停拌中的第一个15s内用胶皮刮具将叶片和锅壁上的胶砂刮入锅中。在高速下继续搅拌60s。各个阶段时间误差应在±1s内。

5.5 用振实台成型时,将空试模和模套固定在振实台上,用适当的勺子直接从搅拌锅中将胶砂分为两层装入试模。装第一层时,每个槽里约放300g砂浆,用大播料器垂直架在模套顶部,沿每个模槽来回一次将料层播平,接着振实60次。再装入第二层胶砂,用小播料器播平,再振实60次。移走模套,从振实台上取下试模,并用刮尺以90°的角度架在试模顶的一端,沿试模长度方向以横向锯割动作慢慢向另一端移动,一次将超出试模的胶砂刮去。并用同一直尺在近乎水平的情况下将试件表面抹平。

5.6 (略)

5.7 在试模上作标记或加字条标明试件的编号和试件相对于振实台的位置。两个龄期以上的试件,编号时应将同一试模中的三条试件分在两个以上的龄期内。

5.8 试验前或更换水泥品种时,须将搅拌锅、叶片和下料漏斗等抹擦干净。

6 养护

6.1 编号后,将试模放入养护箱养护,养护箱内箅板必须水平。水平放置时刮平面应朝上。对于24h龄期的,应在破型试验前20min内脱模。对于24h以上龄期的,应在成型后20～24h内脱模。脱模时要非常小心,应防止试件损伤。硬化较慢的水泥允许延期脱模,但须记录脱模时间。

6.2 试件脱模后即放入水槽中养护,试件之间间隙和试件上表面的水深不得小于5mm。每个养护池中只能养护同类水泥试件,并应随时加水,保持恒定水位,不允许养护期间全部换水。

6.3 除24h龄期或延迟48h脱模的试件外,任何到龄期的试件应在试验(破型)前15min从水中取出。抹去试件表面沉淀物,并用湿布覆盖。

7 强度试验

7.1
各龄期(试件龄期从水泥加水搅拌开始算起)的试件应在下列时间内进行强度试验:

龄期	试验时间
——24h	24h±15min;
——48h	48h±30min;
——72h	72h±45min;
——7d	7d±2h;
——28d	28d±8h。

7.2 抗折强度试验

7.2.1 以中心加荷法测定抗折强度。

7.2.2 采用杠杆式抗折试验机试验时,试件放入前,应使杠杆成水平状态,将试件成型侧面朝上放入抗折试验机内。试件放入后调整夹具,使杠杆在试件折断时尽可能地接近水平位置。

7.2.3 抗折试验加荷速度为50N/s±10N/s,直至折断,并保持两个半截棱柱试件处于潮湿状态直至抗压试验。

7.2.4 抗折强度按式(T 0506-1)计算:

$$R_f = \frac{1.5 F_f \times L}{b^3} \quad (T\ 0506\text{-}1)$$

式中:R_f——抗折强度,MPa;

F_f——破坏荷载,N;

L——支撑圆柱中心距,mm;

b——试件断面正方形的边长,为40mm。

抗折强度计算值精确到0.1MPa。

7.2.5 抗折强度结果取三个试件平均值,精确至0.1 MPa。当三个强度值中有超过平均值±10%的,应剔除后再平均,以平均值作为抗折强度试验结果。

7.3 抗压强度试验

7.3.1 抗折试验后的断块应立即进行抗压试验。抗压试验须用抗压夹具进行,试件受压面为试件成型时的两个侧面,面积为40mm×40mm。试验前应清除试件受压面与加压板间的砂粒或杂物。试件的底面靠紧夹具定位销,断块试件应对准抗压夹具中心,并使夹具对准压力机压板中心,半截棱柱体中心与压力机压板中心差应在±0.5mm内,棱柱体露在压板外的部分约为10mm。

7.3.2 压力机加荷速度应控制在2 400N/s±200N/s速率范围内,在接近破坏时更应严格掌握。

7.3.3 抗压强度按式(T 0506-2)计算:

$$R_c = \frac{F_c}{A} \quad (T\ 0506\text{-}2)$$

式中:R_c——抗压强度,MPa;

F_c——破坏荷载,N;

A——受压面积,40mm×40mm=1 600mm²。

抗压强度计算值精确到0.1MPa。

7.3.4 抗压强度结果为一组6个断块试件抗压强度的算术平均值,精确至0.1 MPa。如果6个强度值中有一个值超过平均值±10%的,应剔除后以剩下的5个值的算术平均值作为最后结果。如果5个值中再有超过平均值±10%的,则此组试件无效。

8 试验报告

试验报告应包括以下内容:

(1)要求检测的项目名称;

(2)原材料的品种、规格和产地;

(3)试验日期及时间;
(4)仪器设备的名称、型号及编号;
(5)环境温度和湿度;
(6)执行标准;
(7)不同龄期对应的水泥试样的抗折强度、抗压强度,报告中应包括所有单个强度结果(包括舍去的试验结果)和计算出的平均值;
(8)要说明的其他内容。

【注意事项】
(1)考虑到新的国家水泥标准已实施多年,所以删除了"代用法"的全部内容。
(2)规程规定试模模板与底座接触面应涂黄油,但多数试验室习惯刷机械油,试件制作好后出现泌水现象,由于水分流失,造成试验结果不准。因此涂黄油是正确的。
(3)养护包括成型后至拆模和拆模后至抗折抗压两个时间段,成型后至拆模这一时间段问题较多,要么直接在室温养护,要么直接在养护室或养护箱中养护,这些都是不规范的,正确的是将成型的试模用薄膜覆盖后,放入养护室或养护箱养护,避免养护过程中水喷淋未凝结硬化的试件。

6. 胶砂流动度测定

水泥胶砂流动度是衡量水泥需水性的重要指标之一,是水泥胶砂可塑性的反映。用流动度来控制胶砂的用水量,能使胶砂物理性能的测试建立在准确可比的基础上。用流动度来控制水泥胶砂强度成型的加水量,所测得的水泥强度与混凝土强度间有较好的相关性,更能反映实际使用效果。

水泥胶砂流动度测定方法
(JTG E30—2005 T 0507—2005)

1 目的、适用范围和引用标准

本方法规定水泥胶砂流动度测定方法的仪器和操作步骤。

本方法适用于火山灰质硅酸盐水泥、复合硅酸盐水泥和掺有火山灰质混合材料的普通硅酸盐水泥、矿渣硅酸盐水泥及指定采用本方法的其他品种水泥的胶砂流动度测定。

引用标准:
GB/T 17671—1999 《水泥胶砂强度检验方法(ISO法)》
JC/T 681—1997   《行星式水泥胶砂搅拌机》

2 仪器设备

(1)胶砂搅拌机:应符合JC/T 681—1997的有关规定。
(2)水泥胶砂流动度测定仪(简称跳桌):技术要求及其安装方法应符合T 0507附录的规定。
(3)试模:用金属材料制成,由截锥圆模和模套组成。
截锥圆模内壁须光滑,尺寸为:高度60mm±0.5mm;上口内径70mm±0.5mm;下口内径100mm±0.5mm;下口外径120mm;模壁厚度大于5mm。模套与截锥圆模配合使用。
(4)捣棒:用金属材料制成,直径为20mm±0.5mm,长度约200mm。捣棒底面与侧面成直角,其下部光滑,上部手柄滚花。
(5)卡尺:量程不小于300mm,分度值不大于0.5mm。
(6)小刀:刀口平直,长度大于80mm。
(7)秒表:分度值为1s。

3 试样制备

3.1 材料准备

胶砂材料数量按相应标准要求或试验设计确定。水泥试样、标准砂和试验用水及试验条件应符合GB/T 17671—1999中第四条的有关规定。

3.2 胶砂制备

按 GB/T 17671—1999 的有关规定进行。

4 试验步骤

4.1 跳桌在24h内未被使用,先跳空一个周期25次。

4.2 在制备胶砂的同时,用潮湿棉布擦拭跳桌台面、试模内壁、捣棒以及与胶砂接触的用具,将试模放在跳桌台面中央并用潮湿棉布覆盖。

4.3 将拌好的胶砂分两层迅速装入流动试模,第一层装至截锥圆模高度约2/3处,用小刀在相互垂直的两个方向上各划5次,用捣棒由边缘至中心均匀捣压15次;之后装第二层胶砂,装至高出截锥圆模约20mm,用小刀在相互垂直的两个方向上各划5次,再用捣棒由边缘至中心均匀捣压10次。捣压后应使胶砂略高于截锥圆模。捣压深度,第一层捣至胶砂高度的1/2,第二层捣实不超过已捣实底层表面。捣压顺序见图 T 0507-1、图 T 0507-2。装胶砂和捣压时,用手扶稳试模,不要使其移动。

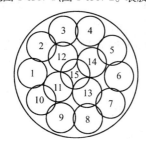

图 T 0507-1　第一层捣压顺序　　　　图 T 0507-2　第二层捣压顺序

4.4 捣压完毕,取下模套,用小刀由中间向边缘分两次以近水平的角度将高出截锥圆模的胶砂刮去并抹平,擦去落在桌面上的胶砂。将截锥圆模垂直向上轻轻提起,立刻开动跳桌,每秒钟一次,在25s±1s内完成25次跳动。

4.5 跳动完毕,用卡尺测量胶砂底面最大扩散直径及与其垂直方向的直径,计算平均值,精确至1mm,即为该水量下的水泥胶砂流动度。

流动度试验,从胶砂拌和开始到测量扩散直径结束,须在6min内完成。

4.6 电动跳桌与手动跳桌测定的试验结果发生争议时,以电动跳桌为准。

5 试验报告

(1)要求检测的项目名称;

(2)原材料的品种、规格和产地;

(3)试样的编号;

(4)试验日期与时间;

(5)仪器设备的名称、型号及编号;

(6)环境温度与湿度;

(7)执行标准;

(8)使用砂的类型;

(9)水泥胶砂流动度;

(10)要说明的其他内容。

【注意事项】

(1)用跳桌法测定水泥胶砂流动性主要用于掺外加剂水泥砂浆或净浆的工作性或流动

性,根据流动性确定加水量。所以规程对胶砂材料用量未作明确规定,只规定"胶砂材料用量按标准要求或试验设计确定"。实际工作中应以相关规程的规定为准。

(2)该试验的关键操作步骤是刻划和捣压。刻划的目的是排气,捣压的目的是将试样装密实。刻划必须在相互垂直的方向划规定次数,捣压必须按图示顺序捣压规定次数。捣压的用力大小用捣压深度控制,第一层捣压至胶砂或净浆的1/2,第二层捣压至第一层表面。

五、水泥质量评定

对水泥用户来说,水泥技术性质试验的目的是检验水泥的质量是否符合技术标准的要求。在通过试验得到相关的技术指标值后,应与技术标准对照,若各项指标值均满足标准要求,则为质量合格品,否则为不合格品。

在判定水泥质量时,细度、碱含量为选择性指标,应根据买卖双方的协议进行判定。

水泥用户一般只对细度、凝结时间、安定性和强度进行检验,其他指标由水泥生产厂控制。技术标准规定:"当用户需要时,水泥厂应在水泥发出之日起7d内寄发除28d强度以外的各项试验结果,28d强度数值,应在水泥发出之日起32d内补报"。一般在购买水泥时,用户应向水泥生产厂家索取出厂检验报告单。这一点非常重要,一方面是因为这些资料最终要进入竣工文件;另一方面是出于维护水泥用户自身利益考虑,一旦水泥质量有问题,手头有厂家的出厂检验报告单就会主动一些。

第三节 粉 煤 灰

一、概 述

粉煤灰是火力发电厂燃煤燃烧后排出的工业废渣。在锅炉中,磨细的燃煤在1 100~1 500℃的温度下燃烧的过程中,不断有燃烧过的粉末状煤灰产物排出,经静电吸附或沉灰水池回收得到的粉状物即粉煤灰。用静电回收的粉煤灰称为干排灰,用沉灰水池回收的粉煤灰称为湿排灰。一般后者居多。

粉煤灰在干燥状态时呈白色或浅灰色,无黏结性;在潮湿状态时呈灰色或灰褐色。颗粒较细,一般按质量计0.074mm以下的颗粒在60%以上,0.074~2mm的颗粒在40%以下。相对密度在1.9~2.6之间,有液限和击实的特性,但无侧限,抗压强度很低。粉煤灰的主要化学成分二氧化硅(SiO_2)、三氧化二铝(Al_2O_3)、三氧化二铁(Fe_2O_3)、氧化钙(CaO)、氧化镁(MgO)等,其中前三种化学成分的总含量一般在70%以上,也是粉煤灰的主要活性成分。

粉煤灰作为工业废料在公路工程中得到了广泛的应用。一种是作为掺合料用于水泥混凝土,其作用是改善混凝土的某些性能,同时节约水泥。因掺粉煤灰混凝土早期强度较低,掺粉煤灰混凝土主要用于地下工程,但目前应用较少;另一种是与水泥或石灰综合稳定土或集料修筑路面基层,这方面应用较普遍,技术也比较成熟。粉煤灰也可以代替土石填筑路堤。

二、技术标准

(一)国家技术标准

《用于水泥和混凝土中的粉煤灰》(GB/T 1596—2005),按燃煤种类将粉煤灰分为F类和C类两类。F类是由无烟煤或烟煤煅烧收集的粉煤灰,为低钙灰;C类是由褐煤或次烟煤煅烧收集的粉煤灰,是高钙灰,其氧化钙含量一般大于10%。

拌制混凝土和砂浆用粉煤灰标准见表4-7。

拌制混凝土和砂浆用粉煤灰技术要求（GB/T 1596—2005） 表4-7

项 目		技 术 要 求		
		Ⅰ级	Ⅱ级	Ⅲ级
细度（45μm方孔筛筛余），不大于/%	F类粉煤灰	12.0	25.0	45.0
	C类粉煤灰			
需水量比，不大于/%	F类粉煤灰	95	105	115
	C类粉煤灰			
烧失量，不大于/%	F类粉煤灰	5.0	8.0	15.0
	C类粉煤灰			
含水量，不大于/%	F类粉煤灰	1.0		
	C类粉煤灰			
三氧化硫，不大于/%	F类粉煤灰	3.0		
	C类粉煤灰			
游离氧化钙，不大于/%	F类粉煤灰	1.0		
	C类粉煤灰	4.0		
安定性，雷氏夹沸煮后增加距离，不大于/mm	C类粉煤灰	5.0		

（二）桥涵工程用粉煤灰技术标准

《公路桥涵施工技术规范》（JTG/T F50—2011）中,用作桥涵水泥混凝土掺合料的粉煤灰技术要求见表4-8。

粉煤灰技术要求 表4-8

项 目	技 术 要 求		检验标准
	C50以下混凝土	C50及以上混凝土	
细度（%）	≤20	≤12	《用于水泥和混凝土中的粉煤灰》（GB/T 1596）
需水量比（%）	≤105	≤100	
含水率（%）	≤1.0（干排灰）		
烧失量（%）	≤5.0	≤3.0	
SO_3含量（%）	≤3		《水泥化学分析方法》（GB/T 176）
CaO含量（%）	≤10（硫酸盐侵蚀环境）		
游离CaO含量（%）	F类粉煤灰≤1.0 C类粉煤灰≤4.0		
氯离子含量（%）	≤0.02		《水泥原料中氯离子的化学分析方法》（JC/T 420）
安定性（雷氏夹沸煮后增加距离,mm）	C类粉煤灰≤5.0		《水泥标准稠度用水量、凝结时间、安定性检验方法》（GB/T 1346）

（三）用作路面基层、底基层粉煤灰质量标准

用作路面基层、底基层粉煤灰的质量要求见表4-9。

粉煤灰技术要求（JTG/T E20—2015） 表4-9

检测项目	技术要求	试验方法
SiO_2、Al_2O_3 和 Fe_2O_3 总含量(%)	>70	T 0816
烧失量(%)	≤20	T 0817
比表面积(cm^2/g)	>2 500	T 0820
0.3mm 筛孔通过率(%)	≥90	T 0818
0.075 mm 筛孔通过率(%)	≥70	T 0818
湿粉煤灰含水率(%)	≤35	T 0801

三、技术性质试验方法

（一）细度

细度是表示粉煤灰粗细程度的指标，粉煤灰越细，水化反应的界面就会增加，容易发挥粉煤灰的活性，增加强度来源。一般认为通过 0.044mm 筛孔的颗粒数量的多少，决定着粉煤灰活性的大小。磨细是提高粉煤灰细度、增强其活性的有效途径。

对用作水泥混凝土掺合料的粉煤灰，《用于水泥和混凝土中的粉煤灰》（GB/T 1596—2005）规定用"负压筛析仪"法测定，并用 0.045mm 方孔筛的筛余百分数表示细度；

对用作路面基层的粉煤，《公路工程无机结合料稳定材料试验规程》（JTG E51—2009）规定也用"负压筛析仪"法测定，但所用筛孔尺寸为 0.3mm、0.075mm，即用 0.3mm、0.075mm 两个筛孔的通过量表示粉煤灰的细度。基层施工技术规范规定用比表面积表示粉煤灰的细度，但也分别出了 0.3mm、0.075mm 筛孔的通过量要求值。

用比表面积仪测定粉煤灰细度的试验方法同"水泥比表面测定方法（勃氏法）"，下面给出 GB/T 1596 标准中的负压筛法细度试验方法。

粉煤灰细度试验方法
（GB/T 1596—2005 附录A）

A.1 范围

本附录规定了粉煤灰细度试验用负压筛析仪的结构和组成，适用于粉煤灰细度的检验。

A.2 原理

利用气流作为筛分的动力和介质，通过旋转的喷嘴喷出的气流作用，使筛网里的待测粉状物料呈流态化，并在整个系统负压的作用下，将细颗粒通过筛网抽走，从而达到筛分的目的。

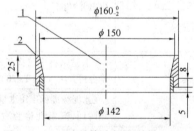

图 A.1 45μm 方孔筛示意图（单位：mm）
1-筛网；2-筛框

A.3 仪器设备

A.3.1 负压筛析仪

负压筛析仪主要由 45μm 方孔筛、筛座、真空源和收尘器等组成，其中 45μm 方孔筛内径为 φ150mm，高度为 25mm。45μm 方孔筛及负压筛析仪筛座结构示意图如图 A.1 所示。

A.3.2 天平

量程不小于 50g，最小分度值不大于 0.01g。

A.4 试验步骤

A.4.1 将测试用粉煤灰样品置于温度为 105℃～110℃烘箱内烘干至恒重，取出放在干燥器中冷却至室温。

A.4.2 称取试样约 10g,准确至 0.01g,倒入 45μm 方孔筛筛网上,将筛子置于筛座上,盖上筛盖。

A.4.3 接通电源,将定时开关开到 3min,开始筛析。

A.4.4 开始工作后,观察负压表,使负压稳定在 4 000~6 000Pa。若负压小于 4 000Pa,则应停机,清理收尘器中的积灰后再进行筛析。

A.4.5 在筛析过程中,可轻质木棒或硬橡胶棒轻轻敲打筛盖,以防吸附。

A.4.6 3min 后筛析自动停止,停机后观察筛余物,如出现颗粒成球、粘筛或有细颗粒沉积在筛框边缘,用毛刷将细颗粒轻轻刷开,将定时器开关固定在手动位置,再筛析 1~3min 直至筛分彻底为止,将筛网内的筛余物收集并称量,精确至 0.01g。

A.5 结果计算

45μm 方孔筛筛余按式(A.1)计算:

$$F = \frac{G_1}{G} \times 100 \tag{A.1}$$

式中:F——45μm 方孔筛筛余,单位为百分数(%);

G_1——筛余物的质量,单位为克(g);

G——称取试样的质量,单位为克(g)。

计算至 0.1%。

(二)需水量比

在水泥流动度仪上,当试验样品与比对样品的流动度达到同一规定范围时的加水量的比值,称为粉煤灰的需水量比。需水量比是水泥生产或拌和水泥混凝土时,作为掺和料的粉煤灰的技术指标。需水量比大,则粉煤灰的需水量大,这样会增加混凝土的单位用水量,从而影响混凝土的强度,因此粉煤灰的需水量比不能过大。影响粉煤灰需水比的主要因素是其平均粒径和颗粒形状,平均粒径、非球形颗粒多,需水量比则大。

需水量比试验方法
(GB/T 1596—2005 附录 B)

B.1 范围

本附录规定了粉煤灰的需水量比试验方法,适用于粉煤灰的需水量比测定。

B.2 原理

按 GB/T 2419 测定试验胶砂和对比胶砂的流动度,以二者流动度达到 130mm~140mm 时的加水量之比确定粉煤灰的需水量比。

B.3 材料

B.3.1 水泥:GSB 14—1510 强度检验用水泥标准样品。

B.3.2 标准砂:符合 GB/T 17671—1999 规定的 0.5mm~1.0mm 的中级砂。

B.3.3 水:洁净的饮用水。

B.4 仪器设备

B.4.1 天平:量程不小于 1 000g,最小分度值不大于 1g。

B.4.2 搅拌机:符合 GB/T 17671—1999 规定的行星式水泥胶砂搅拌机。

B.4.3 流动度跳桌:符合 GB/T 2419 规定。

B.5 试验步骤

B.5.1 胶砂配比按表 B.1。

表 B.1

胶砂种类	水泥/g	粉煤灰/g	标准砂/g	加水量/mL
对比胶砂	250	—	750	125
试验胶砂	175	75	750	按流动度达到130～140mm调整

B.5.2 试验胶砂按 GB/T 17671 规定进行搅拌。

B.5.3 搅拌后的试验胶砂按 GB/T 2419 测定流动度,当流动度在130mm～140mm范围内,记录此时的加水量;当流动度小于130mm或大于140mm时,重新调整加水量,直至流动度达到130mm～140mm为止。

B.6 结果计算

需水量比按式(B.1)计算:

$$X = (L_1/125) \times 100 \tag{B.1}$$

式中:X——需水量比,单位为百分数(%);

L_1——试验胶砂流动度达到130～140mm时的加水量,单位为毫升(mL);

125——对比胶砂的加水量,单位为毫升(mL)。

计算至1%。

(三)烧失量

由于燃煤的品种、细度和燃烧条件的影响,粉煤灰中难免存在一些燃煤未充分燃烧的成分,其含量用烧失量表示。即在高温条件下灼烧,驱除水分和二氧化碳,同时将存在的一氧化元素氧化,在此过程中粉煤灰的质量损失百分率称为烧失量。烧失量过大,则影响粉煤灰的使用质量,因此无论是用作混凝土掺合料还是稳定土的粉煤灰,其烧失量都必须满足技术标准的要求。

烧失量的测定——灼烧差减法
(GB/T 176—2008)

8.1 方法提要

试样在(950±25)℃的高温炉中灼烧,驱除二氧化碳和水分,同时将存在的易氧化的元素氧化。通常矿渣硅酸盐水泥应对由硫化物的氧化引起的烧失量的误差进行校正,而其他元素的氧化引起的误差一般可忽略不计。

8.2 分析步骤

称取约1g试样(m_7),精确至0.0001g,放入已灼烧恒量的瓷坩埚中,将盖斜置于坩埚上,放在高温炉(6.7)内,从低温开始逐渐升高温度,在(950±25)℃下灼烧15min～20min,取出坩埚置于干燥器(6.5)中,冷却至室温,称量。反复灼烧,直至恒量。

8.3 结果的计算与表示

8.3.1 烧失量的计算

烧失量的质量分数 w_{LOI} 按式(21)计算:

$$w_{LOI} = \frac{m_7 - m_8}{m_7} \times 100 \tag{21}$$

式中:w_{LOI}——烧失量的质量分数,%;

m_7——试料的质量,g;

m_8——灼烧后试料的质量,g。

(四)化学性质

粉煤灰化学性质试验,目前还没有国家标准,以往都是采用《水泥化学分析方法》(GB/T

176—2008)标准。《公路工程无机结合料稳定材料试验规程》(JTG E51—2009)虽然规定了二氧化硅、三氧化二铝、三氧化二铁的化学分析方法,但对诸如三氧化硫、氧化钙、游离氧化钙、氯离子含量等有害物质含量没有给出试验方法,而这些指标恰恰是用于混凝土的粉煤灰必须检验的项目,对于这些项目仍然要按(GB/T 176—2008)的方法进行试验。

粉煤灰中二氧化硅、氧化铁和氧化铝含量测定方法
(JTG E51—2009 T 0816—2009)

1 适用范围

本方法适用于测定粉煤灰中二氧化硅、氧化铝和氧化铁的含量。

2 仪器设备

2.1 分析天平:不应低于四级,量程不小于100g,感量0.0001g。

2.2 氧化铝、铂、瓷坩埚:带盖,容量15~30mL。

2.3 瓷蒸发皿:容量50~100mL。

2.4 马福炉:隔焰加热炉,在炉膛外围进行电阻加热。应使用温度控制器,准确控制炉温,并定期进行校验。

2.5 玻璃容量器皿:滴定管、容量瓶、移液管。

2.6 玻璃棒。

2.7 沸水浴。

2.8 玻璃三脚架。

2.9 干燥器。

2.10 分光光度计:可在400~700mm范围内测定溶液的吸光度,带有10mm、20mm比色皿。

2.11 研钵:玛瑙研钵。

2.12 精密pH试纸:酸性。

3 试样准备

分析过程中,只应用蒸馏水或同等纯度的水,所用试剂应为分析纯或优级纯试剂。用于标定与配制标准溶液的试剂,除另有说明外,均应为基准制剂。

除另有说明外,%表示质量分数。本规程中使用的市售浓液体试剂具有下列密度ρ(20℃,单位g/cm^3或%)。

盐酸(HCl):1.18~1.19g/cm^3或36%~38%;

氢氟酸(HF):1.13g/cm^3或40%;

硝酸(HNO_3):1.39~1.41g/cm^3或65%~68%;

硫酸(H_2SO_4):1.84g/cm^3或95%~98%;

氨水($NH_3 \cdot H_2O$):0.90~0.91g/cm^3或25%~28%。

在化学分析中,所用酸或氨水,凡未注浓度者均指市售的浓度或浓氨水。用体积比表示试剂稀释程度[①]。

注:①盐酸(1+2)表示1份体积的浓盐酸与2份体积的水相混合。

3.1 盐酸:(1+1);(1+2);(1+4);(1+11);(3+97)。

3.2 硝酸:(1+9)。

3.3 硫酸:(1+4);(1+1)。

3.4 氨水:(1+1);(1+2)。

3.5 硝酸银溶液(5g/L):将5g硝酸银($AgNO_3$)溶于水中,加10mL硝酸(HNO_3),用水稀释至1L。

3.6 氯化铵(NH_4Cl)。

3.7 无水乙醇(C_2H_5OH):体积分数不低于99.5%;乙醇体积分数95%;乙醇(1+4)。

3.8 无水碳酸钠(Na_2CO_3):将无水碳酸钠用玛瑙研钵研细至粉末状保存。

3.9 1-(2-吡啶偶氮)-2-萘酚(PAN)指示剂溶液:将0.2gPAN溶于100mL、体积分数为95%的乙醇中。

3.10 钼酸铵溶液(50g/L):将5g钼酸铵[$(NH_4)_6Mo_7O_{24} \cdot 4H_2O$]溶于水中,加水稀释至100mL,过滤后贮存于塑料瓶中。此溶液可保存一周。

3.11 抗坏血酸溶液(5g/L):将0.5g抗坏血酸(V.C)溶于100mL水中,过滤后使用,现配现用。

3.12 氢氧化钾溶液(200g/L):将200g氢氧化钾(KOH)溶于水中,加水稀释至1L,储存于塑料瓶中。

3.13 焦硫酸钾($K_2S_2O_7$):将市售焦硫酸钾在瓷蒸发皿中加热熔化,待气泡停止发生后,冷却、砸碎,储存在磨口瓶中。

3.14 钙黄绿素-甲基百里香酚蓝-酚酞混合指示剂溶液(简称 CMP 混合指示剂):称取1.000g 钙黄绿素、1.000g 甲基百里香酚蓝、0.200g 酚酞与50g 已在105℃烘干的硝酸钾(KNO_3)混合研细,保存在磨口瓶中。

3.15 碳酸钙标准溶液[$C(CaCO_3)=0.024mol/L$]:

称取0.6g(m_1)已于105~110℃烘过2h的碳酸钙($CaCO_3$),精确至0.001g,置于400mL 烧杯中,加入约100mL 水,盖上表面皿,沿杯口滴加盐酸(1+1)至碳酸钙完全溶解,加热煮沸数分钟,将溶液冷却至室温,移入250mL 容量瓶中,用水稀释至标线,摇匀。

3.16 EDTA 二钠标准溶液[$C(EDTA)=0.015mol/L$]:

3.16.1 标准滴定溶液的配制

称取 EDTA 二钠(乙二胺四乙酸二钠盐)约5.6g 置于烧杯中,加约200mL 水,加热溶解,过滤,用水稀释至1L。

3.16.2 EDTA 二钠标准溶液浓度的标定

吸取250mL 碳酸钙标准溶液(见3.15)置于400mL 烧杯中,加水稀释至200mL,加入适量的 CMP 混合指示剂(见3.14),在搅拌下加入氢氧化钾溶液至出现绿色荧光,后再过量2~3mL,以 EDTA 二钠标准溶液滴定至绿色荧光消失并呈现红色。

EDTA 二钠标准溶液浓度按式(T 0816-1)计算。

$$C(EDTA) = \frac{m_1 \times 25 \times 1\,000}{250 \times V_4 \times 100.09} = \frac{m_1}{V_4} \times \frac{1}{1.000\,9} \quad (T\ 0816\text{-}1)$$

式中:$C(EDTA)$——EDTA 二钠标准溶液的浓度(mol/L);

V_4——滴定时消耗 EDTA 二钠标准溶液的体积(mL);

m_1——按3.15 配制碳酸钙标准溶液的碳酸钙的质量(g);

100.09——$CaCO_3$ 的摩尔质量(g/mol)。

3.16.3 EDTA 二钠标准溶液对各氧化物滴定度的计算

EDTA 二钠标准溶液对三氧化二铁、三氧化二铝、氧化钙、氧化镁的滴定度分别按式(T 0816-2)~式(T 0816-5)计算。

$$T_{Fe_2O_3} = C(EDTA) \times 79.84 \quad (T\ 0816\text{-}2)$$

$$T_{Al_2O_3} = C(EDTA) \times 50.98 \quad (T\ 0816\text{-}3)$$

$$T_{CaO} = C(EDTA) \times 56.08 \quad (T\ 0816\text{-}4)$$

$$T_{MgO} = C(EDTA) \times 40.31 \quad (T\ 0816\text{-}5)$$

式中:$T_{Fe_2O_3}$——每毫升 EDTA 二钠标准溶液相当于三氧化二铁的毫克数(mg/mL);

$T_{Al_2O_3}$——每毫升 EDTA 二钠标准溶液相当于三氧化二铝的毫克数(mg/mL);

T_{CaO}——每毫升 EDTA 二钠标准溶液相当于氧化钙的毫克数(mg/mL);

T_{MgO}——每毫升 EDTA 二钠标准溶液相当于氧化镁的毫克数(mg/mL);

$C(EDTA)$——EDTA 二钠标准溶液的浓度(mol/L);

　　79.84——(1/2Fe$_2$O$_3$)的摩尔质量(g/mol);

　　50.98——(1/2Al$_2$O$_3$)的摩尔质量(g/mol);

　　56.08——CaO 的摩尔质量(g/mol);

　　40.31——MgO 的摩尔质量(g/mol)。

3.17　pH4.3 的缓冲溶液:将 42.3g 无水乙酸钠(CH$_3$COONa)溶于水中,加 80mL 冰乙酸(CH$_3$COOH),用水稀释至 1L,摇匀。

3.18　硫酸铜标准溶液[$C(CuSO_4)=0.015$ mol/L]

　3.18.1　标准溶液的配制

　　将 3.7g 硫酸铜(CuSO$_4$·5H$_2$O)溶于水中,加 4~5 滴硫酸(1+1),用水稀释至 1L,摇匀。

　3.18.2　EDTA 二钠标准溶液与硫酸铜标准溶液体积比的标定

　　从滴定管缓缓放出[$C(EDTA)=0.015$ mol/L] EDTA 二钠标准溶液 10~15mL(见 3.16)于 400mL 烧杯中,用水稀释至 150mL,加 15mL、pH 4.3 的缓冲溶液(见 3.17),加热至沸腾,取下稍冷,加 5~6 滴 PAN 指示剂溶液(见 3.9),以硫酸铜标准溶液滴定至亮紫色。

　　EDTA 二钠标准溶液与硫酸铜标准溶液的体积比按式(T 0816-6)计算。

$$K_2 = \frac{V_5}{V_6} \tag{T 0816-6}$$

式中:K_2——每毫升硫酸铜标准溶液相当于 EDTA 二钠标准溶液的毫升数;

　　V_5——EDTA 二钠标准溶液的体积(mL);

　　V_6——滴定时消耗硫酸铜标准溶液的体积(mL)。

3.19　DTA-铜溶液:按[$C(EDTA)=0.015$mol/L],EDTA 二钠标准溶液(见 3.16),与[$C(CuSO_4)=0.015$mol/L]硫酸铜标准溶液(见 3.18)的体积比,标准配置成等浓度的混合溶液。

3.20　溴酚蓝指示剂溶液:将 0.2g 溴酚蓝溶于 100mL 乙醇(1+4)中。

3.21　磺基水杨酸钠指示剂溶液:将 10g 磺基水杨酸钠溶于水中,加水稀释至 100mL。

3.22　pH$_3$ 的缓冲溶液:将 3.2g 的无水乙酸钠(CH$_3$COONa)溶于水中,加 120mL 冰乙酸(CH$_3$COON),用水稀释至 1L,摇匀。

3.23　二氧化硅(SiO$_2$)标准溶液

　3.23.1　标准溶液的配置

　　称取 0.200 0g,经 1 000~1 100℃新灼烧过 30min 以上的二氧化硅(SiO$_2$),精确至 0.000 1g,置于铂坩埚中,加入 2g 无水碳酸钠,搅拌均匀,在 1 000~1 100℃高温下熔融 15min。冷却,用热水将熔块浸出于盛有热水 300mL 的塑料杯中,待全部溶解后冷却至室温,移入 1 000mL 容量瓶中,用水稀释至标线,摇匀,移入塑料瓶中保存。此标准溶液每毫升含有 0.2mg 二氧化硅。

　　吸取 10.00mL 上述标准溶液于 100mL 容量瓶中,用水稀释至标线,摇匀,移入塑料瓶中保存,此溶液每毫升含有 0.02mg 二氧化硅。

　3.23.2　工作曲线的绘制

　　吸取每毫升含有 0.02mg 二氧化硅的标准溶液 0mL、2.00mL、4.00mL、5.00mL、6.00mL、8.00mL、10.00mL 分别放入 100mL 容量瓶中,加水稀释至约 40mL,依次加入 5mL 盐酸(1+11)、8mL 体积分数为 95%的乙醇、6mL 钼酸铵溶液。放置 30min 后,加入 20mL 盐酸(1+1)、5mL 抗坏血酸溶液,用水稀释至标线,摇匀。放置 1h 后,使用分光光度计、10mm 比色皿,以水作参比,于 660nm 处测定溶液的吸光度。用测得的吸光度作为相对应的二氧化硅含量的函数,绘制工作曲线。

4　试验准备

4.1　灼烧

　　将滤纸和沉淀物放入已灼烧并恒量的坩埚中,烘干。在氧化性环境中慢慢灰化,不使其产生火焰,灰化至无黑色炭颗粒后,放入马福炉中,在规定的温度(950~1 000℃)下灼烧。在干燥器中冷却至室温,称量。

4.2 检查Cl⁻离子(硝酸银检验)

按规定洗涤、沉淀数次后,用数滴水淋洗漏斗的下端,用数毫升水洗涤滤纸和沉淀,将滤液收集在试管中,加几滴硝酸银溶液,观察试管中溶液是否浑浊,继续洗涤并定期检查,直至硝酸银检验不再浑浊为止。

4.3 恒量

经第一次灼烧、冷却、称量后,通过连续每次15min的灼烧,然后用冷却、称量的方法来检查质量是否恒定。当连续两次称量之差小于0.0005g时,即达到恒量。

5 试验步骤

5.1 二氧化硅的测定(碳酸钠烧结,氯化铵质量法)

试验以无水碳酸钠烧结,盐酸溶解,加固体氯化铵于沸水浴上,加热煮发,使硅酸凝聚(经过滤灼烧后称量)。用氢氟酸处理后,失去的质量即为胶凝性二氧化硅的质量,加上从滤液中比色回收的可溶性二氧化硅质量,即为二氧化硅的总质量。

5.1.1 凝胶性二氧化硅的测定

(1) 称取约0.5g试样(m_1),精确至0.0001g,置于铂坩埚中,将盖斜置于坩埚上,在950～1000℃下灼烧5min,冷却。用玻璃棒仔细压碎块状物,加入0.3g±0.01g无水碳酸钠(见3.8)混匀,再将坩埚置于950～1000℃下灼烧10min,放冷。

(2) 将烧结块移入瓷蒸发皿中,加少量水润湿,用平头玻璃棒压碎块状物,盖上表面皿,从皿口滴入5mL盐酸及2～3滴硝酸,待反应停止后取下表面皿,用平头玻璃棒压碎块状物,使其分解完全,用热盐酸(1+1)清洗坩埚数次,洗液合并于蒸发皿中。将蒸发皿置于沸水浴上,皿下放一玻璃三脚架,再盖上表面皿,蒸至糊状后,加入1g氯化铵,充分搅匀,在蒸汽水浴上蒸发至干后继续蒸发10～15min,蒸发期间用平头玻璃棒仔细搅拌并压碎大颗粒。

(3) 取下蒸发皿,加入10～20mL热盐酸(3+97),搅拌使可溶性盐类溶解。用中速滤纸过滤,用胶头擦棒擦洗玻璃棒及蒸发皿,用热盐酸(3+97)洗涤沉淀3～4次,然后用热水充分洗涤沉淀,直至检验无氯离子为止(见4.2)。滤液及洗液保存在250mL容量瓶中。

(4) 将沉淀连同滤纸一并移入铂坩埚中,将盖斜置于坩埚上,在电炉上干燥灰化完全后,放入950～1000℃的马福炉内灼烧(见4.1)1h,取出坩埚置于干燥器中冷却至室温,称量。反复灼烧,直至恒量(m_3)。

(5) 向坩埚中加数滴水润湿沉淀,加3滴硫酸(1+4)和10mL氢氟酸,放入通风橱内电热板上缓慢蒸发至干,升高温度继续加热至三氧化硫白烟完全逸尽。将坩埚放入950～1000℃的马福炉内灼烧30min,取出坩埚置于干燥器中冷却至室温,称量。反复灼烧,直至恒量(m_3)。

5.1.2 经氢氟酸处理后的残渣的分解

向按方法5.1.1经过氢氟酸处理后得到的残渣中加入0.5g焦硫酸钾(见3.13)熔融,熔块用热水和数滴盐酸(1+1)溶解,溶液并入按方法5.1.1分离二氧化硅后得到的滤液和洗液中,用蒸馏水稀释至标线,摇匀。此溶液A供测定滤液中残留的可溶性二氧化硅(见5.1.3)、三氧化二铁(见5.2)、三氧化二铝(见5.3)用。

5.1.3 可溶性二氧化硅的测定(硅钼蓝光度法)

从溶液A中吸取25.00mL溶液放入100mL容量瓶中,用水稀释至40mL,依次加入5mL盐酸(1+11)、95%(V/V)乙醇8mL、6mL钼酸铵溶液,放置30min后加入20mL盐酸(1+1)、5mL抗坏血酸溶液,用水稀释至标线,摇匀。放置1h,使用分光光度计、10mm比色皿,以水作参比,于660nm处测定溶液的吸光度。在工作曲线上(见3.23.2)查出二氧化硅的质量m_4。

5.1.4 计算

胶凝性二氧化硅的含量按式(T 0816-7)计算。

$$X_{\text{胶凝性SiO}_2} = \frac{m_2 - m_3}{m_1} \times 100 \quad (\text{T 0816-7})$$

式中：$X_{\text{胶凝性SiO}_2}$——胶凝性二氧化硅的含量(%)；
　　　m_2——灼烧后未经氢氟酸处理的沉淀及坩埚的质量(g)；
　　　m_3——用氢氟酸处理并经灼烧后的残渣及坩埚的质量(g)；
　　　m_1——试样的质量(g)。

可溶性二氧化硅的含量按式(T 0816-8)计算

$$X_{\text{可溶性SiO}_2} = \frac{m_4 \times 250}{m_1 \times 25 \times 1\,000} \times 100 = \frac{m_4}{m_1} \quad (\text{T 0816-8})$$

式中：$X_{\text{可溶性SiO}_2}$——可溶性二氧化硅的含量(%)；
　　　m_4——按该法测定的 100mL 溶液中所含的二氧化硅的质量(mg)；
　　　m_1——用本方法 5.1.1 中试样的质量(g)。

5.1.5　结果表示

SiO_2 总含量按式(T 0816-9)计算。

$$X_{\text{总SiO}_2} = X_{\text{胶凝性SiO}_2} + X_{\text{可溶性SiO}_2} \quad (\text{T 0816-9})$$

5.1.6　结果整理

平行试验两次，允许重复性误差为 0.15%。

5.2　三氧化二铁的测定(基准法)

5.2.1　目的和适用范围

在 pH1.8~2.0，温度为 60~70℃ 的溶液中，以磺基水杨酸钠为指示剂，用 EDTA 二钠标准溶液滴定。

5.2.2　操作流程

从溶液 A(见 5.1.2)中吸取 25.00mL 溶液放入 300mL 烧杯中，加水稀释至约 100mL，用氨水(1+1)和盐酸(1+1)调节溶液 pH 值在 1.8~2.0 之间(用精密 pH 试纸检验)。将溶液加热至 70℃，加 10 滴磺基水杨酸钠指示剂溶液，此时溶液为紫红色。用 $[C(\text{EDTA}) = 0.015\text{mol/L}]$ EDTA 二钠标准溶液缓慢地滴定至亮黄色(终点时溶液温度应不低于 60℃，如终点前溶液温度降至近 60℃时，应加热至 60~70℃)。保留此溶液供测定三氧化二铝用。

5.2.3　计算

按式(T 0816-10)计算三氧化二铁的含量。

$$X_{\text{Fe}_2\text{O}_3} = \frac{T_{\text{Fe}_2\text{O}_3} \times V_1 \times 10}{m_1 \times 1\,000} \times 100 = \frac{T_{\text{Fe}_2\text{O}_3} \times V_1}{m_1} \quad (\text{T 0816-10})$$

式中：$X_{\text{Fe}_2\text{O}_3}$——三氧化二铁的含量(%)；
　　　$T_{\text{Fe}_2\text{O}_3}$——每毫升 EDTA 二钠标准溶液相当于三氧化二铁的毫克数(mg/mL)；
　　　V_1——滴定时消耗 EDTA 标准溶液的体积(mL)；
　　　m_1——本方法 5.1.1 中试样的质量(g)。

5.2.4　结果整理

平行试验两次，允许重复性误差为 0.15%。

5.3　三氧化二铝的测定

5.3.1　目的和适用范围

将滴定三氧化二铁后的溶液 pH 值调整至 3，在煮沸状态下用 EDTA-铜和 PAN 为指示剂，用 EDTA 二钠标准溶液滴定。

5.3.2　操作流程

将 5.2 中测完三氧化二铁的溶液用水稀释至约 200mL，加 1~2 滴溴酚蓝指示剂溶液，滴加氨水(1+1)至溶液出现蓝紫色，再滴加盐酸(1+1)至黄色，加入 pH3 的缓冲溶液 15mL，加热至微沸并保持1min,加入10滴 EDTA-铜溶液及2~3滴 PAN 指示剂,用 $[C(\text{EDTA}=0.015\text{mol/L}]$ EDTA 二钠标准溶液滴至红色消失,继续煮沸,滴定,直至溶液经煮沸后红色不再出现,呈稳定的亮黄色为止,记录下 EDTA 二钠标准溶液消耗量 V_3。

5.3.3 计算

按式(T 0816-11)计算三氧化二铝的含量。

$$X_{\text{Al}_2\text{O}_3} = \frac{T_{\text{Al}_2\text{O}_3} \times V_3 \times 10}{m_1 \times 1\,000} \times 100 = \frac{T_{\text{Al}_2\text{O}_3} \times V_3}{m_1} \qquad (\text{T 0816-11})$$

式中:$X_{\text{Al}_2\text{O}_3}$——三氧化二铝的含量(%);

$T_{\text{Al}_2\text{O}_3}$——每毫升 EDTA 二钠标准溶液相当于三氧化二铝的毫克数(mg/mL);

V_3——滴定时消耗 EDTA 二钠标准溶液的体积(mL);

m_1——本方法 5.1.1 中试料的质量(g)。

5.3.4 结果整理

平行试验两次,允许重复性误差为 0.20%。

第四节 硅 灰

硅灰是硅合金与硅铁合金制造工业的副产品,是从电弧炉烟气中收集到的无定形二氧化硅含量很高的微细球形颗粒。从铬铁合金、锰铁合金和硅钙合金生产过程中也可以收集到硅灰。

一、物理化学性质

硅灰颜色从浅灰色到深灰色,平均密度约为 2.2g/cm^3,松散密度 $250\sim300\text{kg/m}^3$,比表面积约为 $20\,000\text{m}^2/\text{kg}$(氮吸附法测定),为水泥的比表面积($300\sim400\text{m}^2/\text{kg}$)的 $50\sim70$ 倍。硅灰颗粒大部分小于 $1\mu\text{m}$ 平均粒径约为 $0.1\sim0.2\mu\text{m}$,比水泥平均粒径小两个数量级。

硅灰作为水泥混凝土的掺和料,目前还没有什么技术标准。硅灰一般含有 90% 以上的二氧化硅,且大部分为无定形二氧化硅,其他成分有氧化铝、氧化铁、碳等,根据合金品种不同而有变化。我国西宁、唐山、北京和上海等地的硅灰化学成分见表 4-10。

硅灰化学成分 表 4-10

产地	SiO_2 含量(%)	Al_2O_3 含量(%)	Fe_2O_3 含量(%)	TiO_2 含量(%)	CaO 含量(%)	MgO 含量(%)	烧失量(%)
西宁	90.99	0.99	2.01	0.15	0.81	1.17	2.95
唐山	92.16	0.44	0.27		0.94	0.37	0.63
北京	90.10	0.90	0.94		0.65	0.11	3.54
上海	94.50	0.27	0.83		0.54	0.97	1.90

注:摘自刘秉京编著的《混凝土技术》,人民交通出版社出版。

二、对混凝土性能的影响

硅灰是一种高活性的火山灰材料,由于其微细的颗粒、极高的二氧化硅玻璃体含量和活性,在水泥水化过程中,与氢氧化钙发生火山灰反应,生成稳定的水化硅酸钙凝胶。虽然其密度比水泥水化生成的水化硅酸钙的密度小,但它的渗透性很低。硅灰对混凝土性能的影响如表 4-11。

硅灰对混凝土性能的影响 表4-11

序号	混凝土性能	影 响 结 果
1	需水量	增加需水量,须使用高效减水剂
2	引气量	降低引气量
3	坍落度	经时损失增加,应提高初始坍落度值
4	黏聚性	增加黏聚性,降低离析度
5	保水性	减少游离水,降低泌水率,提高保水性,但易引起塑性收缩裂缝,应加强养护
6	强度	抗压、抗折、劈裂抗拉强度提高,甚至有较大幅度提高,早期强度高,但对强度发展的作用主要在3~28d,适合配制高强或超高强混凝土
7	抗渗透性	改善孔隙性质和水泥石微结构,提高抗渗透性
8	抗冻性	在掺引气剂的条件下,有较好的抗冻性
9	抗硫酸盐性	有很好的抗硫酸盐性
10	耐磨性	有良好的耐磨性,适合配制路面混凝土
11	其他	对碱-集料反应有抑制作用
12	水灰比	不宜大于0.3
13	掺量	小于10%,一般为5%左右

第五节 沸石粉

沸石是一簇架状构造的含水铝硅酸盐矿物,主要含N和C及少数的S、B、K、M等金属离子。沸石的种类有三十余种,常见而且有用的有斜发沸石、丝光沸石、菱沸石和毛沸石等。沸石在我国分布也比较广泛,以斜发沸石、丝光沸石居多。

我国较大的几个沸石矿是:

(1)河北省赤城县独石口沸石矿,矿石为中、高品位的斜发沸石,矿物含量50%~70%,储量大,矿层稳定,属火山灰沉积矿床。

(2)浙江省缙云县沸石矿,矿层以斜发石为主,含一定的丝光沸石。

(3)黑龙江省海林市沸石矿,矿层以斜发石为主,含量为65%左右,是国内用于水泥工业最早、效果最好、开发规模最大的沸石矿。

一、技术性质

1. 吸铵值

沸石有良好的阳离子交换性能。沸石结构是由硅氧四面体和铝氧四面体构成的各种形状的三维硅(铝)氧格架状结构,在沸石中形成许多孔穴和孔道,这些孔穴和孔道通常被水分子填充,水以结晶形态存在。在不破坏沸石结构脱除水后,留下的孔穴和孔道具有吸附的性能。为了平衡沸石结构中电荷而进入沸石晶体结构的碱金属或碱土金属的离子,可以被其他离子所置换,把这种和盐基置换的容量称作阳离子交换容量。可供交换的阳离子比较多,有铯、铷、铵、钾、钠、锂等,全部阳离子交换容量可通过试验测得。由于沸石粉对混凝土性能的改善主要取决于其沸石含量,因此天然沸石粉应用技术规程规定测铵离子交换容量,即吸铵值。根据铵离子交换容量可以计算出沸石岩中的沸石含量。吸铵值大,沸石含量则高。但技术标准并未采用沸石含量划分沸石粉的等级,而是采用吸铵值。

吸铵值测定方法
(《天然沸石粉在混凝土与砂浆中应用技术规程》附录 A)

A.0.1　所用试剂应是:

氯化铵	$1N$
氯化钾	$1N$
硝酸铵	$0.005N$
硝酸银溶液	5%
NaOH 标准溶液	$0.1N$
甲醛溶液	38%(将市售甲醛溶液加 $2\sim4$ 滴酚酞指示剂,用稀 NaOH 调至微红色)
酚酞酒精溶液	1%(称 100g 酚酞溶于 100mL 酒精液中)

A.0.2　测试方法应按下列步骤进行:

A.0.2.1　准确称取通过 $80\mu m$ 筛的沸石粉风干样 1.000g,置于 150mL 烧杯中,加入 100mL $1N$ 的氯化铵溶液。

A.0.2.2　将烧杯放在电热板上或调温电炉上加热微沸 2h(经常搅拌,可补充水,保持杯中溶液约 30mL)。

A.0.2.3　用中速滤纸过滤,取煮沸的水洗烧杯和滤纸沉淀,再用 $0.005N$ 的硝酸铵洗淋至无氯离子(用黑色比色板滴两滴淋洗液,加入一滴硝酸银溶液,产生白色沉淀,表明有氯离子,则需继续淋洗)。

A.0.2.4　移去滤液瓶,将沉淀移到普通漏斗中,用煮沸的 $1N$ 的氯化钾溶液洗沉淀。用干净烧杯盛接,分四次洗至 $100\sim120$mL 为止。

A.0.2.5　在滤液中加入 10mL 甲醛溶液,放置 20min。

A.0.2.6　加入 $2\sim8$ 滴酚酞指示剂,用 $0.1N$ 的氢氧化钠溶液滴定,直至微红色为终点(半分钟不褪色),记下消耗的氢氧化钠毫升数。

A.0.3　沸石粉吸铵值应按下式计算:

$$吸铵值(meq/100g) = N \times V \times 100$$

式中:N——氢氧化钠标准溶液的浓度;

V——氢氧化钠标准溶液的体积毫升数。

A.0.4　测试结果处理:

A.0.4.1　两次平行操作结果之差应不超过 8%。

A.0.4.2　同一样品应同时分别进行两次测定,所得测试结果之差不超过 8%,取其平均值为试验结果;如超出允许范围,须查找原因,重新按上述试验方法进行测试。

A.0.4.3　两个试验室采用本试验方法对同一试样各自进行测试时,两试验室的分析结果之差应不超过 8%。如有争议,应商定另一单位按本方法进行仲裁测试,与原分析结果比较,不超过规定误差范围,则认为原测试结果无误;若超差,则以仲裁单位提出的结果为准。

2. 细度

沸石粉加入混凝土中,其可溶性 SiO_2 和 Al_2O_3 与水泥水化产物 $Ca(OH)_2$ 发生二次反应,生成 C-S-H 凝胶及水化硫铝酸钙,使水泥石密实度提高,强度增加。这种二次反应与沸石粉的细度有关。细度大,活性高,强度也高,因此细度是沸石粉的重要性能指标。沸石粉的细度用 0.08mm 筛孔的筛余量表示,按水泥细度水筛试验方法检验。由于沸石粉具有许多空腔和孔道,用比表面积测定其细度,测定结果比实际细度高得多。用负压筛试验也因沸石粉吸附在筛网上不易通过而影响试验精度,因此对沸石粉采用水筛法测定细度更为合适。

3. 沸石粉水泥胶砂需水量比

以硅酸盐水泥为基准,用沸石粉取代30%的水泥,在标准砂用量、胶砂流动度相同的条件下确定各自的需水量,后者与前者的需水量比值称为沸石粉水泥胶砂需水量比。其用以评价沸石粉的质量,用于水泥混凝土的沸石粉需水量比不能大于相应的规定值。

沸石粉水泥胶砂需水量比测定方法
(《天然沸石粉在混凝土与砂浆中应用技术规程》附录B)

B.0.1 所用样品应是:

B.0.1.1 试验样品:90g沸石粉,210g硅酸盐水泥和750g标准砂。

B.0.1.2 对比样品:300g硅酸盐水泥和750g标准砂。

B.0.2 测试方法应按GB 2419进行,分别测定试验样品的流动度达到125~135mm时的需水量 W_1(mL)和对比样品达到同一流动度时的 W_2(mL)。

B.0.3 沸石粉水泥胶砂需水量比应按下式计算:

$$需水量比 = \frac{W_1}{W_2} \times 100$$

计算结果取整数。

4. 沸石粉水泥胶砂28d抗压强度比

以硅酸盐水泥为基准,用沸石粉取代30%的水泥分别进行胶砂强度试验,后者与前者28d的强度之比称为沸石粉水泥胶砂28d抗压强度比。用于水泥混凝土的沸石粉该值不能小于相应的规定值。

沸石粉水泥胶砂28d抗压强度比试验方法
(《天然沸石粉在混凝土与砂浆中应用技术规程》附录C)

C.0.1 制备试样所用材料应符合下列要求:

(1)沸石粉要求含水率小于1%,细度为80μm方孔筛筛余5%。

(2)硅酸盐水泥,安定性必须合格,抗压强度大于42.5MPa,比表面积290~310m²/kg,石膏掺入量(外掺)以 SO_3 计为1.5%~2.5%。

C.0.2 样品应按如下要求计量和成型:

(1)试验样品:162g沸石粉,378g硅酸盐水泥和1 350g标准砂。

(2)对比样品:540g硅酸盐水泥和1 350g标准砂。

(3)成型加水量:对比样品238mL,试验样品按固定水胶比0.48计算。

C.0.3 试验步骤按GB 177进行,分别测定试验样品的28d抗压强度 R_1 和对比样品28d抗压强度 R_2。

C.0.4 沸石粉水泥胶砂28d抗压强度比(%)应按下式计算:

$$28d 抗压强度比 = \frac{R_1}{R_2} \times 100$$

计算结果取整数。

5. 矿物组成及化学成分

沸石粉的化学性质试验方法可参考粉煤灰化学性质试验方法进行。表4-12是几种沸石矿沸石岩的矿物组成和沸石含量试验结果。表4-13是几种沸石矿沸石岩的化学成分含量。

沸石岩矿物组成和沸石含量 表4-12

名称及产地	矿物组成	铵离子交换容量（毫克当量/100g）	沸石含量(%)
河北赤城独石口斜发沸石（Ⅱ层矿）	以斜发沸石为主，伴生蒙脱石、石英等	147.32	70
河北赤城独石口斜发沸石（Ⅰ层矿）	以斜发石为主，还有少量丝光沸石、方石英等	107.81	50
山东涌泉庄钙斜发沸石	钙斜发沸石伴生有蒙脱石、石英和方石英等	100	50
浙江缙云丝光沸石	以斜发沸石为主，其余为蒙脱石等	80~120	40~60
宣化的沸石凝灰岩	以斜发沸石为主，含有透长石、石英等	40~105	20~50

注：摘自冯乃谦编著《天然沸石混凝土应用技术》，中国铁道出版社出版。

化 学 成 分 含 量 表4-13

产地 成分	河北赤城独石口斜发沸石（Ⅱ层矿）	河北赤城独石口斜发沸石（Ⅰ层矿）	山东涌泉庄钙斜发沸石	浙江缙云丝光沸石	河北宣化的沸石凝灰岩
SiO_2	65.01	62.35	66.24	65.64	63.09
TiO_2	0.14	0.18	0.22	0.20	0.03
Al_2O_3	11.85	12.82	12.82	11.85	10.98
FeO	0.36	1.32	0.48	0.12	0.16
Fe_2O_3	0.67	2.57	1.42	1.07	0.85
CaO	3.67	3.67	2.40	2.83	1.29
MgO	0.48	1.44	1.08	0.91	6.79
K_2O	1.75	1.75	3.65	2.65	3.94
MnO	0.10	0.02	0.02	0.03	0.08
P_2O_5	0.05	0.05	0.04	0.03	0.00
H_2O^-	2.89	2.79	2.82	3.87	12.79
H_2O^+	9.27	9.01	6.22	7.86	
Na_2O	1.65	0.65	1.10	1.00	0.40
SO_3	0.017	0.008	0.007	0.008	
挥发物	0.46	0.008	0.007	0.11	

注：摘自冯乃谦编著《天然沸石混凝土应用技术》，中国铁道出版社出版。

二、技 术 标 准

中华人民共和国行业标准《天然沸石粉在混凝土与砂浆中应用技术规程》,对沸石粉的质量指标、试验方法、验收要求、运输和储存等都做了详细的规定。同时对天然沸石粉在混凝土及砂浆中的应用技术也作了详细的规定。摘录如下。

中华人民共和国行业标准
《天然沸石粉在混凝土与砂浆中应用技术规程》

1 总则
2 沸石粉的技术要求
  2.1 质量指标
  2.2 试验方法
  2.3 验收要求
  2.4 运输和储存
3 沸石粉应用的基本规定
4 沸石粉在混凝土中的应用
  4.1 沸石粉取代水泥的最大限量
  4.2 配合比设计
  4.3 搅拌
  4.4 浇筑、成型和养护
  4.5 质量检验
5 沸石粉在轻集料混凝土中的应用
  5.1 沸石粉取代水泥的最大限量
  5.2 配合比设计
  5.3 搅拌
  5.4 运输、浇筑、成型和养护
  5.5 质量检验
6 沸石粉在砂浆中的应用
  6.1 品种及其应用范围
  6.2 沸石粉的掺量
  6.3 配合比设计
  6.4 搅拌
  6.5 施工与验收
附录 A 吸铵值测定方法
附录 B 沸石粉水泥胶砂需水量比测定方法
附录 C 沸石粉水泥胶砂 28d 抗压强度比试验方法
附录 D 本规程用词说明
附加说明
条文说明(略)
1 总则
　　1.0.1 为了正确合理地在混凝土和砂浆中应用天然沸石粉,使之达到改善性能、提高质量、节约水泥、降低成本的目的,特制定本规程。

1.0.2 本规程适用于掺用斜发沸石粉和丝光沸石粉的混凝土和砂浆。

1.0.3 沸石粉混凝土和沸石粉砂浆除应执行本规程规定外,尚应符合国家现行的有关标准(规范)的规定。这些标准(规范)主要有:

(1)水泥细度检验方法(80μm水筛筛析法);
(2)普通混凝土配合比设计规程;
(3)混凝土结构工程施工及验收规范;
(4)混凝土外加剂应用技术规程;
(5)轻集料混凝土技术规程;
(6)砖石工程施工及验收规范;
(7)装饰工程施工。

2 沸石粉的技术要求

2.1 质量指标

2.1.1 用于混凝土和砂浆中的沸石粉的质量指标划分为三个等级,其质量应符合表2.1.1的规定。

沸石粉的质量指标分级　　　　表2.1.1

序号	指　　标		沸石粉级别		
			Ⅰ	Ⅱ	Ⅲ
1	吸铵值(meq/100g)	不小于	130	100	90
2	80μm方孔水筛筛余(%)	不大于	4	10	15
3	水泥胶砂需水比(%)	不大于	125	120	120
4	28d水泥胶砂抗压强度比(%)	不小于	75	70	62

2.2 试验方法

2.2.1 吸铵值应按本规程附录A进行测定。

2.2.2 细度应按现行的国家标准《水泥细度检验方法(80μm水筛筛析法)》测定。

2.2.3 水泥胶砂需水量比应按本规程附录B进行测定。

2.2.4 28d水泥胶砂抗压强度比应按本规程附录C进行试验。

2.3 验收要求

2.3.1 使用单位应按本规程对沸石粉进行按批检验,每批沸石粉应有供货单位的出厂合格证。合格证的内容应包括:厂名、合格证编号、沸石粉等级、批号及出厂日期、沸石粉数量及质量检验结果等。

2.3.2 沸石粉的取样应以每120t相同等级的沸石粉为一验收批,不足120t者应按一批计。

2.3.3 沸石粉的取样应符合下列规定:

(1)散装粉的取样:应从不同部位取10份试样,每份不少于1.0kg,混合拌均匀,用四分法缩取比试验所需量大一倍的试样(简称平均试样);

(2)袋装粉的取样:应从每批中任抽10袋,并从每袋中各取试样不少于1.0kg,按本条(1)中的方法缩取平均试样。

2.3.4 沸石粉的质量检验,应符合本规程对沸石粉的各项质量指标的规定。当有一项指标达不到规定要求时,应重新从同一批中加倍取样进行复检。复检后仍达不到要求时,则该批沸石粉应作为不合格品或降级处理。

2.4 运输和储存

2.4.1 沸石粉运输和储存时,严禁与其他材料混杂,并应在通风干燥场所存放,注意防止受潮。

2.4.2 沸石粉在通风干燥场所存放期为2年。超过存放期的沸石粉,应按本规程2.2条进行全面检验,其结果应符合2.1条质量指标的要求。受潮结块的沸石粉,经碾碎并检验其细度合格后再用。

3 沸石粉应用的基本规定

3.0.1 Ⅰ级沸石粉宜用于强度等级不低于C60的混凝土。

3.0.2 Ⅱ级沸石粉宜用于强度等级低于C60的混凝土。经专门试验,也可用于C60以上的混凝土。

3.0.3 Ⅲ级沸石粉主要用于砌筑砂浆和抹灰砂浆。经过专门试验,亦可用于强度等级低于C60的混凝土。

3.0.4 配制沸石粉混凝土和砂浆时,宜用强度等级为42.5以上的硅酸盐水泥、普通硅酸盐水泥和矿渣硅酸盐水泥,不宜用火山灰质硅酸盐水泥、粉煤灰硅酸盐水泥和复合硅酸盐水泥。如需采用后三种水泥时,应经试验确定。

3.0.5 沸石粉可与各类外加剂同时使用,外加剂的适应性及合理掺量应由试验确定,并应符合国家现行标准《混凝土外加剂应用技术规程》的有关规定。

3.0.6 沸石粉混凝土和沸石粉轻集料混凝土的强度等级不得低于基准混凝土和基准轻集料混凝土的强度等级。它们的强度标准值、强度设计值和弹性模量等与基准混凝土和基准轻集料混凝土相同,应按有关规范、规程取值。

4 沸石粉在混凝土中的应用

4.1 沸石粉取代水泥的最大限量

4.1.1 沸石粉在混凝土中的掺量,宜按等量置换法取代水泥,其取代率不宜超过表4.1.1规定的限量。若超过限量时,应经试验确定。

沸石粉取代水泥的最大限量(%) 表4.1.1

混凝土强度等级	硅酸盐水泥	普通硅酸盐水泥	矿渣硅酸盐水泥
C15～C30	20	20	15
C35～C45	15	15	10
C45以上	10	10	5

4.2 配合比设计

4.2.1 沸石粉混凝土的强度等级,应与基准混凝土相同,并应符合国家现行有关标准规范。

4.2.2 沸石粉混凝土的配合比设计应以基准混凝土的配合比为基础,按等稠度、等强度等级原则,用等量置换办法进行设计。

4.2.3 沸石粉混凝土的配合比设计可按下列步骤进行:

(1)按设计要求,根据国家现行标准《普通混凝土配合比设计规程》进行基准混凝土配合比设计;

(2)应按本规程第4.1.1条的规定选择沸石粉取代水泥率;

(3)沸石粉混凝土的用水量按等稠度原则适当增加,或掺减水剂调整其稠度。在掺减水剂时,减水剂的掺量应按胶结料总量的百分率计算;

(4)根据计算的沸石粉混凝土配合比,通过试配,在保证设计所需要的和易性和强度的基础上,进行混凝土配合比的调整;

(5)根据调整后的配合比,提出现场施工用的沸石粉混凝土配合比;

(6)配合比设计时,如对沸石粉混凝土有特殊要求,还应对配合比作相应调整。

4.3 搅拌

4.3.1 沸石粉计量(按重量计)的允许偏差应为±2%。

4.3.2 沸石粉经计量后,可与其他组成材料一起投入到搅拌机内进行搅拌。

4.3.3 沸石粉混凝土拌合物宜用强制式搅拌机进行搅拌。

4.3.4 沸石粉混凝土拌合物必须搅拌均匀,其搅拌时间比基准混凝土拌合物宜延长 30~60s。

4.3.5 出现粘罐现象时,可用两次投料法,先投入石子和部分水,进行搅拌,使粘于罐壁的水泥砂浆脱落,再投入砂子、水泥、沸石粉和余下的水量,继续搅拌均匀。

4.4 浇筑、成型和养护

4.4.1 沸石粉混凝土浇筑时,不得漏振或过振。振捣后的沸石粉混凝土表面,不得出现明显的沸石粉浮浆层。沸石粉混凝土抹面时,应进行二次压光。

4.4.2 沸石粉混凝土自然养护条件应与基准混凝土相同。其养护时间不得少于基准混凝土。

4.4.3 沸石粉混凝土在冬期施工时应按照现行国家标准《混凝土结构工程施工与验收规范》执行。

4.4.4 蒸养沸石粉混凝土应符合下列要求：

(1) 成型后热预养温度不宜高于 45℃；预养(静停)时间不得少于 1h；

(2) 沸石粉混凝土宜用高温蒸汽养护,恒温温度可高达 95℃,养护制度可参照现行国家标准《混凝土结构工程施工与验收规范》,通过试验确定。

4.5 质量控制

4.5.1 沸石粉混凝土的质量应以稠度、抗压强度进行检验。有特殊要求时,还应增测其他相应的检验项目。

4.5.2 现场施工沸石粉混凝土拌合物的稠度检验,每班应至少测定两次。

4.5.3 沸石粉混凝土质量检验应符合现行国家标准《混凝土结构工程施工与验收规范》的有关规定。

5 沸石粉在轻集料混凝土中的应用

5.1 沸石粉取代水泥的最大限量

5.1.1 沸石粉在轻集料混凝土中的掺量,宜按等量置换法取代水泥。沸石粉取代水泥率应按表 4.1.1 规定选用。

5.2 配合比设计

5.2.1 沸石粉轻集料混凝土的配合比设计主要应满足抗压强度、表观密度和稠度的要求,并以合理使用材料和节约水泥为原则。必要时尚应符合对混凝土性能的特殊要求。

5.2.2 沸石粉轻集料混凝土的配合比设计应符合下列要求：

(1) 沸石粉砂轻混凝土宜采用绝对体积法；

(2) 沸石粉全轻混凝土宜采用松散体积法。

5.2.3 沸石粉轻集料混凝土的配合比设计参数选择、配合比计算与调整等与基准轻集料混凝土相同,应按国家现行标准《轻集料混凝土技术规程》进行。

5.3 搅拌

5.3.1 为调整拌合物的用水量和施工用配合比,在拌制拌合物前应对轻集料的含水率进行测定。

5.3.2 粗、细集料以及沸石粉的重量计量允许偏差为 ±3%,水、水泥和外加剂的重量计量允许偏差为 ±2%。

5.3.3 沸石粉轻集料混凝土拌合物宜采用强制式搅拌机进行搅拌。

5.3.4 沸石粉轻集料混凝土拌合物必须搅拌均匀,其投料顺序和搅拌时间应与基准轻集料混凝土相同,沸石粉可与粗、细集料同时加入。

5.3.5 对强度低而易破碎的轻集料,搅拌时尤其要严格控制混凝土的搅拌时间。

5.3.6 外加剂宜在轻集料吸水后加入,当用预湿轻集料时,液状外加剂可与净用水量同时加入；当用干轻集料时,液状外加剂应与剩余水同时加入。粉状外加剂可与水泥同时加入,也可制成溶液并采用与上述液状外加剂相同的方法加入。

5.4 运输、浇筑、成型和养护

5.4.1 为防止拌合物离析,运输距离应尽量缩短。在停放或运输过程中,若产生拌合物稠度损失或离析较严重者,浇筑前应采用人工二次拌和。

5.4.2 拌合物从搅拌机卸料起到浇筑入模止的延续时间不宜超过 45min。

5.4.3 沸石粉轻集料混凝土的浇筑、成型和养护应与基准轻集料混凝土相同,其操作应符合国家现行标准《轻集料混凝土技术规程》的规定。

5.5 质量检验

5.5.1 沸石粉轻集料混凝土的质量检验内容和方法与基准轻集料混凝土相同,应符合国家现行标准《轻集料混凝土技术规程》的规定。

6 沸石粉在砂浆中的应用

6.1 品种及其应用范围

6.1.1 沸石粉砂浆依其组成可分为沸石粉水泥砂浆、沸石粉水泥石灰砂浆(简称沸石粉混合砂浆)。

6.1.2 沸石粉水泥砂浆可等同于水泥砂浆应用;沸石粉混合砂浆可等同于混合砂浆应用。

6.2 沸石粉的掺量

6.2.1 沸石粉在砌筑用砂浆中的掺量,应符合:

(1)在砌筑用水泥砂浆中使用沸石粉时,沸石粉掺量应通过试配确定,不得在原有砂浆配合比中按比例等量取代水泥。沸石粉在水泥砂浆中的掺量宜控制在水泥用量的 20%～30%。

(2)沸石粉不宜取代混合砂浆中的水泥,但可取代混合砂浆中的部分或全部石灰膏。沸石粉掺量是被取代石灰膏量的 50%～60%。

6.2.2 沸石粉在抹灰用砂浆中可以等量取代水泥,其掺量应符合下列规定:

(1)用于内墙抹灰时,沸石粉掺量可以占水泥重量的 30% 以下;

(2)用于外墙抹灰时,沸石粉掺量可以占水泥重量的 20% 以下;

(3)用于地面抹灰时,沸石粉掺量可以占水泥重量的 15% 以下。

6.3 配合比设计

6.3.1 砌筑用沸石粉砂浆的配合比设计与基准砂浆配合比设计相同,可按下列步骤进行:

(1)按砂浆及水泥强度等级计算每立方米砂浆的水泥用量;

(2)按求出的水泥用量计算每立方米砂浆的灰膏量;

(3)根据求得的水泥用量或灰膏量,通过试验确定沸石粉用量;

(4)通过试验调整、确定施工配合比。

6.3.2 抹灰用沸石粉砂浆应根据第6.2.2条规定和工程经验确定配合比。

6.4 搅拌

6.4.1 沸石粉砂浆宜用机械搅拌,以保证拌合物搅拌均匀。砂浆各组分计量(按重量计)允许偏差应为:

水泥和沸石粉　　　　±2%

石灰膏和细骨料　　　±5%

6.4.2 沸石粉砂浆的搅拌方法与基准砂浆相同,总搅拌时间可比基准砂浆延长 1～2min。

6.5 施工与验收

6.5.1 沸石粉砂浆的施工操作技术基本上与基准砂浆相同,施工操作时,应遵守国家现行有关施工规程的要求。

6.5.2 在沸石粉砂浆基层上作水性材料装修时,基层必须浇水预湿。

6.5.3 沸石粉砂浆的质量检验和评定,应符合国家现行标准《砖石工程施工及验收规范》和《装饰工程施工及验收规范》的规定。

三、对混凝土性能的影响

1. 与水泥的作用机理

(1)沸石粉掺入水泥—水体系后起分散作用,增加水泥粒子的水化空间。

(2)沸石粉微孔吸附浆体中的水,同时放出少量空气,使界面减弱,水泥浆体早期强度降低;同时浆体水灰比下降,使浆体终凝后的水灰比低于表观水灰比,有利于水泥的后期强度。

(3)沸石粉吸收由于水泥熟料水化生成的 $Ca(OH)_2$ 生成 C-S-H 相,并同时和 $CaSO_4$ 反应生成 Aft 相,液相 $Ca(OH)_2$ 浓度降低,促进熟料继续水化;熟料水化生 C-S-H 相和 Aft 相等水化产物包裹沸石反应产物,互相穿插。

(4)浆体自由水逐渐减少,沸石粉逐渐释放出沸石水,对水泥水化进行自养护,使界面附近反应继续进行,反应产物不断填充界面微裂缝,界面附近浆体逐渐紧密,界面得到加强。

2. 对普通混凝土性能的影响

(1)对坍落度的影响

水胶比比较高,坍落度比较大时,内掺20%左右的沸石粉对坍落度也无影响;但对低水胶比、低坍落度混凝土,用沸石粉置换一定的水泥,坍落度有明显的降低。例如仅取代10%左右的水泥,坍落度降低25mm,取代20%左右的水泥,坍落度降低50mm。一般沸石粉取代10%~15%的水泥时,单位用水量需增加5~10kg才能保持与原混凝土相同的坍落度。

(2)对裹浆量的影响

裹浆量用黏附在粗集料表面的浆体量与粗集料的质量比(浆/粗集料)表示。从混凝土拌合物中取一定质量的有代表性的粗集料,用水冲洗烘干,即可求出粗集料表面的裹浆量,以其表示拌合物的黏性大小。用沸石粉取代等量水泥后,在水胶比、其他材料用量、坍落度基本不变(水胶比较大)的前提下,掺沸石粉混凝土的裹浆率较普通混凝土提高7%~10%。

(3)对泌水量的影响

用沸石粉取代10%的水泥,在单位用水量(180kg)和坍落度(200mm)不变的条件下,经过70min 泌水量仍为0,而对比混凝土的泌水量为6.44g/L。含沸石粉混凝土的泌水量明显降低。

(4)对黏度的影响

黏度通过浮球试验确定,在钢制的 $\phi 100mm \times 300mm$ 的圆柱筒中放入一乒乓球,将混凝土拌合物装入筒中,抹平,在振动台上振动,混凝土液化,球上浮,上浮时间即为拌合物的黏度。掺入10%~15%的沸石粉,混凝土的黏性约增加20%~50%。

(5)对混凝土强度的影响

内掺40%的沸石粉,在不同水胶比,标准养护条件下进行强度比较,强度均随龄期增长,并随水胶比增加而降低。

用52.5 早强普通水泥,42.5、32.5 矿渣水泥,以10%、20%、30%和36%的沸石粉取代等量水泥,进行强度比较试验。结果是52.5 水泥,沸石粉取代水泥量10%~20%时,掺沸石粉混凝土的强度与基准混凝土大体相等。对矿渣水泥取代10%的水泥时,能保持基准混凝土的强度。

掺入10%的沸石粉混凝土的抗拉强度与基准混凝土相近。对混凝土与钢筋的黏结力也没有影响。

(6)对耐久性的影响

混凝土的强度等级相同,掺沸石粉混凝土的抗渗性能明显提高,渗水高度降低50%。冻融试验表明,经规定的冻融循环后,强度损失不超过25%,且试件冻融后棱角完整,所以沸石粉的价值在于提高混凝土的耐久性。

3. 对高性能混凝土的影响

将天然沸石(沸石含量大于60%)磨细成超细粉(平均粒径小于 $8\mu m$),在低水灰比的混凝土中,以5%~15%的超细沸石粉取代等量的水泥,配以高效减水剂,可获得流动性大、强度高、耐久性好的高性能混凝土。

(1)对混凝土拌合物性能的影响

在混凝土的单位用水量、粗细集料的用量不变的前提下,改变沸石粉的细度、种类、掺量等,混凝土的坍落度变化在100~200mm之间。综合地对坍落度进行分析时,掺入沸石粉的混凝土的坍落度比基准混凝土的坍落度降低15~30mm。而且随沸石粉掺量增加,坍落度降低越大。这是由于沸石粉是一种多孔材料所致,一部分拌和水被沸石粉吸收,但混凝土的含气量不因掺入沸石粉而发生变化。

(2)沸石粉细度对混凝土性能的影响

沸石粉的细度越大,对混凝土的增强效果越大。掺入平均粒径为 $6.8\mu m$、$6.4\mu m$ 和 $5.6\mu m$ 的沸石粉的混凝土,与不掺沸石粉混凝土相比,7d 强度依次提高10%、12%和15%;28d 强度依次提高10%、10%和13%。但沸石粉对混凝土的增强效果不是越细越好,一般平均粒径在 $6\mu m$ 左右即可。

(3)取代水泥量对混凝土强度的影响

沸石粉取代10%的水泥,无论掺入哪一种沸石粉,其抗压强度都比基准混凝土强度高。沸石粉等量取代15%的水泥,与取代10%水泥相比,对混凝土的增强效果稍差些。沸石粉取代20%的等量水泥,混凝土强度与基准混凝土的强度大体相等。因此10%的取代量效果最好。

(4)对不同水泥品种混凝土强度的影响

采用硅酸盐水泥和矿渣水泥分别掺入等量沸石粉,在不同水灰比下与基准配合比进行强度比较,强度均有不同程度的提高,硅酸盐水泥混凝土强度提高幅度大于矿渣水泥混凝土。

(5)沸石粉高性能混凝土的力学性能

①强度随龄期增长规律:掺沸石粉混凝土 3d 强度可达到 28d 强度的70%以上,7d 强度可达到 28d 强度的80%以上,后期强度可比 28d 强度增长6%~26%。

②抗压强度和棱柱体强度:掺沸石粉混凝土的抗压强度和棱柱体强度与基准混凝土的抗压强度和棱柱体强度基本相近。

③抗折强度和劈裂抗拉强度:掺沸石粉混凝土的抗折强度比基准混凝土的抗折强度偏高,劈裂抗拉强度二者相近。

④弹性模量:取 0.4 倍极限破坏荷载下的应力应变曲线斜率,强度等级为 C80 级高性能混凝土的弹性模量为 4.0×10^4 MPa 左右;强度等级为 C50~C60 级高性能混凝土的弹性模量为 $3.6\sim 3.7\times 10^4$ MPa 左右。

⑤握裹力:用光圆钢筋埋入混凝土试件中,进行拉拔试验,掺沸石粉混凝土与基准混凝土的握裹力相近。

(6)掺沸石粉混凝土的耐久性

①收缩与徐变:在室温下,掺沸石粉高性能混凝土的收缩值略大,徐变偏高;掺沸石粉高性

能混凝土 180d 的收缩为 401.7με,水泥高性能混凝土 254d 的收缩为 410με;掺沸石粉高性能混凝土 180d 的徐变度为 59.9,水泥高性能混凝土 200d 的徐变度为 28.3。

②抗渗性:在 2MPa 的压力下无渗水现象,渗水高度仅在 30mm 以内。

③抗冻性:掺沸石粉混凝土有良好的抗冻性。

④碳化性能:C60 的沸石粉混凝土,在 CO_2 气体中碳化一个月强度损失为 3.5%,碳化两个月强度损失为 2.5%,与不掺沸石粉的混凝土有相同的碳化性能。

⑤抑制碱-集料反应:具有优良的抑制碱-集料反应的性能;即使集料都是碱活性集料,水泥中的碱含量高达 1.82%,也不会引起碱-集料反应破坏。

⑥对钢筋锈蚀的抑制:沸石粉虽然对阳离子钠有交换作用,但交换 Cl^- 和抑制 Cl^- 对钢筋锈蚀的能力较弱。

第六节 粒化高炉矿渣

粒化高炉矿渣是将炼铁高炉的熔融物,经水淬急冷处理后得到的疏松粒状产物。其活性成分一般认为含有 CaO、MgO、SiO_2、Al_2O_3、FeO 等氧化物和少量的 CaS、MnS、FeS 等硫化物。其中 CaO、MgO、SiO_2、Al_2O_3 的含量通常在各种矿渣中占总量的 90% 以上。因此矿渣的化学成分与硅酸盐水泥的化学成分相似,其主要成分是活性氧化硅和活性氧化铝。在含 CaO 较高的碱性矿渣中还含有硅酸二钙。粒化高炉矿渣磨成细粉后,易与 $Ca(OH)_2$ 作用而具有强度,又因其中含有硅酸二钙成分,所以本身也具有微弱的水硬性。

用粒化高炉矿渣等量取代部分水泥,可以改善混凝土的工作性,降低水化热,减少高效减水剂的用量,减少坍落度的经时损失,提高混凝土的强度,还可以控制混凝土中的碱-集料反应。当掺量在 20% 以上时,还具有抗海水及化学侵蚀的能力。在高强或高性能混凝土中,同时掺加粒化高炉矿渣和硅灰效果更好。

粒化高炉矿渣掺入混凝土的效果决定于其活性,水淬愈迅速,水淬前温度愈高,其活性愈高。同时细度也有重要影响,一般粒径小于 10μm 的矿渣颗粒对龄期 28d 的混凝土产生增强作用,10～45μm 的颗粒对后期强度产生作用,大于 45μm 的颗粒则很难水化。因此矿渣应干磨细到比表面积为 400～500m²/kg(勃氏细度)。若比表面积能达到 800～1 000m²/kg,作为高强或高性能混凝土掺和料效果会更佳,而且有良好的后期强度。

用于水泥和混凝土中的粒化高炉矿渣粉
(GB/T 18046—2008)

1 范围

本标准规定了粒化高炉矿渣粉的定义、组分与材料、技术要求、试验方法、检验规则、包装、标志、运输和贮存等。

本标准适用于作水泥混合材和混凝土掺和料的粒化高炉矿渣粉。

2 规范性引用文件

下列文件中的条款通过本标准的引用而成为本标准的条款。凡是注日期的引用文件,其随后所有的修改单(不包括勘误的内容)或修订版均不适用于本标准,然而,鼓励根据本标准达成协议的各方研究是否可使用这些文件的最新版本。凡是不注日期的引用文件,其最新版本适用于本标准。

GB 175	通用硅酸盐水泥
GB/T 176	水泥化学分析方法(GB/T 176—1996,eqv ISO 680:1990)
GB/T 203	用于水泥中粒化高炉矿渣
GB/T 208	水泥密度测定方法
GB/T 2419	水泥胶砂流动度测定方法
GB/T 5483	石膏和硬石膏(GB/T 5483—1996,neq ISO 1587:1975)
GB 6566	建筑材料放射性核素限量
GB/T 8074	水泥比表面积测定方法(勃氏法)
GB 9774	水泥包装袋
GB 12573	水泥取样方法
GB/T 17671	水泥胶砂强度检验方法(ISO法)(GB/T 17671—1999,idt ISO 679:1989)
JC/T 420	水泥原材料中氯的化学分析方法
JC/T 667	水泥助磨剂

3 术语和定义

下列术语和定义适用于本标准。

粒化高炉矿渣粉 ground granulated blast furnace slag powder

以粒化高炉矿渣为主要原料,可掺加少量石膏磨制成一定细度的粉体,称作粒化高炉矿渣粉,简称矿渣粉。

4 组分与材料

4.1 矿渣

符合GB/T 203规定的粒化高炉矿渣。

4.2 石膏

符合GB/T 5483中规定的G类或M类二级(含)以上的石膏或混合石膏。

4.3 助磨剂

符合JC/T 667的规定,其加入量不应超过矿渣粉质量的0.5%。

5 技术要求

矿渣粉应符合表1的技术指标规定。

技术指标　　表1

项　目		级　别		
		S105	S95	S75
密度(g/cm³)	≥	2.8		
比表面积(m²/kg)	≥	500	400	300
活性指数(%) ≥	7d	95	75	55
	28d	105	95	75
流动度比(%)	≥	95		
含水率(质量分数)(%)	≤	1.0		
三氧化硫(质量分数)(%)	≤	4.0		
氯离子(质量分数)(%)	≤	0.06		
烧失量(质量分数)(%)	≤	3.0		
玻璃体含量(质量分数)(%)	≥	85		
放射性		合格		

6 试验方法

6.1 烧失量

按 GB/T 176 进行,但灼烧时间为 15~20min。

矿渣粉在灼烧过程中由于硫化物的氧化引起的误差,可通过式(1)、式(2)进行校正:

$$w_{O_2} = 0.8 \times (w_{灼SO_3} - w_{未灼SO_3}) \tag{1}$$

式中：w_{O_2}——矿渣粉灼烧过程中吸收空气中氧的质量分数(%);

$w_{灼SO_3}$——矿渣灼烧后测得的 SO_3 质量分数(%);

$w_{未灼SO_3}$——矿渣未经灼烧时的 SO_3 质量分数(%);

$$X_{校正} = X_{测} + w_{O_2} \tag{2}$$

式中：$X_{校正}$——矿渣粉校正后的烧失量(质量分数)(%);

$X_{测}$——矿渣粉试验测得的烧失量(质量分数)(%)。

6.2 三氧化硫

按 GB/T 176 进行。

6.3 氯离子

按 JC/T 420 进行。

6.4 密度

按 GB/T 208 进行。

6.5 比表面积

按 GB/T 8074 进行。

6.6 活性指数及流动度比

按附录 A(规范性附录)进行。

6.7 含水率

按附录 B(规范性附录)进行。

6.8 玻璃体含量

按附录 C(规范性附录)进行。

6.9 放射性

按 GB 6566 进行,其中放射性试验样品为矿渣粉和硅酸盐水泥按质量比 1:1 混合制成。

7 检验规则

7.1 编号及取样

7.1.1 编号

矿渣粉出厂前按同级别进行编号和取样。每一编号为一个取样单位。矿渣粉出厂编号按矿渣粉单线年生产能力规定为:

60×10^4t 以上,不超过 2 000t 为一编号;

$30 \times 10^4 \sim 60 \times 10^4$t,不超过 1 000t 为一编号;

$10 \times 10^4 \sim 30 \times 10^4$t,不超过 600t 为一编号;

10×10^4t 以下,不超过 200t 为一编号。

当散装运输工具容量超过该厂规定出厂编号吨数时,允许该编号数量超过该厂规定出厂编号吨数。

7.1.2 取样方法

取样按 GB 12573 规定进行,取样应有代表性,可连续取样,也可以在 20 个以上部位取等量样品,总量至少 20kg。试样应混合均匀,按四分法缩取出比试验所需要量大一倍的试样。

7.2 出厂检验

7.2.1 经确认矿渣粉各项技术指标及包装符合要求时方可出厂。

7.2.2 出厂检验项目为密度、比表面积、活性指数、流动度比、含水率、三氧化硫等技术要求(如掺有石膏则出厂检验项目中还应增加烧失量)。

7.3 型式检验

7.3.1 型式检验项目为第5章表1全部技术要求。

7.3.2 有下列情况之一应进行型式检验：
——原料、工艺有较大改变,可能影响产品性能时；
——正常生产时,每年检验一次；
——产品长期停产后,恢复生产时；
——出厂检验结果与上次型式检验有较大差异时；
——国家质量监督机构提出型式检验要求时。

7.4 判定规则

7.4.1 检验结果符合本标准第5章中密度、比表面积、活性指数、流动度比、含水率、三氧化硫等技术要求的为合格品。

7.4.2 检验结果不符合本标准第5章中密度、比表面积、活性指数、流动度比、含水率、三氧化硫等技术要求的为不合格品。若其中任何一项不符合要求,应重新加倍取样,对不合格的项目进行复检,评定时以复检结果为准。

7.4.3 型式检验结果不符合本标准第5章表1中任一项要求的为型式检验不合格。若其中任何一项不符合要求,应重新加倍取样,对不合格的项目进行复检,评定时以复检结果为准。

7.4.4 检验报告

检验报告内容应包括出厂检验项目、石膏和助磨剂的品种和掺量及合同约定的其他技术要求。当用户需要时,生产厂应在矿渣粉发出之日起11d内寄发除28d活性指数以外的各项试验结果。28d活性指数应在矿渣粉发出之日起32d内补报。

7.5 交货与验收

7.5.1 交货时矿渣粉的质量验收可抽取实物试样以其检验结果为依据,也可以生产者同编号矿渣粉的检验报告为依据。采取何种方法验收由买卖双方商定,并在合同或协议中注明。卖方有告知买方验收方法的责任。当无书面合同或协议,或未在合同、协议中注明验收方法的,卖方应在发货票上注明"以本厂同编号矿渣粉的检验报告为验收依据"字样。

7.5.2 以抽取样实物试样的检验结果为验收依据时,买卖双方应在发货前或交货地共同取样和签封。取样方法按GB 12573进行,取样数量为10kg,缩分为二等份。一份由卖方保存40d,一份由买方按本标准规定的项目和方法进行检验。

在40d以内,买方检验认为产品质量不符合本标准要求,而卖方又有异议时,则双方应将卖方保存的另一份试样,送省级或省级以上国家认可的建材产品质量监督检验机构进行仲裁检验。

7.5.3 以生产厂同编号矿渣粉的检验报告为验收依据时,在发货前或交货时买方(或委托卖方)在同编号矿渣粉中抽取试样,双方共同签封后保存三个月。

在三个月内,买方对矿渣粉质量有疑问时,则买卖双方应将共同签封的试样,送省级或省级以上国家认可的建材产品质量监督检验机构进行仲裁检验。

8 包装、标志、运输与储存

8.1 包装

矿渣粉可以袋装或散装。袋装每袋净含量50kg,且不得少于标志质量的99%,随机抽取20袋,总量不得少于1 000kg(含包装袋),其他包装形式由供需双方协商确定。

矿渣粉包装袋应符合GB 9774的规定。

8.2 标志

包装袋上应清楚标明:生产厂名称、产品名称、级别、包装日期和编号。掺石膏的矿渣粉还应标有"掺石膏"的字样。散装时应提交与袋装标志相同内容的卡片。

8.3 运输与贮存

矿渣粉在运输与贮存时不得受潮和混入杂物。

附 录 A
矿渣粉活性指数及流动度比的测定

A.1 范围

本附录规定了粒化高炉矿渣粉活性指数及流动度比的检验方法。

A.2 方法原理

A.2.1 测定试验样品和对比样品的抗压强度,采用两种样品同龄期的抗压强度之比评价矿渣粉活性指数。

A.2.2 测定试验样品和对比样品的流动度,两者流动度之比评价矿渣粉流动度比。

A.3 样品

A.3.1 对比水泥

符合 GB 175 规定的强度等级为 42.5 的硅酸盐水泥或普通硅酸盐水泥,且 7d 抗压强度 35~45MPa,28d 抗压强度 50~60MPa,比表面积 300~400m^2/kg,SO_3 含量(质量分数)2.3%~2.8%,碱含量($Na_2O + 0.658K_2O$)(质量分数)0.5%~0.9%。

A.3.2 试验样品

由对比水泥和矿渣粉按质量比1:1组成。

A.4 试验方法及计算

A.4.1 砂浆配比

对比胶砂和试验胶砂配比如表 A.1 所示。

胶 砂 配 比　　　　　　表 A.1

胶砂种类	对比水泥(g)	矿渣粉(g)	中国 ISO 标准砂(g)	水(mL)
对比胶砂	450	—	1 350	225
试验胶砂	225	225	1 350	225

A.4.2 砂浆搅拌程序

按 GB/T 17671 进行。

A.4.3 矿渣粉活性指数试验及计算

分别测定对比胶砂和试验胶砂的 7d、28d 抗压强度。

矿渣粉 7d 活性指数按式(A.1)计算,计算结果保留至整数:

$$A_7 = \frac{R_7 \times 100}{R_{07}} \tag{A.1}$$

式中:A_7——矿渣粉 7d 活性指数(%);

　　R_{07}——对比胶砂 7d 抗压强度,单位为兆帕(MPa);

　　R_7——试验胶砂 7d 抗压强度,单位为兆帕(MPa)。

矿渣粉 28d 活性指数按式(A.2)式计算,计算结果保留至整数:

$$A_{28} = \frac{R_{28} \times 100}{R_{028}} \tag{A.2}$$

式中:A_{28}——矿渣粉 28d 活性指数,%;

　　R_{028}——对比胶砂 28d 抗压强度,单位为兆帕(MPa);

　　R_{28}——试验胶砂 28d 抗压强度,单位为兆帕(MPa)。

A.4.4 矿渣粉的流动度比试验

按表 A.1 胶砂配比和 GB/T 2419 进行试验,分别测定对比胶砂和试验胶砂的流动度,矿渣粉的流动度比按式(A.3)计算,计算结果保留至整数。

$$F = \frac{L \times 100}{L_m} \tag{A.3}$$

式中:F——矿渣粉流动度比(%);
L_m——对比样品胶砂流动度,单位为毫米(mm);
L——试验样品胶砂流动度,单位为毫米(mm)。

附 录 B
矿渣粉含水率的测定

B.1 范围

本附录规定了矿渣粉含水率测定方法。

B.2 原理

将矿渣粉放入规定温度的烘干箱内烘至恒重,以烘干前和烘干后的质量之差与烘干前的质量之比确定矿渣粉的含水率。

B.3 仪器

B.3.1 烘干箱

可控制温度不低于110℃,最小分度值不大于2℃。

B.3.2 天平

量程不小于50g,最小分度值不大于0.01g。

B.4 试验步骤

B.4.1 称取矿渣粉试样约50g,准确至0.01g,倒入蒸发皿中。

B.4.2 将烘干箱温度调整并控制在105℃~110℃。

B.4.3 将矿渣粉试样放入烘干箱内烘干,取出后放在干燥器中冷却至室温后称量,准确至0.01g,至恒重。

B.5 结果计算

含水率按式(B.1)计算,计算结果保留至0.1%:

$$w = \frac{(w_1 - w_0) \times 100}{w_1} \tag{B.1}$$

式中:w——矿渣粉含水率(质量分数)(%);
w_1——烘干前试样的质量,单位为克(g);
w_0——烘干后试样的质量,单位为克(g)。

附 录 C
矿渣粉玻璃体含量的测定方法

C.1 原理

根据粒化高炉矿渣微粉 X 射线衍射图中玻璃体部分的面积与底线上面积之比为玻璃体含量。

C.2 仪器

C.2.1 X 射线衍射仪(铜靶)

功率大于3kW,试验条件:管流≥40mA,管压≥37.5kV。

C.2.2 电子天平

量程不小于10g,最小分度值不大于0.001g。

C.2.3 电热干燥箱

温度控制范围(105±5)℃。

C.3 试验步骤

C.3.1 在烘箱中烘干矿渣粉样品 1h。用玛瑙研钵研磨,使其全部通过80μm方孔筛。以每分钟等于或小于 1°(2θ) 的扫描速度，扫描试样 0.237～0.404nm 晶面区间(2θ = 22.0°～38.0°)。

  C.3.2 衍射图谱曲线上 1°(2θ) 衍射角的线性距离不小于 10mm。0.404nm～0.237nm 晶面间的空间(d–空间)最强衍射峰的高度应大于 100mm。

  注：扫描范围扩大到 10°～60°时，可搜索到杂质存在，通过杂质的主要峰值可以辨析其主要成分，并和玻璃体含量一起报告。

C.4 图谱处理

  在 0.237～0.404nm 晶面间(2θ = 22.0°～38.0°)的空间在峰底画一直线代表背底。计算中仅考虑线性底部上方空间区域的面积。

  在 0.237～0.404nm 范围内，在衍射强度曲线的振荡中点画一曲线，尖锐衍射峰代表晶体部分，其余为玻璃体部分。在纸上把衍射峰轮廓和玻璃体区域剪下并分别称重，精确至 0.001g。

  注：允许通过计算机软件直接测量相应的面积。

C.5 计算

  按式(C.1)测定玻璃体含量，取整数。

$$w_{\text{glass}} = \frac{w_{\text{gp}}}{w_{\text{gp}} + w_{\text{cp}}} \times 100 \tag{C.1}$$

式中：w_{glass}——矿渣粉玻璃体含量(质量分数)(%)；
    w_{gp}——代表样品中玻璃体的纸质量，单位为克(g)；
    w_{cp}——代表样品中晶体部分的纸质量，单位为克(g)。

第七节 高强高性能混凝土用矿物外加剂

  高强高性能混凝土用矿物外加剂包括磨细矿渣、磨细粉煤灰、磨细天然沸石和硅灰。这 4 种材料在本章前几节中分别都做了叙述，首先考虑到前述标准对材料的质量分级、技术要求与 GB/T 18736—2002 都有差异，再则高强高性能混凝土的使用会越来越多，因此有必要给出高强高性能混凝土用矿物外加剂标准。对用于普通混凝土的上述 4 种材料，其相关技术要求应执行前几节中涉及标准的规定。

高强高性能混凝土用矿物外加剂
（GB/T 18736—2002）

1 范围

  本标准规定了高强高性能混凝土用矿物外加剂的定义、技术要求、试验方法、检验规则、包装、标志、运输和贮存等。

  本标准适用于高强高性能混凝土用磨细矿渣、磨细粉煤灰、磨细天然沸石和硅灰及其复合的矿物外加剂。

2 引用标准

  下列标准所包含的条文，通过在本标准中引用而构成为本标准的条文。本标准出版时，所示版本均为有效。所有标准都会被修订，使用本标准的各方应探讨使用下列标准最新版本的可能性。

  GB/T 176—1996   水泥化学分析方法(eqv ISO 680:1990)
  GB/T 2419—1994   水泥胶砂流动度测定方法
  GB/T 5483—1996   石膏和硬石膏

GB 8076—1997	混凝土外加剂
GB 9774—1996	水泥包装袋
GB 12573—1990	水泥取样方法
GB/T 17671—1999	水泥胶砂强度检验方法(ISO法)(idt ISO 679:1989)
JC/T 420—1991	水泥原料中氯的化学分析方法
JC/T 667—1997	水泥粉磨用工艺外加剂

3 定义

本标准采用以下定义。

3.1 高强高性能混凝土用矿物外加剂

在混凝土搅拌过程中加入的、具有一定细度和活性的用于改善新拌和硬化混凝土性能(特别是混凝土耐久性)的某些矿物类的产品。

3.2 粒化高炉矿渣

炼铁高炉排出的熔渣,经水淬而成的粒状矿渣。

3.3 磨细矿渣

粒状高炉矿渣经干燥、粉磨等工艺达到规定细度的产品。粉磨时可添加适量的石膏和水泥粉磨用工艺外加剂。

3.4 硅灰

在冶炼硅铁合金或工业硅时,通过烟道排出的硅蒸气氧化后,经收尘器收集得到的以无定形二氧化硅为主要成分的产品。

3.5 粉煤灰

用燃煤炉发电的电厂排放出的烟道灰。

3.6 磨细粉煤灰

干燥的粉煤灰经粉磨达到规定细度的产品。粉磨时可添加适量的水泥粉磨用工艺外加剂。

3.7 天然沸石岩

指火山喷发形成的玻璃体在长期的碱溶液条件下二次成矿所形成的以沸石类矿物为主的岩石。

3.8 磨细天然沸石

以一定品位纯度的天然沸石为原料,经粉磨至规定细度的产品。粉磨时可添加适量的水泥粉磨用工艺外加剂。

3.9 复合矿物外加剂

由两种或两种以上矿物外加剂复合而成的产品。

3.10 基准胶砂

用基准水泥按规定方法配制的作为对比的胶砂。

3.11 受检胶砂

矿物外加剂以规定比例取代一定量的基准水泥后,按规定方法制备的检验用胶砂。

3.12 需水量比

受检胶砂的流动度达到基准胶砂相同流动度(即基准胶砂流动度±5mm)时两者的用水量之比,以百分数表示。

3.13 活性指数

受检胶砂和基准胶砂试件在标准条件下养护至相同规定龄期的抗压强度之比,用百分数表示。

4 分类

4.1 分类

矿物外加剂按照其矿物组成分为四类:磨细矿渣、磨细粉煤灰、磨细天然沸石、硅灰。矿渣粉磨时可适量添加符合 GB/T 5483 质量要求的石膏;粉磨时加入的工艺外加剂应符合 JC/T 667 的要求。

复合矿物外加剂依其主要组分进行分类,参照该类产品指标进行检验。

4.2 等级

依据性能指标将磨细矿渣分为三级,磨细粉煤灰和磨细天然沸石分为两级。

4.3 代号

矿物外加剂用代号 MA 表示。

各类矿物外加剂用不同代号表示:磨细矿渣 S,磨细粉煤灰 F,磨细天然沸石 Z,硅灰 SF。

4.4 标记

矿物外加剂的标记依次为:矿物外加剂—分类—等级标准号

示例:Ⅱ级磨细矿渣,标记为"MAS Ⅱ GB/T ×××—2002"

5 技术要求

5.1 矿物外加剂的技术要求应符合表 1 的规定。

矿物外加剂的技术要求　　　　表1

试验项目			指　标						
			磨细矿渣			磨细粉煤灰		磨细天然沸石		硅灰
			Ⅰ	Ⅱ	Ⅲ	Ⅰ	Ⅱ	Ⅰ	Ⅱ	
化学性能	MgO(%)	≤	14			—	—	—	—	—
	SO_3(%)	≤	4			3		—	—	—
	烧失量(%)	≤	3			5	8	—	—	6
	Cl(%)	≤	0.02			0.02		0.02		0.02
	SiO_2(%)	≥	—	—	—	—	—	—	—	85
	吸铵值(mmol/100g)	≥	—	—	—	—	—	130	100	—
物理性能	比表面积(m^2/kg)	≥	750	550	350	600	400	700	500	15 000
	含水率(%)	≤	1.0			1.0		—	—	3.0
胶砂性能	需水量比(%)	≤	100			95	105	110	115	125
	活性指数	3d(%) ≥	85	70	55	—	—	—	—	—
		7d(%) ≥	100	85	75	80	75	—	—	—
		28d(%) ≥	115	105	100	90	85	90	85	85

5.2 总碱量

各种矿物外加剂均应测定其总碱量。根据工程要求,由供需双方商定供货指标。

6 试验方法

6.1 氧化镁、三氧化硫、烧失量

按 GB/T 176 进行。

6.2 氯离子

按 JC/T 420 进行。

6.3 硅灰中二氧化硅分析

按附录 A(标准的附录)进行。

6.4 吸铵值

按附录 B(标准的附录)进行。

6.5 比表面积

硅灰的比表面积用 BET 氮吸附法测定,磨细矿渣、磨细粉煤灰、磨细天然沸石采用激光粒度分析仪测定其粒度分布,并按仪器说明书给定的方法计算出比表面积。

6.6 含水率
按 GB/T 176 进行。

6.7 需水量比及活性指数
按附录 C(标准的附录)进行。

6.8 总碱量
按 GB/T 176 进行。

7 检验规则

7.1 编号、取样和留样

7.1.1 矿物外加剂出厂前应按同类同等级进行编号和取样,每一编号为一个取样单位。

7.1.2 硅灰及其复合矿物外加剂以 30t 为一个取样单位,其余矿物外加剂以 120t 为一个取样单位,其数量不足者也以一个取样单位计。

7.1.3 取样和留样

7.1.3.1 取样

取样按 GB 12573 规定进行。取样应随机取样,要有代表性。可以连续取样。也可以在 20 个以上不同部位取等量样品。每样总质量至少 12kg,硅灰取样量可以酌减,但总质量至少 4kg。试样混匀后,按四分法缩减取比试验用量多 1 倍的试样。

7.1.3.2 留样

生产厂每一编号的矿物外加剂试样应分为两等份,一份供产品出厂检验用,另一份密封保存 6 个月,以备复验或仲裁时用。

7.2 检验

7.2.1 出厂检验

每一编号的矿物外加剂检验项目,根据其品种按表 1 中规定的物理和胶砂性能进行检验。

7.2.2 型式检验

各类矿物外加剂按第 5 章中规定的相应项目进行检测。有下列情况之一者,应进行型式检验:
a)新产品或老产品转厂生产的试制定型鉴定;
b)正式生产后,如材料、工艺有较大改变,可能影响产品性能时;
c)正常生产,一年至少进行一次检验;
d)产品长期停产,恢复生产时;
e)出厂检验结果与上次型式检验有较大差异时;
f)国家质量监督机构提出进行型式检验要求时。

7.3 判定

各类矿物外加剂性能符合表 1 中相应等级的规定,则判为相应等级;若其中有一项不符合规定指标,则降级或判为不合格品。

7.4 试验报告

根据用户要求,生产厂应在矿物外加剂发出后 10 日内提供质检报告(除 28d 活性指数外),28d 活性指数应在发货后 32d 内补报。矿物外加剂产品中加入其他组分的品种和数量应在试验报告中予以说明。试验报告的内容应包括第 5 章中相应矿物外加剂的性能指标。

8 复验

在产品贮存期内,用户对产品质量提出异议时,可进行复验。复验可以用同一编号封存样进行。如果使用方要求现场取样,应事先在供货合同中规定。生产厂应在接到用户通知 7 日内会同用户共同取样,送质量监督检验机构检验;生产厂在规定时间内不去现场,用户可会同质检机构取样检验,结果同等有效。

9 包装、标志、运输及贮存

9.1 包装

矿物外加剂可以袋装或散装。袋装每袋净质量不得少于标志质量的98%，随机抽取20袋，其总质量不得少于标志质量的20倍。包装袋应符合 GB 9774 的规定。散装由供需双方商量确定，但有关散装质量的要求必须符合上述原则规定。

9.2 标志

所有包装容器均应在明显位置注明以下内容：执行的国家标准号、产品名称、等级、净质量或体积、生产厂名。生产日期及出厂编号应于产品合格证上予以注明。

9.3 运输

运输过程中应防止淋湿及包装破损，或混入其他产品。

9.4 贮存

在正常的运输、贮存条件下，矿物外加剂的贮存期从产品生产之日起计算为半年。

矿物外加剂应分类、分等级贮存在专用仓库或储仓中，不得露天堆放，以易于识别、便于检查和提货为原则。

贮存时间超过贮存期的产品，应予复检，检验合格后才能出库使用。

附 录 A
二氧化硅含量分析方法

A.1 标准试剂

盐酸：36%～38%；

硫酸：95%～98%；

氢氟酸：40%；

无水碳酸钠；

动物胶：1%。

在分析中用体积比表示试剂稀释程度，例如盐酸(1+2)表示：1 份体积的浓盐酸与 2 份体积的水相混合。

A.2 分析步骤

A.2.1 将试样在105℃～110℃烘干。

A.2.2 称取0.5g试样于预先放入3～4g无水碳酸钠的铂坩埚中，搅拌均匀，送入预热至800℃的高温炉中，升温至1 000℃熔融30min（空白置于近炉门处，到温度后可先取出），坩埚取出后立即倾斜放置，冷却。将坩埚置于250mL烧杯中，加入60mL冷的盐酸(1+2)，待熔块脱离坩埚后，用水洗净坩埚，并用橡皮擦擦净，置于水浴上蒸发至湿盐状。在蒸发过程中，要经常搅拌溶液，使盐类成粉末状而不呈晶状析出，取下，冷却，加入6～8mL的1%动物胶溶液，空白加5mL，充分搅匀，放5min 以上，用水冲洗杯壁，加入20mL热水，搅拌使盐类溶解，待沉淀沉降后趁热过滤，烧杯中沉淀全部转移入漏斗中，用2%温热盐酸洗涤至无铁离子，再用水洗涤两次。

A.2.3 将沉淀连同滤纸放在铂坩埚中，低温灰化，在1 000℃灼烧30～50min，干燥器中冷却，称重，再灼烧20～30min，直至恒量。然后沉淀用水润湿，加4滴硫酸(1+1)和5mL氢氟酸蒸发至冒三氧化硫白烟，最后在小电炉上使白烟冒尽。坩埚及残渣在950℃灼烧20min称量。用差减法计算结果。

附 录 B
吸铵值测定方法

B.1 标准试剂

B.1.1 氯化铵溶液：1mol/L；

B.1.2 氯化钾溶液：1mol/L；

B.1.3 硝酸铵溶液：0.005mol/L；

B.1.4 硝酸银溶液:5%;

B.1.5 NaOH 标准溶液:0.1mol/L;

B.1.6 甲醛溶液:38%;

B.1.7 酚酞酒精溶液:1%。

B.2 测定仪器

B.2.1 干燥器:$\phi30cm \sim \phi40cm$;

B.2.2 电炉:300~500W;

B.2.3 烧杯:150mL;

B.2.4 锥形瓶:250~300mL;

B.2.5 漏斗:$\phi10cm \sim \phi20cm$,附中速定性滤纸;

B.2.6 滴定管:50mL,最小刻度0.1mL;

B.2.7 分析天平:200g,感量0.1mg。

B.3 测试步骤

B.3.1 取通过80μm方孔筛的磨细天然沸石风干样,放入干燥器中24h后,称取1g,精确至0.1mg,置于150mL的烧杯中,加入100mL的1mol/L的氯化铵溶液;

B.3.2 将烧杯放在电热板或调温电炉上加热微沸2h(经常搅拌,可补充水,保持杯中溶液至少30mL);

B.3.3 趁热用中速滤纸过滤,取煮沸并冷却的蒸馏水洗烧杯和滤纸沉淀,再用0.005mol/L的硝酸铵淋洗至无氯离子(用黑色比色板滴两滴淋洗液,加入一滴硝酸银溶液,无白色沉淀产生,表明无氯离子);

B.3.4 移去滤液瓶,将沉淀移到普通漏斗中,用煮沸的1mol/L氯化钾溶液每次约30mL冲洗沉淀物。用一干净烧杯承接,分四次洗至100~120mL为止;

B.3.5 在洗液中加入10mL甲醛溶液,静置20min;

B.3.6 在锥形洗液瓶中加入2~8滴酚酞指示剂,用氢氧化钠标准溶液滴定,直至微红色为终点(半分钟不褪色),记下消耗的氢氧化钠标准溶液体积。

B.4 磨细天然沸石吸铵值计算

$$A = \frac{M \times V \times 100}{m}$$

式中:A——吸铵值,mmol/100g;

M——NaOH 标准溶液的摩尔浓度,mol/L;

V——消耗的 NaOH 标准溶液的体积,mL;

m——磨细天然沸石风干样放入干燥器中24h的质量,g。

B.5 测试结果处理

同一样品分别进行两次测试,所得测试结果之差不得大于3%,取其平均值为试验结果。计算值取到小数后1位。当测试结果超过允许范围时,应查找原因,重新按上述试验方法进行测试。

附 录 C
矿物外加剂胶砂需水量比及活性指数的测试方法

C.1 适用范围

本附录规定了磨细矿渣、硅灰、粉煤灰、磨细天然沸石等及其复合的矿物外加剂胶砂需水量比及活性指数的测试方法。

C.2 试验用仪器

采用 GB/T 17671 水泥胶砂强度检验方法(ISO法)中所规定的试验用仪器。

C.3 试验用材料

C.3.1 水泥

采用 GB 8076—1997 附录 C 中规定的基准水泥。在因故得不到基准水泥时,允许采用 C_3A 含量 6%~8%,总碱量(Na_2O + $0.658K_2O$%)不大于1%的熟料和二水石膏、矿渣共同磨制的强度等级大于(含)42.5 的普通硅酸盐水泥,但仲裁仍需用基准水泥。

C.3.2 砂

符合 GB/T 17671 规定的标准砂。

C.3.3 水

采用自来水或蒸馏水。

C.3.4 矿物外加剂

受检的矿物外加剂。

C.4 试验条件及方法

C.4.1 试验条件

试验室应符合 GB/T 17671—1999 中 4.1 的规定。试验用各种材料和用具应预先放在试验室内,使其达到试验室相同的温度。

C.4.2 试验方法

C.4.2.1 胶砂配比

见表 C1。

胶砂配比(单位:g)　　　　　　　　　　　　表 C1

材　料	基准胶砂	受检胶砂				备　注
		磨细矿渣	磨细粉煤灰	磨细天然沸石	硅灰	
水泥	450 ± 2	225 ± 1	315 ± 1	405 ± 1	405 ± 1	表 C1 所示为一次搅拌量
矿物外加剂	—	225 ± 1	135 ± 1	45 ± 1	45 ± 1	
ISO 砂	1 350 ± 5	1 350 ± 5	1 350 ± 5	1 350 ± 5	1 350 ± 5	
水	225 ± 1	使受检胶砂流动度达基准胶砂流动度值 ± 5mm				

C.4.2.2 搅拌

把水加入搅拌锅里,再加入预先混匀的水泥和矿物外加剂,把锅放置在固定架上,上升至固定位置。然后按 GB/T 17671—1999 中 6.3 进行搅拌,开动机器后,低速搅拌 30s 后,在第二个 30s 开始的同时均匀地将砂子加入。当各级砂是分装时,从最粗粒级开始,依次将所需的每级砂量加完。把机器转至高速再拌 30s。停拌 90s,在第一个 15s 内用一个胶皮刮具将叶片和锅壁上的胶砂刮入锅中间。在高速下继续搅拌 60s。各个搅拌阶段,时间误差应在 ± 1s 以内。水泥胶砂流动度测定参照 GB/T 2419 进行。

C.4.2.3 试件的制备

按 GB/T 17671—1999 中第 7 章进行。

C.4.2.4 试件的养护

C.4.2.4.1 试件脱模前处理和养护、脱模、水中养护按 GB/T 17671—1999 中 8.1、8.2 和 8.3 进行。

C.4.2.4.2 强度和试验龄期

试体龄期是从水泥加水搅拌开始试验时算起,不同龄期强度试验在下列时间里进行。

——72h ± 45 min;

——7d ± 2h;

—— >28d ± 8h。

C.5 结果与计算

C.5.1 需水量比

根据表 C1 配比,测得受检胶砂的需水量,按式 C1 计算相应矿物外加剂的需水量之比:

$$R_w = \frac{W_t}{225} \times 100 \tag{C1}$$

式中：R_w——受检胶砂的需水量比，%；
W_t——受检胶砂的用水量，g；
225——基准胶砂的用水量，g。
计算结果取为整数。

C.5.2 矿物外加剂活性指数计算

在测得相应龄期基准胶砂和试验胶砂抗压强度后，按式 C2 计算矿物外加剂的相应龄期的活性指数。

$$A = \frac{R_t}{R_0} \times 100 \tag{C2}$$

式中：A——矿物外加剂的活性指数；
R_t——受检胶砂相应龄期的强度，MPa；
R_0——基准胶砂相应龄期的强度，MPa。
计算结果取为整数。

第五章 砂石材料

砂石材料是道路与桥梁工程建设中用量最大的地方性材料。由于路桥工程是既承受交通动荷载重复作用，又承受各种自然因素反复作用的结构物，因此用于路桥工程的砂石材料不仅必须具备抵抗复杂交通荷载作用的综合力学性能，而且还要具备抵抗各种自然因素作用的能力。而天然砂石材料由于其形成条件、造岩矿物、组织结构千差万别，决定了其工程性能也千差万别。这就要求我们通过一定的测试手段，选择技术性能符合工程技术标准要求的砂石材料作为工程建筑材料，以确保工程质量及其使用安全。

砂石材料主要包括：岩石、天然砾石、天然砂、人工轧制的粗细集料、磨细矿粉及冶金矿渣等。

第一节 岩　　石

道路及桥涵工程使用的块状石料，一种是由天然岩石经打眼放炮开采得到的大块石，再按要求的规格经粗加工或细加工而得到的规则或不规则块石、条石等；另一种是由天然的卵石、漂石、巨石经加工而成，主要用于浆砌工程，如石拱桥、石拱涵、路基挡墙、石料路面等的各种规格的块石等。道路工程岩石制品有高级铺砌（如路面面层）用的整齐块石、半整齐块石、不整齐块石；用作路面基层的锥形块石、片石；用作挡墙等工程的块石、片石等。桥梁工程石料制品有片石、块石、方块石、粗料石和镶面石等。

一、物理性质及试验方法

岩石学简易鉴定
(JTG E41—2005　T 0201—94)

1　目的和适用范围

本方法适用于借助常规工具和试剂做简单试验，通过肉眼观察，鉴定公路工程岩样的岩石特征，其目的在于确定岩石的名称或类别。

2　仪器设备

（1）铁锤。

（2）摩氏标准硬度计或其他检验硬度用的工具（如手指甲、铁刀刃、钢刀刃、玻璃片）等。

（3）放大镜及显微镜。

3　试剂

稀盐酸：10mL 浓盐酸与 90mL 蒸馏水混合。

4　试样

为了获得有代表性的岩石样品，野外工作期间要选择的标本数应多于 3 个。对于不规则试样，样品规格为体积不小于 100cm³ 的近似块体，并应除掉松动部分和表面附着物。

5 试验步骤

5.1 用铁锤敲击岩石试样,使之出现新鲜断面。

5.2 通过肉眼,同时借助放大镜或显微镜仔细观察新鲜断面的岩石结构和构造,注重观察其节理、裂隙、结晶程度、颗粒大小、胶结物等特征结构,并作描述。

5.3 用硬度计或其他检验硬度用的工具在新鲜断面上进行划痕试验,以确定岩石的硬度。

硬度对比的标准从软到硬依次由下列10种矿物组成:①滑石;②石膏;③方解石;④萤石;⑤磷灰石;⑥正长石;⑦石英;⑧黄玉;⑨刚玉;⑩金刚石。

5.4 在新鲜断口上滴几滴稀盐酸,观察滴酸的岩石部位表面变化,如有无气泡产生等。

5.5 分析岩石的矿物组成和结构,确定岩石名称或类别。

6 结果整理

按下列岩石学鉴定记录(表 T 0201-1)所列项目进行岩相描述,并根据岩相特征确定岩石名称或类别。

岩石学鉴定记录　　　　　　　　　　　　　　　　表 T 0201-1

工程项目							
岩石产地							
岩石用途							
试样编号							
岩相描述	颜色						
	构造						
	结构	结晶程度					
		矿粒大小					
		胶结物					
		特征结构					
	矿物成分	重要的					
		次要的					
		次生的					
	风化情况	矿物光泽					
		矿物变化					
		风化程度					
结论							

含水率试验
(JTG E41—2005　T 0202—2005)

1 目的和适用范围

岩石含水率试验用于测定岩石在天然状态下的含水率。岩石的含水率可间接地反映岩石中空隙的多少、岩石的致密程度等特性。

本试验采用烘干法。对于不含结晶水矿物的岩石烘干温度为105℃~110℃;对于含结晶水矿物的岩石温度宜控制在60℃±5℃下进行测定。

2 仪器设备

(1) 烘箱:能使温度控制在105℃~110℃范围,最低控温能满足60℃±5℃。
(2) 干燥器:内装氯化钙或硅胶等干燥剂。
(3) 天平:感量0.01g。
(4) 称量盒。

3 试样制备

3.1 保持天然含水率的试件应在现场采取,严禁用爆破或湿钻法。试件在采取、运输、储存和制备过程中,含水率变化不应超过1%。

3.2 试件尺寸应大于组成岩石最大颗粒的10倍,每个试件质量不小于40g,不大于200g,每组试样的数量不宜少于5个。

3.3 应记录描述岩石名称、颜色、矿物成分、结构、构造、风化程度、胶结物性质及为保持试样含水状态所采取的措施等。

4 试验步骤

4.1 将制备好的试样放入已烘干至恒量的称量盒内,称烘干前的试样和称量盒的合质量(m_1)。本试验所有称量精确至0.01g。

4.2 将称量盒连同试样置于烘箱内。对于不含结晶水的岩石,应在105℃~110℃恒温下烘至恒量,烘干时间一般为12~24h;对于含结晶水的岩石,应在60℃±5℃恒温下烘至恒量,烘干时间一般为24~48h。

4.3 将称量盒从烘箱中取出,放入干燥器内冷却至室温,称烘干后的试样和称量盒的合质量(m_2)。

5 结果整理

5.1 按式(T 0202-1)计算石料含水率:

$$w = \frac{m_1 - m_2}{m_2 - m_0} \times 100 \qquad (T\ 0202\text{-}1)$$

式中: w——石料含水率,%;
m_0——称量盒的质量,g;
m_1——试样烘干前的质量与干燥称量盒的质量之和,g;
m_2——试样烘干后的质量与干燥称量盒的质量之和,g。

5.2 以5个试样的算术平均值作为试验结果,计算精确至0.1g。

5.3 含水率试验记录应包括岩石名称、试验编号、试样编号、试样描述、烘干前的试样和称量盒的合质量、烘干后的试样和称量盒的合质量、称量盒的干燥质量。

密 度 试 验
(JTG E41—2005 T 0203—2005)

1 目的和适用范围

岩石的密度(颗粒密度)是选择建筑材料、研究岩石风化、评价地基基础工程岩体稳定性及确定围岩压力等必需的计算指标。

本法用洁净水做试液时适用于不含水溶性矿物成分的岩石的密度测定,对含有水溶性矿物成分的岩石应使用中性液体如煤油做试验。

2 仪器设备

(1) 密度瓶:短颈容量瓶,容积为100mL。
(2) 天平:感量0.001g。
(3) 轧石机、球磨机、瓷研钵、玛瑙研钵、磁铁块和孔径为0.315mm(0.3mm)的筛子。

(4)砂浴、恒温水槽(灵敏度±1℃)及真空抽气设备。

(5)烘箱:能使温度控制在105℃~110℃。

(6)干燥器:内装氯化钙或硅胶等干燥剂。

(7)锥形玻璃漏斗和瓷皿、滴管、牛骨匙和温度计等。

3 试样制备

取代表性岩石试样在小型轧石机上初碎(或手工用钢锤捣碎),再置于球磨机中进一步磨碎,然后用研钵研细,使之全部粉碎成能通过0.315mm筛孔的岩粉。

4 试验步骤

4.1 将制备好的岩粉放在瓷皿中,置于温度为105℃~110℃的烘箱中烘至恒量,烘干时间一般为6~12h,然后再置于干燥器中冷却至室温(20℃±2℃)备用。

4.2 用四分法取两分岩粉,每份试样从中称取15g(m_1),精确至0.001g(本试验称量精度皆同),用漏斗灌入洗净烘干的密度瓶中,并注入试液至瓶的一半处,摇动密度瓶使岩粉分散。

4.3 当使用洁净水做试液时,可采用沸煮法或抽气法排除气体。当使用煤油作试液时,应当用真空抽气法排除气体。采用沸煮法排除气体时,煮沸时间自悬液沸腾时算起不得少于1h;采用真空抽气法排除气体时,真空压力表读数宜为100kPa,抽气时间维持1~2h,直至无气泡逸出为止。

4.4 将经过排除气体的密度瓶取出擦干,冷却至室温,再向密度瓶中注入排除气体且同温条件的试液,然后放置于恒温水槽(20℃±2℃)内,待密度瓶内温度稳定,上部悬液澄清后,塞好瓶塞,使多余试液溢出,从恒温水槽中取出密度瓶,擦干瓶外水分,立即称其质量(m_3)。

4.5 倾出悬液,洗净密度瓶,注入经排除气体并与试样同温度的试液至密度瓶,再置于恒温水槽内,待密度瓶内温度稳定,上部悬液澄清后,塞好瓶塞,使多余试液溢出,从恒温水槽中取出密度瓶,擦干瓶外水分,立即称其质量(m_2)。

5 结果整理

准确称出瓷皿加剩余石粉的合质量。

5.1 按式(T 0203-1)计算石料的密度值(精确至0.01g/cm³):

$$\rho_t = \frac{m_1}{m_1 + m_2 - m_3} \times \rho_{wt} \qquad (T\ 0203\text{-}1)$$

式中:ρ_t——岩石的密度,g/cm³;

m_1——岩粉的质量,g;

m_2——密度瓶与试液的合质量,g;

m_3——密度瓶、试液与岩粉的总质量,g;

ρ_{wt}——与试验室同温度试液的密度,g/cm³;洁净水的密度由附录(见本书附录Ⅰ)查得,煤油的密度按式(T 0203-2)计算:

$$\rho_{wt} = \frac{m_5 - m_4}{m_6 - m_4} \times \rho_w \qquad (T\ 0203\text{-}2)$$

m_4——密度瓶的质量,g;

m_5——瓶与煤油的合质量,g;

m_6——密度瓶与经排除气体的洁净水的合质量,g;

ρ_w——经排除气体的洁净水的密度(由附录Ⅰ查得,见本书附录Ⅰ),g/cm³。

5.2 以两次试验结果的算术平均值作为测定值。如两次试验结果之差大于0.02g/cm³时,应重新取样进行试验。

5.3 试验记录

密度试验记录应包括岩石名称、试验编号、试样编号、试液温度、试液密度、烘干岩粉试样质量、瓶和试液合质量以及瓶、试液和岩粉试样总质量、密度瓶质量。

【注意事项】

（1）密度试验要将石料磨成石粉，石粉中的铁屑在烘干前必须用磁铁吸干净。

（2）短颈密度瓶就是土壤密度试验用的瓶子。该试验的关键技术点是排气，采用沸煮法一定要保证规范规定的最短时间，并且从悬液沸腾后算起；采用真空法一定要达到规定的真空度，并保持规定的时间，并从达到要求的真空度后算起。

（3）温度是该试验的又一关键技术点，试验时应将试液盛于另一带塞的瓶中，在恒温水槽中恒温到规定的温度，并进行排气处理，需要时直接加入。

（4）如果采用煤油做试验，适宜用真空法排气。试验中如出现石粉粘在密度瓶内壁上的情况，说明石粉未烘干，或煤油中含有水分，或密度瓶不干燥，应找出原因重新试验。

（5）沥青混合料用矿粉因要求测定表观相对密度，应采用《公路工程集料试验规程》规定的方法试验。

毛体积密度试验
（JTG E41—2005 T 0204—2005）

1 目的和适用范围

岩石的毛体积密度（块体密度）是一个间接反映岩石致密程度、空隙发育程度的参数，也是评价工程岩体稳定性及围岩压力等必需的计算参数。根据岩石含水状态，毛体积密度可分为干密度、饱和密度和天然密度。

岩石的毛体积密度试验可分为量积法、水中称量法和蜡封法。

量积法适用于能制备成规则试件的各类岩石；水中称量法适用于除遇水崩解、溶解和干缩湿胀外的其他各类岩石；蜡封法适用于不能用量积法或水中称量法进行试验的岩石。

2 仪器设备

（1）切石机、钻石机、磨石机等岩石试件加工设备。

（2）天平：感量0.01g，称量大于500g。

（3）烘箱：能使温度控制在105℃~110℃。

（4）石蜡及溶蜡设备。

（5）水中称量装置。

（6）游标卡尺。

3 试件制备

3.1 量积法试件制备，试件尺寸应符合本规程 T 0221 中 3.1 的规定。

3.2 水中称量法试件制备，试件尺寸应符合下列规定：试件可采用规则或不规则形状，试件尺寸应大于组成岩石最大颗粒粒径的10倍，每个试件质量不宜小于150g。

3.3 蜡封法试件制备，试件尺寸应符合下列规定：将岩样制成边长约40~60mm 的立方体试件，并将尖锐棱角用砂轮打磨光滑；或采用直径为48~52mm 圆柱体试件。测定天然密度的试件，应在岩样拆封后，在设法保持天然湿度的条件下，迅速制样、称量和密封。

3.4 试件数量，同一含水状态，每组不得少于3个。

4 量积法试验步骤

4.1 量测试件的直径或边长：用游标卡尺量测试件两端和中间三个断面上互相垂直的两个方向的直径或边长，按截面积计算平均值。

4.2 量测试件的高度:用游标卡尺量测试件断面周边对称的四个点(圆柱体试件为互相垂直的直径与圆周交点处,立方体试件为边长的中点)和中心点的五个高度,计算平均值。

4.3 测定天然密度:应在岩样开封后,在保持天然湿度的条件下,立即加工试件和称量。测定后的试件,可作为天然状态的单轴抗压强度试验用的试件。

4.4 测定饱和密度:试件的饱和过程和称量,应符合本规程 T 0205 相关条款的规定。测定后的试件,可作为饱和状态单轴抗压强度试验用的试件。

4.5 测定干密度:将试件放入烘箱内,控制在 105℃ ~ 110℃ 温度下烘 12 ~ 24h,取出放入干燥器内冷却至室温,称干试件质量。测定后的试件,可作为干燥状态单轴抗压强度试验用的试件。

4.6 本试验称量精确至 0.01g,量测精确至 0.01mm。

5 水中称量法试验步骤

5.1 测天然密度时,应取有代表性的岩石制备试件并称量;测干密度时,将试件放入烘箱,在 105℃ ~ 110℃ 下烘至恒量,烘干时间一般为 12 ~ 24h。取出试件置于干燥器内冷却。

5.2 将干试件浸入水中进行饱和,饱和方法可依岩石性质选用煮沸法或真空抽气法。试件的饱和过程和称量,应符合本规程 T 0205 相关条款的规定。

5.3 取出饱和浸水试件,用湿纱布擦去试件表面水分,立即称其质量。

5.4 将试样放在水中称量装置的丝网上,称取试样在水中的质量(丝网在水中质量可事先用砝码平衡)。在称量过程中,称量装置的液面应始终保持同一高度,并记下水温。

5.5 本试验称量精确至 0.01g。

6 蜡封法试验步骤

6.1 测天然密度时,应取有代表性的岩石制备试件并称量;测干密度时,将试件放入烘箱,在 105℃ ~ 110℃ 下烘至恒量,烘干时间一般为 12 ~ 24h。取出试件置于干燥器内冷却至室温。

6.2 从干燥器内取出试件,放在天平上称量,精确至 0.01g(本试验称量精度皆同此)。

6.3 把石蜡装在干净铁盆中加热熔化,至稍高于熔点(一般石蜡熔点在 55℃ ~ 58℃)。岩石试件可通过滚涂或刷涂的方法使其表面涂上一层厚度 1mm 左右的石蜡层,冷却后准确称出蜡封试件的质量。

6.4 将涂有石蜡的试件系于天平上,称出其在洁净水中的质量。

6.5 擦干试件表面的水分,在空气中重新称取蜡封试件的质量,检查此时蜡封试件的质量是否大于浸水前的质量。如超过 0.05g,说明试件蜡封不好,洁净水已浸入试件,应取试件重新测定。

7 结果整理

7.1 量积法岩石毛体积密度按下列公式计算:

$$\rho_0 = \frac{m_0}{V}\% \quad \quad (T\ 0204\text{-}1)$$

$$\rho_s = \frac{m_s}{V} \quad \quad (T\ 0204\text{-}2)$$

$$\rho_d = \frac{m_d}{V} \quad \quad (T\ 0204\text{-}3)$$

式中:ρ_0——天然密度,g/cm³;

ρ_s——饱和密度,g/cm³;

ρ_d——干密度,g/cm³;

m_0——试件烘干前的质量,g;

m_s——试件强制饱和后的质量,g;

m_d——试件烘干后的质量,g;

V——岩石的体积,cm³。

7.2 水中称量法岩石毛体积密度按下列公式计算:

$$\rho_0 = \frac{m_0}{m_s - m_w} \times \rho_w \qquad (\text{T }0204\text{-}4)$$

$$\rho_s = \frac{m_s}{m_s - m_w} \times \rho_w \qquad (\text{T }0204\text{-}5)$$

$$\rho_d = \frac{m_d}{m_s - m_w} \times \rho_w \qquad (\text{T }0204\text{-}6)$$

式中:m_s——试件强制饱和后在洁净水中的质量,g;

ρ_w——洁净水中的密度,g/cm³;由附录查得。

7.3 封蜡法岩石毛体积密度按下列公式计算:

$$\rho_0 = \frac{m_0}{\dfrac{m_1 - m_2}{\rho_w} - \dfrac{m_1 - m_d}{\rho_N}} \qquad (\text{T }0204\text{-}7)$$

$$\rho_d = \frac{m_d}{\dfrac{m_1 - m_2}{\rho_w} - \dfrac{m_1 - m_d}{\rho_N}} \qquad (\text{T }0204\text{-}8)$$

式中:m_1——蜡封试件质量,g;

m_2——蜡封试件在洁净水中的质量,g;

ρ_N——石蜡的密度,g/cm³。

7.4 毛体积密度试验结果精确至0.01g/cm³,3个试件平行试验。组织均匀的岩石,毛体积密度应为3个试件测得结果之平均值;组织不均匀的岩石,毛体积密度应列出每个试件的试验结果。

7.5 孔隙率计算

求得岩石的毛体积密度及密度后,用公式(T 0204-9)计算总孔隙率n,试验结果精确至0.1%。

$$n = \left(1 - \frac{\rho_d}{\rho_t}\right) \times 100 \qquad (\text{T }0204\text{-}9)$$

式中:n——岩石总孔隙率,%;

ρ_t——岩石的密度,g/cm³。

7.6 试验记录

毛体积密度试验记录应包括岩石名称、试验编号、试件编号、试件描述、试验方法、试件在各种含水状态下的质量、试件水中质量、试件尺寸、洁净水的密度和石蜡的密度等。

【注意事项】

(1)水中称量法可以采用规则试样,也可以采用不规则试样。但据比较试验结果,规则试样的密度略大于不规则试样,所以虽规定可以采用不规则试样,但倾向采用规则试样。当采用规则试样有困难时可采用不规则试样,且采用体积不小于100cm³的近似立方体。水中称量法除受岩石类别影响外,也受环境(温度和湿度)变化的影响。

(2)蜡封法只有在水中称量法不能采用(如试件吸水率过大)时才采用,其试件可以采用不规则试样,但仍要求是近似立方体块体,凸出部分应敲打掉。蜡封法的关键是封蜡,蜡层要薄而均匀,完全包裹试样。试样是否被蜡封严,可通过浸水前后的质量判断。如果浸水后质量大于浸水前质量,说明有水浸入,试样没有封好。

(3)体积法必须采用规则试件,而且具有足够的加工精度,精度要求应与立方体抗压强度试件一致。尽管如此,该方法应视为没办法的办法,只有在不能采用水中称量法或蜡封法时采用。

(4)毛体积密度测定,试件浸水饱和是关键技术点,应严格按吸水率试验方法进行。

吸水性试验
(JTG E41—2005 T 0205—2005)

1 目的和适用范围

岩石的吸水性用吸水率和饱和吸水率表示。岩石的吸水率和饱和吸水率能有效地反映岩石微裂隙的发育程度,可用来判断岩石的抗冻和抗风化等性能。

岩石吸水率采用自由吸水法测定,饱和吸水率采用煮沸法或真空抽气法测定。

本试验适用于遇水不崩解、不溶解或不干缩湿胀的岩石。

2 仪器设备

(1)切石机、钻石机、磨石机等岩石试件加工设备。

(2)天平:感量0.01g,称量大于500g。

(3)烘箱:能使温度控制在105℃~110℃。

(4)抽气设备:抽气机、水银压力计、真空干燥器、净气瓶。

(5)煮沸水槽。

3 试件制备

3.1 规则试样:试件尺寸应符合本规程 T 0221 中3.1 的规定。

3.2 不规则试样宜采用边长或直径为40~50mm 的浑圆形岩块。

3.3 每组试件至少3个,岩石组织不均匀者,每组试件至少5个。

4 试验步骤

4.1 将试件放入温度为105℃~110℃的烘箱内烘至恒量,烘干时间一般为12~24h,取出置于干燥器内冷却至室温(20℃±2℃),称其质量,精确至0.01g(后同)。

4.2 将称量后的试件置于盛水容器内,先注水至试件高度的1/4处,以后每隔2h分别注水至试件高度的1/2及3/4处,6h 后将水加至高出试件顶面20mm,以利试件内空气逸出。试件全部被水淹没后再自由吸水48h。

4.3 取出浸水试件,用湿纱布擦去试件表面水分,立即称其质量。

4.4 试件强制饱和,任选如下一种方法:

(1)用煮沸法饱和试件:将称量后的试件放入水槽,注水至试件高度的一半,静置2h。再加水使试件浸没,煮沸6h以上,并保持水的深度不变。煮沸停止后静置水槽,待其冷却,取出试件,用湿纱布擦去表面水分,立即称其质量。

(2)用真空抽气法饱和试件:将称量后的试件置于真空干燥器中,注入洁净水,水面高出试件顶面20mm,开动抽气机,抽气时真空压力需达100kPa,保持此真空状态直至无气泡发生时为止(不少于4h)。经真空抽气的试件应放置在原容器中,在大气压力下静置4h,取出试件,用湿纱布擦去表面水分,立即称其质量。

5 结果整理

5.1 用式(T 0205-1)、式(T 0205-2)分别计算吸水率、饱和吸水率,试验结果精确至0.01%。

$$w_a = \frac{m_1 - m}{m} \times 100 \quad \text{(T 0205-1)}$$

$$w_{sa} = \frac{m_2 - m}{m} \times 100 \quad \text{(T 0205-2)}$$

式中:w_a——岩石吸水率,%;

w_{sa}——岩石饱和吸水率,%;

m——烘至恒量时的试件质量,g;
m_1——吸水至恒量时的试件质量,g;
m_2——试件经强制饱和后的质量,g。

5.2 用式(T 0205-3)计算饱水系数,试验结果精确至0.01。

$$K_w = \frac{w_a}{w_{sa}} \qquad (T\ 0205\text{-}3)$$

式中:K_w——饱水系数;
其他符号含义同前。

5.3 组织均匀的试件,取3个试件试验结果的平均值作为测定值;组织不均匀的,则取5个试件试验结果的平均值作为测定值。并同时列出每个试件的试验结果。

5.4 试验记录
吸水率试验记录应包括岩石名称、试验编号、试件编号、试件描述、试验方法、干试件质量、试件浸水后质量、试件强制饱和后的质量。

【注意事项】

(1)试件形状可采用规则的,也可以采用不规则的,不规则试件应近似立方体。

(2)吸水时间是本试验的关键。试验证明,浸水12h,一般吸水率可达到绝对吸水率的85%,48h可达到94%,48h后再浸水吸水量增加很小,所以浸水48h就能完全反映岩石在大气压力下的吸水特性。

(3)试件浸水必须按规定分段加水,主要是让试件内的空气充分逸出,切记不能一次将水加到要求的液面。

(4)吸水率小于0.5%、饱水系数小于0.8的岩石具有良好的工程性能。

抗冻性试验
(JTG E41—2005 T 0241—1994)

1 目的和适用范围

岩石的抗冻性是用来评估岩石在饱和状态下经受规定次数的冻融循环后抵抗破坏的能力。岩石抗冻性对于不同的工程环境气候有不同的要求。冻融次数规定:在严寒地区(最冷月的月平均气温低于-15℃)为25次;在寒冷地区(最冷月的月平均气温低于-15℃~5℃)为15次。
寒冷地区,均应采用本法进行岩石的抗冻性试验。

2 仪器设备

(1)切石机、钻石机及磨石机等岩石试件加工设备。
(2)冰箱:温度能控制在-15℃~20℃。
(3)天平:感量0.01g,称量大于500g。
(4)放大镜。
(5)烘箱:能使温度控制在105℃~110℃。

3 试件制备

3.1 试件应符合本规程 T 0221 中3.1 的规定。
3.2 每组试件不应少于3个,此外再制备同样试件3个,用于做冻融系数试验。

4 试验步骤

4.1 将试件编号,用放大镜详细检查,并作外观描述。然后量出每个试件的尺寸,计算受压面积。将试件放入烘箱,在105℃~110℃下烘至恒量,烘干时间一般为12~24h,待在干燥器内冷却至室温后取出,立即称其质量m_s,精确至0.01g(以下皆同此)。

4.2 按吸水率试验方法,让试件自由吸水饱和,然后取出擦去表面水分,放在铁盘中,试件与试件之间应留有一定间距。

4.3 待冰箱温度下降到-15℃以下时,将铁盘连同试件一起放入冰箱,并立即开始计时。冻结4h后取出试件,放入20℃±5℃的水中融解4h,如此反复冻融至规定次数为止。

4.4 每隔一定的冻融循环次数(如10次、15次、25次等)详细检查各试件有无剥落、裂缝、分层及掉角等现象,并记录检查情况。

4.5 称量冻融试验后的试件饱水质量m'_f,再将其烘干至恒量,称其质量m_f。并按本规程抗压强度试验方法测定冻融试验后的试件饱水抗压强度,另取3个未经冻融试验的试件测定其饱水抗压强度。

5 结果整理

5.1 按式(T 0241-1)计算岩石冻融后的质量损失率,试验结果精确至0.1%。

$$L = \frac{m_s - m_f}{m_s} \times 100 \quad \text{(T 0241-1)}$$

式中:L——冻融后的质量损失率,%;
　　m_s——试验前烘干试件的质量,g;
　　m_f——试验后烘干试件的质量,g。

5.2 冻融后的质量损失率取3个试件试验结果的算术平均值。

5.3 按式(T 0241-2)计算岩石冻融后的吸水率,试验结果精确至0.1%。

$$w'_{sa} = \frac{m'_f - m_f}{m_f} \times 100 \quad \text{(T 0241-2)}$$

式中:w'_{sa}——岩石冻融后的吸水率,%;
　　m'_f——冻融试验后的试件饱水质量,g。
　　其他符号同前。

5.4 按式(T 0241-3)计算岩石的冻融系数,试验结果精确至0.01。

$$K_f = \frac{R_f}{R_s} \quad \text{(T 0241-3)}$$

式中:K_f——炼融系数;
　　R_f——经若干次冻融试验后的试件饱水抗压强度,MPa;
　　R_s——未经冻融试验的试件饱水抗压强度,MPa。

5.5 试验记录

抗冻性记录应包括岩石名称、试验编号、试件编号、试件描述、冻融循环次数、冻融试验前后的烘干质量、冻融试验后的试件饱水抗压强度、未经冻融试验的试件饱水抗压强度。

【注意事项】

(1)岩石的抗冻性与其矿物成分、结构特征有关,与岩石中开口空隙的发育程度、亲水性和可溶性矿物含量关系更加密切。从这个意义上讲,岩石的抗冻性主要取决于吸水率的大小,所以试件是否吸饱水对试验结果有直接的影响。

(2)该方法的特点速冻速融,一要注意速度,要求试件必须快速冻结和快速融解;二要注意冻结和融解的环境温度,要求在规定的温度条件下快速冻结和快速融解。

(3)冻融系数大于75%、质量损失率小于2%的岩石有良好的抗冻性。

坚固性试验
(JTG E41—2005 T 0242—1994)

1 目的和适用范围

坚固性试验是确定岩石试样经饱和硫酸钠溶液多次浸泡与烘干循环后而不发生显著破坏或强度降低的性能,是测定岩石抗冻性的一种简易方法。一般适用于质地坚硬的岩石。有条件者均应采用直接冻融法进行岩石的抗冻性试验。

2 仪器设备

(1)切石机、钻石机及磨石机等岩石试件加工设备。
(2)天平:感量0.01g,称量大于500g。
(3)烘箱:能使温度控制在105℃~110℃。
(4)瓷、玻璃或釉盛器:容积不小于5L。
(5)温度计。
(6)密度计。
(7)放大镜、钢针等。

3 试验材料或试剂

3.1 饱和硫酸钠溶液:取约400g的无水硫酸钠(或800g的结晶硫酸钠)溶解于温度为30℃~50℃的1 000mL纯净水中配制而成(溶液总需要量约等于试件体积的5倍)。其配制方法是:边加热洁净水(水温为30℃~50℃)边慢慢加入硫酸钠,并用玻璃棒不断搅拌,待硫酸钠全部溶解直至饱和并有部分结晶析出为止。让溶液冷至室温(20℃±5℃)并静置48h后待用。使用时需将溶液充分搅拌,试验过程中应保持溶液密度在1 150~1 175kg/m³范围内。

3.2 10%氯化钡溶液。

4 试件制备

同T 0221—2005中试件制备。

5 试验步骤

5.1 将试件放入烘箱,在105℃~110℃下烘至恒量,烘干时间一般为12~24h,取出置于干燥器内,冷却至室温,称其质量(精确至0.01g,以下皆同此)。

5.2 把烘干试件浸入装有硫酸钠溶液的盛器中,溶液应高出试件顶面2cm以上,用盖将盛器盖好,浸置20h。然后将试件取出,再用瓷皿衬住置于105℃~110℃的烘箱中烘4h,4h后取出试件,将其冷却至室温,再重新浸入硫酸钠溶液中,至硫酸钠结晶溶解后取出试件,用放大镜及钢针仔细观察岩石试件有无破坏现象,并详细描述记录。

5.3 按上述方法反复浸烘5次,最后一次循环后,用热洁净水煮洗几遍,直至将试件中硫酸钠溶液全部洗净为止。是否洗净可用10%氯化钡溶液进行检验,具体操作为:取洗试件的水若干毫升,滴入少量氯化钡溶液,如无白色沉淀,则说明硫酸钠已被洗净。将洗净的试件烘至恒量,准确称出其质量。

6 结果整理

6.1 按式(T 0242-1)计算岩石的坚固性试验质量损失率,试验结果精确至0.1%。

$$Q = \frac{m_1 - m_2}{m_1} \times 100 \qquad (\text{T 0242-1})$$

式中:Q——硫酸钠浸泡质量损失,%;
m_1——试验前烘干试样的质量,g;
m_2——试验后烘干试样的质量,g。

6.2 取3个试件试验结果的算术平均值作为测定值。

6.3 试验记录

坚固性试验记录应包括岩石名称、试验编号、试件编号、试件描述、浸烘试验次数、试验前后的干试件质量。

【注意事项】

(1)坚固性试验是测定石料抗冻性的一种简易快速测定方法,有条件时,应采用直接冻融法进行试验。

(2)饱和硫酸钠溶液的密度必须在规定的范围内,溶液配置好后应用密度计进行实测校核。水温在40℃上下时无水硫酸钠在水中很容易溶解,但冷却后极容易发生结晶现象。试件放入饱和的硫酸钠溶液中,由于硫酸钠结晶,将影响浸泡效果。鉴于规范对浸泡时溶液的温度无要求,在浸泡过程中应经常搅动溶液,防止结晶。饱和硫酸钠溶液最好盛于陶瓷容器中,便于用力搅动,也可防止容器被胀裂。

(3)浸泡时试件应悬在溶液中,或用玻璃棒将试件架起,保证试件的底面也能充分吸收溶液。

二、力学性能试验

单轴抗压强度试验
（JTG E41—2005 T 0221—2005）

1 目的和适用范围

单轴抗压强度试验是测定规则形状岩石试件单轴抗压强度的方法,主要用于岩石的强度分级和岩性描述。

本法采用饱和状态下的岩石立方体(或圆柱体)试件的抗压强度来评定岩石强度(包括碎石或卵石的原始岩石强度)。

在某些情况下,试件含水状态还可根据需要选择天然状态、烘干状态或冻融循环后状态。试件的含水状态要在试验报告中注明。

2 仪器设备

(1)压力试验机或万能试验机。

(2)钻石机、切石机、磨石机等岩石试件加工设备。

(3)烘箱、干燥器、游标卡尺、角尺及水池等。

3 试件制备

3.1 建筑地基的岩石试验,采用圆柱体作为标准试件,直径为50mm±2mm、高径比为2∶1。每组试件共6个。

3.2 桥梁工程用的石料试验,采用立方体试件,边长为70mm±2mm。每组试件共6个。

3.3 路面工程用的石料试验,采用圆柱体或立方体试件,其直径或边长和高均为50mm±2mm。每组试件共6个。

有显著层理的岩石,分别沿平行和垂直层理方向各取试件6个。试件上、下端面应平行和磨平,试件端面的平面度公差应小于0.05mm,端面对于试件轴线垂直度偏差不应超过0.25°。对于非标准圆柱体试件,试验后抗压强度试验值按本章条文说明中公式(T 0221-3)进行换算。

4 试验步骤

4.1 用游标卡尺量取试件尺寸(精确至0.1mm),对立方体试件在顶面和底面上各量取其边长,以各个面上相互平行的两个边长的算术平均值计算其承压面积;对于圆柱体试件在顶面和底面分别测量两个相互正交的直径,并以其各自的算术平均值分别计算底面和顶面的面积,取其顶面和底面面积的算术平均值作为计算抗压强度所用的截面积。

4.2 试件的含水状态可根据需要选择烘干状态、天然状态、饱和状态、冻融循环后状态。试件烘干和饱和状态应符合本规程 T 0205 中相关条款的规定,试件冻融循环后状态应符合本规程 T 0241中相关条款的规定。

4.3 按岩石强度性质,选定合适的压力机。将试件置于压力机的承压板中央,对正上、下承压板,不得偏心。

4.4 以 0.5~1.0MPa/s 的速率进行加荷直至破坏,记录破坏荷载及加载过程中出现的现象。抗压试件试验的最大荷载记录以 N 为单位,精度 1%。

5 结果整理

5.1 岩石的抗压强度和软化系数分别按式(T 0221-1)、(T 0221-2)计算:

$$R = \frac{P}{A} \tag{T 0221-1}$$

式中:R——岩石的抗压强度,MPa;
  P——试件破坏时的荷载,N;
  A——试件的截面积,mm^2。

$$K_p = \frac{R_w}{R_d} \tag{T 0221-2}$$

式中:K_p——软化系数;
  R_w——岩石饱和状态下的单轴抗压强度,MPa;
  R_d——岩石烘干状态下的单轴抗压强度,MPa。

5.2 单轴抗压强度试验结果应同时列出每个试件的试验值及同组岩石单轴抗压强度的平均值;有显著层理的岩石,分别报告垂直与平行层理方向的试件强度的平均值。计算值精确至0.1MPa。

软化系数计算值精确至 0.01,3 个试件平行测定,取算术平均值;3 个值中最大与最小之差不应超过平均值的 20%,否则,应另取第 4 个试件,并在 4 个试件中取最接近的 3 个值的平均值作为试验结果,同时在报告中将 4 个值全部给出。

5.3 试验记录

单轴抗压强度试验记录应包括岩石名称、试验编号、试件编号、试件描述、试件尺寸、破坏荷载、破坏形态。

【注意事项】

(1)试件:规程规定试件可采用圆柱体或立方体,对同一岩石,圆柱体试件的强度大于棱柱体,原因是棱柱体棱角部分应力集中所致。试件尺寸应符合加工精度要求,尤其是端面(即上下受压面)的平整度必须满足误差要求。端面弧度(鼓肚)对试验结果影响较大,凡鼓肚试件不得用于试验。

(2)饱水:抗压强度包括烘干、天然、饱和和冻融循环后等状态的强度,在选择工程用原材料时,均为饱水状态强度,应按吸水率试验方法对试件进行饱水处理,以试样全部被水淹没后再自由浸水 48h 作为吸水稳定标准。

(3)由于岩石试件尺寸比较小,而压力机上下压板的板面面积比较大,对试验结果有影响,试验时在试件上下端面应分别加放钢板。钢板的直径(或边长)应不小于试件直径(或边长),也不应大于试件直径的两倍,且硬度应满足规范要求。

(4)对非标准圆柱体试件,试验强度值应按(T 0221-3)换算成2:1的标准抗压强度,这应是对建筑地基的岩石试验而言,因其标准试件高径比为2:1。

$$R_c = \frac{8R}{7 + \frac{2D}{H}} \tag{T 0221-3}$$

(5)软化系数大于0.75的岩石具有良好的抗冻性能。

抗折强度试验
(JTG E41—2005 T 0226—1994)

1 目的和适用范围

抗折强度是评价岩石板材、条石基础、条石路面等建筑材料的主要力学指标。

本试验适用于各类岩石。

2 仪器设备

(1)切石机、磨石机等岩石试件加工设备。

(2)压力试验机或万能试验机。

(3)游标卡尺、角尺等。

(4)烘箱:能使温度控制在105℃~110℃范围内。

3 试件制备

用切石机、磨石机将岩石试样制成50mm×50mm×250mm、表面平整、各边互相垂直的试件。石质均匀(无层理或纹理)者,制备6个试件,3个在温度为105℃~110℃的烘箱内烘至恒量,冷却后进行试验;3个按本规程T 0205进行自由饱水处理后试验。若岩石有显著纹理,则须制备与纹理垂直及平行的试件各6个,施力方向在与纹理成垂直及平行的情况下,以3个为一组,分别在干燥状态下与饱和状态下进行试验。

4 试验步骤

4.1 描述试件并编号。

4.2 测量试件中央断面的尺寸,精确至0.1mm。

4.3 将试件放在试验机的抗折支架上,如图T 0226-1(略),跨径为200mm,采用跨中单点加荷,然后开动试验机,以15~20MPa/min的应力速度连续均匀地增加荷载,直至试件折断为止,记录破坏荷载并测量其断面尺寸。

5 结果整理

5.1 按式(T 0226-1)计算抗折强度,试验结果精确至0.1MPa:

$$R_b = \frac{3PL}{2bh^2} \tag{T 0226-1}$$

式中:R_b——抗折强度,MPa;

P——破坏荷载,N;

L——支点跨距,采用200mm;

b——试件断面宽,mm;

h——试件断面高,mm。

5.2 以3个试件的算术平均值作为试验结果,如单个值与平均值之差大于25%时,应予剔除,再计算平均值。

5.3 试验记录

抗折试验记录应包括岩石名称、试验编号、试件编号、试件描述、破坏荷载、抗折强度。

三、石料技术标准

石料技术标准见《公路工程石料试验规程》(JTJ 054—94),新规程《公路工程岩石试验规程》(JTG E41—2005)没有保留这部分内容,应根据不同工程用途,查阅相关施工规范。

第二节 集料的取样、级配

一、集料取样方法

集料为粒状材料,颗粒大小、形状不一,在加工、装卸、运输过程中易出现离析的现象,因此,集料试验的取样方法非常重要。试验规程对集料的取样方法作了明确的规定,取样时应严格遵守。

粗集料取样法
(JTG E42—2005　T 0301—2005)

1　适用范围

　　本方法适用于对粗集料的取样,也适用于含粗集料的混合料如级配碎石、天然砂砾等的取样。

2　取样方法和试样份数

　　2.1　通过皮带运输机的材料如采石厂的生产线、沥青拌和楼的冷料输送带、无机结合料稳定集料、级配碎石混合料等,应从皮带运输机上采集样品。取样时,可在皮带运输机骤停的状态下取其中一截的全部材料(图 T 0301-1),或在皮带运输机的端部连续接一定时间的料得到,将间隔3次以上所取的试样组成一组试样,作为代表性试样。

图 T 0301-1　在皮带运输机上取样方法

　　2.2　在材料场同批来料的料堆上取样时,应先铲除堆脚等处无代表性的部分,再在料堆的顶部、中部和底部,各由均匀分布的几个不同部位,取得大致相等的若干份组成一组试样,务使所取试样能代表本批来料情况和品质。

　　2.3　从火车、汽车、货船上取样时,应从各不同部位和深度处,抽取大致相等的试样若干份,组成一组试样。抽取的具体份数,应视能够组成本批来料代表样的需要而定。

　　注:①如经观察,认为各节车皮、汽车或货船的碎石或砾石的品质差异不大时,允许只抽取一节车皮、一部汽车、一艘货船的试样(即一组试样),作为该批集料的代表样品。

　　②如经观察,认为该批碎石或砾石的品质相差甚远时,则应对品质有怀疑的该批集料,分别取样和验收。

　　2.4　从沥青拌和楼的热料仓取样时,应在放料口的全断面上取样,通常宜将一开始按正式生产的配比投料拌和的几锅(至少5锅以上)废弃,然后分别将每个热料仓放出至装载机上,倒在水泥地上,适当拌和,从3处以上的位置取样,拌和均匀,取要求数量的试样。

3 取样数量

对每一单项试验,每组试样的取样数量宜不少于表 T 0301-1 所规定的最少取样量。需做几项试验时,如确能保证试样经一项试验后不致影响另一项试验的结果时,可用同一组试样进行几项不同的试验。

各项试验所需粗集料的最小取样质量　　　　表 T 0301-1

试验项目	相对于下列公称最大粒径(mm)的最小取样量(kg)									
	4.75	9.5	13.2	16	19	26.5	31.5	37.5	53	63	75
筛分	8	10	12.5	15	20	20	30	40	50	60	80
表观密度	6	8	8	8	8	8	12	16	20	24	24
含水率	2	2	2	2	2	2	3	3	4	4	6
吸水率	2	2	2	2	4	4	4	6	6	6	8
堆积密度	40	40	40	40	40	40	80	80	100	120	120
含泥量	8	8	8	24	24	40	40	60	80	80	
泥块含量	8	8	8	24	24	40	40	60	80	80	
针片状含量	0.6	1.2	2.5	4	8	8	20	40	—	—	—
硫化物、硫酸盐	1.0										

注:①有机物含量、坚固性及压碎指标值试验,应按规定粒级要求取样,其试验所需试样数量,按本规程有关规定施行;
②采用广口瓶法测定表观密度时,集料最大粒径不大于40mm 者,其最少取样数量为8kg。

4 试样的缩分

4.1 分料器法:将试样拌匀后如图 T 0301-2 所示,通过分料器分为大致相等的两份,再取其中一份分成两份,缩分到需要的数量为止。

4.2 四分法:如图 T 0301-3 所示,将所取试样置于平板上,在自然状态下拌混均匀,大致摊平,然后沿互相垂直的两个方向,把试样由中向边摊开,分成大致相等的四份,取其对角的两份重新拌匀,重复上述过程,直至缩分后的材料量略多于进行试验所必需的量。

4.3 缩分后的试样数量应符合各项试验规定数量的要求。

5 试样的包装

每组试样应采用能避免细料散失及防止污染的容器包装,并附卡片标明试样编号、取样时间、产地、规格、试样代表数量、试样品质、要求检验项目及取样方法等。

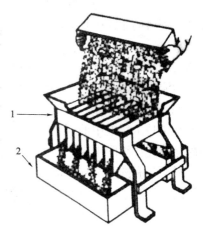

图 T 0301-2　分料器示图
1-分料漏斗;2-接料斗

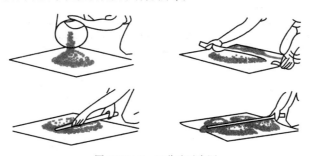

图 T 0301-3　四分法示意图

二、粗集料的级配

1. 粒径及粒级

(1)最大粒径

集料全部(100%)通过的最小标准筛的筛孔尺寸称为该集料的最大粒径,是水泥混凝土和沥青混合料限制粗集料超尺寸颗粒的指标。

(2)公称最大粒径

公称最大粒径指集料可能全部通过或有少量不通过(一般容许筛余量小于10%)的最小标准筛筛孔尺寸。通常公称最大粒径比最大粒径小一个粒级(筛余百分率小于10%时),也可能和最大粒径为同一筛孔尺寸(筛余百分率大于10%时)。

(3)公称粒级

粒级是粒径大小的分级。一般两个相邻筛孔为一个粒级(如9.5~13.2mm),这是狭义的粒级;广义的粒级可能是一个较大的粒径范围(如4.75~31.5mm)。粒级的上限采用公称最大粒径故称公称粒级。水泥混凝土粗集料、沥青混合料的矿料级配类型均按公称粒级分类。

2. 水泥混凝土粗集料的级配要求

集料中各组成颗粒的分级和搭配称为级配。水泥混凝土粗集料的级配有连续级配和单粒级之分。

(1)连续级配

连续级配指用一套规定筛孔尺寸的标准筛对某一矿质混合料进行筛分析时,所得到的级配曲线是一顺滑的曲线(见图5-1),具有连续性,相邻粒级的粒料之间有一定的比例关系。这种由大到小,各粒级的颗料均有,并按质量比例搭配组成的矿质混合料,称为连续级配混合料。

连续级配粗集料配制的混凝土拌合物具有良好的工作性,不易产生离析,经适当振捣,可获得密实的混凝土体,适合任何流动性的混凝土,尤其大流动性混凝土。

(2)单粒级

单粒级是技术标准中的叫法,在有关的书籍中称作间断级配。严格讲二者是有区别的。间断级配是在连续级配中剔除一个(或几个)粒级,形成一种级配不连续的矿质混合料,这种矿质混合料所具有的级配称为间断级配。即筛分曲线出现水平段,如图5-1所示。单粒级与间断级配的区别在于单粒级的粒级范围比间断级配相对要小。

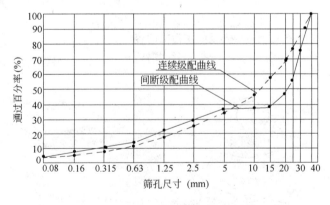

图 5-1 连续级配和间断级配曲线

单粒级粗集料同样也可以配制出密实高强的混凝土,而且较连续级配粗集料单方混凝土水泥用量小,但仅适合于塑性混凝土,而且必须加强振捣。

(3)级配要求(标准)

《公路桥涵施工技术规范》(JTG/T F50—2011)对水泥混凝土用粗集料的级配要求见表5-1。该标准按公称粒径(公称最大粒径)将连续级配分为6类,将单粒级分为5类。每一类都规定了允许级配范围。

水泥混凝土用碎石或卵石级配规定   表5-1

级配类型	公称粒径(mm)	下列筛孔(mm)累计筛余百分率(%)										
		2.36	4.75	9.5	16.0	19	26.5	31.5	37.5	53.0	63.0	75.0	90
连续级配	5~10	95~100	80~100	0~15	0	—	—	—	—	—	—	—	—
	5~16	95~100	85~100	30~60	0~10	0	—	—	—	—	—	—	—
	5~20	95~100	90~100	40~80	—	0~10	0	—	—	—	—	—	—
	5~25	95~100	90~100	—	30~70	—	0~5	0	—	—	—	—	—
	5~31.5	95~100	90~100	70~90	—	15~45	—	0~5	0	—	—	—	—
	5~40	—	95~100	70~90	—	30~60	—	—	0~5	0	—	—	—
单粒级	10~20	—	95~100	85~100	—	0~15	0	—	—	—	—	—	—
	16~31.5	—	95~100	—	85~100	—	—	0~10	0	—	—	—	—
	20~40	—	—	95~100	—	80~100	—	—	0~10	0	—	—	—
	31.5~63	—	—	—	95~100	—	—	75~100	45~75	—	0~10	0	—
	40~80	—	—	—	—	95~100	—	—	70~100	—	30~60	0~10	0

3.沥青混合料粗集料级配要求

《公路沥青路面施工技术规范》(JTG F40—2004),将沥青路面用粗集料按公称粒径分为S1~S14共14个规格。各规格的级配要求见表5-2。

沥青面层用粗集料规格   表5-2

规格	公称粒径(mm)	通过下列筛孔(方孔筛,mm)的质量百分率(%)										
		106	75	63	53	37.5	31.5	26.5	19.0	13.2	9.5	4.75	2.36	0.6
S1	40~75	100	90~100	—	0~15	—	0~5							
S2	40~60		100	90~100	0~15	—	0~5							
S3	30~60		100	90~100	—	0~15	—	0~5						
S4	25~50			100	90~100	—	0~15	—	0~5					
S5	20~40				100	90~100	—	0~15	—	0~5				
S6	15~30					100	90~100	—	0~15	—	0~5			
S7	10~30					100	90~100	—	—	0~15	0~5			
S8	15~25						100	90~100	—	0~15	—	0~5		

续上表

规格	公称粒径(mm)	通过下列筛孔(方孔筛,mm)的质量百分率(%)											
		106	75	63	53	37.5	31.5	26.5	19.0	13.2	9.5	4.75	2.36	0.6
S9	10~20							100	90~100	—	0~15	0~5		
S10	10~15								100	90~100	0~15	0~5		
S11	5~15								100	90~100	40~70	0~15	0~5	
S12	5~10									100	90~100	0~15	0~5	
S13	3~10									100	90~100	40~70	0~20	0~5
S14	3~5										100	90~100	0~15	0~3

4. 筛分试验

集料的级配通常用各标准筛上的累计筛余百分率(或通过量)表示,用筛分法检查。即按规定的方法采集试样,用一套规定尺寸的标准筛进行筛分试验,根据各筛上的筛余物质量和试样总质量,计算各筛上的分计筛余百分率、累计筛余百分率和通过量等筛分试验参数。

粗集料及集料混合料的筛分试验
(JTG E42—2005 T 0302—2005)

1 目的与适用范围

1.1 测定粗集料(碎石、砾石、矿渣等)的颗粒组成。对水泥混凝土用粗集料可采用干筛法筛分,对沥青混合料及基层用粗集料必须采用水洗法试验。

1.2 本方法也适用于同时含有粗集料、细集料、矿粉的集料混合料筛分试验,如未筛碎石、级配碎石、天然砂砾、级配砂砾、无机结合料稳定基层材料、沥青拌和楼的冷料混合料、热料仓材料、沥青混合料经溶剂抽取后的矿料等。

2 仪具与材料

(1)试验筛:根据需要选用规定的标准筛。
(2)摇筛机。
(3)天平或台秤:感量不大于试样质量的0.1%。
(4)其他:盘子、铲子、毛刷等。

3 试验准备

按规定将来料用分料器或四分法缩分至表 T 0302-1 要求的试样所需量,风干后备用。根据需要可按要求的集料最大粒径的筛孔尺寸过筛,除去超粒径部分颗粒后,再进行筛分。

筛分用的试样质量   表 T 0302-1

公称最大粒径(mm)	75	63	37.5	31.5	26.5	19	16	9.5	4.75
试样质量不少于(kg)	10	8	5	4	2.5	2	1	1	0.5

4 水泥混凝土用粗集料干筛法试验步骤

4.1 取试样一份置 105℃±5℃烘箱中烘干至恒重,称取干燥集料试样的总质量(m_0),准确至0.1%。

4.2 用搪瓷盘作筛分容器,按筛孔大小排列顺序逐个将集料过筛。人工筛分时,需使集料在筛面上同时有水平方向及上下方向的不停顿的运动,使小于筛孔的集料通过筛孔,直至1min内通过筛孔的质量小于筛上残余量的0.1%为止;当采用摇筛机筛分时,应在摇筛机筛分后再逐个由人工补筛,将筛出通过的颗粒并入下一号筛,和下一号筛中的试样一起过筛,顺序进行,直至各号筛全部筛完为止,应确认1min内通过筛孔的质量确实小于筛上残余量的0.1%。

注:由于0.075mm筛干筛几乎不能把粘在粗集料表面的小于0.075 mm部分的石粉筛过去,而且对水泥混凝土用粗集料而言,0.075mm通过率的意义不大,所以也可以不筛,且把通过0.15mm筛的筛下部分全部作为0.075mm的分计筛余,将粗集料的0.075mm通过率假设为0。

4.3 如果某个筛上的集料过多,影响筛分作业时,可以分两次筛分。当筛余颗粒的粒径大于19mm时,筛分过程中允许用手指轻轻拨动颗粒,但不得逐颗塞过筛孔。

4.4 称取每个筛上的筛余量,准确至总质量的0.1%。各筛分计筛余量及筛底存量的总和与筛分前试样的干燥总质量 m_0 相比,相差不得超过 m_0 的0.5%。

5 沥青混合料及基层用粗集料水洗法试验步骤

5.1 取一份试样,将试样置105℃±5℃箱中烘干至恒重,称取干燥集料试样的总质量(m_3),准确至0.1%。

注:恒重系指相邻两次称量间隔时间大于3h(通常不少于6h)的情况下,前后两次称量之差小于该项试验所要求的称量精密度(下同)。

5.2 将试样置一洁净容器中,加入足够数量的洁净水,将集料全部盖没。但不得使用任何洗涤剂、分散剂或表面活性剂。

5.3 用搅棒充分搅动集料,使集料表面洗涤干净,使细粉悬浮在水中,但不得破碎集料或有集料从水中溅出。

5.4 根据集料粒径大小选择组成一组套筛,其底部为0.075mm标准筛,上部为2.36mm或4.75mm筛。仔细将容器中混有细粉的悬浮液倒出,经过套筛流入另一容器中,尽量不致将粗集料倒出,损坏标准筛筛面。

注:无需将容器中的全部集料都倒出,只倒出悬浮液,且不可直接倒至0.075mm筛上,以免集料掉出损坏筛面。

5.5 重复5.2~5.4步骤,直至倒出的水洁净为止。必要时可采用水流缓慢冲洗。

5.6 将套筛的每个筛子上的集料及容器中的集料全部回收在一个搪瓷盘中,容器上不得有黏附的集料颗粒。

注:粘在0.075mm筛面上的细粉很难回收扣入搪瓷盘中,此时需将筛子倒扣在搪瓷盘上用少量的水并助以毛刷将细粉刷落入搪瓷盘中,并注意不要散失。

5.7 在确保细粉不散失的前提下,小心泌去搪瓷盘中的积水,将搪瓷盘连同集料一起置105℃±5℃烘箱中烘干至恒重,称取干燥集料试样的总质量(m_4),准确至0.1%。以 m_3 与 m_4 之差作为0.075mm的筛下部分。

5.8 将回收的干燥集料按干筛方法筛分出0.075mm筛以上各筛的筛余量,此时0.075mm筛下部分应为0;如果尚能筛出,则应将其并入水洗得到的0.075mm的筛下部分,且表示水洗得不干净。

6 计算

6.1 干筛法筛分结果的计算

6.1.1 计算各筛分计筛余量及筛底存量的总和与筛分前试样的干燥总质量 m_0 之差,作为筛分时的损耗,并计算损耗率,记入表 T 0302-2 之第(1)栏。若损耗率大于0.3%,重新进行试验。

$$m_5 = m_0 - (\sum m_i + m_底) \qquad (T\ 0302\text{-}1)$$

式中:m_5——由于筛分造成的损耗,g;

m_0——用于干筛的干燥集料总质量,g;

m_i——各号筛上的分计筛余,g;

i——依次为0.075mm、0.15mm……至集料最大粒径的排序；

$m_底$——筛底(0.075mm以下部分)集料总质量,g。

6.1.2 干筛分计筛余百分率

干筛后各号筛上的分计筛余百分率按式(T 0302-2)计算,记入表 T 0302-2 之第(2)栏,精确至0.1%。

$$p'_i = \frac{m_i}{m_0 - m_5} \times 100 \qquad (\text{T 0302-2})$$

式中:p'_i——各号筛上的分计筛余百分率,%;

m_5——由于筛分造成的损耗,g;

m_0——用于干筛的干燥集料总质量,g;

m_i——各号筛上的分计筛余,g;

i——依次为0.075mm、0.15mm……至集料最大粒径的排序。

6.1.3 干筛累计筛余百分率

各号筛的累计筛余百分率为该号筛以上各号筛的分计筛余百分率之和,记入表 T 0302-2 之第(3)栏,精确至0.1%。

6.1.4 干筛各号筛的质量通过百分率

各号筛的质量通过百分率 P_i 等于100减去该号筛累计筛余百分率,记入表 T 0302-2 之第(4)栏,精确至0.1%。

6.1.5 由筛底存量除以扣除损耗后的干燥集料总质量计算0.075mm筛的通过率。

6.1.6 试验结果以两次试验的平均值表示,记入表 T 0302-2 之第(5)栏,精确至0.1%。当两次试验结果和0.075mm的差值超过1%时,试验应重新进行。

粗集料干筛法筛分记录 表 T 0302-2

干燥试样总量 m_0(g)	第1组 3 000				第2组 3 000				平均
筛孔尺寸 (mm)	筛上重 m_i(g)	分计筛余 (%)	累计筛余 (%)	通过百分率(%)	筛上重 m_i(g)	分计筛余 (%)	累计筛余 (%)	通过百分率(%)	通过百分率(%)
	(1)	(2)	(3)	(4)	(1)	(2)	(3)	(4)	(5)
19	0	0	0	100	0	0	0	100	100
16	696.3	23.2	23.2	76.8	699.4	23.3	23.3	76.7	76.7
13.2	431.9	14.4	37.6	62.4	434.6	14.5	37.8	62.2	62.3
9.5	801.0	26.7	64.4	35.6	802.3	26.8	64.6	35.4	35.5
4.75	989.8	33.0	97.4	2.6	985.3	32.9	97.4	2.6	2.6
2.36	70.1	2.3	99.7	0.3	68.5	2.3	99.7	0.3	0.3
1.18	8.2	0.3	100.0	0.0	7.9	0.3	100.0	0.0	0.0
0.6	0.5	0.0	100.0	0.0	0.2	0.0	100.0	0.0	0.0
0.3	0.0	0.0	100.0	0.0	0.0	0.0	100.0	0.0	0.0
0.15	0.0	0.0	100.0	0.0	0.0	0.0	100.0	0.0	0.0

续上表

干燥试样总量 $m_0(g)$	第1组 3 000				第2组 3 000				平均
筛孔尺寸 (mm)	筛上重 $m_i(g)$	分计筛余 (%)	累计筛余 (%)	通过百分率(%)	筛上重 $m_i(g)$	分计筛余 (%)	累计筛余 (%)	通过百分率(%)	通过百分率(%)
	(1)	(2)	(3)	(4)	(1)	(2)	(3)	(4)	(5)
0.075	0.0	0.0	100.0	0.0	0.0	0.0	100.0	0.0	0.0
筛底 $m_{底}$	0.0	0.0	100.0		0.0	0.0	100.0		
筛分后总质量 $\sum m_i(g)$	2 997.8	100.0			2 998.2	100.0			
损耗 $m_5(g)$	2.2				1.8				
损耗率 (%)	0.07				0.06				

6.2 水筛法筛分结果的计算

6.2.1 按式(T 0302-3)、式(T 0302-4)计算粗集料中 0.075mm 筛下部分质量 $m_{0.075}$ 和含量 $P_{0.075}$ 记入表 T 0302-3 中,精确至 0.1%。当两次试验结果 $P_{0.075}$ 的差值超过 1% 时,试验应重新进行。

$$m_{0.075} = m_3 - m_4 \tag{T 0302-3}$$

$$P_{0.075} = \frac{m_{0.075}}{m_3} = \frac{m_3 - m_4}{m_3} \times 100 \tag{T 0302-4}$$

式中:$P_{0.075}$——粗集料中小于 0.075mm 的含量(通过率),%;

$m_{0.075}$——粗集料中水洗得到的小于 0.075mm 部分的质量,g;

m_3——用于水洗的干燥粗集料总质量,g;

m_4——水洗后的干燥粗集料总质量,g。

6.2.2 计算各筛分计筛余量及筛底存量的总和与筛分前试样的干燥总质量 m_4 之差,作为筛分寸的损耗,并计算损耗率记入表 T 0302-3 之第(1)栏。若损耗率大于 0.3%,应重新进行试验。

$$m_5 = m_3 - (\sum m_i + m_{0.075}) \tag{T 0302-5}$$

式中:m_5——由于筛分造成的损耗,g;

m_3——用于水筛筛分的干燥集料总质量,g;

m_i——各号筛上的分计筛余,g;

i——依次为 0.075mm、0.15mm……至集料最大粒径的排序;

$m_{0.075}$——水洗后得到的 0.075mm 以下部分质量,g,即($m_3 \sim m_4$)。

6.2.3 计算其他各筛的分计筛余百分率、累计筛余百分率、质量通过百分率,计算方法与 6.1 干筛法相同。当干筛时筛分有损耗时,应按 6.1 的方法从总质量中扣除损耗部分(见报告示例),将计算结果分别记入表 T 0302-3 之第(2)、(3)、(4)栏。

6.2.4 试验结果以两次试验的平均值表示,记入表 T 0302-3 之第(5)栏。

粗集料水筛法筛分记录 表 T 0302-3

干燥试样总量 m_3(g)	第一组				第二组				
	300				300				
水洗后筛上总量 m_4(g)	2 879				2 868				平均
水洗后 0.075mm 筛下量 $m_{0.075}$(g)	121				132				
0.075mm 通过率 $P_{0.075}$(%)	4.0				4.4				4.2
筛孔尺寸(mm)	筛上重 m_i(g)	分计筛余(%)	累计筛余(%)	通过百分率(%)	筛上重 m_i(g)	分计筛余(%)	累计筛余(%)	通过百分率(%)	通过百分率(%)
	(1)	(2)	(3)	(4)	(1)	(2)	(3)	(4)	(5)
19	5.0	0.2	0.2	99.8	0.0	0.0	0.0	100.0	99.9
16	696.3	23.2	23.4	76.6	680.3	22.7	22.7	77.3	76.9
13.2	882.3	29.4	52.8	47.2	839.2	28.0	50.7	49.3	48.2
9.5	713.2	23.8	76.6	23.4	778.5	26.0	76.7	23.3	23.4
4.75	343.4	11.5	88.1	11.9	348.7	11.6	88.3	11.7	11.8
2.36	70.1	2.3	90.4	9.6	68.3	2.3	90.6	9.4	9.5
1.18	87.5	2.9	93.3	6.7	79.1	2.6	93.2	6.8	6.7
0.6	67.8	2.3	95.6	4.4	59.3	2.0	95.2	4.8	4.6
0.3	4.6	0.2	95.7	4.3	4.3	0.1	95.3	4.7	4.5
0.15	5.6	0.2	95.9	4.1	3.8	0.1	95.5	4.5	4.3
0.075	2.3	0.1	96.0	4.0	4	0.1	95.6	4.4	4.2
筛底注 $m_底$	0				0				
干筛后总量 $\sum m_i$(g)	2 878.1	96			2 865.5	95.6			
损耗 m_5(g)	0.9				2.5				
损耗率(%)	0.03				0.09				
扣除损耗后总量(g)	2 999.1				2 997.5				

(水洗后干筛法筛分)

注:如筛底 $m_底$ 的值不是 0,应将其并入 $m_{0.075}$ 中,重新计算 $P_{0.075}$。

7 报告

7.1 筛分结果以各筛孔的质量通过百分率表示,宜记录为表 T 0302-2 或表 T 0302-3 的格式。

7.2 对用于沥青混合料、基层材料配合比设计用的集料,宜绘制集料筛分曲线,其横坐标为筛孔尺寸的 0.45 次方(见表 T 0302-4),纵坐标为普通坐标,如图 T 0302-1 所示。

级配曲线的横坐标(按 $x = d_i^{0.45}$ 计算)　　　表 T 0302-4

筛孔 d_i(mm)	0.075	0.15	0.3	0.6	1.18	2.36	4.75
横坐标 x	0.312	0.426	0.582	0.795	1.077	1.472	2.016
筛孔 d_i(mm)	9.5	13.2	16	19	26.5	31.5	37.5
横坐标 x	2.745	3.193	3.482	3.762	4.370	4.723	5.109

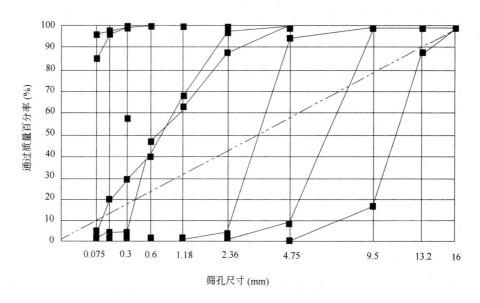

图 T 0302-1　集料筛分曲线与矿料级配设计曲线

7.3 同一种集料至少取两个试样平行试验两次,取平均值作为每号筛上筛余量的试验结果,报告集料级配组成通过百分率及级配曲线。

含土粗集料筛分试验
(JTG E42—2005　T 0303—2005)

1 目的与适用范围

本方法用于测定含黏性土的粗集料的颗粒组成。

注:如天然的砂砾土、碎石土以及中低级路面的材料,黏性土颗粒包覆在砾石(碎石)和砂颗粒上,T 0302 的方法不适用。

2 仪具与材料

(1)试验筛:根据需要选用规定的标准筛。

(2)天平或台秤:感量不大于试样质量的 0.1%。

(3)烘箱:能保持温度 105℃±5℃。

(4)容器:能在此容器内剧烈搅动试样而不会使试样或水损失。

(5)其他:盘子、铲子、毛刷等。

3 试验准备

将来料用分料器或四分法缩分至表 T 0303-1 要求的试样所需量,烘干或风干后备用。

筛分用的试样质量 表 T 0303-1

公称最大粒径(mm)	75	63	37.5	31.5	26.5	19	16	9.5	4.75
试样质量不少于(kg)	10	8	5	4	2.5	2	1	1	0.5

4 含土粗集料筛分试验步骤

4.1 将试样放在浅盘内,并一起放到温度保持在 105℃ ±5℃ 的烘箱内烘干 24h ± 1h。

4.2 从烘箱中取出试样,冷却后称重,准确至样品质量的 0.1%,用 m_1(g) 表示。

4.3 将试样放到容器内,向容器内注水,淹没试样。

4.4 剧烈搅动容器内的试样和水,使粘在粗颗粒上的小于 0.075mm 的颗粒完全分离下来,并悬浮在水中。

4.5 在需要试验细土的液限和塑性指数时,将容器内的悬浮液倒在 0.6mm 筛孔的筛上,筛下放一接收悬浮液的容器。

4.6 将筛上剩余料回收到清洗容器内。

4.7 重复上述步骤至清洗容器内的水清洁。

4.8 将洗净的集料放在浅盘内,并一起放于温度为 105℃ ±5℃ 的烘箱内烘干 8~12h。

4.9 从烘箱中取出试样,冷却后称其质量,准确至原样品质的 0.1%,用 m_2(g) 表示。按 T 0302 的方法对试样进行筛分(干筛)。

4.10 将容器内的悬浮液澄清,使细土沉淀。在沉淀过程中分数次将上层的清水细心倒出,注意勿倒出沉淀物。

4.11 待容器底部的细土风干后,取出粉碎并拌匀。从中取出部分做液限和塑性试验。

4.12 取部分风干细土放在 105℃ ±5℃ 的烘箱内烘干 24h ± 1h,冷却后,称量 100g,用 m_3(g) 表示。

4.13 将烘干细土放到一容器内,向容器内注水,并剧烈搅动容器内的水和土,使小于 0.075mm 的颗粒与 0.075~0.6mm 的颗粒分离。

4.14 将悬浮液倾倒在 0.075mm 筛孔的筛上,继续清洗筛上的剩余料,直到筛下的洗液清洁为止。

4.15 将筛反扣过来用水仔细冲洗入浅盘中,放在 105℃ ±5℃ 的烘箱内烘干 8~12h,冷却并称其质量,用 m_4(g) 表示。

4.16 在不需要试验细土的液限和塑性指数时,可直接将悬浮液倾倒在 0.075mm 筛孔的筛上,反复清洗容器内的集料,直到容器内的水洁净。

4.17 按 4.15 的方法将筛上的清洁料收回,与容器内的清洁料一起烘干、冷却,并称其质量,用 m_5(g) 表示。

4.18 按 T 0302 的方法将烘干的集料进行筛分。

5 集料混合料筛分试验步骤

按 T 0302 水洗法测定 0.075mm 筛下部分的含量(通过率)。

6 计算

6.1 按式(T 0303-1)计算小于 0.6mm 的颗粒含量:

$$C = \frac{m_1 - m_2}{m_1} \times 100 \tag{T 0303-1}$$

式中:C——小于 0.6mm 的颗粒含量,%;

m_1——烘干试样的质量,g;

m_2——0.6mm 筛孔筛上集料的烘干质量,g。

6.2 按式(T 0303-2)计算细土中小于0.075mm的颗粒含量：

$$F' = \frac{m_3 - m_4}{m_3} \times 100 \qquad (T\ 0303\text{-}2)$$

式中：F'——细土中小于0.075mm的颗粒含量，%；
m_3——细土的烘干质量，g；
m_4——0.075～0.6mm颗粒的烘干质量，g。

6.3 按式(T 0303-3)计算整个集料中小于0.075mm的颗粒含量：

$$F = C \times F' \qquad (T\ 0303\text{-}3)$$

式中：F——整个集料中小于0.075mm的颗粒含量，%；

6.4 按式(T 0303-4)计算集料中小于0.075mm的颗粒含量：

$$G = \frac{m_1 - m_5}{m_1} \times 100 \qquad (T\ 0303\text{-}4)$$

式中：G——集料中小于0.075mm的颗粒含量，%；
m_5——0.075mm筛上全部集料的烘干质量，g。

三、细集料的级配

1. 水泥混凝土用细集料

（1）细度模数

细度模数亦称粗度模量，是表示砂子全部颗粒平均粗细程度的一个指标，由筛分计算参数计算得到（计算式见筛分试验方法）。

技术标准按细度模数大小将天然砂分为以下3类：$\mu_f = 3.7～3.1$ 为粗砂；$\mu_f = 3.0～2.3$ 为中砂；$\mu_f = 2.2～1.6$ 为细砂。

（2）级配

混合料组成设计中，水泥混凝土细集料的级配应与粗集料一并考虑，但细集料本身应具有良好的级配。因此水泥混凝土工程用砂将细度模数从1.6～3.7的砂子按0.6mm筛孔上的累计筛余百分率分为3个级配区(1区、2区、3区)，每个级配区规定了允许的级配范围，见表5-3。

细度模数和级配是两个独立的指标，粗砂和1区、中砂和2区、细砂和3区之间没有一一对应的关系。例如按细度模数是中砂，其级配区多数为2区，但也可能为1区或3区。因为细度模数仅反映砂子的粗细程度，细度模数愈大，表示细集料愈粗，但不能全面反映砂子的粒径分布情况，不同级配的砂可以具有相同的细度模数。

将砂子按细度模数分为粗、中、细3类，按0.6mm筛孔上的累计筛余百分率分为3个级配区，目的是方便选用。一般，凡水泥混凝土用砂，其细度模数应在1.6～3.7范围内，其级配符合表5-3任一级配区的级配要求都可以使用。但相对而言，中砂、2区砂是最好的，有条件时应首先选用中砂、2区砂，尤其对重要工程和构件(如路面混凝土、预应力混凝土)。

细集料级配范围(GB/T 14684—2001)　　　　表5-3

筛孔(mm)	累计筛余(%)		
	1区	2区	3区
9.50	0	0	0
4.75	10～0	10～0	10～0
2.36	35～5	25～0	15～0
1.18	65～35	50～10	25～0
0.6	85～71	70～41	40～16

续上表

筛孔(mm)	累计筛余(%)		
	1 区	2 区	3 区
0.3	95~80	92~70	85~55
0.15	100~90	100~90	100~90

注：①砂的实际颗粒级配与表中数字相比，除了在4.75mm和0.60mm筛档外，其余筛孔上可以略超出，但超出总量应小于5%。
②1区人工砂中0.15mm筛孔的累计筛余百分率可以放宽到100~85,2区人工砂中0.15mm筛孔的累计筛余百分率可以放宽到100~80,3区人工砂中0.15mm筛孔的累计筛余百分率可以放宽到100~75。
③1区砂宜提供砂率配低流动性混凝土；2区砂宜优先选用配不同强度等级的混凝土；3区砂宜适当降低砂率，保证混凝土强度。
④对高性能、高强度、泵送混凝土宜选用细度模数为2.9~2.6的中砂,2.36mm筛孔的累计筛余量不得大于15%，300μm筛孔的累计筛余量宜在85%~92%范围内。

细度模数及级配由筛分试验确定或检查。反过来讲，筛分试验的目的一是计算细度模数，确定砂子的粗细种类；二是检查砂子的级配是否满足要求。

2. 沥青混合料细集料级配要求

用于沥青混合料的天然砂的级配应满足表5-4中的粗砂、中砂或细砂的级配要求；石屑的规格、级配应满足表5-5的规定。用于沥青混合料的天然砂、石屑的级配通过筛分试验检查，方法可按细集料筛分试验方法进行，但应使用沥青混合料筛进行筛分。

沥青混合料用天然砂级配要求 表5-4

筛孔(mm)	通过量(%)		
9.5	100	100	100
4.75	90~100	90~100	90~100
2.36	65~95	75~90	85~100
1.18	35~65	50~90	75~100
0.6	15~30	30~60	60~84
0.3	5~20	8~30	15~45
0.15	0~10	0~10	0~10
0.075	0~5	0~5	0~5

沥青混合料用机制砂或石屑的规格 表5-5

规格	公称粒径(mm)	水洗法通过各筛孔(mm)的质量百分率(%)							
		9.5	4.75	2.36	1.18	0.6	0.3	0.18	0.075
S15	0~5	100	90~100	60~90	40~75	20~55	7~40	2~20	0~10
S16	0~3		100	80~100	50~80	25~60	8~45	0~25	0~15

注：当生产石屑采用喷水抑制扬尘工艺时，应特别注意含粉量不得超过表中要求。

3. 筛分试验

细集料筛分试验是用一套规定筛孔尺寸的筛子，按规定的试验方法对试样进行筛分试验，按粒径大小将试样分为若干粒级，通过计算有关筛分参数，以检查其级配，作为判断其质量的依据之一。

细集料筛分试验
(JTG E42—2005 T 0327—2005)

1 目的与适用范围

测定细集料（天然砂、人工砂、石屑）的颗粒级配及粗细程度。对水泥混凝土用细集料可采用干筛法,如果需要也可采用水洗法筛分;对沥青混合料及基层用细集料必须用水洗法筛分。

注:当细集料中含有粗集料时,可参照此方法用水洗法筛分,但需特别注意保护标准筛筛面不遭损坏。

2 仪具与材料

(1)标准筛。
(2)天平:称量1 000g,感量不大于0.5g。
(3)摇筛机。
(4)烘箱:能控温在105℃±5℃。
(5)其他:浅盘和硬、软毛刷等。

3 试验准备

根据样品中最大粒径的大小,选用适当的标准筛,通常为9.5mm筛(水泥混凝土用天然砂)或4.75mm筛(沥青路面及基层用天然砂、石屑、机制砂等)筛除其中的超粒径材料。然后将样品在潮湿状态下充分拌匀,用分料器或四分法缩分至每份不小于550g的试样两份,在105℃±5℃的烘箱中烘干至恒重,冷却至室温后备用。

注:恒重系指相邻两次称量间隔时间大于3h(通常不小于6h)的情况下,前后两次称量之差小于该项试验所要求的称量精密度(下同)。

4 试验步骤

4.1 干筛法试验步骤

4.1.1 准确称取烘干试样约500g(m_1),准确至0.5g。置于套筛的最上一只筛,即4.75mm筛上,将套筛装入摇筛机,摇筛约10min,然后取出套筛,再按筛孔大小顺序,从最大的筛号开始,在清洁的浅盘上逐个进行手筛,直到每分钟的筛出量不超过筛上剩余量的0.1%时为止,将筛出通过的颗粒并入下一号筛,和下一号筛中的试样一起过筛,这样顺序进行,直到各号筛全部筛完止。

注:①试样如为特细砂时,试样质量可减少到100g。
②如试样含泥量超过5%,不宜采用干筛法。
③无摇筛机时,可直接用手筛。

4.1.2 称量各筛筛余试样的质量,精确至0.5g。所有各筛的分计筛余量和底盘中剩余量的总量与筛分前的试样总量相比,其相差不得超过1%。

4.2 水洗法试验步骤

4.2.1 准确称取烘干试样约500g(m_1),准确至0.5g。

4.2.2 将试样置一洁净容器中,加入足够数量的洁净水,将集料全部盖没。

4.2.3 用搅棒充分搅动集料,使集料表面洗涤干净,使细粉悬浮在水中,但不得有集料从水中溅出。

4.2.4 用1.18mm筛及0.075mm筛组成套筛。仔细将容器中混有细粉的悬浮液徐徐倒出,经过套筛流入另一容器中,但不得将集料倒出。

注:不可直接倒到0.075mm筛上,以免集料掉出损坏筛面。

4.2.5 重复4.2.2~4.2.4步骤,直至倒出的水洁净且小于0.075mm的颗粒全部倒出。

4.2.6 将容器中的集料倒入搪瓷盘中,用少量水冲洗,使容器上黏附的集料颗粒全部进入搪瓷盘中。将筛子反扣过来,用少量的水将筛上的集料冲洗入搪瓷盘中。操作过程中不得有集料散失。

4.2.7 将搪瓷盘连同集料一起置105℃±5℃烘箱中烘干至恒重,称取干燥集料试样的总质量(m_2),准确至0.1%。m_1与m_2之差即为通过0.075mm筛部分。

4.2.8 将全部要求筛孔组成套筛(但不需0.075mm筛),将已经洗去小于0.075mm部分的干燥集料置于套筛上(通常为4.75mm筛),将套筛装入摇筛机,摇筛约10min,然后取出套筛,再按筛孔大小顺序,从最大的筛号开始,在清洁的浅盘上逐个进行手筛,直至每分钟的筛出量不超过筛上剩余量的0.1%时为止,将筛出通过的颗粒并入下一号筛,和下一号筛中的试样一起过筛,这样顺序进行,直至各号筛全部筛完为止。

注:如为含有粗集料的集料混合料,套筛筛孔根据需要选择。

4.2.9 称量各筛筛余试样的质量,精确至0.5g。所有各筛的分计筛余量和底盘中剩余量的总质量与筛分前后试样总量 m_2 相比,其相差不得超过1%。

5 计算

5.1 计算分计筛余百分率

各号筛的分计筛余百分率为各号筛上的筛余量除以试样总量(m_1)的百分率,精确至0.1%。对沥青路面细集料而言,0.15mm 筛下部分即为 0.075mm 的分计筛余,由 4.2.7 测得的 m_1 与 m_2 之差即为小于 0.075mm 的筛底部分。

5.2 计算累计筛余百分率

各号筛的累计筛余百分率为该号筛及大于该号筛的各号筛的分计筛余百分率之和,准确至0.1%。

5.3 计算质量通过百分率

各号筛的质量通过百分率等于100减去该号筛的累计筛余百分率,准确至0.1%。

5.4 根据各筛的累计筛余百分率或通过百分率,绘制级配曲线。

5.5 天然砂的细度模数按式(T 0327-1)计算,准确至0.01。

$$M_x = \frac{(A_{0.15} + A_{0.3} + A_{0.6} + A_{1.2} + A_{2.36}) - 5A_{4.75}}{100 - A_{4.75}} \quad (T\ 0327\text{-}1)$$

式中: M_x——砂的细度模数;

$A_{0.15}$、$A_{0.3}$、…、$A_{4.75}$——分别为0.15mm、0.3mm……4.75mm 各筛上的累计筛余百分率,%;

5.6 应进行两次平行试验,以试验结果的算术平均值作为测定值。如两次试验所得的细度模数之差大于 0.2,应重新进行试验。

第三节 粗 集 料

集料是在混合料中起骨架和填充作用的粒状料的集合。集料分为粗集料和细集料。在水泥混凝土中,粗集料是指粒径大于4.75mm 的碎石、砾石和破碎砾石;在沥青混合料中,粗集料是指粒径大于 2.36mm 的碎石、破碎砾石、筛选砾石和矿渣等。

一、技术性质及试验方法

1. 密度及吸水率

在这里密度是一个笼统的概念,是许多不同名称密度的总称。材料的质量与其体积的比值称为密度。由于集料的规格、用途、所处的状态、测试方法不同,其质量和体积的含义不同,密度的概念则不同,因此衍生出许多关于密度的概念。密度可分为实方密度和松方密度两大类。

(1)实方密度

实方密度是对集料颗粒而言,由于集料颗粒中含有孔隙,孔隙又有开口和闭口之分。因此实方密度包括:表观密度、表干密度、毛体积密度;表观相对密度、表干相对密度、毛体积相对密度等。

①表观密度与表观相对密度。表观密度指在干燥状态下,单位表观体积(包括矿质实体体积、闭口孔隙体积)集料的质量。集料的表观密度与同温度水的密度的比值称为表观相对密度。

②表干密度与表干相对密度。表干密度也称饱和面干毛体积密度,是指集料颗粒内部吸饱水,表面呈干燥状态时,单位毛体积(包括矿质实体体积及闭、开口孔隙在内的表面轮廓线所包围的全部体积)集料的质量。表干密度与同温度水的密度的比值称为表干相对密度,表干相对密度也称饱和面干毛体积相对密度。

③毛体积密度与毛体积相对密度。毛体积密度是指干燥状态下,单位毛体积(包括实体体积、闭口、开口孔隙体积)集料的质量。毛体积密度与同温度水的密度的比值,称为毛体积相对密度。

粗集料的实方密度用网篮法(水中称量法)和容量瓶法测定,前者试验精度较高,多用于沥青混合料粗集料试验;后者试验精度略差,仅用于水泥混凝土粗集料试验。两种方法均可以测定集料的吸水率。

(2)松方密度

松方密度是对集料颗粒的集合而言,除了集料颗粒本身的孔隙外,还涉及集料的粒间空隙。松方密度包括:自然堆积密度、振实密度、捣实密度和紧装密度。

①自然堆积密度。也称松装密度,是干燥状态下,单位堆积体积(包括矿质实体体积、闭口和开口孔隙体积、粒间空隙体积)集料的质量。

②振实密度。也称紧装密度,是干燥状态下,按规定通过用振动台振动或颠击装填测得的密度,多用于基层材料,如砂砾石。

③捣实密度。按规定条件装填、用捣棒插捣密实而测得的密度称为捣实密度,多用于基层材料。

(3)含水率及吸水率

①含水率。在自然含水状态下,一定质量的含水集料中,水的质量占烘干集料质量的百分数。

②吸水率。集料颗粒的孔结构(孔尺寸及分布)不同,在不同试验条件下吸水能力也不同,通常吸水率是指在20℃±5℃和大气压条件下,粗集料的最大吸水量占烘干试样质量的百分数。吸水率的大小反映集料工程性能的好坏,吸水率愈小,性能愈好。

粗集料密度及吸水率试验(网篮法)
(JTG E42—2005 T 0304—2005)

1 目的与适用范围

本方法适用于测定各种粗集料的表观相对密度、表干相对密度、毛体积相对密度、表观密度、表干密度、毛体积密度,以及粗集料的吸水率。

2 仪具与材料

(1)天平或浸水天平:可悬挂吊篮测定集料的水中质量,称量应满足试样数量称量要求,感量不大于最大称量的0.05%。

(2)吊篮:耐锈蚀材料制成,直径和高度为150mm左右,四周及底部用1~2mm的筛网编制或具有密集的孔眼。

(3)溢流水槽:在称量水中质量时能保持水面高度一定。

(4)烘箱:能控温在105℃±5℃。

(5)温度计。

(6)标准筛。

(7)盛水容器(如搪瓷盘)。

(8)其他:刷子、毛巾等。

3 试验准备

3.1 将试样用标准筛过筛除去其中的细集料,对较粗的粗集料可用4.75mm筛过筛,对2.36~4.75mm以下石屑中的粗集料,用2.36mm标准筛过筛,用四分法或分料器缩分至要求的质量,分两份备用。对沥青路面用粗集料,应对不同规格的集料分别测定,不得混杂,所取的每一份集料试样应基本上保持原有的级配。在测定2.36~4.75mm的粗集料时,试验过程中应特别小心,不得丢失集料。

3.2 经缩分后供测定密度和吸水率的粗集料质量应符合表T 0304-1 的规定。

测定密度所需的试样最小质量　　表 T 0304-1

公称最大粒径(mm)	4.75	9.5	16	19	26.5	31.5	37.5	63	75
每份试样最小质量(kg)	0.8	1	1	1	1.5	1.5	2	3	3

3.3 将每一份集料试样浸泡在水中,并适当搅动,仔细洗去附在集料表面的尘土和石粉,经多次漂洗干净至水清澈为止。清洗过程中不得散失集料颗粒。

4 试验步骤

4.1 取试样一份装入干净的搪瓷盘中,注入洁净的水,水面至少应高出试样2cm,轻轻搅动石料,使附着石料上的气泡逸出。在室温下保持浸水24h。

4.2 将吊篮挂在天平的吊钩上,浸入溢流水槽中,向溢流水槽中注水,水面高度至水槽的溢流孔为止,将天平调零。吊篮的筛网应保证集料不会通过筛孔流失,对2.36~4.75mm粗集料应更换小孔筛网,或在吊篮中加放一个浅盘。

4.3 调节水温在15℃~25℃范围内。将试样移入吊篮中。溢流水槽中的水面高度由水槽的溢流孔控制,维持不变。称取集料的水中质量(m_w)。

4.4 提起吊篮,稍稍滴水后,较粗的粗集料可以直接倒在拧干的湿毛巾上。将较细的粗集料(2.36~4.75mm)连同浅盘一起取出,稍稍倾斜搪瓷盘,仔细倒出余水,将较粗集料倒在拧干的湿毛巾上。用毛巾吸走从集料中漏出的自由水。此步骤需特别注意不得有颗粒丢失,或有小颗粒附在吊篮上。用拧干的湿毛巾轻轻擦干集料颗粒的表面水,至表面看不到发亮的水迹,即为饱和面干状态。当粗集料尺寸较大时,宜逐颗粒擦干。注意对较粗的粗集料,拧湿毛巾时不要太用劲,防止拧得太干。对较细的含水率较多的粗集料,毛巾可拧得稍干些。擦颗粒的表面水时,既要将表面水擦掉,又千万不能将颗粒内部的水吸出。整个过程中不得有集料丢失。

4.5 立即在保持表干状态下,称取集料的表干质量(m_f)。

4.6 将集料置于浅盘中,放入105℃±5℃的烘箱中烘干至恒重。取出浅盘,放在带盖的容器中冷却至室温,称取集料的烘干质量(m_a)。

注:恒重是指相邻两次称量间隔时间大于3h的情况下,其前后两次称量之差小于该项试验所要求的精密度,即0.1%。一般在烘箱中烘烤的时间不得少于4~6h。

4.7 对同一规格的集料应平行试验两次,取平均值作为试验结果。

5 计算

5.1 表观相对密度 γ_a、表干相对密度 γ_s、毛体积相对密度 γ_b 按式(T 0304-1)、(T 0304-2)、(T 0304-3)计算至小数点后3位。

$$\gamma_a = \frac{m_a}{m_a - m_w} \tag{T 0304-1}$$

$$\gamma_s = \frac{m_f}{m_f - m_w} \tag{T 0304-2}$$

$$\gamma_b = \frac{m_a}{m_f - m_w} \quad \text{(T 0304-3)}$$

式中：γ_a——集料的表观相对密度，无量纲；

γ_s——集料的表干相对密度，无量纲；

γ_b——集料的毛体积相对密度，无量纲；

m_a——集料的烘干质量，g；

m_f——集料的表干质量，g；

m_w——集料的水中质量，g。

5.2 粗集料的吸水率以烘干试样为基准，按式（T 0304-4）计算，精确至0.01%。

$$w_x = \frac{m_f - m_a}{m_a} \times 100 \quad \text{(T 0304-4)}$$

式中：w_x——粗集料的吸水率，%。

5.3 粗集料的表观密度ρ_a、表干密度ρ_s、毛体积密度ρ_b，按式（T 0304-5）、（T 0304-6）、（T 0304-7）计算，准确至小数点后3位。不同水温条件下测量的粗集料表观密度需进行水温修正，不同试验温度下水的密度ρ_T及水的温度修正系数α_T按下表选用。

$$\rho_a = \gamma_a \times \rho_T \text{ 或 } \rho_a = (\gamma_a - \alpha_T) \times \rho_w \quad \text{(T 0304-5)}$$

$$\rho_s = \gamma_s \times \rho_T \text{ 或 } \rho_s = (\gamma_s - \alpha_T) \times \rho_w \quad \text{(T 0304-6)}$$

$$\rho_b = \gamma_b \times \rho_T \text{ 或 } \rho_b = (\gamma_b - \alpha_T) \times \rho_w \quad \text{(T 0304-7)}$$

式中：ρ_a——粗集料的表观密度，g/cm³；

ρ_s——粗集料的表干密度，g/cm³；

ρ_b——粗集料的毛体积密度，g/cm³；

ρ_T——试验温度T时水的密度，g/cm³；按下表选用；

α_T——试验温度T时水温修正系数；

ρ_w——水在4℃时的密度（1.000g/cm³）。

不同水温时水的密度ρ_T及水温修正系数α_T

水温（℃）	15	16	17	18	19	20
水的密度ρ_T（g/cm³）	0.999 13	0.998 97	0.998 80	0.998 62	0.998 43	0.998 22
水温修正系数α_T	0.002	0.003	0.003	0.004	0.004	0.005
水温（℃）	21	22	23	24	25	
水的密度ρ_T（g/cm³）	0.998 02	0.997 79	0.997 56	0.997 33	0.997 02	
水温修正系数α_T	0.005	0.006	0.006	0.007	0.007	

6 精密度或允许差

重复试验的精密度，对表观相对密度、表干相对密度、毛体积相对密度，两次结果相差不得超过0.02，对吸水率不得超过0.2%。

粗集料密度及吸水率试验（容量瓶法）
（JTG E42—2005　T 0308—2005）

1 目的与适用范围

1.1 本方法适用于测定碎石、砾石等各种粗集料的表观相对密度、表干相对密度、毛体积相对密度、表观密度、表干密度、毛体积密度，以及粗集料的吸水率。

1.2 本方法测定的结果不适用于仲裁及沥青混合料配合比设计计算理论密度时使用。

2 仪具与材料

2.1 天平或浸水天平:可悬挂吊篮测定集料的水中质量,称量应满足试样数量称量要求,感量不大于最大称量的0.05%。

2.2 容量瓶:1 000mL,也可用磨口的广口玻璃瓶代替,并带玻璃片。

2.3 烘箱:能控温在105℃±5℃。

2.4 标准筛:4.75mm、2.36mm。

2.5 其他:刷子、毛巾等。

3 试验准备

3.1 将取来样过筛,对水泥混凝土的集料采用4.75mm筛,沥青混合料的集料用2.36mm筛,分别筛去筛孔以下的颗粒。然后用四分法或分料器法缩分至表T 0308-1要求的质量,分两份备用。

测定密度所需要的试样最小质量　　　　表T 0308-1

公称最大粒径(mm)	4.75	9.5	16	19	26.5	31.5	37.5	63	75
每一份试样的最小质量(kg)	0.8	1	1	1	1.5	1.5	2	3	3

3.2 将每一份集料试样浸泡在水中,仔细洗去附在集料表面的尘土和石粉,经多次漂洗干净至水清澈为止。清洗过程中不得散失集料颗粒。

4 试验步骤

4.1 取试样一份装入容量瓶(广口瓶)中,注入洁净的水(可滴入数滴洗涤灵),水面高出试样,轻轻摇动容量瓶,使附着在石料上的气泡逸出。盖上玻璃片,在室温下浸水24h。

注:水温应在15℃~25℃范围内,浸水最后2h内的水温相差不得超过2℃。

4.2 向瓶中加水至水面凸出瓶口,然后盖上容量瓶塞,或用玻璃片沿广口瓶瓶口迅速滑行,使其紧贴瓶口水面。玻璃片与水面之间不得有空隙。

4.3 确认瓶中没有气泡,擦干瓶外的水分后,称取集料试样、水、瓶及玻璃片的总质量(m_2)。

4.4 将试样倒入浅搪瓷盘中,稍稍倾斜搪瓷盘,倒掉流动的水,再用毛巾吸干漏出的自由水。需要时可称取带表面水的试样质量(m_4)。

4.5 用拧干的湿毛巾轻轻擦干颗粒的表面水,至表面看不到发亮的水迹,即为饱和面干状态。当粗集料尺寸较大时,可逐颗擦干。注意拧湿毛巾时不要太用劲,防止拧得太干。擦颗粒的表面水时,既要将表面水擦掉,又不能将颗粒内部的水吸出。整个过程中不得有集料丢失。

4.6 立即称取饱和面干集料的表干质量(m_3)。

4.7 将集料置于浅盘中,放入105℃±5℃的烘箱中烘干至恒重。取出浅盘,放在带盖的容器中冷却至室温,称取集料的烘干质量(m_0)。

注:恒重是指相邻两次称量间隔时间大于3h的情况下,其前后两次称量之差小于该项试验所要求的精密度,即0.1%。一般在烘箱中烘烤的时间不得少于4~6h。

4.8 将瓶洗净,重新装入洁净水,盖上容量瓶塞,或用玻璃片紧贴广口瓶瓶口水面。玻璃片与水面之间不得有空隙。确认瓶中没有气泡,擦干瓶外水分后称水、瓶及玻璃片的总质量(m_1)。

5 计算

5.1 表观相对密度γ_a、表干相对密度γ_s、毛体积相对密度γ_b按式(T 0308-1)、(T 0308-2)、(T 0308-3)计算至小数点后3位。

$$\gamma_a = \frac{m_0}{m_0 + m_1 - m_2} \qquad (T\ 0308\text{-}1)$$

$$\gamma_s = \frac{m_3}{m_3 + m_1 - m_2} \qquad (T\ 0308\text{-}2)$$

$$\gamma_b = \frac{m_0}{m_3 + m_1 - m_2} \quad \text{(T 0308-3)}$$

式中：γ_a——集料的表观相对密度，无量纲；
　　　γ_s——集料的表干相对密度，无量纲；
　　　γ_b——集料的毛体积相对密度，无量纲；
　　　m_0——集料的烘干质量，g；
　　　m_1——水、瓶及玻璃片的总质量，g；
　　　m_2——集料试样、水、瓶及玻璃片的总质量，g；
　　　m_3——集料的表干质量，g。

5.2　集料的吸水率 w_x、含水率 w 以烘干试样为基准，按式（T 0308-4）、（T 0308-5）计算，精确至0.1%。

$$w_x = \frac{m_3 - m_0}{m_0} \times 100 \quad \text{(T 0308-4)}$$

$$w = \frac{m_4 - m_0}{m_0} \times 100 \quad \text{(T 0308-5)}$$

式中：m_4——集料饱和状态下含表面水的湿质量，g；
　　　w_x——集料的吸水率，%；
　　　w——集料的含水率，%。

5.3　当水泥混凝土集料需要以饱和面干试样为基准求取集料的吸水率 w_x 时，按式（T 0308-6）计算，精确至0.1%，但需在报告中予以说明。

$$w_x = \frac{m_3 - m_0}{m_3} \times 100 \quad \text{(T 0308-6)}$$

式中：w_x——集料的吸水率，%；

5.4　粗集料的表观密度 ρ_a、表干密度 ρ_s、毛体积密度 ρ_b，按式（T 0308-7）、（T 0308-8）、（T 0308-9）计算至小数点后3位。

$$\rho_a = \gamma_a \times \rho_T \text{ 或 } \rho_a = (\gamma_a - \alpha_T) \times \rho_w \quad \text{(T 0308-7)}$$

$$\rho_s = \gamma_s \times \rho_T \text{ 或 } \rho_s = (\gamma_s - \alpha_T) \times \rho_w \quad \text{(T 0308-8)}$$

$$\rho_b = \gamma_b \times \rho_T \text{ 或 } \rho_b = (\gamma_b - \alpha_T) \times \rho_w \quad \text{(T 0308-9)}$$

式中：ρ_a——粗集料的表观密度，g/cm³；
　　　ρ_s——粗集料的表干密度，g/cm³；
　　　ρ_b——集料的毛体积密度，g/cm³；
　　　ρ_T——试验温度 T 时水的密度，g/cm³，按附录B表B-1取用；
　　　α_T——试验温度 T 时水温修正系数，按附录B表B-1取用；
　　　ρ_w——水在4℃时的密度（1.000g/cm³）。

6　精密度或允许差

重复试验的精密度，两次结果之差对相对密度不得超过0.02，对吸水率不得超过0.2%。

【注意事项】

(1)表干状态，是指集料颗粒开口孔隙中充满水，表面呈干燥时的状态。表干状态通过使试样吸饱水，再用拧干的湿毛巾轻轻擦去表面水渍而获得。擦干时要掌握一个度，当试样表面无明水时即认为达到了表干状态，但切不可过干，不得将开口孔隙中的毛细水吸出。

(2)试验水温：严格讲不应限制试验水温，只要对试验结果进行温度修正即可。但由于试验规程只给出了15℃～25℃的水温修正系数，故试验水温要求为15℃～25℃，一般室温就能满足要求。

(3)容量瓶法试验精度较网篮法低,故只适合测定水泥混凝土粗集料的密度,沥青混合料粗集料密度试验必须采用网篮法。

粗集料堆积密度及空隙率试验
(JTG E42—2005 T 0309—2005)

1 目的与适用范围

测定粗集料的堆积密度,包括自然堆积状态、振实状态、捣实状态下的堆积密度,以及堆积状态下的间隙率。

2 仪具与材料

(1)天平或台秤:感量不大于称量的0.1%。

(2)容量筒:适用于粗集料测定的容量筒应符合表T 0309-1的要求。

容量筒的规格要求 表 T 0309-1

粗集料公称最大粒径(mm)	容量筒容积(L)	容量筒规格(mm)			筒壁厚度(mm)
		内径	净高	底厚	
≤4.75	3	155±2	160±2	5.0	2.5
9.5~26.5	10	205±2	305±2	5.0	2.5
31.5~37.5	15	255±5	295±5	5.0	3.0
≥53	20	355±5	305±5	5.0	3.0

(3)平头铁锹。

(4)烘箱:能控温105℃±5℃。

(5)振动台:频率为3 000次/min±200次/min,负荷下的振幅为0.35mm,空载时的振幅为0.5mm。

(6)捣棒:直径16mm,长600mm,一端为圆头的钢棒。

3 试验准备

按T 0301的方法取样、缩分,质量应满足试验要求,在105℃±5℃的烘箱中烘干,也可以摊在清洁的地面上风干,拌匀后分成两份备用。

4 试验步骤

4.1 自然堆积密度

取试样1份,置于平整干净的水泥地(或铁板)上,用平头铁锹铲起试样,使石子自由落入容量筒内。此时,从铁锹的齐口至容量筒上口的距离应保持为50mm左右,装满容量筒并除去凸出筒口表面的颗粒,并以合适的颗粒填入凹陷空隙,使表面稍凸起部分和凹陷部分的体积大致相等,称取试样和容量筒总质量(m_2)。

4.2 振实密度

按堆积密度试验步骤,将装满试样的容量筒放在振动台上,振动3min,或者将试样分三层装入容量筒;装完一层后,在筒底垫放一根直径为25mm的圆钢筋,将筒按住,左右交替颠击地面各25下;然后装入第二层,用同样的方法颠实(但筒底所垫钢筋的方向应与第一层放置方向垂直);然后再装入第三层,如法颠实;待三层试样装完毕后,加料填到试样超出容量筒口,用钢筋沿筒口边缘滚转,刮下高出筒口的颗粒,用合适的颗粒填平凹处,使表面稍凸起部分和凹陷部分的体积大致相等,称取试样和容量筒总质量(m_2)。

4.3 捣实密度

根据沥青混合料的类型和公称最大粒径,确定起骨架作用的关键性筛孔(通常为4.75mm或2.36mm),将矿质混合料中此筛孔以上的颗粒筛出,作为试样装入符合要求规格的容器中达1/3的高度,由边至中用捣棒均匀捣实 25 次。再向容器中装入 1/3 高度的试样,用捣棒均匀地捣实 25 次,捣实深度约至下层的表面。然后重复上一步骤,加最后一层,捣实 25 次,使集料与容器口齐平。用合适的集料填充表面的大空隙,用直尺大体刮平,目测估计表面凸起部分与凹陷部分的容积大致相等,称取容量筒与试样的总质量(m_2)。

4.4 容量筒容积的标定

用水装满容量筒,测量水温,擦干筒外壁的水分,称取容量筒与水的总质量(m_w),并按水的密度对容量筒容积作校正。

5 计算

5.1 容量筒的容积按式(T 0309-1)计算。

$$V = \frac{m_w - m_1}{\rho_T} \tag{T 0309-1}$$

式中:V——容量筒的容积,L;

m_1——容量筒的质量,g;

m_w——容量筒与水的总质量,kg;

ρ_T——试验温度 T 时水的密度,g/cm³。

5.2 堆积密度(包括自然堆积状态、振实状态、捣实状态下的堆积密度)按式(T 0309-2)计算至小数点后 2 位。

$$\rho = \frac{m_2 - m_1}{V} \tag{T 0309-2}$$

式中:ρ——与各种状态相对应的堆积密度,t/m³;

m_1——容量筒的质量,kg;

m_2——容量筒与试样容的总质量,kg;

V——容量筒的容积,L。

5.3 水泥混凝土用粗集料振实状态下的空隙率按式(T 0309-3)计算。

$$V_c = \left(1 - \frac{\rho}{\rho_a}\right) \times 100 \tag{T 0309-3}$$

式中:V_c——水泥混凝土用粗集料的空隙率,%;

ρ_a——粗集料的表观密度,t/m³;

ρ——按振实法法测定的粗集料的堆积密度,t/m³。

5.4 沥青混合料用粗集料骨架捣实状态下的空隙率按式(T 0309-4)计算。

$$VCA_{DRC} = \left(1 - \frac{\rho}{\rho_b}\right) \times 100 \tag{T 0309-4}$$

式中:VCA_{DRC}——捣实状态下粗集料骨架空隙率,%;

ρ_b——按 T 0304 测定的粗集料的毛体积密度,t/m³;

ρ——按捣实法测定的粗集料的自然堆积密度,t/m³。

6 报告

以两次平行试验结果的平均值作为测定值。

粗集料含水率试验
(JTG E42—2005 T 0305—1994)

1 目的与适用范围

测定碎石或砾石的含水率。

2 仪具与材料

2.1 烘箱:能使温度控制在 105℃ ±5℃。

2.2 天平:称量5kg,感量不大于5g。
2.3 容器:如浅盘等。

3 试验步骤

3.1 根据最大粒径,按 T 0301 的方法取代表性试样,分成两份备用。

3.2 将试样置于干净的容器中,称量试样和容器的总质量(m_1),并在105℃±5℃的烘箱中烘干至恒重。

3.3 取出试样,冷却后称取试样与容器的总质量(m_2)。

4 计算

含水率按式(T 0305-1)计算,准确至0.1%。

$$w = \frac{m_1 - m_2}{m_2 - m_3} \times 100 \tag{T 0305-1}$$

式中:w——粗集料的含水率,%;

m_1——烘干前试样与容器总质量,g;

m_2——烘干后试样与容器总质量,g;

m_3——容器质量,g。

5 报告

以两次平行试验结果的算术平均值作为测定值。

粗集料吸水率试验
(JTG E42—2005 T 0307—2005)

1 目的与适用范围

测定碎石或砾石的吸水率,即测定以烘干质量为基准的饱面干状态含水率。

2 仪具与材料

2.1 烘箱:能使温度控制在105℃±5℃。

2.2 天平:称量5kg,感量不大于5g。

2.3 标准筛:孔径为4.75mm、2.36mm。

2.4 其他:容器、浅盘、金属丝刷和毛巾等。

3 试验准备

将取来样过筛,对水泥混凝土的集料采用4.75mm筛,沥青混合料的集料用2.36mm筛,分别筛去筛孔以下的颗粒。然后按 T 0301 方法制备试样,分成两份,用金属丝刷子刷净后备用。

4 试验步骤

4.1 取试样1份置于盛水的容器中,使水面高出试样表面5mm左右,24h后从水中取出试样,并用拧干的湿毛巾将颗粒表面的水分轻轻拭干,即成饱和面干试样,立即将试样放在浅盘中称量(m_2)。在整个试验过程中,水温须保持在20℃±5℃。

4.2 将饱和面干试样连同浅盘置于105℃±5℃的烘箱中烘至恒重,然后取出,放入带盖的容器中冷却1h以上,称取烘干试样与浅盘的总质量(m_1)。

5 计算

吸水率按式(T 0307-1)计算,精确到0.01%。

$$w_x = \frac{m_2 - m_1}{m_1 - m_3} \times 100 \tag{T 0307-1}$$

式中:w_x——集料的吸水率,%;

m_1——烘干试样与浅盘总质量,g;

m_2——烘干前饱和面干试样与浅盘总质量,g;

m_3——浅盘的质量,g。

6 报告

以两次平行试验结果的算术平均值作为测定值。

2.粒形及表面特征

(1)针片状颗粒含量

对水泥混凝土粗集料,针状颗粒是指颗粒长度大于该颗粒所属粒级平均粒径2.4倍的颗粒;片状颗粒是指颗粒厚度小于该颗粒所属粒级平均粒径0.4倍的颗粒。针状颗粒和片状颗粒的质量占总试样质量的百分数称为粗集料的针片状颗粒含量,用规准仪法测试。

对沥青混合料粗集料,针片状颗粒(针片不分)是指 $L/t \geqslant 3$ 的颗粒。将集料颗粒的大面朝下,用游标卡尺测其长(L)、宽(b)($L>b$)、厚(t),当 $L/t \geqslant 3$ 时,该集料颗粒则为针片状颗粒,其总质量占总试样质量的百分数称为粗集料的针片状颗粒含量。

(2)破碎砾石含量

由天然岩石经轧制得到的粗集料称为碎石,由天然河卵石、砾石经破碎得到的集料称为破碎砾石。在破碎砾石中,一部分颗粒的表面既有经破碎留下的破碎面,又有保留下来的原光滑表面,而且各颗粒破碎面面积与其最大横截面积的比值差别较大;还有一部分颗粒未经破碎,保持原有的表面特征混在其中。由于破碎面与水泥或沥青的胶结或黏附性较好,因此通常用破碎砾石含量评价此类集料的质量。标准规定,破碎面积大于其颗粒最大横截面积1/4的颗粒为破碎砾石。试验采用目测挑拣法。

水泥混凝土用粗集料针片状颗粒含量试验(规准仪法)
(JTG E42—2005 T 0311—2005)

1 目的与适用范围

1.1 本方法适用于测定水泥混凝土使用的4.75mm以上的粗集料的针状及片状颗粒含量,以百分率计。

1.2 本方法测定的针片状颗粒,是指利用专用的规准仪测定的粗集料颗粒的最小厚度(或直径)方向与最大长度(或宽度)方向的尺寸之比小于一定比例的颗粒。

1.3 本方法测定的粗集料中针片状颗粒的含量,可用于评价集料的形状及其在工程中的适用性。

2 仪具与材料

(1)水泥混凝土集料针状规准仪和片状规准仪见图 T 0311-1 和图 T 0311-2。片状规准仪的钢板基板厚度3mm,尺寸应符合表 T 0311-1 的要求。

水泥混凝土集料针片状颗粒试验的粒级划分及其相应的规准仪孔宽或间距 表 T 0311-1

粒级(方孔筛)(mm)	4.75~9.5	9.5~16	16~19	19~26.5	26.5~31.5	31.5~40
针状规准仪上相对应的立柱之间的间距宽(mm)	17.1 (B_1)	30.6 (B_2)	42.0 (B_3)	54.6 (B_4)	69.6 (B_5)	82.8 (B_6)
片状规准仪上相对应的孔宽(mm)	2.8 (A_1)	5.1 (A_2)	7.0 (A_3)	9.1 (A_4)	11.6 (A_5)	13.8 (A_6)

(2)天平或台秤:感量不大于称量值的0.1%。

(3)标准筛:孔径分别为4.75mm、9.5mm、16mm、19mm、26.5mm、31.5mm、37.5mm,试验时根据需要选用。

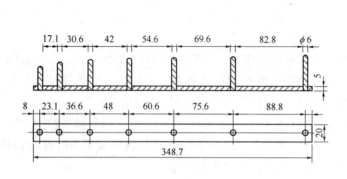

图 T 0311-1 针状规准仪(单位:mm)

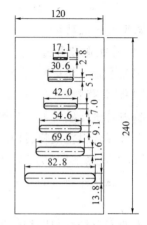

图 T 0311-2 片状规准仪
（单位:mm）

3 试验准备

将来样在室内风干至表面干燥,并用四分法或分样器法缩分至满足表 T 0311-2 规定的质量,称量(m_0),然后筛分成表 T 0311-2 所规定的粒级备用。

针、片状试验所需的试样最小质量　　　　表 T 0311-2

公称最大粒径(mm)	9.5	16	19	26.5	31.5	37.5
试样最小质量(kg)	0.3	1	2	3	5	10

4 试验步骤

4.1 目测挑出接近立方体形状的规则颗粒,将目测有可能属于针、片状颗粒的集料按表 T 0311-2 所规定的粒级用规准仪逐粒对试样进行针、片状颗粒鉴定,凡颗粒长度大于针状规准仪上相应间距者,为针状颗粒,厚度小于片状规准仪上相应孔宽者,为片状颗粒。

4.2 称量由各粒级挑出的针状颗粒和片状颗粒的质量,其总质量为 m_1。

5 计算

碎石或砾石中针片状颗粒含量按式(T 0311-1)计算,精确至0.1%。

$$Q_e = \frac{m_1}{m_0} \times 100 \qquad (T\ 0311\text{-}1)$$

式中:Q_e——试样的针片状颗粒含量,%;

　　　m_1——试样中所含针状颗粒与片状颗粒的总质量,g;

　　　m_0——试样总质量,g。

注:如果需要可以分别计算针状颗粒和片状颗粒的含量。

沥青路面用粗集料针片状颗粒含量试验(游标卡尺法)
(JTG E42—2005　T 0312—2005)

1 目的与适用范围

1.1 本方法适用于测定粗集料的针状及片状颗粒含量,以百分率计。

1.2 本方法测定的针片状颗粒,是指用游标卡尺测定的粗集料颗粒的最大长度(或宽度)方向与最小厚度(或直径)方向的尺寸之比大于3倍的颗粒。有特殊要求采用其他比例时,应在试验报告中注明。

1.3 本方法测定的粗集料中针片状颗粒的含量,可用于评价集料的形状和抗压碎能力,以评定石料生产厂生产水平及该材料在工程中的适用性。

2 仪具与材料

(1)标准筛:方孔筛4.75mm。

(2)游标卡尺:精密度为0.1mm。

(3)天平:感量不大于1g。

3 试验步骤

3.1 按本规程T 0301方法,采集粗集料试样。

3.2 按分料器法或四分法选取1kg左右的试样。对每一种规格的粗集料,应按照不同的公称粒径,分别取样检验。

3.3 用4.75mm标准筛将试样过筛,取筛上部分供试验用,称取试样的总质量m_0,准确至1g。试样数量应不少于800g,并不少于100颗。

注:对2.36~4.75mm级粗集料,由于卡尺量取有困难,故一般不作测定。

3.4 将试样平摊于桌面上,首先用目测挑出接近立方体的颗粒,剩下可能属于针状(细长)和片状(扁平)的颗粒。

3.5 按图T 0312-1所示的方法将欲测量的颗粒放在桌面上成一稳定的状态,图中颗粒平面方向的最大长度L,侧面厚度的最大尺寸为t,颗粒最大宽度为$w(t<w<L)$,用卡尺逐颗测量石料的长度L及t,将$L/t \geqslant 3$的颗粒(即长度方向与最大厚度方向的尺寸之比大于3的颗粒)分别挑出作为针片状颗粒。称取针片状颗粒的质量m_1,准确至1g。

注:稳定状态是指平放的状态,不是直立状态。侧面厚度的最大尺寸t为图中状态的颗粒顶部至平台的厚度,是在最薄的一个面上测量的,但并非颗粒中最薄部位的厚度。

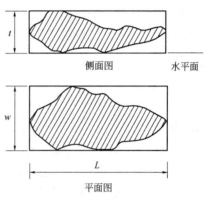

图T 0312-1 针片状颗粒稳定状态

4 计算

按公式(T 0312-1)计算针片状颗粒含量。

$$Q_e = \frac{m_1}{m_0} \times 100 \quad (\text{T } 0312\text{-}1)$$

式中:Q_e——试样的针片状颗粒含量,%;

m_1——试样中所含针状颗粒与片状颗粒的总质量,g;

m_0——试样总质量,g。

5 报告

5.1 试验要平行测定两次,计算两次结果的平均值,如两次结果之差小于平均值的20%,取平均值为试验值;如大于或等于20%,应追加测定一次,取三次结果的平均值为测定值。

5.2 试验报告应报告集料的种类、产地、岩石名称、用途。

破碎砾石含量试验
(JTG E42—2005 T 0346—2000)

1 目的与适用范围

测定砾石经破碎机破碎后,具有要求数量(一个或两个)破碎面的粗集料占粗集料总量的比例,以百分率表示。本方法规定被机械破碎的面积大于或等于该颗粒最大横截面积的1/4者为破碎面(图T 0346-1),具有符合要求破碎面的集料称为破碎砾石。

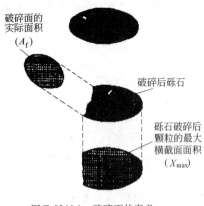

图 T 0346-1 破碎面的定义

2 仪具与材料
(1)天平:感量不大于1g。
(2)标准筛。
(3)刮刀。

3 试验准备
将已干燥的试样用4.75mm标准筛过筛,利用四分法或分料器法分样。取大于4.75mm的粗集料供试验用。试样质量应符合表T 0346-1 的要求。当最大粒径大于或等于19.0mm 时,再用9.5mm 筛筛分成两部分,每一部分的试样均不得少于200g,两部分试样分别测试后取平均值。

4 试验步骤

4.1 将两部分的试样置4.75mm 或9.5mm 筛上,用水冲洗,至干净为止,用烘箱烘干至恒重,冷却,准确称重至1g。

试 样 质 量 要 求   表 T 0346-1

公称最大粒径(mm)	最少试样质量(g)	公称最大粒径(mm)	最少试样质量(g)
9.5	200	26.5	3 000
13.2	500	31.5	5 000
16.0	1 000	37.5	7 500
19.0	1 500	50	15 000

4.2 将试样摊开在面积足够大的平面上,如图T 0346-1 所示,以符合 $A_f > 0.25 X_{max}$ 要求的面作为破碎面,逐颗目测判断挑出具有一个以上破碎面的破碎砾石,以及肯定不满足一个破碎面的砾石分别堆放成两堆,将难以判断是否满足一个破碎面定义的砾石另堆成一堆。

4.3 分别对3堆集料称重,计算难以判断是否满足一个破碎面定义的砾石试样占集料总量的百分率,若其大于15%,则应从中再次仔细挑拣,直至此部分比例小于15%为止。重新称量,计算各部分的百分率。

4.4 重复4.2及4.3的步骤,从具有一个以上破碎面的破碎砾石中挑出两个以上破碎面的破碎砾石以及只有一个破碎面的砾石分别堆放成两堆,将难以判断是否满足两个破碎面定义的砾石堆成第3堆。计算第3堆集料占集料总量的百分率,复挑至此小于15%为止。对各部分称量,计算各部分的百分率。

4.5 每种试样需平行试验不少于两次。

5 计算

破碎砾石占集料总量的百分率按式(T 0346-1)计算。

$$P = \frac{F + Q/2}{F + Q + N} \times 100 \quad (T\ 0346\text{-}1)$$

式中:P——具有一个以上或两个以上破碎面的破碎砾石占集料总量的百分率,%;
F——满足一个或两个破碎面要求的集料的质量,g;
N——不满足一个或两个破碎面要求的集料的质量,g;
Q——难以判断是否满足具有一个或两个破碎面要求的集料的质量,g。

3. 坚固性

集料抵抗冻融和自然风化因素作用的性能称作坚固性,是集料的耐久性指标。为了保证水泥混凝土和沥青混合料具有良好的气候稳定性,即耐久性,其组成材料必须有良好的耐久性,即坚固性。坚固性用硫酸钠坚固法检验。

粗集料坚固性试验
(JTG E42—2005 T 0314—2000)

1 目的与适用范围

本方法是确定碎石或砾石经饱和硫酸钠溶液多次浸泡与烘干循环,承受硫酸钠结晶压力而不发生显著破坏或强度降低的性能,是测定石料坚固性能(也称安定性)的方法。

2 仪具与材料

(1)烘箱:能使温度控制在105℃±5℃。

(2)天平:称量5kg,感量不大于1g。

(3)标准筛:根据试样的粒级,按表T 0314-1选用。

坚固性试验所需的各粒级试样质量   表 T 0314-1

公称粒级(mm)	2.36~4.75	4.75~9.5	9.5~19	19~37.5	37.5~63	63~75
试样质量(g)	500	500	1 000	1 500	3 000	5 000

注:①粒级为9.5~19mm的试样中,应含有9.5~16mm粒级颗粒40%,16~19mm粒级颗粒60%。
②粒级为19~37.5mm的试样中,应含有19~31.5mm粒级颗粒40%,31.5~37.5mm级颗粒60%。

(4)容器:搪瓷盆或瓷缸,容积不小于50L。

(5)三脚网篮:网篮的外径为100mm,高为150mm,采用孔径不大于2.5mm的铜网或不锈钢丝制成;检验37.5~75mm的颗粒时,应采用外径和高均为250mm的网篮。

(6)试剂:无水硫酸钠和10水结晶硫酸钠(工业用)。

3 试验准备

3.1 硫酸钠溶液的配制

取一定数量的蒸馏水(多少取决于试样及容器大小),加温至30℃~50℃,每1 000mL蒸馏水加入无水硫酸钠(Na_2SO_4)300~350g或10水硫酸钠($Na_2SO_4 \cdot 10H_2O$)700~1 000g,用玻璃棒搅拌,使其溶解并饱和,然后冷却至20℃~25℃;在此温度下静置48h,其相对密度应保持在1.151~1.174(波美度为18.9~21.4)范围内。试验时容器底部应无结晶存在。

3.2 试样的制备

将试样按表T 0314-1的规定分级,洗净,放入105℃±5℃的烘箱内烘干4h,取出并冷却至室温,然后按表T 0314-1规定的质量称取各粒级试样质量 m_i。

4 试验步骤

4.1 将所称取的不同粒级的试样分别装入三脚网篮并浸入盛有硫酸钠溶液的容器中,溶液体积应不小于试样总体积的5倍,温度应保持在20℃~25℃的范围内,三脚网篮浸入溶液时应先上下升降25次以排除试样中的气泡,然后静置于该容器中;此时,网篮底面应距容器底面约30mm(由网篮脚高控制),网篮之间的间距应不小于30mm,试样表面至少应在液面以下30mm。

4.2 浸泡20h后,从溶液中提出网篮,放在105℃±5℃的烘箱中烘烤4h,至此,完成了第一个试验循环。待试样冷却至20℃~25℃后,即开始第二次循环。从第二次循环起,浸泡及烘烤时间均可为4h。

4.3 完成五次循环后,将试样置于25℃~30℃的清水中洗净硫酸钠,再放入105℃±5℃的烘箱中烘干至恒重,待冷却至室温后,用试样粒级下限筛孔过筛,并称量各粒级试样试验后的筛余量。

注:试样中硫酸钠是否洗净,可按下法检验:取洗试样的水数毫升,滴入少量氯化钡($BaCl_2$),如无白色沉

淀,即说明硫酸钠已被洗净。

4.4 对粒径大于19mm的试样部分,应在试验前后分别记录其颗粒数量,并作外观检查,描述颗粒的裂缝、剥落、掉边和掉角等情况及其所占的颗粒数量,以作为分析其坚固性时的补充依据。

5 计算

5.1 试样中各粒级颗粒的分计质量损失百分率按式(T 0314-1)计算。

$$Q_i = \frac{m_i - m'_i}{m_i} \times 100 \qquad (T\ 0314\text{-}1)$$

式中:Q_i——各粒级颗粒的分计质量损失百分率(%);
　　　m_i——各粒级式样试验前的烘干质量(g);
　　　m'_i——经硫酸钠溶液法试验后,各粒级筛余颗粒的烘干质量(g)。

5.2 试样总质量损失百分率按式(T 0314-2)计算,精确至1%。

$$Q = \frac{\sum m_i Q_i}{\sum m_i} \qquad (T\ 0314\text{-}2)$$

式中:Q——试样总质量损失百分率(%);
　　　m_i——试样中各粒级的分计质量(g);
　　　Q_i——各粒级的分计质量损失百分率(%)。

【注意事项】

规程规定:试样在硫酸钠溶液中浸泡过程中"温度应保持在20℃~25℃的范围内"。这一点非常重要,尤其当温度比较低时,饱和的硫酸钠溶液会出现结晶,严重时整个溶液变成一个结晶体,就像冰块,置于其中的试件就得不到饱和,将直接影响试验结果的可靠度。

4.压碎性

压碎性是集料强度的相对性指标,用以评价集料抗压碎的能力或集料颗粒的软硬程度。压碎性指标包括压碎值和软弱颗粒含量,前者用于评价水泥混凝土和沥青混合料用集料的抗压碎性,后者仅用于评价沥青混合料用集料的软弱颗粒含量。

(1)压碎值

在规定条件下,集料在连续增加的荷载作用下,抵抗压碎的能力称为压碎值。结果用规定筛孔的通过量表示。

(2)软弱颗粒含量

在规定条件下,单个集料颗粒在连续增加的荷载作用下,被压碎者称为软弱颗粒,其含量称为软弱颗粒含量。

粗集料压碎值试验
(JTG E42—2005 T 0316—2005)

1 目的与适用范围

集料压碎值用于衡量石料在逐渐增加的荷载下抵抗压碎的能力,是衡量石料力学性质的指标,以评价其在公路工程中的适用性。

2 仪具与材料

(1)石料压碎值试验仪:由内径150mm、两端开口的钢制圆形试筒、压柱和底板组成,其形状和尺寸见图 T 0316-1 和表 T 0316-1。试筒内壁、压柱底面及底板的上表面等与石料接触的表面都应进行热处理,使表面硬化,达到维氏硬度65°并保持光滑状态。

试筒、压柱和底板尺寸表　　　　　　　　　　　　　　表 T 0316-1

部　位	符　号	名　称	尺　寸（mm）
试筒	A	内径	150 ± 0.3
	B	高度	125～128
	C	壁厚	≥12
压柱	D	压头直径	149 ± 0.2
	E	压杆直径	100～149
	F	压柱总长	100～110
	G	压头厚度	≥25
底板	H	直径	200～220
	I	厚度（中间部分）	6.4 ± 0.2
	J	边缘厚度	10 ± 0.2

（2）金属棒：直径10mm，长45～60mm，一端加工成半球形。

（3）天平：称量2～3kg，感量不大于1g。

（4）方孔筛：筛孔尺寸13.2mm、9.5mm、2.36mm筛各一个。

（5）压力机：500kN，应能在10min内达到400kN。

（6）金属筒：圆柱形，内径112.0mm，高179.4mm，容积1 767cm³。

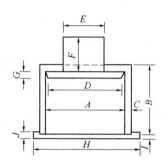

图 T 0316-1　压碎指标值测定仪（单位：mm）

3 试验准备

3.1　采用风干石料用13.2mm和9.5mm标准筛过筛，取9.5～13.2mm试样3组各3 000g，供试验用。如过于潮湿需加热烘干时，烘箱温度不应超过100℃，烘干时间不超过4h。试验前，石料应冷却至室温。

3.2　每次试验的石料数量应满足按下述方法夯击后石料在试筒内的深度为100mm。

在金属筒中确定石料数量的方法如下：

将石料分3次（每次数量大体相同）均匀装入量筒中，每次均将试样表面整平。用金属棒的半球面端从石料表面上均匀捣实25次。最后用金属棒作为直刮刀将表面仔细整平。称取量筒中试样质量（m_0）。以相同质量的试样进行压碎值的平行试验。

4 试验步骤

4.1　将试筒安放在底板上。

4.2　将上面所得试样分3次（每次数量大体相同）装入试筒中，每次均将试样表面整平，用金属棒的半球面端从石料表面上均匀捣实25次，最上层表面应仔细整平。

4.3　压柱放入试筒内石料面上，注意使压柱摆平，勿楔挤筒壁。将装有试样的试筒连同压柱放到压力机上。

4.4　开动压力机，均匀地施加荷载，在10min左右的时间内达到总荷载400kN，稳压5s，然后卸荷。

4.5　将试筒从压力机上取下，取出试样。

4.6　用2.36mm标准筛筛分经压碎的全部试样，可分几次筛分，均需筛到在1min内无明显的筛出物为止。

4.7　称取通过2.36mm筛孔的全部细料质量（m_1），准确至1g。

5 计算

石料压碎值按式（T 0316-1）计算，精确至0.1%。

$$Q'_a = \frac{m_1}{m_0} \times 100 \qquad (T\ 0316\text{-}1)$$

式中：Q_a'——石料压碎值，%；
m_1——试验后通过2.36mm筛孔的细料质量，g；
m_0——试验前试样质量，g。

6 报告

以3个试样平行试验结果的算术平均值作为压碎值的测定值。

【注意事项】

(1)规程第4.7规定："称取通过2.36mm筛孔的全部细料质量(m_1)"，而且直接用其来计算压碎值，这一规定欠妥。因为集料经压碎后会产生一些粉末，在过筛时不免有飞扬，称量结果比实际质量肯定要小，用其计算的压碎值必然也小，对压碎值不高的集料尤其如此。因此，还是称取2.36mm筛上的筛余量和试样总质量计算通过2.36mm筛孔细料的质量比较合适。

(2)原规程水泥混凝土和沥青路面(含基层)粗集料压碎值采用不同的试验方法，JTG E42—2005将二者合并为一个方法，基本保留了原沥青路面粗集料的方法。在交通部水泥混凝土粗集料技术标准下次修订之前，用新方法测得的压碎值需用 $y = 0.816x - 5$ 换算后再套用技术标准。执行现行国标也存在换算的问题。

粗集料软弱颗粒试验
(JTG E42—2005 T 0320—2000)

1 目的与适用范围

测定碎石、砾石及破碎砾石中软弱颗粒含量。

2 仪具与材料

(1)天平或台秤：称量5kg，感量不大于5g。

(2)标准筛：孔径为4.75mm、9.5mm、19mm方孔筛。

(3)压力机。

(4)其他：浅盘、毛刷等。

3 试验步骤

称风干试样2kg(m_1)，如颗粒粒径大于31.5mm，则称4kg，过筛分成4.75~9.5mm、9.5~16mm、16mm以上各1份；将每份中每一个颗粒大面朝下稳定地平放在压力机平台中心，按颗粒大小分别加以0.15kN、0.25kN、0.34kN荷载，破裂之颗粒即属于软弱颗粒，将其弃去，称出未破裂颗粒的质量(m_2)。

4 计算

按式(T 0320-1)计算软弱颗粒含量，精确至0.1%。

$$P = \frac{m_1 - m_2}{m_1} \times 100 \qquad (\text{T 0320-1})$$

式中：P——粗集料的软弱颗粒含量，%；
m_1——各粒级颗粒总质量，g；
m_2——试验后各粒级完好颗粒总质量，g。

5. 磨耗性

集料抵抗外界物体压入本体的性能称为硬度。集料的硬度愈大则愈耐磨耗。用于路面的集料，经常受车辆轮胎的撞击、摩擦作用，因此要求集料有一定的耐磨性，使路面不致磨损过大。集料的这一性质用洛杉矶磨耗率表示。磨耗率是反映集料抵抗摩擦、撞击、边缘剪切等力联合作用的性能指标。

粗集料磨耗试验(洛杉矶法)
(JTG E42—2005　T 0317—2005)

1 目的与适用范围
1.1 测定标准条件下粗集料抵抗摩擦、撞击的能力,以磨耗损失(%)表示。
1.2 本方法适用于各种等级规格石料的磨耗试验。

2 仪具与材料
(1)洛杉矶磨耗试验机:圆筒内径710mm±5mm,内侧长510mm±5mm,两端封闭,投料口的钢盖通过紧固螺栓和橡胶垫与钢筒紧闭密封。钢筒的回转速率为30~33r/min。
(2)钢球:直径约46.8mm,质量为390~445g,大小稍有不同,以便按要求组合成符合要求的总质量。
(3)台秤:感量5g。
(4)标准筛:符合要求的标准筛系列,以及筛孔为1.7mm的方孔筛一个。
(5)烘箱:能使温度控制在105℃±5℃范围内。
(6)容器:搪瓷盘等。

3 试验步骤
3.1 将不同规格的集料用水冲洗干净,置烘箱中烘干至恒重。
3.2 对所使用的集料,根据实际情况按表 T 0317-1 选择最接近的粒级类别,确定相应的试验条件,按规定的粒级组成备料、筛分。其中水泥混凝土集料宜采用 A 级粒度;沥青路面及各种基层、底基层的粗集料,表中的 16mm 筛孔也可以用 13.2mm 筛孔代替;对非规格材料,应根据材料的实际粒度,从表 T 0317-1 中选择最接近的粒级类别及试验条件。

粗集料洛杉矶试验条件　　　表 T 0317-1

粒度类别	粒级组成(方孔筛)(mm)	试样质量(g)	试样总质量(g)	钢球数量(个)	钢球总质量(g)	转动次数(转)	适用的粗集料 规格	公称粒径(mm)
A	26.5~37.5 19.0~26.5 16.0~19.0 9.5~16.0	1 250±25 1 250±25 1 250±10 1 250±10	5 000±10	12	5 000±25	500		
B	19.0~26.5 16.0~19.0	2 500±10 2 500±10	5 000±10	11	4 850±20	500	S6 S7 S8	15~30 10~30 15~25
C	4.75~9.5 9.5~16.0	2 500±10 2 500±10	5 000±10	8	3 330±20	500	S9 S10 S11 S12	10~20 10~15 5~15 5~10
D	2.36~4.75	5 000±10	5 000±10	6	2 500±15	500	S13 S14	3~10 3~5
E	63~75 53~63 37.5~53	2 500±50 2 500±50 5 000±50	10 000±100	12	5 000±25	1 000	S1 S2	40~75 40~60
F	37.5~53 26.5~37.5	5 000±50 5 000±25	10 000±75	12	5 000±25	1 000	S3 S4	30~60 25~50
G	26.5~37.5 19~26.5	5 000±25 5 000±25	10 000±50	12	5 000±25	1 000	S5	20~40

注:①表中 16mm 也可用 13.2mm 代替。
②A 级适用于未筛碎石混合料及水泥混凝土用集料。
③C 级中 S12 可全部采用 4.75~9.5mm 颗粒 5 000g,S9 及 S10 可全部采用 9.5~16mm 颗粒 5 000g。
④E 级中 S2 中缺 63~75mm 颗粒可 53~63mm 颗粒代替。

3.3 分级称量(准确至5g),称取总质量(m_1),装入磨耗机之圆筒中。

3.4 选择钢球,使钢球的数量及总质量符合表中规定。将钢球加入钢筒中,盖好筒盖,紧固密封。

3.5 将计数器调整到零位,设定要求的回转次数。对水泥混凝土集料,回转次数为500转;对沥青混合料集料,回转次数应符合表T 0317-1的要求。开动磨耗机,以30~33r/min之转速转动至要求的回转次数为止。

3.6 取出钢球,将经过磨耗后的试样从投料口倒入接受容器(搪瓷盘)中。

3.7 将试样用1.7mm的方孔筛过筛,筛去试样中被撞击磨碎的细屑。

3.8 用水冲干净留在筛上的碎石,置105℃±5℃烘箱中烘干至恒重(通常不少于4h),准确称量(m_2)。

4 计算

按式(T 0317-1)计算粗集料洛杉矶磨耗损失,精确至0.1%。

$$Q = \frac{m_1 - m_2}{m_1} \times 100 \qquad (T\ 0317\text{-}1)$$

式中:Q——洛杉矶磨耗损失,%;

m_1——装入圆筒中试样质量,g;

m_2——试验后在1.7mm筛上洗净烘干的试样质量,g。

5 报告

5.1 试验报告应记录所使用的粒级类别和试验条件。

5.2 粗集料的磨耗损失取两次平行试验结果的算术平均值为测定值,两次试验的差值应不大于2%,否则须重做试验。

6. 磨光值

路面的抗滑性主要取决于路面的细构造和粗构造等,细构造主要取决于集料颗粒表面的粗糙程度及其抗磨光性。现代交通对路面的粗糙度及其抗磨光性提出了很高的要求,要求用于路面的集料在车辆轮胎的长期作用下,不仅不要产生过大的磨损,而且不要被磨光,使路面保持足够的摩擦系数,保证车辆高速、安全行驶。集料在车辆轮胎作用下抵抗磨光的这一性质用磨光值表示,简写为"PSV"。磨光值是类似摩擦系数的一个指标值,但并非摩擦系数。集料磨光值越大,路面抗磨光性越好。

粗集料磨光值试验
(JTG E42—2005 T 0321—2005)

1 目的与适用范围

集料磨光值是利用加速磨光机磨光集料,用摆式摩擦系数测定仪测得的磨光后集料的摩擦系数值。本方法适用于各种粗集料的磨光值测定。

2 仪具与材料

(1)加速磨光试验机,如图T 0321-1,应符合相关仪器设备的标准,由下列部分组成。

①传动机构:包括电机、同步齿轮等。

②道路轮:外径406mm用于安装14块试件,能在周边夹紧,以形成连续的石料颗粒表面,转速为320r/min±5r/min。

③橡胶轮:直径200mm、宽44mm,用于磨粗金刚砂的橡胶轮(标记C),用于磨细金刚砂的橡胶轮(标记X),轮胎初期硬度69IRHD±3IRHD。

注:橡胶轮过度磨损时(一般20轮次后)必须更换。

④磨料供给系统:用于存贮磨料和控制溜砂量。
⑤供水系统。
⑥配重:包括调整臂、橡胶轮和配重锤。
⑦试模:8副。
⑧荷载调整机构:包括手轮、凸轮,能支撑配重,调节橡胶轮对道路轮的压力为725N±10N并保持使用过程中恒定。
⑨控制面板。

(2)摆式摩擦系数测定仪,简称摆式仪,见图T 0321-2,应符合相关仪器设备的标准,由下列部分组成。

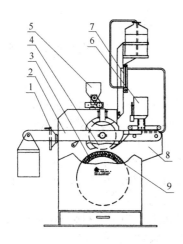

图 T 0321-1　加速磨光试验机
1-荷载调整系统;2-调整臂(配重);
3-道路轮;4-橡胶轮;5-细料贮砂斗;
6-粗料贮砂斗;7-供水系统;8-机体;
9-试件(14块)

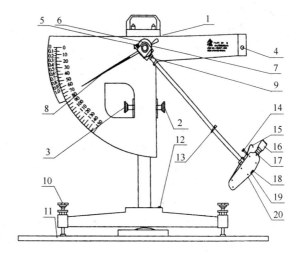

图 T 0321-2　摆式摩擦系数测定仪
1-紧固把手;2、3-升降把手;4-释放开关;5-转向节螺盖;6-调节螺母;7-针簧片或毡垫;8-指针;9-连接螺母;10-调平螺栓;11-底座;12-水准泡;13-卡环;14-定位螺丝;15-举升柄;16-平衡锤;17-并紧螺母;18-滑溜块;19-橡胶片;20-止滑螺丝

①底座:由T形腿、调平螺丝和水准泡组成。
②立柱:由立柱、导向杆和升降机构组成。
③悬臂和释放开关:能挂住摆杆使之处于水平位置,并能释放摆杆使摆落下摆动。
④摆动轴心:连接和固定摆的位置,保证摆在摆动平面内能自由摆动,由摆动轴、轴承和紧固螺母组成。
⑤示数系统:指示摆值。
⑥摆头及橡胶片:它对摆动中心有规定力矩,对路面有规定压力,本身有前与后、左与右的力矩平衡,橡胶片尺寸为31.75mm×25.4mm×6.35mm。

(3)磨光试件测试平台:供固定试件及摆式摩擦系数测定仪用。
(4)天平:感量不大于0.1g。
(5)烘箱:装有温度控制器。
(6)黏结剂:能使集料与砂、试模牢固黏结,确保在试验过程中不致发生试件摇动或脱落,常用环氧树脂6101(E-44)和固化剂等。
(7)丙酮。
(8)砂:<0.3mm,洁净、干燥。
(9)金刚砂:30号(棕刚玉)、280号(绿碳化硅),用作磨料,只允许一次性使用,不得重复使用。
(10)橡胶石棉板:厚1mm。

(11)标准集料试样:由指定的集料产地生产的符合规格要求的集料,每轮两块,只允许一次性使用,不得重复使用。

(12)其他:油灰刀、洗耳球、各种工具等。

3 试验准备

3.1 试验前应按相关试验规程对摆式仪进行检查或标定。

3.2 将集料过筛,剔除针片状颗粒,取9.5~13.2mm的集料颗粒用水洗净后置于温度为105℃±5℃的烘箱中烘干。

注:根据需要,也可采用4.75~9.5mm的粗集料进行磨光值试验。

3.3 将试模拼装并涂上脱模剂(或肥皂水)后烘干。安装试模端板时要注意使端板与模体齐平(使弧线平滑)。

3.4 用清水淘洗小于0.3mm的砂,置105℃±5℃的烘箱中烘干成为干砂。

3.5 预磨新橡胶轮:新橡胶轮正式使用前要在安装好试件的道路轮上进行预磨,C轮用粗金刚砂预磨6h,X轮用细金刚砂预磨6h,然后方能投入正常试验。

4 试件制备

4.1 排料:每种集料宜制备6~10块试件,从中挑选4块试件供两次平行试验用。将9.5~13.2mm集料颗粒尽量紧密地排列于试模中(大面、平面向下)。排料时应除去高度大于试模的不合格颗粒。采用4.75~9.5mm的粗集料进行磨光试验时,各道工序更加仔细。

4.2 吹砂:用小勺将干砂填入已排妥的集料间隙中,并用洗耳球轻轻吹动干砂,使之填充密实。然后再吹去多余的砂,使砂与试模台阶大致齐平,但台阶上不得有砂。用洗耳球吹动干砂时不得碰动集料,且不使集料试样表面附有砂粒。

4.3 配制环氧树脂砂浆:将固化剂与环氧树脂按一定比例(如使用6101环氧树脂时为1:4)配料、拌匀制成黏结剂,再与干砂按1:4~1:4.5的质量比拌匀制成环氧树脂砂浆。

注:一块试模中的环氧树脂砂浆各组成材料的用量通常为:环氧树脂9.0g,固化剂2.4g,干砂48g。允许根据所选用的黏结剂品种及试件的强度对此用量作适当调整。用4.75~9.5mm的集料试验时,环氧树脂砂浆用量应酌情增加。

4.4 填充环氧树脂砂浆:用小油灰刀将拌好的环氧树脂砂浆填入试模中,并尽量填充密实,但不得碰动集料。然后用热油灰刀在试模上刮去多余的填料,并将表面反复抹平,使填充的环氧树脂砂浆与试模顶部齐平。

4.5 养护:通常在40℃烘箱中养护3h,再自然冷却9h拆模;如在室温下养护,时间应更长,使试件达到足够强度。有集料颗粒松动脱落,或有环氧树脂砂浆渗出表面时,试件应予废弃。

5 磨光试验

5.1 试件分组:每轮1次磨14块试件,每种集料为2块试件,包括6种试验用集料和1种标准集料。

5.2 试件编号:在试件的环氧树脂砂浆衬背和弧形侧边上用记号笔对6种集料编号为1~12,1种集料赋以相邻两个编号,标准试件为13、14号。

5.3 试件安装:按表T 0321-1的序号将试件排列在道路轮上,其中1号位和8号位为标准试件。试件应将有标记的一侧统一朝外(靠活动盖板一侧),每两块试件间加垫一片或数片1mm厚的橡胶石棉板垫片,垫片与试件端部断面相仿,但略低于试件高度2~3mm。然后盖上道路轮外侧板,边拧螺钉边用橡胶锤敲打外侧板,确保试件与道路轮紧密配合,以避免磨光过程中试件断裂或松动。

试件在道路轮上的排列次序　　　　表T 0321-1

位置号	1	2	3	4	5	6	7	8	9	10	11	12	13	14
试件号	13	9	3	7	5	1	11	14	10	4	8	6	2	12

5.4 磨光过程操作

5.4.1 试件的加速磨光应在室温 205℃±5℃ 的房间内进行。

5.4.2 粗砂磨光

5.4.2.1 把标记 C 的橡胶轮安装在调整臂上,盖上道路轮罩,下面置一积砂盘,给贮水支架上的贮水罐加满水,调节流量阀,使水流暂时中断。

5.4.2.2 准备好 30 号金刚砂粗砂,装入专用储砂斗,将贮砂斗安装在橡胶轮侧上方的位置上并接上微型电机电源。转动荷载调整手轮,使凸轮转动放下橡胶轮,将橡胶轮的轮辐完全压着道路轮上的集料试件表面。

5.4.2.3 调节溜砂量:用专用接料斗在出料口接住溜出的金刚砂,同时开始计时,1min 后移出料斗,用天平称出溜砂量,使流量为 27g/min±7g/min;如不满足要求,应用调速按钮或调节贮料斗控制闸板的方法调整。

5.4.2.4 在控制面板上设定转数为 57 600 转,按下电源开关启动磨光机开始运转,同时按动粗砂调速按钮,打开贮砂斗控制闸板,使金刚砂溜砂量控制为 27g/min±7g/min。此时立即调节流量计,使水的流量达 60mL/min。

5.4.2.5 在试验进行 1h 和 2h 时磨光机自动停机(注意不要按下面板上复零按钮和电源开关),用毛刷和小铲清除箱体上和沉在机器底部积砂盘中的金刚砂,检查并拧紧道路轮上有可能松动的螺母,再启动磨光机,至转数显示屏上显示 57 600 转时磨光机自动停止,所需的磨光时间约为 3h。

5.4.2.6 转动荷载调整手轮使凸轮托起调整臂,清洗道路轮和试件,除去所有残留的金刚砂。

5.4.3 细砂磨光

5.4.3.1 卸下 C 标记橡胶轮,更换为 X 标记橡胶轮按 5.4.2.1 的方法安装。

5.4.3.2 准备好 280 号金刚砂细砂,按 5.4.2.2 方法装入专用贮砂斗。

5.4.3.3 重复 5.4.2.3 步骤,调节溜砂量使流量为 3g/min±1g/min。

5.4.3.4 按 5.4.2.4 的步骤设定转数为 57 600 转,开始磨光操作,控制金刚砂溜砂量为 3g/min±1g/min,水的流量达 60mL/min。

5.4.3.5 将试件磨 2h 后停机作适当清洁,按 5.4.2.5 方法检查并拧紧道路轮螺母,然后再启动磨光机至 57 600 转时自动停机。

5.4.3.6 按 5.4.2.6 方法清理试件及磨光机。

5.5 磨光值测定

5.5.1 在试验前 2h 和试验过程中应控制室温为 20℃±2℃。

5.5.2 将试件从道路轮上卸下并清洗试件,用毛刷清洗集料颗粒的间隙,去除所有残留的金刚砂。

5.5.3 将试件表面向下放在 18℃~20℃ 的水中 2h,然后取出试件,按下列步骤用摆式摩擦系数测定仪测定磨光值。

5.5.3.1 调零:将摆式仪固定在测试平台上,松开固定把手,转动升降把手使摆升高并能自由摆动,然后锁紧固定把手,转动调平旋钮,使水准泡居中,当摆从右边水平位置落下并拨动指针后,指针应指零。若指针不指零,应拧紧或放松指针调节螺母,直至空摆时指针指零。

5.5.3.2 固定试件:将试件放在测试平台的固定槽内,使摆可在其上面摆过,并使滑溜块居于试件轮迹中心。应使摆式仪摆头滑溜块在试件上的滑动方向与试件在磨光机上橡胶轮的运行方向一致,即测试时试件上作标记的弧形边背向测试者。

5.5.3.3 测试:调节摆的高度,使滑溜块在试件上的滑动长度为 76mm,用喷水壶喷洒清水润湿试件表面(注意,在试验中的任何时刻,试件都应保持湿润)。将摆向右提起挂在悬臂上,同时用左手拨动指针使之与摆杆轴线平行。按下释放开关使摆回落向左运动,当摆达到最高位置后下落时,用左手将摆杆接住,读取指针所指(小度盘)位置上的值,记录测试结果,准确到 0.1。

注:摆式仪在使用新橡胶片时应该预磨使之达到稳定状态,预磨的方法是用新橡胶片在干燥的试块上(不

用磨光后的试件)摆动10次,然后在湿润的试块上摆动20次。另外,橡胶片不得被油类污染。

5.5.3.4 一块试件重复测试5次,5次读数的最大值和最小值之差不得大于3。取5次读数的平均值作为该试件的磨光值读数(PSV_r)。标准试件的磨光值读数用PSV_{br}表示。

5.6 一种集料重复测试2次,每次都需同时对标准集料试件进行测试。

6 计算

6.1 按式(T 0321-1)计算两次平行试验4块试件(每轮2块)的算术平均值PSV_{ra},精确到0.1。但4块试件的磨光值读数PSV_r的最大值与最小值之差不得大于4.7,否则试验作废,应重新试验。

$$PSV_{ra} = \sum PSV_{ri}/4 \qquad (T\ 0321\text{-}1)$$

式中:$i = 1 \sim 4$,PSV_{ri}为4块试件的磨光值读数。

6.2 按式(T 0321-2)计算两次平行试验4块标准试件(每轮2块)的算术平均值PSV_{bra},准确到0.1。但4块标准试件的磨光值读数的平均值PSV_{bra}必须在46~52范围内,否则试验作废,应重新试验。

$$PSV_{bra} = \sum PSV_{bri}/4 \qquad (T\ 0321\text{-}2)$$

式中:$i = 1 \sim 4$,PSV_{bri}为4块标准试件的磨光值读数。

6.3 按式(T 0321-3)计算集料的PSV值,取整数。

$$PSV = PSV_{ra} + 49 - PSV_{bra} \qquad (T\ 0321\text{-}3)$$

7 报告

试验报告应报告集料的磨光值PSV、两次平行试验的试样磨光值读数平均值PSV_{ra}和标准试件磨光值读数平均值PSV_{bra}。

【注意事项】

(1)制件。试件的表面应平顺,不得有凹凸。由于试件是弧形的,排料时集料颗粒的长度方向应沿试模的宽度方向排放,使试件表面顺滑。平面面积较大的薄片料不得使用,因其在磨光过程中易脱落。吹砂的目的是防止环氧树脂下漏,所以必须使集料颗粒的间隙充满沙子,但吹砂气流不能过大,否则会因沙子下流将集料颗粒浮起。

(2)标准件。标准件的作用是控制磨光程度,并参与确定磨光值。当标准件的摩擦系数在46~52之间时,说明达到要求的磨光程度;大于52说明未达到要求的磨光程度,可适当磨光后再测;如小于46说明磨过了头,整轮试件作废。标准件由江苏沭阳交通仪器厂定点制作,需要可函购。

(3)摩擦方向。在测试件的摩擦系数时,橡胶片摩擦的方向应与试件磨光时橡胶轮的磨光方向一致。磨光结束时,切断电源后,注意观察磨光方向,试件拆下后在背面做上记号,以便测试时确定方向。

7. 与沥青的黏附性

集料(或石料)与沥青的黏附性除与表面特征有关外,还与集料的酸碱性有关。按集料中二氧化硅含量不同,可将集料划分为酸性、中性和碱性三类。

二氧化硅含量大于65%的石料称为酸性石料;二氧化硅含量小于52%的石料称为碱性石料,也称基性石料;二氧化硅含量在52%~65%范围内的石料称为中性石料。酸性石料与沥青黏附性差,但力学性能好(如花岗岩)。碱性石料与沥青黏附性较好,但多数力学性能差(如石灰岩),也有力学性能很好的碱性石料(如玄武岩)。

在工程实践中,石料与沥青的黏附性用水煮法或水浸法来评价,即用黏附性等级表示。将沥青黏附在集料颗粒表面上,经水煮或水浸后,根据沥青膜的剥落程度评价其黏附性。黏附性有5个等级,5级最好,1级最差,黏附性等级越高,石料与沥青的黏附性越好。对黏附性差的石料可通过添加抗剥落剂提高其黏附性,抗剥落剂的剂量应通过黏附性试验确定。

沥青与集料黏附性试验
(JTJ 052—2000　T 0616—1993)

1　目的与适用范围

本方法适用于检验沥青与粗集料表面的黏附性及评定粗集料的抗水剥离能力。对于最大粒径大于13.2mm的集料应用水煮法,对最大粒径小于或等于13.2mm的集料应用水浸法进行试验。对同一种料源集料最大粒径既有大于又有小于13.2mm不同的集料时,取大于13.2mm水煮法试验为标准。对细粒式沥青混合料应以水浸法试验为标准。

2　仪具与材料

2.1　天平:称量500g,感量不大于0.01g。

2.2　恒温水槽:能保持温度80℃±1℃。

2.3　拌和用小型容器:500mL。

2.4　烧杯:1 000mL。

2.5　试验架。

2.6　细线:尼龙线或棉线、铜丝线。

2.7　铁丝网。

2.8　标准筛:9.5mm、13.2mm、19mm各1个。

2.9　烘箱:装有自动温度调节器。

2.10　电炉、燃气炉。

2.11　玻璃板:200mm×200mm左右。

2.12　搪瓷盘:300mm×400mm左右。

2.13　其他:拌和铲、石棉网、纱布、手套等。

3　水煮法试验

3.1　准备工作

3.1.1　将集料过13.2mm、19mm的筛,取粒径13.2mm~19mm形状接近立方体的规则集料5个,用洁净水洗净,置温度为105℃±5℃的烘箱中烘干,然后放在干燥器中备用。

3.1.2　将大烧杯中盛水,并置于加热炉的石棉网上煮沸。

3.2　试验步骤

3.2.1　将集料逐个用细线在中部系牢,再置105℃±5℃烘箱内1h。按本规程 T 0602 的方法准备沥青试样。

3.2.2　逐个取出加热的矿料颗粒用线提起,浸入预先加热的沥青(石油沥青130℃~150℃)(煤沥青100℃~110℃)试样中45s后,轻轻拿出,使集料颗粒完全为沥青膜所裹覆。

3.2.3　将裹覆沥青的集料颗粒悬挂于试验架上,下面垫一张纸,使多余的沥青流掉,并在室温下冷却15min。

3.2.4　待集料颗粒冷却后,逐个用线提起,浸入盛有煮沸水的大烧杯中央,调整加热炉,使烧杯中的水保持微沸状态,如图1c)和b),但不允许有沸开的泡沫,如图1a)。

3.2.5　浸煮3min后,将集料从水中取出,观察矿料颗粒上沥青膜的剥落程度,并按表1评定其黏附性等级。

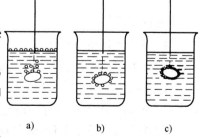

图1　水煮法试验

3.2.6 同一试样应平行试验5个集料颗粒,并由两名以上经验丰富的试验人员分别评定后,取平均等级作为试验结果。

沥青与集料的黏附性等级　　　　　　　表1

试验后石料表面上沥青膜剥落情况	粘附性等级
沥青膜完全保存,剥离面积百分率接近于0	5
沥青膜少部为水所移动,厚度不均匀,剥离面积百分率少于10%	4
沥青膜局部明显地为水所移动,基本保留在石料表面上,剥离面积百分率少于30%	3
沥青膜大部为水所移动,局部保留在石料表面上,剥离面积百分率大于30%	2
沥青膜完全为水所移动,石料基本裸露,沥青全浮于水面上	1

4 水浸法试验

4.1 准备工作

4.1.1 将集料过9.5mm、13.2mm筛,取粒径9.5~13.2mm形状规则的集料200g用洁净水洗净,并置温度为105℃±5℃的烘箱中烘干,然后放在干燥器中备用。

4.1.2 按本规程T 0602准备沥青试样,加热至按T 0702的要求决定的沥青与矿物的拌和温度。

4.1.3 将煮沸过的热水注入恒温水槽中,并维持温度80℃±1℃。

4.2 试验步骤

4.2.1 按四分法称取矿料颗粒(9.5~13.2mm)100g置搪瓷盘中,连同搪瓷盘一起放入已升温至沥青拌和温度以上5℃的烘箱中持续加热1h。

4.2.2 按每100g矿料加入沥青5.5g±0.2g的比例称取沥青,准确至0.1g,放入小型拌和容器中,一起置入同一烘箱中加热15min。

4.2.3 将搪瓷盘中的集料倒入拌和容器的沥青中后,从烘箱中取出拌和容器,立即用金属铲均匀拌和1min~1.5min,使集料完全被沥青薄膜裹覆。然后,立即将裹有沥青的集料取20个,用小铲移至玻璃板上摊开,并置室温下冷却1h。

4.2.4 将放有集料的玻璃板浸入温度为80℃±1℃的恒温水槽中,保持30min,并将剥离及浮于水面的沥青,用纸片捞出。

4.2.5 由水中小心取出玻璃板,浸入水槽内的冷水中,仔细观察裹覆集料的沥青薄膜的剥落情况。由两名以上经验丰富的试验人员分别目测,评定剥离面积的百分率,评定后取平均值表示。

注:为使估计的剥离面积百分率较为正确,宜先制取若干个不同剥离率的样本,用比照法目测评定。不同剥离率的样本,可用加不同比例抗剥离剂的改性沥青与酸性集料拌和后浸水得到,也可由同一种沥青与不同集料品种拌和后浸水得到,样本的剥离面积百分率逐个仔细计算得出。

4.2.6 由剥离面积百分率按表1评定沥青与集料粘附性的等级。

5 报告

试验结果应报告采用的方法及集料粒径。

【注意事项】

(1)所用集料颗粒形状应尽量接近立方体,薄片、有尖锐棱角的颗粒不应使用。

(2)当沥青试样体积较小时,将集料颗粒浸入沥青应逐个进行,不得同时浸入两个或两个以上的颗粒,并应将集料颗粒悬于沥青试样的中心位置。沥青温度的高低直接影响沥青在集料颗粒表面的黏附厚度,因此应严格控制浸入时沥青的温度。

(3)沸煮也应逐个进行,试样应尽量位于沸水的中心位置,并应固定,不能用手提着沸煮。沸煮应用烧杯进行。因烧杯透明,便于观察,而且在沸煮的过程中就要大体上将黏附性等级确定下来,因为在沸煮的过程中沥青膜的移动情况观察得很清楚,拿出来后就不大容易观察了,除非沥青膜脱落。

(4)关于微沸,规程要求在微沸的水中沸煮,不好掌握。微沸应理解为不能翻大浪,有微小的气泡翻动。

8. 有害物质或杂质含量

对混凝土凝结硬化和硬化后混凝土有危害或有潜在危害的物质称为有害物质或杂质。

(1)含泥量、泥块含量

干燥条件下,集料中小于0.08mm的尘屑占试样总质量的百分数称为含泥量;大于4.75mm的泥块质量占试样总质量的百分数称为泥块含量。集料中的泥土影响胶结材料与集料的黏结或黏附性,进而影响水泥混凝土或沥青混合料的技术性质,应通过试验将其限制在最大允许值以内。

(2)有机物含量

有机物含量是指集料受动植物腐殖质、腐殖土污染,而含的有机物质。集料中有机物含量过高会延缓混凝土凝结过程,影响混凝土的强度,尤其是早期强度。有机物含量仅对砾石及碎砾而言,碎石不存在有机物含量试验的问题。

(3)集料碱活性检验

当粗(或细)集料中含有活性氧化硅和碳酸盐一类物质,混凝土所用水泥的碱含量较高时,在有水的条件下就可能发生碱-集料反应而使混凝土破坏。碱-集料反应有碱-硅反应和碱-碳反应两类,其中活性氧化硅引起的破坏最常见。其机理是水泥中的碱性氧化物水解后形成氢氧化钠、氢氧化钾,与集料中的活性氧化硅起化学反应,在集料表面生成复杂的碱-硅酸凝胶,改变了集料与水泥浆的原有界面,生成的凝胶不断吸水膨胀,使混凝土体膨胀开裂。这种反应称为碱-集料反应,参与反应的集料称为碱活性集料。含活性氧化硅的岩石有流纹岩、安山岩和凝灰岩,其矿物形式有蛋白石、玉髓及鳞石英;含碳酸盐的岩石有白云石质石灰岩、方解石质石灰岩中的白云岩等。集料碱活性检验方法包括:

①岩相法(定性试验)。通过肉眼和显微镜观察,鉴定集料的种类和成分,确定碱-集料反应的种类和数量。如无引起碱-集料反应嫌疑,该集料就可以用来配制混凝土,有可疑时应进行定量试验。用岩相法检验集料的碱活性一般试验室不具备人员条件,应委托具有检测资质的岩相试验室来完成。

②砂浆长度法(定量试验)。适用于检验由碱-硅反应引起的碱-集料反应的潜在危害性。该方法通过测定砂(将粗集料加工成碎砂)浆试件的长度变化,根据膨胀率大小判断是否会引起碱-集料破坏。由于试验周期长,国家标准规定有快速方法。

③芯样法(定量试验)。适用于检验由碱-碳酸盐反应引起的碱-集料反应的潜在危害性。该方法通过测定经过化学处理的岩石芯样试件的长度变化,根据膨胀率大小判断是否会引起碱-集料破坏。

粗集料含泥量及泥块含量试验
(JTG E42—2005 T 0310—2005)

1 目的与适用范围

测定碎石或砾石中小于0.075mm的尘屑、淤泥和黏土的总量及4.75mm以上泥块颗粒含量。

2 仪具与材料

(1)台秤:感量不大于称量的0.1%。

(2)烘箱:能控温105℃±5℃。

(3)标准筛:测定含泥量时用孔径为1.18mm、0.075mm的方孔筛各1只;测泥块含量时,则用2.36mm及4.75mm的圆孔筛各1只。

(4)容器:容积约10L的桶或搪瓷盘。

(5)浅盘、毛刷等。

3 试验准备

按T 0301方法取样,将来样用四分法或分料器法缩分至表T 0310-1所规定的量(注意防止细粉丢失并防止所含黏土块被压碎),置于温度为105℃±5℃的烘箱内烘干至恒重,冷却至室温后分成两份备用。

含泥量及泥块含量试验所需试样最小质量　　表 T 0310-1

最大粒径(mm)	4.75	9.5	16	19	26.5	31.5	37.5	63	75
试样最小质量(kg)	1.5	2	2	6	6	10	10	20	20

4 试验步骤

4.1 含泥量试验步骤

4.1.1 称取试样1份(m_0)装入容器内,加水,浸泡24h,用手在水中淘洗颗粒(或用毛刷洗刷),使尘屑、黏土与较粗颗粒分开,并使之悬浮于水中;缓缓地将浑浊液倒入1.18mm及0.075mm的套筛上,滤去小于0.075mm的颗粒。试验前筛子的两面应先用水湿润,在整个试验过程中,应注意避免大于0.075mm的颗粒丢失。

4.1.2 再次加水于容器中,重复上述步骤,直到洗出的水清澈为止。

4.1.3 用水冲洗余留在筛上的细粒,并将0.075mm筛放在水中(使水面略高于筛内颗粒)来回摇动,以充分洗除小于0.075mm的颗粒,而后将两只筛上余留的颗粒和容器中已经洗净的试样一并装入浅盘,置于温度为105℃±5℃的烘箱中烘干至恒重,取出冷却至室温后,称取试样的质量(m_1)。

4.2 泥块含量试验步骤

4.2.1 取试样1份。

4.2.2 用4.75mm筛将试样过筛,称出筛去4.75mm以下颗粒后的试样质量(m_2)。

4.2.3 将试样在容器中摊平,加水使水面高出试样表面,24h后将水放掉,用手捻压泥块,然后将试样放在2.36mm筛上用水冲洗,直至洗出的水清澈为止。

4.2.4 小心地取出2.36mm筛上试样,置于温度为105℃±5℃的烘箱中烘干至恒重,取出冷却至室温后称量(m_3)。

5 计算

5.1 碎石或砾石的含泥量按式(T 0310-1)计算,精确至0.1%。

$$Q_n = \frac{m_0 - m_1}{m_0} \times 100 \tag{T 0310-1}$$

式中:Q_n——碎石或砾石的含泥量,%;

　　　m_0——试验前烘干试样质量,g;

　　　m_1——试验后烘干试样质量,g。

以两次试验的算术平均值作为测定值,两次结果的差值超过0.2%时,应重新取样进行试验。对沥青路面用集料,此含泥量记为小于0.075mm颗粒含量。

5.2 碎石或砾石中黏土泥块含量按式(T 0310-2)计算,精确至0.1%。

$$Q_k = \frac{m_2 - m_3}{m_2} \times 100 \tag{T 0310-2}$$

式中:Q_k——碎石或砾石中黏土泥块含量,%;

m_2——4.75mm筛筛余量,g;

m_3——试验后烘干试样质量,g。

以两个试样两次试验结果的算术平均值作为测定值,两次结果的差值超过0.1%时,应重新取样进行试验。

粗集料有机物含量试验
(JTG E42—2005　T 0313—1994)

1　目的与适用范围

用比色法测定砾石中的有机物含量。

2　仪具与材料

(1)天平:感量不大于称量的0.1%。

(2)量筒:100mL、250mL、1 000mL各一个。

(3)氢氧化钠溶液:氢氧化钠与蒸馏水之质量比为3:97。

(4)其他:鞣酸、酒精、烧杯、玻璃棒和19mm标准筛等。

3　试验准备

3.1　试样制备:筛去试样中19mm以上的颗粒,剩余的用四分法或分料器法缩分至约1kg,风干后备用。

3.2　标准溶液的配制方法:取2g鞣酸粉溶解于98mL的10%酒精溶液中,即得所需的鞣酸溶液。然后取该溶液2.5mL注入97.5mL浓度为3%的氢氧化钠溶液中,加塞后剧烈摇动,静置24h即得标准溶液。

4　试验步骤

4.1　向1 000mL量筒中倒入干试样至600mL刻度处,再注入浓度为3%的氢氧化钠溶液至800mL刻度处,剧烈搅动后静置24h。

4.2　比较试样上部溶液和新配制标准溶液的颜色,盛装标准溶液与盛装试样的量筒规格应一致。

5　结果评定

若试样上部的溶液颜色浅于标准溶液的颜色,则试样的有机质含量鉴定合格。如两种溶液的颜色接近,则应将该试样(包括上部溶液)倒入烧杯中放在温度为60℃～70℃的水槽中加热2～3h,然后再与标准溶液比色;如溶液的颜色深于标准色,则应配制成混凝土做进一步试验。

集料碱活性检验(岩相法)
(JTG E42—2005　T 0324—1994)

1　目的与适用范围

鉴定所用集料(包括砂、石)的种类和成分,从而确定碱活性集料的种类和数量。

2　仪具与材料

(1)套筛:孔径0.15mm、0.315mm、0.6mm、1.18mm方孔筛。

(2)磅秤:称量100kg,感量100g。

(3)天平:称量1kg,感量不大于0.5g。

(4)切片机、磨光机、镶嵌机。

(5)实体显微镜、偏光显微镜。

(6)试剂:盐酸、茜素红、折光率浸油以及酒精等。

(7)其他:金刚砂、树胶(如冷杉胶)、载玻片、地质锤、砧板、酒精灯等。
3 取样
3.1 用四分法或分料器法选取集料,风干后进行筛分,按表 T 0324-1 所规定的数量称取试样。

集料试样数量 表 T 0324-1

集料粒径(mm)	37.5~19	19~4.75
试样质量(kg)	50	10

3.2 将砂样用四分法或分料器法缩减至5kg,取约2kg砂样冲洗干净,在105℃±5℃烘箱中烘干,冷却后按 T 0327 的方法进行筛分,然后按表 T 0324-2 规定的数量称取砂样。
4 集料的鉴定
4.1 将试样逐粒进行肉眼鉴定。需要时可将颗粒放在砧板上用地质锤击碎(注意应使岩石片损失最小),观察颗粒新鲜断口。
4.2 石料鉴定按下列准则分类(表 T 0324-2):

砂样质量 表 T 0324-2

砂样粒径(mm)	砂样质量(kg)	砂样粒径(mm)	砂样质量(kg)
4.75~2.36	100	0.6~0.3	10
2.36~1.18	50	0.3~0.15	10
1.18~0.6	25	小于0.15	

4.2.1 岩石名称及物理性质,包括主要的矿物成分、风化程度、有无裂缝、坚硬性、有无包裹体和断口形状等。
4.2.2 化学性质,分为在混凝土中可能或不能产生碱集料反应两种。
4.2.3 对初步确定为碱活性集料的岩石颗粒,应制成薄片,在显微镜下鉴定矿物组成、结构等,应特别测定其隐晶质、玻璃质成分的含量。
注:石料鉴定可参考表 T 0324-3。

碱活性集料分类参考 表 T 0324-3

岩石结构	火成岩	沉积岩		变质岩
胶凝结构		蛋白质		
玻璃质结构	松脂岩 珍珠岩 墨曜岩			
显微粒状结构隐晶质结构		玉髓、磷石英、方石英、鳞石、碧玉、玛瑙	硅镁石灰岩及某些含泥质、白云质灰岩	
斑状结构基质隐晶质结构或玻璃质结构	安山岩、英安岩、流纹岩、粗面岩			
碎屑结构角砾结构			凝灰岩、火同角砾石	

续上表

岩石结构	火成岩			沉积岩		变质岩
鳞片状结构鳞片变晶结构						某些千枚岩、硅质板岩、硬绿泥石片岩
主要矿物成分	酸性火山玻璃	酸性到中性斜长石、钾长石、石英火山玻璃等	蛋白石、玉髓、磷石英、方英石、石英	方解石、白云石、玉髓、石英	根据岩石屑、晶屑角砾的成分而定	石英、绢云母、玉髓、硬绿泥石

5 砂料鉴定

将砂样放在实体显微镜下挑选,鉴别出碱活性集料的种类及含量。小粒径砂在实体显微镜下挑选有困难时,需在镶嵌机上压型(用树胶或环氧树脂胶结)制成薄片,在偏光显微镜下鉴定。

6 试验结果处理

6.1 集料如进行全分析,按表 T 0324-4 列出各种岩石的成分及其含量;如只分析碱活性集料,按表 T 0324-5 列出集料中碱活性集料的种类和含量,按表 T 0324-6 列出砂料中碱活性集料的种类和含量。

集料岩相鉴定　　　　　　　　　　　　　　　　表 T 0324-4

项目 岩石名称	质量百分数(%)		岩相描述(颜色、硬度、风化程度)	物理性质(以优良、劣评定)	化学性质(注明有害或无害)
	31.5～16mm	16～4.75mm			

集料中碱活性集料含量　　　　　　　　　　　　表 T 0324-5

碱活性集料名称	粒径(mm)	
	31.5～19	19～4.75

砂料中碱活性集料含量　　　　　　　　　　　　表 T 0324-6

样品组成		碱活性集料含量(%)		
粒径(mm)	筛余量(%)	占本级样品量	占总样品量	合计

6.2 根据鉴定结果,集料被评为非碱活性时即作为最后结论;如评定为碱活性集料或可疑时,应进行砂浆长度法等检验。

【注意事项】

岩相法是通过确定集料母岩的名称、所含的矿物成分、活性矿物成分来确认集料是否具有碱活性颗粒的一种方法。所以此项工作应由地质工作者来做,最好委托地质部门的岩相试验室来做。在送样时带上试验规程,委托有关单位按试验规程的规定进行试验,并提出试验报告。

集料碱活性检验(砂浆长度法)
(JTG E42—2005 T 0325—1994)

1 目的与适用范围

1.1 测定水泥砂浆试件的长度变化,以鉴定水泥中的碱与活性集料间的反应所引起的膨胀是否具有潜在危害。

1.2 用岩相法 T 0324 试验评定集料为碱活性或可疑时宜采用本方法,但不适用于碱碳酸盐反应。

2 仪具与材料

(1)标准筛:按细集料(砂)筛分试验规定选用。

(2)拌和锅、铲、量筒、秒表、跳桌等。

(3)镘刀及截面为 14mm×13mm、长 120~150mm 的硬木捣棒。

(4)试模和测头(埋钉);金属试模,规格为 25.4mm×25.4mm×285mm。试模两端正中有小孔,测头以不锈金属制成。

(5)养护筒:用耐腐材料(塑料)制成,应不漏水,不透气,加盖后放在养护室中能确保筒内空气相对湿度为95%以上。筒内设有试件架,架下盛有水,试件垂直立于架上并不与水接触。

(6)测长仪:测量范围 275~300mm,精密度 0.01mm。

(7)储存室(箱)的温度为 38℃±2℃。

3 试验准备

3.1 试样制备

3.1.1 水泥:检定一般集料活性时,应使用含碱量高于0.8%的硅酸盐水泥。对于具体工程,如使用几种水泥,对于含碱量大于0.6%的水泥均应进行试验。

注:水泥含碱量以氧化钠(Na_2O)计,氧化钾(K_2O)换算为氧化钠时乘以换算系数0.658。

3.1.2 集料:对于砂浆使用工程实际采用的或拟用的砂;对于集料应把活性、非活性集料分别破碎成表 T 0325-1 所示的级配,并根据岩相检验的结果将活性与非活性集料按比例组合成试验用砂。

砂料级配表

表 T 0325-1

筛孔尺寸(mm)	4.75~2.36	2.36~1.18	1.18~0.6	0.6~0.3	0.3~0.15
分级质量比(%)	10	25	25	25	15

3.1.3 砂浆配合比:水泥与砂的重量比为1:2.25。一组3个试件共需水泥400g,砂900g。砂浆用水量按 GB 2419"水泥胶砂流动度测定方法"选定,但跳桌跳动次数改为 10 次/6s,以流动度在 105~120mm 为准。

3.2 试件制作

3.2.1 成型前24h,将试验所用材料(水泥、砂、拌和用水等)放入20℃±2℃的恒温室中。

3.2.2 砂浆制备:将水倒入拌和锅内,加入水泥拌和30s,再加入砂料的一半拌和30s,最后加入剩余的砂料拌和90s。

3.2.3 砂浆分两层装入试模内,每层捣实20次;浇第一层后安放测头再浇第二层(注意测头周围砂浆应填实),浇捣完毕后用镘刀刮除多余砂浆,抹平表面并编号。

4 试验步骤

4.1 试件成型完毕后,带模放入标准养护室,养护 24h±4h 后脱模。脱模后立即测量试件的长度。此长度为试件的基准长度。测长应在 20℃±2℃的恒温室中进行。每个试件至少重复测试两次,取差值在仪器精密度范围内的2个读数的平均值作为长度测定值。待测的试件须用湿布覆盖,以防止水分蒸发。

4.2 测长后将试件放入养护筒中,筒壁衬以吸水纸使筒内空气为水饱和蒸汽,盖严筒盖放入38℃±2℃养护室(箱)里养护(一个筒内的试件品种应相同)。

4.3 测长龄期自测基长后算起分14d、1、2、3、6、9、12个月几个龄期,如有必要还可适当延长。在测长的前一天,应把养护筒从38℃±2℃的养护室(箱)中取出,放入20℃±2℃的恒温室。试件的测长方法与测基长时相同,每个龄期测长完毕后,应将试件高头放入养护筒中。盖好筒盖,放回38℃±2℃的养护室(箱)中继续养护到下一个测试龄期。

4.4 测长时应观察试件的变形、裂缝、渗出物,特别要注意有无胶体物质出现,并作详细记录。

5 计算

5.1 试件的膨胀率按式(T 0325-1)计算。

$$\Sigma_t = \frac{L_t - L_0}{L_0 - 2\Delta} \times 100 \qquad (T\ 0325\text{-}1)$$

式中:Σ_t——试件在龄期 t 内的膨胀率,%;

L_t——试件在龄期 t 的长度,mm;

L_0——试件的基准长度,mm;

Δ——测头(即埋钉)的长度,mm。

以3个试件测值的平均值作为某一龄期膨胀度的测定值。

注:一组3个试件测值的离散程度应符合下述要求:膨胀率小于0.02%时,单个测值与平均值的差值不得大于0.003%;膨胀率大于0.02%时,单个测值与平均值的差值不得大于平均值的15%。超过以上规定时需查明原因,取其余2个测值的平均值作为该龄期膨胀率的测定值。当一组试件的测值少于2个时,该龄期的膨胀率通过补充试验确定。

5.2 评定标准

对于砂料,当砂浆半年膨胀率超过0.1%或3个月的膨胀率超过0.05%时(只在缺少半年膨胀率时才有效),即评为具有危害性的活性集料。反之,如低于上述数值时,则评为非活性集料。

对于集料,当砂浆半年膨胀率低于0.1%或3个月的膨胀率低于0.05%时(只在缺少半年膨胀率时才有效),即评为非活性集料。如超过上述数值时,尚不能作最后结论,应根据混凝土的试验结果做出最后的评定。

【注意事项】

(1)"贮存室(箱)"应理解为恒温水浴。因为试件养护温度为38℃±2℃(国家标准为40℃±2℃),这样高的一个温度不可能在房间内进行控制,所以贮存室的表述欠妥。养护时不能直接将试件放入恒温水浴,应将先试件放入养护筒,再将养护筒连同试件放入恒温水浴。

(2)粗集料和细集料都有碱-集料反应检验的问题,JTG E42—2005没有将试验方法分开写,而是合并起来写。由于粗集料在试验时要将集料粉碎成碎砂,制作试件砂浆进行试验,这样就容易和天然砂混淆。为了区别,规程中将细集料(包括天然砂、机制砂)称作"砂料",将粗集料称作"集料",但不完全如此。请注意区别。

快速碱-硅酸反应检验方法
（GB/T 14685—2001）

6.14.2.1 适用范围

本方法适用于检验硅质集料与混凝土中的碱发生潜在碱-硅酸反应的危害性,不适用于碳酸类集料。

6.14.2.2 试剂和材料

a)氢氧化钠:分析纯。

b)蒸馏水或去离子水。

c)氢氧化钠溶液:40g NaOH溶于900mL水中,然后加水到1L,所需氢氧化钠溶液总体积为试件总体积的(4±0.5)倍(每一个试件的体积约为184mL)。

6.14.2.3 仪器设备

a)鼓风烘箱:能使温度控制在(105±5)℃。

b)天平:称量1 000g,感量0.1g。

c)方孔筛:4.75mm、2.36mm、1.18mm、600μm、300μm及150μm的筛各一只。

d)比长仪:由百分表和支架组成。百分表的量程10mm,精度0.01mm。

e)水泥胶砂搅拌机;(符合GB/T 177要求)。

f)高温恒温养护箱或水浴:温度保持在(80±2)℃。

g)养护筒:由可耐碱长期腐蚀的材料制成,应不漏水,筒内设有试件架,筒的容积可以保证试件分离地浸没在体积为(2 208±276)mL水中或1mol/L的氢氧化钠溶液中,且不能与容器壁接触。

h)试模:规格为25mm×25mm×280mm,试模两端正中有小孔,装有不锈钢质膨胀测头。

i)破碎机。

j)干燥器、搪瓷盘、毛刷等。

6.14.2.4 环境条件

a)材料与成型室的温度应保持在20.0℃~27.5℃,拌和水及养护室的温度应保持在(20±2)℃。

b)成型室、测长室的相对湿度应不小于80%。

c)高温恒温养护箱或水浴应保持在(80±2)℃。

6.14.2.5 试件制作

a)按6.1规定取样,并将试样缩分至约5.0kg,将试样破碎后筛分成150μm~300μm、300μm~600μm、600μm~1.18mm、1.18mm~2.36mm和2.36mm~4.75mm共五个粒级。每一个粒级在相应筛上用水淋洗干净后,放在烘箱中于(105±5)℃下烘至恒量,分别存于干燥器内备用。

b)采用符合GB 175技术要求的硅酸盐水泥,水泥中不得有结块,并在保质期内。

c)水泥与集料的质量比为1:2.25,水灰比为0.47。一组3个试件共需水泥440g,精确至0.1g。砂990g,各粒级的质量按表16分别称取,精确至0.1g。

各粒级集料的质量　　　　　　表16

筛孔尺寸	150μm~300μm	300μm~600μm	600μm~1.18mm	1.18mm~2.36mm	2.36mm~4.75mm
质量,g	148.5	247.5	247.5	257.5	99.0

d)砂浆搅拌应按GB/T 177规定进行。

e)搅拌完成后,立即将砂浆分两次装入已装有膨胀测头的试模中,每层捣40次,注意膨胀测头四周应小心捣实,浇捣完毕后用镘刀刮除多余砂浆,抹平、编号并标明测长方向。

6.14.2.6 养护与测长

a)试件成型完毕后,立即带模放入标准养护室内。养护(24±2)h后脱模,立即测量试件的初始长度,待测的试件须用湿布覆盖,以防止水分蒸发。

b)测完基准长度后,将试件浸没于养护筒(一个养护筒内的试件品种应相同)内的水中。并保持水温在(80±2)℃的范围内(加盖后放在高温恒温养护箱或水浴中),养护(24±2)h。

c)从高温恒温养护箱或水浴中拿出一个养护筒,从养护筒内取出试件,用毛巾擦干表面,立即读出试件的基准长度[从取出试件至完成读数应在(15±5)s时间内],在试件上覆盖湿毛巾,待全部试件测完基准长度后,再将全部试件分别浸没于养护筒内的1mol/L溶液中,并保持溶液温度在(80±1)℃的范围内(加盖后放在高温恒温养护箱或水浴中)。

d)测长龄期自测定基准长度之日起计算,在测基准长度后3d、7d、10d各测量一次。每次测长时间安排在每天近似同一时刻内,测长方法与测基准长度的方法相同。每次测长完毕后,应将试件放入原养护筒中,加盖后放回(80±1)℃的高温恒温养护箱或水浴中继续养护至下一个测试龄期。14d后如需继续测长,可安排每7d一次测长。

6.14.2.7 结果计算与评定

a)试件膨胀率按式(13)计算,精确至0.001%:

$$\Sigma_t = \frac{L_t - L_0}{L_0 - 2\Delta} \times 100 \tag{13}$$

式中:Σ_t——试件在t天龄期的膨胀率,%;

L_t——试件在t天龄期的长度,mm;

L_0——试件的基准长度,mm;

Δ——膨胀端头的长度,mm。

b)膨胀率以3个试件的膨胀值的算术平均值作为计算结果,精确至0.01%。一组试件中任何一个试件的膨胀率与平均值相差不大于0.01%,则结果有效。而对膨胀率平均值大于0.05%时,每个试件的测定值与平均值之差小于平均值的20%,也认为结果有效。

6.14.2.8 结果判定

a)当14d膨胀率小于0.10%时,在大多数情况下可以判定为无潜在碱-硅酸反应危害。

b)当14d膨胀率大于0.20%时,可以判定为有潜在碱-硅酸反应危害。

c)当14d膨胀率在0.10%~0.20%之间时,不能最终判定有碱-硅酸反应危害,可以按非快速方法再进行试验来判定。

碱-碳酸盐反应检验方法
(GB/T 14685—2011)

7.15.3.1 适用范围

本方法适用于检验碳酸盐类集料与混凝土中的碱发生潜在碱-碳酸盐反应的危害性,不适用于硅质集料。

7.15.3.2 试剂和材料

a)NaOH:化学纯;

b)1mol/L NaOH溶液:c 将(40±1)g NaOH溶解于1L蒸馏水中;

c)蒸馏水。

7.15.3.3 仪器设备

a)圆筒钻机(ϕ9mm);

b)测长仪:量程25~50mm,精度0.01 mm;

c)养护瓶:由耐碱材料制成,能盖严以避免溶液变质;

d)锯石机、磨片机。

7.15.3.4 试验步骤

a)将一块岩石按其层理方向水平放置(如岩石层理不清,可任意放置),再按三个相互垂直的方向钻切三个岩石圆柱体[ϕ(9±1)mm,高(35±5)mm]或棱柱体[边(9±1)mm,高(35±5)]试件,试件两端面应磨光,互相平行且垂直于圆柱体主轴,并保持干净显露岩面本色。

b)试件编号后,放入盛有蒸馏水的养护瓶中,置于(20±2)℃的恒温室内,每隔24h取出擦干表面,进行测长,直到前后两次测得的长度变化率之差≤0.02%为止,以最后一次测得的长度为基准长度。

c) 再将试件浸入盛有1mol/L NaOH溶液的养护瓶中,液面高出岩石柱不少于10mm,且每个试件的平均需液量应不少于50mL,同一容器中不得浸泡不同品种的试件。盖严养护瓶,置于(20±2)℃的恒温室内。溶液每六个月更换一次。

d) 将试件从NaOH溶液中取出,用蒸馏水洗净,擦干表面,在(20±2)℃恒温室内测长,测定的周期为7d、14d、21d、28d、56d、84d,如有需要,以后每可4周测长一次,一年后,每12周测长一次。注意观察在碱液浸泡过程中,试件的开裂、弯曲、断裂等变化,并及时记录。

7.15.3.5 结果计算与评定

a) 膨胀率计算同砂浆长度法。

b) 同块岩石所取的试件,取膨胀率最大的一个测值作为岩样的膨胀率。

c) 结果判定:采用修约值比较法进行评定,当84d龄期的膨胀率小于0.1%时,判定为无潜在碱—碳酸盐反应危害。否则,则判定为有潜在碱—碳酸盐反应危害。

二、技 术 标 准

1. 水泥混凝土粗集料技术标准

《公路桥涵施工技术规范》(JTG/T F50—2011)对水泥混凝土粗集料的技术性质要求见表5-6,混凝土强度等级与碎石、卵石技术等级的关系见 表5-6 表注。

水泥混凝土粗集料技术标准　　　　　　　表5-6

项　目		技术要求		
		Ⅰ类	Ⅱ类	Ⅲ类
碎石压碎指标值(%)		<10	<20	<30
卵石压碎指标值(%)		<12	<16	<16
坚固性(硫酸钠溶液法经5次循环后质量损失值,%)		<5	<8	<12
吸水率(%)		<1.0	<2.0	<2.5
针片状颗粒含量(按质量计,%)		<5	<15	<25
有害物质含量	含泥量(按质量计,%)	<0.5	<1.0	<1.5
	泥块含量(按质量计,%)	0	<0.5	<0.7
	有机物含量(比色法)	合格	合格	合格
	硫化物及硫酸盐(按SO_3质量计,%)	<0.5	<1.0	<1.0
岩石抗压强度(水饱水状态,MPa)		火成岩>80;变质岩>60;水成岩>30		
表观密度(kg/m³)		>2 500		
松散堆积密度(kg/m³)		>1 350		
空隙率(%)		<47		
碱集料反应		经碱集料反应试验后,试件无裂缝、酥裂、胶体外溢等现象,在规定试验龄期的膨胀率应小于0.10%		

注:1. Ⅰ类宜用于强度等级大于C60的混凝土;Ⅱ类宜用于强度等级为C30~C60及有抗冻、抗渗或其他要求的混凝土;Ⅲ类宜用于强度等级小于C30的混凝土。
2. 粗集料中不应混有草根、树叶、树枝、塑料、煤块、炉渣等杂物。
3. 岩石的抗压强度除应满足表中要求外,其抗压强度与混凝土强度等级之比应不小于1.5。岩石抗压强度首先应由生产单位提供,工程中可采用压碎值指标进行质量控制。
4. 当粗集料中含有颗粒状硫酸盐或硫化物杂质时,应进行专门检验,确认能满足混凝土耐久性要求后,方可采用。
5. 采用卵石破碎成碎砾石时,应具有两个及以上的破碎面,且其破碎面应不小于70%。

《公路桥涵施工技术规范》(JTG/T F50—2011)还规定:当混凝土结构物处于不同环境条件时,坚固性除满足表5-6的要求外,硫酸钠溶液法经5次循环后质量损失值尚应满足表5-7的要求。

混凝土粗集料坚固性要求 表5-7

混凝土所处环境条件	硫酸钠溶液法经5次循环后质量损失(%)
寒冷地区,经常处于干湿交替状态	<5
严寒地区,经常处于干湿交替状态	<3
混凝土处于干燥条件,但粗集料风化或软弱颗粒过多时	<12
混凝土处于干燥条件,但有抗疲劳、耐磨、抗冲击要求或强度等级大于C40	<5

2. 沥青混合料粗集料技术标准

《公路沥青路面施工技术规范》(JTG F40—2004),对沥青混合料用粗集料的技术要求见表5-8。粗集料与沥青的黏附性、磨光值与年降雨量有关,见表5-9。对破碎砾石的破碎面要求见表5-10。级配要求见第四节。

沥青面层用粗集料质量要求(JTG F40—2004) 表5-8

指 标	单位	高速公路、一级公路		其他等级公路	试 验 方 法
		表面层	其他层次		
石料压碎值,不大于	%	26	28	30	T 0316
洛杉矶磨耗损失,不大于	%	28	30	35	T 0317
表观相对密度,不小于		2.60	2.50	2.45	T 0304
吸水率,不大于	%	2.0	3.0	3.0	T 0304
坚固性,不大于	%	12	12	—	T 0314
针片状颗粒含量,不大于		15	18	20	
其中粒径大于9.5mm,不大于	%	12	15	—	T 0312
其中粒径小于9.5mm,不大于		18	20	—	
水洗法<0.075mm颗粒含量,不大于	%	1	1	1	T 0310
软石含量,不大于	%	3	5	5	T 0320

注:①坚固性试验可根据需要进行。
②用于高速公路、一级公路时,多孔玄武岩的表观相对密度可放宽至2.45,吸水率可放宽至3%,但必须得到建设单位的批准,且不得用于SMA路面。
③对S14(3~5mm)规格的粗集料,针片状颗粒含量可不要求,<0.075mm含量可放宽到3%。

沥青路面用粗集料黏附性、磨光值技术要求(JTG F40—2004) 表5-9

雨量气候区	1(潮湿区)	2(湿润区)	3(半干区)	4(干旱区)	试验方法
年降雨量(mm)	>1000	1000~500	500~250	<250	
粗集的料磨光值PSV,不小于 高速公路、一级公路表面层	42	40	38	36	T 0321
对沥青的黏附性,不小于 高速公路、一级公路表面层 高速公路、一级公路其他层次及其他等级公路的各个层次	5 4	4 4	4 3	3 3	T 0616 T 0663

破碎砾石破碎面的要求(JTG F40—2004) 表 5-10

路面部位或混合料类型	具有一定数量破碎面颗粒的含量(%)		试验方法
	1 个破碎面	2 个或 2 个以上破碎面	
沥青路面表面层			
高速公路、一级公路	100	90	
其他等级公路	80	60	
沥青路面中下面层、基层			T 0361
高速公路、一级公路	90	80	
其他等级公路	70	50	
SMA 混合料	100	90	
贯入式路面	80	60	

编者注:"1 个破碎面"应为"一个及一个以上破碎面"。

第四节 细 集 料

在沥青混合料中,细集料是指粒径小于 2.36mm 的天然砂、人工砂及石屑;在水泥混凝土中,细集料是指粒径小于 4.75mm 的天然砂、人工砂。人工砂包括机制砂和混合砂。石屑是轧石厂生产碎石时通过筛分设备最小筛孔(通常为 5mm 或 3mm)的细料。其理论颗粒组成为 $0 \sim d$(d 为轧石厂筛分用最小筛孔尺寸),实际上石屑中常有粒径大于 d 的超尺寸颗粒。

一、技术性质及试验方法

1. 密度及吸水率

密度包括表观密度、表干(饱和面干)密度及毛体积密度,表观相对密度、表干(饱和面干)相对密度及毛体积相对密度。堆积密度包括松装堆积密度及紧装堆积密度,定义同粗集料。

细集料表观密度试验(容量瓶法)
(JTG E42—2005 T 0328—2005)

1 目的与适用范围

用容量瓶法测定细集料(天然砂、石屑、机制砂)在 23℃时对水的表观相对密度和表观密度。

本方法适用于含有少量大于 2.36mm 部分的细集料。

2 仪具与材料

(1)天平:称量 1kg,感量不大于 1g。

(2)容量瓶:500mL。

(3)烘箱:能控温在 105℃ ±5℃。

(4)烧杯:500mL。

(5)洁净水。

(6)其他:干燥器、浅盘、铝制料勺、温度计等。

3 试验准备

将缩分至 650g 左右的试样在温度为 105℃ ±5℃的烘箱中烘干至恒重,并在干燥器内冷却至室温,分成两份备用。

4 试验步骤

4.1 称取烘干的试样约300g(m_0),装入盛有半瓶洁净水的容量瓶中。

4.2 摇转容量瓶,使试样在已保温至23℃±1.7℃的水中充分搅动以排除气泡,塞紧瓶塞,在恒温条件下静置24h左右,然后用滴管添水,使水面与瓶颈刻度线平齐,再塞紧瓶塞,擦干瓶外水分,称其总质量(m_2)。

4.3 倒出瓶中的水和试样,将瓶的内外表面洗净,再向瓶内注入同样温度的洁净水(温差不超过2℃)至瓶颈刻度线,塞紧瓶塞,擦干瓶外水分,称其总质量(m_1)。

注:在砂的表观密度试验过程中应测量并控制水的温度,试验期间的温差不应超过1℃。

5 计算

5.1 细集料的表观相对密度按式(T 0328-1)计算至小数点后3位。

$$\gamma_a = \frac{m_0}{m_0 + m_1 - m_2} \times 100 \qquad (T\ 0328\text{-}1)$$

式中:γ_a——细集料的表观相对密度,无量纲;

m_0——试样的烘干质量,g;

m_1——水及容量瓶的总质量,g;

m_2——试样、水及容量瓶的总质量,g。

5.2 表观密度按式(T 0328-2)计算,精确至小数点后3位。

$$\rho_a = \gamma_a \times \rho_T \quad \text{或} \quad \rho_a = (\gamma_a - \alpha_T) \times \rho_w \qquad (T\ 0328\text{-}2)$$

式中:ρ_a——细集料表观密度,g/cm^3;

ρ_w——水在4℃时的密度,g/cm^3;

α_T——试验时水温对水密度影响的修正系数,按附录B及表B-1取用;

ρ_T——试验温度T时水的密度(g/cm^3),按附录B及表B-1取用。

6 报告

以两次平行试验结果的算术平均值作为测定值,如两次结果之差值大于0.01 g/cm^3时,应重新取样进行试验。

细集料密度及吸水率试验
(JTG E42—2005　T 0330—2005)

1 目的与适用范围

1.1 用坍落筒法测定细集料(天然砂、石屑、机制砂)在23℃时对水的毛体积相对密度、表观相对密度、表干相对密度(饱和面干相对密度)。

1.2 用坍落筒法测定细集料(天然砂、石屑、机制砂)处于饱和面干状态时的吸水率。

1.3 用坍落筒法测定细集料(天然砂、石屑、机制砂)在23℃时对水的毛体积密度、表观密度、表干密度(饱和面干密度)。

1.4 本方法适用于2.36mm以下的细集料。当含有大于2.36mm的成分时,如0~4.75mm石屑,宜采用2.36mm的标准筛进行筛分,其中大于2.36mm的部分采用T 0308"粗集料密度及吸水率测定方法"测定,小于2.36mm的部分采用本方法测定。

2 仪具与材料

(1)天平:称量1kg,感量不大于0.1g。

(2)饱和面干试模:上口径40mm±3mm、下口径90mm±3mm、高75mm±3mm的坍落筒(见图T 0330-1)。

(3)捣棒:金属棒,直径25mm±3mm,质量340g±15g(图T 0330-1)。

(4)烧杯:500mL。
(5)容量瓶:500mL。
(6)烘箱:能控温在105℃±5℃。
(7)洁净水,温度为23℃±1.7℃。
(8)其他:干燥器、吹风机(手提式)、浅盘、铝制料勺、玻璃棒、温度计等。

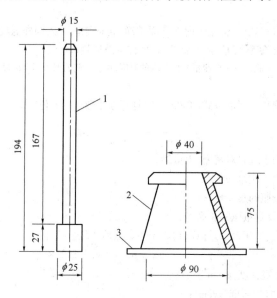

图 T 0330-1 饱和面干试模及其捣棒(单位:mm)
1-捣棒;2-试模;3-玻璃板

3 试验准备

3.1 将试样用2.36mm标准筛过筛,除去大于2.36mm的部分,在潮湿状态下用分样器法或四分法缩分至每份约1 000g,拌匀后分成两份,分别装入浅盘或其他合适的容器中。

3.2 注入洁净水,使水面高出试样表面20mm左右(测量水温并控制在23℃±1.7℃),用玻璃棒连续搅拌5min,以排除气泡,静置14h。

3.3 细心地倒去试样上部的水,并用吸管吸去余水。

3.4 将试样在盘中摊开,用手提吹风机缓缓吹入暖风,并不断翻拌试样,使集料表面的水在各部位均匀蒸发,达到估计的饱和面干状态。注意吹风过程中不得使细粉损失。

3.5 然后将试样松散地一次装入饱和面干试模中,用捣棒轻捣25次,捣棒端面距试样表面距离不超过10mm,使之自由落下,捣完后刮平模口,如留有空隙亦不必再装满。

3.6 从垂直方向徐徐提起试模,如试样保留锥形没有坍落,则说明集料中尚含有表面水,应继续按上述方法用暖风干燥、试验,直至试模提起后试样开始坍落为止。如试模提起后试样坍落过多,则说明试样已干燥过分,此时应将试样均匀洒水约5mL,经充分拌匀,并静置于加盖容器中30min后,再按上述方法进行试验,至达到饱和面干状态为止。判断饱和面干状态的标准,对天然砂,宜以"试样中心部分上部成为2/3左右的圆锥体,即大致坍落1/3左右"作为标准状态;对机制砂和石屑宜以"当移去坍落筒第一次出现坍落时的含水率即最大含水率作为试样的饱和面干标准状态"。

4 试验步骤

4.1 立即称取饱和面干试样约300g(m_3)。

4.2 将试样迅速放入容量瓶中,勿使水分蒸发和集料散失,而后加水至约450mL刻度处,转动容量瓶排除气泡后,再仔细加水至500mL刻度处,塞紧瓶塞,擦干瓶外水分,称其总量(m_2)。

4.3 全部倒出集料试样,洗净瓶内外,用同样的水(每次需测量水温,宜为23℃±1.7℃,两次水温相差不大于2℃),加至500mL刻度处,塞紧瓶塞,擦干瓶外水分,称其总量(m_1)。将倒出的集料样置105℃±5℃的烘箱中烘干至恒重,在干燥器内冷却至室温后,称取干样的质量(m_0)。

5 计算

5.1 细集料的表观相对密度、表干相对密度及毛体积相对密度按式(T 0330-1)、(T 0330-2)、(T 0330-3)计算至小数点后3位。

$$\gamma_a = \frac{m_0}{m_0 + m_1 - m_2} \times 100 \quad (T\ 0330\text{-}1)$$

$$\gamma_s = \frac{m_3}{m_3 + m_1 - m_2} \quad (T\ 0330\text{-}2)$$

$$\gamma_b = \frac{m_0}{m_3 + m_1 - m_2} \quad (T\ 0330\text{-}3)$$

式中:γ_a——集料的表观相对密度,无量纲;

γ_s——集料的表干相对密度,无量纲;

γ_b——集料的毛体积相对密度,无量纲;

m_0——试样烘干后质量,g;

m_1——水、瓶总质量,g;

m_2——饱和面干试样、水、瓶总质量,g;

m_3——饱和面干试样质量,g。

5.2 细集料的表观密度、表干密度及毛体积密度按式(T 0330-4)、(T 0330-5)、(T 0330-6)计算至小数点后3位。

$$\rho_a = (\gamma_a - \alpha_T) \times \rho_w \quad (T\ 0330\text{-}4)$$

$$\rho_s = (\gamma_s - \alpha_T) \times \rho_w \quad (T\ 0330\text{-}5)$$

$$\rho_b = (\gamma_b - \alpha_T) \times \rho_w \quad (T\ 0330\text{-}6)$$

式中:ρ_a——集料的表观密度,g/cm³;

ρ_s——集料的表干密度,g/cm³;

ρ_b——集料的毛体积密度,g/cm³;

ρ_w——水在4℃的密度值,g/cm³;

α_T——试验时水温对水的密度影响的修正系数,按附录B表B-1取用。

5.3 细集料的吸水率按式(T 0330-7)计算,精确至0.01%。

$$w_x = \frac{m_3 - m_0}{m_0} \times 100 \quad (T\ 0330\text{-}7)$$

式中:w_x——集料的吸水率,%;

m_3——饱和面干试样质量,g;

m_0——烘干试样质量,g。

5.4 如因特殊需要,需以饱和面干状态的试样为基准求取细集料的吸水率时,细集料的饱和面干吸水率按式(T 0330-8)计算,精确至0.01%,但需在报告中注明。

$$w'_x = \frac{m_3 - m_0}{m_3} \times 100 \quad (T\ 0330\text{-}8)$$

式中:w'_x——集料的饱和面干吸水率,%;

m_3——饱和面干试样质量,g;

m_0——烘干试样质量,g。

6 精度及允许差

6.1 毛体积密度及饱和面干密度以两次平行试验结果的算术平均值作为测定值,如两次结果与平均值之差大于0.01g/cm³,应重新取样进行试验。

6.2 吸水率以两次平行试验结果的算术平均值作为测定值,如两次结果与平均值之差大于0.02%,应重新取样进行试验。

细集料堆积密度及紧装密度试验
（JTG E42—2005　T 0331—1994）

1 目的与适用范围

测定砂自然状态下堆积密度、紧装密度及空隙率。

2 仪具与材料

（1）台秤:称量5kg,感量5g。

（2）容量筒:金属制,圆筒形,内径108mm,净高109mm,筒壁厚2mm,筒底厚5mm,容积约为1L。

（3）标准漏斗（见图 T 0331-1）。

（4）烘箱:能控温在105℃±5℃。

（5）其他:小勺、直尺、浅盘等。

3 试验准备

3.1 试样制备:用浅盘装来样约5kg,在温度为105℃±5℃的烘箱中烘干至恒重,取出并冷却至室温,分成大致相等的两份备用。

注:试样烘干后如有结块,应在试验前先予捏碎。

3.2 容量筒容积的校正方法：以温度为20℃±5℃的洁净水装满容量筒,用玻璃板沿筒口滑移,使其紧贴水面,玻璃板与水面之间不得有空隙。擦干筒外壁水分,然后称量,用式（T 0331-1）计算筒的容积 V。

$$V = m'_2 - m'_1 \quad \quad (T\ 0331\text{-}1)$$

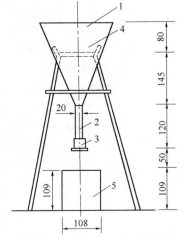

图 T 0331-1　标准漏斗（单位:mm）
1-漏斗;2-ϕ20mm 管子;3-活动门;4-筛;
5-金属量筒

式中:m'_1——容量筒和玻璃板总质量,g;

m'_2——容量筒、玻璃板和水总质量,g。

4 试验步骤

4.1 堆积密度:将试样装入漏斗中,打开底部的活动门,使砂流入容量筒中,也可直接用小勺向容量筒中装试样,但漏斗出料口或料勺距容量筒筒口均应为50mm左右。试样装满并超出容量筒筒口后,用直尺将多余的试样沿筒口中心线向两个相反方向刮平,称取质量(m_1)。

4.2 紧装密度:取试样1份,分两层装入容量筒。装完一层后,在筒底垫放一根直径为10mm的钢筋,将筒按住,左右交替颠击地面各25下,然后再装入第二层。

第二层装满后用同样方法颠实(但筒底所垫钢筋的方向应与第一层放置方向垂直)。两层装完并颠实后,添加试样超出容量筒筒口,然后用直尺将多余的试样沿筒口中心线向两个相反方向刮平,称其质量(m_2)。

5 计算

5.1 堆积密度及紧装密度分别按式（T 0331-2）和式（T 0331-3）计算至小数点后3位。

$$\rho = \frac{m_1 - m_0}{V} \quad \quad (T\ 0331\text{-}2)$$

$$\rho' = \frac{m_2 - m_0}{V} \quad \quad (T\ 0331\text{-}3)$$

式中:ρ——砂的堆积密度,g/cm³;

ρ'——砂的紧装密度,g/cm³;
m_0——容量筒的质量,g;
m_1——容量筒和堆积砂的总质量,g;
m_2——容量筒和紧装砂的总质量,g;
V——容量筒容积,mL。

5.2 砂的空隙率按式(T 0331-4)计算,精确至0.1%。

$$n = \left(1 - \frac{\rho}{\rho_a}\right) \times 100 \quad (T\ 0331\text{-}4)$$

式中:n——砂的空隙率,%;
ρ——砂的堆积或紧装密度,g/cm³;
ρ_a——砂的表观密度,g/cm³。

6 报告

以两次试验结果的算术平均值作为测定值。

细集料含水率试验
（JTG E42—2005 T 0332—2005）

1 目的与适用范围

测定细集料的含水率。

2 仪具与材料

(1)烘箱:能控温在105℃±5℃。

(2)天平:称量2kg,感量不大于2g。

(3)容器:浅盘等。

3 试验步骤

由来样中取各约500g的代表性试样两份,分别放入已知质量(m_1)的干燥容器中称量,记下每盘试样与容器的总量(m_2),将容器连同试样放入温度为105℃±5℃的烘箱中烘干至恒重,称烘干后的试样与容器的总量(m_3)。

4 计算

按式(T 0332-1)计算细集料的含水率,精确至0.1%。

$$w = \frac{m_2 - m_3}{m_3 - m_1} \times 100 \quad (T\ 0332\text{-}1)$$

式中:w——细集料的含水率,%;
m_1——容器质量,g;
m_2——未烘干的试样与容器的总量,g;
m_3——烘干后的试样与容器的总量,g。

5 报告

以两次试验结果的算术平均值作为测定值。

2. 坚固性

坚固性指砂在自然风化和其他外界物理化学因素作用下抵抗破裂的能力。按GB/T 14684—2001的规定:对天然砂坚固性采用硫酸钠溶液法进行试验;对人工砂坚固性采用压碎指标法进行试验。

细集料坚固性试验
（JTG E42—2005　T 0340—2005）

1　目的与适用范围

本方法用以确定砂试样经饱和硫酸钠溶液多次浸泡与烘干循环，承受硫酸钠结晶压力而不发生显著破坏或强度降低的性能，以评定砂的坚固性能（也称安定性）。

2　仪具与材料

（1）烘箱：能控温在105℃±5℃。

（2）天平：称量200g，感量不大于0.2g。

（3）标准筛：孔径为0.3mm、0.6mm、1.18mm、2.36mm、4.75mm。

（4）容器：搪瓷盆或瓷缸，容量不小于10L。

（5）三脚网篮：内径及高均为70mm，由铜丝或镀锌铁丝制成，网孔的孔径不应大于所盛试样粒级下限尺寸的一半。

（6）试剂：无水硫酸钠或10水结晶硫酸钠（工业用）。

（7）波美比重计。

3　试验准备

取一定数量的蒸馏水（多少取决于试样及容器大小），加温至30℃~50℃，每1 000mL蒸馏水加入无水硫酸钠（Na_2SO_4）300~350g或10水硫酸钠（$Na_2SO_4 \cdot 10H_2O$）700~1 000g，用玻璃棒搅拌，使其溶解并饱和，然后冷却至20~25℃，在此温度下静置48h，其相对密度应保持在1.151~1.174（波美度为18.9~21.4）范围内。试验时容器底部应无结晶存在。

4　试验步骤

4.1　将试样烘干，称取粒级分别为0.3~0.6mm、0.6~1.18mm、1.18~2.36mm、2.36~4.75mm的试样各约100g，分别装入网篮并浸入盛有硫酸钠溶液的容器中。溶液体积应不小于试样总体积的5倍，其温度应保持在20℃~50℃范围内。三脚网篮浸入溶液时应先上下升降25次以排除试样中的气泡，然后静置于该容器中。此时网篮底面应距容器底面约30mm（由网篮脚高控制），网篮之间的间距应不小于30mm。试样表面至少应在液面以下30mm。

4.2　浸泡20h后，从溶液中提出网篮，放在105℃±5℃的烘箱中烘烤4h，至此完成了第一个试验循环。待试样冷却至20℃~25℃后，即开始第二次循环。从第二次循环开始，浸泡及烘烤时间均为4h。共循环5次。

4.3　最后一次循环完毕后，将试样置于25℃~30℃的清水中洗净硫酸钠，再在105℃±5℃的烘箱中烘干至恒重，取出冷却至室温后，用筛孔孔径为试样粒级下限的筛，过筛并称量各粒级试样试验后的筛余量。

注：试样中硫酸钠是否干净，可按下法检验：取洗试样的水数毫升，滴入少量氯化钡（$BaCl_2$）溶液，如无白色沉淀，即说明硫酸钠已被洗净。

5　计算

5.1　试样中各级颗粒的分计损失百分率按式（T 0340-1）计算。

$$Q_i = \frac{m_i - m'_i}{m_i} \times 100 \tag{T 0340-1}$$

式中：Q_i——试样中各级颗粒的分计损失百分率，%；

m_i——每一粒级试样试验前烘干质量，g；

m'_i——经硫酸钠溶液试验后，每一粒级筛余颗粒的烘干质量，g。

5.2　试样的坚固性损失总百分率按式（T 0340-2）计算，精确至1%。

$$Q = \frac{\sum m_i Q_i}{\sum m_i} \qquad (T\ 0340\text{-}2)$$

式中：Q——试样的坚固性损失，%；

m_i——不同粒级的颗粒在原试样总量中的分计质量，g；

Q_i——不同粒级的分计质量损失百分率，%。

细集料压碎指标试验
（JTG E42—2005　T 0350—2005）

1　目的与适用范围

细集料压碎指标用于衡量细集料在逐渐增加的荷载下抵抗压碎的能力，以评定其在公路工程中的适用性。

2　仪具与材料

（1）压力机：量程 50～1 000kN，示值相当误差 2%。应能保持 1kN/s 的加荷速率。

（2）天平：感量不大于 1g。

（3）标准筛。

（4）细集料压碎指标试模：由两端开口的钢制圆形试筒、加压块和底板组成，其形状和尺寸见图 T 0350-1。压头直径 75mm，金属筒试模内径 77mm，试模深 70mm。试筒内壁、加压头的底面及底板的上表面等与石料接触的表面都应进行热处理硬化，并保持光滑状态。

（5）金属捣棒：直径 10mm，长 500mm，一端加工成半球形。

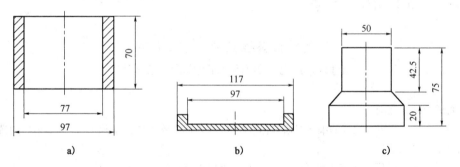

图 T 0350-1　细集料压碎指标试模（单位：mm）

a）圆筒；b）底盘；c）加压头

3　试验准备

3.1　采用风干的细集料样品，置烘箱中于 105℃±5℃ 条件下烘干至恒重，通常不超过 4h，取出冷却至室温。后用 4.75mm、2.36mm 至 0.3mm 各档标准筛过筛，去除大于 4.75mm 部分，分成 4.75～2.36mm、2.36～1.18mm、1.18～0.6mm、0.6～0.3mm 4 组试样，各组取 1 000g 备用。

3.2　称取单粒级试样 330g，准确至 1g。将试样倒入已组装成的试样钢模中，使试样距底盘面的高度约为 50mm。整平钢模内试样表面，将加压头放入钢模内，转动 1 周，使其与试样均匀接触。

4　试验步骤

4.1　将装有试样的试模放到压力机上，注意使压头摆平，对中压板中心。

4.2　开动压力机，均匀地施加荷载，以 500N/s 的速率，加压至 25kN，稳压 5s，以同样的速率卸荷。

4.3　将试模从压力机上取下，取出试样，以该粒组的下限筛孔过筛（如对 4.75～2.36mm 以 2.36mm 标准筛过筛）。称取试样的筛余量（m_1）和通过量（m_2），准确至 1g。

5　计算

按式（T 0350-1）计算各组粒级细集料的压碎指标，精确至 1%。

$$Y_i = \frac{m_1}{m_1 + m_2} \times 100 \qquad (T\ 0350\text{-}1)$$

式中：Y_i——第 i 粒级细集料的压碎指标值，%；

m_1——试样的筛余量，g；

m_2——试样的通过量，g。

6 报告

6.1 每组粒级的压碎指标值以 3 次试验结果的平均值表示，精确至 1%。

6.2 取最大单粒级压碎指标值作为该细集料的压碎指标值。

3. 棱角性

天然砂、人工砂、石屑等细集料，由于其形成或加工方式不同，使用性能差别很大，主要取决于各自的颗粒形状和表面特征，如棱角性、表面构造和粗糙度等。现行试验规程通过测定棱角性来评价细集料的表面特性。细集料的棱角性对水泥混凝土和沥青混合料拌合物的流动性和密实度有直接的影响，也影响水泥与集料的黏结性或沥青与集料的黏附性。棱角性小有利于提高水泥混凝土的流动性和密实度；棱角性大有利于提高沥青混合料的马歇尔稳定度和动稳定度。对特种沥青混合料（如 OGFC、SMA）使用的细集料应考虑其棱角性试验。

棱角性试验有间隙率法和流动时间法两个方法。前者按规定方式将细集料装入标准容器中，在此装填状态下细集料的间隙率称为细集料的棱角性，以百分数表示。后者偏重于评定细集料颗粒的表面构造和粗糙度，将一定体积的细集料，通过规定尺寸的漏斗流出，流完所需要的时间称为棱角性，用秒(s)表示。

细集料棱角性试验（间隙率法）
(JTG E42—2005 T 0344—2000)

1 目的与适用范围

1.1 本方法测定一定量的细集料通过标准漏斗，装入标准容器中的空隙率，称为细集料的棱角性，以百分率表示。

1.2 本方法适用于测定天然砂、人工砂、石屑等用于路面的细集料棱角性，以预测细集料对沥青混合料的内摩擦角和抗流动变形性能的影响。

2 仪具与材料

(1) 细集料棱角性测定仪：如图 T 0344-1 所示，上部为一个金属或塑料制的圆筒形容量瓶，容积不少于 250mL，下面接一个高 38mm 的金属制倒圆锥筒漏斗，角度为 60°±4°，漏斗内部光滑，流出孔开口直径 12.7mm±0.6mm。测定仪下方放置一个 100mL 的铜制的容器，容器内径 39mm，高 86mm。此容器镶嵌在一块厚 6mm 的金属板上，容器与底板之间用环氧树脂填充固结。金属底板底部的正中央有一个凹坑，用于与底座位置对中。

(2) 标准筛：孔径为 4.75mm、2.36mm 的方孔筛。

(3) 天平：感量不大于 0.1g。

(4) 烘箱：能控温在 105℃±5℃。

(5) 玻璃板：60mm×60mm，厚 4mm。

(6) 刮尺：带刃直尺，长 100mm，宽 20mm。

(7) 其他：搪瓷盘、毛刷等。

3 试验步骤

3.1 称取接受细集料的容器质量 m_0。

3.2 在容器中加满水,称取容器加水的质量 m_1,标定容器的容积 $V = m_1 - m_0$,此时可忽略温度对水密度的影响。

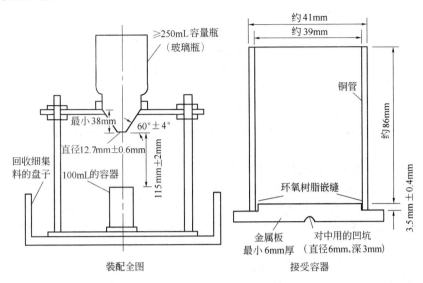

图 T 0344-1 细集料棱角性测定装置

3.3 将从现场取来的细集料试样,按照最大粒径的不同选择 2.36mm 或 4.75mm 的标准筛过筛,除去大于最大粒径的部分。通常对天然砂或 0~3mm 规格的机制砂、石屑采用 2.36mm 筛,对 0~5mm 机制砂、石屑可采用 4.75mm 筛。

3.4 取约 2kg 试样放在搪瓷盘中,加水浸泡 24h,仔细淘洗,使泥土和粉尘悬浮在水中。分数次缓缓地将悬浊液通过 1.18mm、0.075mm 套筛倒去悬浮的浑水。并用洁净的水冲洗集料,仔细冲走小于 0.075mm 部分。将 1.18mm 及 0.075mm 筛上部分均倒回搪瓷盘中,放入 105℃±5℃烘箱中烘干至恒重,冷却后适当拌和均匀。按分料器法或四分法称取 190g±1g 的试样不少于 3 份。

3.5 将漏斗与圆筒接好,成一整体。在漏斗下方置接受容器。用一块小玻璃板堵住开口处。

3.6 将试样从圆筒中央上方(高度与筒顶齐平)徐徐倒入漏斗,表面尽量倒平。

3.7 取走堵住漏斗开启门的小玻璃板。漏斗中的细集料随即通过漏斗开口处流出,进入接受容器中。

3.8 用带刃的直尺轻轻刮平容器的表面,不加任何振动。

3.9 称取容器与细集料的总质量 m_2,准确至 0.1g。

3.10 按本规程 T 0330 的方法测定细集料的毛体积相对密度 γ_b。

3.11 平行试验 3 次,以平均值作为细集料棱角性的试验结果。

4 计算

按式(T 0344-1)、(T 0344-2)计算容器中的细集料的松装密度和间隙率,精确至小数点后 1 位,间隙率即为细集料的棱角性。

$$\gamma_{fa} = \frac{m_2 - m_0}{m_1 - m_0} \qquad (T\ 0344\text{-}1)$$

$$U = \left(1 - \frac{\gamma_{fa}}{\gamma_b}\right) \times 100 \qquad (T\ 0344\text{-}2)$$

式中:γ_{fa}——细集料的松装相对密度;

m_0——容器质量,g;

m_1——容器与水的总质量,g;
m_2——容器与细集料的总质量,g;
U——细集料的间隙率,即棱角性,%;
γ_b——细集料的毛体积相对密度。

细集料棱角性试验(流动时间法)
(JTG E42—2005 T 0345—2005)

1 目的与适用范围

1.1 本方法测定一定体积的细集料全部通过标准漏斗所需要的流动时间,称为细集料的粗糙度,以 s 表示。

1.2 本方法测定的细集料棱角性,适用于评定细集料颗粒的表面构造和粗糙度,预测细集料对沥青混合料的内摩擦角和抗流动变形性能的影响。

1.3 当工程上同时使用不同品种的细集料,如将天然砂和机制砂、石屑等混用时,应以实际配合比例组成的细集料混合料进行试验,并满足相应规范的要求。

2 仪具与材料

(1)细集料流动时间测定仪:如图 T 0345-1 所示,上部为直径 90mm、高 125mm 的圆筒,下部为可更换的开口 60°的金属或硬质塑料漏斗。漏斗内部应光滑,其流出孔直径有两种可更换的规格 12mm 或 16mm,上部有螺纹与圆筒连接成一整体。漏斗下方有一个可以左右转动的开启挡板。测定仪下方放置一个足以存下 3kg 细集料的容器,如铝盆、搪瓷盆等。

(2)标准筛:孔径为 4.75mm、2.36mm、0.075mm 的方孔筛。

(3)天平:感量不大于 0.1g。

(4)烘箱:能控温在 105℃ ±5℃。

(5)秒表:准确至 0.1s。

(6)其他:搪瓷盘、毛刷等。

3 试验步骤

3.1 将从现场取来的细集料试样,按照最大粒径的不同选择 2.36mm 或 4.75mm 的标准筛过筛,除去大于最大粒径的部分。但当工程上同时使用不同品种的细集料,如将天然砂和机制砂、石屑等混用时,应分别进行单一细集料品种的棱角性质量评定,同时以实际配合比例组成的细集料混合料进行试验,以评定其使用性能。

图 T 0345-1 细集料流动时间测定仪
(流出孔径可更换,单位:mm)

3.2 按 T 0327 方法以水洗法除去小于 0.075mm 的粉尘部分,取 0.075~2.36mm 或 0.075~4.75mm 的试样约 6kg,放入 105℃ ±5℃烘箱中烘干至恒重,在室温下冷却。

3.3 按本规程 T 0328 的方法测定试样的表观相对密度,用分料器法或四分法将试样分成不少于 5 份,按式(T 0345-1)计算每份试样所需的质量,称量准确至 0.1g。

$$m = 1.0 \times \gamma_a/2.70$$ (T 0345-1)

式中:m——每份试样的质量,g;

γ_a——试样的表观相对密度,无量纲。

3.4 根据试验的细集料的规格选择漏斗,对规格 0.075～2.36mm 的细集料选用漏出孔径为 12mm 的漏斗,对规格 0.075～4.75mm 的细集料选用孔径为 16mm 的漏斗,将漏斗与圆筒连接安装成一整体。关闭漏斗下方的开启门,在漏斗下方置接受容器。

3.5 将试样从圆筒中央开口处(高度与筒顶齐平)徐徐倒入漏斗,表面尽量倒平,但倒完后不得以任何工具扰动或刮平试样。

3.6 在打开漏斗开启门的同时,开动秒表。漏斗中的细集料随即从漏斗开口处流出,进入接受容器中。待细集料全部流完的同时止停秒表,读取细集料流出的时间,准确至 0.1s,即为该细集料试样的粗糙度。平行试验 5 次,以平均值作为细集料粗糙度的试验结果。

3.7 一种试样需平行试验 5 次,以流动时间的平均值作为细集料棱角性的试验结果。

4. 有害杂质含量

对水泥混凝土的凝结硬化和混凝土性能产生危害的成分或物质称为有害杂质,包括含泥量及泥块含量、有机物含量、云母含量、轻物质含量和三氧化硫含量等。

(1)含泥量及泥块含量

含泥量是指细集料中小于 0.08mm 颗粒的含量。集料中的泥土影响结合料与集料的黏结,也影响混凝土或混合料的强度及耐久性。含泥量试验有水洗法和砂当量法两种方法。砂当量法主要用于沥青混合料细集料,但目前的拌和楼都安装有除尘装置,所以对沥青混合料用细集料含泥量试验的实际意义不大,而且用砂当量法测定含泥量还受含泥量大小和土性的限制。当集料中含泥量不大或土为粉土时,经洗涤沉淀后泥土在砂子表面形不成絮状物,也就得不出结果。

对人工砂,由于小于 0.08mm 的颗粒中,有一部分属于在加工过程中产生的石粉。如果像天然砂一样,仅用水洗法测定其含泥量,不但结果偏保守,而且会造成浪费,因为石粉属于矿质材料。因此对人工砂除测定小于 0.08mm 部分的含量外,还需进行亚甲蓝试验,根据亚甲蓝值的大小,判断其实际泥土含量的大小。若 MB<1.4,说明泥土含量小,可放宽石粉含量(含泥量)限制;若 MB>1.4,说明泥土含量大,应提高石粉含量(含泥量)限制。详细见技术标准。

亚甲蓝是一种染料。将亚甲蓝溶液滴入含有泥土的悬液中,悬液中的泥土就会吸收亚甲蓝,悬液中泥土含量越大,被吸收的亚甲蓝越多,MB 值越大。因此亚甲蓝 MB 值"是用于判定人工砂中粒径小于 0.08mm 颗粒含量主要是泥土还是与被加工母岩化学成分相同的石粉的指标"。

泥块含量是指粒径大于 1.18 mm 泥块的含量,是水泥混凝土细集料的技术指标。

细集料含泥量试验(筛洗法)
(JTG E42—2005 T 0333—2000)

1 目的与适用范围

1.1 本方法仅用于测定天然砂中粒径小于 0.075mm 的尘屑、淤泥和黏土的含量。

1.2 本方法不适用于人工砂、石屑等矿粉成分较多的细集料。

2 仪具与材料

(1)天平:称量 1kg,感量不大于 1g。

(2)烘箱:能控温在 105℃±5℃。

(3)方孔筛:孔径0.075mm及1.18mm的方孔筛。

(4)其他:筒、浅盘等。

3 试验准备

将来样用四分法缩分至每份约1 000g,置于温度为105℃±5℃的烘箱中烘干至恒重,冷却至室温后,称取约400g(m_0)的试样两份备用。

4 试验步骤

4.1 取烘干的试样一份置于筒中,并注入洁净的水,使水面高出砂面约200mm,充分拌和均匀后,浸泡24h,然后用手在水中淘洗试样,使尘屑、淤泥和黏土与砂粒分离,并使之悬浮水中,缓缓地将浑浊液倒入1.18mm至0.075mm的套筛上,滤去小于0.075mm的颗粒。试验前筛子的两面应先用水湿润,在整个试验过程中应注意避免砂粒丢失。

注:不得直接将试样放在0.075mm筛上用水冲洗,或者将试样放在0.075mm筛上后在水中淘洗,以避免误将小于0.075mm的砂颗粒当作泥冲走。

4.2 再次加水于筒中,重复上述过程,直至筒内砂样洗出的水清澈为止。

4.3 用水冲洗剩留在筛上的细粒,并将0.075mm筛放在水中(使水面略高出筛中砂粒的上表面)来回摇动,以充分洗除小于0.075的颗粒;然后将两筛上筛余的颗粒和筒中已经洗净的试样一并装入浅盘,置于温度为105℃±5℃的烘箱中烘干至恒重,冷却至室温,称取试样的质量(m_1)。

5 计算

砂的含泥量按式(T 0333-1)计算至0.1%。

$$Q_n = \frac{m_0 - m_1}{m_0} \times 100 \qquad (T\ 0333\text{-}1)$$

式中:Q_n——砂的含泥量,%;

m_0——试验前的烘干试样质量,g;

m_1——试验后的烘干试样质量,g。

以两个试样试验结果的算术平均值作为测定值。两次结果的差值超过0.5%时,应重新取样进行试验。

【注意事项】

规程1.1款规定:"本方法仅用于测定天然砂中粒径小于0.075mm的尘屑、淤泥和黏土的含量"。1.2款规定:"本方法不适用于人工砂、石屑等矿粉成分较多的细集料"。这两款规定是否确切,看下面的技术标准(GB/T 14684—2001)就可知道。如果前两款规定是正确的,那么下表中的石粉含量怎么测定呢?

项 目			技 术 要 求		
			Ⅰ级	Ⅱ级	Ⅲ级
人工砂	亚甲蓝试验	MB值<1.4或合格	石粉含量(%) <	3.0	5.0	7.0
			泥块含量(%) <	0	1.0	2.0
		MB值>1.4或不合格	石粉含量(%) <	1.0	3.0	5.0
			泥块含量(%) <	0	1.0	2.0
天然砂			含泥量(%)	1.0	3.0	5.0

另外,再看看(GB/T 14684—2001)对亚甲蓝MB值的表述:"用于判定人工砂中粒径小于75μm颗粒含量主要是泥土还是与被加工母岩化学成分相同的石粉的指标"。这里"粒径小于75μm颗粒含量"又怎么测定呢?

因此,对人工砂不但要用水洗法测定小于75μm颗粒含量,还要测定亚甲蓝MB值。当MB值<1.4时,说明小于75μm颗粒中泥土含量小,石粉含量可放宽(见上表);当MB值>1.4时,说明小于75μm颗粒中泥土含量大,石粉含量指标值小(见上表),而且与天然砂含泥量要求值完全一样。

细集料泥块含量试验

(JTG E42—2005 T 0335—1994)

1 目的与适用范围

    测定水泥混凝土用砂中颗粒大于1.18mm的泥块含量。

2 仪具与材料

    (1)天平:称量2kg,感量不大于2g。

    (2)烘箱:能控温在105℃±5℃。

    (3)标准筛:孔径0.6mm及1.18mm。

    (4)其他:洗砂用的筒及烘干用的浅盘等。

3 试验准备

    将来样用分料器法或四分法缩分至每份约2 500g,置于温度为105℃±5℃的烘箱中烘干至恒重,冷却至室温后,用1.18mm筛筛分,取筛上的砂约400g分为两份备用。

4 试验步骤

  4.1 取试样1份200g(m_1)置于容器中,并注入洁净的水,使水面至少超出砂面约20mm,充分拌混均匀后,浸泡24h,然后用手在水中捻碎泥块,再把试样放在0.6mm筛上,用水淘洗至水清澈为止。

  4.2 筛余下来的试样应小心从筛里取出,并在105℃±5℃的烘箱中烘干至恒重,冷却至室温后称量(m_2)。

5 计算

    砂中泥块含量按式(T 0335-1)计算,精确至0.1%。

$$Q_k = \frac{m_1 - m_2}{m_1} \times 100 \quad\quad (\text{T 0335-1})$$

式中:Q_k——砂中大于1.18mm的泥块含量,%;

      m_1——试验前存留于1.18筛上的烘干试样量,g;

      m_2——试验后的烘干试样量,g。

6 报告

    取两次平行试验结果的算术平均值作为测定值。两次结果的差值如超过0.4%,应重新取样进行试验。

细集料亚甲蓝试验

(JTG E42—2005 T 0349—2005)

1 目的与适用范围

  1.1 本方法适用于确定细集料中是否存在膨胀性黏土矿物,并测定其含量,以评定集料的洁净程度,以亚甲蓝值MBV(国标中为MB,编者注)表示。

  1.2 本方法适用于小于2.36mm或小于0.15mm的细集料,也可用于矿粉的质量检验。

  1.3 当细集料中的0.075mm通过率小于3%时,可不进行此项试验即作为合格看待。

2 试剂、材料与仪器设备

(1) 亚甲蓝($C_{16}H_{18}ClN_3S \cdot 3H_2O$):纯度不小于98.5%。

(2) 移液管:5mL、2mL 移液管各一个。

(3) 叶轮搅拌机:转速可调,并能满足600r/min±60r/min的转速要求,叶轮个数3或4个,叶轮直径75mm±10mm。

注:其他类型的搅拌器也可使用,但试验结果必须与使用上述搅拌器时基本一致。

(4) 鼓风烘箱:能使温度控制在105℃±5℃。

(5) 天平:称量1 000g,感量0.1g及称量100g,感量0.01g各一台。

(6) 标准筛:孔径为0.075mm、0.15mm、2.36mm的方孔筛各一只。

(7) 容器:深度大于250mm,要求淘洗试样时,保持试样不溅出。

(8) 玻璃容量瓶:1L。

(9) 定时装置:精度1s。

(10) 玻璃棒:直径8mm,长300mm,2支。

(11) 温度计:精度1℃。

(12) 烧杯:1 000mL。

(13) 其他:定量滤纸、搪瓷盘、毛刷、洁净水等。

3 试验步骤

3.1 标准亚甲蓝溶液(10.0g/L±0.1g/L 标准浓度)配制

3.1.1 测定亚甲蓝中的水分含量 w。称取5g左右的亚甲蓝粉末,记录质量 m_h,精确到0.01g。在100℃±5℃的温度下烘干至恒重(若烘干温度超过105℃,亚甲蓝粉末会变质),在干燥器中冷却,然后称重,记录质量 m_g,精确到0.01g。按式(T 0349-1)计算亚甲蓝的含水率 w:

$$w = (m_h - m_g)/m_g \times 100 \tag{T 0349-1}$$

式中:m_h——亚甲蓝粉末的质量,g;

m_g——干燥后亚甲蓝的质量,g。

注:每次配制亚甲蓝溶液前,都必须首先确定亚甲蓝的含水率。

3.1.2 取亚甲蓝粉末 $(100+w)(10g±0.01g)/100$(即亚甲蓝干粉末质量10g),精确至0.01g。

3.1.3 加热盛有约600mL洁净水的烧杯,水温不超过40℃。

3.1.4 边搅动边加入亚甲蓝粉末,持续搅动45min,直至亚甲蓝粉末全部溶解为止,然后冷却至20℃。

3.1.5 将溶液倒入1L容量瓶中,用洁净水淋洗烧杯等,使所有亚甲蓝溶液全部移入容量瓶,容量瓶和溶液的温度应保持在20℃±1℃,加洁净水至容量瓶1L刻度。

3.1.6 摇晃容量瓶以保证亚甲蓝粉末完全溶解。将标准液移入深色储藏瓶中,亚甲蓝标准溶液保质期应不超过28d。配制好的溶液应标明制备日期、失效日期,并避光保存。

3.2 制备细集料悬浊液

3.2.1 取代表性试样,缩分至约400g,置烘箱中在105℃±5℃条件下烘干至恒重,待冷却至室温后,筛除大于2.36mm颗粒,分两份备用。

3.2.2 称取试样200g,精确至0.1g。将试样倒入盛有500mL±5mL洁净水的烧杯中,将搅拌器速度调整到600r/min,搅拌器叶轮离烧杯底部约10mm。搅拌5min,形成悬浊液,用移液管准确加入5mL亚甲蓝溶液,然后保持400r/min±40r/min转速不断搅拌,直到试验结束。

3.3 亚甲蓝吸附量的测定

3.3.1 将滤纸架空放置在敞口烧杯的顶部,使其不与任何其他物品接触。

3.3.2 从细集料悬浊液加入亚甲蓝溶液并经400r/min±40r/min转速搅拌1min起,在滤纸上进行第一次色晕检验。即用玻璃棒蘸取一滴悬浊液滴于滤纸上,液滴在滤纸上形成环状,中间是集料沉淀物,液滴的数量应使沉淀物直径在 8~12mm 之间,外围环绕一圈无色的水环。当在沉淀物周围边缘放射出一个宽度约 1mm 左右的浅蓝色色晕时(如图 T 0349-1),试验结果称为阳性。

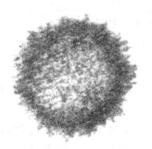 

图 T 0349-1　亚甲蓝试验得到的色晕图像
(左图符合要求,右图不符合要求)

注:由于集料吸附亚甲蓝需要一定的时间才能完成,在色晕试验过程中,色晕可能在出现后又消失了。为此,需每隔 1min 进行一次色晕检验,连续 5 次出现色晕方为有效。

3.3.3　如果第一次的 5mL 亚甲蓝没有使沉淀物周围出现色晕,再向悬浊液中加入 5mL 亚甲蓝溶液,继续搅拌 1min,再用玻璃棒蘸取一滴悬浊液,滴于滤纸上,进行第二次色晕试验。若沉淀物周围仍未出现色晕,重复上述步骤,直到沉淀物周围放射出 1mm 的稳定浅蓝色色晕。

3.3.4　停止滴加亚甲蓝溶液,但继续搅拌悬浊液,每 1min 进行一次色晕试验。若色晕在最初的 4min 内消失,再加入 5mL 亚甲蓝溶液;若色晕在第 5min 消失,再加入 2mL 亚甲蓝溶液。两种情况下,均应继续搅拌并进行色晕试验,直至色晕可持续 5min 为止。

3.3.5　记录色晕持续 5min 时所加入的亚甲蓝溶液总体积,精确至 1mL。

3.4　亚甲蓝的快速评价试验

3.4.1　按 3.2.1 及 3.2.2 要求制样及搅拌。

3.4.2　一次性向烧杯中加入 30mL 亚甲蓝溶液,以 400r/min ± 40r/min 转速持续搅拌 8min,然后用玻璃棒蘸取一滴悬浊液,滴于滤纸上,观察沉淀物周围是否出现明显色晕。

3.5　小于 0.15mm 粒径部分的亚甲蓝值 MBV_F 的测定

按 3.1 ~ 3.3 的规定准备试样,进行亚甲蓝试验测试,但试样为 0 ~ 0.15mm 部分,取 30g ± 0.1g。

3.6　按 T 0333 的筛洗法测定细集料中含泥量或石粉含量。

4　计算

4.1　细集料亚甲蓝值 MBV 按式(T 0349-2)计算,精确至 0.1。

$$MBV = \frac{V}{m} \times 10 \quad\quad (T\ 0349\text{-}2)$$

式中:MBV——亚甲蓝值,g/kg,表示每千克 0~2.36mm 粒级试样所消耗的亚甲蓝克数;
　　　　m——试样质量,g;
　　　　V——所加入的亚甲蓝溶液的总量,mL。

注:公式中的系数 10 用于将每千克试样消耗的亚甲蓝溶液体积换算成亚甲蓝质量。

4.2　亚甲蓝快速试验结果评定

若沉淀物周围出现明显色晕,判定亚甲蓝快速试验为合格;若沉淀物周围未出现明显色晕,则判定亚甲蓝快速试验为不合格。

4.3　小于 0.15mm 部分或矿粉的亚甲蓝值 MBV_F 按式(T 0349-3)计算,精确至 0.1。

$$MBV_F = V_1/m_1 \times 10 \quad\quad (T\ 0349\text{-}3)$$

式中：MBV_F——亚甲蓝值，g/kg，表示每千克 0~0.15mm 粒级或矿粉试样所消耗的亚甲蓝克数；
m_1——试样质量，g；
V_1——加入的亚甲蓝溶液的总量，mL。

4.4 细集料中含泥量或矿粉含量计算和评价按 T 0333 的方法进行。

【注意事项】

该试验的关键是判断色晕。滴试时，当在沉淀物周围边缘放射出一个宽度约 1mm 的稳定浅蓝色色晕时，可认为试验到达终点。试验时应注意两点：一是"稳定"，色晕出现后可能很快又消失，这时应按3.3.4款的规定继续试验；二是正确理解"色晕"，晕的意思为：太阳或月亮的光通过云层时形成的光圈；光影或色彩周围模糊的部分。对"色晕"应按后一种意思理解。

(2) 有机物含量

集料受动植物腐殖质或腐殖土的污染而含有的物质称有机物含量，因此有机物含量试验仅对天然砂而言。集料中含有机物质会延缓混凝土的凝结时间，从而影响强度。有机物含量用比色法试验。

细集料有机质含量试验
（JTG E42—2005　T 0336—1994）

1 目的与适用范围

　　本方法用于评定天然砂中的有机质含量是否达到影响水泥混凝土品质的程度。

2 仪具与材料

　　(1) 天平：感量不大于称量的 0.01%。
　　(2) 量筒：250mL、100mL 和 10mL。
　　(3) 氢氧化钠溶液：氢氧化钠与洁净水的质量比为 3:97。
　　(4) 鞣酸、酒精等。
　　(5) 其他：烧杯、玻璃棒和孔径为 4.75mm 的方孔筛。

3 试验准备

　　3.1 试样制备：筛去试样中 4.75mm 以上的颗粒，用分料器法或四分法缩分至约 500g，风干备用。
　　3.2 标准溶液的配制方法：取 2g 鞣酸粉溶解于 98mL 10% 酒精溶液中，即得所需的鞣酸溶液。然后取该溶液 2.5mL 注入 97.5mL 浓度为 3% 的氢氧化钠溶液中，加塞后剧烈摇动，静置 24h 即得标准溶液。

4 试验步骤

　　4.1 向 250mL 量筒中倒入试样至 103mL 刻度处，再注入浓度为 3% 的氢氧化钠溶液至 200mL 刻度处，剧烈摇动后静置 24h。
　　4.2 比较试样上部溶液和新配制标准溶液的颜色。盛装标准溶液与盛装试样的量筒规格应一致。

5 结果

　　若试样上部的溶液颜色浅于标准溶液的颜色，则试样的有机质含量鉴定合格；如两种溶液的颜色接近，则应将该试样（包括上部溶液）倒入烧杯中放在温度为 60℃~70℃ 的水槽锅中加热 2~3h，然后再与标准溶液比色。

　　如溶液的颜色深于标准色，则应按下法作进一步试验：

取试样1份,用3%氢氧化钠溶液洗除有机杂质,再用清水淘洗干净,至试样用比色法试验时溶液的颜色浅于标准色,然后用经洗除有机质的和未洗除的试样分别以相同的配合比配成流动性基本相同的两种水泥砂浆,测定其7d和28d的抗压强度。如未经洗除砂的砂浆强度不低于经洗除有机质后的砂的砂浆强度的95%时,则此砂可以采用。

(3)云母含量

云母的特点是呈薄片状,表面光滑,极易沿节理开裂,与水泥的黏结性极差,影响混凝土拌合物的和易性及硬化混凝土的强度,对混凝土的抗冻性和抗渗性也不利。试验方法是在放大镜下人工用针挑拣。

细集料云母含量试验
(JTG E42—2005 T 0337—1994)

1 目的与适用范围

  测定砂中云母的近似含量。

2 仪具与材料

  (1)放大镜(5倍左右)。

  (2)钢针。

  (3)天平:称量100g,感量不大于0.01g。

3 试验步骤

  称取经缩分的试样50g,在温度为105℃±5℃的烘箱中烘干至恒重,冷却至室温后,先筛去大于4.75mm和小于0.3mm的颗粒,然后根据砂的粗细不同称取试样10~20g(m_0),放在放大镜下观察,用钢针将砂中所有云母全部挑出,称量所挑出的云母质量(m_1)。

4 计算

  砂中云母含量按式(T 0337-1)计算,精确至0.1%。

$$Q_e = \frac{m_1}{m_0} \times 100 \qquad (\text{T 0337-1})$$

式中:Q_e——砂中云母含量,%;

  m_0——烘干试样质量,g;

  m_1——挑出的云母质量,g。

(4)轻物质含量

轻物质含量是指相对密度小于2的颗粒(如煤渣)的含量。轻物质含量用相对密度为1.95~2.00的重液分离法检验。

细集料轻物质含量试验
(JTG E42—2005 T 0338—1994)

1 目的与适用范围

  测定砂中轻物质近似含量。

2 仪具与材料

  (1)烘箱:能控温在105℃±5℃。

(2)天平:称量1 000g,感量不大于0.1g。
(3)玻璃仪器:量杯(1 000mL)、量筒(250mL)、烧杯(150mL)。
(4)比重计:测定范围1.0~2.0。
(5)网篮:内径和高度均约为70mm,网孔孔径不大于0.3mm(可用坚固性试验用的网篮,也可用孔径0.3mm的筛)。
(6)氯化锌:化学纯。

3 试验准备

3.1 称取经缩分的试样约800g,在105℃±5℃的烘箱中烘干至恒重,冷却后将大于4.75mm和小于0.3mm的颗粒筛去,然后称取每份约重200g的试样两份备用。

3.2 配制相对密度为1.95~2.0的重液:向1 000mL的量杯中加水至600mL刻度处,再加入1 500g氯化锌,用玻璃棒搅拌使氯化锌全部溶解,待冷却至室温后(氯化锌在溶解过程中放出大量热量),将部分溶液倒入250mL量筒中测其相对密度。如溶液相对密度小于要求值,则将它倒回量杯,再加入氯化锌,溶解并冷却后测其相对密度,直至溶液相对密度达到要求数值为止。

4 试验步骤

4.1 将上述试样1份(m_0)倒入盛有重液(约500mL)的量杯中,用玻璃棒充分搅拌,使试样中的轻物质与砂分离,静置5min后,将浮起的轻物质连同部分重液倒入网篮中。轻物质留在网篮上,而重液则通过网篮流入另一容器。倾倒重液时应避免带出砂粒,一般当重液表面与砂表面相距约20~30mm时即停止倾倒。流出的重液倒回盛试样的量杯中,重复上述过程,直至无轻物质浮起为止。

4.2 用清水洗净留存于网篮中的轻物质,然后将它倒入烧杯,在105℃±5℃的烘箱中烘干至恒重,用感量为0.01g的天平称量轻物质与烧杯总量(m_1)。

5 计算

砂中轻物质的含量按式(T 0338-1)计算,精确至0.1%。

$$Q_g = \frac{m_1 - m_2}{m_0} \times 100 \qquad (T\ 0338\text{-}1)$$

式中:Q_g——砂中轻物质的含量,%;
m_1——烘干的轻物质与烧杯的总量,g;
m_2——烧杯的质量,g;
m_0——试验前烘干的试样质量,g。

6 报告

以两份试样试验结果的算术平均值作为测定值。

(5)三氧化硫含量

集料中含有的硫化物及硫酸盐一类物质,在已硬化的混凝土中与水化铝酸钙发生反应,生成水化硫铝酸钙结晶,体积膨胀,严重时使混凝土体开裂。试验中将硫化物及硫酸盐一类物质折算成三氧化硫来测试,故称三氧化硫含量。试验时先进行定性试验,如有嫌疑再进行定量试验。

细集料三氧化硫含量试验
(JTG E42—2005 T 0341—1994)

1 目的与适用范围

测定砂中是否含有有害的硫酸盐、硫化物,按SO_3计,并测定其含量。

2 仪具与材料

(1)定性试验需用仪具与材料:

①天平:称量1kg,感量不大于1g;称量100g,感量不大0.001g。
②筛:筛孔0.075mm。
③烧杯:容量500mL。
④其他:纯盐酸、10%氯化钡($BaCl_2$)溶液、滤纸、玻璃棒及研钵等。
(2)定量试验需用仪具与材料:
①分析天平:感量不大于0.0001g。
②摇瓶:1000mL。
③无灰滤纸:要求经灼烧后无质量。
④混合指示剂:1份甲基红和3份溴甲酚绿的0.1%酒精溶液。
⑤纯盐酸。
⑥10%氯化钡($BaCl_2$)溶液。
⑦其他:普通电炉、高温电炉、振荡器、搅拌器、抽气瓶、烧杯、坩埚及平底瓷漏斗等。

3 试验步骤

3.1 定性试验

3.1.1 用分料器法或四分法取代表样约1000g,烘干至恒重,称取烘干样约200g,在研钵中研成粉末,通过0.075mm筛,仔细拌匀粉末并称取100g,放在500mL的烧杯中,注入250mL洁净水,搅拌1~2min(数次),经一昼夜后用滤纸过滤,然后向滤液中加2~3滴纯盐酸,注入5mL左右的10%氯化钡溶液,加热至50℃,再静置一昼夜。

3.1.2 如有白色沉淀物产生,即表示砂中有SO_3须进行定量试验测定其含量。

3.2 定量试验

3.2.1 称取通过0.075mm筛孔的烘干试样200g,装入注有500mL蒸馏水的烧瓶中,加塞蜡封,经常摇动,经一昼夜后,再把溶液摇浑,用抽气法过滤。

3.2.2 将100mL的过滤溶液放在250mL的烧杯中,加入4~5滴混合指示剂,使溶液变色,接着加入纯盐酸至呈红色,再加4~5滴混合指示剂,煮沸后加入10%氯化钡溶液约15mL,然后搅拌均匀。为了得到较大的硫酸钡($BaSO_4$)结晶,可将溶液在60℃~70℃的温度内加热2h,然后静置数小时。

3.2.3 用紧密滤纸将此溶液过滤。过滤前将滤纸微湿,过滤完后,把原装滤液的烧杯用蒸馏水洗几次至洁净,再将洗烧杯的水也加过过滤,最后把留在滤纸上的物质洗几遍(以1%硝酸银溶液检验Cl^-)。

3.2.4 把过滤后留在滤纸上的物质连同滤纸一起放入已知质量的干坩埚中,将坩埚放在普通电炉上使滤纸炭化,然后再放在700℃~800℃高温电炉上灼烧15~20min,待灰化后取出,放在干燥器内冷却至室温,用分析天平称其总量(m_1)。

4 计算

4.1 按式(T 0341-1)计算SO_3含量,精确至0.1%。

$$P = \frac{(m_1 - m_0) \times 0.343}{40} \times 100 \qquad (\text{T 0341-1})$$

式中:P——SO_3含量,%;
　　m_0——坩埚质量,g;
　　m_1——坩埚和灰化物总质量,g;
　　0.343——硫酸钡($BaSO_4$)换算为SO_3的系数;
　　40——做定量试验的试样质量,g。

4.2 取两次试验结果的算术平均值作为测定值。若两次试验结果之差大于0.15%时,应重新取样进行试验。

二、技术标准

《公路桥涵施工技术规范》(JTG/T F50—2011)对桥涵水泥混凝土用细集料的技术要求见表5-11,混凝土强度等级与细集料技术等级的关系见表5-12。

细集料技术标准　　　　　　　　　　　　　　　　　表5-11

项　目			混凝土强度等级、所处环境、指标值		
			Ⅰ类	Ⅱ类	Ⅲ类
有害物质含量	云母(按质量计,%)		≤1.0	≤2.0	≤2.0
	轻物质(按质量计,%)		≤1.0	≤1.0	≤1.0
	有机物(比色法)		合格	合格	合格
	硫化物及硫酸盐(SO$_3$质量计,%)		≤1.0	≤1.0	≤1.0
	氯化物(以氯离子质量计,%)		<0.01	<0.02	<0.06
天然砂含泥量(按质量计,%)			≤2.0	≤3.0	≤5.0
泥块含量(按质量计,%)			≤0.5	≤1.0	≤2.0
人工砂的石粉含量(按质量计,%)	亚甲蓝试验	MB<1.4或合格	≤5.0	≤7.0	≤10.0
		MB≥1.4或不合格	≤2.0	≤3.0	≤5.0
坚固性	天然砂(硫酸钠溶液法经5次循环后的质量损失,%)		≤8	≤8	≤10
	人工砂单级最大压碎指标(%)		<20	<25	<30
表观密度(kg/m³)			>2 500		
松散堆积密度(kg/m³)			>1 350		
空隙率(%)			<47		
碱集料反应			经碱集料反应试验后,由砂配制的试件无裂缝、酥裂、胶体外溢等现象,在规定试验龄期的膨胀率应小于0.10%		

混凝土强度等级与细集料技术等级的关系　　　　　　表5-12

细集料技术等级	Ⅰ级	Ⅱ级	Ⅲ级
混凝土强度等级	≥C60	C30~C60及有抗冻、抗渗或其他要求的混凝土	<C60

《公路沥青路面施工技术规范》(JTG F40—2004)对沥青混合料用细集料的质量要求见表5-13。

沥青混合料细集料质量要求(JTG F40—2004)　　　　表5-13

项　目	单　位	高速公路、一级公路	其他等级公路	试验方法
表观相对密度,不小于	—	2.50	2.45	T 0328
坚固性(>0.3mm部分),不大于	%	12	—	T 0340
含泥量(小于0.075mm含量),不小于	%	3	5	T 0333
砂当量,不小于	%	60	50	T 0334
亚甲蓝值,不大于	g/kg	25	—	T 0340
棱角性(流动时间),不小于	s	30	—	T 0345

注:坚固性试验根据需要进行。

第五节 矿 粉

矿粉是沥青混合料的组成材料之一,因其在混合料中起填充的作用,也称填料。在沥青混合料中,矿粉的作用主要是提高矿质混合料的总比表面积,增加沥青混合料中结构沥青的比率,提高混合料的性能。矿粉多由石灰岩或岩浆岩中的碱性岩石经磨细而得,原岩石中的泥土含量应小于3%,并不得混有其他杂质。

一、技术性质及试验方法

1. 级配

矿粉筛分试验(水洗法)
(JTG E42—2005 T 0351—2000)

1 目的与适用范围

测定矿粉的颗粒级配。同时适用于测定供拌制沥青混合料用的其他填料如水泥、石灰、粉煤灰的颗粒级配。

2 仪具与材料

(1)标准筛:孔径为0.6mm、0.3mm、0.15mm、0.075mm。
(2)天平:感量不大于0.1g。
(3)烘箱:能控温在105℃±5℃。
(4)搪瓷盘。
(5)橡皮头研杵。

3 试验步骤

3.1 将矿粉试样放入105℃±5℃烘箱中烘干至恒重,冷却,称取100g,准确至0.1g。如有矿粉团粒存在,可用橡皮头研杵轻轻研磨粉碎。

3.2 将0.075mm筛装在筛底上,仔细倒入矿粉,盖上筛盖。手工轻轻筛分,至大体上筛不下去为止。存留在筛底上的小于0.075mm部分可弃去。

3.3 除去筛盖和筛底,按筛孔大小顺序套成套筛。将存留在0.075mm筛上的矿粉倒回0.6mm筛上。在自来水龙头下方接一胶管,打开自来水,用胶管的水轻轻冲洗矿粉过筛,0.075mm筛下部分任其流失,直至流出的水色清澈为止。水洗过程中,可以适当用手扰动试样,加速矿粉过筛,待上层筛冲干净后,取去0.6mm筛,接着从0.3mm筛或0.15mm筛上冲洗,但不得直接冲洗0.075mm筛。

注:①自来水的水量不可太大太急,防止损坏筛面或将矿粉冲出,水不得从两层筛之间流出。自来水龙头宜装有防溅装置。当现场缺乏自来水时,也可由人工浇水冲洗。

②如直接在0.075mm筛上冲洗,将可能使筛面变形,筛孔堵塞,或者造成矿粉与筛面发生共振,不能通过筛孔。

3.4 分别将各筛上的筛余反过来用小水流仔细冲洗入各个搪瓷盘中,待筛余沉淀后,稍稍倾斜,仔细除去清水,放入105℃烘箱中烘干至恒重。称取各号筛上的筛余量,准确至0.1g。

4 计算

各号筛上的筛余量除以试样总量的百分率,即为各号筛的分计筛余百分率,准确至0.1%。用100减去0.6mm、0.3mm、0.15mm、0.075mm各筛的分计筛余百分率,即为通过0.075mm筛的通过百分率,加上0.075mm筛的分计筛余百分率即为0.15mm筛的通过百分率。以此类推,计算出各号筛的通过百分率,准确至0.1%。

5 精密度或允许差

以两次平行试验结果的平均值作为试验结果。各号筛的通过率相差不得大于2%。

2. 表观密度

矿粉的表观密度试验用李氏密度瓶法测定,详见水泥密度试验,但试验是用水置换石粉的体积,而不是煤油,用煤油测得的是真实密度。

3. 亲水系数

与石料相同,矿粉也有亲水和憎水之分。亲水矿粉体积不稳定,遇水后体积产生膨胀;憎水矿粉遇水后体积不发生变化。沥青混合料用矿粉要求其在各种自然因素作用下,具有良好的体积稳定性,当然也包括在水的作用下的稳定性。矿粉的亲、憎水性用亲水系数表示。即矿粉试样在水(极性介质)中膨胀后的体积与同一质量的试样在煤油(非极性介质)中膨胀后的体积的比值称为亲水系数。亲水系数大于1,则矿粉亲水;小于1,则憎水。亲水系数还可以判断矿粉与沥青的黏附性。亲水系数小于1的矿粉,表示对沥青有大于水的亲和力;亲水系数大于1,则表明矿粉对水的亲和力大于对沥青的亲和力。

顺便指出为什么不用水泥代替石粉作为沥青混合料的填料,原因是其体积不稳定,混合料中限制石灰用量、回收粉尘用量比例的原因也在于此,但并不完全在于此。

矿粉亲水系数试验
(JTG E42—2005 T 0353—2000)

1 目的与适用范围

矿粉的亲水系数即矿粉试样在水(极性介质)中膨胀的体积与同一试样在煤油(非极性介质)中膨胀的体积之比,用于评价矿粉与沥青结合料的黏附性能。本方法也适用于测定供拌制沥青混合料用的其他填料如水泥、石灰、粉煤灰的亲水系数。

2 仪具与材料

(1)量筒:50mL 两个,刻度至0.5mL。

(2)研钵及有橡皮头的研杵。

(3)天平:感量不大于0.01g。

(4)煤油:在温度270℃分馏得的煤油,并经杂黏土过滤而得到者(过滤用杂黏土应先经加热至250℃ 3h,俟其冷却后使用)。

(5)烘箱。

3 试验步骤

3.1 称取烘干至恒重的矿粉5g(准确至0.01g),将其放在研钵中,加入15~30mL的蒸馏水,用橡皮研杵仔细磨5min,然后用洗瓶把研钵中的悬浮液洗入量筒中,使量筒中的液面恰为50mL。然后用玻璃棒搅和悬浮液。

3.2 同上法将另一份同样重量的矿粉,用煤油仔细研磨后将悬浮液冲洗移入另一量筒中,液面亦为50mL。

3.3 将上两量筒静置,使量筒内液体中的颗粒沉淀。

3.4 每天两次记录沉淀物的体积,直至体积不变为止。

4 计算

4.1 亲水系数按式(T 0353-1)计算:

$$\eta = \frac{V_B}{V_H} \tag{T 0353-1}$$

式中:η——亲水系数,无量纲;
  V_B——水中沉淀物体积,mL;
  V_H——煤油中沉淀物体积,mL。
4.2 平行测定两次,以两次测定值的平均值作为试验结果。

【注意事项】

试验规程规定,试验所用煤油要用杂黏土过滤,目的是滤掉油中的杂质,但土的分类中没有杂黏土这一概念,一般用普通黏土过滤。过滤时土粒不能过细,适当加厚过滤层,既可以防止细土随煤油过滤下去而混入煤油中,也可以起到过滤杂质的目的。

4.塑性指数

矿粉是颗粒极小的非塑性矿物质材料,如果矿粉中混入过多的黏土成分,或原岩中的黏土含量就较高,这样矿粉将有一定的塑性指数。具有塑性指数的矿粉其吸水和吸油性较无塑性指数的大,并由此发生膨润,使混合料的强度降低,或在水的作用下发生剥离现象,导致沥青路面的破坏。因此,对用于沥青混合料的矿粉应进行塑性指数试验,检查其质量是否符合标准要求。回收粉尘可否使用,应通过塑性指数试验确定。

矿粉塑性指数试验
(JTG E42—2005 T 0354—2000)

1 目的与适用范围
  1.1 矿粉的塑性指数是矿粉液限含水率与塑限含水率之差,以百分率表示。
  1.2 矿粉的塑性指数用于评价矿粉中黏性土成分的含量。
  1.3 本方法也适用于检验作为沥青混合料的填料使用的粉煤灰、拌和机回收粉尘的塑性指数。
2 试验步骤
  2.1 将矿粉等填料用0.6mm筛过筛,去除筛上部分。
  2.2 按《公路土工试验规程》(JTJ 051)规定的方法测定塑性指数。

5.加热安定性

加热安定性是矿粉受热而不发生变质的性能。沥青混合料拌和、摊铺都是在高温下进行的,有些矿粉在受热后发生变质,表现为颜色变黄等,直接影响矿粉的路用性能,也影响混合料的性能。因此应对矿粉进行加热安定性检验,确保所用矿粉具有良好的加热安定性。一般石灰石粉加热安定性不存在问题,火成岩石粉、回收粉尘在拌和过程中比较容易发生较严重的变质。

矿粉加热安定性试验
(JTG E42—2005 T 0355—2000)

1 目的与适用范围
  1.1 矿粉的加热安定性是矿粉在热拌过程中受热而不产生变质的性能。
  1.2 矿粉的加热安定性用于评价矿粉(除石灰石粉、磨细生石灰粉、水泥外)易受热变质的成分的含量。

2 仪具与材料

(1)蒸发皿或坩埚:可存放100g矿粉。
(2)加热装置:煤气炉或电炉。
(3)温度计:最小刻度为1℃。

3 试验步骤

3.1 称取矿粉100g,装入蒸发皿或坩埚中,摊开。
3.2 将盛有矿粉的蒸发皿或坩埚置于煤气炉或电炉火源上加热,将温度计插入矿粉中,一边搅拌石粉,一边测量温度,加热到200℃,关闭火源。
3.3 将矿粉在室温中放置冷却,观察石粉颜色的变化。

4 报告

报告石粉在受热后的颜色变化,判断石粉的变质情况。

二、技 术 标 准

沥青混合料用矿粉的质量应符合表5-14的要求

沥青面层用矿粉质量要求　　　　　　　　　　表5-14

项　目	单　位	高速公路,一级公路	其他等级公路	试 验 方 法
表观密度,不小于	t/m³	2.50	2.45	T 0352
含水率,不大于	%	1	1	T 0103
粒度范围　<0.6mm	%	100	100	
<0.15mm	%	90~100	90~100	
<0.075mm	%	75~100	70~100	
外观	—	无团粒结块		—
亲水系数	—	<1		T 0353
塑性指数	%	<4		T 0354
加热安定性	—	实测记录(颜色无变化)		T 0355

第六章 基层混合料

基(底基)层是用较高级的材料在路床上铺筑的主要承重结构层。

基层按其组成材料所用胶结材料的种类不同，可分为半刚性基层和柔性基层。

半刚性基层是在粉碎的或原状松散的土中掺入一定量的无机结合料(包括水泥、石灰或工业废渣等)和水，经拌和得到的混合料压实与养生后，其抗压强度符合规范要求的材料称为无机结合料稳定土，以此修筑的路面基层称为无机结合料稳定基层。不同的土与无机结合料拌和得到不同的稳定材料，如石灰土、水泥土、水泥砂砾、水泥碎石、石灰粉煤灰碎石等。由于无机结合料稳定材料的刚度介于柔性路面材料和刚性路面材料之间，称为半刚性材料，以此修筑的基层或底基层亦称为半刚性基层。

柔性基层是以沥青为胶结材料修筑的路面结构层，包括 AM、ATB、ATPB 和沥青灌入式等，详见第十章。

无结合料混合料的基层属于柔性基层的范畴，包括级配碎石、级配砾石和填隙碎石。无结合料混合料是由级配良好的碎(或砾)石组成的混合料，混合料中不掺加任何胶结材料，用这种混合材料修筑的路面基层称为无结合料基层。这种基层的特点是密实度较高，有一定的强度和稳定性，但其强度主要通过粒间连接和嵌挤作用形成，而粒间的连接又非常脆弱，在外力的作用下，材料颗粒之间容易产生滑动和位移，使基层丧失承载能力。这就决定了无结合料基层的板体性很差，而且颗粒之间的连接强度又取决于材料的黏结力和内摩擦角。因此，无结合料基层属于柔性基层。

按混合料的结构状态不同，可分为骨架密实型、骨架空隙型、悬浮密实型和均匀密实型 4 类。前 3 类属于非均匀性材料，多为无机结合料稳定集料。均匀密实型指无机结合料稳定黏土、粉土等。

按照土的颗粒组成及土中单个颗粒(指碎石、砾石、砂和土颗粒)粒径的大小，可将无机结合料稳定土分为无机结合料稳定细粒土、中粒土和粗粒土。细粒土的最大粒径小于 9.5mm，且其中小于 2.36mm 的颗粒含量不少于 90%，如黏性土、粉性土、砂性土、砂和石屑等；中粒土的最大粒径小于 26.5mm，且其中小于 19mm 的颗粒含量不少于 90%，如砂砾土、碎石土、级配砂砾、级配碎石等；粗粒土的最大粒径小于 37.5mm，且其中小于 31.5mm 的颗粒含量不少于 90%，如砂砾石、碎石土、级配砂砾、级配碎石等。

第一节 原材料技术要求

基层原材料，包括胶结材料、集料和水。胶结材料包括水泥及添加剂、石灰、粉煤灰等工业废渣；集料包括粗、细集料。

1. 水泥及添加剂

强度等级为 32.5MPa 或 42.5MPa 的普通硅酸盐水泥、矿渣硅酸盐水泥和火山灰硅酸盐水泥都可用于基层，但所用水泥的初凝时间应大于 3h，终凝时间应大于 6h 且小于 10h。

在水泥稳定材料中掺加缓凝剂或早强剂时,应对混合料进行验证试验,缓凝剂或早强剂的技术要求详见第八章。

2. 石灰

高速公路、一级公路基层用石灰不应低于Ⅱ级技术要求,高速公路、一级公路的基层宜采用磨细消石灰。

二级公路基层用石灰不应低于Ⅲ级技术要求,二级以下公路基层用石灰宜不低于Ⅲ级技术要求。二级以下公路使用等外石灰时,有效氧化钙含量应在20%以上,且混合料强度应满足要求。

石灰的技术要求见本手册第四章表4-1和表4-2。

3. 粉煤灰等工业废渣

干排或湿排的硅铝粉煤灰和高钙粉煤灰等均可用作基层或底基层的结合料。粉煤灰的技术要求见本手册第四章表4-9。

各等级公路的底基层、二级及二级以下公路的基层使用的粉煤灰,通过率指标不满足表4-9的要求时,应进行混合料强度试验,达到强度要求时,方可使用。

煤矸石、煤渣、高炉矿渣、钢渣及其他冶金矿渣等工业废渣可用于修筑基层或底基层,使用前应崩解稳定,且宜通过不同龄期条件下的强度和模量试验,以及温度收缩和干湿收缩试验等评价混合料性能。

水泥稳定煤矸石不宜用于高速公路和一级公路。

工业废渣类作为集料使用时,公称最大粒径应不大于31.5mm,颗粒组成宜有一定的级配,且不宜含杂质。

4. 水

(1)饮用水

符合现行《生活饮用水卫生标准》(GB 5749—2006)的饮用水可直接作为基层、底基层材料的拌和及养生用水。

(2)非饮用水

拌和使用的非饮用水应进行水质检验,技术要求见表2-1。养生用水可不检测不溶物含量,其他指标应符合表2-1的规定。

5. 粗集料

(1)技术要求

粗集料宜采用各种硬质岩石或砾石加工成的碎石或碎砾石,也可直接使用天然砾石。用作基层、底基层的粗集料应符合表6-1中Ⅰ类集料的质量要求;用作级配碎石的粗集料应符合表6-1中Ⅱ类集料的质量要求。

粗集料技术要求(JTG/T F20—2015)　　表6-1

指标	层位	高速公路和一级公路				二级及二级以下公路		试验方法
		极重、特重交通		重、中、轻交通				
		Ⅰ类	Ⅱ类	Ⅰ类	Ⅱ类	Ⅰ类	Ⅱ类	
压碎值(%)	基层	≤22[a]	≤22	≤26	≤26	≤35	≤30	T 0316
	底基层	≤30	≤26	≤30	≤26	≤40	≤35	
针片状颗粒含量(%)	基层	≤18	≤18	≤22	≤18	—	≤20	T 0312
	底基层	—	≤20	—	≤20	—	≤20	

续上表

指标	层位	高速公路和一级公路				二级及二级以下公路		试验方法
		极重、特重交通		重、中、轻交通				
		Ⅰ类	Ⅱ类	Ⅰ类	Ⅱ类	Ⅰ类	Ⅱ类	
0.075mm以下粉尘含量（%）	基层	≤1.2	≤1.2	≤2	≤2	—	—	T 0310
	底基层	—	—	—	—	—	—	
软石含量（%）	基层	≤3	≤3	≤5	≤5	—	—	T 0320
	底基层							

注：a 对花岗岩石料，压碎值可放宽至25%。

用于高速公路、一级公路的底基层和二级及二级以下公路的基层、底基层的天然砂砾其质量应符合表6-1的要求，并有稳定的级配，塑性指数不大于9。

(2) 规格要求

高速公路、一级公路极重、特重交通荷载等级的基层，4.75mm以上粗集料应采用单一粒径的规格料。

级配碎石或砾石用作基层时，高速公路、一级公路公称最大粒径应不大于26.5mm，二级及二级以下公路公称最大粒径应不大于31.5mm；用作底基层时，公称最大粒径应不大于37.5mm

基层、底基层用粗集料的规格宜符合表6-2的规定。

粗集料规格要求（JTG/T F20—2015） 表6-2

规格名称	工程粒级（mm）	通过下列筛孔(mm)的质量百分率(%)									公称粒级（mm）
		53	37.5	31.5	26.5	19	13.2	9.5	4.75	2.36	
G1	20~40	100	90~100	—	—	0~10	0~5	—	—	—	19~37.5
G2	20~30	—	100	90~100	—	0~10	0~5	—	—	—	19~31.5
G3	20~25	—	—	100	90~100	0~10	0~5	—	—	—	19~26.5
G4	15~25	—	—	100	90~100	—	0~10	0~5	—	—	13.2~26.5
G5	15~20	—	—	—	100	90~100	0~10	0~5	—	—	13.2~19
G6	10~30	—	100	90~100	—	—	—	0~10	0~5	—	9.5~31.5
G7	10~25	—	—	100	90~100	—	—	0~10	0~5	—	9.5~26.5
G8	10~20	—	—	—	100	90~100	—	0~10	0~5	—	9.5~19
G9	10~15	—	—	—	—	100	90~100	0~10	0~5	—	9.5~13.2
G10	5~15	—	—	—	—	100	90~100	40~70	0~10	0~5	4.75~13.2
G11	5~10	—	—	—	—	—	100	90~100	0~10	0~5	4.75~9.5

6. 细集料

(1) 技术要求

高速公路、一级公路用细集料的技术要求应符合表6-3的规定。

细集料技术要求（JTG/T F20—2015） 表6-3

项目	水泥稳定[a]	石灰稳定	石灰粉煤灰综合稳定	水泥粉煤灰综合稳定	试验方法
颗粒级配	满足规范要求				T 0302/0303/0327
塑性指数[b]	≤17	适宜范围 15~20	适宜范围 12~20	—	T 0118
有机质含量（%）	<2	≤10	≤10	<2	T 0313/0336
硫酸盐含量（%）	≤0.25	≤0.8	—	≤0.25	T 0341

注：a 水泥稳定包括水泥石灰综合稳定。
b 应测定0.075mm以下材料的塑性指数。

（2）规格要求

细集料的规格要求,应符合表6-4的规定。

对0~3mm和0~5mm的细集料应分别严格控制大于2.36mm和4.75mm的颗粒含量。对3~5mm的细集料应严格控制小于2.36mm的颗粒含量。

高速公路、一级公路,细集料中小于0.075mm的颗粒含量应不大于15%;二级及二级以下公路,细集料中小于0.075mm的颗粒含量应不大于20%。

细集料规格要求(JTG/T F20—2015)　　　　表6-4

规格名称	工程粒径(mm)	通过下列筛孔(mm)的质量百分率(%)								公称粒径(mm)
		9.5	4.75	2.36	1.18	0.6	0.3	0.15	0.075	
XG1	3~5	100	90~100	0~15	0~5	—	—	—	—	2.36~4.75
XG2	0~3	—	100	90~100	—	—	—	—	0~15	0~2.36
XG3	0~5	100	90~100	—	—	—	—	—	0~20	0~4.75

7. 集料分档与备料规格

（1）集料分档

集料分档要求应符合表6-5的规定。

集料分档要求(JTG/T F20—2015)　　　　表6-5

层　位	高速公路、一级公路		二级及二级以下公路
	极重、特重交通	重、中、轻交通	
基层	≥5	≥4	≥3 或 4[a]
底基层	≥4	≥3 或 4[a]	≥3

注:a 对一般工程可选择不少于3档备料,对极重、特重交通荷载等级且强度要求较高时,为了保证级配的稳定,宜选择不少于4档备料。

（2）备料规格

公称最大粒径为19mm、26.5mm和31.5mm的无机结合料稳定碎石或砾石的备料规格宜符合表6-6的规定。

用于二级及二级以上公路基层和底基层的级配碎石或砾石,应由不少于4种规格的材料掺配而成。

天然材料用于高速公路和一级公路时,应筛分成表6-2中规定的规格,并按表6-6进行掺配。

不同粒径混合料的备料规格(JTG/T F20—2015)　　　　表6-6

公称最大粒径为(mm)	类型	一档	二档	三档	四档	五档	六档
19	三档备料	XG3	G11	G8	—		
	四档备料Ⅰ	XG2	XG1	G11	G8	—	
	四档备料Ⅱ	XG3	G11	G9	G5	—	
	四档备料Ⅲ[a]	XG3(1)	XG3(2)	G11	G8	—	
	五档备料Ⅰ	XG2	XG1	G11	G9	G5	
	五档备料Ⅱ[a]	XG3(1)	XG3(2)	G11	G9	G5	

续上表

公称最大粒径为(mm)	类型	一档	二档	三档	四档	五档	六档
26.5	四档备料	XG3	G11	G8	G3	—	—
	五档备料Ⅰ	XG3	G11	G9	G5	G3	—
	五档备料Ⅱ	XG2	XG1	G11	G8	G3	—
	五档备料Ⅲ[a]	XG3(1)	XG3(2)	G11	G8	G3	—
	六档备料Ⅰ	XG2	XG1	G11	G9	G5	G3
	六档备料Ⅱ[a]	XG3(1)	XG3(2)	G11	G9	G5	G3
31.5	四档备料	XG3	G11	G8	G2	—	—
	五档备料Ⅰ	XG3	G11	G9	G5	G2	—
	五档备料Ⅱ	XG3	G11	G9	G4	G2	—
	五档备料Ⅲ[a]	XG3(1)	XG3(2)	G11	G8	G2	—
	六档备料Ⅰ	XG2	XG1	G11	G9	G5	G2
	六档备料Ⅱ[a]	XG3(1)	XG3(2)	G11	G9	G5	G2

注：a 表中 XG3(1)和 XG3(2)为两种不同级配规律的 0～5mm 的细集料。

第二节 混合料组成设计

一、混合料组成设计的四个阶段

无机结合料稳定材料组成设计应包括：原材料试验、混合料目标配合比设计、混合料生产配合比设计和施工参数确定四个阶段。

1. 原材料试验

原材料试验包括：结合料、被稳定材料及其他相关材料的试验。原材料的所有技术指标均应满足相关设计标准及技术文件的要求。

2. 目标配合比设计

(1)选择级配范围。

应根据当地材料的特点和混合料设计要求，通过配合比设计，选择最优的工程级配范围。

(2)确定结合料类型及掺配比例。

(3)验证混合料相关的设计及施工技术指标。

3. 生产配合比设计

(1)确定料仓供料比例。

(2)确定水泥稳定材料的容许延迟时间。

(3)确定结合料剂量的标定曲线。

(4)确定混合料的最佳含水率及最大干密度。

4. 施工参数确定

(1)确定施工中结合料的剂量。

(2)确定合理的施工含水率及最大干密度。

(3)验证混合料的强度指标。

二、强 度 要 求

无机结合料稳定材料采用7d龄期无侧限抗压强度,作为配合比设计和施工控制的依据。

用于基层的无机结合料稳定材料,强度满足要求时,尚宜检验其抗冲刷和抗裂性能。

高速公路、一级公路应验证所用材料的7d龄期无侧限抗压强度与90d或180d龄期弯拉强度的关系。

1. 水泥稳定材料

水泥稳定材料的7d龄期无侧限抗压强度标准R_d应符合表6-7的规定。

水泥稳定材料的7d龄期无侧限抗压强度标准R_d(MPa)(JTG/T F20—2015)　表6-7

结构层	公路等级	极重、特重交通	重交通	中、轻交通
基层	高速公路和一级公路	5.0~7.0	4.0~6.0	3.0~5.0
基层	二级及二级以下公路	4.0~6.0	3.0~5.0	2.0~4.0
底基层	高速公路和一级公路	3.0~5.0	2.5~4.5	2.0~4.0
底基层	二级及二级以下公路	2.5~4.5	2.0~4.0	1.0~3.0

注:1. 公路等级或交通荷载等级高或结构安全性要求高时,推荐取上限强度标准。
　2. 表中强度标准指的是7d龄期无侧限抗压强度的代表值。

2. 碾压贫混凝土

碾压贫混凝土应符合下列规定:

(1)7d龄期无侧限抗压强度应不低于7MPa,且不宜高于10MPa。

(2)水泥剂量不大于13%。

(3)需要提高材料强度时,应优化混合料级配,并验证混合料收缩性能、弯拉强度和模量等指标。

3. 石灰粉煤灰稳定材料

石灰粉煤灰稳定材料的7d龄期无侧限抗压强度标准R_d应符合表6-8的规定。其他工业废渣稳定材料宜参照此标准。

石灰粉煤灰稳定材料的7d龄期无侧限抗压强度标准R_d(MPa)(JTG/T F20—2015)　表6-8

结构层	公路等级	极重、特重交通	重交通	中、轻交通
基层	高速公路和一级公路	≥1.1	≥1.0	≥0.9
基层	二级及二级以下公路	≥0.9	≥0.8	≥0.7
底基层	高速公路和一级公路	≥0.8	≥0.7	≥0.6
底基层	二级及二级以下公路	≥0.7	≥0.6	≥0.5

注:石灰粉煤灰稳定材料强度不满足表中的要求时,可外加混合料质量1%~2%的水泥。

4. 水泥粉煤灰稳定材料

水泥粉煤灰稳定材料的7d龄期无侧限抗压强度标准R_d,应符合表6-9的规定。

水泥粉煤灰稳定材料的7d龄期无侧限抗压强度标准R_d(MPa)(JTG/T F20—2015)　表6-9

结构层	公路等级	极重、特重交通	重交通	中、轻交通
基层	高速公路和一级公路	4.0~5.0	3.5~4.5	3.0~4.0
基层	二级及二级以下公路	3.5~4.5	3.0~4.0	2.5~3.5
底基层	高速公路和一级公路	2.5~3.5	2.0~3.0	1.5~2.5
底基层	二级及二级以下公路	2.0~3.0	1.5~2.5	1.0~2.0

5. 石灰稳定材料

石灰稳定材料的 7d 龄期无侧限抗压强度标准 R_d 应符合表 6-10 的规定。

石灰稳定材料的 7d 龄期无侧限抗压强度标准 R_d（MPa）（JTG/T F20—2015）　　表 6-10

结构层	高速公路和一级公路	二级及二级以下公路
基层	—	≥0.8[a]
底基层	≥0.8	0.5~0.7[b]

注:石灰土强度达不到本表规定的抗压强度标准时,可添加部分水泥,或改用另一种土。塑性指数过小的土,不宜用石灰稳定,宜改用水泥稳定。
a 在低塑性材料(塑性指数小于 7)地区,石灰稳定砾石土和碎石土的 7d 龄期无侧限抗压强度应大于 0.5MPa(100g 平衡锥测液限)。
b 低限用于塑性指数小于 7 的黏性土,且低限值仅用于二级以下公路,高限用于塑性指数大于 7 的黏性土。

三、强度试验及计算

1. 压实度标准

无机结合料稳定材料基层的压实标准,应符合表 6-11 的规定;无机结合料稳定材料底基层的压实标准,应符合表 6-12 的规定。

高速公路和一级公路在极重、特重交通荷载等级下,基层和底基层压实度标准可提高 1%~2%。

基层材料的压实标准（%）（JTG/T F20—2015）　　表 6-11

公路等级		水泥稳定材料	石灰粉煤灰稳定材料	水泥粉煤灰稳定材料	石灰稳定材料
高速公路和一级公路		≥98	≥98	≥98	—
二级及二级以下公路	稳定中、粗粒材料	≥97	≥97	≥97	≥97
	稳定细粒材料	≥95	≥95	≥95	≥95

底基层材料的压实标准（%）（JTG/T F20—2015）　　表 6-12

公路等级		水泥稳定材料	石灰粉煤灰稳定材料	水泥粉煤灰稳定材料	石灰稳定材料
高速公路和一级公路	稳定中、粗粒材料	≥97	≥97	≥97	≥97
	稳定细粒材料	≥95	≥95	≥95	≥95
二级及二级以下公路	稳定中、粗粒材料	≥95	≥95	≥95	≥95
	稳定细粒材料	≥93	≥93	≥93	≥93

2. 强度试件尺寸及数量

强度试验标准试件的径高比为 1:1。无机结合料稳定细粒材料的试件直径为 100mm,无机结合料稳定中、粗粒材料的试件直径为 150mm。

强度试验时,平行试验的最少试件数量应符合表 6-13 的规定。

平行试验的最少试件数量（JTG/T F20—2015）　　表 6-13

材料类型	变异系数要求		
	<10%	10%~15%	15%~20%
细粒材料[a]	6	9	—
中粒材料[b]	6	9	13
粗粒材料[c]	—	9	13

注:a 公称最大粒径小于 16mm 的材料。
　　b 公称最大粒径不小于 16mm,且小于 26.5mm 的材料。
　　c 公称最大粒径不小于 26.5mm 材料。

3. 计算强度代表值 R_d^0

$$R_d^0 = \overline{R}(1 - Z_\alpha C_V) \tag{6-1}$$

式中：$\overline{R}$——一组试验的强度平均值，MPa；

C_V——一组试验的强度变异系数，$C_V = S/\overline{R}$；

S——强度试验结果标准差，MPa；

Z_α——标准正态分布表中随保证率或置信度 α 而变的系数，高速公路和一级公路应取保证率95%，即 $Z_\alpha = 1.645$；二级及二级以下公路应取保证率90%，即 $Z_\alpha = 1.282$。

数据处理时，宜按3倍标准差的标准剔除异常数值，且同一组试验样本异常值剔除应不多于2个。

强度代表值 R_d^0 应不小于强度标准值 R_d，$R_d^0 < R_d$ 时，应重新进行配合比试验。

四、无机结合料剂量的表示方法和推荐比例

1. 无机结合料剂量的表示方法

(1) 水泥、石灰稳定材料的水泥、石灰剂量，分别以水泥、石灰占全部干燥被稳定材料的质量百分率表示。

(2) 石灰工业废渣混合料应采用质量配合比计算，以石灰：工业废渣：被稳定材料的质量比表示。

(3) 水泥粉煤灰稳定材料应采用质量配合比计算，以水泥：粉煤灰：被稳定材料的质量比表示。

2. 推荐配合比例

(1) 石灰粉煤灰稳定材料和石灰煤渣稳定材料

石灰粉煤灰稳定材料和石灰煤渣稳定材料的比例可采用表6-14中的推荐值。

石灰粉煤灰稳定材料和石灰煤渣稳定材料推荐比例（JTG/T F20—2015） 表6-14

材料类型	材料名称	使用部位	结合料间比例	结合料与被稳定材料间比例
石灰粉煤灰	硅铝粉煤灰的石灰粉煤灰类[a]	基层或底基层	石灰：粉煤灰 = 1:2～1:9	—
	石灰粉煤灰土	基层或底基层	石灰：粉煤灰 = 1:2～1:4[b]	石灰粉煤灰：细粒材料 = 30:70～10:90[c]
	石灰粉煤灰稳定级配碎石或砾石	基层	石灰：粉煤灰 = 1:2～1:4	石灰粉煤灰：被稳定材料 = 20:80～15:85[d]
石灰煤渣	石灰煤渣稳定材料	基层或底基层	石灰：煤渣 = 20:80～15:85	—
	石灰煤渣土	基层或底基层	石灰：煤渣 = 1:1～1:4	石灰煤渣：细粒材料 = 1:1～1:4[e]
	石灰煤渣稳定材料	基层或底基层	石灰：煤渣：被稳定材料 = (7～9):(26～33):(67～58)	

注：a CaO含量为2%～6%的硅铝粉煤灰。

b 粉土以1:2为宜。

c 采用此比例时，石灰与粉煤灰之比宜为1:2～1:3。

d 石灰粉煤灰与粒料之比为15:85～20:80时，在混合料中，粒料形成骨架，石灰粉煤灰起填充空隙和胶结作用。

e 混合料中石灰应不少于10%，可通过试验选取强度较高的配合比。

（2）水泥粉煤灰稳定材料和水泥煤渣稳定材料

水泥粉煤灰稳定材料和水泥煤渣稳定材料的配合比例可采用表6-15中的推荐值。

水泥粉煤灰稳定材料和水泥煤渣稳定材料推荐比例（JTG/T F20—2015） 表6-15

材料类型	材料名称	使用部位	结合料间比例	结合料与被稳定材料间比例
水泥粉煤灰	硅铝粉煤灰的水泥粉煤灰类[a]	基层或底基层	水泥:粉煤灰 = 1:3 ~ 1:9	—
	水泥粉煤灰土	基层或底基层	水泥:粉煤灰 = 1:3 ~ 1:5	水泥粉煤灰:细粒材料 = 30:70[b] ~ 10:90
	水泥粉煤灰稳定级配碎石或砾石	基层	水泥:粉煤灰 = 1:3 ~ 1:5	水泥粉煤灰:被稳定材料 = 20:80 ~ 15:85[c]
水泥煤渣	水泥煤渣稳定材料	基层或底基层	水泥:煤渣 = 5:95 ~ 15:85	—
	水泥煤渣土	基层或底基层	水泥:煤渣 = 1:2 ~ 1:5	水泥煤渣:细粒材料 = 1:2 ~ 1:5[d]
	水泥煤渣稳定材料	基层或底基层	水泥:煤渣:被稳定材料 = (3~5):(26~33):(71~62)	

注：a CaO含量为2%~6%的硅铝粉煤灰。
　　b 采用此比例时，水泥与粉煤灰之比宜为1:2~1:3。
　　c 水泥粉煤灰与粒料之比为15:85~20:80时，在混合料中，粒料形成骨架，水泥粉煤灰起填充空隙和胶结作用。
　　d 混合料中水泥应不少于4%，可通过试验选取强度较高的配合比。

（3）水泥、石灰综合稳定

水泥、石灰综合稳定时，水泥用量占结合料总量不小于30%时，应按水泥稳定材料的技术要求进行组成设计，水泥和石灰的比例宜取60:40、50:50或40:60。水泥用量占结合料总量小于30%时，应按石灰稳定材料设计。

五、混合料推荐级配和技术要求

1. 水泥稳定材料推荐级配（不包括水泥稳定级配碎石或砾石）

采用水泥稳定时，被稳定材料的液限不大于40%，塑性指数不大于17。塑性指数应大于17时，宜采用石灰稳定或用水泥和石灰综合稳定。

采用水泥稳定，被稳定材料为粒径较均匀的砂时，宜在砂中添加适量塑性指数小于10的黏土、石灰或粉煤灰，加入比例应通过击实试验确定，添加粉煤灰的比例宜为20%~40%。

采用水泥稳定，被稳定材料中含有一定量的碎石或砾石，且小于0.6mm的颗粒含量在30%以下时，塑性指数可大于17，且土的均匀系数大于5。其级配可采用表6-16中推荐的级配范围，并应符合下列规定：

（1）用于高速公路和一级公路的底基层时，被稳定材料的公称最大粒径应不大于31.5mm，级配宜符合表6-16中C-A-1或C-A-2的规定，被稳定材料中不宜含有黏性土或粉性土。

（2）用于二级公路的基层时，级配宜符合表6-16中C-A-1的规定，被稳定材料中不宜含有黏性土或粉性土。

（3）用于二级以下公路的基层时，级配宜符合表6-16中C-A-3的规定，被稳定材料的公称最大粒径应不大于37.5mm。

(4)用于二级及二级以下公路的底基层时,级配宜符合表6-16中C-A-4的规定,被稳定材料的公称最大粒径应不大于37.5mm。

水泥稳定材料的推荐级配范围(%)(JTG/T F20—2015)　　　　　表6-16

筛孔尺寸(mm)	高速公路和一级公路的底基层或二级公路的基层	高速公路和一级公路的底基层	二级以下公路的基层	二级及二级以下公路的底基层
	C-A-1	C-A-2	C-A-3	C-A-4
53	—	—	100	100
37.5	100	100	90~100	—
31.5	90~100	—	—	—
26.5	—	—	66~100	—
19	67~90	—	54~100	—
9.5	45~68	—	39~100	—
4.75	29~50	50~100	28~84	50~100
2.36	18~38	—	20~70	—
1.18	—	—	14~57	—
0.6	8~22	17~100	8~47	17~100
0.075	0~7	0~30	0~30	0~50

2.水泥稳定级配碎石或砾石推荐级配

水泥稳定级配碎石或砾石的级配可采用表6-17中推荐的级配范围,并应符合下列规定:

(1)用于高速公路和一级公路时,级配宜符合表6-17中C-B-1或C-B-2的规定,混合料密实时也可以采用C-B-3级配。C-B-1级配宜用于基层和底基层,C-B-2级配宜用于基层。

(2)用于二级及二级以下公路时,级配宜符合表6-17中C-C-1、C-C-2、C-C-3的规定,C-C-1级配宜用于基层和底基层,C-C-2和C-C-3级配宜用于基层,C-B-3级配宜用于极重、特重交通荷载等级下的基层。

(3)被稳定材料的液限宜不大于28%。

(4)用于高速公路和一级公路时,被稳定材料的塑性指数宜不大于5;用于二级及二级以下公路时,宜不大于7。

水泥稳定级配碎石或砾石的推荐级配范围(%)(JTG/T F20—2015)　　　　　表6-17

筛孔尺寸(mm)	高速公路和一级公路			二级及二级以下公路		
	C-B-1	C-B-2	C-B-3	C-C-1	C-C-2	C-C-3
37.5	—	—	—	100	—	—
31.5	—	—	100	100~90	100	—
26.5	100	—	—	94~81	100~90	100
19	86~82	100	68~86	83~67	87~73	100~90
16	79~73	93~88	—	78~61	82~65	92~79
13.2	72~65	86~76	—	73~54	75~58	83~67
9.5	62~53	72~59	38~58	64~45	66~47	71~52
4.75	45~35	45~35	22~32	50~30	50~30	50~30
2.36	31~22	31~22	16~28	36~19	36~19	36~19

续上表

筛孔尺寸(mm)	高速公路和一级公路			二级及二级以下公路		
	C-B-1	C-B-2	C-B-3	C-C-1	C-C-2	C-C-3
1.18	22~13	22~13	—	26~12	26~12	26~12
0.6	15~8	15~8	8~15	19~8	19~8	19~8
0.3	10~5	10~5	—	14~5	14~5	14~5
0.15	7~3	7~3	—	10~3	10~3	10~3
0.075	5~2	5~2	0~3	7~2	7~2	7~2

3. 碾压混凝土的级配

宜采用表6-17中推荐的C-B-1和C-B-2的级配。

4. 石灰粉煤灰稳定材料推荐级配

石灰粉煤灰稳定材料可采用表6-18中推荐的级配范围,并应符合下列规定:

(1) 用于高速公路和一级公路基层时,石灰粉煤灰总质量宜占15%,应不大于20%,被稳定材料的公称最大粒径应不大于26.5mm,级配宜符合表6-18中LF-A-2L和LF-A-2S的规定。

(2) 用于高速公路和一级公路底基层时,各档被稳定材料总质量宜不小于80%,级配宜符合表6-18中LF-A-1L和LF-A-1S的规定。对极重、特重交通荷载等级,级配宜符合表6-18中LF-A-2L和LF-A-2S的规定。

(3) 用于二级及二级以下公路基层时,被稳定材料的公称最大粒径应不大于31.5mm,其总质量宜不小于80%,级配宜符合表6-18中LF-A-2L和LF-B-2S的规定。

(4) 用于二级及二级以下公路底基层时,各档被稳定材料总质量宜不小于70%,级配宜符合表6-18中LF-B-1L和LF-B-1S的规定。对极重、特重交通荷载等级,级配宜符合表6-18中LF-B-2L和LF-B-2S的规定。

石灰粉煤灰稳定级配碎石或砾石的推荐级配范围(%)(JTG/T F20—2015) 表6-18

筛孔尺寸(mm)	高速公路和一级公路				二级及二级以下公路			
	稳定碎石		稳定砾石		稳定碎石		稳定砾石	
	LF-A-1S	LF-A-2S	LF-A-1L	LF-A-2L	LF-B-1S	LF-B-2S	LF-B-1L	LF-B-2L
37.5	—	—	—	—	100	—	100	—
31.5	100	—	100	—	100~90	100	100~90	100
26.5	95~91	100	96~93	100	94~81	100~90	95~84	100~90
19	85~76	89~82	88~81	91~86	83~67	87~73	87~72	91~77
16	80~69	84~73	84~75	87~79	78~61	82~65	83~67	86~71
13.2	75~62	78~65	79~69	82~72	73~54	75~58	79~62	81~65
9.5	65~51	67~53	71~60	73~62	64~45	66~47	72~54	74~55
4.75	45~35	45~35	55~45	55~45	50~30	50~30	60~40	60~40
2.36	31~22	31~22	39~27	39~27	36~19	36~19	44~24	44~24
1.18	22~13	22~13	28~16	28~16	26~12	26~12	33~15	33~15
0.6	15~8	15~8	20~10	20~10	19~8	19~8	25~9	25~9
0.3	10~5	10~5	14~6	14~6	—	—	—	—
0.15	7~3	7~3	10~3	10~3	—	—	—	—
0.075	5~2	5~2	7~2	7~2	7~2	7~2	10~2	10~2

5. 水泥粉煤灰稳定级配碎石和砾石推荐级配

水泥粉煤灰稳定材料可采用表6-19中推荐的级配范围,并应符合下列规定:

(1)用于高速公路和一级公路基层时,水泥粉煤灰总质量宜为12%,应不大于18%,各档被稳定材料的总质量宜不小于85%,其公称最大粒径应不大于26.5mm,级配宜符合表6-19中CF-A-2L和CF-A-2S的规定。

(2)用于高速公路和一级公路底基层时,各档被稳定材料的总质量宜不小于80%,级配宜符合表6-19中CF-A-1L和CF-A-1S的规定。对极重、特重交通荷载等级,级配宜符合表6-19中CF-A-2L和CF-A-2S的规定。

(3)用于二级及二级以下公路基层时,被稳定材料的最大公称粒径应不大于31.5mm,其总质量宜不小于80%,级配宜符合表6-19中CF-B-2L和CF-B-2S的规定。

(4)用于二级及二级以下公路底基层时,各档被稳定材料的总质量宜不小于75%,级配宜符合表6-19中CF-B-1L和CF-B-1S的规定。对极重、特重交通荷载等级,级配宜符合表6-19中CF-B-2L和CF-B-2S的规定。

水泥粉煤灰稳定级配碎石或砾石推荐级配范围(%)(JTG/T F20—2015) 表6-19

筛孔尺寸(mm)	高速公路和一级公路				二级及二级以下公路			
	稳定碎石		稳定砾石		稳定碎石		稳定砾石	
	CF-A-1S	CF-A-2S	CF-A-1L	CF-A-2L	CF-B-1S	CF-B-2S	CF-B-1L	CF-B-2L
37.5	—	—	—	—	100	—	100	—
31.5	100	—	100	—	100~90	100	100~90	100
26.5	95~90	100	95~91	100	93~80	100~90	94~81	100~90
19	84~72	88~79	85~76	89~92	81~64	86~70	83~67	87~73
16	79~65	82~70	80~69	84~73	75~57	79~62	78~61	82~65
13.2	72~57	76~61	75~62	78~65	69~50	72~54	73~54	75~58
9.5	62~47	64~49	65~51	67~53	60~40	62~42	64~45	66~47
4.75	40~30	40~30	45~35	45~35	45~25	45~25	50~30	50~30
2.36	28~19	28~19	33~22	33~22	31~16	31~16	36~19	36~19
1.18	20~12	20~12	24~13	24~13	22~11	22~11	26~12	26~12
0.6	14~8	14~8	18~8	18~8	15~7	15~7	19~8	19~8
0.3	10~5	10~5	13~5	13~5	—	—	—	—
0.15	7~3	7~3	10~3	10~3	—	—	—	—
0.075	5~2	5~2	7~2	7~2	5~2	5~2	7~2	7~2

六、目标配合比设计

无机结合料稳定材料目标配合比设计,应根据当地材料的特点,通过原材料性能的试验评定,选择适宜的结合料类型,确定混合料配合比设计的技术标准。

在目标配合比设计中,应选择不少于5个的结合料剂量,采用重型击实法或振动压实法,分别确定各剂量条件下混合料的最佳含水率和最大干密度。

根据试样确定的最佳含水率、最大干密度及压实度要求成型标准试件,验证不同结合料剂量条件下混合料的技术性能,确定满足设计要求的最佳结合料剂量。

1. 水泥稳定材料

水泥稳定材料配合比试验的水泥剂量可采用表6-20中的推荐值。水泥稳定材料的水泥最小剂量应符合表6-21的规定。配合比设计所得到的水泥剂量小于表6-21的最小剂量时,应按表6-21采用最小剂量。

水泥稳定材料配合比试验推荐水泥试验剂量(JTG/T F20—2015)　　表6-20

被稳定材料	条件		推荐试验剂量
有级配的碎石或砾石	基层	$R_d \geq 5\text{MPa}$	5、6、7、8、9
		$R_d < 5\text{MPa}$	3、4、5、6、7
土、砂、石屑等		塑性指数<12	5、7、9、11、13
		塑性指数≥12	8、10、12、14、16
有级配的碎石或砾石	底基层	—	3、4、5、6、7
土、砂、石屑等		塑性指数<12	4、5、6、7、8
		塑性指数≥12	6、8、10、12、14
碾压贫混凝土	基层	—	7、8.5、10、11.5、13

水泥稳定材料最小水泥剂量(JTG/T F20—2015)　　表6-21

被稳定材料类型	拌和方法	
	路拌法	集中厂拌法
中、粗粒材料	4	3
细粒材料	5	4

2. 石灰粉煤灰稳定材料

对石灰粉煤灰稳定材料,宜按表6-14的推荐比例进行试验,必要时可采用正交设计或均匀设计方法。

3. 水泥粉煤灰稳定材料

对水泥粉煤灰稳定材料,宜按表6-15的推荐比例进行试验,必要时可采用正交设计或均匀设计方法。

4. 无机结合料稳定级配碎石或砾石材料

(1)对无机结合料稳定级配碎石或砾石材料,应根据当地材料特点和技术要求,优化设计混合料级配,确定目标级配曲线和合理的级配范围。

(2)在目标级配曲线优化选择过程中,应选择不少于4条级配曲线,试验级配曲线可按推荐的级配范围和以往工程经验确定,或由下列方法构成。

①无机结合料稳定中、粗粒材料,级配碎石或砾石材料的级配宜采用粗集料断级配的方式构成。

②粗集料断级配宜以公称最大粒径及其通过率、4.75mm及其通过率、0.075mm及其通过率作为3个控制点。

③粗集料断级配应由从公称最大粒径到4.75mm的粗集料级配曲线和4.75～0.075mm的细集料级配曲线构成。

④采用下列数学模型,分别构造粗、细集料级配曲线。

a. 幂函数模型：

$$y = ax^b \tag{6-2}$$

b. 指数函数模型：

$$y = a \cdot e^{bx} \tag{6-3}$$

c. 对数函数模型：

$$y = a\ln x + b \tag{6-4}$$

式中：y——通过量，%；
　　　x——集料粒径，mm；
　　　a、b——回归系数。

⑤按设定的混合料级配的公称最大粒径及其通过率和 4.75mm 及其通过率，计算粗集料级配曲线的 a、b 系数，构造粗集料级配曲线。

⑥按设定的混合料级配的 4.75mm 及其通过率和 0.075mm 及其通过率，计算细集料级配曲线的 a、b 系数，构造细集料级配曲线。

⑦按两条级配曲线分别计算各筛孔的通过量，完成级配的设计。

(3)目标级配曲线选定后，应对各档材料进行筛分，确定其平均筛分曲线及相应的变异系数，并按 2 倍标准差计算出各档材料筛分级配的波动范围。

(4)按下列步骤合成目标级配曲线并进行性能验证：

①按确定的目标级配，根据各档材料的平均筛分曲线，确定其使用比例，得到混合料的合成级配。

②根据合成级配进行混合料的重型击实试验和 7d 龄期无侧限抗压强度试验，验证混合料性能。

(5)根据已确定的各档材料的使用比例和各档材料级配的波动范围，计算实际生产中混合料的级配波动范围，并根据这一波动范围的上、下限验证性能。

七、生产配合比设计

1. 确定生产参数

根据目标配合比确定的各档材料的比例，对拌和设备进行调试和标定，确定合理的生产参数。

2. 拌和设备调试和标定

拌和设备调试和标定应包括各料仓流量的标定，结合料剂量的标定和水流量计的标定等内容，并应符合下列规定：

(1)绘制不少于 5 个点的结合料剂量标定曲线。

(2)按设定的拌和参数，各料仓的进料速度应符合各档材料的比例关系，混合料中结合料的剂量、含水率符合设计要求。

(3) 按设定好的施工参数进行第一阶段试生产，验证生产级配。不满足要求时，进一步调整施工参数。

3. 确定延迟时间

对水泥稳定、水泥粉煤灰稳定材料，分别进行不同成型时间条件下的混合料强度试验，绘制相应的延迟时间曲线,并根据设计要求确定容许延迟时间。

八、施工参数的确定

1. 第二阶段试验

在第一阶段生产试验的基础上进行第二阶段试验,分别按不同结合料剂量和含水量进行混合料试拌,并取样、试验。试验应符合下列规定:

(1)通过对混合料中实际含水率的测定,确定施工过程中水流量计的设定范围。

(2)通过对混合料中实际结合料剂量的测定,确定施工过程中结合料掺加的相关技术参数。

(3)通过击实试验,确定结合料剂量变化、含水率变化对混合料最大干密度的影响。

(4)通过抗压强度试验,确定材料的实际强度水平和拌和工艺的变异水平。

2. 生产参数应满足下列规定

(1)对水泥稳定材料,工地实际采用的水泥剂量宜比试验确定的剂量多 0.5% ~ 1.0%。采用集中厂拌法施工时宜增加 0.5%;采用路拌法施工时宜增加 1%。

(2)以配合比设计的结果为依据,综合考虑施工过程中的气候条件,对水泥稳定材料,含水率可增加 0.5% ~ 1.5%;对其他稳定材料,可增加 1% ~ 2%。

(3)最大干密度应以最终合成级配击实试验的结果为标准。

第三节 无机结合料稳定材料强度影响因素

一、水泥稳定材料强度影响因素

水泥稳定土室内试验往往会出现强度过高或过低的情况。强度过低,则不能满足设计要求而不能使用;强度过高也不可取,因强度过高一般都是水泥剂量偏高,会增加产生收缩裂缝的可能。现行标准将水泥稳定土的设计强度限定在一个范围内原因就在于此。无论是过高还是过低,都必须找出原因,重新试验。下面简单介绍有关水泥稳定土强度的影响因素,供实际工作中参考。

1. 土质

土的类别和性质是影响水泥稳定土强度的重要因素,各类砂砾土、砂土、粉土和黏土均可用水泥稳定,但稳定效果不同。用水泥稳定级配良好的碎(砾)石和砂砾效果最好,不但强度高,而且水泥用量少;其次是砂性土;再次之是粉性土和黏性土。重黏土因难粉碎和拌和,不宜单独用水泥来稳定。但是即使级配良好的砂砾,如果黏土含量超过规定,也会影响稳定土的稳定效果。因此,限制土中有塑性指数的土的含量,对提高稳定土的强度有重要意义。

2. 级配

级配差直接影响混合料的密实度,从而影响稳定土的强度。一种情况是细料偏少,不足以填充粒间空隙,粒间接触的面积相对小,影响强度。另一种情况是级配不好,加之粒料的强度低,软弱颗粒比较多,击实过程中软弱颗粒被击碎,干密度也比较高,但成型时一些集料颗粒被压碎,也会导致强度无法提高。因此,对中粒土和粗粒土有良好的级配十分重要。

3. 水泥的成分和剂量

各种类型的水泥都可以用于稳定土。但试验研究证明，水泥的矿物成分和分散度对其稳定效果有明显影响。对于同一种土，通常情况下硅酸盐水泥的稳定效果好。在水泥硬化条件相似，矿物成分相同时，随着水泥分散度的增加，其活性程度和硬化能力也有所增大，从而水泥土的强度也大大提高。因此，用于水泥稳定土的水泥应选用强度等级比较低的水泥，以提高剂量，从而提高水泥的分散性。当然分散度还涉及拌和的均匀性。水泥土的强度随水泥剂量的增加而增长，但过多的水泥用量，虽获得强度的增加，在经济上不一定合理，在效果上也不一定显著，且容易开裂。

4. 含水率

含水率对水泥稳定土强度影响很大，当含水率不足时，水泥不能在混合料中完全水化和水解，发挥不了水泥对土的稳定作用，影响强度形成。同时，含水率小，达不到最佳含水率也影响试件的密实度。因此，使含水率达到最佳含水率的同时，也要满足水泥完全水化和水解的需要。水泥正常水化所需的水量约为水泥质量的20%，对于砂性土，完全水化达到最高强度的含水率比最佳密度的含水率小；而对于黏性土则相反。

5. 最大干密度

对含集料的稳定土，要获得比较准确的标准干密度是非常困难的。标准干密度是影响强度的重要因素；标准干密度过小因试件不密实导致强度无法提高，过大会因为过多的集料颗粒被压碎而影响强度。

二、石灰稳定材料强度影响因素

石灰稳定土室内试验往往会出现强度达不到要求的情况，有时实验室强度达到设计要求，施工抽检却达不到。这些都需要找出原因，重新试验。下面简单介绍石灰稳定土强度影响因素，供分析原因时参考。

1. 土质

土的类别和性质是影响石灰稳定土强度的重要因素。一般不同成因的土都可以用石灰稳定，但相比较而言。黏性土比较好，其稳定效果显著，强度高。因此石灰稳定土应优选用黏性土。若用石灰稳定各类砂砾土、砂土和粉土，稳定效果不明显时，应采取添加黏性土或其他材料的措施，增加稳定土的塑性，提高强度和稳定效果，必要时可考虑更换被稳定土。

2. 石灰质量及剂量

石灰质量主要取决于其活性成分的含量。施工中石灰质量只要达到Ⅲ级质量标准即可，对于大批量的进场石灰这个规定是比较合理。但如果配合比试验时采用较高等级的石灰，就可能出现施工中强度达不到要求的情况。因此，配合比设计试验用的石灰质量要与施工中的接近。

石灰剂量对石灰土强度影响显著，石灰剂量较低（小于3%～4%）时，石灰主要起稳定作用，土的塑性、膨胀、吸水量减小，使土的密实度、强度得到改善。随着剂量的增加，强度也随之提高，但剂量超过一定值时，强度反而降低。因此石灰质量差时，不能靠增加石灰剂量来提高强度，否则适得其反。

3. 含水率及密实度

水是石灰土的重要组成部分。它促使石灰土发生物理化学变化，形成强度。如果标准击实最佳含水率确定不准,就会影响试件的密实度,而试件的密实度又会影响试件的强度,因为石灰土的强度随密实度的增加而增长。实践证明,石灰土的密实度每增减1%,强度约增减4%左右。而密实的石灰土,其抗冻性、水稳定性也好,缩裂现象也少。因此当强度不能满足要求时,应检查最大干密度和最佳含水率是否准确,尤其是中粒土和粗粒土。

第四节 无结合料基层

无结合料处治粒料是一种应用较普遍的筑路材料,广泛用于柔性路面的基层和底基层,用于基层的常为较优质的级配碎石。具有最佳级配的优质碎石还可用于半刚性基层与沥青面层之间,作为减少沥青路面反射裂缝的措施。

级配碎石或砾石基层。均由碎石或砾石与石屑或砂,按最佳级配原理修筑而成的路面结构层,由于无结合料基层是用粒径大小不同的集料,按一定的比例配合、逐级填充空隙,能形成密实的结构。其强度主要来源于碎石(或砾石)本身的强度及碎石(或砾石)颗粒之间的嵌挤力。即其强度是由摩阻力和黏结力构成,因此属于柔性结构层。对于无结合料基层,保证高质量的碎(砾)石,获得高密度的良好级配和良好的施工压实手段至关重要。

一、级配碎石或砾石

1. 材料要求

（1）粗集料

用作级配碎石或砾石的粗集料,应采用具有一定级配的硬质石料加工,且不应含有黏土块、有机质等。

级配碎石或砾石用作基层时,高速公路和一级公路公称最大粒径应不大于26.5mm,二级及二级以下公路公称最大粒径应不大于31.5mm,用作底基层时,公称最大粒径应不大于37.5mm。

（2）细集料

级配碎石或砾石中的细集料可使用细筛余料,或专门轧制的细碎石集料。

2. 集料分档与掺配

用于二级及二级以上公路基层和底基层的级配碎石或砾石,应由不少于4种规格的材料掺配而成。

级配碎石或砾石类材料中宜掺加石屑、粗砂等材料。

级配碎石或砾石细集料的塑性指数应不大于12。不满足要求时,可加石灰、无塑性的砂或石屑掺配处理。

3. 级配范围

级配碎石或砾石的级配范围宜符合下列规定：

（1）用于高速公路和一级公路基层时,级配宜符合表6-22中级配G-A-4或G-A-5中的规定。

（2）用于高速公路和一级公路底基层时,级配宜符合表6-22中级配G-A-3或G-A-4的规定。

（3）用于二级及二级以下公路的基层、底基层时,级配宜符合表6-22中级配G-A-1或G-A-2的规定。

级配碎石或砾石的推荐级配范围(JTG/T F20—2015)(%)　　表6-22

筛孔尺寸(mm)	G-A-1	G-A-2	G-A-3	G-A-4	G-A-5
37.5	100	—	—	—	—
31.5	100~90	100	100	—	—
26.5	93~80	100~90	95~100	100	100
19	81~64	86~70	84~72	88~79	100~95
16	75~57	79~62	79~65	82~70	89~82
13.2	69~50	72~54	72~57	76~61	79~70
9.5	60~40	62~42	62~47	64~49	63~53
4.75	45~25	45~25	40~30	40~30	40~30
2.36	31~16	31~16	28~19	28~19	28~19
1.18	22~11	22~11	20~12	20~12	20~12
0.6	15~7	15~7	14~8	14~8	14~8
0.3	—	—	10~5	10~5	10~5
0.15	—	—	7~3	7~3	7~3
0.075	5~2	5~2	5~2	5~2	5~2

4. CBR强度标准

用于不同公路等级、交通荷载等级和结构层位的级配碎石或砾石,CBR强度标准应满足表6-23的要求。

级配碎石材料的CBR强度标准(MPa)(JTG/T F20—2015)　　表6-23

结构层	公路等级	极重、特重交通	重交通	中、轻交通
基层	高速公路和一级公路	≥200	≥180	≥160
基层	二级及二级以下公路	≥160	≥140	≥120
底基层	高速公路和一级公路	≥120	≥100	≥80
底基层	二级及二级以下公路	≥100	≥80	≥60

5. 目标配合比设计

1)级配优化

以实际工程使用的材料为对象,根据推荐的级配范围和以往工程经验或按本章节第二节的方法,构造3~4条试验级配曲线,通过配合比试验,优化级配。

2)确定最佳含水率和最大干密度

混合料配合比采用重型击实或振动成型试验方法,确定最佳含水率和最大干密度。

3)CBR试验

按确定最佳含水率和最大干密度,以及施工要求的压实度标准成型试件,进行CBR强度试验和模量试验。选择CBR值最高的级配作为工程使用的目标级配。对级配碎石材料,基层压实度应不小于99%,底层压实度应不小于97%。

4)计算波动范围

目标级配曲线选定后,应对各档材料进行筛分,确定各档材料的平均筛分曲线以及相应的变异系数,并按2倍标准差,计算各档材料筛分级配的波动范围。

5)按下列步骤合成目标级配曲线并验证性能

(1)按确定的目标级配,根据各档材料的平均筛分曲线,确定其使用比例,得到混合料的合成级配。

(2)根据合成级配进行混合料的 CBR 或模量试验,验证混合料性能。

6)波动范围的上、下限性能验证

根据已确定的各档材料的使用比例和各档材料级配的波动范围,计算实际生产中混合料的级配波动范围,并对这一波动范围的上、下限进行性能验证。

6. 生产配合比

拌和设备调试和标定,包括各料仓的流量标定,水流量计的标定等内容,并应符合下列规定:

(1)按设定的拌和参数,各个料仓的进料速度符合各档材料的比例关系,混合料的含水率符合设计要求。

(2)按设定好施工参数进行第一阶段试生产,验证生产级配。不满足要求时,应进一步调整施工参数。

(3)确定施工参数

在第一阶段试生产的基础上进行第二阶段试验。按不同含水率试拌混合料,并取样试验,试验应符合下列规定:

①通过对混合料实际含水率的测定,确定施工过程中水流量计的设定范围。

②通过击实试验,确定含水率变化对混合料最大干密度的影响。

③通过 CBR 试验,确定材料的实际强度水平和拌和工艺的变异水平。

④混合料生产含水率应依据配合比设计结果确定,可根据施工因素和气候条件增加 0.5% ~1.5%。

二、填 隙 碎 石

单层填隙碎石的压实厚度宜为公称最大粒径的 1.5~2.0 倍。填隙碎石可采用干法或湿法施工,干旱地区宜采用干法施工。

1. 骨料技术要求

(1)公称最大粒径:填隙碎石用作基层时,骨料的公称最大粒径应不大于 53mm;用作底基层时,骨料的公称最大粒径应不大于 63mm。

(2)压碎值:用作基层时,骨料的压碎值应不大于 26%,用作底基层时应不大于 30%。

(3)针片状颗粒和软石含量:骨料中针片状颗粒和软石含量应不大于 15%。

(4)强度与岩性:骨料可用具有一定强度的各种岩石或漂石轧制,宜采用石灰岩。采用漂石时,其粒径应不大于骨料公称最大粒径的 3 倍。

骨料也可以用稳定的矿渣轧制,矿渣的干密度和质量应均匀,且干密度应不小于 960kg/m^3。

(5)级配要求:

填隙碎石用骨料的级配应满足表 6-24 的要求。

填隙碎石用骨料的颗粒组成(%)(JTG/T F20—2015) 表 6-24

项次	公称粒径 (mm)	筛孔尺寸(mm)							
		63	53	37.5	31.5	26.5	19	16	9.5
1	30~60	100	25~60	—	0~15	—	0~5	—	—
2	25~50	—	100	—	25~50	0~15	—	0~5	—
3	20~40	—	—	100	35~37	—	0~15	—	0~5

2. 填隙料的技术要求

填隙料宜采用石屑,缺乏石屑的地区,可添加细砾砂或粗砂等细集料。

当采用表6-24中的1号集料时,填隙料的公称最大粒径宜为9.5mm,当采用表6-24中的2、3号集料时,填隙料的级配应符合表6-25的要求。

填隙料的颗粒组成(JTG/T F20—2015)　　　表6-25

筛孔尺寸(mm)	9.5	4.75	2.36	0.6	0.075	塑性指数
通过质量百分率(%)	100	85~100	50~70	30~50	0~10	<6

三、未筛分碎石、天然砂砾

1. 未筛分碎石、砾石

二级及二级以下公路底基层采用未筛分碎石、砾石时,宜采用表6-26中推荐的级配范围。

未筛分碎石、砾石的推荐级配范围(JTG/T F20—2015)　　　表6-26

筛孔尺寸(mm)	G-B-1(%)	G-B-2(%)	筛孔尺寸(mm)	G-B-1(%)	G-B-2(%)
53	100	—	4.75	10~30	17~45
37.5	85~100	100	2.36	8~25	11~35
31.5	69~88	83~100	0.6	6~18	6~21
19.0	40~65	54~84	0.075	0~10	0~10
9.5	19~43	29~59			

2. 天然砾石、砾石土

用于底基层的天然砾石、砾石土宜采用表6-27中推荐的级配范围。

天然砾石、砾石土的推荐级配范围(JTG/T F20—2015)　　　表6-27

筛孔尺寸(mm)	53	37.5	9.5	4.75	0.6	0.075
通过百分率(%)	100	80~100	40~100	25~85	8~45	0~15

3. 技术要求

未筛分碎石、天然砾石和砾石土等材料应符合下列规定:

(1)液限宜不大于28%。

(2)在潮湿多雨地区塑性指数宜小于6,其他地区宜小于9。

第五节　排　水　基　层

新建路面有施工接缝,路面在使用期间又会出现各种裂缝、松散、坑槽等病害,降落在路面上的雨水,会通过路面接缝或裂缝、松散、坑槽处或面层空隙下渗到路面结构层内部。此外,道路两侧有滞水时,水也可能侧向渗入路面结构内部。

被封闭在路面结构内部的水,会浸湿各结构层和土基,使之强度下降,变形增加,导致路面结构承载力降低,使用寿命缩短。更严重的是,路表面的雨水进入路面结构层,聚集在结构层间的空隙中,在行车荷载的作用下,水分会成为高压力、高流速的孔隙水,冲刷面层材料,并携带冲刷物从缝隙喷出,使沥青路面出现松散、剥落,水泥混凝土路面出现错台、底板脱空等病害。

排水基层就是针对排出由路面接缝、裂缝或空隙,或通过路基、路肩渗入路面结构中的水而设置的排水层。通过纵向和横向的排水系统,将进入路面结构中的水迅速排出路外,减少其对路面结构的破坏。

一、排水基层的类型及技术要求

1. 路面边缘透水性填料集水沟

沿路面边缘设置的透水性填料集水沟,由水泥处治开级配粗集料组成,其空隙率为15%~20%。粗集料的最大粒径不大于37.5mm,粒径4.75mm和2.36mm以下颗粒含量分别不超过16%,为了避免带孔排水管被堵塞,组成排水基层的集料中,85%的集料的粒径应比排水管槽口宽或孔口直径大1.0~1.2倍。

2. 排水基层

设置在面层下的透水性排水基层,其边缘由设置的纵向集水沟等组成排水系统,排水基层有水泥或沥青处治不含或少含粒径4.75mm以下细集料的开级配碎石集料组成,或由未经结合料处治的开级配碎石集料组成。

未处治碎石集料的透水性一般比水泥或沥青处治碎石集料的透水性要低,其透水系数大致在60~1 000m/d范围内变动,而且施工摊铺易出现离析现象,碾压时不易压实稳定,在施工机械行驶下易出现推移变形,平整度差。水泥或沥青处治碎石集料的透水系数大致在1 000~6 000m/d范围内变动,其中沥青处治碎石集料的透水能力略高于水泥处治碎石。

集料应选择洁净、坚硬、耐久的碎石,其压碎值不应大于30%,用作沥青混凝土面层的排水基层宜采用沥青处治碎石集料,最大粒径不应超过20mm;用作水泥混凝土面层的排水基层宜采用水泥处治碎石集料,最大粒径不应超过25mm,均不得超过层厚的2/3。粒径4.75mm以下细料含量不得大于10%。集料级配应满足透水性要求,即透水系数不得小于300m/d,可通过常水头或变水头渗透试验确定。表6-28给出了不同材料类型下不同级配的透水系数,供配合比设计试验时参考。

未处治、水泥或沥青处治碎石排水基层的集料级配 表6-28

材料类型		集料尺寸(mm)及通过百分率(%)									透水系数 (m/d)
		37.5	25	19	12.5	9.5	4.75	2.36	1.18	0.3	0.075	
未处治材料	①	100	95~100	—	25~60	0~10	—	0~5	—	0~2		6 000
	②		100	90~100	—	20~55	0~10	0~5				5 400
	③	100	95~100	—	60~80	—	40~55	5~25	0~8	0~5		600
	④	100	—	—	0~90	—	0~8					300
水泥处治	①	100	88~100	52~85	—	15~38	0~16	0~16				1 200
	②	100	95~100	—	25~60	—	0~10	0~5	—	0~2		6 000
沥青处治	①		100	90~100	35~65	20~45	0~10	0~5	—	0~2		4 500
	②		100	55~100	—	15~85	0~5					

3. 排水垫层

排水垫层是为了拦截地下水、滞水或泉水进入路面结构,或排除因温差作用而积聚在路基上层的自由水,在路基顶面设置的无结合料透水性排水层。排水垫层选用开级配集料(砂或砂砾石),其级配应满足下列排水和反滤的要求。

(1)排水垫层集料在通过率为15%时的粒径,应不小于路基土在通过率为15%时的粒径的5倍。

(2)排水垫层集料在通过率为15%时的粒径,应不大于路基土在通过率为85%时的粒径的5倍。

(3)排水垫层集料在通过率为50%时的粒径,应不大于路基土在通过率为50%时的粒径的25倍。

(4)排水垫层集料的不均匀系数(通过率为60%的粒径与通过率为10%的粒径的比值)不大于20。

其中,第一条是透水性要求,其他三条是反滤要求。

二、混合料配合组成设计

1. 碎石配合组成

对未处治或水泥、沥青处治的碎石排水基层,一般连续级配碎石就能满足级配要求。如果需要由不同规格的集料配合组成,可用图解法或电算法进行配合组成设计,具体方法详见第十章。

2. 水泥处治碎石排水基层混合料配合组成设计

(1)单位($1m^3$)水泥用量

《公路排水设计规范》规定:水泥处治碎石集料的水泥用量不宜小于$160kg/m^3$,其7d浸水抗压强度不得低于$3\sim4MPa$。《公路水泥混凝土路面设计规范》推荐水泥剂量为9.5%~11%。每立方米水泥处治碎石排水基层混合料的水泥用量可根据上述规定或推荐值,通过试拌、强度复核,由实测强度确定。

(2)单位($1m^3$)碎石用量

每立方米水泥处治碎石混合料的碎石用量,可通过实测集料的振实密度或捣实密度确定,其实密度或捣实密度就是单位碎石用量。同种材料的振实密度略大于捣实密度,试验方法见第五章。

(3)单位($1m^3$)用水量

单位用水量一般约在$60kg/m^3$,《公路水泥混凝土路面设计规范》推荐的水灰比为0.39~0.43(该值偏大)。单位用水量受碎石的吸水率、水泥需水量等因素影响,应通过试验确定。将成型好的试件脱模,观察拌合物经过振密后的出浆情况,以略出浆时的拌和水量作为单位用水量。单位用水量的确定是排水基层混合料设计的关键技术点,单位用水量过大,在振动成型过程中,会因水泥浆过多、过稀而堵塞空隙,影响排水效果,也影响强度。

拌和投料顺序应是:碎石加水,拌和至碎石表面被水湿润,在加水泥拌和至均匀。这样可以使水泥充分分散,均匀地黏附在碎石表面,避免形成水泥团。

(4)强度复核

保持单位碎石用量不变,改变水灰比,成型3个水灰比的强度试件(每组至少6个试件),标准养护,实测7d浸水强度,按下式进行强度特征值验算。

$$\bar{R} \geq \frac{R_d}{1 - Z_\alpha C_v}$$

式中:$\bar{R}$——实测平均强度,MPa;

R_d——设计强度,按设计文件要求,MPa;

Z_α——保证率系数,高速、一级公路取 1.645,其他公路取 1.28;
C_v——变异系数。

(5)确定试验室配合比

取强度平均值大于或等于特征值且水泥用量相对较小的一个配合比,作为试验室配合比。如特征值验算未通过,应分析原因,重新进行配合比设计试验,直至满足要求。

3.沥青处治碎石排水基层混合料配合组成设计

沥青处治碎石排水基层混合料配合组成设计主要是确定沥青用量。《公路水泥混凝土路面设计规范》推荐沥青标号应选用 A-50 或 A-70,沥青用量在 2.5%～3.5%范围内选取;《公路排水设计规范》规定:沥青处治碎石混合料的沥青用量约为集料干质量的 2.5%～4.5%,。沥青用量的确定可参考沥青碎石混合料的试验方法,通过试拌、击实观察确定,也可以采用"谢伦布析漏试验"的方法确定(详见第十章),以无析漏的最大沥青用量作为配合比设计沥青用量,再通过透水系数进行验证。

三、透水系数试验

排水基层的透水系数与沥青混合料(或沥青路面)的渗水系数是有区别的:沥青混合料或沥青路面的渗水试验是垂直渗透,而排水基层是水平渗流;单位也有区别,一个是用 m/d 表示,实际上是测流速,一个是用单位时间的渗水量表示。目前试验规程还未规定标准试验方法,下面的方法仅供参考。

排水基层透水系数试验方法(参考方法)

1 试验范围

本方法适用于测定排水基层透水系数。

2 主要仪具

2.1 拌和机:强制式混凝土拌和机,最大拌和量 50L;或沥青混合料拌和机,不小于 10L。

2.2 振动台:普通混凝土振动台。

2.3 试模:150mm×150mm×550mm 梁式试模。

2.4 钢压板:两块 300mm×300mm×10mm 的钢板,上面各焊有两个 U 形提手。

2.5 硬质塑料箱:300mm×300mm×500mm,一侧靠底部 10mm 处开一宽 150mm×高 150mm 的方孔。

2.6 烘箱。

2.7 其他:秒表、水准尺、黄油、玻璃板等。

3 试件成型

3.1 对水泥处治碎石,按设计配合比拌料,将拌合物边装边插捣,一次装入试模,在振动台上振动 60s,振动过程中两人各拿一块钢板,用力按在试样上,并前后、左右用力摇动,将多余混合料搓出试模外,使试件顶面与试模顶缘齐平,在振动过程中始终用力压钢板,直至振动台停稳后再松手。

3.2 对沥青处治碎石混合料,先将试模在 100℃的烘箱预热。装料成型同上。

4 脱模与养护

4.1 对水泥处治碎石,采用塑料薄膜室温保湿养生 3d 后脱模。

4.2 对沥青处治碎石,室温放置 12h 即可脱模。

5 试件处理

将脱模的试件用较稠硬的水泥净浆,将沿试件长度方向的4个面密封,标准养护1d即可进行透水系数试验。

6 试验步骤

6.1 按成型方向将试件放在试模的一个侧板上,将试件连同侧板的一头插入塑料箱的开口中,使试件端头与箱内侧面齐平。

6.2 用水准尺调整试件的斜度,使沿长度方向的倾斜度等于排水基层的横坡,并固定,用黄油涂抹试件和试模侧板与塑料箱开口处的缝隙。用玻璃板挡住试件端头,再用黄油将玻璃板与塑料箱及侧模间的缝隙密封。

6.3 向塑料箱内注水,使水面高出试件上顶面最高处150mm,待水面静止后,快速垂直提起玻璃板,同时按动秒表,观察试件另一端,当另一端有水流出时,停止秒表计时。

6.4 由试件长度和测试的时间即可计算出透水系数,取3个试件测定值的算术平均值作为试验结果。

第六节 基层材料试验方法

一、无机结合料稳定材料的击实试验方法
(JTG E51—2009 T 0804—1994)

1 适用范围

1.1 本方法适用于在规定的试筒内,对水泥稳定材料(在水泥水化前)、石灰稳定材料及石灰(或水泥)粉煤灰稳定材料进行击实试验,以绘制稳定材料的含水量—干密度关系曲线,从而确定其最佳含水量和最大干密度。

1.2 试验集料的最大粒径宜控制在37.5mm以内(方孔筛)。

1.3 试验方法类别。本试验方法分三类,各类击实方法的主要参数列于表 T 0804-1。

试 验 方 法 类 别   表 T 0804-1

类别	锤的质量(kg)	锤击面直径(cm)	落高(cm)	试筒尺寸 内径(cm)	试筒尺寸 高(cm)	试筒尺寸 容积(cm³)	锤击层数	每层锤击次数	平均单位击实功(J)	容许最大公称粒径(mm)
甲	4.5	5.0	45	10	12.7	997	5	27	2.687	19.0
乙	4.5	5.0	45	15.2	12.0	2 177	5	59	2.687	19.0
丙	4.5	5.0	45	15.2	12.0	2 177	3	98	2.677	37.5

2 仪器设备

2.1 击实筒:小型,内径 ϕ100mm、高127mm 的金属圆筒,套环高50mm,底座;大型,内径152mm、高170mm 的金属圆筒,套环高50mm,直径151mm 和高50mm 的筒内垫块,底座。

2.2 多功能自控电动击实仪:击锤的底面直径50mm,总质量4.5kg。击锤在导管内的总行程为450mm。可设置击实次数,并保证击锤自由垂直落下,落高应为450mm,锤迹均匀分布于试样面。

2.3 电子天平:量程4000g,感量0.01g。

2.4 电子天平:量程15kg,感量0.1g。

2.5 方孔筛:孔径53mm、37.5mm、26.5mm、19mm、4.75mm、2.36mm 的筛各1个。

2.6 量筒:50mL、100mL 和500mL 的量筒各1个。

2.7 直刮刀:长200~250mm、宽30mm 和厚3mm,一侧开口的直刮刀,用以刮平和修饰粒料大

试件的表面。

2.8 刮土刀:长 150~200mm、宽约 20mm 的刮刀,用以刮平和修饰小试件的表面。

2.9 工字形刮平尺:30mm×50mm×310mm,上下两面和侧面均刨平。

2.10 拌和工具:约 400mm×600mm×70mm 的长方形金属盘,拌和用平头小铲等。

2.11 脱模器。

2.12 测定含水量用的铝盒、烘箱等其他用具。

2.13 游标卡尺。

3 试验准备

3.1 将具有代表性的风干试料(必要时,也可以在50℃烘箱内烘干)用木锤捣碎或用木碾碾碎。土团均应捣碎到能通过4.75mm 的筛孔。但应注意不使粒料的单个颗粒破碎或不使其破碎程度超过施工中拌和机械的破碎率。

3.2 如试料是细粒土,将已破碎的具有代表性的土过4.75mm 筛备用(用甲法或乙法做试验)。

3.3 如试料中含有粒径大于4.75mm 的颗粒,则先将试料过 19mm 的筛;如存留在 19mm 筛上的颗粒含量不超过10%,则过 26.5mm 筛,留作备用(用甲法或乙法做试验)。

3.4 如试料中粒径大于19mm 筛上的颗粒含量超过10%,则将试料过 37.5mm 的筛;如果存留在 37.5mm 筛上的颗粒含量不超过10%,则过 53mm 的筛备用(用丙法试验)。

3.5 每次筛分后,均应记录超尺寸颗粒的百分率 P。

3.6 在预定做击实试验的前一天,取有代表性的试料测定其风干含水量。对于细粒土,试样应不少于100g;对于中粒土,试样应不少于1000g;对于粗粒土的各种集料,试样应不少于 2 000g。

3.7 在试验前用游标卡尺准确测量试模的内径、高和垫块的厚度,以计算试筒的容积。

4 试验步骤

4.1 在试验前应将试验所需要的各种仪器设备准备齐全,测量设备应满足精度要求;调试击实仪器,检查其运行是否正常。

4.2 甲法

4.2.1 将已筛分的试样用四分法逐次分小,至最后取出约 10~15kg 试料。再用四分法将已取出的试料分成 5~6 份,每份试料的干质量为 2.0kg(对于细粒土)或2.5kg(对于各种中粒土)。

4.2.2 预定 5~6 个不同含水量,依次相差 0.5%~1.5%①,且其中至少有两个大于和两个小于最佳含水量。

注:①对于中、粗粒土,在最佳含水量附近取0.5%,其余取1%。对于细粒土,取1%,但对于黏土,特别是重黏土,可能需要取2%。

4.2.3 按预定含水量制备试样。将 1 份试料平铺于金属盘内,将事先计算得的该份试料中应加的水量均匀地喷洒在试料上,用小铲将试料充分拌和到均匀状态(如为石灰稳定材料、石灰粉煤灰综合稳定材料、水泥粉煤灰综合稳定材料和水泥、石灰综合稳定材料,可将石灰、粉煤灰和试料一起拌匀),然后装入密闭容器或塑料口袋内浸润备用。

浸润时间要求:黏质土 12~24h,粉质土 6~8h,砂类土、砂砾土、红土砂砾、级配砂砾等可以缩短到4h左右,含土很少的未筛分碎石、砂砾和砂可缩短到2h。浸润时间一般不超过24h。

应加水量可按式(T 0804-1)计算。

$$m_w = \left(\frac{m_n}{1+0.01w_n} + \frac{m_c}{1+0.01w_c}\right) \times 0.01w - \frac{m_n}{1+0.01w_n} \times 0.01w_n - \frac{m_c}{1+0.01w_c} \times 0.01w_c \quad (T\ 0804\text{-}1)$$

式中:m_w——混合料中应加的水量(g);

m_n——混合料中素土(或集料)的质量(g),其原始含水量为 w_n,即风干含水量(%);

m_c——混合料中水泥或石灰的质量(g),其原始含水量为 w_c(%);

w——要求达到的混合料的含水量(%)。

4.2.4 将所需要的稳定剂水泥加到浸润后的试料中,并用小铲、泥刀或其他工具充分拌和到均匀状态。水泥应在土样击实前逐个加入。加有水泥的试样拌和后,应在1h内完成下述击实试验,拌和后超过1h的试样,应予作废(石灰稳定材料和石灰粉煤灰稳定材料除外)。

4.2.5 试筒套环与击实底板应紧密联结。将击实筒放在坚实地面上,用四分法取制备好的试样400~500g(其量应使击实后的试样等于或略高于筒高的1/5)倒入筒内,整平其表面并稍加压紧,然后将其安到多功能自控电动击实仪上,设定所需击实次数,进行第1层试样的击实。第1层击实完后,检查该层高度是否合适,以便调整以后几层的试样用量。用刮土刀或螺丝刀将已击实层的表面"拉毛",然后重复上述做法,进行其余四层试样的击实。最后一层试样击实后,试样超出试筒顶的高度不得大于6mm,超出高度过大的试件应该作废。

4.2.6 用刮土刀沿套环内壁削挖(使试样与套环脱离)后,扭动并取下套环。齐筒顶细心刮平试样,并拆除底板。如试样底面略突出筒外或有孔洞,则应细心刮平或修补。最后用工字形刮平尺齐筒顶和筒底将试样刮平。擦净试筒的外壁,称其质量 m_1。

4.2.7 用脱模器推出筒内试样。从试样内部从上到下取两个有代表性的样品(可将脱出试件用锤打碎后,用四分法采取),测定其含水量,计算至0.1%。两个试样的含水量的差值不得大于1%。所取样品的质量见表T 0804-2(如只取一个样品测定含水量,则样品的质量应为表列数值的两倍)。擦净试筒,称其质量 m_2。

测稳定材料含水量的样品质量　　　　表 T 0804-2

公称最大粒径(mm)	样品质量(g)	公称最大粒径(mm)	样品质量(g)
2.36	约50	37.5	约1000
19	约300		

烘箱的温度应事先调整到110℃左右,以使放入的试样能立即在105~110℃的温度下烘干。

4.2.8 按本方法4.2.3~4.2.7的步骤进行其余含水量下稳定材料的击实和测定工作。凡已用过的试样,一律不再重复使用。

4.3 乙法

在缺乏内径10cm的试筒时,以及在需要与承载比等试验结合起来进行时,采用乙法进行击实试验。本法更适宜于公称最大粒径达19mm的集料。

4.3.1 将已过筛的试料用四分法逐次分小,至最后取出约30kg试料。再用四分法将所取的试料分成5~6份,每份试料的干质量约为4.4kg(细粒土)或5.5kg(中粒土)。

4.3.2 以下各步的做法与本方法4.2.2~4.2.8相同,但应该先将垫块放入筒内底板上,然后加料并击实。所不同的是,每层需取制备好的试样约900g(对于水泥或石灰稳定细粒土)或1100g(对于稳定中粒土),每层的锤击次数为59次。

4.4 丙法

4.4.1 将已过筛的试料用四分法逐次分小,至最后取出约33kg试料。再用四分法将取出的试料分成6份(至少要5份),每份质量约5.5kg(风干质量)。

4.4.2 预定5~6个不同含水量,依次相差0.5%~1.5%。在估计的最佳含水量左右可只差 0.5%~1%[①]。

注:①对于水泥稳定类材料,在最佳含水量附近取0.5%;对于石灰、二灰稳定类材料,根据具体情况在最佳含水量附近取1%。

4.4.3 同4.2.3。

4.4.4 同4.2.4。

4.4.5 将试筒、套环与夯击底板紧密地联结在一起,并将垫块放在筒内底板上。击实筒应放在坚实地面上,取制备好的试样1.8kg左右[其量应使击实后的试样略高于(高出1～2mm)筒高的1/3]倒入筒内,整平其表面,并稍加压紧。然后将其安装到多功能自控电动击实仪上,设定所需锤击次数,进行第1层试样的击实。第1层击实完后检查该层的高度是否合适,以便调整以后两层的试样用量。用刮土刀或螺丝刀将已击实的表面"拉毛",然后重复上述做法,进行其余两试样的击实。最后一层试样击实后,试样超出试筒顶的高度不得大于6mm。超出高度过大的试件应该作废。

4.4.6 用刮土刀沿套环内壁削挖(使试样与套环脱离),扭动并取下套环。齐筒顶细心刮平试样,并拆除底板,取走垫块。擦净试筒的外壁,称其质量 m_1。

4.4.7 用脱模器推出筒内试样。从试样内部由上至下取两个有代表性的样品(可将脱出试件用锤打碎后,用四分法采取),测定其含水量,计算至0.1%。两个试样的含水量的差值不得大于1%。所取样品的数量应不少于700g,如只取一个样品测定含水量,则样品的数量应不少于1400g。烘箱的温度应事先调整到110℃左右,以使放入的试样能立即在105～110℃的温度下烘干。擦净试筒,称其质量 m_2。

4.4.8 按本方法4.4.3～4.4.7进行其余含水量下稳定材料的击实和测定。凡已用过的试料,一律不再重复使用。

5 计算

5.1 按式(T 0804-2)计算每次击实后稳定材料的湿密度。

$$\rho_w = \frac{m_1 - m_2}{V} \quad (\text{T 0804-2})$$

式中:ρ_w——稳定材料的湿密度(g/cm³);
m_1——试筒与湿试样的总质量(g);
m_2——试筒的质量(g);
V——试筒的容积(cm³)。

5.2 按式(T 0804-3)计算每次击实后稳定材料的干密度。

$$\rho_d = \frac{\rho_w}{1 + 0.01w} \quad (\text{T 0804-3})$$

式中:ρ_d——试样的干密度(g/cm³);
w——试样的含水量(%);

5.3 制图

5.3.1 以干密度为纵坐标,以含水量为横坐标,绘制含水量—干密度曲线。曲线必须为凸形的,如试验点不足以连成完整的凸形曲线,则应该进行补充试验。

5.3.2 将试验各点采用二次曲线方法拟合曲线,曲线的峰值点对应的含水量及干密度即为最佳含水量和最大干密度。

5.4 超尺寸颗粒的校正

当试料中大于规定最大粒径的超尺寸颗粒的含量为5%～30%时,按下列各式对试验所得最大干密度和最佳含水量进行校正(超尺寸颗粒的含量小于5%时,可以不进行校正)[①]。

(1)最大干密度按式(T 0804-4)校正。

$$\rho'_{dm} = \rho_{dm}(1 - 0.01p) + 0.9 \times 0.01pG'_a \quad (\text{T 0804-4})$$

式中:ρ'_{dm}——校正后的最大干密度(g/cm³);
ρ_{dm}——试验所得的最大干密度(g/cm³);
p——试样中超尺寸颗粒的百分率(%);
G'_a——超尺寸颗粒的毛体积相对密度。

(2)最佳含水量按式(T 0804-5)校正。

$$w'_0 = w_0(1 - 0.1p) + 0.01pw_a \quad (\text{T 0804-5})$$

式中：w_0'——校正后的最佳含水量(%)；
w_0——试验所得的最佳含水量(%)；
p——试样中超尺寸颗粒百分率(%)；
w_a——超尺寸颗粒的吸水率(%)。

注：①超尺寸颗粒的含量少于5%时，它对最大干密度的影响位于平行试验的误差范围内。

6 结果整理

应做两次平行试验，取两次试验的平均值作为最大干密度和最佳含水量。两次重复性试验最大干密度的差不应超过 $0.05g/cm^3$（稳定细粒土）和 $0.08g/cm^3$（稳定中粒土和粗粒土），最佳含水量的差不应超过 0.5%（最佳含水量小于 10%）和 1.0%（最佳含水量大于 10%）。超过上述规定值，应重做试验，直到满足精度要求。

7 报告

(1) 试样的最大粒径、超尺寸颗粒的百分率；
(2) 无机结合料类型及剂量；
(3) 所用试验方法类别；
(4) 最大干密度（g/cm^3）；
(5) 最佳含水量(%)，并附击实曲线。

【注意事项】

1. 取样。对于含粒料的稳定土，准备试样时，在料场应按部位分点取样，确保试样能够代表母体。在实验室必须严格用四分法将试样缩分至需要的数量，确保试样的均匀性。

2. 方法选择。击实试验用的击实筒有两种规格，试验方法分为甲、乙、丙三种，选用什么规格的试筒和方法，主要依据稳定土中单个颗粒的粒径大小来选用。一般最大粒径达到5mm时，选用小筒并按甲法规定的方法进行试验；最大粒径达到25mm时，可选用小筒并按甲法规定的方法进行试验，也可以选用大筒并按乙法规定的方法进行试验，最大粒径达到40mm时，选用大筒并按丙法规定的方法进行试验。对于超尺寸颗粒应筛除，当含量超过5%时，应对试验所得的最大干密度和最佳含水量进行校正。

3. 水泥加入时间对最大干密度的影响。对水泥稳定土，因为水泥遇水产生水化作用，从加水至击实试验的时间间隔不能过长，间隔的时间愈长，水泥水化作用和凝结硬化的程度愈高，对最大干密度的影响也愈大。例如，水泥稳定砂砾混合料加水后立即进行击实试验，其最大干密度为 $2.37g/cm^3$。加水拌和后，间隔1h进行击实试验，其最大干密度为 $2.30g/cm^3$。间隔4h，其最大干密度为 $2.18g/cm^3$。间隔8h，其最大干密度为 $2.10g/cm^3$，间隔8h最大干密度降低了11%。因此水泥稳定土水泥不能在闷料时加入，必须在击实时加入，拌匀后立即进行击实试验。另外，水泥稳定土含水量试验的试样也要及时烘干，一般在击实试验前应将烘箱温度调至烘干温度，试样取好后，立即放入烘箱烘干。

4. 表面刮平。对于含粒料的中粒土和粗粒土，击实完后，顶面刮平是一个难题，只能称作是整平。整平时应尽量不要扰动试样，用刮刀和板刷细心将可动的颗粒逐个清理掉，以试筒的顶缘为界，目测使凸出部分的体积与凹下部分的体积大体相等即可。

5. 对于含粒料的稳定中粒土和粗粒土含水量测试是否准确，直接关系最大干密度是否真实可靠。因为干密度是通过湿密度和含水量计算出来的，含水量的变化必然导致干密度的变化。对含粒料的稳定土，试样越多，测出的含水量越准确。因此含粒料的稳定土含水量试验的试样数量至少应取击实试样的一半，有条件时应尽量采用全烘。

二、无机结合料稳定材料试件制作方法(圆柱形)
(JTG E51—2009 T 0843—2009)

1 适用范围

本方法适用于无机结合料稳定材料的无侧限抗压强度、间接抗拉强度、室内抗压回弹模量、动态模量、劈裂模量等试验的圆柱形试件。

2 仪器设备

2.1 方孔筛:孔径53mm、37.5mm、31.5mm、26.5mm、4.75mm和2.36mm的筛各1个。

2.2 试模:细粒土,试模的直径×高 = 50mm × 50mm;中粒土,试模的直径×高 = 100mm × 100mm;粗粒土,试模的直径×高 = 150mm × 150mm。

2.3 电动脱模器。

2.4 反力架:反力为400kN以上。

2.5 液压千斤顶:200~1 000kN。

2.6 钢板尺:量程200mm或300mm,最小刻度1mm。

2.7 游标卡尺:量程200mm或300mm。

2.8 电子天平:量程15kg,感量0.1g;量程4 000g,感量0.01g。

2.9 压力试验机:可代替千斤顶和反力架,量程不小于2 000kN,行程、速度可调。

3 试验准备

3.1 试件的径高比一般为1:1,根据需要也可成型1:1.5或1:2的试件。试件成型根据需要的压实度水平,按照体积标准,采用静力压实法制备。

3.2 将具有代表性的风干试料(必要时可用在50℃烘箱内烘干)用木锤捣碎或用木碾碾碎,但应避免破坏粒料的原粒径。按照公称最大粒径的大一级筛,将土过筛并进行分类。

3.3 在预定做试验的前一天,取有代表性的试料测定其风干含水量。对于细粒土,试样应不少于100g;对于中粒土,试样应不少于1 000g;对于粗粒土,试样应不少于2 000g。

3.4 按照规程T 0804—1994确定无机结合料混合料的最佳含水量和最大干密度。

3.5 根据击实结果,称取一定数量的风干土,其质量随试件大小而变。对于φ50mm × 50mm的试件,1个试件约需干土180~210g;对于φ100mm × 100mm的试件,1个试件约需干土1 700~1 900g;对于φ150mm × 150mm的试件,1个试件约需干土5 700~6 000g。

对于细粒土,可以一次称取6个试件的土;对于中粒土,一次宜称取1个试件的土;对于粗粒土,一次只称取一个试件的土。

3.6 将准备好的试料分别装入塑料袋中备用。

4 试验步骤

4.1 调试成型所需的各种设备,检查是否运行正常;将成型用的模具擦拭干净,并涂抹机油,成型中、粗粒土时,试模筒的数量应与每组试件的个数相配套。上下垫块应与试模筒相配套,上下垫块能够刚好放入试筒内上下自由移动且上下垫块完全放入试筒后,试筒内未被上下垫块占用的空间体积能满足径高比为1:1的设计要求。

4.2 对于无机结合料稳定细粒土,至少应该制备6个试件;对于无机结合料稳定中粒土和粗粒土,至少应该分别制备9个和13个试件。

4.3 根据击实结果和无机结合料的配合比按式(T 0843-1)计算每份料的加水量、无机结合料的质量。

4.4 将称好的土放在长方盘(约400mm × 600mm × 70mm)内。向土中加水拌料、闷料。石灰稳定材料、水泥和石灰综合稳定材料、石灰粉煤灰综合稳定材料、水泥粉煤灰综合稳定材料,可将石灰或粉煤灰和土一起拌和,将拌和均匀后的试料放在密闭容器或塑料袋(封口)内浸润备用。

对于细粒土(特别是黏性土),浸润时的含水量应比最佳含水量小3%;对于中粒土和粗粒土,可按最佳含水量加水①;对于水泥稳定类材料,加水量应比最佳含水量小1%~2%。

注①:应加水量可按式(T 0843-1)计算:

$$m_w = \left(\frac{m_n}{1+0.01w_n} + \frac{m_c}{1+0.01w_c}\right) \times 0.01w - \frac{m_n}{1+0.01w_n} \times 0.01w_n - \frac{m_c}{1+0.01w_c} \times 0.01w_c \quad (T\ 0843\text{-}1)$$

式中:m_w——混合料中应加的水量(g);

m_n——混合料中素土(或集料)的质量(g),其含水量为w_n(风干含水量)(%);

m_c——混合料中水泥或石灰的质量(g),其原始含水量为w_c(%)(水泥的w_c通常很小,也可以忽略不计);

w——要求达到的混合料的含水量(%)。

浸润时间要求为:黏质土12~24h,粉质土6~8h,砂性土、砂砾土、红土砂砾、级配砂砾等可以缩短到4h左右,含土很少的未筛分碎石、砂砾及砂可以缩短到2h。浸润时间一般不超过24h。

4.5 在试件成型前1h内,加入预定数量的水泥并拌和均匀。在拌和过程中,应将预留的水(对于细粒土为3%,对于水泥稳定类为1%~3%)加入土中,使混合料达到最佳含水量。拌和均匀的加有水泥的混合料应在1h内按下述方法制成试件,超过1h的混合料应该作废。其他结合料稳定材料,混合料虽不受此限,但也应尽快制成试件。

4.6 用反力架和液压千斤顶,或采用压力试验机制件。

将试模配套的下垫块放入试模的下部,但外露2cm左右。将称量的规定数量m_2的稳定材料混合料分2~3次灌入试模中,每次灌入后用夯棒轻轻均匀插实。如制取$\phi 50mm \times 50mm$的小试件,则可以将混合料一次倒入试模中,然后将与试模配套的上垫块放入试模内,应使其外露2cm左右(即上下垫块露出试模外的部分应该相等)。

4.7 将整个试模(连同上下垫块)放到反力架内的千斤顶上(千斤顶下应放一扁球座)或压力机上,以1mm/min的加载速率加压,直到上下压柱都压入试模为止。维持压力2min。

4.8 解除压力后,取下试模,放到脱模器上将试件顶出。用水泥稳定有黏结性的材料(如黏质土)时,制件后可以立即脱模;用水泥稳定无黏结性细粒土时,最好过2~4h再脱模;对于中、粗粒土的无机结合料稳定材料,也最好过2~6h脱模。

4.9 在脱模器上取试件时,应用双手抱住试件侧面的中下部,然后沿水平方向轻轻旋转,待感觉到试件移动后,再将试件轻轻捧起,放置到试验台上。切勿直接将试件向上捧起。

4.10 称试件的质量m_2,小试件准确至0.01g;中试件准确至0.01g;大试件准确至0.01g。然后用游标卡尺测量试件高度h,准确至0.1mm。检查试件的高度和质量,不满足成型标准的试件作为废件。

4.11 试件称量后立即放在塑料袋中封闭,并用潮湿的毛巾覆盖,移放至养生室。

5 计算

单个试件的标准质量:

$$m_0 = V \times \rho_{max} \times (1 + w_{opt}) \times \gamma \quad (T\ 0843\text{-}2)$$

考虑到试件成型过程中的质量损耗,实际操作过程中每个试件的质量可增加0~2%,即:

$$m_0' = m_0 \times (1 + \delta) \quad (T\ 0843\text{-}3)$$

每个试件的干料(包括土和无机结合料)总质量:

$$m_1 = \frac{m_0'}{1 + w_{opt}} \quad (T\ 0843\text{-}4)$$

每个试件中无机结合料质量:

外掺法：

$$m_2 = m_1 \times \frac{\alpha}{1+\alpha} \qquad (T\ 0843\text{-}5)$$

内掺法：

$$m_2 = m_1 \alpha \qquad (T\ 0843\text{-}6)$$

每个试件的干土质量：

$$m_3 = m_1 - m_2 \qquad (T\ 0843\text{-}7)$$

每个试件的加水量：

$$m_w = (m_2 + m_3) w_{opt} \qquad (T\ 0843\text{-}8)$$

验算：

$$m'_0 = m_2 + m_3 + m_w \qquad (T\ 0843\text{-}9)$$

式中：V——试件体积（cm^3）；
w_{opt}——混合料最佳含水量（%）；
ρ_{max}——混合料最大干密度（g/cm^3）；
γ——混合料压实度标准（%）；
m_0、m'_0——混合料质量（g）；
m_1——干混合料质量（g）；
m_2——无机结合料质量（g）；
m_3——干土质量（g）；
δ——计算混合料的冗余量（%）；
α——无机结合料的掺量（%）；
m_w——加水质量（g）。

6 结果整理

6.1 小试件的高度误差范围为 -0.1~0.1cm，中试件的高度误差范围应为 -0.1~0.15cm，大试件的高度误差范围为 -0.1~0.2cm。

6.2 质量损失：小试件应不超过标准质量5g，中试件应不超过25g，大试件应不超过50g。

三、无机结合料稳定材料养生试验方法
（JTG E51—2009　T 0845—2009）

1 适用范围

1.1 本方法适用于水泥稳定材料类和石灰、二灰稳定材料类的养生。

1.2 标准养生方法是指无机结合料稳定类材料在规定的标准温度和湿度环境下强度增长的过程。快速养生是为了提高试验效率，采用提高养生温度缩短养生时间的养生方法。

1.3 本方法规定了无机结合料稳定类材料的标准养生和快速养生的试验方法和步骤。在采用快速养生时，应建立快速养生条件下与标准养生条件下，混合料的强度发展的关系曲线，并确定标准养生的长龄期强度对应的快速养生段龄期。

2 仪器设备

2.1 标准养护室：标准养护室温度 20±2℃，相对湿度在95%以上。

2.2 高温养护室：能保持试件养生温度60±1℃，相对湿度95%以上。容积能满足试验要求。

3 试验步骤

3.1 标准养生方法

3.1.1 试件从试模内脱出并量高称质量后，中试件和大试件应装入塑料袋内。试件装入塑料袋后，将袋内的空气排除干净，扎紧袋口，将包好的试件放入养护室。

3.1.2 标准养生的温度为20±2℃,相对湿度95%以上。试件宜放在铁架或木架上,间距至少10mm~20mm。试件表面应保持一层水膜,并避免用水直接冲淋。

3.1.3 对于无侧限抗压强度试验,标准养生龄期是7d,最后一天浸水。弯拉强度、间接抗拉强度,水泥稳定材料类的标准养生龄期为90d,石灰稳定材料类的标准养生龄期为180d。

3.1.4 在养生期的最后一天,将试件取出,观察试件的边角有无磨损和缺块,并量高称质量,然后将试件浸泡于20±2℃水中,应使水面在试件顶上约2.5cm。

3.2 快速养生法(略)

四、无机结合料稳定材料无侧限抗压强度试验方法
(JTG E51—2009 T 0805—1994)

1 适用范围

本方法适用于测定无机结合料稳定材料(包括稳定细粒土、中粒土和粗粒土)试件的无侧限抗压强度。

2 仪器设备

2.1 标准养护室。

2.2 水槽:深度应大于试件高度50mm。

2.3 压力机或万能试验机(也可用路面强度试验仪和测力计):压力机应符合现行《液压式压力试验机》(GB/T 3722)及《试验机通用技术要求》(GB/T 2611)中的要求,其测量精度为±1%,同时应具有加载速率指示装置或加载速率控制装置。上下压板平整并有足够刚度,可以均匀地连续加载卸载,可以保持固定荷载。开机停机灵活自如,能够满足试件吨位要求,且压力机加载速率可以有效控制在1mm/min。

2.4 电子天平:量程15kg,感量0.1g;量程4kg,感量0.01g。

2.5 量筒、拌和工具、漏斗、大小铝盒、烘箱等。

2.6 球形支座。

2.7 机油:若干。

3 试件制备和养护

3.1 细粒土,试模的直径×高 = $\phi 50mm \times 50mm$;中粒土,试模的直径×高 = $\phi 100mm \times 100mm$;粗粒土,试模的直径×高 = $\phi 150mm \times 150mm$。

3.2 按照本规程 T 0843—2009 方法成型径高比为1:1的圆柱体试件。

3.3 按照本规程 T 0845—2009 的标准养生方法进行7d的标准养生。

3.4 将试件两顶面用刮刀刮平,必要时可用快凝水泥砂浆抹平试件顶面。

3.5 为保证试验结果的可靠性和准确性,每组试件的数目要求为:小试件不少于6个;中试件不少于9个;大试件不少于13个。

4 试验步骤

4.1 根据试验材料的类型和一般的工程经验,选择合适量程的测力计和压力机,试件破坏荷载应大于测力量程的20%,且小于测力量程的80%。球形支座和上下压板涂上机油,使球形支座能灵活转动。

4.2 将已浸水一昼夜的试件从水中取出,用软的旧布吸去试件表面的水分,并称试件的质量 m_4。

4.3 用游标卡尺测量试件的高度 h,准确到0.1mm。

4.4 将试件放到路面材料强度试验仪或压力机上,并在升降台上先放一扁球座,进行抗压试验。试验过程中,应保持加载速率为1mm/min。记录试件破坏时的最大压力 $P(N)$。

4.5 从试件内部取有代表性的样品(经过打破),按照本规程 T 0801—2009 方法,测定其含水量 w。

5 计算

试件的无侧限抗压强度按式(T 0801-1)计算。

$$R_c = \frac{P}{A} \qquad (\text{T 0805-1})$$

式中:R_c——试件的无侧限抗压强度(MPa);
P——试件破坏时的最大压力(N);
A——试件的截面积(mm^2)。

6 结果整理

6.1 抗压强度保留 1 位小数。

6.2 同一组试件试验中,采用 3 倍均方差方法剔除异常值,小试件可以允许有 1 个异常值,中试件 1~2 个异常值,大试件 2~3 个异常值。异常值数量超过上述规定的试验重做。

6.3 同一组试验的变异系数 C_V(%)符合下列规定,方为有效试验:小试件 C_V≤6%;中试件 C_V≤10%;大试件 C_V≤15%。如不能保证试验结果的变异系数小于规定的值,则应按允许误差 10%和 90%概率重新计算所需的试件数量,增加试件数量并另做新试验。新试验结果与老试验结果一并重新进行统计评定,直到变异系数满足上述规定。

7 报告

(1)材料的颗粒组成;
(2)水泥的种类和强度等级,或石灰等级;
(3)重型击实的最佳含水量和最大干密度;
(4)无机结合料类型及剂量;
(5)试件干密度(保留 3 位小数)或压实度;
(6)吸水量以及测抗压强度时的含水量;
(7)抗压强度,保留 1 位小数;
(8)若干个试验结果的最小值和最大值、平均值 $\bar{R}_C$、标准差 S、偏差系数 C_V 和 95%保证率的值 $R_{C0.95} = (\bar{R}_C - 1.645S)$。

【注意事项】

1. 对含粒料的中粒土和粗粒土,试样必须用四分法缩分至需要的数量,使土的颗粒组成符号级配要求,减小由于离析引起的材料的不均匀性。

2. 试验规程规定:"事先在试模内壁和上下压柱的底面涂一薄层机油",其目的在于防止出现黏模现象,但油层过厚会影响水浸入。最好是用略带油的棉纱擦一遍即可,以不粘模为度。

3. 装料。在装料时,应用垫块将试模垫起,使下压头露出长度与上压头露出长度大体相当,使成型的试件上下密实度相同。对无机结合料稳定中粒土和粗粒土,试样应分层装入,分层插捣密实,捣实时应先周边后中间。装最后一层时,应预留少许细料,在插捣完后加入预留的细料整平,使试件的外表平整光滑无凹陷。

4. 养生。规程规定:试件应采用"保温保湿养生",一般在养生箱或养生室进行,但保湿效果较差,最好是即将试件装入塑料袋,绑紧袋口,再放入养生箱或养生室,在规定的温度和湿度条件下养生。这样既可以防止水分蒸发,保证养生需要的水分,也可以防止外部水浸入试件而损伤试件。

5. 测强度。试件经24h浸水处理后,将试件从水中取出用潮湿的软布擦干表面,称重、量高后,应立即进行抗压强度试验,在空气中放置时间不宜过长。当用压力机测抗压强度时,应严格控制加载速度。

6. 规程规定:"从试件内取有代表性的样品(经过打破)测定其含水量W_1",但此含水量在记录表中没有反映,似乎没有什么用处。其实不然。虽然规程规定试件脱模后要测高度,但没有规定高度允许误差,只规定"准确到0.1mm",原因是无机结合料稳定土抗压强度试验,要求试件的干密度必须与施工要求达到的最低压实度的干密度一致,即试件的干密度=最大干密度×压实度。而试件的干密度除受高度影响外,还受含水量的影响,所以用试件的高度控制其干密度是不全面的。因此压坏的试件的含水量和干密度是否符合要求,应由压坏的试件实测含水量,并与养生前试件的实测高度和质量计算的湿密度计算干密度。其所以要求从压坏试件内部取样,主要考虑浸水后试样内部的含水量一般无变化,或变化较小,具有代表性,由此计算的干密度较接近实际。但无论如何误差不可避免,规程对此仍无规定。

由于试件成型一般都采用静压法,当上下压头压入至与试模上下口齐平,并稳定一定的时间卸载后,由于回弹作用,试件的高度大于规定的高度,有时回弹值大到几个毫米,这样试件的干密度将变小,强度将下降。解决的办法是成型时,在上压头上加放直径与压头直径相等的薄金属片,加几层应通过试验确定,通过适当的过压使试件的高度接近规定值。

7. 规程要求计算"95%概率的(强度)值$R_{C0.95}=\bar{R}-1.645S$",该公式的几何意义请参考水泥混凝土配合比设计中的正态分布图,如果将$\bar{R}$视为混凝土的试配强度,$R_{C0.95}$就是试验标准差为S时,满足95%强度保证率要求的最小强度值。该强度值可作为施工质量的最小强度控制值,一般施工抽检强度不能低于该值。否则认为质量不合格。对于二级及以下公路因保证率为90%,保证率系数应取1.282。

五、无机结合料稳定材料室内抗压回弹模量试验方法(顶面法)
(JTG E51—2009 T 0808—1994)

1 适用范围

本试验方法适用于在室内对无机结合料稳定材料试件进行抗压回弹模量的试验。

2 仪器设备

2.1 压力机或万能试验机(也可用路面强度试验仪和测力计):压力机应符合现行《液压式压力试验机》(GB/T 3722)及《试验机通用技术要求》(GB/T 2611)中的要求,其测量精度为±1%,同时应具有加载速率指示装置或加载速率控制装置。上下压板平整并有足够刚度,可以均匀地连续加载卸载,可以保持固定荷载。开机停机均灵活自如,能够满足试件吨位要求,且压力机加载速率可以有效控制在1mm/min。

2.2 测形变装置:圆形金属平面加载顶板和圆形金属平面加载底板,板的直径应大于试件的直径,底板直径线两侧有立柱,立柱上装有千分表夹,也可以直接利用直径152mm击实筒的底座。

2.3 千分表(1/1 000mm):2只(或相同精度的位移传感器,2个),也可采用数据采集系统,包括荷载传感器(1个)、位移传感器(2个)、荷载计数器以及数据采集仪。

2.4 标准养护室。

2.5 水槽:深度应大于试件高度50mm。

2.6 天平:量程4 000g,感量0.01g;量程15kg,感量0.1g。

2.7 机油:若干。

2.8 球形支座。
2.9 适合测量范围的测力计。
2.10 圆形钢板。

3 试件制备和养护

3.1 细粒式和中粒式混合料成型 $\phi 100mm \times 100mm$ 试件,粗粒式混合料成型 $\phi 150mm \times 150mm$ 试件。

3.2 按照本规程 T 0804—1994 确定无机结合料稳定材料的最佳含水量和最大干密度。

3.3 试件数量:对于无机结合料稳定细粒土,应制备不少于 6 个试件,并要求模量试验结果的变异系数不超过 10%;对于无机结合料稳定中粒土,应制备不少于 9 个试件,并要求模量试验结果的变异系数不超过 10%;对于无机结合料稳定粗粒土,应制备不少于 15 个试件,并要求模量试验结果的变异系数不超过 15%。

3.4 按照本规程 T 0843—2009 方法制备试件。

3.5 按照本规程 T 0845—2009 标准养生方法进行养生,水泥稳定类土养生龄期为 90d,石灰或粉煤灰稳定类土养生龄期为 180d。

3.6 圆柱形试件的两个端面应用水泥净浆彻底抹平。将试件直立桌上,在上端面用早强高强水泥净浆薄涂一层后,在表面撒少量 0.25~0.5mm 的细砂,用直径大于试件的平面圆形钢板放在顶面,加压旋转圆钢板,使顶面齐平。边旋转边平移并迅速取下钢板。如有净浆被钢板粘去,则重新用净浆抹平,并重复上述步骤。一个端面整平后,放置 4h 以上,然后将另一端面同样整平。整平应该达到:加载板放在试件顶面后,在任一方向都不会翘动。试件整平后放置 8h 以上。

3.7 将端面已经处理平整的试件饱水 24h,水面高于试件顶面约 2.5cm。

4 试验步骤

4.1 根据试验材料的类型和一般的工程经验,选择合适量程的测力计和试验机,对被测试件施加的压力应在量程的 20%~80% 范围内。如采用压力机系统,需要调试设备,设定好加载速率。

4.2 加载板上的计算单位压力的选定值:对于无机结合料稳定基层材料,用 0.5~0.7MPa;对于无机结合料稳定底基层材料,用 0.2~0.4MPa。实际加载的最大单位压力应略大于选定值。

4.3 将试件浸水 24h 后从水中取出,并用布擦干后放在加载底板上,在试件顶面撒少量 0.25~0.5mm 的细砂,并手压加载顶板在试件顶面边加压边旋转,使细砂填补表面微观的不平整处,并使多余的砂流出,以增加顶板与试件的接触面积。

4.4 安置千分表,使千分表的脚支在加载顶板直径线的两侧并离试件中心距离大致相等。

4.5 将带有试件的测变形装置放到路面材料强度试验仪的升降台上(也可以先将测变形装置放在升降台上再安置试件和千分表),调整升降台的高度,使测力环下端的压头中心与加载板的中心接触。

4.6 预压:先用拟施加的最大载荷的一半进行两次加载卸载预压试验,使加载顶板与试件表面紧密接触。每两次卸载后等待 1min,然后将千分表的短指针调到中间位置,并将长指针调到 0,记录千分表的原始读数。

4.7 回弹变形测量:将预定的单位压力分成 5~6 等份,作为每次施加的压力值。实际施加的荷载应较预定级数增加 1 级。施加第 1 级荷载(如为预定最大荷载的 1/5),待荷载作用达 1min 时,记录千分表的读数,同时卸去荷载,让试件的弹性变形恢复。到 0.5min 时记录千分表的读数,施加第 2 级荷载(为预定最大荷载的 2/5),同前,待荷载作用 1min 时,记录千分表的读数,卸去荷载。卸荷后达 0.5min 时,再记录千分表的读数,并施加第 3 级荷载。如此逐级进行,直至记录下最后一级荷载下的回弹变形。

5 计算

5.1 按式(T 0808-1)计算每级荷载下的回弹变形 l。

$$l = 加荷时读数 - 卸荷后读数 \qquad (T\ 0808\text{-}1)$$

5.2 以单位压力 p 为横坐标(向右),回弹形变 l 为纵坐标(向下),绘制 p 与 l 的关系曲线,修正曲线开始段的虚假变形。修正时,一般将第1个和第2个试验点取成直线,并延长此直线与纵坐标轴相交,此点即为新原点。

5.3 用加载板上的计算单位压力 p 以及与其相应的回弹形变 l 按式(T 0808-2)计算回弹模量。

$$E_c = \frac{ph}{l} \qquad (T\ 0808\text{-}2)$$

其中,E_c 为抗压回弹模量(MPa);p 为单位压力(MPa);h 为试件高度(mm);l 为试件回弹变形(mm)。

6 结果整理

6.1 抗压回弹模量用整数表示。

6.2 同一组试件试验中,采用3倍均方差方法剔除异常值,大试件2~3个异常值。异常值数量超过上述规定的试验重做。

6.3 对于无机结合料稳定细粒土、中粒土,变异系数不超过10%;粗粒土,变异系数不超过15%。如不能保证变异系数小于上述规定,则还应按允许误差10%和90%概率重新计算增加试件数量,并另做新试验。新试验结果与老试验结果一并重新进行统计评定,直到变异系数满足上述规定。

7 报告

(1)集料的颗粒组成;

(2)水泥的种类和强度等级,或石灰的有效钙和氧化镁含量(%);

(3)重型击实的最佳含水量(%)和最大干密度(g/cm³);

(4)无机结合料类型及剂量;

(5)试件干密度或压实度;

(6)吸水量以及测抗压回弹模量时的含水量(%);

(7)抗压回弹模量(MPa),用整数表示;

(8)n 个试验结果的最小值和最大值、平均值 $\bar{E}_c$、标准差 S 和变异系数 C_V(%)。

【注意事项】

1. 回弹模量试验结果的偏差系数通常比较大,因此从备料、制备试件到回弹模量试验都必须仔细进行,则可将试验结果的偏差系数控制在规定值以内(细粒土20%;中粒土和粗粒土25%)。如果偏差系数超过规定值,应增加试件数量。

2. 车轮荷载作用在面层上的单位压力为0.7MPa。当基层上为薄沥青面层时,基层顶面所受的单位压力接近0.7MPa;当沥青面层比较厚时,基层顶面的单位压力不超过0.5MPa。所以承载板上的计算单位压力(也就是计算回弹模量时用的单位压力)取0.5~0.7MPa。同理,确定底基层混合料的回弹模量时,计算单位压力取0.2MPa(高等级公路)~0.4MPa(一般公路)。

3. 试件顶面的平整度及上下两面平行程度是取得比较好的试验结果的关键。

对承载板法,应用小圆板仔细将试件中心表面研磨平整,必要时可用细砂填充表面的小孔隙,使承载板与试样表面充分接触,并"使加砝码端略向下倾"。下倾的原因是加砝码后,杠杆由水平状态转向倾斜,势必使承载板产生倾斜,所以开始安装时就使其适当倾斜,确保一开始试样表面就均匀受力。

对于顶面法,用水泥浆抹平试件顶面,均匀撒布细砂,用加载板反复用力旋转整平,使试件顶面与加载钢板完全接触,不能有翘动和脱空现象。

六、无机结合料稳定材料冻融试验方法
（JTG E51—2009　T 0858—2009）

1　适用范围

本方法适用于无机结合料稳定材料的抗冻性评价。半刚性基层材料的抗冻性以规定龄期（28d 或 180d）的半刚性基层材料在经过数个冻融循环后的饱水无侧限抗压强度与冻前饱水无侧限抗压强度之比来评价。

2　仪器设备

2.1　游标卡尺。

2.2　低温箱：控温 -18℃，控温精度 ±1℃。

2.3　控温水槽：控温 20℃，控温精度 ±1℃。

2.4　天平：感量 0.01g。

2.5　压力机或万能试验机（也可用路面强度试验仪和测力计）：压力机应符合现行《液压式压力试验机》（GB/T 3722）及《试验机通用技术要求》（GB/T 2611）中的要求，其测量精度为 ±1%，同时应具有加载速率指示装置或加载速率控制装置。上下压板平整并有足够刚度，可以均匀地连续加载卸载，可以保持固定荷载。开机停机灵活自如，能够满足试件吨位要求，且压力机加载速率可以有效控制在 1mm/min。

3　试件制备与养护

3.1　试件采用 1∶1 的圆柱形试件。无机结合料稳定细粒土、中粒土、粗粒土均采用 ϕ150mm × 150mm 的圆柱形试件。

3.2　按照本规程 T 0804—1994 确定无机结合料稳定材料的最佳含水量和最大干密度。

3.3　按照本规程 T 0843—2009 方法制备 18 个 ϕ150mm × 150mm 的标准试件，其中 9 个为冻融试件，9 个为不冻融对比试件。

3.4　按照本规程 T 0845—2009 的标准养生条件进行养生。冻融 5 次循环的试件，标准养生 28d；冻融 10 次循环的试件，标准养生 180d。

3.5　养生期的最后 1d，应该将试件浸泡在水中，水面高于试件顶面 2.5cm。在浸泡于水中之前，应再次称试件的质量 m_3。

4　操作流程

4.1　浸水完毕后，取出试件，用湿布擦除表面的水分，称质量；用游标卡尺测量试件的高度，精确至 0.1mm。

4.2　其中一组试件按本规程 T 0805—1994 方法测定非冻融条件下的无侧限抗压强度 R_C。

4.3　取其中冻融的一组试件，按编号置入低温箱开始冻融试验。低温箱的温度为 -18℃，冻结时间为 16h，保证试件周围至少留有 20mm 空隙，以利于冷空气流通。冻结试验结束后，取出试件，量高、称质量；然后立即放入 20℃ 的水槽中进行融化，融化时间为 8h。槽中水面应至少高出试件表面 20mm，融化完毕，取出试件擦干后量高、称质量，该次冻融循环即结束。然后放入低温箱进行第二次冻融循环。

4.4　如试件的平均损失率超过 5%，即可停止其冻融循环试验。

4.5　试件达到规定的冻融循环次数后，按照本规程 T 0805—1994 方法进行冻融后的抗压强度（R_{DC}）试验。抗压试验前称试件质量并进行外观检查。详细记录试件表面破损、裂缝及边角缺损情况。

5　计算

半刚性材料的抗冻性指标按式（T 0858-1）、式（T 0858-2）计算。

$$BDR = \frac{R_{DC}}{R_C} \times 100 \qquad (T\ 0858\text{-}1)$$

式中:BDR——经 n 次冻融循环后试件的抗压强度损失(%);
R_{DC}——n 次冻融循环后试件的抗压强度(MPa);
R_C——对比试件的抗压强度(MPa)。

$$W_n = \frac{m_0 - m_n}{m_n} \times 100 \qquad (T\ 0858\text{-}2)$$

式中:W_n——n 次冻融循环后的试件质量变化率(%);
m_0——冻融循环前试件的质量(g);
m_n——n 次冻融循环后试件的质量(g)。

6 报告

试验报告应包括以下内容:
(1)材料的颗粒组成;
(2)水泥的种类和强度等级,或石灰的等级;
(3)重型击实的最佳含水量和最大干密度;
(4)无机结合料类型及剂量;
(5)试件的干密度(保留3位小数)或压实度;
(6)吸水量以及测抗压强度试验时的含水量;
(7)非冻融条件下的抗压强度和冻融条件下的抗压强度,保留1位小数;
(8)若干个试验结果的最小值和最大值、平均值 $\bar{R}_{DC}$、标准差 S、变异系数 C_V 和 95% 概率的值 $\bar{R}_{DC0.95}$($\bar{R}_{DC0.95} = \bar{R}_{DC} - 1.645S$)。

第七章　水泥混凝土及砂浆

混凝土是由胶凝材料水泥、水和粗、细集料按适当的比例配合、拌和成拌合物,经一定时间凝结硬化而成的人造石材。

砂浆是由胶凝材料水泥、水和细集料按适当的比例配合、拌和成拌合物,经一定时间凝结硬化而成的人造石材。

水泥混凝土常见的分类方法有以下几种:

1. 按干密度的大小分

(1)轻混凝土:干表观密度小于2 000kg/m³。它又可以分为以下3类:

①轻集料混凝土,其表观密度在800～2 000kg/m³范围内,是用浮石、火山渣、陶粒、膨胀珍珠岩、膨胀矿渣、煤渣等轻集料配合而成。

②多孔混凝土(泡沫混凝土、加气混凝土),其表观密度在300～1 200kg/m³范围内。泡沫混凝土是由水泥浆或水泥砂浆与稳定的泡沫制成。加气混凝土是由水泥、水和发气剂制成。

③大孔混凝土,其组成中一般没有细集料。

(2)普通混凝土:由天然砂、卵石或碎石为集料的混凝土,一般干密度为2 000～2 800kg/m³(通常在2 350～2 800kg/m³范围内波动),是道路路面和桥梁结构中最常用的混凝土。

(3)重混凝土:干表观密度大于2 800kg/m³,是用特别致密、表观密度特别大的骨料配制而成,如重晶石混凝土、钢屑混凝土等,具有屏蔽各种射线辐射的性能。

2. 按流动性大小分

(1)干硬性混凝土:混凝土拌合物的坍落度小于10mm,且需用维勃稠度(s)表示其稠度的混凝土。

(2)塑性混凝土:混凝土拌合物的坍落度为10～90mm的混凝土。

(3)流动性混凝土:混凝土拌合物的坍落度为100～150mm的混凝土。

(4)大流动性混凝土:混凝土拌合物的坍落度大于或等于160mm的混凝土。

3. 按强度高低分类

(1)低强混凝土:强度等级小于C20的混凝土。

(2)中强度混凝土:强度等级在C20～C55的混凝土。

(3)高强混凝土:强度等级大于或等于C60的混凝土。

(4)超高强混凝土:强度等级大于或等于C100的混凝土。

4. 按使用性能分为

(1)普通性能混凝土:以抗压强度为设计指标的混凝土。

(2)特种混凝土:满足不同工程特殊需要的各种混凝土,包括防水混凝土、抗硫酸盐侵蚀混凝土、喷射混凝土、纤维混凝土和聚合物混凝土等。

(3)高性能混凝土:用普通混凝土材料配制不出的混凝土,除满足设计强度要求外,还要满足各种耐久性要求。

混凝土具有许多优点,可以根据不同的要求配制不同性能的混凝土;在凝结前具有良好的可塑性,可以浇注成各种形状和大小的构件或结构物;与钢筋有牢固的黏结力,能制作钢筋混凝土结构和构件;硬化后有比较高的强度和良好耐久性;其粗、细集料可以就地取材,成本低。但混凝土也有抗拉强度低、容易开裂、自重大等缺点。

由于混凝土的上述优点,使它成为公路工程建设中应用最广泛、用量最大的建筑材料之一。随着现代高等级公路的发展,水泥混凝土不但是桥涵工程的主要建筑材料,而且还成为高等级路面的主要建筑材料。

第一节 混凝土的技术性质及试验

一、拌合物的技术性质及试验

新拌和的混凝土,在未凝结硬化以前,称为混凝土拌合物。混凝土拌合物必须具有良好的工作性(和易性)、较小的含气量和合适的凝结时间,经过适当的振动能形成密实、均匀、稳定的混凝土体,在凝结硬化后具有足够的强度和耐久性,以满足工程设计和使用要求。

1. 混凝土的拌和与现场取样方法

由混凝土组成材料,按规定的拌和方法拌和而成的混合物称为混凝土拌合物。在进行混凝土拌合物试验时必须拌制混凝土拌合物,或从现场直接取拌和好的拌合物。由于混凝土具有非均匀性,拌和时投料的顺序、拌和方式、取样方式、取样位置等不同,拌合物的试验结果则不同,所以应执行统一规定。

水泥混凝土拌合物的拌和与现场取样方法
（JTG E30—2005　T 0521—2005）

1　目的、适用范围和引用标准

本方法规定了在常温环境中室内水泥混凝土拌合物的拌和与现场取样方法。

轻质水泥混凝土、防水水泥混凝土、碾压水泥混凝土等其他特种水泥混凝土的拌和与现场取样方法,可以参照本方法进行,但因其特殊性所引起的对试验设备及方法的特殊要求,均应遵照对这些水泥混凝土的有关技术规定进行。

引用标准

JG/T 3020—1994　《混凝土试验用振动台》

2　仪器设备

(1)搅拌机:自由式或强制式。

(2)振动台:标准振动台,符合《混凝土试验用振动台》的要求。

(3)磅秤:感量满足称量总量1%的磅秤。

(4)天平:感量满足称量总量0.5%的天平。

(5)其他:铁板、铁铲等。

3　材料

3.1　所有材料均应符合有关要求,拌和前材料应放置在温度20℃±5℃的室内。

3.2　为防止粗集料的离析,可将集料按不同粒径分开,使用时再按一定比例混合。试样从抽取至试验完毕过程中,不要风吹日晒,必要时应采取保护措施。

4　拌和步骤

4.1　拌和时保持室温20℃±5℃。

4.2 拌合物的总量至少应比所需量高20%以上。拌制混凝土的材料用量应以质量计,称量的精确度:集料为±1%,水、水泥、掺和料和外加剂为±0.5%。

4.3 粗集料、细集料均以干燥状态为基准,计算用水量时应扣除粗集料、细集料的含水量。

注:干燥状态是指细集料含水量小于0.5%和粗集料含水量小于0.2%。

4.4 外加剂的加入

对于不溶于水或难溶于水且不含潮解型盐类的外加剂,应先和一部分水泥拌和,以保证充分分散。

对于不溶于水或难溶于水但含潮解型盐类的外加剂,应先和细集料拌和。

对于水溶性或液体的外加剂,应先和水拌和。

其他特殊外加剂,应遵守有关规定。

4.5 拌制混凝土所用各种用具,如铁板、铁铲、抹刀,应预先用水润湿,使用完后必须清洗干净。

4.6 使用搅拌机前,应先用少量砂浆进行涮膛,再刮出涮膛砂浆,以避免正式拌和混凝土时水泥砂浆黏附筒壁的损失。涮膛砂浆的水灰比及砂灰比,应与正式的混凝土配合比相同。

4.7 用搅拌机拌和时,拌和量宜为搅拌机公称容量1/4~3/4之间。

4.8 搅拌机搅拌

按规定称好原材料,往搅拌机内顺序加入粗集料、细集料、水泥。开动搅拌机,将材料拌和均匀,在拌和过程中徐徐加水,全部加料时间不宜超过2min。水全部加入后,继续拌和约2min,而后将拌合物倾出在铁板上,再经人工翻拌1~2min,务必使拌合物均匀一致。

4.9 人工拌和

采用人工拌和时,先用湿布将铁板、铁铲润湿,再将称好的砂和水泥在铁板上拌匀,加入粗集料,再混合搅拌均匀。而后将此拌合物堆成长堆,中心扒成长槽,将称好的水倒入约一半,将其与拌合物仔细拌匀;再将材料堆成长堆,扒成长槽,倒入剩余的水,继续进行拌和,来回翻拌至少6遍。

4.10 从试样制备完毕到开始做各项性能试验不宜超过5min(不包括成型试件)。

5 现场取样

5.1 新混凝土现场取样:凡由搅拌机、料斗、运输小车以及浇制的构件中采取新拌混凝土代表性样品时,均须从3处以上的不同部位抽取大致相同分量的代表性样品(不要抽取已经离析的混凝土),集中用铁铲翻拌均匀,而后立即进行拌合物的试验。拌合物取样量应多于试验所需数量的1.5倍,其体积不小于20L。

5.2 为使取样具有代表性,宜采用多次采样的方法,最后集中用铁铲翻拌均匀。

5.3 从第一次取样到最后一次取样不宜超过15min。取回的混凝土拌合物应经过人工再次翻拌均匀,而后进行试验。

【注意事项】

(1)"涮膛"。用拌和机拌和时,为了防止正式拌料时,因水泥砂浆黏附拌和筒和搅拌齿造成的砂浆损失,应先用不少于10L的砂浆对拌和机进行"涮膛"处理。即加入水泥和沙子,干拌均匀后加入水,搅拌适当的时间,打开出料口将砂浆刮出。涮膛砂浆按拟拌和混凝土的水灰比和砂灰比配制,刮出的涮膛砂浆作废料处理。

(2)投料顺序。一般投料顺序为细集料、水泥、外加剂,拌和均匀后,加粗集料,拌和均匀,加水拌和规定的时间。加粗集料和水应在不停机的情况下进行。

(3)相对湿度。空气中实际所含水蒸气的压强和相同温度下饱和水蒸气压强的百分比,称做相对湿度。通常相对湿度用温湿度计测量。

(4)规程规定现场取样"从3处以上的不同部位……",而GB/T 50080—2002规定"在同一盘或同一车混凝土中的约 1/4 处、1/2 处和 3/4 处之间分别取样",即两个取样点(或部位)。

2. 工作(和易)性

混凝土的工作性原称和易性,其含义包括流动性、可塑性、稳定性和易密性。和易性是指混凝土拌合物易于拌和、运输、浇灌、捣实的性能,是一项综合的技术性质,包括流动性、黏聚性和保水性。考虑到试验规程仍使用流动性、黏聚性、保水性的和易性概念,在此将三者一并介绍。

流动性是指混凝土拌合物在本身自重或施工机械振捣的作用下,能产生流动,均匀地填充模板,形成密实的混凝土体的性能。

黏聚性是指混凝土拌合物在施工过程中其组成材料之间有一定的黏聚力,在一系列工艺过程中流而不散,不产生分层和离析的现象。

保水性是指混凝土拌合物在施工过程中,具有一定的保水能力,不致产生严重的泌水现象。发生泌水现象的混凝土拌合物,由于水分分泌出来会形成容易透水的孔隙,而影响混凝土的密实性,降低质量。

混凝土拌合物的流动性、黏聚性和保水性各自有不同的含义,它们之间有互相联系的一面,也有发生矛盾的一面。因此,所谓混凝土和易性调整,就是平衡三者之间的矛盾。

目前,尚没有能够全面反映混凝土拌合物和易性的测定方法。在工地和试验室,通常用坍落度仪法和维勃仪法测定拌合物的流动性,并辅以直观经验评定黏聚性和保水性。坍落度仪法适用于测定集料粒径不大于 40mm、坍落度不小于 10mm 的混凝土拌合物的流动性;维勃仪法适用于测定集料粒径不大于 40mm、维勃稠度 5~30s 的混凝土拌合物的流动性。

水泥混凝土拌合物稠度试验方法(坍落度仪法)
(JTG E30—2005 T 0522—2005)

1 目的、适用范围和引用标准

本方法规定了采用坍落度仪测定水泥混凝土拌合物稠度的方法和步骤。

本方法适用于坍落度大于 10mm、集料公称最大粒径不大于 31.5mm 的水泥混凝土的坍落度测定。

引用标准:

JG 3019—1994　　《水泥混凝土试模》
JG 3021—1994　　《水泥混凝土坍落度仪》
GB/T 50080—2002　《普通混凝土拌合物性能试验方法标准》
T 0521—2005　　　《水泥混凝土拌合物的拌和与现场取样方法》

2 仪器设备

(1)坍落筒:如图 T 0522-1 所示,符合《水泥混凝土坍落度仪》中有关技术要求。坍落筒为铁板制成的截头圆锥筒,厚度不小于 1.5mm,内侧平滑,没有铆钉头之类的突出物,在筒上方约 2/3 高度处有两个把手,近下端两侧焊有两个踏脚板,保证坍落筒可以稳定操作,坍落筒尺寸如表 T 0522-1。

坍落筒尺寸　　　　　　　　　表 T 0522-1

集料公称最大粒径 (mm)	筒的名称	筒的内部尺寸(mm)		
		底面直径	顶面直径	高度
<31.5	标准坍落筒	200±2	100±2	300±2

(2)捣棒:符合《水泥混凝土坍落度仪》(JG 3021)中有关技术要求,为直径16mm、长约600mm并具有半球形端头的钢质圆棒。

(3)其他:小铲、木尺、小钢尺、馒刀和钢平板等。

3 试验步骤

3.1 试验前将坍落筒内外洗净,放在经水润湿过的平板上(平板吸水时应垫以塑料布),踏紧踏脚板。

3.2 将代表样分三层装入筒内,每层装入高度稍大于筒高的1/3,用捣棒在每一层的横截面上均匀插捣25次。插捣在全部面积上进行,沿螺旋线由边缘至中心;插捣底层时插至底部,插捣其他两层时,应插透本层并插入下层约20~30mm;插捣须垂直压下(边缘部分除外),不得冲击。在插捣顶层时,装入的混凝土应高出坍落筒口,随插捣过程随时添加拌合物。当顶层插捣完毕后,将捣棒用锯和滚的动作,清除掉多余的混凝土,用馒刀抹平筒口,刮净筒底周围的拌合物。而后立即垂直地提起坍落筒,提筒在5~10s内完成,并使混凝土不受横向及扭力作用。从开始装料到提出坍落筒整个过程应在150s内完成。

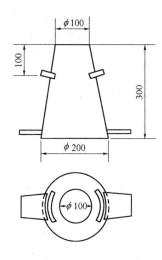

图 T 0522-1 坍落度试验用坍落筒
(尺寸单位:mm)

3.3 将坍落筒放在锥体混凝土试样一旁,筒顶平放木尺,用小钢尺量出木尺底面至试样顶面最高点的垂直距离,即为该混凝土拌合物的坍落度,精确至1mm。

3.4 当混凝土试件的一侧发生崩坍或一边剪切破坏,则应重新取样另测。如果第二次仍发生上述情况,则表示该混凝土和易性不好,应记录。

3.5 当混凝土拌合物的坍落度大于220mm时,用钢尺测量混凝土扩展后最终的最大直径和最小直径。在这两个直径之差小于50mm的条件下,用其算术平均值作为坍落扩展度值;否则,此次试验无效。

3.6 坍落度试验的同时,可用目测方法评定混凝土拌合物的下列性质,并予记录。

3.6.1 棍度:按插捣混凝土拌合物时的难易程度评定。分"上"、"中"、"下"三级。

"上":表示插捣容易;

"中":表示插捣时稍有石子阻滞的感觉;

"下":表示很难插捣。

3.6.2 含砂情况:按拌合物外观含砂多少而评定,分"多"、"中"、"少"三级。

"多":表示用馒刀抹拌合物表面时,一两次即可使拌合物表面平整无蜂窝;

"中":表示抹五、六次才可使表面平整无蜂窝;

"少":表示抹面困难,不易抹平,有空隙及石子外露等现象。

3.6.3 黏聚性:观测拌合物各组分相互黏聚情况。评定方法是用捣棒在已坍落的混凝土锥体侧面轻打。如锥体在轻打后逐渐下沉,表示黏聚性良好;如锥体突然倒坍、部分崩裂或发生石子离析现象,即表示黏聚性不好。

3.6.4 保水性:指水分从拌合物中析出情况,分"多量"、"少量"、"无"三级评定。

"多量":表示提起坍落筒后,有较多水分从底部析出;

"少量":表示提起坍落筒后,有少量水分从底部析出;

"无":表示提起坍落筒后,没有水分从底部析出。

4 试验结果

混凝土拌合物坍落度和坍落扩展度值以毫米(mm)为单位,测量精确至1mm,结果修约至最接近的5mm。

5 试验报告

试验报告应包括以下内容:

(1)要求检测的项目名称,执行标准;

(2) 原材料的品种、规格和产地以及混凝土配合比；
(3) 试验日期及时间；
(4) 仪器设备的名称、型号及编号；
(5) 环境温度和湿度；
(6) 搅拌方式；
(7) 水泥混凝土拌合物坍落度(坍落扩展度值)；
(8) 要说明的其他内容，如棍度、含砂情况、黏聚性和保水性。

【注意事项】

(1) 坍落筒、漏斗、捣棒应事先用水润湿，但不能将水带入拌和板，筒内壁不得有明水。坍落筒内侧必须平顺光滑，否则不能使用。

(2) 装料。试样应通过漏斗装入坍落筒，且装料的铁铲大小要合适，防止试样出现不均匀现象。最后一层装完后，漏斗中应留一些试样，一个人按住漏斗，一个人插捣，插捣完毕，试样顶面应略高出坍落筒顶缘。对大流动性混凝土更应严格控制，如果最后一层插捣完毕漏斗中的料比较多时，最好重新试验。因为这类混凝土的粗集料用量少，富含水泥砂浆，单位用水量也大，所以留在漏斗中的料基本上是砂浆，粗集料全进入试筒，改变了试筒中拌合物的配合比例。

(3) 插捣。应按一个方向，先周边后中间进行插捣，捣棒的运动轨迹呈螺旋线形。插捣应适当用力下压，不得冲击。对于流动性较大的拌合物，要控制插入深度，不能每层都插到底，防止拌合物分层离析。

(4) 目测。在目测含砂率时，将拌合物适当堆起，用力用泥抹去抹，边抹边观察。判断黏聚性时只能在坍落体的一侧轻打，不能对称击打，如整体下落，则黏聚性良好，否则差。保水性由坍落体周边泌出水的多少来判断，一般绝对不泌水是不可能的，但泌水量过大则认为保水性差。保水性差时，在插捣过程中就会有比较多的水从坍落筒底部流出。保水性差多由粗集料级配过差，而砂率偏小所致。

水泥混凝土拌合物稠度试验方法(维勃仪法)
(JTG E30—2005　T 0523—2005)

1　目的、适用范围和引用标准

本方法规定用维勃稠度仪来测定水泥混凝土拌合物稠度的方法和步骤。

本方法适用于集料公称最大粒径不大于 31.5mm 的水泥混凝土及维勃时间在 5~30s 之间的干稠性混凝土的稠度测定。

引用标准

JC 3043—1997　《维勃稠度仪》
JC 3021—1994　《水泥混凝土坍落度仪》
T 0521—2005　《水泥混凝土拌合物拌和与现场取样方法》

2　仪器设备

(1) 稠度仪(维勃仪)：如图 T 0523-1 所示，符合《维勃稠度仪》(JC 3043)的规定。

①容器1：为金属筒，内径240mm±5mm，高200mm±2mm，壁厚3mm，底厚7.5mm，容器应不漏水并有足够刚度，上有把手，底部外伸部分可用螺母将其固定在振动台上。

②坍落度筒2：为截头圆锥，筒底部直径200mm±2mm，顶部直径100mm±2mm，高度300mm±2mm，壁厚不小于 1.5mm，上下开口并与锥体轴线垂直，内壁光滑，筒外安有把手。

③圆盘3:用透明塑料制成,上装有滑杆4。滑棒可以穿过套筒5垂直滑动。套筒装在一个可用螺栓6固定位置的旋转悬臂上。悬臂上还装有一个漏斗7。坍落筒在容器中放好后,转动旋臂,使漏斗底部套在坍落筒上口。旋臂装在支柱8上,可用定位螺丝9固定位置。滑棒和漏斗的轴线应与容器的轴线重合。

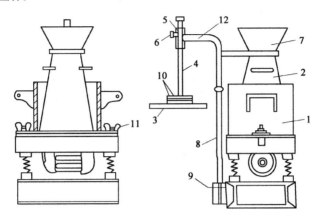

图 T 0523-1　稠度仪(维勃仪)

1-容器;2-坍落度筒;3-圆盘;4-滑杆;5-套筒;6-螺钉;7-漏斗;8-支柱;9-定位螺丝;10-荷重块;11-元宝螺母;12-旋转架

圆盘直径230mm±2mm,厚10mm±2mm,圆盘、滑棒及荷重10在一起的滑动部分总质量为2 750g±50g。滑棒刻度可用来测量坍落值。

④振动台:工作频率50Hz,空载振幅0.5mm,上有固定螺丝。

(2)捣棒、镘刀等符合JG 3021的要求。

(3)秒表:分度值为0.5s。

3　试验步骤

3.1　将容器1用螺母固定在振动台上,放入湿润的坍落筒2,把漏斗7转到坍落筒上口,拧紧螺丝9,使漏斗对准坍落筒口上方。

3.2　按坍落度试验步骤,分三层经漏斗装入拌合物,每层捣25次,捣毕第三层混凝土后,拧松螺丝6,把漏斗转回到原先的位置,并将筒模顶上的混凝土刮平,然后轻请提起筒模。

3.3　拧紧螺丝9,使圆盘可定向地向下滑动,仔细转圆盘到混凝土上方,并轻轻与混凝土接触,检查圆盘是否可以顺利转向容器。

3.4　开动振动台并按动秒表,通过透明圆盘观察混凝土的振实情况。当圆盘底面刚为水泥浆布满时,迅即按停秒表和关闭振动台,记下秒表所记时间,精确至1s。

3.5　仪器每测试一次后,必须将容器、筒模及透明圆盘洗净擦干,并在滑棒等处涂薄层黄油,以备下次使用。

4　试验结果

秒表所表示时间即为混凝土拌合物稠度的维勃时间,精确到1s。以两次试验结果的平均值作为混凝土拌合物稠度的维勃时间。

5　试验报告

(1)项目名称,执行标准;

(2)原材料的品种、规格和产地以及混凝土配合比;

(3)试验日期及时间;

(4)仪器设备的名称、型号及编号;

(5)环境温度和湿度;

(6)搅拌方式;

(7)混凝土拌合物维勃时间;
(8)要说明的其他内容。

混凝土拌合物振动黏度系数试验方法
（JTG/T F30—2014 附录 A）

A.1 目的和适用范围

本方法用于测定最大粒径不大于31.5mm的混凝土拌合物振动黏度系数,也适用于测定坍落度小于25cm、维勃时间不大于15s的新拌砂浆、纤维混凝土和贫混凝土拌合物的振动黏度系数。

A.2 仪器设备

A.2.1 振动器

1 标准振动台:负载下的振幅0.35mm,空载时的振幅0.5mm;振动频率每分钟3 000 ± 200 次。

2 维勃工作度仪振动台:工作频率50Hz,空载振幅0.5mm。

A.2.2 容器

1 金属圆筒,内径300 ± 3mm,高250mm,壁厚3mm,底厚7.5mm。容器不应漏水并有足够刚度,上有把手。

2 金属圆筒,内径240 ± 3mm,高200mm,壁厚3mm,底厚7.5mm。容器不应漏水并有足够刚度,上有把手。底部外伸部分可用螺母将其固定在维勃振动台上。

A.2.3 捣实器

底部直径80mm,厚度6mm,其上开10mm孔洞8个;手柄直径16mm,高度280mm,固定为整体。

A.2.4 秒表

应至少能够精确记录两个时间值。

A.2.5 测尺

游标卡尺,精度为0.01mm。钢尺,精确到1mm,长度300mm。

A.2.6 小球:10只,小球的质量 $m_b = 2.45g$;小球直径:$D = 3.793\,6m$。

A.2.7 电子秤或磅秤:量程100kg,精度1g。

A.2.8 其他:镘刀、小铲、木尺、铁锹等。

A.3 试验步骤

A.3.1 用电子秤称出容器的质量 m_0(kg)。

A.3.2 在容器底部放入小球两只,间距100mm;然后分3层装混凝土拌合物,每层用捣实器捣25次,第一层装入时应不使小球位置变化;最后一层应抹平。捣实时,应防止拌合物及容器产生振动。

A.3.3 开启振动台。用标准振动台时,将装好混凝土拌合物的容器放在振动台中部,同时开启秒表,记录两只小球完全振出混凝土拌合物的时间 T_1、T_2(s),精确到0.01s。用维勃振动台时,必须将容器与振动台的固定螺丝上紧,使振动台与容器联结成整体。当两只小球振动浮出时间相差15%时,应重做试验。

A.3.4 将装混凝土拌合物的容器取下振动台,称量 m_2(kg),测量混凝土拌合物距离上沿不同位置的高度 H_1、H_2、H_3、H_4、H_5(cm),计算平均值 $h = (H_1 + H_2 + H_3 + H_4 + H_5)/5$。

A.4 试验结果计算

A.4.1 求出容器内混凝土拌合物的高度 H(cm):

$$H = H_0 - h \tag{A.4.1}$$

其中,H_0 为圆筒内高度(cm);h 为混凝土拌合物距离容器上沿高度平均值(cm)。

A.4.2 计算混凝土拌合物的质量 $m(\text{kg})$ 和密度 $\rho_c(\text{kg/cm}^3)$：

$$m = m_2 - m_0 \tag{A.4.2-1}$$
$$\rho_c = m/V \tag{A.4.2-2}$$
$$V = \pi R^2 H \tag{A.4.2-3}$$

其中，m_2 为混凝土拌合物与容器的总质量(kg)；m_0 为容器的总质量(kg)；V 为容器的体积(cm^3)；R 为容器的半径(cm)；H 为容器的高度(cm)。

A.4.3 计算小球的密度 $\rho_b(\text{kg/cm}^3)$：

$$\rho_b = m_b/V_b \tag{A.4.3-1}$$

小球的体积

$$V_b = \pi D^3/6 \tag{A.4.3-2}$$

其中，m_b 为小球的质量(kg)；V_b 为小球的体积(cm^3)；D 为小球的直径(cm)。

A.4.4 求出两只小球振动浮出的平均时间：

$$t = (t_1 + t_2)/2 \tag{A.4.4}$$

其中，t_1、t_2 为两只小球完全振出混凝土拌合物的时间(s)。

A.4.5 按下式计算混凝土拌合物振动黏度系数：

$$\eta = \frac{2r^2 g t(\rho_c - \rho_b)}{9H} \tag{A.4.5}$$

其中，η 为混凝土拌合物振动黏度系数($\text{N}\cdot\text{s/cm}^2$)；$r$ 为小球半径(cm)；g 为重力加速度，取 9.8m/s^2；t 为两只小球振动浮出混凝土拌合物的平均时间(s)；H 为小球浮出混凝土拌合物中的高度(cm)；ρ_c、ρ_b 分别为混凝土拌合物和小球的密度(kg/cm^3)。

A.5 试验结果处理

A.5.1 取相同配合比和试验条件的混凝土拌合物 3 次试验的平均值，作为振动黏度系数的测量值，当其中单个试验结果的误差超过平均值的 15% 时，应剔除；当两个数据的误差均超过 15% 时，应重做试验。

A.5.2 如果用同一混凝土拌合物连续做 3 次试验时，应控制混凝土拌合物出搅拌机 45min 内完成，超过 45min，应重新拌和相同的混凝土拌合物，重做未完成的试验。

A.5.3 混凝土拌合物的拌和应采用搅拌机，不宜采用人工拌和；拌和好的混凝土拌合物应堆好并覆盖塑料布防止水分蒸发。

A.5.4 混凝土原材料的取样、称量、拌和、试验室温度和湿度等控制与现行《公路工程水泥及水泥混凝土试验规程》(JTG E30) T 0551 相同。

3. 影响和易性的因素
（1）组成材料质量及其用量
①水泥品种

不同品种的水泥，由于细度、矿物组成以及混合材料等的差异，达到标准稠度的需水量不同，所以在其他条件相同时，不同品种的水泥配制成的混凝土拌合物具有不同的和易性。通常普通水泥混凝土拌合物的和易性比矿渣和火山灰的好。矿渣水泥混凝土拌合物的流动性虽大，但黏聚性差，易泌水离析；火山灰水泥混凝土流动性小，但黏聚性最好。此外，水泥细度对混凝土拌合物的工作性亦有影响，适当提高水泥的细度可改善混凝土拌合物的黏聚性和保水性，减少泌水、离析现象。

②集料特性

集料的特性包括集料的最大粒径、形状、表面粗糙度、级配和吸水性等，这些特性将不同程度地影响新拌混凝土的和易性。一般卵石混凝土拌合物的和易性较碎石的好。集料的最大粒径增大,可以使集料的总表面积减小,拌合物的和易性也随之改善。此外,具有优良级配的混凝土拌合物具有较好的和易性。

③集浆比

集浆比是单位体积混凝土拌合物中,集料绝对体积与水泥浆绝对体积之比。水泥浆赋予混凝土拌合物以一定的流动性,在单位体积的混凝土拌合物中,如水灰比保持不变,则水泥浆的数量越多,拌合物的流动性愈大。但若水泥浆数量过多,由于集料的用量相对减少,携带水泥浆的能力下降,将会出现流浆现象,使混凝土拌合物的黏聚性变差;同时对混凝土的强度和耐久性也会产生一定的影响。此外水泥浆数量过大,会增加水泥用量,使混凝土的成本增加;相反若水泥浆数量过少,不足以填充集料的空隙和包裹集料表面,则混凝土拌合物的黏聚性变差,甚至产生崩塌现象。因此,混凝土拌合物中水泥浆数量应根据具体情况决定,在满足和易性要求的前提下,同时要考虑强度和耐久性要求,尽量采用较大的集浆比,以节约水泥用量。

④水灰比

在单位体积混凝土拌合物中,集浆比确定后,水泥浆的数量也随之确定,此时混凝土的流动性主要取决于水泥浆的稠度,而水泥浆的稠度取决于水灰比。水灰比较小,则水泥浆较稠,混凝土拌合物的流动性也较小,会增加施工振捣的难度,使混凝土达不到应有的密实程度;增大水灰比虽然能增加混凝土拌合物的流动性,但黏聚性和保水性却随之变差,使拌合物出现流浆、离析现象,将严重影响混凝土的强度和耐久性。因此,为了使混凝土拌合物既有满足施工要求的流动性,又有满足强度和耐久性要求的良好的黏聚性和保水性,必须选用合适的水灰比。

就水灰比和水泥浆数量而言,水灰比是决定因素。如果水灰比过小,即使通过调整水泥浆数量使流动性满足要求,也将会增加单位体积混凝土的水泥用量,经济上不合理;如果水灰比过大,将使拌合物的黏聚性和保水性不良,强度和耐久性得不到保证。在实际工程中,水灰比是通过计算确定的。但因为计算公式是经验的,又涉及一些不确定因素,所以在试验室进行配合比调整时,必须在计算水灰比的基础上进行不同水灰比混凝土的强度比较试验,以选择合理的水灰比。另外,在调整水泥浆数量时,必须保持水灰比不变,同时增加或减少水泥用量,这是流动性调整的原则,不得违背。

⑤砂率

砂率是指混凝土中砂的质量占砂、石总质量的百分率。砂率的改变会使集料的空隙率和集料的总表面积有显著改变,因而对混凝土拌合物的和易性产生显著影响。如砂率过小,不能保证在粗集料之间有足够的砂浆层,会降低混凝土拌合物的流动性,而且会严重影响其黏聚性和保水性,容易造成离析、流浆等现象。砂率过大时,由于集料的总表面积及空隙率都会增大,在水泥浆含量不变的情况下,相对地减弱了水泥浆的润滑作用,而使混凝土拌合物的流动性减小。因此,砂率有一个最佳值。当采用最佳砂率时,在水泥浆用量一定的情况下,能使混凝土拌合物获得最大的流动性,且能保持良好的黏聚性和保水性,如图7-1所示。反过来说,当采用最佳砂率时,在拌合物流动性不变的前提下,可以减少水泥浆的用量,从而使水泥用量最省,如图7-2所示。

影响合理砂率大小的因素很多,可概括如下:

石子最大粒径较大、级配较好、表面较光滑时,由于粗集料的空隙率较小,可采用较小的砂率。

砂的细度模数较小时,由于砂中细颗粒多,混凝土的黏聚性容易得到保证,而且砂在粗集料中的拨开作用较小,故可采用较小的砂率。

水灰比较小、水泥浆较稠时,由于混凝土的黏聚性较易得到保证,故可采用较小的砂率。

施工要求的流动性较大时,粗集料常易出现离析,所以为保证混凝土的黏聚性,需采用较大的砂率。

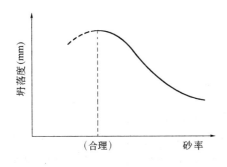

图 7-1　砂率与坍落度的关系
（水与水泥用量为一定）

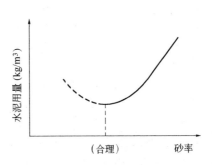

图 7-2　砂率与水泥用量的关系
（达到相同的坍落度）

当掺用加气剂或塑化剂等外加剂时,可适当减小砂率。

由于影响合理砂率的因素很多,因此不可能用计算的方法得出准确的合理砂率。一般,在保证拌合物不离析,又能很好地浇灌、捣实的条件下,应尽量选用较小的砂率,这样可节约水泥。

(2)时间和温度

混凝土的流动性随时间而衰减,拌合物的这一性质称为"经时性"。原因是一部分水供水泥水化,一部分水被集料吸收,一部分水被蒸发。但混凝土的设计坍落度是施工浇注要求的流动性,所以在进行试验室配合比调整时,要考虑经时性。即混凝土拌合物拌和好后,用塑料纸覆盖,放置一定的时间,适当拌和后再测坍落度。

混凝土的流动性也受环境温度的影响,温度高时,由于蒸发量大,加快了混凝土坍落度的衰减。应采取必要的措施,一般夏季可将水灰比提高0.05,冬季可减小0.05。

4. 表观密度

在规定条件下,振动或插捣密实的混凝土拌合物单位体积的质量,称为表观密度。在进行混凝土试验室配合比调整时,其中有一个调整项目就是密度调整,需要实测拌合物的表观密度。在施工中有时要估算起吊设备的能力,也要用到混凝土的表观密度。对硬化后混凝土的单位体积质量,考虑到混凝土中有水分蒸发后形成的毛细孔,一般用表观密度表示。

水泥混凝土拌合物表观密度试验方法
（JTG E30—2005　T 0525—2005）

1　目的、适用范围和引用标准

本方法规定了水泥混凝土拌合物表观密度测定的试验步骤。

本方法适用于测定水泥混凝土拌合物捣实后的密度,以备修正、核实水泥混凝土配合比计算中的材料用量。当已知所用原材料密度时,还可以算出拌合物近似含气量。

引用标准:

T 0521—2005　　　《水泥混凝土拌合物的拌和与现场取样方法》

GB/T 50080—2002　《普通混凝土拌合物性能试验方法标准》

2　仪器设备

(1)试样筒:为刚性金属圆筒,两侧装有把手,筒壁坚固且不漏水。对于集料公称最大粒径不大于31.5mm的拌合物采用5L的试样筒,其内径与内高均为186mm±2mm,壁厚为3mm。对于集料公称最大粒径大于31.5mm的拌合物所采用试样筒,其内径与内高均应大于集料公称最大粒径的4倍。

(2)捣棒:符合 T 0522 的规定。

(3)磅秤:量程100kg,感量为50g。

(4)振动台:应符合 T 0521 的规定。

(5)其他:金属直尺、镘刀、玻璃板等。

3 试验步骤

3.1 试验前用湿布将试样筒内外擦拭干净,称出质量(m_1),精确至50g。

3.2 当坍落度不小于70mm时,宜用人工捣固:

对于5L试样筒,可将混凝土拌合物分两层装入,每层插捣次数为25次。

对于大于5L的试样筒,每层混凝土高度不应大于100mm,每层插捣次数按每10 000mm² 截面不小于12次计算。用捣棒从边缘到中心沿螺旋线均匀插捣。捣棒应垂直压下,不得冲击。捣底层时应至筒底,捣上两层时,须插入其下一层约20～30mm。每捣毕一层,应在量筒外壁拍打5～10次,直至拌合物表面不出现气泡为止。

3.3 当坍落度小于70mm时,宜用振动台振实,应将试样筒在振动台上夹紧,一次将拌合物装满试样筒,立即开始振动。振动过程中如混凝土低于筒口,应随时添加混凝土。振动直至拌合物表面出现水泥浆为止。

3.4 用金属直尺齐筒口刮去多余的混凝土,用镘刀抹平表面,并用玻璃板检验,而后擦净试样筒外部,并称其质量(m_2),精确至50g。

4 试验结果计算

4.1 按下式计算拌合物表观密度 ρ_h:

$$\rho_h = \frac{m_2 - m_1}{V} \times 1\,000 \tag{T 0525-1}$$

式中:ρ_h——拌合物表观密度,g/cm³;

m_1——试样筒质量,kg;

m_2——捣实或振实后混凝土和试样筒总质量,kg;

V——试样筒容积,L。

试验结果计算精确到10kg/m³。

4.2 以两次试验结果的算术平均值作为测定值,精确到10kg/m³,试样不得重复使用。

注:应经常校正试样筒容积,将干净的试样筒和玻璃板合并称其质量,再将试样筒加满水,盖上玻璃板,勿使筒内存有气泡,擦干外部水分,称出水的质量,即为试样筒容积。

5 试验报告

试验报告应包括以下内容:

(1)要求检测的项目名称、执行标准;

(2)原材料的品种、规格和产地以及混凝土配合比;

(3)试验日期及时间;

(4)仪器设备的名称、型号及编号;

(5)环境温度和湿度;

(6)搅拌方式;

(7)水泥混凝土拌合物表观密度;

(8)要说明的其他内容。

5.含气量

混凝土拌合物经振捣密实后单位体积中尚存的空气量称为含气量,一般用体积百分数表示。混凝土的含气量对混凝土的密实性、强度有不利的影响。一般普通混凝土的含气量都比较小,在3%上下,施工中不需要测量。但对掺外加剂的混凝土,因一些外加剂有引气作用,一定的引气量可以提高混凝土的抗冻性和抗渗性,但引入过量的空气会使混凝土不密实,影响强度和耐久性,必须通过试验加以限制。一般掺外加剂的混凝土都应进行含气量试验。

含气量试验方法主要有水压法和改良气压法两种。水压法试验过程烦琐,且试验结果精密度较差。国家标准采用改良气压法,交通部标准采用混合式气压法。混合式气压法的基本原理是混凝土受压后,体积将发生变化,通过测定其体积的变化就可以测得空气含气量。

水泥混凝土拌合物含气量试验方法(混合式气压法)
(JTG E30—2005　T 0526—2005)

1 目的、适用范围和引用标准

本方法规定了采用混合式气压法测定水泥混凝土拌合物含气量的仪器设备和试验步骤。

本方法适用于集料公称最大粒径不大于31.5mm、含气量不大于10%且有坍落度的水泥混凝土。

引用标准:

T 0521—2005 《水泥混凝土拌合物的拌和与现场取样方法》

2 仪器设备

(1)混合式气压法含气量测定仪:包括量钵和量钵盖,钵体与钵盖之间有密封圈,如图 T 0526-1 所示。

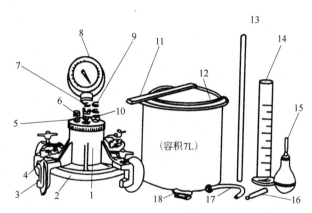

图 T 0526-1　混合式气压法含气量测定仪

1-气室;2-上盖;3-夹子;4-小龙头;5-出水口;6-微调阀;7-排气阀;8-压力表;9-手泵;10-阀门杆;11-刮尺;12-量钵;13-捣棒;14-量筒;15-注水器;16-校正管(2);17-校正管(1);18-水平尺

(2)测定仪附件:校正管、100mL 量筒、注水器、水平尺、插捣棒。

(3)压力表:量程为 0.25MPa,分度值为 0.01MPa。

(4)台秤:量程 50kg,感量为 50g。

(5)橡皮锤:应带有质量约 250g 的橡皮锤头。

(6)振动台:符合 T 0521 中的技术要求。

3 试验步骤

3.1 标定仪器

3.1.1 量钵容积的标定

先称含含气量测定仪量钵和玻璃板总重,然后将量钵加满水,用玻璃板沿量钵顶面平推,使量钵内盛满水且玻璃板下无气泡。擦干钵体外表面后连同玻璃板一起称重。两次质量的差值除以该温度下水的密度即为量钵的容积 V。

3.1.2 含气量0%点的标定

把量钵加满水,将校正管(2)接在钵盖下面小龙头的端部。将钵盖轻放在量钵上,用夹子夹紧使其气密良好并用水平仪检查仪器的水平。打开小龙头,松开排气阀,用注水器从小龙头处加水,直至排气阀出水口冒水为止。然后拧紧小龙头和排气阀,此时钵盖和钵体之间的空隙被水充满。用手泵向气室充气,使表压稍大于0.1MPa,然后用微调阀调整表压使其为0.1MPa。按下阀门杆1～2次,使气室的压力气体进入量钵内,读压力表读数,此时指针所示压力相当于含气量0%。

3.1.3 含气量1%～10%的标定

含气量0%标定后,将校正管(1)接在钵盖小龙头的上端,然后按一下阀门杆,慢慢打开小龙头,量钵中的水就通过校正管(1)流到量筒中。当量筒中的水为量钵容积的1%时,关闭小龙头。

打开排气阀,使量钵内的压力与大气压平衡,然后重新用手泵加压,并用微调阀准确地调到0.1MPa。按1～2次阀门杆,此时测得的压力表读值相当于含气量1%,同样方法可测得含气量2%、3%……10%的压力表读值。

以压力表读值为横坐标,含气量为纵坐标,绘制含气量与压力表读值关系曲线。

3.2 混凝土拌合物含气量测定

3.2.1
擦净量钵与钵盖内表面,并使其水平放置。将新拌混凝土拌合物均匀适量地装入量钵内,用振动台振实,振动时间15s～30s为宜。也可用人工捣实,将拌合物分三层装料,每层插捣25次,插捣上层时捣棒应插入下层10mm～20mm。

3.2.2 刮去表面多余的混凝土拌合物,用镘刀抹平,并使其表面光滑无气泡。

3.2.3 擦净钵体和钵盖边缘,将密封圈放于钵体边缘的凹槽内,盖上钵盖,用夹子夹紧,使之气密良好。

3.2.4 打开小龙头和排气阀,用注水器从小龙头处往量钵中注水,直至水从排气阀出水口流出,再关紧小龙头和排气阀。

3.2.5 关好所有的阀门,用手泵打气加压,使表压稍大于0.1MPa,用微调阀准确地将表压调到0.1MPa。

3.2.6 按下阀门杆1～2次,待表压指针稳定后,测得压力表读数P_{01}。

3.2.7 开启排气阀,压力仪表应归零,对容器中试样再测定一次压力值P_{02}。

3.2.8 如果P_{01}和P_{02}的相对误差小于0.2%,以两次测值的算术平均值,按压力与含气量关系曲线查得所测混凝土样品的仪器测定含气量A_1值(精确至0.1%)作为试验结果;如果不满足,则应进行第三次试验,测得压力值P_{03}。当P_{03}与P_{01}、P_{02}中较接近一个值的相对误差不大于0.2%时,则取两值的算术平均值,按压力与含气量关系曲线查得所测混凝土样品的仪器测定含气量A_1值(精确至0.1%)作为试验结果。当仍大于0.2%时,须重做试验。

3.3 集料含气量C测定

3.3.1 在容器中先注入1/3高度的水,然后把集料慢慢倒入容器。水面升高25mm左右就应轻轻插捣10次,并略予搅动,以排除夹杂进去的空气;加料过程中应始终保持水面高出集料的顶面;集料全部加入后,应浸泡约5min,再用橡皮锤轻敲容器外壁,排净气泡,除去水面气泡,加水至满,擦净容器上口边缘,装好密封圈,加盖拧紧螺栓。

3.3.2 关闭操作阀和排气阀,开启进气阀,用气泵向气室内注入空气,打开操作阀,使气室内的压力略大于0.1MPa,待压力表显示值稳定后,打开排气阀,并用操作阀调整压力至0.1MPa,然后关紧所有阀门。

3.3.3 开启操作阀,使气室里的压缩空气进入容器,待压力表显示稳定后记录显示值P_{g1},然后开启排气阀,压力仪表应归零。

3.3.4 重复3.3.2、3.3.3步骤,对容器内的试样再检测一次,记为P_{g2}。

3.3.5 如果P_{g1}和P_{g2}的相对误差小于0.2%,以两次测值的平均值,按压力与含气量关系曲线查得集料的含气量C(精确至0.1%)作为试验结果。如果不满足,则应进行第三次试验,测得压

力值 P_{g3}。当 P_{g3} 与 P_{g1}、P_{g2} 中较接近一个值的相对误差不大于 0.2% 时,则取两值的算术平均值,按压力与含气量关系曲线查得集料的含气量 C(精确至 0.1%)作为试验结果。当仍大于 0.2% 时,须重做试验。

4　试验结果

含气量按下式计算:

$$A = A_1 - C \tag{T 0526-1}$$

式中:A——混凝土拌合物含气量,%;
　　A_1——仪器测定含气量,%;
　　C——集料含气量,%。

结果精确至 0.1%。

5　试验报告

试验报告应包括以下内容:

(1)要求检测的项目名称,执行标准;
(2)原材料的品种、规格和产地以及混凝土配合比;
(3)试验日期及时间;
(4)仪器设备的名称、型号及编号;
(5)环境温度和湿度;
(6)搅拌方式;
(7)水泥混凝土拌合物含气量;
(8)要说明的其他内容。

【注意事项】

(1)集料含气量测定是混凝土含气量测定的关键一步,JTG E30 对集料含气量测定写得过于简单。按 GB/T 50080 的规定,应根据量钵的体积、混凝土配合比中粗集料和细集料的用量,分别计算出试样中粗、细集料的质量。计算方法如下:

$$m_g = \frac{V}{1\,000} \times m'_g$$

$$m_s = \frac{V}{1\,000} \times m'_s$$

式中:m_g、m_s——分别为每个试样中粗、细集料的质量,kg;
　　m'_g、m'_s——分别为每立方米混凝土拌合物中粗、细集料的质量,kg。

(2)对坍落度小于 70mm 的混凝土,可将混凝土拌合物一次装满量钵,用振动台振动规定时间,也可人工插捣;对坍落度大于 70mm 的混凝土必须人工插捣,每层插捣完毕,都要用橡皮锤拍打量钵的外壁,目的是排除空气,这一点很重要。顶面要反复抹平,达到光滑无气泡。

(3)影响混凝土含气量的因素主要有外加剂的种类和掺量、胶结材料的细度和用量、细集料的级配和用量、搅拌时间等。胶结材料的细度越小,用量越大,空气含量越小;0.15~0.6mm 的细集料驱赶空气的能力大;搅拌最初 1~2min 内空气含量急增,3~5min 内达到最大,之后逐渐减少,强制式拌和机上述时间有所缩短。

6. 凝结时间

与水泥的凝结时间一样,混凝土的凝结时间也有初凝和终凝之分。从加水拌和至贯入阻力为 3.5MPa 时的时间间隔称为初凝时间;从加水拌和至贯入阻力为 28MPa 时的时间间隔称为终凝时间。凝结时间对控制施工质量,保证混凝土的强度具有十分重要的意义。一般的结构物在混凝土初凝之前都能浇注振捣完毕,对凝结时间没有特殊的要求;对方量比较大、浇注时间比较长的构件或结构物,就应考虑凝结时间对强度的影响。如水下灌注桩,它是靠自密成型的,如果桩还没有浇灌完毕,最早灌入的混凝土已经开始凝结,上面还继续在灌注,不断增加压力,就会使已凝结的混凝土形成的微弱强度遭到破坏。

另外,在施工中有时要求混凝土快凝或慢凝,一般要通过掺外加剂来调节。外加剂的剂量需要通过凝结时间试验来确定。拌合物凝结时间用贯入阻力仪测试。

水泥混凝土拌合物凝结时间试验方法
(JTG E30—2005　T 0527—2005)

1　目的、适用范围和引用标准

本方法规定了测定混凝土拌合物凝结时间的方法,以控制现场施工流程。

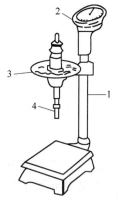

图 T 0527-1　贯入阻力仪示意图

1-主体;2-刻度盘;
3-手轮;4-测针

本方法适用于各通用水泥和常见外加剂以及不同水泥混凝土配合比、坍落值不为零的水泥混凝土拌合物凝结时间的测定。

引用标准:

GB/T 50080—2002　《普通混凝土拌合物性能试验方法标准》

GB/T 6005—1997　《试验筛　金属丝编织网、穿孔板和电成型薄板筛孔的基本尺寸》

JG 3021—1994　《水泥混凝土坍落度仪》

T 0521—2005　《水泥混凝拌合物的拌和与现场取样方法》

2　仪器设备

(1)贯入阻力仪:如图 T 0527-1 所示,最大测量值不小于 1 000 N,刻度盘分度值为 10N。

(2)测针:长约 100mm,平面针头圆面积为 $100mm^2$、$50mm^2$ 和 $20mm^2$ 三种,在距离贯入端 25mm 处刻有标记。

(3)试模:上口直径为 160mm,下口直径为 150mm,净高 150mm 的刚性容器,并配有盖子。

(4)捣棒:直径 16mm,长 650mm,符合 JG 3021 的规定。

(5)标准筛:孔径 4.75mm,符合 GB/T 6005—1997《试验筛　金属丝编织网、穿孔板和电成型薄板筛孔的基本尺寸》规定的金属孔筛。

(6)其他:铁制拌和板、吸液管和玻璃片。

3　试样制备

3.1　取混凝土拌合物代表样,用 4.75mm 筛尽快地筛出砂浆,再经人工翻拌后,装入一个试模。每批混凝土拌合物取一个试样,共取三个试样,分装三个试模。

3.2　对坍落度不大于 70mm 的混凝土宜用振动台振实砂浆,振动应持续到表面出浆为止且应避免过振;对坍落度大于 70mm 的混凝土宜用捣棒人工捣实,沿螺旋方向由外向中心均匀插捣 25 次,然后用橡皮锤轻轻击试模侧面以排除在捣实过程中留下的空洞。进一步整平砂浆的表面,使其低于试模上沿约 10mm,砂浆试样筒应立即加盖。

3.3　试件静置于 20℃±2℃ 或尽可能与现场相同的环境中,并在以后的试验中,环境温度始终保持 20℃±2℃。在整个测试过程中,除在吸取泌水或贯入试验外,试筒应始终加盖。

3.4　约 1h 后,将试件一侧稍微垫高约 20mm,使其倾斜静置约 2 min,用吸管吸去泌水。以后每到测试前约 2min,同上步骤用吸管吸去泌水(低温或缓凝的混凝土拌合物试样,静置与吸水间隔时间可适当延长)。若在贯入测试前还有泌水,也应吸干。

4 试验步骤

4.1 将试件放在贯入阻力仪底座上,记录刻度盘上显示的砂浆和容器总质量。

4.2 根据试样的贯入阻力大小,选择适宜的测针。一般当砂浆表面测孔边出现微裂缝时,应立即改换较小截面积的测针,如表 T 0527-1。

测针选用参考　　　　　　　　表 T 0527-1

单位面积贯入阻力(MPa)	0.2～3.5	3.5～20.0	20.0～28.0
平头测针圆面积(mm²)	100	50	20

4.3 先使测针端面刚刚接触砂浆表面,然后转动手轮,使测针在 10s±2s 内垂直且均匀地插入试样内,深度为 25mm±2mm,记下刻度盘显示的质量增量,精确至 10N。并记下从开始加水拌和起所经过的时间(精确至 1 min)及环境温度(精确至 0.5℃)。

测定时,测针应距试模边缘至少 25mm,测针贯入砂浆各点间净距至少为所用测针直径的两倍且不小于 15 mm。三个试模每次各测 1～2 点,取其算术平均值为该时间的贯入阻力值。

4.4 每个试样做贯入阻力试验应在 0.2～28 MPa 间,且不小于六次,最后一次的单位面积贯入阻力应不低于 28MPa。从加水拌和时算起,常温下普通混凝土 3h 后开始测定,以后每次间隔为 0.5h;早强混凝土或气温较高的情况下,则宜在 2h 后开始测定,以后每隔 0.5h 测一次;缓凝混凝土或低温情况下,可在 5h 后开始测定,以后可每隔 2h 测一次。在临近初凝、终凝时间时可增加测定次数。

5 试验结果

5.1 单位面积贯入阻力 f_{PR} 按下式计算:

$$f_{PR} = \frac{P}{A}$$　　　　　(T 0527-1)

式中:f_{PR}——单位面积贯入阻力,MPa;

P——测针贯入深度为 25mm 时的贯入压力,N;

A——贯入测针截面面积,mm²。

5.2 以单位面积贯入阻力为纵坐标,测试时间为横坐标,绘制单位面积贯入阻力与测试时间关系曲线。经 3.5MPa 及 28MPa 画两条平行于横坐标的直线,则直线与曲线相交点的横坐标即为初凝及终凝时间,见示意图 T 0527-2。

5.3 凝结时间取三个试样的平均值。三个测值中的最大值或最小值,如果有一个与中间值之差超过中间值的 10%,则以中间值为试验结果;如果最大值与中间值之差均超过中间值的 10%,则此试验无效。

凝结时间用 h:min 表示,并精确至 5min。

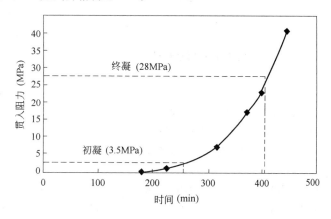

图 T 0527-2　时间-贯入阻力曲线

6 试验报告

试验报告应包括以下内容:
(1)要求检测的项目名称,执行标准;
(2)原材料的品种、规格和产地以及混凝土配合比;
(3)试验日期及时间;
(4)仪器设备的名称、型号和编号;
(5)环境温度和湿度;
(6)每次贯入阻力试验时对应的环境温度、时间、贯入压力、测针面积和计算出来的贯入阻力值;
(7)贯入阻力和时间曲线、初凝时间和终凝时间;
(8)要说明的其他内容。

【注意事项】

(1)规程规定了三种规格的针,试验时从粗到细,依次使用,出现下述两种情况之一时应考虑换针:①压入不到规定深度时;②能压入,但测针周围试样有松动隆起时。

(2)一些试验室购买的自动凝结时间测定仪只有两根针。用细针测试时,当指针指向读数盘第一个红色读数时,为初凝时刻;用粗针测试时,当指针指向读数盘第二个红色读数时,为终凝时刻。但测试时指针要么不到,要么超过,很难恰好指到红色读数。按 GB/T 50080 规定,测针至少要采用 3 根。因此这类自动凝结时间测定仪严格地讲不能使用。

7. 泌水率及压力泌水率

混凝土拌合物泌水性能是混凝土拌合物在施工中的重要性能之一,尤其是对于大流动性的泵送混凝土来说更为重要。混凝土在施工过程中泌水过多,会使混凝土丧失流动性,从而严重影响混凝土可泵性和工作性,会给工程质量造成严重后果。

压力泌水性能是泵送混凝土的重要性能之一,反映混凝土拌合物在压力状态下的泌水性能。混凝土拌合物压力泌水性能的好坏,直接关系到混凝土在泵送过程中是否会因离析而堵泵。另外,掺外加剂混凝土也有泌水率试验的问题。JTG E30 规程中只规定了泌水率试验方法,压力泌水率试验方法摘自国标(GB/T 50080)。

水泥混凝土拌合物泌水试验方法
(JTG E30—2005 T 0528—2005)

1 目的、适用范围和引用标准

本方法规定了测定水泥混凝土拌合物泌水性的方法和步骤。
本方法适用于集料公称最大粒径不大于 31.5mm 的水泥混凝土拌合物泌水的测定。
引用标准:
GB/T 50080—2002 《普通混凝土拌合物性能试验方法标准》
JG 3021—1994   《水泥混凝土坍落度仪》
T 0521—2005   《水泥混凝土拌合物的拌和与现场取样方法》

2 仪器设备

(1)试样筒:试样筒为刚性金属圆筒,两侧装有把手,筒壁坚固且不漏水。对于集料公称最大粒径不大于 31.5mm 的拌合物采用 5L 的试样筒,其内径与内高均为 186mm ± 2mm,壁厚为 3mm,并配有盖子。对于集料公称最大粒径大于 31.5mm 的拌合物采用的试样筒,其内径与内高均应大于集料公称最大粒径的4倍。

(2)台秤:量程为50kg,感量为50g。

(3)量筒:容量为10mL、50mL、100mL的量筒及吸管,量筒分度值均为1mL。

(4)捣棒:符合JG 3021—1994的规定。

(5)秒表:分度值为1s。

3 试验步骤

3.1 试验中室温应保持在20℃±2℃。

3.2 应用湿布湿润试样筒内壁后立即称量,记录试样筒的质量。再将混凝土试样装入试样筒,混凝土的装料及捣实方法如下:

3.2.1 坍落度不大于70mm,用振动台振实。将试样一次装入试样筒内,开启振动台,振动应持续到表面出浆为止,且应避免过振;并使混凝土拌合物低于试样筒表面30mm±3mm,并用抹刀抹平,抹平后立即称量并记录试样筒与试样的总质量,开始计时。

3.2.2 坍落度大于70mm,用捣棒捣实。混凝土拌合物应分两层装入,每层的插捣次数为25次;捣棒由边缘向中心均匀地插捣,插捣底层时捣棒应贯穿整个深度,插捣第二层时,捣棒应插透本层至下一层的表面;每一层捣完后用橡皮锤轻轻敲击容器外壁5~10次,直到拌合物表面插捣孔消失并不见大气泡为止;并使混凝土拌合物表面低于试样筒表面30mm±3mm,并用抹刀抹平,抹平后立即称量并记录试样筒与试样的总质量,开始计时。

3.3 保持试样筒水平且不振动,试验过程中除了吸水操作外,应始终盖好盖子。

3.4 拌合物加水拌和开始计时,从计时开始后的60min内,每10min吸取一次试样表面渗出的水。60min后,每30min吸取一次试样表面渗出的水,直到认为不再泌水为止。为便于吸水,每次吸水前2min,将一片35mm厚的垫块垫入筒底一侧使其倾斜;吸水后,恢复水平。吸出的水放入量筒中,记录每次吸水的水量并计算吸水累计总量,精确到1mL。当吸水累计总量用质量表述时,用W_w表示。

4 试验结果

4.1 泌水量按下式计算:

$$B_a = V/A \quad \text{(T 0528-1)}$$

式中:B_a——泌水量,mL/mm²;

V——吸水累计总量,mL;

A——试件外露表面面积,mm²。

计算精确至0.01mL/mm²。泌水量取三个试样的平均值。如果其中一个与中间值之差超过中间值的15%,则以中间值为试验结果;如果最大值和最小值与中间值之差均超过中间值的15%,则试验无效。

4.2 泌水率按下式计算:

$$B = \frac{W_w}{(W/m)(m_1 - m_0)} \times 100 \quad \text{(T 0528-2)}$$

式中:B——泌水率,%;

W_w——累计吸水总量,g;

m——拌和混凝土时,拌合物总质量,g;

W——拌和混凝土时,拌合物所需总用水量,g;

m_1——泌水前试样筒及试样总质量,g;

m_0——试样筒质量,g。

计算精确至1%。泌水率取三个试样的平均值。如果其中一个与中间值之差超过中间值的15%,则以中间值为试验结果;如果最大值和最小值与中间值之差均超过中间值的15%,则试验无效。

5 试验报告

试验报告应包括以下内容：
(1) 要求检测的项目名称,执行标准；
(2) 原材料的品种、规格和产地以及混凝土配合比；
(3) 试验日期及时间；
(4) 仪器设备的名称、型号及编号；
(5) 环境温度和湿度；
(6) 搅拌方式；
(7) 水泥混凝土拌合物总用水量和总质量；
(8) 试样筒质量、试样筒和试样总质量；
(9) 每次吸水时间和对应的吸水量；
(10) 泌水量和泌水率；
(11) 要说明的其他内容。

压力泌水试验
（GB/T 50080—2002）

5.2.1 本方法适用于集料最大粒径不大于40mm的混凝土拌合物压力泌水测定。

5.2.2 压力泌水试验所用的仪器设备应符合下列条件：

1. 压力泌水仪：其主要部件包括压力表、缸体、工作活塞、筛网等（图5.2.2）。压力表最大量程6MPa,最小分度值不大于0.1MPa；缸体内径125mm±0.02mm,内高200mm±0.2mm；工作活塞压强为3.2MPa,公称直径为125mm；筛网孔径为0.315mm。

2. 捣棒：符合本规程第3.1.2条的规定。

3. 量筒：200mL量筒。

5.2.3 压力泌水试验应按以下步骤进行：

1. 混凝土拌合物应分两层装入压力泌水仪的缸体容器内，每层的插捣次数应为20次。捣棒由边缘向中心均匀地插捣，插捣底层时捣棒应贯穿整个深度，插捣第二层时，捣棒应插透本层至下一层的表面；每一层捣完后用橡皮锤轻轻沿容器外壁敲打5~10次，进行振实，直至拌合物表面插捣孔消失并不见大气泡为止；并使拌合物表面低于容器口以下约30mm处，用抹刀将表面抹平。

2. 将容器外表擦干净，压力泌水仪按规定安装完毕后应立即给混凝土试样施加压力至3.2MPa,并打开泌水阀门同时开始计时，保持恒压，泌出的水接入200mL量筒里；加压至10s时读取泌水量V_{10}，加压至140s时读取泌水量V_{140}。

5.2.4 压力泌水率应按下式计算：

$$B_V = \frac{V_{10}}{V_{140}} \times 100$$

式中：B_V——压力泌水率,%；
V_{10}——加压至10s时的泌水量,mL；
V_{140}——加压至140s时的泌水量,mL。

压力泌水率的计算应精确至1%。

5.2.5 混凝土拌合物压力泌水试验报告内容除应包括本标准第1.0.3条的内容外，还应包括以下内容：

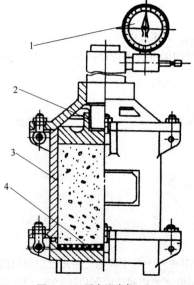

图5.2.2 压力泌水仪
1-压力表；2-工作活塞；3-缸体；4-筛网

1. 加压至10s时的泌水量V_{10}和加压至140s时的泌水量V_{140}；
2. 压力泌水率。

8. 混凝土拌合物配合比分析

水泥混凝土拌合物配合比分析试验是对拌和好的混凝土拌合物进行抽样,通过水洗过筛的方法将拌合物中的各组分再分开(主要分成粗集料、较粗的细集料和含细砂水泥浆),分别测定其水中质量,结合相关原材料试验结果,就可以计算出混凝土拌合物各组成材料的质量,与混凝土设计配合比比较,检查混凝土在拌和过程中材料的计量误差,主要用于施工质量控制。

水泥混凝土拌合物配合比分析试验方法
（JTG E30—2005　T 0529—2005）

1 目的、适用范围和引用标准

本方法规定了水泥混凝土拌合物配合比分析试验的仪器设备和试验步骤。

本方法适用于用水洗分析法测定普通水泥混凝土拌合物中四组分(水泥、水、砂、石)的含量,但不适用于集料含泥量波动较大以及用特细砂和山砂配制的水泥混凝土。

引用标准：

JTG E42—2005　《公路工程集料试验规程》
T 0521—2005　《水泥混凝土拌合物的拌和与现场取样方法》
T 0525—2005　《水泥混凝土拌合物表观密度试验方法》
T 0503—2005　《水泥密度测定方法》
GB/T 50080—2002　《普通混凝土拌合物性能试验方法标准》

2 仪器设备

(1)广口瓶：容积为2 000mL的玻璃瓶,并配有玻璃盖板。
(2)台秤：量程为50kg,感量为50g。
(3)电子秤：量程不小于5kg,感量不大于1g。
(4)试样筒：符合T 0525要求的容积为5L和10L的试样筒并配有玻璃盖板。
(5)标准筛：孔径为4.75mm和0.15mm标准筛各一个。

3 在进行本试验前,应对混凝土下列原材料进行相关项目的试验与测定：

3.1 水泥表观密度试验,按T 0503《水泥密度测定方法》进行。

3.2 粗集料、细集料的表观密度试验,按《公路工程集料试验规程》试验。

3.3 细集料修正系数按下述方法测定：

向广口瓶中注水至筒口,再一边加水一边徐徐推进玻璃板,注意玻璃板下不带有任何气泡,盖严后擦净板面和广口瓶壁的余水,如玻璃板下有气泡,必须排除。测定广口瓶、玻璃板和水的总质量。取具有代表性的两个细集料试样,每个试样的质量为2kg,精确至1g。分别倒入盛水的广口瓶中,充分搅拌、排气后浸泡约半小时；然后向广口瓶中注水至筒口,再一边加水一边徐徐推进玻璃板,注意玻璃板下不得带有任何气泡,盖严后擦净板面和瓶壁的余水,称得广口瓶、玻璃板、水和细集料的总质量。则细集料在水中的质量为：

$$m_{ys} = m_{ks} - m_p \qquad (T\ 0529\text{-}1)$$

式中：m_{ys}——细集料在水中的质量,g；

m_{ks}——细集料和广口瓶、水及玻璃板的总质量,g；

m_p——广口瓶、玻璃板和水的总质量,g。

应以两个试样试验结果的算术平均值作为测定值,计算应精确至1g。

然后用0.15mm的标准筛将细集料过筛,用以上同样的方法测得大于0.15mm细集料在水中的质量。

$$m_{ys1} = m_{ks1} - m_p \tag{T 0529-2}$$

式中:m_{ys1}——大于0.15mm的细集料在水中的质量,g;

m_{ks1}——大于0.15mm的细集料和广口瓶、水及玻璃板的总质量,g;

m_p——广口瓶、玻璃板和水的总质量,g。

应以两个试样试验结果的算术平均值作为测定值,计算应精确至1g。

细集料修正系数为:

$$C_s = \frac{m_{ys}}{m_{ys1}} \tag{T 0529-3}$$

式中:C_s——细集料修正系数;

m_{ys}——细集料在水中的质量,g;

m_{ys1}——大于0.15mm的细集料在水中的质量,g。

计算精确至0.01。

4 水泥混凝土拌合物的取样

4.1 水泥混凝土拌合物的取样应按 T 0521 的规定进行。

4.2 当水泥混凝土中粗集料的公称最大粒径≤37.5mm 时,混凝土拌合物的取样量≥50kg;混凝土中粗集料公称最大粒径>37.5mm 时,混凝土拌合物的取样量≥100kg。

4.3 进行混凝土配合比(水洗法)分析,当混凝土中粗集料公称最大粒径≤37.5mm 时,每份取12kg 试样;当混凝土中粗集料的公称最大粒径>37.5mm 时,每份取15kg 试样。剩余的混凝土拌合物试样,按 T 0525 的规定,进行拌合物表观密度的测定,并测量其体积 V。

5 试验步骤

5.1 整个试验过程的环境温度应在15℃~25℃之间,从最后加水至试验结束,温差不应超过2℃。试验至少进行两次。

5.2 用试样筒称取质量为 m_0 的混凝土拌合物试样,精确至50g 并应符合第4条中的有关规定;然后按下式计算混凝土拌合物试样的体积:

$$V = \frac{m_0}{\rho_h} \tag{T 0529-4}$$

式中:V——试样的体积,cm³;

m_0——试样的质量,g;

ρ_h——混凝土拌合物的表观密度,g/cm³。

5.3 把试样筒中混凝土拌合物和水的混合物全部移到4.75mm 筛上水洗过筛,水洗时,要用水将筛上粗集料仔细冲洗干净,粗集料上不得粘有砂浆,筛子应备有不透水的底盘,以收集全部冲洗过筛的砂浆与水的混合物,称量洗净的粗集料试样质量 m_g。粗集料表观密度符号为 ρ_g,单位g/cm³。

5.4 将全部冲洗过筛的砂浆与水的混合物全部移到试样筒中,加水至试样筒三分之二高度,用棒搅拌,以排除其中的空气;如水面上有不能破裂的气泡,可以加入少量的异丙醇试剂以消除气泡;让试样静止10min 以使固体物质沉积于容器底部。加水至满,再一边加水一边徐徐推进玻璃板,注意玻璃板下不得带有任何气泡,盖严后应擦净板面和筒壁的余水。称出砂浆与水的混合物和试样筒、水及玻璃板的总质量。应按下式计算砂浆在水中的质量:

$$m'_m = m_K - m_D \tag{T 0529-5}$$

式中:m'_m——砂浆在水中的质量,g;

m_K——砂浆与水的混合物和试样筒、水及玻璃板的总质量,g;

m_D——试样筒、玻璃板和水的总质量,g。

计算应精确至1g。

5.5 将试样筒中的砂浆与水的混合物在0.15mm筛上冲洗,然后将在0.15mm筛上洗净的细集料全部移至广口瓶中,加水至满,再一边加水一边徐徐推进玻璃板,注意玻璃板下不得带有任何气泡,盖严后应擦净板面和瓶壁的余水;称出细集料试样、广口瓶、水及玻璃板总质量,应按下式计算细集料在水中的质量:

$$m'_s = C_s(m_{ks} - m_p) \quad (T\ 0529\text{-}6)$$

式中:m'_s——细集料在中的质量,g;
C_s——细集料修正系数;
m_{ks}——细集料试样、广口瓶、水及玻璃板总质量,g;
m_p——广口瓶、玻璃板和水的总质量,g。

计算应精确至1g。

6 试验结果

混凝土拌合物中四种组分的结果计算及确定应按下述方法进行:

6.1 混凝土拌合物试样中四种组分的质量应按以下公式计算:

6.1.1 试样中的水泥质量应按下式计算:

$$m_c = (m'_m - m'_s) \times \frac{\rho}{\rho - 1} \quad (T\ 0529\text{-}7)$$

式中:m_c——试样中的水泥质量,g;
m'_m——砂浆在水中的质量,g;
m'_s——细集料在水中的质量,g;
ρ——水泥的密度,g/cm³。

计算应精确至1g。

6.1.2 试样中细集料的质量应按下式计算:

$$m_s = m'_s \times \frac{\rho_s}{\rho_s - 1} \quad (T\ 0529\text{-}8)$$

式中:m_s——试样中细集料的质量,g;
m'_s——细集料在水中的质量,g;
ρ_s——处于干燥状态下的细集料的密度,g/cm³。

计算应精确至1g。

6.1.3 试样中水的质量应按下式计算:

$$m_w = m_0 - (m_g + m_s + m_c) \quad (T\ 0529\text{-}9)$$

式中:m_w——试样中的水的质量,g;
m_0——拌合物试样质量,g;
m_g、m_s、m_c——分别为试样中粗集料、细集料和水泥的质量,g。

计算应精确至1g。

6.1.4 混凝土拌合物试样中粗集料的质量应按第5.3条中得出的粗集料的质量m_g,单位g。

6.2 水泥混凝土拌合物中水泥、水、粗集料、细集料的单位用量分别按下式计算:

$$C = (m_c/V) \times 1\ 000 \quad (T\ 0529\text{-}10)$$
$$W = (m_w/V) \times 1\ 000 \quad (T\ 0529\text{-}11)$$
$$G = (m_g/V) \times 1\ 000 \quad (T\ 0529\text{-}12)$$
$$S = (m_s/V) \times 1\ 000 \quad (T\ 0529\text{-}13)$$

式中:C、W、G、S——分别为水泥、水、粗集料、细集料的单位用量,kg/m³;
m_c、m_w、m_g、m_s——分别为试样中水泥、水、粗集料、细集料的质量,g;
V——试样体积,cm³。

计算应精确至1kg/m³。

6.3 以两个试样试验结果的算术平均值作为测定值,两次试验结果差值的绝对值应符合下列规定:水泥≤6kg/m³;水≤4kg/m³;砂≤20kg/m³;石≤30kg/m³,否则此次试验无效。

7 试验报告

试验报告应包括以下内容:
(1)要求检测的项目名称、执行标准;
(2)原材料的品种、规格和产地;
(3)仪器设备的名称、型号及编号;
(4)环境温度和湿度;
(5)试样的质量;
(6)水泥的密度;
(7)粗集料和细集料的表观密度;
(8)试样中水泥、水、细集料和粗集料的质量;
(9)水泥混凝土拌合物中水泥、水、粗集料和细集料的单位用量;
(10)水泥混凝土拌合物水灰比;
(11)其他要说明的问题。

【注意事项】

(1)细集料修正系数:由于在水洗过筛过程中,最小筛孔为0.15mm,细集料中小于0.15mm的颗粒、泥土随水泥浆流走,在计算细集料质量时,对流失的这部分材料通过细集料修正系数来处理。即对用于混凝土的细集料按规定方法取样,用广口瓶法测定其水中质量,然后过0.15mm筛,再测大于0.15mm部分的水中质量,前者与后者之比即为细集料修正系数。细集料修正系数的准确程度,对混凝土配合比分析试验结果有直接影响,当材料有变化时应随时试验。

(2)计算公式中的 $\rho_c/(\rho_c-1)$ 称为密度系数,由表观密度计算公式导得。设材料的空气中质量为 A,水中质量为 W,表观密度 $\rho_c = A/(A-W)$,那么 $A = \rho_c \times W/(\rho_c-1)$,令 $F = \rho_c/(\rho_c-1)$,$A = FW$,F 即为密度系数。了解密度系数有利于理解计算公式。

二、混凝土的力学性质试验

1. 抗压强度

(1)立方体抗压强度(f_{cu})

按标准方法制作边长为150mm的立方体试件,在标准养护条件(温度20℃±2℃,相对湿度>95%)下养护至28d龄期,按照规定的加载速度测得的单位面积上的极限压力,称为混凝土的立方体试件抗压强度,简称立方体抗压强度,以 f_{cu} 表示,单位为MPa。

(2)立方体抗压强度标准值($f_{cu,k}$)

立方体抗压强度标准值是按数理统计方法确定的、具有95%保证率的立方体试件抗压强度。即按标准方法制作和养护的边长为150mm的立方体试件,按标准试验方法测得的28d龄期的抗压强度总体分布中的一个值,强度分布低于该值的百分率不超过5%(即95%的保证率)。它与立方体抗压强度不同。立方体抗压强度仅是一组混凝土试件抗压强度的算术平均值,不涉及数理统计、保证率的概念。立方体抗压强度标准值以 $f_{cu,k}$ 表示,单位为MPa。

立方体抗压强度标准值 $f_{cu,k}$ 实际上就是混凝土的设计强度,即路面或桥涵设计文件中给出的强度。因此95%的强度保证率可以理解为,施工中强度低于设计强度的试件组数与总组数之比的百分率不超过5%(即95%的保证率)。

(3)强度等级

混凝土"强度等级"是根据"立方体抗压强度标准值"来划分的。强度等级用符号"C"和"立方体抗压强度标准值"两项内容表示。例如"C30"表示混凝土立方体抗压强度标准值 $f_{cu,k}=30\text{MPa}$(即设计强度为30MPa)。

我国现行规范(GBJ 10—89)规定,普通混凝土按立方体抗压强度标准值划分为:C7.5、C10、C15、C20、C25、C30、C35、C40、C45、C50、C55 和 C60 等 12 个强度等级。

水泥混凝土试件制作与硬化水泥混凝土现场取样方法
(JTG E30—2005 T 0551—2005)

1 目的、适用范围和引用标准

本方法规定了在常温环境中室内试验时水泥混凝土试件制作与硬化水泥混凝土现场取样方法。

轻质水泥混凝土、防水水泥混凝土、碾压混凝土等其他特种水泥混凝土的制作与硬化水泥混凝土现场取样方法,可以参照本方法进行,但因其特殊性所引起的对试验设备及方法的特殊要求,均应遵照对这些水泥混凝土试件制作和取样的有关技术规定进行。

引用标准:

GB/T 2611—1992 《试验机通用技术要求》
GB/T 3722—1992 《液压式压力试验机》
GB/T 50081—2002 《普通混凝土力学性能试验方法标准》
JC 3019—1994 《混凝土试模》
JG/T 3020—1994 《混凝土试验用振动台》
JC 3021—1994 《水泥混凝土坍落度仪》
T 0521—2005 《水泥混凝土拌合物的拌和与现场取样方法》

2 仪器设备

(1)搅拌机:自由式或强制式。

(2)振动台:标准振动台,应符合《混凝土试验用振动台》要求。

(3)压力机或万能试验机:压力机除符合《液压式压力试验机》(GB/T 3722)及《试验机通用技术要求》(GB/T 2611)中的要求外,其测量精度为±1%,试件破坏荷载应大于压力机全量程的20%且小于压力机全量程的80%。同时应具有加荷速度指示装置或加荷速度控制装置。上下压板平整并有足够刚度,可以均匀地连续加荷卸荷,可以保持固定荷载,开机停机均灵活自如,能够满足试件破型吨位要求。

(4)球座:钢质坚硬,面部平整度要求在100mm距离内高低差值不超过0.05mm,球面及球窝粗糙度 $Ra=0.32\mu m$,研磨、转动灵活。不应在大球座上作小试件破型,球座最好放置在试件顶面(特别是棱柱试件),并凸面朝上。当试件均匀受力后,一般不宜再敲动球座。

(5)试模

①非圆柱试模:应符合《混凝土试模》(JC 3019—1994),内表面刨光磨光(粗糙度 $Ra=3.2\mu m$)。

内部尺寸允许偏差为±0.2%;相邻面夹角为90°±0.3°。试件边长的尺寸公差为1mm。

②圆柱试模:直径误差小于 $\frac{1}{200}d$,高度误差应小于 $\frac{1}{100}h$。试模底板的平面度公差不超过0.02mm。组装试模时,圆筒纵轴与底板应成直角,允许公差为0.5°。

为了防止接缝处出现渗漏,要使用合适的密封剂,如黄油。并采用紧固方法使底板固定在模具上。

常用的几种试件尺寸(试件内部尺寸)规定如表 T 0551-1。所有试件承压面的平面度公差不超过 $0.0005d$(d 为边长)。

试 件 尺 寸　　　　　　　　　　　　　　表 T 0551-1

试 件 名 称	标准尺寸(mm)	非标准尺寸(mm)
立方体抗压强度试件	$150 \times 150 \times 150(31.5)$	$100 \times 100 \times 100(26.5)$ $200 \times 200 \times 200(53)$
芯样抗压强度试件	$\phi 150 \times L_m (31.5)$	$\phi 100 \times L_m (26.5)$
立方体劈裂抗拉强度试件	$150 \times 150 \times 150(31.5)$	$100 \times 100 \times 100(26.5)$
芯样劈裂强度试件	$\phi 150 \times L_m (31.5)$	$\phi 100 \times L_m (26.5)$
轴心抗压强度试件	$150 \times 150 \times 300(31.5)$	$200 \times 200 \times 400(53)$ $100 \times 100 \times 300(26.5)$
抗压弹性模量试件	$150 \times 150 \times 300(31.5)$	$200 \times 200 \times 400(53)$ $100 \times 100 \times 300(26.5)$
抗弯拉强度试件	$150 \times 150 \times 550(31.5)$ $150 \times 150 \times 600(31.5)$	$100 \times 100 \times 400(26.5)$
抗弯拉弹性模量试件	$150 \times 150 \times 550(31.5)$ $150 \times 150 \times 600(31.5)$	$100 \times 100 \times 400(26.5)$

注:括号中数字为试件中集料公称最大粒径,单位 mm,标准试件的最短尺寸大于公称最大粒径4倍。

(6)捣棒:符合《水泥混凝土坍落度仪》(JG 3021)中有关技术要求,为直径 16mm、长约 600mm,并具有半球形端头的钢质圆棒。

(7)压板:用于圆柱试件的顶端处理,一般为厚 6mm 以上的毛玻璃,压板直径应比试模直径大 25mm 以上。

(8)橡皮锤:应带有质量约 250g 的橡皮锤头。

(9)钻孔取样机:钻机一般用金刚石钻头,从结构表面垂直钻取,钻机应具有足够的刚度,保证钻取的芯样周面垂直且表面损伤最少。钻芯时,钻头应作无显著偏差的同心运动。

(10)锯:用于切割适于抗弯拉试验的试件。

3 非圆柱体试件成型

3.1 水泥混凝土的拌和参照 T 0521—2005《水泥混凝土拌合物的拌和与现场取样方法》。成型前试模内壁涂一薄层矿物油。

3.2 取拌合物的总量至少应比所需量高 20% 以上,并取出少量混凝土拌合物代表样,在 5min 内进行坍落度或维勃试验,认为品质合格后,应在 15min 内开始制件或做其他试验。

3.3 对于坍落度小于 25mm 时,可采用 $\phi 25mm$ 的插入式振捣棒成型。将混凝土拌合物一次装入试模,装料时应用抹刀沿各试模壁插捣,并使混凝土拌合物高出试模口;振捣时振捣棒距底板 10~20mm,且不要接触底板。振捣直到表面出浆为止,且应避免过振,以防止混凝土离析,一般振捣时间为 20s。振捣棒拔出时要缓慢,拔出后不得留有孔洞。用刮刀刮去多余的混凝土,在临近初凝时,用抹刀抹平。试件抹面与试模边缘高低差不得超过 0.5mm。

注:这里不适于用水量非常低的水泥混凝土;同时不适于直径或高度不大于 100mm 的试件。

3.4 当坍落度大于 25mm 且小于 70mm 时,用标准振动台成型。将试模放在振动台上夹牢,防止试模自由跳动,将拌合物一次装满试模并稍有富余,开动振动台至混凝土表面出现乳状水泥浆时为止,振动过程中随时添加混凝土使试模常满,记录振动时间(约为维勃秒数的 2~3 倍,一般不超过90s)。振动结束后,用金属直尺沿试模边缘刮去多余混凝土,用镘刀将表面初次抹平,待试件收浆后,再次用镘刀将试件仔细抹平,试件抹面与试模边缘的高低差不得超过0.5mm。

3.5 当坍落度大于70mm时,用人工成型。拌合物分厚度大致相等的两层装入试模。捣固时按螺旋方向从边缘到中心均匀地进行。插捣底层混凝土时,捣棒应到达模底;插捣上层时,捣棒应贯穿上层后插入下层20~30mm处。插捣时应用力将捣棒压下,保持捣棒垂直,不得冲击。捣完一层后,用橡皮锤轻轻击打试模外端面10~15下,以填平插捣过程中留下的孔洞。

每层插捣次数100cm²截面积内不得少于12次,试件抹面与试模边缘高低差不得超过0.5mm。

4 圆柱体试件制作(略)

5 养护

5.1 试件成型后,用湿布覆盖表面(或其他保持湿度办法),在室温20℃±5℃、相对湿度大于50%的环境下,静放一个到两个昼夜,然后拆模并作第一次外观检查、编号,对有缺陷的试件应除去,或加工补平。

5.2 将完好试件放入标准养护室进行养护,标准养护室温度20℃±2℃,相对湿度在95%以上。试件宜放在铁架或木架上,间距至少10~20mm。试件表面应保持一层水膜,并避免用水直接冲淋。当无标准养护室时,将试件放入温度20℃±2℃的不流动的$Ca(OH)_2$饱和溶液中养护。

5.3 标准养护龄期为28d(从搅拌加水开始),非标准的龄期为1d、3d、7d、60d、90d、180d。

6 硬化水泥混凝土现场试样的钻取或切割取样

6.1 芯样的钻取

6.1.1 钻取位置:在钻取前应考虑由于钻芯可能导致的对结构的不利影响,应尽可能避免在靠近混凝土构件的接缝或边缘处钻取,且基本上不应带有钢筋。

6.1.2 芯样尺寸:芯样直径应为混凝土所用集料公称最大粒径的4倍,一般为150mm±10mm或100mm±10mm。

对于路面,芯样长径比宜为1.9~2.1。对于长径比超过2.1的试件,可减少钻芯深度;也可先取芯样长度与路面厚度相等,再在室内加工成为长径比为2的试件;对于长径比不足1.8的试件,可按不同试验项目分别进行修正。

6.1.3 标记:钻出后的每个芯样应立即清楚地编号,并记录所取芯样在混凝土结构中的位置。

6.2 切割

对于现场采取的不规则混凝土试块,可按表 T 0551-1 所列棱柱体尺寸进行切割,以满足不同试验的需求。

6.3 检查

6.3.1 外观检查

每个芯样应详细描述有关裂缝、接缝、分层、麻面或离析等不均匀性,必要时应记录以下事项:

(1)集料情况:估计集料的最大粒径、形状及种类,粗细集料的比例与级配。

(2)密实性:检查并记录存在的气孔、气孔的位置、尺寸与分布情况,必要时应拍下照片。

6.3.2 测量

(1)平均直径 d_m:在芯样高度的中间及两个1/4处按两个垂直方向测量三对数值确定芯样的平均直径 d_m,精确至1.0mm。

(2)平均长度 L_m:取芯样直径两端侧面测定钻取后芯样的长度及加工后的长度,其尺寸差应在0.25mm之内,取平均值作为试件平均长度 L_m,精确至1.0mm。

(3)平均长、高、宽:对于切割棱柱体,分别测量所有边长,精确至1.0mm。

【注意事项】

(1)试模尺寸。试模分标准尺寸和非标准尺寸。有条件时应选择标准尺寸试模,还应考虑集料公称最大粒径。公称最大粒径为26.5mm,宜选用100mm的立方体试模;公称最大粒径为31.5mm,宜选用150mm的立方体试模;公称最大粒径为53mm,宜选用200mm的立方体试模。一般可以用大尺寸试模代替小尺寸试模,但小不能代大。

(2)成型要求。振动台适用于成型坍落度小于70mm的混凝土的强度试件。振动台法成型应严格控制振动时间,时间过长会使拌合物分层离析。人工插捣法适合成型任何流动性的混凝土的强度试件,因为在施工抽检时,现场无振动台,都采用人工插捣法,所以不能只限于坍落度大于70mm的混凝土。对于水下、喷射、泵送等流动性比较大的混凝土,应在不产生过度离析的前提下插捣密实。

水泥混凝土立方体抗压强度试验方法
(JTG E30—2005 T 0553—2005)

1 目的、适用范围和引用标准

本方法规定了测定水泥混凝土抗压极限强度的方法和步骤。本方法可用于确定水泥混凝土的强度等级,作为评定水泥混凝土品质的主要指标。

本方法适于各类水泥混凝土立方体试件的极限抗压强度试验。

引用标准:

GB/T 2611—1992 《试验机通用技术要求》

GB/T 3722—1992 《液压式压力试验机》

T 0551—2005 《水泥混凝土试件制作与硬化水泥混凝土现场取样方法》

2 仪器设备

(1)压力机或万能试验机:应符合 T 0551 中2.3 的规定。

(2)球座:应符合 T 0551 中2.4 的规定。

(3)混凝土强度等级大于等于 C60 时,试验机上、下压板之间应各垫一钢垫板,平面尺寸应不小于试件的承压面,其厚度至少为25mm。钢垫板应机械加工,其平面度允许偏差 ±0.04mm,表面硬度大于等于55HRC,硬化层厚度约5mm。试件周围应设置防崩裂网罩。

3 试件制备和养护

3.1 试件制备和养护应符合 T 0551 中相关规定。

3.2 混凝土抗压强度试件尺寸符合 T 0551 中表 T 0551-1 规定。

3.3 集料公称最大粒径符合 T 0551 中表 T 0551-1 规定。

3.4 混凝土抗压强度试件应同龄期者为一组,每组为3个同条件制作和养护的混凝土试块。

4 试验步骤

4.1 至试验龄期时,自养护室取出试件,应尽快试验,避免其湿度变化。

4.2 取出试件,检查其尺寸及形状,相对两面应平行。量出棱边长度,精确至1mm。试件受力截面积按其与压力机上下接触面的平均值计算。在破型前,保持试件原有湿度,在试验时擦干试件。

4.3 以成型时侧面为上下受压面,试件中心应与压力机几何对中。

4.4 强度等级小于 C30 的混凝土取 0.3～0.5MPa/s 的加荷速度;强度等级大于 C30 小于 C60 时,则取 0.5～0.8MPa/s 的加荷速度;强度等级大于 C60 的混凝土取 0.8～1.0MPa/s 的加荷速度。当试件接近破坏而开始迅速变形时,应停止调整试验机油门,直至试件破坏,记下破坏极限荷载 $F(N)$。

5 试验结果

5.1 混凝土立方体试件抗压强度按下式计算:

$$f_{cu} = \frac{F}{A} \qquad (T\ 0553\text{-}1)$$

式中：f_{cu}——混凝土立方体抗压强度，MPa；
F——极限载荷，N；
A——受压面积，mm²。

5.2 以3个试件测值的算术平均值为测定值，计算精确至0.1MPa。3个测值中的最大值或最小值中如有一个与中间值之差超过中间值的15%，则取中间值为测定值；如最大值和最小值与中间值之差均超过中间值的15%，则该组试验结果无效。

5.3 混凝土强度等级小于C60时，非标准试件的抗压强度应乘以尺寸换算系数（见表T 0553-1），并应在报告中注明。当混凝土强度等级大于等于C60时，宜用标准试件；使用非标准试件时，换算系数由试验确定。

立方体抗压强度尺寸换算系数　　　　表T 0553-1

试件尺寸（mm）	尺寸换算系数	试件尺寸（mm）	尺寸换算系数
100×100×100	0.95	200×200×200	1.05

6 试验报告

试验报告应包括以下内容：
(1)要求检测的项目名称和执行标准；
(2)原材料的品种、规格和产地；
(3)仪器设备的名称、型号及编号；
(4)环境温度和湿度；
(5)水泥混凝土立方体抗压强度值；
(6)要说明的其他内容。

【注意事项】

(1)施工期间，抗压强度试验有两个目的：一是施工质量控制所进行的强度试验；二是工艺要求所进行的试验，如预应力构件的放张或张拉强度。前者应按标准条件进行养生，后者应与现场构件同条件养生。

(2)试件从养生室取出后，擦干表面水立即进行试验，不得放置干燥。严格讲，每个试件都应实测上下受压面积，取其平均值作为试件的受压面积；对于有缺陷的试件，如经过处理，在报告中应有说明，严重者应视为废试件。

(3)加载时要严格控制加载速度。在其他条件相同时，速度高，强度也高；速度低，强度也低。

2. 轴心抗压强度

为了区别于立方体试件抗压强度，把用棱柱体（高宽比为2）试件测得的抗压强度称为轴心抗压强度。

立方体试件在进行抗压强度试验时，由于受压力机上下承压板与试件受压面间的摩擦阻力的影响，使试件的强度提高较多，所以不能代表结构中混凝土的实际受力情况，也不能直接作为结构设计的依据。采用棱（圆）柱体试件时，因试件中部超越了摩擦阻力影响区，测得的强度值能比较真实地反映混凝土的抗压性能。

棱柱体试件高宽比（即h/a）越大，轴心抗压强度越小，但当h/a达到一定值后，强度就不再降低。因为这时试件的中间区段不受摩擦阻力效应的影响,处于纯压状态。但是过高的试件在破坏前由于失稳产生较大的附加偏心力,又会降低其抗压强度值。按标准 GB/T 50081—2002 规定,轴心抗压强度采用 150mm×150mm×300mm 的棱柱体作为标准试件。如有必要,也可采用非标准尺寸的棱柱体试件,但其高(h)与宽(a)之比应在 2~3 之间。

比对强度试验表明:轴心抗压强度与立方抗压强度间存在一定关系,当立方抗压强度在 10~55MPa 之间时,轴心与立方体抗压强度之比约为 0.70~0.80。

水泥混凝土圆柱体轴心抗压强度试验方法
(JTG E30—2005 T 0554—2005)

1 目的、适用范围和引用标准

本方法规定了测定圆柱体水泥混凝土极限抗压强度的方法。

本方法适用于各类水泥混凝土的圆柱体试件及现场芯样的极限抗压强度试验。

引用标准:

GB/T 2611—1992 《试验机通用技术要求》

GB/T 3722—1992 《液压式压力试验机》

T 0551—2005 《水泥混凝土试件制作与硬化水泥混凝土现场取样方法》

2 仪器设备

(1)压力机或万能试验机:应符合 T 0551 中 2.3 的规定。

(2)球座:应符合 T 0551 中 2.4 的规定。

(3)混凝土强度等级大于等于 C60 时,试验机上、下压板之间应各垫一钢垫板,平面尺寸应不小于试件的承压面,其厚度至少为 25mm。钢垫板应机械加工,其平面度允许偏差 ±0.04mm,表面硬度大于等于 55HRC,硬化层厚度约 5mm。试件周围应设置防崩裂网罩。

(4)游标卡尺:量程 300mm,分度值为 0.02mm。

3 试件制备和养护

3.1 试件制备和养护应符合 T 0551 中相关规定。

3.2 混凝土轴心抗压强度试件尺寸符合 T 0551 中表 T 0551-1 规定。

3.3 集料公称最大粒径符合 T 0551 中表 T 0551-1 规定。

3.4 对于现场芯样,长径比大于等于 1,适宜的长径比为 1.9~2.1,最大长径比不能超过 2.1。芯样最小直径为 100mm,直径至少是公称最大粒径的 2 倍。

3.5 混凝土轴心抗压强度试件要求同龄期者为一组,每组为三个同条件制作和养护的混凝土试块。

4 试验步骤

4.1 圆柱体试件在试验前,务必进行端面磨平。

4.2 在破型前,保持试件原有湿度,试验时擦干试件。测量其尺寸及外观。首先测量沿试件高度中央部位互相垂直的两个方向的直径,分别记为 d_1、d_2。再分别测量互相垂直的两个方向的直径端点的四个高度。

4.3 将试件置于上下压板之间,试件轴心应与压力机几何对中。

4.4 强度等级小于 C30 的混凝土取 0.3~0.5MPa/s 的加荷速度;强度等级大于 C30 小于 C60 时,则取 0.5~0.8MPa/s 的加荷速度;强度等级大于 C60 的混凝土取 0.8~1.0MPa/s 的加荷速度。当试件接近破坏而开始迅速变形时,应停止调整试验机油门,直至试件破坏,记下破坏极限荷载 F (N)。

5 试验结果

5.1 圆柱体试件抗压强度按下式计算:

$$f_{cc} = \frac{4F}{\pi d^2} \quad (T\ 0554\text{-}1)$$

式中:f_{cc}——混凝土圆柱体抗压强度,MPa;
　　F——极限荷载,N;
　　d——试件计算直径,mm。

其中 d 按下式计算:

$$d = \frac{d_1 + d_2}{2}$$

式中:d_1、d_2——为两个垂直方向的直径,mm,精确至0.1mm。

5.2 以3个试件测值的算术平均值为测定值。3个测值中最大值或最小值中有一个与中间值之差超过中间值的15%,则取中间值为测定值;如最大值和最小值与中间之差均超过中间值的15%,则该组试验结果无效。结果计算精确至0.1MPa。

5.3 混凝土强度等级小于C60时,非标准试件的抗压强度应乘以尺寸换算系数(见表T 0554-1),并应在报告中注明。当混凝土强度等级大于C60时,宜用标准试件。使用非标准试件时,换算系数由试验确定。

圆柱体抗压强度尺寸换算系数　　　　表 T 0554-1

试件尺寸(mm)	尺寸换算系数	试件尺寸(mm)	尺寸换算系数
$\phi 100 \times 200$	0.95	$\phi 200 \times 400$	1.05

5.4 对于现场采取的非标准芯样,有如下修正:

对于长径比不为2的试件,按表 T 0554-2 修正。

抗压强度尺寸修正系数　　　　表 T 0554-2

长度与直径比 L/d	修正系数	说　明
2.00	1.00	
1.75	0.98	当 L/d 为表列中间值时,修正系数可用插入法求得
1.50	0.96	
1.25	0.93	
1.00	0.87	

6　试验报告

试验报告应包括以下内容:

(1)要求检测的项目名称、执行标准;
(2)原材料的品种、规格和产地;
(3)仪器设备的名称、型号及编号;
(4)环境温度和湿度;
(5)混凝土圆柱体抗压强度值;
(6)要说明的其他内容。

【注意事项】

(1)GB/T 50081—2002附录B虽规定了高径比为2的"圆柱体试件抗压强度试验"方法,但主要用于涉外工程。目前国内混凝土工程都采用立方体抗压强度,所以不涉及圆柱体试件抗压强度试验的问题。但现场钻取的芯样又是圆柱体,又涉及圆柱体试件抗压强度试验的问题。因此JTG E30规定了"水泥混凝土圆柱体轴心抗压强度试验方法",实际上主要规定了圆柱体试件及现场芯样的抗压强度试验方法。

(2)第5.4款规定"对于现场采取的非标准芯样,有如下修正:对于长径比不为2的试件,按表T 0554-2修正"。这种修正对涉外工程是必要的,对国内工程无任何实际意义。因为国内工程混凝土设计强度等级都采用立方体抗压强度,对于芯样试件的抗压强度试验结果都要换算成标准立方体抗压强度,才能评价其是否达到设计要求。关于将芯样抗压强度换算成标准立方体抗压强度的修正方法见本书第十三章第九节。

水泥混凝土棱柱体轴心抗压强度试验方法
(JTG E30—2005 T 0555—2005)

1 目的、适用范围和引用标准

本方法规定了测定棱柱体水泥混凝土极限抗压强度的方法。

本方法适用于各类水泥混凝土的棱柱体试件。

引用标准:

GB/T 2611—1992 《试验机通用技术要求》

GB/T 3722—1992 《液压式压力试验机》

T 0551—2005 《水泥混凝土试件制作与硬化水泥混凝土现场取样方法》

2 仪器设备

(1)压力机或万能试验机:应符合T 0551中2.3的规定。

(2)球座:应符合T 0551中2.4的规定。

(3)混凝土强度等级大于等于C60时,试验机上、下压板之间应各垫一钢垫板,平面尺寸应不小于试件的承压面,其厚度至少为25mm。钢垫板应机械加工,其平面度允许偏差±0.04mm,表面硬度大于等于55HRC,硬化层厚度约5mm。试件周围应设置防崩裂网罩。

(4)钢尺:分度值为1mm。

3 试件制备和养护

3.1 试件制备和养护应符合T 0551中相关规定。

3.2 混凝土轴心抗压强度试件尺寸符合T 0551中表T 0551-1规定。

3.3 集料公称最大粒径符合T 0551中表T 0551-1规定。

3.4 混凝土轴心抗压强度试件以同龄期者为一组,每组为3根同条件制作和养护的混凝土试件。

4 试验步骤

4.1 至试验龄期时,自养护室取出试件,用湿布覆盖,避免其湿度变化。在试验时擦干试件,测量其高度和宽度,精确至1mm。

4.2 在压力机下压板上放好试件,几何对中。

4.3 强度等级小于C30的混凝土取0.3~0.5MPa/s的加荷速度;强度等级大于C30小于C60时,则取0.5~0.8MPa/s的加荷速度;强度等级大于C60的混凝土取0.8~1.0MPa/s的加荷速度。当试件接近破坏而开始迅速变形时,应停止调整试验机油门,直至试件破坏,记下破坏极限荷载$F(N)$。

5 试验结果

5.1 混凝土棱柱体轴心抗压强度f_{cp}按下式计算:

$$f_{cp} = \frac{F}{A} \tag{T 0555-1}$$

式中:f_{cp}——混凝土棱柱体轴心抗压强度,MPa;

F——极限荷载,N;

A——受压面积,mm。

结果计算精确至 0.1MPa。

5.2 以 3 个试件测值的算术平均值为测定值。3 个试件中最大值或最小值中如有一个与中间值之差超过中间值的 15%,则取中间值为测定值;如最大值和最小值与中间之差均超过中间值的 15%,则该组试验结果无效。

5.3 采用非标准尺寸试件测得的轴心抗压强度,应乘以尺寸换算系数,对 200mm×200mm 截面试件为 1.05;对 100mm×100mm 截面试件为 0.95。当混凝土强度等级大于 C60 时,宜用标准试件。

6 试验报告

试验报告包括以下内容:

(1)要求检测的项目名称、执行标准;
(2)原材料的品种、规格和产地;
(3)仪器设备的名称、型号及编号;
(4)环境温度和湿度;
(5)混凝土轴心抗压强度值;
(6)要说明的其他内容。

3. 抗弯拉(折)强度

混凝土抗弯拉强度是按规定的方法制作 150mm×150mm×550mm 的小梁试件,在标准条件(温度 20℃±3℃,相对湿度>95%)下养护到 28d 龄期,按规定的加载速度,以三分点加载方式将试件折断测得的强度。路面和机场道面水泥混凝土,以抗弯拉强度作为设计和施工强度控制指标,抗压强度仅作为参考指标。

水泥混凝土抗弯拉强度试验方法
(JTG E30—2005 T 0558—2005)

1 目的、适用范围和引用标准

本方法规定了测定水泥混凝土抗弯拉极限强度的方法,以提供设计参数,检查水泥混凝土施工品质和确定抗弯拉弹性模量试验加荷标准。

本方法适用于各类水泥混凝土棱柱体试件。

引用标准:

GB/T 2611—1992 《试验机通用技术要求》
GB/T 3722—1992 《液压式压力试验机》
T 0551—2005   《水泥混凝土试件制作与硬化水泥混凝土现场取样方法》

2 仪器设备

(1)压力机或万能试验机:应符合 T 0551 中 2.3 的规定。

(2)抗弯拉试验装置(即三分点处双点加荷和三点自由支承式混凝土抗弯拉强度与抗弯拉弹性模量试验装置),如图 T 0558-1 所示。

3 试件制备和养护

3.1 试件尺寸应符合 T 0551 中表 T 0551-1 的规定,同时在试件长向中部 1/3 区段内表面不得有直径超过 5mm、深度超过 2mm 的孔洞。

3.2 混凝土抗弯拉强度试件应取同龄期者为一组,每组 3 根同条件制作和养护的试件。

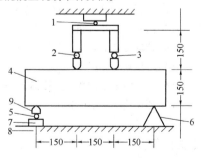

图 T 0558-1 抗弯拉试验装置
(尺寸单位:mm)
1、2-一个钢球;3、5-两个钢球;4-试件;6-固定支座;7-活动支座;8-机台;9-活动船形垫块

4 试验步骤

4.1 试件取出后,用湿毛巾覆盖并及时进行试验,保持试件干湿状态不变。在试件中部量出其宽度和高度,精确至1mm。

4.2 调整两个可移动支座,将试件安放在支座上,试件成型时的侧面朝上,几何对中后,务必使支座及承压面与活动船形垫块的接触面平稳、均匀,否则应垫平。

4.3 加荷时,应保持均匀、连续。当混凝土的强度等级小于C30时,加荷速度为0.02~0.05MPa/s;当混凝土的强度等级大于等于C30且小于C60时,加荷速度为0.05~0.08MPa/s;当混凝土的强度等级大于等于C60时,加荷速度为0.08~0.10MPa/s。当试件接近破坏而开始迅速变形时,不得调整试验机油门,直至试件破坏,记下破坏极限荷载$F(N)$。

4.4 记录下最大荷载和试件下边缘断裂的位置。

5 试验结果

5.1 当断面发生在两个加荷点之间时,抗弯拉强度f_f按下式计算:

$$f_f = \frac{FL}{BH^2} \quad (T\ 0558\text{-}1)$$

式中:f_f——抗弯拉强度,MPa;
$\quad\quad F$——极限荷载,N;
$\quad\quad L$——支座间距离,mm;
$\quad\quad B$——试件宽度,mm;
$\quad\quad H$——试件高度,mm。

5.2 以3个试件测值的算术平均值为测定值。3个试件中最大值或最小值中如有一个与中间值之差超过中间值的15%,则把最大值和最小值舍去,以中间值作为试件的抗弯拉强度;如最大值和最小值与中间值之差值均超过中间值15%,则该组试验结果无效。

3个试件中如有一个断裂面位于加荷点外侧,则混凝土抗弯拉强度按另外两个试件的试验结果计算。如果这两个测值的差值不大于这两个测值中较小值的15%,则以两个测值的平均值为测试结果,否则结果无效。

如果有两根试件均出现断裂面位于加荷点外侧,则该组结果无效。

注:断面位置在试件断块短边一侧的底面中轴线上量得。

抗弯拉强度计算精确到0.01MPa。

5.3 采用100mm×100mm×400mm非标准试件时,在三分点加荷的试验方法同前,但所取得的抗弯拉强度值应乘以尺寸换算系数0.85。当混凝土强度等级大于等于C60时,应采用标准试件。

6 试验报告

试验报告应包括以下内容:
(1)要求检测的项目名称、执行标准;
(2)原材料的品种、规格和产地;
(3)试验日期及时间;
(4)仪器设备的名称、型号及编号;
(5)环境温度和湿度;
(6)水泥混凝土抗弯拉强度值;
(7)要说明的其他内容。

【注意事项】

(1)试验前应实测试件的断面尺寸,留作计算抗折强度用,并用红色铅笔画出标距、支点和加荷点等,以便准确安放试件、判断破裂面位置。

(2)三分点处双加载。将标距三等分,在三等分处加荷载,称为三分点处双加载。混凝土小梁总长550mm,支点外各留出50mm,标距为450mm。将450mm三等分,每等分150mm,所以两个加力点分别距梁端头距离为200mm,两加力点相距150mm。水泥胶砂强度试验采用双分点处单加载法,即在标距的1/2处加载。

(3)加载速度。试验规程规定加载速度单位为MPa/s,而压力机的读数盘上读数的单位是kN,因此需要将强度换算成力。所以有人就用试件的断面积来换算,这是错误的。应该用抗折强度计算公式反算,即将单位是MPa/s的加载速度范围的上、下限分别代入抗折强度计算公式,求出以力为单位的加载速度范围。这样就可以通过压力机度盘控制速度。

(4)试件支承在由活动支座、钢球、活动船形垫块和定位弹簧组成的组合支座上,三分点加荷装置实际上也是一组倒挂的组合支座,其作用是确保所有与试件的接触处可靠接触,防止脱空或使试件受扭力作用。因此试验前应进行全面检查,使各组合件准确就位。钢球应加涂黄油,防止因摩擦受损而降低灵敏度。

(5)断裂面位置。试件折断后的断裂面应位于两加荷点之间(以梁底面的画线为准),超出者试验结果作废;如果一组三个试件中有两个超出,该组试件的试验结果作废。用三分点方式加载,如果试件强度均匀,断裂面不会超出两加荷点的范围;如果超出,则说明该断裂面是一个薄弱面,一般抗折强度都偏低。当然在两加荷点范围内也可能存在有薄弱面,但不好区分。

4. 劈裂抗拉强度

混凝土在直接受拉时,很小的变形就要开裂,在断裂前没有残余变形,是一种脆性破坏。混凝土的抗拉强度只有抗压强度的1/10~1/20,且随着混凝土强度等级的提高,比值有所降低。因此,混凝土在工作时一般不依靠其抗拉强度。但抗拉强度对于开裂现象有重要意义,在结构设计中抗拉强度是确定混凝土抗裂强度的重要指标。有时也用它来间接衡量混凝土与钢筋的黏结强度等。

由于试件的夹持原因,混凝土抗拉强度无法进行轴心纯拉试验,而是采用立方体(芯样为圆柱体)的劈裂抗拉试验来测定混凝土的抗拉强度,称为劈裂抗拉强度。该方法的原理是在试件的两个相对表面轴线上,作用均匀分布的压力,这样就能够在外力作用的竖向平面内产生均布拉伸应力,这个拉伸应力可以根据弹性理论计算得出。

水泥混凝土立方体劈裂抗拉强度试验方法
(JTG E30—2005 T 0560—2005)

1 目的、适用范围和引用标准

本方法规定了测定水泥混凝土立方体试件的劈裂抗拉强度的方法和步骤。

本方法适用于各类水泥混凝土的立方体试件。

引用标准:

GB/T 3722—1992 《液压式压力试验机》

GB/T 2611—1992 《试验机通用技术要求》

T 0551—2005   《水泥混凝土试件制作与硬化水泥混凝土现场取样方法》

2 仪器设备

(1)压力机或万能试验机:应符合T 0551中2.3的规定。

(2)劈裂钢垫条和三合板垫层(或纤维板垫层),如图T 0560-1所示。钢垫条顶面为半径75mm的弧形,长度不短于试件边长。木质三合板或硬质纤维板垫层的宽度为20mm,厚为3~

4mm,长度不小于试件长度。垫层不得重复使用。

(3)钢尺:分度值为1mm。

3 试件制备和养护

3.1 试件尺寸符合 T 0551 中表 T 0551-1 的规定。

3.2 本试件应同龄期者为一组,每组为3个同条件制作和养护的混凝土试块。

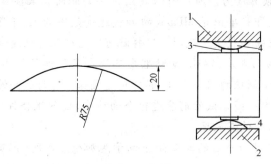

图 T 0560-1 劈裂试验用钢垫条(尺寸单位:mm)

1-上压板;2-下压板;3-垫层;4-垫条

4 试验步骤

4.1 至试验龄期时,自养护室取出试件,用湿布覆盖,避免其湿度变化。检查外观,在试件中部划出劈裂面位置线,劈裂面与试件成型时的顶面垂直。尺寸测量精确至1mm。

4.2 试件放在球座上,几何对中,放妥垫层垫条,其方向与试件成型时顶面垂直。

4.3 当混凝土的强度等级小于 C30 时,加荷速度为 0.02~0.05MPa/s;当混凝土的强度等级大于等于 C30 且小于 C60 时,加荷速度为 0.05~0.08MPa/s;当混凝土的强度等级大于等于 C60 时,加荷速度为 0.08~0.10MPa/s。当试件接近破坏而开始迅速变形时,不得调整试验机油门,直至试件破坏,记下破坏极限荷载 $F(N)$。

5 试验结果计算

5.1 混凝土立方体劈裂抗拉强度 f_{ts} 按下式计算:

$$f_{ts} = \frac{2F}{\pi A} = 0.637 \frac{F}{A}$$ (T 0560-1)

式中:f_{ts}——混凝土立方体劈裂抗拉强度,MPa;

F——极限荷载,N;

A——试件劈裂面面积,mm^2,为试件横截面面积。

5.2 劈裂抗拉强度测定值的计算及异常数据的取舍原则为:以3个试件测值的算术均值为测定值。如3个试件中最大值或最小值中如有一个与中间值的差值超过中间值15%时,则取中间值为测定值;如有两个测值与中间值的差值均超过上述规定时,则该试验结果无效。计算结果精确到 0.01MPa。

6 试验报告

试验报告应包括以下内容:

(1)要求检测的项目名称、执行标准;

(2)原材料的品种、规格和产地;

(3)试验日期及时间;

(4)仪器设备的名称、型号及编号;

(5)环境温度和湿度;

(6)立方体试件的劈裂抗拉强度值;

(7)要说明的其他内容。

水泥混凝土圆柱体劈裂抗拉强度试验方法
(JTG E30—2005 T 0561—2005)

1 目的、适用范围和引用标准

本方法规定了测定圆柱试件和现场钻芯取样的劈裂抗拉强度方法。

本方法适用于各类水泥混凝土的圆柱试件和现场芯样。

引用标准：

GB/T 2611—1992 《试验机通用技术要求》

GB/T 3722—1992 《液压式压力试验机》

T 0551—2005 《水泥混凝土试件制作与硬化水泥混凝土现场取样方法》

2 仪器设备

（1）压力机或万能试验机：应符合 T 0551 中 2.3 的规定。

（2）劈裂夹具、木质三合板垫层、钢垫条，如图 T 0561-1 所示。钢垫条为平面，厚度不小于 10mm，长度不短于试件边长。木质三合板或硬质纤维板垫层的宽度为 20mm，厚为 3~4mm，长度不小于试件长度。垫层不得重复使用。支架为钢支架。

（3）钢尺：分度值为 1mm。

3 试件制备和养护

本试件应同龄期者为一组，每组为 3 个同条件制作和养护的混凝土试件。

3.1 试件尺寸符合 T 0551 中表 T 0551-1 的规定。

3.2 本试件应同龄期者为一组，每组为 3 个同条件制作和养护的混凝土试件。

3.3 对于现场芯样，长径比大于等于 1。适宜的长径比在 1.9~2.1 之间，最大长径比不能超过 2。芯样最小直径为 100mm，直径至少是公称最大粒径的 2 倍。芯样在进行强度试验前需进行调湿，一般应在标准养护室养护 24h。

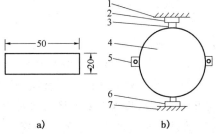

图 T 0561-1 圆柱体芯样劈裂抗拉试验装置示意图（尺寸单位：mm）

a) 夹具钢垫条；b) 劈裂夹具

1、7-压力机压板；2、6-夹具钢垫条；3-木质或纤维垫层；4-试件；5-侧杆

4 圆柱试件的劈裂试验步骤

4.1 至试验龄期时，自养护室取出试件，用湿布覆盖，避免其湿度变化。测量出直径、高度并检查外形，尺寸量测至 1mm。

4.2 在试件中部画出劈裂面位置线。圆柱体的母线公差为 0.15mm。这两条母线应位于同一轴向平面内，彼此相对，两条线的末端在试件的端面上相连，应为通过圆心的直径，以明确标明承压面。将试件、劈裂夹具、垫条和垫层如图 T 0561-1b) 所示放在压力机上，借助夹具两侧杆，将试件对中。开动压力机，当压力机压板与夹具垫条接近时，调整球座使压力均匀接触试件。当压力到 5kN 时，将夹具的侧杆抽掉。

4.3 当混凝土的强度等级小于 C30 时，加荷速度为 0.02~0.05MPa/s；当混凝土的强度等级大于等于 C30 且小于 C60 时，加荷速度为 0.05~0.08MPa/s；当混凝土的强度等级大于等于 C60 时，加荷速度为 0.08~0.10MPa/s。当试件接近破坏而开始迅速变形时，不得调整试验机油门，直至试件破坏，记下破坏极限荷载 F(N)。

5 试验结果

5.1 圆柱体劈裂抗拉强度 f_{ct} 按下式计算：

$$f_{ct} = \frac{2F}{\pi d_m l_m} \qquad (\text{T 0561-1})$$

式中：f_{ct}——圆柱体劈裂抗拉强度，MPa；
　　　F——极限荷载，N；
　　　d_m——圆柱体截面的平均直径，mm；
　　　l_m——圆柱体平均长度，mm。

5.2 劈裂抗拉强度测定值的计算及异常数据的取舍原则为：以3个试件测值的算术平均值为测定值。如3个试件中最大值或最小值中有一个与中间值的差值超过中间值的15%时，则取中间值为测定值；如有两个测值与中间值的差值均超过上述规定时，则该组试验结果无效。

结果计算精确至0.01MPa。

6 试验报告

(1)要求检测的项目名称、执行标准；
(2)原材料的品种、规格和产地；
(3)试验日期及时间；
(4)仪器设备的名称、型号及编号；
(5)环境温度和湿度；
(6)圆柱体劈裂抗拉强度值；
(7)要说明的其他内容。

【注意事项】

(1)上下钢垫条的弧顶连线应为一条铅垂线，前后两线应位于同一铅垂面内。因此试验前应在试件上画出破裂面位置线，试验时，前后各站一个人，进行严格的几何对中。同时整个装置与压力机的承压板也要严格几何对中，防止偏心受压。

(2)垫层。加放木质垫层的目的有两点：一是在试件受力时保护试件不要被钢垫条压下痕迹；二是利用垫层的弹性，使试件在开始受力时有一个缓冲的过程而逐渐受力。垫层不能重复使用。

(3)垫条的长度方向应与试件成型的顶面垂直，不能与成型顶面平行，更不能直接安放在成型顶面上，这一点非常重要，放置试件时必须认真分辨清楚。

(4)加载速度。试验规程中规定的加载速度单位是MPa/s，而压力机度盘读数的单位是kN，需要进行换算。但不能直接乘以面积来换算，因为事实上的劈裂面是一曲面。应该用劈裂强度计算公式反出，即根据混凝土的强度等级，将规程规定用强度表示的加载速度范围的上、下限值分别代入计算公式，即可得到用力控制的加载速度范围，单位为N/s。

5.影响混凝土强度的因素

普通混凝土受力破坏一般出现在集料和水泥石的黏结界面上，这就是常见的黏结面破坏的形式。另外，当水泥石强度较低时，水泥石本身破坏也是常见的破坏形式。在普通混凝土中，集料最先破坏的可能性小，因为集料强度一般大大超过水泥石和黏结面的强度。所以混凝土的强度主要决定于水泥石强度及其与集料表面的黏结强度。而水泥石强度及其与集料的黏结强度又与水泥强度等级、水灰比及集料的性质有密切关系。此外，混凝土的强度还受施工质量、养护条件、龄期和试验条件的影响。

(1)水灰比和水泥强度等级

混凝土的强度主要取决于水泥的活性组分、强度的高低。在配合比相同的条件下，所用的水泥强度等级越高，制成的混凝土强度也越高。当水泥品种及强度等级相同时，混凝土的强度主要决定于水灰比。因为水泥水化实际所需的结合水一般只占水泥质量的23%左右,但在拌制混凝土拌合物时,为了获得必要的流动性,实际用水量约占水泥质量的40%~70%,即采用较大的水灰比。当混凝土硬化后,多余的水分或残留在混凝土中形成水泡或蒸发后形成气孔,大大地减少了混凝土抵抗荷载的实际有效断面,而且可能在孔隙周围产生应力集中。因此认为在水泥强度等级相同的情况下,水灰比愈小,水泥石的强度愈高,与集料黏结力也愈大,混凝土的强度就愈高;但如果水灰比太小,拌合物过于干硬,在一定的捣实成型条件下,无法保证浇灌质量,混凝土中可能出现较多的蜂窝、孔洞等缺陷,强度将下降。试验证明,混凝土强度随水灰比的增大而降低,呈曲线关系;而混凝土强度和灰水比的关系,则呈直线关系(图7-3)。

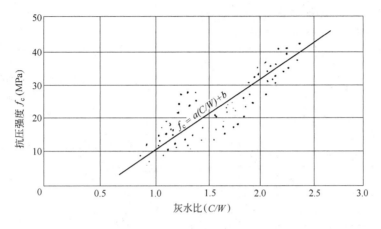

图 7-3 抗压强度与灰水比的关系

水泥石与集料的黏结力还与集料的表面状况有关,碎石表面粗糙,黏结力比较大,卵石表面光滑,黏结力比较小。因而在水泥强度等级和水灰比相同的条件下,碎石混凝土的强度往往高于卵石混凝土的强度。

根据工程实践的经验,得出关于混凝土强度与灰水比、水泥强度等级等因素之间保持近似恒定的关系,即所谓的水灰比定则。这部分内容将在混凝土配合比设计中介绍。

(2) 养生条件

混凝土养生条件包括温度、湿度和龄期,都是影响混凝土强度的重要因素。当它们在水泥水化过程中应起的作用受到限制时,将产生不利的影响。

① 湿度

养生环境的湿度对水泥的水化作用有显著影响。湿度适当,水泥水化能充分进行,混凝土强度也能得到充分发展。如果湿度不够,混凝土会因失水干燥而影响水泥水化作用的正常进行,甚至停止水化。这不仅严重降低混凝土的强度(图7-4),而且因水化作用未能完成,使混凝土结构疏松,渗水性增大,或形成干缩裂缝,从而影响耐久性。所以,为了使混凝土正常硬化,必须在成型后一定时间内维持周围环境有一定温度和湿度。混凝土在自然条件下养护,称为自然养护。自然养护的温度随气温变化,为保持潮湿状态,在混凝土凝结以后(一般在12h以内),表面应覆盖草袋等物并不断浇水,这样同时能防止其发生不正常的收缩。使用硅酸盐水泥、普通水泥和矿渣水泥时,浇水保湿应不少于7d;使用火山灰水泥和粉煤灰水泥或在施工中掺用塑性外加剂时,应不小于14d;如用高铝水泥时,不得少于3d;对掺用缓凝型外加剂或有抗渗要求的混凝土,不少于14d。在夏季应特别注意浇水,保持必要的湿度;在冬季应特别注意保持必要的温度。

②温度

混凝土的硬化,源于水泥的水化作用,而环境温度对水化作用的进程有显著的影响。温度升高,水泥水化速度加快,因而混凝土强度发展也就加快。反之,温度降低时,水泥水化速度降低,混凝土强度发展将相应缓慢(图7-5)。当温度降至冰点以下时,则由于混凝土中的水分大部分结冰,水泥颗粒不能和冰发生化学反应,混凝土的强度停止发展。而且由于孔隙内水分结冰引起的体积膨胀所产生的压力,使处于硬化过程中的混凝土产生拉应力作用;如遇气温回升,冰又开始融化。如此反复,使混凝土内部的微观裂缝逐渐发展、扩大,混凝土表面开始剥落,最终使已经形成的强度受到破坏,甚至混凝土完全崩溃。混凝早期强度低,更容易冻坏,所以应当特别防止混凝土早期受冻。

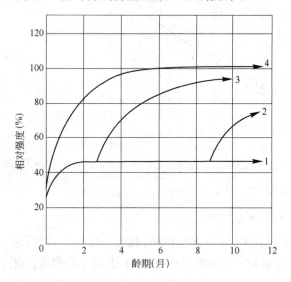

图7-4 养护湿度对混凝土强度的影响　　　　图7-5 养护温度对混凝土强度的影响
1-空气养护;2-九个月后水中养护;3-三个月后水中养护;
4-标准湿度条件下养护

③龄期

混凝土在正常养生条件下,其强度将随着龄期的增加而增长。最初7~14d内强度增长较快,28d以后增长缓慢,龄期延续数年强度仍有增长。不同龄期混凝土强度的增长情况见图7-6。

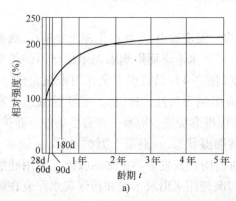 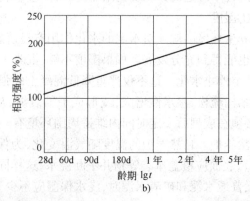

图7-6 混凝土强度与龄期的关系
a)龄期为常坐标;b)龄期为对数坐标

普通水泥混凝土,在标准条件养护下,混凝土强度的发展大致与其龄期的对数成正比关系:

$$f_{cn} = f_{ca}(\lg n / \lg a)$$

式中:f_{ca}——ad 龄期的混凝土抗压强度,MPa;

f_{cn}——nd 龄期的混凝土抗压强度,MPa。

用此关系式可以根据混凝土的早期强度(龄期不小于3d)大致地估计28d 的强度。

(3)试验条件

在组成材料、配合比例、养生条件完全相同的条件下,混凝土的强度还受试验条件的影响,包括试件尺寸与形状、干湿状况、加载方式与速度等。

①尺寸与形状

试件尺寸愈小,测得的抗压强度值愈大,因为混凝土立方体试件在压力机上受压时,在沿加荷方向发生纵向变形的同时,也按泊松比效应产生横向变形。压力机上下两块压板的弹性模量比混凝土大 5～10 倍,而泊松比则不大于混凝土的两倍,所以,在荷载下压板的横向应变小于混凝土的横向应变(指都能自由横向变形的情况),因而上下压板与试件的上下表面之间产生的摩擦力对试件的横向膨胀起着约束作用,对强度有提高的作用。愈接近试件的端面,这种约束作用就愈大。在距离端面大约为$\sqrt{3}a/2$(a 为试件横向尺寸)的范围以外,约束作用才消失。试件破坏以后,其上下部分各呈一个较完整的棱锥体,就是这种约束作用的结果。通常称这种作用为环箍效应。如在压板和试件表面间加润滑剂,则环箍效应大大减小,试件将出现直裂破坏(纵向裂纹),测出的强度也较低。立方体试件尺寸较大时,环箍效应的影响相对较小,测得的立方抗压强度因而偏低;反之,试件尺寸较小时,测得的抗压强度就偏高。另一方面的原因是由于试件中的裂缝、孔隙等缺陷将减少受力面积和引起应力集中,因而降低强度。随着试件尺寸增大,存在缺陷的概率也增大,故较大尺寸的试件测得的抗压强度就偏低。国家标准规定 150mm×150mm×150mm 的立方体为标准试件。但试件尺寸还应考虑集料最大粒径,所以还规定了非标准尺寸试件(边长为 100mm 和 200mm 的立方体),使用时按粗集料最大粒径选用。但在计算其抗压强度时,应乘以换算系数(100mm 的立方体试件,换算系数为 0.95;200mm 的立方体试件,换算系数为 1.05),换算成相当于标准试件的试验结果。

在美、日等国采用 ϕ150mm×300mm 圆柱体为标准试件,其抗压强度值约等于 150mm×150mm×150mm 立方体试件抗压强度的 0.8 倍。这是由于试件尺寸、形状不同导致的抗压强度值差异。

试件形状包括立方体和圆柱体。高径比为 1 的圆柱体和边长等于圆柱体直径的立方体,由于二者的受压面积与周长之比为一常数(均为 3.75),测出的强度应当相等,但实际上是有差别的,即使均质材料也是如此。圆柱体因具有轴对称特征,其应力分布较立方体均匀,强度略高;但当高径(或宽)比大于 2 时,形状几乎无影响。

②干湿状况

全干状态的强度比潮湿状态的强度高,原因是在干燥过程中试件表面与空气接触而碳化,使混凝土变得脆硬,但仅表面干燥强度反而比潮湿状态低。

③加载速度

速度快强度高,速度慢强度低。

三、耐 久 性

混凝土除应具有一定的强度,能安全地承受设计荷载外,还应具备适应其周围自然环境的能力,以及满足使用上的其他特殊要求,而具有各种特殊性能。例如,承受压力水作用的混凝土,需要具有一定的抗渗性能;遭受反复冰冻作用的混凝土,需要有一定的抗冻性能;长期承受车辆轮胎摩擦作用的混凝土应有耐磨的性能等。这些性能决定着混凝土经久耐用的程度,所以统称为耐久性。

1. 抗冻性

混凝土的抗冻性是指混凝土在吸饱水的状态下,经受多次冻融循环作用而不破坏、不严重降低强度的性能。在寒冷地区,特别是处于潮湿环境中的混凝土,由于长期受冻融循环的作用,要求混凝土具有较高的抗冻性能。混凝土的密实度、孔隙构造和数量、孔隙的充水程度是决定抗冻性的重要因素。密实的混凝土和具有封闭孔隙的混凝土(如加气混凝土),其抗冻性都较高。

混凝土抗冻性用抗冻标号(或等级)表示。龄期为28d的标准试件(100mm×100mm×400mm),经吸水饱和处理后,承受反复冻融循环,以抗压强度下降不超过25%,而且重量损失不超过5%时所能承受的最大冻融循环次数,将混凝土的抗冻标号划分为D25、D50、D100、D150、D200、D250、D300等。D后面的数字分别表示达到上述抗冻要求时,混凝土能够承受反复冻融循环的次数依次为25、50、100、150、200、250和300。

混凝土抗冻性也可用相对动弹性模量值不小于60%,而且质量损失率不超过5%时所能承受的最大循环次数来表示。

提高混凝土抗冻性的有效方法是在混凝土中加入引气剂(如松香热聚物等)或减水剂等,通过提高混凝土的密实度来提高混凝土的抗冻性。

水泥混凝土抗冻性试验方法(快冻法)
(JTG E30—2005 T 0565—2005)

1 目的、适用范围和引用标准

本方法规定用快冻法测定水泥混凝土抵抗水和负温共同反复作用的能力。

本方法适用于以动弹性模量、质量损失率和相对耐久性指数作为评定指标的水泥混凝土抗冻性试验。本方法特别适用于抗冻性要求高的水泥混凝土。

引用标准:

T 0551—2005 《水泥混凝土试件制作与硬化水泥混凝土现场取样方法》

T 0564—2005 《水泥混凝土动弹性模量试验方法(共振仪法)》

2 仪器设备

(1)快速冻融试验装置:能使试件固定在水中不动,依靠热交换液体的温度变化而连续、自动地按照本方法第4条的要求进行冻融的装置。满载运行时冻融箱内各点温度的极差不得超过2℃。

(2)试件盒:橡胶盒(也可用不锈钢板制成),净截面尺寸为110mm×110mm,高500mm。

(3)动弹性模量测定仪:共振法频率测量范围100Hz～20kHz。其他设备应符合T 0563的要求。

(4)台秤:量程不小于20kg,感量不大于10g。

(5)热电偶电位差计:能测量试件中心温度,测量范围-20℃～20℃,允许偏差为±0.5℃。

3 试样制备

3.1 试样制备应符合T 0551的规定。

采用100mm×100mm×400mm的棱柱体混凝土试件,每组3根,在试验过程中可连续使用。除制作冻融试件外,尚应制备中心可插入热电偶电位差计测温的同样形状、尺寸的标准试件,其抗冻性能应高于冻融试件。

3.2 也可以是现场切割的试件,尺寸为100mm×100mm×400mm。

4 试验步骤

4.1 按T 0551《水泥混凝土试件制作与硬化水泥混凝土现场取样方法》规定进行试件的制作和养护。试验龄期如无特殊要求一般为28d。在规定龄期的前4d,将试件放在20℃±2℃的饱和石灰水中浸泡,水面至少高出试件20mm(对水中养护的试件,到达规定龄期时,可直接用于试验)。浸泡4d后进行冻融试验。

4.2 浸泡完毕,取出试件,用湿布擦去表面水分。按T 0564《水泥混凝土动弹性模量试验方法(共振仪法)》测横向基频,并称其质量,作为评定抗冻性的起始值,并做必要的外观描述。

4.3 将试件放入橡胶试件盒中,加入清水,使其没过试件顶面约1~3mm(如采用金属试件盒,则应在试件的侧面与底部垫放适当宽度与厚度的橡胶板或多根直径3mm的电线,用于分离试件和底部)。将装有试件的试件盒放入冻融试验箱的试件架中。

4.4 按规定进行冻融循环试验,应符合下列要求:

4.4.1 每次冻融循环应在2~5h完成,其中用于融化的时间不得小于整个冻融时间的1/4。

4.4.2 在冻结和融化终了时,试件中心温度应分别控制在-18℃±2℃和5℃±2℃。中心温度以测温标准试件实测温度为准。

4.4.3 在试验箱内,各个位置上的每个试件从3℃降至-16℃所用的时间,不得少于整个受冻时间的1/2,每个试件从-16℃升至3℃所用的时间也不得少于整个融化时间的1/2,试件内外温差不宜超过28℃。

4.4.4 冻和融之间的转换时间不应超过10min。

4.5 通常每隔25次冻融循环对试件进行一次横向基频的测试并称重,也可根据试件抗冻性高低来确定测试的间隔次数。测试时,小心地将试件从试件盒中取出,冲洗干净,擦去表面水,进行称重及横向基频的测定,并做必要的外观描述。测试完毕后,将试件调头重新装入试件盒中,注入清水,继续试验。试件在测试过程中,应防止失水,待测试件须用湿布覆盖。

4.6 如果试验因故中断,应将试件在受冻状态下保存在原试验箱内。如果达不到这个要求,试件处在融解状态下的时间不宜超过两个循环。

4.7 冻融试验到达以下三种情况的任何一种时,即可停止试验:

(1)冻融至300次循环。

(2)试件的相对动弹性模量下降至60%以下。

(3)试件的质量损失率达5%。

5 试验结果

5.1 相对动弹性模量 P 按下式计算:

$$P = \frac{f_n^2}{f_0^2} \times 100 \qquad (T\ 0565\text{-}1)$$

式中:P——经 n 次冻融循环后试件的相对动弹性模量,%;

f_n——冻融 n 次循环后试件的横向基频,Hz;

f_0——试验前试件的横向基频,Hz。

以3个试件的平均值为试验结果,结果精确至0.1%。

5.2 质量变化率 W_n 按下式计算:

$$W_n = \frac{m_0 - m_n}{m_0} \times 100 \qquad (T\ 0565\text{-}2)$$

式中:W_n——n 次冻融循环后的试件质量变化率,%;

m_0——冻融试验前的试件质量,kg;

m_n——n 次冻融循环后的试件质量,kg。

以 3 个试件的平均值为试验结果,精确至 0.1%。

5.3 相对耐久性指数 K_n 按下式计算:

$$K_n = P \times N/300 \tag{T 0565-3}$$

式中:K_n——经 n 次冻融循环后的试件相对耐久性指数,%;
　　　N——达到本试验 4.7 款规定的冻融循环次数;
　　　P——经 n 次冻融循环后 3 个试件的相对动弹模量平均值,%。

精确至 0.1%。

5.4 当 P 大于 60% 或质量损失率达 5% 时的冻融循环次数 n,即为试件的最大抗冻循环次数。

5.5 冻融循环结束时试件的抗弯拉强度(可选)

当试件外观完整时,可按照 T 0558—2005《水泥混凝土抗弯拉强度试验方法》进行弯拉强度试验。

6　试验报告

试验报告应包括以下内容:
(1)要求检测的项目名称、执行标准;
(2)原材料的品种、规格和产地;
(3)仪器设备的名称、型号及编号;
(4)环境温度和湿度;
(5)试件的质量变化率、最大抗冻循环次数和相对耐久性指数;
(6)冻融循环结束时试件的抗弯拉强度(可选);
(7)要说明的其他内容。

【注意事项】

(1)冻融箱内液体的温度必须连续变化,箱内温度必须均匀,各点温度的极差不得超过 2℃,一般应配备循环装置。

(2)温度控制。每个冻融循环的冻结和融化的终了温度必须以测温试件的中心温度为准,并符合规范规定的误差要求。

2. 耐磨性

路面和桥面混凝土承受车辆轮胎磨耗和磨光作用的性能称为混凝土的耐磨性。耐磨性是路面和桥面混凝土应具备的特殊技术性质。另外,桥梁的墩台混凝土由于长期承受湍流的冲刷和磨蚀作用,也应具备一定的耐磨性。混凝土的耐磨性用专用的磨耗试验机进行试验,采用 150mm×150mm×150mm 立方体试件,标准养生到 27d,在 60℃烘干至恒重,沿 1/2 处锯开,在磨耗试验机上用花轮磨头在锯开的新面上进行削磨,结果用单位面积上的质量损失表示。

水泥混凝土耐磨性试验方法
(JTG E30—2005　T 0567—2005)

1　目的、适用范围和引用标准

本方法规定了水泥混凝土耐磨性试验的方法和步骤。

本方法适用于检验水泥混凝土的耐磨性,按规定的磨损方式磨削,以试件磨损面上单位面积的磨损量作为评定水泥混凝土耐磨性的相对指标。

引用标准:

T 0510—2005　《水泥胶砂耐磨性试验方法》

T/0551—2005 《水泥混凝土试件制作与硬化水泥混凝土现场取样方法》

2 仪器设备

(1)混凝土磨耗试验机:应符合 T 0510 附录《水泥胶砂磨耗试验机》的有关规定,并同时符合以下条件:

①水平转盘上的卡具,应能卡紧 150mm×150mm×150mm 立方体试件或直径为 φ150mm 的钻孔取芯试件,卡紧后试件不上浮和翘起。

②磨头与水平转盘间有效净空为 160~180mm。

(2)磨头花轮刀片:应符合 T 0510 附录中有关花轮刀片的规定。

(3)试模:模腔有效容积为 150mm×150mm×150mm,符合表 T 0551-1 的规定。

(4)烘箱:调温范围为 50℃~200℃,控制温度允许偏差为 ±5℃。

(5)电子秤:量程大于 10kg,感量不大于 1g。

3 试样

混凝土磨耗试验采用 150mm×150mm×150mm 立方体标准试件,每组 3 个试件。试件的成型和养护按 T 0551 的规定进行。

4 试验步骤

4.1 试件养护至 27d 龄期从养护地点取出,擦干表面水分放在室内空气中自然干燥 12h,再放入 60℃±5℃烘箱中,烘 12h 至恒重。

4.2 试件烘干处理后放至室温,刷净表面浮尘。

4.3 将试件放至耐磨试验机的水平转盘上(磨削面应与成型时的顶面垂直),用夹具将其轻轻紧固。在 200N 负荷下磨 30 转,然后取下试件刷净表面粉尘称重,记下相应质量 m_1,作为试件的初始质量。然后在 200N 负荷下磨 60 转,然后取下试件刷净表面粉尘称重,并记录剩余质量 m_2。

整个磨损过程应将吸尘器对准试件磨损面,使磨下的粉尘被及时吸走。如果混凝土具有高耐磨性,可再增加旋转次数,并应特别注明。

4.4 每组花轮刀片只进行一组试件的磨耗试验,进行第二组磨耗试验时,必须更换一组新的花轮刀片。

5 试验结果

5.1 按下式计算每一试件的磨损量,以单位面积的磨损量来表示。

$$G_c = \frac{m_1 - m_2}{0.0125} \qquad (T\ 0567\text{-}1)$$

式中:G_c——单位面积的磨损量,kg/m^2;

m_1——试件的初始质量,kg;

m_2——试件磨损后的质量,kg;

0.0125——试件磨损面积,m^2。

5.2 以 3 块试件磨损量的算术平均值作为试验结果,结果计算精确至 $0.001kg/m^2$。当其中一块磨损量超过平均值 15% 时,应予以剔除,取余下两块试件结果的平均值作为试验结果;如两块磨损量均超过平均值 15% 时,应重新试验。

6 试验报告

试验报告应包括以下内容:

(1)要求检测的项目名称、执行标准;

(2)原材料的品种、规格和产地;

(3)仪器设备的名称、型号及编号;

(4)环境温度和湿度;

(5)单位面积的磨损量;

(6)要说明的其他内容。

3. 抗渗性

抗渗性是指混凝土抵抗水等液体在压力作用下渗透的性能。它直接影响混凝土的抗冻性和抗侵蚀性。混凝土的抗渗性主要与其密实度及内部孔隙的大小和构造有关。混凝土内部互相连通的孔隙和毛细管通路，以及由于在混凝土施工成型时振捣不实产生的蜂窝、孔洞都会造成混凝土渗水。

混凝土的抗渗性用抗渗标号（或等级）表示，即 S2、S4、S6……。S 后的数字依次表示逐级增加水压力，在规定时间内不漏水时的最大压力依次为 0.2MPa、0.4MPa、0.6MPa……。混凝土的抗渗性用抗渗试验机进行试验。试件为圆柱体，直径上小下大，试件养护至 28d 龄期，将试件表面刷蜡后压入直径上小下大的钢筒中，装在仪器上，从底面分级加压直至顶面出水，由此时的水压力计算抗渗标号。

抗渗性也可以用渗水高度表示。即在规定的时间和压力下对试件进行渗水处理，然后将试件一劈两开，测量渗水高度，以此表示混凝土的抗渗性。此法主要用于比较试验，如压力加到规定值而顶面无水渗出时，可以考虑用渗水高度优选配合比。

只要是受水压作用的构筑物的混凝土，就有抗渗性的要求。提高混凝土抗渗性的措施是增大混凝土的密实度和改变混凝土中的孔隙结构，减小连通孔隙。

水泥混凝土抗渗性试验方法
（JTG E30—2005　T 0568—2005）

1　目的、适用范围和引用标准

本方法规定了水泥混凝土抗渗性试验的方法和步骤。

本方法适用于检测水泥混凝土硬化后的防水性能以及测定其抗渗等级。

引用标准：

T 0551—2005　《水泥混凝土试件制作与硬化水泥混凝土现场取样方法》

2　仪器设备

（1）水泥混凝土渗透仪：应能使水压按规定方法稳定地作用在试件上。

（2）成型试模：上口直径 175mm，下口直径 185mm，高 150mm 的锥台或上下直径与高度均为 150mm 的圆柱体。

（3）螺旋加压器、烘箱、电炉、浅盘、铁锅、钢丝刷等。

（4）密封材料：如石蜡，内掺松香约 2%。

3　试件制备

3.1　制备和养生符合 T 0551 的规定。试块养护期不少于 28d，不超过 90d。

3.2　试件成型后 24h 拆模，用钢丝刷刷净两端面水泥浆膜，标准养护龄期为 28d。

4　试验步骤

4.1　试件到龄期后取出，擦干表面，用钢丝刷刷净两端面，待表面干燥后，在试件侧面滚涂一层熔化的密封材料，然后立即在螺旋加压器上压入经过烘箱或电炉预热过的试模中，使试件底面和试模底平齐，待试模变冷后，即可解除压力，装在渗透仪上进行试验。

如在试验过程中，水从试件周边渗出，说明密封不好，要重新密封。

4.2　试验时，水压从 0.1MPa 开始，每隔 8h 增加水压 0.1MPa，并随时注意观察试件端面情况，一直加至 6 个试件中有 3 个试件表面发现渗水，记下此时的水压力，即可停止试验。

注：当加压至设计抗渗等级，经 8h 后第三个试件仍不渗水，表明混凝土已满足设计要求，也可停止试验。

5　试验结果

混凝土的抗渗等级以每组6个试件中4个未发现有渗水现象时的最大水压力表示。抗渗等级按下式计算：

$$S = 10H - 1 \quad (T\ 0568\text{-}1)$$

式中：S——混凝土抗渗等级；

H——第三个试件顶面开始有渗水时的水压力，MPa。

注：混凝土抗渗等级分级为S2、S4、S6、S8、S10、S12。若压力加至1.2MPa，经过8h，第三个试件仍未渗水，则停止试验，试件的抗渗等级以S12表示。

6 试验报告

试验报告应包括以下内容：

（1）要求检测的项目名称、执行标准；

（2）原材料的品种、规格和产地；

（3）仪器设备的名称、型号及编号；

（4）环境温度和湿度；

（5）抗渗等级；

（6）要说明的其他内容。

水泥混凝土渗水高度试验方法
（JTG E30—2005　T 0569—2005）

1 目的、适用范围和引用标准

本方法规定了在给定时间和水压力条件下水泥混凝土渗水高度的测定方法。

本方法适用于室内相对比较水泥混凝土的密实性，计算相对渗透系数。也可用于比较水泥混凝土的抗渗性。

引用标准：

T 0551—2005　《水泥混凝土试件制作与硬化水泥混凝土现场取样方法》

2 仪器设备

（1）梯形板：尺寸如图T 0569-1所示，画有十条等间距垂直于上下端的直线。亦可采用尺寸约为200mm×200mm的玻璃或其他透明材料，将十条等间距线画在上面。

（2）钢尺：分度值为1mm。

（3）成型试模：上口直径175mm，下口直径185mm，高150mm的锥台或上下直径与高度均为150mm的圆柱体。

（4）钟表：分度值为1min。

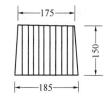

图 T 0569-1　梯形玻璃板
（尺寸单位：mm）

（5）螺旋加压器、烘箱、电炉、浅盘、铁锅、钢丝刷等。

3 试件制备

试件到龄期后取出，擦干表面，用钢丝刷刷净两端面，待表面干燥后，在试件侧面滚涂一层熔化的密封材料，然后立即在螺旋加压器上压入经过烘箱或电炉预热过的试模中，使试件底面和试模底平齐，待试模变冷后，即可解除压力，装在渗透仪上进行试验。

如在试验过程中，水从试件周边渗出，说明密封不好，要重新密封。

比较不同水泥品种的混凝土时，试件养护至28d；比较水泥品种相同的混凝土时，试件可养护至14d。

4 试验步骤

4.1　试验时，水压控制恒定为0.8MPa±0.05MPa，同时开始记录时间（精确到1min），24h后停止试验，取出试件。

注：1. 在恒压过程中，如果试件顶端出现渗水，应立即停止试验，并记录下时间。此时该试件的渗水高度即

为试件高度。

2. 当混凝土较为密实时,压力可改为1.0MPa或1.2MPa。

4.2 将试件放在压力机上,沿纵断面将试件劈裂成两半,待看清水痕后(约过2~3min)用墨汁描出水痕,即为渗水轮廓,笔迹不宜太粗。

4.3 将梯形玻璃板放在试件劈裂面上,用尺测量十条线的渗水高度(精确至1mm)。

5 结果计算

5.1 以10个测点处渗水高度的算术平均值作为该试件的渗水高度;然后再计算6个试件的渗水高度的算术平均值,作为该组试件的平均渗水高度。

如试件的渗水高度均匀(3个试件渗水高度值中最大值与最小值之差不大于3个数的平均值的30%)时,允许从6个试件中先取3个试件进行试验,其渗水高度取3个试件的算术平均值。

根据试验所得渗水高度大小,相对比较混凝土的密实性。

5.2 相对渗透系数:

$$S_k = \frac{mD_m^2}{2TH} \tag{T 0569-1}$$

式中:S_k——相对渗透系数,mm/s;
　　　D_m——平均渗水高度,cm;
　　　H——水压力,以水柱高度表示,cm;
　　　T——恒压经历的时间,h;
　　　m——混凝土的吸水率,一般为0.03。

注:1MPa的水压力,以水柱高度表示为10 200cm。

6 试验报告

试验报告应包括以下内容:
(1)要求检测的项目名称、执行标准;
(2)原材料的品种、规格和产地;
(3)仪器设备的名称、型号及编号;
(4)环境温度和湿度;
(5)渗水高度和相对渗透系数;
(6)要说明的其他内容。

【注意事项】

(1)密封。将蜡和松香按比例在一浅盘中加热熔化,将试件在浅盘中滚动一周,迅速压入预热的试模,并在压力机或其他加压设备上压至试件底面与试模底齐平。密封材料温度不能过高,否则影响涂层的厚度,进而影响密封效果。

(2)试件渗水是指经过试件内部渗出水,若水从试件周边渗出,说明密封不好,不能算作出水,应重新密封。

第二节　普通水泥混凝土

一、组　成　材　料

普通水泥混凝土是由水泥、细集料、粗集料、水和外加剂(有需要时)组成。粗集料在混凝土中起骨架作用,细集料起填充作用,水泥起胶结作用,水泥和水形成水泥浆包裹在集料的表面,并填充集料的空隙,在硬化以前,水泥浆起润滑作用,赋予拌合物一定的和易性。水泥浆硬化后,将集料胶结成坚实的、具有一定强度的整体,即水泥混凝土。水泥混凝土的性质在很大程度上取决于各组成原材料的性质及其相对比例。因此正确选择原材料对保证混凝土质量非常重要。原材料根据有关技术性质试验结果,按照技术标准的相关要求来选用。水泥的质量标准及试验方法见第四章;集料的质量标准及试验方法见第五章。

1. 水泥

(1)水泥品种的选择

目前市场上供应的水泥主要有硅酸盐水泥、普通硅酸盐水泥、矿渣水泥、火山灰水泥、粉煤灰水泥和复合水泥共6类,对公路工程加上道路水泥共7类。在实际工程中使用何种水泥,应根据工程的特点和所处的环境条件参照表7-1选用。

水泥品种选用参考 表7-1

工程性质	水泥品种	硅酸盐水泥(P)	普通水泥(P.O)	矿渣水泥(P.S)	火山灰水泥(P.P)	粉煤灰水泥(P.F)
工程特点	1. 厚大体积混凝土	×	△	☆	☆	☆
	2. 快硬混凝土	☆	△	×	×	×
	3. 高强(>C40级)混凝土	☆	△	△	×	×
	4. 有抗渗要求的混凝土	☆	☆	×	☆	☆
	5. 耐磨混凝土(水泥强度等级应≥32.5)	☆	☆	△	×	×
环境条件	1. 在普通气候环境中的混凝土	△	☆	△	△	△
	2. 在干燥环境中的混凝土	△	☆	△	×	×
	3. 在高湿度环境中或永远处在水下的混凝土	△	△	☆	△	△
	4. 严寒地区的露天混凝土,严寒地区处在水位升降范围内的混凝土(水泥强度等级应≥32.5)	☆	☆	△	×	×
	5. 严寒地区处在水位升降范围内的混凝土(水泥强度等级应≥32.5)	☆	☆	×	×	×

注:☆表示优先选用;△表示可以使用;×表示不得使用。对蒸汽养护的混凝土,水泥品种宜根据具体条件通过试验选用。对受侵蚀性水或侵蚀性气体作用的混凝土,水泥品种根据侵蚀性介质的种类和浓度等具体条件按专门规定(或设计)选用。寒冷地区是指最寒冷月份里的平均温度处在-5℃~15℃之间者,严寒地区是指最寒冷月份里的平均温度低于-15℃者。

(2)水泥强度等级的选择

水泥的强度等级应与混凝土的强度等级相匹配。水泥强度等级过高,将使单位体积混凝土的水泥用量过低,影响混凝土的耐久性。相反,由于混凝土中水泥用量过大,不但使混凝土产生收缩裂缝的可能增大,而且也不经济。

2. 细集料

(1)颗粒级配及粗细程度

在混凝土中砂粒之间的空隙由水泥浆来填充,为了节约水泥和提高混凝土强度,就应尽量减少砂粒之间的空隙,而减少砂粒之间空隙的唯一途径是用次一级颗粒填充前一级砂粒间的空隙,逐级类推,这就是细集料级配要求的全部意义所在。

砂子的粗细程度用粗、中、细划分。在质量相同的条件下,粗砂的总表面积比细砂小,需要包裹其表面积的水泥浆也比细砂少,因此粗砂能节约水泥。中砂介于两者之间。

混凝土用砂颗粒级配和粗细程度应同时兼得,即砂中应含有比较多的粗颗粒,并有适当的中粒颗粒和细粒颗粒逐级填充其空隙,以获得空隙率和总表面积较小的理想砂。一般只要细集料的级配满足三个级配区(详见第五章)中任何一个级配区的级配要求,且属于粗、中、细砂中的任何一个,都可以用来配制混凝土。但对预应力混凝土或重要构件,应尽可能选用级配符合Ⅱ区要求的中砂。

(2)颗粒形状及表面特征

山砂、人工砂表面粗糙,且富棱角,与水泥黏结好。河砂、海砂表面光滑,颗粒形状多呈圆球形,与水泥黏结差。因此在水泥和水的用量相同条件下,用前者拌制的混凝土拌合物流动性较差,但强度比较高,后者则相反。

(3)有害杂质

混凝土的细集料要求清洁不含杂质,以保证混凝土的质量。而砂中常含有云母、黏土、淤泥、粉砂等有害杂质,黏附在砂的表面,妨碍水泥与砂的黏结,降低混凝土强度;同时还增加混凝土的用水量,从而加大混凝土的收缩,降低抗冻性和抗渗性。一些有机杂质、硫化物及硫酸盐,对水泥有腐蚀作用。砂中杂质的含量应符合技术标准规定(详见第五章)。对砂中的无定形二氧化硅含量有怀疑时,需根据结构或构件的使用条件,进行专门试验后,再确定其适用性。在一般情况下,海砂可以配制混凝土和钢筋混凝土,但由于海砂含盐量较大,对钢筋有锈蚀作用,故对于水上和水位变化区的钢筋混凝土,海砂的含盐量(氯化钠的总含量)不宜超过0.1%。有些杂质,如泥土、贝壳和杂物,可在使用前经过冲洗、过筛处理将其清除。特别是配制高强度混凝土时,更应严格些。当用较高强度等级水泥配制低强度混凝土时,由于水灰比(水与水泥的重量比)大,水泥用量少,拌合物的和易性不好,这时,如果砂中泥土细粉多一些,则只要将搅拌时间稍加延长,就可改善拌合物的和易性。

3. 粗集料

(1)最大粒径的选择

当集料粒径增大时,其表面积随之减小。因此,保证一定厚度润滑层所需的水泥浆或砂浆的数量也相应减少,所以应在条件许可下,粗集料的最大粒径尽量选用得大些。由试验研究证明,最佳的最大粒径取决于混凝土的水泥用量,在水泥用量少的混凝土中(每 $1m^3$ 混凝土的水泥用量小于170kg),采用大粒径集料是有利的。在普通配合比的结构混凝土中,采用集料粒径大于40mm 并没有好处。

集料最大粒径还受结构断面尺寸和配筋疏密限制。《公路桥涵施工技术规范》(JTG/T F50—2011)规定:混凝土粗集料的最大粒径不得超过结构最小边尺寸的1/4 和钢筋最小净距的3/4;在两层或多层密布钢筋结构中,最大粒径不得超过钢筋最小净距的1/2,同时不得超过75.0mm。混凝土实心板的粗集料最大粒径不宜超过板厚的1/3,且不得超过37.5mm。对泵送混凝土的粗集料最大粒径,除符合上述规定外,对碎石不宜超过输送管径的1/3,对砾石不宜超过输送管径的1/2.5。

为减少水泥用量,降低混凝土的温度和收缩应力,在大体积混凝土内,也常用毛石来填充。毛石(片石)是爆破石灰岩、白云岩及砂岩所得到的形状不规则的大石块,一般尺寸在300~400mm,质量约20~30kg。

(2)级配

为了获得密实、高强的混凝土,并节约水泥,粗细集料组成的矿质混合料必须具有良好的级配。其中主要取决于粗集料的级配,粗集料有连续级配和单粒级两种级配类型(详见第五章)。

连续级配矿质混合料的优点是所配制的混凝土较为密实,具有良好的工作性,不易产生分层、离析等现象,故为经常采用的级配。但连续级配与间断级配矿质混合料相比,配制相同强度的混凝土,连续级配所需要的水泥用量较高。连续级配可由几种不同规格的集料配合组成,也可掺配单粒级集料。

单粒级矿质混合料的最大优点是空隙率低,也可以配制出密实高强的混凝土,而且水泥用量较小,但是单粒级粗集料配制的混凝土拌合物容易产生离析现象,仅适宜于配制干硬混凝土,并须采用强力振捣设备。否则将会因振捣不密实,而形成蜂窝、空洞等缺陷。

（3）形状及表面特征

粗集料的颗粒形状用针、片状颗粒含量来评价。针、片状颗粒过多,会影响混凝土拌合物的和易性和硬化混凝土的强度。

碎石具有棱角,表面粗糙,与水泥黏结较好,而砾石多为圆形,表面光滑,与水泥的黏结较差,在水泥和水的用量相同情况下,碎石拌制的混凝土流动性较差,但强度较高,而卵石拌制的混凝土则流动性较好,但强度较低。在流动性相同时,用卵石可以减少单位用水量,强度也不一定低。

（4）强度

为保证混凝土的强度,粗集料必须是质地致密、具有足够的强度。在选择采石场或对粗集料强度有严格要求或对质量有争议时,宜用岩石立方体强度做检验。对经常性的生产质量控制则用压碎值检验较为简便。

粗集料强度用其母岩的立方体强度表示。对桥涵工程,将岩石加工成 70mm × 70mm × 70mm 的立方体（或直径与高均为 70mm 的圆柱体）试件,在水饱和状态下,测定其单轴抗压强度（MPa）。《公路桥涵施工技术规范》（JTG/T F50—2011）规定:粗集料母岩抗压强度与混凝土强度等级之比不应小于 1.5。且规定岩浆岩的强度不宜低于 80MPa,变质岩不宜低于 60MPa,沉积岩不宜低于 30MPa。

（5）有害杂质

粗集料中常含有黏土、淤泥、细屑、硫酸盐、硫化物和有机杂质。它们的危害作用在细集料中已述及。当粗集料中夹杂着活性氧化硅时,如果混凝土所用水泥的碱含量比较高时,为防止发生碱集料破坏,应检查集料中活性氧化硅的潜在危害。另外,粗集料中严禁混入煅烧过的白云石或石灰石块。

二、配合比设计

1. 配合比表示方法

混凝土配合比是指混凝土中各组成材料之间的质量比例关系。常用的表示方法有两种:

(1)以每立方米（1m³）混凝土中各组成材料的质量表示,如水泥 300kg、水 180kg、砂子 720kg、石子 1 200kg。

(2)以相对比例表示（以水泥的比例为 1）,上例用相对比例表示则为:水泥:砂:石:水 = 1:2.4:4:0.6。

在混凝土配合比设计计算、配合比调整阶段一般都采用第一种表示方法;第二种表示方法主要用于施工配合比。

2. 配合比设计的任务及要求

混凝土配合比设计的任务,是根据设计文件要求的混凝土强度等级及其他技术要求,结合施工条件,通过试验,合理选择原材料和各材料的配合比例。混凝土配合比设计的基本要求是:

(1)满足混凝土结构设计对强度等级的要求。
(2)满足混凝土施工对拌合物和易性的要求。
(3)满足对混凝土其他技术性能(如抗冻性、抗渗性、抗磨性等)的要求。
(4)经济合理。在满足前3点基本要求的前提下,采用新材料、新技术和新工艺,节约水泥和降低混凝土成本。

3.配合比设计中的3个参数

混凝土配合比设计,实际上就是确定水泥、水、粗、细集料这4种基本组成材料用量之间的3个比例关系。即,水与水泥之间的比例关系——水灰比;粗、细集料之间的比例关系——砂率;水泥浆与集料之间的比例关系——单位用水量(1m³混凝土的用水量)。水灰比、砂率、单位用水量是混凝土配合比设计中的3个重要参数,它们与混凝土的各项性能之间有着密切的关系(图7-7)。所以混凝土配合比设计说到底就是合理选用这3个参数,3个参数选用得合理,混凝土的配合比设计也就合理。

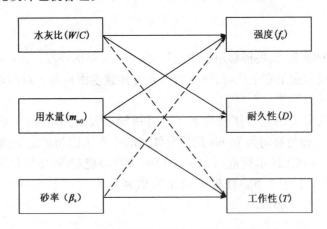

图7-7 三个参数与混凝土性能关系箭线图

4.初步计算配合比

根据混凝土设计强度等级和原材料的性能,借助经验公式和有关参数,通过计算得出的配合比称为初步计算配合比,其设计计算步骤如下:

(1)配制(试配)强度的计算($f_{cu,o}$)

由于混凝土组成材料的变异性,混凝土的强度总是在一定的范围内波动。另外由于实验室条件与施工现场条件的差异,包括材料的计量精度、材料的洁净程度、拌和设备、振捣方式、养护条件等,相对而言,实验室条件要比现场好一些。在相同材料、相同配合比例的前提下,混凝土的施工强度一般比实验室强度要低。因此在混凝土配合比设计时,要充分考虑上述因素,使实验室得到的配合比在施工中能获得满足设计强度等级要求的混凝土。具体讲就是在配合比设计时,将设计强度适当提高,或增加一个富余值,设计强度与富余值的和称为试配强度,用$f_{cu,o}$表示。那么富余值取多少呢?要考虑两个因素。一是施工质量控制水平,包括施工机械化程度的高低,施工人员的技术和管理水平;二是混凝土的强度保证率,国家标准规定混凝土的强度保证率为95%。

①当混凝土设计强度等级小于C60时,按式(7-1)计算配制强度。

$$f_{cu,o} \geq f_{cu,k} + t\sigma \tag{7-1}$$

②当混凝土设计强度等级不小于C60时,按式(7-2)计算配制强度。

$$f_{cu,o} \geqslant 1.15 f_{cu,k} \tag{7-2}$$

式中：$f_{cu,o}$——试配强度，MPa；

$f_{cu,k}$——设计强度等级，MPa；

σ——施工单位近期同类混凝土施工强度标准差，由式(7-3)计算，MPa；

$$\sigma = \sqrt{\frac{\sum_{i=1}^{n} f_{cu,i}^2 - n m_{fcu}^2}{n-1}} \tag{7-3}$$

$f_{cu,i}$——第 i 组混凝土立方体试件抗压强度值，MPa；

m_{fcu}——n 组混凝土立方体试件抗压强度平均值，MPa；

n——统计周期内相同强度等级混凝土试件的组数。

混凝土强度标准差应根据近期同类混凝土强度试验资料求得。对于强度等级不大于 C30 的混凝土，当混凝土强度标准差计算值不小于 3.0MPa 时，采用计算值，当混凝土强度的标准差计算值小于 3.0MPa 时，取 3.0MPa；对强度等级大于 C30 且小于 C60 的混凝土，当混凝土强度标准差计算值不小于 4.0MPa 时，采用计算值，当混凝土强度的标准差计算值小于 4.0MPa 时，取 4.0MPa。

若无历史统计资料时，强度标准差可根据混凝土设计强度等级，按表 7-2 的规定取用。

标准差 σ 值　　　　　　　　　　　　　　　　表 7-2

强度等级（MPa）	≤C20	C25~C45	C50~C55
标准差 σ（MPa）	4.0	5.0	6.0

t 为信度界限，决定于保证率 P 的积分下限，如图 7-8 所示。当 $P > 50\%$ 时，t 为负值，国家标准规定取概率分布为 0.05 分位数，即 $P = 95\%$，$t = -1.645$。

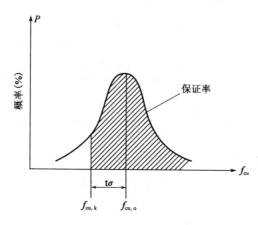

图 7-8　设计强度与试配强度的关系

（2）计算水胶比（W/B）

当混凝土强度等级小于 C60 时，根据混凝土所用胶凝材料的实际强度和粗集料的种类，用式(7-4)计算水胶比：

$$\frac{W}{B} = \frac{\alpha_a f_b}{f_{cu,o} + \alpha_a \alpha_b f_b} \tag{7-4}$$

式中：W/B——水胶比；

$f_{cu,o}$——混凝土试配强度，MPa；

α_a、α_b——回归系数,按表7-3的规定取用;

f_b——胶凝材料28d胶砂抗压强度,MPa,可按《水泥胶砂强度检验方法》实测,也可用式(7-5)计算。

回归系数取 α_a、α_b 值   表7-3

集料类别	α_a	α_b
碎石	0.53	0.20
卵石	0.49	0.13

$$f_b = \gamma_f \gamma_s f_{ce} \qquad (7\text{-}5)$$

式中:γ_f、γ_s——粉煤灰影响系数和粒化高炉矿渣粉影响系数,其取值见表7-4;

f_{ce}——水泥28d胶砂抗压强度,MPa。可以实测,也可以用式(7-6)计算;

$$f_{ce} = \gamma_c f_{ce,g} \qquad (7\text{-}6)$$

γ_c——水泥强度等级值的富余系数,可按实际统计资料确定,当缺乏统计资料时,按表7-5选用;

$f_{ce,g}$——水泥强度等级值(见水泥包装袋),MPa。

粉煤灰影响系数和粒化高炉矿渣粉影响系数   表7-4

掺量(%)	粉煤灰影响系数 γ_f	粒化高炉矿渣影响系数 γ_s
0	1.00	1.00
10	0.85~0.95	1.00
20	0.75~0.85	0.95~1.00
30	0.65~0.75	0.90~1.00
40	0.55~0.65	0.80~0.90
50		0.70~0.80

水泥强度等级值的富余系数   表7-5

水泥强度等级值	32.5	42.5	52.5
富余系数	1.12	1.16	1.10

注:引自《普通混凝土配合比设计规程》(JGJ 55—2011)。

耐久性校核:在混凝土配合比设计计算中,对混凝土的耐久性通过限制最大水灰比、最小水泥用量、最低混凝土强度等级和最大氯离子含量来保证。因此在计算出水灰比后,应根据混凝土所处的环境条件,进行耐久性校核。不同环境条件下的最大水灰比规定见表7-6,如计算水灰比大于表中的规定值,则取表中的规定值。

桥涵混凝土最大水灰比、最小水泥用量   表7-6

环境类别	混凝土结构所处环境	最大水灰比	最小水泥用量(kg/m³)	最低混凝土强度等级	最大氯离子含量(%)
I	温暖或寒冷地区的大气环境、与无侵蚀的水或土接触的环境	0.55	275	C25	0.30
II	严寒地区的大气环境、使用除冰盐环境、滨海环境	0.50	300	C30	0.15

续上表

环境类别	混凝土结构所处环境	最大水灰比	最小水泥用量（kg/m³）	最低混凝土强度等级	最大氯离子含量（%）
Ⅲ	海水环境	0.45	300	C35	0.10
Ⅳ	受侵蚀性物质影响的环境	0.40	325	C35	0.10

注：1. 水胶比、氯离子含量系其与胶凝材料用量的百分比。
2. 最小水泥用量，包括掺合料。当掺用外加剂且能有效地改善混凝土的和易性时，水泥用量可减少25kg/m³。
3. 严寒地区系指最冷月平均气温低于或等于－10℃，且平均温度低于或等于5℃的天数在145d以上的地区。
4. 预应力混凝土结构中的最大氯离子含量为0.06%，最小水泥用量为350kg/m³。
5. 封底、垫层及其他临时工程的混凝土，可不受本表的限制。
6. 引自《公路桥涵施工技术规范》(JTG/T F50—2011)。

（3）确定每立方米混凝土的用水量（m_{w0}）

在确定单位用水量前，首先应确定混凝土的设计坍落度。设计坍落度可根据相关施工规范或设计文件的要求确定。

①当混凝土的水胶比在0.4～0.8范围内时，混凝土的单位用水量可按表7-7和表7-8确定。

②当混凝土的水胶比小于0.4时，应通过试验确定。

干硬性混凝土单位用水量（kg/m³）　　　　表7-7

用水量	集料规格	卵石最大粒径(mm)			碎石最大粒径(mm)		
		10	20	40	16	20	40
维勃稠度(S)	16～20	175	160	145	180	170	155
	11～15	180	165	150	185	175	160
	5～10	185	170	155	90	180	165

塑性混凝土单位用水量（kg/m³）　　　　表7-8

用水量	集料规格	卵石最大粒径(mm)				碎石最大粒径(mm)			
		10	20	31.5	40	16	20	31.5	40
坍落度(mm)	10～30	190	170	160	150	200	185	175	165
	35～50	200	180	170	160	210	195	185	175
	55～70	210	190	180	170	220	205	195	185
	75～90	215	195	185	175	230	215	205	195

注：1. 本表系采用中砂时的平均值，如采用细砂，每立方米混凝土用水量可增加5～10kg；采用粗砂则可减少5～10kg。
2. 掺用矿物掺合料和外加剂时，用水量应相应调整。

（4）计算每立方米混凝土胶凝材料用量（m_{b0}）

单位胶凝材料用量由计算水胶比和单位用水量按式(7-7)计算求。

$$m_{b0} = \frac{m_{w0}}{W/B} \quad (7\text{-}7)$$

每立方米混凝土中的矿物掺合料用(7-8)计算。

$$m_{f0} = m_{b0}\beta_f \quad (7\text{-}8)$$

式中：β_f——矿物掺合料掺量，%。

耐久性校核：单位水泥用量应满足表 7-6 规定的最小水泥用量的要求，如果计算值小于规定值，则取规定值。

（5）确定砂率（β_s）

砂率依据水胶比和粗集料的品种、最大粒径，参考表 7-9 确定。查用时可以使用内插法。

混凝土砂率选用　　　　　　　　表 7-9

水灰比	卵石最大粒径(mm)时,砂率(%)			碎石最大粒径(mm)时,砂率(%)			
	10	20	40	16	20	31.5	40
0.4	26~32	25~31	24~30	30~35	29~34	28~33	27~32
0.50	30~35	28~34	28~33	33~38	32~37	31~36	30~35
0.60	33~38	32~37	31~36	36~41	35~40	34~39	33~38
0.70	36~41	35~40	34~39	39~44	38~43	37~42	36~41

注：1. 本表数值系中砂的选用砂率，对细砂或粗砂，可相应地减小或增大砂率。
　　2. 采用人工砂配制混凝土时，砂率可适当增大。
　　3. 只用一个单粒级粗骨料配制混凝土时，砂率应适当增大。

（6）计算每立方米混凝土的粗、细集料用量（m_{s0}、m_{G0}）

①质量法

质量法又称假定表观密度法。该法是根据混凝土组成材料的密度或表观密度，假定混凝土拌合物的表观密度。$1m^3$ 混凝土拌合物各组成材料的质量之和应等于假定表观密度。其与砂率表达式联立求解，即可求得每立方米混凝土中粗、细集料的用量。

$$\left.\begin{array}{r} m_{f0} + m_{C0} + m_{W0} + m_{s0} + m_{G0} = \rho_{CP} \\ \dfrac{m_{s0}}{m_{s0} + m_{G0}} = \beta_S \end{array}\right\} \quad (7\text{-}9)$$

式中：m_{f0}、m_{C0}、m_{W0}、m_{s0}、m_{G0}——依次为每立方米混凝土中矿物掺合料、水泥、水、砂子和石子的用量，kg；

　　　　β_S——砂率，%；

　　　　ρ_{CP}——混凝土拌合物假定表观密度，kg/m^3，一般普通混凝土的表观密度在 2 350~2 450kg/m^3 之间。

②体积法

体积法又称绝对体法。该法根据混凝土拌合物的绝对体积等于各组成材料绝对体积和混凝土拌合物中所含空气体积之和建立关系式。与砂率表达式联立求解，即可求得 $1m^3$ 混凝土中粗、细集料的质量。计算式如下：

$$\left.\begin{array}{r} \dfrac{m_{C0}}{\rho_C} + \dfrac{m_{f0}}{\rho_f} + \dfrac{m_{W0}}{\rho_W} + \dfrac{m_{s0}}{\rho_S} + \dfrac{m_{G0}}{\rho_G} + 0.01\alpha = 1 \\ \dfrac{m_{s0}}{m_{s0} + m_{G0}} = \beta_S \end{array}\right\} \quad (7\text{-}10)$$

式中：ρ_C、ρ_f、ρ_W、ρ_S、ρ_G——依次为水泥、矿物掺合料、水、细集料、粗集料的密度或表观密度，

g/cm³,ρ_C 可取实测值,也可以在 2.9~3.1kg/L 之间选用;ρ_W = 1kg/L;

α——混凝土含气量百分率,在不使用引气型外加剂时,α = 1;

其余符号意义同前。

以上两种计算粗、细集料用量的方法。一般认为,质量法比较简便,不需要各种组成材料的密度或表观密度资料,但结果相对粗糙一些,可用于低强度等级混凝土的粗、细集料用量的计算。如果有既往资料积累,也可得到准确的结果。体积法由于是根据各组成材料的体积来进行计算的,所以计算结果相对要精确一些,对设计强度等级较高的混凝土,应尽量采用体积法计算每立方米混凝土的粗、细集料用量。

5. 基准配合比

初步计算配合比是借助于一些经验公式和参数计算出来的配合比,按计算配合比的各材料用量配制出的混凝土,其和易性能否满足设计要求,必须通过实验室试拌检验,必要时应进行调整。在初步计算配合比的基础上,经过实验室试拌调整,得到的配合比称为基准配合比。试拌调整的内容包括和易性和毛体积密度调整。

(1)和易(工作)性调整

取风干的砂石材料,按计算配合比拌和规定数量(参考表 7-10)的混凝土拌合物,实测其坍落度。当实测坍落度大于要求时,保持水胶比不变,减少水胶浆的用量(或保持砂率不变,增加砂石用量)。具体做法是:在初步计算配合比的基础上,根据经验将单位用水量下调数升,水胶比不变,就可以计算出单位胶凝材料用量,然后用质量法计算砂石用量,就可以得到一个新的配合比。按调整后的配合比重新试拌,实测坍落度,如果还大,按上述原则再减少水泥浆用量,每次调整后都应再试拌,直到符合要求为止。相反,当实测坍落度小于要求时,保持水胶比不变,增加水胶浆的用量(或保持砂率不变,减少砂石用量)。

混凝土最小试拌数量　　　　　　　　　　　　　　　　　　　　　　　　　　表 7-10

集料最大粒径(mm)	拌合物数量(L)	集料最大粒径(mm)	拌合物数量(L)
31.5 及以下	20	40	25

在实测坍落度的同时,还要观察拌合物的黏聚性、保水性以及砂率(观察方法见坍落度试验),综合评价混凝土拌合物的和易性。如出现含砂不足,黏聚性和保水性不良时,可适当增大砂率,反之应减小砂率。在和易性调整中,有时会出现增加水胶浆用量坍落度值不但不增加,拌合物的黏聚性和保水性明显变差的情况,其原因是粗集料级配过差,砂率偏小,水胶砂浆不足以填充粗集料的空隙并包裹其表面,砂浆的润滑作用受到限制所致。出现这种情况时,应增加砂率,问题还不能解决时,应考虑改善粗集料的级配。

在和易性调整时,如果经验不足,重新试拌时,将前一次的拌合物作为废料清除,按调整后的配合比称料拌和。如果经验丰富,可以利用原拌合物试拌。比如坍落度大于要求时,可以保持砂率不变,增加适量的砂石,很快拌和后就可以测坍落度。但这种做法,最后要通过计算获得每立方米混凝土各材料的用量。

(2)毛体积密度调整

和易性调整完成后,应立即实测混凝土拌合物的毛体积密度(ρ_{ct}),当混凝土的实测毛体积密度与设计密度两者之差超过设计密度的2%时,应对拌合物进行密度调整具体做法如下:

①计算密度调整系数(δ)

$$\delta = \frac{\rho_{ct}}{\rho_{cc}} \tag{7-11}$$

式中： ρ_{ct} ——混凝土实测毛体积密度，kg/m^3；

$\rho_{cc}(= m_{f0} + m_{C0} + m_{W0} + m_{S0} + m_{G0})$ ——混凝土设计毛体积密度，kg/m^3。

② 调整

对经和易性调整得到的每立方米混凝土的各材料用量同时乘以密度调整系数 δ，就可以得到调整后每立方米混凝土各材料的用量。假如和易性调整后每立方米混凝土水泥、水、砂、石子的用量依次为 m_{C1}、m_{f1}、m_{W1}、m_{S1}、m_{G1}，密度调整后水泥、水、砂、石子的用量依次为：

$$m_{C2} = \delta m_{C1} \tag{7-12}$$

$$m_{f2} = \delta m_{f1} \tag{7-13}$$

$$m_{W2} = \delta m_{W1} \tag{7-14}$$

$$m_{S2} = \delta m_{S1} \tag{7-15}$$

$$m_{G2} = \delta m_{G1} \tag{7-16}$$

密度调整只改变每立方米混凝土各组成材料的用量，并不改变相对配合比例，因此现场可以调整，也可以不调整，因为调整前后混凝土的强度理论上是不变的。

密度调整的目的在于名义上是 $1m^3$ 混凝土的材料用量，按照这个材料用量打出来的混凝土应该接近 $1m^3$。这样无论是作材料计划，还是工程计量都有可靠的依据。

经过和易性和密度调整后得到的配合比称为基准配合比。

6. 实验室配合比

在基准配合比的基础上，经过强度复核确定的符合试配强度要求（具有95%强度保证率）的配合比，称为实验室配合比。进行实验室配合比后，才可向工地提供配比方案。

(1) 强度复核

基准配合比虽然工作性满足要求，但工作性调整是在保持水胶比不变的条件下完成的，因为在基准配合比调整过程中，始终保持水胶比不变，通过增加或减少水胶浆的用量来满足和易性要求。经过和易性调整得到的基准配合比，其水胶比取值是否合理还是一个问题，而水胶比又是影响混凝土强度的主要因素。所以需要复核混凝土的实际强度。

为了一次性解决问题，强度复核一般采用3个不同的配合比，其中一个为基准配合比，另外两个配合比的水胶比是在基准配合比的水胶比值上 ±0.05 而得到，对设计强度较高的混凝土宜为 ±(0.01~0.03)。增加的两个配合比，其和易性必须满足要求，因此增加的两个配合比，其单位用水量与基准配合比相同，砂率可作适当的调整，水胶比 = 基准水灰比 -0.05 的配合比砂率，应较基准配合比的砂率减少1%。水灰比 = 基准胶灰比 +0.05 的配合比的砂率，应较基准配合比的砂率增加1%。由已知的水胶比、用水量、砂率和实测毛体积密度（或设计密度），分别计算增加的两个配合比每立方米混凝土的各材料用量。每个配合比成型一组（3块）强度试件，有其他性能要求时，也应同时成型试件。标准养护到28d龄期进行抗压强度及其他性能试验。

(2) 确定实验室配合比

在获得不同水胶比混凝土的抗压强度后，以横坐标为胶水比，纵坐标为强度，绘制胶水比与强度关系线(应为直线),在纵坐标上找到配制强度($f_{cu,o}$),画水平线与关系线相交,从交点引垂线与横坐标相交,即可以确定出实验室配合比的水胶比,按基准配合比的单位用水量和砂率(必要时应适当调整),计算每立方米混凝土的胶凝材料和粗、细集料用量,即可得到实验室配合比。

在生产实际中,上述作法一般不被采用,通常直接从3个配合比中选取强度等于或略大于$f_{cu,o}$的一个配合比作为实验室配合比。

如有其他性能(如抗冻、抗渗等)要求,所选实验室配合比的其他性能也应满足相关的要求,否则应重新进行配合比设计试验。

为了清楚起见,混凝土配合比试验调整可按表7-11所列项目和内容进行,既可方便计算,也不易出错。

混凝土配合比调整计算 表7-11

项目\材料	1m³混凝土材料用量(kg)						砂率(%)	坍落度(cm)		密度(kg/m³)	
	W/C	W	C	S	G	外		设计	实测	设计	实测
初步计算配合比											
工作性调整	1										
	2										
密度调整	3										
强度复核											

7.施工配合比

施工中根据砂石材料的含水率,在实验室配合比基础上经调整得到的配合比,称为施工配合比。

实验室配合比是在粗、细集料风干的条件下得出的,而现场粗、细集料总是不同程度含有水分。因此,施工时应根据粗细集料的含水率,对实验室配合比进行调整,具体做法如下:

设实验室配合比每立方米混凝土水泥、水、砂、石子的用量依次为m_{C3}、m_{f3}、m_{W3}、m_{S3}、m_{G3},又设砂子的含水量为$a\%$、石子的含水量为$b\%$、矿物掺合料(粉煤灰)的含水量为$c\%$,则施工配合比每立方米混凝土中各材料用量m_{C4}、m_{f4}、m_{W4}、m_{S4}、m_{G4}为:

$$m_{C4} = m_{C3} \tag{7-17}$$

$$m_{f4} = m_{f3}(1 + c\%) \tag{7-18}$$

$$m_{W4} = m_{W3} - m_{S3}(1 + a\%) - m_{G3}(1 + b\%) - m_{f3}(1 + c\%) \tag{7-19}$$

$$m_{S4} = m_{S3}(1 + a\%) \tag{7-20}$$

$$m_{G4} = m_{G3}(1 + b\%) \tag{7-21}$$

用相对比例表示,则为:

$$水泥:砂:石子:水 = 1 : \frac{m_{S4}}{m_{C4}} : \frac{m_{G4}}{m_{C4}} : \frac{m_{f4}}{m_{C4}} : \frac{m_{W4}}{m_{C4}} \tag{7-22}$$

第三节 掺外加剂混凝土

外加剂已经成为混凝土组成材料中除水、胶凝材料、粗、细集料以外的第五大材料,得到了广泛的应用。由于外加剂种类较多,就是同类产品,品牌不同,也性能各异,因此对掺外加剂混凝土的组成设计还没有较成熟、系统的方法,虽有一些好的做法,但基本上都是建立在比对试验的基础上。由于外加剂的复杂性,使其应用受到了限制。

掺外加剂混凝土的技术性能及外加剂的技术性能,必须满足技术标准的要求,详见第八章。下面有选择地介绍加减水剂和引气剂混凝土的配合比设计方法。

一、掺减水剂混凝土

减水剂是应用最广泛、使用量最大的外加剂。同类减水剂,品牌不同,效果相差很大,因此除在小型工程中,可根据产品使用说明书中所推荐的掺量使用外,规模较大的工程,特别是在结构混凝土中使用时,应进行必要的试验,决不能忽视混凝土的配合比设计。以下按"选材"和"配料"两部分,介绍掺减水剂混凝土配合设计的要点。

1. 水泥与减水剂的选择

尽管减水剂品牌众多,对于一个施工企业或一个地区常用的也只有几种。外加剂的选用应主要从产品的技术性和经济性两方面来考虑。减水剂适用于各种混凝土和钢筋混凝土工程,只要使用得当,几乎都可应用。当然,最终还是取决于与基准混凝土的对比试验结果能否达到工程需要的技术要求。

由于不同的减水剂在研制期间,一般都使用当地的水泥进行试验,换一种水泥效果可能就不一样。根据使用经验,外加剂对水泥品种是有选择的。水泥品种不同,明显影响减水剂的使用效果。减水剂的使用效果可以概括为以下几点:

(1) 减水率

减水率是衡量产品质量的一个硬指标。减水剂的掺量一般不超过1%,高效减水剂掺量更小,减水率至少在10%以上。减水率只需要简单的试拌,与基准配合比相比较就可以判断。如果减水率比较低,则说明水泥品种与减水剂品种不"相容",或是减水剂本身质量问题。减水率试验方法见第八章。

(2) 坍落度"经时"损失

减水剂的效果还表现在拌合物坍落度的"经时"损失上,有的减水剂减水效果很好,但拌合物瞬时失去流动性。因水泥不同,坍落度"经时"损失程度相差很大。大多数普通型减水剂和高效减水剂,往往加速坍落度损失,以致引起施工困难,这是减水剂应用技术中存在的一个比较普遍的问题。有时混凝土拌合物出现"假凝"或"闪凝"现象。其中,假凝现象的起因是水泥熟料磨细时所掺入的调凝剂二水石膏,如果遇到磨机中温度超过150℃以上,就会转变为脱水型石膏,即半水石膏或硬石膏,当水泥加水拌和后,石膏凝结硬化就会产生假凝现象。假凝是可恢复的,即重新拌和后仍有可能恢复到原来的坍落度,或恢复到正常的坍落度损失状态。"假凝"现象与减水剂没有关系。闪凝现象则是在各种内部和外部因素影响下,水泥和水的化学反应过速,几乎达到了紊乱的程度,以致顿时失去所有的坍落度,"闪凝"是不能恢复的。"闪凝"现象在一定的条件下与减水剂有较大关系。根据国内研究的解释,掺糖类和木质素磺酸盐类减水剂,对掺硬石膏的硅酸盐水泥会产生"假凝"或"闪凝",主要原因是这些减水剂不同程度地降低了硬石膏的溶解度或溶解速度,以及使硅酸盐矿物及铝酸盐矿物水化作用加快的缘故。但掺二水石膏的水泥没有闪凝现象,原因是这些减水剂对二水石膏溶解度不仅不降低而且会有促进。坍落度"经时"损失说到底还是水泥与减水剂之间的"相容性"问题。经时损失可通过测定不同时间混凝土拌合物的坍落度来确定。

(3)强度

减水剂的效果也体现在强度上。在保持坍落度不变的条件下,掺减水剂可以减少混凝土的单位用水量,从而提高强度。在单位用水量不变的条件下,掺减水剂还可以提高混凝土的流动性。

通过以上讨论,减水剂的效果与水泥的性质密切相关。作为水泥和外加剂的用户,只能通过试配去寻找最佳配比,也只有通过试验才能选择到"相容性"比较好的水泥和外加剂。我国掺混合材料硅酸盐水泥的产量很大,它们之间成分和性质差异很大,减水剂的影响的差异也大,再加上我国减水剂品种较杂,产品性能研究深度往往不够,因此,在重要工程中必须认真选材,如选材不当,后患很大。

2. 配合比设计

掺减水剂混凝土的配合比设计,首先应当明确使用减水剂的目的。其次,要按普通混凝土配合比设计方法,确定不掺减水剂的基准混凝土配合比,用它作为配合比设计调整的基础。掺减水剂混凝土配合比设计的重点,主要是选择合适的减水剂掺量。

减水剂的掺量通常根据外加剂说明书提供的标准掺量和有关掺量范围的技术参数,结合材料、工程的具体要求选定。当混凝土配合比相同时,减水剂掺量增加,坍落度也增加,但强度则随减水剂的引气性不同而变异很大。如果减水剂的引气性较大,则强度显著下降;如果是非引气性的高效减水剂,则强度与基准混凝土相同。但减水剂的减水率的提高,也有一定限度,当掺量增加到一定程度时,掺量继续提高,减水率增加有限。有缓凝作用的减水剂,掺量增加,凝结时间也显著延长。因此,掺减水剂混凝土往往发生凝结过缓、硬化过迟、强度过低的质量事故,多数是由于掺量超过容许范围的原因。国产减水剂的掺量可参考表7-12选用,按水泥重量的百分数计。

国产减水剂掺量参考表 表7-12

外加剂品种	标准掺量(%)	掺量范围(%)
木质素磺酸钙	0.25	0.2~0.3
糖蜜减水剂	0.25~0.3	0.2~0.5
萘系高效减水剂	0.5~0.7	0.2~1.0
密胺高效减水剂	0.5	0.2~1.0
聚羧酸高性能减水剂	0.5	0.2~1.0

影响减水剂掺量的因素很多,标准掺量并非一定是最佳掺量,只有通过配合比设计试验,才能获得减水剂的最佳掺量,而且还要依靠一定的经验,才能对减水剂的最佳掺量作出正确判断。下面按减水剂的使用目的分别加以讨论。

(1)以改善和易性为目的

当混凝土设计强度比较高,单位水泥用量比较大的情况下,为了提高混凝土的工作(和易)性,可以考虑使用减水剂。在基准配合比各材料用量不变的前提下加入减水剂,提高混凝土的流动性。但混凝土拌合物的黏聚性和保水性往往变差,有泌水、离析现象,尤其集料级配比较差时,可通过适当提高砂率来解决。在与基准混凝土对比时,单凭坍落度一个技术参数是不够的,有条件的应当同时用其他一些方法,如以维勃稠度、浇筑因数进行对比。但也不能忽视强度试验结果,必须把配合比调整到与基准混凝土等强度的水平。如果使用引气减水剂,应当进行含气量的测定,以便分析改善和易性的因素。

(2)以提高强度为目的

在混凝土配合设计时,有时出现和易性等都比较好,就是强度低,而水泥用量受最大用量或和易性限制又不能再增加的情况。应通过掺加减水剂降低单位用水量,减小水灰比来解决。保持基准配合比其他材料用量不变,加入减水剂,控制加水量,使混凝土拌合物的坍落度达到要求值,然后根据实际用水量和水泥用量反算水灰比。这样就可以达到降低单位用水量,减小水灰比的目的,使混凝土的强度得到提高。如果有必要,还可以适当降低砂率。如果要提高早期强度,则尽量降低水灰比,这样对混凝土的耐久性更有好处,同时应注意含气量最小。最终根据强度要求,确定减水剂的掺量。

(3)以节省水泥量为目的

节约水泥、降低混凝土的生产成本是减水剂的一大功能。在基准配合比的基础上,保持水灰比不变,通过掺加减水剂,减少水泥浆的用量,使拌合物的和易性与基准配合比相当,这样就达到节约水泥的目的。节约下来的水泥削弱的混凝土强度,由减出来的水产生的增强作用弥补。其配合比设计方法与普通混凝土相仿,计算步骤如下:

①按普通混凝土配合比设计方法,计算混凝土的试配强度($f_{cu,o}$)。
②按普通混凝土配合比设计方法,计算设计灰水比(C/W)。
③计算掺外加剂混凝土的单位用水量($m_{w,ad}$)。

根据集料的品种和规格、外加剂的类型和掺量(参考"使用说明书")、施工要求的混凝土工作性等因素,按下式计算掺外加剂混凝土的单位用水量:

$$m_{w,ad} = m_w(1 - \beta_{ad}) \tag{7-23}$$

式中:m_w——基准配合比(未掺外加剂)每立方米混凝土的用水量,kg/m³;

β_{ad}——外加剂的减水率(参考"外加剂使用说明书"),无减水率时 $\beta = 0$(非减水外加剂)。

④计算掺外加剂混凝土的单位水泥用量($m_{c,ad}$)。

$$m_{c,ad} = \frac{C}{W} \times m_{w,ad} \tag{7-24}$$

其余同普通混凝土。

但是,为了保持混凝土的其他性能,减少的水泥浆应用同体积的细集料补充,即增加混凝土的砂率;或在使用减水剂的同时,掺加粉煤灰节约水泥效果更明显。

以上是对减水剂基本应用的分别处理,如果要求同时达到几个目的,或者达到特殊用途的目的,就要在以上基本应用原则之间,进行权衡,综合处理。

二、掺引气剂混凝土

引气剂的主要作用是改善混凝土拌合物的流动性,提高抗冻性和抗渗性。但引气剂会降低混凝土的强度,所以一般都趋向使用引气减水剂,引气减水剂的减水率比较大,不仅能起引气作用,而且还能起增强作用。引气剂应该进行质量检验,以及与水泥的相容性检验。

掺引气剂混凝土的含气量主要取决于引气剂的掺量。因此配合比设计的主要任务是选择引气剂的掺量。掺引气剂混凝土的配合比设计也是采用与基准混凝土对比和调整的方法。但是,它与掺减水剂混凝土并不完全相同,影响混凝土含气量的因素非常多,这些因素包括温度、拌合物和易性、细集料的级配和细砂的含量、砂率、水泥用量等。各种影响因素对混凝土含气量的影响见表7-13。

混凝土含气量影响因素及影响结果　　　　　　　　　　　　　　　　表7-13

使含气增加的因素	使含气减少的因素	使含气增加的因素	使含气减少的因素
温度降低	温度升高	内含有机杂质	内含有机杂质
增加坍落度	降低坍落度	—	掺加粉煤灰
砂的细度模数增大	砂的细度模数减小	—	水的硬度增加
0.15mm以下砂粒含量减小	0.15mm以下砂粒含量增加	搅拌效率增加	搅拌效率降低
减小水泥用量	增加水泥用量	—	延长振动时间

此外,水泥的化学成分、引气剂的种类也会改变引气剂的掺量和引气量。同样的引气剂,矿渣水泥的引气量比普通水泥高约1/3。增加振动器频率会降低混凝土含气量,因此掺引气剂混凝土配合比试验调整要考虑实验搅拌、振动设备与现场搅拌、振动设备的差异。

掺引气剂混凝土的设计过程可按常规方法进行,在基准配合比的基础上对参数的取值上,应根据经验作适当的调整。

(1)单位用水量比基准配合比减少10%左右,视外加剂品种而定。

(2)砂率减小1%~3%,视级配组成、细颗粒含量而定。

(3)用绝对体积法计算砂石用量时,应适当增加空气体积。

掺引气剂混凝土的实验室配合比应综合考虑强度、含气量等要求确定。表7-14是几个国家对引气混凝土含气量的推荐值,供参考。

几个国家对引气混凝土含气量的推荐值(%)　　　　　　　　　　　表7-14

集料最大粒径(mm)	中国港工	中国铁路	美国ACI	美国开垦局	英国CP	德国DIN	日本土木学会
15			7		6	≥4	6
20	5		6	5±1	5		5
25		5±1	5	4.5±1			4.5
40	4.5	4±1	4.5	4±1		≥3.5	
50			4	4±1		≥3	3.5
80	3.5	3.5±1	3.5	3.5±1			3
100		3±1	3	3±1			

第四节　路面混凝土

用于修筑水泥混凝土路面的混凝土称为路面混凝土。包括普通混凝土、钢筋混凝土、连续配筋混凝土、预应力混凝土、装配式混凝土和钢纤维混凝土等。后几种混凝土目前尚处于试验研究阶段,还没有大规模使用,本节主要介绍普通路面混凝土。从施工的角度看,滑模摊铺将是发展的方向,这方面的内容也将有所涉及。

所谓普通路面混凝土,是指由一般的普通混凝土原材料配制成的混凝土,但对混凝土的技术性质的要求与一般的普通混凝土有所区别,一般的普通混凝土以抗压强度为设计指标,而路面混凝土则以抗弯拉强度为设计指标。另外,路面混凝土要求混凝土要具有一定的耐磨性。由于技术性质要求的不同,所以对原材料的要求、配合比设计方法等,与普通混凝土也有所不同。

一、原材料的技术要求

1. 水泥

极重、特重、重交通荷载等级公路面层混凝土,应采用旋窑生产的道路硅酸盐水泥、硅酸盐水泥、普通硅酸盐水泥。中、轻交通荷载等级公路面层水泥混凝土可采用矿渣硅酸盐水泥。高温期施工宜采用普通型水泥,低温期施工宜采用早强型水泥。

面层水泥混凝土所用水泥的技术要求除应满足《道路硅酸盐水泥》(GB 13693)或《通用硅酸盐水泥》(GB 175)的规定外,各龄期的实测抗折、抗压强度尚应满足表7-15;各交通荷载等级公路面层水泥混凝土用水泥的成分应符合表7-16的规定,物理性质指标应符合表7-17的规定。

面层水泥混凝土用水泥各龄期的实测强度值(JTG/T F30—2014)　　表7-15

混凝土设计弯拉强度标准值(MPa)	5.5		5.0		4.5		4.0	
龄期(d)	3	28	3	28	3	28	3	28
水泥实测抗折强度(MPa),≥	5.0	8.0	4.5	7.5	4.0	7.0	3.0	6.5
水泥实测抗压强度(MPa),≥	23.0	52.5	17.0	42.5	17.0	42.5	10.0	32.5

各交通荷载等级公路面层水泥混凝土用水泥的成分要求(JTG/T F30—2014)　　表7-16

项次	水泥成分	极重、特重、重交通荷载等级	中、轻交通荷载等级
1	熟料游离氧化钙含量(%),≤	1.0	1.8
2	氧化镁含量(%),≤	5.0	6.0
3	铁铝酸四钙含量(%)	15.0~20.0	12.0~20.0
4	铝酸三钙含量(%),≤	7.0	9.0
5	三氧化硫含量[a](%),≤	3.5	4.0
6	碱含量 $Na_2O + 0.658K_2O$(%),≤	0.6	怀疑集料有碱活性时,0.6;无碱活性集料时,1.0
7	氯离子含量[b](%),≤	0.06	0.06
8	混合材种类	不得掺窑灰、煤矸石、火山灰、烧黏土、煤渣,有抗盐冻要求时不得掺石灰石粉(由水泥厂提供)	

注:a 三氧化硫含量在硫酸盐腐蚀场合为必测项目,无腐蚀场合为选测项目。
　　b 氯离子含量在配筋混凝土与钢纤维混凝土面层中为必测项目,水泥混凝土面层为选测项目。

各交通荷载等级公路面层水泥混凝土用水泥的物理指标要求（JTG/T F30—2014）　　表7-17

项次	水泥物理性能		极重、特重、重交通荷载等级	中、轻交通荷载等级
1	出磨时安定性		雷氏夹和蒸煮法检验均必须合格	蒸煮法检验必须合格
2	凝结时间(h)	初凝时间	≥1.5	≥0.75
		终凝时间	≤10	≤10
3	标准稠度需水量(%)		≤28.0	≤30.0
4	比表面积(m^2/kg)		300~450	300~450
5	细度(80μm筛余)(%)		≤10.0	≤10.0
6	28d干缩率(%)		≤0.09	≤0.10
7	耐磨性(kg/m^2)		≤2.5	≤3.0

2. 掺合料

当使用道路硅酸盐水泥或硅酸盐水泥时，混凝土中可掺入适量的低钙粉煤灰、磨细矿渣粉或硅灰，粉煤灰的质量等级不低于Ⅱ；当使用其他水泥时，不得掺加粉煤灰。

低钙粉煤灰的分级和质量标准见表7-18；矿渣粉、硅灰的质量标准见表7-19。

低钙粉煤灰分级和质量标准（JTG/T F30—2014）　　表7-18

粉煤灰等级	细度(45μm气流筛，筛余量)(%)	烧失量(%)	需水量(%)	含水量(%)	游离氧化钙含量(%)	SO_3(%)	混合砂浆强度活性指数	
							7d	28d
Ⅰ	≤12.0	≤5.0	≤95.0	≤1.0	<1.0	≤3.0	≥75	≥85(75)
Ⅱ	≤25.0	≤8.0	≤105.0	≤1.0	<1.0	≤3.0	≥70	≥80(62)
Ⅲ	≤45.0	≤15.0	≤115.0	≤1.0	<1.0	≤3.0	—	—

注：不带括号的数值适用于所配制混凝土强度等级不小于C40时；当配制的混凝土强度等级小于C40时，混合砂浆强度活性指数应满足28d括号中数值的要求。

矿渣粉、硅灰的质量标准（JTG/T F30—2014）　　表7-19

质量标准		比表面积(m^2/kg)	密度(g/cm^3)	烧失量(%)	流动度比(%)	含水量(%)	氯离子含量[b](%)	玻璃体含量(%)	游离氧化钙含量(%)	SO_3(%)	混合砂浆强度活性指数(%)	
种类	等级										7d	28d
磨细矿渣粉[a]	S105	≥500	≥2.80	≤3.0	≥95.0	≤1.0	<0.06	≥85.0	<1.0	≤4.0	≥95	≥105
	S95	≥400									≥75	≥95
硅灰		≥15 000	≥2.10	≤6.0	—	≤3.0	<0.06	≥90.0	<1.0	—		≥105

注：a 矿渣粉均匀性以比表面积为考核依据，单一样品的比表面积不应超过前10个样品比表面积平均值的10%。
　　b 氯离子含量在配筋混凝土与钢纤维混凝土面层为必测项目，水泥混凝土面层为选测项目。

3. 粗集料

极重、特重、重交通荷载等级公路面层混凝土用粗集料质量不应低于表7-20中Ⅱ级料的要求；中、轻交通荷载等级公路面层混凝土可使用Ⅲ级粗集料。

碎石、破碎卵石或卵石质量标准（JTG/T F30—2014）　　表7-20

项次	项　目	技 术 要 求		
		Ⅰ级	Ⅱ级	Ⅲ级
1	碎石压碎值(%)	≤18.0	≤25.0	≤30.0
2	卵石压碎值(%)	≤21.0	≤23.0	≤26.0
3	坚固性(按质量损失计)(%)	≤5.0	≤8.0	≤12.0

续上表

项次	项目		技术要求		
			Ⅰ级	Ⅱ级	Ⅲ级
4	针片状颗粒含量(按质量计)(%)		≤8.0	≤15.0	≤20.0
5	含泥量(按质量计)(%)		≤0.5	≤1.0	≤2.0
6	泥块含量(按质量计)(%)		≤0.2	≤0.5	≤0.7
7	吸水率[a](按质量计)(%)		≤1.0	≤2.0	≤3.0
8	硫化物及硫酸盐含量[b](按SO_3质量计)(%)		≤0.5	≤1.0	≤1.0
9	洛杉矶磨耗损失[c](%)		≤28.0	≤32.0	≤35.0
10	有机物含量(比色法)		合格	合格	合格
11	岩石抗压强度(MPa)[b]	岩浆岩	≥100		
		变质岩	≥80		
		沉积岩	≥60		
12	表观密度(kg/m³)		≥2 500		
13	松散堆积密度(kg/m³)		≥1 350		
14	空隙率(%)		≤47		
15	磨光值[c](%)		≥35.0		
16	碱活性反应[b]		不得有碱活性反应或疑似碱活性反应		

注:a 有抗冻、抗盐冻要求时,应检验粗集料的吸水率。
　　b 硫化物及硫酸盐含量、碱活性反应、岩石抗压强度在粗集料使用前应至少检验一次。
　　c 洛杉矶磨耗损失、磨光值仅在要求制作露石水泥混凝土面层时检测。

中、轻交通荷载等级公路面层水泥混凝土可使用再生粗集料,其质量应符合表 7-21 的规定。再生粗集料可单独或掺配新集料后使用,但应通过配合比试验验证,确定混凝土性能满足设计要求。有抗冻、抗盐冻要求时,再生粗集料不应低于 Ⅱ 级;无抗冻、抗盐冻要求时,可使用 Ⅲ 级再生粗集料。

再生粗集料的质量标准(JTG/T F30—2014)　　表 7-21

项次	项目	技术要求		
		Ⅰ级	Ⅱ级	Ⅲ级
1	压碎值(%)	≤21.0	≤30.0	≤43.0
2	坚固性(按质量损失计)(%)	≤5.0	≤10.0	≤15.0
3	针片状颗粒含量(按质量计)(%)	≤10.0	≤10.0	≤10.0
4	微粉含量(按质量计)(%)	≤1.0	≤2.0	≤3.0
5	泥块含量(按质量计)(%)	≤0.5	≤0.7	≤1.0
6	吸水率(按质量计)(%)	≤3.0	≤5.0	≤8.0
7	硫化物及硫酸盐含量(按SO_3质量计)(%)	≤2.0	≤2.0	≤2.0
8	氯化物含量(以氯离子质量计)(%)	≤0.06	≤0.06	≤0.06
9	洛杉矶磨耗损失(%)	≤35	≤40	≤45
10	杂物含量(按质量计)(%)	≤1.0	≤1.0	≤1.0
11	表观密度(kg/m³)	≥2 450	≥2 350	≥2 250
12	空隙率(%)	≤47	≤50	≤53

注:1. 当再生粗集料中碎石的岩石品种变化时,应重新检测上述指标。
　　2. 硫化物及硫酸盐含量、氯化物含量、洛杉矶磨耗损失在再生粗集料使用前应至少检验一次。

粗集料和再生粗集料的级配标准见表7-22。

粗集料与再生粗集料的级配范围(JTG/T F30—2014) 表7-22

方孔筛尺寸(mm)		2.36	4.75	9.50	16.0	19.0	26.5	31.5	37.5
级配类型		累计筛余(以质量计)(%)							
合成级配	4.75~16.0	95~100	85~100	40~60	0~10	—	—	—	—
	4.75~19.0	95~100	85~95	60~75	30~45	0~5	0	—	—
	4.75~26.5	95~100	90~100	70~90	50~70	25~40	0~5	0	—
	4.75~31.5	95~100	90~100	75~90	60~75	40~60	20~35	0~5	0
单粒级配	4.75~9.5	95~100	80~100	0~15	0	—	—	—	—
	9.5~16.0	—	95~100	80~100	0~15	0	—	—	—
	9.5~19.0	—	95~100	85~100	40~60	0~15	0	—	—
	16.0~26.5	—	—	95~100	55~70	25~40	0~10	0	—
	16.0~31.5	—	—	95~100	85~100	55~70	25~40	0~10	0

不同交通荷载等级、不同面层类型、不同集料种类,各类混凝土粗集料公称最大粒径要求见表7-23。

各种面层水泥混凝土配合比不同种类粗集料与再生粗集料公称最大粒径(mm)(JTG/T F30—2014) 表7-23

交通荷载等级		极重、特重、重		中、轻	
面层类型		水泥混凝土	纤维混凝土、配筋混凝土	水泥混凝土	碾压混凝土、砌块混凝土
最大公称粒径	碎石	26.5	16.0	31.5	19.0
	破碎卵石	19.0	16.0	26.5	19.0
	卵石	16.0	9.5	19.0	16.0
	再生粗集料	—	—	26.5	19.0

4.细集料

(1)天然砂

极重、特重、重交通荷载等级公路面层混凝土用天然砂的质量,不应低于表7-24中Ⅱ级料的要求;中、轻交通荷载等级公路面层混凝土,可使用Ⅲ级天然砂。面层混凝土使用天然砂的细度模数宜在2.0~3.7之间,级配要求见表7-25。

天然砂的质量标准(JTG/T F30—2014) 表7-24

项次	项 目	技 术 要 求		
		Ⅰ级	Ⅱ级	Ⅲ级
1	坚固性(按质量损失计)(%)	≤6.0	≤8.0	≤10.0
2	含泥量(按质量计)(%)	≤1.0	≤2.0	≤3.0
3	泥块含量(按质量计)(%)	≤0	≤0.5	≤1.0
4	氯离子含量[①](按质量计)(%)	≤0.02	≤0.03	≤0.06
5	云母含量(按质量计)(%)	≤1.0	≤1.0	≤2.0
6	硫化物及硫酸盐含量[①](按SO_3质量计)(%)	≤0.5	≤0.5	≤0.5

续上表

项次	项目	技术要求		
		Ⅰ级	Ⅱ级	Ⅲ级
7	海砂中的贝壳类物质含量(按质量计)(%)	≤3.0	≤5.0	≤8.0
8	轻物质含量(按质量计)(%)	≤1.0		
9	吸水率(%)	≤2.0		
10	表观密度(kg/m³)	≥2 500.0		
11	松散堆积密度(kg/m³)	≥1 400.0		
12	空隙率(%)	≤45.0		
13	有机物含量(比色法)	合格		
14	碱活性反应①	不得有碱活性反应或疑似碱活性反应		
15	结晶态二氧化硅含量②(%)	≥25.0		

注:①碱活性反应、氯离子含量、硫化物及硫酸盐含量在天然砂使用前应至少检验一次。
②按现行《公路工程集料试验规程》(JTG E42)T 0324 岩相法,测定除隐晶质、玻璃质二氧化硅以外的结晶态、二氧化硅的含量。

天然砂的推荐级配范围(JTG/T F30—2014)　　表7-25

砂分级	细度模数	方孔筛尺寸(mm)							
		9.5	4.75	2.36	1.18	0.6	0.3	0.15	0.075
		通过各筛孔的质量百分率(%)							
粗砂	3.1~3.7	100	90~100	65~95	35~65	15~30	5~20	0~10	0~5
中砂	2.3~3.0	100	90~100	75~100	50~90	30~60	8~30	0~10	0~5
细砂	1.6~2.2	100	90~100	85~100	75~100	60~84	15~45	0~10	0~5

(2)机制砂

机制砂宜采用碎石加工而成,用于极重、特重、重交通荷载等级公路面层水泥混凝土用机制砂的质量,不应低于表7-26中Ⅱ级砂的要求;用于中、轻交通荷载等级公路面层水泥混凝土可使用Ⅲ级机制砂。面层混凝土为天然砂的细度模数宜在2.3~3.1之间,级配要求见表7-27。

天然砂质量标准(JTG/T F30—2014)　　表7-26

项次	项目	技术要求		
		Ⅰ级	Ⅱ级	Ⅲ级
1	机制砂母岩的抗压强度(MPa)	≥80.0	≥60.0	≥30.0
2	机制砂母岩的磨光值	≥38.0	≥35.0	≥30.0
3	机制砂单粒级最大压碎指标(%)	≤20.0	≤25.0	≤30.0
4	坚固性(按质量损失计)(%)	≤6.0	≤8.0	≤10.0
5	氯离子含量(按质量计)(%)	≤0.01	≤0.02	≤0.06
6	云母含量(按质量计)(%)	≤1.0	≤2.0	≤2.0
7	硫化物及硫酸盐含量(按SO_3质量计)(%)	≤0.5	≤0.5	≤0.5
8	泥块含量(按质量计)(%)	0	≤0.5	≤1.0

续上表

项次	项 目		技术要求		
			Ⅰ级	Ⅱ级	Ⅲ级
9	石粉含量(%)	MB值<1.40或合格	<3.0	<5.0	<7.0
		MB值≥1.40或不合格	<1.0	<3.0	<5.0
10	轻物质含量(按质量计)(%)		≤1.0		
11	吸水率(%)		≤2.0		
12	表观密度(kg/m³)		≥2 500.0		
13	松散堆积密度(kg/m³)		≥1 400.0		
14	空隙率(%)		≤45.0		
15	有机物(比色法)		合格		
16	碱活性反应		不得有碱活性反应或疑似碱活性反应		

注:碱活性反应、氯离子含量、硫化物及硫酸盐含量在机制砂使用前应至少检验一次。

机制砂的级配范围(JTG/T F30—2014) 表7-27

机制砂分级	细度模数	方孔筛尺寸(mm)						
		9.5	4.75	2.36	1.18	0.6	0.3	0.15
		水洗法通过各筛孔的质量百分率(%)						
Ⅰ级砂	2.3~3.1	100	90~100	80~95	50~85	30~60	10~20	0~10
Ⅱ、Ⅲ级砂	2.8~3.9	100	90~100	50~95	30~65	15~29	5~20	0~10

5.路面混凝土用水质量

其具体要求见第二章。

6.外加剂

(1)外加剂的产品质量应符合技术要求(见第八章),并应附有由国家或省级外加剂检测检验机构认定的一等品质检报告。

(2)外加剂品种视现场气温、运距和混凝土拌合物振动黏度系数、坍落度及其损失、抗滑性、弯拉强度、耐磨性等需要选用。热天施工时的初凝时间不得小于3h;小于3h时应采取缓凝措施,使用缓凝(保塑)型减水剂或适当加大其剂量。低温和负温施工时的终凝时间不得大于10h,可使用促凝剂、早强剂、防冻剂;大于10h时,亦应采取必要的促凝、防冻措施。

(3)减水剂应采用减水率较高、坍落度损失较小、损失速率较慢的复合型减水剂,滑模摊铺路面混凝土可采用引气剂、引气缓凝减水剂、引气高效缓凝减水剂、引气早强高效减水剂、引气防冻高效减水剂等。热天施工宜使用引气缓凝减水剂、引气高效缓凝减水剂;冬天施工宜使用引气早强高效减水剂;负温施工宜使用引气防冻高效减水剂。

(4)滑模摊铺路面水泥混凝土中应使用引气剂。引气剂应选用表面张力降低值大、水泥稀浆中气泡容量多而细密、泡沫稳定时间长、不溶残渣少的产品。引气剂的品种有松香热聚物、松香皂、皂角素和文松树脂等。

(5)外加剂掺量应通过适应性检验,并由混凝土试配试验确定。引气剂的适宜掺量,应通过测定搅拌机出口拌合物的含气量进行控制。外加剂掺量不得超过水泥用量的5%。各种外加剂应以溶液加入,其稀释用水和原液中的水量,应从拌和时的加水量中扣除。

(6)减水剂与引气剂或其他外加剂复合掺用或复配时,应注意它们的共溶性,防止外加剂溶液发生絮凝、沉淀现象。如产生絮凝现象,应分别稀释并分别加入搅拌机。有沉淀的液体或粉末外加剂,应每1~3d清除一次稀释池中的沉淀物。

二、混凝土技术要求

1. 强度

(1) 弯拉(抗折)强度

路面混凝土以弯拉强度为设计指标。弯拉强度以150mm×150mm×550(或600)mm的小梁为标准试件,标准养生28d,以三分点处双加荷的加载方式测得的抗折强度为标准(详见本章第二节)。

根据《公路水泥混凝土路面设计规范》(JTG D40—2002)的规定,不同交通荷载等级的路面水泥混凝土弯拉强度标准值见表7-28。交通荷载等级按设计车道标准轴载累计作用次数划分为4级,见表7-29。

混凝土弯拉强度标准值(JTG D40—2002)　　表7-28

交通等级	特重	重	中等	轻
水泥混凝土的弯拉强度标准值(MPa)	5.0	5.0	4.5	4.0
钢纤维混凝土的弯拉强度标准值(MPa)	6.0	6.0	5.5	5.0

注:在特重交通的特殊路段,通过论证,可使用设计弯拉强度5.5MPa。

交通分级(JTG D40—2002)　　表7-29

交通等级	特重	重	中等	轻
设计车道标准轴载累计作用次数 N_e(10^4)	>2 000	100~2 000	3~100	<3

(2) 抗压强度

混凝土的抗折强度与抗压强度的比值,一般为1:5.5~1:7。为了保证路面混凝土的耐磨性、抗渗性、抗冻性等耐久性要求,除了要求混凝土达到一定的抗折强度,还应满足抗压强度的要求。路面水泥混凝土抗折强度与抗压强度的关系见表7-30。在配合比设计和施工抽检中,两者应同时满足。

路面水泥混凝土抗折强度与抗压强度的关系　　表7-30

抗折强度 f_{cf}(MPa)	4.0	4.5	5.0	5.5
抗压强度 f_{cu}(MPa)	25.0	30	35.5	40.0

2. 工作(和易)性

路面混凝土在保证其强度的前提下,还应满足施工要求的和易性,使混凝土拌合物易于拌和、运输、浇筑、振捣,且具有良好的质量稳定性,无分层离析现象;修筑成的路面具有密实、平整、防滑、耐磨等特性。路面混凝土的和易性要求主要取决于混凝土的组成材料、施工机械、气候条件等。如采用干硬混凝土,维勃稠度宜为10~30S;采用塑性混凝土,坍落度宜为10~25mm。

滑模施工路面混凝土为了易振捣密实,不产生蜂窝、麻面、拉裂和倒边现象,边部横向平整度和侧面垂直度保持良好。可通过限制混凝土拌合物的最大坍落度和最小振动黏度系数予以保证。

滑模摊铺机正常摊铺时,机前混凝土拌合物的最佳和易性及振动黏度系数应符合表7-31的要求。

滑模摊铺混凝土最佳和易性及振动黏度系数(JTJ/T 037.1—2000) 表7-31

项　目	坍落度(mm)		振动黏度系数 $\eta[N/(m^2 \cdot s)]$	摊铺速度 V_t(m/min)
	砾石混凝土	碎石混凝土		
和易性	20~40	30~60	150~500	1~2
允许范围	10~50	20~70	100~600	0.5~3
稳定性	30±20	40±20	300±200	正常1.5±0.5

3. 耐久性

路面混凝土由于长期承受车辆轮胎的磨损作用及气候因素的作用,寒冷地区又受到防滑链和带钉轮胎的冲击。因此路面混凝土必须具有良好的耐久性。提高耐久性的措施应根据工程实际而定。

(1)最大水灰比及最小水泥用量

路面混凝土满足耐久性要求的最大水灰比和最小水泥用量限制应符合表7-32的规定。最大单位水泥用量不宜大于420kg/m³;使用掺合料时,最大单位胶凝材料总量不宜大于420kg/m³。

各级公路面层混凝土最大水灰(胶)比和最小单位水泥用量(JTG/T F30—2014) 表7-32

公　路　等　级		高速、一级	二级	三、四级
最大水灰(胶)比		0.44	0.46	0.48
有抗冰冻要求时最大水灰(胶)比		0.42	0.44	0.46
有抗盐冻要求时最大水灰(胶)比①		0.40	0.42	0.44
最小单位水泥用量(kg/m³)	52.5级	300	300	290
	42.5级	310	310	300
	32.5级	—	—	315
有抗冰冻、抗盐冻要求时最小单位水泥用量(kg/m³)	52.5级	310	310	300
	42.5级	320	320	315
	32.5级	—	—	325
掺粉煤灰时最小单位水泥用量(kg/m³)	52.5级	250	250	245
	42.5级	260	260	255
	32.5级	—	—	265
有抗冰冻、抗盐冻要求时掺粉煤灰混凝土最小单位水泥用量(kg/m³)②	52.5级	265	260	255
	42.5级	280	270	265

注:①处在除冰盐、海风、酸雨或硫酸盐等腐蚀性环境中或在大纵坡等加减速车道上,最大水灰(胶)比宜比表中数值降低0.01~0.02。
②掺粉煤灰,并有抗冰冻、抗盐冻要求时,面层不应使用32.5级水泥。

(2)抗冻性

提高混凝土的抗压强度是提高耐久性的最直接的措施。在混凝土的收缩量允许的前提下,高强度混凝土具有高抗渗、高抗冻和高抗磨的性能。严寒与寒冷地区面层混凝土的抗冻等级不应低于表7-33的要求。

严寒与寒冷地区面层混凝土的抗冻等级要求(JTG/T F30—2014)　　　　表7-33

公　路　等　级		高速、一级		二、三、四级	
试件		基准配合比	现场芯样	基准配合比	现场芯样
抗冻等级(F)	严寒地区	≥300	≥250	≥250	≥200
	寒冷地区	≥250	≥200	≥200	≥150

注：严寒指当地最冷月平均气温低于-8℃的地区；寒冷指当地最冷月平均气温在-8℃～-3℃的地区。

在有抗冻要求的地区，使用引气剂可以提高混凝土的抗冻性能，而且在抗压强度相同的条件下，引气混凝土与普通混凝土具有相同的耐磨性。

滑模摊铺路面混凝土因拌合物的流动性相对较大，更应使用外加剂以改善混凝土的孔结构，提高耐久性。视路面使用环境，混凝土的含气量应达到表7-34的要求值。钻芯实测混凝土面层最大气泡间距系数宜符合表7-35的要求值。

拌和机出口拌合物含气量均值及允许偏差范围(%)(JTG/T F30—2014)　　　　表7-34

公称最大粒径(mm)	无抗冻要求	有抗冰冻要求	有抗盐冻要求
9.5	4.5±1.0	5.0±0.5	6.0±0.5
16.0	4.0±1.0	4.5±0.5	5.5±0.5
19.0	4.0±1.0	4.0±0.5	5.0±0.5
26.5	3.5±1.0	3.5±0.5	4.5±0.5
31.5	3.5±1.0	3.5±0.5	4.0±0.5

水泥混凝土面层最大气泡间距系数(μm)(JTG/T F30—2014)　　　　表7-35

环　境		公　路　等　级	
		高速、一级	二、三、四级
严寒地区	冰冻	275±25	300±35
	盐冻	225±25	250±35
寒冷地区	冰冻	325±45	350±50
	盐冻	275±45	300±50

(3)耐磨

各等级公路面层混凝土的磨损量，宜符合表7-36的要求。

各等级公路面层水泥混凝土磨损量要求(JTG/T F30—2014)　　　　表3-36

公　路　等　级	高速、一级	二级	三、四级
磨损量(kg/m²)	≤3.0	≤3.5	≤4.0

三、配合比设计

路面混凝土配合比设计与普通混凝土配合比设计的步骤相同，只是具体内容有所不同，现分述如下：

1. 初步计算配合比

(1)试配弯拉强度(f_{rm})

$$f_{rm} = \frac{f_r}{1 - 1.04C_v} + ts \tag{7-25}$$

式中：f_{rm}——混凝土试配弯拉强度的均值，MPa；

f_r——混凝土弯拉强度标准值，MPa；

C_v——混凝土弯拉强度变异系数，应按统计数据取值，小于0.05时取0.5，无统计数据时，按表7-37取用；

s——混凝土弯拉强度试验样本的标准差，MPa，有试验数据时应使用试验样本的标准差，无试验数据时按表7-38取用；

t——保证率系数，按样本数 n 和判别概率 p，参考表7-39确定。

变异系数 C_v 的变化范围（JTG/T F30—2014） 表7-37

弯拉强度变异水平等级	低	中	高
弯拉强度变异系数 C_v 的范围	$0.05 \leq C_v \leq 0.10$	$0.10 < C_v \leq 0.15$	$0.15 < C_v \leq 0.20$

各级公路水泥混凝土面层弯拉强度试验样本的标准差（JTG/T F30—2014） 表3-38

公 路 等 级	高速	一级	二级	三级	四级
目标可靠度(%)	95	90	85	80	70
目标可靠指标	1.64	1.28	1.04	0.84	0.52
样本的标准差 s(MPa)	$0.25 \leq s \leq 0.50$		$0.45 \leq s \leq 0.67$		$0.40 \leq s \leq 0.80$

保证率系数 t（JTG/T F30—2014） 表7-39

公路等级	判别概率 p	样 本 数 n（组）			
		6~8	9~14	15~19	≥20
高速	0.05	0.79	0.61	0.45	0.39
一级	0.10	0.59	0.46	0.35	0.30
二级	0.15	0.46	0.37	0.28	0.24
三、四级	0.20	0.37	0.29	0.22	0.19

（2）计算水灰比（W/C）

碎石混凝土：

$$W/C = \frac{1.5684}{f_{rm} + 1.0097 - 0.3595 f_{ce}} \tag{7-26}$$

砾石混凝土：

$$W/C = \frac{1.2618}{f_{rm} + 1.5492 - 0.4709 f_{ce}} \tag{7-27}$$

式中：f_{rm}——混凝土试配弯拉强度的均值，MPa；

f_{ce}——水泥28d龄期胶砂抗折强度，MPa。

按上式计算出的水灰比应满足耐久性要求，如计算水灰比大于规定的最大水灰比，取规定的最大值。

上式是在一定的混凝土抗折强度范围内，通过大量的试验资料回归得到的经验公式，有一定的局限性。

（3）确定砂率 S_p

路面混凝土的砂率可根据细集料的细度模数和粗集料的种类，查表7-40确定，在软拉抗滑构造的条件下，砂率在表列基础上可增大1%~2%。硬刻槽时，则不必增大砂率。

水泥混凝土的砂率(JTG/T F30—2014)　　　　表7-40

细度模数		2.2~2.5	2.5~2.8	2.8~3.1	3.1~3.4	3.4~3.7
砂率S_P(%)	碎石	30~34	32~36	34~38	36~40	38~42
	卵石	28~32	30~34	32~36	34~38	36~40

注:1.相同细度模数时,机制砂的砂率宜偏低限取用。
　　2.破碎卵石可在碎石和卵石之间内插取值。

(4)确定单位用水量(m_{wo})

每立方米混凝土的用水量按下列公式计算:

碎石混凝土:

$$m_{wo} = 104.97 + 0.309H + 11.27\frac{C}{W} + 0.61S_P \tag{7-28}$$

砾石混凝土:

$$m_{wo} = 86.89 + 0.370H + 11.24\frac{C}{W} + 1.00S_P \tag{7-29}$$

式中:H——混凝土拌合物设计坍落度(mm),三辊轴摊铺时拌合物的现场坍落度宜为20~40mm;拌和楼出口拌合物的坍落度宜为摊铺坍落度加上运输损失;

S_P——砂率(%);

C/W——灰水比,其倒数为水灰比,计入外加剂的减水作用。

计算出的用水量是集料饱和面干状态含水量时的用水量,砂为粗砂或细砂时,单位用水量应减少或增加5kg。路面混凝土最大单位用水量见表7-41。

路面混凝土最大单位用水量(JTG/T F30—2014)　　　　表7-41

施工工艺	碎石混凝土	卵石混凝土	施工工艺	碎石混凝土	卵石混凝土
滑模摊铺机摊铺	160	155	小型机具摊铺	150	145
三辊轴机组摊铺	153	148			

注:破碎卵石混凝土最大单位用水量可在碎石和卵石混凝土之间内插取值。

(5)计算单位水泥用量(m_{co})。

$$m_{co} = \frac{m_{wo}}{\frac{W}{C}} \tag{7-30}$$

路面混凝土单位水泥用量一般不小于300kg/m³,不大于360kg/m³。

滑模施工混凝土如采用52.5MPa道路硅酸盐水泥或普通硅酸盐水泥时,水泥用量宜控制在320~370kg/m³;采用42.5MPa道路硅酸盐水泥、普通硅酸盐水泥或矿渣硅酸盐水泥时,水泥用量宜控制在340~400kg/m³;加入粉煤灰时,最大胶材总量(水泥加粉煤灰)不宜大于420kg/m³。

(6)计算砂石用量(m_{SO}、m_{GO})

砂石用量可用假定密度法或绝对体积法计算,参考普通混凝土设计,此处从略。按绝对体积法计算时必须考虑空气体积。对滑模施工混凝土粗集料的体积百分数应不小于70%。

混凝土拌合物掺粉煤灰时,粉煤灰用量按超量取代法计算。粉煤灰超量系数:Ⅰ级灰应取1.2~1.4,Ⅱ级灰应取1.5~1.7。不取代水泥的超掺部分粉煤灰应代替砂,并折减用砂量。

Ⅰ、Ⅱ级粉煤灰的掺量,应根据水泥中原有的混合材料数量和混凝土弯拉强度、耐磨性等要求由试验确定。一般情况下,水泥中已有的和混凝土中外加的混合材料总量不宜大于30%:Ⅰ

型硅酸盐(纯熟料)水泥,可加入最大掺量为水泥用量30%的粉煤灰;Ⅱ型硅酸盐水泥最大掺量可为25%;道路水泥最大掺量可为20%~30%;普通水泥最大掺量可为15%~25%;矿渣水泥不得掺粉煤灰。

2. 基准配合比

在计算配合比的基础上,经试拌调整得到的配合比即为基准配合比。调整的内容包括和易性和毛体积密度。

(1) 和易(工作)性调整

在实验室按初步计算配合比试拌一定数量的混凝土拌合物,实测拌合物的坍落度或维勃稠度,如果不满足设计要求,按普通混凝土和易性调整的原则和方法进行调整,直至满足要求。

对掺加减水剂和引气剂的路面混凝土,或滑模施工的路面混凝土,除测试拌合物的和易性外,还应测试振动黏度系数、含气量。坍落度或振动黏度系数应满足表7-31的要求,含气量及其偏差值应满足表7-34的规定。并以此优选外加剂品种和掺量。

(2) 毛体积密度调整

密度调整与普通混凝土完全相同。调整后的配合比复测拌合物的毛体积密度偏差不应大于±2.5%。

3. 实验室配合比

与普通混凝土相同,采用3个不同水灰比的配合比分别成型抗折(弯拉)强度、抗压强度和耐磨性试验的试件,标准养护到28d,分别进行相关试验。根据试验结果,结合设计要求确定实验室配合比。实验室配合比的确定方法与普通混凝土相同,但路面混凝土以抗折试配强度为依据,同时抗压强度及其他指标也应同时满足要求。

4. 施工配合比

与普通混凝土相同,如果混凝土采用搅拌楼拌和,按经砂石含水量调整得到的施工配合比正式拌料,测试相关和易性指标。如不能满足要求,按和易性调整的方法,保持水灰比不变,调整水泥浆用量,使和易性满足要求。含气量、振动黏度系数等如有要求,也应同时测试。施工配合比调整一般不得减小水泥用量。

经搅拌楼实拌调整好的配合比,在施工中,应根据季节、运距等的变化情况,微调缓凝减水剂、引气剂或保塑剂的掺量,保证摊铺现场的振动黏度系数、坍落度等适宜于施工。同时,应根据当天不同时间的气温变化微调加水量,维持坍落度不变。其他配合比参数不得随意变动。

第五节 防水混凝土

防水混凝土是指抗渗标号大于0.6MPa的不透水性混凝土。混凝土渗水的原因有两个方面:一是由混凝土结构本身的毛细孔、沉降缝隙和接触孔、余留孔等引起的。毛细孔是浇捣成型的混凝土由于非结合水的蒸发,在硬化的混凝土中形成孔隙,这些孔隙彼此连通,形成网络状的渗水通道,在适当的水压力下,水就会通过渗水通道而渗出。沉降缝隙是在混凝土结构形成过程中,集料与水泥各自的颗粒、密度的差异,在重力作用下,产生不同程度的相对位移引起的;接触孔是由砂浆和集料变形不一致和集料颗粒表面水分蒸发引起的。余留孔是混凝土配合比不合理或施工振捣不密实引起的。这些孔隙或裂隙都会导致混凝土渗漏。

另外一个原因是收缩裂缝所致。通过对一些发生防水质量事故的工程的分析,认为并不都是由于材料本身的抗渗性不足,有些是由于结构开裂所致。一般来说,当裂缝宽度大于

0.1mm,混凝土便渗水。混凝土自浇筑后,在凝结硬化过程中,会由于化学减缩、冷缩和干缩等原因引起体积收缩,而混凝土是一种脆性材料,其抗拉强度极低(约为抗压强度的1/20~1/10),极限拉应变也很小(0.02%~0.03%),当收缩因受限制而产生的拉应力超过其本身的抗拉强度时,混凝土就会开裂。事实上,混凝土在其生命历程中,在表面和内部会产生很多微裂缝,影响着它的力学性能、抗渗性等。由于混凝土会产生体积收缩,在大面积浇筑施工中(如路面、桥面和机场道面),不得不预留出收缩缝,然后再用高分子材料封填。这种做法给施工和养护带来许多不便。所以,有效地改善混凝土的孔结构、减小和补偿混凝土的收缩、防止开裂是防水混凝土设计的目的所在。达到此目的途径是调整混凝土的配合比、掺外加剂和使用膨胀水泥,以提高混凝土本身的密实性和混凝土结构的抗裂性能。

一、分类与抗渗标号

1. 分类

防水混凝土分为普通防水混凝土、外加剂防水混凝土和膨胀防水混凝土,各自的使用范围见表7-42。膨胀防水混凝土可以采用膨胀水泥或在普通混凝土中掺加膨胀剂两种方法配制。

防水混凝土的分类及适用范围 表7-42

种类		最高抗渗压力(MPa)	特点	适用范围
普通防水混凝土		>3.0	施工简便,材料来源广	适用于一般工业、民用建筑及公共建筑的地下防水工程
外加剂防水混凝土	引气剂防水混凝土	>2.2	抗冻性好	适用于北方高寒地区抗冻性要求较高的防水工程及一般防水工程,不适于抗压强度大于20MPa或耐磨性要求较高的防水工程
	减水剂防水混凝土	>2.2	拌合物流动性好	适用于钢筋密集或捣固困难的薄壁型防水构筑物,也适用于对混凝土凝结时间(促凝或缓凝)和流动性有特殊要求的防水工程(如泵送混凝土)
	三乙醇胺防水混凝土	>3.8	早期强度高,抗渗标号高	适用于工期紧迫,要求早强及抗渗性较高的防水工程及一般防水工程
	氧化铁防水混凝土	>3.8	密实性好,抗渗标号高	适用于水中结构的无筋、少筋、厚大防水混凝土工程及一般地下防水工程,砂浆修补抹面工程、薄壁结构上不宜使用
膨胀剂或膨胀水泥防水混凝土		>3.8	密实性好、抗裂性好	适用于地下工程和地上防水构筑物、山洞、非金属油罐和主要工程的后浇缝

2. 抗渗标号

混凝土抗渗标号按抗渗试验所能承受的最大压力分为 S_2、S_4、S_6、S_8、S_{10}、S_{12} 六级,脚注表示压力。如压力加至1.2 MPa,经过8h第三个试件仍未渗水,停止试验,抗渗标号就可以表示为 S_{12}。

二、普通防水混凝土

普通防水混凝土是在普通混凝土的基础上发展起来的。不同的是普通混凝土是根据要求的强度进行设计的。以石子为骨架,砂子填充石子的空隙,水泥浆填充细集料空隙并将集料黏结在一起。普通防水混凝土是根据工程所要求的抗渗标号(或抗渗等级)进行设计的,其中石子的骨架作用被减弱,水泥砂浆除满足填充黏结作用外,还要求其在粗集料周围形成一定厚度的砂浆包裹层,有效地阻隔沿粗集料界面互相连通的渗水通道。从而提高混凝土的抗渗性。由于要求水泥砂浆必须将粗集料彼此隔离,使各个粗集料颗粒独立地悬浮在水泥砂浆中,这就要求混凝土中必须有足够的数量的水泥砂浆。而且水泥砂浆应富含水泥浆,具有良好的质量。因此,选择合适的水灰比、合适的灰砂比、合适的水泥砂浆数量,是普通防水混凝土配合比设计的出发点,也是落脚点。

1. 技术要求

普通防水混凝土的技术要求见表7-43。

防水混凝土的技术要求 表7-43

项 目		技 术 要 求	
抗渗标号(MPa)		>$S_{0.6}$(按设计要求)	
含气量(%)		3~5	
坍落度(mm)	厚度≥250mm 的结构	20~30	
	厚度<250mm 或钢筋稠密的结构	30~50	
	厚度大的少筋结构	<30	
	大体积混凝土或立墙	沿高度逐渐减小坍落度	
单位水泥用量(kg/m³)		>320(含矿物掺合料)	
砂率(%)		35~45	
灰砂比		1:2~1:2.5	
石子拨开系数		1.85~2.3	
最大水灰比	抗渗标号	混凝土强度等级	
		C20~C30	C30 以上
	S_6	0.60	0.55
	S_8~S_{12}	0.55	0.50
	S_{12} 以上	0.50	0.45

2. 原材料

(1) 水泥

防水混凝土应根据工程所处的环境条件,按表7-44选择水泥的品种。水泥强度等级依据混凝土设计强度等级选用,同普通混凝土。

防水混凝土水泥的品种选择参考表 表7-44

水泥品种	普通硅酸盐水泥	火山灰质硅酸盐水泥	矿渣硅酸盐水泥
优点	早期及后期强度较高,在低温下强度增长比其他水泥快,泌水性小,干缩率小,抗冻耐磨性好	耐水性强,水化热低,抗硫酸盐侵蚀能力较好	水化热低,抗硫酸盐侵蚀性能也优于普通硅酸盐水泥
缺点	抗硫酸盐侵蚀能力及耐水性比火山灰水泥差	早期强度低,在低温环境中强度增长较慢,干缩变形大,抗冻耐磨性差	泌水性和干缩变形大,抗冻和耐磨性均较差
适用范围	一般地下和水中结构及受冻融作用及干湿交替的防水工程,应优先采用本品种水泥,含硫酸盐地下水侵蚀时不宜采用	适用于有硫酸盐侵蚀介质的地下防水工程,受反复冻融及干湿交替作用的防水工程不宜用	必须采取提高水泥研磨细度或掺入外加剂的办法减小或消除泌水现象后,方可用于一般地下防水工程

（2）集料的技术要求

①细集料

就砂石混合级配而言,粉细料的取值是主要影响因素。粉细料对提高混凝土的抗渗性有一定的作用,它能改善砂子的级配,填充一部分微小空隙,同时也间接地降低了混凝土的水灰比,从而使混凝土的密实性和抗渗性有较大提高。粉料一般控制在5%～15%范围内,含泥量小于3%,泥块含量小于1%。

②粗集料

石子的品种与最大粒径。碎石和砾石都可以用于防水混凝土,由于砾石表面特点,虽与水泥砂浆黏结性差,但能降低单位用水量,有利于抗渗。用坚硬的高炉矿渣代替碎石同样可以获得良好的效果。但疏松、多孔、吸水率较大的粗集料不得使用。为了抑制混凝土中的孔隙,减少分层离析,最大粒径不大于40mm。粒径过大,在混凝土硬化过程中由于石子下沉会增加沉降孔隙,降低抗渗性;另一方面,石子不收缩,周围的水泥砂浆则产生收缩。因此,石子与砂浆变形不一致。石子越大,周长越长;与砂浆收缩的差值越大,致使砂浆与石子界面间产生微细裂缝。由于这些缝隙的存在使混凝土的有效阻水截面显著折减,压力水也就容易透过。但不宜过小,过小会增加骨料表面积,从而增加水泥和水的用量。

石子级配对防水混凝土的空隙率和抗渗性能影响不大,拨开系数的大小起决定作用。因此一般对石子的级配不做严格规定。粗集料宜采用连续级配。含泥量小于1%,泥块含量小于0.5%。

3. 配合比设计

（1）初步计算配合比

①确定水灰比

水灰比依据工程要求的抗渗标号、施工和易性和强度,可采用普通混凝土试配强度计算公式和水灰比计算公式计算,但必须符合表7-43规定的最大水灰比规定。

②确定单位用水量

用水量应根据设计坍落度(参考表7-43选定)和粗集料最大粒径参考普通混凝土单位用水量表确定。由于普通防水混凝土砂率比较大,用水量应取规定范围的上限。

③计算单位水泥用量

由水灰比和单位用水量即可计算出单位水泥用量。水泥强度等级应不低于42.5 MPa,水泥用量不应小于320kg/m^3。当掺用活性粉细料时,水泥用量不得少于280kg/m^3。

④确定砂率

砂率是影响混凝土抗渗性能的主要因素,砂率的取值应使粗细集料的混合级配的空隙率最小,同时还要考虑<0.15mm粉料的含量。粉料含量,大砂率可小一些,相反应大,一般在35%～45%范围内选用。

⑤确定砂石用量

普通防水混凝土砂石用量宜采用绝对体积法设计。

⑥复核

普通防水混凝土的抗渗性能主要取决于砂浆的质量和数量,质量通常用灰砂比来衡量,数量则用拨开系数评价。因此在配合比计算完成后,应进行这两项复核,必要时应进行调整。

a. 灰砂比复核。灰砂比是每方混凝土中水泥与砂子的质量比。如果灰砂比偏大,则因砂子数量不足、水泥浆多而出现不均匀收缩的现象,使抗渗性变差。如果灰砂比偏小,则因砂子数量过多、水泥浆少而降低黏结能力,同样使抗渗性变差。一般灰砂比在1:2~1:2.5之间,甚至更大,与混凝土设计强度等级有关。

b. 拨开系数复核。拨开系数 = 砂浆体积/石子空隙体积。石子呈松散状态时,拨开系数为1;普通混凝土的拨开系数为1.05~1.50;普通防水混凝土的拨开系数宜为1.85~2.3,甚至更大。拨开系数过小,不能将石子彼此隔离,或虽隔离但包裹层不够厚,都不能有效阻断沿集料颗粒界面连通的渗水通路,使混凝土的抗渗性下降。

(2) 配合比试验调整

按普通混凝土配合比试验调整的程序进行调整。

①对初步计算配合比进行和易性、密度调整,确定基准配合比。

②在基准配合比的基础上,增加两个水灰比,成型3个水灰比的强度、抗渗性试验的试件,标准养生至规定的龄期,按本章第一节的相关试验方法进行试验。抗渗试验的水压值应比设计值提高0.2MPa。

依据试配强度、抗渗标号(设计值提高0.2MPa),结合试验结果,确定既满足试配强度要求,又满足抗渗标号(设计值提高0.2MPa)要求的配合比作为实验室配合比。

三、外加剂防水混凝土

外加剂混凝土是在混凝土拌合物中掺加很小剂量的化学添加剂,以改善抗渗性能的混凝土。外加剂混凝土根据加入的外加剂的名称,这里主要介绍引气剂防水混凝土、减水剂防水混凝土、三乙醇胺防水混凝土和三氯化铁防水混凝土等。

1. 引气剂防水混凝土

引气剂防水混凝土是国内应用较普遍的一种外加剂防水混凝土,是在混凝土拌合物中掺入微量引气剂配制而成。它具有良好的和易性、抗渗性、抗冻性等,且经济效益显著。我国目前最常使用的引气剂为松香热聚物和松香酸钠引气剂。

(1) 防渗机理

引气剂是一种具有憎水作用的表面活性物质,它可以降低混凝土拌和水的表面张力,搅拌时会在混凝土拌合物中产生大量微小、均匀的气泡,使混凝土的和易性显著改善,硬化混凝土的内部结构也得到改善;由于气泡的阻隔,混凝土拌合物中自由水的蒸发路线变得曲折、细小、分散,因而改变了毛细管的数量和特征,减少了混凝土的渗水通道;由于水泥保水能力的提高,泌水大为减少,混凝土内部的渗水通道进一步减少。另外,由于气泡的阻隔作用,减少了由于沉降作用所引起的混凝土内部的不均匀缺陷,也减少了集料周围黏结不良的现象和沉降孔隙。气泡的上述作用,都有利于提高混凝土的抗渗性。此外,引气剂还使水泥颗粒憎水化,从而使混凝土中的毛细管壁憎水,阻碍了混凝土的吸水作用和渗水作用,这也有利于提高混凝土的抗渗性能。

(2) 影响因素

影响引气剂防水混凝土性能的因素有引气剂的品种和掺量、水灰比、水泥和砂的比例、搅拌时间、养护和振捣等。这些因素除养护外,都是通过含气量而影响混凝土性能的。

① 引气剂掺量

混凝土的含气量是影响引气剂防水混凝土质量的决定性因素,而含气量的多少,在已确定引气剂品种的条件下,首先取决于引气剂的掺量。从提高抗渗性、改善混凝土内部结构及保持应有的混凝土强度出发,引气剂掺量应以获得3%~6%的含气量为宜(松香酸钠的掺量约为水泥用量的万分之一到万分之三,松香热聚物的掺量约为万分之一)。

②水灰比

引气剂防水混凝土气泡的生成与混凝土拌合物的稠度有关。水灰比低时,拌合物稠度大,不利于气泡形成,使含气量降低;水灰比高时,虽然引气剂含量不变,但拌合物稠度小,有利于气泡形成,含气量会提高。因此,水灰比不仅决定着混凝土内部毛细孔的数量和大小,而且影响气泡的数量和质量。为了使含气量不超过6%,保证混凝土的抗渗性和强度,不同水灰比情况下,引气剂的极限掺量如下:水灰比为0.50时,引气剂掺量为万分之一到万分之五;水灰比为0.55时,掺量为万分之零点五到万分之三;水灰比为0.60时,掺量为万分之零点五到万分之一。

③水泥和砂的比例

水泥和砂的比例影响混凝土的黏滞性。水泥所占的比例越大,混凝土的黏滞性越大,含气量越小。为了获得一定的含气量就得增加引气剂的掺量。反之,如果砂子的比例大,则混凝土的含气量上升,就应减少引气剂掺量。砂子的粒径影响气泡的大小,砂子越细,气泡尺寸越小;砂子越粗,气泡尺寸越大。但若采用细砂,要增加混凝土配比中的水泥用量和用水量,收缩将增大。因此,工程中可因地制宜,尽量采用中砂。

④搅拌时间

搅拌时间对混凝土的含气量有明显影响。一般,含气量先随着搅拌时间的增加而增加,搅拌2~3min时含气量达到最大值,如继续搅拌,则含气量开始下降,其原因可认为是随着搅拌的进行,拌合物中的氢氧化钙不断与引气剂钠皂反应生成难溶的钙皂,使继续形成气泡变得困难。同时,随着含气量的增加,混凝土变得更加黏稠,生成气泡也越加困难,而最初形成的气泡却在继续搅拌时被不断破坏,消失的气泡多于增加的气泡,因而含气量随搅拌时间的延续而下降,适宜的搅拌时间应通过试验确定,一般较普通混凝土稍长,约2~3min。

⑤振捣

各种振动皆会降低混凝土的含气量,用振动台和平板振动器捣实,空气含量下降幅度比用插入式振动器的小,振动时间越长,含气量下降越大。为了保证混凝土有一定的含气量,振动时间不宜过长,用插入式振动器时,一般振动时间不宜超过20s。

⑥养护

养护对于引气剂防水混凝土的抗渗性影响很大,要求在一定温度和湿度条件下进行养护。低温养护对引气剂防水混凝土尤其不利。养护湿度越大,对提高引气剂混凝土的抗渗性越有利,如在合适温度的水中养护,则其抗渗性最佳。养护湿度对引气剂防水混凝土抗渗性能的影响见表7-45。

湿度对引气剂防水混凝土抗渗性能的影响 表7-45

养护条件	引气量(%)	抗压强度(MPa)	抗渗压力(MPa)	渗水高度(mm)
自然养护	4.1	27.9	0.8	全透
标准养护	4.1	30.9	1.4	40~50
水中养护	4.1	35.0	1.6	20~30

引气剂防水混凝土适用于一般防水工程和对抗冻性、耐久性要求较高的防水工程,使用引气剂还可弥补矿渣水泥泌水性大、火山灰水泥需水量高等缺陷。

2. 减水剂防水混凝土

减水剂防水混凝土是添加各种减水剂配制的混凝土,统称为减水剂防水混凝土。减水剂按有无引气作用分为引气型和非引气型两类。防水混凝土工程中经常使用的木钙减水剂、AF 和 MF 都属于引气型减水剂;引气型减水剂防水混凝土抗渗性能较好。

(1)防渗机理

①混凝土中掺入减水剂后,由于减水剂分子对水泥颗粒的吸附、分散、润滑和润湿作用,减少拌和用水量,提高新拌混凝土的保水性和抗离析性,尤其是当掺入引气型减水剂后,犹如掺入引气剂,在混凝土中产生封闭、均匀分散的小气泡,增加和易性,降低泌水率,从而减少了混凝土中泌水通道的产生,防止了内分层现象的发生。

②由于在保持相同和易性情况下,掺加减水剂能减少混凝土拌和用水量,使得混凝土中超过水泥水化所需的水量减少,这部分自由水蒸发后留下的毛细孔体积就相应减小,提高了混凝土的密实性。

③如果使用引气型减水剂,可以在混凝土中引入一定量独立、分散的小气泡,由于这种气泡的阻隔作用,改变了毛细管的数量和特征。

(2)减水剂的选择

选择减水剂品种要考虑施工设备。MF 和 AF 减水剂都是高效能分散剂,其减水率为 12%~20%,增强作用明显,可使混凝土的抗渗标号提高一倍。使用时应采用振动器排除大气泡,以保证混凝土质量。

木钙减水剂也兼有引气作用,其分散作用不如 MF 和 AF,木钙减水率一般为 8%~12%,掺入木钙减少用水量对提高抗渗性效果十分显著,且木钙具有缓凝作用,宜于夏季施工。当温度较低时,木钙减水剂必须与早强剂复合使用。

几种减水剂对混凝土抗渗性的影响,见表 7-46。

减水剂对混凝土抗渗性的影响　　　　　表 7-46

水 泥		减 水 剂		W/C	坍落度(mm)	抗 渗 性	
品种	用量(kg/m³)	名称	掺量(%)			等级	渗透高度(mm)
矿渣水泥	300			0.626	10	8	71.2
	300	JN	0.5	0.55	13	>20	31.5
	300	NNO	0.5	0.55	14	>20	71
普通水泥	350			0.57	37	8	
	350	MF	0.5	0.49	80	16	
	350	木钙	0.25	0.51	35	>20	105

减水剂防水混凝土适用于一般防水工程及对施工工艺有特殊要求的防水工程,如用于泵送混凝土工程及振捣困难的薄壁型防水结构。引气型减水剂除能满足特殊施工要求外,也适用于引气剂防水混凝土的应用范围。

3. 三乙醇胺防水混凝土

加入微量三乙醇胺(占水泥质量的 0.05%)配制的防水混凝土称为三乙醇胺防水混凝土。

三乙醇胺防水混凝土不仅具有良好的抗渗性,而且具有早强和增强作用,适用于对早期强度有特殊要求的防水工程。

在混凝土中掺入微量三乙醇胺能提高抗渗性的基本原理为:三乙醇胺能加速水泥的水化作用,促使水泥水化早期就生成较多的含水结晶产物,相应地减少了游离水,也就减少了由于游离水蒸发而遗留下来的毛细孔,从而提高了混凝土的抗渗性。

工程上配制三乙醇胺防水混凝土时,还常常复合掺加氯化钠和亚硝酸钠,用这种方法配得的混凝土,其抗渗性和抗压强度都比三乙醇胺单掺的效果好。通常三种外加剂的掺量为:三乙醇胺 0.05%,氯化钠 0.5%,亚硝酸钠 1%。当三乙醇胺和氯化钠、亚硝酸钠复合掺加时,在水泥浆体中,三乙醇胺不但能促进水泥本身的水化,而且还能促进无机盐与水泥成分的反应,促使低硫型硫铝酸钙和六方板状固溶体提前生成,并能增加生成量,由于氯化钠和亚硝酸钠等无机盐在水泥水化过程中能分别生成氯铝酸盐和亚硝酸铝酸盐等络合物,生成过程中发生体积膨胀,填充了混凝土内部孔隙和堵塞了毛细管通道,因而增加了混凝土的密实性,提高了强度和抗渗性,早强效果也非常明显。

由于三乙醇胺防水混凝土具有早强和增强效果,有利于加速模板周转速度,提高劳动生产率,能获得良好的经济效益。

4. 氯化铁防水混凝土

氯化铁防水混凝土是在混凝土拌合物中,加入少量氯化铁防水剂配制成的具有高抗渗性、高密实度的混凝土。

(1)防渗机理

① 氯化铁防水剂的主要成分为氯化铁、氯化亚铁、硫酸铝等,它们能与水泥石中硅酸三钙和硅酸二钙水化释放出的氢氧化钙发生反应,生成氢氧化铁、氢氧化亚铁和氢氧化铝等不溶于水的胶体,

这些胶体填充了混凝土内的孔隙,堵塞了毛细管渗水通道,增加混凝土的密实性。

②降低了泌水率。混凝土中掺加氯化铁防水剂后,由于浆体中生成了氢氧化铁、氢氧化亚铁和氢氧化铝等胶状物,混凝土的泌水率降低了,减少了因此而引起的缺陷。

③氯化铁防水剂与氢氧化钙作用生成的氯化钙,不但能起填充作用,而且这种新生态的氯化钙能激化水泥熟料矿物,加速其水化速度,并与硅酸二钙、铝酸三钙和水反应生成氯硅酸钙和氯铝酸钙晶体,提高了混凝土的密实性,因而抗渗性提高。

(2)氯化铁防水混凝土的配制

氯化铁防水混凝土的配制和施工,与普通混凝土相似,但需注意以下问题:

①选用质量合乎标准的氯化铁防水剂,不能直接使用市场上出售的氯化铁化学试剂。

②氯化铁防水剂要先用水稀释,然后才能使用。

③氯化铁防水剂的掺量以 3% 为宜,太少,防水效果不显著;太多,则会加速钢筋锈蚀,并且使干缩增大。

④配料要求准确,机械搅拌大于 2min 方可出料。

⑤加强养护,自然养护 7~14d,要充分湿润。

氯化铁防水混凝土适用于水下工程、无筋少筋防水混凝土工程及一般地下工程,如水池、水塔、地下室、隧道和油罐等工程。氯化铁防水砂浆则广泛应用于地下防水工程的抹面和大面积修补堵漏工程。

四、膨胀防水混凝土

普通防水混凝土是通过调整配合比,改善混凝土的微观结构,增加密实性,提高抗渗能力;而外加剂防水混凝土则是通过添加外加剂,改善混凝土的微观结构,增加密实性,提高抗渗性能。但这两类防水混凝土抗收缩的能力并未得到改善,甚至还有增加。表 7-47 是这两类防水混凝土与普通混凝土相比较收缩性能的变化情况。

防水混凝土的收缩情况 表 7-47

名 称		与普通混凝土相比较收缩变化情况
普通防水混凝土		粗集料用量少,收缩相对增加
外加剂防水混凝土	引气剂防水混凝土	基本与普通混凝土相同
	减水剂防水混凝土	基本与普通混凝土接近。水泥用量不变,减少用水量,收缩有减小的趋向;但含气量增加时,收缩有增加的趋向
	三乙醇胺防水混凝土	稍大于普通混凝土
	氯化铁防水混凝土	基本上不增加收缩

注:依据《防水混凝土及其应用》。

膨胀防水混凝土除了具有抗渗的性能外,在有约束的条件下还有抗裂的性能。因此广泛用于广场、桥面等大面积、小厚度的结构,收到了良好的效果。膨胀防水混凝土有两种配制途径:一是采用膨胀水泥配制的防水混凝土;二是掺膨胀剂配制的防水混凝土。下面分别介绍:

1. 膨胀水泥防水混凝土

膨胀水泥在水化硬化过程中,形成了大量的体积增大的结晶体(如钙矾石),它能产生一定的膨胀能。在约束条件下,膨胀防水混凝土具有两个特点:

①改善了混凝土的孔结构,使总空隙率减少,毛细孔径减小,从而提高了混凝土的抗渗性。

②改善了混凝土的应力状态,膨胀能转变为自应力,使混凝土处于受压状态,从而提高了混凝土的抗裂能力。

这二者的统一,使得膨胀混凝土具有良好的抗裂防渗性能。

(1)防渗机理

前面已提到,混凝土的抗渗性与孔结构有密切的关系。大于 250A 的毛细孔和接触孔对液体渗透起主要的作用;小于 250A 的毛细孔和胶孔对液体渗透作用不大或不起作用。如果毛细孔孔壁对渗透介质的吸附层厚度足以将毛细孔堵死,则这类孔实际是不渗透的。因此,要提高混凝土的抗渗性,就应该设法减少总孔隙率和减小毛细孔和接触孔的孔径。

膨胀水泥防水混凝土在水化硬化过程中,形成大量的结晶膨胀的钙矾石。而这种针状或柱状的钙矾石在结晶发育时,它往往是向阻力小的孔隙中生长、发育。所以,在电子显微镜下观察膨胀水泥石结构时,它的孔隙多为钙矾石晶体所填充。在硬化后期,水化硅酸钙、氢氧化钙和钙矾石互相交织在一起,形成了非常致密的水泥石结构。

(2)抗裂机理

为了提高混凝土的抗裂效果,通常采通常采用机械预应力的方法,使混凝土处于受压状态,防止产生裂缝。这种方法需要的设备和工艺较复杂。对于一些结构复杂的防水构筑物,则无法施加机械预应力,例如桥面混凝土。有效的途径是采用膨胀水泥配制钢筋混凝土。在约束(指钢筋)膨胀情况下,由于混凝土膨胀张拉钢筋,被张拉的钢筋对混凝土本身产生了压缩应力,称为化学预应力或自应力。这一自应力能大致抵消由于混凝土干缩和徐变所产生的拉应力,从而达到补偿收缩和抗裂防渗的效果。这种混凝土称为补偿收缩混凝。而这一自应力不但能克服混凝土干缩和徐变产生的拉应力,而且在混凝土中残留一部分压应力时,这种混凝土称为自应力混凝土。

膨胀水泥防水混凝土的徐变比普通混凝土大。据测定,膨胀水泥防水混凝土的压缩徐变比普通混凝土大 1.5~1.9 倍;受拉徐变比普通混凝土大 1.4 倍左右。由于其变形能力较大,因此,膨胀水泥防水混凝土的抗裂性比普通混凝土好。

总的来说,膨胀水泥防水混凝土与普通混凝土的区别在于:前者能在硬化初期产生体积膨胀,在约束条件下,它通过水泥石与钢筋的黏结,把钢筋张拉,从而在混凝土中导入自应力,改善了混凝土的应力状态,提高了混凝土的抗拉强度。这一自应力可大致地抵销由于混凝土干缩和徐变时产生的拉应力,从而达到补偿收缩的效果。这就是膨胀水泥防水混凝土较之普通混凝土具有较好的抗裂能力的原因。然而,膨胀水泥防水混凝土还不能完全解决混凝土的开裂问题。据目前国内外研究水平,它只能减少、减小裂纹、扩大伸缩缝的间距。当然,在湿潮工作环境和良好的设计,施工条件下,膨胀水泥防水混凝土是有可能解决抗裂问题的。

(3)配合比设计

膨胀水泥防水混凝土的配合比设计与普通混凝土基本上一样,所不同的是在进行强度、抗渗性能试验的同时,进行膨胀率测试,在膨胀率和强度、抗渗等级等指标满足要求的前提下确定实验室配合比。这里主要介绍约束膨胀率的测定和自应力值的计算方法。

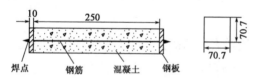

图 7-9 约束膨胀试件(尺寸单位:mm)

我国约束膨胀率的测定方法是用 70.7mm × 70.7mm × 250mm 试件(试验方法参考第八章),其中心埋置两端焊接钢板的高强钢筋(图 7-9)。混凝土成型 14~16h 后脱模,测定试件基长,标准养生,随龄期测定钢筋的长度变化,计算出约束膨胀率 ε_z,由下式计算混凝土的自应力值。

$$\sigma_C = \mu E_s \varepsilon_z \qquad (7\text{-}31)$$

式中:σ_C——在膨胀混凝土中导入的自应力值;MPa;

　　　μ——配筋率,%;

　　　E_s——钢筋的弹性模量(2×10^5),MPa;

　　　ε_z——混凝土的约束膨胀率,%。

一般配筋率(μ)和钢筋的弹性模量(E_s)是已知的,混凝土的约束膨胀率是设计文件中给出的,只要测出的膨胀率满足要求,试验就算完成了。如果设计文件中给出的是在混凝土中导入自应力值(σ_C),则按测得的膨胀率用上式计算(σ_C)。

在混凝土中导入自应力值(σ_C)与混凝土的约束膨胀率(ε_z)成正比。提高 ε_z 的主要办法是要求膨胀水泥具有较大的膨胀能,其次是提高混凝土的水泥用量,减少水灰比和延长养护时间。由于试验方法不同,各国提出的约束膨胀率是不同的。以我国的明矾石膨胀水泥防水混凝土为例,当水泥用量为 380 kg/m³,$\mu = 0.24\%$,膨胀混凝土的约束膨胀率为 0.03% ~ 0.08% 比较适宜。国内外研究结果认为,在膨胀水泥防水混凝土中能导入 0.2~0.7MPa 自应力值,是可以达到补偿收缩的,从而达到防裂的效果。

2. 膨胀剂防水混凝土

膨胀剂防水混凝土是在混凝土拌和时,掺入一定量的膨胀剂,使混凝土在硬化过程中产生适量膨胀,补偿后期的收缩,减少裂缝的产生,从而提高混凝土结构的抗渗和抗裂性能。

目前我国已研制出包括 UEA、EA、AEA、EA-L、FN-M 和脂膜石灰膨胀剂等在内的十几个膨胀剂品种。在膨胀剂应用技术研究方面,提出了结构自防水、无缝设计施工、大体积混凝土裂缝控制和刚性防水屋面等新技术。

(1) 防渗抗裂机理

关于掺加膨胀剂能提高混凝土抗裂防渗性能的机理,下面以目前工程界应用技术比较成熟的 UEA 为例作一简单介绍。

UEA 是由硫铝酸钙熟料($C_4A_3\bar{S}$)、天然明矾石[$KAl_3(SO_4)_2(OH)_6$]和石膏按一定比例混合共同磨细而成。UEA 掺入混凝土,硫铝酸钙与硅酸三钙和硅酸二钙水化释放出氢氧化钙作用,生成水化硫铝酸钙,即钙矾石($Ca \cdot 3CaSO_4 \cdot 32H_2O$);明矾石在碱和硫酸盐激发下,也生成水化硫铝酸钙,使混凝土产生膨胀。

由于 $C_4A_3\bar{S}$ 活性高,主要在早期形成钙矾石,而水化较慢的明矾石多在水化中期(7~28d)形成钙矾石,这样,形成钙矾石的过程与硅酸三钙、硅酸二钙水化过程相互制约、相互促进,使得水泥石强度和膨胀发展比较协调。

掺有 UEA 的水泥石中大量形成钙矾石,构成膨胀源,能使混凝土产生体积膨胀,而且钙矾石具有填充、堵塞毛细孔的作用,使水泥石的总孔隙率降低,孔结构得到改善。

(2) 配合比设计

①基准配合比(相当普通混凝土的实验室配合比)。按普通混凝土设计步骤,通过强度试验确定实验室配合比,作为基准配合比。

②在基准配合比的基础上,改变膨胀剂的掺量,至少成型3个剂量的约束膨胀试件,按前述的约束膨胀试验方法测膨胀量,计算膨胀率。同时成型强度试件,复核强度。在膨胀率和强度满足要求的前提下确定掺膨胀剂混凝土的实验室配合比。

如果时间不允许,上两步可以合并进行,但基准配合比应取3个不同水灰比的配合比分别掺加不同剂量的膨胀剂,进行强度和膨胀率比较试验,同样在膨胀率和强度满足要求的前提下确定掺膨胀剂混凝土的实验室配合比。

在配合比设计时,根据需要也可以使用减水剂、抗冻剂等其他外加剂。表7-48的配合比供参考。

掺 UEA 补偿收缩混凝土配合比 表7-48

序号	水泥强度等级	材料用量(kg)					
		水泥	UEA	砂子	石子	水	减水剂
1	32.5	349	48	716	1167	177	2.38
2	42.5	304	42	735	1200	170	2.08
3	52.5	265	36	754	1230	172	1.81

注:混凝土设计强度等级 C25,配筋率0.8%,抗渗等级 P8,UEA 掺量12%。

随 UEA 掺量的增加,混凝土膨胀率逐渐增大,但膨胀率达到一定的程度,混凝土的强度将受到影响。而且混凝土在湿养期间膨胀率增加,一旦湿养结束,还有一定的收缩,因此膨胀率大并不好,更重要的是膨胀后收缩落差要小,抗裂性才好。因此在时间允许时,膨胀率测试完毕,应反程测量收缩,对配合比进行验证。

第六节 流动性混凝土

按有关标准,坍落度在 100~150mm 的混凝土称为流动性混凝土,坍落度在 160mm 以上称为大流动性混凝土。在这里不去细分,统称为流动性混凝土。在路桥工程中,流动性混凝土主要包括泵送混凝土、喷射混凝土和水下混凝土。

一、泵送混凝土

与传统的混凝土施工方法不同,泵送混凝土是在混凝土泵的推动下沿输送管道进行运输和浇注的混凝土。因而,对混凝土的要求除满足设计规定的强度、耐久性等性能外,还要满足管道输送过程中对混凝土拌合物的要求,即要求混凝土拌合物具有较好的可泵性。所谓可泵性,就是混凝土拌合物具有能顺利通过输送管道、摩擦阻力小、不离析、不阻塞和黏塑性良好的性能。因此,不是任何一种混凝土拌合物都能泵送的,为配制出符合泵送要求的混凝土拌合物,在原材料选择和配合比优化等方面要加以慎重考虑。

1. 原材料

(1)粗集料

粗集料的级配、粒径和形状对混凝土拌合物的可泵性有很大影响。泵送混凝土对石子粒径大小和级配的要求比普通混凝土严格,泵送是否顺利与石子的最大粒径和形状密切相关,所以泵送混凝土的石子粒径要适宜,形状以圆形或近似圆形者更佳。级配应符合连续级配要求,最大粒径不大于混凝土泵输送管径的1/3。最大粒径与泵送高度也有关,高度大,粗集料的最大粒径应相应减小。但粗集料的粒径越小,孔隙率就越大,从而也增加了细集料的体积,加大了水泥用量,所以不能为了改善混凝土的可泵性,而无原则的减小粗集料的粒径,否则,既不经济,也无必要。根据理论计算和参考以往的施工经验,对不同管径(D)和不同石子的粒径(d),表7-49 的 d/D 比值可供参考。

d/D 参 考 值 表7-49

碎 石		砾 石	
泵送高度(m)	d/D	泵送高度(m)	d/D
<50	≤1:3.0	<50	≤1:2.5
50~150	≤1:4.0	50~150	≤1:3.0
>150	≤1:5.0	>150	≤1:4.0

(2)细集料

细集料对混凝土拌合物可泵性的影响比粗集料大得多。混凝土拌合物能在输送管道中顺利流动,是由于砂浆润滑管壁和粗集料悬浮在灰浆中的缘故。因而要求细集料有良好的级配。由泵送施工实践可知,通过0.3mm筛孔的这一部分细小颗粒含量很重要,若含量太少,输送管道容易阻塞,混凝土拌合物的泵送性能不良。一般情况下,通过0.3mm筛孔的细集料应不小于15%。在掺有粉煤灰等矿物料的情况下,上述限制可适当放宽,因为粉煤灰等矿物料,不仅对降低大体积混凝土的水化热有利,而且还能改善混凝土拌合物的黏塑、润滑管壁等性能,对泵送有利。

(3) 水泥

水泥品种对混凝土拌合料的可泵性也有一定影响。一般以选用普通硅酸盐水泥为佳。矿渣水泥的保水性差，泌水量大，但为了降低水泥的水化热，有利于大体积混凝土结构控制裂缝，往往也采用矿渣水泥，但为了解决保水性及泌水量大等弊端，一般采取适当降低坍落度，以防止混凝土拌合物产生离析；掺入适量的粉煤灰，以提高混凝土拌合料的保水性能；以及适当增大砂率等措施。

(4) 外加剂及矿物掺料

中、低强度等级的泵送混凝土常用的泵送剂为木钙减水剂。掺入木钙减水剂后，不但可以增加混凝土的流动性，有利于泵送施工，还可以起到节省水泥用量，延缓水化热的释放速度，减少温度应力，避免温度裂缝和减小干缩等有利作用。加入木钙减水剂(0.25%)，泵送混凝土的初凝时间可延缓5h左右，终凝时间可延缓约8h，这对于大体积混凝土施工中避免"冷缝"是有利的。

2. 配合比设计

泵送混凝土的设计计算、试配调整的步骤除按普通混凝土的规定进行外，还应符合下列规定：

(1) 泵送混凝土的设计坍落度一般为80~180mm，还应考虑泵送高度（表7-50），试拌时的坍落度值应按下式计算：

$$T_t = T_p - \Delta T \tag{7-32}$$

式中：T_t——试配时要求的坍落度值，mm；

T_p——入泵时要求的坍落度值，mm；

ΔT——试验测得的在预计时间内的坍落度经时损失值。

泵送高度与混凝土坍落度值　　表7-50

泵送高度(m)	30以上	30~60	60~100	100以上
坍落度值(mm)	100~140	140~160	160~180	180~230

(2) 单位用水量与水泥和矿物掺和料的总量之比不宜大于0.6。水泥和矿物掺和料的总量不宜小于300kg/m³。

(3) 砂率宜控制在35%~45%。

(4) 应掺用泵送剂或减水剂，并宜掺用粉煤灰或其他矿物掺和料，其质量都应满足相关技术标准要求。掺引气剂时，混凝土含气量不宜大于4%。

泵送混凝土的坍落度比较大，因此泵送混凝土中的水泥砂浆除满足填充黏结作用外，还要求在石子周围形成一定厚度、质量良好的水泥砂浆包裹层，将石子充分隔离开，使之不互相接触并保持一定间距，从而提混凝土拌合物的流动性。因此配合比设计处理好混凝土中砂浆的质量与数量很重要。可以参考普通防水混凝土配合比设计的做法。

二、喷射混凝土

利用空气压力或其他动力，通过输送管道将按一定比例配合的混凝土拌合物喷射到受喷面上，形成具有一定强度的一种结构材料称为喷射混凝土。

喷射混凝土主要用于薄壁结构、地下工程、建筑结构修复和加固工程、坡面加固或基坑护壁等。

喷射混凝土的施工方法有干式和湿式之分,前者多用,它是用喷射机压送干拌和料,在喷嘴处加水加压喷出。

1. 原材料

(1)水泥

水泥品种和强度等级,应根工程使用要求选择,加速凝剂时,还应考虑水泥对速凝剂的相容性。一般喷射混凝土应优先选用不低于 42.5MPa 的普通硅酸盐水泥。当用于有严重硫酸盐侵蚀的环境时,应选用抗硫酸盐水泥。

(2)砂

宜采用细度模数大于 2.5 的坚硬耐久的中粗砂,其中直径小于 0.075mm 的颗粒不应超过 20%,否则将影响水泥与集科的良好黏结。砂子的含水量宜控制在 6% ~ 8%。当含水量较低时,喷射中会产生大量粉尘。含水量过高时,混合料湿度太大,容易使喷射机黏料,并可能造成堵管,影响施工顺利进行。

(3)石子

采用坚硬耐久的卵石或碎石均可,但以卵石为好。尽管目前国内的喷射机能使用粒径为 25mm 的集科,但为了减少回弹,集料的最大粒径不宜大于 15mm。喷射混凝土需掺加速凝剂时,不得用含有活性二氧化硅的石材作粗集料,以免发生碱-集料反应而使喷射混凝土开裂破坏。

(4)速凝剂

为了缩短凝结时间,提高早期强度,增加一次喷层厚度,减少回弹损失,改善其在含水地层中的适应性,常在喷射混凝土拌合物中添加速凝剂。使水泥能在几分钟内初凝,甚至终凝。剂量应通过试验确定。

2. 配合比设计

喷射混凝土配合比,应满足下列条件:满足强度要求;回弹量少;粉尘少;黏附性好,能得到密实的混凝土;不发生管道堵塞。

(1)胶集比

喷射混凝土的胶集比,即水泥与集料的质量比,一般为 1:4 ~ 1:4.5。水泥过少,回弹量大,初期强度增长慢,水泥过多,不仅不经济,而且会产生大量粉尘恶化施工条件,硬化后的混凝土收缩也增大。因此,混凝土的水泥用量以 375 ~ 400kg/m³ 为宜。

(2)砂率

砂率对喷射混凝土施工性能和力学性能都有影响,砂率小于 45%,回弹率大,管道容易堵塞,但混凝土强度高,收缩小;砂率大于 55% 正好相反。所以一般砂率应在 45% ~ 55% 之间选用。

(3)水灰比

喷射混凝土的水,一般在喷嘴处加入,水量可由喷射手通过水阀调节。当喷射混凝土表面出现流淌、滑移、拉裂时,则表明水灰比太大;若喷射混凝土表面出现干斑,作业中粉尘大,回弹多,则表明水灰比太小。水灰比合适时,喷射混凝土表面呈平整,水亮光泽,粉尘和回弹都小。水灰比的取值一般为 0.4 ~ 0.5。超出这一范围,混凝土强度降低,回弹率增大。

三、水下混凝土

借助于管道,利用重力将按一定比例配合的混凝土拌合物灌注到水下,靠自密形成具有一定强度的混凝土称为水下混凝土。因其流动性比较大,也称流态混凝土或大流动性混凝土。在公路工程中,水下混凝土主要用于水下灌注桩,是使用量较大的一类混凝土。

1. 原材料

除满足普通混凝土原材料的有关技术要求外,还应满足以下要求:

(1)水泥

可采用火山灰水泥、粉煤灰水泥、普通硅酸盐水泥或硅酸盐水泥,使用矿渣水泥时应采取防离析措施。水泥的初凝时间不宜早于2.5h,水泥的强度等级不宜低于42.5。

(2)粗集料

粗集料宜优先选用卵石,如采用碎石宜适当增加混凝土配合比的含砂率。集料的最大粒径不应大于导管内径的1/8~1/6和钢筋最小净距的1/4,同时不应大于40mm。

(3)细集料宜采用级配良好的中砂。

2. 配合比设计

水下混凝土的配合比设计、实验室调整、施工配合比调整,都可以按照普通混凝土配合比设计方法和步骤进行。但还要考虑到水下混凝土的特殊性,主要有下面几点:

(1)混凝土的含砂率宜为40%~50%,水灰比宜为0.5~0.6。有试验依据时含砂率和水灰比可酌情增大或减小。

(2)混凝土拌合物应有良好的和易性,在运输和灌注过程中应无显著离析、泌水现象。灌注时应保持足够的流动性,其设计坍落度宜为180~220mm。如果运输距离远,试配时应考虑拌合物坍落度的经时损失。对于设计强度等级较高的水下混凝土,应考虑掺用外加剂、粉煤灰等材料,提高混凝土的和易性。外加剂、粉煤灰的质量要求分别见"混凝土外加剂"和"无机结合料"各章。

(3)每立方米水下混凝土的水泥用量不宜小于350kg,当掺有适宜数量的减水缓凝剂或粉煤灰时,可不少于300kg。

(4)对沿海地区(包括有盐碱腐蚀性地下水地区)应配制防腐蚀混凝土。

(5)对于混凝土方量大,灌注时间比较长的水下混凝土,应进行凝结时间试验,如果不能满足要求,应通过掺加缓凝剂进行调整。

第七节 高强混凝土

强度等级为60MPa及其以上(相当于ϕ150mm×300mm试件的50MPa)的混凝土称为高强混凝土。随着混凝土技术的发展,高强混凝土的定义也在发生改变,在20世纪50年代前,抗压强度达35MPa的混凝土就被认为是高强度了;60年代,40~50MPa抗压强度的混凝土在世界上已大批量使用;70年代初期,生产出了60MPa的混凝土。现在有100MPa以上的混凝土用于工程。高强混凝土技术发展经历了3个阶段:第一个阶段是靠压力振动和降低水灰比获取高强度;使用高效减水剂是第二阶段;高效减水剂和矿物质粉料并用应为第三个阶段。

高强混凝土对减小结构物的自重和断面尺寸,增加高度和跨径,提高承载能力和经济效益具有重要的现实意义。我国近年来在铁路公路桥梁建设中,广泛地应用高效减水剂制造高强混凝土,港口工程等部门则应用高强混凝土制造管柱、桩和管道等。

高强混凝土是多组分材料,其原材料除水泥、集料以外,各种外加剂、矿物掺合料也是重要的组成成分。正确选用这些原材料,并进行合理的配合组成,是获得高强混凝土的关键。当然施工也需要严格地控制质量。

一、原 材 料

1. 水泥

由于普通硅酸盐水泥在生产过程中已经加入了一定量的矿物掺合料,所以水泥品种应首选硅酸盐水泥,有利于提高强度,如果设计强度不很高,普通水泥、矿渣水泥也能满足要求。就矿物成分而言,铝酸三钙的含量不宜超过8%,铝酸三钙的含量过高,会使掺加减水剂的混凝土拌合物迅速失去和易性;硅酸三钙含量比较低的水泥更适合高强混凝土。

由于高强混凝土水泥用量大,有很高的水化温升,例如尺寸为1.2m的方形混凝土,水泥用量502kg/m^3,水化期间混凝土温度自24℃升高到66℃。因此应选用需水量小、水化热小的水泥。水泥强度等级应不低于52.5,并不得使用立窑水泥。

2. 外加剂

各种外加剂都可用于高强混凝土,以增加混凝土强度,延缓凝结或提高混凝土耐久性。高强混凝土常用的外加剂品种有高性能减水剂,高效减水剂,缓凝剂,引气剂和早强剂等。上述外加剂可以单独使用,也可以根据实际情况,有选择地复合使用。各种外加剂的使用效果决定于水泥的矿物成分、细度和混凝土的单位水泥用量。在选用外加剂时,首先要考虑外加剂和水泥的相溶性,可以通过减水和增强的效果来简单判断。外加剂的选用必须要用工程实际使用的材料经过试验确定。检查外加剂对增加强度,延缓凝结,加快强度发展,增加耐久性等方面是否能满足工程要求,其次,减水剂的掺量不能过大,这一点在订货时要特别注意,防止将有害物质(如碱)带入混凝土中。选用外加剂时,也可以参考以往使用外加剂的工程经验。

(1)减水剂

高性能减水剂、高效减水剂均可用于高强混凝土,掺减水剂后,混凝土坍落度损失较快,在加入减水剂的同时掺加缓凝剂,或使用缓凝减水剂,或某些低坍落度损失的减水剂。减水剂既可用于增加强度,也可用来同时增加混凝土的流动性。掺加减水剂要充分拌和均匀,减水剂采用后加法,可使减水作用增高,使混凝土流动性增加。在温度低于8~10℃时,减水剂虽能增加和易性,但增加强度的作用大大降低,此时应同时掺加减水剂和早强剂,夏季则宜同时掺加减水剂和缓凝剂。

(2)缓凝剂

常用的缓凝减水剂和缓凝剂有含糖量较高的木质素磺酸钙、糖蜜、柠檬酸、蔗糖、多糖,羟基羧酸和磷酸盐等。由于高强混凝土水泥用量较大,水灰比小,掺加缓凝剂有利于控制早期水化。结构复杂或配筋密集的构件,常会影响混凝土的浇筑速度,掺加缓凝剂有利于避免形成冷缝,方便施工安排。缓凝剂的掺量需要根据温度变化进行调整,温度升高会降低混凝土的后期强度,掺加缓凝剂可缓和温度升高引起的混凝土强度的变化,一般来说,用低掺量的缓凝剂会延缓混凝土凝结,但不影响混凝土的强度,掺量大时延缓凝结时间较长,但降低早期强度。

(3)早强剂

没有特别的早强要求时,高强混凝土一般不用早强剂。高强混凝土由于高水泥用量和低水灰比,有较高的早期强度。早强剂能加快强度发展,但一般会降低混凝土后期强度。

(4)引气剂

引气剂增加混凝土的抗冻性,但会降低强度,除非混凝土有抗冻要求,否则不必掺加引气剂,由于高强混凝土的低水灰比和高强度,空气含量会适当降低。

3. 矿物掺合料

(1)粉煤灰

粉煤灰能有效地提高混凝土的抗渗性,并有显著的减水作用,有利于改善拌合物的和易性。但掺量不超过水泥质量的25%,过多会严重削弱混凝土的早期强度。为达到最优的配合比和最佳混凝土性能,粉煤灰的掺量应经过比较试验确定。粉煤灰的质量符合标准的要求,最好用一级灰,有较小的烧失量和细度,质量均匀,高火山灰活性,并且与工程所用材料相适应。

(2)硅灰

硅灰含有90%以上的二氧化硅,细度约为 20 000~25 000m^2/kg,掺量5%~10%,掺硅灰混凝土抗压强度可达80~120MPa。

硅灰的需水量比水泥大,掺加硅灰可使混凝土变得黏稠,和易性降低,模板与运输工具清洗不如普通混凝土那么容易。在极高的和易性的条件下,适当掺加(1%~3%)硅灰的混凝土拌合物仍具有良好的稳定性和可泵性,掺硅灰混凝土电导率低、氯离子渗透性很小,可保护钢筋防止锈蚀。

(3)磨细矿物粉料

主要有磨细沸石岩粉末、磨细矿渣粉末等。由清华大学研制的 F 矿粉就是用沸石岩和其他无机物磨细而成,对改善混凝土拌合物的流动性、强度和耐久性都有效。市场上有供应。

高炉矿渣磨细到 800~1 200m^2/kg,取代等量水泥加入混凝土中,有非常显著的增强效果,并能减小拌合物坍落度的经时损失,降低水化热,增强混凝土的密实性。

4. 集料

(1)细集料

细集料的粗细种类、级配应由其对混凝土需水量的影响确定,由于高强混凝土的水泥用量比较大,还有矿物粉料,所以以应用粗砂为宜,试验指出,用细度模量小于2.5的砂拌制的混凝土显得黏稠,难于捣实,应用细度模数3.0的粗砂,可获得最好的和易性和最高的强度。含泥量不大于1.5%,设计强度大于等于C70时,含泥量不大于1.0%,且不含泥块。避免含有云母和轻物质。

(2)粗集料

许多研究指出混凝土强度很高时应该用小粒径的粗集料,例如用最大粒径为10mm 的粗集料,或者用最大粒径为20mm 和25mm 的粗集料可获得良好的抗压强度,研究认为是由于集料表面积增加,平均黏结应力降低,使混凝土强度增加,有研究发现粒径为76mm 的集料的黏结强度只有13mm 粒径集料黏结强度的1/10,小粒径集料之所以能产生较高的强度是由于围绕集料颗粒的应力集中较小的缘故。理想的粗集料应该是立方体的、洁净的、有棱角的碎石,针、片状颗粒应减至最少。配制 C70~C80 的混凝土时应选用粒径小于20mm 的碎石,对于C60~C70 的混凝土,粗骨料最大粒径可到 25mm

在水化初期,水泥要结合大量的水分,化学反应完成之后,所有水分要减少其1/4的体积,这时混凝土仍是透水的,在这种情况下形成的部分真空能吸收附近的水分,如果集料强度符合要求能吸收适量的水分,起提供水源的作用,供给补充的养护水,对低水灰比的高强度混凝土的水化是有益的。

二、配合比设计

与普通混凝土相比,高强混凝土在配合比方面的区别是低水灰比、多组分。降低水灰比是提高混凝土密实度、达到高强的主要途径。但降低水灰比对和易性有不利影响,而提高和易性的途径是掺用高效减水剂,并通过掺加粉煤灰、硅灰等矿物掺合料改善拌合物的和易性和混凝土的微观结构。

由于高强混凝土的多组分特点,目前还没有成熟的配合比设计方法,只能参照有关资料或经验,通过比对试验来确定。对重要工程应采用正交设计来确定配合比。也有一些研究者对高强或高性能混凝土提出各自的配比设计理论和方法。其中的一个方法认为:水泥浆在混凝土中所占的体积以35%为最优,过多的浆体对收缩徐变等体积稳定性不利,过低时则拌合物和易性差。另外还认为高强混凝土的强度与用水量成线性关系,对于平均强度为75MPa、85MPa、100MPa、115MPa 的混凝土用水量依次为 160kg/m^3、150kg/m^3、140kg/m^3、130kg/m^3。在确定了水泥浆的体积比以及用水量后,就可以计算出其他材料的用量。

例如,试配75MPa 的混凝土,水为160kg/m^3,在每立方米混凝土中占0.16m^3,浆体中约有2%的空气,占0.02m^3,这样在规定的35%体积或0.35m^{3}的浆体中,胶结材料总量就是0.17m^3。

将胶结料总量(体积计)中的25%用粉煤灰代替,则粉煤灰为0.042 5m^3,乘以粉煤灰的密度2 500kg/m^{3}后得粉煤灰质量为106kg,水泥占胶结料75%,0.1275m^3,乘水泥质量密度3 140kg/m^{3}得400kg。

集料的体积规定占混凝土总体积的65%,若取砂率为0.4,则在每立方米混凝土中,砂为0.26m^3,质量为690kg,石子0.39m^3,质量为1 050kg。胶结料总量为506kg,取高效减水剂掺量为胶结料的1%即5kg。从以上数据,得水胶比为0.316,水灰比0.4。上述配比是按高流动性混凝土设计的,坍落度预定为150~250mm。如得出的坍落度不足,可适当增加减水剂用量;如需要早强,可将10%的粉煤灰体积用硅粉代替。在上述估算中完全没有考虑原材料的质量,因为这只是作为初次试配时的参考依据。

这里再简要概括一下高强混凝土配合比设计中可供参考的一些数据:

(1)水灰比小于0.35;80MPa 混凝土宜小于0.30,100MPa 混凝土宜小于0.26。

(2)水泥用量400~500kg/m^3;80MPa 混凝土可取500kg/m^3,更高强度时也不宜超过550kg/m^3。减少水泥用量是高强混凝土配合比设计的一个原则。应通过外加矿物混合料来控制和降低水泥用量,外加硅粉可以较大幅度地减少水泥用量。同时高强混凝土必须采用优质水泥。

(3)挑选高强、低吸水率的碎石集料,最大粒径不超过15~20mm,若混凝土强度等级不是很高可以放宽到25mm。尽量减少针片状颗粒。

(4)砂率可取0.30甚至更高:由于过低砂率影响和易性,所以一般宜取0.30~0.35,尤其是泵送时不宜取过低的砂率。

(5)当水灰比非常低时,为改善和易性,宜外加矿物混合料并适当增加高效减水剂的用量(1.5%左右)。

(6)对早期强度有特殊需要,或对抗磨有特殊需要时,选用快硬水泥或外加硅粉。

(7)限制水化热时,降低水泥用量并外加硅粉、粉煤灰或矿渣。

第八节 高性能混凝土

一、定　义

混凝土的性能向来都以强度表示,对于普通混凝土,甚至高强混凝土,一般认为抗压强度是混凝土性能的代表性指标,强度愈高、性能愈好也愈耐久。20 世纪 80 年代以来,许多工业发达国家面临基础设施老化的问题,其中一些是混凝土结构,需要维修或更新,面对巨额投资,于是一个提高混凝土耐久性的设想便提了出来,即所谓的高性能混凝土(HPC)。

法国是最早研究开发高性能混凝土的国家。首次公开发表有关 HPC 研究与应用论文的是法国人,申请第一个 HPC 专利的是法国人,编著第一本 HPC 专著的是法国人。我国是在 1992 年有关学术刊物第一次提到 HPC,当时译为"高功能混凝土"。

目前对高性能混凝土还没有确切的定义,法国人将具有良好的施工性能、高强度及高早期强度、经济性及高耐久性,而 $\phi 150mm \times 300mm$ 试件的抗压强度应在 50MPa 以上的混凝土定义为高性能混凝土。特别适用于海港建筑物,桥梁,高速公路,高层建筑,核反应堆等混凝土结构。

日本学者将具有高和易性、高耐久性、低水化热、低干缩和 $\phi 100mm \times 200mm$ 试件的 28d 抗压强度为 $(42 \sim 45)MPa$ 的混凝土定义为高性能混凝土。日本学者强调 HPC 的自流密实性,将 HPC 研究的技术线路分为 3 个阶段,见表 7-51。

HPC 研究的技术线路　　　　表 7-51

阶　　段	特　　点	性 能 要 求
塑性阶段	高流变性,高黏聚性	浇筑不需要振捣,自流密实
硬化早期	少沉降,少化学收缩;少干缩,高抗裂;低水化热	内部无初始缺陷
硬化后期	高抗渗	抵御外部因素侵蚀,高耐久性

美国人认为 HPC 应具有:

(1)低渗透性,将抗渗性作为混凝土耐久性的一个指标,以氯离子渗透性试验(AASHTO T 277—2007)表示不得超过 500C(库仑),这表示混凝土实际上是不透水和不渗透氯离子的。

(2)具有高弹性模量,低收缩、低徐变和低温度应变,即 HPC 具有尺寸稳定性,以消除结构中任何有害应力。

(3)$\phi 150mm \times 300mm$ 试件的抗压强度应达到 $(60 \sim 120)MPa$。

美国 NIST 与 ACI 组织召开的关于 HPC 的讨论会,把 HPC 定义为:具有要求性质和均匀性的混凝土,靠传统的组分和普通的拌和、浇筑与养生方法不可能制造出这种混凝土,其性能包括:

(1)易于浇筑、捣实而不离析;
(2)优良且长期保持的力学性能;
(3)高早强、高韧性、体积稳定;
(4)在恶劣环境下使用寿命长。

事实上,海港、桥梁、公路、污水等工程结构物的破坏,并不都是混凝土强度不够引起的,而是耐久性不良引起的,从这个意义上说,高耐久性混凝土必须能够抵御气候作用和化学侵蚀,具有耐磨性及抵抗其他破坏作用的能力。这些耐久性与混凝土的尺寸稳定性及渗透性能有关。重视混凝土的渗透性与尺寸稳定性使混凝土设计的注意点从强度转移到比强度更为重要的性能方面。在大多数情况下，满足渗透性和尺寸稳定性会得到高强度混凝土。高强度并不能保证混凝土具有高耐久性，工程经验反复证明，用不适当材料制造的高强度混凝土在恶劣的环境中会遭到破坏。因此高性能混凝土的特点是具有良好的耐久性，旨在提高结构物的使用寿命，这意味着将耐久性要求提高到了更重要的地位。现代化的生产技术，新型外加剂和胶凝材料的出现，也使得既具有良好的施工性能，又有良好的力学性能和耐久性的混凝土的生产成为可能。应该指出：高强混凝土并非高性能混凝土，而高性能混凝土也并非都高强。

二、原　材　料

高性能混凝土所用原材料和普通混凝土基本上相同，同时必须使用外加剂和矿物掺合料。但由于高性能混凝土的高性能要求和配制特点，一些对普通混凝土影响不明显的原材料性能，对高性能混凝土就可能有显著的影响，因此又和普通混凝土所用原材料有所不同。

1. 水泥

高性能混凝土都必须掺加矿物细粉料，因此应使用品质稳定、标准稠度低、强度等级不低于42.5MPa的硅酸盐水泥或普通硅酸盐水泥。《公路桥涵施工技术规范》（JTG/T F50—2011）规定，水泥技术要求除满足《通用硅酸盐水泥》（GB 175—2007）的规定外。还应符合表7-52的规定。

桥涵高性能混凝土用水泥技术要求　　　　　　　　　　　　　　　　　表7-52

项　目	技术要求	检验标准
比表面积（m^2/kg）	≤350（硅酸盐水泥、抗硫酸盐硅酸盐水泥）	《水泥比表面积测定方法（勃氏法）》（GB/T 8074）
80μm方孔筛筛余（%）	≤10.0（普通硅酸盐水泥）	《水泥细度检验方法（筛析法）》（GB/T 1345）
游离氧化钙含量（%）	≤1.5	《水泥化学分析方法》（GB/T 176）
碱含量（%）	≤0.60	
熟料中的铝酸三钙含量（%）	≤8；海水环境下≤10	
氯离子含量（%）	≤0.03	《水泥原料中氯离子化学分析方法》（JC/T 420）

2. 矿物细掺料

为了改善高性能混凝土的工作性、降低混凝土的温升、调整混凝土强度的发展和增进后期强度、提高耐久性等，矿物细粉料是高性能混凝土必不可少的组成成分。

普通混凝土对矿物细粉料的质量要求，除细度和限制有害成分以外，还要求其具有一定的活性。但高性能混凝土因水胶比很小，除上述要求外，还要求矿物细粉料的需水量要小。

（1）硅灰

硅灰中的主要活性成分是二氧化硅，而二氧化硅的含量依所生产合金的类型不同，在一个很宽的范围内变化。用于高性能混凝土的硅灰，二氧化硅的含量应不小于规定值，若以10%的硅灰取代等量水泥，混凝土强度可提高25%以上。但随着硅灰掺量的增加，混凝土的需水量、收缩率也随之增加。因此一般掺量在5%~10%之间，并必须用高性能减水剂调节需水量。《公路桥涵施工技术规范》（JTG/T F50—2011）对用于高性能混凝土的硅灰的技术要求见表7-53。

桥涵高性能混凝土用硅灰技术要求 表7-53

项　目	技术要求	项　目	技术要求
比表面积(m^2/kg)	≥18 000	SiO_2 含量(%)	≥85
需水量比(%)	≤125	氯离子含量(%)	≤0.02
含水率(%)	≤3.0	28d 活性指数(%)	≥85
烧失量(%)	≤6		

(2)粉煤灰

用于高性能混凝土的粉煤灰的含碳量用烧失量表示,只要含碳量很低,对细度可不必苛求,有条件可稍加磨细,在不增加需水量比的前提下,可增加粉煤灰的比表面积,提高均匀性和活性。《公路桥涵施工技术规范》(JTG/T F50—2011)对用于高性能混凝土的粉煤灰的技术要求见表7-54。

相同水胶比下,粉煤灰的掺量不超过20%,对混凝土的性能影响不大,只是混凝土的温升有所降低。

桥涵高性能混凝土用粉煤灰技术要求 表7-54

项　目	技术要求	
	C50 以下混凝土	C50 及以上混凝土
细度(%)	≤20	≤12
需水量比(%)	≤105	≤100
含水率(%)	≤1.0(干排灰)	
烧失量(%)	≤5.0	≤3.0
SO_3 含量(%)	≤3	
CaO 含量(%)	≤10(硫酸盐侵蚀环境)	
游离 CaO 含量(%)	F 类粉煤灰≤1.0;C 类粉煤灰≤4.0	
氯离子含量(%)	≤0.02	
安定性(雷氏夹沸煮后增加距离,mm)	C 类粉煤灰≤5.0	

(3)粒化高炉矿渣

粒化高炉矿渣具有微弱的自身水硬性,是属于第一类的矿物细粉料。用于高性能混凝土的矿渣的比表面积应不小于 $400m^2/kg$,以便充分发挥其活性,降低混凝土的温升,减小泌水性。但矿渣的比表面积应不大于 $500m^2/kg$,否则会使混凝土的工作性变差,增加早期自收缩。如果水胶比不小于 0.3,比表面积可以超过 $500m^2/kg$。《公路桥涵施工技术规范》(JTG/T F50—2011)对用于高性能混凝土的磨细高炉矿渣粉的技术要求,见表7-55。

桥涵高性能混凝土用磨细高炉矿渣粉的技术要求 表7-55

项　目	技术要求	项　目	技术要求
比表面积(m^2/kg)	350~450	SO_3 含量(%)	≤4
需水量比(%)	≤100	MgO 含量(%)	≤14
含水率(%)	≤10	氯离子含量(%)	≤0.02
烧失量(%)	≤3	28d 活性指数(%)	≥95

(4)天然沸石粉

天然沸石岩即沸石凝灰岩。天然沸石岩的沸石含量差别很大,低的只有30%,高的可达90%。沸石凝灰岩所含沸石有30余种,其中适合作水泥混凝土细粉料的为斜发沸石和丝光沸石。在水灰比不变的情况下,掺量为10%~15%时,混凝土的强度可得到提高,掺量超过20%,强度开始下降,而且需水量随掺量而增加。

(5)磨细石粉

磨细石灰石粉、石英砂粉等低活性细粉料主要用于改善混凝土的工作性和降低温升,掺量应小于10%,否则会影响混凝土的强度。磨细石粉在混凝土中的作用主要取决于磨细程度,越细效果越好,对混凝土的强度、抗渗性和抗化学侵蚀性都会产生有利的效果。

3.外加剂

外加剂是高性能混凝土必不可少的组分,主要有高性能减水剂、缓凝剂、引气剂、膨胀剂等。

(1)高性能减水剂

高性能减水剂的减水率应在25%以上,用于高性能混凝土的高性能减水剂主要聚羧酸高性能减水剂。

(2)缓凝剂

夏季施工,高性能混凝土中应复合使用缓凝剂,以延长凝结时间,减少坍落度损失,在大面积混凝土施工中还可以控制硬化速度,消除冷缝,防止出现裂缝。缓凝剂的品种比较多,不同缓凝剂存在与高性能减水剂匹配和与水泥相容的问题,选用时应通过试验,同时应严格控制掺量,以免影响混凝土的早期强度或导致凝结时间过长。

(3)引气剂

高性能混凝土中适量使用引气剂,可以提高混凝土的流动性,减少离析和泌水,提高混凝土的均匀性,改善抗冻和抗渗等耐久性。引气剂引入的孔对混凝土的强度影响较大,孔隙率增加1%,强度将下降4%以上。但当水胶比很小,引气量在一定范围内时,反而可补偿强度损失。高性能混凝土中掺用引气剂一定要谨慎。

(4)膨胀剂

高性能混凝土中掺入膨胀剂,可在约束条件下产生一定的自应力,以补偿水泥的干缩和由于低水灰比造成的自生收缩,增加混凝土的强度,国产膨胀剂主要是钙矾石类,如 UEA 和 EA,其他均属 UEA 和 EA 的派生产品。高性能混凝土的各种矿物细粉料掺量比较大,不同品种的矿物细粉料对膨胀剂有不同的作用,应通过试验选定膨胀剂的品种和掺量,包括与水泥的相容性。另外,掺膨胀剂混凝土的拌和均匀性、养护条件对混凝土质量和膨胀剂效果有重要的影响,应严格控制。

《公路桥涵施工技术规范》(JTG/T F50—2011)对高性能混凝土用外加剂的技术要求,见表7-56。

桥涵高性能混凝土用磨细矿渣粉技术要求　　　　表7-56

项　目	技术要求
水泥净浆流动度(mm)	≥240
硫酸钠含量(%)	≤5.0
氯离子含量(%)	≤0.02

续上表

项　目		技　术　要　求
碱含量($Na_2O + 0.658K_2O$,%)		≤10.0
减水率(%)		≥20
含气量(%)	用于配制非抗冻混凝土时	≥3.0
	用于配制抗冻混凝土时	≥4.5
坍落度保留值(mm)	30min	≥180
	60min	≥150
常压泌水率比(%)		≤20
压力泌水率比(%)		≤90
抗压强度比(%)	3d	≥130
	7d	≥125
	28d	≥120
对钢筋锈蚀作用		无锈蚀
收缩率比(%)		≤135
相对耐久性指标(200次,%)		≥80

注:坍落度保留值、压力水率比仅适用于泵送混凝土。

4. 粗集料

当混凝土设计强度不很高时(小于C80),粗集料本身的强度并不是很重要的,应注意的是粒径、粒形、表面状况、级配、软弱颗粒和粉尘含量,这些因素影响混凝土的强度和拌合物的工作性。石子的粒径越小,存在内在缺陷的概率越小,从增强石子与水泥浆黏结性和石子的匀质性考虑,石子的粒径也不能过大,60~100MPa的混凝土石子的最大粒径不宜大于20mm,强度大于100MPa的混凝土,石子粒径不宜大于12mm。石子的粒形应尽量为等径状,针片状颗粒应严格限制,且从5mm至最大粒径级配必须连续。从混凝土弹性模量的角度考虑,以致密的石灰岩或深层岩浆岩(辉绿岩、玄武岩)为优。

《公路桥涵施工技术规范》(JTG/T F50—2011)对高性能混凝土用粗集料的技术要求除满足第五章混凝土集料的质量要求外,压碎值不大于10%;坚固性对钢筋混凝土应小于8%,对预应力混凝土应小于5%;级配良好,紧密空隙率小于40%;吸水率小于2%,对干湿循环、冻融循环环境下的混凝土应小于1%。对有害物质含量的限制,见表7-57。

桥涵高性能混凝土用粗集料有害物质含量限值　　　　表7-57

项　目	有害物质含量限值		
	混凝土强度等级		
	<C30	C30~C45	≥C50
含泥量(%)	≤1.0	≤1.0	≤0.5
泥块含量(%)	≤0.25		
针片状颗粒含量(%)	≤7		
硫化物及硫酸盐含量(按SO_3质量计,%)	≤0.5		
氯离子含量(%)	≤0.02		
有机物含量(比色法)	合格		

5. 细集料

高性能混凝土应用中砂,当粗集料级配比较差时,砂子以偏粗为好。细度模数约等于3时,混凝土工作性最好,抗压强度最高。级配应满足:0.63mm 筛的累计筛余大于70%,0.315mm 筛的累计筛余为 85%~95%,0.15mm 筛的累计筛余大于98%。

《公路桥涵施工技术规范》(JTG/T F50—2011)对高性能混凝土用细集料的技术要求除满足第五章混凝土细料的质量要求外,有害杂质的含量应满足表 7-58 的限值。

桥涵高性能混凝土用细集料有害物质含量限值　　表 7-58

项目	有害物质含量限值		
	混凝土强度等级		
	<C30	C30~C45	≥C50
含泥量(%)	≤3.0	≤2.5	≤2.0
泥块含量(%)	≤0.5		
云母含量(%)	≤0.5		
轻物质含量(%)	≤0.5		
氯离子含量(%)	<0.02		
有机物含量	合格		
硫化物及硫酸盐含量(按 SO_3 质量计,%)	≤0.5		

注:对可能处于干湿循环、冻融循环下的混凝土,细集料的含泥量应小于1%。

三、配合比设计

由于混凝土是一种多组分的不均匀的多相体,影响配合比的因素很复杂,原材料的品质变化也很大,涉及各性能之间的相互平衡,还有工艺条件的影响,所以与普通混凝土一样,高性能混凝土的配合比设计也是建立在经验和试验的基础上。有关文献介绍的高性能混凝土的配合比设计方法比较多,其中一种是固定浆集体积比为 35:65 的方法,在高强混凝土中已介绍。这里再介绍一种日本采用的方法。

日本阿部道彦等在试验的基础上,针对设计强度为 36MPa 以上的混凝土,提出了在适当的原材料选定和给定配制条件下的混凝土配合比计算流程,如图 7-10 所示。

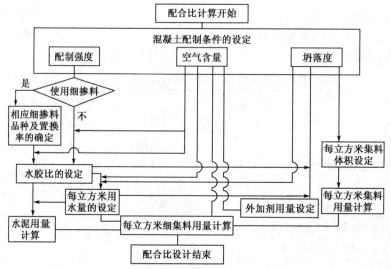

图 7-10　阿部道彦的混凝土配合比计算流程

在该流程中,混凝土的强度、空气含量、坍落度是给定的。水胶比按鲍罗米公式计算,并考虑空气含量的影响。其余参数都是以经验表格选用,因此该方法是在原材料和工艺的特定条件下建立的。

1. 细掺料的水泥置换率

细掺料应根据厂家所推荐范围的细掺料种类、品牌和使用目的进行选定。表 7-59 为在"新 RC 计划"中所研究的细掺料水泥置换率。使用不同细掺料时,细掺料和水泥的相容性有差别。当混凝土得到最高强度时,其他性质可能会受影响,故使用范围超过表 7-59 数值很多时,有必要确认强度以外的其他性质。

"新 RC 总计划"中所研究的细掺料水泥置换率　　　　表 7-59

细掺料种类	推荐的水泥置换率(%)	细掺料种类	推荐的水泥置换率(%)
硅灰	10	8 000cm³/g 级的磨细矿渣	30~50
粉煤灰	10	钙矾石系的细掺料	17

2. 水胶比的确定

本应用体积比表示的水胶比,实际上常习惯于用质量来表示。对于实用的细掺料的水泥置换率,用质量表示和用体积表示在实用上都没有发生问题,故此处用质量来表示。

考虑到空气含量增加会使强度降低和使用细掺和料时会使强度增加,将鲍罗米公式调整为:

$$F = \frac{A}{B^x} \cdot \left(1 - \frac{a}{100}\right)^y \cdot C \tag{7-33}$$

式中:F——标准养护的试件 28d 抗压强度;

　　　x——水灰比;

　　　y——空气含量;

　　　a——空气含量每增加 1% 时的强度降低率;

　　　A——与所用材料制造时的条件有关的系数,Abrams 的试验值为 984,现在使用碎石、砂的混凝土 A 值可为此值的 2 倍,阿部用使用量最大的日本青梅产碎石和鬼怒川砂,所试验的 A 值为 2 260;

　　　B——系数,Abrams 的试验值为 18.9,"新 RC 计划"14 个系列的试验值平均为 17.8,与 Abrams 的试验值相近;

　　　C——细掺料和配制条件差异的系数,使用表 7-59 中的 4 种细掺料时,此值约为 1.1。

影响高强混凝土抗压强度的因素比影响普通混凝土的多,而且各主要因素与抗压强度之间的关系目前尚无法完全定量,故列出以上各系数的实验值,供参考。

3. 每立方米用水量的确定

确定每立方米用水量主要考虑对流动性的影响。当水胶比不同时,混凝土每立方米用水量范围可参考表 7-60。

4. 粗集料每立方米用量的确定

当细集料细度模量及粗集料最大粒径相同时,粗集料每立方米用量与混凝土坍落度及细掺料种类有关。表 7-61 为粗集料每立方米用量的参考值。砂的细度模量每增加 0.1,粗集料每立方米用量减少0.01。

不同水胶比的混凝土每立方米用水量范围　　　　　　　　　　　表7-60

水胶比	每立方米用水量(kg/m³)	水胶比	每立方米用水量(kg/m³)
0.45	165~175	0.30	160~170
0.40	160~170	0.25	155~165
0.35	160~170	0.22	150~160

不同坍落度的混凝土中粗集料每立方米用量范围　　　　　　　表7-61

混凝土坍落度(cm)	粗集料每立方米用量(m³)	混凝土坍落度(cm)	粗集料每立方米用量(m³)
18	0.60~0.64	23	0.58~0.62
21	0.59~0.63		

注：粗集料最大粒径为20mm。

四、高性能混凝土技术性质试验

1. 坍落度

高性能混凝土组成材料中，外加剂和胶凝材料之间的相容性，胶凝材料各组分之间的相容性，都具体表现为拌合物的流动性、稳定性及其经时性的差异。因此通过混凝土拌合物的性能试验，对间接地判断各组成材料的相容性有重要意义。目前对高流动性高性能混凝土拌合物的检验主要采用坍落度方法。

按标准坍落度测定方法分3层将拌合物装入坍落度筒，每层捣固5次。在测定坍落度的同时，还可测定拌合物扩展到直径50cm时的时间或扩展终了时的时间和扩展直径，称为坍落流动度试验。此试验由于操作简便，目前使用最为广泛，尤其适用于现场施工质量控制。对于无须振捣的自密实混凝土，在浇筑断面较大、钢筋不过密、泵送距离不长的情况下，目标坍落流动度为550mm即可施工；当构件断面狭小、钢筋密集、泵送距离大时，目标坍落流动度应为600~650mm；对于非泵送混凝土，坍落流动度应为650~700mm。坍落流动度低于500mm时，流动性不足，无法充满模型；坍落流动度超过700mm时，则可能发生离析。但是，施工前必须使用施工时所用的原材料进行试配。

2. 渗透性

影响混凝土耐久性的各种破坏过程几乎都与水有密切的关系，因此混凝土的抗渗性被认为是评价混凝土耐久性的重要指标。虽然人们已经建立起一些快速评价混凝土抗渗性的方法，但是目前还没有任何试验方法，可以用来评价混凝土对任意侵蚀性介质的抗渗能力。如上所述，高性能混凝土由于其具有很高的密实度，按现行加压透水的方法无法准确评价其渗透性。混凝土的渗透性不只对要求防水的结构物是有意义的，更重要的是，评价混凝土抵抗环境中侵蚀性介质侵入和腐蚀的能力。

目前世界上最流行的混凝土渗透性评价方法是 AASHTO T 277—2007 和 ASTM C1202—2010 的直流电量法。该方法是将 $\phi 100 \times 50mm$ 的混凝土试件在真空下浸水饱和后，侧面密封安装到试验箱中,两端安置铜网电极,一端浸入 0.3mol 的 NaOH 溶液(正极),另一端浸入 3% 的 NaCl 溶液(负极),量测在 60V 电压下通电 6h 通过的电量,用以评价混凝土的渗透性。其评价范围如表 7-62 所示。

AASHTO T 277—2007 和 ASTM C1202—2010 的这种方法被认为存在明显的缺点。例如,由于施加了 60V 的高电压而产生极化反应,使溶液温度升高,影响试验结果;混凝土孔溶液化学成分也对试验结果产生影响等。有人降低电压进行试验,结果又大大延长了试验时间。

通过混凝土的电量与混凝土渗透性的关系　　　　　　　　　　表 7-62

通过混凝土的电量(C)	混凝土的渗透性	混凝土类型
>4 000	高	$W/C \geq 0.6$ 的传统混凝土
2 000～4 000	中	$W/C = 0.4～0.6$ 的传统混凝土
1 000～2 000	低	$W/C < 0.4$ 的传统混凝土
100～1 000	极低	改性乳胶混凝土
<100	可忽略	聚合物浸渍混凝土,聚合物混凝土

有文献报道,用交流阻抗法评价混凝土的渗透性和用 ASTM C1202—2010 的方法有很好的相关性,而所用电压又低,试验时间也短。赵铁军选择该方法,并通过试验确定了使用该方法的参数:电压 1V,频率 1 000Hz,在试件两端注入 3% 的 NaCl 溶液,试验环境温度为 20℃ ± 3℃,在注液后 20min 内测定混凝土的交流阻抗。试验结果和对应的 ASTM C1202—2010 电量直线相关性很好。赵铁军参考 Haque M N 等人用混凝土粉末浸水后的水溶液中 Cl^- 浓度模拟混凝土孔溶液中 Cl^- 浓度的方法,对不同配合比和胶凝材料的混凝土粉末浸出溶液中离子浓度进行测定,用该溶液的交流电导修正混凝土的交流电导值,并提出用交流电导法评定高性能混凝土渗透性的建议,见表 7-63。

用交流电阻评定高性能混凝土渗透性的建议　　　　　　　　　　表 7-63

ASTM C1202—2010 直流电量(C)	交流电阻(Ω)	高性能混凝土抗渗性等级
3 000～2 000	450～650	1
2 000～800	650～1 350	2
800～300	1 350～2 500	3
≤300	≥2 500	4

注:初步实验结果表明,混凝土电阻为 400Ω 时,其抗渗标号大于 P20。

该方法比 ASTM C1202—2010 的方法简便快捷,避免了高电压的影响,可大致评价高性能混凝土的渗透性。但由于混凝土粉末浸出液中的离子浓度实际上代表的是混凝土粉末试样(包括孔隙)中所有可溶出的离子浓度,而非真正孔溶液离子浓度,因此结果并不准确。

第九节　聚合物改性水泥混凝土

高聚物是组成单元相互多次重复连接构成的物质。聚合物材料包括塑料、橡胶和纤维 3 类。在道路、桥梁工程中,高聚物材料可以直接应用作为工程结构材料,也可作为水泥混凝土的一个组分,用以改善水泥混凝土的性能。

水泥混凝土具有许多优良的技术品质,所以广泛应用于各类工程。但是它最主要的缺点是抗拉(或抗弯)强度与抗压强度之比值较低,相对延伸率小,是一种典型的强而脆的材料。聚合物改性水泥混凝土就是借助高聚物的特性,弥补混凝土的上述缺点,使水泥混凝土成为强而韧的材料。

采用高聚物改性水泥混凝土主要有下列3种途径。

一、聚合物浸渍混凝土(简称PIC)

聚合物浸渍混凝土是已硬化的混凝土(基材)经干燥后浸入有机单体,用加热或辐射等方法使混凝土孔隙内的单体聚合而成的一种混凝土。

1. 基本工艺

聚合物浸渍混凝土的工艺流程包括干燥、浸渍和聚合等。

(1)干燥。为了使聚合物能渗入并填充混凝土基材的孔隙,必须对基材进行充分的干燥处理,通常干燥温度为100~150℃,干燥时间以混凝土充分干燥为度。

(2)浸渍。使配制好的浸渍液浸入混凝土孔隙中的过程称为浸渍。浸渍的方法可分自然浸渍、真空浸渍和真空加压浸渍等。路面混凝土宜采用自然浸渍法。

常用的浸渍聚合物材料,单体的有甲基丙烯酸甲酯(MMA)、苯乙烯(S)、醋酸乙烯(VA)、乙烯(E)、丙烯腈(AN)、聚酯-苯乙烯等。目前最常采用的为前两种。此外,还应加入其他助剂:如引发剂、催化剂、交联剂等。

(3)聚合。使浸渍在基体孔隙中的单体聚合固化的过程称为聚合。聚合的方法有热聚合、辐射聚合和催化聚合等。目前采用较多的是掺加引发剂的热聚合法。常用的引发剂为过氧化苯酰、特丁基过苯甲酸盐、偶氮双异丁腈等。引发剂是事先溶解在单体中,当加热时它即能使单体聚合。加热的方法,可用电热器、热水、蒸汽、红外线等方法。

2. 技术性能

聚合物浸渍混凝土由于聚合物浸渍充盈了混凝土的毛细孔和微裂缝所组成的孔隙系统,改变了混凝土的孔结构,因而使其物理—力学性能得到明显地改善。一般情况下,聚合物浸渍混凝土的抗压强度为普通混凝土的3~4倍,抗拉强度约提高3倍;抗弯强度约提高2~3倍;弹性模量约提高1倍;抗冲击强度约提高0.7倍。此外,徐变大大减少,抗冻性、耐硫酸盐、耐酸和耐碱等性能也都有很大改善。主要缺点是耐热性较差,高温时聚合物易分解。

二、聚合物水泥混凝土(简称PCC)

聚合物水泥混凝土是以聚合物(或单体)和水泥共同起胶结作用的一种混凝土。生产工艺与聚合物浸渍混凝土不同,它是在拌和混凝土混合料时将聚合物(或单体)掺入的混凝土。因此,生产工艺简单,与普通混凝土相似,便于现场使用。

1. 组成材料

聚合物水泥混凝土的组成材料,基本上与普通水泥混凝土相同,只是增加了聚合物组分。常用的聚合物有下列3类:

(1)橡胶乳液类:天然胶乳(NR)、丁苯胶乳(SBR)和氯丁胶乳(CR)等。

(2)热塑性树脂类:聚丙烯酸酯(PAE)、聚醋酸乙烯酯(PVAC)等。

(3)热固性树脂类:环氧树脂(EP)等。

此外,还需加入某些辅助外加剂,如稳定剂、抗水剂、促凝剂和消泡剂等。

2. 配合组成设计

聚合物水泥混凝土配合比设计与普通水泥混凝土大致相同,但是设计目标除了抗压强度的要求外,更重要的是抗弯强度和耐磨性这两项指标。在设计参数中,除了水灰比、用水量和砂率3项参数外,由于聚合物混凝土的力学性能还与聚合物的掺量有关。所以还要增加一项"聚灰比"的参数。通常聚灰比是按固态聚合物占水泥质量的百分率计算,使用胶乳时应按其含胶量计算,并在单位用水量中扣除胶乳中的含水量。聚合物混凝土目前尚无成熟的配合比设计法,主要是在普通水泥混凝土设计方法的基础上,参照已有的实践经验,在聚灰比为 0.05~0.20、水灰比为 0.35~0.50 的范围内,通过试拌调整、强度复核,来确定其配合比。

3. 技术性能

硬化后的聚合物水泥混凝土与基准混凝土(未掺聚合物的相同组成混凝土)相比较,在技术性能上有下列特点:

(1)弯拉强度高。掺加聚合物后,混凝土的抗压、抗拉和抗弯强度均有提高,特别是作为路面混凝土强度指标的抗弯拉强度,提高更为明显。

(2)冲击韧性好。由于掺加聚合物后,混凝土的脆性降低,柔韧性增加,因而抗冲击能力也有明显的提高。这对作为承受动荷载的路面和桥梁混凝土是非常有利的。

(3)抗滑性。聚合物对矿质集料具有优良的黏附性,因而可以采用硬质耐磨的岩石作为集料,这样可提高路面混凝土的耐磨性和抗滑性。

(4)耐久性好。聚合物在混凝土中能起到阻水和填隙的作用,因而可提高混凝土的抗水性、耐冻性、耐磨性等耐久性。

以上各项性能的改善程度,与聚合物的性能、用量和制备工艺有关。

三、聚合物胶结混凝土(简称PC)

聚合物胶结混凝土是完全以聚合物为胶结材料的混凝土,常用的聚合物为各种树脂或单体,所以亦称"树脂混凝土"。

1. 组成材料

聚合物混凝土由胶结材料、集料和填料所组成。

(1)胶结材料。用于拌制聚合物混凝土的树脂或单体,除考虑与集料黏附性好以外,同时还要考虑施工和易性的要求,以及凝结硬化后达到预期的强度和耐磨等性能要求。最常用的聚合物有环氧树脂(PE)、呋喃树脂(FR)、酚醛树脂(PF)、不饱和聚酯(UP)等;单体有甲基丙烯酸甲酯(MMA)、苯乙烯(S)等。

其他助剂:为使树脂或单体能固化、聚合,还需要掺加固化剂、引发剂。为满足拌合物施工和易性的要求,有时还需加入稀释剂等。

(2)集料。首先要选择高强度和耐磨的岩石,同时要考虑岩石的矿物成分与聚合物的黏附性。集料要有良好的级配,经组配后的集料应能达到最大密度,以减少填料和聚合物的用量。矿质混合料可采用多级集料配合,集料最大粒径通常不大于20mm。

(3)填料。填料在聚合物混凝土中,除了填充集料的空隙以减少聚合物的用量外,更重要的是利用其表面积大的特点,与聚合物发生表面化学作用。因此填料的细度、颗粒级配和矿物成分等,在很大程度上影响聚合物混凝土的物理—力学性能。填料粒径宜在 1~30μm 范围内。填料的矿物成分,常用的有碱性的碳酸钙($CaCO_3$)系和酸性氧化硅(SiO_2)系,需根据聚合物特性确定。

2.配合组成设计

聚合物混凝土配合组成设计的目标是:达到设计要求的混凝土强度(特别是抗折强度的要求),满足施工和易性的要求,以及最经济的配比(聚合物的用量最佳)。其主要设计步骤如下:

(1)确定树脂与助剂的最佳比例。树脂(或单体):稀释剂:固化剂(或引发剂)的最佳比例,根据在施工过程中对混凝土拌合物的和易性、凝结时间和硬化后聚合物混凝土强度要求来确定。拌合物的和易性、凝结时间主要取决于稀释剂和固化剂(或引发剂)的用量,硬化后聚合物混凝土的强度主要取决于树脂(或单体)的比例。

(2)选择矿质集料的最优配比。由粗细集料和填料组成的矿质集料,应以最大密度(最小空隙率)为目标进行矿料配合比设计。采用电算法或图解法,确定其配合比。

(3)确定树脂(或单体)最佳用量。根据试拌调整,初步确定满足施工和易性要求的树脂用量,然后根据强度试验结果,确定既满足施工和易性要求,又达到预期强度的要求的最佳树脂用量。

3.技术性能

聚合物混凝土是以聚合物为结合料的混凝土,由于聚合的特征,因而使混凝土具有以下特点:

(1)表观密度轻。由于聚合物的密度较水泥的密度轻,所以聚合物混凝土的表观密度亦较轻,通常在 $2\,000\sim2\,200\,kg/m^3$ 之间,如采用轻集配制混凝土,则更能减小结构断面和增大跨度,达到轻质高强的要求。

(2)力学强度高。聚合物混凝土与基准水泥混凝土相较,无论抗压、抗拉或抗折强度,都有显著的提高,特别是抗拉和抗折强度尤为突出。这对减薄路面厚度或减少桥梁结构断面都有显著效果。

(3)与集料的黏附性强。由于聚合物与集料的黏附性强,可采用硬质石料做成混凝土路面抗滑层,提高路面抗滑性。此外,还可做成空隙式路面防滑层,以防止雨天车辆高速行驶时的溅雾和飘滑,同时减低行车噪声。

(4)结构密实。由于聚合物不仅可填充密集料间的空隙,而且可浸填集料的孔隙,使混凝土的结构密度增大,提高了混凝土的抗渗性、抗冻性等耐久性。

聚合物混凝土具有许多优良的技术性能,除了应用于特殊要求的道路与桥梁工程结构外,也经常使用于路面和桥梁的修补工程。

第十节 水泥砂浆

一、砌筑砂浆

水泥砂浆是由水泥、水和砂子按比例配合组成的、具有一定的和易性、硬化后具有一定强度的混合材料。在道路和桥隧工程中,水泥砂浆主要用于砌筑桥涵、挡土墙、防护、排水和隧道衬砌等圬工砌体,以及这些构筑物的表面修饰。按其用途可分为砌筑砂浆和抹面砂浆两类。

砌筑砂浆是将规则或不规则的砌筑块体(砖、石、混凝土预制块等)黏结为整体的砂浆。砌体的强度不仅取决于砌块,而且取决于砂浆的强度,所以砂浆是砌体的重要组成部分,起结合作用。

1. 组成材料

砂浆的组成材料除了不含粗集料外,基本上与混凝土的组成材料要求相同,但也有其差异之处,就其特点分述如下:

(1)水泥

砌筑砂浆用水泥的强度等级应根据设计要求进行选择,常用的各种品种的水泥均可作为砂浆的结合料。但由于砂浆的强度等级较低,所以水泥的强度等级不宜太高,否则水泥的用量太低,会导致砂浆的保水性不良。M15以下强度等级的砌筑砂浆,宜选用32.5级通用硅酸盐水泥或砌筑水泥;M15以上强度等级的砌筑砂浆,宜选用42.5级通用硅酸盐水泥。

(2)掺合料

为提高砂浆的和易性,除了水泥外,还可掺加各种掺合料作为结合料,配制成各种混合砂浆,以达到提高质量、降低成本为目的。

粉煤灰、粒化高炉矿渣、硅灰、天然沸石粉应分别符合国家现行标准《用于水泥和混凝土中的粉煤灰》(GB/T 1596—2005)、《用于水泥和混凝土中的粒化高炉矿渣粉》(GB/T 18046—2008)、《高强高性能混凝土用矿物外加剂》(GB/T 18736—2002)和《天然沸石粉在混凝土与砂浆中应用技术规程》(JGJ/T 112—1997)的规定。采用其他品种矿物掺合料时,应有可靠的技术依据,使用前应进行技术验证。

(3)细集料

细集料是砂浆的骨料。砌筑砂浆宜选用中砂,其中,毛石砌体宜选用粗砂。砖砌体用砂浆,为保证砂浆质量,砂中含泥量应小于5%。

(4)水

砂浆拌和用水要求与混凝土用水相同。

(5)外加剂

为提高砂浆的和易性,节约结合料用量,必要时可掺加外加剂,外加剂应符合国家现行有关标准的规定,引气型外加剂还应有完整的型式检验报告。

2. 技术性质

1)和易性

砂浆在使用时应具有良好的和易性,和易性包括流动性和保水性。

(1)流动性

砂浆的流动性是指其在自重或外力作用下流动的性能。砂浆的流动性与用水量、胶结材的品种和用量、细集料的级配和表面特征、掺和料及外加剂的特性和用量、拌和时间等因素有关。

砂浆的流动性用"稠度"表示,用稠度仪测定。砌筑砂浆的稠度,应按表7-64的规定选用。

砌筑砂浆的稠度(JGJ/T 98—2010) 表7-64

砌体种类	砂浆稠度(mm)
烧结普通砖砌体、粉煤灰砖砌体	70~90
混凝土砖砌体、普通混凝土小型空心砌块砌体、灰砂砖砌体	50~70
烧结多孔砖砌体、烧结空心砖砌体、轻集料混凝土小型空心砌块砌体、蒸汽加气混凝土砌块砌体	60~80
石砌体	30~50

(2)保水性

砂浆保水性是指砂浆在拌和、运输、静置或砌筑过程中,保持均匀、不泌水、不分层、不离析的性能。

砂浆的保水性与胶结材的类型和用量、细集料的级配、用水量,以及有无掺合料和外加剂等有关。为提高保水性,可掺加石灰膏、粉煤灰和微沫剂等。

砂浆的保水性用"保水率"表示。砌筑砂浆的保水率要求,见表7-65。

砌筑砂浆的保水率(JGJ/T 98—2010)　　　　　　　　　　　　　表7-65

砂 浆 种 类	保水率(%)	砂 浆 种 类	保水率(%)
水泥砂浆	≥80	预拌砌筑砂浆	≥88
水泥混合砂浆	≥84		

2)表观密度

砌筑砂浆拌合物的表观密度,宜符合表7-66的要求。

砌筑砂浆拌合物的表观密度(JGJ/T 98—2010)　　　　　　　　　　表7-66

砂 浆 种 类	表观密度(kg/m³)	砂 浆 种 类	表观密度(kg/m³)
水泥砂浆	≥1 900	预拌砌筑砂浆	≥1 800
水泥混合砂浆	≥1 800		

3)强度

硬化后的砂浆在圬工砌体中主要起传递压力的作用,所以要求砌筑砂浆应具有一定的抗压强度。砂浆抗压强度等级是以70.7mm×70.7mm×70.7mm的立方体为标准试件,在标准温度和湿度条件下,养护至28d龄期的极限抗压强度值确定。

水泥砂浆及预拌砌筑砂浆的强度等级分为M5、M7.5、M10、M15、M20、M25和M30,水泥混合砂浆的强度等级分为M5、M7.5、M10、M15。

公路圬工桥涵常用砂浆的强度由设计文件给出,参见表7-67。砂浆的强度除了与水泥的强度和用量有关外,还与砌体材料的吸水性有关。

桥涵圬工砌体用砂浆强度等级　　　　　　　　　　　　　　　　　表7-67

结 构 物 类 型		砂浆强度等级(MPa)	
		砌筑用	勾缝用
1. 拱圈	大中跨径及轻台拱桥	M7.5	≥M7.5
	小跨径桥涵	M5	
2. 大中跨径桥墩台及基础	圬工面层	M5	≥M7.5
	圬工里层	M2.5	
3. 小桥墩台及基础挡土墙	轻型桥台及轻台拱桥	M5	≥M5
	其余	M2.5	

4)抗冻性

有抗冻要求的砌体工程,砌筑砂浆应进行冻融试验,砌筑砂浆的抗冻性应符合表7-68的规定,且当设计对抗冻性有明确要求时,尚应符合设计要求。

砌筑砂浆的抗冻性(JGJ/T 98—2010)　　　　表7-68

使用条件	抗冻指标	质量损失率(%)	强度损失率(%)
夏热冬暖地区	F15	≤5	≤25
夏热冬冷地区	F25	≤5	≤25
寒冷地区	F35	≤5	≤25
严寒地区	F50	≤5	≤25

5)砂浆的拌和

砂浆试配时应采用机械搅拌。搅拌时间应自开始加水算起,并应符合下列规定:

(1)对水泥砂浆和水泥混合砂浆,拌和时间不得小于120s;

(2)对预拌砌筑砂浆和掺有粉煤灰、外加剂、保水增稠材料等的砂浆,拌和时间不得小于180s。

3.配合比设计

(1)计算试配强度$f_{m,o}$:

$$f_{m,o} = kf_2 \tag{7-34}$$

式中:$f_{m,o}$——砂浆的试配强度,MPa,应精确至0.1MPa;

f_2——砂浆强度等级值,MPa,应精确至0.1MPa;

k——系数,按表7-69取值。

(2)砂浆强度标准差的确定,应符合下列规定:

①当有统计资料时,砂浆强度标准差按下式计算:

$$\sigma = \sqrt{\frac{\sum_{i=1}^{n} f_{m,i}^2 - n\mu_f^2}{n-1}} \tag{7-35}$$

式中:$f_{m,i}$——统计周期内同一品种砂浆第i组试件的强度,MPa;

μ_f——统计周期内同一品种砂浆n组试件强度的平均值,MPa;

n——统计周期内同一品种砂浆试件的总组数,$n \geq 25$。

②当无统计资料时,砂浆现场强度标准差σ可按表7-69取值。

砂浆强度标准差σ及k值(JGJ/T 98—2010)　　　　表7-69

施工水平 \ 强度等级	强度标准差σ(MPa)							k
	M5	M7.5	M10	M15	M20	M25	M30	
优良	1.00	1.50	2.00	3.00	4.00	5.00	6.00	1.15
一般	1.25	1.88	2.50	3.75	5.00	6.25	7.50	1.20
较差	1.50	2.25	3.00	4.50	6.00	7.50	9.00	1.25

(3)水泥用量的计算应符合下列规定:

①每立方米砂浆的水泥用量按下式计算:

$$Q_c = \frac{1\,000(f_{m,o} - \beta)}{\alpha f_{ce}} \tag{7-36}$$

式中：Q_c——每立方米砂浆的水泥用量，kg，应精确至1kg；
$f_{m,o}$——砂浆的试配强度，精确至0.1MPa；
f_{ce}——水泥的实测强度，MPa，应精确至0.1MPa；
α、β——砂浆的特征系数，其中$\alpha=3.03$，$\beta=-15.09$。

②在无法取得水泥的实测强度值时，可按下式计算f_{ce}：

$$f_{ce} = \gamma_c f_{ce,k} \tag{7-37}$$

式中：$f_{ce,k}$——水泥强度等级值，MPa；
γ_c——水泥强度等级值的富余系数，宜按实际统计资料确定；无统计资料时，可取1.0。

（4）水泥混合砂浆的石灰膏按下式计算：

$$Q_D = Q_A - Q_C \tag{7-38}$$

式中：Q_D——每立方米砂浆的掺加料用量，应精确至1kg；
Q_C——每立方米砂浆的水泥用量，应精确至1kg；
Q_A——每立方米砂浆中水泥和石灰膏的总量，应精确至1kg，可为350kg。

（5）每立方米砂浆中的砂子用量，应按干燥状态（含水率小于0.5%）的堆积密度值作为计算值，单位为kg。

（6）每立方米砂浆中的用水量，根据砂浆稠度等要求，通过稠度试验确定，一般在210～310kg之间。

注意：1.混合砂浆中的用水量，不包括石灰膏中的水；2.当采用细砂或粗砂时，用水量分别取上限或下限；3.稠度小于70mm时，用水量可小于下限；4.施工现场气候炎热或干燥季节，可酌量增加用水量。

4. 砌筑砂浆的试配

1）水泥砂浆的材料用量

水泥砂浆各材料的用量，可按表7-70选用。

每立方米水泥砂浆材料用量（kg/m³）（JGJ/T 98—2010） 表7-70

强度等级	水泥	砂子	用水量
M5	200～230	砂子的堆积密度值	270～330
M7.5	230～260		
M10	260～290		
M15	290～330		
M20	340～400		
M25	360～410		
M30	430～480		

注：1. M15及M15以下强度等级的水泥砂浆，水泥强度等级为32.5级；M15以上强度等级的水泥砂浆，水泥强度等级为42.5级。

2. 当采用细砂或粗砂时，用水量分别取上限或下限。

3. 稠度小于70mm时，用水量可小于下限。

4. 施工现场气候炎热或干燥季节，可酌量增加用水量。

5. 试配强度应按式(7-34)计算。

2)水泥粉煤灰砂浆的材料用量

水泥粉煤灰砂浆的材料用量,按表7-71选取。

每立方米水泥粉煤灰砂浆材料用量(kg/m³)(JGJ/T 98—2010)　　表7-71

强度等级	水泥粉煤灰总量	粉煤灰	砂子	用水量
M5	210~240	粉煤灰掺量可占胶凝材料总量的15%~25%	砂子的堆积密度值	270~330
M7.5	240~270			
M10	270~300			
M15	300~330			

注:1. 表中水泥强度等级为32.5级。
　　2. 当采用细砂或粗砂时,用水量分别取上限或下限。
　　3. 稠度小于70mm时,用水量可小于下限。
　　4. 施工现场气候炎热或干燥季节,可酌量增加用水量。
　　5. 试配强度应按式(7-34)计算。

5. 砌筑砂浆配合比试配、调整与确定

(1) 基准配合比

试配时应采用工程中实际使用的材料,搅拌应符合要求。按计算或查表所得配合比进行试拌时,应测定其拌合物的稠度和保水率。当不能满足要求时,应调整材料用量,直到符合要求为止,然后确定为试配时的砂浆基准配合比。

(2) 强度复核

强度复核至少应采用3个不同的配合比,在基准配合比基础上,分别增加及减少10%的水泥用量,增加两个水灰比。在保证稠度、保水率合格的条件下,可将用水量或掺加料用量作相应调整。分别成型的强度试件,按强度试验的要求进行强度试验。

(3) 确定实验室配合比

根据各水灰比砂浆的实测强度,选定符合试配强度要求的,且水泥用量最低的配合比作为实验室配合比。

二、抹 面 砂 浆

抹面砂浆常用于桥涵圬工砌体和地下物的表面。一般对抹面砂浆的强度要求不高,但要求其保水性好、与基底的黏附性好。

按使用要求的不同,抹面砂浆又分为普通抹面砂浆和防水砂浆等。抹面砂浆常分层施工,第一层称为底层,第二层称为垫层,第三层称为面层。各层砂浆的稠度不同,底层较稀,垫层和面层较稠。由于施工要求不同,对砂浆的原材料及稠度要求亦不同。

抹面砂浆胶结材料用量应多于砌筑砂浆。如砖石砌体用的水泥砂浆配合比(体积)为1:1~1:6。石灰水泥混合砂浆配合比一般为1:0.5:4.5~1:1:6.0。

防水砂浆主要用于隧道工程。防水砂浆除调整各组成材料的比例外,可采用掺加防水剂和防水粉等。常用的防水剂有:氯化物金属盐类防水剂、水玻璃防水剂和金属皂类防水剂等。近年来,主要采用掺加各种高聚物涂料来提高防水砂浆性能。

三、砂浆试验方法

稠度试验
(JGJ/T 70—2009)

4.0.1 本方法适用于确定砂浆的配合比或施工过程中控制砂浆的稠度。

4.0.2 稠度试验应使用下列仪器:

(1) 砂浆稠度仪:应由试锥、容器和支座3部分组成。试锥应由钢材或铜材制成,试锥高度应为145mm,锥底直径应为75mm,试锥连同滑杆的质量应为300±2g;盛浆容器应由钢板制成,筒高应为180mm,锥底内径应为150mm;支座应包括底座、支架及刻度显示3个部分,应由铸铁、钢或其他金属制成(图4.0.2)。

(2) 钢制捣棒:直径为10mm,长度为350mm,端部磨圆。

(3) 秒表。

4.0.3 稠度试验应按下列步骤进行:

(1) 应先采用少量润滑油轻擦滑杆,再将滑杆上多余的油用吸油纸擦净,使滑杆能自由滑动。

(2) 应先采用湿布擦净盛浆容器和试锥表面,再将砂浆拌合物一次装入容器;砂浆表面宜低于容器口10mm,用捣棒自容器中心向边缘均匀地插捣25次,然后轻轻地将容器摇动或敲击5~6下,使砂浆表面平整,随后将容器置于稠度测定仪的底座上。

(3) 拧开制动螺丝,向下移动滑杆,当试锥尖端与砂浆表面刚接触时,应拧紧制动螺丝,使齿条测杆下端刚接触滑杆上端,并将指针对准零点上。

(4) 拧开制动螺丝,同时计时间,10s时立即拧紧螺丝,将齿条测杆下端接触滑杆上端,从刻度盘上读出下沉深度(精确至1mm)即为砂浆的稠度值。

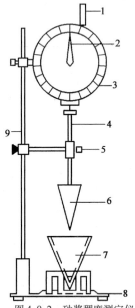

图4.0.2 砂浆稠度测定仪
1-齿条测杆;2-指针;3-刻度盘;4-滑杆;5-制动螺丝;6-试锥;7-盛浆容器;8-底座;9-支架

(5) 盛浆容器内的砂浆,只允许测定一次稠度,重复测定时,应重新取样测定。

4.0.4 稠度试验结果应按下列要求确定:

(1) 同盘砂浆应取两次试验结果的算术平均值作为测定结果,并应精确至1mm;

(2) 当两次试验值之差大于10 mm时,应重新取样测定。

保水性试验
(JGJ/T 70—2009)

7.0.1 保水性试验应使用下列仪器和材料:

(1) 金属或硬塑料圆环试模:内径应为100mm,内部高度应为25mm。

(2) 可密封的取样容器:应清洁、干燥。

(3) 2kg的重物。

(4) 金属滤网:网格尺寸45μm,圆形,直径为110±1mm。

(5) 超白滤纸:应采用现行国家标准《化学分析滤纸》(GB/T 1914)规定的中速定性滤纸,直径应为110mm,单位面积质量应为200g/m²。

(6) 2片金属或玻璃的方形或圆形不透水片,边长或直径应大于110mm。

(7)天平:量程为200g,感量应为0.1g,量程为2 000g,感量应为1g。

(8)烘箱。

7.0.2 保水性试验应按下列步骤进行:

(1)称量底部不透水片与干燥试模质量m_1和15片中速定性滤纸质量m_2。

(2)将砂浆拌合物一次装入试模,并用抹刀插捣数次,当装入的砂浆略高于试模边缘时,用抹刀以45°角一次性将试模表面多余的砂浆刮去,然后再用抹刀以较平的角度在试模表面反方向将砂浆刮平。

(3)抹掉试模边的砂浆,称量试模、底部不透水片与砂浆总质量m_3。

(4)用金属滤网覆盖在砂浆表面,再在滤网表面上放15片滤纸,用上部不透水片盖在滤纸表面,以2kg的重物把上部不透水片压住。

(5)静置2min后移走重物及上部不透水片,取出滤纸(不包括滤网),迅速称量滤纸质量m_4。

(6)按照砂浆的配比和加水量计算砂浆的含水率。当无法计算时,可按照本标准第7.0.4条的规定测定砂浆含水率。

7.0.3 砂浆保水率应按下式计算:

$$W = \left[1 - \frac{m_4 - m_2}{\alpha(m_3 - m_1)}\right] \times 100 \tag{7.0.3}$$

式中:W——砂浆保水率(%);

m_1——底部不透水片与干燥试模质量(g),精确至1g;

m_2——15片滤纸吸水前的质量(g),精确至0.1g;

m_3——试模、底部不透水片与砂浆总质量(g),精确至1g;

m_4——15片滤纸吸水后的质量(g),精确至0.1g;

α——砂浆含水率(%)。

取两次试验结果的算术平均值作为砂浆的保水率,精确至0.1%,且第二次试验应重新取样测定。当两个测定值之差超过2%时,此组试验结果应为无效。

7.0.4 测定砂浆含水率时,应称取100±10g砂浆拌合物试样,置于一干燥并已称重的盘中,在105±5℃的烘箱中烘干至恒重。砂浆含水率应按下式计算:

$$\alpha = \frac{m_6 - m_5}{m_6} \times 100 \tag{7.0.4}$$

式中:α——砂浆含水率(%);

m_5——烘干后砂浆样本的质量(g),精确至1g;

m_6——砂浆样本的总质量(g),精确至1g。

取两次试验结果的算术平均值作为砂浆的含水率,精确至0.1%,当两个测定值之差超过2%时,此组试验结果应为无效。

立方体抗压强度试验
(JGJ/T 70—2009)

9.0.1 立方体抗压强度试验应使用下列仪器设备:

(1)试模:应为70.7mm×70.7mm×70.7mm的带底试模,应符合现行行业标准《混凝土试模》(JG 237)的规定,应具有足够的刚度并拆装方便。试模的内表面应机械加工,其不平度应为每100mm不超过0.05mm,组装后各相邻面的不垂直度不应超过±0.5°。

(2)钢制捣棒:直径10mm,长度为350mm,端部磨圆。

(3)压力试验机:精度应为1%,试件破坏荷载应不小于压力机量程的20%,且不应大于全量程的80%。

(4)垫板:试验机上、下压板及试件之间可垫以钢垫板,垫板的尺寸应大于试件的承压面,其不平度应为每100mm不超过0.02mm。

(5)振动台:空载中台面的垂直振幅应为0.5±0.05mm,空载频率应为50±3Hz,空载台面振幅均匀度不应大于10%,一次试验应至少能固定3个试模。

9.0.2 立方体抗压强度试件的制作及养护应按下列步骤进行:

(1)应采用立方体试件,每组试件应为3个。

(2)应采用黄油等密封材料涂抹试模的外接缝,试模内应涂刷薄层机油或隔离剂。应将拌制好的砂浆一次性装满砂浆试模,成型方法应根据稠度而定。当稠度大于50mm时,宜采用人工插捣成型;当稠度不大于50mm时,宜采用振动台振实成型。

①人工插捣:应采用捣棒均匀地由边缘向中心按螺旋方式插捣25次,插捣过程中当砂浆沉落低于试模口时,应随时添加砂浆,可用油灰刀插捣数次,并用手将试模一边抬高5~10mm各振动5次,砂浆应高出试模顶面6~8mm。

②机械振动:将砂浆一次装满试模,放置到振动台上,振动时试模不得跳动,振动5~10s或持续到表面出浆为止,不得过振。

(3)应待表面水分稍干后,再将高出试模部分的砂浆沿试模顶面刮去并抹平。

(4)试件制作后应在温度为20±5℃环境下静置24±2h,对试件进行编号、拆模。当气温较低时,或者凝结时间大于24h的砂浆,可适当延长时间,但不应超过2d。试件拆模后应立即放入温度为20±2℃,相对湿度为90%以上的标准养护室中养护,养护期间,试件彼此间隔不得小于10mm,混合砂浆、湿拌砂浆试件上面应覆盖,防止有水滴在试件上。

(5)从搅拌加水开始计时,标准养护龄期应为28d,也可根据相关标准要求增加7d或14d。

9.0.3 立方体试件抗压强度试验应按下列步骤进行:

(1)试件从养护地点取出后应及时进行试验。试验前先将试件表面擦拭干净,测量尺寸,并检查其外观,并应计算试件的承压面积。当实测尺寸与公称尺寸之差不超过1mm时,可按照公称尺寸进行计算。

(2)将试件安放在试验机的下压板上或下垫板上,试件的承压面应与成型时的顶面垂直,试件中心应与试验机下压板或下垫板中心对准。开动试验机,当上压板与试件或上垫板接近时,调整球座,使接触面均衡受压。承压试验应连续而均匀地加荷,加荷速度应为0.25~1.5kN/s;砂浆强度不大于2.5MPa时,宜取下限。当试件接近破坏而开始迅速变形时,停止调整试验机油门,直至试件破坏,然后记录破坏荷载。

9.0.4 砂浆立方体抗压强度应按下式计算:

$$f_{m,cu} = K \frac{N_u}{A} \qquad (9.0.4)$$

式中:$f_{m,cu}$——砂浆立方体抗压强度(MPa),应精确至0.1MPa;

N_u——试件破坏荷载(N);

A——试件承压面积(mm^2);

K——换算系数,取1.35。

9.0.5 立方体抗压强度试验的试验结果应按下列要求确定:

(1)应以3个试件测值的算术平均值作为该组试件的砂浆立方体抗压强度平均值(f_2),精确至0.1MPa。

(2)当3个测值的最大值或最小值中有一个与中间值的差超过中间值的15%时,应把最大值和最小值一并舍去,取中间值作为该组试件的抗压强度值。

(3)当两个测值与中间值的差值均超过中间值的15%时,该组试验结果应为无效。

第十一节 后张孔道压浆

一、原材料技术要求

后张预应力孔道压浆宜采用专用压浆料或专用压浆剂配制的浆液,按《公路桥涵施工技术规范》(JTG/T F50—2011)的规定,所用材料应符合下列要求:

(1)水泥

应使用性能稳定、强度等级不低于42.5的低碱普通硅酸盐水泥,水泥的性能指标应满足标准(GB 175—2007)的规定。

(2)外加剂

外加剂与水泥有良好的相容性,且不得含有氯盐、亚硝酸盐或其他对预应力筋有腐蚀作用的成分。减水剂应采用高效或高性能减水剂,且应满足《混凝土外加剂》(GB 8076—2008)的要求,其减水率不小于20%。

(3)矿物掺合料

矿物掺合料的品种宜为Ⅰ级粉煤灰、磨细矿渣粉或硅灰,并应满足桥涵用高性能混凝土对矿物掺合料的技术要求。

(4)水

不应含有对预应力筋或水泥有害的成分,每升水不得含有350mg以上的氯化物离子或任何一种其他有机物。宜采用符合国家卫生标准的清洁饮用水。

(5)膨胀剂

宜使钙矾石系或复合型膨胀剂,不得使用以铝粉为膨胀源膨胀剂或总减量大于0.75%的高碱膨胀剂。

(6)有害物质总量

压浆材料中的氯离子含量不应超过胶凝材料总量的0.06%,比表面积应大于350m^2/kg,三氧化硫含量不应超过6.0%。

二、浆液技术要求

《公路桥涵施工技术规范》(JTG/T F50—2011)规定:采用压浆材料配制的浆液,其性能应符合表7-72的要求。

压浆浆液性能指标　　　　表7-72

项　目		性能指标
水　胶　比		0.26~0.28
凝结时间(h)	初凝	≥5
	终凝	≤24
流动度(25℃)(s)	初始流动度	10~17
	30min 流动度	10~20
	60min 流动度	10~25
泌水率(%)	24h 自由泌水率	0
	3h 钢丝间泌水率	0

续上表

项　目		性能指标
压力泌水率(%)	0.22MPa(孔道垂直高度≤1.8m时)	≤2
	0.36MPa(孔道垂直高度>1.8m时)	≤2
自由膨胀率(%)	3h	0~2
	24h	0~3
充盈度		合格
抗压强度(MPa)	3d	≥20
	7d	≥40
	28d	≥50
抗折强度(MPa)	3d	≥5
	7d	≥6
	28d	≥10
对钢筋的锈蚀作用		无锈蚀

三、试 验 方 法

后张预应力孔道压浆浆液流动度试验
(JTG/T F50—2011　附录 C3)

C3.1　试验仪器

(1)流动度测试仪:流动锥,其装置如图 C3.1 所示。

(2)流动锥的校准:1 725mL±5mL,水流出的时间为 8.0s±0.2s。

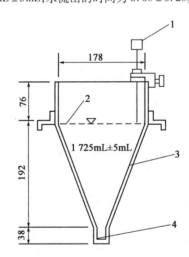

图 C3.1　流动锥装置示意图(尺寸单位:mm)

1-点测规;2-水泥浆浆体表面;3-不锈钢制容器(壁厚3mm);4-流出口(内径13mm)

C3.2　流动度试验方法

测定时,先将漏斗调整放平,关上底口活门,将搅拌均匀的浆液倾入漏斗内,直至表面触及点测规下端(1 725mL±5mL 浆液);打开活门,让浆液自由流出,浆液全部流完时间(s),称为压浆浆液的流动度。

压浆浆液自由泌水率和自由膨胀率试验
（JTG/T F50—2011 附录C4）

C4.1 容器

试验容器如图C4.1所示，用有机玻璃制成，带有密封盖，高度120mm，放置于水平面上。

C4.2 试验方法

往容器内填灌浆液约100mm深，测填灌面高度并记录，然后盖严。放置3h和24h后测量其离析水水面和浆液膨胀面，然后按下式计算泌水率和膨胀率：

$$泌水率 = \frac{a_2 - a_3}{a_1} \times 100\%$$

$$膨胀率 = \frac{a_3 - a_1}{a_1} \times 100\%$$

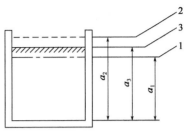

图C4.1 浆液泌水率和膨胀率试验容器
1-最初填灌的浆液面；2-水面；3-膨胀后的浆液面

钢丝间泌水率试验
（JTG/T F50—2011 附录C5）

C5.1 容器

试验容器如图C5.1所示，用有机玻璃制成，带有密封盖，内径为100mm，高为160mm。在容器中间置入一根7丝钢绞线。钢绞线在容器顶露出的高度为10~30mm。

C5.2 试验方法

试验容器静置于水平面上，将搅拌均匀的浆液注入容器中，注入浆液体积约800mL，并记录浆液准确体积；然后将密封盖盖严，并在中心位置插入钢绞线至容器底部；静置3h后用吸管吸出浆液表面的离析水量，移入10mL的量筒内，测量泌水量V_1。

$$泌水率 = \frac{V_1}{V_0} \times 100\% \quad (C5.2)$$

式中：V_1——浆液上部泌水的体积；
V_0——测试前浆液的体积。

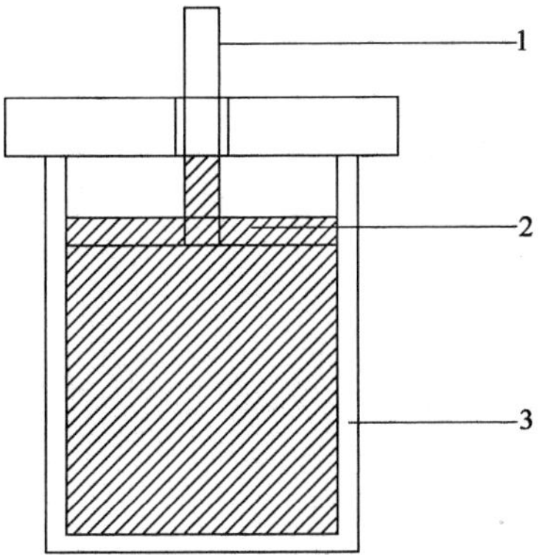

图C5.1 钢丝间泌水试验示意图
1-7ϕ5mm钢绞线；2-静置一段时间后的泌水；3-压浆料

压力泌水率试验
（JTG/T F50—2011 附录C6）

C6.1 试验仪器

(1) 一个包含2块压力表的CO_2气瓶，外侧压力表最大读数不小于1.0MPa，最小分度值为0.02MPa，级别为1.5级。

(2) 压力泌水容器为内径50mm、容积400mL的圆柱形不锈钢压力容器，需要进行压力试验，在0.8MPa压力下不会爆裂。其尺寸如图C6.1所示。

C6.2 试验方法

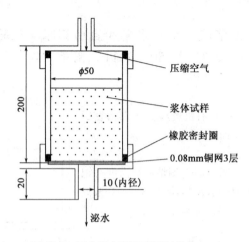

图 C6.1 压力泌水容器示意图(单位:mm)

将搅拌均匀的浆液在自加水开始的 7min 内倒入容积为 400mL 的压力容器过滤漏斗中,倒入的浆液体积为 200mL。安装并旋紧上端盖,静置 10min,上端连接压缩空气,开启压缩空气阀,迅速加压至试验压力。保持试验压力 5min 后,关闭压缩空气阀卸压,使漏斗下部泌水管中的泌水全部流出,记录泌水体积,精确至 0.2mL。压力泌水率按下式计算:

$$泌水率 = \frac{V_1}{V_0} \times 100\% \tag{C6.2}$$

式中:V_1——泌水体积;
V_0——测试前浆液的体积。

充盈度试验
(JTG/T F50—2011 附录 C7)

C7.1 试验仪器

试验仪器如图 C7.1 所示,内径为 40mm 的透明有机玻璃管,两端的直管夹角为 120°,每部分长度为 0.5m,两部分通过黏结剂密封黏结,将有机玻璃管固定在固定架上。

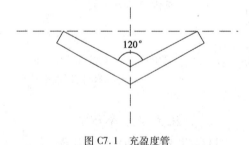

图 C7.1 充盈度管

C7.2 试验方法

按规定的方法拌制好浆液后,静置 1min,通过流动锥将浆液灌入固定在固定架上的充盈度管中,充完浆液后,用塑料薄膜封闭圆管的两端。在 20±3℃ 的条件下放置 7d,观察管内部是否有直径大于 3mm 的气囊或水蒸气,在管道的两端是否有泡沫层。

C7.3 充盈度判定

如果存在厚度超过 1mm 的泡沫层,或存在直径大于 3mm 的气囊,或存在体积大于 1mL 的水,则判定充盈度指标不合格。

第八章 混凝土外加剂

混凝土外加剂技术是近半个世纪来发展较快的一项混凝土新技术。应用外加剂可改善混凝土的性能,节省水泥和能源,提高施工速度和施工质量,改善工艺和劳动条件,具有显著的经济效益和社会效益。

第一节 混凝土外加剂定义、分类、命名与术语

混凝土外加剂种类繁多,性能各异,分类方法也较多,有按作用功能分类的,有按化学成分分类的,还有按对混凝土作用时间分类的。《混凝土外加剂定义、分类、命名与术语》(GB 8075—2005)将混凝土外加剂按其主要功能分为4类27种,每一种又按其功能和用途进行定义和命名。在这27种外加剂中,23种为化学外加剂,4种为矿物粉料,矿物粉料包括硅灰、磨细粉煤灰、磨细粒化高炉矿渣、磨细沸石粉。这4种矿物粉料在混凝土中的应用技术详见第四章。

混凝土外加剂定义、分类、命名与术语
(GB 8075—2005)

1 范围

本标准规定了水泥混凝土外加剂的定义、分类、命名与术语。水泥净浆和砂浆用外加剂也可参考本标准采用。

2 定义

混凝土外加剂是一种在混凝土搅拌之前或拌制过程中加入的、用以改善新拌混凝土和(或)硬化混凝土性能的材料。以下简称外加剂。

3 分类

混凝土外加剂按其主要使用功能分为四类:

3.1 改善混凝土拌合物流变性能的外加剂,包括各种减水剂和泵送剂等;

3.2 调节混凝土凝结时间、硬化性能的外加剂,包括缓凝剂、促凝剂和速凝剂等;

3.3 改善混凝土耐久性的外加剂,包括引气剂、防水剂、阻锈剂和矿物外加剂等;

3.4 改善混凝土其他性能的外加剂,包括膨胀剂、防冻剂、着色剂等。

4 命名

4.1

普通减水剂 water reducing admixture

在混凝土坍落度基本相同的条件下,能减少拌合用水量的外加剂。

4.2

早强剂 hardening accelerating admixture

加速混凝土早期强度发展的外加剂。

4.3

缓凝剂 set retarder

延长混凝土凝结时间的外加剂。

4.4

促凝剂 set accelerating admixture

能缩短拌合物凝结时间的外加剂。

4.5

引气剂 air entraining admixture

在混凝土搅拌过程中能引入大量均匀分布、稳定而封闭的微小气泡且能保留在硬化混凝土中的外加剂。

4.6

高效减水剂 superplasticizer

在混凝土坍落度基本相同的条件下,能大幅度减少拌合用水量的外加剂。

4.7

缓凝高效减水剂 set retarding superplasticizer

兼有缓凝功能和高效减水功能的外加剂。

4.8

早强减水剂 hardening accelerating and water reducing admixture

兼有早强和减水功能的外加剂。

4.9

缓凝减水剂 set retarding and water reducing admixture

兼有缓凝和减水功能的外加剂。

4.10

引气减水剂 air entraining and water reducing admixture

兼有引气和减水功能的外加剂。

4.11

防水剂 water-repellent admixture

能提高水泥砂浆、混凝土抗渗性能的外加剂。

4.12

阻锈剂 anti-corrosion admixture

能抑制或减轻混凝土中钢筋和其他金属预埋件锈蚀的外加剂。

4.13

加气剂 gas forming admixture

混凝土制备过程中因发生化学反应,放出气体,使硬化混凝土中有大量均匀分布气孔的外加剂。

4.14

膨胀剂 expanding admixture

在混凝土硬化过程中因化学作用能使混凝土产生一定体积膨胀的外加剂。

4.15

防冻剂 anti-freezing admixture

能使混凝土在负温下硬化,并在规定养护条件下达到预期性能的外加剂。

4.16

着色剂 coloring admixture

能制备具有彩色混凝土的外加剂。

4.17

速凝剂 flash setting admixture

能使混凝土迅速凝结硬化的外加剂。

4.18

泵送剂 pumping aid

能改善混凝土拌合物泵送性能的外加剂。

4.19

保水剂 water retaining admixture

能减少混凝土或砂浆失水的外加剂。

4.20

絮凝剂 flocculating agent

在水中施工时,能增加混凝土黏稠性,抗水泥和集料分离的外加剂。

4.21

增稠剂 viscosity enhancing agent

能提高混凝土拌合物黏度的外加剂。

4.22

减缩剂 shrinkage reducing agent

减少混凝土收缩的外加剂。

4.23

保塑剂 plastic retaining agent

在一定时间内,减少混凝土坍落度损失的外加剂。

4.24

磨细矿渣 grounded furnace slag

粒状高炉矿渣经干燥、粉磨等工艺达到规定细度的产品。

4.25

硅灰 silica fume

在冶炼硅铁合金或工业硅时,通过烟道排出的硅蒸气氧化后,经收尘器收集得到的以无定形二氧化硅为主要成分的产品。

4.26

磨细粉煤灰 grounded fly ash

干燥的粉煤灰经粉磨达到规定细度的产品。

4.27

磨细天然沸石 grounded natural zeolite

以一定品位纯度的天然沸石为原料,经粉磨至规定细度的产品。

第二节 受检混凝土技术性质及标准

一、受检混凝土的性质

受检混凝土即掺外加剂混凝土,按《混凝土外加剂》(GB 8076—2008)的规定,掺外加剂混凝土的技术性质包括:减水率、泌水率比、坍落度和含气量的 1h 经时变化量、凝结时间差、抗压强度比、收缩率比、相对耐久性指标等。

1. 减水率

减水率是衡量减水类外加剂质量的一个重要指标,减水率用坍落度相同的基准混凝土和掺外加剂混凝土的单位用水量之差与基准混凝土单位用水量的百分数表示。减水率越大,外加剂性能越好。早强剂和缓凝剂主要作用是调整凝结时间,无减水率要求。

2. 泌水率比

泌水率过大,混凝土拌合物的保水性能将变差,保水性差的混凝土拌合物容易出现离析,影响混凝土的密实性、强度和耐久性,因此,限制掺外加剂混凝土的泌水率对确保混凝土的质量具有重要的意义。泌水率比用掺外加剂混凝土的泌水率与基准混凝土的泌水率之比的百分数表示。泌水率越小,外加剂质量越好。

3. 1h 经时变化量

受检混凝土 1h 经时变化量包括坍落度经时变化量和含气量经时变化量。坍落度经时变化量是指随着时间的延迟,坍落度的损失值。新修订的 GB 8076 增加了坍落度经时变化量测定,但这一指标仅针对标准型、缓凝型的高性能减水剂及泵送剂。

含气量是混凝土中空气体积占混凝土体积的百分数,随着时间的延迟,混凝土拌合物的含气量也在变化。新修订的 GB 8076 增加了含气量经时变化量测定,但仅针对引气类外加剂,主要用于判断引气剂的引气效果。一般外加剂都有引气作用,引气量过大会影响混凝土的密实性,使混凝土的强度和耐久性变差,因此,应限制外加剂的引气量。但对于引气剂,标准规定混凝土的含气量又不能小于规定值,这似乎有些矛盾,其实不然。非引气剂外加剂在混凝土中引入的气泡大小、分布都不均匀,也不稳定,因此,对混凝土的性能不会产生积极的影响。而引气剂引入的气泡是稳定的、细小的、均匀分布的,即使如此,掺加引气剂的混凝土的强度较基准配合比仍有下降。但对混凝土的抗冻、抗渗等耐久性会产生积极影响。

4. 凝结时间差

凝结时间差是基准混凝土与掺外加剂混凝土凝结时间之差。缓凝剂和早凝剂是用于调节混凝土凝结时间的外加剂,其质量好坏自然要用凝结时间差来评价。但一般外加剂对混凝土的凝结时间都有不同程度的影响,这种影响必须限制在允许的范围内,否则将对混凝土的性能产生副作用。

5. 抗压强度比

增加混凝土强度是使用外加剂的目的之一,尤其是有减水作用的各类外加剂,即使以改善混凝土其他性能为目的的外加剂,也不应使混凝土的强度下降过多,因此,抗压强度比是掺外加剂混凝土重要的性能指标之一。抗压强度比用掺外加剂混凝土与基准混凝土的强度之比的百分数表示。技术标准规定了 3d、7d、28d 三个龄期的抗压强度比指标值,各个龄期的强度比都应满足规定。

6. 收缩率比

提高混凝土的工作性(坍落度)而不减小水灰比是使用各类减水型外加剂的目的之一,从而使混凝土的收缩量增加。掺引气剂的混凝土由于引入一定量的空气,也会增加混凝土的干缩。过大的收缩对结构物的正常使用是不利的,应进行限制。掺外加剂混凝土的收缩性质用掺外加剂混凝土与基准混凝土收缩率之比,即收缩率比表示。

7. 相对耐久性

相对耐久性是掺引气剂混凝土的性能指标。引气剂的作用主要是提高混凝土抗冻和抗渗等耐久性性能,引气剂的质量效果自然要通过耐久性指标来评价。相对耐久性用冻融循环 200 次后的动弹性模量保留值表示。

二、受检混凝土性能指标

1. 国家标准

国标受检混凝土性能指标见《混凝土外加剂》(GB 8076—2008)中的表 1。但该标准仅规定了掺各类减水剂、泵送剂、早强剂、缓凝剂、引气剂等受检混凝土的性能指标,对掺防冻剂、膨胀剂、防水剂、速凝剂混凝土的性能指标将在后面各节分别给出建材部的标准。

2. 交通行业标准

《公路工程混凝土外加剂》(JT/T 523—2004)关于掺外加剂混凝土性能指标见表 8-1。

掺外加剂混凝土性能指标　　　表 8-1

项 目		普通减水剂	高效减水剂	缓凝剂	缓凝减水剂	缓凝高效减水剂	引气剂	引气减水剂	引气高效减水剂	引气缓凝高效减水剂	早强剂	早强剂减水剂
减水率(%)		≥8	≥15	—	≥8	≥15	≥6	≥12	≥18	≥18	—	≥8
泌水率比(%)		≤95	≤90	≤100	≤100	≤100	≤70	≤70	≤70	≤70	≤100	≤95
含气量(%)		≤3.0	≤3.0	—	≤4.5	≤5.5	≥3.0	≥3.0	≥3.0	≥3.0	—	≤3.0
凝结时间差(min)	初凝	-90~+120	-90~+120	>+90	>+90	>+90	-90~+120	-90~+120	-60~+90	>+90	-90~+90	-90~+90
	终凝			—								
抗压强度比(%)	1d	—	≥140	—	—	—	—	—	—	—	≥135	≥140
	3d	≥115	≥130	≥90	≥100	≥125	≥95	≥115	≥120	≥115	≥130	≥130
	7d	≥115	≥125	≥95	≥110	≥125	≥95	≥110	≥115	≥110	≥110	≥115
	28d	≥110	≥120	≥100	≥110	≥120	≥90	≥100	≥105	≥105	≥100	≥105
抗折强度比(%)	7d	—	—	—	—	—	—	—	—	—	≥105	≥110
	28d	≥105	≥115	≥100	≥105	≥115	≥100	≥110	≥115	≥115	≥100	≥105
收缩率比(%)	28d	≤125	≤125	≤125	≤125	≤125	≤120	≤120	≤120	≤120	≤130	≤130
磨耗量(kg/m^2)	28d	≤2.0	≤2.0	≤2.0	≤2.0	≤2.0	≤2.5	≤2.5	≤2.5	≤2.5	≤2.0	≤2.0
冻融循环次数		≥100	≥100		≥100	≥200	≥200	≥200	≥200	≥200	≥100	≥100
碱含量(%)		测定值(以混凝土每立方米总碱量不超过 3kg 控制)										
对钢筋锈蚀作用		无锈蚀危害										

注:①表中所列减水率、泌水率比、凝结时间之差、抗压强度比、抗折强度比、收缩率比的数据为掺外加剂混凝土与基准混凝土的差值或比值。
②凝结时间指标:"-"号表示提前,"+"表示延缓。
③冻融循环次数:满足相对动弹性模量值不小于 80% 时的最大循环次数。
④抗折强度比、磨耗量为道面混凝土要求检项。
⑤有抗冻要求时,检冻融循环次数。

三、受检混凝土性能试验方法

掺外加剂混凝土性能试验是建立在与基准配合比相比较的基础上,通过对比判断外加剂的质量和对混凝土性能的改善效果。试验方法见《混凝土外加剂》(GB 8076—2008),该标准对掺外加剂混凝土性能的试验项目、试验方法、所用原材料的性质、配合比都做了明确的规定。但仅限于掺各类减水剂、泵送剂、早强剂、缓凝剂、引气剂的混凝土。掺防冻剂、膨胀剂、防水剂、速凝剂混凝土性能试验方法详见后面各节内容。

混凝土外加剂
（GB 8076—2008）

1 范围

本标准规定了用于水泥混凝土中外加剂的术语和定义、要求、试验方法、检验规则、包装、出厂、储存及退货等。

本标准适用于高性能减水剂（早强型、标准型、缓凝型）、高效减水剂（标准型、缓凝型）、普通减水剂（早强型、标准型、缓凝型）、引气减水剂、泵送剂、早强剂、缓凝剂和引气剂共八类混凝土外加剂。

2 规范性引用文件

下列文件中的条款通过本标准的引用而成为本标准的条款。凡是注日期的引用文件，其随后所有的修改单（不包括勘误的内容）或修订版均不适用于本标准，然而，鼓励根据本标准达成协议的各方研究是否可使用这些文件的最新版本。凡是不注日期的引用文件，其最新版本适用于本标准。

GB/T 176　　水泥化学分析方法

GB/T 8074　　水泥比表面积测定方法　勃氏法

GB/T 8075　　混凝土外加剂的定义、分类、命名和术语

GB/T 8077　　混凝土外加剂匀质性试验方法

GB/T 8170　　数值修约规则与极限数值的表示和判定

GB/T 14684　　建筑用砂

GB/T 14685　　建筑用卵石、碎石

GB/T 50080　　普通混凝土拌合物性能试验方法标准

GB/T 50081　　普通混凝土力学性能试验方法标准

GBJ 82　　普通混凝土长期性能和耐久性能试验方法

JG 3036　　混凝土试验用搅拌机

JGJ 55　　普通混凝土配合比设计规程

JGJ 63　　混凝土用水标准

3 术语和定义

GB/T 8075 确立的以及下列术语和定义适用于本标准。

3.1

高性能减水剂　high performance water reducer

比高效减水剂具有更高减水率、更好坍落度保持性能、较小干燥收缩，且具有一定引气性能的减水剂。

3.2

基准水泥　reference cement

符合本标准附录 A 要求的、专门用于检验混凝土外加剂性能的水泥。

3.3

基准混凝土　reference concrete

按照本标准规定的试验条件配制的不掺外加剂的混凝土。

3.4

受检混凝土　test concrete

按照本标准规定的试验条件配制的掺有外加剂的混凝土。

4 代号

采用以下代号表示下列各种外加剂的类型：

早强型高性能减水剂:HPWR-A;
标准型高性能减水剂:HPWR-S;
缓凝型高性能减水剂:HPWR-R;
标准型高效减水剂:HWR-S;
缓凝型高效减水剂:HWR-R;
早强型普通减水剂:WR-A;
标准型普通减水剂:WR-S;
缓凝型普通减水剂:WR-R;
引气减水剂:AEWR;
泵送剂:PA;
早强剂:Ac;
缓凝剂:Re;
引气剂:AE。

5 要求

5.1 受检混凝土性能指标

掺外加剂混凝土的性能应符合表1的要求。

5.2 匀质性指标

匀质性指标应符合表2的要求。

6 试验方法

6.1 材料

6.1.1 水泥

采用本标准附录A规定的水泥。

6.1.2 砂

符合GB/T 14684中Ⅱ区要求的中砂,但细度模数为2.6~2.9,含泥量小于1%。

6.1.3 石子

符合GB/T 14685要求的公称粒径为5~20mm的碎石或卵石,采用二级配,其中5~10mm占40%,10~20mm占60%,满足连续级配要求,针片状物质含量小于10%,空隙率小于47%,含泥量小于0.5%。如有争议,以碎石结果为准。

6.1.4 水

符合JGJ 63混凝土拌和用水的技术要求。

6.1.5 外加剂

需要检测的外加剂。

6.2 配合比

基准混凝土配合比按JGJ 55进行设计。掺非引气型外加剂的受检混凝土和其对应的基准混凝土的水泥、砂、石的比例相同。配合比设计应符合以下规定:

a. 水泥用量:掺高性能减水剂或泵送剂的基准混凝土和受检混凝土的单位水泥用量为360kg/m³;掺其他外加剂的基准混凝土和受检混凝土单位水泥用量为330kg/m³。

b. 砂率:掺高性能减水剂或泵送剂的基准混凝土和受检混凝土的砂率均为43%~47%;掺其他外加剂的基准混凝土和受检混凝土的砂率为36%~40%;但掺引气减水剂或引气剂的受检混凝土的砂率应比基准混凝土的砂率低1%~3%。

c. 外加剂掺量:按生产厂家指定掺量。

d. 用水量:掺高性能减水剂或泵送剂的基准混凝土和受检混凝土的坍落度控制在(210±10)mm,用水量为坍落度在(210±10)mm时的最小用水量;掺其他外加剂的基准混凝土和受检混凝土的坍落度控制在(80±10)mm。

表 1

受检混凝土性能指标

项 目		高性能减水剂 HPWR			高效减水剂 HWR		普通减水剂 WR			引气减水剂 AEWR	泵送剂 PA	早强剂 Ac	缓凝剂 Re	引气剂 AE
		早强型 HPWR-A	标准型 HPWR-S	缓凝型 HPWR-R	标准型 HWR-S	缓凝型 HWR-R	早强型 WR-A	标准型 WR-S	缓凝型 WR-R					
减水率(%)		≥25	≥25	≥25	≥14	≥14	≥8	≥8	≥8	≥10	≥12	—	—	≥6
泌水率(%)		≤50	≤60	≤70	≤90	≤100	≤95	≤100	≤100	≤70	≤70	≤100	≤100	≤70
含气量(%)		≤6.0	≤6.0	≤6.0	≤3.0	≤4.5	≤4.0	≤4.0	≤5.5	≥3.0	≤5.5	—	—	≥3.0
凝结时间之差(min)	初凝	-90~+90	-90~+120	>+90	-90~+120	>+90	-90~+90	-90~+120	>+90	-90~+120	—	-90~+90	>+90	-90~+120
	终凝	—	—	—	—	—	—	—	—	—	—	—	—	—
1h 经时变化量	坍落度(mm)	—	≤80	≤60	—	—	—	—	—	—	≤80	—	—	—
	含气量(%)	—	—	—	—	—	—	—	—	-1.5~+1.5	—	—	—	-1.5~+1.5
抗压强度比(%)	1d	≥180	≥170	—	≥140	—	≥135	—	—	—	—	≥135	—	—
	3d	≥170	≥160	—	≥130	—	≥130	≥115	—	≥115	≥115	≥130	—	≥95
	7d	≥145	≥150	≥140	≥125	≥125	≥110	≥115	≥110	≥110	≥110	≥110	≥100	≥95
	28d	≥130	≥140	≥130	≥120	≥120	≥100	≥110	≥110	≥100	≥100	≥100	≥100	≥90
收缩率比(%)	28d	≤110	≤110	≤110	≤135	≤135	≤135	≤135	≤135	≤135	≤135	≤135	≤135	≤135
相对耐久性(200 次)(%)		—	—	—	—	—	—	—	—	≥80	—	—	—	≥80

注:
1. 表 1 中抗压强度比、收缩率比、相对耐久性为强制性指标,其余为推荐性指标。
2. 除含气量和相对耐久性外,表中所列数据为掺外加剂混凝土与基准混凝土的差值或比值。
3. 凝结时间之差性能指标中的"—"号表示提前,"+"号表示延缓。
4. 相对耐久性(200 次)性能指标中的"≥80"表示将28d龄期的受检混凝土试件快速冻融循环200次后,动弹性模量保留值≥80%。
5. 1h 含气量经时变化量指标中的"—"号表示含气量增加,"+"号表示含气量减少。
6. 其他品种的外加剂是否需要测定相对耐久性指标,由供、需双方协商确定。
7. 当用户对泵送剂等产品有特殊要求时,需要进行的补充试验项目、试验方法及指标,由供需双方协商决定。

匀质性指标 表2

项　　目	指　　标
氯离子含量(%)	不超过生产厂控制值
总碱量(%)	不超过生产厂控制值
含固量(%)	$S>25\%$时,应控制在$0.95S\sim1.05S$; $S\leqslant25\%$时,应控制在$0.90S\sim1.10S$
含水率(%)	$W>5\%$时,应控制在$0.90W\sim1.10W$; $W\leqslant5\%$时,应控制在$0.80W\sim1.20W$
密度(g/cm³)	$D>1.1$时,应控制在$D\pm0.03$; $D\leqslant1.1$时,应控制在$D\pm0.02$
细度	应在生产厂控制范围内
pH值	应在生产厂控制范围内
硫酸钠含量(%)	不超过生产厂控制值

注:1. 生产厂应在相关的技术资料中明示产品匀质性指标的控制值。
　　2. 对相同和不同批次之间的匀质性和等效性的其他要求,可由供需双方商定。
　　3. 表中的S、W和D分别为含固量、含水率和密度的生产厂控制值。

用水量包括液体外加剂、砂、石材料中所含的水量。

6.3 混凝土搅拌

采用符合JG 3036要求的公称容量为60L的单卧轴式强制搅拌机。搅拌机的拌和量应不少于20L,不宜大于45L。

外加剂为粉状时,将水泥、砂、石、外加剂一次投入搅拌机,干拌均匀,再加入拌和水,一起搅拌2min。外加剂为液体时,将水泥、砂、石一次投入搅拌机,干拌均匀,再加入掺有外加剂的拌和水一起搅拌2min。

出料后,在铁板上用人工翻拌至均匀,再行试验。各种混凝土试验材料及环境温度均应保持在(20 ± 3)℃。

6.4 试件制作及试验所需试件数量

6.4.1 试件制作

混凝土试件制作及养护按GB/T 50080进行,但混凝土预养温度为(20 ± 3)℃。

6.4.2 试验项目及数量

试验项目及数量详见表3。

试验项目及所需数量　表3

试验项目		外加剂类别	试验类别	试验所需数量			
				混凝土 拌和批数	每批取 样数目	基准混凝土 总取样数目	受检混凝土 总取样数目
减水率		除早强剂、缓凝剂外 的各种外加剂	混凝土 拌和物	3	1次	3次	3次
泌水率比		各种外加剂		3	1个	3个	3个
含气量				3	1个	3个	3个
凝结时间差				3	1个	3个	3个
1h经时 变化量	坍落度	高性能减水剂、泵送剂		3	1个	3个	3个
	含气量	引气剂、引气减水剂		3	1个	3个	3个

续上表

试验项目	外加剂类别	试验类别	试验所需数量			
			混凝土拌和批数	每批取样数目	基准混凝土总取样数目	受检混凝土总取样数目
抗压强度比	各种外加剂	硬化混凝土	3	6、9或12块	18、27或36块	18、27或36块
收缩率比			3	1条	3条	3条
相对耐久性	引气减水剂、引气剂	硬化混凝土	3	1条	3条	3条

注:1.试验时,检验同一种外加剂的三批混凝土的制作宜在开始试验一周内的不同日期完成。对比的基准混凝土和受检混凝土应同时成型。
 2.试验龄期参考表1试验项目栏。
 3.试验前后应仔细观察试样,对有明显缺陷的试样和试验结果都应舍除。

6.5 混凝土拌和物性能试验方法

6.5.1 坍落度和坍落度1h经时变化量测定

每批混凝土取一个试样。坍落度和坍落度1小时经时变化量均以三次试验结果的平均值表示。三次试验的最大值和最小值与中间值之差有一个超过10mm时,将最大值和最小值一并舍去,取中间值作为该批的试验结果;最大值和最小值与中间值之差均超过10mm时,则应重做。

坍落度及坍落度1h经时变化量测定值以mm表示,结果表达修约到5mm。

6.5.1.1 坍落度测定

混凝土坍落度按照GB/T 50080测定;但坍落度为(210±10)mm的混凝土,分两层装料,每层装入高度为筒高的一半,每层用插捣棒插捣15次。

6.5.1.2 坍落度1h经时变化量测定

当要求测定此项时,应将按照6.3搅拌的混凝土留下足够一次混凝土坍落度的试验数量,并装入用湿布擦过的试样筒内,容器加盖,静置至1h(从加水搅拌时开始计算),然后倒出,在铁板上用铁锹翻拌至均匀后,再按照坍落度测定方法测定坍落度。计算出机时和1h之后的坍落度之差值,即得到坍落度的经时变化量。

坍落度1h经时变化量按式(1)计算:

$$\Delta Sl = Sl_0 - Sl_{1h} \tag{1}$$

式中:ΔSl——坍落度经时变化量,mm;
 Sl_0——出机时测得的坍落度,mm;
 Sl_{1h}——1h后测得的坍落度,mm。

6.5.2 减水率测定

减水率为坍落度基本相同时,基准混凝土和受检混凝土单位用水量之差与基准混凝土单位用水量之比。减水率按式(2)计算,应精确到0.1%。

$$W_R = \frac{W_0 - W_1}{W_0} \times 100 \tag{2}$$

式中:W_R——减水率,%;
 W_0——基准混凝土单位用水量,kg/m³;
 W_1——受检混凝土单位用水量,kg/m³。

W_R以三批试验的算术平均值计,精确到1%。若三批试验的最大值或最小值中有一个与中间值之差超过中间值的15%时,则把最大值与最小值一并舍去,取中间值作为该组试验的减水率。若有两个测值与中间值之差均超过15%时,则该批试验结果无效,应该重做。

6.5.3 泌水率比测定

泌水率比按式(3)计算,应精确到1%。

$$R_B = \frac{B_t}{B_c} \times 100 \tag{3}$$

式中:R_B——泌水率比,%;
B_t——受检混凝土泌水率,%;
B_c——基准混凝土泌水率,%。

泌水率的测定和计算方法如下:

先用湿布润湿容积为5L的带盖筒(内径为185mm,高200mm),将混凝土拌合物一次装入,在振动台上振动20s,然后用抹刀轻轻抹平,加盖以防水分蒸发。试样表面应比筒口边低约20mm。自抹面开始计算时间,在前60min,每隔10min用吸液管吸出泌水一次,以后每隔20min吸水一次,直至连续三次无泌水为止。每次吸水前5min,应将筒底一侧垫高约20mm,使筒倾斜,以便于吸水。吸水后,将筒轻轻放平盖好。将每次吸出的水都注入带塞量筒,最后计算出总的泌水量,精确至1g,并按式(4)、式(5)计算泌水率:

$$B = \frac{V_W}{(W/G)G_W} \times 100 \tag{4}$$

$$G_W = G_1 - G_0 \tag{5}$$

式中:B——泌水率,%;
V_W——泌水总质量,g;
W——混凝土拌合物的用水量,g;
G——混凝土拌合物的总质量,g;
G_W——试样质量,g;
G_1——筒及试样质量,g;
G_0——筒质量,g。

试验时,从每批混凝土拌合物中取一个试样,泌水率取三个试样的算术平均值,精确到0.1%。若三个试样的最大值或最小值中有一个与中间值之差大于中间值的15%,则把最大值与最小值一并舍去,取中间值作为该组试验的泌水率,如果最大值和最小值与中间值之差均大于中间值的15%时,则应重做。

6.5.4 含气量和含气量1h经时变化量的测定

试验时,从每批混凝土拌合物取一个试样,含气量以三个试样测值的算术平均值来表示。若三个试样中的最大值或最小值中有一个与中间值之差超过0.5%时,将最大值与最小值一并舍去,取中间值作为该批的试验结果;如果最大值与最小值与中间值之差均超过0.5%,则应重做。含气量和1h经时变化量测定值精确到0.1%。

6.5.4.1 含气量测定

按GB/T 50080用气水混合式含气量测定仪,并按仪器说明进行操作,但混凝土拌合物应一次装满并稍高于容器,用振动台振实15~20s。

6.5.4.2 含气量1h经时变化量测定

当要求测定此项时,将按照6.3搅拌的混凝土留下足够一次含气量试验的数量,并装入用湿布擦过的试样筒内,容器加盖,静置至1h(从加水搅拌时开始计算),然后倒出,在铁板上用铁锹翻拌均匀后,再按照含气量测定方法测定含气量。计算出机时和1h之后的含气量之差值,即得到含气量的经时变化量。

含气量 1h 经时变化量按式(6)计算：

$$\Delta A = A_0 - A_{1h} \tag{6}$$

式中：ΔA——含气量经时变化量，%；
A_0——出机后测得的含气量，%；
A_{1h}——1 小时后测得的含气量，%。

6.5.5 凝结时间差测定

凝结时间差按式(7)计算：

$$\Delta T = T_t - T_c \tag{7}$$

式中：ΔT——凝结时间之差，min；
T_t——受检混凝土的初凝或终凝时间，min；
T_c——基准混凝土的初凝或终凝时间，min。

凝结时间采用贯入阻力仪测定，仪器精度为 10N，凝结时间测定方法如下：

将混凝土拌合物用 5mm(圆孔筛)振动筛筛出砂浆，拌匀后装入上口内径为 160mm，下口内径为 150mm，净高 150mm 的刚性不渗水的金属圆筒，试样表面应略低于筒口约 10mm，用振动台振实，约 3～5s，置于 (20±2)℃ 的环境中，容器加盖。一般基准混凝土在成型后 3～4h，掺早强剂的在成型后 1～2h，掺缓凝剂的在成型后 4～6h 开始测定，以后每 0.5h 或 1h 测定一次，但在临近初、终凝时，可以缩短测定间隔时间。每次测点应避开前一次测孔，其净距为试针直径的 2 倍，但至少不小于 15mm，试针与容器边缘之距离不小于 25mm。测定初凝时间用截面积为 100mm² 的试针，测定终凝时间用 20mm² 的试针。

测试时，将砂浆试样筒置于贯入阻力仪上，测针端部与砂浆表面接触，然后在 (10±2)s 内均匀地使测针贯入砂浆 (25±2)mm 深度。记录贯入阻力，精确至 10N，记录测量时间，精确至 1min。贯入阻力按式(8)计算，精确到 0.1MPa。

$$R = \frac{P}{A} \tag{8}$$

式中：R——贯入阻力值，MPa；
P——贯入深度达 25mm 时所需的净压力，N；
A——贯入阻力仪试针的截面积，mm²。

根据计算结果，以贯入阻力值为纵坐标，测试时间为横坐标，绘制贯入阻力值与时间关系曲线，求出贯入阻力值达 3.5MPa 时，对应的时间作为初凝时间；贯入阻力值达 28MPa 时，对应的时间作为终凝时间。从水泥与水接触时开始计算凝结时间。

试验时，每批混凝土拌合物取一个试样，凝结时间取三个试样的平均值。若三批试验的最大值或最小值之中有一个与中间值之差超过 30min，把最大值与最小值一并舍去，取中间值作为该组试验的凝结时间。若两测值与中间值之差均超过 30min 组试验结果无效，则应重做。凝结时间以 min 表示，并修约到 5min。

6.6 硬化混凝土性能试验方法

6.6.1 抗压强度比测定

抗压强度比以掺外加剂混凝土与基准混凝土同龄期抗压强度之比表示，按式(9)计算，精确到 1%。

$$R_f = \frac{f_t}{f_c} \times 100 \tag{9}$$

式中：R_f——抗压强度比，%；
f_t——受检混凝土的抗压强度，MPa；
f_c——基准混凝土的抗压强度，MPa。

受检混凝土与基准混凝土的抗压强度按 GB/T 50081 进行试验和计算。试件制作时,用振动台振动 15~20s。试件预养温度为(20±3)℃。试验结果以三批试验测值的平均值表示,若三批试验中有一批的最大值或最小值与中间值的差值超过中间值的 15%,则把最大值与最小值一并舍去,取中间值作为该批的试验结果,如有两批测值与中间值的差均超过中间值的 15%,则试验结果无效,应该重做。

6.6.2 收缩率比测定

收缩率比以 28d 龄期时受检混凝土与基准混凝土的收缩率的比值表示,按式(10)计算:

$$R_\varepsilon = \frac{\varepsilon_t}{\varepsilon_c} \times 100 \qquad (10)$$

式中:R_ε——收缩率比,%;

ε_t——受检混凝土的收缩率,%;

ε_c——基准混凝土的收缩率,%。

受检混凝土及基准混凝土的收缩率按 GBJ 82 测定和计算。试件用振动台成型,振动(15~20)s。每批混凝土拌合物取一个试样,以三个试样收缩率比的算术平均值表示,计算精确 1%。

6.6.3 相对耐久性试验

按 GBJ 82 进行,试件采用振动台成型,振动 15~20s,标准养护 28d 后进行冻融循环试验(快冻法)。

相对耐久性指标是以掺外加剂混凝土冻融 200 次后的动弹性模量是否不小于 80% 来评定外加剂的质量。每批混凝土拌合物取一个试样,相对动弹性模量以三个试件测值的算术平均值表示。

6.7 匀质性试验方法

6.7.1 氯离子含量测定

氯离子含量按 GB/T 8077 进行测定,或按本标准附录 B 的方法测定,仲裁时采用附录 B 的方法。

6.7.2 含固量、总碱量、含水率、密度、细度、pH 值、硫酸钠含量的测定按 GB/T 8077 进行。

7 检验规则

7.1 取样及批号

7.1.1 点样和混合样

点样是在一次生产产品时所取得的一个试样。混合样是三个或更多的点样等量均匀混合而取得的试样。

7.1.2 批号

生产厂应根据产量和生产设备条件,将产品分批编号。掺量大于 1%(含 1%)同品种的外加剂每一批号为 100t,掺量小于 1% 的外加剂每一批号为 50t。不足 100t 或 50t 的也应按一个批量计,同一批号的产品必须混合均匀。

7.1.3 取样数量

每一批号取样量不少于 0.2t 水泥所需用的外加剂量。

7.2 试样及留样

每一批号取样应充分混匀,分为两等份,其中一份按表 1 和表 2 规定的项目进行试验,另一份密封保存半年,以备有疑问时,提交国家指定的检验机关进行复验或仲裁。

7.3 检验分类

7.3.1 出厂检验

每批号外加剂的出厂检验项目,根据其品种不同按表 4 规定的项目进行检验。

外加剂测定项目　　　　　　　　　　　　　　　　　　表4

测定项目	高性能减水剂 HPWR			高次减水剂 HWR		普通减水剂 WR			引气减水剂 AEWR	泵送剂 PA	早强剂 Ac	缓凝剂 Re	引气剂 AE	备注
	早强型 HPWR-A	标准型 HPWR-S	缓凝型 HPWR-R	标准型 HWR-S	缓凝型 HWR-R	早强型 WR-A	标准型 WR-S	缓凝型 WR-R						
含固量														液体外加剂必测
含水率														粉状外加剂必测
密度														液体外加剂必测
细度														粉状外加剂必测
pH值	√	√	√	√	√	√	√	√	√	√	√	√	√	
氯离子含量	√	√	√	√	√	√	√	√	√	√	√	√	√	每3个月至少一次
硫酸钠含量				√	√	√					√			每3个月至少一次
总碱量	√	√	√	√	√	√	√	√	√	√	√	√	√	每年至少一次

7.3.2 型式检验

型式检验项目包括第5章全部性能指标。有下列情况之一者,应进行型式检验：

a) 新产品或老产品转厂生产的试制定型鉴定;

b) 正式生产后,如材料、工艺有较大改变,可能影响产品性能时;

c) 正常生产时,一年至少进行一次检验;

d) 产品长期停产后,恢复生产时;

e) 出厂检验结果与上次型式检验结果有较大差异时;

f) 国家质量监督机构提出进行型式试验要求时。

7.4 判定规则

7.4.1 出厂检验判定

型式检验报告在有效期内,且出厂检验结果符合表2的要求,可判定为该批产品检验合格。

7.4.2 型式检验判定

产品经检验,匀质性检验结果符合表2的要求;各种类型外加剂受检混凝土性能指标中,高性能减水剂及泵送剂的减水率和坍落度的经时变化量,其他减水剂的减水率、缓凝型外加剂的凝结时间差、引气型外加剂的含气量及其经时变化量、硬化混凝土的各项性能符合表1的要求,则判定该批号外加剂合格。如不符合上述要求时,则判该批号外加剂不合格。其余项目可作为参考指标。

7.5 复验

复验以封存样进行。如使用单位要求现场取样,应事先在供货合同中规定,并在生产和使用单位人员在场的情况下于现场取混合样,复验按照型式检验项目检验。

8 产品说明书、包装、贮存及退货

8.1 产品说明书

产品出厂时应提供产品说明书,产品说明书至少应包括下列内容:
a) 生产厂名称;
b) 产品名称及类型;
c) 产品性能特点、主要成分及技术指标;
d) 适用范围;
e) 推荐掺量;
f) 储存条件及有效期,有效期从生产日期算起,企业根据产品性能自行规定;
g) 使用方法、注意事项、安全防护提示等。

8.2 包装

粉状外加剂可采用有塑料袋衬里的编织袋包装;液体外加剂可采用塑料桶、金属桶包装。包装净质量误差不超过1%。液体外加剂也可采用槽车散装。

所有包装容器上均应在明显位置注明以下内容:产品名称及类型、代号、执行标准、商标、净质量或体积、生产厂名及有效期限。生产日期和产品批号应在产品合格证上予以说明。

8.3 产品出厂

凡有下列情况之一者,不得出厂:技术文件(产品说明书、合格证、检验报告等)不全、包装不符、质量不足、产品受潮变质,以及超过有效期限。产品匀质性指标的控制值应在相关的技术资料中明示。

生产厂随货提供技术文件的内容应包括:产品名称及型号、出厂日期、特性及主要成分、适用范围及推荐掺量、外加剂总碱量、氯离子含量、安全防护提示、储存条件及有效期等。

外加剂的应用及有关事项参见附录C。

8.4 贮存

外加剂应存放在专用仓库或固定的场所妥善保管,以易于识别,便于检查和提货为原则。搬运时应轻拿轻放,防止破损,运输时避免受潮。

8.5 退货

使用单位在规定的存放条件和有效期限内,经复验发现外加剂性能与本标准不符时,则应予以退回或更换。

净质量和体积误差超过1%时,可以要求退货或补足。粉状的外加剂可取50包,液体的外加剂可取30桶(其他包装形式由双方协商),称量取平均值计算。

凡无出厂文件或出厂技术文件不全,以及发现实物质量与出厂技术文件不符合,可退货。

附 录 A
混凝土外加剂性能检验用基准水泥技术条件

基准水泥是检验混凝土外加剂性能的专用水泥,是由符合下列品质指标的硅酸盐水泥熟料与二水石膏共同粉磨而成的42.5强度等级P.I型硅酸盐水泥。基准水泥必须由经中国建材联合会混凝土外加剂分会与有关单位共同确认具备生产条件的工厂供给。

A.1 品质指标(除满足42.5强度等级硅酸盐水泥技术要求外)

A.1.1 熟料中铝酸三钙(C_3A)含量6%~8%。

A.1.2 熟料中硅酸三钙(C_3S)含量55%~60%。

A.1.3 熟料中游离氧化钙(fCaO)含量不得超过1.2%。

A.1.4 水泥中碱($Na_2O + 0.658K_2O$)含量不得超过1.0%。

A.1.5 水泥比表面积$(350 \pm 10) m^2/kg$。

A.2 试验方法

A.2.1 游离氧化钙、氧化钾和氧化钠的测定,按GB/T 176进行。

A.2.2 水泥比表面积的测定,按GB/T 8074进行。

A.2.3 铝酸三钙和硅酸三钙含量由熟料中氧化钙、二氧化硅、三氧化二铝和三氧化二铁含量,按下式计算得:

$$C_3S = 3.80 \cdot SiO_2(3KH - 2) \quad (A.1)$$

$$C_3A = 2.65 \cdot (Al_2O_3 - 0.64Fe_2O_3) \quad (A.2)$$

$$KH = \frac{CaO - fCaO - 1.65Al_2O_3 - 0.35Fe_2O_3}{2.80SiO_2} \times 100 \quad (A.3)$$

式中:C_3S、C_3A、SiO_2、Al_2O_3、Fe_2O_3 和 $fCaO$ 分别表示该成分在熟料中所占的质量分数,数值以%表示;KH表示石灰饱和系数。

A.3 验收规则

A.3.1 基准水泥出厂15t为一批号。每一批号应取三个有代表性的样品,分别测定比表面积,测定结果均须符合规定。

A.3.2 凡不符合本技术条件 A.1 中任何一项规定时,均不得出厂。

A.4 包装及贮运

采用结实牢固和密封良好的塑料桶包装。每桶净重$(25 \pm 0.5) kg$,桶中须有合格证,注明生产日期、批号。有效储存期为自生产之日起半年。

附 录 B
混凝土外加剂中氯离子含量的测定方法(离子色谱法)

B.1 范围

本方法适用于混凝土外加剂中氯离子的测定。

B.2 方法提要

离子色谱法是液相色谱分析方法的一种,样品溶液经阴离子色谱柱分离,溶液中的阴离子F^-、Cl^-、SO_4^{2-}、NO_3^- 被分离,同时被电导池检测。测定溶液中氯离子峰面积或峰高。

B.3 试剂和材料

a)氮气:纯度不小于99.8%;

b)硝酸:优级纯;

c)实验室用水:一级水(电导率小于$18m\Omega \cdot cm$,$0.2\mu m$超滤膜过滤);

d)氯离子标准溶液(1mg/mL):准确称取预先在$(550~600)$℃加热$(40~50)$min 后,并在干燥器中冷却至室温的氯化钠(标准试剂)1.648g,用水溶解,移入1 000mL容量瓶中,用水稀释至刻度;

e)氯离子标准溶液($100\mu g/mL$):准确移取上述标准溶液100mL 至1 000mL容量瓶中,用水稀释至刻度;

f)氯离子标准溶液系列:准确移取1mL,5mL,10mL,15mL,20mL,25mL($100\mu g/mL$的氯离子标准溶液)至100mL容量瓶中,稀释至刻度。此标准溶液系列浓度分别为:$1\mu g/mL$,$5\mu g/mL$,$10\mu g/mL$,$15\mu g/mL$,$20\mu g/mL$,$25\mu g/mL$。

B.4 仪器

B.4.1 离子色谱仪:包括电导检测器,抑制器,阴离子分离柱,进样定量环(25μL,50μL,100μL)。

B.4.2 0.22μm水性针头微孔滤器。

B.4.3 On Guard Rp柱:功能基为聚二乙烯基苯。

B.4.4 注射器:1.0mL、2.5mL。

B.4.5 淋洗液体系选择

B.4.5.1 碳酸盐淋洗液体系:阴离子柱填料为聚苯乙烯、有机硅、聚乙烯醇或聚丙烯酸酯阴离子交换树脂。

B.4.5.2 氢氧化钾淋洗液体系:阴离子色谱柱 IonPacAs18 型分离柱(250mm×4mm)和IonPacAG18型保护柱(50mm×4mm);或性能相当的离子色谱柱。

B.4.6 抑制器:连续自动再生膜阴离子抑制器或微填充床抑制器。

B.4.7 检出限:0.01μg/mL。

B.5 通则

B.5.1 测定次数

在重复性条件下测定2次。

B.5.2 空白试验

在重复性条件下做空白试验。

B.5.3 结果表述

所得结果应按 GB/T 8170 修约,保留2位小数;当含量<0.10%时,结果保留2位有效数字;如果委托方供货合同或有关标准另有要求时,可按要求的位数修约。

B.5.4 分析结果的采用

当所得试样的两个有效分析值之差不大于表 B.1 所规定的允许差时,以其算术平均值作为最终分析结果;否则,应重新进行试验。

试 样 允 许 差　　　　　　　表 B.1

Cl^-含量范围(%)	<0.01	0.01~0.1	0.1~1	1~10	>10
允许差(%)	0.001	0.02	0.1	0.2	0.25

B.6 分析步骤

B.6.1 称量和溶解

准确称取1g外加剂试样,精确至0.1mg。放入100mL烧杯中,加50mL水和5滴硝酸溶解试样。试样能被水溶解时,直接移入100mL容量瓶,稀释至刻度;当试样不能被水溶解时,采用超声和加热的方法溶解试样,再用快速滤纸过滤,滤液用100mL容量瓶承接,用水稀释至刻度。

B.6.2 去除样品中的有机物

混凝土外加剂中的可溶性有机物可以用 On Guard RP 柱去除。

B.6.3 测定色谱图

将上述处理好的溶液注入离子色谱中分离,得到色谱图,测定所得色谱峰的峰面积或峰高。

B.6.4 氯离子含量标准曲线的绘制

在重复性条件下进行空白试验。将氯离子标准溶液系列分别在离子色谱中分离,得到色谱图,测定所得色谱峰的峰面积或峰高。以氯离子浓度为横坐标,峰面积或峰高为纵坐标绘制标准曲线。

B.6.5 计算及数据处理

将样品的氯离子峰面积或峰高对照标准曲线,求出样品溶液的氯离子浓度C,并按照式(B.1)计算出试样中氯离子含量。

$$X_{Cl^-} = \frac{C \times V \times 10^{-6}}{m} \times 100 \qquad (B.1)$$

式中：X_{Cl^-}——样品中氯离子含量，%；
　　　C——由标准曲线求得的试样溶液中氯离子的浓度，$\mu g/mL$；
　　　V——样品溶液的体积，数值为100mL；
　　　m——外加剂样品质量，g。

第三节　外加剂的技术性质

一、技术性质

《混凝土外加剂匀质性试验方法》(GB/T 8077—2012)将外加剂的技术性质称为的匀质性。《混凝土外加剂》(GB 8076—2008)规定外加剂的匀质性包括：含固量或含水率、密度、氯离子含量、水泥净浆流动度、细度、pH值、表面张力、还原糖、总碱量、硫酸钠、泡沫性能和砂浆减水率。

1. 含固量

含固量是液体外加剂匀质性的性能试验指标。固体含量即水不溶物，是外加剂中的杂质或非有效成分，应进行限制。固体含量通过烘干法测定，要求在生产厂控制的相对量的3%以内。

2. 含水率

含水率是粉状外加剂性能指标。水分太高影响有效成分含量，同时有些外加剂易吸潮，故也应进行限制。含水率通过烘干法测定，要求在生产厂控制的相对量的3%以内。

3. 密度

密度是液体外加剂匀质性试验指标，测定方法有3种：①比重瓶法；②液体比重天平法，也可取一定体积的试样用分析天平称质量来测定；③精密密度计法。

4. 细度

细度是粉状外加剂匀质性试验指标，用0.315mm筛上的筛余百分率表示，不大于15%。

5. pH值

不同品种的外加剂，生产过程中对pH值的控制范围不同，如木钙磺酸盐要求在4.5～5.5之间，松香皂类为8～9，一般要求控制在生产厂控制值的±1内即可。

6. 表面张力

对于气—液界面，液体分子内部引力要远远大于气体分子对它的引力，因而在界面上液体分子尽可能要缩小其面积，这种力就叫表面张力。对于作为能使溶液的表面张力显著降低的溶质的减水剂和引气剂，其水溶液的表面张力不能过大，过大起不到降低表面自由能的作用，达不到减水或引气的作用。但又不能过小，界面张力越小则表面积越大，会增加水泥颗粒的水化面积，从而影响水泥的水化速度。表面张力也影响混凝土的含气量。所以外加剂溶液的表面张力应控制在一定的范围。表面张力用界面张力仪测定。用液膜脱离液面的力的大小表示。

7. 氯离子含量

混凝土中钢筋锈蚀的原因，一般是由电化学腐蚀引起，主要是由于氯离子的存在而产生了原电池，造成了钢筋锈蚀。外加剂生产过程中，由于原料(如水、烧碱等)含有氯，造成外加剂产品含有氯,对钢筋有潜在的危害,应加以限制。一般氯离子含量小于1%,一般不会增加钢筋锈蚀作用。

8. 硫酸钠含量

硫酸钠含量是早强型外加剂的性能指标,硫酸盐是使用最广泛的早强剂,其中硫酸钠、硫酸钙用量最大。由于硫酸钠极易溶于水,使水泥水化产物更快地形成,从而加快了水泥的水化硬化速度,但由于早期水化物结构形成较快,混凝土的致密性较差,而且早期强度增加越快后期强度越容易受影响,因此硫酸钠含量应控制在最佳范围。另外,硫酸钠早强剂在水化反应中,由于生成氢氧化钠,而使水泥的碱性增加,对含有碱活性集料的混凝土也容易导致碱集料反映。

9. 水泥净浆流动度

水泥净浆流动度是测定外加剂对水泥分散性效果,外加剂改善混凝土性能的作用之一就是分散性,能使遇水凝聚成的絮状物破碎,使水泥浆的表面张力减小,黏度下降,流动性增加,外加剂的这一性能通过水泥净浆流动度表示。将规定量的水泥、水和外加剂拌和成水泥净浆,装入截头锥体模中,提起锥模后测定水泥浆在玻璃板上自由流动的最大直径。

10. 水泥砂浆工作性

水泥砂浆工作性也是测定外加剂对水泥分散性效果,以水泥砂浆的碱水率表示其工作性,当水泥净浆流动度不明显时可采用此法。该指标是在流动度相同的条件下,分别测定基准砂浆和掺外加剂砂浆的用水量,以砂浆的减水率表示工作性。

11. 总碱量

总碱量包括氧化钾、氧化钠的含量,用总碱含量表示。同水泥一样,外加剂中的碱含量也用氧化钠+0.658的氧化钾计算值表示。限制碱含量的意义在于减小碱集料反应的潜在危害。

二、技 术 标 准

混凝土外加剂的技术标准,即匀质性指标见《混凝土外加剂》(GB 8076—2008)表2。该标准对前述9种外加剂的固体含量(或含水率)、密度、细度、pH值、表面张力、氯离子含量、硫酸钠含量、水泥净浆流动度、水泥砂浆工作性、碱含量分别作了规定,详见第二节。

三、匀质性试验方法

混凝土外加剂的技术性质,即匀质性试验方法见《混凝土外加剂匀质性试验方法》(GB/T 8077—2012),该标准对匀质性试验的项目、试验条件、试验方法等都作了详细的规定,不同的外加剂品种测定的项目有所不同,详见第二节。

混凝土外加剂匀质性试验方法
（GB/T 8077—2012）

1 范围

本标准规定了用于水泥混凝土中外加剂的匀质性试验方法。

本标准适用于高性能减水剂(早强型、标准型、缓凝型)、高效减水剂(标准型、缓凝型)、普通减水剂(早强型、标准型、缓凝型)、引气减水剂、泵送剂、早强剂、缓凝剂、引气剂、防水剂、防冻剂和速凝剂共十一类混凝土外加剂。

2 规范性引用文件

下列文件对于本文件的应用是必不可少的。凡是注日期的引用文件,仅注日期的版本适用于本文件。凡是不注日期的引用文件,其最新版本(包括所有的修改单)适用于本文件。

GB/T 176　　水泥化学分析方法

GB/T 2419　　水泥胶砂流动度测定方法

JC/T 681　　行星式水泥胶砂搅拌机

JC/T 729　　水泥净浆搅拌机

3 术语和定义

下列术语和定义适用于本文件。

3.1 重复性条件

在同一实验室,由同一操作员使用相同的设备,按相同的测试方法,在短时间内对同一被测对象相互独立进行的测试条件。

3.2 再现性条件

在不同的实验室,由不同的操作员使用不同的设备,按相同的测试方法,对同一被测对象相互独立进行的测试条件。

3.3 重复性限

一个数值,在重复性条件(3.1)下,两次测试结果的绝对差小于或等于此数的概率为95%。

3.4 再现性限

一个数值,在再现性条件(3.2)下,两次测试结果的绝对差小于或等于此数的概率为95%。

4 试验的基本要求

4.1 试验次数与要求

每项测定的试验次数规定为两次。用两次试验结果的平均值表示测定结果。

4.2 水

本标准所用的水为蒸馏水或同等纯度的水(水泥净浆流动度、水泥砂浆减水率除外)。

4.3 化学试剂

本标准所用的化学试剂除特别注明外,均为分析纯化学试剂。

4.4 空白试验

使用相同量的试剂,不加入试样,按照相同的测定步骤进行试验,对得到的测定结果进行校正。

4.5 灼烧

将滤纸和沉淀放入预先已灼烧并恒量的坩埚中,为避免产生火焰,在氧化性气氛中缓慢干燥、灰化,灰化至无黑色炭颗粒后,放入高温炉中,在规定的温度下灼烧。在干燥器中冷却至室温,称量。

4.6 恒量

经第一次灼烧、冷却、称量后,通过连续对每次15min的灼烧,然后冷却、称量的方法来检查恒定质量,当连续两次称量之差小于0.0005g时,即达到恒量。

4.7 检查氯离子(Cl^-)(硝酸银检验)

按规定洗涤沉淀数次后,用数滴水淋洗漏斗的下端,用数毫升水洗涤滤纸和沉淀,将滤液收集在试管中,加几滴硝酸银溶液(5g/L),观察试管中溶液是否浑浊,如果浑浊,继续洗涤并检验,直至用硝酸银检验不再浑浊为止。

5 含固量

5.1 方法提要

将已恒量的称量瓶内放入被测液体试样于一定的温度下烘至恒量。

5.2 仪器

要求如下：

a) 天平：分度值 0.000 1g；
b) 鼓风电热恒温干燥箱：温度范围 0℃～200℃；
c) 带盖称量瓶：65mm×25mm；
d) 干燥器：内盛变色硅胶。

5.3 试验步骤

5.3.1 将洁净带盖称量瓶放入烘箱内，于100℃～105℃烘30min，取出置于干燥器内，冷却30min后称量，重复上述步骤直至恒量，其质量为 m_0。

5.3.2 将被测液体试样装入已经恒量的称量瓶内，盖上盖称出液体试样及称量瓶的总质量为 m_1。

液体试样称量：3.000 0g～5.000 0g。

5.3.3 将盛有液体试样的称量瓶放入烘箱内，开启瓶盖，升温至100℃～105℃（特殊品种除外）烘干，盖上盖置于干燥器内冷却30min后称量，重复上述步骤直至恒量，称其质量为 m_2。

5.4 结果计算

含固量 $X_{固}$ 按式(1)计算：

$$X_{固} = \frac{m_2 - m_0}{m_1 - m_0} \times 100 \tag{1}$$

式中：$X_{固}$——含固量，%；

m_0——称量瓶的质量，g；

m_1——称量瓶加液体试样的质量，g；

m_2——称量瓶加液体试样烘干后的质量，g。

5.5 重复性限和再现性限

重复性限为0.30%；

再现性限为0.50%。

6 含水率

6.1 方法提要

将已恒量的称量瓶内放入被测粉状试样于一定的温度下烘至恒量。

6.2 仪器

要求如下：

a) 天平：分度值 0.000 1g；
b) 鼓风电热恒温干燥箱：温度范围 0℃～200℃；
c) 带盖称量瓶：65mm×25mm；
d) 干燥器：内盛变色硅胶。

6.3 试验步骤

6.3.1 将洁净带盖称量瓶放入烘箱内，于100℃～105℃烘30min，取出置于干燥器内，冷却30min后称量，重复上述步骤直至恒量，其质量为 m_0。

6.3.2 将被测粉状试样装入已经恒量的称量瓶内，盖上盖称出粉状试样及称量瓶的总质量为 m_1。

粉状试样称量：1.000 0g～2.000 0g。

6.3.3 将盛有粉状试样的称量瓶放入烘箱内，开启瓶盖，升温至100℃～105℃（特殊品种除外）烘干，盖上盖置于干燥器内冷却30min后称量，重复上述步骤直至恒量，称其质量为 m_2。

6.4 结果计算

含水率 $X_{水}$ 按式(2)计算：

$$X_{水} = \frac{m_1 - m_2}{m_1 - m_0} \times 100 \tag{2}$$

式中：$X_{水}$——含水率，%；

m_0——称量瓶的质量，g；

m_1——称量瓶加粉状试样的质量，g；

m_2——称量瓶加粉状试样烘干后的质量，g。

6.5 重复性限和再现性限

重复性限为 0.30%；

再现性限为 0.50%。

7 密度

7.1 比重瓶法

7.1.1 方法提要

将已校正容积（V 值）的比重瓶，灌满被测溶液，在 20℃±1℃ 恒温，在天平上称出其质量。

7.1.2 测试条件

条件如下：

a) 被测溶液的温度为 (20±1)℃。

b) 如有沉淀应滤去。

7.1.3 仪器

要求如下：

a) 比重瓶：25mL 或 50mL；

b) 天平：分度值 0.000 1g；

c) 干燥器：内盛变色硅胶；

d) 超级恒温器或同等条件的恒温设备。

7.1.4 试验步骤

7.1.4.1 比重瓶容积的校正

比重瓶依次用水、乙醇、丙酮和乙醚洗涤并吹干，塞子连瓶一起放入干燥器内，取出，称量比重瓶的质量为 m_0，直至恒量。然后将预先煮沸并经冷却的水装入瓶内，塞上塞子，使多余的水分从塞子毛细管流出，用吸水纸吸干瓶外的水。注意不能让吸水纸吸出塞子毛细管里的水，水要保持与毛细管上口相平，立即在天平上称出比重瓶装满水后的质量 m_1。

比重瓶在 20℃ 时容积 V 按式（3）计算。

$$V = \frac{m_1 - m_0}{0.998\ 2} \tag{3}$$

式中：V——比重瓶在 20℃ 时的容积，mL；

m_0——干燥的比重瓶质量，g；

m_1——比重瓶盛满 20℃ 水的质量，g；

0.998 2——20℃ 时纯水的密度，g/mL。

7.1.4.2 外加剂溶液密度 ρ 的测定

将已校正 V 值的比重瓶洗净、干燥、灌满被测溶液，塞上塞子后浸入 20℃±1℃ 超级恒温器内，恒温 20min 后取出，用吸水纸吸干瓶外的水及由毛细管溢出的溶液后，在天平上称出比重瓶装满外加剂溶液后的质量为 m_2。

7.1.5 结果表示

外加剂溶液的密度 ρ 按式（4）计算：

$$\rho = \frac{m_2 - m_0}{V} = \frac{m_2 - m_0}{m_1 - m_0} \times 0.998\ 2 \tag{4}$$

式中：ρ——20℃时外加剂溶液密度，g/mL；

m_2——比重瓶装满20℃外加剂溶液后的质量，g。

7.1.6 重复性限和再现性限

重复性限为0.001g/mL；

再现性限为0.002g/mL。

7.2 液体比重天平法

7.2.1 方法提要

在液体比重天平的一端挂有一标准体积与质量之测锤,浸没于液体之中获得浮力而使横梁失去平衡,然后在横梁的V形槽里放置各种定量骑码使横梁恢复平衡,所加骑码之读数 d,再乘以0.998 2g/mL即为被测溶液的密度 ρ 值。

7.2.2 测试条件

测试条件同7.1.2。

7.2.3 仪器

(1)液体比重天平(构造示意见图1)；

(2)超级恒温器或同等条件的恒温设备。

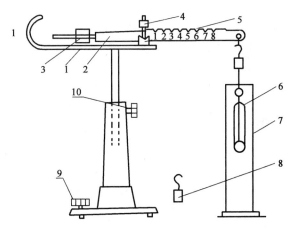

图1 液体比重天平

1-托架；2-横梁；3-平衡调节器；4-灵敏度调节器；5-玛瑙刀座；6-测锤；7-玻筒；8-等重砝码；9-水平调节；10-紧固螺钉

7.2.4 试验步骤

7.2.4.1 液体比重天平的调试

将液体比重天平安装在平稳不受震动的水泥台上,其周围不得有强力磁源及腐蚀性气体,在横梁(2)的末端钩子上挂上等重砝码(8),调节水平调节螺丝(9),使横梁上的指针与托架指针成水平线相对,天平即可调成水平位置；如无法调节平衡时,可将平衡调节器(3)的定位小螺丝钉松开,然后略微轻动平衡调节(3),直至平衡为止。仍将中间定位螺丝钉旋紧,防止松动。

将等重砝码取下,换上整套测锤(6),此时天平必须保持平衡,允许有±0.000 5的误差存在。如果天平灵敏度过高,可将灵敏度调节(4)旋低,反之旋高。

7.2.4.2 外加剂溶液密度 ρ 的测定

将已恒温出被测溶液倒入量筒(7)内,将液体比重天平的测锤浸没在量筒中被测溶液的中央,这时横梁失去平衡,在横梁V形槽与小钩上加放各种砝码后使之恢复平衡,所加骑码之读数 d,再乘以0.998 2g/mL,即为被测溶液的密度 ρ 值。

7.2.5 结果表示

将测得的数值 d 代入式(5)计算出密度 ρ ：

$$\rho = 0.998\ 2 \times d \tag{5}$$

式中:d——20℃时被测溶液所加骑码的数值。

7.2.6 重复性限和再现性限
重复性限为 0.001g/mL;
再现性限为 0.002g/mL。

7.3 精密密度计法

7.3.1 方法提要
先以波美比重计测出溶液的密度,再参考波美比重计所测的数据,以精密密度计准确测出试样的密度 ρ 值。

7.3.2 测试条件
测试条件同 7.1.2。

7.3.3 仪器
要求如下:
a)波美比重计;
b)精密密度计;
c)超级恒温器或同等条件的恒温设备。

7.3.4 试验步骤
将已恒温的外加剂倒入 500mL 玻璃量筒内,以波美比重计插入溶液中测出该溶液的密度。
参考波美比重计所测溶液的数据,选择这一刻度范围的精密密度计插入溶液中,精确读出溶液凹液面与精密密度计相齐的刻度即为该溶液的密度 ρ。

7.3.5 结果表示
测得的数据即为20℃时外加剂溶液的密度。

7.3.6 重复性限和再现性限
重复性限为 0.001g/mL;
再现性限为 0.002g/mL。

8 细度

8.1 方法提要
采用孔径为0.315mm的试验筛,称取烘干试样倒入筛内,用人工筛样,称量筛余物质量,按式(6)计算出筛余物的百分含量。

8.2 仪器
要求如下:
a)天平:分度值 0.001g;
b)试验筛:采用孔径为 0.315mm 的铜丝网筛布。筛框有效直径 150mm、高 50mm。筛布应紧绷在筛框上,接缝必须严密,并附有筛盖。

8.3 试验步骤
外加剂试样应充分拌匀并经100℃~105℃(特殊品种除外)烘干,称取烘干试样10g,称准至0.001g,倒入筛内,用人工筛样,将近筛完时,应一手执筛往复摇动,一手拍打,摇动速度每分钟约120次。其间,筛子应向一定方向旋转数次,使试样分散在筛布上,直至每分钟通过质量不超过0.005g时为止。称量筛余物,称准至0.001g。

8.4 结果表示
细度用筛余(%)表示按式(6)计算:

$$筛余 = \frac{m_1}{m_0} \times 100\% \tag{6}$$

式中:m_1——筛余物质量,g;
m_0——试样质量,g。

8.5 重复性限和再现性限
重复性限为0.40%；
再现性限为0.60%。

9 pH值

9.1 方法提要
根据奈斯特(Nernst)方程 $E = E_0 + 0.05915\lg[H^+]$，$E = E_0 - 0.05915\mathrm{pH}$，利用一对电极在不同pH值溶液中能产生不同电位差，这一对电极由测试电极(玻璃电极)和参比电极(饱和甘汞电极)组成，在25℃时每相差一个单位pH值时产生59.15mV的电位差，pH值可在仪器的刻度表上直接读出。

9.2 仪器
要求如下：
a)酸度计；
b)甘汞电极；
c)玻璃电极；
d)复合电极；
e)天平：分度值0.0001g。

9.3 测试条件
条件如下：
a)液体试样直接测试；
b)粉体试样溶液的浓度为10g/L；
c)被测溶液的温度为20℃±3℃。

9.4 试验步骤

9.4.1 校正
按仪器的出厂说明书校正仪器。

9.4.2 测量
当仪器校正好后，先用水，再用测试溶液冲洗电极，然后再将电极浸入被测溶液中轻轻摇动试杯，使溶液均匀。待到酸度计的读数稳定1min，记录读数。测量结束后，用水冲洗电极，以待下次测量。

9.5 结果表示
酸度计测出的结果即为溶液的pH值。

9.6 重复性限和再现性限
重复性限为0.2；
再现性限为0.5。

10 表面张力

10.1 方法提要
铂环与液面接触后，在铂环内形成液膜，提起铂环时所需的力与液体表面张力相平衡，测定液膜脱离液面的力之大小。

10.2 测试条件
条件如下：
a)液体试样直接测试；
b)粉状试样溶液的浓度为10g/L；
c)被测溶液的温度为20℃±1℃；
d)如有沉淀应滤去。

10.3 仪器

要求如下：

a) 自动界面张力仪；

b) 天平：分度值0.000 1g。

10.4 试验步骤

10.4.1 用比重瓶或液体比重天平测定该外加剂溶液的密度。

10.4.2 在测试之前，应把铂环和玻璃器皿很好进行清洗彻底去掉油污。

10.4.3 空白试验用无水乙醇作标样，测定其表面张力，测定值与理论值之差不得超过$0.5 m \cdot N/m$。

10.4.4 被测液体倒入准备好的玻璃杯中20mm～25mm高，将其放在仪器托盘的中间位置上。

10.4.5 按下操作面板上的"上升"按钮，铂环与被测溶液接触，并使铂环浸入到液体5mm～7mm。

10.4.6 按下"停"的按钮，再按"下降"按钮，托盘和被测液体开始下降。

10.4.7 直至环被拉脱离开液面，记录显示器上的最大值P。

10.5 结果表示

溶液表面张力σ按式(7)计算：

$$\sigma = F \cdot P \tag{7}$$

式中：σ——溶液的表面张力，单位为米牛顿每米，$m \cdot N/m$；

P——显示器上的最大值，单位为米牛顿每米，$m \cdot N/m$；

F——校正因子。

校正因子F按式(8)计算：

$$F = 0.725\,0 + \sqrt{\frac{0.014\,52P}{C^2(\rho - \rho_0)} + 0.045\,34 + \frac{1.679}{R/r}} \tag{8}$$

式中：C——铂环周长$2\pi R$，cm；

R——铂环内半径和铂丝半径之和，cm；

ρ_0——空气密度，g/mL；

ρ——被测溶液密度，g/mL；

r——铂丝半径，cm。

10.6 重复性限和再现性限

重复性限为$1.0 m \cdot N/m$；

再现性限为$1.5 m \cdot N/m$。

11 氯离子含量

11.1 电位滴定法

11.1.1 方法提要

用电位滴定法，以银电极或氯电极为指示电极，其电势随Ag^+浓度而变化。以甘汞电极为参比电极，用电位计或酸度计测定两电极在溶液中组成原电池的电势，银离子与氯离子反应生成溶解度很小的氯化银白色沉淀。在等当点前滴入硝酸银生成氯化银沉淀，两电极间电势变化缓慢，等当点时氯离子全部生成氯化银沉淀，这时滴入少量硝酸银即引起电势急剧变化，指示出滴定终点。

11.1.2 试剂

要求如下：

a) 硝酸(1+1)。

b) 硝酸银溶液(17g/L)：准确称取约17g硝酸银($AgNO_3$)，用水溶解，放入1L棕色容量瓶中稀释至刻度，摇匀，用0.100 0mol/L氯化钠标准溶液对硝酸银溶液进行标定。

c)氯化钠标准溶液(0.100 0mol/L):称取约 10g 氯化钠(基准试剂),盛在称量瓶中,于 130℃~150℃烘干 2h,在干燥器内冷却后精称取 5.844 3g,用水溶解并稀释至1L,摇匀。

标定硝酸银溶液(17g/L):

用移液管吸取 10mL 0.100 0mol/L 的氯化钠标准溶液于烧杯中,加水稀释至 200mL,加 4mL 硝酸(1+1),在电磁搅拌下,用硝酸银溶液以电位滴定法测定终点,过等当点后,在同一溶液中再加入 0.100 0mol/L 氯化钠标准溶液 10mL,继续用硝酸银溶液滴定至第二个终点,用二次微商法计算出硝酸银溶液消耗的体积 V_{01},V_{02},见附录 A。

体积 V_0,按式(9)计算:

$$V_0 = V_{02} - V_{01} \tag{9}$$

式中:V_0——10mL、0.1000mol/L 氯化钠标准溶液消耗硝酸银溶液的体积,mL;

V_{01}——空白试验中 200mL 水,加 4mL 硝酸(1+1)加 10mL 0.100 0mol/L 氯化钠标准溶液所消耗硝酸银溶液的体积,mL;

V_{02}——空白试验中 200mL 水,加 4mL 硝酸(1+1),加 20mL 0.100 0mol/L 氯化钠标准溶液所消耗硝酸银溶液的体积,mL。

硝酸银溶液的浓度 c 按式(10)计算:

$$c = \frac{c'V'}{V_0} \tag{10}$$

式中:c——硝酸银溶液的浓度,mol/L;

c'——氯化钠标准溶液的浓度,mol/L;

V'——氯化钠标准溶液的体积,mL。

11.1.3 仪器

要求如下:

a)电位测定仪或酸度仪;

b)银电极或氯电极;

c)甘汞电极;

d)电磁搅拌器;

e)滴定管(25mL);

f)移液管(10mL);

g)天平:分度值 0.000 1g。

11.1.4 试验步骤

11.1.4.1 准确称取外加剂试样 0.500 0~5.000 0g,放入烧杯中,加 200mL 水和 4mL 硝酸(1+1),使溶液呈酸性,搅拌至完全溶解,如不能完全溶解,可用快速定性滤纸过滤,并用蒸馏水洗涤残渣至无氯离子为止。

11.1.4.2 用移液管加入 10mL 0.100 0mol/L 的氯化钠标准溶液,烧杯内加入电磁搅拌子,将烧杯放在电磁搅拌器上,开动搅拌器并插入银电极(或氯电极)及甘汞电极,两电极与电位计或酸度计相连接,用硝酸银溶液缓慢滴定,记录电势和对应的滴定管读数。

由于接近等当点时,电势增加很快,此时要缓慢滴加硝酸银溶液,每次定量加入 0.1mL,当电势发生突变时,表示等当点已过,此时继续滴入硝酸银溶液,直至电势趋向变化平缓。得到第一个终点时硝酸银溶液消耗的体积 V_1。

11.1.4.3 在同一溶液中,用移液管再加入 10mL 0.100 0mol/L 氯化钠标准溶液(此时溶液电势降低),继续用硝酸银溶液滴定,直至第二个等当点出现,记录电势和对应的 0.1mol/L 硝酸银溶液消耗的体积 V_2。

11.1.4.4 空白试验 在干净的烧杯中加入 200mL 水和 4mL 硝酸(1+1)。用移液管加入 10mL 0.100 0mol/L 氯化钠标准溶液,在不加入试样的情况下,在电磁搅拌下,缓慢滴加硝酸银溶液,记录电势和对应的滴定管读数,直至第一个终点出现。过等当点后,在同一溶液中,再用移液管加入0.100 0mol/L氯化钠标准溶液10mL,继续用硝酸银溶液滴定至第二个终点,用二次微商法计算出硝酸银溶液消耗的体积 V_{01} 及 V_{02} 。

11.1.5 结果表示

用二次微商法计算结果,见附表A。通过电压对体积二次导数(即 $\Delta^2 E/\Delta V^2$)变成零的办法来求出滴定终点。假如在邻近等当点时,每次加入的硝酸银溶液是相等的,此函数($\Delta^2 E/\Delta V^2$)必定会在正负两个符号发生变化的体积之间的某一点变成零,对应这一点的体积即为终点体积,可用内插法求得。

外加剂中氯离子所消耗的硝酸银体积 V 按式(11)计算:

$$V = \frac{(V_1 - V_{01}) + (V_2 - V_{02})}{2} \tag{11}$$

式中:V_1——试样溶液加10mL 0.100 0mol/L氯化钠标准溶液所消耗硝酸银溶液体积,mL;

V_2——试样溶液加20mL 0.100 0mol/L氯化钠标准溶液所消耗硝酸银溶液体积,mL。

外加剂中氯离子含量 X_{Cl^-} 按式(12)计算:

$$X_{Cl^-} = \frac{c \times V \times 35.45}{m \times 1\,000} \times 100 \tag{12}$$

式中:X_{Cl^-}——外加剂氯离子含量,%;

V——外加剂中氯离子所消耗硝酸银溶液体积,mL;

m——外加剂样品质量,g。

11.1.6 重复性限和再现性限

重复性限为0.05%;

再现性限为0.08%。

11.2 离子色谱法

11.2.1 方法提要

离子色谱法是液相色谱分析方法的一种,样品溶液经阴离子色谱柱分离,溶液中的阴离子 F^-、Cl^-、SO_4^{2-}、NO_3^- 被分离,同时被电导池检测。测定溶液中氯离子峰面积或峰高。

11.2.2 试剂和材料

a)氮气:纯度不小于99.8%。

b)硝酸:优级纯。

c)实验室用水:一级水(电导率小于18MΩ·cm,0.2μm 超滤膜过滤)。

d)氯离子标准溶液(1mg/mL):准确称取预先在550℃~600℃加热40min~50min后,并在干燥器冷却至室温的氯化钠(标准试剂)1.648g,用水溶解,移入1 000mL容量瓶中,用水稀释至刻度。

e)氯离子标准溶液(100μg/mL):准确移取上述标准溶液100mL~1 000mL容量瓶中,用水稀释至刻度。

f)氯离子标准溶液系列:准确移取1mL、5mL、10mL、15mL、20mL、25mL(100μg/mL 的氯离子标准溶液)至100mL容量瓶中,稀释至刻度。此标准溶液系列浓度分别为1μg/mL、5μg/mL、10μg/mL、15μg/mL、20μg/mL、25μg/mL。

11.2.3 仪器

要求如下:

a)离子色谱仪:包括电导检测器、抑制器、阴离子分离柱、进样定量环(25μL、50μL、100μL)。

b)0.22μm 水性针头微孔滤器。

c)On Guard Rp柱:功能基为聚二乙烯基苯。

d)注射器:1.0mL、2.5mL。

e)淋洗液体系选择。

碳酸盐淋洗液体系:阴离子柱填料为聚苯乙烯、有机硅、聚乙烯醇或聚丙烯酸酯阴离子交换树脂。

氢氧化钾淋洗液体系:阴离子色谱柱IonPacAs18型分离柱(250mm×4mm)和IonPacAG18型保护柱(50mm×4mm);或性能相当的离子色谱柱。

f)抑制器:连续自动再生膜阴离子抑制器或微填充床抑制器。

g)检出限:0.01μg/mL。

11.2.4 试验步骤

11.2.4.1 称量和溶解

准确1g外加剂试样,精确至0.1mg。放入100mL烧杯中,加50mL水和5滴硝酸溶解试样,试样能被水溶解时,直接移入100mL容量瓶,稀释至刻度;当试样不能被水溶解时,采用超声和加热的方法溶解试样,再用快速滤纸过滤,滤液用100mL容量瓶承接,用水稀释至刻度。

11.2.4.2 去除样品中的有机物

混凝土外加剂中的可溶性有机物可以用On Guard Rp柱去除。

11.2.4.3 测定色谱图

将上述处理好的溶液注入离子色谱中分离,得到色谱图,测定所得色谱峰的峰面积或峰高。

11.2.4.4 氯离子含量标准曲线的绘制

在重复条件下进行空白试验。将氯离子标准溶液系列分别在离子色谱中分离,得到色谱图,测定所得色谱峰的峰面积或峰高。以氯离子浓度为横坐标,峰面积或峰高为纵坐标绘制标准曲线。

11.2.5 结果表示

将样品的氯离子峰面积或峰高对照标准曲线,求出样品溶液的氯离子浓度c_1,并按照式(13)计算出氯离子含量。

$$X_{Cl^-} = \frac{c_1 \times V_1 \times 10^{-6}}{m} \times 100 \quad (13)$$

式中:X_{Cl^-}——样品中氯离子含量,%;

c_1——由标准曲线求得的试样溶液中氯离子的浓度,μg/mL;

V_1——样品溶液的体积,单位数值为100mL;

m——外加剂样品质量,g。

11.2.6 重复性限

表1

Cl⁻含量范围(%)	<0.01	0.01~0.1	0.1~1	1~10	>10
重复性限(%)	0.001	0.02	0.10	0.20	0.25

12 硫酸钠含量

12.1 重量法

12.1.1 方法提要

氯化钡溶液与外加剂试样中的硫酸盐生成溶解度极小的硫酸钡沉淀,称量经高温灼烧后的沉淀来计算硫酸钠的含量。

12.1.2 试剂

要求如下:

a)盐酸(1+1);

b)氯化铵溶液(50g/L);

c)氯化钡溶液(100g/L);

d)硝酸银溶液(1g/L)。

12.1.3 仪器

要求如下:

a)电阻高温炉:最高使用温度不低于900℃;
b)天平:分度值0.0001g;
c)电磁电热式搅拌器;
d)瓷坩埚:18mL~30mL;
e)烧杯:400mL;
f)长颈漏斗;
g)慢速定量滤纸,快速定性滤纸。

12.1.4 试验步骤

12.1.4.1 准确称取试样约0.5g,于400mL烧杯中,加入200mL水搅拌溶解,再加入氯化铵溶液50mL,加热煮沸后,用快速定性滤纸过滤,用水洗涤数次后,将滤液浓缩至200mL左右,滴加盐酸(1+1)至浓缩滤液显示酸性,再多加5~10滴盐酸,煮沸后在不断搅拌下趁热滴加氯化钡溶液10mL,继续煮沸15min,取下烧杯,置于加热板上,保持50℃~60℃静置2h~4h或常温静置8h。

12.1.4.2 用两张慢速定量滤纸过滤,烧杯中的沉淀用70℃水洗净,使沉淀全部转移到滤纸上,用温热水洗涤沉淀至无氯根为止(用硝酸银溶液检验)。

12.1.4.3 将沉淀与滤纸移入预先灼烧恒重的坩埚中,小火烘干,灰化。

12.1.4.4 在800℃电阻高温炉中灼烧30min,然后在干燥器里冷却至室温(约30min),取出称量,再将坩埚放回高温炉中,灼烧20min,取出冷却至室温称量,如此反复直至恒重。

12.1.5 结果表示

外加剂中硫酸钠含量 $X_{Na_2SO_4}$ 按式(14)计算:

$$X_{Na_2SO_4} = \frac{(m_2 - m_1) \times 0.6086}{m} \times 100 \tag{14}$$

式中:$X_{Na_2SO_4}$——外加剂中硫酸钠含量,%;

m——试样质量,g;

m_1——空坩埚质量,g;

m_2——灼烧后滤渣加坩埚质量,g;

0.6086——硫酸钡换算成硫酸钠的系数。

12.1.6 重复性限和再现性限

重复性限为0.50%;

再现性限为0.80%。

12.2 离子交换重量法

12.2.1 方法提要

同12.1.1。

12.2.2 试剂

同12.1.2并增加预先经活化处理过的717-OH型阴离子交换树脂。

12.2.3 仪器

同12.1.3。

12.2.4 试验步骤

12.2.4.1 采用重量法测定,试样加入氯化铵溶液沉淀处理过程中,发现絮凝物而不易过滤时,改用离子交换重量法。准确称取外加剂样品0.2000~0.5000g,置于盛有6g 717-OH型阴离子交换树脂的100mL烧杯中,加入60mL水和电磁搅拌棒,在电磁电热式搅拌器上加热至60℃~65℃,搅拌10min,进行离子交换。

12.2.4.2 将烧杯取下,用快速定性滤纸于三角漏斗上过滤,弃去滤液。

12.2.4.3 然后用50℃~60℃氯化铵溶液洗涤树脂5次,再用温水洗涤5次,将洗液收集于另一干净的300mL烧杯中,滴加盐酸(1+1)至溶液显示酸性,再多加5~10滴盐酸,煮沸后在不断搅拌下趁热滴加氯化钡溶液10mL,继续煮沸15min,取下烧杯,置于加热板上保持50℃~60℃,静置2h~4h或常温静置8h。

12.2.4.4 重复12.1.4.2~12.1.4.4的步骤。

12.2.5 结果表示

同12.1.5。

12.2.6 重复性限和再现性限

同12.1.6。

13 水泥净浆流动度

13.1 方法提要

在水泥净浆搅拌机中,加入一定量的水泥、外加剂和水进行搅拌。将搅拌好的净浆注入截锥圆模内,提起截锥圆模,测定水泥净浆在玻璃平面上自由流淌的最大直径。

13.2 仪器

要求如下:

a) 双转双速水泥净浆搅拌机:符合JC/T 729的要求;

b) 截锥圆模:上口直径36mm,下口直径60mm,高度为60mm,内壁光滑无接缝的金属制品;

c) 玻璃板:400mm×400mm×5mm;

d) 秒表;

e) 钢直尺:300mm;

f) 刮刀;

g) 天平:分度值0.01g;

h) 天平:分度值1g。

13.3 试验步骤

13.3.1 将玻璃板放置在水平位置,用湿布抹擦玻璃板、截锥圆模、搅拌器及搅拌锅,使其表面湿而不带水渍。将截锥圆模放在玻璃板的中央,并用湿布覆盖待用。

13.3.2 称取水泥300g,倒入搅拌锅内。加入推荐掺量的外加剂及87g或105g水,立即搅拌(慢速120s,停15s,快速120s)。

13.3.3 将拌好的净浆迅速注入截锥圆模内,用刮刀刮平,将截锥圆模按垂直方向提起,同时开启秒表计时,任水泥净浆在玻璃板上流动,至30s,用直尺量取流淌部分互相垂直的两个方向的最大直径,取平均值作为水泥净浆流动度。

13.4 结果表示

表示净浆流动度时,需注明用水量,所用水泥的强度等级标号、名称、型号及生产厂和外加剂掺量。

13.5 重复性限和再现性限

重复性限为5mm;

再现性限为10mm。

14 水泥胶砂减水率

14.1 方法提要

先测定基准胶砂流动度的用水量,再测定掺外加剂胶砂流动度的用水量,经计算得出水泥胶砂减水率。

14.2 仪器

a) 胶砂搅拌机:符合JC/T 681的要求;

b）跳桌、截锥圆模及模套、圆柱捣棒、卡尺均应符合 GB/T 2419 的规定；
c）抹刀；
d）天平：分度值 0.01g；
e）天平：分度值 1g。

14.3 材料
要求如下：
a）水泥；
b）水泥强度检验用 ISO 标准砂；
c）外加剂。

14.4 试验步骤

14.4.1 基准胶砂流动度用水量的测定

14.4.1.1 先使搅拌机处于待工作状态，然后按以下程序进行操作：把水加入锅里，再加入水泥450g，把锅放在固定架上，上升至固定位置，然后立即开动机器，低速搅拌30s后，在第二个30s开始的同时均匀地将砂子加入，机器转至高速再拌30s。停拌90s，在第一个15s内用一抹刀将叶片和锅壁上的胶砂刮入锅中间，在高速下继续搅拌60s，各个阶段搅拌时间误差应在±1s以内。

14.4.1.2 在拌和胶砂的同时，用湿布抹擦跳桌的玻璃台面、捣棒、截锥圆模及模套内壁，并把它们置于玻璃台面中心，盖上湿布，备用。

14.4.1.3 将拌好的胶砂迅速地分两次装入模内，第一次装至截锥圆模的三分之二处，用抹刀在相互垂直的两个方向各划5次，并用捣棒自边缘向中心均匀捣15次，接着装第二层胶砂，装至高出截锥圆模约20mm，用抹刀划10次，同样用捣棒捣10次，在装胶砂与捣实时，用手将截锥圆模按住，不要使其产生移动。

14.4.1.4 捣好后取下模套，用抹刀将高出截锥圆模的胶砂刮去并抹平，随即将截锥圆模垂直向上提起置于台上，立即开动跳桌，以每秒一次的频率使跳桌连续跳动25次。

14.4.1.5 跳动完毕用卡尺量出胶砂底部流动直径，取互相垂直的两个直径的平均值为该用水量时的胶砂流动度，用 mm 表示。

14.4.1.6 重复上述步骤，直至流动度达到 $(180±5)$mm。当胶砂流动度为 $(180±5)$mm 时的用水量即为基准胶砂流动度的用水量 M_0。

14.4.2 掺外加剂胶砂流动度用水量的测定

将水和外加剂加入锅里搅拌均匀，按14.4.1的操作步骤测出掺外加剂胶砂流动度达 $(180±5)$mm 时的用水量 M_1。

14.5 结果表示

14.5.1 胶砂减水率（%）按式(15)计算：

$$砂胶减水率 = \frac{M_0 - M_1}{M_0} \times 100 \tag{15}$$

式中：M_0——基准胶砂流动度为 $(180±5)$mm 时的用水量，g；
M_1——掺外加剂的胶砂流动度为 $(180±5)$mm 时的用水量，g。

14.5.2 注明所用水泥的强度等级、名称、型号及生产厂。

14.6 重复性限和再现性限
重复性限为 1.0%；
再现性限为 1.5%。

15 总碱量

15.1 火焰光度法

15.1.1 方法提要

试样用80℃的热水溶解，以氨水分离铁、铝；以碳酸钙分离钙、镁。滤液中的碱（钾和钠），采用相应的滤光片,用火焰光度计进行测定。

15.1.2　试剂与仪器

要求如下:

a)盐酸(1+1);

b)氨水(1+1);

c)碳酸铵溶液(100g/L);

d)氧化钾、氧化钠标准溶液:精确称取已在130℃～150℃烘过2h的氯化钾(KCl光谱纯)0.792 0g及氯化钠(NaCl光谱纯)0.943 0g,置于烧杯中,加水溶解后,移入1 000mL容量瓶中,用水稀释至标线,摇匀,转移至干燥的带盖的塑料瓶中。此标准溶液每毫升相当于氧化钾及氧化钠0.5mg;

e)甲基红指示剂(2g/L乙醇溶液);

f)火焰光度计;

g)天平:分度值0.000 1g。

15.1.3　试验步骤

15.1.3.1　分别向100mL容量瓶中注入0.00mL、1.00mL、2.00mL、4.00mL、8.00mL、12.00mL的氧化钾、氧化钠标准溶液(分别相当于氧化钾、氧化钠各0.00mg、0.50mg、1.00 mg、2.00mg、4.00mg、6.00mg),用水稀释至标线,摇匀,然后分别于火焰光度计上按仪器使用规程进行测定,根据测得的检流计读数与溶液的浓度关系,分别绘制氧化钾及氧化钠的工作曲线。

15.1.3.2　准确称取一定量的试样置于150mL的瓷蒸发皿中,用80℃左右的热水润湿并稀释至30mL,置于电热板上加热蒸发,保持微沸5min后取下,冷却,加1滴甲基红指示剂,滴加氨水(1+1),使溶液呈黄色;加入10mL碳酸铵溶液,搅拌,置于电热板上加热并保持微沸10min,用中速滤纸过滤,以热水洗涤,滤液及洗液盛于容量瓶中,冷却至室温,以盐酸(1+1)中和至溶液呈红色,然后用水稀释至标线,摇匀,以火焰光度计按仪器使用规程进行测定。称样量及稀释倍数见表2。

15.1.3.3　同时进行空白试验。

表2

总碱量(%)	称样量(g)	稀释体积(mL)	稀释倍数 n
1.00	0.20	100	1.0
1.00～5.00	0.10	250	2.5
5.00～10.00	0.05	250或500	2.5或5.0
大于10.00	0.05	500或1 000	5.0或10.0

15.1.4　结果表示

15.1.4.1　氧化钾与氧化钠含量计量

氧化钾百分含量 X_{K_2O} 按式(16)计算:

$$X_{K_2O} = \frac{c_1 \times n}{m \times 1\ 000} \times 100 \tag{16}$$

式中:X_{K_2O}——外加剂中氧化钾含量,%;

　　　c_1——在工作曲线上查得每100mL被测定液中氧化钾的含量,mg;

　　　n——被测溶液的稀释倍数;

　　　m——试样质量,g。

氧化钠百分含量 X_{Na_2O} 按式(17)计算:

$$X_{\text{Na}_2\text{O}} = \frac{c_2 \times n}{m \times 1\,000} \times 100 \tag{17}$$

式中：$X_{\text{Na}_2\text{O}}$——外加剂中氧化钠含量，%；

c_2——在工作曲线上查得每100mL被测溶液中氧化钠的含量，mg。

15.1.4.2 $X_{总碱量}$按式(18)计算：

$$X_{总碱量} = 0.658 X_{\text{K}_2\text{O}} + X_{\text{Na}_2\text{O}} \tag{18}$$

式中：$X_{总碱量}$——外加剂中的总碱量，%。

15.1.5 重复性限和再现性限

表3

总碱量(%)	重复性限(%)	再现性限(%)
1.00	0.10	0.15
1.00～5.00	0.20	0.30
5.00～10.00	0.30	0.50
大于10.00	0.50	0.80

15.2 原子吸收光谱法

见 GB/T 176—2008 中第34章。

附 录 A
（资料性附录）
二次微商法计算混凝土外加剂中氯离子百分含量实例

A.1 空白试验及硝酸银浓度的标定

空白试验记录格式见表A.1。

表 A.1

加10mL、0.1000mol/L 氯化钠				加20mL、0.1000mol/L 氯化钠			
滴加硝酸银体积 V_{01}/mL	电势 E/mV	$\Delta E/\Delta V$/ (mV/mL)	$\Delta^2 E/\Delta V^2$/ (mV/mL^2)	滴加硝酸银体积 V_{02}/mL	电势 E/mV	$\Delta E/\Delta V$/ (mV/mL)	$\Delta^2 E/\Delta V^2$/ (mV/mL^2)
10.30	242			20.20	240		
10.40	253	110		20.30	251	110	
10.50	267	140	300	20.40	264	130	200
10.60	280	130	-100	20.50	276	120	-100

计算：

$$V_{01} = 10.40 + 0.10 \times \frac{300}{300 + 100} = 10.48 \,(\text{mL})$$

$$V_{02} = 20.30 + 0.10 \times \frac{200}{200 + 100} = 20.37 \,(\text{mL})$$

$$C_{\text{AgNO}_3} = \frac{10.00 \times 0.1000}{20.37 - 10.48} = 0.1011 \,(\text{mol/L})$$

A.2 外加剂样品的试验

称取外加剂样品0.7696g，加200mL 蒸馏水，溶解后加4mL硝酸(1+1)，用硝酸银溶液滴定，外加剂样品试验记录格式见表 A.2。

表 A.2

加 10mL、0.100 0mol/L 氯化钠				加 20mL、0.100 0mol/L 氯化钠			
滴加硝酸银体积 V_{01}/mL	电势 E/mV	$\Delta E/\Delta V$/ (mV/mL)	$\Delta^2 E/\Delta V^2$/ (mV/mL^2)	滴加硝酸银体积 V_{02}/mL	电势 E/mV	$\Delta E/\Delta V$/ (mV/mL)	$\Delta^2 E/\Delta V^2$/ (mV/mL^2)
13.20	244			23.20	241		
13.30	256	120		23.30	252	110	
13.40	269	130	100	23.40	264	120	100
13.50	280	110	-200	23.50	275	110	-100

计算:

$$V_{01} = 13.30 + 0.1 \times \frac{100}{100 + 200} = 13.33 (\text{mL})$$

$$V_{02} = 23.30 + 0.1 \times \frac{100}{100 + 100} = 23.35 (\text{mL})$$

$$V = \frac{(13.33 - 10.48) + (23.35 - 20.37)}{2} = 2.92 (\text{mL})$$

$$\text{Cl}^- = \frac{35.45 \times 0.101\ 1 \times 2.92}{0.769\ 6 \times 1\ 000} \times 100 = 1.36(\%)$$

第四节 混凝土防冻剂

混凝土冬季施工是不可避免的,我国技术标准规定当室外日平均气温低于 5℃ 时即进入冬季施工。混凝土冬季施工的质量通过在混凝土中添加防冻剂来保证。

前面介绍的外加剂中只涉及防冻剂的概念,《混凝土防冻剂》(JC 475—2004) 对防冻剂的定义、分类、技术要求、试验方法等作了详细的规定,摘录如下:

混凝土防冻剂
(JC 475—2004)

1 范围

本标准规定混凝土防冻剂的术语和定义、分类、技术要求、试验方法、检验规则以及产品说明书、包装、贮存。

本标准适用于规定温度为 -5℃、-10℃、-15℃ 的水泥混凝土防冻剂。按本标准规定温度检测合格的防冻剂,可在比规定温度低 5℃ 的条件下使用。

2 规范性引用文件

下列文件中的条款通过本标准的引用而成为本标准的条款。凡是注日期的引用文件,其随后所有的修改单(不包括勘误的内容)或修订版均不适用于本标准,然而,鼓励根据本标准达成协议的各方研究是否可使用这些文件的最新版本。凡是不注日期的引用文件,其最新版本适用于本标准。

GB 8076　　　混凝土外加剂
GB/T 8077　　混凝土外加剂匀质性试验方法
GB 18588　　 混凝土外加剂中释放氨的限量
GB/T 50080　 普通混凝土拌合物性能试验方法标准
GB/T 50081　 普通混凝土力学性能试验方法标准

GB/T 50119 混凝土外加剂应用技术规范
GB J82—1985 普通混凝土长期性能及耐久性试验方法

3 术语和定义

3.1 防冻剂
能使混凝土在负温下硬化,并在规定养护条件下达到预期性能的外加剂。

3.2 基准混凝土(C)
按照本标准规定的试验条件配制的不掺外加剂的标准养护的混凝土。

3.3 受检标养混凝土(CA)
按照本标准规定的试验条件配制掺防冻剂的标准条件下养护的混凝土。

3.4 受检负温混凝土(AT)
按照本标准规定的试验条件配制掺防冻剂并按规定条件养护的混凝土。

3.5 规定温度
受检混凝土在负温养护时的温度,该温度允许波动范围为±2℃,本标准的规定温度为-5℃、-10℃、-15℃

3.6 无氯盐防冻剂
氯离子含量≤0.1%的防冻剂称为无氯盐防冻剂。

4 分类
防冻剂按其成分可分为强电解质无机盐类(氯盐类、氯盐阻锈类、无氯盐类)、水溶性有机化合物类、有机化合物与无机盐复合类、复合型防冻剂。

5 技术要求

5.1 匀质性
防冻剂匀质性应符合表1的要求。

防冻剂匀质性指标　　　　　　　表1

试验项目	指标
固体含量(%)	液体防冻剂: $S \geqslant 20\%$ 时,$0.95S \leqslant X < 1.05S$ $S < 20\%$ 时,$0.90S \leqslant X < 1.10S$ S 是生产厂提供的固体含量(质量%),X 是测试的固体含量(质量%)
含水率(%)	粉状防冻剂: $W \geqslant 5\%$ 时,$0.90W \leqslant X < 1.10W$ $W < 5\%$ 时,$0.80W \leqslant X < 1.20W$ W 是生产厂提供的含水率(质量%),X 是测试的含水率(质量%)
密度	液体防冻剂: $D > 1.1$ 时,要求 $D \pm 0.03$ $D \leqslant 1.1$ 时,要求 $D \pm 0.02$ D 是生产厂提供的密度值
氯离子含量(%)	无氯盐防冻剂:≤0.1%(质量百分比) 其他防冻剂:不超过生产厂控制值
碱含量(%)	不超过生产厂提供的最大值
水泥净浆流动度(mm)	应不小于生产厂控制值的95%
细度(%)	粉状防冻剂细度应不超过生产厂提供的最大值

5.2 掺防冻剂混凝土性能
掺防冻剂混凝土性能应符合表2的要求。

掺防冻剂混凝土性能   表2

试验项目		性能指标					
		一等品			合格品		
减水率(%)≥		10			—		
泌水率比(%)≤		80			100		
含气量(%)≥		2.5			2.0		
凝结时间差(min)	初凝	-150~+150			-210~+210		
	终凝						
抗压强度比(%)≥	规定温度	-5	-10	-15	-5	-10	-15
	R_{-7}	20	12	10	20	10	8
	R_{28}	100		95	95		90
	R_{-7+28}	95	90	85	90	85	80
	R_{-7+56}	100			100		
28d 收缩率比(%)≤		135					
渗透高度比(%)≤		100					
50次冻融强度损失率比(%)≤		100					
对钢筋锈蚀作用		应说明对钢筋有无锈蚀作用					

5.3 释放氨量

含有氨或氨基类的防冻剂释放氨量应符合 GB 18588 规定的限值。

6 试验方法

6.1 防冻剂匀质性

按表1规定的项目,生产厂根据不同产品按照 CB/T 8077 规定的方法进行匀质性项目试验。含水率的测定方法见附录A。

6.2 掺防冻剂混凝土性能

6.2.1 材料、配合比及搅拌

按 GB 8076 的规定进行,混凝土坍落度控制为 80mm±10mm。

6.2.2 试验项目及试件数量

掺防冻剂混凝土的试验项目及试件数量按表3规定。

掺防冻剂混凝土的试验项目及试件数量   表3

试验项目	试验类别	试验所需试件数量			
		拌合物批数	每批取样数目	受检混凝土取样总数目	基准混凝土取样总数目
减水率	混凝土拌合物	3	1次	3次	3次
泌水率比	混凝土拌合物	3	1次	3次	3次
含气量	混凝土拌合物	3	1次	3次	3次
凝结时间差	混凝土拌合物	3	1次	3次	3次
抗压强度比	硬化混凝土	3	12/3 块[a]	36块	9块
收缩率比	硬化混凝土	3	1块	3块	3块
抗渗高度比	硬化混凝土	3	2块	6块	6块
50次冻融强度损失率比	硬化混凝土	1	6块	6块	6块
钢筋锈蚀	新拌或硬化砂浆	3	1块	3块	—

注:a 受检混凝土12块,基准混凝土3块。

6.2.3 混凝土拌合物性能

减水率、泌水率比、含气量和凝结时间差按照 GB 8076 进行测定和计算。坍落度试验应在混凝土出机后 5min 内完成。

6.2.4 硬化混凝土性能

6.2.4.1 试件制作

基准混凝土试件和受检混凝土试件应同时制作。混凝土试件制作及养护参照 GB/T 50080 进行，但掺与不掺防冻剂混凝土坍落度为 80mm±10mm，试件制作采用振动台振实，振动时间为 10~15s，掺防冻剂受检混凝土在(20±3)℃环境下按表4规定的时间预养后移入冰箱(或冰室)内并用塑料布覆盖试件，其环境温度应于 3~4h 内均匀地降至规定温度，养护 7d 后(从成型加水时间算起)脱模，放置在(20±3)℃环境温度下解冻，解冻时间按表4的规定。解冻后进行抗压强度试验或转标准养护。

不同规定温度下混凝土试件的预养和解冻时间　　表4

防冻剂的规定温度 (℃)	预养时间 (h)	M (℃h)	解冻时间 (h)
-5	6	180	6
-10	5	150	5
-15	4	120	4

注：试件预养时间也可按 $M = \sum(T+10)\Delta t$ 来控制。式中：M—度时积，T—温度，Δt—温度 T 的持续时间。

6.2.4.2 抗压强度比

以受检标养混凝土、受检负温混凝土与基准混凝土在不同条件下的抗压强度之比表示：

$$R_{28} = \frac{f_{CA}}{f_C} \times 100 \qquad (1)$$

$$R_{-7} = \frac{f_{AT}}{f_C} \times 100 \qquad (2)$$

$$R_{-7+28} = \frac{f_{AT}}{f_C} \times 100 \qquad (3)$$

$$R_{-7+56} = \frac{f_{AT}}{f_C} \times 100 \qquad (4)$$

式中：R_{28}——受检标养混凝土与基准混凝土标养 28d 的抗压强度之比，%；
　　　f_{AT}——不同龄期(R_{-7}、R_{-7+28}、R_{-7+56})的受检混凝土的抗压强度，MPa；
　　　f_{CA}——受检标养混凝土 28d 的抗压强度，MPa；
　　　f_C——基准混凝土标养 28d 抗压强度，MPa；
　　　R_{-7}——受检负温混凝土负温养护 7d 的抗压强度与基准混凝土标养 28d 抗压强度之比，%；
　　　R_{-7+28}——受检负温混凝土在规定温度下负温养护 7d 再转标准养护 28d 的抗压强度与基准混凝土标养 28d 抗压强度之比，%；
　　　R_{-7+56}——受检负温混凝土在规定温度下负温养护 7d 再转标准养护 56d 的抗压强度与基准混凝土标养 28d 抗压强度之比，%。

受检混凝土与基准混凝土每组三块试件，强度数据取值原则同 GB/T 50081 规定。受检混凝土和基准混凝土以三组试验结果强度的平均值计算抗压强度比，结果精确到 1%。

6.2.4.3 收缩率比

收缩率参照 GBJ 82—1985，基准混凝土试件应在 3d(从搅拌混凝土加水时算起)从标养室取出移入恒温恒湿室内3~4h测定初始长度,再经28d后测量其长度。受检负温混凝土,在规定温度下养护7d,拆模后先标养3d,从标养室取出后移入恒温恒湿室内3~4h测定初始长度,再经28d后测量其长度。

以三个试件测值的算术平均值作为该混凝土的收缩率,按式(5)计算收缩率比,精确至1%:

$$S_r = \frac{\varepsilon_{AT}}{\varepsilon_C} \times 100 \tag{5}$$

式中:S_r——收缩率之比,%;
ε_{AT}——受检负温混凝土的收缩率,%;
ε_C——基准混凝土的收缩率,%。

6.2.4.4 渗透高度比

基准混凝土标养龄期为28d,受检负温混凝土为(-7+56)d时分别参照GBJ 82—1985进行抗渗性能试验。但按0.2、0.4、0.6、0.8、1.0MPa加压,每级恒压8h,加压到1.0MPa为止。取下试件,将其劈开,测试试件10个等分点渗透高度的平均值,以一组6个试件测值的平均值作为试验的结果,按式(6)计算渗透高度比,精确至1%。

$$H_r = \frac{H_{AT}}{H_C} \times 100 \tag{6}$$

式中:H_r——透水高度之比,%;
H_{AT}——受检负温混凝土6个试件测试值的平均值,mm;
H_C——基准混凝土6个试件测值的平均值,mm。

6.2.4.5 50次冻融强度损失率比

参照GBJ 82—1985进行试验和计算强度损失率,基准混凝土在标养28d后进行冻融试验。受检负温混凝土在龄期为(-7+28)d进行冻融试验。根据计算出的强度损失率再按式(7)计算受检负温混凝土与基准混凝土强度损失率之比,计算精确到1%。

$$D_r = \frac{\Delta f_{AT}}{\Delta f_C} \times 100 \tag{7}$$

式中:D_r——50次冻融强度损失率比,%;
Δf_{AT}——受检负温混凝土50次冻融强度损失率,%;
Δf_C——基准混凝土50次冻融强度损失率,%。

6.2.4.6 钢筋锈蚀

钢筋锈蚀采用在新拌和硬化砂浆中阳极极化曲线来测试,测试方法见GB 8076附录B和附录C。

6.3 释放氨量

按照GB 18588规定的方法测试。

7 检验规则

7.1 检验分类

7.1.1 出厂检验

出厂检验项目包括表1规定的匀质性试验项目(碱含量除外)。

7.1.2 型式检验

检验项目包括表1规定的匀质性试验项目和表2规定的掺防冻剂混凝土性能试验项目。

有下列情况之一者,应进行型式检验:

a. 新产品或老产品转厂生产的试制定型鉴定。
b. 正式生产后,如成分、材料、工艺较大改变,可能影响产品性能时。
c. 正常生产时,一年至少进行一次检验。
d. 产品长期停产,恢复生产时。
e. 出厂检验结果和上次型式检验结果有较大差异时。
f. 国家质量监督机构提出进行型式检验要求时。

7.2 批量

同一品种的防冻剂,每50t为一批,不足50t也可作为一批。

7.3 抽样及留样

取样应具有代表性,可连续取,也可以从20个以上的不同部位取等量样品。液体防冻剂取样时应注意从容器的上、中、下三层分别取样。每批取样量不少于0.15t水泥所需用的防冻剂量(以其最大掺量计)。

每批取得的试样应充分混匀,分为两等份。一份按本标准规定的方法项目进行试验,另一份密封保存半年,以备有争议时交国家指定的检验机构进行复验或仲裁。

7.4 判定规则

产品经检验,混凝土拌合物的含气量、硬化混凝土性能(抗压强度比、收缩率比、抗渗高度比、50次冻融强度损失率比)、钢筋锈蚀全部符合本标准表2的要求,出厂检验结果符合表1的要求,则可判定为相应等级的产品。否则判为不合格品。

7.5 复验

复验以封存样进行。如果使用单位要求用现场样时,可在生产和使用单位人员在场的情况下现场取平均样,但应事先在供货合同中规定。复验按照型式检验项目检验。

8 产品说明书、包装、贮存

8.1 产品说明书

生产厂应随货提供产品说明书和产品检验合格证。产品说明书包括:产品名称、主要防冻组分及碱含量($Na_2O + 0.658K_2O$)、适用范围、规定温度、掺量、禁用场合、贮存条件、有效期、使用方法及注意事项。

8.2 包装

粉状防冻剂应采用有塑料袋衬里的编织袋包装,每袋质量不超过50kg;液体外加剂应采用塑料桶或有塑料袋内衬的金属桶包装或用槽车运输。所有包装上面均应在明显的位置标明:生产厂名、产品名称,生产日期或生产批号、净质量。必要时还可按实际情况标明:商标、产品的主要参数、质量等级标志、有效期限等。

8.3 贮存

防冻剂应存放在专用仓库或固定场所妥善保管,以防人畜误食。有强氧化性的产品应避免和有机物混存。

第五节　混凝土膨胀剂

混凝土在硬化过程中,由于化学收缩、冷缩和干缩等原因会引起体积收缩,这些收缩给混凝土的体积稳定性、耐久性带来很大的危害。膨胀剂是一种能使混凝土在凝结硬化过程中产生一定体积膨胀的外加剂,在普通混凝土中掺入膨胀剂可以配制出补偿收缩混凝土和自应力混凝土,减少收缩,提高混凝土的耐久性。

第二节、第三节中介绍的9种外加剂,不包括膨胀剂,《混凝土膨胀剂》(GB 23439—2009)对膨胀剂的定义、技术要求、试验方法、检验规则等作了详细的规定,摘录如下:

混凝土膨胀剂
（GB 23439—2009）

1 范围

本标准规定了混凝土膨胀剂的术语和定义、分类、要求、试验方法、检验规则及包装、标志、运输和贮存。

本标准适用于硫铝酸钙类、氧化钙类与硫铝酸钙-氧化钙类粉状混凝土膨胀剂。

2 规范性引用文件

下列文件中的条款通过本标准的引用而成为本标准的条款。凡是注日期的引用文件，其随后所有的修改单（不包括勘误的内容）或修订版均不适用于本标准，然而，鼓励根据本标准达成协议的各方研究是否可使用这些文件的最新版本。凡是不注日期的引用文件，其最新版本适用于本标准。

GB/T 176	水泥化学分析方法
GB/T 700	碳素结构钢
GB/T 1345	水泥细度检验方法 筛析法
GB/T 1346	水泥标准稠度用水量、凝结时间、安定性检验方法
GB/T 1499.2	钢筋混凝土用钢 第2部分：热轧带肋钢筋
GB/T 4357	碳素弹簧钢丝
GB/T 6003.1	金属丝编织网试验筛
GB/T 8074	水泥比表面积测定方法 勃氏法
GB 8076	混凝土外加剂
GB/T 12573	水泥取样方法
GB/T 17671	水泥胶砂强度检验方法（ISO法）
GB/T 50081—2002	普通混凝土力学性能试验方法标准
JGJ 63	混凝土用水标准

3 术语和定义

3.1 混凝土膨胀剂

与水泥、水拌和后经水化反应生成钙矾石、氢氧化钙或钙矾石和或氢氧化钙，使混凝土产生体积膨胀的外加剂。

3.2 硫铝酸钙混凝土膨胀剂

与水泥、水拌和后经水化反应生成钙矾石的混凝土膨胀剂。

3.3 氧化钙类混凝土膨胀剂

与水泥、水拌和后经水化反应生成氢氧化钙的混凝土膨胀剂。

3.4 硫铝酸钙-氧化钙类混凝土膨胀剂

与水泥、水拌和后经水化反应生成钙矾石和氢氧化钙的混凝土膨胀剂。

4 分类

4.1 分类

4.1.1 混凝土膨胀剂按水化产物分为：硫铝酸钙类混凝土膨胀剂（代号A）、氧化钙类混凝土膨胀剂（代号C）和硫铝酸钙-氧化钙类混凝土膨胀剂（代号AC）三类。

4.1.2 混凝土膨胀剂按限制膨胀率分为Ⅰ型和Ⅱ型。

4.2 标记

本标准涉及的所有混凝土膨胀剂产品名称标注为EA，按下列顺序进行标记：产品名称、代号、型号、标准号。

示例：Ⅰ型硫铝酸钙类混凝土膨胀剂的标记：EA A Ⅰ GB 23439—2009。

Ⅱ型氧化钙类混凝土膨胀剂：EA C Ⅱ GB 23439—2009。

Ⅱ型硫铝酸钙-氧化钙类混凝土膨胀剂：EA AC Ⅱ GB 23439—2009。

5 要求

5.1 化学成分

5.1.1 氧化镁

混凝土膨胀剂中的氧化镁含量应不大于5%。

5.1.2 碱含量（选择性指标）

混凝土膨胀剂中的碱含量按 $Na_2O + 0.658K_2O$ 计算值表示。若使用活性骨料，用户要求提供低碱混凝土膨胀剂时，混凝土膨胀剂中的碱含量应不大于0.75%，或由供需双方协商确定。

5.2 物理性能

混凝土膨胀剂的物理性能指标应符合表1规定。

表1 混凝土膨胀剂性能指标

项　　目			指　标　值	
			Ⅰ型	Ⅱ型
细度	比表面积/(m^2/kg)	≥	200	
	1.18mm筛筛余/%	≤	0.5	
凝结时间	初凝/min	≥	45	
	终凝/min	≤	600	
限制膨胀率/%	水中7d	≥	0.025	0.050
	空气中21d	≥	-0.020	-0.010
抗压强度/MPa	7d	≥	20.0	
	28d	≥	40.0	
注：本表中的限制膨胀率为强制性的，其余为推荐性的。				

6 试验方法

6.1 化学成分

氧化镁、碱含量按 GB/T 176 进行。

6.2 物理性能

6.2.1 试验材料

6.2.1.1 水泥

采用 GB 8076 规定的基准水泥。因故得不到基准水泥时，允许采用由熟料与二水石膏共同粉磨而成的强度等级为42.5MPa的硅酸盐水泥，且熟料中 C_3A 含量6%~8%，C_3S 含量55%~60%，游离氧化钙含量不超过1.2%，碱（$Na_2O + 0.658K_2O$）含量不超过0.7%，水泥的比表面积(350±10)m^2/kg。

6.2.1.2 标准砂

符合 GB/T 17671 要求。

6.2.1.3 水

符合 JCJ 63 要求。

6.2.2 细度

比表面积测定按 GB/T 8074 的规定进行。1.18mm筛筛余测定采用 GB/T 6003.1 规定的金属筛。参照 GB/T 1345 中手工干筛法进行。

6.2.3 凝结时间

按 GB/T 1346 进行,膨胀剂内掺 10%。

6.2.4 限制膨胀率

按本标准附录 A 进行。

注:1.掺混凝土膨胀剂的混凝土单向限制膨胀性能试验方法参见附录 B。
2.掺混凝土膨胀剂的水泥浆体或混凝土膨胀性能快速试验方法参见附录 C。

6.2.5 抗压强度

按 GB/T 17671 进行。

注:掺膨胀剂的混凝土限制状态下的抗压强度试验方法参见附录 D。

每成型三条试体需称量的材料及用量如表2。

表 2 抗压强度材料用量表

材 料	代 号	材料质量
水泥/g	C	405.0±2.0
膨胀剂/g	E	45.0±0.1
标准砂/g	S	1 350.0±5.0
拌和水/g	W	225.0±1.0

注:$\dfrac{E}{C+E}=0.10$;$\dfrac{S}{C+E}=3.00$;$\dfrac{W}{C+E}=0.50$。

7 检验规则

7.1 检验分类

7.1.1 出厂检验

出厂检验项目:细度、凝结时间、水中 7d 的限制膨胀率、抗压强度。

7.1.2 型式检验

型式检验项目包括第 5 章规定的全部项目。有下列情况之一者,应进行型式检验:

a) 正常生产时,每半年至少进行一次检验;
b) 新产品或老产品转厂生产的试制定型鉴定;
c) 正式生产后,如材料、工艺有较大改变,可能影响产品性能时;
d) 产品长期停产后,恢复生产时;
e) 出厂检验结果与上次型式检验有较大差异时。

7.2 编号及取样

膨胀剂按同类型编号或取样。袋装和散装膨胀剂应分别进行编号和取样。膨胀剂出厂编号按生产能力规定:日产量超过 200t 时,以不超过 200t 为一编号;不足 200t 时,以日产量为一编号。

每一编号为一取样单位,取样方法按 GB/T 12573 进行。取样应具有代表性,可连续取,也可从 20 个以上不同部位取等量样品,总量不小于 10kg。

每一编号取得的试样应充分混匀,分为两等份:一份为检验样,一份为封存样,密封保存 180d。

7.3 判定规则

试验结果符合第 5 章全部要求时,判该批产品合格;否则为不合格,不合格品不得出厂。

7.4 出厂检验报告

检验报告内容应包括出厂检验项目以及合同约定的其他技术要求。

生产者应在产品发出之日起 12d 内寄发除 28d 抗压强度检验结果以外的各项检验结果,32d 内补报 28d 强度检验结果。

8 包装、标志、运输与贮存

8.1 包装

产品可以袋装或散装。袋装时须用防潮的包装袋。袋装产品每袋净含量 50kg,且不得少于标志含量的98%。随机抽取20袋,产品总净含量不得少于1 000kg。其他包装形式由供需方协商确定。

8.2 标志

包装袋上应清楚标明:产品名称、商标、标记、出厂编号、包装日期、净含量、生产者名称及严防受潮等字样。

散装时应提交与袋装标志相同内容的卡片。

8.3 运输与贮存

产品在运输与贮存时,不得受潮和混入杂物,不同类型的产品应分别贮存,不得混杂。

产品自包装日期起计算,在符合标准的包装、运输、贮存的条件下贮存期为180d,过期应重新进行物理性能检验。

附 录 A
（规范性附录）
限制膨胀率试验方法

A.1 仪器

A.1.1 搅拌机、振动台、试模及下料漏斗

按 GB/T 17671 规定。

A.1.2 量测仪

测量仪由千分表、支架和标准杆组成(图 A.1),千分表的分辨率为0.001mm。

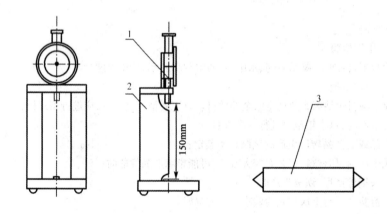

图 A.1 测量仪
1-电子千分表;2-支架;3-标准杆

A.1.3 纵向限制器

A.1.3.1 纵向限制器由纵向钢丝与钢板焊接制成(图 A.2)。

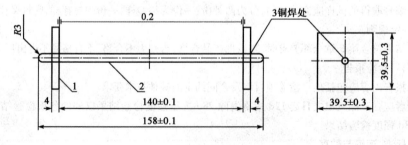

图 A.2 纵向限制器(单位:mm)
1-钢板;2-钢丝;3-铜焊处

A.1.3.2 钢丝采用 GB/T 4357 规定的 D 级弹簧钢丝,铜焊处拉脱强度不低于 785MPa。

A.1.3.3 纵向限制器不应变形,生产检验使用次数不应超过 5 次,仲裁检验不应超过 1 次。

A.2 试验室温度、湿度

A.2.1 试验室、养护箱、养护水的温度、湿度应符合 GB/T 17671 的规定。

A.2.2 恒温恒湿(箱)室温度为(20±2)℃,湿度为(60±5)%。

A.2.3 每日应检查、记录温度、湿度变化情况。

A.3 试体制备

A.3.1 试验材料

见本标准 7.2.1。

A.3.2 水泥胶砂配合比

每成型 3 条试体需称量的材料和用量如表 A.1。

表 A.1 限制膨胀率材料用量表

材 料	代 号	用 量
水泥/g	C	607.5±2.0
膨胀剂/g	E	67.5±0.2
标准砂/g	S	1 350.0±5.0
拌和水/g	W	270.0±1.0

注:$\frac{E}{C+E}=0.10$;$\frac{S}{C+E}=2.00$;$\frac{W}{C+E}=0.40$。

A.3.3 水泥胶砂搅拌、试体成型

按 GB/T 17671 规定进行。同一条件有 3 条试体供测长用,试体全长 158mm,其中胶砂部分尺寸为 40mm×40mm×140mm。

A.3.4 试体脱模

脱模时间以 A.3.2 规定配比试体的抗压强度达到(10±2)MPa 时的时间确定。

A.4 试体测长

测量前 3h,将测量仪、标准杆放在标准试验室内,用标准杆校正测量仪并调整千分表零点。测量前,将试体及测量仪测头擦净。每次测量时,试体记有标志的一面与测量仪的相对位置必须一致,纵向限制器测头与测量仪测头应正确接触,读数应精确至 0.001mm。不同龄期的试体应在规定时间 ±1h 内测量。

试体脱模后在 1h 内测量试体的初始长度。

测量完初始长度的试体立即放入水中养护,测量第 7d 的长度。然后放入恒温恒湿(箱)室养护,测量第 21d 的长度。也可以根据需要测量不同龄期的长度,观察膨胀收缩变化趋势。

养护时,应注意不损伤试体测头。试体之间应保持 15mm 以上间隔,试体支点距限制钢板两端约 30mm。

A.5 结果计算

各龄期限制膨胀率按式(A.1)计算:

$$\varepsilon = \frac{L_1 - L}{L_0} \times 100 \quad\quad\quad (A.1)$$

式中:ε——所测龄期的限制膨胀率,%;

L_1——所测龄期的试体长度测量值,mm;

L——试体的初始长度测量值,mm;

L_0——试体的基准长度,140mm。

取相近的 2 个试体测定值的平均值作为限制膨胀率测定结果,计算值精确至 0.001%。

第六节　砂浆、混凝土防水剂

防水剂是降低混凝土在静水压力下的透水性,改善混凝土的抗渗性,提高耐久性的一种外加剂。提高混凝土抗渗性能的途径比较多,如采用连续级配的砂、石,并适当增加砂率和水泥用量的"普通防水混凝土",加减水剂的防水混凝土,加引气剂的防水混凝土等,加防水剂的混凝土仅是防水混凝土的一种。

(JC 474—2008)对砂浆、混凝土防水剂的定义、技术要求、试验方法、检验规则等作了详细的规定,摘录如下:

砂浆、混凝土防水剂
(JC 474—2008)

1　范围

本标准规定了砂浆、混凝土防水剂的术语和定义、要求、试验方法、检验规则、产品说明书、包装、出厂、运输和贮存。

本标准适用于砂浆和混凝土防水剂。

2　规范性引用文件

下列文件中的条款通过本标准的引用而成为本标准的条款。凡是注日期的引用文件,其随后所有的修改单(不包括勘误的内容)或修订版均不适用于本标准,然而,鼓励根据本标准达成协议的各方研究是否可使用这些文件的最新版本。凡是不注日期的引用文件,其最新版本适用于本标准。

GB/T 176	水泥化学分析方法(eqv ISO 680:1990)
GB 178	水泥强度试验用标准砂
GB/T 1346	水泥标准稠度用水量、凝结时间、安定性检验方法(eqv ISO 9597:1989)
GB/T 2419	水泥胶砂流动度测定方法
GB/T 8075	混凝土外加剂定义、分类、命名与术语
GB 8076	混凝土外加剂
GB/T 8077	混凝土外加剂匀质性试验方法
GBJ 82	普通混凝土长期性能及耐久性试验方法
JC 475—2004	混凝土防冻剂
JGJ 70—1990	建筑砂浆基本性能试验方法

3　术语和定义

GB/T 8075 确立的术语及下列术语和定义适用于本标准。

3.1

砂浆、混凝土防水剂　water-repellent admixture for mortar and concrete

能降低砂浆、混凝土在静水压力下的透水性的外加剂。

3.2

基准混凝土(砂浆)　reference concrete(mortar)

按照本标准规定的试验方法配制的不掺防水剂的混凝土(砂浆)。

3.3

受检混凝土(砂浆)　test concrete(mortar)

按照本标准规定的试验方法配制的掺防水剂的混凝土(砂浆)。

4 要求

4.1 防水剂匀质性指标

匀质性指标应符合表1的要求。

4.2 受检砂浆的性能指标

受检砂浆的性能应符合表2的要求。

匀 质 性 指 标　　　　　　表1

试验项目	指　　标	
	液　体	粉　状
密度(g/cm^3)	$D>1.1$时,要求为$D±0.03$ $D≤1.1$时,要求为$D±0.02$ D是生产厂提供的密度值	—
氯离子含量(%)	应小于生产厂最大控制值	应小于生产厂最大控制值
总碱量(%)	应小于生产厂最大控制值	应小于生产厂最大控制值
细度(%)	—	0.315mm筛筛余应小于15%
含水率(%)	—	$W≥5\%$时,$0.90W≤X<1.10W$; $W<5\%$时,$0.80W≤X<1.20W$ W是生产厂提供的含水率(质量%), X是测试的含水率(质量%)
固体含量(%)	$S≥20\%$时,$0.95S≤X<1.05S$; $S<20\%$时,$0.90S≤X<1.10S$ S是生产厂提供的固体含量(质量%), X是测试的固体含量(质量%)	—

注:生产厂应在产品说明书中明示产品匀质性指标的控制值。

受检砂浆的性能　　　　　　表2

试验项目		性能指标	
		一等品	合格品
安定性		合格	合格
凝结时间	初凝(min) ≥	45	45
	终凝(h) ≤	10	10
抗压强度比(%) ≥	7d	100	85
	28d	90	80
透水压力比(%) ≥		300	200
吸水量比(48h)(%) ≤		65	75
收缩率比(28d)(%) ≤		125	135

注:安定性和凝结时间为受检净浆的试验结果,其他项目数据均为受检砂浆与基准砂浆的比值。

4.3 受检混凝土的性能指标

受检混凝土的性能应符合表3的规定。

受检混凝土的性能 表3

试验项目		性能指标	
		一等品	合格品
安定性		合格	合格
泌水率比(%) ≤		50	70
凝结时间差(min) ≥	初凝	-90[a]	-90[a]
抗压强度比(%) ≥	3d	100	90
	7d	110	100
	28d	100	90
渗透高度比(%) ≤		30	40
吸水量比(48h)(%) ≤		65	75
收缩率比(28d)(%) ≤		125	135

注:安定性为受检净浆的试验结果,凝结时间差为受检混凝土与基准混凝土的差值,表中其他数据为受检混凝土与基准混凝土的比值。

[a] "-"表示提前。

5 试验方法

5.1 匀质性

5.1.1 含水率的测定方法见 JC 475—2004 中附录 A。矿物膨胀型防水剂的碱含量按 GB/T 176 规定进行。

5.1.2 其他性能按照 GB/T 8077 规定的方法进行匀质性项目试验。

5.1.3 氯离子含量和总碱量测定值应在有关技术文件中明示,供用户选用。

5.2 受检砂浆的性能

5.2.1 材料和配比

5.2.1.1 水泥应为符合 GB 8076—1997 中附录 A 规定的水泥,砂应为符合 GB 178 规定的标准砂。

5.2.1.2 水泥与标准砂的质量比为1:3,用水量根据各项试验要求确定。

5.2.1.3 防水剂掺量采用生产厂家的推荐掺量。

5.2.2 搅拌、成型和养护

5.2.2.1 采用机械搅拌或人工搅拌。粉状防水剂掺入水泥中,液体或膏状防水剂掺入拌和水中。先将干物料干拌至均匀后,再加入拌和水搅拌均匀。

5.2.2.2 在(20±3)℃环境温度下成型,采用混凝土振动台振动15s。然后静停(24±2)h脱模。如果是缓凝型产品,需要时可适当延长脱模时间。随后将试件在(20±2)℃、相对湿度大于95%和条件下养护至龄期。

5.2.3 试验项目和数量

试验项目和数量见表4。

砂浆试验项目及数量 表4

试验项目	试验类别	试验所需试件数量			
		砂浆(净浆)拌和次数	每拌取样数	基准砂浆取样数	受检砂浆取样数
安定性	净浆	3	1次	0	1个
凝结时间	净浆		1次	0	1个

续上表

试验项目	试验类别	试验所需试件数量			
		砂浆(净浆)拌和次数	每拌取样数	基准砂浆取样数	受检砂浆取样数
抗压强度比	硬化砂浆	3	6块	12块	12块
吸水量比(48h)	硬化砂浆		6块	6块	6块
透水压力比	硬化砂浆		2块	6块	6块
收缩率比(28d)	硬化砂浆		1块	3块	3块

5.2.4 净浆安定性和凝结时间

按照GB/T 1346规定进行试验。

5.2.5 抗压强度比

5.2.5.1 试验步骤

按照GB/T 2419确定基准砂浆和受检砂浆的用水量,水泥与砂的比例为1:3,将二者流动度均控制在(140±5)mm。试验共进行3次,每次用有底试模成型70.7mm×70.7mm×70.7mm的基准和受检试件各两组,每组六块,两组试件分别养护至7d、28d,测定抗压强度。

5.2.5.2 结果计算

砂浆试件的抗压强度按式(1)计算:

$$f_m = \frac{P_m}{A_m} \tag{1}$$

式中:f_m——受检砂浆或基准砂浆7d或28d的抗压强度,MPa;

P_m——破坏荷载,N;

A_m——试件的受压面积,mm^2。

抗压强度比按式(2)计算:

$$R_{fm} = \frac{f_{tm}}{f_{rm}} \times 100 \tag{2}$$

式中:R_{fm}——砂浆的7d或28d抗压强度比,%;

f_{tm}——不同龄期(7d或28d)的受检砂浆的抗压强度,MPa;

f_{rm}——不同龄期(7d或28d)的基准砂浆的抗压强度,MPa。

5.2.6 透水压力比

5.2.6.1 试验步骤

按GB/T 2419确定基准砂浆和受检砂浆的用水量,二者保持相同的流动度,并以基准砂浆在0.3~0.4MPa压力下透水为准,确定水灰比。用上口直径70mm、下口直径80mm、高30mm的截头圆锥带底金属试模成型基准和受检试样,成型后用塑料布将试件盖好静停。脱模后放入(20±2)℃的水中养护至7d,取出待表面干燥后,用密封材料密封装入渗透仪中进行透水试验。水压从0.2MPa开始,恒压2h,增至0.3MPa,以后每隔1h增加水压0.1MPa。当六个试件中有三个试件端面呈现渗水现象时,即可停止试验,记下当时的水压值。若加压至1.5MPa,恒压1h还未透水,应停止升压。砂浆透水压力为每组六个试件中四个未出现渗水时的最大水压力。

5.2.6.2 结果计算

透水压力比按照式(3)计算,精确至1%:

$$R_{pm} = \frac{P_{tm}}{P_{rm}} \times 100 \tag{3}$$

式中：R_{pm}——受检砂浆与基准砂浆透水压力比，%；
  P_{tm}——受检砂浆的透水压力，MPa；
  P_{rm}——基准砂浆的透水压力，MPa。

5.2.7 吸水量比(48h)

5.2.7.1 试验步骤

按照抗压强度试件的成型和养护方法成型基准和受检试件。养护28d后，取出试件，在75℃~80℃温度下烘干(48±0.5)h后称量，然后将试件放入水槽。试件的成型面朝下放置，下部用两根φ10mm的钢筋垫起，试件浸入水中的高度为35mm。要经常加水，并在水槽上要求的水面高度处开溢水孔，以保持水面恒定。水槽应加盖，放在温度为(20±3)℃、相对湿度80%以上的恒温室中，试件表面不得有结露或水滴。然后在(48±0.5)h时取出，用挤干的湿布擦去表面的水，称量并记录。称量采用感量1g、最大称量范围为1000g的天平。

5.2.7.2 结果计算

吸水量按照式(4)计算：

$$W_m = M_{m1} - M_{m0} \tag{4}$$

式中：W_m——砂浆试件的吸水量，g；
  M_{m1}——砂浆试件吸水后质量，g；
  M_{m0}——砂浆试件干燥后质量，g。

结果以六块试件的平均值表示，精确至1g。吸水量比按照式(5)计算，精确至1%：

$$R_{\omega m} = \frac{W_{tm}}{W_{rm}} \times 100 \tag{5}$$

式中：$R_{\omega m}$——受检砂浆与基准砂浆吸水量比，%；
  W_{tm}——受检砂浆的吸水量，g；
  W_{rm}——基准砂浆的吸水量，g。

5.2.8 收缩率比(28d)

5.2.8.1 试验步骤

按照5.2.5.1确定的配比，JGJ 70试验方法测定基准和受检砂浆试件的收缩值，测定龄期为28d。

5.2.8.2 结果计算

收缩率比按照式(6)计算，精确至1%：

$$R_{gm} = \frac{\varepsilon_{tm}}{\varepsilon_{rm}} \times 100 \tag{6}$$

式中：R_{gm}——受检砂浆与基准砂浆28d收缩率之比，%；
  ε_{tm}——受检砂浆的收缩率，%；
  ε_{rm}——基准砂浆的收缩率，%。

5.3 受检混凝土的性能

5.3.1 材料和配比

试验用各种原材料应符合GB 8076规定。防水剂掺量为生产厂的推荐掺量。基准混凝土与受检混凝土的配合比设计、搅拌应符合GB 8076规定，但混凝土坍落度可以选择(80±10)mm或者(180±10)mm。当采用(180±10)mm坍落度的混凝土时，砂率宜为38%~42%。

5.3.2 试验项目和数量

试验项目和数量见表5。

混凝土试验项目及数量　　　　　　　　　　　　表5

试验项目	试验类别	试验所需试件数量			
		混凝土拌和次数	每拌取样数	基准混凝土取样数	受检混凝土取样数
安定性	净浆	3	1个	0	3个
泌水率比	新拌混凝土	3	1次	3次	3次
凝结时间差	新拌混凝土	3	1次	3次	3次
抗压强度比	硬化混凝土	3	6块	18块	18块
渗透高度比	硬化混凝土	3	2块	6块	6块
吸水量比	硬化混凝土	3	1块	3块	3块
收缩率比	硬化混凝土	3	1块	3块	3块

5.3.3 安定性

净浆安定性按照 GB/T 1346 规定进行试验。

5.3.4 泌水率比、凝结时间差、收缩率比和抗压强度比

按照 GB 8076 规定进行试验。

5.3.5 渗透高度比

5.3.5.1 试验步骤

渗透高度比试验的混凝土一律采用坍落度为 (180 ± 10) mm 的配合比。参照 GBJ 82 规定的抗渗透性能试验方法,但初始压力为 0.4MPa。若基准混凝土在 1.2MPa 以下的某个压力透水,则受检混凝土也加到这个压力,并保持相同时间,然后劈开,在底边均匀取10点,测定平均渗透高度。若基准混凝土与受检混凝土在 1.2MPa 时都未透水,则停止升压,劈开,如上所述测定平均渗透高度。

5.3.5.2 结果计算

渗透高度比按照式(7)计算,精确至1%:

$$R_{hc} = \frac{H_{tc}}{H_{rc}} \times 100 \tag{7}$$

式中:R_{hc}——受检混凝土与基准混凝土渗透高度之比,%;

H_{tc}——受检混凝土的渗透高度,mm;

H_{rc}——基准混凝土的渗透高度,mm。

5.3.6 吸水量比

5.3.6.1 试验步骤

按照抗压强度试件的成型和养护方法成型基准和受检试件。养护28d后取出在75℃~80℃温度下烘 (48 ± 0.5) h 后称量,然后将试件放入水槽中。试件的成型面朝下放置,下部用两根 ϕ10mm 的钢筋垫起,试件浸入水中的高度为50mm。要经常加水,并在水槽上要求的水面高度处开溢水孔,以保持水面恒定。水槽应加盖,放在温度为 (20 ± 3)℃、相对湿度80%以上的恒温室中,试件表面不得有结露或水滴。在 (48 ± 0.5) h 时取出,用挤干的湿布擦去表面的水,称量并记录。称量采用感量1g、最大称量范围为5 000g 的天平。

5.3.6.2 结果计算

混凝土试件的吸水量按照式(8)计算:

$$W_c = M_{c1} - M_{c0} \tag{8}$$

式中:W_c——混凝土试件的吸水量,g;

M_{c1}——混凝土试件吸水后质量,g;

M_{c0}——混凝土试件干燥后质量,g。

结果以三块试件的平均值表示,精确至1g。吸水量比按照式(9)计算,精确至1%:

$$R_{\omega c} = \frac{W_{tc}}{W_{rc}} \times 100 \qquad (9)$$

式中:$R_{\omega c}$——受检混凝土与基准混凝土吸水量之比,%;
　　　W_{tc}——受检混凝土的吸水量,g;
　　　W_{rc}——基准混凝土的吸水量,g。

6 检验规则

6.1 检验分类

6.1.1 检验分为出厂检验和型式检验两种。

6.1.2 出厂检验项目包括4.1规定的项目。

6.1.3 型式检验项目包括第4章全部性能指标。有下列情况之一时,应进行型式检验:
a) 新产品或老产品转厂生产的试制定型鉴定;
b) 正式生产后,如材料、工艺有较大改变,可能影响产品性能时;
c) 正常生产时,一年至少进行一次检验;
d) 产品长期停产后,恢复生产时;
e) 出厂检验结果与上次型式检验有较大差异时;
f) 国家质量监督机构提出进行型式检验要求时。

6.2 组批与抽样

6.2.1 试样分点样和混合样。点样是在一次生产的产品中所得的试样,混合样是三个或更多点样等量均匀混合而取得的试样。

6.2.2 生产厂应根据产量和生产设备条件,将产品分批编号。年产不小于500t的每50t为一批;年产500t以下的每30t为一批;不足50t或者30t,也按照一个批量计。同一批号的产品必须混合均匀。

6.2.3 每一批取样量不少于0.2t水泥所需用的外加剂量。

6.2.4 每一批取样应充分混合均匀,分为两等份,其中一份按照本标准表1规定的方法与项目进行试验。另一份密封保存半年,以备有疑问时,提交国家指定的检验机构进行复验或仲裁。

6.3 判定规则

6.3.1 出厂检验判定

型式检验报告在有效期内,且出厂检验结果符合表1的技术要求,可判定出厂检验合格。

6.3.2 型式检验判定

砂浆防水剂各项性能指标符合本标准表1和表2中硬化砂浆的技术要求,可判定为相应等级的产品。混凝土防水剂各项性能指标符合本标准表1和表3中硬化混凝土的技术要求,可判定为相应等级的产品。如不符合上述要求时,则判该批号防水剂不合格。

7 产品说明书、包装、出厂、运输和贮存

7.1 产品说明书

产品出厂时应提供产品说明书,产品说明书应包括下列内容:
a) 生产厂名称;
b) 产品名称及等级;
c) 适用范围;
d) 推荐掺量;
e) 产品的匀质性指标;
f) 有无毒性;
g) 易燃状况、贮存条件及有效期;
h) 使用方法和注意事项等。

7.2 包装

粉状防水剂应采用有塑料袋衬里的编织袋包装,每袋净质量(25 ± 0.5)kg 或(50 ± 1)kg。液体防水剂应采用塑料桶、金属桶包装或用槽车运输。产品也可根据用户要求进行包装。所有包装容器上均应在明显位置注明以下内容:产品名称和质量等级、型号、产品执行标准、商标、净质量或体积(包括含量或浓度)、生产厂家、有效期限。生产日期和出厂编号应在产品合格证中予以说明。

7.3 出厂

凡有下列情况之一者,不得出厂:技术资料(产品说明书、合格证、检验报告)不全、包装不符、质量不足、产品受潮变质,以及超过有效期限。

7.4 运输和贮存

防水剂应存放在专用仓库或固定的场所妥善保管,以易于识别和便于检查、提货为原则。搬运时应轻拿轻放,防止破损,运输时避免受潮。

第七节 喷射混凝土用速凝剂

喷射混凝土是以压缩空气为动力,将混凝土拌合物通过管道和喷嘴直接喷射到岩石或结构物表面,并能在数分钟内凝结硬化的混凝土。为了使喷射到位的混凝土迅速凝结、硬化,通常要在混凝土中掺加调凝剂,即速凝剂。速凝剂广泛用于喷射混凝土、灌浆止水混凝土及抢修等工程中。

《喷射混凝土用速凝剂》(JC 477—2005)对喷射混凝土用粉末状速凝剂(以下简称速凝剂)产品的技术要求、试验方法、检验规则等作了详细规定,摘录如下:

喷射混凝土用速凝剂
(JC 477—2005)

1 范围

本标准规定了喷射混凝土用速凝剂的术语和定义、分类、要求、试验方法、检验规则、包装、运输和储存等。

本标准适用于水泥混凝土采用喷射法施工时掺加的速凝剂。

2 规范性引用文件

下列文件中的条款通过本标准的引用而成为本标准的条款。凡是注日期的引用文件,其随后所有的修改单(不包括勘误的内容)或修订版均不适用于本标准,然而,鼓励根据本标准达成协议的各方研究是否可使用这些文件的最新版本。凡是不注日期的引用文件:其最新版本适用于本标准。

GB/T 1345 水泥细度检验方法(80μm 筛筛析法)

GB/T 1346 水泥标准稠度用水量、凝结时间、安定性检验方法(eqv ISO 9597:1989)

GB 8076 混凝土外加剂

GB/T 8077 混凝土外加剂匀质性试验方法

GB/T 17671 水泥胶砂强度检验方法(ISO 法)(idt ISO 679:1989)

JGJ 63 混凝土拌合用水

3 术语和定义

下列术语和定义适用于本标准。

速凝剂

用于喷射混凝土中,能使混凝土迅速凝结硬化的外加剂。

4 分类

4.1 按照产品形态分为:粉状速凝剂和液体速凝剂。

4.2 按照产品等级分为:一等品与合格品。

5 要求

5.1 匀质性指标

匀质性指标应符合表1的要求。

速凝剂匀质性指标 表1

试验项目	指标	
	液体	粉状
密度	应在生产厂所控制值的±0.02g/cm³ 之内	—
氯离子含量	应小于生产厂最大控制值	应小于生产厂最大控制值
总碱量	应小于生产厂最大控制值	应小于生产厂最大控制值
pH值	应在生产厂控制值±1之内	—
细度	—	80μm筛余应小于15%
含水率	—	≤2.0%
含固量	应大于生产厂的最小控制值	

5.2 掺速凝剂的净浆和硬化砂浆性能指标

掺速凝剂的净浆和硬化砂浆性能指标应符合表2的要求。

掺速凝剂的净浆和硬化砂浆性能要求 表2

产品等级	试验项目			
	净浆		砂浆	
	初凝时间(min:s) ≤	终凝时间(min:s) ≤	1d抗压强度(MPa) ≥	28d抗压强度比(%) ≥
一等品	3:00	8:00	7.0	75
合格品	5:00	12:00	6.0	70

6 试验方法

6.1 试验材料

6.1.1 水泥:符合GB 8076标准中附录A的规定。

6.1.2 砂:符合GB/T 17671中有关ISO标准砂的规定。

6.1.3 水:符合JGJ 63的规定。

6.1.4 速凝剂:受检速凝剂。

6.2 密度、氯离子含量、总碱量、pH值、含固量

按照GB 8077进行。

6.3 细度

按照GB 1345中的手工干筛法进行。

6.4 含水率

6.4.1 仪器

a) 分析天平:量程200g,分度值0.1mg;

b) 鼓风电热恒温干燥箱:0℃~200℃;

c) 带盖称量瓶:φ25mm×65mm;

d) 干燥器:内盛变色硅胶。

6.4.2 试验步骤

6.4.2.1 将洁净带盖的称量瓶放入烘箱内,于105℃～110℃烘30min。取出置于干燥器内,冷却30min后称量,重复上述步骤至恒量(两次称量之差≤0.3mg),称其质量m_0。

6.4.2.2 称取速凝剂试样10g±0.2g,装入已烘至恒量的称量瓶内,盖上盖,称出试样及称量瓶的总质量m_1。

6.4.2.3 将盛有试样的称量瓶放入烘箱内,开启瓶盖升温至105℃～110℃,恒温2h,取出后盖上盖,立即置于干燥器内,冷却30min后称量,重复上述步骤至恒量,称其质量m_2。

6.4.3 结果计算与评定

含水率按式(1)计算:

$$W = \frac{m_1 - m_2}{m_1 - m_0} \times 100 \tag{1}$$

式中:W——含水率,%;
m_0——称重瓶质量,g;
m_1——称量瓶加干燥前试样质量,g;
m_2——称量瓶加干燥后试样质量,g。

含水率试验结果以三个试样试验结果的算术平均值表示,精确至0.1%。三个数据中有一个与平均值相差超过5%,取剩余两个数据的平均值;有两个数据与平均值相差超过5%,该组数据作废,试验必须重做。

6.5 凝结时间

6.5.1 仪器

a)量程2 000g,分度值2g的天平;
b)量程100g,分度值0.1g的天平;
c)水泥净浆标准稠度与凝结时间测定仪;
d)直径400mm、高100mm的拌和锅,直径100mm的拌和铲;
e)秒表;
f)温度计;
g)200mL量筒。

6.5.2 试验步骤

凝结时间的测定参照GB/T 1346。

试验室温度和材料温度应控制在20℃±2℃范围内。

粉状速凝剂:按推荐掺量将速凝剂加入400g水泥中,在拌和锅内干拌均匀(颜色一致)后,加入160mL水,迅速搅拌25～30s,立即装入圆模,人工振动数次,削去多余的水泥浆,并用洁净的刮刀修平表面。从加水时起操作时间不应超过50s。

液体速凝剂:先将400g水泥与计算加水量(160mL水减去速凝剂中的水量)搅拌至均匀后,再按推荐掺量加入液体速凝剂,迅速搅拌25～30s,立即装入圆模,人工振动数次,削去多余的水泥浆,并用洁净的刀修平表面。从加入液体速凝剂算起操作时间不应超过50s。

将装满水泥浆的试模放在水泥净浆标准稠度与凝结时间测定仪下,使针尖与水泥浆表面接触。迅速放松测定仪杆上的固定螺丝,针即自由插入水泥净浆中,观察指针读数,每隔10s测定一次,直到终凝为止。

粉状速凝剂由加水时起,液体速凝剂从加入速凝剂起至试针沉入净浆中距底板4mm±1mm时达到初凝;当试针沉入浆体中小于0.5mm时,为浆体达到终凝。

6.5.3 结果评定

每一试样,应进行两次试验。试验结果以两次结果的算术平均值表示。如两次试验结果的差值大于30s时,本次试验无效,应重新进行试验。

6.6 强度

6.6.1 仪器设备

a) 200kN 压力试验机；

b) 胶砂振实台；

c) 40mm×40mm×160mm 试模；

d) 量程5kg,分度值5g的台秤；

e) 量程500g,分度值0.5g的天平；

f) 搅拌锅,搅拌铲。

6.6.2 配合比

水泥与砂的质量比为1:1.5,水灰比为0.5。

6.6.3 试验步骤

在室温20℃±2℃的条件下,称取基准水泥900g,标准砂1350g。

粉状速凝剂:将速凝剂按生产厂推荐掺量加入胶砂中,干拌均匀后,加入450mL水,人工迅速搅拌40~50s。

液体速凝剂:先计算推荐掺量速凝剂中的水量,从总水量中扣除,加入水后将胶砂搅拌至均匀,再加入液体速凝剂人工迅速搅拌40~50s。

然后装入40mm×40mm×160mm 的试模中,立即在胶砂振动台上振动30s,刮去多余部分,抹平。

同时成型掺速凝剂的试块两组,不掺者一组,每组三块。在温度为20℃±2℃的室内放置,脱模后立即测试掺速凝剂试块的1d强度(从加水时计算时间)。测定1d强度的时间误差应为24h±0.5h。检测时应先做抗折,再做抗压强度。其余试块在温度20℃±2℃,湿度95%以上的标准养护室养护,测其28d强度,并求出强度比。

6.6.4 结果计算与评定

6.6.4.1 抗压强度按式(2)计算：

$$f = \frac{F}{S} \tag{2}$$

式中：f——抗压强度,MPa；

F——试体受压破坏荷载,N；

S——试体受压面积,mm²。

6.6.4.2 抗压强度比按式(3)计算：

$$R_r = \frac{f_t}{f_r} \times 100 \tag{3}$$

式中：R_r——抗压强度比,%；

f_t——掺速凝剂砂浆抗压强度,MPa；

f_r——不掺速凝剂砂浆抗压强度,MPa。

6.6.4.3 结果处理

每个龄期的三个试件可得出六个抗压强度值,其中与平均值相差超过10%的数值应予剔除,将剩下的数值取算术平均值。剩余的数值少于三个时,必须重做试验。

7 检验规则

7.1 检验分类

检验分为出厂检验和型式检验两类。

7.2 出厂检验

出厂检验项目包括凝结时间、细度、含水率、密度和1d的抗压强度。

7.3 型式检验

7.3.1 型式检验项目包括表1和表2中的所有项目。

7.3.2 有下列情况之一时,应进行型式检验:

a)新产品或老产品转厂生产的试制定型鉴定;

b)正式生产后,如材料、工艺有较大改变,可能影响产品性能时;

c)正常生产时,一年至少进行一次检验;

d)产品长期停产后,恢复生产时;

e)出厂检验结果与上次型式检验有较大差异时;

f)国家质量监督检验机构提出进行型式检验要求时。

7.4 批量和抽样

出厂检验和型式检验的批量和抽样方法相同。

7.4.1 批量

每20t为一批,不足20t也按一批计。

7.4.2 抽样

一批应于16个不同点取样,每个点取样不少于250g,总量不少于4 000g,将试样充分混合均匀,分为两等份,其中一份用作试验,另一份密封保存五个月,以备有疑问时,交国家规定的检验机构进行复验或仲裁。

7.5 判定规则

所有项目都符合本标准规定的相应等级要求,则判定为相应等级的产品。不符合相应等级要求,则判定为不合格品。对于不合格品,可重新抽样,按照本标准型式检验项目复验一次。

8 产品说明书、包装、运输和储存

8.1 产品说明书

产品出厂时应提供产品说明书,产品说明书应包括下列内容:生产厂家、产品名称及型号、适用范围、推荐掺量、产品的匀质性指标、有无毒性、易燃状况、储存条件及有效期、使用方法和注意事项等。

8.2 包装

粉状速凝剂应采用有塑料袋衬里的编织袋包装,每袋重25kg±0.5kg;液体速凝剂可用塑料桶或其他可用的包装容器包装。也可根据用户要求进行包装。所有包装容器上均应在明显位置注明产品执行标准、商标、产品名称和质量等级、型号、净重、生产厂家、包装日期和出厂编号。

8.3 运输

搬运时应轻拿轻放,防止破损,运输时避免受潮。

8.4 贮存

速凝剂在包装无破损的条件下,应贮存在干燥通风的库房中,距地面100mm以上。在正常运输与贮存条件下,贮存期从产品包装之日起为五个月。

第八节 混凝土外加剂应用技术规范

随着建筑技术的发展,施工的环境和条件越来越复杂,对混凝土的性能和施工工艺都提出了更高的要求。而要满足这些多样化的混凝土性能和施工工艺的要求,离不开混凝土外加剂。另一方面,随着科学技术的发展,混凝土外加剂的品种也在日益增多,而各种外加剂都有各自的适用范围,因此,如何把众多的外加剂正确地用于工程实践中,扬其长,避其短,并获得预期的工程期望,这是混凝土外加剂应用技术规范要解决的问题。

《混凝土外加剂应用技术规范》(GB 50119—2013)是为正确选择各类外加剂而制定的标准,该标准对外加剂的选择、掺量、质量控制都做了明确的规定,对每一类外加剂的品种、适用范围、进场检验、施工也做了明确规定。

3 基本规定

3.1 外加剂的选择

3.1.1 外加剂种类应根据设计和施工要求及外加剂的主要作用选择。

3.1.2 当不同供方、不同品种的外加剂同时使用时,应经试验验证,并应确保混凝土性能满足设计和施工要求后再使用。

3.1.3 含有六价铬盐、亚硝酸盐和硫氰酸盐成分的混凝土外加剂,严禁用于饮水工程中建成后与饮用水直接接触的混凝土。

3.1.4 含有强电解质无机盐的早强型普通减水剂、早强剂、防冻剂和防水剂,严禁用于下列混凝土结构:

1 与镀锌钢材或铝铁相接触部位的混凝土结构;

2 有外露钢筋预埋铁件而无防护措施的混凝土结构;

3 使用直流电源的混凝土结构;

4 距高压直流电源100m以内的混凝土结构。

3.1.5 含有氯盐的早强型普通减水剂、早强剂、防水剂和氯盐类防冻剂,严禁用于预应力混凝土、钢筋混凝土和钢纤维混凝土结构。

3.1.6 含有硝酸铵、碳酸铵的早强型普通减水剂、早强剂和含有硝酸铵、碳酸铵、尿素的防冻剂,严禁用于办公、居住等有人员活动的建筑工程。

3.1.7 含有亚硝酸盐、碳酸盐的早强型普通减水剂、早强剂、防冻剂和含亚硝酸盐的阻锈剂,严禁用于预应力混凝土结构。

3.1.8 掺外加剂混凝土所用水泥,应符合现行国家标准《通用硅酸盐水泥》GB 175 和《中热硅酸盐水泥 低热硅酸盐水泥 低热矿渣硅酸盐水泥》GB 200 的规定;掺外加剂混凝土所用砂、石应符合现行行业标准《普通混凝土用砂、石质量及检验方法标准》JGJ 52 的规定;所用粉煤灰和粒化高炉矿渣粉等矿物掺合料,应符合现行国家标准《用于水泥和混凝土中的粉煤灰》GB/T 1596 和《用于水泥和混凝土中的粒化高炉矿渣粉》GB/T 18046 的规定,并应检验外加剂与混凝土原材料的相容性,应符合要求后再使用。掺外加剂混凝土用水包括拌和用水和养护用水,应符合现行行业标准《混凝土用水标准》JGJ 63 的规定。硅灰应符合现行国家标准《高强高性能混凝土用矿物外加剂》GB/T 18736 的规定。

3.1.9 试配掺外加剂的混凝土应采用工程实际使用的原材料,检测项目应根据设计和施工要求确定,检验条件应与施工条件相同,当工程所用原材料或混凝土性能要求发生变化时,应重新试配。

3.2 外加剂的掺量

3.2.1 外加剂掺量应以外加剂质量占混凝土中胶凝材料总质量的百分数表示。

3.2.2 外加剂掺量宜按供方的推荐掺量确定,应采用工程实际使用的原材料和配合比,经试验确定。当混凝土其他原材料或使用环境发生变化时,混凝土配合比、外加剂掺量可进行调整。

3.3 外加剂的质量控制

3.3.1 外加剂进场时,供方应向需方提供下列质量证明文件:

1 型式检验报告;

2 出厂检验报告与合格证;

3 产品说明书。

3.3.2 外加剂进场时,同一供方、同一品种的外加剂应按本规范各外加剂种类规定的检验项目与检验批量进行检验与验收,检验样品应随机抽取。外加剂进厂检验方法应符合现行国家标准《混凝土外加剂》GB 8076 的规定;膨胀剂应符合现行国家标准《混凝土膨胀剂》GB 23439 的规定;

防冻剂、速凝剂、防水剂和阻锈剂应分别符合现行行业标准《混凝土防冻剂》JC 475、《喷射混凝土用速凝剂》JC 477、《混凝土防水剂》JC 474 和《钢筋阻锈剂应用技术规程》JGJ/T 192 的规定。外加剂批量进货应与留样一致,应经检验合格后再使用。

3.3.3 经进场检验合格的外加剂应按不同供方、不同品种和不同牌号分别存放,标识应清楚。

3.3.4 当同一品种外加剂的供方、批次、产地和等级等发生变化时,需方应对外加剂进行复检,应合格并满足设计和施工要求后再使用。

3.3.5 粉状外加剂应防止受潮结块,有结块时,应进行检验,合格者应经粉碎至全部通过公称直径为630μm方孔筛后再使用;液体外加剂应贮存在密闭容器内,并应防晒和防冻,有沉淀、异味、漂浮等现象时,应经检验合格后再使用。

3.3.6 外加剂计量系统在投入使用前,应经标定合格后再使用,标识应清楚,计量应准确,计量允许偏差应为±1%。

3.3.7 外加剂在贮存、运输和使用过程中应根据不同种类和品种分别采取安全防护措施。

4 普通减水剂

4.1 品种

4.1.1 混凝土工程可采用木质素磺酸钙、木质素磺酸钠、木质素磺酸镁等普通减水剂。

4.1.2 混凝土工程可采用由早强剂与普通减水剂复合而成的早强型普通减水剂。

4.1.3 混凝土工程可采用由木质素磺酸盐类、多元醇类减水剂(包括糖类和低聚糖类缓凝减水剂),以及木质素磺酸盐类、多元醇类减水剂与缓凝剂复合而成的缓凝型普通减水剂。

4.2 适用范围

4.2.1 普通减水剂宜用于日最低气温5℃以上强度等级为C40以下的混凝土。

4.2.2 普通减水剂不宜单独用于蒸养混凝土。

4.2.3 早强型普通减水剂宜用于常温、低温和最低温度不低于-5℃环境中施工的有早强要求的混凝土工程。炎热环境条件下不宜使用早强型普通减水剂。

4.2.4 缓凝型普通减水剂可用于大体积混凝土、碾压混凝土、炎热气候条件下施工的混凝土、大面积浇筑的混凝土、避免冷缝产生的混凝土、需长时间停放或长距离运输的混凝土、滑模施工或拉模施工的混凝土及其他需要延缓凝结时间的混凝土,不宜用于有早强要求的混凝土。

4.2.5 使用含糖类或木质素磺酸盐类物质的缓凝型普通减水剂时,可按本规范附录A的方法进行相容性试验,并应满足施工要求后再使用。

4.3 进场检验

4.3.1 普通减水剂应按每50t为一检验批,不足50t时也应按一个检验批计。每一检验批取样量不应少于0.2t胶凝材料所需用的减水剂量。每一检验批取样应充分混匀,并应分为两等份:其中一份应按本规范第4.3.2和4.3.3条规定的项目及要求进行检验,每检验批检验不得少于两次;另一份应密封留样保存半年,有疑问时,应进行对比检验。

4.3.2 普通减水剂进场检验项目应包括pH值、密度(或细度)、含固量(或含水率)、减水率,早强型普通减水剂还应检验1d抗压强度比,缓凝型普通减水剂还应检验凝结时间差。

4.3.3 普通减水剂进场时,初始或经时坍落度(或扩展度)应按进场检验批次,采用工程实际使用的原材料和配合比与上批留样进行平行对比试验,其允许偏差应符合现行国家标准《混凝土质量控制标准》GB 50164的有关规定。

4.4 施工

4.4.1 普通减水剂相容性的试验应按本规范附录A的方法进行。

4.4.2 普通减水剂掺量应根据供方的推荐掺量、环境温度、施工要求的混凝土凝结时间、运输距离、停放时间等经试验确定,不应过量掺加。

4.4.3 难溶和不溶的粉状普通减水剂应采用干掺法。粉状普通减水剂宜与胶凝材料同时加入搅拌机内,并宜延长搅拌时间30s;液体普通减水剂宜与拌和水同时加入搅拌机内,计量应准确。减水剂的含水量应从拌和水中扣除。

4.4.4 普通减水剂可与其他外加剂复合使用,其掺量应经试验确定。配制溶液时,如产生絮凝或沉淀等现象,应分别配制溶液并分别加入混凝土搅拌机内。

4.4.5 早强型普通减水剂在日最低气温0℃～-5℃条件下施工时,混凝土养护应加盖保温材料。

4.4.6 掺普通减水剂的混凝土浇筑、振捣后,应及时抹压,并应始终保持混凝土表面潮湿,终凝后还应浇水养护,低温环境施工时,应加强保温养护。

5 高效减水剂

5.1 品种

5.1.1 混凝土工程可采用下列高效减水剂：

1 萘和萘的同系磺化物与甲醛缩合的盐类、氨基磺酸盐等多环芳香族磺酸盐类；
2 磺化三聚氰胺树脂等水溶性树脂磺酸盐类；
3 脂肪族羟烷基磺酸盐高缩聚物等脂肪族类。

5.1.2 混凝土工程可采用由缓凝剂与高效减水剂复合而成的缓凝型高效减水剂。

5.2 适用范围

5.2.1 高效减水剂可用于素混凝土、钢筋混凝土、预应力混凝土,并可用于制备高强混凝土。

5.2.2 缓凝型高效减水剂可用于大体积混凝土、碾压混凝土、炎热气候条件下施工的混凝土、大面积浇筑的混凝土、避免冷缝产生的混凝土、需较长时间停放或长距离运输的混凝土、自密实混凝土、滑模施工或拉模施工的混凝土及其他需要延缓凝结时间且有较高减水率要求的混凝土。

5.2.3 标准型高效减水剂宜用于日最低气温0℃以上施工的混凝土,也可用于蒸养混凝土。

5.2.4 缓凝型高效减水剂宜用于日最低气温5℃以上施工的混凝土。

5.3 进场检验

5.3.1 高效减水剂应按每50t为一检验批,不足50t时也应按一个检验批计。每一检验批取样量不应少于0.2t胶凝材料所需用的外加剂量。每一检验批取样应充分混匀,并应分为两等份：其中一份应按本规范第5.3.2条和第5.3.3条规定的项目及要求进行检验,每检验批检验不得少于两次;另一份应密封留样保存半年,有疑问时,应进行对比检验。

5.3.2 高效减水剂进场检验项目应包括pH值、密度(或细度)、含固量(或含水率)、减水率,缓凝型高效减水剂还应检验凝结时间差。

5.3.3 高效减水剂进场时,初始或经时坍落度(或扩展度)应按进场检验批次采用工程实际使用的原材料和配合比与上批留样进行平行对比试验,其允许偏差应符合现行国家标准《混凝土质量控制标准》GB 50164 的有关规定。

5.4 施工

5.4.1 高效减水剂相容性的试验应按本规范附录A的方法进行。

5.4.2 高效减水剂掺量应根据供方的推荐掺量、环境温度、施工要求的混凝土凝结时间、运输距离、停放时间等经试验确定。

5.4.3 难溶和不溶的粉状高效减水剂应采用干掺法。粉状高效减水剂宜与胶凝材料同时加入搅拌机内,并宜延长搅拌时间30s;液体高效减水剂宜与拌和水同时加入搅拌机内,计量应准确。减水剂的含水量应从拌和水中扣除。

5.4.4 高效减水剂可与其他外加剂复合使用,其组成和掺量应经试验确定。配制溶液时,如产生絮凝或沉淀现象,应分别配制溶液,并应分别加入搅拌机内。

5.4.5 需二次添加高效减水剂时,应经试验确定,并应记录备案。二次添加的高效减水剂不应包括缓凝、引气组分。二次添加后应确保混凝土搅拌均匀,坍落度应符合要求后再使用。

5.4.6 掺高效减水剂的混凝土浇筑、振捣后，应及时抹压，并应始终保持混凝土表面潮湿，终凝后应浇水养护。

5.4.7 掺高效减水剂的混凝土采用蒸汽养护时，其蒸养制度应经试验确定。

6 聚羧酸系高性能减水剂

6.1 品种

6.1.1 混凝土工程可采用标准型、早强型和缓凝型聚羧酸系高性能减水剂。

6.1.2 混凝土工程可采用具有其他特殊功能的聚羧酸系高性能减水剂。

6.2 适用范围

6.2.1 聚羧酸系高性能减水剂可用于素混凝土、钢筋混凝土和预应力混凝土。

6.2.2 聚羧酸系高性能减水剂宜用于高强混凝土、自密实混凝土、泵送混凝土、清水混凝土、预制构件混凝土和钢管混凝土。

6.2.3 聚羧酸系高性能减水剂宜用于具有高体积稳定性、高耐久性或高工作性要求的混凝土。

6.2.4 缓凝型聚羧酸系高性能减水剂宜用于大体积混凝土，不宜用于日最低气温5℃以下施工的混凝土。

6.2.5 早强型聚羧酸系高性能减水剂宜用于有早强要求或低温季节施工的混凝土，但不宜用于日最低气温－5℃以下施工的混凝土，且不宜用于大体积混凝土。

6.2.6 具有引气性的聚羧酸系高性能减水剂用于蒸养混凝土时，应经试验验证。

6.3 进场检验

6.3.1 聚羧酸系高性能减水剂应按每50t为一检验批，不足50t时也应按一个检验批计。每一检验批取样量不应少于0.2t胶凝材料所需用的外加剂量。每一检验批取样应充分混匀，并应分为两等份：一份应按本规范第6.3.2和6.3.3条规定的项目及要求进行检验，每检验批检验不得少于两次；另一份应密封留样保存半年，有疑问时，应进行对比检验。

6.3.2 聚羧酸系高性能减水剂进场检验项目应包括pH值、密度（或细度）、含固量（或含水率）、减水率，早强型聚羧酸系高性能减水剂应测1d抗压强度比，缓凝型聚羧酸系高性能减水剂还应检验凝结时间差。

6.3.3 聚羧酸系高性能减水剂进场时，初始或经时坍落度（或扩展度），应按进场检验批次采用工程实际使用的原材料和配合比与上批留样进行平行对比试验，其允许偏差应符合现行国家标准《混凝土质量控制标准》GB 50164的有关规定。

6.4 施工

6.4.1 聚羧酸系高性能减水剂相容性的试验应按本规范附录A的方法进行。

6.4.2 聚羧酸系高性能减水剂不应与萘系和氨基磺酸盐高效减水剂复合或混合使用，与其他种类减水剂复合或混合时，应经试验验证，并应满足设计和施工要求后再使用。

6.4.3 聚羧酸系高性能减水剂在运输、贮存时，应采用洁净的塑料、玻璃钢或不锈钢等容器，不宜采用铁质容器。

6.4.4 高温季节，聚羧酸系高性能减水剂应置于阴凉处；低温季节，应对聚羧酸系高性能减水剂采取防冻措施。

6.4.5 聚羧酸系高性能减水剂与引气剂同时使用时，宜分别掺加。

6.4.6 含引气剂或消泡剂的聚羧酸系高性能减水剂使用前应进行均化处理。

6.4.7 聚羧酸系高性能减水剂应按混凝土施工配合比规定的掺量添加。

6.4.8 使用聚羧酸系高性能减水剂生产混凝土时，应控制砂、石含水量、含泥量和泥块含量的变化。

6.4.9 掺聚羧酸系高性能减水剂的混凝土宜采用强制式搅拌机均匀搅拌。混凝土搅拌的最短时间可符合表6.4.9的规定。搅拌强度等级C60及以上的混凝土时，搅拌时间应适当延长。

混凝土搅拌的最短时间(s) 表6.4.9

混凝土坍落度(mm)	搅拌机机型	搅拌机出料量(L)		
		<250	250~500	>500
≤40	强制式	60	90	120
>40且<100	强制式	60	60	90
≥100	强制式	60		

6.4.10 掺用过其他类型减水剂的混凝土搅拌机和运输罐车、泵车等设备,应清洗干净后再搅拌和运输掺聚羧酸系高性能减水剂的混凝土。

6.4.11 使用标准型或缓凝型聚羧酸系高性能减水剂时,当环境温度低于10℃,应采取防止混凝土坍落度的经时增加的措施。

7 引气剂及引气减水剂

7.1 品种

7.1.1 混凝土工程可采用下列引气剂:
1 松香热聚物、松香皂及改性松香皂等松香树脂类;
2 十二烷基磺酸盐、烷基苯磺酸盐、石油磺酸盐等烷基和烷基芳烃磺酸盐类;
3 脂肪醇聚氧乙烯磺酸钠、脂肪醇硫酸钠等脂肪醇磺酸盐类;
4 脂肪醇聚氧乙烯醚、烷基苯酚聚氧乙烯醚等非离子聚醚类;
5 三萜皂甙等皂甙类;
6 不同品种引气剂的复合物。

7.1.2 混凝土工程中可采用由引气剂与减水剂复合而成的引气减水剂。

7.2 适用范围

7.2.1 引气剂及引气减水剂宜用于有抗冻融要求的混凝土、泵送混凝土和易产生泌水的混凝土。

7.2.2 引气剂及引气减水剂可用于抗渗混凝土、抗硫酸盐混凝土、贫混凝土、轻骨料混凝土、人工砂混凝土和有饰面要求的混凝土。

7.2.3 引气剂及引气减水剂不宜用于蒸养混凝土及预应力混凝土。必要时,应经试验确定。

7.3 技术要求

7.3.1 混凝土含气量的试验应采用工程实际使用的原材料和配合比,有抗冻融要求的混凝土含气量应根据混凝土抗冻等级和粗骨料最大公称粒径等经试验确定,但不宜超过表7.3.1规定的含气量。

掺引气剂或引起减水剂混凝土含气量限值 表7.3.1

粗集料最大公称粒径(mm)	混凝土含气量限值(%)	粗集料最大公称粒径(mm)	混凝土含气量限值(%)
10	7.0	25	5.0
15	6.0	40	4.5
20	5.5		

注:表中含气量,C50、C55混凝土可降低0.5%,C60及C60以上混凝土可降低1%,但不宜低于3.5%。

7.3.2 用于改善新拌混凝土工作性能时,新拌混凝土含气量宜控制在3%~5%。

7.3.3 混凝土施工现场含气量和设计要求的含气量允许偏差应为±1.0%。

7.4 进场检验

7.4.1 引气剂应按每10t为一检验批,不足10t时也应按一个检验批计,引气减水剂应按每50t为一检验批,不足50t时也应按一个检验批计。每一检验批取样量不应少于0.2t胶凝材料所需用的外加剂量。每一检验批取样应充分混匀,并应分为两等份:其中一份应按本规范第7.4.2和7.4.3条规定的项目及要求进行检验,每检验批检验不得少于两次;另一份应密封留样保存半年,有疑问时,应进行对比检验。

7.4.2 引气剂及引气减水剂进场时,检验项目应包括pH值、密度(或细度)、含固量(或含水率)、含气量、含气量经时损失,引气减水剂还应检测减水率。

7.4.3 引气剂及引气减水剂进场时,含气量应按进场检验批次采用工程实际使用的原材料和配合比与上批留样进行平行对比试验,初始含气量允许偏差应为±1.0%。

7.5 施工

7.5.1 引气减水剂相容性的试验应按本规范附录A的方法进行。

7.5.2 引气剂宜以溶液掺加,使用时应加入拌和水中,引气剂溶液中的水量应从拌和水中扣除。

7.5.3 引气剂、引气减水剂配制溶液时,应充分溶解后再使用。

7.5.4 引气剂可与减水剂、早强剂、缓凝剂、防冻剂等复合使用。配制溶液时,如产生絮凝或沉淀等现象,应分别配制溶液,并应分别加入搅拌机内。

7.5.5 当混凝土原材料、施工配合比或施工条件变化时,引气剂或引气减水剂的掺量应重新试验并确定。

7.5.6 掺引气剂、引气减水剂的混凝土宜采用强制式搅拌机搅拌,并应搅拌均匀。搅拌时间及搅拌量应经试验确定,最少搅拌时间可符合本规范表6.4.9的规定。出料到浇筑的停放时间不宜过长。采用插入式振捣时,同一振捣点振捣时间不宜超过20s。

7.5.7 检验混凝土的含气量应在施工现场进行取样。对含气量有设计要求的混凝土,当连续浇筑时每4h应现场检验一次;当间歇施工时,每浇筑200m³应检验一次。必要时,可增加检验次数。

8 早强剂

8.1 品种

8.1.1 混凝土工程可采用下列早强剂:

1 硫酸盐、硫酸复盐、硝酸盐、碳酸盐、亚硝酸盐、氯盐、硫氰酸盐等无机盐类;
2 三乙醇胺、甲酸盐、乙酸盐、丙酸盐等有机化合物类。

8.1.2 混凝土工程可采用两种或两种以上无机盐类早强剂或有机化合物类早强剂复合而成的早强剂。

8.2 适用范围

8.2.1 早强剂宜用于蒸养、常温、低温和最低温度不低于－5℃环境中施工的有早强要求的混凝土工程。炎热条件以及环境温度低于－5℃时不宜使用早强剂。

8.2.2 早强剂不宜用于大体积混凝土;三乙醇胺等有机胺类早强剂不宜用于蒸养混凝土。

8.2.3 无机盐类早强剂不宜用于下列情况:

1 处于水位变化的结构;
2 露天结构及经常受水淋、受水流冲刷的结构;
3 相对湿度大于80%环境中使用的结构;
4 直接接触酸、碱或其他侵蚀性介质的结构;
5 有装饰要求的混凝土,特别是要求色彩一致或表面有金属装饰的混凝土。

8.3 进场检验

8.3.1 早强剂应按每50t为一检验批,不足50t时应按一个检验批计。每一检验批取样量不应少于0.2t胶凝材料所需用的外加剂量。每一检验批取样应充分混匀,并应分为两等份:其中一份应按本规范第8.3.2条和第8.3.3条规定的项目和要求进行检验,每检验批检验不得少于两次;另一份应密封留样保存半年,有疑问时,应进行对比检验。

8.3.2 早强剂进场检验项目应包括密度(或细度)、含固量(或含水率)、碱含量、氯离子含量和1d抗压强度比。

8.3.3 检验含有硫氰酸盐、甲酸盐等早强剂的氯离子含量时,应采用离子色谱法。

8.4 施工

8.4.1 供方应向需方提供早强剂产品贮存方式、使用注意事项和有效期,对含有亚硝酸盐、硫氰酸盐的早强剂应按有关化学品的管理规定进行贮存和使用。

8.4.2 供方应向需方提供早强剂产品的主要成分及掺量范围。早强剂中硫酸钠掺入混凝土的量应符合本规范表8.4.2的规定,三乙醇胺掺入混凝土的量不应大于胶凝材料质量的0.05%,早强剂在素混凝土中引入的氯离子含量不应大于胶凝材料质量的1.8%。其他品种早强剂的掺量应经试验确定。

硫酸钠掺量限值　　表8.4.2

混凝土种类	使用环境	掺量限值(胶凝材料质量%)
预应力混凝土	干燥环境	≤1.0
钢筋混凝土	干燥环境	≤2.0
	潮湿环境	≤1.5
有饰面要求的混凝土	—	≤0.8
素混凝土	—	≤3.0

8.4.3 掺早强剂的混凝土采用蒸汽养护时,其蒸养制度应经试验确定。

8.4.4 掺粉状早强剂的混凝土宜延长搅拌时间30s。

8.4.5 掺早强剂的混凝土应加强保温保湿养护。

9 缓凝剂

9.1 品种

9.1.1 混凝土工程可采用下列缓凝剂:

1 葡萄糖、蔗糖、糖蜜、糖钙等糖类化合物;

2 柠檬酸(钠)、酒石酸(钾钠)、葡萄糖酸(钠)、水杨酸及其盐类等羟基羧酸及其盐类;

3 山梨醇、甘露醇等多元醇及其衍生物;

4 2-膦酸丁烷-1,2,4-三羧酸(PBTC)、氨基三甲叉膦酸(ATMP)及其盐类等有机磷酸及其盐类;

5 磷酸盐、锌盐、硼酸及其盐类、氟硅酸盐等无机盐类。

9.1.2 混凝土工程可采用由不同缓凝组分复合而成的缓凝剂。

9.2 适用范围

9.2.1 缓凝剂宜用于延缓凝结时间的混凝土。

9.2.2 缓凝剂宜用于对坍落度保持能力有要求的混凝土,静停时间较长或长距离运输的混凝土、自密实混凝土。

9.2.3 缓凝剂可用于大体积混凝土。

9.2.4 缓凝剂宜用于日最低气温5℃以上施工的混凝土。

9.2.5 柠檬酸(钠)及酒石酸(钾钠)等缓凝剂不宜单独用于贫混凝土。

9.2.6 含有糖类组分的缓凝剂与减水剂复合使用时,可按本规范附录A的方法进行相容性试验。

9.3 进场检验

9.3.1 缓凝剂应按每20t为一检验批,不足20t也应按一个检验批计。每一批次检验批取样量不应少于0.2t胶凝材料所需用的外加剂量。每一检验批取样应充分混匀,并应分为两等份:其中一份应按本规范第9.3.2条和第9.3.3条规定的项目和要求进行检验,每检验批检验不得少于两次;另一份应密封留样保存半年,有疑问时,应进行对比检验。

9.3.2 缓凝剂进场时检验项目应包括密度(或细度)、含固量(或含水率)和混凝土凝结时间差。

9.3.3 缓凝剂进场时,凝结时间的检测应按进场检验批次采用工程实际使用的原材料和配合比与上批留样进行平行对比,初、终凝时间允许偏差应为±1h。

9.4 施工

9.4.1 缓凝剂的品种、掺量应根据环境温度、施工要求的混凝土凝结时间、运输距离、静停时间、强度等经试验确定。

9.4.2 缓凝剂用于连续浇筑的混凝土时,混凝土的初凝时间应满足设计和施工要求。

9.4.3 缓凝剂宜以溶液掺加,使用时应加入拌和水中,缓凝剂溶液中的水量应从拌和水中扣除。难溶和不溶的粉状缓凝剂应采用干掺法,并宜延长搅拌时间30s。

9.4.4 缓凝剂可与减水剂复合使用。配制溶液时,如产生絮凝或沉淀等现象,宜分别配制溶液,并应分别加入搅拌机内。

9.4.5 掺缓凝剂的混凝土浇筑、振捣后,应及时养护。

9.4.6 当环境温度波动超过10℃时,应经试验调整缓凝剂掺量。

10 泵送剂

10.1 品种

10.1.1 混凝土工程可采用一种减水剂与缓凝组分、引气组分、保水组分和黏度调节组分复合而成的泵送剂。

10.1.2 混凝土工程可采用两种或两种以上减水剂与缓凝组分、引气组分、保水组分和黏度调节组分复合而成的泵送剂。

10.1.3 混凝土工程可采用一种减水剂作为泵送剂。

10.1.4 混凝土工程可采用两种或两种以上减水剂复合而成的泵送剂。

10.2 适用范围

10.2.1 泵送剂宜用于泵送施工的混凝土。

10.2.2 泵送剂可用于工业与民用建筑结构工程混凝土、桥梁混凝土、水下灌注桩混凝土、大坝混凝土、清水泥凝土、防辐射混凝土和纤维增强混凝土等。

10.2.3 泵送剂宜用于日平均气温5℃以上的施工环境。

10.2.4 泵送剂不宜用于蒸汽养护混凝土和蒸压养护的预制混凝土。

10.2.5 使用含糖类或木质素磺酸盐的泵送剂时,可按本规范附录A进行相容性试验,并应满足施工要求后再使用。

10.3 技术要求

10.3.1 泵送剂使用时,其减水率宜符合表10.3.1的规定。减水率应按现行国家标准《混凝土外加剂》GB 8076的有关规定进行测定。

减 水 率 的 选 择　　　　表10.3.1

序号	混凝土强度等级	减水率(%)
1	C30及C30以下	12~20
2	C35~C55	16~28
3	C60及C60以上	≥25

10.3.2 用于自密实混凝土泵送剂的减水率不宜小于20%。

10.3.3 掺泵送剂混凝土的坍落度1h经时变化量可按表10.3.3的规定选择。坍落度1h经时变化值应按现行国家标准《混凝土外加剂》GB 8076的有关规定进行测定。

坍落度 1h 经时变化量的选择　　　　　　　　　表 10.3.3

序号	运输和等候时间(min)	坍落度 1h 经时变化量(mm)
1	<60	≤80
2	60~120	≤40
3	>120	≤20

10.4 进场检验

10.4.1 泵送剂应按每 50t 为一检验批，不足 50t 时也应按一个检验批计。每一检验批取样量不应少于 0.2t 胶凝材料所需用的外加剂量，每一检验批取样应充分混匀，并应分为两等份：其中一份应按本规范第 10.4.2 和 10.4.3 条规定的项目和要求进行检验，每检验批检验不得少于两次；另一份应密封留样保存半年，有疑问时，应进行对比检验。

10.4.2 泵送剂进场检验项目应包括 pH 值、密度(或细度)、含固量(或含水率)、减水率和坍落度 1h 经时变化值。

10.4.3 泵送剂进场时，减水率及坍落度 1h 经时变化值应按进场检验批次采用工程实际使用的原材料和配合比与上批留样进行平行对比试验，减水率允许偏差应为 ±2%，坍落度 1h 经时变化值允许偏差应为 ±20mm。

10.5 施工

10.5.1 泵送剂相容性的试验按本规范附录 A 的方法进行。

10.5.2 不同供方、不同品种的泵送剂不得混合使用。

10.5.3 泵送剂的品种、掺量应根据工程实际使用的原材料、环境温度、运输距离、泵送高度和泵送距离等经试验确定。

10.5.4 液体泵送剂宜与拌和水预混，溶液中的水量应从拌和水中扣除；粉状泵送剂宜与胶凝材料一起加入搅拌机内，并宜延长混凝土搅拌时间 30s。

10.5.5 泵送混凝土的原材料选择、配合比要求，应符合现行行业标准《普通混凝土配合比设计规程》JGJ 55 的有关规定。

10.5.6 掺泵送剂的混凝土采用二次掺加法时，二次添加的外加剂品种及掺量应经试验确定，并应记录备案。二次添加的外加剂不应包括缓凝、引气组分。二次添加后应确保混凝土搅拌均匀，坍落度应符合要求后再使用。

10.5.7 掺泵送剂的混凝土浇筑、振捣后，应及时抹压，并应始终保持混凝土表面潮湿，终凝后还应浇水养护，当气温较低时，应加强保温保湿养护。

11 防冻剂

11.1 品种

11.1.1 混凝土工程可采用以某些醇类、尿素等有机化合物为防冻组分的有机化合物类防冻剂。

11.1.2 混凝土工程可采用下列无机盐类防冻剂：
1 以亚硝酸盐、硝酸盐、碳酸盐等无机盐为防冻组分的无氯盐类；
2 含有阻锈组分，并以氯盐为防冻组分的氯盐阻锈类；
3 以氯盐为防冻组分的氯盐类。

11.1.3 混凝土工程可采用防冻组分与早强、引气和减水组分复合而成的防冻剂。

11.2 适用范围

11.2.1 防冻剂可用于冬期施工的混凝土。

11.2.2 亚硝酸钠防冻剂或亚硝酸钠与碳酸锂复合防冻剂，可用于冬期施工的硫铝酸盐水泥混凝土。

11.3 进场检验

11.3.1 防冻剂应按每100t为一检验批,不足100t时也应按一个检验批计。每一检验批取样量不应少于0.2t胶凝材料所需用的外加剂量。每一检验批取样应充分混匀,并应分为两等份:一份应按本规范第11.3.2和11.3.3条规定的项目和要求进行检验,每检验批检验不得少于两次;另一份应密封留样保存半年,有疑问时,应进行对比检验。

11.3.2 防冻剂进场检验项目应包括氯离子含量、密度(或细度)、含固量(或含水率)、碱含量和含气量,复合类防冻剂还应检测减水率。

11.3.3 检验含有硫氰酸盐、甲酸盐等防冻剂的氯离子含量时,应采用离子色谱法。

11.4 施工

11.4.1 含减水组分的防冻剂相容性的试验应按本规范附录A的方法进行。

11.4.2 防冻剂的品种、掺量应以混凝土浇筑后5d内的预计日最低气温选用。在日最低气温为−5℃～−10℃、−10℃～−15℃、−15℃～−20℃时,应分别选用规定温度为−5℃、−10℃、−15℃的防冻剂。

11.4.3 掺防冻剂的混凝土所用原材料,应符合下列要求:
1 宜选用硅酸盐水泥、普通硅酸盐水泥;
2 骨料应清洁,不得含有冰、雪、冻块及其他易冻裂物质。

11.4.4 防冻剂与其他外加剂同时使用时,应经试验确定,并应满足设计和施工要求后再使用。

11.4.5 使用液体防冻剂时,贮存和输送液体防冻剂的设备应采取保温措施。

11.4.6 掺防冻剂混凝土拌合物的入模温度不应低于5℃。

11.4.7 掺防冻剂混凝土的生产、运输、施工及养护,应符合现行行业标准《建筑工程冬期施工规程》JGJ/T 104的有关规定。

12 速凝剂

12.1 品种

12.1.1 喷射混凝土工程可采用下列粉状速凝剂:
1 以铝酸盐、碳酸盐等为主要成分的粉状速凝剂;
2 以硫酸铝、氢氧化铝等为主要成分与其他无机盐、有机物复合而成的低碱粉状速凝剂。

12.1.2 喷射混凝土工程可采用下列液体速凝剂:
1 以铝酸盐、硅酸盐为主要成分与其他无机盐、有机物复合而成的液体速凝剂;
2 以硫酸铝、氢氧化铝等为主要成分与其他无机盐、有机物复合而成的低碱液体速凝剂。

12.2 适用范围

12.2.1 速凝剂可用于喷射法施工的砂浆或混凝土,也可用于有速凝要求的其他混凝土。

12.2.2 粉状速凝剂宜用于干法施工的喷射混凝土,液体速凝剂宜用于湿法施工的喷射混凝土。

12.2.3 永久性支护或衬砌施工使用的喷射混凝土、对碱含量有特殊要求的喷射混凝土工程,宜选用碱含量小于1%的低碱速凝剂。

12.3 进场检验

12.3.1 速凝剂应按每50t为一检验批,不足50t时也应按一个检验批计。每一检验批取样量不应少于0.2t胶凝材料所需用的外加剂量。每一检验批取样应充分混匀,并应分为两等份:其中一份应按本规范第12.3.2和12.3.3条规定的项目和要求进行检验,每检验批检验不得少于两次;另一份应密封留样保存半年,有疑问时,应进行对比检验。

12.3.2 速凝剂进场时检验项目应包括密度(或细度)、水泥净浆初凝和终凝时间。

12.3.3 速凝剂进场时,水泥净浆初、终凝时间应按进场检验批次采用工程实际使用的原材料和配合比与上批留样进行平行对比试验,其允许偏差应为±1min。

12.4 施工

12.4.1 速凝剂掺量宜为胶凝材料质量的2%～10%,当混凝土原材料、环境温度发生变化时,应根据工程要求,经试验调整速凝剂掺量。

12.4.2 喷射混凝土的施工宜选用硅酸盐水泥或普通硅酸盐水泥,不得使用过期或受潮结块的水泥。当工程有防腐、耐高温或其他特殊要求时,也可采用相应特种水泥。

12.4.3 掺速凝剂混凝土的粗骨料宜采用最大粒径不大于20mm的卵石或碎石,细骨料宜采用中砂。

12.4.4 掺速凝剂的喷射混凝土配合比宜通过试配试喷确定,其强度应符合设计要求,并应满足节约水泥、回弹量少等要求。特殊情况下,还应满足抗冻性和抗渗性等要求。砂率宜为45%～60%。湿喷混凝土拌合物的坍落度不宜小于80mm。

12.4.5 湿法施工时,应加强混凝土工作性的检查。喷射作业时每班次混凝土坍落度的检查次数不应少于2次,不足一个班次时也应按一个班次检查。当原材料出现波动时应及时检查。

12.4.6 干法施工时,混合料的搅拌宜采用强制式搅拌机。当采用容量小于400L的强制式搅拌机时,搅拌时间不得少于60s;当采用自落式或滚筒式搅拌机时,搅拌时间不得少于120s。当掺有矿物掺合料或纤维时,搅拌时间宜延长30s。

12.4.7 干法施工时,混合料在运输、存放过程中,应防止受潮及杂物混入,投入喷射机前应过筛。

12.4.8 干法施工时,混合料应随拌随用。无速凝剂掺入的混合料,存放时间不应超过2h,有速凝剂掺入的混合料,存放时间不应超过20min。

12.4.9 喷射混凝土终凝2h后,应喷水养护。环境温度低于5℃时,不宜喷水养护。

12.4.10 掺速凝剂喷射混凝土作业区日最低气温不应低于5℃。

12.4.11 掺速凝剂喷射混凝土施工时,施工人员应采取劳动防护措施,并应确保人身安全。

13 膨胀剂

13.1 品种

13.1.1 混凝土工程可采用硫铝酸钙类混凝土膨胀剂。

13.1.2 混凝土工程可采用硫铝酸钙-氧化钙类混凝土膨胀剂。

13.1.3 混凝土工程可采用氧化钙类混凝土膨胀剂。

13.2 适用范围

13.2.1 用膨胀剂配制的补偿收缩混凝土宜用于混凝土结构自防水、工程接缝、填充灌浆,采取连续施工的超长混凝土结构,大体积混凝土工程等;用膨胀剂配制的自应力混凝土宜用于自应力混凝土输水管、灌注桩等。

13.2.2 含硫铝酸钙类、硫铝酸钙-氧化钙类膨胀剂配制的混凝土(砂浆)不得用于长期环境温度为80℃以上的工程。

13.2.3 膨胀剂应用于钢筋混凝土工程和填充性混凝土工程。

13.3 技术要求

13.3.1 掺膨胀剂的补偿收缩混凝土,其限制膨胀率应符合表13.3.1的规定。

补偿收缩混凝土的限制膨胀率　　　　表13.3.1

用　　途	限制膨胀率(%)	
	水中14d	水中14d转空气中28d
用于补偿混凝土收缩	≥0.015	≥-0.030
用于后浇带、膨胀加强带和工程接缝填充	≥0.025	≥-0.020

13.3.2 补偿收缩混凝土限制膨胀率的试验和检验应按本规范附录B的方法进行。

13.3.3 补偿收缩混凝土的抗压强度应符合设计要求,其验收评定应符合现行国家标准《混凝土强度检验评定标准》GB/T 50107的有关规定。

13.3.4 补偿收缩混凝土设计强度不宜低于C25;用于填充的补偿收缩混凝土设计强度不宜低于C30。

13.3.5 补偿收缩混凝土的强度试件制作和检验,应符合现行国家标准《普通混凝土力学性能试验方法标准》GB/T 50081的有关规定。用于填充的补偿收缩混凝土的抗压强度试件制作和检测,应按现行行业标准《补偿收缩混凝土应用技术规程》JGJ/T 178—2009的附录A进行。

13.3.6 灌浆用膨胀砂浆,其性能应符合表13.3.6的规定,抗压强度应采用40mm×40mm×160mm的试模,无振动成型,拆模、养护、强度检验应按现行国家标准《水泥胶砂强度检验方法(ISO法)》GB/T 17671的有关规定执行,竖向膨胀率的测定应按本规范附录C的方法进行。

灌浆用膨胀砂浆性能 表13.3.6

扩展度 (mm)	竖向限制膨胀率(%)		抗压强度(MPa)		
	3d	7d	1d	3d	28d
≥250	≥0.10	≥0.20	≥20	≥30	≥60

13.3.7 掺加膨胀剂配制自应力水泥时,其性能应符合现行行业标准《自应力硅酸盐水泥》JC/T 218的有关规定。

13.4 进场检验

13.4.1 膨胀剂应按每200t为一检验批,不足200t时也应按一个检验批计。每一检验批取样量不应少于10kg。每一检验批取样应充分混匀,并应分为两等份:其中一份应按本规范第13.4.2条规定的项目进行检验,每检验批检验不得少于两次;另一份应密封留样保存半年,有疑问时,应进行对比检验。

13.4.2 膨胀剂进场时检验项目应为水中7d限制膨胀率和细度。

13.5 施工

13.5.1 掺膨胀剂的补偿收缩混凝土,其设计和施工应符合现行行业标准《补偿收缩混凝土应用技术规程》JGJ/T 178的有关规定。其中,对暴露在大气中的混凝土表面应及时进行保水养护,养护期不得少于14d;冬期施工时,构件拆模时间应延至7d以上,表层不得直接洒水,可采用塑料薄膜保水,薄膜上部应覆盖岩棉被等保温材料。

13.5.2 大体积、大面积及超长结构的后浇带可采用膨胀加强带措施连续施工,膨胀加强带的构造形式和超长结构浇筑方式,应符合现行行业标准《补偿收缩混凝土应用技术规程》JGJ/T 178的有关规定。

13.5.3 掺膨胀剂混凝土的胶凝材料最少用量应符合表13.5.3的规定。

胶凝材料最少用量 表13.5.3

用 途	胶凝材料最少用量(kg/m³)
用于补偿混凝土收缩	300
用于后浇带、膨胀加强带和工程接缝填充	350
用于自应力混凝土	500

13.5.4 灌浆用膨胀砂浆施工应符合下列规定:

1 灌浆用膨胀砂浆的水料(胶凝材料+砂)比宜为0.12~0.16,搅拌时间不宜少于3min;

2 膨胀砂浆不得使用机械振捣,宜用人工插捣排除气泡,每个部位应从一个方向浇筑;

3 浇筑完成后,应立即用湿麻袋等覆盖暴露部分,砂浆硬化后应立即浇水养护,养护期不宜少于7d;

4 灌浆用膨胀砂浆浇筑和养护期间,最低气温低于5℃时,应采取保温保湿养护措施。

14 防水剂

14.1 品种

14.1.1 混凝土工程可采用下列防水剂：
 1 氯化铁、硅灰粉末、锆化合物、无机铝盐防水剂、硅酸钠等无机化合物类；
 2 脂肪酸及其盐类、有机硅类(甲基硅醇钠、乙基硅醇钠、聚乙基羟基硅氧烷等)、聚合物乳液(石蜡、地沥青、橡胶及水溶性树脂乳液等)等有机化合物类。

14.1.2 混凝土工程可采用下列复合型防水剂：
 1 无机化合物类复合、有机化合物类复合、无机化合物类与有机化合物类复合；
 2 本条第1款各类与引气剂、减水剂、调凝剂等外加剂复合而成的防水剂。

14.2 适用范围

14.2.1 防水剂可用于有防水抗渗要求的混凝土工程。
14.2.2 对有抗冻要求的混凝土工程宜选用复合引气组分的防水剂。

14.3 进场检验

14.3.1 防水剂应按每50t为一检验批，不足50t时也应按一个检验批计。每一检验批取样量不应少于0.2t胶凝材料所需用的外加剂量。每一检验批取样应充分混匀，并应分为两等份：其中一份应按本规范第14.3.2条规定的项目进行检验，每检验批检验不得少于两次；另一份应密封留样保存半年，有疑问时，应进行对比检验。

14.3.2 防水剂进场检验项目应包括密度(或细度)、含固量(或含水率)。

14.4 施工

14.4.1 含有减水组分的防水剂相容性的试验应按本规范附录A的方法进行。
14.4.2 掺防水剂的混凝土宜选用普通硅酸盐水泥。有抗硫酸盐要求时，宜选用抗硫酸盐硅酸盐水泥或火山灰质硅酸盐水泥，并应经试验确定。
14.4.3 防水剂应按供方推荐掺量掺加，超量掺加时应经试验确定。
14.4.4 掺防水剂混凝土宜采用最大粒径不大于25mm连续级配的石子。
14.4.5 掺防水剂混凝土的搅拌时间应较普通混凝土延长30s。
14.4.6 掺防水剂混凝土应加强早期养护，潮湿养护不得少于7d。
14.4.7 处于侵蚀介质中掺防水剂的混凝土，应采取防腐蚀措施。
14.4.8 掺防水剂混凝土的结构表面温度不宜超过100℃，超过100℃时，应采取隔断热源的保护措施。

15 阻锈剂

15.1 品种

15.1.1 混凝土工程可采用下列阻锈剂：
 1 亚硝酸盐、硝酸盐、铬酸盐、重铬酸盐、磷酸盐、多磷酸盐、硅酸盐、钼酸盐、硼酸盐等无机盐类；
 2 胺类、醛类、炔醇类、有机磷化合物、有机硫化合物、羧酸及其盐类、磺酸及其盐类、杂环化合物等有机化合物类。

15.1.2 混凝土工程可采用两种或两种以上无机盐类或有机化合物类阻锈剂复合而成的阻锈剂。

15.2 适用范围

15.2.1 阻锈剂宜用于容易引起钢筋锈蚀的侵蚀环境中的钢筋混凝土、预应力混凝土和钢纤维混凝土。
15.2.2 阻锈剂宜用于新建混凝土工程和修复工程。
15.2.3 阻锈剂可用于预应力孔道灌浆。

15.3 进场检验

15.3.1 阻锈剂应按每50t为一检验批，不足50t时也应按一个检验批计。每一检验批取样量不应少于0.2t胶凝材料所需用的外加剂量。每一检验批取样应充分混匀，并应分为两等份：其中一份应按本规范第15.3.2条规定的项目进行检验,每检验批检验不得少于两次;另一份应密封留样保存半年,有疑问时,应进行对比检验。

15.3.2 阻锈剂进场检验项目应包括pH值、密度(或细度)、含固量(或含水率)。

15.4 施工

15.4.1 新建钢筋混凝土工程采用阻锈剂时,应符合下列规定:

1 掺阻锈剂混凝土配合比设计应符合现行行业标准《普通混凝土配合比设计规程》JGJ 55的有关规定。当原材料或混凝土性能要求发生变化时,应重新进行混凝土配合比设计。

2 掺阻锈剂或阻锈剂与其他外加剂复合使用的混凝土性能应满足设计和施工要求。

3 掺阻锈剂混凝土的搅拌、运输、浇筑和养护,应符合现行国家标准《混凝土质量控制标准》GB 50164的有关规定。

15.4.2 使用掺阻锈剂的混凝土或砂浆对既有钢筋混凝土工程进行修复时,应符合下列规定:

1 应先剔除已被腐蚀、污染或中性化的混凝土层,并应清除钢筋表面锈蚀物后再进行修复。

2 当损坏部位较小、修补层较薄时,宜采用砂浆进行修复;当损坏部位较大、修补层较厚时,宜采用混凝土进行修复。

3 当大面积施工时,可采用喷射或喷、抹结合的施工方法。

4 修复的混凝土或砂浆的养护应符合现行国家标准《混凝土质量控制标准》GB 50164的有关规定。

附 录 A
混凝土外加剂相容性快速试验方法

A.0.1 混凝土外加剂相容性快速试验方法适用于含减水组分的各类混凝土外加剂与胶凝材料、细骨料和其他外加剂的相容性试验。

A.0.2 试验所用仪器设备应符合下列规定:

1 水泥胶砂搅拌机应符合现行行业标准《行星式水泥胶砂搅拌机》JC/T 681的有关规定;

2 砂浆扩展度筒应采用内壁光滑无接缝的筒状金属制品(图 A.0.2),尺寸应符合下列要求:

1)筒壁厚度不应小于2mm;

2)上口内径 d 尺寸为50mm ± 0.5mm;

3)下口内径 D 尺寸为100mm ± 0.5mm;

4)高度 h 尺寸为150mm ± 0.5mm。

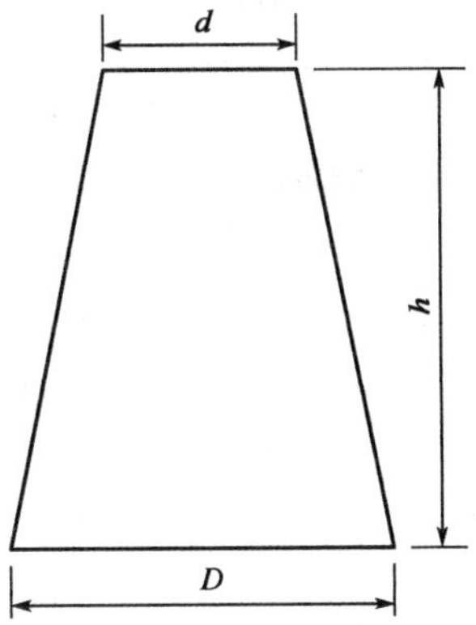

3 捣棒应采用直径为8mm ± 0.2mm、长为300mm ± 3mm的钢棒,端部应磨圆;玻璃板的尺寸应为500mm × 500mm × 5mm;应采用量程为500mm、分度值为1mm的钢直尺;应采用分度值为0.1s的秒表;应采用分度值为1s的时钟;应采用量程为100g、分度值为0.01g的天平;应采用量程为5kg、分度值为1g的台秤。

图 A.0.2 砂浆扩展度筒

A.0.3 试验所用原材料、配合比及环境条件应符合下列规定:

1 应采用工程实际使用的外加剂、水泥和矿物掺合料;

2 工程实际使用的砂,应筛除粒径大于5mm以上的部分,并应自然风干至气干状态;

3 砂浆配合比应采用与工程实际使用的混凝土配合比中去除粗集料后的砂浆配合比,水胶比应降低0.02,砂浆总量不应小于1.0L;

4 砂浆初始扩展度应符合下列要求:

1)普通减水剂的砂浆初始扩展度应为260mm ± 20mm;

2)高效减水剂、聚羧酸系高性能减水剂和泵送剂的砂浆初始扩展度应为350mm ± 20mm;

5 试验应在砂浆成型室标准试验条件下进行,试验室温度应保持在20℃±2℃,相对湿度不应低于50%。

A.0.4 试验方法应按下列步骤进行:

1 将玻璃板水平放置,用湿布将玻璃板、砂浆扩展度筒、搅拌叶片及搅拌锅内壁均匀擦拭,使其表面润湿;

2 将砂浆扩展度筒置于玻璃板中央,并用湿布覆盖待用;

3 按砂浆配合比的比例分别称取水泥、矿物掺合料、砂、水及外加剂待用;

4 外加剂为液体时,先将胶凝材料、砂加入搅拌锅内预搅拌10s,再将外加剂与水混合均匀加入;外加剂为粉状时,先将胶凝材料、砂及外加剂加入搅拌锅内预搅拌10s,再加入水;

5 加水后立即启动胶砂搅拌机,并按胶砂搅拌机程序进行搅拌,从加水时刻开始计时;

6 搅拌完毕,将砂浆分两次倒入砂浆扩展度筒,每次倒入约筒高的1/2,并用捣棒自边缘向中心按顺时针方向均匀插捣15下,各次插捣应在截面上均匀分布。插捣筒边砂浆时,捣棒可稍微沿筒壁方向倾斜。插捣底层时,捣棒应贯穿筒内砂浆深度,插捣第二层时,捣棒应插透本层至下一层的表面。插捣完毕后,砂浆表面应用刮刀刮平,将筒缓慢匀速垂直提起,10s后用钢直尺量取相互垂直的两个方向的最大直径,并取其平均值为砂浆扩展度;

7 砂浆初始扩展度未达到要求时,应调整外加剂的掺量,并重复本条第1~6款的试验步骤,直至砂浆初始扩展度达到要求;

8 将试验砂浆重新倒入搅拌锅内,并用湿布覆盖搅拌锅,从计时开始后10min(聚羧酸系高性能减水剂应做)、30min、60min,开启搅拌机,快速搅拌1min,按本条第7款步骤测定砂浆扩展度。

A.0.5 试验结果评价应符合下列规定:

1 应根据外加剂掺量和砂浆扩展度经时损失判断外加剂的相容性;

2 试验结果有异议时,可按实际混凝土配合比进行试验验证;

3 应注明所用外加剂、水泥、矿物掺合料和砂的品种、等级、生产厂及试验室温度、湿度等。

附 录 B
补偿收缩混凝土的限制膨胀率测定方法

B.0.1 补偿收缩混凝土的限制膨胀率测定方法适用于测定掺膨胀剂混凝土的限制膨胀率及限制干缩率。

B.0.2 试验用仪器应符合下列规定:

1 测量仪可由千分表、支架和标准杆组成(图B.0.2-1),千分表分辨率应为0.001mm。

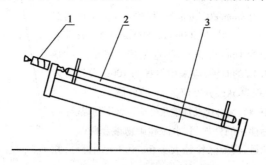

图 B.0.2-1 测量仪
1-电子千分表;2-标准杆;3-支架

2 纵向限制器应符合下列规定:

1)纵向限制器应由纵向限制钢筋与钢板焊接制成(图B.0.2-2)。

2)纵向限制钢筋应采用直径为10mm、横截面面积为78.54mm²,且符合现行国家标准《钢筋混

凝土用钢 第2部分:热轧带肋钢筋》GB 1499.2规定的钢筋。钢筋两侧应焊接12mm厚的钢板,材质应符合现行国家标准《碳素结构钢》GB 700的有关规定,钢筋两端点各7.5mm范围内为黄铜或不锈钢,测头呈球面状,半径为3mm。钢板与钢筋焊接处的焊接强度不应低于260MPa。

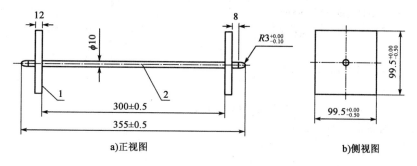

图 B.0.2-2 纵向限制器
1-端板;2-钢筋

3) 纵向限制器不应变形,一般检验可重复使用3次,仲裁检验只允许使用1次。
4) 该纵向限制器的配筋率为0.79%。

B.0.3 试验室温度应符合下列规定:
1 用于混凝土试件成型和测量的试验室的温度应为20℃±2℃。
2 用于养护混凝土试件的恒温水槽的温度应为20℃±2℃。恒温恒湿室温度应为20℃±2℃,湿度应为60%±5%。
3 每日应检查、记录温度变化情况。

B.0.4 试件制作应符合下列规定:
1 用于成型试件的模型宽度和高度均应为100mm,长度应大于360mm。
2 同一条件应有3条试件供测长用,试件全长应为355mm,其中混凝土部分尺寸应为100mm×100mm×300mm。
3 首先应把纵向限制器具放入试模中,然后将混凝土一次装入试模,把试模放在振动台上振动至表面呈现水泥浆,不泛气泡为止,刮去多余的混凝土并抹平;然后把试件置于温度为20℃±2℃的标准养护室内养护,试件表面用塑料布或湿布覆盖。
4 应在成型12h～16h且抗压强度达到3MPa～5MPa后再拆模。

B.0.5 试件测长和养护应符合下列规定:
1 测长前3h,应将测量仪、标准杆放在标准试验室内,用标准杆校正测量仪并调整千分表零点。测量前,应将试件及测量仪测头擦净。每次测量时,试件记有标志的一面与测量仪的相对位置应一致,纵向限制器的测头与测量仪的测头应正确接触,读数应精确至0.001mm。不同龄期的试件应在规定时间±1h内测量。试件脱模后应在1h内测量试件的初始长度。测量完初始长度的试件应立即放入恒温水槽中养护,应在规定龄期时进行测长。测长的龄期应从成型日算起,宜测量3d、7d和14d的长度变化。14d后,应将试件移入恒温恒湿室中养护,应分别测量空气中28d、42d的长度变化。也可根据需要安排测量龄期。
2 养护时,应注意不损伤试件测头。试件之间应保持25mm以上间隔,试件支点距限制钢板两端宜为70mm。

B.0.6 各龄期的限制膨胀率和导入混凝土中的膨胀或收缩应力,应按下列方法计算:
1 各龄期的限制膨胀率应按下式计算,应取相近的2个试件测定值的平均值作为限制膨胀率的测量结果,计算值应精确至0.001%:

$$\varepsilon = \frac{L_t - L}{L_0} \times 100 \qquad \text{(B.0.6-1)}$$

式中：ε——所测龄期的限制膨胀率，%；
L_t——所测龄期的试件长度测量值，mm；
L——初始长度测量值，mm；
L_0——试件的基准长度，300mm。

2 导入混凝土中的膨胀或收缩应力应按下式计算，计算值应精确至0.01MPa：

$$\sigma = \mu \cdot E \cdot \varepsilon \quad \quad (B.0.6-2)$$

式中：σ——膨胀或收缩应力，MPa；
μ——配筋率，%；
E——限制钢筋的弹性模量，取 2.0×10^5 MPa；
ε——所测龄期的限制膨胀率，%。

附录 C
灌浆用膨胀砂浆竖向膨胀率的测定方法

C.0.1 灌浆用膨胀砂浆竖向膨胀率的测定方法适用于灌浆用膨胀砂浆的竖向膨胀率的测定。

C.0.2 测试仪器工具应符合下列规定：

1 应采用量程为10mm，分度值为0.001mm的千分表；
2 应采用钢质测量支架；
3 应采用140mm×80mm×5mm的玻璃板；
4 应采用直径为70mm，厚为5mm，质量为150g的钢质压块；
5 应采用100mm×100mm×100mm的试模，试模的拼装缝应填入黄油，不得漏水；
6 应采用宽为60mm，长为160mm的铲勺；
7 捣板可用钢锯条替代。

C.0.3 竖向膨胀率的测量装置(图C.0.3)的安装，应符合下列要求：

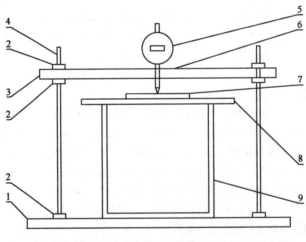

图 C.0.3 竖向膨胀率测量装置示意
1-测量支架垫板；2-测量支架紧固螺母；3-测量支架横梁；4-测量支架立杆；5-千分表；6-紧固螺钉；7-钢质压块；8-玻璃板；9-试模

1 测量支架的垫板和测量支架横梁应采用螺母紧固，其水平度不应超过0.02；测量支架应水平放置在工作台上，水平度也不应超过0.02；
2 试模应放置在钢垫板上，不应摇动；
3 玻璃板应平放在试模中间位置，其左右两边与试模内侧边应留出10mm空隙；

4 钢质压块应置于玻璃板中央;

5 千分表与测量支架横梁应固定牢靠,但表杆应能自由升降。安装千分表时,应下压表头,宜使表针指到量程的1/2处。

C.0.4 灌浆操作应按下列步骤进行:

1 灌浆料用水量应按扩展度为250mm±10mm时的用水量。

2 灌浆料加水搅拌均匀后应立即灌模。应从玻璃板的一侧灌入。当灌到50mm左右高度时,用捣板在试模的每一侧插捣6次,中间部位也插捣6次。灌到90mm高度时,和前面相同再做插捣,尽量排出气体。最后一层灌浆料要一次灌至两侧流出灌浆料为止。要尽量减少灌浆料对玻璃板产生的向上冲浮作用。

3 玻璃板两侧灌浆料表面,用小刀轻轻抹成斜坡,斜坡的高边与玻璃相平。斜坡的低边与试模内侧顶面相平。抹斜坡的时间不应超过30s。之后30s内,用两层湿棉布覆盖在玻璃板两侧灌浆料表面。

4 把钢质压块置于玻璃板中央,再把千分表测量头垂放在钢质压块上,在30s内记录千分表读数h_0,为初始读数。

5 从测定初始读数起,每隔2h浇水1次。连续浇水4次。以后每隔4h浇水1次。保湿养护至要求龄期,测定3d、7d试件高度读数。

6 从测量初始读数开始,测量装置和试件应保持静止不动,并不得振动。

7 成型温度、养护温度均应为20℃±3℃。

C.0.5 竖向膨胀率应按下式计算,试验结果应取一组三个试件的算术平均值,计算值应精确至0.001%:

$$\varepsilon_t = \frac{h_t - h_0}{h} \times 100 \tag{C.0.5}$$

式中:ε_t——竖向膨胀率,%;

h_0——试件高度的初始读数,mm;

h_t——试件龄期为t时的高度读数,mm;

h——试件基准高度,100mm。

第九章 沥 青

沥青材料是由一些极其复杂的高分子的碳氢化合物和这些碳氢化合物的非金属(氧、硫、氮)的衍生物所组成的混合物。我国对沥青的命名和分类如下：

按其从自然界中获得的方式，将沥青分为地沥青和焦油沥青两大类。

1. 地沥青

地沥青是由天然产状或石油精制加工得到的沥青材料。按其产源又可又分为：

(1) 天然沥青

天然沥青是石油在自然条件下，长时间经受地球物理因素作用而形成的产物。

(2) 石油沥青

石油沥青是石油经精制加工提取其他油品后的副产品，经过再加工而得到的产品。

2. 焦油沥青

焦油沥青是各种有机物(如煤、泥炭、木材等)干馏加工得到的焦油，经再加工而得到的产品。焦油沥青按其加工的有机物名称而命名，如由煤干馏所得的煤焦油，经再加工后得到的沥青，即称为煤沥青。

道路工程以石油沥青为主，常用的有黏稠石油沥青、液体石油沥青、改性石油沥青和乳化石油沥青。

第一节 沥青取样与试样准备

一、取 样

为了检查沥青产品的质量，沥青产品在出厂、交货验收和使用过程中，都要取样进行有关试验。而沥青产品不是绝对均匀的，热态沥青长期静放会产生轻度分离，所以检验样品的代表性对检验结果有一定的影响。沥青试验规程对取样的仪具、地点、批量都作了详细的规定，应严格执行。沥青的取样方法如下：

沥青取样方法
(JTG E20—2011 T 0601—2011)

1 目的与适用范围

1.1 本方法适用于在生产厂、储存或交货验收地点为检查沥青产品质量而采集各种沥青材料的样品。

1.2 进行沥青性质常规检验的取样数量为：黏稠沥青或固体沥青不少于4.0kg；液体沥青不少于1L；沥青乳液不少于4L。

进行沥青性质非常规检验及沥青混合料性质试验所需的沥青数量，应根据实际需要确定。

2 仪具与材料技术要求

2.1 盛样器:根据沥青的品种选择。液体或黏稠沥青采用广口、密封带盖的金属容器(如锅、桶等);乳化沥青也可使用广口、带盖的聚氯乙烯塑料桶;固体沥青可用塑料袋,但需有外包装,以便携运。

2.2 沥青取样器:金属制、带塞、塞上有金属长柄提手,形状如图 T 0601-1 所示。

3 方法与步骤

3.1 准备工作

检查取样器和盛样器是否干净、干燥,盖子是否配合严密。使用过的取样器或金属桶等盛样容器必须洗净、干燥后才可使用。对供质量仲裁用的沥青试样,应采用未使用过的新容器存放,且由供需双方人员共同取样,取样后双方在密封条上签字盖章。

3.2 试验步骤

3.2.1 从储油罐中取样

1)无搅拌设备的储罐

(1)液体沥青或经加热已经变成流体的黏稠沥青取样时,应先关闭进油阀和出油阀,然后取样。

(2)用取样器按液面上、中、下位置(液面高各为1/3等分处,但距罐底不得低于总液面高度的1/6)各取 1~4L 样品。每层取样后,取样器应尽可能倒净。当储罐过深时,亦可在流出口按不同流出深度分 3 次取样。对静态存取的沥青,不得仅从罐顶用小桶取样,也不得仅从罐底阀门流出少量沥青取样。

(3)将取出的 3 个样品充分混合后取 4kg 样品作为试样,样品也可分别进行检验。

2)有搅拌设备的储罐

将液体沥青或经加热已经变成流体的黏稠沥青充分搅拌后,用取样器从沥青层的中部取规定数量试样。

3.2.2 从槽车、罐车、沥青洒布车中取样

1)设有取样阀,可旋开取样阀,待流出至少 4kg 或 4L 后再取样。取样阀如图 T 0601-2 所示。

2)仅有放料阀时,待放出全部沥青的 1/2 时取样。

3)从顶盖处取样,可用取样器从中部取样。

3.2.3 在装料或卸料过程中取样

在装料或卸料过程中取样时,要按时间间隔均匀地取至少 3 个规定数量样品,然后将这些样品充分混合后取规定数量样品作为试样,样品也可分别进行检验。

3.2.4 从沥青储存池中取样

沥青储存池中的沥青应待加热熔化后,经管道或沥青泵流至沥青加热锅之后取样。分间隔每锅至少取 3 个样品,然后将这些样品充分混匀后再取 4kg 作为试样,样品也可分别进行检验。

3.2.5 从沥青运输船取样

沥青运输船到港后,应分别从每个沥青仓取样,每个仓从不同的部位取 3 个 4kg 的样品,混合在一起,将这些样品充分混合后再从中取出 4kg,作为一个仓的沥青样品供检验用。在卸油过程中取样时,应根据卸油量,大体均匀地分间隔 3 次从卸油口或管道途中的取样口取样,然后混合作为一个样品供检验用。

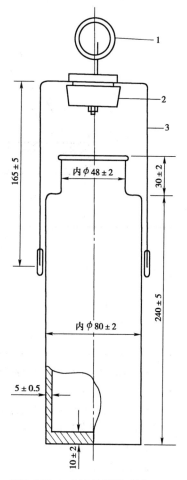

图 T 0601-1 沥青取样器(单位:mm)
1-吊环;2-聚四氟乙烯塞;3-手柄

3.2.6 从沥青桶中取样

1）当能确认是同一批生产的产品时，可随机取样。当不能确认是同一批生产的产品时，应根据桶数按照表 T 0601 规定或按总桶数的立方根数随机选取沥青桶数。

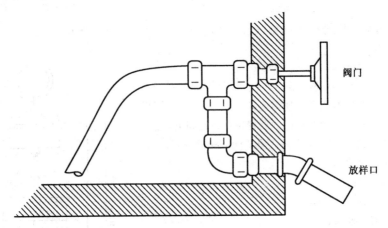

图 T 0601-2　沥青取样阀

选取沥青样品桶数　　　　　　　　　　　　　　　表 T 0601

沥青桶总数	选取桶数	沥青桶总数	选取桶数
2~8	2	217~343	7
9~27	3	344~512	8
28~64	4	513~729	9
65~125	5	730~1 000	10
126~216	6	1 001~1 331	11

2）将沥青桶加热使桶中沥青全部熔化成流体后，按罐车取样方法取样。每个样品的数量，以充分混合后能满足供检验用样品的规定数量不少于4kg要求为限。

3）若沥青桶不便加热熔化沥青时，可在桶高的中部将桶凿开取样，但样品应在距桶壁5cm以上的内部凿取，并采取措施防止样品散落地面沾有尘土。

3.2.7 固体沥青取样

从桶、袋、箱装或散装整块中取样时，应在表面以下及容器侧面以内至少5cm处采取。如沥青能够打碎，可用一个干净的工具将沥青打碎后取中间部分试样；若沥青是软塑的，则用一个干净的热工具切割取样。

当能确认是同一批生产的样品时，应随机取出一件按本条的规定取4kg供检验用。

3.2.8 在验收地点取样

当沥青到达验收地点卸货时，应尽快取样。所取样品为两份：一份样品用于验收试验；另一份样品留存备查。

3.3 样品的保护与存放

3.3.1 除液体沥青、乳化沥青外，所有需加热的沥青试样必须存放在密封带盖的金属容器中，严禁灌入纸袋、塑料袋中存放。试样应存放在阴凉干净处，注意防止试样污染。装有试样的盛样器加盖、密封好并擦拭干净后，应在盛样器上（不得在盖上）标出识别标记，如试样来源、品种、取样日期、地点及取样人。

3.3.2 冬季乳化沥青试样要注意采取妥善防冻措施。

3.3.3 除试样的一部分用于检验外，其余试样应妥善保存备用。

3.3.4 试样需加热采取时，应一次取够一批试验所需的数量装入另一盛样器，其余试样密封保存,应尽量减少重复加热取样。用于质量仲裁检验的样品,重复加热的次数不得超过两次。

二、试样准备

在试验前,必须将沥青加热溶解、脱水、过筛后,才能成型试样或试件,而沥青在加热过程中由于轻质成分挥发,使沥青的性质发生变化,加热次数越多,温度越高,影响越大。因此,试验规程对加热设备、最高温度、加热的次数都有明确规定。为了减少加热的次数,一般应一次将所有的试件成型好,然后分别进行试验。沥青试样的准备方法如下:

沥青试样准备方法
(JTG E20—2011　T 0602—2011)

1　目的与适用范围

1.1　本方法规定了按本规程 T 0601 取样的沥青试样在试验前的试样准备方法。

1.2　本方法适用于黏稠道路石油沥青、煤沥青、聚合物改性沥青等需要加热后才能进行试验的沥青试样,按此法准备的沥青供立即在试验室进行各项试验使用。

1.3　本方法也适用于对乳化沥青进行各项性能测试。每个样品的数量根据需要决定,常规测定宜不少于600g。

2　仪具与材料技术要求

2.1　烘箱:200℃,装有温度控制调节器。

2.2　加热炉具:电炉或其他燃气炉(丙烷石油气、天然气)。

2.3　石棉垫:不小于炉具上面积。

2.4　滤筛:筛孔孔径0.6mm。

2.5　沥青盛样器皿:金属锅或瓷坩埚。

2.6　烧杯:1 000mL。

2.7　温度计:量程0~100℃及200℃,分度值0.1℃。

2.8　天平:称量2 000g,感量不大于1 g;称量100 g,感量不大于0.1 g。

2.9　其他:玻璃棒、溶剂、棉纱等。

3　方法与步骤

3.1　热沥青试样制备

3.1.1　将装有试样的盛样器带盖放入恒温烘箱中,当石油沥青试样中含有水分时,烘箱温度80℃左右,加热至沥青全部熔后供脱水用。当石油沥青中无水分时,烘箱温度宜为软化点温度以上90℃,通常为135℃左右。对取来的沥青试样不得直接采用电炉或燃气炉明火加热。

3.1.2　当石油沥青试样中含有水分时,将盛样器皿放在可控温的砂浴、油浴、电热套上加热脱水,不得已采用电炉、煤气炉加热脱水时必须加放石棉垫。加热时间不超过 30min,并用玻璃棒轻轻搅拌,防止局部过热。在沥青温度不超过100℃的条件下,仔细脱水至无泡沫为止,最后的加热温度不宜超过软化点以上100℃(石油沥青)或50℃(煤沥青)。

3.1.3　将盛样器中的沥青通过0.6mm的滤筛过滤,不等冷却立即一次灌入各项试验的模具中。当温度下降太多时,宜适当加热再灌模。根据需要也可将试样分装入擦拭干净并干燥的一个或数个沥青盛样器皿中,数量应满足一批试验项目所需的沥青样品。

3.1.4　在沥青灌模过程中,如温度下降可放入烘箱中适当加热,试样冷却后反复加热的次数不得超过两次,以防沥青老化影响试验结果。为避免混进气泡,在沥青灌模时不得反复搅动沥青。

3.1.5　灌模剩余的沥青应立即清洗干净,不得重复使用。

3.2　乳化沥青试样制备

3.2.1 将按本规程 T 0601 取有乳化沥青的盛样器适当晃动,使试样上下均匀。试样数量较少时,宜将盛样器上下倒置数次,使上下均匀。

3.2.2 将试样倒出要求数量,装入盛样器皿或烧杯中,供试验使用。

3.2.3 当乳化沥青在试验室自行配制时,可按下列步骤进行:

1)按上述方法准备热沥青试样。

2)根据所需制备的沥青乳液质量及沥青、乳化剂、水的比例计算各种材料的数量。

(1)沥青用量按式(T 0602-1)计算。

$$m_b = m_E \times P_b \tag{T 0602-1}$$

式中:m_b——所需的沥青质量(g);

m_E——乳液总质量(g);

P_b——乳液中沥青含量(%)。

(2)乳化剂用量按式(T 0602-2)计算。

$$m_e = m_E \times P_E / P_e \tag{T 0602-2}$$

式中:m_e——乳化剂用量(g);

P_E——乳液中乳化剂的含量(%);

P_e——乳化剂浓度(乳化剂中有效成分含量,%)。

(3)水的用量按式(T 0602-3)计算。

$$m_w = m_E - m_E \times P_b \tag{T 0602-3}$$

式中:m_w——配制乳液所需水的质量(g)。

3)称取所需质量的乳化剂放入1 000mL 烧杯中。

4)向盛有乳化剂的烧杯中加入所需的水(扣除乳化剂中所含水的质量)。

5)将烧杯放到电炉上加热并不断搅拌,直到乳化剂完全溶解,当需调节 pH 值时可加入适量的外加剂,将溶液加热到 40~60℃。

6)在容器中称取准备好的沥青并加热到 120~150℃。

7)开动乳化机,用热水先把乳化机预热几分钟,然后把热水排净。

8)将预热的乳化剂倒入乳化机中,随即将预热的沥青徐徐倒入,待全部沥青乳液在机中循环 1min 后放出,进行各项试验或密封保存。

注:在倒入沥青过程中,需随时观察乳化情况。如出现异常,应立即停止倒入沥青,并把乳化机中的沥青乳化剂混合液放出。

第二节 黏稠石油沥青

从石油中炼制各种石油沥青的生产工艺流程是:原油经开采、输运到炼油厂,经过常压蒸馏得到常压渣油;再经过减压蒸馏,得到减压渣油;催化裂化原料经过裂化可得到裂化渣油;润滑油原料经过丙烷脱沥青,也可得到丙脱渣油;各种油品经过酸洗亦可得到酸洗渣油。这些渣油都属于慢凝液体沥青。

以慢凝液体沥青为原料,采用不同的工艺方法可以得到不同的黏稠(固体或半固体)沥青。渣油经过再减压,或进一步深拔出各种重质油品,可得到不同稠度的直馏沥青;渣油经不同深度的氧化后,可以得到不同稠度的氧化沥青;裂化渣油经不同程度稠化,可得到不同稠度的裂化沥青;溶剂渣油经不同程度地拔出脱沥青油,可得到不同程度的溶剂沥青。除轻度蒸馏和轻度氧化的沥青属于高标号慢凝沥青外,其他沥青都属于黏稠石油沥青,道路工程黏稠沥青的针入度为 40~300(0.1mm)。

一、技术性质及试验方法

(一)密度与相对密度

沥青的密度与相对密度随温度变化而变化,温度升高,密度与相对密度减小。沥青试样规定的温度(15℃)下,单位体积所具有的质量称为密度,以 t/m³ 表示。在规定的温度(25℃/25℃)下,沥青质量与同体积水的质量的比值称为相对密度,无量纲。密度和相对密度可以互相换算,只要测得其中一个,就可以计算出另一个,换算公式见试验方法。密度与相对密度的试验方法如下:

沥青密度与相对密度试验方法
（JTG E20—2011　T 0603—2011）

1 目的与适用范围

本方法适用于使用比重瓶测定沥青材料的密度与相对密度。非特殊要求,本方法宜在试验温度25℃及15℃下测定沥青密度与相对密度。

注:对液体石油沥青,也可以采用适宜的液体比重计测定密度或相对密度。

2 仪具与材料技术要求

2.1 比重瓶:玻璃制,瓶塞下部与瓶口须经仔细研磨。瓶塞中间有一个垂直孔,其下部为凹形,以便由孔中排除空气。比重瓶的容积为20~30mL,质量不超过40g,形状和尺寸如图 T 0603-1 所示。

2.2 恒温水槽:控温的准确度为 0.1℃。

2.3 烘箱:200℃,装有温度自动调节器。

2.4 天平:感量不大于 1mg。

2.5 滤筛:0.6mm、2.36mm 各一个。

2.6 温度计:量程 0~50℃,分度值 0.1℃。

2.7 烧杯:600~800mL。

2.8 真空干燥器。

2.9 洗液:玻璃仪器清洗液,三氯乙烯(分析纯)等。

2.10 蒸馏水(或纯净水)。

2.11 表面活性剂:洗衣粉(或洗涤灵)。

2.12 其他:软布、滤纸等。

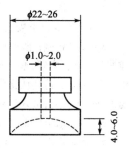

3 方法与步骤

3.1 准备工作

3.1.1 用洗液、水、蒸馏水先后仔细洗涤比重瓶,然后烘干称其质量(m_1),准确至 1mg。

3.1.2 将盛有冷却蒸馏水的烧杯浸入恒温水槽中保温,在烧杯中插入温度计,水的深度必须超过比重瓶顶部40mm以上。

3.1.3 使恒温水槽及烧杯中的蒸馏水达至规定的试验温度±0.1℃。

3.2 比重瓶水值的测定步骤

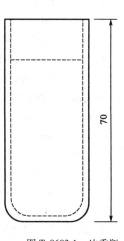

图 T 0603-1 比重瓶
(尺寸单位:mm)

3.2.1 将比重瓶及瓶塞放入恒温水槽中的烧杯里,烧杯底浸没水中的深度应不少于100mm,烧杯口露出水面,并用夹具将其固牢。

3.2.2 待烧杯中水温再次达至规定温度并保温30min后,将瓶塞塞入瓶口,使多余的水由瓶塞上的毛细孔中挤出。此时比重瓶内不得有气泡。

3.2.3 将烧杯从水槽中取出,再从烧杯中取出比重瓶,立即用干净软布将瓶塞顶部擦拭一次,再迅速擦干比重瓶外面的水分,称其质量(m_2),准确至1mg。瓶塞顶部只能擦拭一次,即使由于膨胀瓶塞上有小水滴也不能再擦拭。

3.2.4 以$m_2 - m_1$,作为试验温度时比重瓶的水值。

注:比重瓶的水值应经常校正,一般每年至少进行一次。

3.3 液体沥青试样的试验步骤

3.3.1 将试样过筛(0.6mm)后注入干燥比重瓶中至满,注意不要混入气泡。

3.3.2 将盛有试样的比重瓶及瓶塞移入恒温水槽(测定温度±0.1℃)内盛有水的烧杯中,水面应在瓶口下约40mm。不得使水浸入瓶内。

3.3.3 从烧杯内的水温达到要求的温度后保温30min,然后将瓶塞塞上,使多余的试样由瓶塞的毛细孔中挤出。用蘸有三氯乙烯的棉花擦净孔口挤出的试样,并保持孔中充满试样。

3.3.4 从水中取出比重瓶,立即用干净软布擦去瓶外的水分或黏附的试样(不得再擦孔口)后,称其质量(m_3),准确至3位小数。

3.4 黏稠沥青试样的试验步骤

3.4.1 按本规程 T 0602 方法准备沥青试样,沥青的加热温度宜不高于估计软化点以上100℃(石油沥青或聚合物改性沥青),将沥青小心注入比重瓶中,约至2/3高度。不得使试样黏附瓶口或上方瓶壁,并防止混入气泡。

3.4.2 取出盛有试样的比重瓶,移入干燥器中,在室温下冷却不少于1h,连同瓶塞称其质量(m_4),准确至3位小数。

3.4.3 将盛有蒸馏水的烧杯放入已达试验温度的恒温水槽中,然后将称量后盛有试样的比重瓶放入烧杯中(瓶塞也放入烧杯中),等烧杯中的水温达到规定温度后保温30min,使比重瓶中气泡上升到水面,待确认比重瓶已经恒温且无气泡后,再将比重瓶的瓶塞塞紧,使多余的水从塞孔中溢出,此时应不得带入气泡。

3.4.4 取出比重瓶,按前述方法迅速揩干瓶外水分后称其质量(m_5),准确至3位小数。

3.5 固体沥青试样的试验步骤

3.5.1 试验前,如试样表面潮湿,可在干燥、洁净的环境下自然吹干,或置50℃烘箱中烘干。

3.5.2 将50~100g试样打碎,过0.6mm及2.36mm筛。取0.6~2.36mm的粉碎试样不少于5g放入清洁、干燥的比重瓶中,塞好瓶塞后称其质量(m_6),准确至3位小数。

3.5.3 取下瓶塞,将恒温水槽内烧杯中的蒸馏水注入比重瓶,水面高于试样约10mm,同时加入几滴表面活性剂溶液(如1%洗衣粉、洗涤灵),并摇动比重瓶使大部分试样沉入水底,必须使试样颗粒表面吸附的气泡逸出。摇动时勿使试样摇出瓶外。

3.5.4 取下瓶塞,将盛有试样和蒸馏水的比重瓶置真空干燥箱(器)中抽真空,逐渐达到真空度98kPa(735mmHg)不少于15min。当比重瓶试样表面仍有气泡时,可再加几滴表面活性剂溶液,摇动后再抽真空。必要时,可反复几次操作,直至无气泡为止。

注:抽真空不宜过快,以防止样品被带出比重瓶。

3.5.5 将保温烧杯中的蒸馏水再注入比重瓶中至满,轻轻塞好瓶塞,再将带塞的比重瓶放入盛有蒸馏水的烧杯中,并塞紧瓶塞。

3.5.6 将装有比重瓶的盛水烧杯再置恒温水槽(试验温度±0.1℃)中保持至少30min后,取出比重瓶,迅速揩干瓶外水分后称其质量(m_7),准确至3位小数。

4 计算

4.1 试验温度下液体沥青试样的密度和相对密度按式(T 0603-1)及式(T 0603-2)计算。

$$\rho_b = \frac{m_3 - m_1}{m_2 - m_1} \times \rho_w \quad \quad \text{(T 0603-1)}$$

$$\gamma_b = \frac{m_3 - m_1}{m_2 - m_1} \tag{T 0603-2}$$

式中：ρ_b——试样在试验温度下的密度（g/cm³）；

γ_b——试样在试验温度下的相对密度；

m_1——比重瓶质量（g）；

m_2——比重瓶与所盛满水的合计质量（g）；

m_3——比重瓶与所盛满试样的合计质量（g）；

ρ_w——试验温度下水的密度（g/cm³），15℃水的密度为0.999 1g/cm³，25℃水的密度为0.997 1g/cm³。

4.2 试验温度下黏稠沥青试样的密度和相对密度按式（T 0603-3）及式（T 0603-4）计算。

$$\rho_b = \frac{m_4 - m_1}{(m_2 - m_1) - (m_5 - m_4)} \times \rho_w \tag{T 0603-3}$$

$$\gamma_b = \frac{m_4 - m_1}{(m_2 - m_1) - (m_5 - m_4)} \tag{T 0603-4}$$

式中：m_4——比重瓶与沥青试样合计质量（g）；

m_5——比重瓶与试样和水合计质量（g）。

4.3 试验温度下固体沥青试样的密度和相对密度按式（T 0603-5）及式（T 0603-6）计算。

$$\rho_b = \frac{m_6 - m_1}{(m_2 - m_1) - (m_7 - m_6)} \times \rho_w \tag{T 0603-5}$$

$$\gamma_b = \frac{m_6 - m_1}{(m_2 - m_1) - (m_7 - m_6)} \tag{T 0603-6}$$

式中：m_6——比重瓶与沥青试样合计质量（g）；

m_7——比重瓶与试样和水合计质量（g）。

5 报告

同一试样应平行试验两次，当两次试验结果的差值符合重复性试验的允许误差要求时，以平均值作为沥青的密度试验结果，并准确至3位小数，试验报告应注明试验温度。

6 允许误差

6.1 对黏稠石油沥青及液体沥青的密度，重复性试验的允许误差为0.003g/cm³；再现性试验的允许误差为0.007g/cm³。

6.2 对固体沥青，重复性试验的允许误差为0.01g/cm³，再现性试验的允许误差为0.02g/cm³。

6.3 相对密度的允许误差要求与密度相同（无单位）。

【注意事项】

(1)在称取瓶+水或瓶+试样+水时，加盖瓶盖要用镊子夹着瓶盖慢慢下落，让瓶中的多余水慢慢外泄，等浸入后再适当用力盖紧，确保瓶盖上的泄水孔内充满水，如果出现瓶中的水成柱状从泄水孔冲出，应重新加盖。

(2)在擦干时，将擦布适当叠厚，先沿瓶盖周边转一圈，避免抹布和瓶盖中央的泄水孔中的水面接触，抹布更不能直接从瓶盖顶面擦过。

(3)如果试验温度为15℃，用公式（T 0603-3）计算沥青的密度；如果试验温度为25℃，用公式（T 0603-4）计算沥青的相对密度。

(二)针入度

在规定温度（25℃）、荷重（100g）、时间（5s）条件下，标准针贯入沥青试样的深度称为沥青针入度，以0.1mm计。此外，为计算沥青的针入度指数（PI），针入度试验温度还采用为5℃、15℃和35℃等，但荷重和时间均不变。按上述方法测定的针入度值愈大，表示沥青越稀软，相反则黏稠。因此针入度是表示沥青黏稠性的指标,也是划分沥青标号的依据。

<h1 align="center">沥青针入度试验</h1>
(JTG E20—2011 T 0604—2011)

1 目的与适用范围

本方法适用于测定道路石油沥青、聚合物改性沥青针入度以及液体石油沥青蒸馏或乳化沥青蒸发后残留物的针入度,以0.1mm计。其标准试验条件为温度25℃,荷重100g,贯入时间5s。

针入度指数PI用以描述沥青的温度敏感性,宜在15℃、25℃、30℃等3个或3个以上温度条件下测定针入度后按规定的方法计算得到,若30℃时的针入度值过大,可采用5℃代替。当量软化点T_{800}是相当于沥青针入度为800时的温度,用以评价沥青的高温稳定性。当量脆点$T_{1.2}$是相当于沥青针入度为1.2时的温度,用以评价沥青的低温抗裂性能。

2 仪具与材料技术要求

2.1 针入度仪:为提高测试精度,针入度试验宜采用能够自动计时的针入度仪进行测定,要求针和针连杆必须在无明显摩擦下垂直运动,针的贯入深度必须准确至0.1mm。针和针连杆组合件总质量为50g±0.05g,另附50g±0.05g砝码一只,试验时总质量为100g±0.5g。仪器应有放置平底玻璃保温皿的平台,并有调节水平的装置,针连杆应与平台相垂直。应有针连杆制动按钮,使针连杆可自由下落。针连杆易于装拆,以便检查其质量。仪器还设有可自由转动与调节距离的悬臂,其端部有一面小镜或聚光灯泡,借以观察针尖与试样表面接触情况。且应对装置的准确性经常校验。当采用其他试验条件时,应在试验结果中注明。

2.2 标准针:由硬化回火的不锈钢制成,洛氏硬度HRC54~60,表面粗糙度Ra0.2~0.3μm,针及针杆总质量2.5g±0.05g。针杆上应打印有号码标志。针应设有固定用装置盒(筒),以免碰撞针尖。每根针必须附有计量部门的检验单,并定期进行检验。其尺寸及形状如图T 0604-1所示。

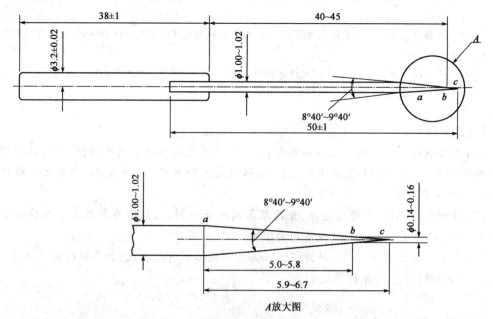

图 T 0604-1 针入度标准针(尺寸单位:mm)

2.3 盛样皿:金属制,圆柱形平底。小盛样皿的内径55mm,深35mm(适用于针入度小于200的试样);大盛样皿内径70mm,深45mm(适用于针入度为200~350的试样);对针入度大于350的试样需使用特殊盛样皿,其深度不小于60mm,容积不小于125mL。

2.4 恒温水槽:容量不小于10L,控温的准确度为0.1℃。水槽中应设有一带孔的搁架,位于水面下不得少于100mm,距水槽底不得少于50mm处。

2.5 平底玻璃皿:容量不小于1L,深度不小于80mm。内设有一不锈钢三脚支架,能使盛样皿稳定。

2.6 温度计或温度传感器:精度为0.1℃。

2.7 计时器:精度0.1s。

2.8 位移计或位移传感器:精度为0.1mm。

2.9 盛样皿盖:平板玻璃,直径不小于盛样皿开口尺寸。

2.10 溶剂:三氯乙烯等。

2.11 其他:电炉或砂浴、石棉网、金属锅或瓷把坩埚等。

3 方法与步骤

3.1 准备工作

3.1.1 按本规程T 0602的方法准备试样。

3.1.2 按试验要求将恒温水槽调节到要求的试验温度25℃,或15℃、30℃(5℃),保持稳定。

3.1.3 将试样注入盛样皿中,试样高度应超过预计针入度值10mm,并盖上盛样皿,以防落入灰尘。盛有试样的盛样皿在15~30℃室温中冷却不小于1.5h(小盛样皿)、2h(大盛样皿)或3h(特殊盛样皿)后,应移入保持规定试验温度±0.1℃的恒温水槽中,并应保温不少于1.5h(小盛样皿)、2h(大试样皿)或2.5h(特殊盛样皿)。

3.1.4 调整针入度仪使之水平。检查针连杆和导轨,以确认无水和其他外来物,无明显摩擦。用三氯乙烯或其他溶剂清洗标准针,并擦干。将标准针插入针连杆,用螺钉固紧。按试验条件,加上附加砝码。

3.2 试验步骤

3.2.1 取出达到恒温的盛样皿,并移入水温控制在试验温度±0.1℃(可用恒温水槽中的水)的平底玻璃皿中的三脚支架上,试样表面以上的水层深度不小于10mm。

3.2.2 将盛有试样的平底玻璃皿置于针入度仪的平台上。慢慢放下针连杆,用适当位置的反光镜或灯光反射观察,使针尖恰好与试样表面接触,将位移计或刻度盘指针复位为零。

3.2.3 开始试验,按下释放键,这时计时与标准针落下贯入试样同时开始,至5s时自动停止。

3.2.4 读取位移计或刻度盘指针的读数,准确至0.1mm。

3.2.5 同一试样平行试验至少3次,各测试点之间及与盛样皿边缘的距离不应小于10mm。每次试验后应将盛有盛样皿的平底玻璃皿放入恒温水槽,使平底玻璃皿中水温保持试验温度。每次试验应换一根干净标准针或将标准针取下用蘸有三氯乙烯溶剂的棉花或布揩净,再用干棉花或布擦干。

3.2.6 测定针入度大于200的沥青试样时,至少用3支标准针,每次试验后将针留在试样中,直至3次平行试验完成后,才能将标准针取出。

3.2.7 测定针入度指数PI时,按同样的方法在15℃、25℃、30℃(或5℃)3个或3个以上(必要时增加10℃、20℃等)温度条件下分别测定沥青的针入度,但用于仲裁试验的温度条件应为5个。

4 计算

根据测试结果可按以下方法计算针入度指数、当量软化点及当量脆点。

4.1 公式计算法

4.1.1 将3个或3个以上不同温度条件下测试的针入度值取对数,令 $y = \lg P, x = T$,按式(T 0604-1)的针入度对数与温度的直线关系,进行 $y = a + bx$ 一元一次方程的直线回归,求取针入度温度指数 $A_{\lg Pen}$。

$$\lg P = K + A_{\lg Pen} \times T \quad \text{(T 0604-1)}$$

式中:lgP——不同温度条件下测得的针入度值的对数;

T——试验温度(℃);

K——回归方程的常数项 a;

$A_{\lg Pen}$——回归方程的系数 b。

按式(T 0604-1)回归时必须进行相关性检验,直线回归相关系数 R 不得小于 0.997(置信度 95%),否则,试验无效。

4.1.2 按式(T 0604-2)确定沥青的针入度指数,并记为 PI。

$$PI = \frac{20 - 500A_{\lg Pen}}{1 + 50A_{\lg Pen}} \quad (T\ 0604\text{-}2)$$

4.1.3 按式(T 0604-3)确定沥青的当量软化点 T_{800}。

$$T_{800} = \frac{\lg 800 - K}{A_{\lg Pen}} = \frac{2.9031 - K}{A_{\lg Pen}} \quad (T\ 0604\text{-}3)$$

4.1.4 按式(T 0604-4)确定沥青的当量脆点 $T_{1.2}$。

$$T_{1.2} = \frac{\lg 1.2 - K}{A_{\lg Pen}} = \frac{0.0792 - K}{A_{\lg Pen}} \quad (T\ 0604\text{-}4)$$

4.1.5 按式(T 0604-5)计算沥青的塑性温度范围 ΔT。

$$\Delta T = T_{800} - T_{1.2} = \frac{2.8239}{A_{\lg Pen}} \quad (T\ 0604\text{-}5)$$

4.2 诺模图法

将 3 个或 3 个以上不同温度条件下测试的针入度值绘于图 T 0604-2 的针入度温度关系诺模图中,按最小二乘法则绘制回归直线,将直线向两端延长,分别与针入度为 800 及 1.2 的水平线相交,交点的温度即为当量软化点 T_{800} 和当量脆点 $T_{1.2}$。以图中 O 点为原点,绘制回归直线的平行线,与 PI 线相交,读取交点处的 PI 值即为该沥青的针入度指数。

此法不能检验针入度对数与温度直线回归的相关系数,仅供快速草算时使用。

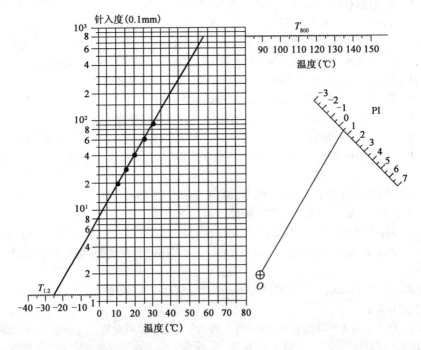

图 T 0604-2 确定道路沥青 PI、T_{800}、$T_{1.2}$ 的针入度温度关系诺模图

5 报告

5.1 应报告标准温度(25℃)时的针入度以及其他试验温度 T 所对应的针入度,及由此求取针

入度指数 PI、当量软化点 T_{800}、当量脆点 $T_{1.2}$ 的方法和结果。当采用公式计算法时,应报告按式(T 0604-1)回归的直线相关系数 R。

5.2 同一试样 3 次平行试验结果的最大值和最小值之差在下列允许误差范围内时,计算 3 次试验结果的平均值,取整数作为针入度试验结果,以 0.1mm 计。

针入度(0.1mm)	允许误差(0.1mm)
0~49	2
50~149	4
150~249	12
250~500	20

当试验值不符合此要求时,应重新进行试验。

6 允许误差

6.1 当试验结果小于 50(0.1mm)时,重复性试验的允许误差为 2(0.1mm),再现性试验的允许误差为 4(0.1mm)。

6.2 当试验结果大于或等于 50(0.1mm)时,重复性试验的允许误差为平均值的 4%,再现性试验的允许误差为平均值的 8%。

【注意事项】

(1)针入度试验属于条件性试验,试验时应严格控制试验条件。试样应在 25℃±0.1℃ 水中恒温,一般的恒温水浴达不到这样的精度要求,而且箱内水温也不均匀,要采取必要的措施(如人工恒温)。标准针应进行检定,针与连杆的质量要满足误差要求。

(2)测试时,标准针与试样表面的接触是本试验的一个难点,最好的方法是观察倒影。将针入度仪置于光线照射处(对着窗子),一个手扶连杆,一手按住连杆控制按钮,让连杆慢慢下落,从合适的角度观察,可以看到标准针向下运动,倒影向上运动,两针尖间的距离消失时,松开按钮,针尖恰好与试样表面接触。观察时要找准角度,否则什么也看不见。

(3)沥青试样注入试样皿时,试样表面不应留有气泡。若有气泡,可用明火将其消掉,或用嘴吹气将气泡吹至试样皿壁处,以免影响结果的正确性。

(4)试验结果的精密度和允许差必须符合要求。本法对精密度的要求采用国际上通行的重复性和再现性表示方法。重复性试验是指短期内,在同一个试验室由同一个试验人员、采用同一台仪器、对同一试样完成两次以上的试验操作,所得试验结果之间的误差应不超过规定的允许差;再现性试验是指在两个以上不同的试验室,由各自的试验人员采用各自的仪器,按相同的试验方法对同一试样分别完成试验操作,所得的试验结果之间的误差亦不应超过规定的允许差。但一个样品某次试验结果的获得是同时进行几次试验(如针入度用 3 根针各测一次),通常以几次平行试验的平均值作为试验结果。试验方法一般均规定几次试验结果的允许误差,它并不属于重复性试验。这里平行试验的允许差是检验这一次试验的精确度,是对试验方法本身的要求,其重复性和再现性试验的允许误差值与作为一次试验取 2~3 个平行试验的差值含义不同,它是多次试验的结果,即平均值之间的允许差,故要求更为严格。重复性和再现性试验只有在需要时(如仲裁试验)才做。重复性试验往往是对试验人员的操作水平、取样代表性的检验,再现性则同时检验仪器设备的性能,通过这两种试验检验试验结果的法定效果,如试验结果不符合精确度要求时,试验结果即属无效。

(三)延度

规定尺寸和形状的沥青试样,在规定的温度和拉伸速度下,拉伸至断时的长度称为沥青的延度,以 cm 计。通常延度的试验条件是:8 字形标准试件(中心最小断面 $1cm^2$),温度为 25℃、15℃,拉伸速度 5cm/min。

延度是表示沥青塑性或变形能力的指标,沥青的延度越大,其抗变形能力越强。沥青延度试验方法如下:

沥青延度试验
(JTG E20—2011 T 0605—2011)

1 目的与适用范围

1.1 本方法适用于测定道路石油沥青、聚合物改性沥青、液体石油沥青蒸馏残留物和乳化沥青蒸发残留物等材料的延度。

1.2 沥青延度的试验温度与拉伸速率可根据要求采用,通常采用的试验温度为 25℃、15℃、10℃或5℃,拉伸速度为 5cm/min ± 0.25cm/min。当低温采用 1cm/min ± 0.05 cm/min 拉伸速度时,应在报告中注明。

2 仪具与材料技术要求

2.1 延度仪:延度仪的测量长度不宜大于 150cm,仪器应有自动控温、控速系统。应满足试件浸没于水中,能保持规定的试验温度及规定的拉伸速度拉伸试件,且试验时无明显振动。该仪器的形状及组成如图 T 0605-1 所示。

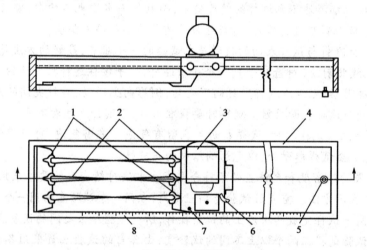

T 0605-1 延度仪
1-试模;2-试样;3-电机;4-水槽;5-泄水孔;6-开关柄;7-指针;8-标尺

2.2 试模:黄铜制,由两个端模和两个侧模组成,试模内侧表面粗糙度 Ra0.2μm。其形状及尺寸如图 T 0605-2 所示。

2.3 试模底板:玻璃板或磨光的铜板、不锈钢板(表面粗糙度 Ra0.2μm)。

2.4 恒温水槽:容量不少于 10L,控制温度的准确度为 0.1℃。水槽中应设有带孔搁架,搁架距水槽底不得少于 50mm。试件浸入水中深度不小于 100mm。

2.5 温度计:量程 0~50℃,分度值 0.1℃。

2.6 砂浴或其他加热炉具。

2.7 甘油滑石粉隔离剂(甘油与滑石粉的质量比 2:1)。

2.8 其他:平刮刀、石棉网、酒精、食盐等。
3 方法与步骤
3.1 准备工作

3.1.1 将隔离剂拌和均匀,涂于清洁干燥的试模底板和两个侧模的内侧表面,并将试模在试模底板上装妥。

3.1.2 按本规程 T 0602 规定的方法准备试样,然后将试样仔细自试模的一端至另一端往返数次缓缓注入模中,最后略高出试模。灌模时不得使气泡混入。

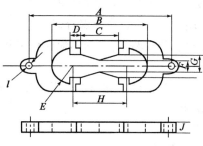

图 T 0605-2 延度仪试模

3.1.3 试件在室温中冷却不少于 1.5h,然后用热刮刀除去高出试模的沥青,使沥青面与试模面齐平。沥青的刮法应自试模的中间刮向两端,且表面应刮得平滑。将试模连同底板再放入规定试验温度的水槽中保温 1.5h。

A-两端模环中心点距离 111.5~113.5mm;B-试件总长 74.5~75.5mm;C-端间模距 29.7~30.3mm;D-肩长 6.8~7.2mm;E-半径 15.75~16.25mm;F-最小横断面宽 9.9~10.1mm;G-端模口宽 19.8~20.2mm;H-两半圆心间距离 42.9~43.1mm;I-端模孔直径 6.5~6.7mm;J-厚度 9.9~10.1mm

3.1.4 检查延度仪延伸速度是否符合规定要求,然后移动滑板使其指针正对标尺的零点。将延度仪注水,并保温达到试验温度 ±0.1℃。

3.2 试验步骤

3.2.1 将保温后的试件连同底板移入延度仪的水槽中,然后将盛有试样的试模自玻璃板或不锈钢板上取下,将试模两端的孔分别套在滑板及槽端固定板的金属柱上,并取下侧模。水面距试件表面应不小于 25mm。

3.2.2 开动延度仪,并注意观察试样的延伸情况。此时应注意,在试验过程中,水温应始终保持在试验温度规定范围内,且仪器不得有振动,水面不得有晃动,当水槽采用循环水时,应暂时中断循环,停止水流。在试验中,当发现沥青细丝浮于水面或沉入槽底时,应在水中加入酒精或食盐,调整水的密度至与试样相近后,重新试验。

3.2.3 试件拉断时,读取指针所指标尺上的读数,以 cm 计。在正常情况下,试件延伸时应成锥尖状,拉断时实际断面接近于零。如不能得到这种结果,则应在报告中注明。

4 报告

同一样品,每次平行试验不少于 3 个,如 3 个测定结果均大于 100cm,试验结果记作">100cm";特殊需要也可分别记录实测值。3 个测定结果中,当有一个以上的测定值小于 100cm 时,若最大值或最小值与平均值之差满足重复性试验要求,则取 3 个测定结果的平均值的整数作为延度试验结果,若平均值大于 100cm,记作">100cm";若最大值或最小值与平均值之差不符合重复性试验要求时,试验应重新进行。

5 允许误差

当试验结果小于 100cm 时,重复性试验的允许误差为平均值的 20%;再现性试验的允许误差为平均值的 30%。

【注意事项】

(1)隔离剂的稀稠配置要适当,以免底板或侧模内侧黏上沥青,对于隔离不好的试样应放弃。隔离剂涂抹的不宜太多,以免隔离剂占试样体积,冷却后造成试样断面不合格,影响试验结果。

(2)试模每次用完后都要用柴油清洗,在涂隔离剂时,如果出现涂不上的情况,应用干净的干布将侧模内侧残留的柴油反复擦净后再涂抹。

(3)在刮模时,刮刀温度不宜过高,以免使沥青老化,刮平时用力不能过大,以免将试样底部拉变形,应靠热刀将多余的沥青溶解后拿掉。当室温与试验温度相差较多时,为确保试样中心断面准确,试样应先恒温后刮平。

(4)拉伸过程中,水面不能受任何扰动,在低头观察时,应用手遮挡嘴鼻,防止呼吸气流扰动试样。

(5)当拉伸的沥青细丝出现上浮或下沉时,应重新成型试样,加盐或酒精调整水的密度后重新试验。

(四)软化点

沥青材料是一种非晶质高分子材料,它由液态凝结为固态,或由固态熔化为液态时,没有敏锐的固化点或液化点,通常采用条件的硬化点和滴落点来表示。沥青材料在硬化点至滴落点之间的温度阶段时,是一种黏滞流动状态,在工程实际中为保证沥青不致由于温度升高而产生流动变形,取液化点与固化点之间温度间隔的 87.21% 作为软化点。

软化点的数值随采用的仪器不同而异,我国现行试验法采用环与球法软化点。该法是将沥青试样注于铜环中,上置规定质量的钢球,在规定的加热速度下进行加热,沥青试样逐渐软化,直至在钢球质量作用下,使沥青下落一定距离时的温度,称为软化点。沥青越黏稠,其软化点越高,因此软化点是表示沥青热稳性能的一个指标。沥青软化点试验方法如下:

沥青软化点试验(环球法)
(JTG E20—2011 T 0606—2011)

1 目的与适用范围

本方法适用于测定道路石油沥青、聚合物改性沥青的软化点,也适用于测定液体石油沥青、煤沥青蒸馏残留物或乳化沥青蒸发残留物的软化点。

2 仪具与材料技术要求

2.1 软化点试验仪:如图 T 0606-1 所示。由下列部件组成:

2.1.1 钢球:直径 9.53mm,质量 3.5g±0.05g。

2.1.2 试样环:黄铜或不锈钢等制成,形状和尺寸如图 T 0606-2 所示。

2.1.3 钢球定位环:黄铜或不锈钢制成,形状和尺寸如图 T 0606-3 所示。

2.1.4 金属支架:由两个主杆和三层平行的金属板组成,上层为一圆盘,直径略大于烧杯直径,中间有一圆孔,用以插放温度计。中层板形状和尺寸如图 T 0606-4 所示。板上有两个孔,各放置金属环,中间有一小孔可支持温度计的测温端部。一侧立杆距环上面 51mm 处刻有水高标记。环下面距下层底板为 25.4mm,而下底板距烧杯底不小于 12.7mm,也不得大于 19mm。三层金属板和两个主杆由两螺母固定在一起。

2.1.5 耐热玻璃烧杯:容量 800~1 000mL,直径不小于 86mm,高不小于 120mm。

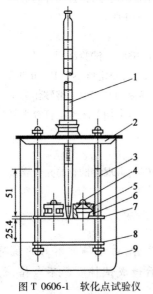

图 T 0606-1 软化点试验仪
(单位:mm)

1-温度计;2-上盖板;3-立杆;4-钢球;
5-钢球定位环;6-金属环;7-中层板;
8-下底板;9-烧杯

2.1.6 温度计:量程 0~100℃,分度值 0.5℃。

2.2 装有温度调节器的电炉或其他加热炉具(液化石油气、天然气等)。应采用带有振荡搅拌器的加热电炉,振荡子置于烧

498

杯底部。

2.3 当采用自动软化点仪时,各项要求应与2.1及2.2相同,温度采用温度传感器测定,并能自动显示或记录,且应对自动装置的准确性经常校验。

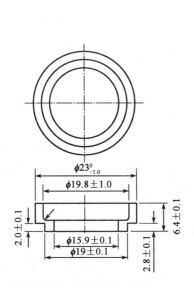

图 T 0606-2 试样环(尺寸单位:mm)

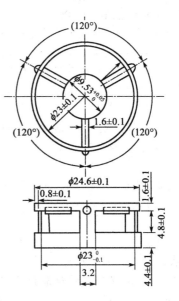

T 0606-3 钢球定位环(尺寸单位:mm)

2.4 试样底板:金属板(表面粗糙度应达 Ra 0.8μm)或玻璃板。

2.5 恒温水槽:控温的准确度为±0.5℃。

2.6 平直刮刀。

2.7 甘油、滑石粉隔离剂(甘油与滑石粉的质量比为2:1)。

2.8 蒸馏水或纯净水。

2.9 其他:石棉网。

3 方法与步骤

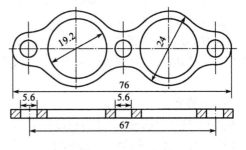

图 T 0606-4 中层板(尺寸单位:mm)

3.1 准备工作

3.1.1 将试样环置于涂有甘油滑石粉隔离剂的试样底板上。按本规程 T 0602 的规定方法将准备好的沥青试样徐徐注入试样环内至略高出环面为止。

如估计试样软化点高于120℃,则试样环和试样底板(不用玻璃板)均应预热至80~100℃。

3.1.2 试样在室温冷却30min后,用热刮刀刮除环面上的试样,应使其与环面齐平。

3.2 试验步骤

3.2.1 试样软化点在80℃以下者:

1)将装有试样的试样环连同试样底板置于装有5℃±0.5℃水的恒温水槽中至少15min;同时将金属支架、钢球、钢球定位环等亦置于相同水槽中。

2)烧杯内注入新煮沸并冷却至5℃的蒸馏水或纯净水,水面略低于立杆上的深度标记。

3)从恒温水槽中取出盛有试样的试样环放置在支架中层板的圆孔中,套上定位环;然后将整个环架放入烧杯中,调整水面至深度标记,并保持水温为5℃±0.5℃。环架上任何部分不得附有气泡。将0~100℃的温度计由上层板中心孔垂直插入,使端部测温头底部与试样环下面齐平。

4)将盛有水和环架的烧杯移至放有石棉网的加热炉上,然后将钢球放在定位环中间的试样中央,立即开动电磁振荡搅拌器,使水微微振荡,并开始加热,使杯中水温在3min内调节至维持每分钟上升5℃±0.5℃。在加热过程中,应记录每分钟上升的温度值,如温度上升速度超出此范围,则试验应重做。

5)试样受热软化逐渐下坠,至与下层底板表面接触时,立即读取温度,准确至0.5℃。

3.2.2 试样软化点在80℃以上者:

1)将装有试样的试样环连同试样底板置于装有32℃±1℃甘油的恒温槽中至少15min;同时将金属支架、钢球、钢球定位环等亦置于甘油中。

2)在烧杯内注入预先加热至32℃的甘油,其液面略低于立杆上的深度标记。

3)从恒温槽中取出装有试样的试样环,按上述3.2.1的方法进行测定,准确至1℃。

4 报告

同一试样平行试验两次,当两次测定值的差值符合重复性试验允许误差要求时,取其平均值作为软化点试验结果,准确至0.5℃。

5 允许误差

5.1 当试样软化点小于80℃时,重复性试验的允许误差为1℃,再现性试验的允许误差为4℃。

5.2 当试样软化点大于或等于80℃时,重复性试验的允许误差为2℃,再现性试验的允许误差为8℃。

【注意事项】

(1)对黏稠沥青,起始温度对试验结果几乎无影响,一般都小于平行误差,而且沥青越黏稠,影响越小,因此,起始温度是次要影响因素。

(2)对同一沥青试样,升温速度快,测得的软化点偏高,相反则偏低,因此升温速度是主要影响因素,必须严格控制升温速度。

(3)钢球必须严格居中。装试模的承板不水平,或试模未装正,或定位环没套正都可能造成钢球偏心,钢球偏心对试验结果影响很大,严重时,一个试样已经下来了,一个还没动静。

(五)溶解度

沥青中的有效成分的质量占总试样质量的百分数称为沥青的溶解度,是表示沥青纯净程度的指标。用三氯乙烯溶解过滤法测定,试验方法如下:

沥青溶解度试验
(JTG E20—2011　T 0607—2011)

1 目的与适用范围

本方法适用于测定道路石油沥青、聚合物改性沥青、液体石油沥青或乳化沥青蒸发后残留物的溶解度。非经注明,溶剂为三氯乙烯。

2 仪具与材料技术要求

2.1 分析天平:感量不大于0.1mg。

2.2 锥形烧瓶:250mL。

2.3 古氏坩埚:50mL,如图T 0607-1所示。

2.4 玻璃纤维滤纸:直径2.6cm,最小过滤孔0.6μm。

2.5 过滤瓶:250mL。

2.6 洗瓶。

2.7 量筒:100mL。

图T 0607-1 古氏坩埚

2.8 干燥器。

2.9 烘箱:装有温度自动调节器。

2.10 水槽。

2.11 三氯乙烯:化学纯。

3 方法与步骤

3.1 准备工作

3.1.1 按本规程 T 0602 规定的方法准备沥青试样。

3.1.2 将玻璃纤维滤纸置于洁净的古氏坩埚中的底部,用溶剂冲洗滤纸和古氏坩埚,使溶剂挥发后,置温度为105℃±5℃的烘箱内干燥至恒重(一般为15min),然后移入干燥器中冷却,冷却时间不少于30min,称其质量(m_1),准确至0.1mg。

3.1.3 称取已烘干的锥形烧瓶和玻璃棒的质量(m_2),准确至0.1mg。

3.2 试验步骤

3.2.1 用预先干燥的锥形烧瓶称取沥青试样2g(m_3),准确至0.1mg。

3.2.2 在不断摇动下,分次加入三氯乙烯100mL,直至试样溶解后盖上瓶塞,并在室温下放置至少15min。

3.2.3 将已称质量的滤纸及古氏坩埚,安装在过滤烧瓶上,用少量的三氯乙烯润湿玻璃纤维滤纸;然后,将沥青溶液沿玻璃棒倒入玻璃纤维滤纸中,并以连续滴状速度进行过滤,直至全部溶液滤完;用少量溶剂分次清洗锥形烧瓶,将全部不溶物移至坩埚中;再用溶剂洗涤古氏坩埚的玻璃纤维滤纸,直至滤液无色透明为止。

3.2.4 取出古氏坩埚,置通风处,直至无溶剂气味为止;然后,将古氏坩埚移入温度为105℃±5℃的烘箱中至少20min;同时,将原锥形瓶、玻璃棒等也置于烘箱中烘至恒重。

3.2.5 取出古氏坩埚及锥形瓶等置干燥器中冷却30min±5min后,分别称其质量(m_4、m_5),直至连续称量的差不大于0.3mg为止。

4 计算

沥青试样的可溶物含量按式(T 0607-1)计算。

$$S_b = \left[1 - \frac{(m_4 - m_1) + (m_5 - m_2)}{m_3 - m_2}\right] \times 100 \quad (\text{T 0607-1})$$

式中:S_b——沥青试样的溶解度(%);

m_1——古氏坩埚与玻璃纤维滤纸合计质量(g);

m_2——锥形瓶与玻璃棒合计质量(g);

m_3——锥形瓶、玻璃棒与沥青试样合计质量(g);

m_4——古氏坩埚、玻璃纤维滤纸与不溶物合计质量(g);

m_5——锥形瓶、玻璃棒与黏附不溶物合计质量(g)。

5 报告

同一试样至少平行试验两次,当两次结果之差不大于0.1%时,取其平均值作为试验结果。对于溶解度大于99.0%的试验结果,准确至0.01%;对于溶解度小于或等于99.0%的试验结果,准确至0.1%。

6 允许误差

当试验结果的平均值大于99.0%时,重复性试验的允许误差为0.1%,再现性试验的允许误差为0.26%。

【注意事项】

(1)古氏坩埚为陶瓷制品,容积有大有小,有盖。形状近似圆柱体或圆柱体,底面为平面,有均匀分布的小孔,主要用于溶液的过滤。

（2）玻璃纤维,滤纸据说南京玻璃纤维研究所有此产品。

（3）过滤前和过滤后滤纸与古氏坩埚烘干的温度、时间,冷却的环境、时间要尽可能的一致,称重时应防止滤纸吸潮影响试验精密度。

（4）过滤前最好用纯净的三氯乙烯将滤纸润湿,减少过滤时溶液沿滤纸上升而使沥青残留在滤纸上,增加溶洗的难度。如果有条件应尽量采用抽气吸滤,可以节省溶剂,缩短试验过程。

（六）老化

在沥青路面施工时,沥青需要加热溶解、脱水,并在高温下与矿料进行拌和。这些都是在空气介质中进行的,热能加速沥青分子的运动,除了引起沥青中的轻质成分挥发外,并能促进沥青化学反应的加速,尤其是在有空气中的氧参与作用的情况下,使沥青性质产生严重的劣化;路面建成后,由于长期裸露在现代工业环境中,仍经受日照、降水、气温变化的作用,使沥青的性质进一步恶化。这种受加热、自然因素作用使沥青性质变差的过程称为老化。因此在选用沥青材料时,要考虑抗老化性能。

对由于路面施工加热导致沥青性能变化的评价,我国现行试验规程规定,A级道路石油沥青采用"薄膜加热"法,或"旋转薄膜加热"法试验。

薄膜加热是在 $\phi 139.7\mathrm{mm}$ 盘中加入50g沥青试样,试样厚度约3mm,其他试验条件与蒸发损失完全相同。由于薄膜加热试样厚度小,所以老化效果明显。

旋转薄膜加热是在 $\phi 60\mathrm{mm}$ 缩口瓶中加入35g沥青试样,固定在绕水平轴旋转的旋转架上,在163℃温度下连续加热75min,其效果与薄膜加热法相同。前两种方法试样在加热过程中是静止的,而旋转薄膜加热试样始终处于流动状态,老化效果更明显。旋转薄膜加热目前主要用于改性沥青。

沥青老化试验结果用质量损失、针入度比、延度、软化点等指标表示。

沥青薄膜加热试验
（JTG E20—2011　T 0609—2011）

1 目的与适用范围

本方法适用于测定道路石油沥青、聚合物改性沥青薄膜加热后的质量变化,并根据需要,测定薄膜加热后残留物的针入度、延度、软化点、黏度等性质的变化,以评定沥青的耐老化性能。

2 仪具与材料技术要求

2.1 薄膜加热烘箱:形状和尺寸如图 T 0609-1 所示,工作温度范围可达200℃,控温的准确度为1℃,装有温度调节器和可转动的圆盘架（图 T 0609-2）。

圆盘直径360~370mm,上有浅槽4个,供放置盛样皿,转盘中心由一垂直轴悬挂于烘箱的中央,由传动机构使转盘水平转动,速度为 5.5r/min±1r/min 门为双层,两层之间应留有间隙,内层门为玻璃制,只要打开外门,即可通过玻璃窗读取烘箱中温度计的读数。烘箱应能自动通风,为此在烘箱底部及顶部分别设有空气入口和出口,以供热空气和蒸气的逸出和空气进入。

2.2 盛样皿:可用不锈钢或铝制成,不少于4个,在使用中不变形。形状和尺寸如图 T 0609-3 所示。

2.3 温度计:量程0~200℃,分度值0.5℃（允许由普通温度计代替）。

2.4 分析天平:感量不大于1mg。

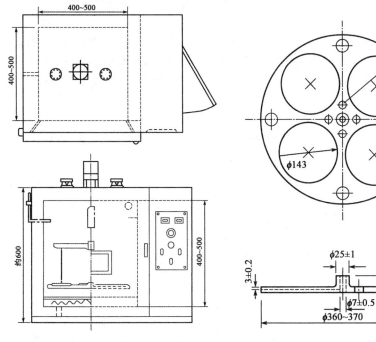

图 T 0609-1 薄膜加热烘箱(尺寸单位:mm)

图 T 0609-2 圆盘架(尺寸单位:mm)

2.5 其他:干燥器、计时器等。

3 方法与步骤

3.1 准备工作

3.1.1 将洁净、烘干、冷却后的盛样皿编号,称其质量(m_0),准确至1mg。

3.1.2 按本规程 T 0602 沥青试样准备方法准备沥青试样,分别注入4个已称质量的盛样皿中50g±0.5 g,并形成沥青厚度均匀的薄膜,放入干燥器中冷却至室温后称取质量(m_1),准确至1mg。同时按规定方法,测定沥青试样薄膜加热试验前的针入度、黏度、软化点、脆点及延度等性质。当试验项目需要,预计沥青数量不够时,可增加盛样皿数目,但不允许将不同品种或不同标号的沥青同时放在一个烘箱中进行试验。

3.1.3 将温度计垂直悬挂于转盘轴上,位于转盘中心,水银球应在转盘顶面上的6mm处,并将烘箱加热并保持至163℃±1℃。

3.2 试验步骤

3.2.1 把烘箱调整水平,使转盘在水平面上以5.5r/min±1 r/min的速度旋转,转盘与水平面倾斜角不大于3°,温度计位置距转盘中心和边缘距离相等。

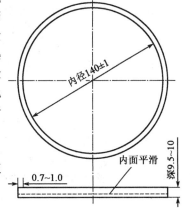

图 T 0609-3 盛样皿(尺寸单位:mm)

3.2.2 在烘箱达到恒温163℃后,迅速将盛有试样的盛样皿放入烘箱内的转盘上,并关闭烘箱门和开动转盘架;使烘箱内温度回升至162℃时开始计时,并在163℃±1℃温度下保持5h。但从放置盛样开始至试验结束的总时间,不得超过5.25h。

3.2.3 试验结束后,从烘箱中取出盛样皿,如果不需要测定试样的质量变化,按3.2.5进行;如果需要测定试样的质量变化,随机取其中两个盛样皿放入干燥器中冷却至室温后,分别称其质量(m_2),准确至1mg。

503

3.2.4 试样称量后,将盛样皿放回163℃±1℃的烘箱中转动15min;取出试样,立即按照3.2.5的步骤进行工作。

3.2.5 将每个盛样皿的试样,用刮刀刮入一适当容器内,置于加热炉上加热,并适当搅拌使充分融化达到流动状态,倒入针入度盛样皿或延度、软化点等试模内,并按规定方法进行针入度等各项薄膜加热试验后残留物的相应试验。如在当日不能进行试验时,试样应放置在容器内,但全部试验必须在加热后72h内完成。

4 计算

4.1 沥青薄膜试验后质量变化按式(T 0609-1)计算,精确至3位小数(质量减少为负值,质量增加为正值)。

$$L_T = \frac{m_2 - m_1}{m_1 - m_0} \times 100 \tag{T 0609-1}$$

式中:L_T——试样薄膜加热质量变化(%);
　　　m_0——盛样皿质量(g);
　　　m_1——薄膜烘箱加热前盛样皿与试样合计质量(g);
　　　m_2——薄膜烘箱加热后盛样皿与试样合计质量(g)。

4.2 沥青薄膜烘箱试验后,残留物针入度比以残留物针入度占原试样针入度的比值按式(T 0609-2)计算。

$$K_P = \frac{P_2}{P_1} \times 100 \tag{T 0609-2}$$

式中:K_P——试样薄膜加热后残留物针入度比(%);
　　　P_1——薄膜加热试验前原试样的针入度(0.1mm);
　　　P_2——薄膜烘箱加热后残留物的针入度(0.1mm)。

4.3 沥青薄膜加热试验的残留物软化点增值按式(T 0609-3)计算。

$$\Delta T = T_2 - T_1 \tag{T 0609-3}$$

式中:ΔT——薄膜加热试验后软化点增值(℃);
　　　T_1——薄膜加热试验前软化点(℃);
　　　T_2——薄膜加热试验后软化点(℃)。

4.4 沥青薄膜加热试验黏度比按式(T 0609-4)计算。

$$K_\eta = \frac{\eta_2}{\eta_1} \tag{T 0609-4}$$

式中:K_η——薄膜加热试验前后60℃黏度比;
　　　η_1——薄膜加热试验前60℃黏度(Pa·s);
　　　η_2——薄膜加热试验后60℃黏度(Pa·s)。

4.5 沥青的老化指数按式(T 0609-5)计算。

$$C = \lg\lg(\eta_2 \times 10^3) - \lg\lg(\eta_1 \times 10^3) \tag{T 0609-5}$$

式中:C——沥青薄膜加热试验的老化指数。

5 报告

本试验的报告应注明下列结果:

5.1 质量变化。当两个试样皿的质量变化符合重复性试验允许误差要求时,取其平均值作为试验结果,准确至3位小数。

5.2 根据需要报告残留物的针入度及针入度比、软化点及软化点增值、黏度及黏度比、老化指数、延度、脆点等各项性质的变化。

6 允许误差

6.1 当薄膜加热后质量变化小于或等于0.4%时,重复性试验的允许误差为0.04%,再现性试验的允许误差为0.16%。

6.2 当薄膜加热后质量变化大于0.4%时,重复性试验的允许误差为平均值的8%,再现性试验的允许误差为平均值的40%。

6.3 残留物针入度、软化点、延度、黏度等性质试验的允许误差应符合相应的试验方法的规定。

【注意事项】

在回收老化残留物时,不宜用电炉加热,因为试样厚度比较小,电炉加热会导致沥青进一步老化,最好用烘箱加热,将烘箱温度调至120℃左右,将试样放入适当时间取出,用铲刀将沥青铲入回收皿。

沥青旋转薄膜加热试验
(JTG E20—2011　T 0610—2011)

1 目的与适用范围

本方法适用于测定道路石油沥青、聚合物改性沥青旋转薄膜烘箱加热(简称RTFOT)后的质量变化,并根据需要测定旋转薄膜加热后,沥青残留物的针入度、黏度、延度及脆点等性质的变化,以评定沥青的老化性能。

2 仪具与材料技术要求

2.1 旋转薄膜烘箱:烘箱恒温室形状如图T 0610-1所示。烘箱具有双层壁,电热系统应有温度自动调节器,可保持温度为163℃±0.5℃,其内部尺寸为高381mm、宽483mm、深445mm±13mm(关门后)。烘箱门上有一双层耐热的玻璃窗,其宽为305~380mm、高203~229mm,可以通过此窗观察烘箱内部试验情况。最上部的加热元件应位于烘箱顶板的下方25mm±3mm,烘箱应调整成水平状态。

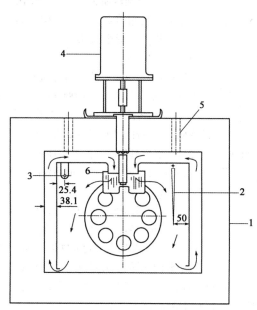

图T 0610-1　旋转薄膜烘箱恒温室(尺寸单位:mm)
1-恒温箱;2-温度计;3-温度传感器;4-风扇电动机;5-换气孔;6-箱形风扇

烘箱的顶部及底部均有通气口。底部通气口面积为$150mm^2 \pm 7mm^2$,对称配置,可供均匀进入空气的加热之用。上部通气口匀称地排列在烘箱顶部,其开口面积为$93mm^2 \pm 4.5mm^2$。

烘箱内有一内壁,烘箱与内壁之间有一个通风空间,间隙为38.1mm。在烘箱宽的中点上,且从环形金属架表面至其轴间152.4mm处,有一外径133mm、宽73mm的鼠笼式风扇,并用一电动机驱动旋转,其速度为1 725r/min。鼠笼式风扇将以与叶片相反的方向转动。

烘箱温度的传感器装置在距左侧25.4mm及空气封闭箱内上顶板下约38.1mm处,以使测温元件处于距烘箱内后壁约203.2mm位置。将测试用的温度计悬挂或附着于顶板的一个距烘箱右侧中点50.8mm的装配架上。温度计悬挂时,其水银球与环形金属架的轴线相距25.4mm以内。温度控制器应能使全部装好沥青试样后,在10min之内达到试验温度。

烘箱内有一个直径为304.8mm的垂直环形架,架上装备有适当的能锁闭及开启8个水平放置的玻璃盛样瓶的固定装置。垂直环形架通过直径19mm的轴,以15r/min±0.2r/min速度转动。

烘箱内装备有一个空气喷嘴,在最低位置上向转动玻璃盛样瓶喷进热空气。喷嘴孔径为1.016mm,连接着一根长为7.6m、外径为8mm的铜管。铜管是水平盘绕在烘箱的底部,并连通着一个能调节流量、新鲜的和无尘的空气源。为保证空气充分干燥,可用活性硅胶作为指示剂。在烘箱表面上装备有温度指示器,空气流量计的流量应为4 000mL/min±200mL/min。

2.2 盛样瓶:耐热玻璃制,形状如图 T 0610-2 所示,高为139.7mm±1.5mm,外径为64mm±1.2mm,壁厚2.4mm±0.3mm,口部直径为31.75mm±1.5mm。

2.3 温度计:量程0~200℃,分度值0.5℃。

2.4 分析天平:感量不大于1mg。

2.5 溶剂:汽油、三氯乙烯等。

3 方法与步骤

3.1 准备工作

3.1.1 用汽油或三氯乙烯洗净盛样瓶后,置温度105℃±5℃烘箱中烘干,并在干燥器中冷却后编号称其质量(m_0),准确至1mg。盛样瓶的数量应能满足试验的试样需要,通常不少于8个。

3.1.2 将旋转加热烘箱调节水平,并在163℃±0.5℃下预热不少于16h,使箱内空气充分加热均匀。调节好温度控制器,使全部盛样瓶装入环形金属架后,烘箱的温度应在10min以内达到163℃±0.5℃。

3.1.3 调整喷气嘴与盛样瓶开口处的距离为6.35mm,并调节流量计,使空气流量为4 000mL/min±200mL/min。

3.1.4 将按本规程 T 0602 的方法准备沥青试样,分别注入已称质量的盛样瓶中,其质量为35g±0.5g,放入干燥器中冷却至室温后称取质量(m_1),准确至1mg。需测定加热前后沥青性质变化时,应同时灌样测定加热前沥青的性质。

3.2 试验步骤

3.2.1 将称量完后的全部试样瓶放入烘箱环形架各个瓶位中,关上烘箱门后开启环形架转动开关,以15r/min±0.2r/min速度转动。同时开始将流速4 000mL/min±200mL/min的热空气喷入转动着的盛样瓶的试样中,烘箱的温度应在10min回升到163℃±0.5℃,使试样在163℃±0.5℃温度下受热时间不少于75min。总的持续时间为85min。若10min内达不到试验温度时,试验不得继续进行。

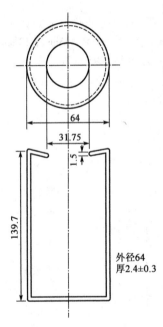

图 T 0610-2 盛样瓶
(尺寸单位:mm)

3.2.2 到达时间后,停止环形架转动及喷射热空气,立即逐个取出盛样瓶,并迅速将试样倒入一洁净的容器内混匀(进行加热质量变化的试样除外),以备进行旋转薄膜加热试验后的沥青性质的试验,但不允许将已倒过的沥青试样瓶重复加热来取得更多的试样。所有试验项目应在72h内全部完成。

3.2.3 将进行质量变化试验的试样瓶放入真空干燥器中,冷却至室温,称取质量(m_2),准确至1mg。此瓶内的试样即予废弃(不得重复加热用来进行其他性质的试验)。

4 计算

4.1 沥青旋转薄膜加热试验后质量变化按式(T 0610-1)计算,准确至3位小数(质量减少为负值,质量增加为正值)。

$$L_T = \frac{m_2 - m_1}{m_1 - m_0} \times 100 \tag{T 0610-1}$$

式中:L_T——试样旋转薄膜加热质量变化(%);

m_0——盛样瓶质量(g);

m_1——旋转薄膜加热前盛样瓶与试样合计质量(g);

m_2——旋转薄膜加热后盛样瓶与试样合计质量(g)。

5 报告

与本规程 T 0609 的报告要求相同。

6 允许误差

6.1 当旋转薄膜加热后质量变化小于或等于0.4%时,重复性试验的允许误差为0.04%,再现性试验的允许误差为0.16%。

6.2 当旋转薄膜加热后质量变化大于0.4%时,重复性试验的允许误差为平均值的8%,再现性试验的允许误差为平均值的40%。

6.3 残留物针入度、软化点、延度、黏度等性质试验的允许误差应符合相应试验方法的规定。

【注意事项】

(1)旋转薄膜加热试验,旋转和排气开关启动和关闭的顺序很重要,否则会造成沥青洒落。启动时先启动旋转架后再启动排气扇,关闭相反,而且二者之间应有适当的间隔。

(2)回收残留物时,将缩口瓶放倒在适当温度的烘箱中烘一定的时间,将沥青集中的一侧朝下,倾斜缩口瓶使沥青流出。

(七)闪点

按规定的方式加热沥青时,沥青材料中挥发出来的油分蒸气与周围空气形成混合气体,当混合气体中的油分蒸气达到一定浓度时,遇火焰发生一闪即灭的蓝色火光,此时沥青的温度称为闪点。闪点之后继续加热,当试样接触火焰立即着火,并持续燃烧不少于5s时,此时的沥青温度称为燃点。技术标准仅对闪点有要求,闪点是施工安全指标。我国现行试验规程规定,采用克利夫兰开口杯(简称COC)法测定黏稠石油沥青的闪点。试验方法如下:

沥青闪点与燃点试验(克利夫兰开口杯法)
(JTG E20—2011 T 0611—2011)

1 目的与适用范围

本方法适用于克利夫兰开口杯(简称COC)测定黏稠石油沥青、聚合物改性沥青及闪点在79℃以上的液体石油沥青材料的闪点和燃点,以评价施工的安全性。

2 仪具与材料技术要求

2.1 克利夫兰开口杯闪点仪:形状和尺寸如图 T 0611-1 所示。它由下列部分组成:

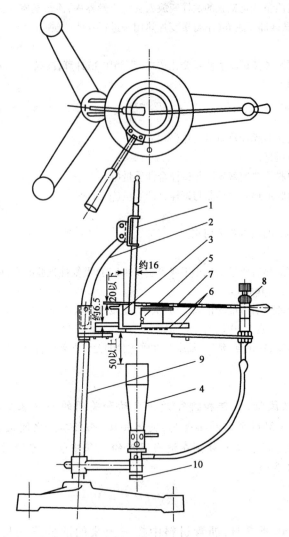

图 T 0611-1　克利夫兰开口杯闪点仪(尺寸单位:mm)

1-温度计;2-温度计支架;3-金属试验杯;4-加热器具;5-试验标准球;6-加热板;7-试验火焰喷嘴;8-试验火焰调节开关;9-加热板支架;10-加热器调节钮

2.1.1　克利夫兰开口杯:用黄铜或铜合金制成,内口直径 63.5mm ± 0.5mm,深 33.6mm ± 0.5mm,在内壁与杯上口的距离为 9.4mm ± 0.4mm 处刻有一道环状标线,带一个弯柄把手,形状及尺寸如图 T 0611-2 所示。

2.1.2　加热板:黄铜或铸铁制,直径 145~160mm,厚约 6.5mm,上有石棉垫板,中心有圆孔,以支承金属试样杯。在距中心 58mm 处有一个与标准试焰大小相当的 ϕ4.0mm ± 0.2mm 电镀金属小球,供火焰调节的对照使用。加热板如图 T 0611-3 所示。

2.1.3　温度计:量程 0~360℃,分度值 2℃。

2.1.4　点火器:金属管制,端部为产生火焰的尖嘴,端部外径约 1.6mm,内径为 0.7~0.8mm,与可燃气体压力容器(如液化丙烷气或天然气)连接,火焰大小可以调节。点火器可以 150mm 半径水平旋转,且端部恰好过坩埚中心上方 2~2.5mm,也可采用电动旋转点火用具,但火焰通过金属试验杯的时间应为 1.0s 左右。

2.1.5　铁支架:高约 500mm,附有温度计夹及试样杯支架,支脚为高度调节器,使加热顶保持水平。

2.2 防风屏:金属薄板制,三面将仪器围住挡风,内壁涂成黑色,高约600mm。

2.3 加热源附有调节器的1kW电炉或燃气炉:根据需要,可以控制加热试样的升温速度为14℃/min～17℃/min、5.5℃/min±0.5℃/min。

3 方法与步骤

3.1 准备工作

3.1.1 将试样杯用溶剂洗净、烘干,装置于支架上。加热板放在可调电炉上,如用燃气炉时,加热板距炉口约50mm,接好可燃气管道或电源。

3.1.2 安装温度计,垂直插入试样杯中,温度计的水银球距杯底约6.5mm,位置在与点火器相对一侧距杯边缘约16mm处。

3.1.3 按本规程T 0602沥青试样准备方法准备试样后,注入试样杯中至标线处,并使试样杯外部不沾有沥青。

注:试样加热温度不能超过闪点以下55℃。

3.1.4 全部装置应置于室内光线较暗且无显著空气流通的地方,并用防风屏三面围护。

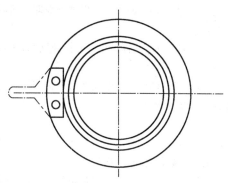

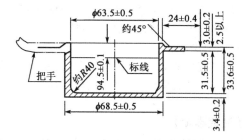

图 T 0611-2 克利夫兰开口杯(尺寸单位:mm)

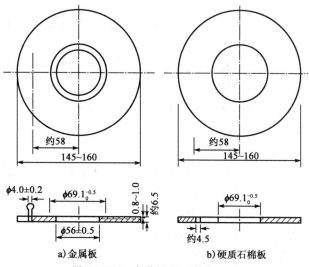

a) 金属板   b) 硬质石棉板

图 T 0611-3 加热板(尺寸单位:mm)

3.1.5 将点火器转向一侧,试验点火,调节火苗成标准球的形状或成直径为4mm±0.8mm的小球形试焰。

3.2 试验步骤

3.2.1 开始加热试样,升温速度迅速地达到14℃/min～17℃/min。待试样温度达到预期闪点前56℃时,调节加热器降低升温速度,以便在预期闪点前28℃时能使升温速度控制在5.5℃/min±0.5℃/min。

3.2.2 试样温度达到预期闪点前28℃时开始,每隔2℃将点火器的试焰沿试验杯口中心以150mm半径作弧水平扫过一次;从试验杯口的一边至另一边所经过的时间约1s。此时应确认点火器的试焰为直径4mm±0.8mm的火球,并位于坩埚口上方2～2.5mm处。

3.2.3 当试样液面上最初出现一瞬即灭的蓝色火焰时,立即从温度计上读记温度,作为试样的闪点。

3.2.4 继续加热,保持试样升温速度5.5℃/min ± 0.5℃/min,并按上述操作要求用点火器点火试验。

3.2.5 当试样接触火焰立即着火,并能继续燃烧不少于5s时,停止加热,并读记温度计上的温度,作为试样的燃点。

4 报告

4.1 同一试样至少平行试验两次,两次测定结果的差值不超过重复性试验允许误差8℃时,取其平均值的整数作为试验结果。

4.2 当试验时大气压在95.3kPa(715mmHg)以下时,应对闪点或燃点的试验结果进行修正。当大气压为95.3~84.5kPa(715~634mmHg)时,修正值增加2.8℃;当大气压为84.5~73.3kPa(634~550mmHg)时,修正值增加5.5℃。

5 允许误差

重复性试验的允许误差为:闪点8℃,燃点8℃;

再现性试验的允许误差为:闪点16℃,燃点14℃。

【注意事项】

(1)试验过程中房间不能通风,更不能开排气扇。

(2)升温速度对试验结果有直接的影响,尤其是接近闪点时的升温速度影响更大,应严格控制。

(3)引火时,引火器应水平划弧一次扫过,不能往返,并且温度升高2℃引火一次,不能一次接一次。

(4)杯口处尽量用屏风遮挡的暗一些,有条件可以将房间遮挡(例如拉上窗帘)的暗一些,以便能清楚地观察到闪火。当沥青的温度达到闪点时,在产生闪火的同时,伴随有轻微的爆炸声,如果实验室的背景噪声小,听得很清楚,可以帮助判断是否达到闪点。

(八)含蜡量

由于蜡的熔点低,且光滑,沥青中蜡的存在,在高温季节容易使沥青发软,导致沥青路面高温稳定性降低,出现车辙;同样在低温季节容易使沥青路面的抗滑性能降低,影响行车安全。而且在低温季节还容易使沥青变得脆硬,导致路面低温抗裂性降低,出现裂缝。此外,沥青中蜡的存在,会降低沥青的技术性能,如沥青与石料的黏附性降低,在有水的条件下,会使路面石子产生剥落现象,造成路面破坏;对沥青的针入度、延度、软化点等都有不利的影响。因此必须限制沥青中蜡的含量。含蜡量试验方法比较多,我国现行标准规定采用蒸馏法试验,试验方法如下:

沥青蜡含量试验(蒸馏法)
(JTG E20—2011 T 0615—2000)

1 目的与适用范围

本方法适用于采用裂解蒸馏法测定道路石油沥青中的蜡含量。

2 仪具与材料技术要求

2.1 蒸馏烧瓶:形状和尺寸如图 T 0615-1 所示,采用耐热玻璃制成。

2.2 自动制冷装置:冷浴槽可容纳3套蜡冷却过滤装置,冷却温度能达到-30℃,并且能控制在-30℃±0.1℃。冷却液介质可采用工业酒精或乙二醇的水溶液等。

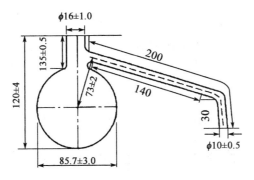

图T 0615-1 蒸馏烧瓶(尺寸单位:mm)

2.3 蜡冷却过滤装置:由砂芯过滤漏斗、吸滤瓶、试样冷却筒、柱杆塞等组成,形状和尺寸如图T 0615-2所示,砂芯过滤漏斗(P16)的孔径系数为10~16μm。

2.4 蜡过滤瓶:类似锥形瓶,有一个分支,能够进行真空抽吸的玻璃瓶(图T 0615-3)。

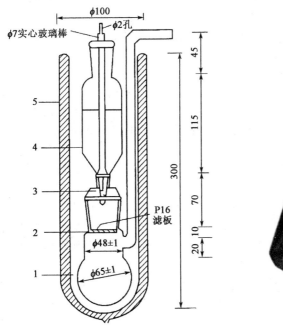

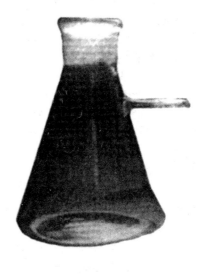

图T 0615-2 冷却过滤装置(尺寸单位:mm)
1-吸滤瓶;2-砂芯过滤漏斗;3-柱杆塞;4-试样冷却筒;5-冷浴槽

图T 0615-3 蜡过滤瓶

2.5 立式可调高温炉:恒温550℃±10℃。

2.6 分析天平:感量不大于0.1mg、0.1g各1台。

2.7 温度计:量程-30~+60℃,分度值0.5℃。

2.8 锥形烧瓶:150mL或250mL数个。

2.9 玻璃漏斗:直径40mm。

2.10 真空泵。

2.11 无水乙醚、无水乙醇:分析纯。

2.12 石油醚(60~90℃):分析纯。

511

2.13 工业酒精。

2.14 干燥器。

2.15 烘箱:控制温度100℃±5℃。

2.16 其他:电热套、量筒、烧杯、冷凝管、蒸馏水、燃气灯等。

3 方法与步骤

3.1 准备工作

3.1.1 将蒸馏瓶洗净、烘干后称其质量,准确至0.1g。然后置干燥箱中备用。

3.1.2 将150mL或250mL锥形瓶洗净、烘干、编号后称其质量,准确至0.1mg,然后置干燥器中备用。

3.1.3 将冷却装置各部洗净、干燥,其中砂芯过滤漏斗用洗液浸泡后蒸馏水冲洗干净,然后烘干备用。

3.1.4 按本规程 T 0602 准备沥青试样。

3.1.5 将高温炉预加热并控制炉内恒温550℃±10℃。

3.1.6 在烧杯内备好碎冰水。

3.2 试验步骤

3.2.1 向蒸馏瓶中装入沥青试样(m_b)50g±1g,准确至0.1g。用软木塞盖严蒸馏瓶。用已知质量的锥形瓶作接受器,浸入装有碎冰的烧杯中。

3.2.2 将盛有试样的蒸馏瓶置已恒温550℃±10℃的高温电炉中,蒸馏瓶支管与置于冰水中的锥形瓶连接。随后蒸馏瓶底将渐渐烧红。

如用燃气灯时,应调节火焰高度将蒸馏瓶周围包住。

3.2.3 调节加热强度(即调节蒸馏瓶至高温炉间距离或燃气灯火焰大小),从加热开始起5~8min内开始初馏(支管端口流出第一滴馏分);然后以每秒两滴(4~5mL/min)的流出速度继续蒸馏至无馏分油,瓶内蒸馏残留物完全形成焦炭为止。全部蒸馏过程必须在25min内完成。蒸馏完后支管中残留的馏分不应流入接受器中。

3.2.4 将盛有馏分油的锥形瓶从冰水中取出,拭干瓶外水分,置室温下冷却称其质量,得到馏分油总质量(m_1),准确至0.05g。

3.2.5 将盛有馏分油的锥形瓶盖上盖,稍加热熔化,并摇晃锥形瓶使试样均匀。加热时温度不要太高,避免有蒸发损失;然后,将熔化的馏分油注入另一已知质量的锥形瓶(250mL)中,称取用于脱蜡的馏分油质量1~3g(m_2),准确至0.1mg。估计蜡含量高的试样馏分油数量宜少取,反之需多取,使其冷冻过滤后能得到0.05~0.1g蜡,但取样量不得超过10g。

3.2.6 准备好符合控温精度的自动制冷装置,向冷浴中注入适量的冷液(工业酒精),其液面比试样冷却筒内液面(无水乙醚—乙醇)高100mm以上,设定制冷温度,使其冷浴温度保持在-20℃±0.5℃。把温度计浸没在冷浴150mm深处。

3.2.7 将吸滤瓶、玻璃过滤漏斗、试样冷却筒和柱杆塞组成冷冻过滤组件,按图T 0615-2所示组装好。

3.2.8 将盛有馏分油的锥形瓶注入10mL无水乙醚,使其充分溶解;然后注入试样冷却筒中,再用15mL无水乙醚分两次清洗盛油的锥形瓶,并将清洗液倒入试样冷却筒中;再将25mL无水乙醇注入试样冷却筒内与无水乙醚充分混合均匀。

3.2.9 将冷却过滤组件放入已经预冷的冷浴中,冷却1h,使蜡充分结晶。在带有磨口塞的试管中装入30mL无水乙醚—乙醇体积比(1:1)混合液(作洗液用),并放入冷浴中冷却至-20℃±0.5℃,恒冷15min以后再使用。

3.2.10 当试样冷却筒中溶液冷却结晶后,拔起柱杆塞,过滤结晶析出的蜡,并将柱杆塞用适当方法悬吊在试样冷却筒中,保持自然过滤30min。

3.2.11 当砂芯过滤漏斗内看不到液体时,启动真空泵,使滤液的过滤速度为每秒1滴左右,抽滤至无液体滴落;再将已冷却的无水乙醚—无水乙醇(体积比1:1)混合液一次加入30mL,洗涤蜡层、柱杆塞及试样冷却筒内壁,继续过滤,当溶剂在蜡层上看不见时,继续抽滤5min,将蜡中的溶剂抽干。

3.2.12 从冷浴中取出冷冻过滤组件,取下吸滤瓶,将其中溶液倾入一回收瓶中。吸滤瓶也用无水乙醚—无水乙醇混合液冲洗3次,每次用量10~15mL,洗液并入回收瓶中。

3.2.13 将冷冻过滤组件(不包括吸滤瓶)装在蜡过滤瓶上,用30mL已预热至30~40℃的石油醚将砂芯过滤漏斗、试样冷却筒和柱杆塞上的蜡溶解;拔起柱杆塞,待漏斗中无溶液后,再用热石油醚溶解漏斗中的蜡两次,每次用量35mL;然后立即用真空泵吸滤,至无液体滴落。

3.2.14 将吸滤瓶中蜡溶液倾入已称质量的锥形瓶中,并用常温石油醚分3次清洗吸滤瓶,每次用量5~10mL。洗液倒入锥形瓶的蜡溶液中。

3.2.15 将盛有蜡溶液的锥形瓶放在适宜的热源上蒸馏到石油醚蒸发净尽后,将锥形瓶置温度为105℃±5℃的烘箱中除去石油醚;然后放入真空干燥箱(105℃±5℃、残压21~35kPa)中1h,再置干燥器中冷却1h后称其质量,得到析出蜡的质量 m_w,准确至0.1mg。

3.2.16 同一沥青试样蒸馏后,应从馏分油中取两个以上试样进行平行试验。当取两个试样试验的结果超出重复性试验允许误差要求时,需追加试验。当为仲裁性试验时,平行试验数应为3个。

4 计算

4.1 沥青试样的蜡含量按式(T 0615-1)计算。

$$P_P = \frac{m_1 \times m_w}{m_b \times m_2} \times 100 \tag{T 0615-1}$$

式中:P_P——蜡含量(%);

m_b——沥青试样质量(g);

m_1——馏分油总质量(g);

m_2——用于测定蜡的馏分油质量(g);

m_w——析出蜡的质量(g)。

4.2 所进行的平行试验结果的最大值与最小值之差符合重复性试验误差要求时,取其平均值作为蜡含量结果,准确至1位小数(%);当超过重复性试验误差时,以分离得到的蜡的质量(g)为横轴,蜡的质量百分率为纵轴,按直线关系回归求出蜡的质量为0.075g时蜡的质量百分率,作为蜡含量结果,准确至1位小数(%)。

注:关系直线的方向系数应为正值,否则应重新试验。

5 允许误差

蜡含量测定时重复性或再现性试验的允许误差应符合下列要求:

蜡含量(%)	重复性(%)	再现性(%)
0.0~1.0	0.1	0.3
1.0~3.0	0.3	0.5
>3.0	0.5	1.0

【注意事项】

(1)沥青含蜡量的试验过程,可以分为3个阶段:①裂解分馏。在高温下使油分和蜡汽化,经冷却回收得到油蜡分(含蜡)。②脱蜡。取一定油蜡分试样,加入乙醚和乙醇(1:1)使油蜡分溶解,在低温下使蜡结晶,过滤后即得到蜡(非干燥)。③回收蜡。将得到的非干燥状态的蜡用石油醚溶解回收,再蒸馏回收石油醚并烘干,就可以得到干燥的蜡。

(2)蜡的密度比沥青的密度小,长期热态静止存放会出现蜡分上浮的情况,应严格按取样方法分部位(上、中、下)取样,混合均匀后作为试样进行试验。

(3)蒸馏必须用高温电阻炉或燃气炉加热,普通电炉因裂解瓶受热面过小不能满足要求。裂解的过程规范规定不超过25min,原则上越快越好,能使油分充分裂解出来,但过快可能导致沥青飞溅,尤其是油分气体开始形成时,严重时会使沥青随油分进入回收瓶,或因压力过大将瓶塞冲开,因此,在确保此类情况不出现的前提下,尽量缩短裂解的过程。

(4)由于蜡的熔点很低,裂解时最先出来的是蜡,之后才是油分,因此,蒸馏得到的油蜡分,蜡的分布是很不均匀的,在脱蜡取样前必须适当加热充分搅拌均匀,这一点怎么强调都不过分。

(5)脱蜡所用油分的多少根据沥青本身的含蜡量大小确定,含蜡量高,脱蜡所用油分质量应取规定范围的下限,相反应取上限,原则上是得到的干燥状态的蜡的质量必须在0.05~0.1g之间,否则试验应重新进行。

(6)当平行试验结果超过重复性试验精密度要求时,按直线回归确定含蜡量,要求直线的"方向系数应为正值",方向系数就是直线的斜率,应为正值,就是直线的斜率应大于零。

(九)动力黏度

黏度是沥青在一定的温度和受力状态下的黏滞性指标,是确定沥青混合料拌和温度的依据。沥青的黏性与沥青路面的力学性能有密切的联系。

沥青黏度的测定方法可分为两类:一类为"绝度黏度"法;另一类为"相对黏度"(或称"条件黏度")法。前者是由基本单位导出而得,通常采用仪器为"绝对单位黏度计",如毛细管黏度计等。后者是由一些经验方法确定,常用的仪器为"经验单位黏度计",各种流出型的黏度计,如道路标准黏度计、赛氏黏度计和恩氏黏度计等。此外,针入度亦属这类。

沥青绝对黏度的测定方法:我国现行试验规程规定,沥青运动黏度采用毛细管法;沥青动力黏度采用真空减压毛细管法,这里仅介绍动力黏度。

沥青动力黏度试验(真空减压毛细管法)
(JTG E20—2011 T 0620—2000)

1 目的与适用范围

本方法适用于采用真空减压毛细管黏度计测定黏稠石油沥青的动力黏度。非经注明,试验温度为60℃,真空度为40kPa。

2 仪具与材料技术要求

2.1 真空减压毛细管黏度计:一组3支毛细管,通常采用美国沥青学会式(Asphalt Institute,即AI式)毛细管,也可采用坎农曼宁式(Cannon-Manning,即CM式)或改进坎培式(Modified Koppers,即MK式)毛细管测定。AI式毛细管的形状如图T 0620-1所示,型号和尺寸见表T 0620-1。

表T 0620-1 真空减压毛细管黏度计(美国沥青协会式)尺寸和动力黏度范围

型号	毛细管半径(mm)	大致标定系数,40kPa真空(Pa·s/s)			黏度范围(Pa·s)
		管B	管C	管D	
25	0.125	0.2	0.1	0.07	4.2~80
50	0.25	0.8	0.4	0.3	18~320
100	0.5	3.2	1.6	1	60~1 280
200	1.0	12.8	6.4	4	240~5 200
400	2.0	50	25	16	960~20 000

续上表

型号	毛细管半径 (mm)	大致标定系数,40kPa 真空(Pa·s/s)			黏度范围 (Pa·s)
		管 B	管 C	管 D	
400R	2.0	50	25	16	960 ~ 140 000
800R	4.0	200	100	64	3800 ~ 580 000

2.2 温度计:量程 50 ~ 100℃,分度值 0.1℃。

2.3 恒温水槽:硬玻璃制,其高度需使黏度计置入时,最高一条时间标线在液面下至少为20mm,内设有加热和温度自动控制器,能使水温保持在试验温度 ±0.1℃,并有搅拌器及夹持设备。水槽中不同位置的温度差不得大于 ±0.1℃。保温装置的控温宜准确至 ±0.1℃。

2.4 真空减压系统:应能使真空度达到 40kPa ± 66.5Pa (300mmHg ± 0.5mmHg)的压力,全部装置简要示意如图 T 0620-2 所示。各连接处不得漏气,以保证密闭。在开启毛细管减压阀进行测定时,应不产生水银柱降低情况。在开口端连接水银压力计,可读至 133Pa(1mmHg)的刻度,用真空泵或吸气泵抽真空。

2.5 秒表:2 个,分度值 0.1s,总量程 15min 的误差不大于 ±0.05%。

2.6 烘箱:有自动温度控制器。

2.7 溶剂:三氯乙烯(化学纯)等。

2.8 其他:洗液、蒸馏水等。

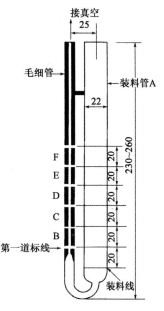

图 T 0620-1 真空减压毛细管黏度计
(尺寸单位:mm)

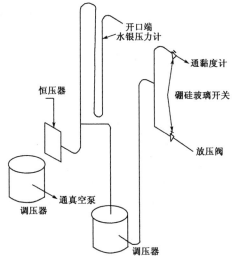

图 T 0620-2 真空减压系统装置

3 方法与步骤

3.1 准备工作

3.1.1 估计试样的黏度,根据试样流经规定体积的时间是否在60s以上,来选择真空毛细管黏度计的型号。

3.1.2 将真空毛细管黏度计用三氯乙烯等溶剂洗涤干净。如黏度计沾有油污,可用洗液、蒸馏水等仔细洗涤。洗涤后置烘箱中烘干或用通过棉花的热空气吹干。

3.1.3 按本规程 T 0602 准备沥青试样,将脱水过筛的试样仔细加热至充分流动状态。在加热时,予以适当搅拌,以保证加热均匀。然后将试样倾入另一个便于灌入毛细管的小盛样器中,数量约为50mL,并用盖子盖好。

3.1.4 将水槽加热,并调节恒温在60℃±0.1℃范围之内,温度计应预先校验。

3.1.5 将选用的真空毛细管黏度计和试样置烘箱(135℃±5℃)中加热30min。

3.2 试验步骤

3.2.1 将加热的黏度计置一容器中,然后将热沥青试样自装料管A注入毛细管黏度计,试样应不致粘在管壁上,并使试样液面在E标线处±2mm之内。

3.2.2 将装好试样的毛细管黏度计放回电烘箱(135℃±5.5℃)中,保温10min±2min,以使管中试样所产生气泡逸出。

3.2.3 从烘箱中取出3支毛细管黏度计,在室温条件下冷却2min后,安装在保持试验温度的恒温水槽中,其位置应使I标线在水槽液面以下至少20mm。自烘箱中取出黏度计,至装好放入恒温水槽的操作时间应控制在5min之内。

3.2.4 将真空系统与黏度计连接,关闭活塞或阀门。

3.2.5 开动真空泵或抽气泵,使真空度达到40kPa±66.5Pa(300mmHg±0.5mmHg)。

3.2.6 黏度计在恒温水槽中保持30min后,打开连接减压系统阀门,当试样吸到第一标线时同时开动两个秒表,测定通过连续的一对标线间隔时间,准确至0.1s,记录第一个超过60s的标线符号及间隔时间。

3.2.7 按此方法对另两支黏度计做平行试验。

3.3 试验结束后,从恒温水槽中取出毛细管,按下列顺序进行清洗:

3.3.1 将毛细管倒置于适当大小的烧杯中,放入预热至135℃的烘箱中约0.5~1h,使毛细管中的沥青充分流出,但时间不能太长,以免沥青烘焦附在管中。

3.3.2 从烘箱中取出烧杯及毛细管,迅速用洁净棉纱轻轻地把毛细管口周围的沥青擦净。

3.3.3 从试样管口注入三氯乙烯溶剂,然后用吸耳球对准毛细管上口抽吸,沥青渐渐被溶解,从毛细管口吸出,进入吸耳球,反复几次。直至注入的三氯乙烯抽出时为清澈透明为止,最后用蒸馏水洗净、烘干、收藏备用。

4 计算

沥青试样的动力黏度按式(T 0620-1)计算。

$$\eta = K \times t \tag{T 0620-1}$$

式中:η——沥青试样在测定温度下的动力黏度(Pa·s);

K——选择的第一对超过60s的一对标线间的黏度常数(Pa·s/s);

t——通过第一对超过60s标线的时间间隔(s)。

5 报告

一次试验的3支黏度计平行试验结果的误差应不大于平均值的7%,否则,应重新试验。符合此要求时,取3支黏度计测定结果的平均值作为沥青动力黏度的测定值。

6 允许误差

重复性试验的允许误差为平均值的7%,再现性试验的允许误差为平均值的10%。

二、黏稠沥青技术标准

《公路沥青路面施工技术规范》(JTG F40—2004),将黏稠石油沥青按针入度大小分为30、50、70、90、110、130、160,7个标号(表9-1)。每个标号又按气候分区对针入度指数、软化点、动力黏度、延度、含蜡量、闪点、溶解度、老化后的质量损失、针入度比、延度等指标规定了指标值。同时按针入度指数、软化点、延度、含蜡量等指标又将黏稠石油沥青分为A、B、C 3个等级,各等级的适用范围也作了规定(表9-2)。

道路黏稠石油沥青技术要求

表 9-1

指 标	单 位	等级	160号[4]	130号[4]	110号	90号	70号[3]	50号[3]	30号[4]	试验方法[1]
针入度(25℃,5s,100g)[6]	0.1mm		140~200	120~140	100~120	80~100	60~80	40~60	20~40	T 0604
适用的气候分区[6]			注[4]	注[4]	2-2 3-2	1-1 1-2 1-3 2-2 2-3	2-1 2-2 2-3 1-3 1-4 2-2 2-3 2-4	1-4	注[4]	附录 A[6]
针入度指数 PI[2]		A				−1.5~+1.0				T 0604
		B				−1.8~+1.0				
软化点(R&B)不小于	℃	A	38	40	43	45	46	49	55	T 0606
		B	36	39	42	43	44	46	53	
		C	35	37	41	42	43	45	50	
60℃动力黏度[2]不小于	Pa·s	A	—	60	120	160	180	200	260	T 0620
10℃延度[2]不小于	cm	A	50	50	40	45	25	15	10	T 0605
		B	30	30	30	30	20	20	15	8	
15℃延度不小于	cm	A、B	80	80	60	50	40	30	20	
		C				100				
蜡含量(蒸馏法)不大于	%	A				2.2				T 0615
		B				3.0				
		C				4.5				

续上表

指标	单位	等级	沥青标号							试验方法[1]
			160号[4]	130号[4]	110号	90号	70号[3]	50号[3]	30号[4]	
闪点不小于	℃		230	230		245		260		T 0611
溶解度不小于	%		99.5							T 0607
密度(15℃)	g/cm³		实测记录							T 0603
TFOT(或RTFOT)后[5]										T 0610 或 T 0609
质量变化不大于	%		±0.8							
残留针入度比(25℃)不小于	%	A	48	54	55	57	61	63	65	T 0604
		B	45	50	52	54	58	60	62	
		C	40	45	48	80	54	58	60	
残留延度(10℃)不小于	cm	A	12	12	10	8	6	4	—	T 0605
		B	10	10	8	6	4	2	—	
残留延度(15℃)不小于	cm	C	40	35	30	20	15	10	—	T 0605

注:1. 试验方法按照现行《公路工程沥青及沥青混合料试验规程》(JTJ 052—2000)规定的方法执行。用于仲裁试验求取PI时的5个温度的针入度关系的相关系数不得小于0.997。
2. 经建设单位同意,表中PI值、60℃动力黏度、10℃延度可作为选择性指标,也可不作为施工质量检验指标。
3. 70号沥青可根据需要要求供应商提供针入度范围为60～70或70～80的沥青,50号沥青可要求提供针入度范围40～50或50～60的沥青。
4. 30号沥青仅适用于沥青稳定基层。130号和160号沥青除严寒冷地区可直接应用于中低级公路上直接应用外,通常用作乳化沥青、稀释沥青、改性沥青的基质沥青。
5. 老化试验以TFOT为准,也可以RTFOT代替。
6. 气候分区见附录A。

道路黏稠石油沥青的适用范围　　　表9-2

沥青等级	适　用　范　围
A级沥青	各个等级的公路,适用于任何场合和层次
B级沥青	1.高速公路、一级公路沥青下面层及以下的层次,二级及二级以下公路的各个层次; 2.用作改性沥青、乳化沥青、改性乳化沥青、稀释沥青的基质沥青
C级沥青	三级及三级以下公路的各个层次

第三节　液体石油沥青

液体沥青是指针入度大于300的沥青。液体沥青根据凝固速度分为慢凝、中凝和快凝。

1. 慢凝液体沥青

原油经开采、输运到炼油厂,经过常压蒸馏得到常压渣油;再经过减压蒸馏,得到减压渣油;催化裂化原料经过裂化可得到裂化渣油;润滑油原料经过丙烷脱沥青,也可得到丙脱渣油;各种油品经过酸洗亦可得到酸渣油。这些渣油都属于低标号的慢凝液体沥青。

为了提高沥青的稠度,以慢凝液体沥青为原料,可以采用不同的工艺方法,得到黏稠(固体或半固体)沥青。渣油经过再减压,或进一步深拔出各种重质油品,可得到不同稠度的直馏沥青;渣油经不同深度的氧化后,可以得到不同稠度的氧化沥青;裂化渣油经不同程度稠化,可得到不同稠度的裂化沥青;溶剂渣油经不同程度地拔出脱沥青油,可得到不同程度的溶剂沥青。这些沥青大部分属于黏稠石油沥青,但轻度蒸馏和轻度氧化的沥青属于高标号慢凝沥青。

为得到不同稠度的沥青,也可以采用硬质沥青与软质沥青(黏稠沥青或慢凝液体沥青)以适当比例调和,称为调和沥青。按照比例不同,所得成品可以是黏稠沥青,亦是慢凝液体沥青。

2. 中、快凝液体沥青

有时为施工的需要,希望在常温条件下具有较大的施工流动性,在施工完成后,短时间内又能凝固而具有高的黏结性,为此在黏稠沥青中掺加煤油等挥发速度较快的溶剂,对沥青进行稀释。用煤油挥发溶剂作稀释剂的稀释沥青称为中凝液体沥青;用汽油挥发溶剂作稀释剂的稀释沥青称为快凝液体沥青。

快凝液体沥青需要耗费高价的有机稀释剂,同时石料必须是干燥的。为节约溶剂和扩大使用范围,有将沥青分散于有乳化剂的水中而形成沥青乳液,这种乳液亦称为乳化沥青。将在下节介绍。

一、技术性质及试验方法

(一)黏度

液体沥青由于比较稀软,按黏稠沥青的试验条件,针入度无法测试,所以改测黏度,一般用流出型黏度仪测试,按液体沥青技术标准规定采用"道路沥青标准黏度计"测试。

液体沥青的黏度是在规定的温度和流孔条件下,测定流出规定体积的沥青试样所需要的时间(以s计)。沥青稀软,需要的时间短,相反则长。因此黏度是反映液体沥青稀稠程度的指标。是划分液体沥青标号的依据。试验方法如下:

沥青标准黏度试验(道路沥青标准黏度计法)
(JTG E20—2011 T 0621—1993)

1 目的与适用范围

本方法适用于采用道路沥青标准黏度计测定液体石油沥青、煤沥青、乳化沥青等材料流动状态时的黏度。本方法测定的黏度应注明温度及流孔孔径,以 $C_{t,d}$ 表示[t 为试验温度(℃);d 为孔径(mm)]。

2 仪具与材料技术要求

2.1 道路沥青标准黏度计:形状及尺寸如图 T 0621-1 所示。它由下列部分组成:

2.1.1 水槽:环槽形,内径 160mm,深 100mm,中央有一圆井,井壁与水槽之间距离不少于 55mm。环槽中存放保温用液体(水或油),上下方各设有一流水管。水槽下装有可以调节高低的三脚架,架上有一圆盘承托水槽,水槽底离试验台面约 200mm。水槽控温精密度 ±0.2℃。

2.1.2 盛样管:形状和尺寸如图 T 0621-2 所示。管体为黄铜,而带流孔的底板为磷青铜制成。盛样管的流孔 d 有 3mm ± 0.025mm、4mm ± 0.025mm、5mm ± 0.025mm 和 10mm ± 0.025mm 四种。根据试验需要,选择盛样管流孔的孔径。

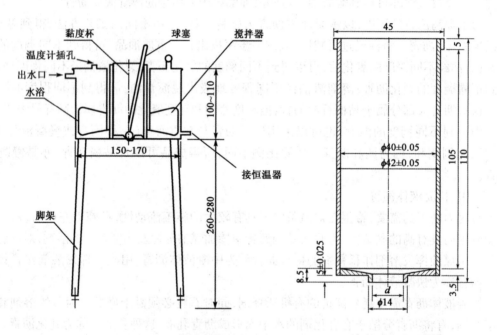

图 T 0621-1 沥青黏度计(尺寸单位:mm)   图 T 0621-2 盛样管(尺寸单位:mm)
　　　　　　　　　　　　　　　　　　　　　　　　　　　　　　　　　　　　d-流孔直径

2.1.3 球塞:用以堵塞流孔,形状和尺寸如图 T 0621-3 所示。杆上有一标记。直径 12.7mm ± 0.05mm 球塞的标记高为 92mm ± 0.25mm,用以指示 10mm 盛样管内试样的高度;直径 6.35mm ± 0.05mm 球塞的标记高为 90.3mm ± 0.25mm,用以指示其他盛样管内试样的高度。

2.1.4 水槽盖:盖的中央有套筒,可套在水槽的圆井上,下附有搅拌叶。盖上有一把手,转动把手时可借搅拌叶调匀水槽内水温。盖上还有一插孔,可放置温度计。

2.1.5 温度计:分度值 0.1℃。

2.1.6 接受瓶:开口,圆柱形玻璃容器,100mL,在 25mL、50mL、75mL、100mL 处有刻度;也可采用 100mL 量筒。

2.1.7 流孔检查棒:磷青铜制,长度100mm,检查4mm和10mm流孔及检查3mm和5mm流孔各一支,检查段位于两端,长度不小于10mm,直径按流孔下限尺寸制造。

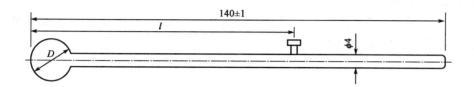

图 T 0621-3　球塞(尺寸单位:mm)

2.2 秒表:分度值0.1s。
2.3 循环恒温水槽。
2.4 肥皂水或矿物油。
2.5 其他:加热炉、大蒸发皿等。

3 方法与步骤

3.1 准备工作

3.1.1 按本规程 T 0602 准备沥青试样。根据沥青材料的种类和稠度,选择需要流孔孔径的盛样管,置水槽圆井中。用规定的球塞堵好流孔,流孔下放蒸发皿,以备接受不慎流出的试样。除10mm流孔采用直径12.7mm球塞外,其余流孔均采用直径为6.35mm的球塞。

3.1.2 根据试验温度需要,调整恒温水槽的水温为试验温度±0.1℃,并将其进出口与黏度计水槽的进出口用胶管接妥,使热水流进行正常循环。

3.2 试验步骤

3.2.1 将试样加热至比试验温度高2~3℃(当试验温度低于室温时,试样须冷却至比试验温度低2~3℃)时注入盛样管,其数量以液面到球塞杆垂直时杆上的标记为准。

3.2.2 试样在水槽中保持试验温度至少30min,用温度计轻轻搅拌试样,测量试样的温度为试验温度±0.1℃时,调整试样液面至球塞杆的标记处,再继续保温1~3min。

3.2.3 将流孔下蒸发皿移去,放置接受瓶或量筒,使其中心正对流孔。接受瓶或量筒可预先注入肥皂水或矿物油25mL,以利洗涤及读数准确。

3.2.4 提起球塞,借标记悬挂在试样管边上。待试样流入接受瓶或量筒达25mL(量筒刻度50mL)时,按动秒表;待试样流出75mL(量筒刻度100mL)时,按停秒表。

3.2.5 记取试样流出50mL,所经过的时间,准确至s,即为试样的黏度。

4 报告

同一试样至少平行试验两次,当两次测定的差值不大于平均值的4%时,取其平均值的整数作为试验结果。

5 允许误差

重复性试验的允许误差为平均值的4%。

【注意事项】

(1)盛样管应用溶剂、洗液清洗,烘干后备用,不得用棉纱等纤维类物擦拭,以免黏上纤维物堵塞流孔,影响试验结果的精密度。

(2)沥青试样必须过0.6mm的筛,筛除试样中的杂物或颗粒物。

(3)盛样管底部的流孔有3mm、4mm、5mm、10mm 4个不同的规格,10mm带有固定螺丝,使用3mm、4mm、5mm中任何一个都必须用10mm流孔固定。试验时流孔的直径根据沥青的稀稠情况选用。若试验时在很短的时间就流出规定体积的沥青试样,甚至操作人员反应不过来测试流出时间,说明流孔直径选用的大了,应换用较小直径的流孔进行试验;相反,如果流出时间过长,甚至试样的温度变化已超出规定的范围,还没有流出规定体积的试样,应换用较大直径的流孔重新试验。

(4)在装试样和恒温过程中,球杆是斜靠的盛样管中的,提起球杆时,应按住球杆先将球杆扶直,然后再垂直提起,使试样均匀垂直下流。

(5)量筒应位于流孔的正下方,前后左右对中,以防止试样流到量筒外。

(二)蒸馏

液体沥青中含有不同沸点的油分,这些油分的蒸发会影响沥青的性质,因此沥青初始黏度不能完全反映其在使用过程中的黏性特征。为了了解液体沥青在使用过程中的性能变化,在测初始黏度的同时,还必须测定沥青在各流程中所含的馏分及其蒸馏后残留物的性质,以评价沥青的路用性能。因此蒸馏试验实际上是液体沥青的耐久性试验项目。

液体石油沥青蒸馏试验
(JTG E20—2011 T 0632—1993)

1 目的与适用范围

本方法适用于测定液体石油沥青材料的馏分含量。根据需要,残留物可进行针入度、黏度、延度、浮漂度等各种试验。除非特殊需要,当海拔为零时,各馏分蒸馏的标准切换温度为225℃、316℃、360℃。

2 仪具与材料技术要求

2.1 蒸馏烧瓶:形状和尺寸如图 T 0632-1 所示。

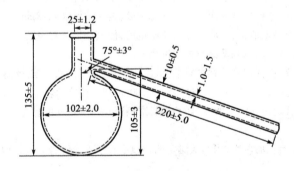

图 T 0632-1 蒸馏烧瓶(尺寸单位:mm)

2.2 保温罩:形状和尺寸如图 T 0632-2 所示,由金属(1mm 厚)片制成,周围内衬 3mm 厚的石棉,并有两个对称的云母小窗,罩底及两个半圆拼成的顶盖内衬 6mm 厚的石棉层。

2.3 冷凝管。

2.4 可调加热炉。

2.5 铁架:两个,一个上有铁环,用以支承蒸馏瓶和保温罩;一个上有铁夹,用以夹持冷凝器。

2.6 量筒:100mL,刻度 0.5mL。

2.7 温度计:量程 0~360℃,分度值 1℃。

2.8 导接管:玻璃(厚约 1mm)制,牛角形,弯角约 105°,大端内径约 18mm,小端内径不小于 5mm。

2.9 铁丝网。
2.10 天平:感量不大于0.1g。
2.11 其他:残留物盛样器、软木塞或橡胶塞等。

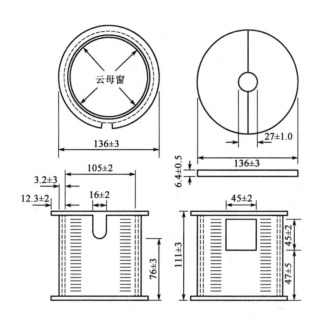

图 T 0632-2 保温罩(尺寸单位:mm)

3 方法与步骤

3.1 准备工作

3.1.1 将蒸馏烧瓶、冷凝器、导接管及量筒等洗净、烘干。

3.1.2 将试样加热搅拌均匀后,注入已称质量的蒸馏烧瓶(m_1)内,其质量相当于按密度折算为体积200mL。当试样含水量超过2%时,则取质量相当于100mL体积的试样。

3.1.3 液体石油沥青装置如图 T 0632-3 所示。先将两层铁丝网置于铁架的铁环或加热炉具上,并在其上置保温罩;然后,将温度计插入蒸馏烧瓶带孔的木塞中,并用软木塞或橡胶塞塞紧瓶口,须注意温度计插入试样后,其水银球底距蒸馏烧瓶底 6~7mm;温度计装妥后,再将蒸馏烧瓶垂直置于保温罩内,并将保温罩的上盖盖妥;用木塞将蒸馏烧瓶的支管与冷凝管连接,插入部分 25~50mm,但注意勿使两管壁相接触,并使冷凝管与蒸馏烧瓶的轴线平行;在冷凝管的下端用软木塞与导接管连接,其角端伸入量筒中至少25mm,但不得低于100mL的刻度标志。为避免蒸馏出的馏分损失,量筒上可盖一厚纸板或木板,板上穿一洞以备导接管下端通过。仪器全部装妥后,在冷凝管的外套筒接通水源,使水由冷凝管的下端进入,由上端流出。

3.2 试验步骤

3.2.1 将蒸馏烧瓶均匀加热,使第一滴蒸馏液滴出时间不早于5min,亦不迟于15min。以后须调节加热温度,使蒸馏速度260℃前为 50~70 滴/min,260~316℃为 20~70 滴/min,316~360℃完成蒸馏时间不超过10min。在加热过程中,如试样起泡沫,蒸馏速度可略降低,但应尽快恢复正常。

注:蒸馏至316℃时,若蒸馏出的馏分数量很少,可保持蒸馏温度上升5℃/min以上。

3.2.2 每当达到规定要求的蒸馏温度,如225℃、316℃和360℃时,立即读记量筒内蒸馏出馏分的体积(V),准确至0.5mL。如蒸馏出的馏分达到100mL,而温度尚未达到最后的温度时,应立即调换另一量筒。

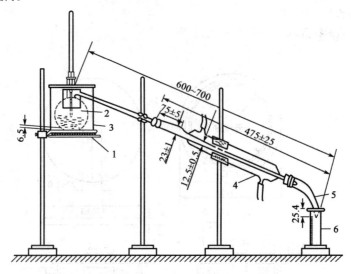

图 T 0632-3 液体石油沥青蒸馏装置(单位:mm)
1-调节加热器;2-蒸馏烧瓶;3-保温罩;4-冷凝管;5-牛角管;6-量筒

3.2.3 当蒸馏温度达到360℃时,停止加热,移走烧瓶,取走温度计。待蒸馏烧瓶及冷凝管中蒸馏液流入量筒后,立即将残留物摇匀后倾入一容器中,备做其他试验使用。从停止蒸馏至开始倾倒残留物的时间应不超过15s。

3.3 温度修正

根据需要(如仲裁试验等),试验的实际蒸馏切换温度可根据试验室的高程进行修正。通常在海拔150m以上时,温度修正按表 T 0632-1 进行,也可根据大气压按表 T 0632-2 进行修正。

表 T 0632-1 高程与温度的换算

高程(m)	实际的蒸馏温度(℃)				
	1	2	3	4	5
-305	192	227	263	318	362
-152	191	226	261	317	361
0	190	225	260	316	360
152	189	224	259	315	359
305	189	224	258	314	358
457	188	223	258	313	357
610	187	222	257	312	356
762	186	221	256	312	355
914	186	220	255	311	354
1 067	185	220	254	310	353
1 219	184	219	254	309	352
1 372	184	218	253	308	351
1 524	183	218	252	307	350
1 676	182	217	251	306	349
1 829	182	216	250	305	349
1 981	181	215	250	305	348
2 134	180	215	249	304	347
2 286	180	214	248	303	346
2 438	179	213	248	302	345

注:本试验使用表中第2、4、5列的温度。

表 T 0632-2　温度的气压修正系数

公称温度(℃)	每1.333kPa(10mmHg)气压差的修正系数(℃)	公称温度(℃)	每1.333kPa(10mmHg)气压差的修正系数(℃)
160	0.514	275	0.65
175	0.531	300	0.68
190	0.549	315.6	0.698
225	0.591	325	0.709
250	0.62	360	0.751
269	0.632		

注:不足101.325 kPa(760mmHg)为减;大于101.325 kPa(760mmHg)为加。

4　计算

4.1　各规定蒸馏温度的馏分含量按式(T 0632-1)计算。

$$P_i = \frac{V_i}{(m_2 - m_1)/\rho} \times 100 \qquad (T\ 0632\text{-}1)$$

式中:P_i——各规定蒸馏温度的馏分含量(体积)(%);

　　　V_i——规定蒸馏温度的馏分体积(mL);

　　　m_1——蒸馏烧瓶质量(g);

　　　m_2——蒸馏烧瓶及试样合计质量(g);

　　　ρ——试样密度(g/cm³)。

4.2　蒸馏后残留物含量按式(T 0632-2)计算。

$$P_R = \frac{m_R - m_1}{(m_2 - m_1)/d} \times 100 \qquad (T\ 0632\text{-}2)$$

式中:P_R——蒸馏残留物含量(%);

　　　m_R——蒸馏烧瓶与残留物合计质量(g)。

5　报告

同一试样至少平行试验两次,取其平均值作为试验结果。

6　允许误差

重复性试验的允许误差为平均值的1.0%;再现性试验的允许误差对175℃以下馏分为平均值的3.5%,对175℃以上馏分为平均值的2.0%。

【注意事项】

(1)蒸馏时从蒸馏瓶底部加热,所以蒸馏瓶内温度不是处处相等,温度计的水银球在瓶中的位置对试验结果的影响很大,规范规定温度计的水银球距瓶底的距离为6~7mm,必须严格控制,而且温度计必须固定垂直。

(2)蒸馏瓶外伸管与冷凝管,冷凝管与牛角管必须分别用软木塞连接牢靠,而且蒸馏瓶外伸管与冷凝管的轴线必须互相平行。

(3)蒸馏过程中的升温速度。开始要求在5~15min内第一滴蒸馏液流出;260℃前和260~315℃温度段用每分钟滴出的蒸馏液的滴数控制;315℃~360℃温度段用蒸馏时间不超过10min控制,而且蒸馏至360℃时,保持升温速度在5℃/min以上。

(4)表T 0632-1注:"本试验使用表中第2、4、5列的温度",是因为蒸馏切换温度225℃、315℃、360℃分别位于表T 0632-1的第2、4、5列中。在采用切换温度时应根据当地海拔高程,分别从表T 0632-1的第2、4、5列中查找对应的切换温度,例如标高为914m,实际切换温度应为220℃、311℃、354℃。

二、液体石油沥青技术标准

液体石油沥青适用于作透层油、黏层油及拌制常温混合料(多为表面处置路面结构)。根据使用目的和场所,可选用快凝、中凝、慢凝的液体石油沥青。《沥青路面施工及验收规范》(JTG F40—2004),将快凝液体沥青按黏度分为 AL(R)-1 和 AL(R)-2 两个标号;中凝液体沥青按黏度分为 AL(M)-1~AL(M)-6 六个标号;慢凝液体沥青按黏度分为 AL(S)-1~AL(S)-6 六个标号。除黏度要求外,对不同温度的蒸馏分含量及残留物性质、闪点和含水率等亦提出相应要求,见表9-3。

道路用液体石油沥青质量要求　　　表9-3

试验项目		单位	快凝		中凝						慢凝						试验方法[1]
			AL(R)-1	AL(R)-2	AL(M)-1	AL(M)-2	AL(M)-3	AL(M)-4	AL(M)-5	AL(M)-6	AL(S)-1	AL(S)-2	AL(S)-3	AL(S)-4	AL(S)-5	AL(S)-6	
黏度	$C_{25,5}$	s	<20	—	<20	—	—	—	—	—	<20	—	—	—	—	—	T 0621
	$C_{60,5}$	s	—	5~15	—	5~15	16~25	26~40	41~100	101~200	—	5~15	16~25	26~40	41~100	101~200	
蒸馏体积	225℃前	%	>20	>15	<10	<7	<3	<2	0	0	—	—	—	—	—	—	T 0632
	315℃前	%	>35	>30	<35	<25	<17	<14	<8	<5	—	—	—	—	—	—	
	360℃前	%	>45	>35	<50	<35	<30	<25	<20	<15	<40	<35	<25	<20	<15	<5	
蒸发后残留物	针入度(25℃)	0.1 mm	60~200	60~200	100~300	100~300	100~300	100~300	100~300	100~300	—	—	—	—	—	—	T 0604
	延度(25℃)	cm	>60	>60	>60	>60	>60	>60	>60	>60	—	—	—	—	—	—	T 0605
	浮标度(5℃)	s	—	—	—	—	—	—	—	—	<20	>20	>30	>40	>45	>50	T 0631
闪点(TOC法)		℃	>30	>30	>65	>65	>65	>65	>65	>65	>70	>70	>100	>100	>120	>120	T 0633
含水量　不大于		%	0.2	0.2	0.2	0.2	0.2	0.2	0.2	0.2	2.0	2.0	2.0	2.0	2.0	2.0	T 0612

注:黏度使用道路黏度计测定,C 角注第一个数字代表试验温度(℃),第二个数字代表黏度计流孔(mm)。

第四节　乳化石油沥青

乳化沥青是将黏稠沥青加热至流态,经机械力作用,形成微粒分散在乳化剂—稳定剂的水中,由于乳化剂—稳定剂的作用而形成均匀稳定的乳状液。又称沥青乳液,简称乳液。

乳化沥青具有许多优越性,其主要优点为:

(1)冷态施工、节约能源。乳化沥青可以冷态施工,现场无须加热设备和能源消耗,扣除制备乳化沥青消耗的能源后,仍然可以节约大量能源。

(2)便利施工、节约沥青。由于乳化沥青黏度低、和易性好,施工方便,可节约劳力。此外,由于乳化沥青在集料表面形成的沥青膜较薄,不仅提高沥青与集料的黏附性,而且可以节约沥青用量。

(3)保护环境、保障健康。乳化沥青施工不需加热,故不污染环境;同时,避免了劳动操作人员受沥青物的毒害。

一、乳化沥青组成材料

乳化沥青主要是由沥青、乳化剂、稳定剂和水等组分组成。

1. 沥青

沥青是乳化沥青组成的主要材料,沥青的质量直接关系到乳化沥青的性能。在选择用于乳化的沥青时,首先要考虑它的易乳化性。沥青的易乳化性与其化学结构有密切关系。以工程适用为目的,可认为乳化性与沥青中的沥青酸含量有关。通常认为沥青酸总量大于1%的沥青,采用普通乳化剂和一般工艺即可加工成乳化沥青。一般说来,相同油源和工艺的沥青,针入度较大者易于形成乳液。但是针入度的选择,应由乳化沥青在路面工程中的用途而决定。

2. 乳化剂

乳化剂是乳化沥青形成的关键材料。沥青乳化剂是表面活性剂的一种类型,从化学结构上考察,它是一种"两亲性"分子,分子的一部分具有亲水性质,而另一部分具有亲油性质。亲油部分一般由碳氢原子团,特别是由长链烷基构成,结构差别较小。亲水部分原子团则种类繁多,结构差异较大。因此乳化剂的分类,是以亲水基的结构为依据。

沥青乳化剂按其亲水基在水中是否电离而分为离子型和非离子型两大类。离子型乳化剂按其离子电性又衍生为阴(或负)离子型、阳(或正)离子型和两性离子型等3类。

(1)阴离子型乳化剂

阴离子型沥青乳化剂是在溶于水中时,能电离为离子或胶束,且与亲油基相连的亲水基团带有阴(或负)电荷的乳化剂。阴离子沥青乳化剂最主要的亲水基团有羧酸盐(如-COONa)、硫酸酯盐(如-OSO$_3$Na)、磺酸盐(如-SO$_3$Na)等3种。

(2)阳离子型乳化剂

阳离子型沥青乳化剂是在溶于水中时,能电离为离子或离子胶束,且与亲油基相连接的亲水基团带有阳(或正)电荷的乳化剂。阳离子型沥青乳化剂按其化学结构,主要有:季铵盐类、烷基胺类、酰胺类、咪唑啉类、环氧乙烷二胺、胺化木质素类等。

(3)两性离子型乳化剂

两性离子型沥青乳化剂是在水中溶解时,电离成离子或离子胶团,且与亲油基相连接的亲水基团,既带有阴电荷又带有阳电荷的乳化剂。两性离子型沥青乳化剂按其两性离子的亲水基团的结构和特性,主要分为:氨基酸型、甜菜型和咪唑啉型等。最常用的两性离子型乳化剂的亲水基团,均有羧酸基构成阴离子部分,其中由胺盐构成阳离子部分的称为氨基酸型,如RNHCH$_2$COOH;由季铵盐构成阳离子部分的称为甜菜型,如RN(CH$_3$)$_2$COOHL;咪唑啉则为环式结构。

(4)非离子型沥青乳化剂

非离子型沥青乳化剂是在水中溶解时,不能离解成离子或离子胶束,而是依赖分子所含的羟基(-OH)和醚链(-O-)等作为亲水基团的乳化剂。非离子型沥青乳化剂根据亲水基团的结构可分为:醚基类、酯基类、酰胺类和杂环类等,但应用最多的为环氧乙烷缩合物和一元醇或多元醇的缩合物。

目前,我国常用于乳化沥青的乳化剂见表9-4。

常用乳化剂品种　　　　表 9-4

序号	乳化剂类别	乳化剂名称	序号	乳化剂类别	乳化剂名称
1	阴离子乳化剂	十二烷基黄酸钠	4	阳离子乳化剂	十八烷基三甲基氧化铵
2	两性离子乳化剂	氨基酸型两性乳化剂 甜菜碱型两性乳化剂			十六烷三甲溴化铵
					十八叔胺二甲基硝基铵盐
3	非离子乳化剂	辛基酚聚氧乙烯醚			十七烷基二甲基苄基氯化铵
					N-烷基丙撑二胺

3. 稳定剂

为使乳液具有良好的储存稳定性,以及在施工中喷洒或拌和的机械作用下的稳定性,必要时可加入适量的稳定剂。稳定剂有两类:

(1)有机稳定剂。常用的有聚乙烯醇、聚丙烯酰胺、羧甲基纤维素纳、糊精、MF 废液等。这类稳定剂可提高乳液的贮存稳定性和施工稳定性。

(2)无机稳定剂。常用的氯化钙、氯化镁、氯化铵和氯化铬等。这类稳定剂可提高乳液的储存稳定性。

稳定剂对乳化剂的协同作用,与它们之间的性质有关,有的稳定剂可在生产乳液时同时加入乳化剂溶液中,但有的稳定剂会影响乳化剂的乳化作用,而需后加入浮液中。因此必须通过实验来确定它们的匹配作用。

4. 水

水是乳化沥青的主要组成部分,不可忽视水对乳化沥青性能的影响。水常含有各种矿物质或其他影响乳化沥青形成的物质。自然界获得的水,可溶融或悬浮各种物质,影响水的 pH 值,或者含有钙或镁的离子等,这些因素都可能影响某些乳化沥青的形成或引起乳化沥青的过早分裂。因此,生产乳化沥青的水应不含其他杂质。

二、技术性质及试验方法

(一)黏度

不同的施工方法、施工季节和路面结构,对乳液的黏度有不同的要求。由于乳液的黏度不适当影响路面的施工质量和使用质量,因此对于乳液的黏度要求越来越高。

乳化沥青的黏度试验规程规定采用道路标准黏度计或恩格拉黏度计测定。道路标准黏度(C)是以温度为 25℃,流孔为 3mm 的条件下,流出 50mL 的乳液所需时间(以 s 计)表示乳化沥青的黏度(记为 $C_{25,3}$),试验方法见液体沥青黏度试验。恩格拉黏度(E)是以温度为 25℃、流孔为 2.9mm 的条件下,流出 50mL 或 100mL 乳液所需的时间与同样温度下流出同量蒸馏水所需时间的比值表示。标准黏度与恩氏黏度之间有下面的换算关系:

$$C_{25,3}=5.9+2.47E_{25}$$

(二)蒸发残留物含量

乳液的蒸发残留物含量是检验乳液中实际沥青的含量,又称油水比。沥青含量过高,会使乳液黏度变大,增加施工拌和难度,影响施工质量,而且储存稳定性不好。而沥青含量过低,会因乳液黏度过小,施工时容易出现流失,不能保证一定的油石比;而且相对地提高了乳化剂用量,也增加了乳液的运输费用,使乳化沥青的成本增加,降低经济效益,因此,保持适当的沥青含量是很重要的。蒸发残留物含量通过加热蒸发来测定。

另一方面沥青乳化后,其性能多少会发生一些变化,这种变化不能过大。沥青乳化之后和原沥青相比其性能的变化程度,通过对蒸发残留物进行针入度、延度及溶解度等试验结果评价。乳化沥青蒸发残留物含量试验方法如下:

乳化沥青蒸发残留物含量试验
(JTG E20—2011　T 0651—1993)

1　目的与适用范围

本方法适用于测定各类乳化沥青中加热脱水后残留沥青的含量。

2　仪具与材料技术要求

2.1　试样容器:容量1 500mL、高约60mm、壁厚0.5～1mm的金属盘,也可用小铝锅或瓷蒸发皿代替。

2.2　天平:感量不大于1g。

2.3　烘箱:装有温度控制器。

2.4　电炉或燃气炉:有石棉垫。

2.5　玻璃棒。

2.6　其他:温度计、溶剂、洗液等。

3　方法与步骤

3.1　将试样容器、玻璃棒等洗净、烘干并称其合计质量(m_1)。

3.2　在试样容器内称取搅拌均匀的乳化沥青试样300g±1g,称取容器、玻璃棒及乳液的合计质量(m_2),准确至1g。

3.3　将盛有试样的容器连同玻璃棒一起置于电炉或燃气炉(放有石棉垫)上缓缓加热,边加热边搅拌,其加热温度不应致乳液溢溅,直至确认试样中的水分已完全蒸发(通常需20～30min),然后在163℃±3.0℃温度下加热1min。

3.4　取下试样容器冷却至室温,称取容器、玻璃棒及沥青一起的合计质量(m_3),准确至1g。

4　计算

乳化沥青试样的蒸发残留物含量按式(T 0651-1)计算,以整数表示。

$$P_b = \frac{m_3 - m_1}{m_2 - m_1} \times 100 \quad\quad (T\ 0651\text{-}1)$$

式中:P_b——乳化沥青中的蒸发残留物含量(%);

m_1——试样容器、玻璃棒合计质量(g);

m_2——试样容器、玻璃棒及乳液的合计质量(g);

m_3——试样容器、玻璃棒及残留物合计质量(g)。

5　报告

同一试样至少平行试验两次,两次试验结果的差值不大于0.4%时,取其平均值作为试验结果。

6　允许误差

重复性试验的允许误差为0.4%;再现性试验的允许误差为0.8%。

【注意事项】

(1)试样必须充分搅拌均匀,取规定质量的试样进行试验。

(2)开始加热时,由于试样中的水比较多,加热火力不能大,并加强搅动,防止乳液溢溅。如果出现溢锅的情况,应立即将试样容器端离加热器。

(3)在加热开始一段时间,由于乳液的黏度较小,搅动起来很容易,随着水分蒸发,黏度增加。当水分快要蒸发完时,沥青的黏度快速增加(由搅动时的用力程度判断),当黏度达到最大时水分完全蒸发,沥青的温度也开始增加,黏度随温度的增加而降低,这是应注意控制温度,在163℃±3℃的温度下加热1min。

(三)筛上剩余量

乳化沥青是借助机械作用力,将热沥青破碎成微粒而分散在有乳化剂-稳定剂的水中,乳化沥青微粒分布是否均匀和稳定,是否含有未分散的沥青团或结块,是评价乳液质量的一个重要方面。如果乳液含有较多的微粒及结块,就会使乳液产生结皮或沉淀,影响乳液中的沥青含量。另外,沥青微粒分布不均匀,在施工时,容易造成喷洒设备的堵塞,或与骨料拌和不匀而影响施工质量。因此,此项检验是确定乳化剂或乳化机械性能好坏的重要指标,也是乳液质量的重要指标,一般用筛上剩余量表示。

筛上剩余量试验是待乳化完的乳液完全冷却或基本消泡后,通过1.18mm筛孔筛子水洗测得筛上残留物占乳液重量的百分比,以此来判定乳液的质量。乳化沥青筛上剩余量试验方法如下:

乳化沥青筛上剩余量试验
(JTG E20—2011 T 0652—1993)

1 目的与适用范围

　　本方法适用于测定各类乳化沥青的筛上剩余物含量,评定沥青乳液的质量。非经注明,筛孔尺寸为1.18mm。

2 仪具与材料技术要求

　　2.1 滤筛:筛孔为1.18mm。

　　2.2 金属盘:尺寸不小于100mm。

　　2.3 天平:感量不大于0.1g。

　　2.4 烧杯:750mL和2 000mL各1个。

　　2.5 油酸钠溶液:含量2%。

　　2.6 蒸馏水。

　　2.7 烘箱:装有温度控制器。

　　2.8 其他:玻璃棒、溶剂、干燥器等。

3 方法与步骤

　　3.1 准备工作

　　将滤筛、金属盘、烧杯等用溶剂擦洗干净,再用水和蒸馏水洗涤后用烘箱(105℃±5℃)烘干,称取滤筛及金属盘质量(m_1),准确至0.1g。

　　3.2 试验步骤

　　3.2.1 在一烧杯中称取充分搅拌均匀的乳化沥青试样500g±5g(m),准确至0.1g。

　　3.2.2 将筛(框)网用油酸钠溶液(阴离子乳液)或蒸馏水(阳离子乳液)润湿。

　　3.2.3 将滤筛支在烧杯上,再将烧杯中的乳液试样边搅拌边徐徐注入筛内过滤。在过滤畅通情况下,筛上乳液试样仅可保留一薄层;如发现筛孔有堵塞或过滤不畅,可用手轻轻拍打筛框。

　　注:过滤通常在室温条件下进行,如乳液稠度大,过滤困难时可将试样在水槽上加热至50℃左右后过滤。

　　3.2.4 试样全部过滤后,移开盛有乳液的烧杯。

3.2.5 用蒸馏水多次清洗烧杯,并将洗液过筛,再用蒸馏水冲洗滤筛,直至过滤的水完全清洁为止。

3.2.6 将滤筛置于已称质量的金属盘中,并置于烘箱(105℃±5℃)中烘干 2~4h。

3.2.7 取出滤筛,连同金属盘一起置于干燥器中冷却至室温(一般为30min以上)后称其质量(m_2),准确至0.1g。

4 计算

乳化沥青试样过筛后筛上剩余物含量按式(T 0652-1)计算,准确至1位小数。

$$P_r = \frac{m_2 - m_1}{m} \times 100 \qquad (\text{T 0652-1})$$

式中:P_r——筛上剩余物含量(%);
　　　m——乳化沥青试样质量(g);
　　　m_1——滤筛及金属盘质量(g);
　　　m_2——滤筛、金属盘与筛上剩余物合计质量(g)。

5 报告

同一试样至少平行试验两次,两次试验结果的差值不大于0.03%时,取其平均值作为试验结果。

6 允许误差

重复性试验的允许误差为0.03%;再现性试验的允许误差为0.08%。

【注意事项】

(1)将试样充分搅匀,称取规定质量的乳液进行试验。

(2)为了防止乳液接触试验筛破乳而残留在筛上,试验前,若为阳离子乳液,用蒸馏水将筛网及筛架内侧润湿;若为阴离子乳液,用油酸钠溶液将筛网及筛架内侧润湿。

(3)一般在室温条件下进行筛滤,若乳液稠度大,筛滤困难时,可将乳液在水浴中适当加热后筛滤。

(四)离子电荷

乳化沥青是阳离子乳液还是阴离子乳液,可通过检验乳液沥青微粒的离子电荷来分辨,方法是在乳液中放入正负两块电极板(铜片),通直流电,然后观察在哪个电极板上吸附有沥青微粒,从而确定乳液是阴离子型还是阳离子型。但此法只能定性地确定乳液是阳离子型还是阴离子型,无法区别所带电荷的强弱。在美国 ASTM 标准中,用两极板之间的电流从8mA 降到2mA 所用的时间来描述电荷的强弱。电荷强,微粒就容易吸附到极板上,这样电阻增大就快,电流减弱到2mA 的时间就短。反之亦然,这样大概就有个电荷强弱的比较。乳化沥青微粒离子电荷试验方法如下:

乳化沥青微粒离子电荷试验
(JTG E20—2011　T 0653—1993)

1 目的与适用范围

本方法适用于测定各类乳化沥青微粒离子的电荷性质,即阳、阴离子的类型。

2 仪具与材料技术要求

2.1 烧杯:200mL 或 300mL。

2.2 电极板:2块,铜制,每块极板长100mm,宽10mm,厚1mm。
2.3 直流电源:6V。
2.4 秒表。
2.5 滤筛:筛孔为1.18mm。
2.6 其他:汽油、洗液等。

3 方法与步骤

3.1 准备工作

3.1.1 将乳化沥青试样用孔径1.18mm滤筛过滤,并盛于一容器中。

3.1.2 将电极板洗净、干燥,并将两块电极板平行固定于一个框架上,其间距约为30mm;然后将框架置于容积为200mL或300mL的洁净烧杯内,插入乳化沥青中约30mm。装置如图T 0653-1所示。

3.2 试验步骤

3.2.1 将过滤的乳液试样注入盛有电极板的烧杯内,其液面的高度至少使电极板顶端浸没约3cm。

3.2.2 将两块电极板的引线分别接于6V直流电源的正负极上,接通电源开关并按动秒表。

3.2.3 接通电流3min后,关闭开关;然后将固定有电极板的框架由烧杯内取出。

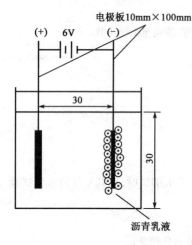

图T 0653-1 电极板装置(单位:mm)

3.2.4 仔细观察电极板,如负极板上吸附有大量沥青微粒,说明沥青微粒带正电荷,则该乳液为阳离子型;反之,阳极板上吸附有大量沥青微粒,说明沥青微粒带负电荷,则该乳液为阴离子型。

【注意事项】

(1)试样充分搅匀、过筛后,取一定的试样置于烧杯中进行试验。

(2)电极板在试样中通电3min后取出后,一个极板上几乎没有沥青,另一个极板上有厚厚的沥青层。若正极板上吸附有沥青,则乳液为阴离子型;若负极板上吸附有沥青,则乳液为阳离子型。

(五)与矿料黏附性

沥青乳液与矿料的黏附性是在规定条件下,表示黏附于湿集料颗粒表面的乳液受水侵蚀后的稳定程度的指标,用沥青在石料表面的裹覆面积表示,以评价其黏结力及抗水剥落的性能。黏附性试验方法如下:

乳化沥青与粗集料的黏附性试验
(JTG E20—2011 T 0654—2011)

1 目的与适用范围

本方法适用于检测各类乳化沥青与粗集料的黏附性,以评定粗集料的抗水剥离能力。

2 仪具与材料技术要求

2.1 标准筛:方孔筛,31.5mm、19.0mm、13.2mm。

2.2 滤筛:筛孔为1.18mm、0.6mm。

2.3 烧杯:400mL、1 000mL。
2.4 烘箱:具有温度自动控制调节器、鼓风装置,控温范围105℃±5℃。
2.5 秒表。
2.6 天平:感量不大于0.1g。
2.7 水:蒸馏水或纯净水。
2.8 工程实际使用的碎石。
2.9 其他:细线或细金属丝、铁支架、电炉、玻璃棒等。

3 阳离子乳化沥青与粗集料的黏附性试验方法

3.1 准备工作

3.1.1 将道路工程用集料过筛,取19.0~31.5mm的颗粒洗净,然后置105℃±5℃的烘箱中烘干3h。

3.1.2 从烘箱中取出5颗集料冷至室温逐个用细线或金属丝系好,悬挂于支架上。

3.2 试验步骤

3.2.1 取两个烧杯,分别盛入800mL蒸馏水(或纯净水)及经1.18mm滤筛过滤的300mL乳液试样。

3.2.2 对于阳离子乳化沥青,先将集料颗粒放进盛水烧杯中浸水1min后,随后立即放入乳化沥青中浸泡1min,然后将集料颗粒悬挂在室温中放置24h。

3.2.3 将集料颗粒逐个用线提起,浸入盛有煮沸水的大烧杯中央,调整加热炉,使烧杯中的水保持微沸状态。

3.2.4 浸煮3min后,将集料从水中取出,观察粗集料颗粒上沥青膜的裹覆面积。

4 阴离子乳化沥青与粗集料的黏附性试验方法

4.1 准备工作

4.1.1 取试样约300mL置入烧杯中。

4.1.2 将道路工程用碎石过筛,取13.2~19.0mm的颗粒洗净,然后置105℃±5℃的烘箱中烘干3h。

4.1.3 取出集料约50g在室温以间距30mm以上排列冷却至室温,约1h。

4.2 试验步骤

4.2.1 将冷却的集料颗粒排列在0.6mm滤筛上。

4.2.2 将滤筛连同集料一起浸入乳液的烧杯中1min,然后取出架在支架上,在室温下放置24h。

4.2.3 将滤网连同附有沥青薄膜的集料一起浸入另一个盛有1 000mL洁净水并已加热至40℃±1℃保温的烧杯中浸5min,仔细观察集料颗粒表面沥青膜的裹覆面积,作出综合评定。

5 非离子乳化沥青与粗集料的黏附性试验方法

非离子乳化沥青与粗集料的黏附性试验方法与阴离子乳化沥青的相同。

6 报告

6.1 同一试样至少平行试验两次,根据多数颗粒的裹覆情况作出评定。

6.2 试验结果:试验报告以碎石裹覆面积大于2/3或不足2/3的形式报告。

【注意事项】

(1)阳离子乳化沥青和阴离子乳化沥青采用不同的试验方法。阳离子乳化沥青采用19.1~31.5mm的集料逐个在水中摇动的方法;阴离子乳化沥青采用13.2~19.1mm的集料50g用水浸法试验。

(2)对于阳离子乳化沥青,集料颗粒在蒸馏水中、沥青乳液中及在水中上下移动的时间要严格控制。对阴离子乳化沥青应严格控制集料烘干和冷却的时间;集料浸入乳液和取出后在室温放置时间;在规定温度水中的浸水时间。

(3)试验所集料石必须采用工程实际使用的集料,集料品种不同试验结果有差异。

(4)试验应在周围无风的条件下进行,否则,试验结果常常出现反常现象。

(六)储存稳定性

在室温条件下存放一定时间后,乳液不产生絮凝、沉淀和油水分离现象的性质称为乳化沥青的储存稳定性。储存稳定性以静置规定天数之后,上、下层乳液蒸发残留物含量之差表示。储存稳定性的影响因素很多,主要是乳化剂的性能,沥青微粒尺寸,乳液中沥青含量及外界气温、湿度等影响。

乳液在特制的量筒中静置5d以后,上下层蒸发残留物含量之差小于5%为合格。1d以后,上下层沥青含量之差小于1%为合格。储存稳定性试验方法如下:

乳化沥青储存稳定性试验
(JTG E20—2011　T 0655—1993)

1　目的与适用范围

　　本方法适用于测定各类乳化沥青的储存稳定性。非经注明,乳液的储存温度为乳液制造时的室温,储存时间为5d,根据需要也可为1d。

2　仪具与材料技术要求

2.1　沥青乳液稳定性试验管:玻璃制,形状和尺寸如图T 0655-1所示,带有上下两个支管口,开口部配有橡胶塞或软木塞。

2.2　试样容器:小铝锅或瓷蒸发皿,300mL以上。

2.3　电炉或电热板。

2.4　天平:感量不大于0.1g。

2.5　滤筛:筛孔为1.18mm。

2.6　其他:温度计、气温计、玻璃棒、溶剂、洗液等。

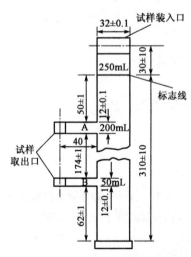

图T 0655-1　稳定性试验管
（尺寸单位:mm）

3　方法与步骤

3.1　准备工作

　　3.1.1　将稳定性试验管分别用溶剂(可用汽油)、洗液和洁净水洗净并置温度105℃±5℃的烘箱中烘干,冷却后用塞子塞好上下支管出口。

　　3.1.2　将均匀的乳化沥青试样约300mL通过1.18mm滤筛过滤至试样容器内。

3.2　试验步骤

　　3.2.1　将过滤后的乳液试样用玻璃棒搅匀,缓缓注入稳定性试验管内,使液面达到管壁上的250mL标线处。注入时应注意支管上不得附有气泡。然后,用塞子塞好管口。

　　3.2.2　将盛样封闭好的稳定性试验管置于试管架上,在室温下静置5昼夜。静置过程中,经常观察乳液有否分层、沉淀或变色等情况,做好记录并记录5d内的室温变化情况(最高及最低温度)。当生产的乳液计划在5d内即用完时,储存稳定性试验的试样也可静置1昼夜(24h)。

3.2.3 静置后,轻轻拔出上支管口的塞子,从上支管口流出试样约50g接入一个已称质量的蒸发残留物试验容器中;再拔开下支管口的塞子,将下支管以上的试样全部放出,流入另一容器;然后充分摇匀下支管以下的试样,倾斜稳定性管,将管内的剩余试样从下支管口流出试样50g,接入第三个已称质量的蒸发残留物试验容器内。

3.2.4 分别称取上下的两部分试样质量,准确至0.2g,然后按本规程 T 0651"乳化沥青蒸发残留物含量试验"方法测定蒸发残留物含量 P_A 及 P_B。

4 计算

乳化沥青的储存稳定性按式(T 0655-1)计算,取其绝对值。

$$S_S = |P_A - P_B| \qquad (T\ 0655\text{-}1)$$

式中:S_S——试样的储存稳定性(%);

P_A——储存后上支管部分试样蒸发残留物含量(%);

P_B——储存后下支管部分试样蒸发残留物含量(%)。

5 报告

5.1 同一试样至少平行试验两次,两次测定的差值符合重复性试验允许误差要求时,取平均值作为试验结果,以整数表示。

5.2 试验报告应注明乳液储存的温度变化范围与储存时间。

6 允许误差

重复性试验的允许误差为0.5%,再现性试验的允许误差为0.6%。

【注意事项】

(1)稳定性试验管的两个水平支管口要用橡胶塞或软木塞塞紧,橡胶塞不吸水,应尽量使用橡胶塞,软木塞吸水,使用软木塞时,塞紧后应用蜡或胶带纸将软木塞密封,防止水分蒸发或空气进入。加入乳液后上管口也应按同样的原则处理。

(2)试样应充分搅匀,通过1.18mm滤筛加入试样管至规定的容积刻线,过滤对本试验非常重要,直接影响试验结果的准确性。

(3)储存期间,试管必须处于垂直状态静置规定时间。按理时间和温度是本试验的主要影响因素,但试验规程只规定了静置时间,对环境温度无要求,在室温条件下静置即可。

(七)低温下储存稳定性

乳液如需在低温下储存就必须进行低温下储存稳定性检验,以评价乳液由于低温而产生冻融现象时质量变化情况。试验是将25℃的乳液放在-5℃环境下30min,在25℃±0.5℃的水中保持10min为一个循环,共进行两个循环。然后过1.18mm筛,如果筛网上没有沥青团块等残留物,即为冻融稳定性合格。如在夏季施工或南方不冻地区施工,乳液没有受冻的可能,就不必做此项试验。低温下储存稳定性试验方法如下:

乳化沥青低温储存稳定性试验
(JTG E20—2011 T 0656—1993)

1 目的与适用范围

本方法适用于测定各类乳化沥青在低温储存过程中的稳定性。

2 仪具与材料技术要求

2.1 锥形瓶:250mL。

2.2 冰箱：-5℃±0.5℃。
2.3 恒温水槽：25℃±0.5℃。
2.4 天平：感量不大于0.1g。
2.5 滤筛：筛孔为1.18mm。
2.6 烘箱：装有温度自动控制调节器。
2.7 其他：温度计、棉纱、软木塞或橡胶塞、溶剂、洗液、蒸馏水等。

3 方法与步骤

3.1 准备工作

3.1.1 将锥形瓶洗净，并置温度105℃±5℃的烘箱中烘干，冷却后称其质量，准确至0.1g。

3.1.2 将乳化沥青通过1.18mm筛。

3.1.3 将冰箱温度调节至-5℃±0.5℃，将恒温水槽水温调节至25℃±0.5℃，并保持恒温。

3.2 试验步骤

3.2.1 在锥形瓶中，称取已过筛的试样100g，并盖好软木塞密闭。

3.2.2 将盛有试样的锥形瓶置于-5℃±0.5℃的冰箱中存放30min。冷却后立即取出置于水温为25℃±0.5℃的恒温水槽中，保持10min。并照此步骤重复一次。

3.2.3 取出盛样锥形瓶作适当搅拌，观察乳液试样状态与原试样有无变化，并按本规程 T 0652作筛上剩余量试验，检查有无粗颗粒剩余物。

4 报告

试验应报告有无粗颗粒剩余物或结块情况。

（八）与水泥拌和性

与水泥拌和性是测定乳液与硅酸盐水泥在规定条件下拌和的均匀性程度。以混合料过筛后残留物质量占水泥与沥青总质量的百分数表示。目的是评价乳液与水泥拌和过程中乳液凝结的情况。乳液与水泥的拌和性是水泥与乳化沥青综合稳定土的一个重要的施工性能指标。

拌和性试验仅适用于慢裂型乳化沥青，只有慢裂型乳化沥青才有可能与水泥细料拌和均匀，此法也可以用于鉴定乳化沥青是不是慢裂型。乳化沥青与水泥拌和试验方法如下：

乳化沥青与水泥拌和试验
（JTG E20—2011 T 0657—2011）

1 目的与适用范围

本方法适用于非离子慢裂乳化沥青与水泥材料的拌和试验，以评定用水泥及乳化沥青综合稳定材料的施工性能。

2 仪具与材料技术要求

2.1 标准筛：方孔筛,0.15mm。
2.2 滤筛：筛孔为1.18mm。
2.3 拌和容器：金属或搪瓷盘,容量约500mL。
2.4 搅拌棒；直径约10mm,具有圆头的金属棒。
2.5 量筒：100mL。
2.6 天平：感量不大于0.1g。
2.7 烘箱：装有温度自动调节控制器，并有鼓风装置，控温范围105℃±5℃。
2.8 水：蒸馏水或纯净水。
2.9 水泥：工程实际采用的水泥，通常为普通硅酸盐水泥。

2.10 其他:秒表、烧杯、溶剂、镊子、棉纱等。
3 方法与步骤
3.1 准备工作

3.1.1 将烧杯、拌和器及1.18mm滤筛用溶剂及蒸馏水(或纯净水)擦洗清洁,烘干后分别称其质量,准确至0.1g。

3.1.2 将普通硅酸盐水泥过0.15mm筛备用。

3.1.3 乳化沥青试样的沥青含量按照本规程T 0651蒸发残留物含量试验方法测定。

3.2 试验步骤

3.2.1 将试验环境温度,及试验用水泥、乳化沥青、水及器皿的温度调整到25℃±2℃。

3.2.2 称取已过筛的普通硅酸盐水泥50g±0.5g置于拌和容器中。

3.2.3 称取50g±0.1g试样(如果残留物含量>50%,则需要将乳化沥青稀释到50%)倾入拌和容器内的水泥中,立即用搅拌棒作圆周运动搅拌2min,其速度为120r/min。

3.2.4 搅拌后立即加入150mL蒸馏水(或纯净水),再以60r/min的速度搅拌3min。

3.2.5 搅拌完毕后,立即将拌和容器中的水泥乳化沥青混合料通过已称质量的1.18mm滤筛,同时用蒸馏水(或纯净水)反复洗净拌和容器内部及搅拌棒上黏附的混合物,并过筛。

3.2.6 从筛上约15cm高度处用蒸馏水(或纯净水)冲洗筛上残留物,直至无乳化沥青颜色为止。

3.2.7 将滤筛放在已称质量的金属盘中,置烘箱(105℃±5℃)中烘干2h。

3.2.8 将滤筛、金属盘取出在室温条件下冷却,再称取质量,准确至0.1g。

4 计算

水泥拌和试验筛上残留物含量按式(T 0657-1)计算。

$$P_r = \frac{m - m_1 - m_2}{m_3 + m_4} \times 100 \quad (T\ 0657\text{-}1)$$

式中:P_r——水泥拌和试验筛上残留物的含量(%);
m——滤筛、金属盘及筛上残留物合计质量(g);
m_1——滤筛质量(g);
m_2——金属盘质量(g);
m_3——水泥用量(g);
m_4——50g乳化沥青试样中的沥青蒸发残留物(g)。

5 报告

每一试样至少平行试验两次,两次试验结果的差值不大于0.2%时,取平均值作为试验结果。

6 允许误差

重复性试验的允许误差为0.2%,再现性试验的允许误差为0.4%。

【注意事项】

(1)水泥采用工程实际使用的水泥,并且须过0.15mm的筛。乳液须充分搅匀、过筛。

(2)拌和温度试验规程未作规定,一般在室温条件下拌和即可。搅拌的速度和时间应按试验规程规定严格控制,乳液加入水泥中搅拌速度要求快,加入蒸馏水后拌和速度要求慢。

(3)过筛时将筛子适当倾斜,尽量用部分筛网过滤。用蒸馏水冲洗时应控制好水的下落高度和流量,应以细流移动冲洗,重点应是筛网与筛框连接处。

(九)破乳速度

破乳速度是乳化沥青与规定级配的矿料拌和后,以乳化沥青在矿料表面形成的裹覆薄膜的均匀性,判断乳液的拌和效果、分解破乳速度、破乳类型,以鉴别乳液属于快裂型、中裂型或慢裂型。

影响乳液破乳速度的因素很多,大致有以下几个方面:

(1)乳化剂的种类及用量的影响

乳化剂品种对乳液的破乳速度起主要作用,同时乳化剂用量增加后也可延缓乳液的破乳速度。

(2)气候的影响

气温低,湿度大,破乳慢;气温高,风速大,湿度小,破乳快。

(3)集料品种的影响

集料表面的纹理粗糙、多孔隙,含水率小时,与乳液拌和后,乳液中的水分很快被集料吸收,使乳液的破乳时间缩短;相反,集料表面密实,含水率大时,与乳液拌和后,使破乳时间延长。

(4)集料颗粒级配的影响

由于细集料和填充料的比表面积大,因此细集料比例大时就具有快裂倾向。

(5)集料表面电性质的影响

集料表面阳电荷强时,会延缓破乳时间。例如集料在拌和前先用 $CaCl_2$ 溶液预先处理,就可延缓破乳时间。

(6)外部荷载压力的影响

如在压路机或车辆的压力影响下,可以加快乳液的破乳速度。

因此,拌和试验所用集料的级配、品种、规格应与工程实际使用的材料完全相同,并严格控制其他条件。乳化沥青破乳速度试验方法如下:

乳化沥青破乳速度试验
(JTG E20—2011　T 0658—1993)

1　目的与适用范围

本方法适用于各种类型的乳化沥青的拌和稳定度试验,以鉴别乳液属于快裂(RS)、中裂(MS)或慢裂(SS)的型号。

2　仪具与材料技术要求

2.1　拌和锅:容量约1 000mL。

2.2　金属勺。

2.3　天平:感量不大于0.1g。

2.4　标准筛:方孔筛,4.75mm、2.36mm、0.6mm、0.3mm、0.75mm。

2.5　道路工程用粒径小于4.75mm的石屑。

2.6　蒸馏水。

2.7　其他:烧杯、量筒、秒表等。

3　方法与步骤

3.1　准备工作

3.1.1　将工程实际使用的集料(石屑)过筛分级,并按表T 0658-1的比例称料混合成两种标准级配矿料各200g。

3.1.2　将拌和锅洗净、干燥。

表 T 0658-1　拌和试验用矿料颗粒组成比例(%)

矿料规格(mm)	A组	B组
<0.075	3	10
0.3~0.075		30
0.6~0.3	5	30
2.36~0.6	7	30
4.75~2.36	85	—
合计	100	100

3.2 试验步骤

3.2.1 将A组矿料200g在拌和锅中拌和均匀。当为阳离子乳化沥青时,先注入5mL蒸馏水拌匀,再注入乳液20g;当为阴离子乳化沥青时,直接注入乳液20g。用金属匙以60r/min的速度拌和30s,观察矿料与乳液拌和后的均匀情况。

3.2.2 将拌和锅中的B组矿料200g拌和均匀后注入30mL蒸馏水,拌匀后,注入50g乳液试样,再继续用金属匙以60r/min的速度拌和1min,观察拌和后混合料的均匀情况。

3.2.3 根据两组矿料与乳液试样拌和均匀情况按表T 0658-2确定试样的破乳速度。

表 T 0658-2　乳化沥青的破乳速度分级

A组矿料拌和结果	B组矿料拌和结果	破乳速度	代号
混合料呈松散状态,一部分矿料颗粒未裹覆沥青,沥青分布不够均匀,有些凝聚成固块	乳液中的沥青拌和后立即凝聚成团块,不能拌和	快裂	RS
混合料混合均匀	混合料呈松散状态,沥青分布不均匀,并可见凝聚的团块	中裂	MS
	混合料呈糊状,沥青乳液分布均匀	慢裂	SS

4 报告

试验结果报告拌和情况及破乳速度分级、代号。

【注意事项】

(1)乳液的破乳速度随拌和所用矿料不同而略有不同,所以矿料必须是工程实际使用的集料品种。矿料分为A组和B组,并有各自的级配要求,试验前应取工程实际使用的集料进行筛分分级,并按试验规程规定的比例和质量配合。

(2)拌和时应严格控制拌和时间和速度,因为试验结果是用拌和的均匀性评价,所以拌和就显得非常重要。同样的矿料和乳液,拌和速度和时间不同,均匀性则不同,因此这一点怎么强调都不过分。

(3)拌和温度、环境条件对试验结果都有影响,试验规程未作规定,在室温条件下拌和即可。

(4)矿料是否要烘干试验规程未作规定,按理应烘干,否则矿料含水率不同,乳液的破乳速度则不同,这样试验将失去意义,但在施工中矿料并不是烘干的,因此以实际使用的矿料的实际含水率为准较为合理。

(十)与矿料的拌和性

与矿料的拌和性同破乳速度一样,也是检验乳化沥青的拌和稳定性和乳液类型的方法,但与矿料的拌和性适用于沥青混合料。该方法分两种情况进行试验:对沥青碎石,矿料由石屑、粗砂按规定的质量配合而成;对沥青混凝土,矿料由石屑、细砂、石灰石矿粉按规定的质量配合而成。在规定的拌和条件下观察拌和物有无粗结团、结块,依此评价乳液的拌和性。试验方法如下:

乳化沥青与矿料的拌和试验
(JTG E20—2011 T 0659—1993)

1 目的与适用范围

本试验适用于规定级配的矿料与乳液在25℃±5℃条件下拌和,检验乳液与矿料拌和时的状态和均匀性。

2 仪具与材料技术要求

2.1 拌和锅:容量约1 000mL,金属制、球形底有手柄。

2.2 金属匙:长约250mm。

2.3 烘箱。

2.4 天平:感量不大于0.1g。

2.5 标准筛:方孔筛,4.75mm、2.36mm、0.6mm、0.15mm、0.075mm。

2.6 矿料:石屑(2.36~4.75mm)、粗砂(0.6~2.36mm)、细砂(0.15~0.6mm)及石灰石矿粉(<0.075mm)。

3 方法与步骤

3.1 乳化沥青矿料混合料拌和试验

3.1.1 准备工作

1)将石屑(4.75~2.36mm)和粗砂(0.6~2.36mm)洗净、烘干,并在室温下摊开冷却1h。

2)将拌和锅及金属匙洗净、烘干并称其质量。

3.1.2 试验步骤

1)在已称质量的拌和锅(盘)中称取石屑335g±1g,粗砂130g±1g,再加水10g±0.5g用金属匙拌和均匀。

2)立即称取已搅匀后的沥青乳液35g±0.1g加入拌和锅中,并用金属匙以60r/min的速度连续拌和2min。

3)在拌和过程中及拌和终了后,仔细观察集料裹覆乳液是否均匀及是否有沥青结块或粗团粒的情况。

3.2 乳液沥青混凝土混合料拌和试验

3.2.1 准备工作

1)将石屑(4.75~2.36mm)和细砂(0.15~0.6mm)洗净、烘干并在室温下摊开冷却1h。

2)将拌和锅及金属匙洗净、烘干并称其质量。

3.2.2 试验步骤

1)在已称质量的拌和锅中称取石屑250g±1g,细砂180g±1g,石灰石矿粉15g±0.5g,再加水20g±0.5g,并拌和均匀。

2)立即称取已搅匀后的沥青乳液55g±0.1g加入拌和锅中,并用金属匙以60r/min的速度连续拌和2min。

4 报告

矿料裹覆乳液是否均匀以及是否有沥青结块或粗团粒等情况。

三、乳化沥青技术标准

乳化沥青适用于沥青表面处治、沥青贯入式路面、常温拌和的沥青混合料的结合料,稀浆封层工程以及作透层、黏层与封层油用。乳化沥青分为阳离子、阴离子和非离子乳化沥青,应用时应根据使用目的、矿料种类、气候条件选用。对酸性石料或当石料处于潮湿状态或在低温下施工时,宜采用阴离子乳化沥青。

1. 普通乳化沥青技术标准

普通乳化沥青的品种及适用范围见表9-5,乳化沥青的质量应符合道路用乳化石油沥青技术要求(表9-6)。

乳化沥青的品种及适用范围　　　　　表9-5

分类	品种及代号	适用范围
阳离子乳化沥青	PC-1	表处、贯入式路面及下封层用
	PC-2	透层油及基层养生用
	PC-3	黏层油用
	BC-1	稀浆封层或冷拌沥青混合料用
阴离子乳化沥青	PA-1	表处、贯入式路面及下封层用
	PA-2	透层油及基层养生用
	PA-3	黏层油用
	BA-1	稀浆封层或冷拌沥青混合料用
非离子乳化沥青	PN-2	透层油用
	BN-1	与水泥稳定集料同时使用(基层路拌或再生)

道路用乳化石油沥青技术要求　　　　　表9-6

试验项目		单位	品种及代号										试验方法
			阳离子				阴离子				非离子		
			喷洒用			拌和用	喷洒用			拌和用	喷洒用	拌和用	
			PC-1	PC-2	PC-3	BC-1	PA-1	PA-2	PA-3	BA-1	PN-2	BN-1	
破乳速度			快裂	慢裂	快裂或中裂	慢裂或中裂	快裂	慢裂	快裂或中裂	慢裂或中裂	慢裂	慢裂	T 0658
粒子电荷			阳离子(+)				阴离子(-)				非离子		T 0653
筛上残留物(1.18mm筛),不大于		%	0.1				0.1				0.1		T 0652
黏度	恩格拉黏度 E_{25}		2~10	1~6	1~6	2~30	2~10	1~6	1~6	2~30	1~6	2~30	T 0622
	道路标准黏度 $C_{25,3}$	s	10~25	8~20	8~20	10~60	10~25	8~20	8~20	10~60	8~20	10~60	T 0621

续上表

试验项目		单位	品种及代号										试验方法
			阳离子				阴离子				非离子		
			喷洒用			拌和用	喷洒用			拌和用	喷洒用	拌和用	
			PC-1	PC-2	PC-3	BC-3	PA-1	PA-2	PA-3	BA-1	PN-2	BN-1	
蒸发残留物	残留分含量,不小于	%	50	50	50	55	50	50	50	55	50	55	T 0651
	溶解度,不小于	%	97.5				97.5				97.5		T 0607
	针入度(25℃)	0.1mm	50~200	50~300	45~150		50~200	50~300	45~150		50~300	60~300	T 0604
	延度(15℃),不小于	cm	40				40				40		T 0605
与粗集料的黏附性,裹覆面积,不小于			2.3			—	2.3			—	2/3	—	T 0654
与粗、细粒式集料拌和试验			—			均匀	—			均匀	—		T 0659
水泥拌和试验的筛上剩余,不大于		%	—				—					3	T 0657
常温贮存稳定性:1d,不大于 5d,不大于		%	1 5				1 5				1 5		T 0655

注:1. P为喷洒型,B为拌和型,C、A、N分别表示阳离子、阴离子、非离子乳化沥青。
2. 黏度可选用恩格拉黏度计或沥青标准黏度计之一测定。
3. 表中的破乳速度与集料的黏附性、拌和试验的要求,所使用的石料品种有关,质量检验时应采用工程实际的石料进行试验,仅进行乳化沥青产品质量评定时可不要求此三项指标。
4. 贮存稳定性根据施工实际情况选用试验时间,通常采用5d,乳液生产后能在当天使用完时也可用1d的稳定性。
5. 当乳化沥青需要在低温冰冻条件下贮存或使用时,尚需按T 0656进行-5℃低温贮存稳定性试验,要求没有粗颗粒、不结块。
6. 如果乳化沥青是将高浓度产品运到现场经稀释后使用时,表中的蒸发残留物等各项指标指稀释前乳化沥青的要求。

2. 改性乳化沥青技术标准

改性乳化沥青按用途分为喷洒和拌和两类,其品种及适用范围见表9-7,其技术要求见表9-8。

改性乳化沥青品种及适用范围　　　　表9-7

品种		代号	适用范围
改性乳化沥青	喷洒型改性乳化沥青	PCR	黏层、封层、桥面防水黏结层用
	拌和用乳化沥青	BCR	改性稀浆封层和微表处用

改性乳化沥青技术要求 表9-8

试验项目		单位	品种及代号 PCR	品种及代号 BCR	试验方法
破乳速度		—	快裂或中裂	慢裂	T 0658
粒子电荷		—	阳离子(+)	阴离子(-)	T 0653
筛上剩余量(1.18mm),不大于		%	0.1	0.1	T 0652
黏度	恩格拉黏度 E_{25}	—	1~10	3~30	T 0622
黏度	道路标准黏度 $C_{25,3}$	s	8~25	12~60	T 0621
蒸发残留物	含量,不小于	%	50	60	T 0651
蒸发残留物	针入度(100g,25℃,5s)	0.1mm	40~120	40~100	T 0604
蒸发残留物	软化点,不小于	℃	50	53	T 0606
蒸发残留物	延度(5℃),不小于	cm	20	20	T 0605
蒸发残留物	溶解度(三氯乙烯),不小于	%	97.5	97.5	T 0607
与矿料的黏附性、裹覆面积,不小于		—	2/3	—	T 0654
贮存稳定性	1d,不大于	%	1	1	T 0655
贮存稳定性	5d,不大于	%	5	5	T 0655

注:1. 破乳速度与集料的黏附性、拌和试验、所使用的石料品种有关。工程上施工质量检验时应采用实际使用的石料试验,仅进行产品质量评定时可不对这些指标提出要求。
2. 当用于填补车辙时,BCR 蒸发残留物的软化点宜提高至不低于55℃。
3. 贮存稳定性根据施工实际情况选用试验天数,通常采用5d,乳液生产后能在第二天使用完时也可选用1d。个别情况下改性乳化沥青5d的贮存稳定性难以满足要求,如果经搅拌后能够达到均匀一致并不影响正常使用,此时要求改性乳化沥青运至工地后存放在附有搅拌装置的贮存罐内,并不断地进行搅拌,否则不准使用。
4. 当改性乳化沥青或特种改性乳化沥青需要在低温冰冻条件下贮存或使用时,尚需按 T 0656 进行 -5℃低温贮存稳定性试验,要求没有粗颗粒、不结块。

第五节 改 性 沥 青

一、改性剂及改性沥青的分类

沥青与一种或数种改性剂通过适宜的加工工艺加工成的混合物称作改性沥青。

1. 改性剂的分类

在介绍改性沥青分类以前,先介绍改性剂的分类、代表产品、性能特点,见表9-9。其中使用较多的是苯乙烯-丁二烯嵌段共聚物(SBS)和苯乙烯-丁二烯橡胶1502(SBR1502)。

改 性 剂 分 类 表9-9

序号	改性剂分类	代表改性剂	改性剂性能特点
1	热塑性橡胶类	SBS、SB、SIS	兼具橡胶和热塑性塑料特性,常温下显示橡胶弹性,受热时呈可塑性
2	橡胶类	SBR、CR、EPDM	在很宽的范围内具有高弹性和伸缩性

续上表

序号	改性剂分类	代表改性剂	改性剂性能特点
3	热塑性树脂类	EVA、PE	可反复软化(或熔化)和冷却凝固
4	天然沥青类	湖、页岩、海底沥青	有良好的高温稳定性、低温抗裂性和耐久性
5	其他	多价金属皂	可与沥青中的易氧化物形成稳定的、抗化学作用的络合物
		炭黑	具有很强的物理吸附和化学结合反应能力
		玻纤格栅	耐热、黏结性好,在混合料中起加筋作用

(1) SBS 的分类、牌号、技术标准

根据苯乙烯-丁二烯所含比例的不同和分子结构的差异,SBS 分为线形结构、星形结构与线形和星形混合结构三种。SBS 的牌(或型)号由结构类型、嵌段比、充油量、分子量构成。从左至右各数字的含义如下:

第一位数字表示结构类型:1 为线型结构;4 为星型结构;2 为混合结构。

第二位数字表示嵌段比:3 表示 S/B = 30/70;4 表示 S/B = 40/60。

第三位数字表示充油量:0 为不充油;1 为充油。

第四位数字表示分子量:10 万以内为 1;20 万以内为 2;30 万以内为 3。

SBS 的技术标准见表 9-10。

SBS 的技术标准(JT/T 526—2004) 表 9-10

型号规格	分子量	挥发分(%) ≤	300% 定伸应力 (MPa) ≥	扯断定伸率 (%) ≥	扯断永久变形 (%) ≥	熔体流动速率 (g/10min)
SBS1301	10	1.00	1.7	700	40	0.10~0.50
SBS1301-1	12	1.00	2.0	700	40	0.00~2.50
SBS1302	18	1.00	1.5	650	40	0.00~1.50
SBS2303	28	1.00	1.5	550	40	0.00~1.50
SBS4302	23	1.00	1.8	550	40	0.00~1.00
SBS4303	30	1.00	1.8	550	40	0.00~1.00
SBS4303-2	28	1.00	2.0	550	40	0.00~1.00

注:1. 试验方法见 SH/T 1610—2001 第四章。
2. SBS1301-1 为道改 1 号;SBS4303-2 为道改 2 号。

(2) SBR1502 技术标准

苯乙烯-丁二烯橡胶 1502(SBR1502)的技术标准见表 9-11。表中列出的是使用 ASTMIRB NO.7 的混炼胶和硫化胶性能指标。

SBR1502 技术标准 表 9-11

项 目	指标要求
挥发分(%)	0.1~1.0
有机酸(%)	5.0~6.0

续上表

项目		指标要求
皂(%)		0.04~0.5
结合苯乙烯(%)		23~24
生胶门尼黏度,ML(1+4),100℃		45~56
混炼胶门尼黏度,ML(1+4),100℃		76~83
300%定伸应力(MPa)(145℃×)	35min	13~18
	50min	15~20
拉伸强度(145℃×35min)(MPa)		24~30
扯断伸长率(145℃×35min)(%)		430~450

注：试验方法见 GB/T 12824—2002 第三章。

2. 改性沥青分类

改性沥青分类：改性沥青目前还没有统一的分类标准，通常的道路改性沥青一般是指聚合物改性沥青。可用于改性沥青的聚合物种类很多，按（常用）改性剂的不同，将聚合物改性沥青分为三类。聚合物改性沥青分类见表9-12。

聚合物改性沥青分类　　　　表9-12

分类	分类名称	改性沥青性能特点
1	SBS 改性沥青	高温、低温性能，弹性恢复性能，感温性能突出，是 EVA、PE 改性沥青无法相比的
2	SBR 改性沥青	低温性能较好
3	EVA、PE 改性沥青	EVA 改性沥青高温稳定性不如 PE，低温稳定性比 PE 改性沥青好一些，但不如 SBS 改性沥青；PE 改性沥青仅高温稳定性较好，但与 SBS 改性沥青差距很大

二、技术性质及试验方法

由于不同的改性沥青有不同的特点，不能用完全相同的指标去衡量不同的改性沥青。改性沥青的技术性质及试验方法，主要介绍《公路改性沥青路面施工技术规范》(JTJ 036—1998)中规定的技术指标。该标准将聚合物改性沥青分为三类，SBS、SBR、EVA 和 PE，各自的技术指标有所不同，试验时应根据改性沥青的种类，按技术标准要求的项目进行试验。

（一）黏韧性

沥青黏韧性是评价橡胶类改性沥青改性效果的一种比较好的方法。沥青黏韧性试验是测定沥青在规定温度条件下高速拉伸时与金属半球的黏韧性及韧性。一般试验温度为25℃，拉伸速度为500mm/min。试验时，一开始表现出荷载剧增，变形较小，之后荷载迅速下降，出现较长时间的变形段。将拉伸所做的总的功称作黏韧性，将后期较长时间变形的部分称作韧性，单位均为 N·m，以此两项指标评价改性沥青的质量。该试验用专用的黏韧性试验器，配以微型拉力试验机、数据采集及处理装置进行试验，试验方法如下：

沥青黏韧性试验
（JTG E20—2011 T 0624—2011）

1 目的与适用范围

   本方法适用于测定改性沥青的黏韧性，以评价沥青掺加改性剂后的改性效果。通常情况下适用于 SBR 改性沥青。非经注明，试验温度为25℃，拉伸速度为500mm/min。

2 仪具与材料技术要求

   2.1 黏韧性试验器:3 套,形状和尺寸如图 T 0624-1 所示,由不锈钢或铜制成。它由下列部分组成：

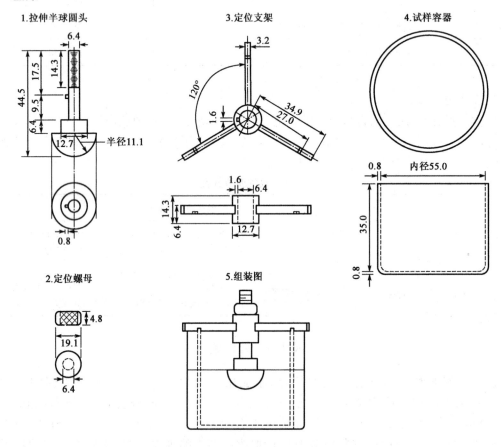

图 T 0624-1 黏韧性试验器(尺寸单位:mm)

   2.1.1 拉伸半球圆头:半径 11.1 mm,表面粗糙度应达 Ra3.2μm,上有连接螺杆,用以安装定位螺母,并与拉伸试验机上夹具连接,连接杆上有定位销钉。

   2.1.2 定位螺母:拧在连接杆上。

   2.1.3 定位支架:由一中孔套筒及与其相接的 3 根支杆组成,支杆在半径 27mm 处有刻槽。支架通过定位销固定拉伸半球圆头位置。

   2.1.4 试样器:金属制内径 55mm,深 35mm。

   2.2 恒温水槽:能控制恒温25℃±0.1℃,内有多孔的安放试样器的架子。

   2.3 温度计:量程 0~50℃,分度值0.1℃。

   2.4 拉伸试验机:能以 500mm/min 速度等速拉伸,最大加载能力为 1kN,拉伸变形及荷载能同时由记录仪记录绘成曲线,试验机备有固定黏韧性试验器的上下夹具。

2.5 烘箱:装有温度控制器。

2.6 天平:感量不大于1g及不大于1mg两种。

2.7 其他:三氯乙烯等。

3 方法与步骤

3.1 准备工作

3.1.1 按本规程T 0602的方法准备沥青试样。当试验改性沥青时,改性剂的加入应根据要求的方法操作并搅拌均匀。

3.1.2 将试样容器放入60~80℃烘箱中,预热1h。

3.1.3 用三氯乙烯溶剂擦净拉伸半球圆头,装入定位支架中干燥待用,将热沥青试样逐渐注入预热的试样容器中,质量为50g±1g。注意试样中不得混入气泡。

3.1.4 迅速将拉伸半球圆头浸入沥青试样中,定位支架架在试样容器上方,用定位螺母压紧固定,使半球圆头上面恰好与沥青试样齐平,在室温下静置1~1.5h。此时,试样稍有收缩,适当调整定位螺母,使半球圆头高度保持与沥青上表面齐平。

3.1.5 将安装好的黏韧性试验器连同试样一起置入温度为25℃±0.1℃的恒温水槽中保温不少于1.5h。

3.2 试验步骤

3.2.1 将黏韧性试验器从恒温水槽中取出,倒掉沥青面上的水,迅速将试验器的上连接杆及试样器安装到拉伸试验机的上下压头夹具间。注意,安装时不得使半球圆头与沥青的相对位置产生扰动。

3.2.2 调整好记录仪及试验机,记录仪以 Y 轴表示荷载,X 轴表示时间。立即以500mm/min的速度开始拉伸,拉至300mm时结束。此时记录仪记录荷载及拉伸时间,拉伸变形由拉伸速度与 X 轴记的拉伸时间求取,如图T 0624-2所示。为使记录曲线清晰,记录仪时间轴的走纸速度可选用500mm/min或1 000mm/min。

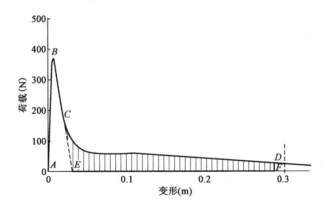

图T 0624-2 黏韧性试验荷载—变形曲线

3.2.3 黏韧性试验器从恒温水槽中取出到试验结束的时间不能超过1min。

4 计算

4.1 在图T 0624-2的荷载—变形曲线上将曲线BC下降的直线部分延长至E,用虚线表示。

4.2 分别量取曲线ABCE及CDFE所包围的面积,记作A_1及A_2。面积可以用求积仪或数记录纸方格数求算,也可由记录纸张的质量比例法求出。此时用剪刀剪下ABCE及CDFE,分别称取质量m_1、m_2,准确至1mg,再由已知面积的记录纸称取单位面积的记录纸质量m_0,并按式(T 0624-1)及式(T 0624-2)求得到曲线面积A_1、A_2。

$$A_1 = \frac{m_1}{m_0} \qquad (T\ 0624\text{-}1)$$

$$A_2 = \frac{m_2}{m_0} \qquad (T\ 0624\text{-}2)$$

式中：A_1——曲线 ABCE 的面积(N·m)；

A_2——曲线 CDFE 的面积(N·m)；

m_0——单位面积记录纸质量[g/(N·m)]；

m_1——ABCE 部分记录纸质量(g)；

m_2——CDEF 部分记录纸质量(g)。

4.3 试样的黏韧性及韧性按式(T 0624-3)及式(T 0624-4)计算。

$$T_0 = A_1 + A_2 \qquad (T\ 0624\text{-}3)$$

$$T_e = A_2 \qquad (T\ 0624\text{-}4)$$

式中：T_0——沥青的黏韧性(N·m)；

T_e——沥青的韧性(N·m)。

5 报告

同一试样至少进行 3 次平行试验,当最大值或最小值与平均值之差不超过 3 倍标准差时,取平均值作为试验结果,准确至 1 位小数。

【注意事项】

(1)拉伸试验时,拉伸半球圆头的顶面与沥青表面位于同一平面内非常重要,涉及受拉面积的大小,由于沥青溶解后,温度不低于100℃,试验温度为25℃,所以在恒温前和恒温过程中应适当调整固定螺母,使圆头上平面与沥青面恰好齐平。

(2)试验规程规定试验温度为25℃±0.1℃,并在1min内完成拉伸试验,实际上拉伸是在室温下进行,有条件时应采取措施使环境温度尽量接近试验温度。

(3)试验应使用具有自动记录应力—应变曲线的万能试验机,或通过计算机采集数据,采用积分的方法计算曲线所包围的图形面积,直接得出试验结果。

(二)黏度

测定不同温度条件下沥青的黏度,通常需要不同类型的黏度计,前几节已分别作了介绍。例如,适用于黏稠沥青的真空减压毛细管法。近年来由于改性沥青的黏度增大,需要采用较粗的黏度管测定；对确定施工拌和温度而测定135℃(或更高温度)的黏度,通常采用逆流式毛细管法、塞波特黏度计法；对乳化沥青和液体沥青采用道路标准黏度计法。

与逆流式毛细管黏度计相当的还有一种旋转黏度计法,曾有过多种形式。但因为对其测试精密度有非议,一直未定为道路部门的标准试验方法。自从美国 SHRP 战略公路研究计划推出采用布洛克菲尔德黏度计法确定施工拌和温度后,该设备又被重视。《SHRP 沥青结合料性能规范》中提出了135℃黏度不得超过3Pa·s的技术要求,以控制改性沥青的施工性能。

布洛克菲尔德黏度计法适用于测定牛顿流体或非牛顿流体之剪应力与剪变率之比,即表观黏度。剪应力与剪变率之比值为常数的属于牛顿流体,比值不是常数的流体则是非牛顿流体,许多流体都表现出牛顿流体和非牛顿流体两种特性,这取决于剪变率的大小。黏度是流体抗流动的量度,黏度的国际单位制单位是帕斯卡秒(Pa·s),1Pa·s 相当于 10 泊(P),1 厘泊(cP)是 1 毫帕斯卡秒(mPa·s),常用做黏度单位,1Pa·s = 1 000mPa·s。

布洛克菲尔德黏度计用于测量沥青的高温黏度。将少量沥青样品盛于恒温控制的盛样筒中,一个转子在沥青试样中转动,测定相应的转动阻力所反映出来的扭矩。扭矩计读数乘以仪器参数即可得到以 mPa·s 表示的沥青黏度。

布洛克菲尔德黏度计可用于测量沥青在使用温度时的表观黏度。在本方法的试验条件或温度范围内,某些沥青可能表现出非牛顿特性。因为非牛顿性流体的表观黏度值不是唯一的材料性质,而是反映流体和测量系统的特性。应该注意,本方法是在某一个规定的测定条件下测量获得的黏度值,并不能预测不同条件下的使用性能。对各种非牛顿体沥青之间表观黏度值之间的比较,应采用同类型黏度计在相同的剪应力和剪切历程条件下获得的测定值进行比较。沥青布氏旋转黏度试验方法如下:

沥青旋转黏度试验(布洛克菲尔德黏度计法)
(JTG E20—2011 T 0625—2011)

1 目的与适用范围

1.1 本方法适用于采用布洛克菲尔德黏度计(Brookfield,简称布氏黏度计)旋转法测定道路沥青在45℃以上温度范围内的表观黏度,以帕斯卡秒(Pa·s)计。

1.2 本方法测定的不同温度的黏度曲线,用于确定各种沥青混合料的拌和温度和压实温度。

2 仪具与材料技术要求

2.1 布洛克菲尔德黏度计:具有直接显示黏度、扭矩、剪切应力、剪变率、转速和试验温度等项目的功能,如图 T 0625-1 所示。它主要由下列部分组成:

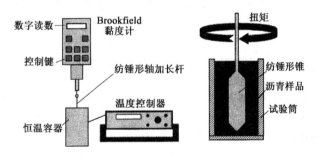

图 T 0625-1 布洛克菲尔德黏度计

2.1.1 适用于不同黏度范围的标准高温黏度测量系统,如 LV、RV、HA 或 HB 型系列等,其量程应满足被测改性沥青黏度的要求。

2.1.2 不同型号的转子,根据沥青黏度选用。

2.1.3 自动温度控温系统,包括恒温室、恒温控制器、盛样筒(为试管形状)、温度传感器等。

2.1.4 数据采集和显示系统,绘图记录设备等。

2.2 烘箱:有自动温度控制器,控温的准确度为 ±1℃。

2.3 标准温度计,分度值 0.1℃。

2.4 秒表。

3 试验步骤

3.1 按本规程 T 0602 的方法准备沥青试样,分装在盛样容器中,在烘箱中加热至软化点以上100℃左右保温 30~60min 备用,对改性沥青尤应注意去除气泡。

3.2 仪器在安装时必须调至水平,使用前应检查仪器的水准器气泡是否对中。开启黏度计温度控制器电源,设定温度控制系统至要求的试验温度。此系统的控温准确度应在使用前严格标定。

3.3 根据估计的沥青黏度,按仪器说明书规定的不同型号的转子所适用的速率和黏度范围,选择适宜的转子。

3.4 取出沥青盛样容器,适当搅拌,按转子型号所要求的体积向黏度计的盛样筒中添加沥青试样,根据试样的密度换算成质量。加入沥青试样后的液面应符合不同型号转子的规定要求,试样体积应与系统标定时的标准体积一致。

3.5 将转子与盛样筒一起置于已控温至试验温度的烘箱中保温,维持1.5h。若试验温度较低时,可将盛样筒试样适当放冷至稍低于试验温度后再放入烘箱中保温。

3.6 取出转子和盛样筒安装在黏度计上,降低黏度计,使转子插进盛样筒的沥青液面中,至规定的高度。

3.7 使沥青试样在恒温容器中保温,达到试验所需的平衡温度(不少于15min)。

3.8 按仪器说明书的要求选择转子速率,例如在135℃测定时,对RV、HA、HB型黏度计可采用20r/min,对LV型黏度计可采用12r/min,在60℃测定可选用0.5r/min等。开动布洛克菲尔德黏度计,观察读数,扭矩读数应在10%~98%范围内。在整个测量黏度过程中,不能改变设定的转速。仪器在测定前是否需要归零,可按操作说明书规定进行。

3.9 观察黏度变化,当小数点后面2位读数稳定后,在每个试验温度下,每隔60s读数一次,连续读数3次,以3次读数的平均值作为测定值。

3.10 对每个要求的试验温度,重复以上过程进行试验。试验温度宜从低到高进行,盛样筒和转子的恒温时间应不小于1.5h。

3.11 如果在试验温度下的扭矩读数不在10%~98%的范围内,必须更换转子或降低转子转速后重新试验。

3.12 利用布洛克菲尔德黏度计测定的不同温度的表观黏度,绘制黏温曲线。一般可采用135℃和175℃的表观黏度,根据需要也可以采用其他温度。

4 报告

4.1 同一种试样至少平行试验两次,两次测定结果符合重复性试验允许误差要求时,以平均值作为测定值。

4.2 将在不同温度条件下测定的黏度,绘于图T 0625-2所示的黏温曲线中,确定沥青混合料的施工温度。当使用石油沥青时,宜以黏度为0.17Pa·s±0.02Pa·s时的温度作为拌和温度范围;以0.28Pa·s±0.03Pa·s时的温度作为压实成型温度范围。

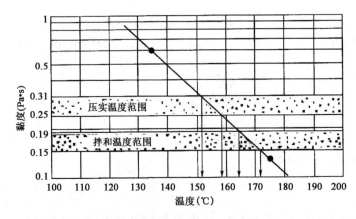

图T 0625-2 由沥青结合料的黏度曲线确定施工温度

4.3 报告试验温度、转子的型号和转速。

4.4 绘制黏温曲线,给出推荐的拌和及压实施工温度范围。

5 允许误差

重复性试验的允许误差为平均值的3.5%;再现性试验的允许误差为平均值的14.5%。

【注意事项】

(1)转子和转速的选定。布洛克菲尔德黏度计配有不同直径的转子,转速也有数个挡位。试验时根据估计的沥青的黏度选定,一般扭矩读数不能小于10%,过小误差较大。如果扭矩过小,可以调整速度或更换较粗的转子。

(2)转子必须与沥青试样在同一烘箱中,在拟定的试验温度下保持一定时间。

(3)试验规程中的图T 0625-2由黏温曲线确定施工温度的方法是基于未经改性的普通道路石油沥青的数据得出的。当用于改性沥青时,由此确定的拌和温度和压实温度可能会太高,所以此法是否适合于改性沥青国内外都有不同意见。

(三)离析

由于聚合物改性沥青在停止搅拌、冷却过程中,聚合物有从沥青中离析的现象,所以当聚合物改性沥青在生产后不能立即使用,需要冷却、储存、运输、再加热后使用,应进行离析试验,以评价改性剂与基质沥青的相容性。

不同的改性剂离析的态势也有所不同,试验所用方法也不同。

(1)对SBR、SBS类聚合物改性沥青,离析时表现为聚合物上浮。用离析差表示离析,将改性沥青注入竖立的试管中,在163℃±5℃的条件下静放48h±1h后,冷冻1h,使改性沥青凝为固体。取顶部和底部的试样分别测定软化点,软化点的差值即为离析差。

(2)对PE、EVA类聚合物改性沥青,离析时表现为向容器壁吸附,表面结皮,所以离析是观测改性沥青在存放过程中表面结皮、在容器内表面的凝聚情况来评价。试验时,试样在无扰动的情况下,在试样杯中持续恒温一定时间,观察试样,并用一小刮刀徐徐地探测试样,检查表面层稠度以及底部的沉淀物,以评价改性沥青的离析性。聚合物改性沥青离析试验方法如下:

聚合物改性沥青离析试验
(JTG E20—2011 T 0661—2011)

1 目的与适用范围

本方法适用于测定聚合物改性沥青的离析性,以评价改性剂与基质沥青的相容性。

2 仪具与材料技术要求

2.1 沥青软化点仪,同T 0606。

2.2 试验用标准筛,0.3mm。

2.3 盛样管:铝管,直径约25mm,长约140mm,一端开口。

2.4 烘箱:能保温163℃±5℃或135℃±5℃。

2.5 冰箱。

2.6 支架:能支撑试样管,竖立放入烘箱及冰箱中,也可用烧杯代替。

2.7 剪刀。

2.8 容器:标准的沥青针入度金属试样杯(高48mm,直径70mm)。

2.9 其他:小夹子、样品盒、小烧杯、小刮刀、小锤、甘油、滑石粉、隔离液等。

3 试验步骤

3.1 对SBS、SBR类聚合物改性沥青,按如下试验步骤进行:

3.1.1 准备好盛样管,将盛样管装在支架上。

3.1.2 将改性沥青用0.3mm筛过筛,然后加热至能充分浇灌,稍加搅拌并徐徐注入竖立的盛样管中,数量约为50g。

3.1.3 将铝管开口的一端捏成一薄片,并折叠两次以上,然后用小夹子夹紧,密闭;将盛样管连同架子(或烧杯)一起放入163℃±5℃的烘箱中,在不受任何扰动的情况下静放48h±1h。

3.1.4 加热结束后,将盛样管连支架一起从烘箱中轻轻取出,放入冰箱的冷柜中,保持盛样管在竖立状态,不少于4h,使改性沥青试样凝为固体。待沥青全部固化后将盛样管从冰箱中取出。

3.1.5 待试样温度稍有回升发软,用剪刀将盛样管剪成相等的3截,取顶部和底部的各1/3试样分别放入样品盒或小烧杯中,再放入163℃±5℃的烘箱中融化,取出已剪断的铝管。

3.1.6 稍加搅拌,分别灌入软化点试模中。

3.1.7 对顶部和底部的沥青试样按本规程 T 0606 同时进行软化点试验,计算其差值。

3.1.8 应进行两次平行试验,取平均值。

3.2 对 PE、EVA 类聚合物改性沥青,按如下试验步骤进行:

3.2.1 将聚合物拌入沥青中成为混合物,在高温状态下充分浇灌入沥青针入度试样杯中,至杯内标线处(距杯口6.35mm),将杯放入135℃的烘箱中,持续24h±1h,不扰动表面,小心地从烘箱中取出样杯,仔细观察试样,经观察以后,用一小刮刀徐徐地探测试样,查看表面层稠度,检查底部及四周的沉淀物。这些检查和试验都应在沥青试样自烘箱中取出后5min之内进行。

3.2.2 视沥青聚合物体系的相容性和离析程度,按表 T 0661-1 记录。

如果表中记述项不适合特殊的试样,应正确地记录所发生的现象,并保留试样。

表 T 0661-1　热塑性树脂改性沥青的离析情况

记　　述	报　　告
均匀的,无结皮和沉淀	均匀
在杯边缘有轻微的聚合物结皮	边缘轻微结皮
在整个表面有薄的聚合物结皮	薄的全面结皮
在整个表面有厚的聚合物结皮(大于0.8mm)	厚的全面结皮
无表面结皮但容器底部有薄的沉淀	薄的底部沉淀
无表面结皮但容器底部有厚的沉淀(大于6mm)	厚的底部沉淀

【注意事项】

(1)高温加热,低温凝固后上部中间形成一倒锥形的空洞,使上部1/3高度的试样很少,这是该试验方法的一个缺陷。因此,盛样管直径应符合规范规定,不宜用直径较大的盛样管,若盛样管直径越大空洞也越大,使上部(尤其是顶面)试样下移,影响试验结果,盛样管直径小相对好一些。

(2)在加热期间,盛样管上口必须密封,隔绝空气,以免表面试样老化。

(3)对 PE、EVA 类聚合物改性沥青,在观察时应掌握先中间后边缘,先表面后里面。先用小刀轻划试样中心表面,检查是否有结皮,再检查周边。然后将小刀从试样中心垂直下插,检查上下试样的稠度是否均匀,再检查周边。

(四)弹性恢复(回弹)

对 SBS 等热塑性橡胶改性沥青,弹性恢复能力强是其显著的特点。由于弹性恢复性能好,路面在荷载作用下产生的变形,能在荷载通过后迅速恢复,从而留下的残余变形小,或者说有良好的自愈能力。

目前最通用的弹性恢复试验是 ASTM D6084—2006 及 ASTM D5976—1996 规定的拉伸弹性试验。适用于评价热塑性橡胶类聚合物改性沥青的弹性恢复性能。采用延度试验的试模，但中间部分为棱柱体，长 30mm，截面积为 100mm²。按延度试验方法在 25℃ ±0.5℃ 试验温度下以 5cm/min 的规定速率拉伸试样达 10cm 时停止，用剪刀从中间将沥青试样剪成两部分，原封不动地保持试样在水中 1h，然后将两个半截试样对接，测量试件的长度 X，计算弹性恢复。

沥青弹性恢复试验
（JTG E20—2011 T 0662—2000）

1 目的与适用范围

本试验适用于评价热塑性橡胶类聚合物改性沥青的弹性恢复性能，即测定用延度试验仪拉长一定长度后的可恢复变形的百分率。非经注明，试验温度为 25℃，拉伸速率为 5cm/mini ±0.25cm/min。

2 仪具与材料技术要求

2.1 试模：采用延度试验所用试模，但中间部分换为直线侧模，如图 T 0662-1 所示。制作的试件截面积为 1cm²。

2.2 水槽：能保持规定的试验温度，变化不超过 0.1℃。水槽的容积不小于 10L，高度应满足试件浸没深度不小于 10cm，离槽底部不少于 5cm 的要求。

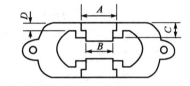

图 T 0662-1 弹性恢复试验用直线延度试模
$A = 36.5mm ± 0.1mm$；$B = 30mm ± 0.1mm$；
$C = 17mm ± 0.1mm$；$D = 10mm ± 0.1mm$

2.3 延度试验机：同本规程 T 0605。

2.4 温度计：符合延度试验的要求。

2.5 剪刀。

3 试验步骤

3.1 按规程 T 0605 沥青延度试验方法浇灌改性沥青试样、制模，最后将试样在 25℃ 水槽中保温 1.5h。

3.2 将试样安装在滑板上，按延度试验方法以规定的 5cm/min 的速率拉伸试样达 10cm ± 0.25cm 时停止拉伸。

3.3 拉伸一停止就立即用剪刀在中间将沥青试样剪断，保持试样在水中 1h，并保持水温不变。注意在停止拉伸后至剪断试样之间不得有时间间歇，以免使拉伸应力松弛。

3.4 取下两个半截的回缩的沥青试样轻轻捋直，但不得施加拉力，移动滑板使改性沥青试样的尖端刚好接触，测量试件的残留长度为 X。

4 计算

按式（T 0662-1）计算弹性恢复率。

$$D = \frac{10 - X}{10} \times 100 \qquad (T\ 0662\text{-}1)$$

式中：D——试样的弹性恢复率(%)；

X——试样的残留长度(cm)。

【注意事项】

(1) 若室温与试验温度有差异时，应先在试验温度的水中恒温一定的时间后再铲平确保试样断面尺寸符合误差要求。同时铲平时用力要适当，以免试件受拉变形。

(2) 由于沥青除了的黏弹性和应力松弛现象，立即剪断和间隔一定时间剪断，弹性恢复是不一样的，因此当试样拉伸至 10cm 时立即剪断。剪断面应与试样拉伸方向垂直。

(3)测残留长度时,如有必要应先试件取下拉直,将延度仪的移动架向回移动,使剪断的试样重新对接并从仪器上读取残留长度。一般3个试件不会同时对接上,可将先对接上的试件读完数后拿掉,再对接下一个。

(五)抗剥落性

在通常情况下,改性沥青与石料的黏结力都会得到提高,而无须再使用抗剥离剂,所以黏附性较高是改性沥青非常重要的特性之一。但对一些特殊路面结构(如SMA),由于使用坚硬的石料,经常会遇到使用花岗岩、石英岩等酸性石料的问题,因此抗剥落的问题对改性沥青仍然存在。

应该指出的是,抗剥落剂的效果在刚加入时一般都比较好,但长期效果则不一定。据试验,某种掺加胺类抗剥落剂的沥青与石料的黏附性,刚掺入2h后用水煮法试验,剥落率仅为2%,高温储存24h后试验的剥落率达20%,储存48h后试验的剥落率达30%,储存72h后试验的剥落率达34%,这说明抗剥离效果随时间而变差。另外,热稳定性比较差。据对某种抗剥落剂进行试验,按普通方法测得沥青与花岗岩的黏附性等级,从不掺抗剥落剂的原样沥青的1级提到4级,但经过薄膜加热处理后再进行黏附性试验,结果最多只能提高到3级,达不到高速公路的使用要求。

为此,《公路工程沥青及沥青混合料试验规程》(JTJ 052)特地制订了一个沥青抗剥落剂性能检测试验方法,规定进行沥青与集料的黏附性试验时,采用薄膜加热试验使加抗剥落剂的沥青经受一定程度的热老化,然后再进行黏附性试验。同时规定沥青混合料也应该进行短期老化及长期老化试验,然后再进行浸水马歇尔或冻融劈裂试验,以评价抗剥离剂或改性剂的长期抗剥离效果。沥青抗剥落剂性能评价试验方法如下:

沥青抗剥落剂性能评价试验
(JTG E20—2011　T 0663—2000)

1　目的与适用范围

本方法适用于评价沥青在掺加抗剥落剂后与集料的黏附性及沥青混合料的水稳定性。

2　仪具与材料技术要求

与本规程 T 0616、T 0709、T 0729 相同。

3　试验步骤

3.1　按本规程 T 0602 的方法对沥青试样加热、过滤,加入要求比例的抗剥落剂,采用手工或搅拌器搅拌,使抗剥落剂均匀分散在沥青试样中。

3.2　在评价沥青抗剥落剂性能时,必须按下列步骤进行试验检验:

3.2.1　按本规程 T 0609 或 T 0610 沥青薄膜加热试验的方法对掺加抗剥落剂的沥青结合料进行加热老化,总质量不少于300g。

3.2.2　对经加热老化的沥青结合料,按本规程 T 0616 的方法采用水浸法或水煮法检验沥青与粗集料的黏附性。试验应采用工程上实际使用的集料,当无工程针对性时,应选用有代表性的酸性集料(如花岗岩、砂岩、石英岩等)。

3.2.3　按本规程 T 0734 规定的加速老化试验方法对使用了抗剥落剂的热拌沥青混合料进行短期老化及长期老化处理。

3.2.4　按本规程 T 0709、T 0729 的方法分别对掺加了抗剥落剂并经老化处理的沥青混合料进行浸水马歇尔试验、冻融劈裂试验,评价沥青混合料的水稳定性。

3.2.5 必要时可采用未经薄膜加热试验的沥青结合料试验与粗集料的黏附性,或采用未经老化处理的沥青混合料进行水稳定性试验,进行比较,以评价抗剥落剂的耐热性能及长期使用效果。

3.3 在沥青路面工程中使用的抗剥落剂必须符合现行规范规定的沥青结合料与集料的黏附性等级,符合沥青混合料水稳性要求,并具有长期抗剥离效果。

【注意事项】

(1)试验用的集料应为工程上实际使用的集料,当无工程针对性时,应选用有代表性的酸性石料(如花岗岩、砂岩、石英岩等)进行试验。

(2)该试验是一个综合试验项目,涉及沥青的老化、黏附性试验,沥青混合料的多项试验,有关注意事项参考相关试验项目。

三、改性沥青技术标准

按《公路沥青路面施工技术规范》(JTG F40—2004)的规定,改性沥青有两个技术标准,改性沥青技术标准和改性乳化沥青技术标准。

1. 改性沥青技术标准

按聚合物种类分为3类,即 SBS 类、SBR 类、EVA 和 PE 类,每一类又按针入度大小分为3~4个标号,分别适用于不同的气候条件(表9-13)。

Ⅰ类(SBS)改性沥青:Ⅰ-A、Ⅰ-B 适用于寒冷地区,Ⅰ-C 适用于较热地区,Ⅰ-D 适用于炎热地区及重交通量路段。

Ⅱ类(SBR)改性沥青:Ⅱ-A 适用于寒冷地区,Ⅱ-B、Ⅱ-C 适用于较热地区。

Ⅲ类(EVA 和 PE)改性沥青适用于较热和炎热地区。

同时规范对其他指标也规定了相应的指标值。聚合物改性沥青技术要求见表9-13。

聚合物改性沥青技术要求 表9-13

指 标	单位	SBS 类(Ⅰ类)				SBR 类(Ⅱ类)			EVA、PE 类(Ⅲ类)				试验方法
		Ⅰ-A	Ⅰ-B	Ⅰ-C	Ⅰ-D	Ⅱ-A	Ⅱ-B	Ⅱ-C	Ⅲ-A	Ⅲ-B	Ⅲ-C	Ⅲ-D	
针入度25℃,100g,5s	0.1mm	>100	80~100	60~80	40~60	>100	80~100	60~80	>80	60~80	40~60	30~40	T 0604
针入度指数 PI,不小于		-1.2	-0.8	-0.4	0	-1.0	-0.8	-0.6	-1.0	-0.8	-0.6	-0.4	T 0604
延度5℃,5cm/min,不小于	cm	50	40	30	20	60	50	40	—				T 0605
软化点 $T_{R\&B}$,不小于	℃	45	50	55	60	45	48	50	48	52	56	60	T 0606
运动粘度[1] 135℃,不大于	Pa·s	3											T 0625 T 0619
闪点,不小于	℃	230				230			230				T 0611
溶解度,不小于	%	99				99			—				T 0607
弹性恢复(25℃),不小于	%	55	60	65	75	—			—				T 0662
粘韧性,不小于	N·m	—				5			—				T 0624
韧性,不小于	N·m	—				2.5			—				T 0624
贮存稳定性[2]离析,48h软化点差,不大于	℃	2.5				—			无改性剂明显析出、凝聚				T 0661
TFOT(或 RTFOT)后残留物													
质量变化,不大于	%	±1.0											T 0610 或 T 0609

续上表

指　　标	单位	SBS类(Ⅰ类)				SBR类(Ⅱ类)			EVA、PE类(Ⅲ类)				试验方法
		Ⅰ-A	Ⅰ-B	Ⅰ-C	Ⅰ-D	Ⅱ-A	Ⅱ-B	Ⅱ-C	Ⅲ-A	Ⅲ-B	Ⅲ-C	Ⅲ-D	
针入度比25℃,不小于	%	50	55	60	65	50	55	60	50	55	58	60	T 0604
延度5℃,不小于	cm	30	25	20	15	30	20	10	—				T 0605

注:1. 表中135℃运动黏度可采用《公路工程沥青及沥青混合料试验规程》(JTJ 052—2000)中的沥青布氏旋转黏度试验方法(布洛克菲尔德黏度计法)"进行测定。若在不改变改性沥青物理力学性质并符合安全条件的温度下易于泵送和拌和,或经证明适当提高泵送和拌和温度时能保证改性沥青的质量,容易施工,可不要求测定。

2. 贮存稳定性指标适用于工厂生产的成品改性沥青。现场制作的改性沥青对贮存稳定性指标可不作要求,但必须在制作后,保持不间断的搅拌或泵送循环,保证使用前没有明显的离析。

2. SBS改性沥青改性剂掺量控制方法

SBS改性沥青是目前使用量最大改性沥青品种,但是SBS改性剂的实际掺量目前还没有规范性试验方法。虽然研究者也提出了不少他们的试验方法,因种种原因在生产中难以推广,而改性剂的实际掺量合适与否又直接关乎改性沥青质量的好坏,也一直是困扰改性沥青用户的一个问题。鉴于此,下面介绍在工程实际中采用的方法,以供参考。

(1) 数袋子法

由每罐基质沥青的质量和SBS掺量计算应加入SBS的质量(袋数)。SBS入罐后倒出的空袋子由主管监理工程师带回驻地保存,并建立台账,作为总量控制的依据,并定期进行总量校核。

改性沥青厂家也应建立台账,记录每罐基质沥青的质量、加入改性剂的质量,以及加工工艺参数的控制情况,并由主管监理工程师签字认可。

(2) 标准试验法

对基质沥青进行全面性能试验,在确认其标号、质量符合要求的前提下,按设计SBS掺量在试验室制备改性沥青小样,再对改性沥青进行全面性能试验。根据基质沥青、改性沥青的试验结果,计算下列参数,作为改性剂实际掺量的控制依据。

① 针入度比

在基质沥青、改性剂牌号、改性剂掺量、加工工艺等不变的前提下,改性沥青的针入度与基质沥青的针入度的比值近乎常数(误差是针入度试验误差所致)。针入度比应控制在"标准针入度比±2%"范围内。

② 针入度差

基质沥青在用SBS改性后,其针入度都要降低,在基质沥青、改性剂牌号、改性剂掺量、加工工艺等不变的前提下,基质沥青的针入度与改性沥青的针入度的差值近乎常数。针入度差应控制在"标准针入度差±3(0.1mm)"范围内。

用针入度比和针入度差可有效地控制SBS的实际掺量,而且简单易行,也不需要增加特殊试验设备。只要在SBS改性沥青加工过程中,每罐基质沥青入罐后,从罐中取样测针入度;成品改性沥青同样取样测针入度,就能确定改性剂掺量是否在要求的误差范围内。

第六节　SHRP沥青试验方法及标准简介

美国公路战略研究计划(简称SHRP)对沥青材料进行了五年的试验研究,提出了一个路用沥青技术规范。由于它是在沥青材料各项路用性能的基础上提出的评价指标,因此,SHRP研究者认为,该规范不仅适用于普通沥青,也适用于改性沥青。

目前许多科研院所、大专院校都购置了 SHRP 设备,开展这方面的研究。同时一些使用改性沥青的工程也要求用 SHRP 方法检验沥青的质量,因此,这里简单作一介绍,以方便使用。

一、SHRP 沥青试验方法

SHRP 沥青规范的一个特点是使用原样沥青、RTFOT 残留沥青及 PAV(老化温度为模拟气候条件温度)残留沥青分别进行同一个项目的试验,例如动态剪切。同时,应新规范之需,又开发了几种新的仪器设备和试验方法。

1. 压力老化试验(PAV)

压力老化试验是用于评价沥青长期老化性能的试验方法,包括疲劳及低温开裂,是 SHRP 提出的新方法。试验在压力老化器(PAV)中进行,把经过旋转薄膜烘箱老化试验(RTFOT)(模拟施工期加热老化)的沥青,置于薄膜老化试验的盘中装进 PAV,加热到 90~110℃,并增压到 2MPa,持续 20h,使沥青加速老化。这一试验条件模拟路面实际使用 7~10 年所能达到的老化程度。

经压力老化试验后的沥青用于动态剪切试验、弯曲梁流变试验和直接拉伸试验。

2. 简支梁弯曲流变试验(BBR)

BBR 有两个试验指标,即弯曲蠕变劲度模量和蠕变曲线的斜率,以此评价沥青的低温抗裂性能。

BBR 由一个蠕变形式的流变仪单元、温控单元和微机控制系统组成。沥青梁式试件的尺寸为 127mm(长)×12.7mm(宽)×6.35mm(高),标距 101.6mm。

试验时,将试件放在弯曲梁流变仪的保温槽中的加载支承架上进行蠕变加载,荷载用一个小气泵施加,通过不断调节气泵的气压大小,使小梁上所加荷载保持为常数,测定时间为 240s。弯曲梁试验装置如图 9-1 所示。

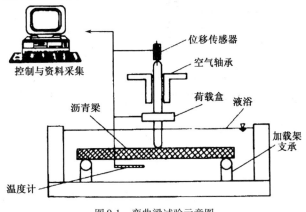

图 9-1 弯曲梁试验示意图

在加载过程中,计算机采集系统自动采集荷载、变形,并自动计算蠕变劲度模量 S 和蠕变速率 t,所得曲线为 lgS-lgt:蠕变曲线如图 9-2 所示。试验结果取 60s 时的劲度模量 $S(t)$ 及曲线的斜率。

由于试样太小,成型制作困难,尺寸误差大。另外,对我国某些相对密度小于 1 的沥青,在冷媒中稍有浮起,试验也有困难(应加些荷载调节比重),这些都将影响试验精度。

3. 动态剪切试验(简称 DSR)

此试验结果在 SHRP 规范中出现了三次,即对原样沥青、TFOT 残留沥青、TFOT/PAV 残留沥青进行测定,分别反映高温性能、疲劳性能及低温性能,因此是 SHRP 沥青新标准的核心。

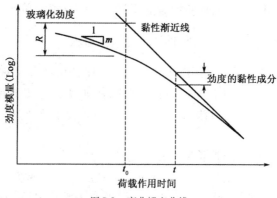

图 9-2 弯曲蠕变曲线

DSR 有应力控制和应变控制两种控制模式,应力控制式 DSR 施加固定的扭矩,使板产生摆动;应变控制式 DSR 是以固定频率使摆动板产生固定的摆动,测量所需的扭矩。动态剪切试验用两块 φ25mm 或 φ8mm 的平行板,间距 1.1mm~2.2mm(φ25mm 板)或 0.9mm~1.8mm(φ8mm 板),将沥青试样夹在两块平行板(φ25mm 或 φ8mm)之间,其中一块板固定,另一块板围绕着板的中心轴往复摆动,转动频率(角速度)为 10rad/s,试验简图如图 9-3 所示。图中给出了试验得出的正弦的剪切应变和剪应力,其相位角为 δ。

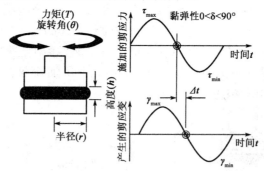

图 9-3 动态剪切试验原理图

沥青的剪应力 τ、剪应变 γ、复变模量 G^* 相位角 δ 按下式计算:

$$\tau = \frac{2T}{\pi \gamma}$$

$$\gamma = \frac{\theta h}{n}$$

$$\tau G^* = \frac{\tau_{max} - \tau_{min}}{\gamma_{max} - \gamma_{min}}$$

$$\delta = 2\pi f \cdot \Delta t$$

式中: T——最大扭矩;
γ——摆动板半径(12.5mm 或 4mm);
h——试样高度(1mm 或 2mm);
τ_{max}、τ_{min}、γ_{max}、γ_{min}——试样承受的最大或最小剪应力、剪应变;
Δt——滞后时间。

在 SHRP 沥青性能规范中,以最高路面设计温度下沥青结合料的 DSR 试验指标 $G^*/\sin\delta$ 作为沥青结合料的高温评价指标。以中等路面设计温度下沥青结合料的 DSR 试验指标 $G^*/\sin\delta$

作为沥青结合料的疲劳耐久性评价指标。$G^*/\sin\delta$ 实际上就是损失剪切模量,它表示沥青在变形过程中能量的损失。$G^*/\sin\delta$ 越大,表示荷载作用下的剪切损失越快,可以恢复部分越少,即耐疲劳性能越差。

4. 直接拉伸试验(DTT)

沥青的直接拉伸试验是纯拉试验,它类似于低温延度试验,是评价沥青混合料低温性能的试验方法,试验在直接拉伸仪(DTT)上进行。该仪器由三部分组成:拉伸试验机;伸长测量系统;环境系统。直接拉伸试验和不同温度的拉伸破坏模式如图9-4所示。

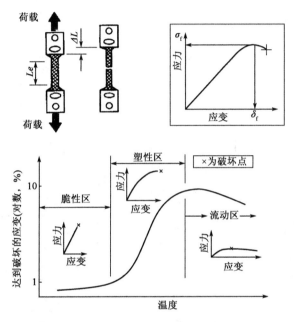

图9-4　直接拉伸试验和不同温度的拉伸破坏模式

试件是两端粗、中间细的圆柱体试件,两端直径20mm,长30mm,每端分别有一个直径5mm的贯通圆孔和一个贯通椭圆形孔,供在拉伸机上固定试件用。中间直径6mm,长度40mm,有效标准长度27mm,中间与两端呈喇叭口形连接,外曲率半径12mm。试件在硅橡胶试模中成型。

试验温度规定为 0 ~ -36℃,试验时,将试件放入恒温液浴中的拉伸装置,以 1mm/min 速率拉伸,测定试件被拉断时的荷载和伸长变形,荷载由分辨力 0.1N 的电子传感器测定,试件的伸长变形有一组激光测微计测定,测定结果为荷载达到最大时的变形,试件的应力(σ)和应变(ε)由下式计算:

$$\sigma = \frac{P}{A}$$

$$\varepsilon = \frac{\Delta l}{L}$$

式中:P——最大荷载,N;

A——试样截面积,36mm^2;

Δl——伸长量,mm;

L——有效标距长度,mm。

二、SHRP 沥青技术标准

美国 SHRP 沥青路用性能规范见表9-14。

表 9-14 美国 SHRP 沥青路用性能（AASHTO MP1—1995）

沥青使用性能等级	PG 46			PG 52							PG 58					PG 64					
平均7d最高路面设计温度①(℃)	<46			<52							<58					<64					
最低路面设计温度①(℃)	>-34	>-40	>-46	>-10	>-16	>-22	>-28	>-34	>-40	>-46	>-16	>-22	>-28	>-34	>-40	>-10	>-16	>-22	>-28	>-34	>-40
原样沥青																					
闪点(COC,ASTM D92),min(℃)	230																				
黏度 ASTM 4402②,max,2Pa·s 试验温度(℃)	135																				
动态剪切,(SHRP B—003)③ $G^*/\sin\delta$,min,1.0kPa 试验温度@10rad/s(℃)	46			52							58					64					
RTFOT(ASTM D2872)残留沥青																					
质量损失,max(%)	1.00																				
动态剪切,(SHRP B—003) $G^*/\sin\delta$,min,2.2kPa 试验温度@10rad/s(℃)	46			52							58					64					
PAV 残留沥青（SHRP B—005）																					
PAV老化温度④(℃)	90			100							100					100					
动态剪切,(SHRP B—003) $G^*/\sin\delta$,max,300MPa 试验温度@10rad/s(℃)	10	7	5	25	22	19	16	13	10	7	25	22	19	16	13	31	28	25	22	19	16
物理老化⑤	实测记录																				
蠕变劲度,(SHRP B—002)⑥ S,max,200MPa m值,min,0.35 试验温度@60s(℃)	-24	-30	-36	0	-6	-12	-18	-24	-30	-36	-6	-12	-18	-24	-30	0	-6	-12	-18	-24	-30
直接拉伸,(SHRP B—006)⑥ 破坏应变,min,1.0% 试验温度@1.0mm/min(℃)	-24	-30	-36	0	-6	-12	-18	-24	-30	-36	-6	-12	-18	-24	-30	0	-6	-12	-18	-24	-30

沥青使用性能等级	PG 70						PG 76					PG 82			
平均7d最高路面设计温度①(℃)	<70						<76					<82			
最低路面设计温度①(℃)	-10	-16	-22	-28	-34	-40	-10	-16	-22	-28	-34	-10	-16	-22	-28	-34
	>-10	>-16	>-22	>-28	>-34	>-40	>-10	>-16	>-22	>-28	>-34	>-10	>-16	>-22	>-28	>-34
原 样 沥 青															
闪点(COC,ASTM D92),min(℃)	230														
粘度(ASTM 4402②),max,2Pa·s 试验温度(℃)	135														
动态剪切,(SHRP B−003)③ $G^*/\sin\delta$, min, 1.0kPa 试验温度@10rad/s(℃)	70						76					82				
RTFOT(ASTM D2872)残留沥青															
质量损失, max(%)	1.00														
动态剪切,(SHRP B−003) $G^*/\sin\delta$, min, 2.2kPa 试验温度@10rad/s(℃)	70						76					82				
PAV残留沥青(SHRP B−005)															
PAV老化温度④(℃)	100(110)						100(110)					100(110)				
动态剪切,(SHRP B−003) $G^*\sin\delta$, max, 300MPa 试验温度@10rad/s(℃)	34	31	28	25	22	19	37	34	31	28	25	40	37	34	31	28
物理老化⑤	实 测 记 录														
蠕变劲度,(SHRP B−002)⑥ S, max, 300MPa m 值, min, 0.35 试验温度@60s(℃)	0	-6	-12	-18	-24	-30	0	-6	-12	-18	-24	0	-6	-12	-18	-24
直接拉伸,(SHRP B−006)⑥ 破坏应变, min, 1.0% 试验温度@1.0mm/min(℃)	0	-6	-12	-18	-24	-30	0	-6	-12	-18	-24	0	-6	-12	-18	-24

续上表

注：①路面温度由大气温度按 SUPERPAVE 程序中的方法计算，也可由指定的机构提供。

②如果供应商能保证所有产品的质量，沥青合格材料都能很好地泵送或拌和，此要求可由指定的机构确定放弃。

③为控制非改性沥青结合料产品的使用，在试验温度下测定沥青结合料的旋转黏度，可以取代测定动态剪切的 $G^*/\sin\delta$。在此黏度下，沥青多处于牛顿流体状态，任何测定黏度的标准试验方法均可使用，包括毛细管黏度计或旋转黏度计（AASHTO T 201 或 T 202）。

④PAV 老化温度为模拟气候条件下的，从90℃、100℃、110℃中选择一个温度，从沙漠条件下为 PG64 时高于100℃时为 PG64 高于路面设计温度以上 10℃延续 24h±10min，报告 24h 劲度模量和 m 值（仅供参考）。

⑤物理老化，按照TP1规定的BBR试验13.1节进行，试验条件中的时间为最低路面设计温度以上 10℃延续 24h±10min，报告 24h 劲度模量和 m 值在两种情况下都应满足。

⑥如果蠕变劲度小于300MPa，直接拉伸试验可不要求，如果蠕变劲度在300~600MPa之间，直接拉伸试验的破坏应变应要求可代替蠕变劲度的要求，m 值在两种情况下都应满足。

第十章 沥青混合料

施工工艺不同,矿质集料的规格、级配、配合比组成不同,可以修筑成不同类型的沥青路面。沥青路面常见的结构类型包括:沥青表面处治、沥青贯入式、沥青碎石及沥青混凝土路面等。用于这些路面结构的沥青混合料包括:密级配沥青混合料、沥青碎石混合料、沥青马蹄脂碎石混合料、沥青稀浆封层混合料等。

第一节 混合料分类及路面使用性能气候分区

一、混合料分类

沥青混合料是由矿料与沥青结合料拌和而成的混合料的总称。

(1)沥青混合料按矿料级配组成及空隙率大小分为:密级配、半开级配、开级配混合料。

①密级配沥青混合料。

按密实级配原理设计组成的矿料与沥青结合料拌和而成的、设计空隙率较小(2%~6%)的混合料,称为密级配沥青混合料。进一步按最大粒径、级配分为:密实型沥青混凝土混合料(以 AC 表示)、密实型沥青稳定碎石混合料(以 ATB 表示)和密实型沥青马蹄脂碎石混合料(以 SMA 表示)。按关键性筛孔通过率的不同又可分为细型、粗型密级配沥青混合料。粗集料嵌挤作用较好的也称嵌挤密级配沥青混合料。

②半开级配沥青碎石混合料。

由适当比例的粗集料、细集料及少量填料(或不加填料)与沥青结合料拌和而成,经马歇尔标准击实成型的试件的剩余空隙率在 6%~12% 的沥青混合料,称为半开级配沥青碎石混合料(以 AM 表示)。

③开级配沥青混合料。

矿料级配采用间断级配,主要由粗集料嵌挤组成,细集料及填料较少,设计空隙率大于 18% 的沥青混合料,称为开级配沥青混合料。

(2)沥青混合料按矿料级配分为:连续级配、间断级配和沥青碎石混合料。

①连续级配混合料。

按级配原则,从大到小各粒级都有,并按比例相互搭配组成的矿料与沥青结合料拌和而成的混合料,称为连续级配混合料,包括密级配沥青混凝土、密级配沥青碎石。

②间断级配混合料。

连续级配组成中缺少 1 个或几个粒径档次(或用量很少)的矿料与沥青结合料拌和而成的混合料,称为间断级配混合料,包括沥青马蹄脂碎石(SMA)、排水式沥青磨耗层(OGFC)和排水式沥青碎石基层(ATPB)。

③沥青碎石混合料(略)。

(3)按公称最大粒径分为:特粗式(公称最大粒径等于或大于 31.5mm)、粗粒式(公称最大粒径为 26.5mm)、中粒式(公称最大粒径为 16mm 或 19mm)、细粒式(公称最大粒径为 9.5mm 或 13.2mm)、砂粒式(公称最大粒径小于 9.5mm)沥青混合料。

(4)按制造工艺分为:热拌沥青混合料、冷拌沥青混合料、再生沥青混合料等。

二、路面使用性能气候分区

沥青混合料配合比设计中,无论是选择原材料,还是套用混合料技术标准,都必须已知道路所在地区的气候区和雨量气候区。沥青路面使用性能气候分区由三级区划组成。

一级区划为高温分区,以近 30 年内的最热月平均最高气温的平均值分为夏炎热区、夏热区和夏凉区 3 个区(表10-1)。

高温分区指标(一级区划) 表10-1

高温气候区	1	2	3
气候区名称	夏炎热区	夏热区	夏凉区
最热月平均最高气温(℃)	>30	20~30	<20

二级区划为低温分区,以近 30 年内的极端最低气温的最小值分为冬严寒区、冬寒区、冬冷区和冬温区 4 个区(表10-2)。

低温分区指标(二级区划) 表10-2

低温气候区	1	2	3	4
气候区名称	冬严寒区	冬寒区	冬冷区	冬温区
极端最低气温(℃)	<-37.5	-37~-21.5	-21.5~-9.0	>-9.0

沥青路面温度分区由高温和低温组合而成,共 12 个温度分区,其中 3 个在我国不存在。温度分区第一个数字代表高温分区,第二个数字代表低温分区,数字越小表示气候因素越严重。温度分区组合见表10-3。

温度分区组成 表10-3

气候区名		备注	气候区名		备注
1-1	夏炎热冬严寒		2-3	夏热冬冷	
1-2	夏炎热冬寒		2-4	夏热冬温	
1-3	夏炎热冬冷		3-1	夏凉冬严寒	不存在
1-4	夏炎热冬温		3-2	夏凉冬寒	
2-1	夏热冬严寒		3-3	夏凉冬冷	不存在
2-2	夏热冬寒		3-4	夏凉冬温	不存在

三级区划为降雨量分区,以近 30 年内的年降雨量的平均值分为潮湿区、湿润区、半干区、干旱区(表10-4)。

雨量分区指标(三级区划) 表10-4

雨量气候区	1	2	3	4
气候区名称	潮湿区	湿润区	半干区	干旱区
年降雨量(mm)	>1 000	1 000~500	500~250	<250

道路所在地区的气候区和雨量气候区,可通过从当地气象部门获得的相关资料按上述各表中规定的分区指标确定,也可查阅图 10-1 和图 10-2 确定。

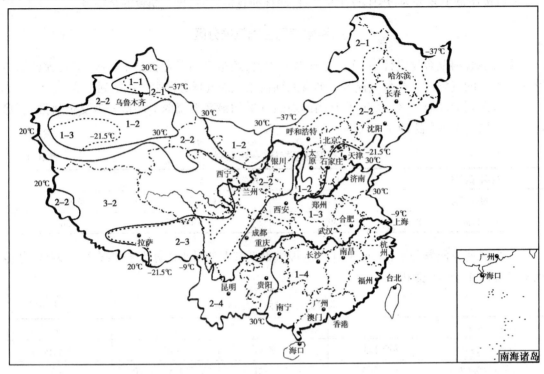

图 10-1　中国沥青路面气候分区图(温度)

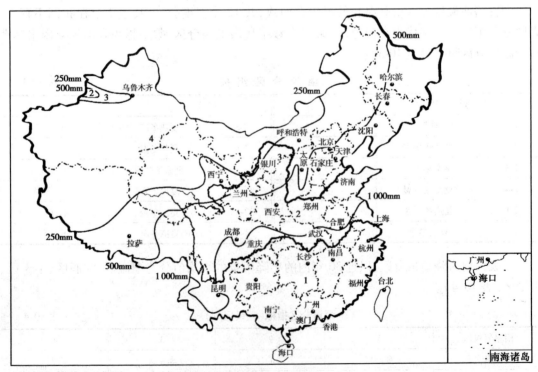

图 10-2　中国沥青路面气候分区图(雨量)

第二节 混合料配合比设计的三个阶段

《公路沥青路面施工技术规范》(JTG F40—2004)规定,沥青混合料配合比设计分为目标配合比、生产配合比和生产标准配合比(铺试验路)三个阶段。每个阶段要解决的问题有两个,一是确定矿料的配合比例;二是确定沥青用量。所以,沥青混合料配合比设计是建立在试验、调整、检验、完善基础上的一项技术工作,只有按阶段,结合试验、试拌、试铺,反复进行验证、调整,才能获得满意的配合比设计结果。

一、目标配合比设计阶段

目标配合比设计是在试验室内完成的,是混合料配合比设计的基础阶段,包括原材料试验、混合料组成设计试验和路用性能检验,在此基础上提出的配合比称为目标配合比。沥青混合料的类型不同,目标配合比设计的方法、要求有所不同,将在后面各节中分别介绍,这里主要介绍目标配合比的一般程序及应注意的问题。

(一)原材料试验

原材料包括沥青、粗细集料、填料及其他掺合料。原材料试验的过程实际上是选择原材料的过程。选择原材料的依据是道路所在地区的气候分区及材料的相关技术标准。通过对初步选定的不同料源的原材料进行全面的路用性能试验和经济比较,选择既符合路用性能要求又经济合理的原材料,作为配合比设计用原材料。

原材料选择首先要侧重品种,尤其是地方材料,通过品种淘汰一些料源,例如中下面层应优先选用石灰岩。在进行试验时应侧重重要指标,尤其天然性能指标,再淘汰一些料源,剩下的再进行全面性能试验,这样可以相对减少工作量。

(二)矿料配合比设计

1. 级配概念

在介绍矿料配合比设计方法之前,先介绍几个相关的概念。

(1)级配

为达到最大的密实度或内摩擦力,将不同规格的集料按一定的比例搭配组合起来,组成矿质混合料,不同尺寸的集料颗粒在混合料中的分布情况称为级配。级配有连续级配和间断级配之分。

(2)合成级配

天然集料或人工集料的实际级配往往很难直接满足使用要求的级配,在工程实际中,通常需要将两种或两种以上不同规格、不同单级配的集料按一定的比例掺配而组成矿质混合料,以满足使用要求的级配,这种由数种集料,通过人工合成的矿质混合料所具有的级配称为合成级配。

(3)级配曲线

对矿质混合料进行筛分试验,计算出各级筛上的通过百分率;或者按级配理论计算公式计算出各级筛上的通过百分率;或由矿料配合组成设计方法将几种不同规格的集料按一定的比例计算出各级筛上的通过百分率,在以通过百分率为纵坐标(算术),以粒径(或筛孔尺寸)为横坐标(对数)的坐标系中,绘成的曲线称为级配曲线。前者称为筛分级配曲线;次者称为理论级配曲线;后者称为合成级配曲线,统称级配曲线。级配曲线可以直观地评价集料级配的好坏,若级配曲线是一条顺滑的曲线,其级配则好,否则差。将级配曲线与级配范围曲线绘在同一图上,就可以直观地看出矿料级配是否超出了级配范围,同时也便于分析调整。

(4)级配范围

级配范围是各筛孔上允许的通过量波动区间。按级配理论公式计算出的合成级配,由于矿料在轧制过程中的非均匀性,以及在混合料配制过程中的误差等原因,使实际得到的矿质混合料的级配往往不可能与理论级配或目标级配完全吻合,而是在一定的范围内波动,这个允许的波动范围称为级配范围。各筛孔级配范围中值的连线称为级配中值线(或合成级配中值线)。水泥混凝土、沥青混合料矿料的级配要求都是以级配范围给出。矿料的实际级配只要在允许的级配范围内,即认为级配符合要求。在进行矿料组成设计时,混合料的类型和级配范围由路面设计文件给出。

2.矿料配合比设计方法

矿料配合比组成设计的任务就是确定各不同规格集料在矿质混合料中的比例。矿料配合比设计的方法比较多,有数解法、图解法和电算法等。

1)方法Ⅰ——图解法

图解法采用一条对角线代替合成级配曲线。这条对角线上下两侧的面积平衡(相对),使复杂的曲线变得简单,这种方法在使用过程中不断得到修正,故称修正平衡面积法。

(1)建立坐标系

建立坐标系要结合混合料类型进行。以 AC-13 为例说明,AC-13 矿料级配范围见表10-5。

AC-13 矿料级配范围 表10-5

混合料类型	通过下列筛孔(mm)的质量百分率(%)								
	16	13.2	9.5	4.75	2.36	1.18	0.6	0.3	0.15	0.075
AC-13	100	90~100	68~85	38~68	24~55	15~38	10~28	7~20	5~15	4~8

在工程纸上按规定比例绘一长方形图框,通常纵横之比取 2∶3,连对角线 OO'(图10-3)作为合成级配曲线中值线。纵坐标按算术标尺标出通过量百分率(0~100%)。根据要求的合成级配中值和纵坐标确定筛孔位置,即取要求的级配范围各筛孔通过百分率的中值,标点在纵坐标上,再从标点引水平线与对角线相交,从交点作垂线与横坐标相交,其交点即为相应筛孔尺寸的位置,逐个确定。

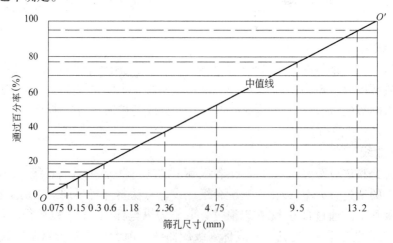

图10-3 图解法坐标图

（2）确定各矿质集料的配合比例

将各种矿料的级配曲线（筛分曲线）分别绘于坐标图上（图10-4）。两相邻点用直线相连，级配曲线为折线。从最大筛孔尺寸一端依次根据两相邻曲线的位置关系确定各矿料的配合比例。两相邻曲线的位置关系有下列三种情况。

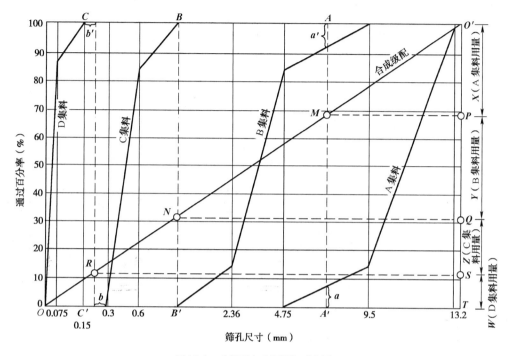

图10-4 矿料配合比例图解示意图

①两相邻级配曲线重叠（两相邻曲线与同一垂线相交，如集料 A 与 B）。在两级配曲线之间引一垂直于横坐标的直线 AA'，使 $a = a'$，AA' 与对角线 OO' 交于点 M，通过 M 作一水平线与纵坐标交于 P 点。OP 即为集料 A 的配合比例，用百分数表示。

②两相邻级配曲线相接（如集料 B 的级配曲线末端于集料 C 的级配曲线首端，正好在一垂直线上），将前一集料曲线末端与后一集料曲线首端用垂线 BB' 相连，BB' 与对角线 OO' 相交于点 N。通过 N 作一水平线与纵坐标交于 Q 点。PQ 即为集料 B 的配合比例。

③两相邻级配曲线相离（如集料 C 的级配曲线末端与集料 D 的级配曲线首端，在水平方向彼此离开一段距离），作一垂线 CC'，使 $b = b'$，CC' 与对角线 OO' 相交于点 R，通过 R 作一水平线与纵坐标交于 S 点，QS 即为 C 集料的用量。剩余 ST 即为集料 D 的配合比例。

（3）合成级配计算

按图解所得的各规格矿料在矿质混合料中的比例，是否满足级配要求，要通过计算合成级配来检查。合成级配计算通常在表上进行。因为通过量、矿料配合比例、合成级配都用百分数表示，计算时把原材料在各筛孔上的通过量看作是整数，把各矿料的配合比例用小数表示，相乘得相应筛孔在合成级配中的通过量，逐个矿料进行计算，最后相同筛孔纵向合计则得合成级配。

下面仍以 AC-13 为例，说明合成级配计算的方法。各矿料的筛分结果见表10-6，按前述方法画图（图10-5）确定各矿料的配合比例。由图解得各矿质材料比例为：碎石 38%、石屑 26%、砂子 26%、石粉 10%。计算结果见表10-6。

材料组成		筛孔尺寸（mm）								
		16.0	13.2	9.5	4.75	2.36	1.18	0.6	0.3	0.15	0.075
		通过百分率（%）								
原材料级配	碎石100%	100	90	40	0	0	0	0	0	0	0
	石屑100%	100	100	100	80	40	17	0	0	0	0
	砂100%	100	100	100	100	94	65	55	28	13	0
	石粉100%	100	100	100	100	100	100	100	100	93	76
各矿质材料在混合料中的比例	碎石 图解38%	38	34.2	15.0	0	0	0	0	0	0	0
	碎石 调整42%	42	37.8	16.8	0	0	0	0	0	0	0
	石屑 图解26%	26	26	26	20.8	10.4	4.0	0	0	0	0
	石屑 调整30%	30	30	30	24.0	12.0	5.1	0	0	0	0
	砂 图解26%	26	26	26	26	24.4	16.9	14.3	7.3	3.4	0
	砂 调整20%	20	20	20	20	18.8	130	11.0	5.6	2.6	0
	石粉 图解10%	10	10	10	10	10	10	10	10	9.3	7.6
	石粉 调整8%	10	10	10	10	10	10	10	10	7.4	6.1
合成级配	图解	100	96.2	77.2	56.8	44.8	31.3	24.3	17.3	12.7	7.6
	调整	100	97.8	76.8	54.0	40.8	28.1	21.0	15.6	10.0	6.1
要求级配范围		100	90~100	68~85	38~68	24~55	15~38	10~28	7~20	5~15	4~8
级配中值		100	95.0	76.5	53.0	39.5	26.5	19.0	13.5	10	6

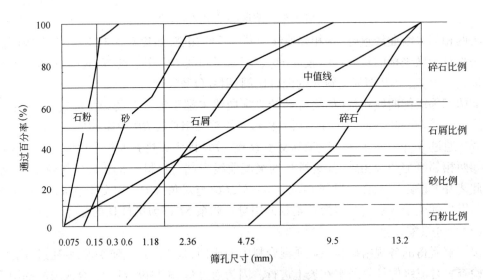

图 10-5 AC-13 矿料配合比例图解示意图

（4）配合比调整

按图解比例得到的合成级配往往不完全在设计要求的级配范围内，或在要求的级配范围内但级配曲线不顺滑，或粗或细，因此需要进行调整，调整的原则是：

①确定粗细类型。

对夏季气温高、高温持续时间长、重载交通多的路段，宜选用粗型（C型）密级配混合料。

对冬季气温低、低温持续时间长、重载交通少的路段,宜选用细型(F型)密级配混合料。粗型和细型密级配沥青混合料关键筛孔通过率的要求见表10-7。

粗型和细型密级配沥青混合料的关键筛孔通过率(JTG F40—2004)　　表10-7

混合料类型	公称最大粒径（mm）	分类关键筛孔（mm）	粗型密级配		细型密级配	
			名称	关键筛孔通过率(%)	名称	关键筛孔通过率(%)
AC-25	26.5	4.75	AC-25C	<40	AC-25F	>40
AC-20	19	4.75	AC-20C	<45	AC-20F	>45
AC-16	16	2.36	AC-16C	<38	AC-16F	>38
AC-13	13.2	2.36	AC-13C	<40	AC-13F	>40
AC-10	9.5	2.36	AC-10C	<45	AC-10F	>45

②合成级配曲线呈"S"形。

为确保高温抗车辙能力,同时兼顾低温抗裂性能的需要,矿料配合比设计时宜适当减少公称最大粒径附近粗集料的用量;减少0.6mm以下部分细粉的用量;增加中等粒径集料的用量,使合成级配曲线形成"S"形曲线。

③合成级配曲线应接近连续的或合理的间断级配,但不应过多的犬牙交错。当经过再三调整,仍有两个以上的筛孔超出级配范围时,必须对原材料进行调整或更换原材料重新试验。

在本例中,得到的合成级配与级配中值比较接近。为了使混合料有比较好的热稳定性,合成级配曲线应向级配范围的下限移动,为此应进行如下的调整。

按照调整要求,应增加粗集料的比例,相应减少细集料的比例。即增加碎石和石屑的比例,减少砂子和石粉的比例。通过试算经调整后的配合比为:碎石用量42%,石屑30%;砂20%;矿粉8%。按此配比计算的合成级配见表10-6。

将表10-6计算得到合成级配绘于规范要求的级配范围图中,如图10-6所示。从图中可以看出,合成级配曲线完全在规范要求的级配范围之内,并且接近级配下限,且光滑平顺。

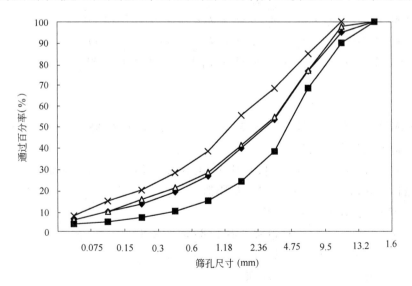

图10-6　合成级配与设计要求级配范围图

2)方法Ⅱ——规划求解法

用计算机计算矿料配合比例的方法比较多,这里介绍现长安大学王建明提出的规划求解法(见《西安公路交通大学学报》第18卷,第3(B)期,1998)。该方法在 Microsoft Excel 台面上利用合成级配与要求的级配中值标准差最小的原理,采用规划求解法进行。下面以 AC-13 为例,说明计算方法。

(1)设置工作表。见表10-8a。

规划求解计算表　　　　　　　　　　　　　　　　　　　　表10-8a

1	A	B	C	D	E	F	G	H	I	J	K	L	M
2						通过量(%)						标准差	$x\%$
3	筛孔尺寸(mm)	16	13.2	9.5	4.75	2.36	1.18	0.6	0.3	0.15	0.075		
4	碎石	100	90	40	0	0	0	0	0	0	0		42.01
5	石屑	100	100	100	80	40	17	0	0	0	0		29.64
6	砂子	100	100	100	100	94	65	55	28	13	0		20.46
7	矿粉	100	100	100	100	100	100	100	100	93	76		7.89
8	级配上限	100	100	85	68	50	38	28	20	15	8		
9	级配下限	100	90	68	38	24	15	10	7	5	4		
10	级配中值	100	95	76.5	53	37	26.5	19	13.5	10	6		
11	合成级配	100	95.8	74.8	52.1	39	26.2	19.1	13.6	10	6	0.66	

(2)在筛孔尺寸一行输入筛孔尺寸,在各筛孔尺寸下输入各材料的筛分试验结果(用通过量表示),分别输入各筛孔尺寸下级配范围上限、下限和中值。

(3)调出[工具][规划求解],在合成级配栏各筛孔下分别输入计算公式:

单元格　　　　　　　　　　　计算式

B11 = SUMPRODUCT($M$4:$M$7,B$4:B$7)/100

C11 = SUMPRODUCT($M$4:$M$7,C$4:C$7)/100

D11 = SUMPRODUCT($M$4:$M$7,D$4:D$7)/100

⋮

K11 = SUMPRODUCT($M$4:$M$7,K$4:I$7)/100

(4)输入标准差计算公式:

SUMXMYZ($B$11:$K$11,$B$10:$K$10)/COUNT($B$3:$K$3)0.5

(5)在目标单元格输入:$L$11 = 最小值

可变单元格输入:$M$4:$M$7

约束条件:$B$11:$K$11 < $B$8:$K$8

　　　　　$B$11:$K$11 > $B$9:$K$9

　　　　　$M$4:$M$7 ≤ 100

　　　　　$M$4:$M$7 > 0

　　　　　M4:M6 = 100

(6)选定迭代时间、迭代次数、精度、允许误差,选定搜索方式和计算方法。

3)方法Ⅲ——试算法

该方法适用于具有初级计算机水平的人。做法是在 Microsoft Excel 台面上根据经验设定各矿料的配合比例,计算合成级配,与要求的级配范围中值比较,经过几次调整试算,就可以找到符合要求的配合比例。

(1)在 Microsoft Excel 台面上设置工作表(表 10-8b)。

试 算 法 计 算 表

表 10-8b

	A	B	C	D	E	F	G	H	I	J	K	L
1												
2		通过量(%)										配合比 (%)
3	筛孔尺寸(mm)	16	13.2	9.5	4.75	2.36	1.18	0.6	0.3	0.15	0.075	
4	碎石	100	90	40	0	0	0	0	0	0	0	42
5	石屑	100	100	100	80	40	17	0	0	0	0	30
6	砂子	100	100	100	100	94	65	55	28	13	0	20
7	矿粉	100	100	100	100	100	100	100	100	93	76	8
8	级配上限	100	100	85	68	50	38	28	20	15	8	
9	级配下限	100	90	68	38	24	15	10	7	5	4	
10	级配中值	100	95	76.5	53	37	26.5	19	13.5	10	6	
11	合成级配	100	95.8	74.8	52.1	39	26.2	19.1	13.6	10	6	

(2)在筛孔尺寸一行输入筛孔尺寸,在各筛孔尺寸下输入各材料的筛分试验结果(用通过量表示),分别输入各筛孔尺寸下级配范围上限、下限和中值。

(3)在合成级配一行各单元格中输入计算公式:

B11 = SUMPRODUCT($L$4:$L$7,B$4:B$7)/100

C11 = SUMPRODUCT($L$4:$L$7,C$4:C$7)/100

D11 = SUMPRODUCT($L$4:$L$7,D$4:D$7)/100

．
．
．

K11 = SUMPRODUCT($L$4:$L$7,K$4:K$7)/100

(4)根据经验给出各矿料的配合比例(其和为100%),合成级配栏自动生成合成级配,利用级配曲线检查是否符合级配要求,如不符,调整各材料的配合比例,再试算,直至符合要求。

(三)确定最佳沥青用量

1.沥青用量的表示方法

沥青混合料的沥青用量有两种表示方法,可根据习惯采用其中一种,但试验报告中必须给予说明。

(1)油石比(外加):沥青与矿料的质量百分比;

(2)沥青含量(内加):沥青与沥青混合料的质量百分比。

2.确定最佳沥青用量——马歇尔法

JTG F40—2004 规定:沥青混合料的最佳沥青用量(简称 OAC)用马歇尔方法确定。其做法是保持矿料的配合比例不变,改变沥青用量,至少成型5个沥青用量的试件(每个沥青用量

4~6个试件),通过测试和计算有关马歇尔指标值,结合沥青混合料技术标准确定最佳沥青用量。

在配合比设计时,可以先设计一个初步矿料配合比,采用当地同类成功的路面工程的油石比,制作马歇尔试件,测试混合料的体积指标,通过反复调整,当体积指标满足要求时,配合比实际上已经确定了,然后在既定油石比上、下各增加两个油石比,制作5个油石比的试件,按规范规定的步骤确定最佳油石比。这样可以大大减少试验的工作量。

沥青混合料类型不同,确定沥青用量的方法有所不同,将在后面各节中叙述,这里就一些带有共性的问题作简要的讨论。

(1)拌和与击实温度

目前马歇尔仪的自动化程度比较高,对操作人员的要求并不高,因此马歇尔试验的关键是试件的制作。而试件制作的关键是温度,包括拌和温度和击实温度,这一点怎么强调都不过分。

拌和温度是指在适当的搅拌功下,沥青能均匀裹覆在矿料表面的最低温度。温度过高会因老化使沥青的质量变劣,过低则搅拌不均匀。击实温度即施工中的压实温度。击实温度对混合料的指标值大小有直接的影响。在组成材料、配合比例、拌和温度、击实功完全相同的条件下,击实温度不同,试件的密实度则不同,混合料的空隙率、饱和度、稳定度、流值也分别不同,由此确定的最佳沥青用量也不同。

拌和温度和击实温度用不同温度条件下沥青的黏度绘制的黏—温曲线确定,见表10-9,但对改性沥青混合料,用黏—温曲线确定的拌和温度和压实温度偏高。也可结合道路所在地区的气候条件、施工季节、运输距离、沥青标号等因素参考表10-10选定。

沥青混合料拌和和压实温度 表10-9

黏　　度	拌和温度	压实(击实)温度	测定方法
表观黏度(Pa·s)	0.17 ± 0.02	0.28 ± 0.03	T 0625
运动黏度(mm^2/s)	170 ± 20	280 ± 30	T 0619
赛博特黏度(s)	80 ± 10	140 ± 15	T 0623

热拌沥青混合料试件制作温度 表10-10

名　称	石油沥青的标号				
	50号	70号	90号	110号	130号
沥青加热温度(℃)	160~170	155~165	150~160	145~155	140~150
石料加热温度(℃)	集料加热温度比沥青高10~30℃(填料不加热)				
混合料拌和温度(℃)	150~170	145~165	140~160	135~155	130~150
试件击实温度(℃)	140~160	135~155	130~150	125~145	120~140

拌和温度最好采用烘箱加热控制。按单个试件配料,盛放在金属碗中(矿粉除外),在烘箱中将矿料烘干,并加热到拌和温度,拌和时端出一个碗,适当摇动,使细料落入碗底,放在电子秤上清零,加入需要数量的沥青,一手抓碗底,将碗中材料倒入拌和机中,搅拌90s,停机加矿粉,再搅拌90s。

击实温度用温度计控制。称取需要数量的混合料,通过漏斗装入试模中,插上温度计,温度计的水银球位于混合料中心位置,待温度降至接近击实温度时,立即插捣、击实。

(2)插捣

插捣的目的除在击实前使混合料达到一定的初始密实度外,同时使成型的试件侧表面无凹陷。由于试模的边界约束效应和粗集料的骨架作用,混合料入模后,与试模内壁界面上形成许多凹陷,这在压实的路面中是不存在的。《公路沥青路面施工技术规范》(JTG F40—2004)规定,用规定尺寸的捣棒沿周边插捣 15 次,中间均匀插 10 次,最后将顶面整成中间上凸。沿周边插捣就是将粗集料向里挤,捣棒提起时捣棒插入的孔被细料填充,消除凹陷。插捣必须先周边后中间,周边每次要插到底,捣棒要紧贴试模内壁,插孔与插孔间距大致相等,转一周正好插 15 次。但经过插捣后,试件顶面凹凸不平,尤其集料粒径较大时,这是正常情况,是捣棒提起时将大料带起细料下落所致,绝不能因此而不插捣或插捣不够,更不能将大料加在中间,捣完后在上面覆盖一些细料,这是人为把混合料搞离析了,测出的体积指标不能反映混合料的真实情况。

(3) 最佳沥青用量

最佳沥青用量 $OAC = (OAC_1 + OAC_2)/2$,$OAC_1 \sim OAC_2$ 即为最佳沥青用量范围,最佳沥青用量确定后应进行相关检查。

①检查 a_1、a_2、a_3、a_4 是否都在最佳沥青用量范围内。

②检查最佳沥青用量范围($OAC_1 \sim OAC_2$)是否在共同范围($OAC_{min} \sim OAC_{max}$)内。

③检查矿料间隙率。由最佳油石比对应的空隙率内插计算混合料的矿料间隙率,检查其值是否满足规范要求。这一规定是在剩余空隙率为 4% 时混合料的沥青用量为最佳,从而保证混合料有足够的沥青用量。

④在油石比与矿料间隙率图上,检查最佳沥青用量是否位于矿料间隙率最小值偏贫油一侧。这一要求的目的在于使混合料有足够的热稳定性,提高抗车辙能力。

⑤混合料的路用性能检验。对一级公路、高速公路,当集料的公称最大粒径不大于 19mm 时,最佳油石比确定后应进行混合料的路用性能检验,包括残留稳定度、冻融劈裂强度比、低温弯曲、车辙、渗水等。路用性能检验如有一个指标不满足规范要求,不能进行生产配合比试验,应找出原因,重新进行目标配合比设计试验。

二、生产配合比设计阶段

(一)生产配合比设计的目的

生产配合比设计要用到拌和楼,但不拌料。目前生产中使用的拌和楼有两种类型:一类是连续式拌和楼,原材料从一端源源不断地供给,另一端成品料源源不断地流出;另一类是间歇式拌和楼,这类拌和楼能严格控制矿料的配合比例,即将各热料仓矿料的配合比例(需要换算成质量)输入拌和楼计量控制系统,不同规格的矿料按既定的流量流入传送带,进入烘干鼓,烘干、除尘并加热到拌和温度,提升到楼上过筛后,按粒径大小分级储存于各热料仓中,当各热料仓中的矿料达到需要的数量时,拌和楼就会自动逐仓计量,将料放入拌缸中加沥青拌和。如果某一个热料仓中的料已经达到了需要的数量,其他热料仓还没有达到需要的数量,拌和楼会一直等待,直到都达到需要的数量,在等的过程中最先达到需要数量的料仓的料又多出来,多到一定程度就被自动溢出去了。因此间歇式拌和楼能严格控制矿料配合比例,目前生产中都要求使用此类拌和楼。由于拌和楼计量控制系统要求输入的是各热料仓矿料的配合比例,因此必须从各热料仓分别取样,重新进行矿料配合比组成设计,现场称二次级配,施工规范称生产配合比设计。

连续式拌和楼虽无热料仓矿料配合比调整的问题,但按目标配合比,出料口流出的矿料的合成级配必须符合设计要求,因此也有生产配合比调整的问题。

生产配合比同目标配合比一样,也是解决两个问题,即各热料仓矿料的配合比例和沥青用量。

(二)生产配合比调整的具体做法

1. 冷料仓流量的调整

(1)计算设计流量

各冷料仓的设计流量按目标配合比和拌和楼的生产能力计算。若某拌和楼的生产能力为100t/h,石屑的配合比例为20%,沥青含量为5%,装石屑的冷料仓的设计流量则为$100 \times 95\% \times 20\% = 19(t/h)$,即装石屑的冷料仓的设计流量为19t/h。

同理可计算出其他冷料仓的设计流量。

(2)冷料仓出料控制方式

冷料仓出料控制一般有振动式和输送式两种。振动式的振源来自安装在冷料仓出料口附近的振动马达或电磁线包,通过改变振动马达的转速或电磁线包的振荡频率改变冷料仓的流量。输送式是在出料口下方安装一个小型皮带输送机或往复式送料滑板,通过改变小皮带转速或改变滑板的往复频率来改变冷料仓的流量。

(3)建立转速(或频率)与流量的关系

首先应根据各冷料仓集料的粗细、配合比例的大小,调整冷料仓下料口开启的大小,这一步可以省略,按经验将下料口开启到适当大小,直接进入流量调整。冷料仓的流量试验是在出料口大小固定的前提下,建立小皮带转速(或振动马达转速或电磁线包振荡频率)与流量之间的关系,并用转速(或振动马达转速或电磁线包振荡频率)与流量的关系曲线表示。

(4)关系曲线的使用

正式拌料时,根据计算得到的各冷料仓的设计流量,分别按设计流量在相应的曲线上查得各冷料仓小皮带的转速(或振动马达转速或电磁线包振荡频率),将各冷料仓的小皮带的转速(或振动马达转速或电磁线包振荡频率)输入到拌和楼控制系统,各冷料仓将按设计流量供料。

例1 以皮带式为例,详述试验步骤如下:

(1)各冷料仓分别装满不同规格集料。

(2)将装载机置于水平大皮带反转出料一端,准备接料。

(3)启动大型水平皮带反向转到。

(4)选择某一低速,启动1号仓的小皮带,并开始计时。装载机料斗内落满料后,开走装载机称料的质量,直至接料总质量超过10t为止,并记录时间(h)。

(5)根据流出料的总质量及所用时间,计算1号仓在该小皮带转速下的流量(t/h)。

(6)改变小皮带的转速(取4~5个不同速度),分别测定1号仓小皮带不同转速下的流量。

(7)同法分别测定其他各冷料仓不同小皮带转速下的流量。

(8)绘制各冷料仓小皮带转速与流量关系曲线(图10-7)。

当冷料仓出料由振动马达或电磁线包或往复式送料滑板控制时,亦按类似方法测定并绘制振动马达转速或电磁线包振荡频率或滑板往复频率与流量关系曲线。

在实际生产中,进场料的规格会有变动,含水率也不断变化。这时尚须根据实际情况对冷料仓流量作适当调整,以达到与热料仓供料比相匹配,满足标准级配的要求。

2. 确定各热料仓矿料配合比例

当使用连续式拌和机时,经冷料仓流量试验后就可按固定流量直接供料加热拌和。

使用间歇式拌和机,还须从各热料仓中取样进行筛分,根据筛分结果再进行矿料配比计算,确定各热料仓的供料比例。测试步骤如下:

(1)按各冷料仓确定的小皮带转速(或振动马达转速或电磁线包振荡频率)启动冷料仓卸料。

(2)启动大型水平皮带运输机运料。

(3)启动烘干筒工作。

(4)启动拌和楼内各筛工作,至各热料仓内有足够料为止。

(5)逐个打开各热料仓放料,冷却后分别取样进行筛分试验。

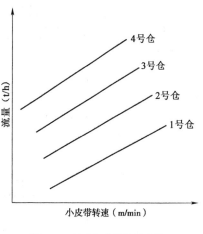

图 10-7　转速与流量关系曲线

(6)根据各热料仓中集料及矿粉的筛分结果,对照目标级配,用图解法或其他方法计算各热料仓矿料的配合比例,计算矿料的合成级配,并与目标级配对比。合成级配曲线应与目标级配曲线相吻合。事实上对决定混合料粗细的关键筛孔(表 10-7),其生产配合比的通过量应比目标配合比小,否则会因集料的干涉作用,影响混合料的路用性能。因为目标配合比是从料堆上取样进行试验的,而生存配合比是从拌和楼热料仓取样进行试验的,料堆上的料经过上料、烘干、提升、过筛进入热料仓,其棱角受到一定的磨损,磨损程度取决于集料的坚硬程度,所以,只有降低关键筛孔的通过量,才能保证生产配合比的矿料间隙率与目标配合比的接近。

3. 确定沥青用量

在目标配合比最佳沥青用量上 ±0.3%(或 ±0.5%),增加两个沥青用量,加上最佳沥青用量,成型三个沥青用量的马歇尔试件,按目标配合比的做法,测试并计算出全部马歇尔指标值,用下述方法确定生产配合比的沥青用量。

(1)方法 1——空隙率相等原则

沥青混合料配合比设计,最难调整的是空隙率,所以在生产配合比调整时,优先保证空隙率。即以目标配合比最佳沥青用量对应的空隙率,反定生产配合比的沥青用量。具体做法是将生产配合比的沥青用量与空隙率关系曲线画在目标配合比沥青用量与空隙率的关系图上,从目标配合比最佳沥青用量对应的空隙率点引水平线与生产配合比的曲线相交,再从交点处引垂线与横坐标相交,交点即为生产配合比的沥青用量。

(2)方法 2——取空隙率中值与饱和度下限的平均值

对于密级配沥青混合料,可以由生产配合比的沥青用量与空隙率关系曲线,取空隙率中值对应的沥青用量 a_1;由沥青用量和饱和度关系曲线,取饱和度下限对应的沥青用量 a_2,以 a_1 和 a_2 的平均值作为生产配合比的沥青用量。

三、生产配合比验证(铺筑试验路)阶段

目标配合比是在试验室完成的,生产配合比虽然启动了拌和楼,但没有拌料,生产标准配合比设计阶段需要正式拌料,并铺筑试验路。必要时对配合比作进一步的调整,并最终将配合比确定下来,作为生产控制和质量检验的依据,此配合比称为生产标准配合比。

(一)确定拌和温度和时间

按生产配合比正式拌料,根据拌和后混合料的温度及其外观,决定集料和沥青的加热温度以及混合料的拌和时间。

1. 拌和温度

拌和温度过高会导致沥青老化,性能变差;拌和温度过低,沥青不能在矿料表面形成均匀的沥青膜,过高或过低都会使混合料的性质变差。拌和温度过低还会影响摊铺和压实质量。

拌和温度是在充分考虑施工季节、运输距离的前提下,根据要求的压实温度来确定的。根据沥青品种与标号,取规范中规定的加热范围中值为沥青加热温度。集料加热温度应比沥青加热温度高 10~20℃。按确定的集料及沥青的加热温度拌料。在拌和机的出料口接料测温,该温度如在规范规定的出厂温度范围内,且混合料色泽均一,流而不散,则认为原拟定的加热温度可行。此时集料及沥青的加热温度,即可定为正式生产时的加热温度。否则应重新拟定集料及沥青的加热温度重新拌料。

2. 拌和时间

一般认为延长混合料的拌和时间,可以增加混合料的稳定度和密度,而且可以提高混合料的抗剥落性。但是过于延长拌和时间反而会引起沥青性能变差、集料破碎及混合料离析等副作用,而且影响生产效率。

拌和时间根据沥青对矿料的裹覆情况确定。根据以往经验和拌和楼说明书,初步拟定拌和时间,一般取 30s、40s、50s,分别按已定拌和温度拌料,分别取拌和好的混合料 2~4kg,再分别取出粒径为 5~13mm 的颗粒 200~500 粒,按裹覆情况好坏分开,用式(10-1)计算裹覆率:

$$裹覆率 = \frac{完全裹覆的粒数}{总粒数} \times 100\% \tag{10-1}$$

以裹覆率大于 95% 的拌和时间为最佳拌和时间。

(二)混合料试验

按确定的拌和温度和时间正式拌料,按规定的取样方法取样进行下列试验:

1. 马歇尔试验

成型马歇尔试件,测定全部马歇尔指标值(包括残留稳定度),检查马歇尔指标值是否满足设计要求。必要时还应进行车辙试验。

2. 抽提试验

取样进行抽提试验,检查矿料级配和沥青用量是否符合设计要求。

在上述试验的基础上,综合各种因素确定供生产使用的标准配合比,作为生产和质量检验的依据。一般无特殊原因,标准配合比不能随意变更。如果某项技术指标,或矿料级配,或沥青用量不能满足要求,应对矿料的配合比例、沥青用量作适当的调整。

3. 结构检测

钻取芯样,测量压实层厚度,修正松铺系数;实测密度,检查压实度;测渗水系数。

生产标准配合比调整试验的项目、试验方法,与路面施工期间试验检测的项目、试验方法完全相同,详见第十一章。

根据混合料试验结果和结构检测结果,结合压实结构层的外观构造,必要时应对生产配合比作适当的调整。

第三节 普通沥青混合料

普通沥青混合料包括密级配沥青混合料和密级配、半开级配、开级配沥青碎石。普通沥青混合料目标配合比设计要解决两个问题,即确定矿料配合比例和沥青用量。

一、技 术 标 准

(一)混合料技术标准

密级配沥青混凝土、沥青稳定碎石混合料马歇尔试验项目及技术标准分别见表10-11、表10-12。路面使用性能检验项目及技术标准见表10-13 ~ 表10-16。

密级配沥青混凝土马歇尔试验技术指标(JTG F40—2004)　　　　表10-11

试验指标		单位	高速公路、一级公路				其他等级公路	行人道路
			夏炎热区 (1-1、1-2、1-3、1-4)		夏热区及夏凉区 (2-1、2-2、2-3、2-4、3-2)			
			中轻交通	重载交通	中轻交通	重载交通		
击实次数(双面)		次	75				50	50
试件尺寸		mm	$\phi 101.6 \times 63.5$					
空隙率VV	深约90mm以内	%	3~5	4~6	2~4	3~5	3~6	2~4
	深约90mm以下	%	3~6		2~4	3~6	3~6	—
稳定度MS,不小于		kN	8				5	3
流值FL		mm	2~4	1.5~4	2~4.5	2~4	2~4.5	2~5
矿料间隙率VMA,不小于	设计空隙率(%)	%	相应于以下公称最大粒径(mm)的最小VMA及VFA技术要求(%)					
			26.5	19	16	13.2	9.5	4.75
	2		10	11	11.5	12	13	15
	3		11	12	12.5	13	14	16
	4		12	13	13.5	14	15	17
	5		13	14	14.5	15	16	18
	6		14	15	15.5	16	17	19
沥青饱和度VFA		%	55~70		65~75		70~85	

注:1. 对空隙率大于5%的夏炎热区重载交通路段,施工时应至少提高压实度1个百分点。
　　2. 当设计空隙率不是整数时,由内插确定要求的VMA最小值。
　　3. 对改性沥青混合料,马歇尔试验的流值可适当放宽。

沥青稳定碎石混合料马歇尔试验技术标准(JTG F40—2004)　　　　表10-12

试验指标	单位	密级配基层 (ATB)	半开级配面层 (AM)	排水式开级配磨耗层 (OGFC)	排水式开级配基层 (ATPB)
公称最大粒径	mm	26.5	等于或大于31.5	等于或小于26.5	所有尺寸
马歇尔试件尺寸	mm	$\phi 101.6 \times 63.5$	$\phi 152.4 \times 95.3$	$\phi 101.6 \times 63.5$	$\phi 152.4 \times 95.3$
击实次数(双面)	次	75	112	50	50	75
空隙率VV	%	3~6	6~10	≥18	≥18

续上表

试验指标	单位	密级配基层（ATB）		半开级配面层（AM）	排水式开级配磨耗层（OGFC）	排水式开级配基层（ATPB）
稳定度,不小于	kN	7.5	15	3.5	3.5	—
流值	mm	1.5~4		实测	—	—
沥青饱和度 VFA	%	55~70		40~70	—	—
密级配基层 ATB 的矿料间隙率 VMA,不小于	%	设计空隙率(%)		ATB	ATB	ATB
		4		11	11.5	12
		5		12	12.5	13
		6		13	13.5	14

注：在干旱地区，可将密级配沥青稳定碎石基层的空隙率适当放宽到8%。

沥青混合料动稳定度技术标准（JTG F40—2004） 表 10-13

气候条件与技术指标	相应于下列气候分区所要求的动稳定度(次/mm)									试验方法
七月平均最高气温(℃)及气候分区	>30				20~30				<30	
	1. 夏炎热区				2. 夏热区				3. 夏凉区	
	1-1	1-2	1-3	1-4	2-1	2-2	2-3	2-4	3-2	
普通沥青混合料,不小于	800		1 000		600		800		600	T 0719

注：1. 如果其他月份的平均最高气温高于七月，可使用该月平均最高气温。
2. 在特殊情况下，如钢桥面铺装、重载车特别多或纵坡较大的长距离上坡路段、厂矿专用道路，可酌情提高动稳定度的要求。
3. 因气候寒冷确需要使用针入度很大的沥青（如大于100），动稳定难以达到要求，或因采用石灰岩等不很坚硬的石料，改性沥青混合料的动稳定难以达到要求等特殊情况，可酌情降低要求。
4. 为满足炎热地区及重载车要求，在配合比设计时采取减少最佳沥青用量的技术措施时，可适当提高试验温度或增加试验荷载进行试验，同时增加试件的碾压成型密度和施工压实度要求。
5. 车辙试验不得采用二次加热的混合料，试验必须检验其密度是否符合试验规程的要求。
6. 如需要对公称最大粒径等于或大于 26.5mm 的混合料进行车辙试验，可适当增加试件的厚度，但不宜作为评定合格与否的依据。

沥青混合料水稳定性检验技术标准（JTG F40—2004） 表 10-14

气候条件与技术指标	相应于下列气候分区的技术要求(%)				试验方法
年降雨量(mm)及气候分区	>1 000	500~1 000	250~500	<250	
	1. 潮湿区	2. 湿润区	3. 半干区	4. 干旱区	
浸水马歇尔试验残留稳定度(%),不小于					
普通沥青	80		75		T 0790
冻融劈裂试验残留强度比(%),不小于					
普通沥青	75		70		T 0792

沥青混合料低温弯曲试验破坏应变($\mu\varepsilon$)技术标准（JTG F40—2004） 表 10-15

气候条件与技术指标	相应于下列气候分区所要求的破坏应变($\mu\varepsilon$)								试验方法
年极端最低气温(℃)及气候分区	<-37.0		-21.5~-37.0		-9.0~-21.5		>-9.0		
	1. 冬严寒区		2. 冬寒区		3. 冬冷区		4. 冬温区		
	1-1	2-1	1-2	2-2	3-2	1-3	2-3	1-4	2-4	
普通沥青混合料	2 600		2 300			2 000			T 0728

沥青混合料试件渗水系数(mL/min)技术标准(JTG F40—2004)　　　表 10-16

级配类型	渗水系数要求(mL/min)	试验方法
密级配沥青混凝土,不大于	120	T 0730

（二）矿料级配类型与级配范围

密级配沥青混凝土、密级配沥青碎石混合料、半开级配沥青碎石混合料及开级配沥青碎石混合料的矿料级配范围分别见表 10-17～表 10-20。

密级配沥青混凝土混合料矿料级配范围(JTG F40—2004)　　　表 10-17

级配类型		通过下列筛孔(mm)的质量百分率(%)												
		31.5	26.5	19	16	13.2	9.5	4.75	2.36	1.18	0.6	0.3	0.15	0.075
粗粒式	AC-25	100	90~100	75~90	65~83	57~76	45~65	24~52	16~42	12~33	8~24	5~17	4~13	3~7
中粒式	AC-20		100	90~100	78~92	62~80	50~72	26~56	16~44	12~33	8~24	5~17	4~13	3~7
中粒式	AC-16			100	90~100	76~92	60~80	34~62	20~48	13~36	9~26	7~18	5~14	4~8
细粒式	AC-13				100	90~100	68~85	38~68	24~50	15~38	10~28	7~20	5~15	4~8
细粒式	AC-10					100	90~100	45~75	30~58	20~44	13~32	9~23	6~16	4~8
砂粒式	AC-5						100	90~100	55~75	35~55	20~40	12~28	7~18	5~10

密级配沥青碎石混合料矿料级配范围(JTG F40—2004)　　　表 10-18

级配类型		通过下列筛孔(mm)的质量百分率(%)													
		53	37.5	31.5	26.5	19	16	13.2	9.5	4.75	2.36	1.18	0.6	0.3	0.15	0.075
特粗式	ATB-40	100	90~100	75~92	65~85	49~71	43~63	37~57	30~50	20~40	15~32	10~25	8~18	5~14	3~10	2~6
特粗式	ATB-30		100	90~100	70~90	53~72	44~66	39~60	31~51	20~40	15~32	10~25	8~18	5~14	3~10	2~6
粗粒式	ATB-25			100	90~100	60~80	48~68	42~62	32~52	20~40	15~32	10~25	8~18	5~14	3~10	2~6

半开级配沥青碎石混合料矿料级配范围(JTG F40—2004)　　　表 10-19

级配类型		通过下列筛孔(mm)的质量百分率(%)											
		26.5	19	16	13.2	9.5	4.75	2.36	1.18	0.6	0.3	0.15	0.075
中粒式	AM-20	100	90~100	60~85	50~75	40~65	15~40	5~22	2~16	1~12	0~10	0~8	0~5
中粒式	AM-16		100	90~100	60~85	45~68	18~40	6~25	3~18	1~14	0~10	0~8	0~5
细粒式	AM-13			100	90~100	50~80	20~45	8~28	4~20	2~16	0~10	0~8	0~6
细粒式	AM-10				100	90~100	35~65	10~35	5~22	2~16	0~12	0~9	0~6

开级配沥青碎石混合料矿料级配范围（JTG F40—2004） 表10-20

级配类型		通过下列筛孔(mm)的质量百分率(%)													
		53	37.5	31.5	26.5	19	16	13.2	9.5	4.75	2.36	1.18	0.6	0.3	0.15	0.075
特粗式	ATPB-40	100	90~100	65~90	55~85	43~75	32~70	20~65	12~50	0~3	0~3	0~3	0~3	0~3	0~3	0~3
	ATPB-30		100	90~100	70~95	53~85	36~80	26~75	14~60	0~3	0~3	0~3	0~3	0~3	0~3	0~3
粗粒式	ATPB-25			100	80~100	60~100	45~90	30~82	16~70	0~3	0~3	0~3	0~3	0~3	0~3	0~3

二、组 成 材 料

沥青混合料的技术性质在很大程度上取决于组成材料的性质及其配合比例。因此，正确选择符合质量要求的组成材料，是保证沥青混合料具有良好的技术性质的前提。

（一）沥青

1. 沥青品种选择

沥青路面的沥青材料可以采用黏稠石油沥青、煤沥青、乳化石油沥青和液体石油沥青等。煤沥青不得用于面层热拌沥青混合料。普通热拌沥青混合料多采用黏稠石油沥青。道路黏稠石油沥青的技术标准见第九章。

2. 沥青标号的选择

沥青混合料用沥青的标号，根据道路所在地区的气候分区确定。沥青标号的选择只涉及高温、低温两个分区。如果道路所在地区为夏热冬冷区，其气候分区即为2-3。

一般使用较黏稠的沥青，混合料具有较高的力学强度和热稳定性，但如稠度过高，则沥青混合料的低温变形能力较差，沥青路面容易产生裂缝。反之，采用稠度较低的沥青，虽然混合料在低温时具有较好的变形能力，但在夏季高温时往往因稳定性不足而使路面产生推挤现象。因此在温热地区应选择较黏稠的沥青，在寒冷地区应选择黏度较低的沥青。

（二）粗集料

沥青混合料用粗集料包括碎石、破碎砾石、筛选砾石、钢渣、矿渣等，但高等级公路不得使用筛选砾石和矿渣，筛选砾石仅用于三级及三级以下公路的沥青表面处治。

破碎砾石应采用粒径大于50mm、含泥量不大于1%的砾石轧制，破碎面应符合要求。

经过破碎且存放期超过6个月以上的钢渣可作为粗集料使用，除吸水率允许适当放宽外，其他各项质量指标应符合粗集料的要求。钢渣在使用前应进行活性检验，游离氧化钙含量不大于3%，浸水膨胀率不大于2%。

粗集料应洁净、干燥、表面粗糙，有良好力学性质和耐久性。各项技术指标应符合相应道路等级的要求。

粗集料与沥青黏附性应符合要求，如不符合要求，宜掺加消石灰、水泥或饱和石灰水处理后使用，必要时可同时在沥青中掺加耐热、耐水、长期性能好的抗剥落剂，也可采用改性沥青的措施，使混合料的水稳定性达到要求。

粗集料的规格及技术性质要求见第五章。

（三）细集料

用于沥青混合料的细集料，可以采用天然砂、人工砂或石屑。

细集料应洁净、干燥、无风化、不含杂质，并有适当的级配。细集料的洁净程度，天然砂以小于0.075mm含量的百分数表示,石屑和机制砂以砂当量(适用于0~4.75mm)或亚甲蓝值(适用于0~2.36mm或0~0.15mm)表示。细集料的技术要求见第五章。

天然砂可采用河砂或海砂,宜用粗、中砂,规格应符合要求。热拌密级配沥青混合料的天然砂用量不宜超过矿料总量的20%。

石屑的规格应符合要求,高速公路和一级公路的沥青混合料,宜将S14和S15组合使用,S15可在略微稳定碎石基层或其他等级公路中使用。机制砂应符合S16的级配要求。

细集料的规格及技术性质要求见第五章。

(四)填料

沥青混合料的填料宜采用石灰岩或岩浆岩中的强基性岩石等憎水性石料经磨细得到的矿粉,原石料中泥土杂质应除净。矿粉应干燥、洁净,其质量应符合技术标准要求。

粉煤灰作为填料使用时,用量不宜超过填料总量的50%。粉煤灰的烧失量应小于12%,与矿粉混合后的塑性指数应小于4%。其余质量要求与矿粉相同。高速公路、一级公路的沥青面层不宜采用粉煤灰作填料。

拌和机回收粉尘可以作为矿粉的一部分使用,但每盘用量不得超过填料总量的25%,掺有粉尘的填料的塑性指数不得大于4%。

三、配合比设计

(一)矿料配合比例设计

JTG F40—2004规定:对密级配沥青混合料的设计级配宜在规范规定的级配范围内,根据公路等级、工程性质、交通条件、材料品种等因素,结合当地条件大体相当的已建工程使用情况调整确定,必要时允许超出规范级配范围。密级配沥青碎石混合料可直接以规范规定的级配范围作为工程设计级配范围。工程设计级配范围由工程设计文件或招标文件规定。因此设计文件或招标文件规定的级配范围就应理解为工程设计级配范围。

在查阅路面设计文件,获取混合料的类型及工程级配范围后,就可以用图解法和电算法进行矿料配合比例设计。

(二)确定最佳沥青用量

沥青混合料的最佳沥青用量(简称OAC)用马歇尔法确定。即保持矿料的配合比例不变,改变沥青用量,至少成型5个沥青用量的试件(每个沥青用量4~6个试件),通过测试和计算有关马歇尔指标值,结合沥青混合料技术标准确定最佳沥青用量。制作试件时,可根据经验估算最佳沥青用量,在其两侧按±0.5%的级差各取两个沥青用量,作为试验沥青用量范围。试件制作好后,在室温静置12h以后,进行有关物理和力学性能试验。

1.量测

(1)高度

用粉笔在试件的顶面画"十"字,测四个高度,取平均值作为试件的实测高度。

(2)密度

沥青混合料密度试验有水中重法、表干法、体积法或蜡封法四种方法。采用哪一种方法,根据混合料的类型、吸水率大小等决定(详见本章第九节)。按选定的密度试验方法称取有关质量,作为相对密度计算的依据。

(3)稳定度

将试件在60℃的水中恒温30~40min,在马歇尔稳定度仪上测取每个试件的稳定度和流值。

2.计算

沥青混合料马歇尔试验结果的计算可按表10-21的格式,利用Excel电子表计算,计算的内容如下。

沥青混合料马歇尔试验结果计算表　　　　　　　　表10-21

编号	沥青用量(%)	试件尺寸							质量(g)			相对密度	理论最大相对密度	空隙率(%)	沥青合成毛体积相对密度	矿料间隙率(%)	沥青饱和度(%)	稳定度(kN)	流值(0.1mm)
		高度(cm)					面积(cm^2)	体积(cm^3)	空气中	水中	饱和面干								
		1	2	3	4	平均													
1																			
2																			
3																			
平均																			

(1) 毛体积相对密度(γ_f)——表干法(取3位小数)

$$\gamma_f = \frac{m_a}{m_f - m_w} \tag{10-2}$$

式中:m_a——干燥试件的空气中质量,g;
m_w——试件的水中质量,g;
m_f——试件的表干质量,g。

如果采用水中重法、蜡封法、体积法中的某一个方法进行密度试验,按相应的计算公式计算表观相对密度或毛体积相对密度,代替表干法的毛体积相对密度计算空隙率。

(2) 最大理论相对密度(γ_t)(取3位小数)

对普通沥青混合料,在成型马歇尔试件时,用真空法分别实测各沥青用量混合料的最大理论相对密度γ_{ti}。当只对其中某一沥青用量实测最大理论相对密度时,可用下式反算合成矿料的有效相对密度γ_{se},并由此计算其他沥青用量的最大理论相对密度γ_{ti}。

$$\gamma_{se} = \frac{100 - P_b}{\dfrac{100}{\gamma_t} - \dfrac{P_b}{\gamma_b}} \tag{10-3}$$

式中:γ_{se}——合成矿料的有效相对密度,无量纲;
P_b——沥青用量(占混合料总质量的百分数),%;
γ_t——试验沥青用量条件下实测得到的最大相对密度,无量纲;
γ_b——沥青的相对密度(25℃/25℃),无量纲。

沥青用量用油石比表示时,用下式计算最大理论相对密度γ_{ti}:

$$\gamma_{ti} = \frac{100 + P_{ai}}{\dfrac{100}{\gamma_{se}} + \dfrac{P_{ai}}{\gamma_b}} \tag{10-4}$$

式中：γ_{ti}——相对于计算沥青用量时混合料的最大理论相对密度,无量纲；

P_{ai}——所计算的沥青混合料的油石比,%。

沥青用量用沥青含量表示时,用下式计算最大理论相对密度 γ_{ti}：

$$\gamma_{ti} = \frac{100}{\dfrac{P_{si}}{\gamma_{se}} + \dfrac{P_{bi}}{\gamma_{b}}} \quad (10\text{-}5)$$

式中：P_{bi}——所计算的沥青混合料的沥青含量(占混合料总质量的百分数),%；

P_{si}——所计算的沥青混合料的矿料含量($P_{si} = 100 - P_{bi}$),%。

(3) 空隙率(VV)

空隙率指标准击实的沥青混合料试件中,空隙体积占试件总体积的百分数,用下式计算,取1位小数：

$$VV = \left(1 + \frac{\gamma_{f}}{\gamma_{t}}\right) \times 100 \quad (10\text{-}6)$$

式中：γ_{t}——沥青混合料最大理论相对密度,无量纲；

γ_{f}——试件的毛体积相对密度,用表干法测定；当试件吸水率 $S_{a} > 2\%$ 时,由蜡封法或体积法测定；当按规定容许采用水中重法测定时,也可用表观相对密度 γ_{a} 代替。

(4) 矿料间隙率(VMA)

矿料间隙率指标准击实的沥青混合料试件中,矿料骨架以外的体积占试件总体积的百分率,用下式计算,取1位小数：

$$VMA = \left(1 - \frac{\gamma_{f}}{\gamma_{sb}} \times P_{s}\right) \times 100 \quad (10\text{-}7)$$

式中：P_{s}——沥青混合料中各种矿料占沥青混合料总质量百分率之和,%；

γ_{sb}——矿质混合料的合成毛体积相对密度,按下式计算：

$$\gamma_{sb} = \frac{1}{\dfrac{P_{1}}{\gamma_{1}} + \dfrac{P_{2}}{\gamma_{2}} + \cdots + \dfrac{P_{n}}{\gamma_{n}}} \quad (10\text{-}8)$$

$P_{1}、\cdots、P_{n}$——各种矿料的配合比例,%；$P_{1} + P_{2} + \cdots + P_{n} = 100\%$；

$\gamma_{1}、\cdots、\gamma_{n}$——各种矿料相应的毛体积相对密度,填料以表观相对密度代替。

(5) 沥青饱和度(VFA)

沥青饱和度指标准击实的沥青混合料中,沥青体积占矿料骨架以外的空隙体积的百分率,亦称沥青填隙率用下式计算,取1位小数：

$$VFA = \frac{VMA - VV}{VMA} \times 100 \quad (10\text{-}9)$$

3. 确定沥青用量

在测试和计算出全部马歇尔指标值后,按下述步骤确定沥青用量：

(1) 绘制沥青用量与马歇尔指标值关系图。以沥青用量为横坐标,以密度、空隙率、矿料间隙率、饱和度、稳定度和流值分别为纵坐标,按试验结果绘制成沥青用量与各项指标的关系曲线(图10-8),应用计算机绘图。

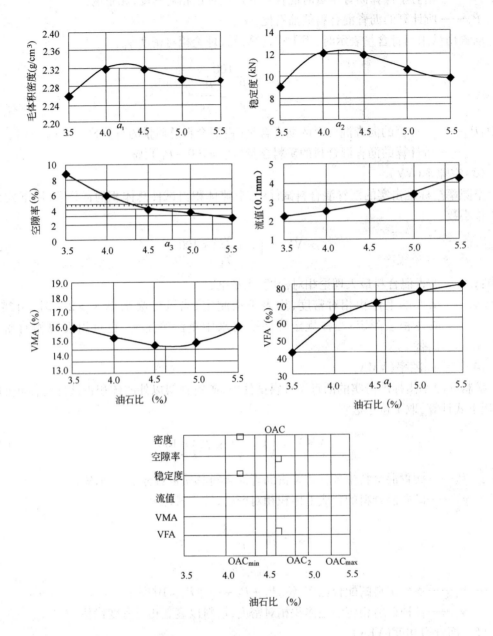

图 10-8 沥青用量与马歇尔指标值关系图

(2) 确定最佳沥青用量初始值(OAC_1)。

从图 10-8 中分别取对应于稳定度最大值的沥青用量 a_1、对应于密度最大值的沥青用量 a_2、对应于空隙率中值的沥青用量 a_3、对应于沥青饱和度中值的沥青用量 a_4,并取平均值作为最佳沥青用量的初始值 OAC_1。即

$$OAC_1 = \frac{a_1 + a_2 + a_3 + a_4}{4} \tag{10-10}$$

如果所选择的沥青用量范围未能涵盖沥青饱和度的要求范围,按下式计算初始值 OAC_1:

$$OAC_1 = \frac{a_1 + a_2 + a_3}{3} \tag{10-11}$$

对所选择的沥青用量范围,密度和稳定度没有出现峰值(最大值经常出现在曲线的两端)时,可直接以目标空隙率所对应的沥青用量 a_3 作为 OAC_1,但 OAC_1 必须在 $OAC_{min} \sim OAC_{max}$ 范围内,否则应重新进行配合比设计。

(3)确定最佳沥青用量中值(OAC_2)。

①按沥青混合料技术标准对稳定度、流值、空隙率和饱和度的要求,分别确定满足各单个指标值要求的沥青用量范围,如图10-8所示。

②画综合图,将满足各单个指标值要求的沥青用量范围等比例移到同一坐标图上,确定满足稳定度、流值、空隙率和饱和度要求的共同沥青用量范围 $OAC_{min} \sim OAC_{max}$,其中值为 OAC_2,即

$$OAC_2 = \frac{OAC_{min} + OAC_{max}}{2} \tag{10-12}$$

(4)确定沥青最佳用量(OAC):

$$OAC = \frac{OAC_1 + OAC_2}{2} \tag{10-13}$$

(5)从关系图中反查出 OAC 对应的各项指标值,检查各项指标是否满足技术标准的要求。OAC 宜位于矿料间隙率曲线凹形最小值的贫油一侧。

(6)结合气候条件、交通特性、公路等级,调整最佳沥青用量。

由 OAC_1 和 OAC_2 综合决定最佳沥青用量 OAC 时,还应根据实践经验和道路等级、气候条件考虑下述情况进行调整:

①一般可取 OAC_1 和 OAC_2 的中值作为最佳沥青用量 OAC。

②对热区道路以及车辆渠化交通的高速公路、一级公路的重载路段,预计有可能造成较大车辙的情况时,宜在空隙率符合要求的范围内,将计算的最佳沥青用量减少 0.1% ~ 0.5% 作为设计沥青用量。此时其他指标值可能超出技术标准的要求,在报告中应予说明,但渗水系数应符合要求。

(三)配合比检验(验证)

对于高速公路、一级公路的密级配沥青混合料,沥青用量确定后,还应进行有关验证试验。如果验证试验结果达不到技术标准的要求,应调整矿料配合比或更换材料重新进行配合比设计试验。验证试验项目包括:

(1)水稳性检验:

①残留稳定度。

②残留强度比。

(2)动稳定度检验。

(3)低温抗裂性能检验。

(4)渗水系数检验。

(四)配合比修正与材料更换

1. 矿料配合比修正

当不能确定共同范围时,可以通过调整 VMA 来解决,即通过调整矿料配合比例,在规定的级配范围内修正合成级配。对 VMA 小的情况,通过使合成级配曲线向级配范围的下限移动的方法来处理;对 VMA 大的情况,通过使合成级配曲线向级配范围的上限移动的方法来处

理。另外,还可以通过增加砂(尤其是细砂)用量增大 VMA、增加石粉用量减小 VMA 的方法来处理。

2. 更换材料

矿料配合比修正是在限定的合成级配范围内,在矿料品种、规格、级配不变的前提下的比例调整,对混合料的空隙率略偏大或偏小均能够奏效。如果问题比较严重,如空隙率过大或过小,则很难奏效,此时必须考虑更换材料。

在配合比修正或更换材料时,要明确影响沥青混合料性能的相关因素及影响结果,结合配合比存在的实际问题,采取有效的解决措施,使问题得以解决。影响混合料性能的因素见表10-22。

影响混合料性能的因素　　　　　　　　　表10-22

特性＼因素	最大粒径	富棱角骨料用量	细砂用量	石粉用量	沥青针入度	矿料间隙率
稳定度	+	+	/	+	-	
流值	-	-	/	+	+	+
空隙率	/	+	+	-	/	+
饱和度	/	/	/	+		
矿料间隙率	/	+	+	-		
施工性			/		+	+

注:1. "+"或"-"表示变化方向,如增加石粉用量稳定度增加;"/"表示无影响,即不相关。
2. 应理解为在沥青用量不变的条件下,当因素改变时,混合料性能变化。

从表中可以看出,除石粉增加稳定度和流值均增加外,对于其余影响因素,稳定度和流值的变化方向相反;在所有的影响因素中,空隙率和饱和度的变化方向相反,矿料间隙率与混合料空隙率变化方向相同。因此沥青混合料配合比设计,说到底就是平衡两对矛盾,一对是稳定度和流值,一对是空隙率和饱和度。如果这两对矛盾平衡得好,混合料配合比(包括沥青用量)相对就合理一些。

第四节　改性沥青混合料

改性沥青混合料是由改性沥青(或由改性剂、基质沥青)与矿料按一定比例拌和而成的混合料的总称。

改性沥青混合料主要用于延长高等级公路沥青路面的使用寿命,或改善、提高混合料的路用性能,或满足特殊使用要求。因此,改性沥青的使用目的不同,技术性能要求也不同。通常使用目的包括:改善、提高高温性能;改善、提高低温性能;改善、提高抗水害能力。

一、技术标准

(一)混合料技术标准

改性密级配沥青混凝土和沥青稳定碎石混合料马歇尔试验技术标准与非改性密级配沥青混凝土和沥青稳定碎石完全一样,分别见表10-11和表10-12。其他使用性能技术标准见表10-23~表10-26。但对改性沥青混合料的性能检验,应针对改性目的进行。即以提高高温抗车辙性能为主要目的时,低温性能可按普通沥青混合料的要求执行;以提高低温抗裂性能为主要目的时,高温性能可按普通沥青混合料的要求执行。

沥青混合料动稳定度技术标准(JTG F40—2004)　　　　表10-23

气候条件与技术指标	相应于下列气候分区所要求的动稳定度(次/mm)									试验方法
七月平均最高气温(℃)及气候分区	>30				20~30				<30	
	1. 夏炎热区				2. 夏热区				3. 夏凉区	
	1-1	1-2	1-3	1-4	2-1	2-2	2-3	2-4	3-2	
改性沥青混合料,不小于	2 400	800		2 000	2 400				1 800	T 0719

沥青混合料水稳定性检验技术标准(JTG F40—2004)　　　　表10-24

气候条件与技术指标	相应于下列气候分区的技术要求(%)				试验方法
年降雨量(mm)及气候分区	>1 000	500~1 000	250~500	<250	
	1. 潮湿区	2. 湿润区	3. 半干区	4. 干旱区	
浸水马歇尔试验残留稳定度(%),不小于					
改性沥青	85		80		T 0790
冻融劈裂试验残留强度比(%),不小于					
改性沥青	80		75		T 0792

沥青混合料低温弯曲试验破坏应变(με)技术标准(JTG F40—2004)　　　　表10-25

气候条件与技术指标	相应于下列气候分区所要求的破坏应变(με)								试验方法
年极端最低气温(℃)及气候分区	< -37.0		-21.5~-37.0			-9.0~-21.5		> -9.0	
	1. 冬严寒区		2. 冬寒区			3. 冬冷区		4. 冬温区	
	1-1	2-1	1-2	2-2	3-2	1-3	2-3	1-4　2-4	
改性沥青混合料	3 000		2 800			2 500			T 0728

沥青混合料试件渗水系数(mL/min)技术标准(JTG F40—2004)　　　　表10-26

级 配 类 型	渗水系数要求(mL/min)	试 验 方 法
密级配沥青混凝土,不大于	120	T 0730

(二)级配类型与矿料级配范围

改性沥青混合料的级配类型和级配范围与普通沥青混合料相同。如采用密级配沥青混凝土混合料,其矿料级配范围见表10-17;如采用密级配、半开级配和开级配沥青碎石混合料,其矿料级配范围见表10-18~表10-20。

二、组 成 材 料

(一)沥青

1.基质沥青

基质沥青应采用道路石油沥青。高速公路、一级公路或某些特殊重要工程的沥青面层,当采用改性沥青时,其基质沥青应采用符合 A 级道路石油沥青技术要求的石油沥青。基质沥青的标号宜根据当地气候条件、交通情况等选用,可选用规定标号的沥青,也可以选用比规定标号稠度低一级的沥青。

2. 改性剂

1）改性剂的选择应遵循原则

(1) 根据拟改善的路面性能,可对改性剂作如下初步选择:

① 为提高抗永久变形能力,宜使用热塑性橡胶类或热塑性树脂类等改性剂。

② 为提高抗低温开裂能力,宜使用热塑性橡胶类或橡胶类改性剂。

③ 为提高抗疲劳开裂能力,宜使用热塑性橡胶类、橡胶类或热塑性树脂类改性剂。

④ 为提高抗水损害能力,宜使用各类抗剥落剂等外掺剂。

(2) 应考虑改性剂处理与储存条件、生产与施工方法的难易程度、对基质沥青与集料的要求等。

(3) 应考虑改性剂与基质沥青的相容性,在热储存或使用温度下的离析程度应符合规范的规定。

(4) 考虑改性剂及其辅助材料、专用设备的价格,改性沥青混合料生产及其路面施工成本。

2）常用改性剂种类

(1) 热塑性橡胶类,代表性品种有苯乙烯—丁二烯—苯乙烯嵌段共聚物(SBS)。

(2) 橡胶类,代表性品种有丁苯橡胶(SBR)及其乳液。

(3) 热塑性树脂类,代表性品种有乙烯—醋酸乙烯共聚物(EVA)、低密度聚乙烯(LDPE)、聚烯烃等。也可使用回收废旧塑料制造的再生聚乙烯产品。当使用废旧塑料薄膜做改性剂时,应经过清洗、干燥、切碎处理,并应特别注意不混入低密度聚乙烯以外的塑料制品,如聚氯乙烯薄膜等。

根据需要,在改性沥青中还可加入稳定剂类、分散剂类等辅助外掺剂。各类改性剂及辅助外掺剂应符合有关行业标准的技术与质量要求。制备改性沥青可采用一种改性剂,根据需要也可同时采用几种不同的改性剂进行复合改性。

改性剂生产者或供应商应提供产品的名称、代号、标号与质量检验单,以及运输、储存、使用方法和涉及健康、环保、安全等有关的资料。

3. 改性剂剂量的确定

应根据不同的基质沥青与使用要求确定适宜的改性剂剂量。当确定采用改性沥青铺筑路面时,首先应根据工程所在地的气候、交通及其他特殊使用要求选定改性沥青技术要求,然后选择适宜的基质沥青、改性剂类型,根据已有经验初步确定改性剂剂量,并制备改性沥青进行试验,再根据试验结果确定改性沥青的相应等级。如该相应等级改性沥青的技术指标符合设计要求,则接受选定的基质沥青、改性剂及其剂量。当该技术指标不满足设计要求时,应重新选择基质沥青、改性剂类型或调整改性剂剂量,直到符合设计要求为止。

制备改性沥青时,应采用适宜的生产条件和方法进行,通过试验确定合理的改性剂剂量和适宜的加工温度,制订详细的生产工艺和操作规程。改性剂在基质沥青中应分散均匀并达到一定的细度。

在现场制造的改性沥青宜随配随用;需作短时间保存时,应保持适宜的温度,并进行不间断地搅拌或泵送循环,以保证改性沥青具有足够的稳定性和使用质量。

聚合物改性沥青的质量应符合《公路沥青路面施工技术规范》(JTG F40—2004)的要求,

见第九章。

当采用复合改性沥青时,应根据所用改性剂的类型、比例、剂量等,参考表9-11确定各项技术指标。用水煮的方法测定的改性沥青与石料的黏附性不满足设计要求时,应添加抗剥落剂。

4. 成品改性沥青

成品改性沥青应附产品说明书,注明产品名称、代号、标号、运输与存放条件、使用方法、生产工艺、安全须知等。

工厂生产改性沥青作为成品出厂时,在使用改性剂的同时还必须使用合适的分散剂、稳定剂,以防止改性沥青在使用前发生分离。

(二)集料

1. 粗集料

用于改性沥青混合料面层的粗集料宜采用碎石或破碎砾石,其粒径规格和质量要求应符合技术标准(见第五章)的规定。

(1)粗集料应洁净、干燥,无风化,无有害杂质,且具有一定硬度和强度。

(2)粗集料应具有良好的颗粒形状。破碎砾石用于高速公路、一级公路时,应采用较大颗粒的砾石破碎,并至少应有两个以上破碎面。

(3)酸性石料用于铺筑公路路面时,必须检验石料与改性沥青的黏附性,不符合要求时应采取必要的抗剥落措施。

2. 细集料

用于改性沥青混合料面层的细集料可采用天然砂、机制砂和石屑。细集料应洁净、干燥,无风化,无有害杂质,有适当的颗粒组成,并与改性沥青有良好的黏附性。细集料的粒径规格与质量要求应符合技术标准(见第五章)的规定。

3. 填料

用于改性沥青混合料面层的填料应洁净、干燥,其质量应符合技术标准(见第五章)的规定。

(1)改性沥青混合料的填料必须采用石灰岩或岩浆岩中的强基性岩石等憎水性石料经磨细得到的矿粉,矿粉中不应含有泥土等杂质。

(2)采用水泥、消石灰粉作填料时,其用量不宜超过矿料总量的2%。

(3)采用沥青混合料拌和厂的回收粉尘作填料时,回收粉尘必须洁净,无杂质,塑性指数应小于4%,其用量不得超过填料总量的50%。

三、配合比设计

根据各种不同的使用目的,改性沥青混合料应有适宜的矿料级配,可以采用密级配沥青混合料,密级配、半开级配、开级配沥青碎石,或 SMA、OGFC 等间断级配沥青混合料。SMA、OGFC分别单独作为一节介绍。

改性沥青混合料的配合比设计应遵循《公路沥青路面施工技术规范》(JTG F40—2004)的规定,按目标配合比、生产配合比和生产标准配合比三个阶段进行。目标配合比设计步骤如下:

(一)矿料配合比设计

按设计要求的混合料类型,用图解法或电算法确定矿料的配合比例。

(二)确定沥青用量

改性沥青混合料仍然采用马歇尔试验法确定改性沥青的用量。所不同的是拌和及试件制作温度相对于非改性沥青混合料应提高 10~20℃。对于橡胶类和热塑性橡胶类改性沥青混合料,其流值可放宽到 2~5mm。必要时可经试验研究,对马歇尔技术要求进行调整。

改性沥青混合料马歇尔指标值的计算同非改性沥青混合料(见本章第三节),但由于改性沥青混合料黏度大,难分散,有效相对密度宜由矿料的合成毛体积相对密度与合成表观相对密度按式(10-14)计算,其中沥青的吸收系数 C 根据材料的合成吸水率由式(10-15)计算,材料的合成吸水率由式(10-16)计算。

$$\gamma_{se} = C \times \gamma_{sa} + (1 - C) \times \gamma_{sb} \tag{10-14}$$

$$C = 0.033w_x^2 - 0.2936w_x + 0.9339 \tag{10-15}$$

$$w_x = \left(\frac{1}{\gamma_{sb}} - \frac{1}{\gamma_{sa}}\right) \times 100 \tag{10-16}$$

式中:γ_{se}——合成矿料的有效相对密度,无量纲;

C——合成矿料的沥青吸收系数;

w_x——合成矿料的吸水率,%;

γ_{sb}——材料的合成毛体积相对密度,由式(10-17)计算,无量纲;

γ_{sa}——材料的合成表观相对密度,由式(10-18)计算,无量纲。

$$\gamma_{sb} = \frac{100}{\frac{P_1}{\gamma_1} + \frac{P_2}{\gamma_2} + \cdots + \frac{P_n}{\gamma_n}} \tag{10-17}$$

式中:$P_1、P_2、\cdots、P_n$——各种矿料的配合比例,%;$P_1 + P_2 + \cdots + P_n = 100$;

$\gamma_1、\gamma_2、\cdots、\gamma_n$——各种矿料相应的毛体积相对密度,粉料以表观相对密度代替,无量纲。

$$\gamma_{sa} = \frac{100}{\frac{P_1}{\gamma'_1} + \frac{P_2}{\gamma'_2} + \cdots + \frac{P_n}{\gamma'_n}} \tag{10-18}$$

式中:$P_1、P_2、\cdots、P_n$——各种矿料的配合比例,%;$P_1 + P_2 + \cdots + P_n = 100$;

$\gamma'_1、\gamma'_2、\cdots、\gamma'_n$——各种矿料相应的表观相对密度,无量纲。

(三)配合比检验

用于高速公路、一级公路沥青面层的改性沥青混合料,应按要求进行高温稳定性能、低温抗裂性能和水稳定性能等试验,其技术指标应符合有关公路沥青路面设计、施工规范的规定。必要时,应进行耐久性能、抗老化性能等方面的试验。具体检验项目如下:

(1)高速公路、一级公路应进行车辙试验。

(2)高速公路、一级公路应进行低温弯曲试验。

(3)进行残留稳定度和冻融劈裂试验。

(4)进行渗水试验。

第五节 SMA 混合料

SMA 是沥青玛蹄脂碎石混合料的缩写,是由沥青、纤维稳定剂、矿粉和少量的细集料组成的沥青玛蹄脂填充间断级配的粗集料骨架间隙而组成的沥青混合料。其基本组成是碎石骨架和沥青玛蹄脂。SMA 是德国在浇注式沥青混凝土的基础上为解决车辙问题而发展起来的新型路面材料。其特点是高温抗车辙能力、低温抗裂性能、耐疲劳性能、水稳定性等各种路用性能都得到了较大幅度的提高。

一、技 术 标 准

（一）SMA 混合料技术标准

SMA 混合料马歇尔试验项目及技术标准见表 10-27，路面使用性能检验项目及技术标准见表 10-28～表 10-31。

SMA 混合料马歇尔试验技术标准（JTG F40—2004）　　　表 10-27

试 验 项 目	单位	技 术 要 求		试 验 方 法
		不使用改性沥青	使用改性沥青	
马歇尔试件尺寸	mm	$\phi 101.6 \times 63.5$		T 0702
马歇尔试件击实次数	次	两面各 50		T 0702
空隙率 VV	%	3～4		T 0708
矿料间隙率 VMA，不小于	%	17.0		T 0708
粗集料骨架间隙率 VCA_{mix}，不大于	—	VAC_{DRC}		T 0708
沥青饱和度 VFA	%	75～85		T 0708
稳定度，不小于	kN	5.5	6.0	T 0709
流值	mm	2～5	—	T 0709
谢伦堡沥青析漏试验的结合料损失	%	≤0.2	≤0.1	T 0732
肯塔堡飞散试验的混合料损失或浸水飞散试验	%	≤20	≤15	T 0733

注：1. 对集料坚硬不易击碎，通行重载交通的路段，可将击实次数增加为两面各 75 次。
2. 对高温稳定性要求较高的重载交通路段或炎热地区，设计空隙率允许放宽到 4.5%，VMA 允许放宽到 16.5%（SMA-16）或 16%（SMA-19），VFA 允许放宽到 70%。
3. 试验粗集料骨架间隙率 VCA 的关键性筛孔，对 SMA-19、SMA-16 是指 4.75mm，对 SMA-13、SMA-10 是指 2.36mm。
4. 稳定度难以达到要求时，容许放宽到 5.0kN（非改性）或 5.5kN（改性），但稳定度检验必须合格。

沥青混合料动稳定度技术标准（JTG F40—2004）　　　表 10-28

气候条件与技术指标		相应于下列气候分区所要求的动稳定度（次/mm）								试验方法
七月平均最高气温（℃）及气候分区		>30			20～30			<30		
		1. 夏炎热区			2. 夏热区			3. 夏凉区		
		1-1	1-2	1-3	1-4	2-1	2-2	2-3	2-4	3-2
SMA 混合料	非改性，不小于	1 500								T 0719
	改性，不小于	3 000								

沥青混合料水稳定性检验技术标准（JTG F40—2004）　　　表 10-29

气候条件与技术指标		相应于下列气候分区的技术要求（%）				试验方法
年降雨量（mm）及气候分区		>1 000	500～1 000	250～500	<250	
		1. 潮湿区	2. 湿润区	3. 半干区	4. 干旱区	
浸水马歇尔试验残留稳定度（%），不小于						
SMA 混合料	普通沥青	75				T 0790
	改性沥青	80				
冻融劈裂试验残留强度比（%），不小于						
SMA 混合料	普通沥青	75				T 0792
	改性沥青	80				

沥青混合料低温弯曲试验破坏应变(με)技术标准(JTG F40—2004) 表 10-30

气候条件与技术指标	相应于下列气候分区所要求的破坏应变(με)								试验方法
年极端最低气温(℃)及气候分区	< -37.0		-21.5 ~ -37.0			-9.0 ~ -21.5		> -9.0	
	1.冬严寒区		2.冬寒区			3.冬冷区		4.冬温区	
	1-1	2-1	1-2	2-2	3-2	1-3	2-3	1-4 2-4	
普通沥青混合料	2 600		2 300			2 000			T 0728
改性沥青混合料	3 000		2 800			2 500			

沥青混合料试件渗水系数(mL/min)技术标准(JTG F40—2004) 表 10-31

级配类型	渗水系数要求(mL/min)	试验方法
SMA混合料,不大于	80	T 0730

(二)混合料类型及矿料级配范围

SMA混合料矿料级配范围见表10-32。

SMA混合料矿料级配范围(JTG F40—2004) 表 10-32

筛孔(mm)	规格(按公称最大粒径分)			
	SMA-20	SMA-16	SMA-13	SMA-10
26.5	100			
19	90 ~ 100	100		
16	72 ~ 92	90 ~ 100	100	
13.2	62 ~ 82	65 ~ 85	90 ~ 100	100
9.5	40 ~ 55	45 ~ 65	50 ~ 75	90 ~ 100
4.75	18 ~ 30	20 ~ 32	20 ~ 34	28 ~ 60
2.36	13 ~ 22	15 ~ 24	15 ~ 26	20 ~ 32
1.18	12 ~ 22	14 ~ 22	14 ~ 24	14 ~ 26
0.6	10 ~ 16	12 ~ 18	12 ~ 20	12 ~ 22
0.3	9 ~ 14	10 ~ 15	10 ~ 16	10 ~ 18
0.15	8 ~ 13	9 ~ 14	9 ~ 15	9 ~ 16
0.075	8 ~ 12	8 ~ 12	8 ~ 12	8 ~ 13

二、组成材料

(一)沥青

一般用于SMA的沥青的稠度比普通沥青混凝土要大一些,质量要求也高,但是否一定要用改性沥青,目前还无定论,因此可以使用A级道路石油沥青,也可以使用改性沥青,不过改性沥青毫无疑问是发展的方向。

用于SMA的沥青必须具有较高的黏度,与集料有良好的黏附性,以保证有足够的高温稳定性和低温韧性。当不使用改性沥青时,应使用沥青标号比当地常用沥青标号硬1级或2级的沥青,质量符合"A级道路石油沥青技术标准"要求。对高速公路等承受繁重交通的工程,夏季特别炎热和冬季特别寒冷的地区宜使用改性沥青。当使用改性沥青时,基质沥青的质量必须符合"A级道路石油沥青技术标准"要求。对SBS和SBR类改性沥青,改性剂剂量按内掺法宜为3.5%~5%;对EVA和PE类改性沥青,剂量宜为4%~6%。改性以后的针入度等级,南方和中部地区宜为40~60(0.1mm),北方地区宜为40~80(0.1mm),东北寒冷地区宜为60~100(0.1mm)。改性沥青质量符合"聚合物改性沥青技术标准"(见第九章)要求。

(二)粗集料

SMA之所以有较高的高温稳定性,得益于含量较多的粗集料之间的嵌挤作用。而这种嵌挤作用在很大程度上依赖于集料石质的坚韧性、颗粒形状的棱角性。因此用于SMA的粗集料必须坚硬,表面粗糙,富有棱角,有较高的抗压碎能力和低的针片状颗粒含量。花岗岩、石英等酸性岩石具有这些性质,使用时必须采取抗剥落措施。

(三)细集料

细集料在SMA中的比例不大,但其对混合料性能的影响却很大。严格讲,细集料应使用机制砂,用坚硬的岩石破碎而成,具有良好的棱角性和嵌挤性能,对提高混合料的高温稳定性有好处。

天然砂虽然坚硬,但因其石英颗粒含量较高,与沥青的黏附性比较差,而且天然砂的颗粒基本上是球形颗粒,嵌挤性能差,对提高高温抗车辙能力不利。

石屑与机制砂是不同的材料。石屑是加工碎石的下脚料,一般是岩石中比较薄弱的部分,针片状颗粒含量比较高,易压碎,而且细粉料含量比较高,均匀性往往很差。但由于石屑是破碎得到的,具有粗糙的表面,而且富棱角,在无机制砂的情况下,可以考虑用石屑代替。

SMA细集料的技术要求与普通沥青混合料相同,另外要求棱角性不小于45%。

(四)矿粉

用于SMA的矿粉应该首先选用石灰石粉。石灰石粉与沥青的黏附性比较好,有利于与沥青结合形成细料玛蹄脂,将粗细集料黏附在一起。有时候为了提高混合料的黏附性或水稳定性,需要加一些消石灰或水泥,但由于它们的活性及水融性成分,过量使用会导致混合料发脆。矿粉不应含有机物质。矿粉的技术要求与普通沥青混合料相同。

(五)纤维稳定剂

纤维是SMA的必要成分,在混合料中起加筋、分散、稳定、增黏、吸收及吸附沥青等作用,对增加沥青用量,提高集料之间的黏结力和耐久性,改善高温稳定性有不可替代的作用。纤维的品种有木质素纤维、矿物纤维和聚合物纤维。木质素纤维质量要求见表10-33。

木质素纤维技术指标(JT/T 533—2004) 表10-33

序号	项目		技术指标
1	长度(mm)		≤6
2	筛分析(%)	冲气筛分析 0.150mm筛通过率	70±10
		普通筛分析 0.850mm筛通过率	85±10
		0.425mm筛通过率	65±10
		0.106mm筛通过率	30±10
3	灰分含量(%)		18±5,无挥发物
4	pH值		7.5±1
5	吸油率(%)		不小于纤维自身质量的5倍
6	含水率(以质量计)(%)		<5.0
7	耐热性(210℃,2h)		颜色、体积基本无变化,热失量≤6%

纤维稳定剂的掺量以沥青混合料总质量的质量百分率表示。通常情况下,木质素纤维的掺量不小于0.3%,矿物纤维不宜小于0.4%。

三、SMA 配合比设计

SMA 混合料配合比设计仍按热拌沥青混合料的目标配合比、生产配合比和试拌试铺配合比三个阶段进行,分阶段确定矿料配合比和最佳沥青用量。

(一)目标配合比设计

SMA 目标配合比设计的流程如图 10-9 所示。

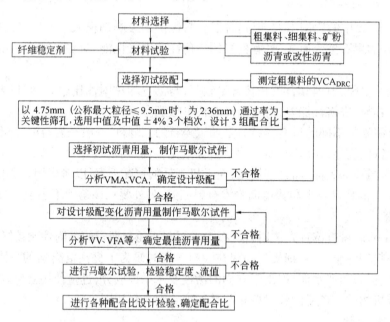

图 10-9　SMA 目标配合比设计流程

1.确定矿料配合比例

SMA 的矿料级配采用间断级配,其级配范围应符合表 10-32 的矿料级配范围要求。表中 SMA-10 适用于城市道路或公路薄层罩面,表中最小层厚约为公称最大粒径的 2.5 倍。

(1)确定矿料初步级配

根据设计的 SMA 混合料类型,按表 10-32 的级配要求,调整各种矿料比例设计 3 个粗细不同的初步矿料级配。3 个级配 4.75mm 筛的通过率(SMA-10 为 2.36mm,下同)分别为中值、中值 +3%、中值 -3%。其矿粉数量宜相同,使 0.075mm 通过率为 10% 左右。

(2)马歇尔物理指标测试及计算

①测定各组成矿质材料的毛体积相对密度或表观相对密度,计算各初步级配矿料的合成毛体积相对密度 γ_{sb}、合成表观相对密度 γ_{sa}、有效相对密度 γ_{se},计算公式见第三节。

②将合成级配中小于粗、细集料分界筛孔的集料筛除,用捣实法测定粗集料骨架的松方毛体积相对密度 γ_s,按式(10-19)计算粗集料骨架混合料的平均毛体积相对密度 γ_{CA}。

$$\gamma_{CA} = \frac{P_1 + P_2 + \cdots + P_n}{\dfrac{P_1}{\gamma_1} + \dfrac{P_2}{\gamma_2} + \cdots + \dfrac{P_n}{\gamma_n}} \quad (10\text{-}19)$$

式中：P_1、P_2、$\cdots$、P_n——各种矿料的配合比例，%；$P_1 + P_2 + \cdots + P_n = 100$；

γ_1、γ_2、$\cdots$、γ_n——各种粗集料相应的毛体积密度（4.75mm 或 2.36mm 以上部分）。

③用式（10-20）计算各组初试级配捣实状态下的集料松装间隙率 VCA_{DRC}：

$$VCA_{DRC} = \left(1 - \frac{\gamma_s}{\gamma_{CA}}\right) \times 100 \tag{10-20}$$

④预估 SMA 混合料的油石比，作为初试油石比，制作马歇尔试件，用表干法测定试件的毛体积相对密度，用式（10-21）计算不同沥青用量时 SMA 混合料的最大理论相对密度，其中纤维部分的比例不得忽略。

$$\gamma_t = \frac{100 + P_a + P_x}{\dfrac{100}{\gamma_{se}} + \dfrac{P_a}{\gamma_a} + \dfrac{P_x}{\gamma_x}} \tag{10-21}$$

式中：γ_{se}——矿料的有效相对密度，无量纲；

P_a——油石比，%；

γ_a——SMA 混合料的表观相对密度，无量纲；

P_x——纤维稳定剂用量（占沥青混合料总量的百分数），%；

γ_x——纤维稳定剂的表观相对密度，用密度瓶加酒精置换测定。

⑤按式（10-22）计算 SMA 混合料马歇尔试件的粗集料骨架间隙率，并计算混合料的空隙率 VV、矿料间隙率 VMA、沥青饱和度 VFA：

$$VCA_{mix} = \left(1 - \frac{\gamma_f}{\gamma_{ca}} \times P_{CA}\right) \times 100 \tag{10-22}$$

式中：VCA_{mix}——压实 SMA 试件的粗集料间隙率，%；

γ_{ca}——4.75mm 以上粗集料的平均毛体积相对密度，无量纲；

γ_f——沥青混合料试件的毛体积相对密度（用表干法测定），无量纲；

P_{CA}——沥青混合料中粗集料的比例，即大于 4.75mm 的颗粒在沥青混合料总质量中的含量，由下式计算，%；

$$P_{CA} = P_s \times \frac{PA_{4.75}}{100} \tag{10-23}$$

$PA_{4.75}$——矿料中粒径大于 4.75mm 部分含量，等于 100 与 4.75mm 筛孔通过量之差，%；

P_s——沥青混合料中全部矿料的比例，即 100/(100 + 油石比)，%。

(3) 确定矿料级配

从 3 个初步级配的试验结果中选择符合 $VCA_{mix} < VCA_{DRC}$ 及 VMA > 16.5% 的级配作为设计级配。当有 1 个以上的级配同时符合要求时，以 4.75mm 筛上通过率大的级配为设计级配。

2. 确定最佳沥青用量

根据初试油石比试验的空隙率情况，以 0.2% ~ 0.4% 为间隔，取 3 个以上不同的油石比，拌制混合料，制作马歇尔试件。每一组的试件数不得少于 6 个，其中两个用于真空法实测理论最大相对密度，其余用作马歇尔稳定度试验。若初试油石比的空隙率及各项体积指标恰好符合设计要求时，可直接作为最佳油石比。

进行马歇尔稳定度试验，检验稳定度和流值是否符合技术标准要求。表 10-27 中稳定度和流值并不作为配合比设计可以接受或者否决的唯一指标，容许根据同类型 SMA 工程的经验予以调整。放宽标准时应符合表 10-27 注的规定,对改性沥青 SMA 试件的流值可不作要求。

绘制各项体积指标与油石比的关系曲线,根据希望的设计空隙率,确定最佳油石比 OAC。马歇尔试件的设计空隙率 VV 应符合表 10-27 的要求,在炎热地区空隙率宜选择靠近上限,寒冷地区空隙率可选择靠近中、下限。当击实次数为 75 次时,设计空隙率不宜超过 4%。

3. 配合比检验与调整

(1) 配合比检验

按确定的矿料级配和最佳沥青用量,进行下列配合比检验试验:

① 谢伦堡沥青析漏试验。

试验温度应该与生产时的最高出料温度一致;无明确要求时,非改性沥青混合料的试验温度宜为 170℃,改性沥青混合料的试验温度宜为 185℃。

② 肯塔堡飞散试验。

标准的试验温度为 20℃,水中养护时间为 20h。在多雨潮湿地区,也可进行浸水飞散试验,试验温度为 60℃,水中养护时间为 48h。

③ 车辙试验。

对混合料的高温抗车辙能力进行验证,其试验温度为 60℃,荷载压强为 0.7MPa。如有特殊需要,可根据情况提高试验温度或荷载强度。

④ 水稳定性检验。

应进行 48h 浸水马歇尔试验残留稳定度和冻融劈裂试验强度比检验。当掺加除消石灰、水泥外的抗剥落剂时,必须按试验规程的要求对混合料进行老化处理。

⑤ 渗水系数和构造深度检验。

SMA 混合料应采用轮碾法成型的试件进行表面的渗水系数和构造深度检验。

(2) 配合比调整

以上检验项目全部指标值必须满足表 10-27 的要求。如果配合比检验不能通过,应根据存在的问题,重新调整配合比,重新进行试验。调整可参考表 10-34 进行。

配合比调整参考表　　　　表 10-34

试验结果	可能产生的原因	解决措施
VMA 低	1. 4.75mm 通过率太高; 2. 0.075mm 通过率太高; 3. 集料过分破碎; 4. 集料毛体积相对密度不正确	1. 核实试验结果的准确性; 2. 减小 4.75mm 和(或)0.075mm 通过率
VMA 高	1. 4.75mm 通过率太低; 2. 0.075mm 通过率太低; 3. 集料毛体积相对密度不正确	1. 核实试验结果的准确性; 2. 增加 4.75mm 和(或)0.075mm 通过率
空隙率低	1. VMA 低; 2. 沥青用量高	1. 核实试验结果的准确性; 2. 减小沥青用量或增加 VMA
空隙率高	1. VMA 高; 2. 沥青用量少	1. 核实试验结果的准确性; 2. 增加沥青用量或减小 VMA
VCA 高	1. 4.75mm 通过率太高; 2. 集料毛体积相对密度不正确	1. 核实试验结果的准确性; 2. 减小 4.75mm 通过率
沥青玛蹄脂的劲度高	1. 沥青结合料劲度高; 2. 矿粉用量多; 3. 矿粉细	1. 核实试验结果的准确性; 2. 减小矿粉用量; 3. 使用较粗的矿粉

续上表

试验结果	可能产生的原因	解决措施
沥青玛蹄脂的劲度低	1. 沥青结合料劲度低; 2. 矿粉用量少; 3. 矿粉粗	1. 核实试验结果的准确性; 2. 增加矿粉用量; 3. 使用较细的矿粉
析漏严重	1. 施工温度高; 2. 矿粉用量少; 3. 稳定剂不足; 4. 粗集料比例高; 5. 混合料含有水分	1. 核实试验结果的准确性; 2. 增加稳定剂用量; 3. 变换稳定剂品种类型; 4. 减少混合料水分; 5. 修改级配; 6. 降低温度
油斑	1. 高析漏量; 2. 运输距离太长; 3. 储存时间过长	1. 追踪每一步骤,减小析漏; 2. 缩短储存时间至最短
现场密度小	1. 碾压不足; 2. 碾压没有跟上; 3. 天气冷或者风大; 4. 压实层厚	1. 碾压层厚不大于公称最大粒径的3倍; 2. 仔细碾压; 3. 增加碾压吨位和遍数

注:摘自《改性沥青与SMA路面》。

(二)生产配合比及试拌试铺配合比

SMA混合料应根据目标配合比设计的结果,按《公路沥青路面施工技术规范》(JTG F40—2004)规定的方法进行生产配合比设计和试拌试铺检验。

生产配合比应以二次筛分后的热料仓材料级配为基础进行,其中小于0.075mm的细粉含量也应采用水洗法测定。配合比设计步骤与目标配合比设计方法相同。矿料级配与沥青用量应力求与目标配合比设计相近,以减少试验工作量。

经生产配合比设计确定的油石比必须经过配合比设计检验及试验段铺筑认定。试拌试铺必须由建设单位、施工单位、监理等有关各方共同实施。由此确定的标准配合比必须得到监理工程师批准。

四、木质素纤维试验方法

《沥青路面用木质素纤维》
(JT/T 533—2004)

5.1 纤维长度测定

按照 GB/T 14336 的方法测定。

5.2 筛分析(专用筛)

5.2.1 仪器包括:

a) JJYMS-I 木质素纤维分析筛;

b) 电子天平:精度为 0.01g。

5.2.2 试验步骤如下:

a) 将纤维烘干并分散开;

b) 精确称取纤维 m_0 为 5g ± 0.10g;

c)盖好筛盖,用特制的刷子逐级筛分10min;
d)称取纤维各级筛余量 m_x,精确至0.01g。

5.2.3 计算方法如下:

a)各级筛上的分计筛余量百分率按公式(1)计算:

$$P_x = \frac{m_x}{m_0} \times 100\% \tag{1}$$

b)各级筛的累计筛余量百分率为该级筛及大于该级筛的各级筛上的分计筛余量百分率之和;
c)各级筛的质量通过百分率为100减去该级筛累计筛余量百分率;
d)根据需要,绘制木质素纤维筛分曲线。

5.3 灰分含量

5.3.1 仪器包括:

a)高温炉:可恒温595~650℃;
b)电子天平:精度为0.01g;
c)瓷坩埚:50mL;
d)干燥器:干燥剂为硫酸钙。

5.3.2 试验步骤如下:

a)加热高温炉至试验温度:595~650℃;
b)将瓷坩埚放入高温炉中烘干至恒重,然后置于干燥器中冷却后称取质量 m_2,精确至0.01g;
c)称取烘干过的纤维 $m_1 = 2.00g \pm 0.10g$,放入瓷坩埚中,然后将瓷坩埚置于预热的高温炉中,615℃恒温2h;
d)取出坩埚,放入干燥器中冷却(不少于30min),称取坩埚质量 m_3,精确至0.01g。

5.3.3 计算纤维灰分含量 X_1:

$$X_1 = \frac{m_3 - m_2}{m_1} \times 100\% \tag{2}$$

5.4 pH值

5.4.1 仪器包括:

a)250mL烧杯;
b)玻璃棒;
c)pH计或精密pH试纸(测量精度为0.1)。

5.4.2 试验步骤如下:

a)称取烘干过的纤维5.00g±0.10g;
b)将纤维放入盛100mL蒸馏水的烧杯中,用玻璃棒充分搅拌,静置30min;
c)用pH计或精密pH试纸测蒸馏水的pH值。

5.5 吸油率

5.5.1 仪器和材料包括:

a)JJYMX-I纤维吸油率测定仪;
b)电子天平:精度为0.01g;
c)120mL塑料杯若干;
d)玻璃棒;
e)矿物油:如硅油(可用煤油代替);
f)收集容器。

5.5.2 试验步骤如下:

a)称取烘干的纤维 m_4 为5.00g±0.10g,放入塑料杯中;
b)向杯中倒入100mL矿物油,并用玻璃棒充分搅拌15min,然后静置5min;

c)称取试样筛质量 m_5 精确至 0.01g,放到纤维吸油率测定仪上安装好;

d)将塑料杯中的混合物倒入试样筛中,启动纤维吸油率测定仪,经 10min 后仪器自动停机(若无自动装置则人工停止);

e)取下试样筛,称取试样筛和吸有矿物油的纤维的质量 m_6;精确至 0.01g。

5.5.3 计算纤维吸油率 X_2:

$$X_2 = \frac{m_6 - m_5 - m_4}{m_4} \times 100\% \tag{3}$$

5.6 含水率

5.6.1 仪器包括:

a)烘箱,可保持恒温 121℃±15℃;

b)电子天平:精度为 0.01g;

c)瓷盘;

d)干燥器。

5.6.2 试验步骤如下:

a)将烘箱预热至 121℃;

b)称取未经烘干的纤维 m_7 为 10.00g±0.10g,放入瓷盘中,纤维若成团应预先分散开;

c)将盛有纤维的瓷盘放入烘箱中,保持 121℃恒温 2h;

d)取出纤维,放入干燥器中冷却后,称取纤维的质量 m_8,精确至 0.01g。

5.6.3 计算纤维含水率 X_3:

$$X_3 = \frac{m_7 - m_8}{m_7} \times 100\% \tag{4}$$

5.7 耐热性

5.7.1 仪器包括:

a)烘箱:可恒温在 210℃;

b)电子天平:精度为 0.01g;

c)瓷盘;

d)干燥器。

5.7.2 试验步骤如下:

a)将烘箱预热至 210℃;

b)称取未经烘干的纤维质量为 m_9;

c)将盛有纤维的瓷盘放入烘箱中,保持 210℃恒温 2h;

d)取出纤维放入干燥器中,冷却后称取纤维的质量 m_{10},精确至 0.01g。取出纤维的同时观察纤维颜色、形状的变化。

5.7.3 计算热失重 X_4:

$$X_4 = \frac{m_9 - m_{10}}{m_9} \times 100\% \tag{5}$$

第六节 OGFC 混 合 料

"OGFC"是"开级配抗滑表层"的缩写,是一种间断级配的混合料,属于开级配沥青碎石混合料范畴,设计空隙率比较大。其主要功能是提高路面的抗滑能力,同时具有良好的排水性能和降低行车噪声的功能,也称排水路面或低噪声路面。由于其良好的排水功能,还能减轻雨天行车水漂、水溅、水雾、眩光等。

一、技术标准

(一)OGFC 混合料技术标准

OGFC 混合料试验项目及技术标准见表 10-35,路面使用性能检验项目及技术标准见表 10-36 和表 10-37。

OGFC 混合料技术标准(JTG F40—2004) 表 10-35

试验项目	单位	技术要求	试验方法
马歇尔试件尺寸	mm	$\phi 101.6 \times 63.5$	T 0702
马歇尔试件击实次数	次	两面各 50	T 0702
空隙率 VV	%	18~25	T 0708
马歇尔稳定度,不小于	kN	3.5	T 0709
谢伦堡沥青析漏损失	%	<0.3	T 0732
肯塔堡飞散试验损失	%	<20	T 0733

沥青混合料动稳定度技术标准(JTG F40—2004) 表 10-36

气候条件与技术指标	相应于下列气候分区所要求的动稳定度(次/mm)									试验方法
七月平均最高气温(℃)及气候分区	>30				20~30				<30	
	1.夏炎热区				2.夏热区				3.夏凉区	
	1-1	1-2	1-3	1-4	2-1	2-2	2-3	2-4	3-2	
OGFC 混合料	1 500(一般交通路段),3000(重交通路段)									T 0719

沥青混合料试件渗水系数(mL/min)技术标准(JTG F40—2004) 表 10-37

级配类型	渗水系数要求(mL/min)	试验方法
OGFC 混合料,不小于	实测	T 0730

(二)矿料级配范围(表 10-38)

开级配排水式磨耗层混合料矿料级配范围(JTG F40—2004) 表 10-38

级配类型		通过下列筛孔(mm)的质量百分率(%)									
		19	16	13.2	9.5	4.75	2.36	1.18	0.6	0.3	0.15	0.075
中粒式	OGFC-16	100	90~100	70~90	45~70	12~30	10~22	6~18	4~15	3~12	3~8	2~6
	OGFC-13		100	90~100	60~80	12~50	10~22	6~18	4~15	3~12	3~8	2~6
细粒式	OGFC-10			100	90~100	50~70	10~22	6~18	4~15	3~12	3~8	2~6

二、组成材料

(一)沥青

OGFC 宜采用高黏度改性沥青,其质量应符合表 10-39 的技术要求。当实践证明采用普通沥青或添加纤维稳定剂后能满足使用要求时也允许使用。

高黏度改性沥青技术要求（JTG F40—2004） 表10-39

试 验 项 目	单 位	技 术 要 求
针入度(25℃,100g,5s),不小于	0.1mm	40
软化点($T_{R\&B}$),不小于	℃	80
延度(15℃),不小于	cm	50
闪点,不小于	℃	260
薄膜加热试验(TFOT)后的质量变化,不小于	%	0.6
黏韧性(25℃),不小于	N·m	20
韧性(25℃),不小于	N·m	15
60℃黏度,不小于	Pa·s	20 000

（二）矿料

应使用高质量、高耐磨、能提供和保持良好抗滑性能的粗集料,不宜使用破碎砾石。细集料宜采用人工砂。粗、细集料,填料质量应符合上面层使用质量要求,详见第五章。

（三）纤维稳定剂

纤维稳定剂质量要求见第五节表10-33。

三、配合比设计

（一）测定材料密度

精确测定各种原材料的相对密度,其中4.75mm以上的粗集料测定毛体积相对密度,4.75mm以下的细集料测定表观相对密度。

（二）初选矿料级配

以路面工程设计文件给出的级配范围作为工程设计级配范围,结合既往工程经验,在级配范围内变化2.36mm筛孔的通过率,试配3组矿料级配作为初选矿料级配。

（三）初试沥青用量

对每一组初选矿料级配,按式(10-24)计算集料的表面积。根据希望的沥青膜厚度,按式(10-25)计算每一组初选矿料级配的初试沥青用量P_b。一般,OGFC的沥青膜厚度h宜为14μm。

$$A = \frac{2 + 0.2a + 0.06b + 0.08c + 0.14d + 0.3e + 0.6f + 1.6g}{48.74} \tag{10-24}$$

$$P_b = h \times A \tag{10-25}$$

式中：A——集料总表面积；

a、b、c、d、e、f、g——依次为4.75mm、2.36mm、1.18mm、0.6mm、0.3mm、0.15mm、0.075mm筛孔的通过百分率,%。

（四）确定矿料级配

按初选矿料级配及初试沥青用量制作马歇尔试件,击实次数为两面各50次,用体积法测定试件的毛体积相对密度,并用真空法测定混合料的最大毛体积相对密度,计算试件的空隙率,绘制2.36mm筛孔通过率与空隙率的关系曲线。根据期望的空隙率确定混合料的矿料级配,再用式(10-24)和式(10-25)计算初试沥青用量。

（五）确定沥青用量

按确定的矿料级配及初试沥青用量制作马歇尔试件,分别进行马歇尔试验、谢伦堡析漏试验、肯塔堡飞散试验、车辙试验。如各项指标值都满足技术标准的要求,且实测空隙率与期望空隙率的差值在±1%范围内,该沥青用量则为最终确定的沥青用量。如果不符合要求,则应调整沥青用量重新进行试验,直至符合要求。

第七节 其他混合料

一、表处与封层混合料

（一）表面处治

沥青表面处治适用于三级及三级以下公路、城市道路的支路、县镇道路、各级公路的施工便道,以及在旧沥青面层上加铺的罩面层或磨耗层。沥青表面处治路面可采用拌和法或层铺法施工,其厚度不宜大于3cm。拌和法沥青表面处治路面可采用热拌热铺或冷拌冷铺法施工。层铺法沥青表面处治路面的施工是采用沥青洒布车及集料撒布机联合作业。

沥青表面处治采用的集料最大粒径应与处治层的厚度相等,其规格和用量应按表10-40选用。当采用乳化沥青时,应减少乳液流失,可在主层集料中掺加20%以上较小粒径的集料,并另备碎石或石屑、粗砂或小砾石作为初期养护用料。其中,碎石的规格为S12(5~10mm),粗砂或小砾石的规格为S14(3~5mm),其用量为每1 000m² 准备2~3m³。城市道路的初期养护料,在施工时应与最后一遍料一起撒布。

沥青表面处治材料规格及用量(JTG F40—2004) 表10-40

沥青种类	类型	厚度(cm)	集料(m³/1 000m²)						沥青或乳液用量(kg/m²)			
			第一层		第二层		第三层		第一次	第二次	第三次	合计用量
			粒径规格	用量	粒径规格	用量	粒径规格	用量				
石油沥青	单层	1.0	S12	7~9					1.0~1.2			1.0~1.2
		1.5	S10	12~14					1.4~1.6			1.4~1.6
	双层	1.5	S10	12~14	S12	7~8			1.4~1.6	1.0~1.2		2.4~2.8
		2.0	S9	16~18	S12	7~8			1.6~1.8	1.0~1.2		2.6~3.0
		2.5	S8	18~20	S12	7~8			1.8~2.0	1.0~1.2		2.8~3.2
	三层	2.5	S8	18~20	S12	12~14	S12	7~8	1.6~1.8	1.2~1.4	1.0~1.2	3.8~4.4
		3.0	S6	20~22	S12	12~14	S12	7~8	1.8~2.0	1.2~1.4	1.0~1.2	4.0~4.6
乳化沥青	单层	0.5	S14	7~9					0.9~1.0			0.9~1.0
	双层	1.0	S12	9~11	S14	4~6			1.8~2.0	1.0~1.2		2.8~3.2
	三层	3.0	S6	20~22	S1 09~11	4~6 3.5~4.5	S12 S14		2.0~2.2	1.8~2.0	1.0~1.2	4.8~5.4

注:1. 煤沥青表面处治的沥青用量可比石油沥青用量增加15%~20%。
2. 表中的乳液用量按乳化沥青的蒸发残留物含量60%计算,如沥青含量不同应予折算。
3. 在高寒地区及干旱风沙大的地区,可超出高限5%~10%。

沥青表面处治可采用道路石油沥青、煤沥青或乳化沥青铺筑,并应符合下列规定:

(1)当采用道路石油沥青时,沥青用量应按表10-40选定,沥青标号应按道路所在地区的气候条件选用。

(2)当采用煤沥青时,应将表10-40中的沥青用量相应增加15%～20%,沥青标号应按道路所在地区的气候条件选用。

(3)当采用乳化沥青时,乳液用量应根据表10-40所列的乳液用量并按其中的沥青含量进行折算。乳化沥青的类型及标号应按乳化沥青技术标准选用。

(4)沥青表面处治各层沥青的用量应根据施工气温、沥青标号、基层情况等确定。

(二)封层

为了封闭表面空隙,防止水分侵入,在路面面层或基层上铺筑的一定厚度的沥青混合料薄层称封层。前者称上封层,后者称下封层。封层沥青混合料多用乳化沥青稀浆混合料和改性乳化沥青稀浆混合料(也称微表处)。

沥青稀浆封层混合料简称沥青稀浆混合料,是由乳化沥青、石屑(或砂)、水泥和水等拌制而成的一种具有流动性的沥青混合料。

沥青稀浆封层混合料可以用于旧路面的养护维修,亦可作为路面加铺抗滑层、磨耗层。由于这种混合料施工方便,投资费用少,对路况有明显改观,所以得到广泛应用。

1.沥青稀浆封层混合料的组成

沥青稀浆封层是由下列材料组成的:

(1)结合料——乳化沥青、改性乳化沥青,常用阳离子慢凝乳液。

(2)集料——级配石屑(或砂)组成矿质混合料,最大粒径为10mm、5mm或3mm。

(3)填料——为提高集料的密实度,需掺加石灰或粉煤灰和石粉等填料。

(4)水——为润湿集料,使稀浆混合料具有要求的流动度需掺加适量的水。

(5)添加剂——为调节稀浆混合料的和易性和凝结时间需添加各种助剂,如氯化铵、氯化钠、硫酸铝等。

2.沥青稀浆封层混合料的类型

沥青稀浆封层混合料按其用途和适应性分为三种类型,微表处有两种类型,其矿料级配组成和沥青用量见表10-41。

乳化沥青稀浆封层的矿料级配及沥青用量范围(JTG F40—2004) 表10-41

筛孔尺寸(mm)	通过百分率(%)				
	微表处		稀浆封层		
	MS-2型	MS-3型	ES-1型	ES-2型	ES-3型
9.5	100	100		100	100
4.75	95～100	70～90	100	90～100	70～90
2.36	65～90	45～70	90～100	65～90	45～70
1.18	45～70	28～50	60～90	45～70	28～50
0.6	30～50	19～34	40～65	30～50	19～34
0.3	18～30	12～25	25～42	18～30	12～25
0.15	10～21	7～18	15～30	10～21	7～18
0.075	5～10	5～15	10～20	5～15	5～15
一层的适宜厚度(mm)	4～7	8～10	2.5～3	4～7	8～10

3. 沥青稀浆封层混合料技术要求

稀浆封层和微表处混合料的技术标准见表10-42。

稀浆封层和微表处混合料的技术标准（JTG F40—2004）　　　　　表10-42

项　目	单位	微表处	稀浆封层	试验方法
可拌和时间	s		>120	手工拌和
稠度	cm	—	2~3	T 0751
黏聚力试验 30min（初凝时间） 60min（开放交通时间）	 N·m N·m	 ≥1.2 ≥2.0	（仅适用于快开放交通的稀浆封层） ≥1.2 ≥2.0	T 0754
负荷轮碾压试验（LWT） 黏附砂量 轮迹宽度变化率	 g/m² %	 <450 <5	（仅适用于重交通道路表层） <450 —	T 0755
湿轮磨耗试验的磨耗值（WTAT） 浸水1h 浸水6h	 g/m² g/m²	 <540 <800	 <800 —	T 0752

4. 沥青稀浆封层混合料配合比设计

（1）根据选定的混合料级配类型，按表10-41规定的级配范围，计算各种矿料的配合比例。

（2）根据以往经验初步确定沥青、填料、水和外加剂的用量，进行稠度和黏聚力试验。可拌和时间的试验应考虑最高施工温度，黏聚力试验应考虑施工中可能遇到的最低温度。

（3）根据上述试验结果和稀浆封层混合料外观状态，选择1~3个认为合理的混合料配合比例，进行表10-42规定的性能试验，经反复调整、试验，直至各项性能指标符合要求为止。

二、透层、黏层

（一）透层

在沥青路面的级配砂砾、级配碎石基层及水泥、石灰、粉煤灰等无机结合料稳定土或粒料的半刚性基层上洒布液体沥青、乳化沥青等，形成透入基层表面一定深度（5~10mm）的薄层称为透层。

透层宜采用慢裂的洒布型乳化沥青，其规格和质量应符合道路用乳化石油沥青技术标准的要求。也可采用中、慢凝液体石油沥青，其规格和质量应符合道路用液体石油沥青技术标准的要求，或道路用煤沥青技术标准的要求。

各种透层沥青的品种和用量应根据基层的种类通过试洒确定，透层沥青应符合技术标准（见第九章）的要求。沥青路面透层材料的规格和用量见表10-43。

沥青路面透层材料的规格和用量　　　　　表10-43

用　途	液体石油沥青		乳化沥青		煤沥青	
	规格	用量（L/m²）	规格	用量（L/m²）	规格	用量（L/m²）
无机结合粒料基层	AL(M)-1、2或3 AL(S)-1、2或3	1.0~2.3	PC-2 PA-2	1.0~2.0	T-1 T-2	1.0~1.5
半刚性基层	AL(M)-1或2 AL(S)-1或2	0.6~1.5	PC-2 PA-2	0.7~1.5	T-1 T-2	0.7~1.0

注：表中用量是指包括稀释剂和水分等在内的液体沥青、乳化沥青的总量，乳化沥青中的残留物的含量以50%为基准。

(二)黏层

在铺筑沥青混合料路面前,洒布在双层或三层热拌热铺沥青混合料路面的层间、旧沥青路面上、水泥混凝土路面上,以及与沥青混合料接触的路缘石、雨水井等的侧面的沥青层称为黏层。

黏层沥青宜采用快裂的洒布型乳化沥青,其规格和质量应符合道路用乳化石油沥青技术标准的要求。也可采用快、中凝液体石油沥青或煤沥青,其规格和质量应符合道路用液体石油沥青技术标准的要求或道路用煤沥青技术标准的要求。

各种黏层沥青的品种和用量应根据基层的种类通过试洒确定,并应符合表10-44的要求。

沥青路面黏层材料的规格和用量　　　　表10-44

用　途	液体沥青		乳化沥青	
	规格	用量 (L/m^2)	规格	用量 (L/m^2)
新建沥青层或旧沥青路面	AL(R)-3~AL(R)-6 AL(M)-3~AL(M)-6	0.3~0.5	PC-3 PA-3	0.3~0.6
水泥混凝土	AL(M)-3~AL(M)-6 AL(S)-3~AL(S)-6	0.2~0.4	PC-3 PA-3	0.3~0.5

注:表中用量是指包括稀释剂和水分等在内的液体沥青、乳化沥青的总量,乳化沥青中的残留物的含量以50%为基准。

三、沥青贯入式

沥青贯入式路面适用于二级及二级以下的公路、城市道路的次干路及支路。沥青贯入层也可作为沥青混凝土路面的联结层。沥青贯入式路面的厚度宜为4~8cm,但乳化沥青贯入式路面的厚度不宜超过5cm。当贯入层上部加铺拌和的沥青混合料面层时,路面总厚度宜为6~10cm,其中拌和层的厚度宜为2~4cm。

(1)沥青贯入式路面的集料应选择有棱角、嵌挤性好的坚硬石料,其规格和用量应根据贯入层厚度按表10-45和表10-46选用。当使用破碎砾石时,其破碎面应符合规范的要求。沥青贯入层主层集料中大于粒径范围中值的数量不得少于50%。细粒料含量偏多时,嵌缝料用量宜采用低限。表面不加铺拌和层的贯入式路面在施工结束后,每1 000m² 应另备2~3m³ 石屑或粗砂等供初期养护使用,石屑或粗砂的规格应与最后一层嵌缝料规格相同。

沥青贯入式路面的材料规格和用量(JTG F40—2004)　　　　表10-45
(用量单位:集料:$m^3/1\,000m^2$,沥青及沥青乳液:kg/m^2)

沥青品种	石油沥青					
厚度(cm)	4		5		6	
规格和用量	规格	用量	规格	用量	规格	用量
封层料	S14	3~5	S14	3~5	S13(S14)	4~6
第三遍沥青		1.0~1.2		1.0~1.2		1.0~1.2
第二遍嵌缝料	S12	6~7	S11(S10)	10~12	S11(S10)	10~12
第二遍沥青		1.6~1.8		1.8~2.0		2.0~2.2
第一遍嵌缝料	S10(S9)	12~14	S8	12~14	S8(S6)	16~18

续上表

沥青品种	石 油 沥 青					
厚度(cm)	4		5		6	
规格和用量	规格	用量	规格	用量	规格	用量
第一遍沥青		1.8~2.1		1.6~1.8		2.8~3.0
主层石料	S5	45~50	S4	55~60	S3(S2)	66~76
沥青总用量	4.4~5.1		5.2~5.8		5.8~6.4	

沥青品种	石 油 沥 青				乳 化 沥 青			
厚度(cm)	7		8		4		5	
规格和用量	规格	用量	规格	用量	规格	用量	规格	用量
封层料	S13(S14)	4~6	S13(S14)	4~6	S(13)14	4~6	S14	4~6
第五遍沥青								0.8~1.0
第四遍嵌缝料							S14	5~6
第四遍沥青					S14	0.8~1.0		1.2~1.4
第三遍嵌缝料	S10(S11)					5~6	S12	7~9
第三遍沥青		1.0~1.2	S10(S11)	1.0~1.2	S12	1.4~1.6		1.5~1.7
第二遍嵌缝料	S6(S8)	11~13		11~13		7~8	S10	9~11
第二遍沥青		2.4~2.6	S6(S8)	2.6~2.8	S9	1.6~1.8		1.6~1.8
第一遍嵌缝料	S2	18~20		20~22		12~14	S8	10~12
第一遍沥青		3.3~3.5	S1(S2)	4.2~4.4	S5	2.2~2.4		2.6~2.8
主层石料		80~90		95~100		40~45	S4	50~55
沥青总用量	6.7~7.3		7.6~8.2		6.0~6.8		7.5~8.5	

注：1.煤沥青贯入式的沥青用量可比石油沥青用量增加15%~20%。
2.表中乳化沥青用量是指乳液的用量,并适用于乳液浓度约为60%的情况,如浓度不同,用量应予换算。
3.在高寒地区及干旱风沙大的地区,可超出高限5%~10%。

上拌下贯式路面的材料规格和用量(JTG F40—2004)　　表10-46

（用量单位：集料：$m^3/1\,000m^2$，沥青及沥青乳液：kg/m^2）

沥青品种	石 油 沥 青					
厚度(cm)	4		5		6	
规格和用量	规格	用量	规格	用量	规格	用量
第二遍嵌缝料	S12	5~6	S12(S11)	7~9	S12(S11)	7~9
第二遍沥青		1.4~1.6		1.6~1.8		1.6~1.8
第一遍嵌缝料	S10(S9)	12~14	S8	16~18	S8(S7)	16~18
第一遍沥青		2.0~2.3		2.6~2.8		3.2~3.4
主层石料	S5	45~50	S4	55~60	S3(S2)	66~76
沥青总用量	3.4~3.9		4.2~4.6		4.8~5.2	

沥青品种	石 油 沥 青		乳 化 沥 青			
厚度(cm)	7		5		6	
规格和用量	规格	用量	规格	用量	规格	用量
第四遍嵌缝料					S14	4~6
第四遍沥青						1.3~1.5

续上表

沥青品种	石油沥青		乳 化 沥 青			
厚度(cm)	7		5		6	
规格和用量	规格	用量	规格	用量	规格	用量
第三遍嵌缝料			S14	4~6	S12	8~10
第三遍沥青				1.4~1.6		1.4~1.6
第二遍嵌缝料	S10(S11)	8~10	S12	9~10	S9	8~12
第二遍沥青		1.7~1.9		1.8~2.0		1.5~1.7
第一遍嵌缝料	S6(S8)	18~20	S8	15~17	S6	24~26
第一遍沥青		4.0~4.2		2.5~2.7		2.4~2.6
主层石料	S2(S3)	80~90	S4	50~55	S3	50~55
沥青总用量	5.7~6.1		5.9~6.2		6.7~7.2	

注:1. 煤沥青贯入式的沥青用量可比石油沥青用量增加15%~20%。
2. 表中乳化沥青用量是指乳液的用量,并适用于乳液浓度约为60%的情况。
3. 在高寒地区及干旱风沙大的地区,可超出高限5%~10%。
4. 表面加铺拌和层部分的材料规格及沥青(或乳化沥青)用量按热拌沥青混合料(或常温沥青碎石混合料路面)的有关规定执行。

(2)沥青贯入层的主层集料最大粒径宜与贯入层厚度相同。当采用乳化沥青时,主层集料最大粒径可采用厚度的0.8~0.85倍,数量宜按压实系数1.25~1.30计算。

(3)沥青贯入式路面的结合料可采用黏稠石油沥青、煤沥青或乳化沥青,并应符合下列规定:

①当采用石油沥青时,沥青用量应按表10-45和表10-46选定,沥青标号按道路所在气候区选用。

②当采用煤沥青时,沥青用量应相应增加15%~20%,沥青标号应按道路所在气候区选用。

③当采用乳化沥青时,乳液用量应根据表10-45和表10-46所列的乳液用量并按其中的沥青含量进行折算。乳化沥青的标号应按乳化沥青技术标准选用。

④贯入式路面各层结合料的用量应根据施工气温及沥青标号等在规定范围内选用,季节气温较低的寒冷地区,或沥青针入度较小时,沥青用量宜采用高限。在低温潮湿气候下用乳化沥青贯入时,应按乳液总用量不变的原则进行调整,上层应比正常情况适当增加,下层应比正常情况适当减少。

四、水泥混凝土路面接缝料

水泥混凝土路面板因受温度应力的影响或施工的原因,必须修筑横向的或纵向的接缝。温度缝多为横向的,分为膨胀缝和收缩缝两种;工作缝既有纵向的也有横向的。为防止雨水通过接缝下渗而降低路面基层的稳定性,必须在这些接缝处嵌填接缝材料。

(一)常用的接缝材料

1. 胀缝板

(1)浸油木材类:松木、杉木、桐木、白杨板等。

(2)合成板材类:沥青纤维板、软木板、木屑板。

(3)泡沫树脂类:橡胶泡沫板、塑料板等。

2.填缝料

(1)常温施工式填缝料

常温施工式填缝料分为聚氨酯类和硅酮类两大类。

(2)加热施工式填缝料

加热施工式填缝料分为橡胶沥青类和道路石油沥青与改性沥青类两大类。

(二)技术性质及标准

1.胀缝板的技术性质及标准

胀缝板应选用能适应混凝土面板膨胀收缩、施工时不变形、弹性复原率高、耐久性良好的材料,其高度、长度和厚度应符合设计要求,并按设计间距预留传力杆孔。孔径宜大于传力杆直径2mm,高度和厚度尺寸偏差均应小于1.5mm。胀缝板的质量应符合表10-47的要求。

高速公路、一级公路胀缝板宜采用塑胶板、橡胶(泡沫)板或沥青纤维板,其他等级公路可采用浸油木板。

胀缝板的质量标准(JTG/T F30—2014)　　表10-47

项 目	膨胀板的种类			试 验 方 法
	塑胶板、橡胶(泡沫)板	沥青纤维板	浸油木板	
压缩应力(MPa)	0.2~0.6	2.0~10.0	5.0~20.0	JT/T 203
弹性复原率(%),≥	90	65	55	
挤出量(mm),<	5.0	3.0	5.5	
弯曲荷载(N)	0~50	5~40	100~400	

注:1.浸油木板在加工时应风干,去除结疤并用木材填实,浸油时间不应小于4h。
　　2.各种接缝板的厚度应为(20~25)mm±2mm。

2.填缝料的技术性质及标准

填缝材料应具有与混凝土板壁黏结牢固,回弹性好,不溶于水,不渗水,高温时不软化、不挤出、不流淌,负温拉伸量大,低温时不脆裂等特性,以适应混凝土板的收缩而不开裂;还要有一定的抗砂石嵌入的能力,并且能抵抗自然因素的老化。常用填缝料按施工工艺分为常温施工式填缝料和加热施工式填缝料。

(1)常温施工式填缝料的技术性质及标准

常温施工式填缝料分为聚氨酯类和硅酮类两类。这两类填缝料均可用于各等级公路水泥混凝土上面层。严寒及寒冷地区宜采用低模量型填缝料,其他地区宜采用高模量型填缝料。

①聚氨酯类。

聚氨酯类常温施工式填缝料的质量标准见表10-48。聚氨酯类填缝料中不得掺入炭黑等无机充填料。

聚氨酯类常温施工式填缝料的质量标准(JTG/T F30—2014)　　表10-48

序号	项 目	低模量型	高模量型	试验方法
1	表干时间(h),≤	4	4	GB/T 13477.5
2	失黏~固化时间(h),≤	12	10	JT/T 203

续上表

序号	项目		低模量型	高模量型	试验方法
3	拉伸模量(MPa)	23℃	0.20~0.40	>0.40	GB/T 13477.8
		-20℃	0.30~0.60	>0.60	
4	弹性恢复率(%),≥		75	90	JT/T 203
5	定伸黏结性(23℃干态)		定伸100%无破坏	定伸60%无破坏	GB/T 13477.10
6	(-10℃)拉伸量(mm),≥		25	15	JT/T 203
7	固化后针入度(0.1mm)		40~60	20~40	JTG E20 T0604
8	耐水性,水泡4d黏结性		定伸100%无破坏	定伸60%无破坏	GB/T 13477.10
9	耐高温性		(60℃±2℃)×168h 倾斜45°表面不流淌、开裂、发黏	(80℃±2℃)×168h 倾斜45°表面不流淌、开裂、发黏	JTG E20 T0608
10	负温抗裂性		(-40℃±2℃)×168h 弯曲90°不开裂	(-20℃±2℃)×168h 弯曲90°不开裂	JTG E20 T0613
11	耐油性		93号汽油浸泡48h后,在23℃±3℃、湿度50%±5%下静置72h,延伸率下降≤20%		GB/T 528
12	抗光、氧、热加速老化(采用疝弧光灯照射法)		180h照射后,外观无流淌、变色、脱落、开裂,-10℃拉伸量不小于未老化前的80%,与混凝土的定伸黏结试验无裂缝		JT/T 203 GB/T 13477.10

②硅酮类。

硅酮类常温施工式填缝料的质量标准见表10-49。

硅酮类常温施工式填缝料的质量标准(JTG/T F30—2014)　　表10-49

序号	项目		低模量型	高模量型	试验方法
1	表干时间(h),≤		3		GB/T 13477.5
2	针入度(0.1mm),≤		80	50	JTG E20 T0604
3	伸长100%拉伸模量(MPa)	23℃	≤0.4	>0.4	GB/T 13477.8
		-20℃	≤0.6	>0.6	
4	定伸黏结性	定伸60%	无破坏	无破坏	GB/T 13477.10
5	弹性恢复率(%),≥		75	90	GB/T 13477.17
6	抗拉强度(MPa),≥	无处理	0.20	0.40	GB/T 528
		热老化(80℃,168h)	0.15	0.30	
		紫外线(300W,168h)	0.15	0.30	
		浸水(4d)	0.15	0.30	
7	延伸率(%),≥	无处理	600	500	JT/T 203
		热老化(80℃,168h)	500	400	
		紫外线(300W,168h)	500	400	
		浸水(4d)	600	500	
8	耐高温性		(90℃±2℃)×168h 倾斜45°表面不流淌、开裂、发黏		JTG E20 T0608

续上表

序号	项 目	低模量型	高模量型	试验方法
9	负温抗裂性	(-40℃±2℃)×168h 弯曲90°不开裂		JTG E20 T0613
10	耐油性	93号汽油浸泡48h 前后质量损失率≤5%,且浸泡48h 后试件表面不发黏		GB/T 528

(2)加热施工式填缝料的技术性质及标准

加热施工式填缝料包括橡胶沥青填缝料类、道路石油沥青与改性沥青类。橡胶沥青、改性沥青类填缝料可用于二级及二级以下公路;道路石油沥青类可用于三、四级公路。橡胶沥青应根据当地所处的气候区划选用四类中适宜的一类。严寒、寒冷地区宜使用70号石油沥青或SBS类Ⅰ—C;炎热、温暖地区宜使用50号石油沥青或SBS类Ⅰ—D。

①橡胶沥青填缝料。

加热施工式橡胶沥青填缝料的质量标准见表10-50。

加热施工式橡胶沥青填缝料的质量标准(JTG/T F30—2014)　表10-50

项 目	高温型	普通型	低温型	严寒型	试验方法
低温拉伸	0℃/R.H25%/3循环,15mm,一组3个试件全部通过	-10℃/R.H25%/3循环,15mm,一组3个试件全部通过	-20℃/R.H25%/3循环,15mm,一组3个试件全部通过	-30℃/R.H25%/3循环,15mm,一组3个试件全部通过	JT/T 740
针入度(0.1mm)	≤70	50~90	70~110	90~150	
软化点(℃),≥	80	80	80	80	
流动值(mm),≤	3	5	5	5	
弹性恢复率(%)	30~70	30~70	30~70	30~70	

②沥青与改性沥青填料。

加热施工式道路石油沥青与改性沥青类填缝料的质量标准见表10-51。

加热施工式道路石油沥青与改性沥青类填缝料的质量标准(JTG/T F30—2014)　表10-51

项 目	70号石油沥青	50号石油沥青	SBS类Ⅰ-C	SBS类Ⅰ-D	试验方法
针入度(25℃,5s,100g)(0.1mm)	60~80	40~60	60~80	40~60	JTG E20 T0604
软化点(R&B)(℃),≥	45	49	55	60	JTG E20 T0606
10℃延度(cm),≥	15		—	—	JTG E20 T0605
5℃延度(5cm/min)(cm),≥	—		30	20	JTG E20 T0605
闪点(℃),≥	260		230		JTG E20 T0611
25℃弹性恢复率(%),≥	40	60	65	75	JTG E20 T0662
老化试验 TFOT 后					
质量变化(%),≤	±0.8		±1.0		JTG E20 T0603
残留针入度比(25℃)(%),≥	61	63	60	65	JTG E20 T0604
残留延度(25℃)(cm),≥	6	4	—	—	JTG E20 T0605
残留延度(5℃)(cm),≥	—	—	20	15	JTG E20 T0605

第八节 沥青混合料试验

一、试件制作

沥青混合料试验,不同的试验项目,试件的形状、规格不同,成型的方法也不同,常用的成型方法包括击实法、静压法、轮碾法、搓揉法、振动成型法等,后两种方法在生产上还未普及。

（一）击实法

击实法主要用于马歇尔试件成型。

沥青混合料试件制作方法（击实法）
（JTG E20—2011 T 0702—2011）

1 目的与适用范围

1.1 本方法适用于采用标准击实法或大型击实法制作沥青混合料试件,以供试验室进行沥青混合料物理力学性质试验使用。

1.2 标准击实法适用于马歇尔试验、间接抗拉试验（劈裂法）等所使用的 $\phi 101.6mm \times 63.5mm$ 圆柱体试件的成型。大型击实法适用于 $\phi 152.4mm \times 95.3mm$ 的大型圆柱体试件的成型。

1.3 沥青混合料试件制作时的条件及试件数量应符合如下规定：

1.3.1 当集料公称最大粒径小于或等于26.5mm时,采用标准击实法。一组试件的数量不少于4个。

1.3.2 集料公称最大粒径大于26.5mm时,宜采用大型击实法,一组试件的数量不少于6个。

2 仪具与材料技术要求

2.1 自动击实仪：击实仪应具有自动记录、控制仪表、按钮设置、复位及暂停等功能,按其用途分为以下两种。

2.1.1 标准击实仪：由击实锤、$\phi 98.5mm$ 平圆形压实头及带手柄的导向棒组成。用机械将压实锤提升,至457.2mm±1.5mm高度沿导向棒自由落下连续击实,标准击实锤质量4536g±9g。

2.1.2 大型击实仪：由击实锤、$\phi 149.5mm \pm 0.1mm$ 平圆形压实头及带手柄的导向棒组成。用机械将压实锤提升,至457.2mm±2.5mm高度沿导向棒自由落下击实,大型击实锤质量10 210g±10g。

2.2 试验室用沥青混合料拌和机：能保证拌和温度并充分拌和均匀,可控制拌和时间,容量不小于10L,如图 T 0702-1 所示。搅拌叶自转速度70~80r/min,公转速度40~50r/min。

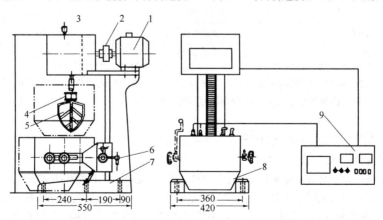

图 T 0702-1 试验室用沥青混合料拌和机（尺寸单位：mm）

1-电机;2-联轴器;3-变速箱;4-弹簧;5-拌和叶片;6-升降手柄;7-底座;8-加热拌和锅;9-温度时间控制仪

2.3 试模:由高碳钢或工具钢制成几何尺寸如下:

2.3.1 标准击实仪试模的内径为101.6mm±0.2mm,圆柱形金属筒高87mm,底座直径约120.6mm,套筒内径101.6mm、高70mm。

2.3.2 大型击实仪的试模与套筒尺寸如图T 0702-2所示。套筒外径165.1mm,内径155.6mm±0.3mm,总高83mm。试模内径152.4mm±0.2mm,总高115mm,底座板厚12.7mm,直径172mm。

2.4 脱模器:电动或手动,应能无破损地推出圆柱体试件,备有标准试件及大型试件尺寸的推出环。

2.5 烘箱:大、中型各1台,应有温度调节器。

2.6 天平或电子秤:用于称量沥青的,感量不大于0.1g;用于称量矿料的,感量不大于0.5g。

2.7 布洛克菲尔德黏度计。

2.8 插刀或大螺丝刀。

2.9 温度计:分度值1℃。宜采用有金属插杆的插入式数显温度计,金属插杆的长度不小于150mm,量程0~300℃。

2.10 其他:电炉或煤气炉、沥青熔化锅、拌和铲、标准筛、滤纸(或普通纸)、胶布、卡尺、秒表、粉笔、棉纱等。

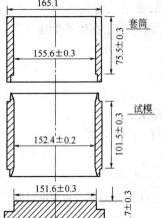

图T 0702-2 大型圆柱体试件的试模与套筒
(尺寸单位:mm)

3 准备工作

3.1 确定制作沥青混合料试件的拌和与压实温度。

3.1.1 按本规程测定沥青的黏度,绘制黏温曲线。按表T 0702-1的要求确定适宜于沥青混合料拌和及压实的等黏温度。

沥青混合料拌和及压实的沥青等黏温度 表T 0702-1

沥青结合料种类	黏度与测定方法	适宜于拌和的沥青结合料黏度	适宜于压实的沥青结合料黏度
石油沥青(含改性沥青)	表观黏度,T 0625	(0.17±0.02)Pa·s	(0.28±0.03)Pa·s

注:液体沥青混合料的压实成型温度按石油沥青执行。

3.1.2 当缺乏沥青黏度测定条件时,试件的拌和与压实温度可按表T 0702-2选用,并根据沥青品种和标号作适当调整。针入度小、稠度大的沥青取高限;针入度大、稠度小的沥青取低限;一般取中值。

沥青混合料拌和及压实温度参考表 表T 0702-2

沥青结合料种类	拌和温度(℃)	压实温度(℃)
石油沥青	140~160	120~150
改性沥青	160~175	140~170

3.1.3 对改性沥青,应根据实践经验、改性剂的品种和用量,适当提高混合料的拌和和压实温度,对大部分聚合物改性沥青,通常在普通沥青的基础上提高10~20℃,掺加纤维时,尚需再提高10℃左右。

3.1.4 常温沥青混合料的拌和及压实在常温下进行。

3.2 沥青混合料试件的制作条件

3.2.1 在拌和厂或施工现场采集沥青混合料试样时,按本规程T 0701的方法取样,将试样置于烘箱中加热保温,在混合料中插入温度计测量温度,待混合料温度符合要求后成型。需要拌和时可倒入已加热的室内沥青混合料拌和机中适当拌和,时间不超过1min。不得在电炉或明火上加热炒拌。

3.2.2 在试验室人工配制沥青混合料时,试件的制作按下列步骤进行:

1)将各种规格的矿料置105℃±5℃的烘箱中烘干至恒重(一般不少于4~6h)。

2)将烘干分级的粗、细集料,按每个试件设计级配要求称其质量,在一金属盘中混合均匀,矿粉单独加热放入小盆里;然后置烘箱中预热至沥青拌和温度以上约15℃(采用石油沥青时通常为163℃;采用改性沥青时通常需180℃)备用。一般按一组试件(每组4~6个)备料,但进行配合比设计时宜对每个试件分别备料。常温沥青混合料的矿料不应加热。

3)将按本规程 T 0601 采集的沥青试样,用烘箱加热至规定的沥青混合料拌和温度,但不得超过175℃。当不得已采用燃气炉或电炉直接加热进行脱水时,必须使用石棉垫隔开。

4 拌制沥青混合料

4.1 黏稠石油沥青混合料

4.1.1 用蘸有少许黄油的棉纱擦净试模、套筒及击实座等,置100℃左右的烘箱中加热1h备用,常温沥青混合料试模不用加热。

4.1.2 将拌和机提前预热至拌和温度以上10℃左右备用。

4.1.3 将加热的粗细集料置于拌和机中,用小铲子适当混合;然后再加入需要数量的沥青(如沥青已称量在一专用容器内时,可在倒掉沥青后用一部分热矿料将粘在容器壁上的沥青擦拭掉并一起倒入拌和锅中),开动拌和机一边搅拌一边使拌和叶片插入混合料中拌和1~1.5min;暂停拌和,加入加热的矿粉,继续拌和至均匀为止,并使沥青混合料保持在要求的拌和温度范围内。标准的总拌和时间为3min。

4.2 液体石油沥青混合料

将每组(或每个)试件的矿料置已加热至55~100℃的沥青混合料拌和机中,注入要求数量的液体沥青,并将混合料边加热边拌和,使液体沥青中的溶剂挥发至50%以下。拌和时间应事先试拌决定。

4.3 乳化沥青混合料

将每个试件的粗细集料,置于沥青混合料拌和机(不加热,也可用人工炒拌)中,注入计算的用水量(阴离子乳化沥青不加水)后,拌和均匀并使矿料表面完全湿润,再注入设计的沥青乳液用量,在1min 内使混合料拌匀,然后加入矿粉后迅速拌和,使混合料拌成褐色为止。

5 成型方法

5.1 马歇尔标准击实法的成型步骤如下:

5.1.1 将拌好的沥青混合料,用小铲适当拌和均匀,称取一个试件所需的用量(标准马歇尔试件约1 200g,大型马歇尔试件约4 050g)。当已知沥青混合料的密度时,可根据试件的标准尺寸计算并乘以1.03 得要求的混合料数量。当一次拌和几个试件时,宜将其倒入经预热的金属盘中,用小铲适当拌和均匀分成几份,分别取用。在试件制作过程中,为防止混合料温度下降,应连盘放在烘箱中保温。

5.1.2 从烘箱中取出预热的试模及套筒,用蘸有少许黄油的棉纱擦拭套筒、底座及击实锤底面。将试模装在底座上,垫一张圆形的吸油性小的纸,用小铲将混合料铲入试模中,用插刀或大螺丝刀沿周边插捣15 次,中间捣10 次。插捣后将沥青混合料表面整平。对大型击实法试件,混合料分两次加入,每次插捣次数同上。

5.1.3 插入温度计至混合料中心附近,检查混合料温度。

5.1.4 待混合料温度符合要求的压实温度后,将试模连同底座一起放在击实台上固定,在装好的混合料上面垫一张吸油性小的圆纸,再将装有击实锤及导向棒的压实头放入试模中,开启电机使击实锤从457mm 的高度自由落下到击实规定的次数(75 次或50 次)。对大型马歇尔试件,击实次数为75 次(相应于标准击实的50 次)或112 次(相应于标准击实的75 次)。

5.1.5 试件击实一面后,取下套筒,将试模翻面,装上套筒,然后以同样的方法和次数击实另一面。

乳化沥青混合料试件在两面击实后,将一组试件在室温下横向放置24h;另一组试件置温度为

105℃±5℃的烘箱中养生24h。将养生试件取出后再立即两面锤击各25次。

5.1.6 试件击实结束后,立即用镊子取掉上下面的纸,用卡尺量取试件离试模上口的高度并由此计算试件高度,高度不符合要求时,试件应作废,并按式(T 0702-1)调整试件的混合料质量,以保证高度符合63.5mm±1.3mm(标准试件)或95.3mm±2.5mm(大型试件)的要求。

$$调整后混合料质量 = 要求试件高度 \times 原用混合料质量/所得试件的高度 \quad (T\ 0702-1)$$

5.2 卸去套筒和底座,将装有试件的试模横向放置冷却至室温后(不少于12h),置脱模机上脱出试件。用于本规程T 0709现场马歇尔指标检验的试件,在施工质量检验过程中如急需试验,允许采用电风扇吹冷1h或浸水冷却3min以上的方法脱模,但浸水脱模法不能用于测量密度、空隙率等各项物理指标。

5.3 将试件仔细置于干燥洁净的平面上,供试验用。

【注意事项】

(1)拌和与成型温度。沥青混合料试件成型的关键是温度控制,包括拌和温度及成型温度(压实温度)。通常通过沥青的黏度—温度曲线确定,也可以直接在试验规程规定的温度范围内结合实际情况选用,见规程表2。

(2)拌和。在试验室,拌和有人工拌和和机械拌和两种,人工拌和因均匀性差,沥青易老化等原因,规程规定凡施工时采用机械拌和的工程,室内配合比试验禁止采用人工拌和。拌和时应严格控制拌和温度,一般最好是用烘箱烘料来控制。即将矿料烘干后,将烘箱温度调至拌和温度保持一定时间,然后进行配料拌和,这样每一个沥青用量的料从配料、拌和结束的时间间隔基本相同,拌和温度也就得到了严格控制。

(3)击实。应尽量采用自动机械击实仪,击实仪的击实速度必须满足60次/min±5次/min的规定。另外,击实温度至关重要,混合料拌和好后不能立即进行击实,应等到击实温度时再进行击实,这样在放置过程中混合料的温度容易出现不均匀的情况。最好的办法是将另一个烘箱的温度调至比击实温度略高的温度值,混合料拌和好后按试件分装在容器中,插上温度计,待试样温度达到控制温度时取出立即装模击实。

(4)装料。装料也是沥青混合料试件成型中的关键一步,插捣时应先周边(15次)后中间(10次),确保试件侧面无凹凸情况。插捣时应尽量减少混合料出现离析现象。

(二)轮碾法

轮碾法主要用于制作板状试件,如车辙试板,以及需要用板状试件切割加工的试件,如棱柱体小梁。

沥青混合料试件制作方法(轮碾法)
（JTG E20—2011　T 0703—2011）

1 目的与适用范围

1.1 本方法规定了在试验室用轮碾法制作沥青混合料试件的方法,以供进行沥青混合料物理力学性质试验时使用。

1.2 轮碾法适用于长300mm×宽300mm×厚50~100mm板块状试件的成型,此试件可用切割机切制成棱柱体试件,或在试验室用芯样钻机钻取试样,成型试件的密度应符合马歇尔标准击实试样密度100%±1%的要求。

1.3 沥青混合料试件制作时的试件厚度可根据集料粒径大小及工程需要进行选择。对于集料公称最大粒径小于或等于19mm的沥青混合料,宜采用长300mm×宽300mm×厚50mm板块试模成型;对于集料公称最大粒径大于或等于26.5mm的沥青混合料,宜采用长300mm×宽300mm×厚80mm～100mm板块试模成型。

2 仪具与材料技术要求

2.1 轮碾成型机:如图T 0703-1所示,具有与钢筒式压路机相似的圆弧形碾压轮,轮宽300mm,压实线荷载为300N/cm,碾压行程等于试件长度,经碾压后的板块状试件可达到马歇尔试验标准击实密度的100%±1%。

2.2 试验室用沥青混合料拌和机:能保证拌和温度并充分拌和均匀,可控制拌和时间,宜采用容量大于30L的大型沥青混合料拌和机,也可采用容量大于10L的小型拌和机。

2.3 试模:由高碳钢或工具钢制成,试模尺寸应保证成型后符合要求试件尺寸的规定,试验室制作车辙试验板块状试件的标准试模如图T 0703-2所示。内部平面尺寸为长300mm×宽300mm×高50～100mm。

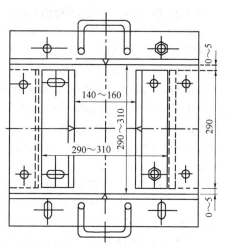

图T 0703-1 轮碾成型机　　图T 0703-2 车辙试验试模(尺寸单位:mm)

2.4 切割机:试验室用金刚石锯片锯石机(单锯片或双锯片切割机)或现场用路面切割机,有淋水冷却装置,其切割厚度不小于试件厚度。

2.5 钻孔取芯机:用电力或汽油机、柴油机驱动,有淋水冷却装置。金刚石钻头的直径根据试件直径的大小选择(100mm或150mm)。钻孔深度不小于试件厚度,钻头转速不小于1 000r/min。

2.6 烘箱:大、中型各1台,装有温度调节器。

2.7 台秤、天平或电子秤:称量5kg以上的,感量不大于1g;称量5kg以下的,用于称量矿料的感量不大于0.5g,用于称量沥青的感量不大于0.1g。

2.8 沥青运动黏度测定设备:布洛克菲尔德黏度计、真空减压毛细管。

2.9 小型击实锤:钢制端部断面80mm×80mm,厚10mm,带手柄,总质量0.5kg左右。

2.10 温度计:分度为1℃。宜采用有金属插杆的插入式数显温度计,金属插杆的长度不小于150mm,量程0～300℃。

2.11 其他:电炉或煤气炉、沥青熔化锅、拌和铲、标准筛、滤纸、胶布、卡尺、秒表、粉笔、垫木、棉纱等。

3 准备工作

3.1 按本规程T 0702的方法决定制作沥青混合料试件的拌和与压实温度。常温沥青混合料的拌和及压实在常温下进行。

3.2 按本规程T 0701在拌和厂或施工现场采取有代表性的沥青混合料试样。如混合料温度符合要求,可直接用于成型。在试验室人工配制沥青混合料时,按本规程T 0702的方法准备矿料及沥青。常温沥青混合料的矿料不加热。

3.3 将金属试模及小型击实锤等置100℃左右烘箱中加热1h备用。常温沥青混合料用试模不加热。

3.4 按本规程 T 0702 的方法拌制沥青混合料。当采用大容量沥青混合料拌和机时,宜一次拌和;当采用小型混合料拌和机时,可分两次拌和。混合料质量及各种材料数量由试件的体积按马歇尔标准击实密度乘以1.03的系数求得。

4 轮碾成型方法

4.1 在试验室用轮碾成型机制备试件

试件尺寸可为长300mm×宽300mm×厚50～100mm。试件的厚度可根据集料粒径大小选择,同时根据需要厚度也可采用其他尺寸。但一层碾压的厚度不得超过100mm。

4.1.1 将预热的试模从烘箱中取出,装上试模框架,在试模中铺一张裁好的普通纸(可用报纸),使底面及侧面均被纸隔离,将拌和好的全部沥青混合料(注意不得散失,分两次拌和的应倒在一起),用小铲稍加拌和后均匀地沿试模由边至中按顺序转圈装入试模,中部要略高于四周。

4.1.2 取下试模框架,用预热的小型击实锤由边至中转圈夯实一遍,整平成凸圆弧形。

4.1.3 插入温度计,待混合料达到本规程 T 0702 规定的压实温度(为使冷却均匀,试模底下可用垫木支起)时,在表面铺一张裁好尺寸的普通纸。

4.1.4 成型前将碾压轮预热至100℃左右;然后,将盛有沥青混合料的试模置于轮碾机的平台上,轻轻放下碾压轮,调整总荷载为9kN(线荷载300N/cm)。

4.1.5 启动轮碾机,先在一个方向碾压2个往返(4次);卸荷,再抬起碾压轮,将试件调转方向;再加相同荷载碾压至马歇尔标准密实度(100±1)%为止。试件正式压实前,应经试压,测定密度后,确定试件碾压次数。对普通沥青混合料,一般12个往返(24次)左右可达要求(试件厚度为50mm)。

4.1.6 压实成型后,揭去表面的纸,用粉笔在试件表面标明碾压方向。

4.1.7 盛有压实试件的试模,置室温下冷却,至少12h后方可脱模。

4.2 在工地制备试件

4.2.1 按本规程 T 0701 的方法采取代表性的沥青混合料样品,数量需多于3个试件的需要量。

4.2.2 按试验室方法称取一个试样混合料数量装入符合要求尺寸的试模中,用小锤均匀击实。试模应不妨碍碾压成型。

4.2.3 碾压成型:在工地上,可用小型振动压路机或其他适宜的压路机碾压,在规定的压实温度下,每一遍碾压3～4s,约25次往返,使沥青混合料压实密度达到马歇尔标准密度100%±1%。

4.2.4 如将工地取样的沥青混合料送往试验室成型时,混合料必须放在保温桶内,不使其温度下降,且在抵达试验室后立即成型,如温度低于要求,可适当加热至压实温度后,用轮碾成型机成型。如属于完全冷却后经二次加热重塑成型的试件,必须在试验报告上注明。

5 用切割机切制棱柱体试件

试验室用切割机切制棱柱体试件的步骤如下:

5.1 按试验要求的试件尺寸,在轮碾成型的板块状试件表面规划切割试件的数目,但边缘20mm部分不得使用。

5.2 切割顺序如图 T 0703-3 所示,首先在轮碾法成型的垂直方向,沿 A—A 切割第一刀作为基准面,再在垂直的方向 B—B 方向切割第二刀,精确量取试件长度后切割 C—C,使 A—A 及 C—C 切下的部分大致相等。属于金刚石锯片切割时,一定要开冷却水。

5.3 仔细量取试件切割位置,按图顺碾压方向(B—B 方向)切割试件,使试件宽度符合要求。

锯下的试件应按顺序放在平玻璃板上排列整齐,然后再切割试件的底面及表面。将切割好的试件立即编号,供弯曲试验用的试件应用胶布贴上标记,保持轮碾机成型时的上下位置,直至弯曲试验时上下方向始终保持不变,试件的尺寸应符合各项试验的规格要求。

5.4 将完全切割好的试件放在玻璃板上,试件之间留有10mm以上的间隙,试件下垫一层滤纸,并经常挪动位置,使其完全风干。如急需使用,可用电风扇或冷风机吹干,每隔1~2h,挪动试件一次,使试件加速风干,风干时间宜不小于24h。在风干过程中,试件的上下方向及排序不能搞错。

6 用钻芯法钻取圆柱体试件

6.1 在试验室用取芯机从板块状试件钻取圆柱体试件的步骤如下:

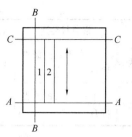

图 T 0703-3 切制棱柱体试件的顺序

6.1.1 将轮碾成型机成型的板块状试件脱模,成型的试件厚度应不小于圆柱体试件的厚度。

6.1.2 在试件上方作出取样位置标记,板块状试件边缘部分的20mm内不得使用。根据需要,可选用直径100mm或150mm的金刚石钻头。

6.1.3 将板块状试件置于钻机平台上固定,钻头对准取样位置;开放冷却水,开动钻机,均匀地钻透试块,在试块下可垫上木板等。

6.1.4 提起钻机,取出试件。

6.1.5 按上述方法将试件吹干备用。

6.2 根据需要,可再用切割机切去钻芯试件的一端或两端,达到要求的高度,但必须保证端面与试件轴线垂直且保持上下平行。

【注意事项】

(1)拌和和碾压温度的控制可参考击实法注意事项中介绍的方法。试模温度也应达到规定温度。

(2)一块试板所用原材料及混合料的数量,规程规定由试板的体积按马歇尔标准击实密度乘以1.03的系数求算。这里主要考虑拌和时拌和锅、铲要粘一些混合料,成型时也有一些损失,所以乘1.03的系数。但是规程没有考虑压实度系数,试板的密度应与路面实际密实度一致,因此还应乘以压实度系数。

(3)碾压前规程规定在混合料上面铺一张普通纸,采用包装带效果更好。

二、密度试验方法

沥青混合料的密度,从计算混合料的空隙率、矿料间隙率、饱和度等各项体积参数的角度讲,需要的是按表干法测得的毛体积密度或毛体积相对密度。但是由于沥青混合料类型的多样性,空隙率大小差别很大,使表干法适用性受到限制,因此就派生出其他的试验方法,这些方法在各自的适用范围内对解决问题带来一定的方便和可能。因此沥青混合料的类型、密实情况不同,密度的试验方法也不同,密度试验方法包括表干法、水中重法、蜡封法和体积法。各方法的适用条件如表10-52所示。

密度试验方法适用范围参考　　　　　　　　　　　表10-52

方法名称	混合料类型	吸水性	密度名称	用　途
表干法	密级配混合料、SMA	吸水率不大于2%	毛体积密度、毛体积相对密度	用毛体积相对密度计算试件空隙率、矿料间隙率
水中重法	密级配混合料、SMA	吸水率不大于0.5%	表观密度、表观相对密度	用表观相对密度代替表干法的毛体积相对密度计算试件空隙率、矿料间隙率

续上表

方法名称	混合料类型	吸水性	密度名称	用途
蜡封法	半开、开级配沥青碎石	吸水率不小于2%	毛体积密度、毛体积相对密度	用毛体积相对密度计算试件空隙率、矿料间隙率
体积法	半开、开级配沥青碎石	透水性	毛体积密度、毛体积相对密度	用毛体积相对密度计算试件空隙率、矿料间隙率

(一)表干法

表干法是通过测量试件的空气中质量、水中质量和表干质量(吸饱水后用湿毛巾擦干后的空气中质量)计算试件毛体积密度和毛体积相对密度的试验方法。

压实沥青混合料密度试验(表干法)
(JTG E20—2011　T 0705—2011)

1　目的与适用范围

1.1　表干法适用于测定吸水率不大于2%的各种沥青混合料试件,包括密级配沥青混凝土、沥青玛蹄脂碎石混合料(SMA)和沥青稳定碎石等沥青混合料试件的毛体积相对密度或毛体积密度。标准温度为25℃±0.5℃。

1.2　本方法测定的毛体积密度适用于计算沥青混合料试件的空隙率、矿料间隙率等各项体积指标。

2　仪具与材料技术要求

2.1　浸水天平或电子秤:当最大称量在3kg以下时,感量不大于0.1g;最大称量3kg以上时,感量不大于0.5g。应有测量水中重的挂钩。

2.2　网篮。

2.3　溢流水箱:如图 T 0705-1 所示。使用洁净水,有水位溢流装置,保持试件和网篮浸入水中后的水位一定。能调整水温至25℃±0.5℃。

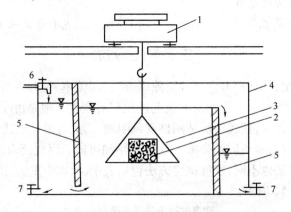

图 T 0705-1　溢流水箱及下挂法水中重称量方法示意图
1-浸水天平或电子秤;2-试件;3-网篮;4-溢流水箱;5-水位搁板;6-注入口;7-防水阀门

2.4　试件悬吊装置:天平下方悬吊网篮及试件的装置,吊线应采用不吸水的细尼龙线绳,并有足够的长度。对轮碾成型机成型的板块状试件可用铁丝悬挂。

2.5　秒表。

2.6　毛巾。

2.7 电风扇或烘箱。

3 方法与步骤

3.1 准备试件。本试验可以采用室内成型的试件,也可以采用工程现场钻心、切割等方法获得的试件。当采用现场钻芯取样时,应按照 T 0710 的方法进行。试验前试件宜在阴凉处保存(温度不宜高于35℃),且放置在水平的平面上,主要不要使试件产生变形。

3.2 选择适宜的浸水天平或电子天平,最大称量应满足试件质量的要求。

3.3 除去试件表面的浮粒,称取干燥试件的空中质量(m_a),根据选择的天平的感量读数,准确至 0.1g 或 0.5g。

3.4 将溢流水箱水温保持在25℃±0.5℃。挂上网篮,浸入溢流水箱中,调节水位,将天平调平或复零,把试件置于网篮中(注意不要晃动水)浸水 3~5min,称取水中质量(m_w)。若天平读数持续变化,不能很快达到稳定,说明试件吸水较严重,不适用于此法测定,应改用本规程 T 0707 的蜡封法测定。

3.5 从水中取出试件,用洁净柔软的拧干湿毛巾轻轻擦去试件的表面水(不得吸走空隙内的水),称取试件的表干质量(m_f)。从试件拿出水面到擦干结束不宜超过5s,称量过程中流出的水不得再擦拭。

3.6 对从工程现场钻取的非干燥试件,可先称取水中质量(m_w)和表干质量(m_f),然后用电风扇将试件吹干至恒重(一般不少于12h,当不需进行其他试验时,也可用60℃±5℃烘箱烘干至恒重),再称取空中质量(m_a)。

4 计算

4.1 按式(T 0705-1)计算试件的吸水率,取1位小数。

$$S_a = \frac{m_f - m_a}{m_f - m_w} \times 100 \quad (T\ 0705\text{-}1)$$

式中:S_a——试件的吸水率,%;

m_a——干燥试件的空中质量,g;

m_w——试件的水中质量,g;

m_f——试件的表干质量,g。

4.2 按式(T 0705-2)及式(T 0705-3)计算试件的毛体积相对密度和毛体积密度,取3位小数。

$$\gamma_f = \frac{m_a}{m_f - m_w} \quad (T\ 0705\text{-}2)$$

$$\rho_f = \frac{m_a}{m_f - m_w} \times \rho_w \quad (T\ 0705\text{-}3)$$

式中:γ_f——试件的毛体积相对密度,无量纲;

ρ_f——试件的毛体积密度,g/cm³;

ρ_w——25℃时水的密度,取 0.997 1g/cm³。

【注意事项】

(1)规程规定试件在水中浸泡 3~5min 称水中质量,取出后用湿毛巾擦干,称饱和面干质量。浸泡时间必须用秒表严格控制在规定的范围内,若在规定的时间内天平显示持续变化,说明试件吸水较严重,不适宜用此法测定,应改用封蜡法测定。

(2)试验规程对试验的精密度没有作规定,AASHTO 规定重复性为 0.02g/cm³;ASTM 规定重复性为 0.035g/cm³,复现性为 0.076g/cm³。可供参考。

(二)水中重法

水中重法是用试件的空气中质量和水中质量计算试件表观密度的方法,是沥青混合料密度试验方法中最简单的方法。用此方法测定的表观密度,与其他三种方法测得的毛体积密度在意义上是完全不同的,但当试件非常密实时,对密度的影响很小,因此可以代替表干法测定混合料的密度。

压实沥青混合料密度试验(水中重法)
(JTG E20—2011 T 0706—2011)

1 目的与适用范围

1.1 水中重法适用于测定吸水率小于0.5%的密实沥青混合料的表观相对密度或表观密度。标准温度为25℃±0.5℃。

1.2 当试件很密实,几乎不存在与外界连通的开口孔隙时,可采用本方法测定的表观相对密度代替按 T 0705 表干法测定的毛体积相对密度,并据此计算沥青混合料试件的空隙率、矿料间隙率等各项体积指标。

2 仪具与材料技术要求

2.1 浸水天平或电子天平:当最大称量在3kg以下时,感量不大于0.1g;最大称量3kg以上时,感量不大于0.5g;应有测量水中重的挂钩。

2.2 网篮。

2.3 溢流水箱:使用洁净水,有水位溢流装置,保持试件和网篮浸入水中后的水位一定。调整水温并保持在25℃±0.5℃范围内。

2.4 试件悬吊装置:天平下方悬吊网篮及试件的装置,吊线应采用不吸水的细尼龙线绳,并有足够的长度。对轮碾成型机成型的板块状试件可用铁丝悬挂。

2.5 秒表。

2.6 电风扇或烘箱。

3 方法与步骤

3.1 选择适宜的浸水天平或电子天平,最大称量应满足试件质量的要求。

3.2 除去试件表面的浮粒,称取干燥试件的空中质量(m_a),根据选择的天平的感量读数,准确至0.1g或0.5g。

3.3 挂上网篮,浸入溢流水箱的水中,调节水位,将天平调平或复零,把试件置于网篮中(注意不要使水晃动),待天平稳定后立即读数,称取水中质量(m_w)。若天平读数持续变化,不能在数秒钟内达到稳定,说明试件有吸水情况,不适用于此法测定,应改用本规程 T 0705 或 T 0707 的方法测定。

3.4 对从施工现场钻取的非干燥试件,可先称取水中质量(m_w),然后用电风扇将试件吹干至恒重(一般不少于12h,当不需进行其他试验时,也可用60℃±5℃烘箱烘干至恒重),再称取空中质量(m_a)。

4 计算

4.1 按式(T 0706-1)及式(T 0706-2)计算用水中重法测定的沥青混合料试件的表观相对密度及表观密度,取3位小数。

$$\gamma_a = \frac{m_a}{m_a - m_w} \tag{T 0706-1}$$

$$\rho_a = \frac{m_a}{m_a - m_w} \times \rho_w \tag{T 0706-2}$$

式中:γ_a——试件的表观相对密度,无量纲;

ρ_a——试件的表观密度,g/cm³;

ρ_w——25℃时水的密度,取 0.997 1g/cm³。

4.2 当试件的吸水率小于 0.5% 时,以表观相对密度代替毛体积相对密度,按本规程 T 0706 的方法计算试件的理论最大相对密度及空隙率、沥青的体积百分率、矿料间隙率、粗集料骨架间隙率、沥青饱和度等各项体积指标。

5 报告

应在试验报告中注明沥青混合料的类型及采用的测定密度的方法。

(三)蜡封法

对空隙率比较大的试件,用前两种方法测定试件的密度,称水中质量时,由于水进入试件内部,影响混合料毛体积密度的试验结果,所以采用蜡封的办法,在试件表面封一层蜡,然后称水中质量。但封过蜡的试件不能测稳定度和流值,是这一方法的最大弊端,一般只能通过增加试件的数量来解决。

压实沥青混合料密度试验(蜡封法)
(JTG E20—2011 T 0707—2011)

1 目的与适用范围

1.1 本方法适用于测定吸水率大于 2% 的沥青混凝土或沥青碎石混合料试件的毛体积相对密度或毛体积密度。标准温度为 25℃ ±0.5℃。

1.2 本方法测定的毛体积相对密度适用于计算沥青混合料试件的空隙率、矿料间隙率等各项体积指标。

2 仪具与材料技术要求

2.1 浸水天平或电子天平:当最大称量在 3kg 以下时,感量不大于 0.1g;最大称量 3kg 以上时,感量不大于 0.5g;应有测量水中重的挂钩。

2.2 网篮。

2.3 溢流水箱:使用洁净水,有水位溢流装置,保持试件和网篮浸入水中后的水位一定。

2.4 试件悬吊装置:天平下方悬吊网篮及试件的装置,吊线应采用不吸水的细尼龙线绳,并有足够的长度。对轮碾成型机成型的板块状试件可用铁丝悬挂。

2.5 石蜡:熔点已知。

2.6 冰箱:可保持温度为 4~5℃。

2.7 铅或铁块等重物。

2.8 滑石粉。

2.9 秒表。

2.10 电风扇。

2.11 其他:电炉或燃气炉。

3 方法与步骤

3.1 选择适宜的浸水天平或电子天平,最大称量应不小于试件质量的要求。

3.2 称取干燥试件的空中质量(m_a),根据选择的天平感量读数,准确至 0.1g 或 0.5g,当为钻芯法取得的非干燥试件时,应用电风扇吹干 12h 以上至恒重作为空中质量,但不得用烘干法。

3.3 将试件置于冰箱中,在 4~5℃条件下冷却不少于 30min。

3.4 将石蜡熔化至其熔点以上 5.5℃ ±0.5℃。

3.5 从冰箱中取出试件立即浸入石蜡液中,至全部表面被石蜡封住后迅速取出试件,在常温下放置 30min,称取蜡封试件的空中质量(m_p)。

3.6 挂上网篮,浸入溢流水箱中,调节水位,将天平调平或复零。调整水温并保持在25℃±0.5℃内。将蜡封试件放入网篮浸水约1min,读取水中质量(m_c)。

3.7 如果试件在测定密度后还需要做其他试验时,为便于除去石蜡,可事先在干燥试件表面涂一薄层滑石粉,称取涂滑石粉后的试件质量(m_s),然后再蜡封测定。

3.8 用蜡封法测定时,石蜡对水的相对密度按下列步骤实测确定:

3.8.1 取一块铅或铁块之类的重物,称取空中质量(m_g);

3.8.2 测定重物的水中质量(m'_g);

3.8.3 待重物干燥后,按上述试件蜡封的步骤将重物蜡封后测定其空中质量(m_d)及水温在25℃±0.5℃时的水中质量(m'_d);

3.8.4 按式(T 0707-1)计算石蜡对水的密度。

$$\gamma_p = \frac{m_d - m_g}{(m_d - m_g) - (m'_d - m'_g)} \tag{T 0707-1}$$

式中:γ_p——在25℃温度条件下石蜡对水的相对密度,无量纲;

m_g——重物的空中质量,g;

m'_g——重物的水中质量,g;

m_d——蜡封后重物的空中质量,g;

m'_d——蜡封后重物的水中质量,g。

4 计算

4.1 计算试件的毛体积相对密度,取3位小数。

4.1.1 蜡封法测定的试件的毛体积相对密度按式(T 0707-2)计算。

$$\gamma_f = \frac{m_a}{(m_p - m_c) - (m'_p - m_a)/\gamma_p} \tag{T 0707-2}$$

式中:γ_f——由蜡封法测定的试件毛体积相对密度,无量纲;

m_a——试件的空中质量,g;

m_p——蜡封后试件的空中质量,g;

m_c——蜡封后试件的水中质量,g。

4.1.2 涂滑石粉后用蜡封法测定的试件的毛体积相对密度按式(T 0707-3)计算。

$$\gamma_f = \frac{m_a}{(m_p - m_c) - [(m_p - m_a)/\gamma_p + (m_s - m_a)/\gamma_s]} \tag{T 0707-3}$$

式中:m_s——试件涂滑石粉后的空中质量,g;

γ_s——滑石粉对水的相对密度,无量纲。

4.1.3 试件的毛体积密度按式(T 0707-4)计算。

$$\rho_f = \gamma_f \times \rho_w \tag{T 0707-4}$$

式中:ρ_f——蜡封法测定的试件毛体积密度,g/cm³;

ρ_w——25℃时水的密度,取0.997 1 g/cm³。

4.2 按本规程 T 0706 的方法计算试件的理论最大相对密度及空隙率、沥青的体积百分率、矿料间隙率、粗集料骨架间隙率、沥青饱和度等各项体积指标。

5 报告

应在试验报告中注明沥青混合料的类型及采用的测定密度的方法。

【注意事项】

(1)蜡的温度。蜡的温度不同,进入试件孔隙中的蜡的多少不同,试验结果也不同。因规程规定蜡的温度比其熔点温度高5~6℃,应严格控制。

(2)浸涂方法。浸涂方法不同,进入试件孔隙中的蜡的多少也不同,规程规定采用冷冻蜡封法,将试件冷冻至4~5℃浸入蜡液中,表面全部被蜡封住后迅速取出,由于试件的温度比较低,蜡液与试件接触后立即变为固体,避免了蜡进入试件孔隙造成的影响。

(3)计算公式中蜡的相对密度必须按规程规定的方法实测。规程对试验的精密度未作规定,可参考表干法注意事项中的精密度要求。

(四)体积法

有时混合料的空隙率比较大,用蜡封法不能将试件的表面空隙封住,甚至有蜡通过空隙进入试件内部,在这种情况下应考虑使用体积法,因此,体积法是没有办法的办法,试验结果的精度也很低。

压实沥青混合料密度试验(体积法)
(JTG E20—2011 T 0708—2011)

1 目的与适用范围

1.1 本方法采用体积法测定沥青混合料的毛体积相对密度或毛体积密度。

1.2 本方法仅适用于不能用表干法、蜡封法测定的空隙率较大的沥青碎石混合料及大空隙透水性开级配沥青混合料(OGFC)等。

1.3 本方法测定的毛体积相对密度适用于计算沥青混合料试件的空隙率、矿料间隙率等各项体积指标。

2 仪具与材料技术要求

2.1 电子天平:当最大称量在3kg以下时,感量不大于0.1g;最大称量3kg以上时,感量不大于0.5g。

2.2 卡尺。

3 方法与步骤

3.1 选择适宜的电子天平,最大称量应满足试件质量要求。

3.2 清理试件表面,刮去突出试件表面的残留混合料,称取干燥试件的空中质量(m_a),根据选择的天平感量读取,准确至0.1g或0.5g。当为钻芯法取得的非干燥试件时,应用电风扇吹干12h以上至恒重作为空中质量,但不得用烘干法。

3.3 用卡尺测定试件的各种尺寸,准确至0.01cm,圆柱体试件的直径取上下2个断面测定结果的平均值,高度取十字对称四次测定的平均值;棱柱体试件的长度取上下2个位置的平均值,高度或宽度取两端及中间3个断面测定的平均值。

4 计算方法

4.1 圆柱体试件毛体积按式(T 0708-1)计算。

$$V = \frac{\pi \times d^2}{4} \times h \tag{T 0708-1}$$

式中:V——试件的毛体积,cm³;
　　　d——圆柱体试件的直径,cm;
　　　h——试件的高度,cm。

4.2 棱柱体试件毛体积按式(T 0708-2)计算。

$$V = l \times b \times h \tag{T 0708-2}$$

式中:l——试件的长度,cm;
　　　b——试件的宽度,cm;
　　　h——试件的高度,cm。

4.3 试件的毛体积密度按式(T 0708-3)计算,取3位小数。

$$\rho_s = \frac{m_a}{V} \tag{T 0708-3}$$

式中：ρ_s——试件的毛体积密度，g/cm^3；

m_a——干燥试件的空中质量，g。

4.4 试件的毛体积相对密度按式（T 0708-4）计算，取 3 位小数。

$$\gamma_s = \frac{\rho_s}{0.9971} \tag{T 0708-4}$$

式中：γ_s——试件的毛体积相对密度，无量纲。

4.5 按本规程 T 0705 的方法计算试件的理论密度、空隙率、沥青的体积百分率、矿料间隙率、粗集料骨架间隙率、沥青饱和度等各项体积指标。

【注意事项】

（1）直径和高度均应测量 4 点取平均值。直径取两个断面，每个断面两个垂直方向各测一个值，高度在试件顶面十字对称测定 4 个值。

（2）规程对试验的精密度未作规定，可参考表干法注意事项中的精密度要求。

（五）理论最大相对密度试验

最大相对密度是指单位体积（包括粗细集料、填料、沥青的全部实体体积及全部矿料颗粒的闭口孔隙、部分开口孔隙体积）压实的沥青混合料的质量与同体积水的密度的比值，无量纲。简单讲是指压实的沥青混合料空隙率等于零时的单位体积质量与同体积水的密度的比值，是计算沥青混合料空隙率的参数之一。

理论最大相对密度试验仅适用于非改性沥青混合料，对改性沥青混合料仍然采用计算法。

沥青混合料理论最大相对密度试验（真空法）
（JTG E20—2011　T 0711—2011）

1　目的与适用范围

1.1　本方法适用于采用真空法测定沥青混合料理论最大相对密度，供沥青混合料配合比设计、路况调查或路面施工质量管理计算空隙率、压实度等使用。

1.2　本方法不适用于吸水率大于 3% 的多孔性集料的沥青混合料。

2　仪具与材料技术要求

2.1　天平：称量 5kg 以上，感量不大于 0.1g；称量 2kg 以下，感量不大于 0.05g。

2.2　负压容器：根据试样数量选用表 T 0711-1 中的 A、B、C 任何一种类型。负压容器口带橡皮塞，上接胶管，管口下方有滤网，防止细料部分吸入胶管。为便于抽真空时观察气泡情况，负压容器至少有一面透明或者采用透明的密封盖。

负压容器类型　　　　　　表 T 0711-1

类型	容　器	附属设备
A	耐压玻璃、塑料或金属制的罐，容积大于 2 000mL	有密封盖，接真空胶管，分别与真空装置和压力表连接
B	容积大于 2 000mL 的真空容量瓶	带胶皮塞，接真空胶管，分别与真空装置和压力表连接
C	4 000mL 耐压真空器皿或干燥器	带胶皮塞，放气阀，分别与真空装置和压力表连接

2.3　真空负压装置：如图 T 0711-1 所示，由真空泵、真空表、调压装置、压力表及干燥器或积水装置等组成。

2.3.1 真空泵应使负压容器内产生 3.7kPa±0.3kPa(27.5mmHg±2.5mmHg)负压;真空表分度值不得大于 0.2kPa。

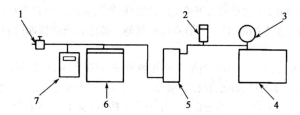

图 T 0711-1 理论最大密度仪装置

1-核查接口;2-调压装置;3-真空表;4-真空泵;5-干燥器或积水装置;6-负压容器;7-压力表

2.3.2 调压装置应具备过压调节功能,以保持负压容器的负压稳定在要求范围内,同时还应具有卸除真空压力的功能。

2.3.3 压力表应经过标定,能够测定 0~4kPa(0~30mmHg)负压。当采用水银压力表时分度值 1mmHg,示值误差为 2mmHg;非水银压力表时分度值 0.1kPa,示值误差为 0.2kPa。压力表不得直接与真空装置连接,应单独与负压容器相接。

2.3.4 采用干燥器或积水装置主要是为了防止负压容器内的水分进入真空泵内。

2.4 振动装置:试验过程中根据需要可以开启或关闭。

2.5 恒温水槽:水温控制 25℃±0.5℃。

2.6 温度计:分度为 0.5℃。

2.7 其他:玻璃板、平底盘、铲子等。

3 方法与步骤

3.1 准备工作

3.1.1 按以下几种方法获取沥青混合料试样,试样数量不少于表 T 0711-2 规定数量。

沥青混合料试样数量 表 T 0711-2

公称最大粒径(mm)	试样最小质量(g)	公称最大粒径(mm)	试样最小质量(g)
4.75	500	26.5	2 500
9.5	1 000	31.5	3 000
13.2、16	1 500	37.5	3 500
19	2 000		

1)按照 T 0702 的方法拌制沥青混合料,分别拌制两个平行试验,放置于平底盘中。

2)按照 T 0701 沥青混合料取样方法从拌和楼、运料车或摊铺现场取样,趁热缩分成两个平行试样,分别放置于平底盘中。

3)从沥青路面上钻芯取样或切割的试样;其他来源的冷沥青混合料,应置 125℃±5℃烘箱中加热至变软,然后缩分成两个平行试样,分别放置于平底盘中。

3.1.2 将平底盘中的热沥青混合料,在室温中冷却或用电风扇吹,一边冷却一边将沥青混合料团块仔细分散,粗集料不破碎,细集料团块分散到小于 6.4mm。若混合料坚硬时可用烘箱适当加热后分散,加热温度不超过 60℃。分散试样时可以用铲子翻动、分散,在温度较低时应用手掰开,不得用锤打碎,防止集料破碎。当试样是从路上采取的非干燥混合料时,应用电风扇吹干至恒重后再操作。

3.1.3 负压容器标定方法:

1)采用 A 类容器时,将容器全部浸入 25℃±0.5℃的恒温水槽中,负压容器完全浸没、恒温 10min±1min 后,称取容器的水中质量 m_1。

2)B、C 类负压容器:

(1)大端口的负压容器,需要有大于负压容器端口的玻璃板。将负压容器和玻璃板放进水槽中,注意轻轻摇动负压容器使容器内气泡排除。恒温10min±1min后,取出负压容器和玻璃板向负压容器内加满25℃±0.5℃水至液面稍微溢出,用玻璃板先盖住容器端口1/3,然后慢慢沿容器端口水平方向移动盖住整个端口,注意查看有没有气泡。擦除负压容器四周的水,称取盛满水的负压容器的质量m_b。

(2)小口的负压容器,需要采用中间带垂直孔的塞子,其下部为凹槽,以便空气从孔中排出。将负压容器和塞子放进水槽中,注意轻轻摇动负压容器使容器内气泡排除。恒温10min±1min后,在水中将瓶塞塞进瓶口,使多余水分由瓶塞上的孔挤出。取出负压容器,将负压容器用干净软布将瓶顶部擦拭一次,再迅速擦除负压容器外面的水分,称其质量m_b。

3.1.4 将负压容器干燥、编号,称取其干燥质量。

3.2 试验步骤

3.2.1 将沥青混合料试样装入干燥的负压容器中,称容器及沥青混合料总质量,得到试样的净质量m_a,试样质量应不小于上述规定的最小数量。

3.2.2 在负压容器中注入25℃±0.5℃的水,将混合料全部浸没,并高出混合料顶面约2cm。

3.2.3 将负压容器放到试验仪上,与真空泵、压力表等连接,开动真空泵,使负压容器内负压在2min内达到3.7kPa(27.5mmHg)时,开始计时,同时开动振动装置和抽真空,持续15min±2min。

3.2.4 当抽真空结束后,关闭真空装置和振动装置,打开调压阀慢慢卸压,卸压速度不得大于8 kPa,使负压容器内压力逐渐恢复。

3.2.5 当负压容器采用B、C类容器时,将装有沥青混合料试样的容器浸入保温至25℃±0.5℃的恒温水槽,恒温10min±1min后,注意容器中不得有气泡,擦净容器外的水分,称容器、水和沥青混合料试样的总质量(m_c)。

4 计算

4.1 采用A类容器时,沥青混合料的理论最大相对密度按式(T 0711-1)计算。

$$\gamma_t = \frac{m_a}{m_a - (m_2 - m_1)} \qquad (\text{T 0711-1})$$

式中:γ_t——沥青混合料的理论最大相对密度,无量纲;

m_a——干燥沥青混合料试样的空中质量,g;

m_1——负压容器在25℃水中的质量,g;

m_2——负压容器与沥青混合料在25℃水中的质量,g。

4.2 采用B、C类容器时,沥青混合料的理论最大相对密度按式(T 0711-2)计算。

$$\gamma_t = \frac{m_a}{m_a + m_b - m_c} \qquad (\text{T 0711-2})$$

式中:m_b——装满25℃水的负压容器质量,g;

m_c——25℃时试样、水与负压容器的总质量,g。

4.3 沥青混合料25℃时的理论最大密度按式(T 0711-3)计算。

$$\rho_t = \gamma_t \times \rho_w \qquad (\text{T 0711-3})$$

式中:ρ_t——沥青混合料的理论最大密度,g/cm³;

ρ_w——25℃水的密度,取0.997 1g/cm³。

5 报告

同一试件至少平行进行两次试验,取平均值作为试验结果,计算至小数点后三位。

【注意事项】

(1)试样的处理。试样必须充分分散,但粗集料不破碎。细集料团块分散至规定的粒径,分散应用手逐个将混合料团块掰开,不易分散时可适当加热,但要控制加热温度。混合料不干燥时应用风扇吹干至恒重。

（2）抽气。抽气时应严格控制负压容器中的水的温度和真空度,并设法使混合料中的气泡充分排除,如振荡负压容器,或在水中加入洗涤灵等。

（3）对于改性沥青混合料由于结合料黏度比较大,即使分散到6mm以下的颗粒,内部仍有比较多的小气泡,影响试验结果,必须实测时可用溶剂法测定。

三、高温稳定性试验

沥青混合料的高温稳定性是指在高温季节,在车辆荷载长期作用下,路面不产生车辙和波浪等病害的性能。

沥青混合料的特点是强度和抗变形能力随温度升降而产生变化,温度升高时,沥青的黏滞度降低,矿料之间的黏结力削弱,导致强度降低。温度降低时情况正好相反。影响沥青混合料高温稳定性的主要因素一是沥青和矿料的性质及其相互作用的特性,二是矿料的级配组成。

JTG F40—2004 规定采用马歇尔稳定度和流值来评价沥青混合料的高温稳定性;对高速公路、一级公路、城市快速路、主干路的沥青混合料,还应通过动稳定度试验检验其抗车辙能力。

（一）马歇尔稳定度试验

制作标准尺寸试件,在规定温度和加荷速度下,在马歇尔仪上进行试验,试件破坏时作用在试件上的最大荷载(kN)称马歇尔稳定;达到最大破坏荷载时试件的垂直变形(以0.1mm计)称流值。

沥青混合料马歇尔稳定度试验
（JTG E20—2011　T 0709—2011）

1　目的与适用范围

1.1　本方法适用于马歇尔稳定度试验和浸水马歇尔稳定度试验,以进行沥青混合料的配合比设计或沥青路面施工质量检验。浸水马歇尔稳定度试验(根据需要,也可进行真空饱水马歇尔试验)供检验沥青混合料受水损害时抵抗剥落的能力时使用,通过测试其水稳定性检验配合比设计的可行性。

1.2　本方法适用于按本规程 T 0702 成型的标准马歇尔试件圆柱体和大型马歇尔试件圆柱体。

2　仪具与材料技术要求

2.1　沥青混合料马歇尔试验仪:分为自动式和手动式。自动马歇尔仪应具备控制装置、记录荷载—位移曲线、自动测定荷载与试件垂直变形,能自动显示和存储或打印试验结果等功能。

2.1.1　当集料公称最大粒径小于或等于 26.5mm 时,宜采用 $\phi 101.6mm \times 63.5mm$ 的标准马歇尔试件,试验仪最大荷载不得小于25kN,读数准确至0.1kN,加载速率应能保持 50mm/min ± 5mm/min。钢球直径 16mm ± 0.05mm,上下压头曲率半径为 50.8mm ± 0.08mm。

2.1.2　当集料公称最大粒径大于 26.5mm 时,宜采用 $\phi 152.4mm \times 95.3mm$ 大型马歇尔试件,试验仪最大荷载不小于50kN,读数准确至0.1kN,上下压头的曲率内径为 $\phi 152.4mm ± 0.2mm$,上下压头间距 19.05mm ± 0.1mm。大型马歇尔试件的压头尺寸如图 T 0709-1 所示。

2.2　恒温水槽:控温准确度为1℃,深度不小于150mm。

2.3　真空饱水容器:包括真空泵及真空干燥器。

2.4　烘箱。

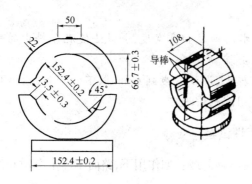

图 T 0709-1 大型马歇尔试件压头(尺寸单位:mm)

2.5 天平:感量不大于0.1g。
2.6 温度计:分度为1℃。
2.7 卡尺。
2.8 其他:棉纱、黄油。

3 标准马歇尔试验方法

3.1 准备工作

3.1.1 按 T 0702 标准击实方法成型马歇尔试件,标准马歇尔试件尺寸应符合直径101.6mm±0.2mm,高63.5mm±1.3mm的要求。对大马歇尔试件,尺寸应符合直径152.4mm±0.2mm,高95.3mm±2.5mm的要求。一组试件的数量不得少于4个,并符合 T 0702 的规定。

3.1.2 量测试件的直径及高度:用卡尺测量试件中部的直径,用马歇尔试件高度测定器或用卡尺在十字对称的4个方向量测离试件边缘10mm处的高度,准确至0.1mm,并以其平均值作为试件的高度。如试件高度不符合63.5mm±1.3mm 或 95.3mm±2.5mm 要求或两侧高度差大于2mm时,此试件应作废。

3.1.3 按本规程规定的方法测定试件的密度,并计算空隙率、沥青体积百分率、沥青饱和度、矿料间隙率等物理指标。

3.1.4 将恒温水槽调节至要求的试验温度,对黏稠石油沥青或烘箱养生过的乳化沥青混合料为60℃±1℃,对煤沥青混合料为33.8℃±1℃,对空气养生的乳化沥青或液体沥青混合料为25℃±1℃。

3.2 试验步骤

3.2.1 将试件置于已达规定温度的恒温水槽中保温,保温时间对标准马歇尔试件需30~40min,对大型马歇尔试件需45~60min。试件之间应有间隔,底下应垫起,离水槽底部不小于5cm。

3.2.2 将马歇尔试验仪的上下压头放入水槽或烘箱中达到同样温度。将上下压头从水槽或烘箱中取出擦拭干净内面。为使上下压头滑动自如,可在下压头的导棒上涂少量黄油。再将试件取出置于下压头上,盖上上压头,然后装在加载设备上。

3.2.3 在上压头的球座上放妥钢球,并对准荷载测定装置的压头。

3.2.4 当采用自动马歇尔试验仪时,将自动马歇尔试验仪的压力传感器、位移传感器与计算机或 X-Y 记录仪正确连接,调整好适宜的放大比例,压力和位移传感器调零。

3.2.5 当采用压力环和流值计时,将流值计安装在导棒上,使导向套管轻轻地压住上压头,同时将流值计读数调零。调整压力环中百分表,对零。

3.2.6 启动加载设备,使试件承受荷载,加载速度为(50±5)mm/min。计算机或 X-Y 记录仪自动记录传感器压力和试件变形曲线并将数据自动存入计算机。

3.2.7 当试验荷载达到最大值的瞬间,取下流值计,同时读取压力环中百分表读数及流值计的流值读数。

3.2.8 从恒温水槽中取出试件至测出最大荷载值的时间,不得超过30s。

4 浸水马歇尔试验方法

浸水马歇尔试验方法与标准马歇尔试验方法的不同之处在于,试件在已达规定温度恒温水槽中的保温时间为48h,其余均与标准马歇尔试验方法相同。

5 真空饱水马歇尔试验方法

试件先放入真空干燥器中,关闭进水胶管,开动真空泵,使干燥器的真空度达到98.3kPa(730mmHg)以上,维持15min,然后打开进水胶管,靠负压进入冷水流使试件全部浸入水中,浸水

15min 后恢复常压,取出试件再放入已达规定温度的恒温水槽中保温 48h,其余均与标准马歇尔试验方法相同。

6 计算

6.1 试件的稳定度及流值

6.1.1 当采用自动马歇尔试验仪时,将计算机采集的数据绘制成压力和试件变形曲线,或由 X-Y 记录仪自动记录的荷载—变形曲线,按图 T 0709-2 所示的方法在切线方向延长曲线与横坐标相交于 O_1,将 O_1 作为修正原点,从 O_1 起量取相应于荷载最大值时的变形作为流值(FL),以 mm 计,准确至 0.1mm。最大荷载即为稳定度(MS),以 kN 计,准确至 0.01kN。

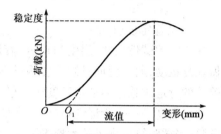

图 T 0709-2 马歇尔试验结果的修正方法

6.1.2 当采用压力环和流值计时,根据压力环标定曲线,将压力环中百分表的读数换算成荷载值,或者由荷载测定装置读取的最大值即为试样的稳定度(MS),以 kN 计,准确至 0.01kN。由流值计及位移传感器测定装置读取的试件垂直变形,即为流值(FL),以 mm 计,准确至 0.1mm。

6.2 试件的马歇尔模数按式(T 0709-1)计算。

$$T = \frac{\text{MS}}{\text{FL}} \quad \text{(T 0709-1)}$$

式中:T——试件的马歇尔模数,kN/mm;

　　MS——试件的稳定度,kN;

　　FL——试件的流值,mm。

6.3 试件的浸水残留稳定度按式(T 0709-2)计算。

$$\text{MS}_0 = \frac{\text{MS}_1}{\text{MS}} \times 100 \quad \text{(T 0709-2)}$$

式中:MS_0——试件的浸水残留稳定度,kN;

　　MS_1——试件水 48h 后的稳定度,kN。

6.4 试件的真空饱水残留稳定度按式(T 0709-3)计算。

$$\text{MS}'_0 = \frac{\text{MS}_2}{\text{MS}} \times 100 \quad \text{(T 0709-3)}$$

式中:MS'_0——试件的真空饱水残留稳定度,%;

　　MS_2——试件真空饱水后浸水 48h 后的稳定度,kN。

7 报告

7.1 当一组测定值中某个测定值与平均值之差大于标准差的 k 倍时,该测定值应予舍弃,并以其余测定值的平均值作为试验结果。当试件数目 n 为 3、4、5、6 个时,k 值分别为 1.15、1.46、1.67、1.82。

7.2 报告中需列出马歇尔稳定度、流值、马歇尔模数,以及试件尺寸、密度、空隙率、沥青用量、沥青体积百分率、沥青饱和度、矿料间隙率等各项物理指标。当采用自动马歇尔试验时,试验结果应附上荷载—变形曲线原件或自动打印结果。

【注意事项】

(1)马歇尔试验的变异性与试件的高度关系很大,凡在试验室成型的试件,必须满足 63.5mm±1.3mm 的高度要求,否则都应视为废试件,不得进行高度修正。成型试件时,每个沥青用量都要实测试件的高度,随时调整混合料的用量,确保试件高度符合误差要求。高度可采用不脱模的量测方法测量,即将游标卡尺的固定尺端置于试模顶缘,活动尺插入试模,分别测量试件的两个顶面距模顶缘的距离,用试模的高度就可以计算出试件的高度。测量时每端应测 4 个点,取平均。

(2)恒温装置应使用带有循环装置的水浴,保证箱内各点水温相同。试件压头的温度也应达到试件的温度。试件从水浴中取出到测试完毕的时间不得超过 30s。

(二)动稳定度(DS)

在规定的试件尺寸、温度和轮压(着地压力)下,试验轮在试板上沿同一轨迹按要求的速度做往复运动,通过变形量测装置测量不同时间时的轮迹深度,以每产生 1mm 深的轮迹变形,试验轮的行走次数作为动稳定度。动稳定度试验也称车辙试验。

动稳定度是一个验证性指标,即在矿料配合比和沥青用量确定以后,成型车辙试件进行车辙试验,当试验结果满足技术标准要求,则验证试验通过,否则应调整矿料配合比例,重新进行目标配合比设计试验。

沥青混合料车辙试验
(JTG E20—2011　T 0719—2011)

1 目的与适用范围

1.1 本方法适用于测定沥青混合料的高温抗车辙能力,供沥青混合料配合比设计时的高温稳定性检验。

1.2 车辙试验的试验温度与轮压可根据有关规定和需要选用,非经注明,试验温度为 60℃,轮压为 0.7MPa。根据需要,如在寒冷地区也可采用 45℃,在高温条件下试验温度可采用 70℃ 等,对重载交通的轮压可增加至 1.4MPa,但应在报告中注明。计算动稳定度的时间原则上为试验开始后 45~60min 之间。

1.3 本方法适用于按 T 0703 用轮碾成型机碾压成型的长 300mm、宽 300mm、厚 50~100mm 的板块状试件。根据工程需要也可采用其他尺寸的试件。本方法也适用于现场切割板块状试件,切割试件的尺寸根据现场面层的实际情况由试验确定。

2 仪具与材料技术要求

2.1 车辙试验机:如图 T 0719-1 所示,主要由下列部分组成:

2.1.1 试件台:可牢固地安装两种宽度(300mm 及 150mm)规定尺寸试件的试模。

2.1.2 试验轮:橡胶制的实心轮胎,外径 ϕ200mm,轮宽 50mm,橡胶层厚 15mm。橡胶硬度(国际标准硬度)20℃ 时为 84±4,60℃ 时为 78±2。试验轮行走距离为 230mm±10mm,往返碾压速度为 42 次/min±1 次/min(21 次往返/min)。采用曲柄连杆驱动加载轮往返运行方式。

注:轮胎橡胶硬度应注意检验,不符合要求者应及时更换。

2.1.3 加载装置:通常情况下试验轮与试件的接触压强在 60℃ 时为 0.7MPa±

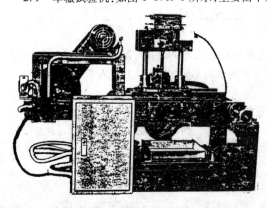

图 T 0719-1　车辙试验机

0.05MPa,施加的总荷重为 780N 左右,根据需要可以调整接触压强大小。

2.1.4 试模:钢板制成,由底板及侧板组成,试模内侧尺寸长为 300mm,宽为 300mm,厚为 50~100mm,也可根据需要对厚度进行调整。

2.1.5 变形测量装置:自动采集车辙变形并记录曲线的装置,通常用位移传感器 LVDT 或非接触位移计。位移测量范围 0~130mm,精度 ±0.01mm。

2.1.6 温度检测装置:自动检测并记录试件表面及恒温室内温度的温度传感器、精度 ±0.5℃。温度应能自动连续记录。

2.2 恒温室:恒温室应具有足够的空间。车辙试验机必须整机安放在恒温室内,装有加热器、气流循环装置及装有自动温度控制设备,同时恒温室还应有至少能保温 3 块试件并进行试验的条件。保持恒温室温度 60℃ ±1℃(试件内部温度 60℃ ±0.5℃),根据需要亦可采用其他试验温度。

2.3 台秤:称量 15kg,感量不大于 5g。

3 方法与步骤

3.1 准备工作

3.1.1 试验轮接地压强测定:测定在 60℃时进行,在试验台上放置一块 50mm 厚的钢板,其上铺一张毫米方格纸,上铺一张新的复写纸,以规定的 700N 荷载后试验轮静压复写纸,即可在方格纸上得出轮压面积,并由此求得接地压强。当压强不符合 0.7MPa ±0.05MPa,荷载应予适当调整。

3.1.2 按本规程 T 0703 用轮碾成型法制作车辙试验试块。在试验室或工地制备成型的车辙试件,板块状试件尺寸为长 300mm × 宽 300mm × 厚 50~100mm(厚度根据需要确定)。也可从路面切割得到需要尺寸的试件。

3.1.3 当直接在拌和厂取拌和好的沥青混合料样品制作试件检验生产配合比设计或混合料生产质量时,必须将混合料装入保温桶中,在温度下降至成型温度之前迅速送达试验室制作试件,如果温度稍有不足,可放在烘箱中稍事加热(时间不超过 30min)后成型,但不得将混合料放冷却后二次加热重塑制作试件。重塑制件的试验结果仅供参考,不得用于评定配合比设计检验是否合格的标准。

3.1.4 如需要,将试件脱模按本规程规定的方法测定密度及空隙率等各项物理指标。

3.1.5 试件成型后,连同试模一起在常温条件下放置的时间不得少于 12h。对聚合物改性沥青混合料,放置的时间以 48h 为宜,使聚合物改性沥青充分固化后方可进行车辙试验,室温放置时间不得长于一周。

3.2 试验步骤

3.2.1 将试件连同试模一起,置于已达到试验温度 60℃ ±1℃的恒温室中,保温不少于 5h,也不得超过 12h。在试件的试验轮不走走的部位上,粘贴一个热电偶温度计(也可在试件制作时预先将热电偶导线埋入试件一角),控制试件温度稳定在 60℃ ±0.5℃。

3.2.2 将试件连同试模移置于车辙试验机的试验台上,试验轮在试件的中央部位,其行走方向须与试件碾压或行车方向一致。开动车辙变形自动记录仪,然后启动试验机,使试验轮往返行走,时间约 1h,或最大变形达到 25mm 时为止,试验时,记录仪自动记录变形曲线(图 T 0719-2)及试验温度。

注:对试验变形较小的试件,也可对一块试件在两侧 1/3 位置上进行两次试验,然后取平均值。

4 计算

4.1 从图 T 0719-2 上读取 45min(t_1)及 60min(t_2)时的车辙变形 d_1 及 d_2,准确至 0.01mm。

当变形过大,在未到 60min 变形已达 25mm 时,则以达到 25mm(d_2)时的时间为 t_2,将其前 15min 为 t_1,此时的变形量为 d_1。

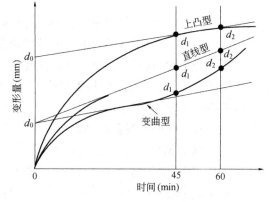

图 T 0719-2 车辙试验自动记录的变形曲线

4.2 沥青混合料试件的动稳定度按式（T 0719-1）计算。

$$DS = \frac{(t_2 - t_1) \times N}{d_2 - d_1} \times C_1 \times C_2 \qquad (T\ 0719\text{-}1)$$

式中：DS——沥青混合料的动稳定度，次/mm；
　　　d_1——对应于时间 t_1 的变形量，mm；
　　　d_2——对应于时间 t_2 的变形量，mm；
　　　C_1——试验机类型系数，曲柄连杆驱动加载轮往返运行方式为1；
　　　C_2——试件系数，试验室制备宽 300mm 的试件为 1.0；
　　　N——试验轮往返碾压速度，通常为 42 次/min。

5　报告

5.1　同一沥青混合料或同一路段的路面，至少平行试验3个试件，当3个试件动稳定度变异系数小于20%时，取其平均值作为试验结果。变异系数大于20%时应分析原因，并追加试验。如计算动稳定度值大于 6 000 次/mm 时，记作：>6 000 次/mm。

5.2　试验报告应注明试验温度、试验轮接地压强、试件密度、空隙率及试件制作方法等。

6　精密度或允许差

重复性试验动稳定度变异系数不大于20%。

【注意事项】

(1) 橡胶硬度。试验轮橡胶硬度采用 JIS 硬度（国际标准硬度）84±4（20℃）、78±2（60℃），换算成布氏硬度为 28±2（20℃）、37±1（60℃）。橡胶轮的硬度应注意检验，不符合要求应更换。

(2) 试件。试件必须用新拌制的混合料成型，现场取的样必须趁热立即成型试件，不允许将混合料冷却后再二次加热成型试件。据"八五"攻关课题研究结果，混合料重新加热成型的试件动稳定度可能高出2倍甚至好几倍，其试验结果不能作为评价混合料性能合格与否的依据。

(3) "LVDT" 为 "Linear Variable Differential Transformer" 的缩写，即"差动变压器式位移计"。

四、低温性能试验

在气候寒冷地区，冬季气温下降，特别是急骤降温时，沥青混合料发生收缩，如果收缩受阻就会产生拉应力，该应力超过沥青混合料的抗拉强度，路面就会产生开裂。因此沥青混合料不仅应具备高温稳定性，同时还要具有低温抗裂性，以保证路面在低温季节不产生裂缝。影响低温开裂的因素很多，从沥青混合料本身讲，与沥青的性质、沥青含量、矿质混合料的级配等有关。沥青黏滞度大，或沥青含量较大，沥青混合料具有较高的低温抗裂性。密级配沥青混合料低温抗裂性较开级配沥青混合料高。

沥青混合料低温抗裂性用低温弯曲试验的破坏应变评价。弯曲试验是对规定尺寸的小梁试件，在 -10℃、50mm/min 的试验条件下，在跨中给试件施加集中荷载至试件破坏，由破坏时的最大荷载求得试件的抗弯拉强度；由破坏时的跨中挠度求得试件的破坏弯拉应变；两者之比为破坏时的弯曲劲度模量。并根据应力应变曲线的形状，综合评价混合料的低温抗裂性能。

该试验属于混合料路用性能检验项目,适用于公称最大粒径不大于19mm 的AC、SMA 混合料。

沥青混合料弯曲试验
(JTG E20—2011　T 0715—2011)

1 目的与适用范围

　　1.1 本方法适用于测定热拌沥青混合料在规定温度和加载速率时弯曲破坏的力学性质。试验温度和加载速率根据有关规定和需要选用,如无特殊规定,采用试验温度为15℃±0.5℃。当用于评价沥青混合料低温拉伸性能时,采用试验温度 -10℃±0.5℃,加载速率宜为50mm/min。采用不同的试验温度和加载速率时应予注明。

　　1.2 本方法适用于由轮碾成型后切制的长250mm±2.0mm、宽30mm±2.0mm、高35mm±2.0mm 的棱柱体小梁,其跨径为200mm±0.5mm,若采用其他尺寸时,应予注明。

2 仪具与材料技术要求

　　2.1 万能材料试验机或压力机:荷载由传感器测定,最大荷载应满足不超过其量程的80%且不小于量程的20%的要求,宜采用1kN 或5kN,分度值为0.01kN。具有梁式支座,下支座中心距200mm,上压头位置居中,上压头及支座为半径10mm 的圆弧形固定钢棒,上压头可以活动与试件紧密接触。应具有环境保温箱,控温准确至±0.5℃,加载速率可以选择。试验机宜有伺服系统,在加载过程中速度基本不变。

　　2.2 跨中位移测定装置:LVDT 位移传感器。

　　2.3 数据采集系统或 X-Y 记录仪:能自动采集传感器及位移计的电测信号,在数据采集系统中储存或在 X-Y 记录仪上绘制荷载与跨中挠度曲线。

　　2.4 恒温水槽:用于试件保温,温度范围能满足试验要求,控温准确至±0.5℃。当试验温度低于0℃时,恒温水槽可采用1:1的甲醇水溶液或防冻液作冷媒介质。恒温水槽中的液体应能循环回流。

　　2.5 卡尺。

　　2.6 秒表。

　　2.7 温度计:分度为0.5℃。

　　2.8 天平感量不大于0.1g。

　　2.9 其他:平板玻璃等。

3 方法与步骤

　　3.1 准备工作

　　　3.1.1 采用本规程 T 0702 沥青混合料轮碾成型的板块状试件,用切割法制作棱柱体试件,试件尺寸应符合长250mm±2mm、宽30mm±2mm、高35mm±2mm 的要求。

　　　3.1.2 在跨中及两支点断面用卡尺量取试件的尺寸,当两支点断面的高度(或宽度)之差超过2mm 时,试件应作废。跨中断面的宽度为 b,高度为 h,取相对两侧的平均值,准确至0.1mm。

　　　3.1.3 根据混合料类型按本规程方法测量试件的密度、空隙率等各项物理指标。

　　　3.1.4 将试件置于规定温度的恒温水槽中保温45min,直至试件内部温度达到要求的试验温度±0.5℃为止。保温时试件应放在支起的平板玻璃上,试件之间的距离应不小于10mm。

　　　3.1.5 将试验机环境保温箱达到要求的试验温度±0.5℃。

　　　3.1.6 将试验机梁式试件支座准确安放好,测定支点间距为200mm±0.5mm,使上压头与下压头保持平行,并两侧等距离,然后将其位置固定。

　　3.2 试验步骤

3.2.1 将试件从恒温水槽中取出,立即对称安放在支座上,试件上下方向应与试件成型时方向一致。

3.2.2 在梁跨下缘正中央安放位移测定装置,支座固定在试验机上。位移计测头支于试件跨中下缘中央或两侧(用两个位移计)。选择适宜的量程,有效量程应大于预计最大挠度的1.2倍。

3.2.3 将荷载传感器、位移计与数据采集系统或 X-Y 记录仪连接,以 X 轴为位移,Y 轴为荷载,选择适宜的量程后调零。跨中挠度可以用 LVDT 位移传感器测定。当以高精密度电液伺服试验机压头的位移作为小梁挠度时,可以由加载速率及 X-Y 记录仪记录的时间求得挠度。为正确记录跨中挠度曲线,当采用50mm/min速率加载时,X-Y 记录仪 X 轴走纸速度(或扫描速度)根据试验温度确定。

3.2.4 开动压力机以规定的速率在跨径中央施以集中荷载,直至试件破坏。记录仪同时记录荷载—跨中挠度的曲线,如图 T 0715-1 所示。

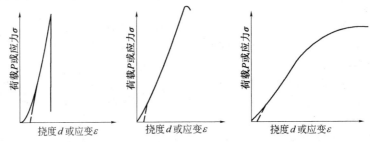

图 T 0715-1 荷载—跨中挠度曲线

4 计算

4.1 将图 T 0715-1 中的荷载—挠度曲线的直线段按图示方法延长与横坐标相交作为曲线的原点,由图中量取峰值时的最大荷载 P_B 及跨中挠度 d。

4.2 按式(T 0715-1)~式(T 0715-3)计算试件破坏时的抗弯拉强度 R_B、破坏时的梁底最大弯拉应变 ε_B 及破坏时的弯拉劲度模量 S_B。

$$R_B = \frac{3 \times L \times P_B}{2 \times b \times h^2} \qquad (T\ 0715\text{-}1)$$

$$\varepsilon_B = \frac{6 \times h \times d}{L^2} \qquad (T\ 0715\text{-}2)$$

$$S_B = \frac{R_B}{\varepsilon_B} \qquad (T\ 0715\text{-}3)$$

式中:R_B——试件破坏时的抗弯拉强度,MPa;

ε_B——试件破坏时的最大抗弯应变,$\mu\varepsilon$;

S_B——试件破坏时的弯拉劲度模量,MPa;

b——跨中断面试件的宽度,mm;

h——跨中断面试件的高度,mm;

L——试件的跨径,mm;

P_B——试件破坏时的最大荷载,N;

d——试件破坏时的跨中挠度,mm。

注:计算时小梁的自重影响略去不计,故本方法不适用于试验温度高于30℃的情况。

4.3 计算加载过程中任一加载时刻的应力、应变、劲度模量的方法同上,只需读取该时刻的荷载及变形代替上式的最大荷载及破坏变形即可。

4.4 当记录的荷载—变形曲线在小变形区有一定的直线段时,可以(0.1~0.4)P_B 范围内的直线段的斜率计算弹性阶段的劲度模量,或以此范围内各测点的 σ、ε 数据计算的 $S = \sigma/\varepsilon$ 的平均值作为劲度模量。σ、ε 及 S 的计算方法同式(T 0715-1)~式(T 0715-3)。

5 报告

5.1 当一组测定值中某个数据与平均值之差大于标准差的 k 倍时,该测定值应予舍弃,并以其余测定值的平均值作为试验结果。当试验数目 n 为 3、4、5、6 个时,k 值分别为 1.15、1.46、1.67、1.82。

5.2 试验结果均应注明试件尺寸、成型方法、试验温度及加载速率。

【注意事项】

(1)"LVDT"为"linear Variable Differential Transformer"的缩写,即"差动变压器式位移计"。

(2)"电液伺服系统"是一种能施加恒定荷载的加载装置。

五、水稳性试验

由水引起的沥青路面损坏称为水损坏。在沥青混合料配合比设计试验阶段,对其抗水损害能力应给予充分的考虑。沥青混合料的水稳性从两个方面进行评价,一是从原材料方面进行评价;二是从沥青混合料方面进行评价。

(一)残留稳定度

马歇尔试验按试验时的浸水条件的不同,分为标准马歇尔试验、浸水马歇尔试验和真空饱水马歇尔试验,三者均是在60℃的温度下测定马歇尔稳定度,区别在于浸水条件不同。标准马歇尔试验试件在60℃的水中保持时间为30~40min;浸水马歇尔试验在60℃的水中保持时间为48h;真空饱水是将试件在规定的真空度下维持一定的时间后,靠负压使试件浸冷水饱和后恢复常压,再在60℃的水中保持48h。浸水马歇尔稳定度与标准马歇尔稳定度的比值称为残留稳定度;真空饱水马歇尔稳定度与标准马歇尔稳定度的比值称为真空饱水残留稳定度,均用百分数表示,都是表示混合料水稳性的指标。现行规范规定采用前者。

残留稳定度是验证性试验指标。

(二)冻融劈裂强度比

用冻融劈裂强度比检验沥青混合料的水稳性。该指标比上述残留稳定度条件更苛刻一些。用两面击实50次的马歇尔试件,常温下浸水20min,在98.3~98.7kPa 的真空条件下保持15min,在 −18℃ 的冰箱中冷冻16h,在60℃的水中保持24h完成一个冻融循环,在25℃的水中保持2h后测定劈裂强度,与未进行冻融循环的同温度劈裂强度之比,即为冻融劈裂强度比,用百分数表示。

沥青混合料冻融劈裂试验
(JTG E20—2011 T 0729—2000)

1 目的与适用范围

1.1 本方法适用于在规定条件下对沥青混合料进行冻融循环,测定混合料试件在受到水损害前后劈裂破坏的强度比,以评价沥青混合料水稳定性。非经注明,试验温度为25℃,加载速率为50mm/min。

1.2 本方法采用马歇尔击实法成型的圆柱体试件,击实次数为双面各50次,集料公称最大粒径不得大于26.5mm。

2 仪具与材料

2.1 试验机:能保持规定加载速率的材料试验机,也可采用马歇尔试验仪。试验机负荷应满足最大测定荷载不超过其量程的80%且不小于其量程的20%的要求,宜采用40kN或60kN传感器,读数精确至10N。

2.2 恒温冰箱:能保持温度为-18℃,当缺乏专用的恒温冰箱时,可采用家用电冰箱的冷冻室代替,控温准确度为2℃。

2.3 恒温水槽:用于试件保温,温度范围能满足试验要求,控温准确度为0.5℃。

2.4 压条:上下各一根,试件直径100mm时,压条宽度为12.7mm,内侧曲率半径50.8mm,压条两端均应磨圆。

2.5 劈裂试验夹具:下压条固定在夹具上,压条可上下自由活动。

2.6 其他:塑料袋、卡尺、天平、记录纸、胶皮手套等。

3 方法与步骤

3.1 按本规程 T 0702 方法制作圆柱体试件。用马歇尔击实仪双面击实各50次,试件数目不少于8个。

3.2 按本规程的规定方法测定试件的直径及高度,准确至0.1mm。试件尺寸应符合直径101.6mm±0.25mm,高63.5mm±1.3mm的要求。在试件两侧通过圆心画上对称的十字标记。

3.3 按本规程规定的方法测定试件的密度、空隙率等各项物理指标。

3.4 将试件随机分成两组,每组不少于4个。将第一组试件置于平台上,在室温下保存备用。

3.5 将第二组试件按本规程 T 0717 标准的饱水试验方法真空饱水,在 98.3~98.7kPa(730~740mmHg)真空条件下保持15min,然后打开阀门,恢复常压,试件在水中放置0.5h。

3.6 取出试件放入塑料袋中,加入约10mL的水,扎紧袋口,将试件放入恒温冰箱(或家用冰箱的冷冻室),冷冻温度为-18℃±2℃,保持16h±1h。

3.7 将试件取出后,立即放入已保温为60℃±0.5℃的恒温水槽中,撤去塑料袋,保温24h。

3.8 将第一组与第二组全部试件浸入温度为25℃±0.5℃的恒温水槽中不少于2h,水温高时可适当加入冷水或冰块调节,保温时试件之间的距离不少于10mm。

3.9 取出试件立即按本规程 T 0716 用 50mm/min 的加载速率进行劈裂试验,得到试验的最大荷载。

4 计算

4.1 劈裂抗拉强度按式(T 0729-1)及式(T 0729-2)计算。

$$R_{T1} = \frac{0.006\,287 P_{T1}}{h_1} \qquad (T\ 0729\text{-}1)$$

$$R_{T2} = \frac{0.006\,287 P_{T2}}{h_2} \qquad (T\ 0729\text{-}2)$$

式中:R_{T1}——未进行冻融循环的第一组单个试件的劈裂抗拉强度,MPa;

R_{T2}——经受冻融循环的第二组单个试件的劈裂抗拉强度,MPa;

P_{T1}——第一组单个试件的试验荷载值,N;

P_{T2}——第二组单个试件的试验荷载值,N;

h_1——第一组单个试件的高度,mm;

h_2——第二组单个试件的高度,mm。

4.2 冻融劈裂抗拉强度比按式(T 0729-3)计算。

$$\text{TSR} = \frac{\overline{R_{T2}}}{\overline{R_{T1}}} \times 100 \qquad (T\ 0729\text{-}3)$$

式中:TSR——冻融劈裂抗拉强度比,%;

$\overline{R_{T2}}$——冻融循环后第二组有效试件劈裂抗拉强度平均值,MPa;

$\overline{R_{T1}}$——未冻融循环的第一组有效试件劈裂抗拉强度平均值,MPa。

5 报告

5.1 每个试验温度下,一组试验的有效试件不得少于3个,取其平均值作为试验结果。当一组测定值中某个数据与平均值之差大于标准差的 k 倍时,该测定值应予舍弃,并以其余测定值的平均值作为试验结果。当试件数目 n 为 3、4、5、6 个时,k 值分别为 1.15、1.46、1.67、1.82。

5.2 试验结果均应注明试件尺寸、成型方法、试验温度、加载速率。

六、耐久性试验

沥青混凝土路面,长期受自然因素的作用。为保证路面具有较长的使用年限,要求沥青混合料必须具有较好的耐久性。我国现行规范采用黏附性、空隙率、饱和度(即沥青填隙率)和残留稳定度等指标来表征沥青混合料的耐久性。

(一)空隙率

空隙率是指压实的沥青混合料试件中,空隙体积占试件总体积的百分数,由试件的表干相对密度和最大相对密度计算求得。就沥青混合料的组成结构而言,耐久性首先取决于沥青混合料的空隙率。空隙率的大小与矿质骨料的级配、沥青材料的用量以及压实程度等有关。从耐久性角度出发,希望沥青混合料空隙率尽量小,以防止水的渗入和日光紫外线对沥青的老化作用等,但是一般沥青混合料中均应留有一定的空隙率,以备夏季沥青材料膨胀,引起路面热稳定方面的问题。

沥青混合料空隙率与水稳定性有关。空隙率大,且沥青与矿料黏附性差的混合料,在饱水后石料与沥青黏附性降低,易发生剥落,同时颗粒相互推移产生体积膨胀以及出现力学强度显著降低等现象,引起路面早期破坏。

(二)饱和度

压实沥青混合料中,沥青体积占矿料骨架以外的空隙体积的百分率,亦称沥青填隙率。饱和度和空隙率是沥青混合料配合比设计中要平衡的一对矛盾,饱和度越大,混合料的空隙率越小,混合料的热稳定性相对较差,但低温稳定性较好。反之亦然。

(三)沥青用量

沥青路面的使用寿命还与混合料中的沥青含量有很大的关系。当沥青用量较正常用量小时,则沥青膜变薄,混合料的延伸能力降低,脆性增加;沥青用量偏少还将使混合料的空隙率增大,饱和度降低,沥青膜暴露面积较大,加速了老化作用。同时增加了渗水率,加强了水对沥青的剥落作用。有研究认为,沥青用量较最佳沥青用量少 0.5% 的混合料能使路面使用寿命减少一半以上。

(四)渗水性试验

路面透水将导致基层的承载力下降,出现早期破坏。因此,沥青路面结构设计强调沥青面层必须有一层以上基本上是不透水的,为了防止由于配合比设计原因造成路面透水,在配合比设计阶段应对混合料进行透水试验,做到万无一失。SMA 不透水是 SMA 混合料的一个重要性质,在配合比设计试验阶段必须对透水系数进行检验。试验的关键是试验所用仪器和试件的表面密封材料。

沥青混合料渗水试验
(JTG E20—2011　T 0730—2011)

1　目标与适用范围

本方法适用于测定碾压成型的沥青混合料试件的渗水系数,以检验沥青混合料的配合比设计。

2 仪具与材料技术要求

2.1 路面渗水仪:形状及尺寸如图 T 0730-1 所示,上部盛水量筒由透明有机玻璃制成,容积600mL,上有刻度,在 100mL 及 500mL 处有粗标线,下方通过 $\phi 10mm$ 的细管与底座相接,中间有一开关。量筒通过支架联结,底座下方开口内径 $\phi 150mm$,外径 $\phi 220mm$,仪器附不锈钢圈压重两个,每个质量约5kg,内径 $\phi 160mm$。

2.2 量筒及大漏斗。

2.3 秒表。

2.4 密封材料:防水腻子、油灰或橡皮泥。

2.5 其他:水、粉笔、塑料圈、刮刀、扫帚等。

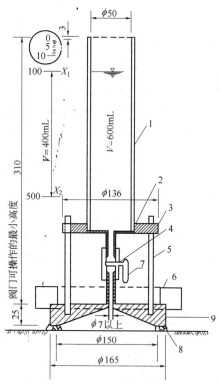

图 T 0730-1 渗水仪(尺寸单位:mm)
1-透明有机玻璃筒;2-螺纹连接;3-顶板;4-阀;
5-立柱支架;6-压重钢圈;7-把手;8-密封材料;
9-底座

3 方法与步骤

3.1 准备工作

3.1.1 组合安装路面渗水仪。

3.1.2 按照本规程 T 0703 沥青混合料试件成型方法(轮碾法)制作沥青混合料试件,冷却到规定的时间后脱模,并揭去成型试件时垫在表面的纸。

3.2 试验步骤

3.2.1 将试件放置于稳定的平面上,将塑料圈置于试件中央的测点上,用粉笔分别沿塑料圈内侧和外侧画上圈,在外环和内环之间的部分就是需要用密封材料进行密封的区域。

3.2.2 用密封材料对环状密封区域进行密封处理,注意不要使密封材料进入内圈;如密封材料不小心进入内圈,必须用刮刀将其刮走。然后再将搓成拇指粗细的条状密封材料摞在环状密封区域的中央,并且摞成一圈。

3.2.3 用适当的垫块或木块在左右两侧架起试件,试件下方放置一个接水容器。将渗水仪放在试件的测点上,注意使渗水仪的中心尽量和圆环中心重合,然后略微使劲将渗水仪压在条状密封材料表面,再将配重加上,以防压力水从底座与试件间流出。

3.2.4 将开关关闭,向量筒中注满水,然后打开开关,使量筒中的水下流排出渗水仪底部内的空气,关闭开关,并再次向量筒中注满水。

3.2.5 将开关打开,待水面下降 100mL 刻度时,立即开动秒表开始计时,每间隔60s,读记仪器管的刻度一次,至水面下降 500mL 时为止。测试过程中,如水从底座与密封材料间渗出,说明底座与路面密封不好,应重新密封。当水面下降速度很慢,则测定 3min 的渗水量即可停止;如果水面下降速度较快,在不到 3min 的时间内到达了 500mL 刻度线,则记录到达 500mL 刻度线时的时间;若水面下降至一定程度后基本保持不动,说明试件基本不透水或根本不透水,则在报告中注明。

3.2.6 按以上步骤对同一种材料制作3块试件测定渗水系数,取其平均值,作为检测结果。

4 计算

沥青混合料试件的渗水系数按式(T 0730-1)计算,计算时以水面从 100mL 下降至 500mL 所需的时间为标准,若渗水时间过长,亦可采用 3min 通过的水量计算。

$$C_w = \frac{V_2 - V_1}{t_2 - t_1} \times 60 \qquad\qquad (T\ 0730\text{-}1)$$

式中：C_w——路面渗水系数，mL/min；
　　　V_1——第一次计时时的水量，mL；
　　　V_2——第二次计时时的水量，mL；
　　　t_1——第一次计时的时间，s；
　　　t_2——第二次计时的时间，s。

5　报告
　　逐点报告每个试件的渗水系数及3块试件的平均值，若试件不透水，应在报告中注明。

【注意事项】

(1)密封材料。本试验成败的关键是试验所用仪器与试件表面的密封性。除规程规定的黄油、玻璃腻子、油灰及橡皮泥外，也可以试验其他合适的材料，但密封效果要好。同时，试验时必须按规程要求仔细密封，以免漏水导致试验失败。

(2)试验时水应通过混合料内部空隙从试件的另一面及四周渗出，如果水从底座或密封处渗出，则说明密封不好，试验失败，而且该试件不宜再使用。

七、抗滑性试验

抗滑性是沥青路面的一项重要的性能，沥青混合料路面的抗滑性与矿质集料的微表面性质、混合料的级配组成以及沥青用量等因素有关。因此从原材料的角度讲，路面的抗滑性通常用石料的磨光值、沥青的含蜡量来评价；从混合料配合比例的角度讲取决于沥青用量；从路面结构的角度讲通常用路面的摩擦系数来评价(见路面结构检测)。

抗滑性能的好坏取决于集料本身的表面纹理结构以及由混合料级配所决定的表面构造深度。在路面材料确定之后，如何获得抗滑性能要求的构造深度，是混合料配合比设计所要解决的问题，因此在配合比设计阶段必须给以考虑，对抗滑表层和SMA该项检验尤为重要。

沥青混合料表面构造深度试验
（JTG E20—2011　T 0731—2000）

1　目的与适用范围
　　本方法适用于测定碾压成型的沥青混合料试件的表面构造深度，用以检验沥青混合料的配合比设计。

2　仪具与材料技术要求

　2.1　人工砂铺仪：由圆筒、推平板组成。

　　2.1.1　量砂筒：形状尺寸如图 T 0731-1 所示，一端是封闭的，容积为 25mL ± 0.15mL，可通过称量砂筒中水的质量以确定其容积 V，并调整其高度，使其容积符合规定要求。带一专门的刮尺将筒口量砂刮平。

　　2.1.2　推平板：形状尺寸如图 T 0731-2 所示，推平板应为木制或铝制，直径50mm，底面粘一层厚1.5mm 的橡胶片，上面有一圆柱把手。

　　2.1.3　刮平尺：可用 30cm 钢板尺代替。

　2.2　量砂：足够数量的干燥洁净的匀质砂，粒径 0.15～0.3mm。

2.3 量尺:钢板尺、刚卷尺,或采用已按式(T 0731-1)将直径换算成构造深度作为单位的专用构造深度尺。

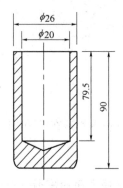

图 T 0731-1　量砂筒(尺寸单位:mm)　　　　图 T 0731-2　推平板(尺寸单位:mm)

2.4 其他:装砂容器(小铲)、扫帚或毛刷、挡风板等。

3 方法与步骤

3.1 准备工作

3.1.1 按本规程 T 0703 沥青混合料试件成型方法(轮碾法)制作沥青混合料试件,试件尺寸为 30cm × 30cm × 5cm。

3.1.2 量砂准备:取洁净的细砂,晾干,过筛,取 0.15mm～0.3mm 的砂置适当的容器中备用。量砂只能在路面上使用一次,不宜重复使用。回收砂必须干燥、过筛处理后方可使用。

3.2 试验步骤

3.2.1 应用小铲沿筒壁向圆筒中装满砂,手提圆筒上方,在地面上轻轻地叩打 3 次,使砂密实,补足砂面用钢尺一次刮平。注意不得直接用量砂筒装砂,以免影响量砂密度的均匀性。

3.2.2 将砂倒在试件表面上,用底面粘有橡胶片的推平板,由里向外重复作摊铺运动,稍稍用力将砂细心地尽可能向外摊开,使砂填入凹凸不平的试件表面的空隙中,尽可能将砂摊成圆形,并不得在表面上留有浮动余砂。摊铺时不可用力过大或向外推挤。当试件表面已不足以摊铺全部用砂时,在试验报告中注明。

3.2.3 用钢板尺测量所构成圆的两个垂直方向的直径,取其平均值,准确至 1mm。

3.2.4 按以上方法,同一种材料平行测定不少于 3 个试件。

4 计算

沥青混合料表面构造深度测定结果按式(T 0731-1)计算,准确至 0.01mm。

$$TD = \frac{100V}{\pi D^2/4} = \frac{31\,831}{D^2} \qquad (T\ 0731\text{-}1)$$

式中:TD——沥青混合料表面构造深度,mm;
　　　V——砂的体积,25cm³;
　　　D——摊平砂的平均直径,mm。

5 报告

取 3 个试件的表面构造深度的测定结果的平均值作为试验结果。当平均值小于 0.2mm 时,试验结果以 <0.2mm 表示。

【注意事项】

(1)量砂。量砂的干燥程度、洁净程度、粒径范围等,对试验结果有直接的影响,试验用砂应用水淘洗干净、晾干过通过规定尺寸的筛,并储存于适当的容器中备用。不宜重复使用。

(2)装入圆筒中的砂的密实度必须均匀。摊铺时摊铺面积应由小到大,防止摊铺面积过大而混合料空隙中未填满砂子,但摊铺完后表面不得有浮砂,总之应填平,也不得有浮砂。

八、抗老化试验

老化试验分为短期老化和长期老化。短期老化采用松散试样,其效果相当于沥青混合料在施工拌和和铺筑过程中的老化;长期老化采用压实的混合料试样,其效果相当于压实的沥青混合料路面在5~7年的使用年限内的全部老化过程。

短期老化的混合料可以用来评价混合料的高温稳定性;长期老化的混合料可以用来评价混合料的低温抗裂、疲劳、水损害等在使用过程中逐渐发生的破坏性性能指标;也适用于与未进行老化试验的混合料的性能比较,以评价混合料的抗老化性能。但由于现行规范的一系列性能指标都是建立在以新拌沥青混合料为基础的试验上,采用老化后的混合料评价沥青混合料的各项性能,涉及新的指标体系的建立。所以在现阶段,主要用于添加抗剥落剂的沥青混合料的试验,以评价抗剥落剂的效果。据试验证明,一些抗剥落剂在刚加入混合料后效果很明显,但经老化后黏附性等级显著下降,因此用老化后的沥青混合料评价抗剥落剂的效果不失为一种好方法。

热拌沥青混合料加速老化方法
(JTG E20—2011　T 0734—2000)

1　目的与适用范围

　　本方法用于模拟沥青混合料的短期老化及长期老化过程,试件在进行长期老化试验前必须先经过短期老化。

2　仪具与材料技术要求

　　2.1　烘箱:强制通风干燥箱。

　　2.2　温度计:分度值1℃。宜采用有金属插杆的插入式数显温度计,金属杆的长度不小于150mm。量程0~300℃。

　　2.3　小型沥青混合料拌和机。

　　2.4　其他:天平、搪瓷盘、铁铲。

3　短期老化的方法

　　3.1　根据要求的矿料级配和沥青用量,按本规程规定的方法加热矿料和沥青,用小型沥青混合料拌和机在标准条件下拌和混合料。混合料数量根据试验需要确定。

　　3.2　将沥青混合料均匀摊铺在搪瓷盘中,松铺厚度约21~22kg/m²,将混合料放入135℃±3℃的烘箱中在强制通风条件下加热4h±5min,每小时用铲在试样盘中翻拌混合料一次。加热4h后,从烘箱中取出混合料,供试验使用。

4　长期老化的方法

　　4.1　试样准备:在试验室拌和沥青混合料,或在施工现场取样,按上述步骤对松散混合料进行短期老化,然后按本规程要求的试件尺寸和成型方法制作试件。如试样温度低于要求的成型温度时,可对混合料适当加热。

　　4.2　将试件连同试模一起置于室温条件下冷却不少于16h,然后脱模。

　　4.3　将试件放置于试样架上送入85℃±3℃烘箱中,在强制通风条件下连续加热5d(120h±0.5h)。注意在恒温过程中直至冷却前不得接触试件和移动试件。

　　4.4　5d后关闭烘箱,打开烘箱门,经自然冷却不少于16h至室温,取出试件,供试验使用。

九、SMA及OGFC混合料试验

(一)谢伦堡沥青析漏试验

谢伦堡沥青析漏试验是德国为SMA配合比设计而制定的方法,析漏试验是确定SMA允许最大沥青用量的方法,可以采用几个不同的油石比(或沥青含量)分别拌和混合料。进行析漏试验,得出沥青黏附量与油石比的关系曲线,曲线的拐点对应的沥青用量即为最大沥青用量的限值。由此确定最大沥青用量。与飞散试验结合,可以得出一个合理的沥青用量范围。

沥青混合料谢伦堡沥青析漏试验
（JTG E20—2011　T 0732—2011）

1 目的与适用范围

本方法用以检测沥青结合料在高温状态下从沥青混合料中析出多余的自由沥青数量,供检验沥青玛蹄脂碎石混合料(SMA)、排水式大空隙沥青混合料(OGFC)或沥青碎石类混合料的最大沥青用量使用。

2 仪具与材料技术要求

2.1 烧杯:800mL。

2.2 烘箱。

2.3 小型沥青混合料拌和机。

2.4 玻璃板。

2.5 天平:感量不大于0.1g。

2.6 其他:手铲、棉纱等。

3 试验步骤

3.1 根据实际使用的沥青混合料的配合比,对集料、矿粉、沥青、纤维稳定剂等按 T 0702 的方法用小型沥青混合料拌和机拌和混合料。拌和时纤维稳定剂应在加入粗细集料后加入,并适当干拌分散,再加入沥青拌和至均匀。每次只能拌和一个试件。一组试件分别拌和4份,每1份为1kg。第1锅拌和后即予废弃不用,使拌和锅黏附一定量的沥青结合料,以免影响后面3锅油石比的准确性。当为施工质量检验时,直接从拌和机取样使用。

3.2 洗净烧杯,干燥,称取烧杯质量 m_0,准确到0.1g。

3.3 将拌和好的1kg混合料,倒入800mL烧杯中,称烧杯及混合料的总质量 m_1,准确到0.1g。

3.4 在烧杯上加玻璃板盖,放入170℃±2℃烘箱中,当为改性沥青SMA时宜为185℃,持续60mm±1mm。

3.5 取出烧杯,不加任何冲击或振动,将混合料向下扣倒在玻璃板上,称取烧杯以及黏附在烧杯上的沥青结合料、细集料、马蹄脂等的总质量 m_2,准确到0.1g。

4 计算

沥青析漏损失按式(T 0732-1)计算。

$$\Delta m = \frac{m_2 - m_0}{m_1 - m_0} \times 100 \tag{T 0732-1}$$

式中：m_0——烧杯质量,g；

m_1——烧杯及沥青混合料总质量,g；

m_2——烧杯及黏附在烧杯上的沥青结合料、细集料、玛蹄脂等总质量,g；

Δm——沥青析漏损失,%。

5 报告

试验应至少平行试验3次,取平均值作为试验结果。

【注意事项】

(1)一个沥青用量一般需要拌4份试样,4份试样必须分4次拌和,一次只能拌和1份试样。第一锅因部分沥青黏附在锅壁上,沥青用量不准,所以应废弃。拌和的温度、时间、投料的顺序都必须严格按试验规程要求控制。

(2)先将烘箱的温度加热至170℃再将试样放入烘箱中,达到要求的温度时控制温度并计时。将烧杯连同混合料向下倒扣在玻璃板上也是本试验的一个技术点。

(二)肯塔堡飞散试验

SMA、OGFC、抗滑表层、沥青碎石和乳化沥青碎石混合料等路面表面材料,一般构造深度比较大,粗集料裸露,空隙中经常充满水,在交通荷载作用下,由于沥青与集料黏结力不足而引起集料脱落飞散,形成坑槽而导致路面破坏。为了预防这种破坏发生,在配合比设计时应进行飞散试验。

上述混合料飞散破坏与混合料的沥青用量密切相关,沥青用量小才可能造成飞散,所以飞散试验的目的在于确定混合料的最小沥青用量。一般通过改变沥青用量制作几组试件,进行飞散试验,获得油石比与分散损失关系曲线,曲线的拐点即为最佳沥青用量。与析漏试验结合,可以得出一个合理的沥青用量范围。该方法还可以用于高温或低温飞散试验。

沥青混合料肯塔堡飞散试验
(JTG E20—2011 T 0733—2011)

1 目的与适用范围

1.1 本方法用以评价由于沥青用量或黏结性不足,在交通荷载作用下,路面表面集料脱落而散失的程度,以马歇尔试件在洛杉矶试验机中旋转撞击规定的次数,沥青混合料试件散落材料的质量的百分率表示。

1.2 标准飞散试验可用于确定沥青路面表面层使用的沥青玛蹄脂碎石混合料(SMA)、排水式大孔隙沥青混合料、抗滑表层混合料、沥青碎石或乳化沥青碎石混合料所需的最少沥青用量。

1.3 本方法的浸水飞散试验用以评价沥青混合料的水稳性。

2 仪具与材料技术要求

2.1 沥青混合料马歇尔试件制作设备,同 T 0702。

2.2 洛杉矶磨耗试验机。

2.3 恒温水槽:水温控制在20℃±0.5℃。

2.4 烘箱:大、中型各一台,装有温度调节器。

2.5 天平或电子秤:用于称量矿料的感量不大于0.5g,用于称量沥青的感量不大于0.1g。

2.6 插刀或大螺丝刀。

2.7 温度计:分度值1℃,宜采用有金属插杆的插入式数显温度计,金属杆的长度不小于150mm。量程0~300℃。

2.8 其他:电炉或煤气炉、沥青熔化锅、拌和铲、标准筛、滤纸(或普通纸)、胶布、卡尺、秒表、粉笔、棉纱等。

3 方法与步骤

3.1 准备工作

3.1.1 根据实际使用的沥青混合料的配合比,按 T 0702 标准击实法成型马歇尔试件,除非另有要求,击实成型次数为双面各50次,试件尺寸应符合直径101.6mm±0.2mm,高63.5mm±

1.3mm的要求,一组试件的数量不得少于4个。拌和时应注意事先在拌和锅中加入相当于拌和沥青混合料时在拌和锅内所黏附的沥青用量,以免影响油石比的准确性。

  3.1.2 量测试件的直径及高度,准确至0.1mm,尺寸不符合要求的试件应作废。

  3.1.3 按本规程规定的方法测定试件的密度、空隙率、沥青体积百分率、沥青饱和度、矿料间隙率等物理指标。

  3.1.4 将恒温水槽调节至要求的试验温度,标准飞散试验的试验温度为20℃±0.5℃;浸水飞散试验的试验温度为60℃±0.5℃。

 3.2 试验步骤

  3.2.1 将试件放入恒温水槽中养生。对标准飞散试验,在20℃±0.5℃恒温水槽中养生20h。对浸水飞散试验,先在60℃±0.5℃恒温水槽中养生48h,然后取出后在室温中放置24h。

  3.2.2 对标准飞散试验,从恒温水槽中取出试件,用洁净柔软的毛巾轻轻擦去试件的表面水,称取试件质量m_0,准确至0.1g;对浸水飞散试验,称取放置24h后的每个试件质量m_0,准确至0.1g。

  3.2.3 立即将一个试件放入洛杉矶试验机中,不加钢球,盖紧盖子(一次只能试验一个试件)。

  3.2.4 开动洛杉矶试验机,以30~33r/min的速度旋转300r。

  3.2.5 打开试验机盖子,取出试件及碎块,称取试件的残留质量。当试件已经粉碎时,称取最大一块残留试件的混合料质量m_1。

  3.2.6 重复以上步骤,一种混合料的平行试验不少于3次。

4 计算

  沥青混合料的飞散损失按式(T 0733-1)计算。

$$\Delta S = \frac{m_0 - m_1}{m_0} \times 100 \qquad (\text{T } 0733\text{-}1)$$

式中:ΔS——沥青混合料的飞散损失,%;

   m_0——试验前试件的质量,g;

   m_1——试验后试件的质量,g。

【注意事项】

(1)试验温度。标准飞散试验的试验温度为20℃,浸水飞散试验是在60℃的水中浸水48h后进行试验,目的是考察试件在热水中膨胀和沥青老化对集料和沥青黏结力下降的影响,对积雪寒冷地区,也可以进行较低温度的飞散试验。

(2)试件成型。按马歇尔击实法试件成型要求成型试件,必须严格控制拌和温度和击实温度,同时,第一锅料因部分沥青黏附在锅壁上而影响混合料的油石比的问题不能忽视。

十、稀浆混合料试验

(一)稠度试验

  稠度是稀浆混合料的施工和易性指标,通过混合料的流动度试验,确定混合料的用水量。稠度用锥体坍落法测定。ASTM及ISSA均规定稠度在2~3cm范围内时,混合料具有良好的施工性能。

乳化沥青稀浆封层混合料稠度试验
(JTG E20—2011 T 0751—1993)

1 目的与适用范围

本方法规定用圆锥体测定乳化沥青稀浆封层混合料的稠度,用以检验乳化沥青稀浆封层混合料的摊铺和易性。在乳化沥青稀浆封层混合料的配合比设计中确定合适的用水量。

2 仪具与材料技术要求

2.1 乳化沥青稀浆封层混合料稠度仪:如图 T 0751-1 所示,由截头圆锥体及底板组成,金属制,圆锥体上下口内径为38mm 及89mm,高76mm,壁厚2mm。底板上有同心圆刻线。

2.2 金属板。

2.3 天平:感量不大于1g。

2.4 其他:拌锅、拌铲。

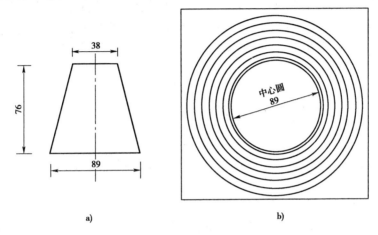

图 T 0751-1 乳化沥青稀浆封层混合料稠度仪(尺寸单位:mm)
a)截头圆锥体;b)底板

3 方法与步骤

3.1 准备工作

按要求的级配准备粗、细集料及填料,烘干,称混合料总重500g,准确至1g。

3.2 试验步骤

3.2.1 拌锅内放入500g矿料拌匀。

3.2.2 加入预定的用水量拌匀。

3.2.3 加入定量的乳化沥青,拌和时间不少于1min,不超过3min,拌匀。

3.2.4 把圆锥体小端向下,放在金属板上,然后装入拌匀的稀浆混合料并刮平。

3.2.5 将稠度仪底板刻有同心圆的一面盖在圆锥体大端面上,使圆锥体大端外圆正好对准底板的中心圆上居中。

3.2.6 把圆锥体连同底板一起拿住倒转过来,使圆锥体大端向下立在底板上,立即向上提起圆锥体,让里面的混合料自然向下坍落。

3.2.7 量取坍下的稀浆混合料边缘离中心圆边的距离为稀浆的稠度,以cm计。

3.2.8 记录试验时的气温和湿度。

4 报告

报告应记述下列事项:

4.1 配制乳化沥青的乳化剂及沥青的品种、乳化剂用量、沥青含量。

4.2 矿料种类及级配。

4.3 用水量与稠度。

【注意事项】

(1)提起圆锥体后,稀浆混合料边缘距中心圆边线的距离为稀浆混合料的稠度。如稠度不在 2~3cm 范围内,可适当调整用水量,重复 3.2.1~3.2.8 的步骤,直至合格。

(2)试验规程对试验的环境条件未作规定,只是要求记录,因为稀浆混合料中有水,应该说环境条件对试验结果有一定的影响,如果有条件应结合施工现场环境条件控制试验室的温度和湿度。SATM 及 ISSA 均规定气温 25℃±1℃,湿度 50%±5%。

(二)湿轮磨耗试验(缩写 WTAT)

湿轮磨耗试验是确定沥青最低用量和检验混合料固化后耐磨性的重要试验。该试验是按规定的成型方法,制作稀浆混合料试件,将试件放在水中,模拟汽车轮胎磨耗,用标准磨耗头磨一定时间,测定磨耗损失,结果以 g/m^2 计。ASTM 和 ISSA 均规定磨耗值小于 $800g/m^2$。沥青用量增多则磨耗值减小。当磨耗值符合上述要求的沥青用量,即为沥青稀浆混合料的最低沥青用量。

稀浆混合料湿轮磨耗试验
(JTG E20—2011 T 0752—2011)

1 目的与适用范围

本方法适用于检验成型后的稀浆混合料配伍性和抗水害能力,可与负荷轮试验一起确定混合料的最佳沥青含量。

2 仪具与材料技术要求

2.1 湿轮磨耗仪:如图 T 0752-1 所示。它由下列部分组成:

2.1.1 磨耗头:磨耗头总质量(包括橡胶磨耗管) 2 270g±20g,其固定装置可在轴套内垂直 12.7mm±1.0mm 范围内自由活动。磨耗头的转速为自转 140r/min±2 r/min,公转 61r/min±1r/min。

2.1.2 磨耗管:磨耗管是内径 19mm、壁厚 6.4mm、长度 127mm 的橡胶管。磨耗管外层应为聚氯丁橡胶,中间需要加筋。磨耗管外层橡胶硬度为 HRC60~HRC70。

2.1.3 试样托盘:试样托盘为平底金属圆盘,内径不小于 320mm,深度 50mm±5mm。试样托盘可以方便取下,可依靠夹具与升降平台固定。

2.2 模板:边长为 360mm 的塑料板,中间有一直径 280mm±1mm 的圆孔。

2.3 油毛毡圆片:直径 286mm。

2.4 天平:称量 6 000g,感量不大于 0.1g。

图 T 0752-1 湿轮磨耗仪
1-试件托盘;2-磨耗头;3-试件夹具;4-电机;
5-提升手柄;6-磨耗管;7-试件台;8-底座

2.5 水浴:温度能控制在 25℃±1℃。

2.6 烘箱:带强制通风,温度能控制在 60℃±3℃。

2.7 刮板:有橡胶刮片,长 300mm。

2.8 其他:拌锅、拌铲等。

3 方法与步骤

3.1 试件制备

3.1.1 将烘干的矿料过 4.75mm 筛备用。

3.1.2 将油毛毡圆片平铺在操作台上,再将模板放在平整的油毛毡圆片上居中。

3.1.3 试样中各组分的配合比以拌和试验所确定的矿料、填料、添加剂、乳化沥青或改性沥青和水的比例为准,其中矿料为4.75mm筛余部分。

3.1.4 称取总质量800g的矿料放入拌锅,掺入填料,拌匀;然后加入水拌匀,再加入乳化沥青或改性乳化沥青拌和,拌和时间不超过30s±2s;将拌匀的混合料倒入试模中并迅速刮平,对于快凝的混合料,整个操作过程宜在45s内完成。

3.1.5 取走模板,把试样放入60℃±3℃的烘箱中烘至恒重,一般不少于16h。

3.2 试验步骤

3.2.1 从烘箱中取出混合料试件,冷却到室温,称取油毛毡圆片及试件的合计质量(m_a),准确至0.1g。

3.2.2 浸水1h湿轮磨耗试验时,将试件放入25℃±1℃的水浴中保温60min;浸水6d湿轮磨耗试验时,将试件放入25℃±1℃的水浴中保温6d。

3.2.3 把试件及油毛毡从水浴中取出,放入盛样盘中,往盛样盘中加入25℃的水,使试件完全浸入水中,水面到试件表面的深度不少于6mm。

3.2.4 把装有试件的盛样盘固定在磨耗仪升降平台上,提升平台并锁住,此时试件顶起磨耗头。

3.2.5 开动仪器,使磨耗头转动300s±2s后停止。每次试验后把磨耗头上的橡胶软管转动一定角度以获得新的磨耗面(用过的面不得使用),或换上新的橡胶管。

3.2.6 降下平台将试件从盛样盘中取出冲洗,然后放入60℃烘箱中烘至恒重。

3.2.7 从烘箱中取出试件,冷却到室温。然后称取试件与油毛毡的总质量(m_b),准确至0.1g。

4 计算

磨耗值按式(T 0752-1)计算。

$$\text{WTAT} = \frac{m_a - m_b}{A} \quad (\text{T 0752-1})$$

式中:WTAT——稀浆混合料的磨耗值,g/m²;

m_a——磨耗前的试件质量,g;

m_b——磨耗后的试件质量,g;

A——磨耗头橡胶管的磨耗面积(由仪器说明书提供),m²。

5 报告

当一组测定值中某个数据与平均值之差大于标准差的k倍时,该测定值应予舍弃,并以其余测定值的平均值作为试验结果。当试件数目n为3、4、5、6时,k值分别为1.15、1.46、1.67、1.82。

【注意事项】

(1)试样成型好后,取走模板,在60℃的烘箱中烘至恒重,目的是让稀浆混合料完全凝结固化,并形成强度,因此不能纯粹用温度和时间控制,必须通过称质量来决定。

(2)胶管是套在胶管夹具的横杆上,一个试件磨耗完后,应将胶管转半圈,再装上下一个试件磨耗,一个胶管只能磨耗两个试件,磨耗两个试件后应更换新胶管。

(3)规程对胶管的相关尺寸规定不明确,只规定了长度,但对材料、直径、壁厚、硬度等未作规定,应该说是一个漏洞。另外胶管的出厂期不能太长,最好是新出厂的产品,出厂期过长,胶管会因老化而影响试验效果,这一点规程也未作明确规定。

(三)破乳时间试验

为适应施工的要求,需要对稀浆混合料的破乳时间进行控制。破乳时间是指拌和以后至乳液破乳完成,用滤纸检验已无沥青斑点的时间,以h计。破乳时间在稠度和沥青用量确定后进行,以确定施工时达到硬化的时间。如不能满足施工要求,应用助剂调节。ASTM 和 ISSA 均规定稀浆封层混合料的破乳时间不得小于 15min,也不得大于 12h。

稀浆混合料破乳时间试验
(JTG E20—2011 T 0753—2011)

1 目的与适用范围

　　本方法适用于确定稀浆混合料的破乳时间。

2 仪具与材料技术要求

　2.1 吸水白纸巾。

　2.2 计时工具。

　2.3 环形试模:内径 60mm,厚度 6mm 或 10mm。

　2.4 油毛毡:尺寸 152mm×152mm。

　2.5 其他:拌和杯和拌铲等。

3 方法与步骤

　3.1 按照拌和试验确定的配合比称取矿料、水、乳化沥青和添加剂。通常以干矿料 100g 为准。

　3.2 将矿料、填料倒入杯中,拌匀,再将水、添加剂倒入杯中拌匀,然后倒入乳化沥青拌和,时间不超过 30s±2s。

　3.3 取刚拌匀的稀浆混合料立即倒入油毛毡上的试模内,ES-1、ES-2、MS-2 型混合料采用 6mm 厚的试模,ES-3、MS-3 型混合料采用 10mm 厚的试模,开始计时。

　3.4 将试样在 25℃±2℃ 的环境下成型,对于微表处和快凝型稀浆封层试样,隔 15min,用一张吸水白纸巾轻轻按压混合料表面,如果在纸上没见到褐色的斑点,就认为乳化沥青已破乳;如果有褐色斑点出现就再隔 5min 重复测试。如果 1h 后仍未破乳,就每隔 15min 测试,直至破乳为止。对于慢凝型稀浆封层试样,试验时间间隔为 15min,如果 1h 后仍未破乳,就隔 30min 测试一次,直至破乳为止。

　3.5 记录破乳时间。注意,每次按压的位置不要重复。

　3.6 记录试验时的气温和温度。

4 报告

　　同一试样平行试验两次,当两次测定值的差值符合重复性试验允许误差要求时,取其平均值作为试验结果,准确至 5min。

5 允许误差

　　当破乳时间小于等于 60min 时,重复性试验允许误差为 5min;当破乳时间大于 60min 时,重复性试验允许误差为 15min。

【注意事项】

同稠度试验一样,规程对试验时的气温、湿度只要求实测记录,没有作为试验条件规定下来,应该说环境条件对凝结时间的影响要比稠度大得多。因为凝结时间试验周期相对比较长,同样的稀浆混合料在不同的环境条件下试验结果难免不受影响,有条件时应控制环境条件。ASMT 规定气温 25℃±1℃,湿度 50%±5%。

(四)固化时间

固化时间是初凝后稀浆封层混合料在黏结力试验中达到最大黏结力的时间,以 h 计。表示封层已完成养护,以便开放交通。固化时间可用锥体贯入度法或黏结力法测定。在配合比设计时,固化时间亦可采用助剂调节。在稀浆封层配合比设计时,一般要求初凝时的黏结力为120N·cm,开放交通时的黏结力达到200N·cm。

稀浆混合料黏聚力试验
（JTG E20—2011　T 0754—2011）

1 目的与适用范围

本方法适用于确定稀浆混合料的初凝时间和开放交通时间。

2 仪具和材料技术要求

2.1 黏聚力仪:如图 T 0754-1 所示。并应满足以下要求:

2.1.1 压头尺寸:压头呈圆柱形,由不锈钢材料制成,并牢固连接在气缸传力杆下部。压头直径 28.6mm ± 0.1mm,厚度 28mm ± 1mm。

2.1.2 压头底部装有橡胶垫片,橡胶垫片直径 28.6mm ± 0.1mm,厚度 6.4mm ± 0.1mm,橡胶硬度为 HRC60 ± HRC2。

2.1.3 压头高度与下落速度:压头底面距离底座顶面的高度适宜,既有足够的空间以方便放置和取下试样,又不得超过气缸行程,一般在 50 ~ 70mm。压头下落速度不应低于 8cm/s。

2.1.4 压头压力:在试样台上产生的压力为 128.5N ± 1.0N。

2.1.5 扭矩扳手:扭矩扳手套在传力杆上。扭矩表量程不小于 3.5N·m,宜采用数显式扭矩扳手。采用机械指针式扭矩扳手时,扭矩表应带有从动指针。

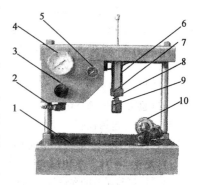

图 T 0754-1　黏聚力仪
1-测试台;2-进气口;3-气压调节阀;
4-压力表;5-释放钮;6-气缸;7-传力杆;
8-压头;9-橡胶垫;10-扭矩扳手

2.1.6 气缸:气缸活塞的行程不宜小于 75mm。

2.1.7 空气压力表:空气压力表量程 0 ~ 700kPa,分度值 10kPa。

2.1.8 重复性:用 220 号粗砂纸做"黏聚力试样",10 次试验扭矩扳手最大读数值和最小值的差值应小于 0.3N·m,测量结果的标准差不应大于 0.2N·m。

2.2 环形试模:内径为 60mm,ES-1、ES-2、MS-2 型混合料的试模厚度 6mm,ES-3、MS-3 型混合料的试模厚度 10mm。

2.3 计时工具。

2.4 砂纸:220 号。

2.5 油毛毡:150mm × 150mm。

2.6 其他:量筒、拌和锅、拌铲、刮刀等。

3 方法与步骤

3.1 黏聚力仪的标定

用 220 号粗砂纸做"黏聚力试样",10 次试验扭矩扳手最大读数值和最小值的差值应小于 0.3N·m,测量结果的标准差不应大于 0.2N·m。

3.2 试样制备

3.2.1 按照拌和试验确定的混合料配比备料,通常以干矿料 300g 为准。

3.2.2 将矿料、填料倒入杯中,拌匀,再将水、添加剂倒入杯中拌匀,然后倒入乳化沥青拌和,时间不超过 30s ± 2s。

3.2.3 将稀浆混合料倒入预湿过的试模中,用油毡垫底、刮平、脱模并计时。试样在25℃±2℃的环境下养生。

3.3 试验步骤

3.3.1 养生30min后测试步骤如下:

1)将试件置于黏聚力试验仪的测试台上。气动橡胶垫下面,放置15min。

2)将气动压头压在试件上,此时空气压力表的读数应保持200kPa。

3)保持压力不变,将扭矩扳手测力表归零并套住气缸杆上端,在0.7~1.0s内平稳、坚定、水平地扭转90°~120°,读取扭矩扳手读数。

4)按以下四种情况描述试样的破损状态:

(1)完全成型:试样没有任何破损或裂纹,没有集料散落情况出现,压头在试样表面打滑,表面沥青膜可能被磨掉而留下圆形痕迹(与黏聚力值2.6N·m等效)。

(2)中度成型:试样表面没有裂纹出现,但压头下的集料会被碾落或粘起(与黏聚力值2.3N·m等效)。

(3)初级成型:试样表面有一条裂纹出现(与黏聚力值2.0N·m等效)。

(4)未成型:擦干后待下次测试使用。

3.3.2 试样养生60min后的测试步骤同3.3.1。

4 报告

4.1 同一试样平行试验两次,当两次测定值的差值符合重复性试验允许误差要求时,取其平均值作为试验结果,准确至0.1N·m。

4.2 报告应包括:混合料配合比;试验温度、湿度、及其他环境条件;混合料30min和60min的黏聚力值,并描述60min黏聚力测试后的破坏状态。

5 允许误差

重复性试验误差的允许误差为0.2N·m。

(五)负荷车轮试验

该试验的目的是确定容许最高的沥青用量,是稀浆混合料成型后,模拟车辆行驶条件,以负荷56.7kg的车轮在试件上碾压1 000次;然后在试件上撒定量的热砂,再碾压100次,测定每平方米吸收砂的质量,以g/m² 计。因为沥青用量愈高,黏附的砂量亦愈大。根据不同交通量规定容许砂的最大黏附量,就可确定稀浆混合料的容许最高沥青用量。一般,单位面积黏附砂量LWT应不小于600g/m²。

稀浆混合料负荷轮粘砂试验
(JTG E20—2011　T 0755—2011)

1 目的与适用范围

本方法适用于控制稀浆混合料中沥青用量的上限。

2 仪具与材料技术要求

2.1 负荷轮试验仪:如图 T 0755-1 所示。它应满足下列要求:

2.1.1 碾压频率:应选择适宜的电动机和齿轮减速器,使橡胶轮的碾压频率满足44次/min±1次/min的要求。

2.1.2 曲柄半径:与齿轮减速器相连的传动曲柄的半径为152mm±2mm。

2.1.3 橡胶轮尺寸:橡胶轮直径76.5mm±1mm,橡胶厚度12.0mm±0.5mm,橡胶轮宽度26.0mm±1.0mm。

2.1.4 橡胶轮的橡胶硬度:在HRC60~HRC70之间。

2.1.5 橡胶轮位置:橡胶轮轮轴至曲柄连杆铰接轴的水平距离为610mm±1mm。

2.1.6 橡胶轮加载质量:曲柄连杆,连同配重、橡胶轮等通过橡胶轮作用在试样上的总质量为56.7kg±0.5kg。

2.1.7 橡胶轮跑偏量:在加入规定的负荷后,橡胶轮跑偏量小于2mm。

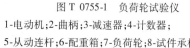

图 T 0755-1 负荷轮试验仪
1-电动机;2-曲柄;3-减速器;4-计数器;
5-从动连杆;6-配重箱;7-负荷轮;8-试件承板

2.2 加载物:铁砂或铁块。

2.3 标准砂:粒径0.15~0.6mm。

2.4 试模:试模厚度分别为6.4mm±0.1mm(Ⅱ型级配用)、12.7mm±0.1mm(Ⅲ型级配用),内部尺寸为长380mm±1.0mm,宽50mm±1.0mm,外部尺寸为长406mm±1mm,宽76mm±1mm。

2.5 砂框架:钢质砂框架的内部尺寸为长355mm±1.0mm,宽38.0mm±1.0mm,厚度为5.0mm±0.5mm。砂框架底部应粘贴厚度为6mm左右的泡沫橡胶,防止试验过程中砂外泄。

2.6 钢盖板:尺寸为长353mm,宽36mm,高3mm。

2.7 台秤:称量为100kg,感量不大于0.5kg。

2.8 天平:称量为2 000g,感量不大于0.1g。

2.9 烘箱:带强制通风,温度能控制在60℃±3℃。

2.10 筛子:孔径0.6mm和0.15mm。

2.11 其他:拌锅和拌铲等。

3 方法与步骤

3.1 试样制备

3.1.1 按要求的级配比例准备粗、细集料及填料,烘干。

3.1.2 按试模厚度一般比矿料最大粒径大25%的原则选择合适厚度的试模。

3.1.3 试样中各组分的配合比以拌和试验所确定的矿料、填料、添加剂、乳化沥青和水的比例为准。

3.1.4 称取总质量500g矿料放入拌锅,掺入填料拌匀,然后加入水拌匀,再加入乳化沥青拌和,拌和时间不超过30s±2s。然后将拌匀的混合料倒入试模中并迅速刮平。刮平过程宜一次完成,不能反复刮,整个操作过程宜在45s内完成。成型的试件表面应均匀,否则应废弃。

3.1.5 取走试模,把试样放入60℃的烘箱中烘至恒重,一般不少于16h。取出试样,冷却至室温。

3.2 试验步骤

3.2.1 将负荷轮试验仪调整好,使负荷质量为56.7kg。

3.2.2 将试样正确安装在试件承板上。

3.2.3 保持试验温度在25℃±2℃。

3.2.4 将橡胶轮放下,压在试样上。

3.2.5 将计数器复位到零,调整碾压频率为44次/min。

3.2.6 开机碾压1 000次后(碾压过程中如发现试样上出现发黏现象或明显发亮时,可洒少量水防止轮子粘起样品),停机、卸载、冲洗、烘干至恒重(60℃,不少于16h),冷却至室温并称质量 m_1,准确至0.1g。

3.2.7 把试样重新装在仪器的原来位置上。把砂框放在试样上对好位置,称取300g 82℃的热砂倒入砂框中摊平(或称取200g 82℃的热砂倒入砂框中摊平,将钢盖板放在砂框中间),然后将橡胶轮放下开机碾压100次。

3.2.8 取下试样,用毛刷刷去试样上的浮砂,然后称质量 m_2,准确至0.1g。

4 计算

黏附砂量按式(T 0755-1)计算。

$$\text{LWT} = \frac{m_2 - m_1}{A} \qquad (\text{T 0755-1})$$

式中：LWT——稀浆混合料的黏附砂量，g/m^2；
　　　A——碾压面积，m^2；
　　　m_1——第一次1 000次碾压、冲洗和烘干后试件质量，g；
　　　m_2——经过加砂碾压100次后试件质量，g。

5 报告

当一组测定值中某个数据与平均值之差大于标准差的 k 倍时，该测定值应予舍弃，并以其余测定值的平均值作为试验结果。当试件数目 n 为3、4、5、6时，k 值分别为1.15、1.46、1.67、1.82。